国家职业技能标准汇编

(2018 年版)

人力资源社会保障部职业能力建设司 编

中国劳动社会保障出版社

图书在版编目（CIP）数据

国家职业技能标准汇编：2018 年版／人力资源社会保障部职业能力建设司编. -- 北京：中国劳动社会保障出版社，2020

ISBN 978-7-5167-4741-4

Ⅰ.①国⋯　Ⅱ.①人⋯　Ⅲ.①职业-技术等级标准-汇编-中国　Ⅳ.①F249.23-65

中国版本图书馆 CIP 数据核字（2020）第 174591 号

中国劳动社会保障出版社出版发行

（北京市惠新东街 1 号　邮政编码：100029）

*

北京市艺辉印刷有限公司印刷装订　新华书店经销
787 毫米×1092 毫米　16 开本　56.5 印张　1335 千字
2020 年 11 月第 1 版　　2020 年 11 月第 1 次印刷
定价：288.00 元

读者服务部电话：（010）64929211/84209101/64921644
营销中心电话：（010）64962347
出版社网址：http://www.class.com.cn

版权专有　　侵权必究

如有印装差错，请与本社联系调换：（010）81211666
我社将与版权执法机关配合，大力打击盗印、销售和使用盗版图书活动，敬请广大读者协助举报，经查实将给予举报者奖励。
举报电话：（010）64954652

前　言

国家职业技能标准是实施职业资格评价和职业技能等级认定的基础，是国家基本职业培训包制定的依据，是规范从业者的从业行为和引导职业教育培训方向的重要参考。

为了深入贯彻党的十九大关于"大规模开展职业技能培训""建设知识型、技能型、创新型劳动者大军"的要求，贯彻人力资源社会保障部《关于改革完善技能人才评价制度的意见》，积极做好教育培训和评价考核的基础资源建设工作，充分发挥国家职业技能标准在技能人才队伍建设中的引领作用，积极适应社会发展和科技进步的客观需要，大力培育工匠精神和弘扬精益求精的敬业风气，人力资源社会保障部职业能力建设司委托中国劳动社会保障出版社将2018年颁布的最新国家职业技能标准编辑成《国家职业技能标准汇编（2018年版）》。

《国家职业技能标准汇编（2018年版）》收录了我国社会生产服务和生活服务人员、生产制造及有关人员共29个职业（工种）的国家职业技能标准。每个国家职业技能标准均包括职业概况、基本要求、工作要求和权重表等方面的内容，对各职业的职业功能、工作内容、技能要求和相关知识要求作了明确规定。所收录的标准遵循了《国家职业技能标准编制技术规程（2018年版）》的有关要求，保证了各职业技能标准体例的规范化，体现了"以职业活动为导向、以职业能力为核心"的特点，符合职业培训、技能等级认定和就业工作的需要。《国家职业技能标准汇编（2018年版）》一书具有广泛的应用领域，它为各级职业技能评价机构及职业教育培训机构、职业院校等开展职业教育培训和职业技能等级认定工作提供了重要依据，对加快技能人才培养、提高劳动者素质具有重要的实际意义，同时也为加强职业教育培训与就业相结合、促进就业提供了基础和条件。

尽管我们为全书标准收录的权威性、准确性和科学性付出了艰苦的努力，但是由于时间仓促，书中难免存在疏漏，恳请广大读者提出宝贵意见。

人力资源社会保障部职业能力建设司

目 录

1. 人力资源社会保障部办公厅关于颁布中式烹调师等 26 个国家职业技能标准的通知 …（ 1 ）
   - 1.1 中式烹调师国家职业技能标准（2018 年版） …………………………（ 3 ）
   - 1.2 中式面点师国家职业技能标准（2018 年版） …………………………（ 16 ）
   - 1.3 西式烹调师国家职业技能标准（2018 年版） …………………………（ 32 ）
   - 1.4 西式面点师国家职业技能标准（2018 年版） …………………………（ 44 ）
   - 1.5 茶艺师国家职业技能标准（2018 年版） ………………………………（ 60 ）
   - 1.6 中央空调系统运行操作员国家职业技能标准（2018 年版） …………（ 72 ）
   - 1.7 智能楼宇管理员国家职业技能标准（2018 年版） ……………………（ 85 ）
   - 1.8 有害生物防制员国家职业技能标准（2018 年版） ……………………（ 97 ）
   - 1.9 美容师国家职业技能标准（2018 年版） ………………………………（125）
   - 1.10 美发师国家职业技能标准（2018 年版） ………………………………（137）
   - 1.11 眼镜验光员国家职业技能标准（2018 年版） …………………………（152）
   - 1.12 眼镜定配工国家职业技能标准（2018 年版） …………………………（167）
   - 1.13 制冷工国家职业技能标准（2018 年版） ………………………………（186）
   - 1.14 车工国家职业技能标准（2018 年版） …………………………………（198）
   - 1.15 铣工国家职业技能标准（2018 年版） …………………………………（220）
   - 1.16 磨工国家职业技能标准（2018 年版） …………………………………（259）
   - 1.17 电切削工国家职业技能标准（2018 年版） ……………………………（337）
   - 1.18 锻造工国家职业技能标准（2018 年版） ………………………………（352）
   - 1.19 焊工国家职业技能标准（2018 年版） …………………………………（368）
   - 1.20 机床装调维修工国家职业技能标准（2018 年版） ……………………（442）
   - 1.21 汽车装调工国家职业技能标准（2018 年版） …………………………（485）
   - 1.22 变压器互感器制造工国家职业技能标准（2018 年版） ………………（521）
   - 1.23 电线电缆制造工国家职业技能标准（2018 年版） ……………………（597）

1.24	电梯安装维修工国家职业技能标准（2018年版）	（616）
1.25	制冷空调系统安装维修工国家职业技能标准（2018年版）	（632）
1.26	电工国家职业技能标准（2018年版）	（651）

2. 人力资源社会保障部办公厅　交通运输部办公厅关于颁布机动车驾驶教练员等3个国家职业技能标准的通知 …… （669）

2.1	机动车驾驶教练员国家职业技能标准（2018年版）	（670）
2.2	汽车维修工国家职业技能标准（2018年版）	（698）
2.3	起重装卸机械操作工国家职业技能标准（2018年版）	（736）

附录1　职业分类索引 …… （893）

附录2　职业名称拼音索引 …… （895）

人力资源社会保障部办公厅关于颁布中式烹调师等 26 个国家职业技能标准的通知

(人社厅发〔2018〕145 号)

各省、自治区、直辖市及新疆生产建设兵团人力资源社会保障厅（局），国务院有关部委、直属机构人事劳动保障工作机构，有关行业组织人事劳动保障工作机构，中央军委政治工作部兵员和文职人员局：

根据《中华人民共和国劳动法》有关规定，我部组织制定了中式烹调师等 26 个国家职业技能标准，现予颁布施行。原相应国家职业技能标准同时废止。

附件：26 个国家职业技能标准目录

人力资源社会保障部办公厅
2018 年 12 月 26 日

附件

26 个国家职业技能标准目录

序号	职业编码	职业名称
1	4-03-02-01	中式烹调师
2	4-03-02-02	中式面点师
3	4-03-02-03	西式烹调师
4	4-03-02-04	西式面点师
5	4-03-02-07	茶艺师
6	4-06-01-02	中央空调系统运行操作员
7	4-07-05-03	智能楼宇管理员
8	4-09-09-00	有害生物防制员
9	4-10-03-01	美容师
10	4-10-03-02	美发师

11	4-14-03-03	眼镜验光员
12	4-14-03-04	眼镜定配工
13	6-11-01-04	制冷工
14	6-18-01-01	车工
15	6-18-01-02	铣工
16	6-18-01-04	磨工
17	6-18-01-08	电切削工
18	6-18-02-02	锻造工
19	6-18-02-04	焊工
20	6-20-03-01	机床装调维修工
21	6-22-02-01	汽车装调工
22	6-24-02-01	变压器互感器制造工
23	6-24-03-01	电线电缆制造工
24	6-29-03-03	电梯安装维修工
25	6-29-03-05	制冷空调系统安装维修工
26	6-31-01-03	电工

中式烹调师国家职业技能标准

（2018 年版）

1. 职业概况

1.1 职业名称

中式烹调师

1.2 职业编码

4-03-02-01

1.3 职业定义

运用刀法与烹调技法，对原材料进行加工，制作中式菜肴的人员。

1.4 职业技能等级

本职业共设五个等级，分别为：五级/初级工、四级/中级工、三级/高级工、二级/技师、一级/高级技师。

1.5 职业环境条件

室内、常温。

1.6 职业能力特征

具有一定的学习和计算能力；具有一定的空间感和形体知觉；手指、手臂灵活，动作协调；无色盲，无嗅觉障碍和味觉障碍。

1.7 普通受教育程度

初中毕业（或相当文化程度）。

1.8 职业技能鉴定要求

1.8.1 申报条件

具备以下条件之一者，可申报五级/初级工：
（1）累计从事本职业或相关职业[①]工作 1 年（含）以上。

[①] 相关职业：中式面点师、西式烹调师、西式面点师，下同。

（2）本职业或相关职业学徒期满。

具备以下条件之一者，可申报四级/中级工：

（1）取得本职业或相关职业五级/初级工职业资格证书（技能等级证书）后，累计从事本职业或相关职业工作 4 年（含）以上。

（2）累计从事本职业或相关职业工作 6 年（含）以上。

（3）取得技工学校本专业或相关专业①毕业证书（含尚未取得毕业证书的在校应届毕业生）；或取得经评估论证、以中级技能为培养目标的中等及以上职业学校本专业或相关专业毕业证书（含尚未取得毕业证书的在校应届毕业生）。

具备以下条件之一者，可申报三级/高级工：

（1）取得本职业或相关职业四级/中级工职业资格证书（技能等级证书）后，累计从事本职业或相关职业工作 5 年（含）以上。

（2）取得本职业或相关职业四级/中级工职业资格证书（技能等级证书），并具有高级技工学校、技师学院毕业证书（含尚未取得毕业证书的在校应届毕业生）；或取得本职业或相关职业四级/中级工职业资格证书（技能等级证书），并具有经评估论证、以高级技能为培养目标的高等职业学校本专业或相关专业毕业证书（含尚未取得毕业证书的在校应届毕业生）。

（3）具有大专及以上本专业或相关专业毕业证书，并取得本职业或相关职业四级/中级工职业资格证书（技能等级证书）后，累计从事本职业或相关职业工作 2 年（含）以上。

具备以下条件之一者，可申报二级/技师：

（1）取得本职业或相关职业三级/高级工职业资格证书（技能等级证书）后，累计从事本职业或相关职业工作 4 年（含）以上。

（2）取得本职业或相关职业三级/高级工职业资格证书（技能等级证书）的高级技工学校、技师学院毕业生，累计从事本职业或相关职业工作 3 年（含）以上；或取得本职业或相关职业预备技师证书的技师学院毕业生，累计从事本职业或相关职业工作 2 年（含）以上。

具备以下条件者，可申报一级/高级技师：

取得本职业或相关职业二级/技师职业资格证书（技能等级证书）后，累计从事本职业或相关职业工作 4 年（含）以上。

1.8.2　鉴定方式

分为理论知识考试、技能考核以及综合评审。理论知识考试以笔试、机考等方式为主，主要考核从业人员从事本职业应掌握的基本要求和相关知识要求；技能考核主要采用现场操作、模拟操作等方式进行，主要考核从业人员从事本职业应具备的技能水平；综合评审主要针对技师和高级技师，通常采取审阅申报材料、答辩等方式进行全面评议和审查。

理论知识考试、技能考核和综合评审均实行百分制，成绩皆达 60 分（含）以上者为合格。

---

① 相关专业：中餐烹饪、西餐烹饪、烹调工艺与营养（烹饪工艺与营养）、烹饪与营养教育，下同。

1.8.3 监考人员、考评人员与考生配比

理论知识考试中的监考人员与考生配比不低于1∶15，且每个考场不少于2名监考人员；技能考核中的考评人员与考生配比为1∶10，且考评人员为3人（含）以上单数；综合评审委员为3人（含）以上单数。

1.8.4 鉴定时间

理论知识考试时间不少于90 min。技能考核时间：五级/初级工不少于90 min，四级/中级工不少于120 min，三级/高级工不少于150 min，二级/技师和一级/高级技师不少于180 min。综合评审时间不少于30 min。

1.8.5 鉴定场所设备

理论知识考试在标准教室或计算机机房进行；技能考核在具有必要的烹饪设备及用具，并符合国家安全、卫生、环保规定标准的场所进行。

2. 基本要求

2.1 职业道德

2.1.1 职业道德基本知识

2.1.2 职业守则

(1) 忠于职守，爱岗敬业。
(2) 讲究质量，注重信誉。
(3) 遵纪守法，讲究公德。
(4) 尊师爱徒，团结协作。
(5) 精益求精，追求极致。
(6) 积极进取，开拓创新。

2.2 基础知识

2.2.1 烹饪原料基本知识

(1) 原料的分类。
(2) 原料的特性。
(3) 原料的选择。
(4) 原料的保管。

2.2.2 饮食营养知识

(1) 人体需要的营养素和热能。
(2) 各类烹饪原料的营养特点。

（3）营养素在烹饪中的变化。
（4）平衡膳食与科学配餐。
（5）《中国居民膳食指南（2016）》的应用。

2.2.3 食品安全知识

（1）食品污染及其控制、预防措施。
（2）食品的腐败变质及其控制、预防措施。
（3）食物中毒及其控制、预防措施。
（4）烹饪原料的安全。
（5）烹饪过程的安全。
（6）烹饪成品的安全。

2.2.4 餐饮业成本核算知识

（1）餐饮业的成本概念。
（2）出料率的基本知识。
（3）净料成本的计算。
（4）调味品成本的计算。
（5）成品成本的计算。

2.2.5 安全生产知识

（1）厨房设备安全操作知识。
（2）用电、用气安全知识。
（3）防火防爆安全知识。
（4）机械设备与手动工具的安全使用知识。

2.2.6 相关法律、法规知识

（1）《中华人民共和国劳动法》相关知识。
（2）《中华人民共和国食品安全法》相关知识。
（3）《食品生产许可管理办法》相关知识。
（4）《中华人民共和国环境保护法》相关知识。
（5）《餐饮服务食品安全操作规范》相关知识。

3. 工作要求

本标准对五级/初级工、四级/中级工、三级/高级工、二级/技师、一级/高级技师的技能要求和相关知识要求依次递进，高级别涵盖低级别的要求。

3.1 五级/初级工

职业功能	工作内容	技能要求	相关知识要求
1. 原料初加工	1.1 鲜活原料初加工	1.1.1 能对果蔬类原料进行品质鉴别、选择及清洗整理等加工 1.1.2 能对家禽类原料进行宰杀、褪毛、开膛取内脏及清洗整理等加工 1.1.3 能对鱼类原料进行宰杀、清洗整理等加工	1.1.1 果蔬类原料初加工技术要求 1.1.2 家禽类原料初加工技术要求 1.1.3 鱼类原料初加工技术要求
	1.2 干货及加工性原料初加工	1.2.1 能对豆制品、火腿等加工制品类原料进行清洗加工 1.2.2 能对食用菌类、干菜类等常见的干制植物性原料进行水发加工	1.2.1 加工制品类原料的品质鉴定及清洗技术要求 1.2.2 水发加工的概念及种类 1.2.3 食用菌类、干菜类等常见的干制植物性原料的品质鉴定及水发技术要求
2. 原料分档与切配	2.1 原料分割取料	2.1.1 能根据鸡、鸭等家禽类原料的部位特点进行分割、取料 2.1.2 能根据鱼类的部位特点进行分割、取料	2.1.1 鸡、鸭等家禽类原料分割取料的要求 2.1.2 鸡、鸭等家禽类原料的各部位名称、品质特点、肌肉和骨骼分布知识 2.1.3 鱼类各部位名称、品质特点、肌肉和骨骼分布知识
	2.2 原料切割成形	2.2.1 能将植物性原料切割成片、丝、丁、条、块、段等形状 2.2.2 能将动物性原料切割成片、丁、条、块、段等形状	2.2.1 刀具的种类、使用及保养方法 2.2.2 直刀法、平刀法、斜刀法的使用方法 2.2.3 片、丝、丁、条、块、段等形状的切割规格及技术要求
	2.3 菜肴组配	2.3.1 能根据菜肴规格配制主、配料数量 2.3.2 能根据菜肴品种选用餐具	2.3.1 菜肴组配的概念和形式 2.3.2 配菜要求和基本方法 2.3.3 餐具选用的原则与标准
3. 原料预制加工	3.1 挂糊、上浆	3.1.1 能对原料进行直接拍粉处理 3.1.2 能对原料进行拖蛋液拍粉处理	3.1.1 淀粉的种类、特性及使用方法 3.1.2 拍粉的种类及技术要求

续表

职业功能	工作内容	技能要求	相关知识要求
3. 原料预制加工	3.2 调味处理	3.2.1 能对动物性、植物性原料进行腌制处理 3.2.2 能调制咸鲜味、咸甜味、咸香味等味型	3.2.1 调味的目的与作用 3.2.2 调味的程序、方法和时机 3.2.3 腌制的方法与技术要求 3.2.4 味型的概念及种类 3.2.5 咸鲜味、咸甜味、咸香味等味型的调制方法及技术要求
	3.3 预熟处理	3.3.1 能对原料进行冷水锅预熟处理 3.3.2 能对原料进行热水锅预熟处理	3.3.1 加热设备的功能和特点 3.3.2 加热的目的和作用 3.3.3 水锅预熟处理的方法与技术要求
4. 菜肴制作	4.1 热菜烹制	4.1.1 能运用煮、氽、烧的烹调方法制作常见菜肴 4.1.2 能运用炸、炒的烹调方法制作常见菜肴 4.1.3 能运用蒸的烹调方法制作常见菜肴	4.1.1 翻勺（或翻锅）的种类及技术要求 4.1.2 烹调方法的分类与特征 4.1.3 热菜调味的基本方法 4.1.4 炸、炒、烧、煮、蒸、氽的概念及技术要求 4.1.5 水导热、油导热、汽导热的概念
	4.2 冷菜制作	4.2.1 能运用炝、拌、腌等常见烹调方法制作冷制冷食菜肴 4.2.2 能进行单一主料冷菜的拼摆及成形	4.2.1 炝、拌、腌等常见冷制冷食菜肴加工要求 4.2.2 炝、拌、腌等常见冷制冷食菜肴制作方法 4.2.3 单一主料冷菜装盘的方法及技术要求

3.2 四级/中级工

职业功能	工作内容	技能要求	相关知识要求
1. 原料初加工	1.1 鲜活原料初加工	1.1.1 能对动物性鲜活原料进行品质鉴别 1.1.2 能对家畜类的头、蹄、尾部及内脏原料进行清洗整理等加工 1.1.3 能对水产品原料进行宰杀、清洗整理等加工	1.1.1 动物性鲜活原料品质鉴别的方法 1.1.2 家畜类原料清理加工方法及技术要求 1.1.3 水产品原料初加工方法及技术要求

续表

职业功能	工作内容	技能要求	相关知识要求
1.原料初加工	1.2 干货原料初加工	1.2.1 能对干货原料进行品质鉴别 1.2.2 能对蹄筋、肉皮等干货原料进行涨发加工	1.2.1 干货原料品质鉴别的方法 1.2.2 干货原料的属性分类 1.2.3 油发加工的概念及原理 1.2.4 动物性干制原料的油发方法及技术要求
2.原料分档与切配	2.1 原料分割取料	2.1.1 能根据猪、牛、羊等家畜类原料的部位特点进行分割、取料 2.1.2 能根据鱼类原料的品种及部位特点进行分割、取料	2.1.1 猪、牛、羊等家畜类原料的各部位名称、品质特点、肌肉和骨骼分布知识 2.1.2 不同品种鱼类的品质特点、肌肉和骨骼分布知识
	2.2 原料切割成形	2.2.1 能根据菜肴要求将动物性原料切割成麦穗花刀等形状 2.2.2 能根据菜肴要求将植物性原料切割成兰花花刀等形状	2.2.1 剞刀的技术要求及方法 2.2.2 花刀的分类及成形方法
	2.3 菜肴组配	2.3.1 能根据原料的质地、色彩、形态要求进行主、配料的搭配组合 2.3.2 能运用排、扣、复、贴等手法组配花色菜肴	2.3.1 菜肴组配的造型方法 2.3.2 原料质地、色彩、形态的组配要求 2.3.3 排、扣、复、贴的概念及相关菜肴的组配方法
3.原料预制加工	3.1 挂糊、上浆	3.1.1 能调制水粉浆、全蛋浆等 3.1.2 能根据原料要求选择合适的浆液对原料进行上浆处理 3.1.3 能调制全蛋糊、蛋清糊、蛋黄糊等 3.1.4 能根据原料要求选择合适的糊对原料进行挂糊处理	3.1.1 调浆、制糊的方法及技术要求 3.1.2 挂糊、上浆的作用
	3.2 调味、调色处理	3.2.1 能调制酸甜味、麻辣味等味型 3.2.2 能运用调料对原料进行调色处理	3.2.1 酸甜味、麻辣味等味型的调配方法和技术要求 3.2.2 调料调色的方法
	3.3 预熟处理	3.3.1 能对原料进行走油、走红预熟处理 3.3.2 能制作基础汤	3.3.1 烹制工艺中的热传递方式种类 3.3.2 预熟处理的方法及要求 3.3.3 汤的种类 3.3.4 基础汤的用料及技术要求

续表

职业功能	工作内容	技能要求	相关知识要求
4. 菜肴制作	4.1 热菜烹制	4.1.1 能运用水导热中烩、焖的烹调方法制作菜肴 4.1.2 能运用油导热中熘、爆、煎的烹调方法制作菜肴 4.1.3 能运用汽导热中蒸的烹调方法制作菜肴	4.1.1 火候的概念及传热介质的导热特征 4.1.2 烩、焖、熘、爆、煎的概念及技术要求 4.1.3 勾芡的目的、方法及技术要求
	4.2 冷菜制作	4.2.1 能运用酱、卤等烹调方法制作热制冷食菜肴 4.2.2 能进行什锦拼盘的拼摆及成形	4.2.1 热制冷食菜肴的制作要求和方法 4.2.2 什锦拼盘拼摆要求

3.3 三级/高级工

职业功能	工作内容	技能要求	相关知识要求
1. 原料初加工	1.1 鲜活原料初加工	1.1.1 能对贝类、爬行类、软体类原料进行清洗整理等加工 1.1.2 能对虾蟹类原料进行清洗整理等加工	1.1.1 贝类、爬行类、软体类原料的品质鉴定、加工方法及技术要求 1.1.2 虾蟹类原料的品质鉴定、加工方法及技术要求
	1.2 干货原料初加工	1.2.1 能对干制鱿鱼、墨鱼等干货原料进行碱发加工 1.2.2 能对干制鱼肚等干货原料进行涨发加工	1.2.1 碱发的概念及原理 1.2.2 动物性干货原料的碱发方法及技术要求 1.2.3 鱼肚的涨发方法与技术要求
2. 原料分档与切配	2.1 原料分割	2.1.1 能对整鸡、整鸭、整鱼等原料进行整料脱骨处理 2.1.2 能对中式火腿进行分档	2.1.1 整料脱骨的方法及技术要求 2.1.2 中式火腿的分档方法
	2.2 茸泥原料切割加工	2.2.1 能将鸡、鱼、虾等动物性原料制成茸 2.2.2 能将豆腐、山药等植物性原料制成泥	2.2.1 茸、泥制作的常用方法 2.2.2 茸、泥的制作要领
	2.3 菜肴组配	2.3.1 能运用包、卷、扎、叠等手法组配花色菜肴 2.3.2 能运用酿、穿、塑等手法组配花色菜肴	2.3.1 包、卷、扎、叠等手法的概念与技术要求 2.3.2 酿、穿、塑等手法的概念与技术要求

续表

职业功能	工作内容	技能要求	相关知识要求
3. 原料预制加工	3.1 制汤	3.1.1 能制作毛汤、清汤 3.1.2 能制作奶汤、浓汤	3.1.1 各类汤的概念及制作原理 3.1.2 制汤的注意事项
	3.2 制冻	3.2.1 能制作琼脂类菜肴 3.2.2 能制作鱼胶、皮冻类菜肴	3.2.1 冻胶的基本概念及种类 3.2.2 冻胶的制作要领
	3.3 制茸胶	3.3.1 能制作鱼、虾类茸胶菜品 3.3.2 能制作鸡类茸胶菜品	3.3.1 茸胶制品的特点及种类 3.3.2 制作茸胶制品的技术要求
4. 菜肴制作	4.1 热菜烹制	4.1.1 能运用水导热中拔丝、蜜汁、扒、煨、炖、贴、塌、糟的烹调方法制作菜肴 4.1.2 能运用辐射、电磁导热中烤、焗的烹调方法制作菜肴 4.1.3 能组配宴会热菜	4.1.1 宴会热菜的构成及组配原则 4.1.2 拔丝、蜜汁、扒、煨、炖、贴、塌、糟、烤、焗等烹调方法的技术要求
	4.2 冷菜制作与食品雕刻	4.2.1 能运用挂霜、琉璃、糟等烹调方法制作冷菜 4.2.2 能完成象形冷菜拼摆 4.2.3 能运用适当的原料进行常见花鸟鱼虫的雕刻 4.2.4 能组配宴会冷菜	4.2.1 挂霜、琉璃、糟等烹调方法的技术要求 4.2.2 花色冷菜的拼摆原则及要求 4.2.3 食品雕刻使用的原料及雕刻种类 4.2.4 宴会冷菜的构成及组配原则

3.4 二级/技师

职业功能	工作内容	技能要求	相关知识要求
1. 原料鉴别与初加工	1.1 特色干制原料鉴别	1.1.1 能鉴别鲍鱼的品质 1.1.2 能鉴别海参的品质 1.1.3 能鉴别其他特色干制原料的品质	1.1.1 特色干制原料的种类及特征 1.1.2 特色干制原料的品质鉴别方法
	1.2 特色干制原料初加工	1.2.1 会涨发鲍鱼 1.2.2 会涨发海参 1.2.3 会涨发其他特色干制原料	1.2.1 特色干制原料的涨发方法 1.2.2 特色干制原料涨发的技术要求

续表

职业功能	工作内容	技能要求	相关知识要求
2. 菜单设计	2.1 零点菜单设计	2.1.1 能根据企业定位、经营特点和综合资源设计零点菜单 2.1.2 能根据零点特点，对冷菜、热菜及面点等进行组合设计	2.1.1 零点及零点菜单的概念 2.1.2 零点菜单的结构及作用 2.1.3 零点菜单设计的原则及方法
	2.2 宴会菜单设计	2.2.1 能根据不同主题设计宴会菜单 2.2.2 能根据宴会规格对冷菜、热菜、面点等进行合理搭配 2.2.3 能根据季节、风俗习惯、服务对象设计整套宴会菜点	2.2.1 宴会的概念、类型及发展 2.2.2 宴会菜单的结构及作用 2.2.3 宴会菜单设计的原则和方法
3. 菜肴制作与装饰	3.1 热菜烹制	3.1.1 善于运用各种烹饪原料、方法制作本地菜肴 3.1.2 能烹制其他相关菜系的特色菜肴	3.1.1 本地菜系或本地菜肴的形成特点 3.1.2 中国传统四大菜系的风味特色
	3.2 位上冷菜拼摆	3.2.1 能根据宴席的要求进行位上冷菜的拼摆 3.2.2 能根据不同季节的变化进行位上冷菜的拼摆	3.2.1 位上冷菜拼摆的特点及分类形式 3.2.2 位上冷菜拼摆的基本方法
	3.3 餐盘装饰	3.3.1 能根据菜肴、餐盘特点选用装饰原料 3.3.2 能运用各种装饰原料美化餐盘 3.3.3 能根据冷拼的图形进行菜肴美化	3.3.1 餐盘装饰的概念、特点及运用原则 3.3.2 餐盘装饰的构图方法
4. 厨房管理	4.1 成本管理	4.1.1 能提出厨房产品成本控制的措施 4.1.2 能填写厨房成本核算报表 4.1.3 能编制控制成本的方案	4.1.1 厨房产品成本构成要素 4.1.2 厨房生产流程中的成本控制方法 4.1.3 成本报表与控制方法
	4.2 厨房生产管理	4.2.1 能对厨房生产各阶段的运转制定管理细则 4.2.2 能制定出标准食谱 4.2.3 能根据厨房生产各阶段的要求控制厨房出品秩序	4.2.1 厨房生产各阶段的管理要求 4.2.2 标准食谱的制定方法

续表

职业功能	工作内容	技能要求	相关知识要求
5. 培训指导	5.1 培训	5.1.1 能根据培训计划和教材内容撰写培训教案 5.1.2 能对三级/高级工及以下级别人员进行培训	5.1.1 培训计划的编制方法 5.1.2 培训教案的编写要求
	5.2 指导	5.2.1 能对三级/高级工及以下级别人员进行刀工及原料初加工的技术指导 5.2.2 能对三级/高级工及以下级别人员进行烹调技法、调味等技术指导	5.2.1 刀工及原料初加工的指导方法 5.2.2 烹调技法、调味的指导方法
6. 宴会主理	6.1 宴会的组织	6.1.1 能根据宴会菜肴制作需要编制实施方案 6.1.2 能组织实施宴会菜肴制作实施方案	6.1.1 宴会菜肴制作的特点及生产过程 6.1.2 宴会菜肴制作实施方案的编制方法
	6.2 宴会服务的协调	6.2.1 能根据宴会任务需要协助制定服务方案 6.2.2 能根据宴会任务需要了解服务技能	6.2.1 宴会服务的特点及作用 6.2.2 协调宴会服务方案的实施方法

3.5 一级/高级技师

职业功能	工作内容	技能要求	相关知识要求
1. 菜肴制作与装饰	1.1 创新菜的制作与开发	1.1.1 能运用国内外的新技法、新设备创制新菜肴 1.1.2 能运用国内外的新原料、新调料创新菜肴	1.1.1 菜肴创新的概念 1.1.2 菜肴创新的方法和途径
	1.2 主题展台设计	1.2.1 能设计主题性展台 1.2.2 能美化、装饰展台	1.2.1 主题性展台的特点及作用 1.2.2 展示展台的造型及装饰方法
2. 厨房管理	2.1 厨房整体布局	2.1.1 能分析影响厨房布局的因素 2.1.2 能设计中餐厨房布局	2.1.1 中餐厨房类型 2.1.2 中餐厨房布局知识

续表

职业功能	工作内容	技能要求	相关知识要求
2. 厨房管理	2.2 人员组织	2.2.1 能分配厨房各岗位人员 2.2.2 能制定各岗位职责及管理办法	2.2.1 厨房组织结构设置要求 2.2.2 厨房人员配备及管理方法 2.2.3 厨房各岗位的岗位职责
	2.3 菜肴质量管理分工	2.3.1 能制定菜肴质量评价标准并执行解决质量问题的方案 2.3.2 能对菜肴质量进行针对性控制	2.3.1 影响菜肴质量的因素 2.3.2 菜肴质量管理方法
3. 培训指导	3.1 培训	3.1.1 能编写培训讲义 3.1.2 能对二级/技师及以下级别人员进行专业、专门培训 3.1.3 能制作并运用多媒体课件进行业务培训	3.1.1 培训讲义的编写方法和要求 3.1.2 多媒体课件制作和使用的方法
	3.2 指导	3.2.1 能对二级/技师及以下级别人员进行技能指导 3.2.2 能设计并指导中式烹调技能竞赛	3.2.1 中式烹调技能指导方法 3.2.2 制定中式烹调技能竞赛规程的基本原则 3.2.3 中式烹调技能竞赛规程的结构内容

4. 权重表

4.1 理论知识权重表

项目		技能等级	五级/初级工（%）	四级/中级工（%）	三级/高级工（%）	二级/技师（%）	一级/高级技师（%）
基本要求		职业道德	5	5	5	5	5
		基础知识	15	10	5	5	5
相关知识要求		原料初加工	20	15	10	—	—
		原料分档与切配	20	15	15	—	—
		原料预制加工	20	25	30	—	—
		菜肴制作	20	30	35	—	—
		原料鉴别与初加工	—	—	—	15	—
		菜单设计	—	—	—	15	—

续表

项目		技能等级	五级/初级工(%)	四级/中级工(%)	三级/高级工(%)	二级/技师(%)	一级/高级技师(%)
相关知识要求	宴会主理		—	—	—	15	—
	菜肴制作与装饰		—	—	—	15	35
	厨房管理		—	—	—	20	35
	培训指导		—	—	—	10	20
	合计		100	100	100	100	100

4.2 技能要求权重表

项目		技能等级	五级/初级工(%)	四级/中级工(%)	三级/高级工(%)	二级/技师(%)	一级/高级技师(%)
技能要求	原料初加工		25	20	10	—	—
	原料分档与切配		25	20	20	—	—
	原料预制加工		20	25	30	—	—
	菜肴制作		30	35	40	—	—
	原料鉴别与初加工		—	—	—	20	—
	菜单设计		—	—	—	15	—
	宴会主理		—	—	—	20	—
	菜肴制作与装饰		—	—	—	20	45
	厨房管理		—	—	—	15	35
	培训指导		—	—	—	10	20
	合计		100	100	100	100	100

中式面点师国家职业技能标准

(2018 年版)

1. 职业概况

1.1 职业名称

中式面点师

1.2 职业编码

4-03-02-02

1.3 职业定义

运用中式面点成型技术和成熟方法，进行面点主料和辅料加工，制作中式面食、小吃的人员。

1.4 职业技能等级

本职业共设五个等级，分别为：五级/初级工、四级/中级工、三级/高级工、二级/技师、一级/高级技师。

1.5 职业环境条件

室内，常温。

1.6 职业能力特征

具有一定的学习和计算能力；具有一定的空间感和形体知觉；手指、手臂灵活，动作协调；无色盲，无嗅觉障碍和味觉障碍。

1.7 普通受教育程度

初中毕业（或相当文化程度）。

1.8 职业技能鉴定要求

1.8.1 申报条件

具备以下条件者，可申报五级/初级工：

（1）累计从事本职业或相关职业①工作1年（含）以上。

（2）本职业或相关职业学徒期满。

具备以下条件之一者，可申报四级/中级工：

（1）取得本职业或相关职业五级/初级工职业资格证书（技能等级证书）后，累计从事本职业或相关职业工作4年（含）以上。

（2）累计从事本职业工作6年（含）以上。

（3）取得技工学校本专业或相关专业②毕业证书（含尚未取得毕业证书的在校应届毕业生）；或取得经评估论证、以中级技能为培养目标的中等及以上职业学校本专业或相关专业毕业证书（含尚未取得毕业证书的在校应届毕业生）。

具备以下条件之一者，可申报三级/高级工：

（1）取得本职业或相关职业四级/中级工职业资格证书（技能等级证书）后，累计从事本职业或相关职业工作5年（含）以上。

（2）取得本职业或相关职业四级/中级工职业资格证书（技能等级证书），并具有高级技工学校、技师学院毕业证书（含尚未取得毕业证书的在校应届毕业生）；或取得本职业或相关职业四级/中级工职业资格证书（技能等级证书），并具有经评估论证、以高级技能为培养目标的高等职业学校本专业或相关专业毕业证书（含尚未取得毕业证书的在校应届毕业生）。

（3）具有大专及以上本专业或相关专业毕业证书，并取得本职业或相关职业四级/中级工职业资格证书（技能等级证书）后，累计从事本职业或相关职业工作2年（含）以上。

具备以下条件之一者，可申报二级/技师：

（1）取得本职业或相关职业三级/高级工职业资格证书（技能等级证书）后，累计从事本职业或相关职业工作4年（含）以上。

（2）取得本职业或相关职业三级/高级工职业资格证书（技能等级证书）的高级技工学校、技师学院毕业生，累计从事本职业或相关职业工作3年（含）以上；或取得本职业或相关职业预备技师证书的技师学院毕业生，累计从事本职业或相关职业工作2年（含）以上。

具备以下条件者，可申报一级/高级技师：

取得本职业或相关职业二级/技师职业资格证书（技能等级证书）后，累计从事本职业或相关职业工作4年（含）以上。

1.8.2 鉴定方式

分为理论知识考试、技能考核以及综合评审。理论知识考试以笔试、机考等方式为主，主要考核从业人员从事本职业应掌握的基本要求和相关知识要求；技能考核主要采用现场操作、模拟操作等方式进行，主要考核从业人员从事本职业应具备的技能水平；综合评审主要针对技师和高级技师，通常采取审阅申报材料、答辩等方式进行全面评议和审查。

---

① 相关职业：中式烹调师、西式烹调师、西式面点师、糕点面包烘焙工、米面主食制作工，下同。

② 相关专业：中餐烹饪、西餐烹饪、中西面点工艺、烹调工艺与营养（烹饪工艺与营养）、烹饪与营养教育，下同。

理论知识考试、技能考核和综合评审均实行百分制，成绩皆达60分（含）以上者为合格。

1.8.3　监考人员、考评人员与考生配比

理论知识考试中的监考人员与考生配比不低于1∶15，且每个考场不少于2名监考人员；技能考核中的考评人员与考生配比为1∶10，且考评人员为3人（含）以上单数；综合评审委员为3人（含）以上单数。

1.8.4　鉴定时间

理论知识考试时间不少于90 min。技能考核时间：五级/初级工不少于90 min，四级/中级工不少于120 min，三级/高级工不少于150 min，二级/技师不少于180 min，一级/高级技师不少于180 min。综合评审时间不少于30 min。

1.8.5　鉴定场所设备

理论知识考试在标准教室或计算机机房进行；技能考核在具有必备的烹饪设备及用具，并符合国家安全、卫生、环保规定标准的场所进行。

2. 基本要求

2.1　职业道德

2.1.1　职业道德基本知识

2.1.2　职业守则

（1）忠于职守，爱岗敬业。
（2）讲究质量，注重信誉。
（3）遵纪守法，讲究公德。
（4）尊师爱徒，团结协作。
（5）精益求精，追求极致。
（6）积极进取，开拓创新。

2.2　基础知识

2.2.1　饮食营养知识

（1）人体需要的营养素和热能。
（2）各类烹饪原料的营养特点。
（3）营养素在烹饪中的变化。
（4）平衡膳食与科学配餐。
（5）《中国居民膳食指南（2016）》的应用。

2.2.2 食品安全知识

（1）食品污染及其控制、预防措施。
（2）食品的腐败变质及其控制、预防措施。
（3）食物中毒及其控制、预防措施。
（4）烹饪原料的安全。
（5）烹饪过程的安全。
（6）烹饪成品的安全。

2.2.3 餐饮业成本核算知识

（1）餐饮业的成本概念。
（2）出料率的基本知识。
（3）净料成本的计算。
（4）调味品成本的计算。
（5）成品成本的计算。

2.2.4 安全生产知识

（1）厨房设备安全操作知识。
（2）用电、用气安全知识。
（3）防火、防爆安全知识。
（4）机械设备与手动工具的安全使用知识。

2.2.5 相关法律、法规知识

（1）《中华人民共和国劳动法》相关知识。
（2）《中华人民共和国食品安全法》相关知识。
（3）《食品生产许可管理办法》相关知识。
（4）《中华人民共和国环境保护法》相关知识。
（5）《餐饮服务食品安全操作规范》相关知识。

3. 工作要求

本标准对五级/初级工、四级/中级工、三级/高级工、二级/技师、一级/高级技师的技能要求和相关知识要求依次递进，高级别涵盖低级别的要求。

3.1 五级/初级工

职业功能	工作内容	技能要求	相关知识要求
1. 水调面品种制作	1.1 面坯调制	1.1.1 能对冷水面坯配料 1.1.2 能对温水面坯配料 1.1.3 能调制冷水面坯 1.1.4 能调制温水面坯	1.1.1 面粉基础知识 1.1.2 秤、电子秤、量杯的相关知识 1.1.3 和面机、轧面机的种类、使用方法及安全事项 1.1.4 水调面坯的概念、分类及特点 1.1.5 冷水面坯调制方法 1.1.6 温水面坯调制方法
	1.2 生坯成型	1.2.1 能制作饺子皮 1.2.2 能制作馄饨皮 1.2.3 能制作烧卖皮 1.2.4 能制作面条	1.2.1 面杖的种类及使用方法 1.2.2 揉面的方法 1.2.3 搓条的方法 1.2.4 下剂的方法 1.2.5 制皮的方法
	1.3 产品成熟	1.3.1 能用煮制法成熟无馅类水调面坯制品 1.3.2 能用烙制法成熟无馅类水调面坯制品 1.3.3 能用炸制法成熟无馅类水调生坯制品	1.3.1 灶的种类、使用方法及安全事项 1.3.2 铛的种类、使用方法及安全事项 1.3.3 煮、烙、炸的熟制方法
2. 膨松面品种制作	2.1 面坯调制	2.1.1 能对生物膨松面坯进行配料 2.1.2 能调制生物膨松面坯	2.1.1 搅拌与发酵设备的种类、使用方法及安全事项 2.1.2 案上清洁工具的种类及使用方法 2.1.3 生物膨松面坯的概念、特点和调制方法
	2.2 生坯成型	2.2.1 能用模具成型无馅类生物膨松制品生坯 2.2.2 能手工成型无馅类生物膨松制品生坯	2.2.1 成型工具、木制模具、各式型模的种类及使用方法 2.2.2 擀、搓、卷的成型方法 2.2.3 切、包、模具的成型方法
	2.3 产品成熟	2.3.1 能用蒸制法熟制无馅类生物膨松制品 2.3.2 能用烤制法熟制无馅类生物膨松制品	2.3.1 蒸箱、烤箱（万能蒸烤箱）的种类、使用方法及安全事项 2.3.2 蒸、烤的熟制方法

续表

职业功能	工作内容	技能要求	相关知识要求
3. 米制品制作	3.1 米水配置	3.1.1 能根据籼米的特点调整米与水的配方 3.1.2 能根据粳米的特点调整米与水的配方 3.1.3 能根据糯米的特点调整米与水的配方	稻米的种类与特点
	3.2 饭粥熟制	3.2.1 能熟制米饭类制品 3.2.2 能熟制米粥类制品	3.2.1 米饭的熟制方法 3.2.2 米粥的熟制方法
4. 杂粮品种制作	4.1 面坯调制	4.1.1 能调制玉米面类面坯 4.1.2 能调制小米面类面坯	4.1.1 玉米的种类、特性及玉米面类面坯的调制方法 4.1.2 小米的种类、特性及小米面类面坯的调制方法
	4.2 生坯成型	4.2.1 能成型玉米面类生坯 4.2.2 能成型小米面类生坯	4.2.1 玉米面类生坯成型方法 4.2.2 小米面类生坯成型方法
	4.3 产品成熟	4.3.1 能熟制玉米面类制品 4.3.2 能熟制小米面类制品 4.3.3 能熟制小米饭类制品 4.3.4 能熟制小米粥类制品	4.3.1 玉米面类面坯熟制方法 4.3.2 小米面类面坯熟制方法 4.3.3 小米饭类制品、小米粥类制品熟制方法

3.2 四级/中级工

职业功能	工作内容	技能要求	相关知识要求
1. 馅心制作	1.1 原料选择	1.1.1 能选用植物性制馅原料 1.1.2 能选用动物性制馅原料 1.1.3 能选用制馅调味料	1.1.1 馅心的概念、分类 1.1.2 制馅原料知识 1.1.3 原料的保藏知识
	1.2 原料加工	1.2.1 能对生拌类咸馅原料进行摘洗、去皮 1.2.2 能对生拌类咸馅原料进行细碎加工 1.2.3 能对生拌类原料进行焯水、脱水处理 1.2.4 能对糖油馅、果仁蜜饯馅原料进行细碎加工	1.2.1 粉碎机和刀具的种类、使用方法及安全事项 1.2.2 馅心加工的基本刀法 1.2.3 馅心水分控制方法

续表

职业功能	工作内容	技能要求	相关知识要求
1. 馅心制作	1.3 口味调制	1.3.1 能调制生拌类咸馅 1.3.2 能制作糖油馅 1.3.3 能制作果仁蜜饯馅	1.3.1 生拌类咸馅制作方法 1.3.2 糖油馅制作方法 1.3.3 果仁蜜饯馅制作方法
2. 水调面品种制作	2.1 面坯调制	2.1.1 能对热水面坯进行配料 2.1.2 能调制热水面坯	2.1.1 水调面坯调制的基本原理和影响因素 2.1.2 热水面坯的调制方法
	2.2 生坯成型	2.2.1 能对有馅类冷水面生坯成型 2.2.2 能对有馅类温水面生坯成型 2.2.3 能对有馅类热水面生坯成型	2.2.1 包、捏、嵌花的成型方法 2.2.2 馅心对生坯成型的影响
	2.3 产品成熟	2.3.1 能用煮制法成熟有馅类水调面坯制品 2.3.2 能用烙制法成熟有馅类水调面坯制品 2.3.3 能用炸制法成熟有馅类水调面坯制品 2.3.4 能用煎制法成熟有馅类水调面坯制品	2.3.1 煮制法的技术要求 2.3.2 烙制法的技术要求 2.3.3 炸制法的技术要求 2.3.4 煎制法的技术要求
3. 膨松面品种制作	3.1 面坯调制	3.1.1 能按配方对化学膨松面坯进行配料 3.1.2 能按程序调制化学膨松面坯	3.1.1 油、糖、蛋、乳知识 3.1.2 化学膨松剂的种类和特点 3.1.3 化学膨松面坯的概念、特点和调制方法 3.1.4 化学膨松面坯调制的基本原理和影响因素
	3.2 生坯成型	3.2.1 能对无馅类化学膨松制品生坯成型 3.2.2 能对有馅类化学膨松制品生坯成型 3.2.3 能对有馅类生物膨松制品生坯成型	3.2.1 生物膨松成品生坯成型技术要领 3.2.2 化学膨松成品生坯成型方法及技术要领

续表

职业功能	工作内容	技能要求	相关知识要求
3.膨松面品种制作	3.3 产品成熟	3.3.1 能用烤制法熟制化学膨松制品 3.3.2 能用炸制法熟制化学膨松制品 3.3.3 能用蒸制法熟制有馅类生物膨松制品 3.3.4 能用煎制法熟制有馅类生物膨松制品	3.3.1 烤制法的分类与技术要求 3.3.2 炸制法的分类与技术要求 3.3.3 蒸制法的分类与技术要求 3.3.4 煎制法的分类与技术要求
4.层酥面品种制作	4.1 面坯调制	4.1.1 能对水油皮层酥类面坯进行配料 4.1.2 能调制水油皮层酥类面坯 4.1.3 能对酵面层酥类面坯进行配料 4.1.4 能调制酵面层酥类面坯	4.1.1 层酥面坯的概念、特点与分类 4.1.2 走槌的使用方法
	4.2 生坯成型	4.2.1 能用大包酥的方法制作水油皮层酥暗酥 4.2.2 能用大包酥的方法制作酵面层酥暗酥 4.2.3 能用暗酥的方法成型层酥面生坯	4.2.1 暗酥的特点 4.2.2 水油皮大包酥的开酥方法 4.2.3 酵面层酥大包酥的开酥方法 4.2.4 卷、擀、叠、切的成型方法
	4.3 产品成熟	4.3.1 能用烤制法熟制暗酥类制品 4.3.2 能用烙制法熟制暗酥类制品	4.3.1 暗酥类制品烤制技术关键 4.3.2 暗酥类制品烙制技术关键
5.米制品制作	5.1 面坯调制	5.1.1 能对米粉坯类面坯进行配料 5.1.2 能调制生粉坯 5.1.3 能调制熟粉坯	5.1.1 米粉的种类 5.1.2 米粉面坯的概念、分类和特点
	5.2 生坯成型	5.2.1 能制作生粉团生坯 5.2.2 能制作熟粉团生坯	5.2.1 生粉团类生坯工艺方法与技术要求 5.2.2 熟粉团类生坯工艺方法与技术要求
	5.3 产品成熟	5.3.1 能熟制生粉团类制品 5.3.2 能熟制熟粉团类制品	5.3.1 生粉团类制品熟制技术关键 5.3.2 熟粉团类制品熟制技术关键

续表

职业功能	工作内容	技能要求	相关知识要求
6. 杂粮品种制作	6.1 面坯调制	6.1.1 能调制莜麦类面坯 6.1.2 能调制荞麦类面坯 6.1.3 能调制蔬果类面坯	6.1.1 莜麦的种类、特点及莜麦类面坯的调制方法 6.1.2 荞麦的种类、特点及荞麦类面坯的调制方法 6.1.3 蔬果类原料的种类、特性及蔬果类面坯的调制方法
	6.2 生坯成型	6.2.1 能制作莜麦类面点生坯 6.2.2 能制作荞麦类面点生坯 6.2.3 能制作蔬果类面点生坯	6.2.1 莜麦类生坯的成型方法 6.2.2 荞麦类生坯的成型方法 6.2.3 蔬果类生坯的成型方法
	6.3 产品成熟	6.3.1 能熟制莜麦类制品 6.3.2 能熟制荞麦类制品 6.3.3 能熟制蔬果类制品	6.3.1 莜麦类面坯熟制方法 6.3.2 荞麦类面坯熟制方法 6.3.3 蔬果类面坯熟制方法

3.3 三级/高级工

职业功能	工作内容	技能要求	相关知识要求
1. 馅心制作	1.1 原料加工	1.1.1 能对熟馅原料进行初加工 1.1.2 能对熟馅原料进行熟制处理	1.1.1 制馅原料的性质和特点 1.1.2 制馅原料的初加工及熟制处理方法
	1.2 馅心熟制	1.2.1 能制作熟甜馅 1.2.2 能制作熟咸馅 1.2.3 能制作卤臊浇头	1.2.1 泥蓉馅、鲜果花卉馅、糖油蛋（糠）馅等熟甜馅制作工艺 1.2.2 熟素馅、熟荤馅、生熟馅等熟咸馅制作工艺 1.2.3 盖浇、汤料、凉拌蘸汁类等卤臊浇头制作工艺
2. 水调面品种制作	2.1 面坯调制	2.1.1 能根据工艺要求调整水调面坯配方 2.1.2 能根据条件选择合适的水温调制水调面坯 2.1.3 能根据原料品种特点调制各种水调面坯	2.1.1 面粉的工艺性能 2.1.2 面筋的特性 2.1.3 调制水调面坯（冷、温、热）的技术要求

续表

职业功能	工作内容	技能要求	相关知识要求
2. 水调面品种制作	2.2 生坯成型	2.2.1 能制作具有良好筋力的水调面生坯 2.2.2 能制作浆糊类水调面生坯	2.2.1 抻的成型方法 2.2.2 削的成型方法 2.2.3 拨的成型方法 2.2.4 搓的成型方法 2.2.5 摊的成型方法
	2.3 产品成熟	2.3.1 能根据品种调整熟制时的油温 2.3.2 能根据品种调整熟制时的火候	2.3.1 火候的概念与运用 2.3.2 油温的分类 2.3.3 热能运用的一般原则
3. 膨松面品种制作	3.1 调制面坯	3.1.1 能根据工艺要求调整生物膨松面坯配方 3.1.2 能根据环境温度调整生物膨松面坯配方与工艺 3.1.3 能采用面肥或酵母调制发酵面坯 3.1.4 能对物理膨松面坯进行配料 3.1.5 能调制物理膨松面坯	3.1.1 面坯膨松必须具备的条件 3.1.2 生物膨松面坯调制的基本原理和影响因素 3.1.3 面肥或酵母发酵面坯的技术要点 3.1.4 物理膨松面坯的概念、特点和调制方法 3.1.5 物理膨松面坯调制的基本原理和影响因素
	3.2 生坯成型	3.2.1 能制作物理膨松面生坯 3.2.2 能制作有馅类造型生物膨松面生坯	3.2.1 物理膨松面坯成型的影响因素 3.2.2 有馅类生物膨松面生坯成型的影响因素
	3.3 产品成熟	3.3.1 能用蒸制法熟制物理膨松制品 3.3.2 能用烤制法熟制物理膨松制品 3.3.3 能熟制造型生物膨松制品 3.3.4 能根据不同品种调整烤炉炉温	3.3.1 物理膨松制品蒸制技术关键 3.3.2 物理膨松制品烤制技术关键 3.3.3 造型生物膨松制品熟制技术关键 3.3.4 烤炉底火、面火的作用与调节方法

续表

职业功能	工作内容	技能要求	相关知识要求
4. 层酥面品种制作	4.1 面坯调制	4.1.1 能根据制品特点调整水油皮面坯配方 4.1.2 能根据制品特点调整酵面层酥面坯配方 4.1.3 能调制擘酥面坯	4.1.1 层酥面坯的分类 4.1.2 层酥面坯的构成及比例关系 4.1.3 层酥面坯分层起酥的原理 4.1.4 擘酥面坯的调制方法及技术要求
	4.2 生坯成型	4.2.1 能用大包酥的方法制作水油皮明酥 4.2.2 能用小包酥的方法制作水油皮明酥 4.2.3 能用叠酥的方法制作水油皮明酥 4.2.4 能用叠酥的方法制作擘酥 4.2.5 能制作明酥类直酥生坯 4.2.6 能制作明酥类圆酥生坯	4.2.1 水油皮明酥的种类与特点 4.2.2 水油皮大包酥的开酥方法 4.2.3 水油皮小包酥的开酥方法 4.2.4 水油皮叠酥的开酥方法 4.2.5 擘酥的成型方法 4.2.6 直酥的成型方法 4.2.7 圆酥的成型方法
	4.3 产品成熟	4.3.1 能用烤制法熟制明酥类制品 4.3.2 能用炸制法熟制明酥类制品 4.3.3 能用烙制法熟制明酥类制品	4.3.1 明酥类制品烤制技术关键 4.3.2 明酥类制品炸制技术关键 4.3.3 明酥类制品烙制技术关键
5. 米制品制作	5.1 面坯调制	5.1.1 能调制黏质糕粉团 5.1.2 能调制松质糕粉团	5.1.1 黏质糕粉团掺粉方法 5.1.2 松质糕粉团掺粉方法
	5.2 生坯成型	5.2.1 能制作黏质糕粉团生坯 5.2.2 能制作松质糕粉团生坯	5.2.1 黏质糕生坯工艺和技术要求 5.2.2 松质糕生坯工艺和技术要求
	5.3 产品成熟	5.3.1 能熟制黏质糕类制品 5.3.2 能熟制松质糕类制品	5.3.1 黏质糕类制品熟制技术关键 5.3.2 松质糕类制品熟制技术关键

续表

职业功能	工作内容	技能要求	相关知识要求
6. 其他面坯品种制作	6.1 面坯调制	6.1.1 能调制薯类面坯 6.1.2 能调制澄粉类面坯 6.1.3 能调制混酥类面坯 6.1.4 能调制浆皮类面坯 6.1.5 能调制豆类面坯 6.1.6 能调制鱼虾蓉面坯 6.1.7 能调制羹汤、胶冻	6.1.1 薯类的种类、特性及薯类面坯调制方法 6.1.2 澄粉的特性及澄粉类面坯调制方法 6.1.3 油脂、糖、蛋的特性及混酥类面坯调制方法 6.1.4 糖浆熬制工艺方法及浆皮类面坯调制方法 6.1.5 豆类原料的种类、特性及豆类面坯调制方法 6.1.6 鱼虾类原料的种类、特性及鱼虾蓉面坯调制方法 6.1.7 羹汤、胶冻原料的特性
	6.2 生坯成型	6.2.1 能制作薯类生坯 6.2.2 能制作澄粉类生坯 6.2.3 能制作混酥类生坯 6.2.4 能制作浆皮类生坯 6.2.5 能制作豆类生坯 6.2.6 能制作鱼虾蓉生坯 6.2.7 能制作胶冻制品	6.2.1 薯类生坯成型方法 6.2.2 澄粉类生坯成型方法 6.2.3 混酥类生坯成型方法 6.2.4 浆皮类生坯成型方法 6.2.5 豆类生坯成型方法 6.2.6 鱼虾蓉生坯成型方法 6.2.7 胶冻类生坯成型方法
	6.3 产品成熟	6.3.1 能熟制薯类制品 6.3.2 能熟制澄粉类制品 6.3.3 能熟制混酥类制品 6.3.4 能熟制浆皮类制品 6.3.5 能熟制豆类制品 6.3.6 能熟制鱼虾蓉类制品 6.3.7 能熟制羹汤类制品	6.3.1 薯类制品制作技术要求 6.3.2 澄粉类制品制作技术要求 6.3.3 混酥类制品制作技术要求 6.3.4 浆皮类制品制作技术要求 6.3.5 豆类制品制作技术要求 6.3.6 鱼虾蓉类制品制作技术要求 6.3.7 羹汤类制品制作技术要求
7. 面点装饰	7.1 成品装盘	7.1.1 能搭配装盘图形 7.1.2 能搭配装盘色彩	7.1.1 装盘的基本方法和操作要点 7.1.2 构图的基本方法 7.1.3 装盘配色的基本要求
	7.2 成品装饰	7.2.1 能用沾、撒、搓等方法做盘装饰 7.2.2 能用挤、捏等方法做盘装饰	7.2.1 常用的装饰方法 7.2.2 盘饰方法

3.4 二级/技师

职业功能	工作内容	技能要求	相关知识要求
1. 风味面点制作	1.1 原料选择与利用	1.1.1 能根据面点品种特点选择原料 1.1.2 能根据地方特色和季节选择原料 1.1.3 能根据原料的特性搭配原料	1.1.1 烹饪原料学知识 1.1.2 面点工艺学知识 1.1.3 烹饪营养学知识
	1.2 面点制作	1.2.1 能制作本地区传统风味面点 1.2.2 能制作其他风味流派的特色名点	1.2.1 中国风味面点知识 1.2.2 饮食文化与风俗知识
2. 菜单设计与创新	2.1 菜单设计	2.1.1 能根据服务对象的特点及要求选择面点品种 2.1.2 能根据宴会主题和规格搭配面点品种 2.1.3 能根据季节特点选择面点品种	2.1.1 宴会设计知识 2.1.2 菜点搭配知识
	2.2 面点创新	2.2.1 能结合当地的饮食习惯和原料特性设计制作面点 2.2.2 能结合服务对象和宴会主题设计制作面点	2.2.1 面点原料选择知识 2.2.2 面点制作工艺知识 2.2.3 地方风味特色知识 2.2.4 饮食文化与风俗知识
3. 面点装饰	3.1 点心装饰	3.1.1 能运用面点成型技法装饰美化制品 3.1.2 能依据服务对象和宴会主题要求装饰美化制品 3.1.3 能应用装饰原料和方法装饰美化制品	3.1.1 烹饪工艺美术知识 3.1.2 面点装饰与造型知识
	3.2 装盘与装饰	3.2.1 能依据宴席主题设计装盘造型 3.2.2 能利用各类原料制作盘饰及立体装饰物	3.2.1 烹饪美学知识 3.2.2 面塑工艺知识 3.2.3 巧克力与糖艺知识
4. 厨房管理	4.1 成本管理	4.1.1 能提出厨房产品成本控制的措施 4.1.2 能填写厨房成本核算报表 4.1.3 能编制控制成本的方案	4.1.1 厨房产品成本构成要素 4.1.2 厨房生产流程中的成本控制方法 4.1.3 成本报表与控制方法

续表

职业功能	工作内容	技能要求	相关知识要求
4.厨房管理	4.2 厨房生产管理	4.2.1 能对厨房生产各阶段的运转制定管理细则 4.2.2 能制定出标准食谱 4.2.3 能根据厨房生产各阶段的要求控制厨房出品秩序	4.2.1 厨房生产各阶段的管理要求 4.2.2 标准食谱的制定方法
5.培训与指导	5.1 培训	5.1.1 能制订培训计划 5.1.2 能讲授专业基础知识和技能要求 5.1.3 能撰写面点工艺方面的论文	5.1.1 教学教法常识 5.1.2 教案的编写方法 5.1.3 培训计划的编写方法 5.1.4 论文写作知识
	5.2 指导	5.2.1 能指导五级/初级工工作 5.2.2 能指导四级/中级工工作 5.2.3 能指导三级/高级工工作	专业技能指导方法

3.5 一级/高级技师

职业功能	工作内容	技能要求	相关知识要求
1.菜点生产	1.1 面点创新	1.1.1 能结合本地区的实际情况,运用新原料设计制作创新产品 1.1.2 能结合本地区的实际情况,运用新技法设计制作创新产品	1.1.1 菜点创新知识 1.1.2 食物成分在加工中的变化
	1.2 热菜制作	1.2.1 能用煎、炒、炸等方法制作本地基础菜肴 1.2.2 能用煮、蒸、氽等方法制作本地特色菜肴	1.2.1 烹调方法的基本特点及运用 1.2.2 烹调方法操作基本要点
2.展台设计	2.1 主题设计	2.1.1 能依据主题要求设计展台中的面点作品 2.1.2 能依据展台要求设计面点品种	2.1.1 造型与布局知识 2.1.2 色彩基础知识
	2.2 展台布置	2.2.1 能制作立体装饰物 2.2.2 能对主题展台进行装饰	展台布置装饰知识

续表

职业功能	工作内容	技能要求	相关知识要求
3. 厨房管理	3.1 厨房布局设计	3.1.1 能精确选择面点设施设备 3.1.2 能合理设计面点厨房的布局 3.1.3 能指出影响厨房布局的因素	3.1.1 厨房设备选用原则 3.1.2 厨房设计基本知识 3.1.3 厨房布局基本原则与要求
	3.2 人员组织	3.2.1 能合理配备厨房各岗位人员 3.2.2 能制定各岗位职责及管理办法	3.2.1 厨房组织结构设置要求 3.2.2 厨房人员配备及管理方法 3.2.3 厨房各岗位的岗位职责
	3.3 产品质量管理	3.3.1 能制定产品质量评价标准并执行解决质量问题的方案 3.3.2 能对产品质量进行针对性控制	3.3.1 影响产品质量的因素 3.3.2 产品质量管理方法

4. 权重表

4.1 理论知识权重表

项目		技能等级	五级/初级工（%）	四级/中级工（%）	三级/高级工（%）	二级/技师（%）	一级/高级技师（%）
基本要求		职业道德	10	5	5	5	5
		基础知识	15	10	5	5	5
相关知识要求		水调面品种制作	30	15	10	—	—
		膨松面品种制作	25	15	15	—	—
		层酥面品种制作	—	20	20	—	—
		米制品制作	10	10	10	—	—
		杂粮品种制作	10	10	—	—	—
		其他面坯品种制作	—	—	—	20	—
		馅心制作	—	15	10	—	—
		面点装饰	—	—	5	10	—
		风味面点制作	—	—	—	20	—
		菜点生产	—	—	—	—	30
		菜单设计与创新	—	—	—	20	—

续表

项目	技能等级	五级/初级工(%)	四级/中级工(%)	三级/高级工(%)	二级/技师(%)	一级/高级技师(%)
相关知识要求	展台设计	—	—	—	—	30
	厨房管理	—	—	—	20	30
	培训与指导	—	—	—	20	—
	合计	100	100	100	100	100

4.2 技能要求权重表

项目	技能等级	五级/初级工(%)	四级/中级工(%)	三级/高级工(%)	二级/技师(%)	一级/高级技师(%)
技能要求	水调面品种制作	30	20	10	—	—
	膨松面品种制作	30	20	10	—	—
	层酥面品种制作	—	25	25	—	—
	米制品制作	20	10	10	—	—
	杂粮品种制作	20	10	—	—	—
	其他面坯品种制作	—	—	20	—	—
	馅心制作	—	15	15	—	—
	面点装饰	—	—	10	20	—
	风味面点制作	—	—	—	20	—
	菜点生产	—	—	—	—	40
	菜单设计与创新	—	—	—	20	—
	展台设计	—	—	—	—	20
	厨房管理	—	—	—	20	40
	培训与指导	—	—	—	20	—
	合计	100	100	100	100	100

西式烹调师国家职业技能标准

（2018 年版）

1. 职业概况

1.1 职业名称

西式烹调师

1.2 职业编码

4-03-02-03

1.3 职业定义

运用俄、法等西式加工切配技巧和烹调方法，进行烹调原料、辅料、调味加工，制作西式风味菜肴的人员。

1.4 职业技能等级

本职业共设五个等级，分别为：五级/初级工、四级/中级工、三级/高级工、二级/技师、一级/高级技师。

1.5 职业环境条件

室内，常温。

1.6 职业能力特征

具有一定学习和计算能力；具有一定空间感和形体知觉；手指、手臂灵活，动作协调；具有一定审美能力。

1.7 普通受教育程度

初中毕业（或相当文化程度）。

1.8 职业技能鉴定要求

1.8.1 申报条件

具备以下条件之一者，可申报五级/初级工：

（1）累计从事本职业或相关职业①工作1年（含）以上。

（2）本职业或相关职业学徒期满。

具备以下条件之一者，可申报四级/中级工：

（1）取得本职业或相关职业五级/初级工职业资格证书（技能等级证书）后，累计从事本职业或相关职业工作4年（含）以上。

（2）累计从事本职业或相关职业工作6年（含）以上。

（3）取得技工学校本专业②或相关专业③毕业证书（含尚未取得毕业证书的在校应届毕业生）；或取得经评估论证、以中级技能为培养目标的中等及以上职业学校本专业或相关专业毕业证书（含尚未取得毕业证书的在校应届毕业生）。

具备以下条件之一者，可申报三级/高级工：

（1）取得本职业或相关职业四级/中级工职业资格证书（技能等级证书）后，累计从事本职业或相关职业工作5年（含）以上。

（2）取得本职业或相关职业四级/中级工职业资格证书（技能等级证书），并具有高级技工学校、技师学院毕业证书（含尚未取得毕业证书的在校应届毕业生）；或取得本职业或相关职业四级/中级工职业资格证书（技能等级证书），并具有经评估论证、以高级技能为培养目标的高等职业学校本专业或相关专业毕业证书（含尚未取得毕业证书的在校应届毕业生）。

（3）具有大专及以上本专业或相关专业毕业证书，并取得本职业或相关职业四级/中级工职业资格证书（技能等级证书）后，累计从事本职业或相关职业工作2年（含）以上。

具备以下条件之一者，可申报二级/技师：

（1）取得本职业或相关职业三级/高级工职业资格证书（技能等级证书）后，累计从事本职业或相关职业工作4年（含）以上。

（2）取得本职业或相关职业三级/高级工职业资格证书（技能等级证书）的高级技工学校、技师学院毕业生，累计从事本职业或相关职业工作3年（含）以上；或取得本职业或相关职业预备技师证书的技师学院毕业生，累计从事本职业或相关职业工作2年（含）以上。

具备以下条件者，可申报一级/高级技师：

取得本职业或相关职业二级/技师职业资格证书（技能等级证书）后，累计从事本职业或相关职业工作4年（含）以上。

1.8.2 鉴定方式

分为理论知识考试、技能考核以及综合评审。理论知识考试以笔试、机考等方式为主，主要考核从业人员从事本职业应掌握的基本要求和相关知识要求；技能考核主要采用现场操作、模拟操作等方式进行，主要考核从业人员从事本职业应具备的技能水平；综合评审主要针对技师和高级技师，通常采取审阅申报材料、答辩等方式进行全面评议和审查。

---

① 相关职业：西式面点师、中式烹调师，下同。
② 本专业：西餐烹饪，下同。
③ 相关专业：烹饪，下同。

理论知识考试、技能考核和综合评审均实行百分制，成绩皆达60分（含）以上者为合格。

1.8.3 监考人员、考评人员与考生配比

理论知识考试中的监考人员与考生配比不低于1∶15，且每个考场不少于2名监考人员；技能考核中的考评人员与考生配比不低于1∶5，且考评人员为3人（含）以上单数；综合评审委员为3人（含）以上单数。

1.8.4 鉴定时间

理论知识考试时间不少于60 min。技能考核时间：五级/初级工不少于90 min，四级/中级工不少于120 min，三级/高级工不少于180 min，二级/技师和一级/高级技师不少于240 min。综合评审时间不少于20 min。

1.8.5 鉴定场所设备

理论知识考试在标准考场进行；技能考核在具有相应的西式炉灶设备及必要的工作台、冷藏设备、上下水系统、进排风系统等辅助设备的场所进行。

2. 基本要求

2.1 职业道德

2.1.1 职业道德基本知识

2.1.2 职业守则

（1）忠于职守，爱岗敬业。
（2）讲究质量，注重信誉。
（3）尊师爱徒，团结协作。
（4）积极进取，开拓创新。
（5）坚持匠心，精益求精。

2.2 基础知识

2.2.1 西式烹调概述

（1）西餐的概念与发展。
（2）西餐主要菜式的风味特点。

2.2.2 烹调原料知识

（1）肉制品的分类、品质鉴定、保鲜与存储。
（2）水产类原料的分类、品质鉴定、保鲜与存储。
（3）蔬果类原料的分类、品质鉴定、保鲜与存储。

(4) 乳品与蛋品的分类、品质鉴定、保鲜与存储。
(5) 调味品的分类、品质鉴定、保鲜与存储。

2.2.3 西式烹调工艺方法

(1) 原料初步加工的常用方法。
(2) 汤菜制作的常用方法。
(3) 冷菜制作的常用方法。
(4) 热菜制作的常用方法。

2.2.4 营养和卫生知识

(1) 饮食卫生要求。
(2) 个人卫生要求。
(3) 人体所需的营养素。
(4) 烹调原料的营养特点。

2.2.5 安全生产知识

(1) 安全用电。
(2) 防火防爆。
(3) 烹调设备与器具安全使用。
(4) 应急处理。

2.2.6 西式烹调常用英语

(1) 厨房常用语。
(2) 西餐常用词汇。

2.2.7 相关法律、法规知识

(1)《中华人民共和国劳动法》相关知识。
(2)《中华人民共和国食品安全法》相关知识。
(3) 其他卫生安全管理制度。

3. 工作要求

本标准对五级/初级工、四级/中级工、三级/高级工、二级/技师、一级/高级技师的技能要求和相关知识要求依次递进,高级别涵盖低级别的要求。

3.1　五级/初级工

职业功能	工作内容	技能要求	相关知识要求
1. 原料 加工	1.1 植物性原料加工	1.1.1 能清洗、切削蔬菜 1.1.2 能将蔬菜切配成型	1.1.1 原料初步加工知识 1.1.2 配菜知识
	1.2 动物性原料加工	1.2.1 能宰杀、清洗鲜活鱼类 1.2.2 能切割猪排、鸡排、鱼排等原料	1.2.1 原料解冻知识 1.2.2 原料保存知识 1.2.3 猪排、鸡排、鱼排等切割知识
2. 冷菜 烹调	2.1 冷菜调味汁制作	2.1.1 能制作蛋黄酱 2.1.2 能制作油醋汁 2.1.3 能制作蔬果莎莎汁	2.1.1 调味汁原料知识 2.1.2 调味汁制作方法 2.1.3 调味汁保存方法
	2.2 色拉制作	2.2.1 能制作生菜色拉 2.2.2 能制作水果色拉 2.2.3 能制作土豆色拉	2.2.1 蔬菜、水果色拉原料知识 2.2.2 蔬菜、水果色拉制作方法 2.2.3 蔬菜、水果色拉装盘和保存方法
	2.3 三明治制作	2.3.1 能制作热三明治 2.3.2 能制作冷三明治	2.3.1 面包分类知识 2.3.2 三明治原料知识 2.3.3 三明治制作方法
3. 热菜 烹调	3.1 基础汤制作	3.1.1 能制作牛骨汤 3.1.2 能制作鸡骨汤 3.1.3 能制作鱼骨汤	3.1.1 基础汤原料知识 3.1.2 基础汤制作方法 3.1.3 基础汤保存方法
	3.2 少司制作	3.2.1 能制作布朗少司 3.2.2 能制作基础奶油少司 3.2.3 能制作番茄少司	3.2.1 布朗少司原料知识和制作方法 3.2.2 基础奶油少司原料知识和制作方法 3.2.3 番茄少司原料知识和制作方法 3.2.4 少司保存方法
	3.3 热菜加工	3.3.1 能用炸的烹调方法制作猪排、鸡排、鱼排等菜肴 3.3.2 能用煎的烹调方法制作汉堡包、热狗等菜肴 3.3.3 能用烤的烹调方法制作鸡翅、鸡腿等菜肴 3.3.4 能用炒的烹调方法制作蔬菜类、淀粉类配菜菜肴 3.3.5 能用煮的烹调方法制作蛋类菜肴	3.3.1 炸、煎、烤、炒、煮的基础知识 3.3.2 菜肴制作操作要领 3.3.3 菜肴配菜和装饰方法

3.2 四级/中级工

职业功能	工作内容	技能要求	相关知识要求
1. 原料加工	1.1 动物性原料粗加工	1.1.1 能剔鱼柳及分档取料 1.1.2 能对禽类分档取料 1.1.3 能对虾类、贝壳类、软体类等进行粗加工	1.1.1 切配知识 1.1.2 禽类分档知识 1.1.3 海鲜原料制作方法
	1.2 动物性原料精加工	1.2.1 能将羊排切割成型 1.2.2 能将牛排切割成型 1.2.3 能将鱼柳切割成型 1.2.4 能加工肉类卷	1.2.1 牛排、羊排分割操作要领 1.2.2 禽类加工方法 1.2.3 肉类卷加工技术和方法
2. 冷菜烹调	2.1 冷菜调味汁制作	2.1.1 能制作蛋黄酱的衍生调味汁 2.1.2 能制作恺撒汁 2.1.3 能制作法国汁	2.1.1 冷菜调味汁的调味原理 2.1.2 调味汁制作用料比例及工艺要求
	2.2 色拉制作	2.2.1 能制作鸡肉类色拉 2.2.2 能制作海鲜类色拉 2.2.3 能用两种以上冷切肉制作冷肉拼盘 2.2.4 能制作胶冻类冷菜	2.2.1 色拉配料知识 2.2.2 胶冻类冷菜制作工艺
	2.3 冷汤制作	2.3.1 能制作蔬菜冷汤 2.3.2 能制作奶制品冷汤	2.3.1 冷汤配料知识 2.3.2 冷汤制作工艺
3. 热菜烹调	3.1 汤类制作	3.1.1 能制作奶油蔬菜汤 3.1.2 能制作奶油海鲜汤 3.1.3 能制作牛肉浓汤 3.1.4 能制作蔬菜汤	3.1.1 汤的调味原理 3.1.2 浓汤类汤制作工艺 3.1.3 海鲜汤制作工艺 3.1.4 蔬菜汤制作工艺
	3.2 少司制作	3.2.1 能用布朗少司制作鸡肉、牛肉、羊肉少司 3.2.2 能用奶油少司制作鱼类、贝壳类少司	3.2.1 鸡肉、牛肉、羊肉少司的原料特点和制作方法 3.2.2 鱼类、贝壳类少司的原料特点和制作方法
	3.3 热菜制作	3.3.1 能用煮、炒的烹调方法制作意大利面、意大利饺子、意大利饭 3.3.2 能用焗、烤的烹调方法制作意大利比萨、西班牙海鲜饭 3.3.3 能用蒸、烤的烹调方法制作海鲜类菜肴 3.3.4 能用煎、烤的烹调方法制作牛排、羊排、猪排、鱼柳等菜肴	3.3.1 煮的烹调工艺 3.3.2 炒的烹调工艺 3.3.3 焗的烹调工艺 3.3.4 蒸的烹调工艺 3.3.5 煎的烹调工艺 3.3.6 烤的烹调工艺 3.3.7 香料调味品知识

3.3 三级/高级工

职业功能	工作内容	技能要求	相关知识要求
1. 原料加工	1.1 原料腌渍	1.1.1 能腌渍鸡、鸭等禽类原料 1.1.2 能腌渍牛肉、羊肉等畜类原料	1.1.1 原料腌渍原理 1.1.2 原料腌渍要求
	1.2 原料成型	1.2.1 能对禽类进行烧烤前的捆扎成型 1.2.2 能对畜类进行烧烤前的捆扎成型	1.2.1 原料捆扎技巧 1.2.2 原料捆扎造型
2. 冷菜烹调	2.1 冷菜调味汁制作	2.1.1 能用奶酪制作调味汁 2.1.2 能用新鲜香料制作调味汁 2.1.3 能用芥末酱、芥末粉制作调味汁	2.1.1 奶酪制作调味汁的制作工艺 2.1.2 新鲜香料制作调味汁的制作工艺 2.1.3 芥末酱、芥末粉制作调味汁的制作工艺
	2.2 冷菜加工与拼摆	2.2.1 能用烟熏方法制作三文鱼 2.2.2 能用两种以上海鲜制作海鲜拼盘 2.2.3 能制作海鲜塔林 2.2.4 能制作禽类派 2.2.5 能制作鹅肝酱	2.2.1 塔林制作工艺 2.2.2 派制作工艺 2.2.3 鹅肝酱制作工艺
3. 热菜烹调	3.1 汤类制作	3.1.1 能制作蔬菜茸汤 3.1.2 能制作豆类茸汤 3.1.3 能制作鸡肉、牛肉清汤	3.1.1 蔬菜茸汤制作工艺 3.1.2 豆类茸汤制作工艺 3.1.3 鸡肉、牛肉清汤制作工艺
	3.2 少司制作	3.2.1 能制作芝士少司 3.2.2 能制作芥末少司 3.2.3 能制作蔬果少司 3.2.4 能制作黄油少司	3.2.1 芝士少司制作工艺 3.2.2 芥末少司制作工艺 3.2.3 蔬果少司制作工艺 3.2.4 黄油少司制作工艺

续表

职业功能	工作内容	技能要求	相关知识要求
3.热菜烹调	3.3 热菜制作	3.3.1 能用烤的烹调方法制作火鸡、整鹅、乳猪、羊腿、牛排等现场切割菜肴 3.3.2 能用煎的烹调方法制作鹅肝、鸭肝菜肴 3.3.3 能用焖的烹调方法制作禽类菜肴 3.3.4 能用扒的烹调方法制作牛排、羊排、猪排、鱼柳等菜肴 3.3.5 能用焗的烹调方法制作海鲜类菜肴 3.3.6 能用蒸的烹调方法制作贝壳类菜肴 3.3.7 能用混合烹调方法制作石斑鱼、龙虾、蜗牛等菜肴	3.3.1 热菜制作温度知识 3.3.2 焖的烹调工艺 3.3.3 扒的烹调工艺

3.4 二级/技师

职业功能	工作内容	技能要求	相关知识要求
1.原料加工	1.1 原料加工	1.1.1 能对禽类进行整体脱骨 1.1.2 能加工海鲜卷	1.1.1 禽类脱骨加工知识 1.1.2 海鲜卷加工知识
	1.2 原料腌渍	1.2.1 能腌渍风味禽类产品 1.2.2 能腌渍烟熏海鲜产品	1.2.1 禽类腌渍加工知识 1.2.2 海鲜烟熏加工知识
2.冷菜烹调	2.1 冷菜调味汁制作	2.1.1 能制作海鲜调味汁 2.1.2 能制作水果调味汁 2.1.3 能用坚果制作调味汁 2.1.4 能用日本调味料制作调味汁	2.1.1 海鲜调味汁制作工艺 2.1.2 水果调味汁制作工艺 2.1.3 坚果制作调味汁的制作工艺 2.1.4 日本调味料制作调味汁的制作工艺
	2.2 冷菜加工	2.2.1 能用肉类、海鲜、水果制作色拉 2.2.2 能制作日式刺身拼盘 2.2.3 能制作镜面水果 2.2.4 能制作果雕装饰	2.2.1 日式刺身制作工艺 2.2.2 镜面水果制作工艺 2.2.3 果雕装饰制作工艺

续表

职业功能	工作内容	技能要求	相关知识要求
3. 热菜烹调	3.1 汤类制作	3.1.1 能制作鹿肉、野味清汤 3.1.2 能制作菌菇类茸汤 3.1.3 能用分子料理胶囊技术制作奶油蔬菜汤	3.1.1 野味产品相关知识 3.1.2 菌菇相关知识 3.1.3 分子料理胶囊技术相关知识
	3.2 少司制作	3.2.1 能用黑菌制作少司 3.2.2 能用松茸制作少司 3.2.3 能用酒制作少司 3.2.4 能用分子料理泡沫技术制作少司	3.2.1 黑菌相关知识 3.2.2 松茸相关知识 3.2.3 酒相关知识 3.2.4 分子料理泡沫技术相关知识
	3.3 热菜加工	3.3.1 能用烤的烹调方法制作填馅整鸡、填馅火鸡、填馅乳猪等 3.3.2 能用烤的烹调方法制作酥皮包裹的肉类和鱼类菜肴 3.3.3 能用油浸的烹调方法制作禽类菜肴 3.3.4 能用烩的烹调方法制作野味类菜肴 3.3.5 能用隔水烤的方法制作蔬菜慕斯、海鲜慕斯、禽类慕斯等菜肴 3.3.6 能用低温慢煮的烹调方法制作牛肉、羊肉、海鲜等菜肴	3.3.1 填馅技术相关知识 3.3.2 烤制酥皮类菜肴制作工艺 3.3.3 油浸菜肴制作工艺 3.3.4 烩的烹调工艺 3.3.5 低温慢煮的烹调工艺
	3.4 甜品制作	3.4.1 能制作水果派 3.4.2 能制作蛋挞 3.4.3 能制作布丁	3.4.1 水果派制作工艺与要求 3.4.2 蛋挞制作工艺与要求 3.4.3 布丁制作工艺与要求
4. 菜单设计	4.1 套餐菜单设计	4.1.1 能按原料价格及营养平衡编制西式三道套餐菜单 4.1.2 能按原料价格及营养平衡编制西式五道套餐菜单	4.1.1 套餐成本核算知识 4.1.2 套餐营养平衡知识 4.1.3 菜单设计知识
	4.2 季节菜单设计	4.2.1 能按不同季节编制时令菜单 4.2.2 能按不同季节编制美食节菜单	4.2.1 时令食材烹调要点 4.2.2 美食节菜单设计知识
	4.3 点菜菜单设计	4.3.1 能按毛利率要求设计点餐菜单 4.3.2 能按毛利率要求设计酒会菜单	4.3.1 成本核算毛利率控制知识 4.3.2 酒会菜单成本核算方法

续表

职业功能	工作内容	技能要求	相关知识要求
5. 指导与创新	5.1 培训指导	5.1.1 能对三级/高级工及以下级别人员进行技术指导 5.1.2 能对三级/高级工及以下级别人员的岗位操作技能进行分析和总结 5.1.3 能对三级/高级工及以下级别人员进行厨房英语培训	5.1.1 三级/高级工及以下级别人员理论知识和技能培训的内容与要求 5.1.2 西餐厨房英语教学内容和方法
	5.2 工艺创新	5.2.1 能对传统菜肴进行改良创新 5.2.2 能用新原料、新设备进行菜肴开发 5.2.3 能将当地食材有机融合到传统菜肴中	5.2.1 国际西餐发展最新动态 5.2.2 创新思维与创新理论相关知识 5.2.3 西餐制作新材料和新工艺知识

3.5 一级/高级技师

职业功能	工作内容	技能要求	相关知识要求
1. 经典菜肴制作与创新	1.1 经典菜肴制作	1.1.1 能制作欧美经典菜肴 1.1.2 能制作亚洲经典菜肴 1.1.3 能解决制作菜肴过程中的技术难题	1.1.1 欧美经典菜肴工艺特点 1.1.2 亚洲经典菜肴工艺特点
	1.2 菜肴创新	1.2.1 能对自己擅长的菜系进行分析 1.2.2 能对自己擅长的菜系进行创新	1.2.1 西餐发展史 1.2.2 西方饮食文化
2. 宴会设计与菜单制定	2.1 宴会与酒会的摆台设计与装饰	2.1.1 能设计制作黄油雕 2.1.2 能设计制作冰雕 2.1.3 能选择合适的器皿呈现菜肴 2.1.4 能对酒会摆台进行设计与装饰 2.1.5 能对宴会摆台进行设计与装饰	2.1.1 黄油雕制作工艺和要求 2.1.2 冰雕制作工艺和要求 2.1.3 酒会、宴会摆台设计要求 2.1.4 蔬果雕制作工艺和要求
	2.2 菜单制定	2.2.1 能制定主题餐厅菜单 2.2.2 能制定宴会菜单 2.2.3 能制定美食节菜单 2.2.4 能编制、书写英语菜单	2.2.1 主题餐厅菜单制定知识及格式 2.2.2 宴会菜单制定知识及格式 2.2.3 美食节菜单制定知识及格式

续表

职业功能	工作内容	技能要求	相关知识要求
3. 厨房管理	3.1 人员配备	3.1.1 能制定厨房的组织结构及人员的岗位职责 3.1.2 能按经营要求对厨房人员进行调配	3.1.1 厨房管理知识 3.1.2 餐厅经营和服务知识
	3.2 宴会安排	3.2.1 能安排西式套餐、自助餐等形式的宴会 3.2.2 能按宴会要求设计布置展台	3.2.1 宴会运营知识 3.2.2 宴会展台布置知识
	3.3 成本控制与食品管理	3.3.1 能控制食品成本 3.3.2 能根据《中华人民共和国食品安全法》的相关规定在食品加工环节中控制食品卫生和安全 3.3.3 能运用危害分析关键控制点（HACCP）进行危险管控	3.3.1 餐饮成本控制核算知识 3.3.2 食品安全卫生知识 3.3.3 HACCP 知识
	3.4 厨房布局	3.4.1 能根据餐厅面积合理布局厨房 3.4.2 能根据餐厅经营要求对厨房设备设施进行配置	3.4.1 厨房布局知识 3.4.2 厨房设备相关知识
4. 指导与创新	4.1 培训	4.1.1 能编制本专业培训计划 4.1.2 能对二级/技师及以下级别人员进行技术指导 4.1.3 能对二级/技师及以下级别人员进行厨房英语听说培训	4.1.1 培训计划编制要求 4.1.2 培训技巧
	4.2 技术研究	4.2.1 能对西式烹调行业的工艺难题进行研究 4.2.2 能撰写本专业技术研究总结	4.2.1 西餐菜肴制作的质量分析与缺陷纠正方法 4.2.2 烹调的基础理化知识 4.2.3 技术研究总结撰写要求与方法

4. 权重表

4.1 理论知识权重表

项目		技能等级	五级/初级工（%）	四级/中级工（%）	三级/高级工（%）	二级/技师（%）	一级/高级技师（%）
基本要求	职业道德		5	5	5	5	5
	基础知识		20	10	—	—	—
相关知识要求	原料加工		20	20	20	10	—
	冷菜烹调		25	30	35	20	—
	热菜烹调		30	35	40	25	—
	菜单设计		—	—	—	20	—
	经典菜肴制作与创新		—	—	—	—	25
	宴会设计与菜单制定		—	—	—	—	20
	厨房管理		—	—	—	—	25
	指导与创新		—	—	—	20	25
合计			100	100	100	100	100

4.2 技能要求权重表

项目		技能等级	五级/初级工（%）	四级/中级工（%）	三级/高级工（%）	二级/技师（%）	一级/高级技师（%）
技能要求	原料加工		25	25	20	10	—
	冷菜烹调		35	35	30	20	—
	热菜烹调		40	40	50	30	—
	菜单设计		—	—	—	25	—
	经典菜肴制作与创新		—	—	—	—	25
	宴会设计与菜单制定		—	—	—	—	25
	厨房管理		—	—	—	—	25
	指导与创新		—	—	—	15	25
合计			100	100	100	100	100

西式面点师国家职业技能标准

（2018 年版）

1. 职业概况

1.1 职业名称

西式面点师

1.2 职业编码

4-03-02-04

1.3 职业定义

运用西式面点成型技术和成熟方法，进行面点主料和辅料加工，制作西式面食、点心的人员。

1.4 职业技能等级

本职业共设五个等级，分别为：五级/初级工、四级/中级工、三级/高级工、二级/技师、一级/高级技师。

1.5 职业环境条件

室内，常温。

1.6 职业能力特征

具有一定学习和计算能力；具有一定空间感和形体知觉；手指、手臂灵活，动作协调；具有一定审美能力。

1.7 普通受教育程度

初中毕业（或相当文化程度）。

1.8 职业技能鉴定要求

1.8.1 申报条件

具备以下条件之一者，可申报五级/初级工：

(1) 累计从事本职业或相关职业①工作1年（含）以上。
(2) 本职业或相关职业学徒期满。

具备以下条件之一者，可申报四级/中级工：
(1) 取得本职业或相关职业五级/初级工职业资格证书（技能等级证书）后，累计从事本职业或相关职业工作4年（含）以上。
(2) 累计从事本职业或相关职业工作6年（含）以上。
(3) 取得技工学校本专业②或相关专业③毕业证书（含尚未取得毕业证书的在校应届毕业生）；或取得经评估论证、以中级技能为培养目标的中等及以上职业学校本专业或相关专业毕业证书（含尚未取得毕业证书的在校应届毕业生）。

具备以下条件之一者，可申报三级/高级工：
(1) 取得本职业或相关职业四级/中级工职业资格证书（技能等级证书）后，累计从事本职业或相关职业工作5年（含）以上。
(2) 取得本职业或相关职业四级/中级工职业资格证书（技能等级证书），并具有高级技工学校、技师学院毕业证书（含尚未取得毕业证书的在校应届毕业生）；或取得本职业或相关职业四级/中级工职业资格证书（技能等级证书），并具有经评估论证、以高级技能为培养目标的高等职业学校本专业或相关专业毕业证书（含尚未取得毕业证书的在校应届毕业生）。
(3) 具有大专及以上本专业或相关专业毕业证书，并取得本职业或相关职业四级/中级工职业资格证书（技能等级证书）后，累计从事本职业或相关职业工作2年（含）以上。

具备以下条件之一者，可申报二级/技师：
(1) 取得本职业或相关职业三级/高级工职业资格证书（技能等级证书）后，累计从事本职业或相关职业工作4年（含）以上。
(2) 取得本职业或相关职业三级/高级工职业资格证书（技能等级证书）的高级技工学校、技师学院毕业生，累计从事本职业或相关职业工作3年（含）以上；或取得本职业或相关职业预备技师证书的技师学院毕业生，累计从事本职业或相关职业工作2年（含）以上。

具备以下条件者，可申报一级/高级技师：
取得本职业或相关职业二级/技师职业资格证书（技能等级证书）后，累计从事本职业或相关职业工作4年（含）以上。

1.8.2 鉴定方式

分为理论知识考试、技能考核以及综合评审。理论知识考试以笔试、机考等方式为主，主要考核从业人员从事本职业应掌握的基本要求和相关知识要求；技能考核主要采用现场操作、模拟操作等方式进行，主要考核从业人员从事本职业应具备的技能水平；综合评审主要针对技师和高级技师，通常采取审阅申报材料、答辩等方式进行全面评议和审查。

---

① 相关职业：西式烹调师、中式烹调师、中式面点师，下同。
② 本专业：烘焙专业，下同。
③ 相关专业：西式烹饪专业、中式烹饪专业、食品加工专业，下同。

理论知识考试、技能考核和综合评审均实行百分制，成绩皆达60分（含）以上者为合格。

1.8.3 监考人员、考评人员与考生配比

理论知识考试中的监考人员与考生配比不低于1∶15，且每个考场不少于2名监考人员；技能考核中的考评人员与考生配比1∶5，且考评人员为3人（含）以上单数；综合评审委员为3人（含）以上单数。

1.8.4 鉴定时间

理论知识考试时间：五级/初级工、四级/中级工不少于60 min，三级/高级工不少于90 min，二级/技师、一级/高级技师不少于120 min。技能考核时间：五级/初级工不少于150 min；四级/中级工不少于180 min；三级/高级工不少于240 min；二级/技师不少于300 min；一级/高级技师不少于480 min。综合评审时间不少于20 min。

1.8.5 鉴定场所设备

理论知识考试在标准教室进行；技能考核在配有相应的面点制作操作台、烤箱、冰箱、炉灶、器械设备，人均面积保证安全、舒适以及照明、水电、通风条件具备的场所进行。

2. 基本要求

2.1 职业道德

2.1.1 职业道德基本知识

2.1.2 职业守则

（1）忠于职守，爱岗敬业。
（2）讲究质量，注重信誉。
（3）尊师爱徒，团结协作。
（4）积极进取，开拓创新。
（5）遵纪守法，讲究公德。
（6）坚持匠心，精益求精。

2.2 基础知识

2.2.1 西式面点概述

（1）西式面点概念。
（2）西式面点发展简述。

2.2.2 原料知识

（1）主要原料知识。

(2) 辅料知识。

(3) 原料识别与鉴定知识。

(4) 原料保管知识。

2.2.3 食品安全与营养知识

(1) 食品安全知识。

(2) 食品营养知识。

2.2.4 常用专业词汇（中英文）

(1) 原料、辅料名称。

(2) 常用设备、工具名称。

2.2.5 安全生产知识

(1) 安全用电与防火防爆知识。

(2) 设备工具安全使用知识。

2.2.6 相关法律、法规知识

(1)《中华人民共和国劳动法》相关知识。

(2)《中华人民共和国食品安全法》相关知识。

3. 工作要求

本标准对五级/初级工、四级/中级工、三级/高级工、二级/技师、一级/高级技师的技能要求和相关知识要求依次递进，高级别涵盖低级别的要求。

3.1 五级/初级工

职业功能	工作内容	技能要求	相关知识要求
1.混酥类点心制作	1.1 面团调制	1.1.1 能按混酥类面团配方配料 1.1.2 能按操作工艺调制混酥类面团	1.1.1 混酥类点心的种类和特点 1.1.2 混酥类面团原料的种类和特性 1.1.3 混酥类面团调制的方法和注意事项 1.1.4 混酥类面团调制设备的使用方法

续表

职业功能	工作内容	技能要求	相关知识要求
1. 混酥类点心制作	1.2 生坯成型	1.2.1 能制作塔类生坯 1.2.2 能制作排类生坯 1.2.3 能制作派类生坯 1.2.4 能制作饼干类生坯	1.2.1 工具、模具的种类和用途 1.2.2 工具、模具的保养 1.2.3 混酥类生坯成型的基本手法
	1.3 点心成熟	1.3.1 能使用烤箱将塔类生坯成熟 1.3.2 能使用烤箱将排类生坯成熟 1.3.3 能使用烤箱将派类生坯成熟 1.3.4 能使用烤箱将饼干类生坯成熟	1.3.1 烤箱的功能、使用与保养 1.3.2 混酥类点心成熟的方法和注意事项
2. 面包制作	2.1 面团调制	2.1.1 能按软质面包配方配料 2.1.2 能搅拌软质面包面团 2.1.3 能用直接发酵法发酵软质面包面团	2.1.1 面包的分类及其特点 2.1.2 面包搅拌设备的使用方法 2.1.3 直接发酵法的发酵原理 2.1.4 软质面包发酵的相关知识
	2.2 面团成型与醒发	2.2.1 能制作软质面包生坯 2.2.2 能使用醒发设备醒发软质面包生坯	2.2.1 软质面包生坯成型手法 2.2.2 醒发箱的使用方法 2.2.3 软质面包醒发的方法和注意事项
	2.3 面包成熟	2.3.1 能使用烤箱将软质面包生坯成熟 2.3.2 能使用油炸的方法将软质面包生坯成熟	2.3.1 用烤箱将软质面包生坯成熟的方法和注意事项 2.3.2 油炸锅的使用方法和注意事项 2.3.3 软质面包成熟的判断方法
3. 蛋糕制作	3.1 面糊调制	3.1.1 能按海绵蛋糕配方配料 3.1.2 能按油脂蛋糕配方配料 3.1.3 能用全蛋搅拌法调制海绵蛋糕面糊 3.1.4 能用油糖搅拌法调制油脂蛋糕面糊	3.1.1 蛋糕的分类知识 3.1.2 蛋糕搅拌设备的使用方法 3.1.3 蛋糕面糊调制的方法和注意事项
	3.2 生坯成型	3.2.1 能用模具制作海绵蛋糕生坯 3.2.2 能用模具制作油脂蛋糕生坯	3.2.1 蛋糕模具的种类和用途 3.2.2 海绵蛋糕与油脂蛋糕的成型方法

续表

职业功能	工作内容	技能要求	相关知识要求
3.蛋糕制作	3.3 蛋糕成熟	3.3.1 能用烤箱将海绵蛋糕生坯成熟 3.3.2 能用烤箱将油脂蛋糕生坯成熟	3.3.1 蛋糕烘焙知识 3.3.2 蛋糕成熟的判断方法
4.甜品制作	4.1 果冻调制	4.1.1 能按果冻配方配料 4.1.2 能煮制果冻液	4.1.1 甜品的种类和特点 4.1.2 凝固剂的种类、性能及使用方法 4.1.3 果冻制作的方法和注意事项 4.1.4 果冻制作的卫生要求
	4.2 果冻成型	4.2.1 能选用模具将果冻液成型 4.2.2 能设定冰箱温度将果冻液定型	果冻成型的方法和注意事项
	4.3 果冻装饰	4.3.1 能根据成品要求选用水果 4.3.2 能对水果进行切配 4.3.3 能用水果装饰果冻	4.3.1 水果的选用和切配方法 4.3.2 水果装饰果冻的方法和注意事项

3.2 四级/中级工

职业功能	工作内容	技能要求	相关知识要求
1.清酥类点心制作	1.1 面团调制	1.1.1 能按清酥类面团配方配料 1.1.2 能调制冷水面团 1.1.3 能将油脂擀制成型	1.1.1 清酥类点心的种类和特点 1.1.2 清酥类面团原料的种类和特性 1.1.3 冷水面团调制的方法和注意事项
	1.2 生坯成型	1.2.1 能用冷水面团包裹油脂 1.2.2 能擀制、折叠清酥面团 1.2.3 能进行清酥类点心的生坯成型	1.2.1 清酥类面团的起酥原理 1.2.2 清酥类面团的成型方法和注意事项
	1.3 点心成熟	1.3.1 能用烤箱将清酥类点心生坯成熟 1.3.2 能判断清酥类点心的成熟状况	1.3.1 清酥类点心的成熟原理 1.3.2 清酥类点心成熟的注意事项

续表

职业功能	工作内容	技能要求	相关知识要求
2.面包制作	2.1 面团调制	2.1.1 能按硬质、脆皮面包配方配料 2.1.2 能搅拌硬质、脆皮面包面团 2.1.3 能用二次发酵法制作硬质、脆皮面包面团	2.1.1 硬质、脆皮面包的特点和原料要求 2.1.2 硬质、脆皮面包面团搅拌的方法 2.1.3 二次发酵法的操作方法和注意事项
	2.2 面团成型与醒发	2.2.1 能制作硬质、脆皮面包生坯 2.2.2 能用醒发设备发酵硬质、脆皮面包生坯	2.2.1 硬质、脆皮面包生坯成型的手法 2.2.2 硬质、脆皮面包醒发的注意事项
	2.3 面包成熟	2.3.1 能使用烤箱将硬质面包生坯成熟 2.3.2 能使用烤箱将脆皮面包生坯成熟	2.3.1 硬质、脆皮面包的成熟原理 2.3.2 硬质、脆皮面包成熟的方法和注意事项
3.蛋糕制作	3.1 蛋糕坯制作	3.1.1 能用分蛋法搅拌戚风蛋糕面糊 3.1.2 能用模具将蛋糕面糊成型 3.1.3 能用烤箱将戚风蛋糕生坯成熟 3.1.4 能用蛋糕坯卷制卷筒蛋糕	3.1.1 分蛋法搅拌的方法和注意事项 3.1.2 卷筒蛋糕的卷制方法和注意事项
	3.2 裱花蛋糕抹面	3.2.1 能将蛋糕坯分层 3.2.2 能打发动物奶油和植脂奶油 3.2.3 能用打发的奶油夹层、抹面	3.2.1 动物奶油、植脂奶油的打发方法和操作要求 3.2.2 蛋糕夹层、抹面的方法和注意事项
	3.3 蛋糕裱花	3.3.1 能在蛋糕上裱挤花纹 3.3.2 能在蛋糕上裱挤图案	3.3.1 蛋糕裱花的裱挤手法 3.3.2 美学色彩的基础知识 3.3.3 蛋糕裱花的构思、布局知识
4.泡芙制作	4.1 面糊调制	4.1.1 能按泡芙配方配料 4.1.2 能用烫面方法调制泡芙面糊	4.1.1 泡芙的种类和特点 4.1.2 泡芙的配料知识 4.1.3 泡芙面糊调制的方法和注意事项
	4.2 生坯成型	4.2.1 能挤制泡芙面糊 4.2.2 能裱制泡芙面糊	泡芙成型的方法和注意事项

续表

职业功能	工作内容	技能要求	相关知识要求
4.泡芙制作	4.3 生坯成熟	4.3.1 能用烤箱将泡芙面糊成熟 4.3.2 能用油炸方法将泡芙面糊成熟	泡芙成熟的方法和注意事项
	4.4 泡芙装饰	4.4.1 能用动物奶油、植脂奶油、果酱等对泡芙夹馅 4.4.2 能用巧克力、糖粉装饰泡芙表面	泡芙装饰的方法和注意事项
5.甜品制作	5.1 乳冻调制	5.1.1 能按乳冻配方配料 5.1.2 能调制乳冻液	5.1.1 乳冻的特点 5.1.2 乳冻调制的方法和注意事项
	5.2 乳冻成型	5.2.1 能选用模具将乳冻液成型 5.2.2 能设定冰箱温度将乳冻液定型	乳冻成型的方法和注意事项
	5.3 乳冻装饰	5.3.1 能用巧克力装饰乳冻 5.3.2 能用奶油装饰乳冻	乳冻装饰的方法和注意事项

3.3 三级/高级工

职业功能	工作内容	技能要求	相关知识要求
1.巧克力造型制作	1.1 巧克力调温	1.1.1 能用双煮法对巧克力调温 1.1.2 能用微波炉对巧克力调温	1.1.1 巧克力的基本知识 1.1.2 双煮法调制巧克力的原理 1.1.3 微波炉调制巧克力的方法和注意事项
	1.2 巧克力制馅	1.2.1 能对巧克力调味 1.2.2 能制作巧克力馅心 1.2.3 能进行巧克力夹馅	1.2.1 巧克力调味的方法和注意事项 1.2.2 巧克力馅心制作的方法和注意事项 1.2.3 巧克力夹馅的方法和注意事项
	1.3 巧克力成型	1.3.1 能选用巧克力模具 1.3.2 能用模具将巧克力成型	1.3.1 巧克力模具的种类和特点 1.3.2 巧克力模具使用的相关知识 1.3.3 巧克力成型的方法和注意事项

续表

职业功能	工作内容	技能要求	相关知识要求
2. 面包制作	2.1 面团调制	2.1.1 能按起酥面包配方配料 2.1.2 能搅拌起酥面包面团 2.1.3 能擀制、折叠起酥面包面团 2.1.4 能用冰箱冷冻松弛的面包面团	2.1.1 起酥面包面团的特点 2.1.2 起酥面包面团调制的方法和注意事项
	2.2 面团成型与醒发	2.2.1 能将起酥面团生坯成型 2.2.2 能用醒发设备醒发起酥面包	2.2.1 起酥面包成型的手法和注意事项 2.2.2 起酥面包醒发的注意事项
	2.3 面包成熟	2.3.1 能设定烤箱温度将起酥面包生坯成熟 2.3.2 能判断起酥面包的成熟状况	2.3.1 面包成熟的热传递原理 2.3.2 起酥面包成熟的注意事项
3. 蛋糕制作	3.1 蛋糕覆面	3.1.1 能用巧克力淋面 3.1.2 能用果胶淋面 3.1.3 能用杏仁膏覆面	3.1.1 淋面的方法和注意事项 3.1.2 覆面的方法和注意事项
	3.2 蛋糕装饰	3.2.1 能用水果装饰蛋糕 3.2.2 能用巧克力装饰蛋糕 3.2.3 能用杏仁膏捏塑装饰蛋糕	3.2.1 水果装饰蛋糕的方法和注意事项 3.2.2 巧克力装饰蛋糕的方法和注意事项 3.2.3 杏仁膏捏塑的方法和注意事项
4. 甜品制作	4.1 慕斯调制	4.1.1 能按慕斯配方配料 4.1.2 能调制慕斯糊	4.1.1 慕斯的特点 4.1.2 慕斯糊制作的方法和注意事项
	4.2 慕斯成型	4.2.1 能选用模具将慕斯糊成型 4.2.2 能设定冰箱温度将慕斯糊定型	慕斯成型的方法和注意事项
	4.3 慕斯装饰	4.3.1 能用巧克力装饰慕斯 4.3.2 能用水果装饰慕斯	4.3.1 巧克力装饰慕斯的方法和注意事项 4.3.2 水果装饰慕斯的方法和注意事项 4.3.3 色彩、形态搭配的基本知识

3.4 二级/技师

职业功能	工作内容	技能要求	相关知识要求
1. 巧克力造型制作	1.1 巧克力组合	1.1.1 能制作巧克力配件的模具 1.1.2 能用模具制作巧克力配件 1.1.3 能将配件装配成巧克力组合件	1.1.1 巧克力配件的制作方法 1.1.2 巧克力造型的方法和注意事项
	1.2 巧克力装饰	1.2.1 能用喷、描、涂等手法装饰巧克力 1.2.2 能用捏塑手法装饰巧克力	1.2.1 喷、描、涂等巧克力装饰方法和注意事项 1.2.2 巧克力捏塑的方法和注意事项 1.2.3 艺术造型的美学知识
2. 糖艺制作	2.1 糖浆熬制	2.1.1 能按糖浆配方配料 2.1.2 能用专用器具熬制糖浆 2.1.3 能将糖液冷却制成糖坯	2.1.1 糖艺制品的原料和特点 2.1.2 熬制糖浆的原理和方法
	2.2 成品制作	2.2.1 能用工具制作单件糖艺制品 2.2.2 能用吹、拉、捏等成型方法制作单件糖艺制品	2.2.1 糖艺制品的种类 2.2.2 糖艺工具的使用方法 2.2.3 糖艺制作的方法和注意事项 2.2.4 吹、拉、捏等糖艺制品成型方法和注意事项
3. 甜品制作	3.1 面糊调制	3.1.1 能按布丁、苏夫利、乳酪蛋糕配方配料 3.1.2 能调制布丁、苏夫利、乳酪蛋糕面糊	3.1.1 布丁、苏夫利、乳酪蛋糕的特点 3.1.2 布丁、苏夫利、乳酪蛋糕面糊调制的方法和注意事项
	3.2 面糊成型	3.2.1 能选用模具将布丁面糊成型 3.2.2 能选用模具将苏夫利面糊成型 3.2.3 能选用模具将乳酪蛋糕面糊成型	3.2.1 甜品模具的种类和适用范围 3.2.2 布丁、苏夫利、乳酪蛋糕面糊成型的方法和注意事项
	3.3 面糊成熟	3.3.1 能用蒸锅将布丁面糊成熟 3.3.2 能用隔水法将苏夫利面糊成熟 3.3.3 能用隔水法或烘烤法将乳酪蛋糕面糊成熟	3.3.1 甜品隔水成熟的原理 3.3.2 甜品色、香、味形成的原理

续表

职业功能	工作内容	技能要求	相关知识要求
3. 甜品制作	3.4 甜品装饰	3.4.1 能用少司、巧克力、水果、果汁等对器皿进行装饰 3.4.2 能用少司、巧克力、水果、果汁等对制品进行装饰	3.4.1 甜品模具、器皿的选择与配置 3.4.2 图案与色彩的相关知识
4. 厨房管理	4.1 人员管理与技术指导	4.1.1 能配备西点厨房人员 4.1.2 能与员工沟通，解决生产经营过程中的质量问题 4.1.3 能对三级/高级工及以下级别人员进行技术指导	4.1.1 西点厨房人员配备的相关知识 4.1.2 西点厨房人员岗位责任制度 4.1.3 技术指导的方法与要求
	4.2 质量管理	4.2.1 能对进货原料的质量进行鉴别 4.2.2 能对生产过程进行质量管理 4.2.3 能对成品进行质量管理	4.2.1 质量管理的基础知识 4.2.2 食品安全与管理的相关知识
	4.3 成本管理	4.3.1 能对产品进行成本核算 4.3.2 能对产品进行成本控制	4.3.1 西点成本核算的方法 4.3.2 成本管理的相关知识
	4.4 菜单设计	4.4.1 能按膳食均衡的原则设计西点菜单 4.4.2 能按成本要求设计西点菜单 4.4.3 能设计、配制节日点心	4.4.1 世界主要国家的饮食文化习俗 4.4.2 菜单设计的方法和要求 4.4.3 膳食均衡的相关知识

3.5 一级/高级技师

职业功能	工作内容	技能要求	相关知识要求
1. 装饰蛋糕制作	1.1 糖团调制	1.1.1 能调制白帽糖团 1.1.2 能调制杏仁膏糖团 1.1.3 能调制巧克力糖团	1.1.1 白帽糖团调制的方法和注意事项 1.1.2 杏仁膏糖团调制的方法和注意事项 1.1.3 巧克力糖团调制的方法和注意事项
	1.2 蛋糕装饰	1.2.1 能用白帽糖团装饰多层蛋糕 1.2.2 能用杏仁膏糖团捏塑装饰多层蛋糕 1.2.3 能用巧克力糖团捏塑装饰多层蛋糕	1.2.1 白帽、杏仁膏、巧克力糖团装饰蛋糕的方法和注意事项 1.2.2 多层艺术造型蛋糕制作的方法和注意事项

续表

职业功能	工作内容	技能要求	相关知识要求
2. 糖艺造型制作	2.1 糖艺配件制作	2.1.1 能制作糖艺配件的模具 2.1.2 能用模具浇注糖艺配件 2.1.3 能手工制作糖艺配件	2.1.1 糖艺模具制作的方法和注意事项 2.1.2 糖艺配件制作的方法和注意事项
	2.2 糖艺作品组合	2.2.1 能用粘、贴等方法将糖艺作品组合 2.2.2 能用喷、粘、涂、画等方法对糖艺作品进行整体装饰	2.2.1 糖艺作品组合的方法和注意事项 2.2.2 糖艺作品装饰的方法和注意事项 2.2.3 糖艺作品保存的方法和注意事项
3. 艺术造型面包制作	3.1 面包设计	3.1.1 能按主题要求设计无糖无油面包、起酥面包、艺术造型面包产品 3.1.2 能撰写产品设计说明书（产品名称、设计思路、配方、操作工艺、成品特点和整体效果等）	3.1.1 艺术造型面包发展概况 3.1.2 主题面包的设计方法和要求 3.1.3 主题面包设计说明书编制的内容和要求
	3.2 面团调制	3.2.1 能调制无糖无油面包面团 3.2.2 能调制起酥面包面团 3.2.3 能调制发酵的艺术造型面包面团 3.2.4 能调制不发酵的艺术造型面包面团	3.2.1 艺术造型面包面团的种类和特点 3.2.2 艺术造型面包面团调制的方法和注意事项
	3.3 面团成型与醒发	3.3.1 能将无糖无油面包生坯成型 3.3.2 能将起酥面包生坯成型 3.3.3 能综合运用剪、搓、切、编、绕等手法将艺术造型面包面团成型 3.3.4 能选择模具将艺术造型面包面团定型 3.3.5 能判断面包面团的醒发状态	3.3.1 艺术造型面包面团的成型手法和操作要求 3.3.2 艺术造型面包面团的醒发原理
	3.4 面包成熟	3.4.1 能用烤箱将无糖无油面包生坯成熟 3.4.2 能用烤箱将起酥面包生坯成熟 3.4.3 能用烤箱将艺术造型面包生坯成熟	3.4.1 艺术造型面包成熟的要求 3.4.2 艺术造型面包成熟的方法和注意事项

续表

职业功能	工作内容	技能要求	相关知识要求
3. 艺术造型面包制作	3.5 面包组合装饰	3.5.1 能选用可食性材料组装艺术造型面包 3.5.2 能按主题设计要求将无糖无油面包、起酥面包、艺术造型面包三种类型面包组合摆台	3.5.1 艺术造型面包组装的方法和要求 3.5.2 产品设计说明书编制的内容和要求
4. 创意甜品制作	4.1 创意甜品设计	4.1.1 能设计创意甜品并撰写产品设计说明书（产品名称、设计思路、配方、操作工艺、成品特点和整体效果等） 4.1.2 能在原料选用、制作工艺方面有所创新 4.1.3 能在造型、口味等方面有所创新	4.1.1 创意甜品的设计方法和要求 4.1.2 创意甜品设计说明书编制的内容和要求
	4.2 创意甜品制作	4.2.1 能根据设计要求调制甜品面糊 4.2.2 能根据设计要求将甜品面糊成型 4.2.3 能根据设计要求用烤箱、蒸箱将生坯成熟 4.2.4 能根据设计要求用冰箱冷藏或冷冻产品	4.2.1 甜品制作新原料选用的相关知识 4.2.2 甜品制作新设备、新器具使用的相关知识 4.2.3 甜品制作新工艺的相关知识
	4.3 创意甜品装饰	4.3.1 能选择器皿并加以装饰 4.3.2 能根据设计要求用可食性材料对甜品进行装饰	4.3.1 甜品装饰新材料、新器皿选用的相关知识 4.3.2 创意甜品装饰的方法和注意事项
5. 厨房管理	5.1 西点厨房的生产与管理	5.1.1 能对西点厨房进行生产组织管理，对厨房人员进行调配和排班 5.1.2 能对厨房进行规划与布局 5.1.3 能管理厨房生产设备 5.1.4 能根据《中华人民共和国食品安全法》的相关规定在食品加工环节中控制食品卫生和安全	5.1.1 西点厨房生产组织管理、人员安排知识 5.1.2 厨房规划与布局知识 5.1.3 厨房生产设备管理知识 5.1.4 厨房卫生与安全管理知识 5.1.5 西点产品的品质鉴定标准

续表

职业功能	工作内容	技能要求	相关知识要求
5. 厨房管理	5.2 菜单策划	5.2.1 能进行菜单策划与管理 5.2.2 能进行菜单定价 5.2.3 能设计、制定各类菜单（主题餐厅、酒会、宴会、美食节等菜单） 5.2.4 能编制中、英文菜单	5.2.1 菜单的种类与特点 5.2.2 菜单策划的知识 5.2.3 菜单定价的原理 5.2.4 厨房专业英语
	5.3 成本控制	5.3.1 能控制原料采购成本 5.3.2 能控制食品储存成本 5.3.3 能控制厨房生产成本 5.3.4 能控制厨房用工成本 5.3.5 能控制产品利润	5.3.1 原料采购成本控制相关知识 5.3.2 食品储存成本控制相关知识 5.3.3 厨房生产成本控制相关知识
6. 技术创新与培训	6.1 技术研究	6.1.1 能处理和解决西式面点的技术问题或工艺难题 6.1.2 能撰写本职业技术研究总结	6.1.1 食品主要化学成分在加热过程中的变化 6.1.2 西点制品的质量分析与缺陷纠正方法 6.1.3 技术总结写作的格式与要求
	6.2 技术创新	6.2.1 能对西点制作传统原料和工艺进行技术创新 6.2.2 能引进和运用西点制作新原料、新设备、新技术开发新工艺、新品种	6.2.1 西点制作创新思维和创新工艺相关知识 6.2.2 西点技术创新与开发的方法和要求
	6.3 培训指导	6.3.1 能对二级/技师及以下级别人员进行技术培训 6.3.2 能制订培训计划、大纲 6.3.3 能编写培训讲义、教案	6.3.1 培训计划与培训大纲编写的方法和要求 6.3.2 培训讲义与教案撰写的方法和要求 6.3.3 教学教法常识

4. 权重表

4.1 理论知识权重表

项目	技能等级	五级/初级工(%)	四级/中级工(%)	三级/高级工(%)	二级/技师(%)	一级/高级技师(%)
基本要求	职业道德	5	5	5	5	5
	基础知识	25	10	—	—	—
相关知识要求	混酥类点心制作	20	—	—	—	—
	清酥类点心制作	—	20	—	—	—
	装饰蛋糕制作	—	—	—	—	10
	巧克力造型制作	—	—	—	25	20
	糖艺制作	—	—	—	20	—
	糖艺造型制作	—	—	—	—	10
	面包制作	20	20	25	—	—
	艺术造型面包制作	—	—	—	—	15
	蛋糕制作	20	20	25	—	—
	泡芙制作	—	15	—	—	—
	甜品制作	10	10	20	15	—
	创意甜品制作	—	—	—	—	10
	厨房管理	—	—	—	40	25
	技术创新与培训	—	—	—	—	25
合计		100	100	100	100	100

4.2 技能要求权重表

项目	技能等级	五级/初级工(%)	四级/中级工(%)	三级/高级工(%)	二级/技师(%)	一级/高级技师(%)
技能要求	混酥类点心制作	30	—	—	—	—
	清酥类点心制作	—	30	—	—	—
	装饰蛋糕制作	—	—	—	—	20
	巧克力造型制作	—	—	30	30	—
	糖艺制作	—	—	—	30	—

续表

项目	技能等级	五级/初级工(%)	四级/中级工(%)	三级/高级工(%)	二级/技师(%)	一级/高级技师(%)
技能要求	糖艺造型制作	—	—	—	—	20
	面包制作	30	20	20	—	—
	艺术造型面包制作	—	—	—	—	30
	蛋糕制作	30	20	30	—	—
	泡芙制作	—	20	—	—	—
	甜品制作	10	10	20	20	—
	创意甜品制作	—	—	—	—	10
	厨房管理	—	—	—	20	10
	技术创新与培训	—	—	—	—	10
合计		100	100	100	100	100

茶艺师国家职业技能标准

（2018 年版）

1. 职业概况

1.1 职业名称

茶艺师

1.2 职业编码

4-03-02-07

1.3 职业定义

在茶室、茶楼等场所①，展示茶水冲泡流程和技巧，以及传播品茶知识的人员。

1.4 职业技能等级

本职业共设五个等级，分别为：五级/初级工、四级/中级工、三级/高级工、二级/技师、一级/高级技师。

1.5 职业环境条件

室内，常温，无异味。

1.6 职业能力特征

具有良好的语言表达能力，一定的人际交往能力，较好的形体知觉能力与动作协调能力，较敏锐的色觉、嗅觉和味觉。

1.7 普通受教育程度

初中毕业（或相当文化程度）。

1.8 职业技能鉴定要求

1.8.1 申报条件

具备以下条件之一者，可申报五级/初级工：

---

① 茶室、茶楼等场所是指茶馆、茶艺馆及称为茶坊、茶社、茶座的品茶、休闲场所；茶庄、宾馆、酒店等区域内设置的用于品茶、休闲的场所；茶空间、茶书房、茶体验馆等适用于品茶、休闲的场所。

（1）累计从事本职业或相关职业①工作1年（含）以上。

（2）本职业或相关职业学徒期满。

具备以下条件之一者，可申报四级/中级工：

（1）取得本职业或相关职业五级/初级工职业资格证书（技能等级证书）后，累计从事本职业工作4年（含）以上。

（2）累计从事本职业或相关职业工作6年（含）以上。

（3）取得技工学校本专业②或相关专业③毕业证书（含尚未取得毕业证书的在校应届毕业生）；或取得经评估论证、以中级技能为培养目标的中等及以上职业学校本专业或相关专业毕业证书（含尚未取得毕业证书的在校应届毕业生）。

具备以下条件之一者，可申报三级/高级工：

（1）取得本职业或相关职业四级/中级工职业资格证书（技能等级证书）后，累计从事本职业或相关职业工作5年（含）以上。

（2）取得本职业或相关职业四级/中级工职业资格证书（技能等级证书），并具有高级技工学校、技师学院毕业证书（含尚未取得毕业证书的在校应届毕业生）；或取得本职业或相关职业四级/中级工职业资格证书（技能等级证书），并具有经评估论证、以高级技能为培养目标的高等职业学校本专业或相关专业毕业证书（含尚未取得毕业证书的在校应届毕业生）。

（3）具有大专及以上本专业或相关专业毕业证书，并取得本职业或相关职业四级/中级工职业资格证书（技能等级证书）后，累计从事本职业或相关职业工作2年（含）以上。

具备以下条件之一者，可申报二级/技师：

（1）取得本职业或相关职业三级/高级工职业资格证书（技能等级证书）后，累计从事本职业或相关职业工作4年（含）以上。

（2）取得本职业或相关职业三级/高级工职业资格证书（技能等级证书）的高级技工学校、技师学院毕业生，累计从事本职业或相关职业工作3年（含）以上；或取得本职业预备技师证书的技师学院毕业生，累计从事本职业或相关职业工作2年（含）以上。

具备以下条件者，可申报一级/高级技师：

取得本职业二级/技师职业资格证书（技能等级证书）后，累计从事本职业或相关职业工作4年（含）以上。

1.8.2 鉴定方式

分为理论知识考试、技能考核以及综合评审。理论知识考试以笔试、机考等方式为主，主要考核从业人员从事本职业应掌握的基本要求和相关知识要求；技能考核主要采用现场操作、模拟操作等方式进行，主要考核从业人员从事本职业应具备的技能水平；综合评审主要针对技师和高级技师，通常采取审阅申报材料、答辩等方式进行全面评议和审查。

---

① 相关职业：在茶室、茶楼和其他品茶、休闲场所的服务工作，以及评茶、种茶、制茶、售茶岗位的工作，下同。
② 本专业：茶艺、茶文化专业，下同。
③ 相关专业：茶学、评茶、茶叶加工、茶叶营销等专业，以及文化、文秘、中文、旅游、商贸、空乘、高铁等开设了茶艺课程的专业，下同。

理论知识考试、技能考核和综合评审均实行百分制，成绩皆达60分（含）以上者为合格。

1.8.3　监考人员、考评人员与考生配比

理论知识考试中的监考人员与考生配比不低于1∶15，且每个考场不少于2名监考人员；技能考核中的考评人员与考生配比为1∶3，且考评人员为3人（含）以上单数；综合评审委员为3人（含）以上单数。

1.8.4　鉴定时间

理论知识考试时间为90 min。技能考核时间：五级/初级工、四级/中级工、三级/高级工不少于20 min，二级/技师、一级/高级技师不少于30 min。综合评审时间不少于20 min。

1.8.5　鉴定场所设备

理论知识考试在标准教室内进行；技能考核在具备品茗台且采光及通风条件良好的品茗室或教室、会议室进行，室内应有泡茶（饮茶）主要用具、茶叶、音响和投影仪等相关辅助用品。

2. 基本要求

2.1　职业道德

2.1.1　职业道德基本知识

2.1.2　职业守则

（1）热爱专业，忠于职守。
（2）遵纪守法，文明经营。
（3）礼貌待客，热情服务。
（4）真诚守信，一丝不苟。
（5）钻研业务，精益求精。

2.2　基础知识

2.2.1　茶文化基本知识

（1）中国茶的源流。
（2）饮茶方法的演变。
（3）中国茶文化精神。
（4）中国饮茶风俗。
（5）茶与非物质文化遗产。
（6）茶的外传及影响。
（7）外国饮茶风俗。

2.2.2 茶叶知识

(1) 茶树基本知识。
(2) 茶叶种类。
(3) 茶叶加工工艺及特点。
(4) 中国名茶及其产地。
(5) 茶叶品质鉴别知识。
(6) 茶叶储存方法。
(7) 茶叶产销概况。

2.2.3 茶具知识

(1) 茶具的历史演变。
(2) 茶具的种类及产地。
(3) 瓷器茶具的特色。
(4) 陶器茶具的特色。
(5) 其他茶具的特色。

2.2.4 品茗用水知识

(1) 品茗与用水的关系。
(2) 品茗用水的分类。
(3) 品茗用水的选择方法。

2.2.5 茶艺基本知识

(1) 品饮要义。
(2) 冲泡技巧。
(3) 茶点选配。

2.2.6 茶与健康及科学饮茶

(1) 茶叶主要成分。
(2) 茶与健康的关系。
(3) 科学饮茶常识。

2.2.7 食品与茶叶营养卫生

(1) 食品与茶叶卫生基础知识。
(2) 饮食业食品卫生制度。

2.2.8 劳动安全基本知识

(1) 安全生产知识。
(2) 安全防护知识。

(3) 安全生产事故报告知识。

2.2.9 相关法律、法规知识

(1)《中华人民共和国劳动法》相关知识。
(2)《中华人民共和国劳动合同法》相关知识。
(3)《中华人民共和国食品安全法》相关知识。
(4)《中华人民共和国消费者权益保护法》相关知识。
(5)《公共场所卫生管理条例》相关知识。

3. 工作要求

本标准对五级/初级工、四级/中级工、三级/高级工、二级/技师、一级/高级技师的技能要求和相关知识要求依次递进，高级别涵盖低级别的要求。

3.1 五级/初级工

职业功能	工作内容	技能要求	相关知识要求
1. 接待准备	1.1 仪表准备	1.1.1 能按照茶事服务礼仪要求进行着装、佩戴饰物 1.1.2 能按照茶事服务礼仪要求修饰面部、手部 1.1.3 能按照茶事服务礼仪要求修整发型、选择头饰 1.1.4 能按照茶事服务礼仪要求规范站姿、坐姿、走姿、蹲姿 1.1.5 能使用普通话与敬语迎宾	1.1.1 茶艺人员服饰、佩饰基础知识 1.1.2 茶艺人员容貌修饰、手部护理常识 1.1.3 茶艺人员发型、头饰常识 1.1.4 茶事服务形体礼仪基本知识 1.1.5 普通话、迎宾敬语基本知识
	1.2 茶室准备	1.2.1 能清洁茶室环境卫生 1.2.2 能清洗消毒茶具 1.2.3 能配合调控茶室内的灯光、音响等设备 1.2.4 能操作消防灭火器进行火灾扑救 1.2.5 能佩戴防毒面具并指导宾客使用	1.2.1 茶室工作人员岗位职责和服务流程 1.2.2 茶室环境卫生要求知识 1.2.3 茶具用品消毒洗涤方法 1.2.4 灯光、音响设备使用方法 1.2.5 消防灭火器的操作方法 1.2.6 防毒面具使用方法

续表

职业功能	工作内容	技能要求	相关知识要求
2. 茶艺服务	2.1 冲泡备器	2.1.1 能根据茶叶基本特征区分六大茶类 2.1.2 能根据茶单选取茶叶 2.1.3 能根据茶叶选用冲泡器具 2.1.4 能选择和使用备水、烧水器具	2.1.1 茶叶分类、品种、名称、基本特征等基础知识 2.1.2 茶单基本知识 2.1.3 泡茶器具的种类和使用方法 2.1.4 安全用电常识和备水、烧水器具的使用规程
	2.2 冲泡演示	2.2.1 能根据不同茶类确定投茶量和水量比例 2.2.2 能根据茶叶类型选择适宜的水温泡茶,并确定浸泡时间 2.2.3 能使用玻璃杯、盖碗、紫砂壶冲泡茶叶 2.2.4 能介绍所泡茶叶的品饮方法	2.2.1 不同茶类投茶量和水量要求及注意事项 2.2.2 不同茶类冲泡水温、浸泡时间要求及注意事项 2.2.3 玻璃杯、盖碗、紫砂壶使用要求与技巧 2.2.4 茶叶品饮基本知识
3. 茶间服务	3.1 茶饮推介	3.1.1 能运用交谈礼仪与宾客沟通,有效了解宾客需求 3.1.2 能根据茶叶特性推荐茶饮 3.1.3 能根据不同季节特点推荐茶饮	3.1.1 交谈礼仪规范及沟通艺术 3.1.2 茶叶成分与特性基本知识 3.1.3 不同季节饮茶特点
	3.2 商品销售	3.2.1 能办理宾客消费的结账、记账 3.2.2 能向宾客销售茶叶 3.2.3 能向宾客销售普通茶具 3.2.4 能完成茶叶、茶具的包装 3.2.5 能承担售后服务	3.2.1 结账、记账基本程序和知识 3.2.2 茶叶销售基本知识 3.2.3 茶具销售基本知识 3.2.4 茶叶、茶具包装知识 3.2.5 售后服务知识

3.2 四级/中级工

职业功能	工作内容	技能要求	相关知识要求
1. 接待准备	1.1 礼仪接待	1.1.1 能按照茶事服务要求导位、迎宾 1.1.2 能根据不同地区的宾客特点进行礼仪接待 1.1.3 能根据不同民族的风俗进行礼仪接待 1.1.4 能根据不同宗教信仰进行礼仪接待 1.1.5 能根据宾客的性别、年龄特点进行有针对性的接待服务	1.1.1 接待礼仪与技巧基本知识 1.1.2 不同地区宾客服务的基本知识 1.1.3 不同民族宾客服务的基本知识 1.1.4 不同宗教信仰宾客服务的基本知识 1.1.5 不同性别、年龄特点宾客服务的基本知识

续表

职业功能	工作内容	技能要求	相关知识要求
1. 接待准备	1.2 茶室布置	1.2.1 能根据茶室特点合理摆放器物 1.2.2 能合理摆放茶室装饰物品 1.2.3 能合理陈列茶室商品 1.2.4 能根据宾客要求有针对性地调配茶叶、器物	1.2.1 茶室空间布置基本知识 1.2.2 器物配放基本知识 1.2.3 茶具与茶叶的搭配知识 1.2.4 商品陈列原则与方法
2. 茶艺服务	2.1 茶艺配置	2.1.1 能识别六大茶类中的中国主要名茶 2.1.2 能识别新茶、陈茶 2.1.3 能根据茶样初步区分茶叶品质和等级高低 2.1.4 能鉴别常用陶瓷、紫砂、玻璃茶具的品质 2.1.5 能根据茶艺馆需要布置茶艺工作台	2.1.1 中国主要名茶知识 2.1.2 新茶、陈茶的特点与识别方法 2.1.3 茶叶品质和等级的判定方法 2.1.4 常用茶具质量的识别方法 2.1.5 茶艺工作台的布置方法
	2.2 茶艺演示	2.2.1 能根据茶艺要素的要求冲泡六大茶类 2.2.2 能根据不同茶叶选择泡茶用水 2.2.3 能制作调饮红茶 2.2.4 能展示生活茶艺	2.2.1 茶艺冲泡的要素 2.2.2 泡茶用水水质要求 2.2.3 调饮红茶的制作方法 2.2.4 不同类型的生活茶艺知识
3. 茶间服务	3.1 茶品推介	3.1.1 能根据茶叶合理搭配茶点并予以推介 3.1.2 能根据季节合理搭配茶点并予以推介 3.1.3 能根据茶叶的内含成分及对人体健康作用来推介相应茶叶 3.1.4 能向宾客介绍不同水质对茶汤的影响 3.1.5 能根据所泡茶品解答相关问题	3.1.1 茶点与各茶类搭配知识 3.1.2 不同季节茶点搭配方法 3.1.3 科学饮茶与人体健康基本知识 3.1.4 中国名茶、名泉知识 3.1.5 解答宾客咨询茶品的相关知识及方法
	3.2 商品销售	3.2.1 能根据茶叶特点科学地保存茶叶 3.2.2 能销售名优茶和特殊茶品 3.2.3 能销售名家茶器、定制（柴烧、手绘）茶具 3.2.4 能根据宾客需要选配家庭茶室用品 3.2.5 能为茶室、茶庄等经营场所选配并向其销售茶商品	3.2.1 茶叶储藏保管知识 3.2.2 名优茶、特殊茶品销售基本知识 3.2.3 名家茶器和柴烧、手绘茶具源流及特点 3.2.4 家庭茶室用品选配基本要求 3.2.5 茶商品调配知识

3.3 三级/高级工

职业功能	工作内容	技能要求	相关知识要求
1. 接待准备	1.1 礼仪接待	1.1.1 能根据不同国家的礼仪接待外宾 1.1.2 能使用英语与外宾进行简单问候与沟通 1.1.3 能按照服务接待要求接待特殊宾客	1.1.1 涉外礼仪的基本要求及各国礼仪与禁忌 1.1.2 礼仪接待英语基本知识 1.1.3 特殊宾客服务接待知识
	1.2 茶事准备	1.2.1 能鉴别茶叶品质高低 1.2.2 能鉴别高山茶与台地茶 1.2.3 能识别常用瓷器茶具的款式及质量 1.2.4 能识别常用陶器茶具的款式及质量	1.2.1 茶叶品评的方法及质量鉴别 1.2.2 高山茶与台地茶鉴别方法 1.2.3 瓷器茶具的款式及特点 1.2.4 陶器茶具的款式及特点
2. 茶艺服务	2.1 茶席设计	2.1.1 能根据不同题材，设计不同主题的茶席 2.1.2 能根据不同的茶品、茶具组合、铺垫物品等进行茶席设计 2.1.3 能根据少数民族的茶俗设计不同的茶席 2.1.4 能根据茶席设计需要进行茶器搭配 2.1.5 能根据茶席设计主题配置相关的其他器物	2.1.1 茶席基本原理知识 2.1.2 茶席设计类型知识 2.1.3 茶席设计技巧知识 2.1.4 少数民族茶俗与茶席设计知识 2.1.5 茶席其他器物选配基本知识
	2.2 茶艺演示	2.2.1 能按照不同茶艺演示要求布置演示台，选择和配置适当的插花、薰香、茶挂 2.2.2 能根据茶艺演示主题选择相应的服饰 2.2.3 能根据茶艺演示主题选择合适的音乐 2.2.4 能根据茶席设计主题确定茶艺演示内容 2.2.5 能演示3种以上各地风味茶艺或少数民族茶艺 2.2.6 能组织、演示茶艺并介绍其文化内涵	2.2.1 茶艺演示台布置及茶艺插花、薰香、茶挂基本知识 2.2.2 茶艺演示与服饰相关知识 2.2.3 茶艺演示与音乐相关知识 2.2.4 茶席设计主题与茶艺演示运用知识 2.2.5 各地风味茶饮和少数民族茶饮基本知识 2.2.6 茶艺演示组织与文化内涵阐述相关知识

续表

职业功能	工作内容	技能要求	相关知识要求
3. 茶间服务	3.1 茶事推介	3.1.1 能够根据宾客需求介绍有关茶叶的传说、典故 3.1.2 能使用评茶专业术语，向宾客通俗介绍茶叶的色、香、味、形 3.1.3 能向宾客介绍选购紫砂茶具的技巧 3.1.4 能向宾客介绍选购瓷器茶具的技巧 3.1.5 能向宾客介绍不同茶具的养护知识	3.1.1 茶叶的传说、典故 3.1.2 茶叶感观审评基本知识及专业术语 3.1.3 紫砂茶具的选购知识 3.1.4 瓷器茶具的选购知识 3.1.5 不同茶具的特点及养护知识
	3.2 营销服务	3.2.1 能根据市场需求调配茶叶、茶具营销模式 3.2.2 能根据季节变化、节假日特点等制订茶艺馆消费品配备计划 3.2.3 能按照茶艺馆要求，初步设计和具体实施茶事展示活动	3.2.1 茶艺馆营销基本知识 3.2.2 茶艺馆消费品调配相关知识 3.2.3 茶事展示活动常识

3.4 二级/技师

职业功能	工作内容	技能要求	相关知识要求
1. 茶艺馆创意	1.1 茶艺馆规划	1.1.1 能提出茶艺馆选址的建议 1.1.2 能提出不同特色茶艺馆的定位建议 1.1.3 能根据茶艺馆的定位提出整体布局的建议	1.1.1 茶艺馆选址基本知识 1.1.2 茶艺馆定位基本知识 1.1.3 茶艺馆整体布局基本知识
	1.2 茶艺馆布置	1.2.1 能根据茶艺馆的布局，分割与布置不同的区域 1.2.2 能根据茶艺馆的风格，布置陈列柜和服务台 1.2.3 能根据茶艺馆的主题设计，布置不同风格的品茗区	1.2.1 茶艺馆不同区域分割与布置原则 1.2.2 茶艺馆陈列柜和服务台布置常识 1.2.3 品茗区风格营造基本知识
2. 茶事活动	2.1 茶艺演示	2.1.1 能进行仿古（仿唐、仿宋或仿明清）茶艺演示，并能担任主泡 2.1.2 能进行日本茶道演示 2.1.3 能进行韩国茶礼演示 2.1.4 能进行英式下午茶演示 2.1.5 能用一门外语进行茶艺解说	2.1.1 仿古茶艺展演基本知识 2.1.2 日本茶道基本知识 2.1.3 韩国茶礼基本知识 2.1.4 英式下午茶基本知识 2.1.5 茶艺专用外语知识

续表

职业功能	工作内容	技能要求	相关知识要求
2. 茶事活动	2.2 茶会组织	2.2.1 能策划中、小型茶会 2.2.2 能设计茶会活动的可实施方案 2.2.3 能根据茶会的类型进行茶会组织 2.2.4 能主持各类茶会	2.2.1 茶会类型知识 2.2.2 茶会设计基本知识 2.2.3 茶会组织与流程知识 2.2.4 主持茶会基本技巧
3. 业务管理（茶事管理）	3.1 服务管理	3.1.1 能制定茶艺馆服务流程及服务规范 3.1.2 能指导低级别茶艺服务人员 3.1.3 能对茶艺师的服务工作进行检查指导 3.1.4 能制定茶艺馆服务管理方案并组织实施 3.1.5 能提出并策划茶艺演示活动的可实施方案 3.1.6 能对茶艺馆的茶叶、茶具进行质量检查 3.1.7 能对茶艺馆的安全进行检查与改进 3.1.8 能处理宾客诉求	3.1.1 茶艺馆服务流程与管理知识 3.1.2 茶艺人员培训知识 3.1.3 茶艺馆各岗位职责 3.1.4 茶艺馆庆典、促销活动设计知识 3.1.5 茶艺表演活动方案撰写方法 3.1.6 茶叶、茶具质量检查流程与知识 3.1.7 茶艺馆安全检查与改进要求 3.1.8 宾客投诉处理原则及技巧常识
	3.2 茶艺培训	3.2.1 能制订并实施茶艺人员培训计划 3.2.2 能组织茶艺人员进行培训教学工作 3.2.3 能组建茶艺演示队伍 3.2.4 能训练茶艺演示队伍	3.2.1 茶艺培训计划的编制方法 3.2.2 茶艺培训教学组织要求与技巧 3.2.3 茶艺演示队伍组建知识 3.2.4 茶艺演示队伍常规训练安排知识

3.5 一级/高级技师

职业功能	工作内容	技能要求	相关知识要求
1. 茶饮服务	1.1 品评服务	1.1.1 能根据宾客需求提供不同茶饮 1.1.2 能对传统茶饮进行创新和设计 1.1.3 能审评茶叶的质量优次和等级	1.1.1 不同类型茶饮基本知识 1.1.2 茶饮创新基本原理 1.1.3 茶叶审评知识的综合运用

续表

职业功能	工作内容	技能要求	相关知识要求
1. 茶饮服务	1.2 茶健康服务	1.2.1 能根据宾客需求向宾客介绍茶健康知识 1.2.2 能配制适合宾客健康状况的茶饮 1.2.3 能根据宾客健康状况，提出茶预防、养生、调理的建议	1.2.1 茶健康基础知识 1.2.2 保健茶饮配制知识 1.2.3 茶预防、养生、调理基本知识
2. 茶事创作	2.1 茶艺编创	2.1.1 能根据需要编创不同类型、不同主题的茶艺演示 2.1.2 能根据茶叶营销需要编创茶艺演示 2.1.3 能根据茶艺演示的需要进行舞台美学及服饰搭配 2.1.4 能用文字阐释所编创茶艺的文化内涵，并能进行解说	2.1.1 茶艺演示编创知识 2.1.2 不同类型茶叶营销活动与茶艺结合的原则 2.1.3 茶艺美学知识与实际运用 2.1.4 茶艺编创写作与茶艺解说知识
2. 茶事创作	2.2 茶会创新	2.2.1 能策划、设计不同类型的茶会 2.2.2 能组织各种大型茶会 2.2.3 能组织各国不同风格的茶会 2.2.4 能根据宾客需求介绍各国茶会的特色与内涵	2.2.1 茶会的不同类型与创意设计知识 2.2.2 大型茶会创意设计基本知识 2.2.3 茶会组织与执行知识 2.2.4 各国不同风格茶会知识
3. 业务管理（茶事管理）	3.1 经营管理	3.1.1 能制订并实施茶艺馆经营管理计划 3.1.2 能制订并落实茶艺馆营销计划 3.1.3 能进行成本核算，对茶饮与商品进行定价 3.1.4 能拓展茶艺馆茶点、茶宴业务 3.1.5 能创意策划茶艺馆的文创产品 3.1.6 能策划与茶艺馆衔接的其他茶事活动	3.1.1 茶艺馆经营管理知识 3.1.2 茶艺馆营销基本法则 3.1.3 茶艺馆成本核算知识 3.1.4 茶点、茶宴知识 3.1.5 文创产品基本知识 3.1.6 茶文化旅游基本知识
3. 业务管理（茶事管理）	3.2 人员培训	3.2.1 能完成茶艺培训工作并编写培训讲义 3.2.2 能对二级/技师进行指导 3.2.3 能策划组织茶艺馆全员培训 3.2.4 能撰写茶艺馆培训情况分析与总结报告 3.2.5 能撰写茶业调研报告与专题论文	3.2.1 茶艺培训讲义编写要求知识 3.2.2 二级/技师指导基本知识 3.2.3 茶艺馆全员培训知识 3.2.4 茶艺馆培训情况分析与总结报告写作知识 3.2.5 茶业调研报告与专题论文写作知识

4. 权重表

4.1 理论知识权重表

项目		技能等级	五级/初级工（%）	四级/中级工（%）	三级/高级工（%）	二级/技师（%）	一级/高级技师（%）
基本要求		职业道德	5	5	5	3	3
		基础知识	45	35	25	22	12
相关知识要求		接待准备	15	15	15	—	—
		茶艺服务	25	30	40	—	—
		茶间服务	10	15	15	—	—
		茶艺馆创意	—	—	—	20	—
		茶饮服务	—	—	—	—	20
		茶事活动	—	—	—	35	—
		茶事创作	—	—	—	—	40
		业务管理（茶事管理）	—	—	—	20	25
合计			100	100	100	100	100

4.2 技能要求权重表

项目		技能等级	五级/初级工（%）	四级/中级工（%）	三级/高级工（%）	二级/技师（%）	一级/高级技师（%）
技能要求		接待准备	15	15	20	—	—
		茶艺服务	70	70	65	—	—
		茶间服务	15	15	15	—	—
		茶艺馆创意	—	—	—	20	—
		茶饮服务	—	—	—	—	20
		茶事活动	—	—	—	50	—
		茶事创作	—	—	—	—	45
		业务管理（茶事管理）	—	—	—	30	35
合计			100	100	100	100	100

中央空调系统运行操作员国家职业技能标准

（2018 年版）

1. 职业概况

1.1 职业名称

中央空调系统运行操作员

1.2 职业编码

4-06-01-02

1.3 职业定义

从事中央空调系统运行、保养、维修工作的人员。

1.4 职业技能等级

本职业共设四个等级，分别为：五级/初级工、四级/中级工、三级/高级工、二级/技师。

1.5 职业环境条件

室内、外，常温，噪声，易燃，易爆，高压。

1.6 职业能力特征

手指、手臂灵活，动作协调；具有一定的语言表达、文字写作、数字计算和分析判断能力；具有一定空间感；色觉、嗅觉、视觉、听觉、触觉正常。

1.7 普通受教育程度

初中毕业（或相当文化程度）。

1.8 职业技能鉴定要求

1.8.1 申报条件

具备以下条件之一者，可申报五级/初级工：

(1) 累计从事本职业①或相关职业②工作 1 年（含）以上。
(2) 本职业或相关职业学徒期满。

具备以下条件之一者，可申报四级/中级工：
(1) 取得本职业或相关职业五级/初级工职业资格证书（技能等级证书）后，累计从事本职业或相关职业工作 4 年（含）以上。
(2) 累计从事本职业或相关职业工作 6 年（含）以上。
(3) 取得技工学校本专业③或相关专业④毕业证书（含尚未取得毕业证书的在校应届毕业生）；或取得经评估论证、以中级技能为培养目标的中等及以上职业学校本专业或相关专业毕业证书（含尚未取得毕业证书的在校应届毕业生）。

具备以下条件之一者，可申报三级/高级工：
(1) 取得本职业或相关职业四级/中级工职业资格证书（技能等级证书）后，累计从事本职业或相关职业工作 5 年（含）以上。
(2) 取得本职业或相关职业四级/中级工职业资格证书（技能等级证书），并具有高级技工学校、技师学院毕业证书（含尚未取得毕业证书的在校应届毕业生）；或取得本职业或相关职业四级/中级工职业资格证书（技能等级证书），并具有经评估论证、以高级技能为培养目标的高等职业学校本专业或相关专业毕业证书（含尚未取得毕业证书的在校应届毕业生）。
(3) 具有大专及以上本专业或相关专业毕业证书，并取得本职业或相关职业四级/中级工职业资格证书（技能等级证书）后，累计从事本职业或相关职业工作 2 年（含）以上。

具备以下条件之一者，可申报二级/技师：
(1) 取得本职业或相关职业三级/高级工职业资格证书（技能等级证书）后，累计从事本职业或相关职业工作 4 年（含）以上。
(2) 取得本职业或相关职业三级/高级工职业资格证书（技能等级证书）的高级技工学校、技师学院毕业生，累计从事本职业或相关职业工作 3 年（含）以上；或取得本职业或相关职业预备技师证书的技师学院毕业生，累计从事本职业或相关职业工作 2 年（含）以上。

1.8.2 鉴定方式

分为理论知识考试、技能考核以及综合评审。理论知识考试以笔试、机考等方式为主，主要考核从业人员从事本职业应掌握的基本要求和相关知识要求；技能考核主要采用现场操作、模拟操作等方式进行，主要考核从业人员从事本职业应具备的技能水平；综合评审主要针对技师，通常采取审阅申报材料、答辩等方式进行全面评议和审查。

理论知识考试、技能考核和综合评审均实行百分制，成绩皆达 60 分（含）以上者为合格。

---

① 本职业：中央空调系统运行操作员，下同。
② 相关职业：制冷工、压缩机工、冷藏工、制冷空调设备装配工、空调器装配工，下同。
③ 本专业：供热、供燃气、通风及空调工程，下同。
④ 相关专业：制冷及低温工程、动力工程、建筑环境与能源应用工程、能源与动力工程、制冷与空调、暖通空调、建筑环境与设备、热能工程、给水排水工程等相关专业，下同。

1.8.3 监考人员、考评人员与考生配比

理论知识考试中的监考人员与考生配比不低于 1∶15，每个考场不少于 2 名监考人员；技能考核中考评人员与考生配比为 1∶5，且考评人员为 3 人（含）以上单数；综合评审委员为 3 人（含）以上单数。

1.8.4 鉴定时间

理论知识考试时间不少于 90 min。技能考核时间：五级/初级工不少于 60 min，四级/中级工不少于 90 min，三级/高级工和二级/技师不少于 120 min。综合评审时间不少于 30 min。

1.8.5 鉴定场所设备

理论知识考试在可容纳 30 名以上学员的标准教室进行；技能考核在具有中央空调机组、辅助设备或模拟装置、虚拟装置及必要的仪器、仪表、工具，通风条件良好、光线充足、安全设施齐全的场所进行。

2. 基本要求

2.1 职业道德

2.1.1 职业道德基本知识

2.1.2 职业守则

（1）遵章守法，安全生产。
（2）爱岗敬业，忠于职守。
（3）钻研业务，规范操作。
（4）诚实守信，优质服务。
（5）认真负责，团结合作。

2.2 基础知识

2.2.1 热工基础知识

（1）热工基本状态参数。
（2）热量与机械功。
（3）物质的相变。
（4）热量传递形式。
（5）换热器基本知识。

2.2.2 流体力学、泵与风机基础知识

（1）流体的基本参数。
（2）流动阻力和能量损失。

(3) 泵与风机的基础知识。

2.2.3 空气调节系统的基础知识

(1) 湿空气的参数与性质。
(2) 冷（热）源设备的种类及工作原理。
(3) 空调房间热、湿负荷及风量确定。
(4) 空气调节系统组成与分类。

2.2.4 空气调节系统的电气控制基础知识

(1) 电工基础知识。
(2) 电子基础知识。
(3) 计算机基础知识。

2.2.5 机械维修基础知识

(1) 机械常识。
(2) 识图基础知识。
(3) 钳工常用设备、工具、量具。
(4) 管道施工基础知识。
(5) 电、气焊操作基础知识。

2.2.6 安全生产知识

(1) 安全检测与保障措施。
(2) 防护用品及其使用方法。
(3) 人身安全与紧急救护。

2.2.7 节能与环保知识

(1) 节能基础知识。
(2) 中央空调系统环境保护相关知识。

2.2.8 相关法律、法规及标准知识

(1)《中华人民共和国劳动法》相关知识。
(2)《中华人民共和国安全生产法》相关知识。
(3)《中华人民共和国合同法》相关知识。
(4)《中华人民共和国消防法》相关知识。
(5)《中华人民共和国环境保护法》相关知识。
(6)《中华人民共和国节约能源法》相关知识。
(7)《特种设备安全监察条例》相关知识。
(8) GB/T 9237《制冷系统及热泵　安全与环境要求》相关知识。
(9) GB/T 7778《制冷剂编号方法和安全性分类》相关知识。

(10) GB 50243《通风与空调工程施工验收规范》相关知识。

(11) GB 50738《通风与空调工程施工规范》相关知识。

3. 工作要求

本标准对五级/初级工、四级/中级工、三级/高级工、二级/技师的技能要求和相关知识要求依次递进，高级别涵盖低级别的要求。

3.1 五级/初级工

职业功能	工作内容	技能要求	相关知识要求
1. 操作与调整	1.1 操作准备	1.1.1 能根据运行日志、控制显示屏信息判断系统状态 1.1.2 能确定日常开机情况下空调系统状态	1.1.1 运行日志、控制显示屏的内容与作用 1.1.2 空调系统中冷（热）源设备、输配系统及辅助设备、空气处理系统、电气系统状态参数
	1.2 开、停机	1.2.1 能进行空调系统日常开机操作 1.2.2 能进行空调系统日常停机操作 1.2.3 能在异常情况下进行空调系统紧急停机操作	1.2.1 空调系统日常开机操作要求 1.2.2 空调系统日常停机操作要求 1.2.3 空调系统紧急停机操作要求
	1.3 巡检	1.3.1 能巡检冷（热）源设备及空气处理设备的运行状态参数 1.3.2 能巡检冷（热）源设备的冷却水、冷水进出口水温和流量 1.3.3 能巡检冷（热）源设备、水泵、风机等电机运行电流 1.3.4 能巡检冷（热）源设备、水泵、风机等运行的振动、声响情况 1.3.5 能巡检风管道（含绝热层）、阀门阀件、风口及支承构件 1.3.6 能巡检水管道（含绝热层）、阀门阀件及支承构件 1.3.7 能填写空调系统运行日志	1.3.1 空调系统主要设备的工作参数 1.3.2 冷（热）源设备正常运行参数及调整方法 1.3.3 冷（热）源设备、水泵、风机等电机电流测定方法 1.3.4 空调系统的日常检查要求 1.3.5 风管道系统及辅助设备正常运行参数及调整方法 1.3.6 水管道系统及辅助设备正常运行参数及调整方法 1.3.7 运行日志的填写格式和要求
	1.4 运行调整	1.4.1 能设定冷（热）源设备的供水温度 1.4.2 能根据供、回水温度调整冷（热）源设备运行台数	1.4.1 冷（热）源设备控制系统的操作规程 1.4.2 冷（热）源设备的运行调节方法

续表

职业功能	工作内容	技能要求	相关知识要求
2. 维护保养	2.1 维护冷（热）源设备	2.1.1 能清洁机器、设备、机器间、设备间 2.1.2 能紧固、松动螺栓 2.1.3 能给螺栓、阀杆处涂抹润滑油、润滑脂	2.1.1 机房工作环境要求 2.1.2 机房安全要求 2.1.3 防腐、防锈常识
	2.2 维护空气处理系统	2.2.1 能维护保养风管系统中的风道（含绝热层）、风阀、风口、风管支承构件 2.2.2 能清洁空气处理设备的过滤网、接水盘、换热器、风机等部件 2.2.3 能清洁和油漆阀门构件	2.2.1 风管系统的组成及维护保养要求 2.2.2 空气处理设备日常维护保养要求 2.2.3 风阀的种类及构造知识
	2.3 维护水管系统及辅助设备	2.3.1 能清洗水过滤器、进风栅、布水器、循环水池 2.3.2 能清洗空气冷却式冷凝器 2.3.3 能润滑水泵轴承和风机轴承 2.3.4 能更换压力表、温度计、安全阀	2.3.1 冷却塔分类及构造知识 2.3.2 冷凝器清洗要求 2.3.3 水泵、风机轴承润滑方法 2.3.4 仪表、安全阀规格及更换要求
3. 故障处理	3.1 处理空气处理系统故障	3.1.1 能处理风道结露故障 3.1.2 能更换风阀	3.1.1 风道结露的原因及处理方法 3.1.2 风阀的结构及工作原理
	3.2 处理水管系统及辅助设备故障	3.2.1 能处理水管道结露故障 3.2.2 能应急处理水管系统漏水故障 3.2.3 能处理水管系统气塞故障	3.2.1 水管系统的基本组成 3.2.2 水管系统的漏水原因及处理方法 3.2.3 排气阀的结构及工作原理

3.2 四级/中级工

职业功能	工作内容	技能要求	相关知识要求
1. 操作与调整	1.1 操作准备	1.1.1 能检查季节性开机情况下空调系统状态 1.1.2 能设定空调系统运行状态参数	1.1.1 空调系统季节性开机前检查事项 1.1.2 空调系统的运行状态参数设定方法

续表

职业功能	工作内容	技能要求	相关知识要求
1. 操作与调整	1.2 开、停机	1.2.1 能进行空调系统长期停机后的开机操作 1.2.2 能进行空调系统长期停机前的操作	1.2.1 空调系统长期停机后的开机前的操作方法和要求 1.2.2 空调系统长期停机前的操作方法和要求
	1.3 巡检	1.3.1 能检查离心机组导叶开度、吸排气压力 1.3.2 能检查活塞机组节流阀开度 1.3.3 能检查溴化锂机组的结晶、冷剂水水质、真空度、溶液质量情况 1.3.4 能判断电气控制系统的工作状态	1.3.1 离心机组喘振原因及预防方法 1.3.2 活塞机组液击原因及预防方法 1.3.3 溴化锂机组主要故障及预防方法 1.3.4 电气控制系统的运行参数
	1.4 运行调整	1.4.1 能根据负荷变化对空调运行方案进行调整 1.4.2 能调节冷（热）水、冷却水的进、出口水温	1.4.1 空调运行方案的调整方法 1.4.2 冷（热）水、冷却水水温调节方法
2. 维护保养	2.1 维护冷（热）源设备	2.1.1 能清洗冷（热）源设备的换热器 2.1.2 能清洗板式换热器	2.1.1 换热器的机械和化学清洗方法 2.1.2 板式换热器的结构与工作原理
	2.2 维护空气处理系统	2.2.1 能检查和更换密封胶垫 2.2.2 能调整皮带的张紧力和皮带轮的直线度	2.2.1 空气处理设备密封种类及构造知识 2.2.2 风机皮带的调整方法
	2.3 维护水管系统及辅助设备	2.3.1 能清洗、更换水泵与风机的轴承、叶轮、扇叶、机械密封等部件 2.3.2 能调整、更换 V 带 2.3.3 能调节循环水池水位	2.3.1 水泵和风机的维护保养规程 2.3.2 V 带传动的技术要求 2.3.3 水位控制阀工作原理
	2.4 维护电气系统	2.4.1 能清洁电源柜、控制柜及其电气部件 2.4.2 能检查电气系统及设备绝缘情况和接地情况 2.4.3 能检查、处理电线路老化、损坏、接头虚接开焊、接线端子氧化等情况 2.4.4 能检查、维护设备电源	2.4.1 电源柜、控制柜及其电气部件的相关知识 2.4.2 绝缘检查和接地检查方法 2.4.3 电线路规格及技术要求 2.4.4 设备电源相关知识

续表

职业功能	工作内容	技能要求	相关知识要求
2. 维护保养	2.5 补充与回收润滑油	2.5.1 能判断润滑油品质 2.5.2 能将润滑油补充入压缩机 2.5.3 能回收蒸发器和冷凝器内润滑油 2.5.4 能更换压缩机润滑油	2.5.1 润滑油规格及品质判别方法 2.5.2 压缩机补充润滑油的操作规程 2.5.3 蒸发器和冷凝器内润滑油回收操作方法 2.5.4 润滑油更换的操作方法
	2.6 补充与回收制冷剂	2.6.1 能鉴别制冷剂种类 2.6.2 能将制冷剂加入冷（热）源设备 2.6.3 能用制冷剂回收装置回收制冷剂	2.6.1 制冷剂鉴别方法 2.6.2 补充制冷剂的操作规程 2.6.3 回收制冷剂的操作规程
3. 故障处理	3.1 处理冷（热）源设备故障	3.1.1 能处理冷（热）源设备运行中的振动和异常响声故障 3.1.2 能处理压缩机轴封漏油故障 3.1.3 能处理活塞式压缩机曲轴箱润滑油起泡故障	3.1.1 冷（热）源设备运行中振动和异常响声的原因及故障处理方法 3.1.2 空调压缩机轴封结构及故障处理方法 3.1.3 润滑油起泡的原因及故障处理方法
	3.2 处理空气处理系统故障	3.2.1 能处理风机盘管运转异常故障 3.2.2 能处理空气处理机组振动和声音异常故障 3.2.3 能处理空气处理机组风机传动皮带故障 3.2.4 能处理空气处理机组风量异常故障	3.2.1 风机盘管常见故障及处理方法 3.2.2 空气处理机组常见故障及处理方法 3.2.3 空气处理机组常用风机结构知识 3.2.4 空气处理机组常用风机风量调节方法
	3.3 处理水管系统及辅助设备故障	3.3.1 能处理水泵轴封漏水故障 3.3.2 能处理水泵不出水故障 3.3.3 能处理水泵运转声音异常及泵体振动故障 3.3.4 能处理冷却塔出水温度高故障	3.3.1 离心式水泵结构知识 3.3.2 离心式水泵工作原理 3.3.3 水泵常见运转故障及处理方法 3.3.4 冷却塔常见故障及处理方法

3.3 三级/高级工

职业功能	工作内容	技能要求	相关知识要求
1. 操作与调整	1.1 运行调整	1.1.1 能调节冷（热）源设备运行中出现的异常参数 1.1.2 能根据工况变化调节喷水室、表面式换热器、加湿器、空气净化设备运行参数	1.1.1 冷（热）源设备正常运转的参数标志及调节方法 1.1.2 空气处理设备的结构及参数调节方法
	1.2 气密性试验	1.2.1 能对大修或新建冷（热）源设备排污 1.2.2 能进行压力气密性试验 1.2.3 能进行真空密封性试验 1.2.4 能对制冷系统进行泄漏检测	1.2.1 冷（热）源设备排污技术要求 1.2.2 冷（热）源设备试压技术要求 1.2.3 冷（热）源设备抽真空技术要求 1.2.4 制冷剂泄漏检测方法
2. 维护保养	2.1 维护冷（热）源设备	2.1.1 能检查并调整能量调节装置 2.1.2 能检查、维护节流装置 2.1.3 能更换油过滤器芯（网）	2.1.1 压缩机能量调节装置基本知识 2.1.2 节流装置基本知识 2.1.3 油过滤器芯（网）构造知识
	2.2 维护空气处理系统	2.2.1 能维护保养加湿、减湿装置 2.2.2 能维护空气净化设备 2.2.3 能使用除尘设备对风管内部积尘进行清洁	2.2.1 加湿和除湿装置维护管理方法 2.2.2 空气净化设备维护管理方法 2.2.3 风管除尘设备工作原理及使用方法
	2.3 维护电气系统	2.3.1 能校准传感器、变送器及开关信号装置 2.3.2 能维护自动控制装置	2.3.1 传感器、变送器和开关信号装置的种类及工作原理 2.3.2 自动控制系统组成及工作原理
	2.4 编制备品备件需求计划	2.4.1 能确定压缩机、辅助设备零部件的规格型号 2.4.2 能确定易损件的种类及更换周期	2.4.1 压缩机、辅助设备零部件基本知识 2.4.2 零部件精度和使用寿命知识

续表

职业功能	工作内容	技能要求	相关知识要求
3. 故障处理	3.1 处理冷（热）源设备故障	3.1.1 能处理压缩机启动故障 3.1.2 能处理压缩机无故停车故障 3.1.3 能处理压缩机排气温度和油温异常故障 3.1.4 能处理压缩机吸、排气压力异常故障 3.1.5 能处理压缩机油压异常故障 3.1.6 能处理抽气回收系统异常故障 3.1.7 能处理溴化锂机组冷剂水污染故障 3.1.8 能处理溴化锂机组溶液结晶故障 3.1.9 能处理溴化锂机组溶液液面异常故障 3.1.10 能处理溴化锂机组热源设备故障	3.1.1 冷（热）源设备启动前检查及启动后状态检查方法 3.1.2 压缩机故障停车原因及故障处理方法 3.1.3 压缩机排气温度和油温异常原因及故障处理方法 3.1.4 压缩机吸、排气压力异常原因及故障处理方法 3.1.5 压缩机油压异常及处理方法 3.1.6 离心式压缩机抽气回收系统结构及工作原理 3.1.7 溴化锂机组冷剂水污染的原因及处理方法 3.1.8 溴化锂机组溶液结晶的原因及处理方法 3.1.9 溴化锂机组溶液液面异常的原因及处理方法 3.1.10 溴化锂机组热源设备结构及故障处理方法
	3.2 处理空气处理系统故障	3.2.1 能处理空气处理机组风机轴承温度过高故障 3.2.2 能处理电机电流过大及温度过高故障 3.2.3 能处理加湿、除湿设备故障 3.2.4 能处理空气净化设备故障 3.2.5 能处理空调房间新风不足、异味问题	3.2.1 空气处理机组种类和结构知识 3.2.2 空气处理机组常见故障及处理方法 3.2.3 加湿、除湿设备种类和结构知识 3.2.4 空气净化设备种类和结构知识 3.2.5 新风量的确定方法
	3.3 处理水管系统及辅助设备故障	3.3.1 能处理水泵电机、轴承温度过高故障 3.3.2 能处理水泵流量异常故障 3.3.3 能处理冷却塔漂水现象 3.3.4 能处理水处理装置故障 3.3.5 能处理定压补水装置故障	3.3.1 离心式水泵正常运转的参数值 3.3.2 离心式水泵流量调节方法 3.3.3 冷却塔漂水原因及处理方法 3.3.4 水处理装置种类、常见故障及处理方法 3.3.5 定压补水装置种类、常见故障及处理方法

续表

职业功能	工作内容	技能要求	相关知识要求
3. 故障处理	3.4 处理电气系统故障	3.4.1 能处理电磁阀关闭不严及动作不灵活故障 3.4.2 能处理调节阀动作不灵活故障 3.4.3 能处理传感器测量值与实际值有差异故障	3.4.1 电磁阀故障原因及处理方法 3.4.2 调节阀故障原因及处理方法 3.4.3 传感器时间常数过大的原因及处理方法

3.4 二级/技师

职业功能	工作内容	技能要求	相关知识要求
1. 操作与调整	1.1 调试空调系统	1.1.1 能制定空调系统调试方案 1.1.2 能进行空调系统调试并编制测定调整报告	1.1.1 空调系统调试规程 1.1.2 空调系统测定调整方法、报告编制知识
	1.2 运行调整	1.2.1 能检测和调整洁净空间的环境参数 1.2.2 能控制和削减空调噪声	1.2.1 洁净空间的洁净度技术要求 1.2.2 空调噪声来源与消声处理方法
2. 故障处理	2.1 处理输配系统故障	2.1.1 能处理水力失衡故障 2.1.2 能处理送风量异常故障	2.1.1 水力输配系统失衡原因及处理方法 2.1.2 风量测定与调整方法
	2.2 处理电气系统故障	2.2.1 能处理自动控制器使用故障 2.2.2 能处理自动控制器输入/输出故障 2.2.3 能处理网络控制系统故障	2.2.1 自动控制器工作原理及故障处理方法 2.2.2 自动控制器输入/输出故障原因及处理方法 2.2.3 网络控制系统组成及故障处理方法
3. 管理空调系统	3.1 运行管理	3.1.1 能编制设备运行方案 3.1.2 能检查空调系统的运行安全状态并编制安全隐患解决方案 3.1.3 能编制应急预案	3.1.1 设备技术管理知识 3.1.2 运行安全管理知识 3.1.3 应急预案基本知识
	3.2 设备管理	3.2.1 能建立设备台账 3.2.2 能建立设备维修档案	3.2.1 设备管理工作的基本内容 3.2.2 设备技术档案的基本知识

续表

职业功能	工作内容	技能要求	相关知识要求
3. 管理空调系统	3.3 环境保护与管理	3.3.1 能提出环境保护措施 3.3.2 能制定润滑油回收利用方案 3.3.3 能制定中央空调系统余热利用方案	3.3.1 中央空调系统噪声等的处理措施 3.3.2 润滑油再生处理知识 3.3.3 能量综合利用知识
	3.4 节能管理	3.4.1 能提出节能降耗措施并编制节能运行方案 3.4.2 能根据需要进行节能技术改造	3.4.1 中央空调系统节能运行与管理基本知识 3.4.2 中央空调系统节能新技术
4. 培训与指导	4.1 培训	4.1.1 能讲授中央空调安装、运行与修理知识 4.1.2 能讲授安全生产、新型制冷剂检漏、充灌、回收和维修方法等知识 4.1.3 能讲授新型环保制冷剂相关知识	4.1.1 教案编写知识 4.1.2 安全生产、制冷剂检漏仪使用方法和制冷剂回收装置使用方法等知识 4.1.3 环保制冷剂的特性等相关知识
	4.2 技术指导	4.2.1 能指导三级/高级工及以下级别人员的技能操作 4.2.2 能编制作业指导书	4.2.1 技能操作教案编写知识 4.2.2 科技写作知识

4. 权重表

4.1 理论知识权重表

项目		技能等级	五级/初级工（%）	四级/中级工（%）	三级/高级工（%）	二级/技师（%）
基本要求	职业道德		5	5	5	5
	基础知识		20	15	10	5
相关知识要求	操作与调整		40	30	15	15
	维护保养		25	30	30	—
	故障处理		10	20	40	20
	管理空调系统		—	—	—	35
	培训与指导		—	—	—	20
合计			100	100	100	100

4.2 技能要求权重表

项目	技能等级	五级/初级工（%）	四级/中级工（%）	三级/高级工（%）	二级/技师（%）
技能要求	操作与调整	50	40	20	25
	维护保养	40	40	35	—
	故障处理	10	20	45	20
	管理空调系统	—	—	—	35
	培训与指导	—	—	—	20
	合计	100	100	100	100

智能楼宇管理员国家职业技能标准

（2018 年版）

1. 职业概况

1.1 职业名称

智能楼宇管理员

1.2 职业编码

4-07-05-03

1.3 职业定义

从事建筑智能化系统操作、调试、检测、维护等工作的人员。

1.4 职业技能等级

本职业共设四个等级，分别为：四级/中级工、三级/高级工、二级/技师、一级/高级技师。

1.5 职业环境条件

室内、外，常温。

1.6 职业能力特征

具备学习、分析、推理和判断能力，具有一定的表达、沟通能力，具有相应的计算能力，手指、手臂灵活。

1.7 普通受教育程度

高中毕业（或同等学力）。

1.8 职业技能鉴定要求

1.8.1 申报条件

具备以下条件之一者，可申报四级/中级工：

（1）累计从事本职业或相关职业①工作 6 年（含）以上。

（2）取得技工学校本专业或相关专业②毕业证书（含尚未取得毕业证书的在校应届毕业生）；或取得经评估论证、以中级技能为培养目标的中等及以上职业学校本专业或相关专业毕业证书（含尚未取得毕业证书的在校应届毕业生）。

具备以下条件之一者，可申报三级/高级工：

（1）取得本职业或相关职业四级/中级工职业资格证书（技能等级证书）后，累计从事本职业或相关职业工作 5 年（含）以上。

（2）取得本职业或相关职业四级/中级工职业资格证书（技能等级证书），并具有高级技工学校、技师学院毕业证书（含尚未取得毕业证书的在校应届毕业生）；或取得本职业或相关职业四级/中级工职业资格证书（技能等级证书），并具有经评估论证、以高级技能为培养目标的高等职业学校本专业或相关专业毕业证书（含尚未取得毕业证书的在校应届毕业生）。

（3）具有大专及以上本专业或相关专业毕业证书，并取得本职业或相关职业四级/中级工职业资格证书（技能等级证书）后，累计从事本职业或相关职业工作 2 年（含）以上。

具备以下条件之一者，可申报二级/技师：

（1）取得本职业或相关职业三级/高级工职业资格证书（技能等级证书）后，累计从事本职业或相关职业工作 4 年（含）以上。

（2）取得本职业或相关职业三级/高级工职业资格证书（技能等级证书）的高级技工学校、技师学院毕业生，累计从事本职业或相关职业工作 3 年（含）以上；或取得本职业或相关职业预备技师证书的技师学院毕业生，累计从事本职业或相关职业工作 2 年（含）以上。

具备以下条件者，可申报一级/高级技师：

取得本职业或相关职业二级/技师职业资格证书（技能等级证书）后，累计从事本职业或相关职业工作 4 年（含）以上。

1.8.2 鉴定方式

分为理论知识考试、技能考核以及综合评审。理论知识考试以笔试、机考等方式为主，主要考核从业人员从事本职业应掌握的基本要求和相关知识要求；技能考核主要采用现场操作、模拟操作等方式进行，主要考核从业人员从事本职业应具备的技能水平；综合评审主要针对技师和高级技师，通常采取审阅申报材料、答辩等方式进行全面评议和审查。

理论知识考试、技能考核和综合评审均实行百分制，成绩皆达 60 分（含）以上者为合格。

1.8.3 监考人员、考评人员与考生配比

理论知识考试中的监考人员与考生配比为 1∶15，且每个考场不少于 2 名监考人员；技

---

① 相关职业：物业管理员、计算机网络管理员、安全防范系统安装维护员、通信网络管理员、自动控制工程技术人员等，下同。

② 本专业或相关专业：建筑智能化工程技术、建筑电气工程技术、建筑电气与智能化、电气自动化技术、自动化、电气工程、智能控制技术、人工智能等，下同。

能考核中的考评人员与考生配比应根据职业特点、考核方式等因素确定,且考评人员为 3 人（含）以上单数;综合评审委员为 3 人（含）以上单数。

1.8.4 鉴定时间

理论知识考试时间不少于 90 min；四级/中级工、三级/高级工技能考核时间不少于 60 min，二级/技师、一级/高级技师技能考核时间不少于 90 min；综合评审时间不少于 30 min。

1.8.5 鉴定场所设备

理论知识考试在标准教室或计算机机房进行；技能考核在具有综合布线系统、消防系统、安全防范系统、建筑设备监控系统、网络与通信系统、会议、广播和多媒体显示系统等实操设备的实训室或具有计算机仿真操作的机房内进行。

2. 基本要求

2.1 职业道德

2.1.1 职业道德基本知识

2.1.2 职业守则

(1) 认真严谨，忠于职守。
(2) 勤奋好学，不耻下问。
(3) 钻研业务，勇于创新。
(4) 爱岗敬业，遵纪守法。
(5) 工匠精神，敬业精神。

2.2 基础知识

2.2.1 智能楼宇基础知识

(1) 智能楼宇系统概述。
(2) 智能社区系统概述。
(3) 楼宇自动控制知识。
(4) 绿色建筑基本知识。

2.2.2 电气基础

(1) 电工电子基础。
(2) 电气控制基础。
(3) 供配电基础。

2.2.3 建筑机电设备基础

（1）给排水设备基本原理。
（2）通风与空调设备基本原理。
（3）建筑电气设备基本原理。

2.2.4 电气安全基础

（1）安全用电。
（2）防雷与接地。

2.2.5 计算机应用基础

（1）计算机操作系统知识。
（2）常用计算机应用软件。
（3）计算机网络与通信。

2.2.6 相关法律、法规知识

（1）《中华人民共和国劳动合同法》相关知识。
（2）《中华人民共和国节约能源法》相关知识。
（3）《中华人民共和国合同法》相关知识。
（4）《中华人民共和国建筑法》相关知识。

3. 工作要求

本标准对四级/中级工、三级/高级工、二级/技师、一级/高级技师的技能要求和相关知识要求依次递进，高级别涵盖低级别的要求。

3.1 四级/中级工

职业功能	工作内容	技能要求	相关知识要求
1.综合布线系统管理与维护	1.1 接续设备更换	1.1.1 能更换配线架 1.1.2 能更换信息模块	1.1.1 接续设备分类与结构 1.1.2 信息模块分类与结构
	1.2 缆线端接	1.2.1 能识别铜缆、配线架的标识 1.2.2 能对铜缆进行端接	1.2.1 系统的图例符号 1.2.2 铜缆系统端接要求 1.2.3 接续工具使用方法
	1.3 跳线连接	1.3.1 能制作铜缆跳线 1.3.2 能操作铜缆跳线的跳接管理	1.3.1 铜缆跳线的制作方法 1.3.2 跳线的应用

续表

职业功能	工作内容	技能要求	相关知识要求
2. 火灾自动报警及消防联动控制系统管理与维护	2.1 探测器维护	2.1.1 能检查探测器接线 2.1.2 能更换探测器	2.1.1 探测器功能与分类 2.1.2 探测器线路连接方式 2.1.3 探测器更换注意事项
	2.2 测控模块① 维护	2.2.1 能检查测控模块接线 2.2.2 能更换测控模块	2.2.1 测控模块功能与分类 2.2.2 测控模块线路连接方式 2.2.3 测控模块更换注意事项
3. 网络与通信系统管理与维护	3.1 小型程控交换机网络连接	3.1.1 能检查小型程控交换机功能 3.1.2 能连接小型程控交换机	3.1.1 小型程控交换机基本原理 3.1.2 小型程控交换机组网方法
	3.2 有线电视用户分配网的维护	3.2.1 能维护有线电视用户分配网的线路、器材 3.2.2 能更换有线电视用户分配网的线路、器材	3.2.1 有线电视用户分配网的概念及维护方法 3.2.2 同轴电缆、常用器件的规格、类别及功能 3.2.3 有线电视用户分配网拆装注意事项
4. 建筑设备监控系统管理与维护	4.1 传感器、执行器的维护与更换	4.1.1 能维护传感器、执行器 4.1.2 能更换传感器、执行器	4.1.1 传感器、阀门、执行器的概念和分类 4.1.2 传感器、执行器更换的注意事项
	4.2 现场控制器的维护与更换	4.2.1 能维护现场控制器 4.2.2 能更换现场控制器	4.2.1 现场控制器的工作原理与分类 4.2.2 现场控制器的维护常识 4.2.3 现场控制器的更换注意事项
	4.3 中央控制站的运行管理	4.3.1 能操作中央控制站 4.3.2 能处理中央控制站的信息	中央控制站的操作流程

---

① 测控模块是指隔离模块、输入模块、输出模块、输入/输出模块、手动报警按钮、消火栓按钮、电话模块、广播模块、讯响器等，下同。

续表

职业功能	工作内容	技能要求	相关知识要求
5. 安全防范系统管理与维护	5.1 视频监控系统前端设备及传输系统的维护与更换	5.1.1 能维护和更换视频监控的前端设备 5.1.2 能检查和更换视频监控传输线路	5.1.1 视频监控系统的图例符号 5.1.2 视频监控系统前端设备的功能与分类 5.1.3 视频监控系统线路连接方法
	5.2 入侵报警系统前端设备及传输系统的维护与更换	5.2.1 能维护和更换入侵报警系统部件 5.2.2 能检查和更换入侵报警系统传输线路	5.2.1 入侵报警系统的图例符号 5.2.2 入侵报警系统主要部件的种类、用途 5.2.3 入侵报警系统主要部件、传输系统拆装注意事项
	5.3 门禁管理系统用户端设备的维护与更换	5.3.1 能维护和更换门禁系统部件及线路 5.3.2 能维护和更换可视对讲系统部件及线路	5.3.1 门禁管理系统的图例符号 5.3.2 门禁管理系统用户端设备的类别 5.3.3 可视对讲系统功能与分类
6. 会议、广播和多媒体显示系统管理与维护	6.1. 会议系统运行与维护	6.1.1 能连接会议系统线路 6.1.2 能维护会议系统	6.1.1 会议系统分类 6.1.2 会议系统维护知识
	6.2 广播系统运行与维护	6.2.1 能连接广播系统线路 6.2.2 能维护广播系统	6.2.1 广播系统分类 6.2.2 广播系统维护知识
	6.3 多媒体显示系统运行与维护	6.3.1 能连接多媒体显示系统线路 6.3.2 能维护多媒体显示系统	6.3.1 多媒体显示系统分类 6.3.2 多媒体显示系统维护知识

3.2 三级/高级工

职业功能	工作内容	技能要求	相关知识要求
1. 综合布线系统管理与维护	1.1 光纤处理	1.1.1 能进行光纤的熔接 1.1.2 能制作光纤的跳线	1.1.1 光纤的基本概念 1.1.2 光纤连接器的功能与结构
	1.2 连通性能测试	1.2.1 能测试铜缆连通性能 1.2.2 能测试光纤连通性能 1.2.3 能识读测试记录	1.2.1 综合布线系统测试指标 1.2.2 综合布线系统常用测试仪器 1.2.3 测试中常见问题及解决方法
2. 火灾自动报警及消防联动控制系统管理与维护	2.1 探测器检修	2.1.1 能识别探测器故障 2.1.2 能检修探测器连接线路	2.1.1 探测器故障类别 2.1.2 探测器连接线路检修方法
	2.2 测控模块检修	2.2.1 能识别测控模块故障 2.2.2 能检修测控模块连接线路	2.2.1 测控模块故障类别 2.2.2 测控模块连接线路检修方法
	2.3 消防设备设施巡查	2.3.1 能巡查消防设备设施状态 2.3.2 能检测消防联动功能	2.3.1 消防联动设备的基本原理 2.3.2 测控模块与联动设备连接方式
3. 网络与通信系统管理与维护	3.1 计算机网络组网	3.1.1 能选择网络设备 3.1.2 能组建计算机网络	3.1.1 计算机网络组成原理 3.1.2 有线组网设备的功能和特性 3.1.3 无线组网设备的功能和特性
	3.2 有线电视用户分配网测试和管理	3.2.1 能测试有线电视用户分配网性能 3.2.2 能检修有线电视用户分配网	3.2.1 有线电视用户分配网测试方法 3.2.2 有线电视用户分配网常见故障及解决方法

续表

职业功能	工作内容	技能要求	相关知识要求
4.建筑设备监控系统管理与维护	4.1 传感器和执行器测试	4.1.1 能测试传感器和执行器性能 4.1.2 能排查传感器和执行器常见故障	4.1.1 传感器和执行器工作原理及结构 4.1.2 传感器和执行器测试方法 4.1.3 传感器和执行器常见故障及排查方法
	4.2 现场控制器测试	4.2.1 能测试现场控制器通信端口 4.2.2 能测试现场控制器I/O端口	4.2.1 现场控制器I/O点的功能 4.2.2 现场控制器的功能测试方法
5.安全防范系统管理与维护	5.1 视频监控系统测试与检修	5.1.1 能测试视频监控系统设备功能 5.1.2 能检修视频监控传输线路	5.1.1 视频监控系统设备原理与应用 5.1.2 视频监控系统线路常见问题及解决方法
	5.2 入侵报警系统测试与检修	5.2.1 能测试入侵报警系统设备功能 5.2.2 能测试入侵报警系统联动功能 5.2.3 能检修入侵报警系统传输线路	5.2.1 入侵报警系统设备工作原理 5.2.2 入侵报警系统联动功能测试方法 5.2.3 入侵报警系统线路常见问题及解决方法
	5.3 门禁系统测试与检修	5.3.1 能测试门禁系统设备功能 5.3.2 能检修门禁系统传输线路 5.3.3 能调试和检修可视对讲系统	5.3.1 门禁系统设备工作原理 5.3.2 门禁系统传输线路常见故障 5.3.3 可视对讲系统工作原理及常见故障
	5.4 停车场管理系统维护	5.4.1 能维护停车场管理系统检测设备 5.4.2 能维护停车场管理系统控制设备	5.4.1 停车场管理系统检测设备分类及性能 5.4.2 停车场管理系统控制设备分类及性能

职业功能	工作内容	技能要求	相关知识要求
6.会议、广播和多媒体显示系统管理与维护	6.1. 会议系统测试与检修	6.1.1 能测试会议系统功能 6.1.2 能检修会议系统故障	6.1.1 会议系统工作原理 6.1.2 会议系统常见故障
	6.2 广播系统测试与检修	6.2.1 能测试广播系统功能 6.2.2 能检修广播系统故障	6.2.1 广播系统工作原理 6.2.2 广播系统常见故障
	6.3 多媒体显示系统测试与检修	6.3.1 能测试多媒体显示系统功能 6.3.2 能检修多媒体显示系统故障	6.3.1 多媒体显示系统工作原理 6.3.2 多媒体显示系统常见故障

3.3 二级/技师

职业功能	工作内容	技能要求	相关知识要求
1.综合布线系统管理与维护	1.1 综合布线系统接管	1.1.1 能接管综合布线系统 1.1.2 能接收综合布线系统技术资料	综合布线系统接收流程
	1.2 综合布线系统升级改造	1.2.1 能制定铜缆系统升级改造方案 1.2.2 能制定光缆系统升级改造方案	1.2.1 综合布线系统升级改造的技术需求 1.2.2 综合布线产品选型方法
2.火灾自动报警及消防联动控制系统管理与维护	2.1 火灾报警主机功能核查	2.1.1 能测试火灾报警主机的功能 2.1.2 能设置火灾报警主机参数	2.1.1 火灾报警主机工作原理 2.1.2 消防系统编程与调试方法
	2.2 消防联动控制系统检查	2.2.1 能测试消防联动控制系统功能 2.2.2 能排查消防联动控制系统故障	2.2.1 消防联动设备工作原理 2.2.2 消防联动设备常见故障
	2.3 火灾报警主机远程接口功能核查	2.3.1 能配置火灾报警主机接口 2.3.2 能测试火灾报警主机接口功能	消防系统远程监测相关知识

续表

职业功能	工作内容	技能要求	相关知识要求
3. 网络与通信系统管理与维护	3.1 计算机网络测试与维护	3.1.1 能远程管理局域网 3.1.2 能诊断局域网故障	3.1.1 局域网组网参数配置方法 3.1.2 局域网常见故障及诊断方法
	3.2 卫星电视天线管理与维护	3.2.1 能维护与更换卫星电视天线 3.2.2 能校正卫星电视天线位置	3.2.1 卫星电视天线的概念 3.2.2 卫星电视天线维护与更换注意事项 3.2.3 卫星电视信号标准
4. 建筑设备监控系统管理与维护	4.1 现场控制器编程与调试	4.1.1 能编写现场控制器的用户程序 4.1.2 能调试现场控制器的用户程序	4.1.1 现场控制器的编程原理 4.1.2 现场控制器的调试方法
	4.2 建筑设备监控系统组态	4.2.1 能对建筑设备监控系统进行组态 4.2.2 能调试建筑设备监控系统	4.2.1 组态软件的功能及应用 4.2.2 建筑设备监控系统调试方法
5. 安全防范系统管理与维护	5.1 视频监控系统设备配置	5.1.1 能设置视频存储 5.1.2 能设置视频服务器	5.1.1 视频存储的操作方法 5.1.2 视频服务器的工作原理
	5.2 入侵报警系统主机配置	5.2.1 能设置入侵报警主机 5.2.2 能调试入侵报警系统	5.2.1 入侵报警主机的工作原理 5.2.2 入侵报警系统的调试方法
	5.3 门禁系统配置与管理	5.3.1 能配置门禁系统 5.3.2 能管理门禁系统	5.3.1 门禁系统工作方式 5.3.2 门禁系统软件主要功能
6. 培训与管理	6.1 培训	6.1.1 能制订培训计划 6.1.2 能对三级/高级工及以下级别人员进行培训	职业培训的基本流程
	6.2 管理	6.2.1 能编制设备维修计划 6.2.2 能制定设备管理台账	建筑设备管理实务

3.4 一级/高级技师

职业功能	工作内容	技能要求	相关知识要求
1. 网络与通信系统管理与维护	1.1 网络安全管理	1.1.1 能编制网络安全管理方案 1.1.2 能配置网络安全管理软件	1.1.1 网络安全管理要求 1.1.2 网络安全管理软件的功能 1.1.3 网络安全管理与维护方法
	1.2 虚拟专用网络（VPN）管理	1.2.1 能编制虚拟专用网络（VPN）实施方案 1.2.2 能配置虚拟专用网络（VPN）	1.2.1 虚拟专用网络（VPN）工作原理 1.2.2 虚拟专用网络（VPN）管理方法
2. 建筑设备监控系统管理与维护	2.1 建筑设备节能方案制定与评估	2.1.1 能制定建筑设备节能运行方案 2.1.2 能制定建筑设备节能改造方案 2.1.3 能对建筑设备进行能耗分析	2.1.1 建筑节能技术 2.1.2 能耗监测系统的组成 2.1.3 建筑设备能效评估方法
	2.2 系统集成与云平台管理	2.2.1 能制定智能楼宇系统集成方案 2.2.2 能管理建筑群云平台	2.2.1 智能楼宇系统集成技术 2.2.2 云平台系统管理技术
3. 安全防范系统管理与维护	3.1 安全防范系统联动优化	3.1.1 能制定安全防范系统联动方案 3.1.2 能配置安全防范系统	3.1.1 安全防范系统优化原则 3.1.2 安全防范系统联动方式
	3.2 安全防范系统集成优化	3.2.1 能制定安全防范系统提升改造方案 3.2.2 能优化安全防范系统集成方案	3.2.1 安全防范系统设备工作原理 3.2.2 安全防范系统集成技术
4. 培训与管理	4.1 培训	4.1.1 能对二级/技师及以下级别人员进行理论培训 4.1.2 能对二级/技师及以下级别人员进行操作指导	培训实务
	4.2 管理	4.2.1 能对智能楼宇管理人员进行技术能力评估 4.2.2 能制定智能楼宇管理人员业务提升规划	4.2.1 技术能力评估方法 4.2.2 提升规划的制定原则

4. 权重表

4.1 理论知识权重表

项目	技能等级	四级/中级工（%）	三级/高级工（%）	二级/技师（%）	一级/高级技师（%）
基本要求	职业道德	5	5	5	5
	基础知识	20	15	10	5
相关知识要求	综合布线系统管理与维护	10	15	10	—
	火灾自动报警及消防联动控制系统管理与维护	10	10	5	—
	网络与通信系统管理与维护	10	10	10	20
	建筑设备监控系统管理与维护	20	20	35	40
	安全防范系统管理与维护	15	15	20	25
	会议、广播和多媒体显示系统管理与维护	10	10	—	—
	培训与管理	—	—	5	5
	合计	100	100	100	100

4.2 技能要求权重表

项目	技能等级	四级/中级工（%）	三级/高级工（%）	二级/技师（%）	一级/高级技师（%）
技能要求	综合布线系统管理与维护	20	15	10	—
	火灾自动报警及消防联动控制系统管理与维护	10	10	10	—
	网络与通信系统管理与维护	15	15	15	25
	建筑设备监控系统管理与维护	25	30	35	40
	安全防范系统管理与维护	20	20	25	30
	会议、广播和多媒体显示系统管理与维护	10	10	—	—
	培训与管理	—	—	5	5
	合计	100	100	100	100

有害生物防制员国家职业技能标准

（2018 年版）

1. 职业概况

1.1 职业名称

有害生物防制员

1.2 职业编码

4-09-09-00

1.3 职业定义

从事危害人类健康、影响人类生活并造成经济损失的有害生物预防和控制工作的人员。

1.4 职业技能等级

本职业共设四个等级，分别为：五级/初级工、四级/中级工、三级/高级工、二级/技师。

1.5 职业环境条件

室内、外，常温。

1.6 职业能力特征

手指、手臂灵活，听觉、色觉、嗅觉正常。

1.7 普通受教育程度

初中毕业（或相当文化程度）。

1.8 职业技能鉴定要求

1.8.1 申报条件

具备以下条件之一者，可申报五级/初级工：

（1）累计从事本职业或相关职业①工作 1 年（含）以上。

（2）本职业或相关职业学徒期满。

具备以下条件之一者，可申报四级/中级工：

（1）取得本职业或相关职业五级/初级工职业资格证书（技能等级证书）后，累计从事本职业或相关职业工作 4 年（含）以上。

（2）累计从事本职业或相关职业工作 6 年（含）以上。

（3）取得技工学校本专业或相关专业②毕业证书（含尚未取得毕业证书的在校应届毕业生）；或取得经评估论证、以中级技能为培养目标的中等及以上职业学校本专业或相关专业毕业证书（含尚未取得毕业证书的在校应届毕业生）。

具备以下条件之一者，可申报三级/高级工：

（1）取得本职业或相关职业四级/中级工职业资格证书（技能等级证书）后，累计从事本职业或相关职业工作 5 年（含）以上。

（2）取得本职业或相关职业四级/中级工职业资格证书（技能等级证书），并具有高级技工学校、技师学院毕业证书（含尚未取得毕业证书的在校应届毕业生）；或取得本职业或相关职业四级/中级工职业资格证书（技能等级证书），并具有经评估论证、以高级技能为培养目标的高等职业学校本专业或相关专业毕业证书（含尚未取得毕业证书的在校应届毕业生）。

（3）具有大专及以上本专业或相关专业毕业证书，并取得本职业或相关职业四级/中级工职业资格证书（技能等级证书）后，累计从事本职业或相关职业工作 2 年（含）以上。

具备以下条件之一者，可申报二级/技师：

（1）取得本职业或相关职业三级/高级工职业资格证书（技能等级证书）后，累计从事本职业或相关职业工作 4 年（含）以上。

（2）取得本职业或相关职业三级/高级工职业资格证书（技能等级证书）的高级技工学校、技师学院毕业生，累计从事本职业或相关职业工作 3 年（含）以上；或取得本职业或相关职业预备技师证书的技师学院毕业生，累计从事本职业或相关职业工作 2 年（含）以上。

1.8.2 鉴定方式

分为理论知识考试、技能考核以及综合评审。理论知识考试以笔试、机考等方式为主，主要考核从业人员从事本职业应掌握的基本要求和相关知识要求；技能考核主要采用现场操作、模拟操作等方式进行，主要考核从业人员从事本职业应具备的技能水平；综合评审主要针对技师，通常采取审阅申报材料、答辩等方式进行全面评议和审查。

理论知识考试、技能考核和综合评审均实行百分制，成绩皆达 60 分（含）以上者为合格。

---

① 相关职业：园林植物保护工程技术人员、进出境动植物检验检疫人员、卫生检疫人员、植物保护技术人员、园艺技术人员、疾病控制医师、公共卫生医师、公卫检验技师、消毒技师、物业管理员、草地监护员、野生植物保护员、园林绿化工、草坪园艺师、公共卫生辅助服务员、护林员、农业技术员、农作物植保员、林业有害生物防治员、动物疫病防治员、动物检疫检验员，下同。

② 本专业或相关专业：见附录，下同。

1.8.3 监考人员、考评人员与考生配比

理论知识考试中的监考人员与考生配比为 1∶20，且每个考场不少于 2 名监考人员；技能考核中的考评人员与考生配比为 1∶5，且考评人员为 3 人（含）以上单数；综合评审委员为 3 人（含）以上单数。

1.8.4 鉴定时间

理论知识考试时间不少于 90 min；技能考核时间不少于 40 min；综合评审时间不少于 10 min。

1.8.5 鉴定场所设备

理论知识考试在标准教室进行；技能考核在配备必要的密度监测、种类鉴别、消杀等设备、设施及相应的工具和器械的场所进行。

2. 基本要求

2.1 职业道德

2.1.1 职业道德基本知识

2.1.2 职业守则

(1) 遵纪守法，爱岗敬业。
(2) 团结合作，认真负责。
(3) 爱护设备，依规操作。
(4) 着装整洁，文明服务。

2.2 基础知识

2.2.1 概述

(1) 有害生物的概念。
(2) 有害生物的危害。

2.2.2 生物学基础知识

(1) 有害生物的种类与识别特征。
(2) 常见有害生物的生物学特性。

2.2.3 有害生物综合防制基本原理及应用

(1) 有害生物综合防制的基本原则。
(2) 环境防制方法。
(3) 化学防制方法。

(4) 物理防制方法。
(5) 生物防制方法。
(6) 其他防制方法。

2.2.4 药剂及应用

(1) 杀虫剂种类及应用。
(2) 杀鼠剂种类及应用。
(3) 消毒剂种类及应用。

2.2.5 施药器械及应用

(1) 施药器械的分类与应用。
(2) 常用施药技术。

2.2.6 安全防护知识

(1) 个人防护和紧急救护。
(2) 药剂安全使用要求。

2.2.7 相关国家标准

(1) 《病媒生物密度监测方法　蚊虫》。
(2) 《病媒生物密度监测方法　蝇类》。
(3) 《病媒生物密度监测方法　鼠类》。
(4) 《病媒生物密度监测方法　蜚蠊》。
(5) 《病媒生物密度控制水平　蚊虫》。
(6) 《病媒生物密度控制水平　蝇类》。
(7) 《病媒生物密度控制水平　鼠类》。
(8) 《病媒生物密度控制水平　蜚蠊》。
(9) 《病媒生物化学防治技术指南　滞留喷洒》。
(10) 《病媒生物化学防治技术指南　空间喷雾》。

2.2.8 相关法律、法规知识

(1) 《中华人民共和国劳动法》相关知识。
(2) 《中华人民共和国劳动合同法》相关知识。
(3) 《中华人民共和国传染病防治法》相关知识。
(4) 《中华人民共和国食品安全法》相关知识。
(5) 《中华人民共和国农药管理条例》相关知识。
(6) 《病死及病害动物无害化处理技术规范》相关知识。

3. 工作要求

本标准对五级/初级工、四级/中级工、三级/高级工、二级/技师的技能要求和相关知识要求依次递进，高级别涵盖低级别的要求。

3.1 五级/初级工

职业功能	工作内容	技能要求	相关知识要求
1. 鼠类防制	1.1 识别	1.1.1 能识别褐家鼠 1.1.2 能识别小家鼠 1.1.3 能识别黄胸鼠	1.1.1 褐家鼠的外部基本特征和习性 1.1.2 小家鼠的外部基本特征和习性 1.1.3 黄胸鼠的外部基本特征和习性
	1.2 侵害调查	1.2.1 能用鼠笼法、夹夜法、粘鼠板法和粉迹法调查鼠密度 1.2.2 能收集、处理死鼠和活鼠 1.2.3 能填写鼠密度调查表	1.2.1 鼠笼法、夹夜法、粘鼠板法和粉迹法的操作要求及注意事项 1.2.2 收集、处理死鼠和活鼠的注意事项 1.2.3 鼠密度调查表的编制规范与填写要求
	1.3 防制	1.3.1 能使用鼠笼、鼠夹和粘鼠板灭鼠 1.3.2 能使用成品毒饵和毒饵盒（站）灭鼠 1.3.3 能填写现场操作记录单	1.3.1 鼠笼、鼠夹和粘鼠板的操作要求、维护方法及注意事项 1.3.2 成品毒饵使用注意事项 1.3.3 毒饵盒（站）的布放要求 1.3.4 现场操作记录单编制规范与填写要求
	1.4 效果评估	能计算鼠密度下降率	鼠密度下降率的概念与应用
2. 蟑螂防制	2.1 识别	2.1.1 能识别德国小蠊 2.1.2 能识别美洲大蠊	2.1.1 德国小蠊的形态特征和生态习性 2.1.2 美洲大蠊的形态特征和生态习性
	2.2 侵害调查	2.2.1 能用目测法、粘捕法和药激法调查蟑螂密度 2.2.2 能填写蟑螂密度调查表	2.2.1 蟑螂密度调查的注意事项 2.2.2 蟑螂密度调查表的编制规范与填写要求

续表

职业功能	工作内容	技能要求	相关知识要求
2. 蟑螂防制	2.3 防制	2.3.1 能使用粘蟑纸（盒）、诱捕器等物理防制器械灭蟑 2.3.2 能使用滞留喷洒和热烟雾技术灭蟑，以及使用毒饵、粉剂、烟剂灭蟑 2.3.3 能填写现场操作记录单	2.3.1 粘蟑纸（盒）、诱捕器等物理防制器械使用的注意事项 2.3.2 滞留喷洒、热烟雾灭蟑的技术要求，毒饵、粉剂和烟剂等剂型灭蟑的技术要求 2.3.3 现场操作记录单的编制规范与填写要求
	2.4 效果评估	能计算蟑螂密度下降率	蟑螂密度下降率的概念与应用
3. 蝇类防制	3.1 识别	3.1.1 能识别家蝇、麻蝇、大头金蝇 3.1.2 能识别蝇幼虫和蝇蛹	3.1.1 家蝇、麻蝇、大头金蝇的形态特征和生态习性 3.1.2 蝇幼虫和蝇蛹的形态特征
	3.2 侵害调查	3.2.1 能利用笼诱法、粘捕法、目测法调查蝇密度 3.2.2 能填写蝇密度调查表	3.2.1 蝇密度调查的注意事项 3.2.2 蝇密度调查表的编制规范与填写要求
	3.3 防制	3.3.1 能使用粘蝇纸（条）、诱蝇笼、灭蝇灯等物理防制器械灭蝇 3.3.2 能使用滞留喷洒、空间喷雾技术灭蝇 3.3.3 能使用毒饵、毒蝇绳、灭蝇器械技术灭蝇 3.3.4 能填写现场操作记录单	3.3.1 粘蝇纸（条）、诱蝇笼、灭蝇灯等物理防制器械使用的注意事项 3.3.2 滞留喷洒、空间喷雾灭蝇的技术要求 3.3.3 毒饵、毒蝇绳、灭蝇器械灭蝇的技术要求 3.3.4 现场操作记录单的编制规范与填写要求
	3.4 效果评估	能计算蝇密度下降率	蝇密度下降率的概念与应用
4. 蚊虫防制	4.1 识别	4.1.1 能识别白纹伊蚊、埃及伊蚊、淡色库蚊/致倦库蚊 4.1.2 能识别蚊虫幼虫和蛹	4.1.1 白纹伊蚊、埃及伊蚊、淡色库蚊/致倦库蚊的形态特征和生态习性 4.1.2 蚊虫幼虫和蛹的形态特征

续表

职业功能	工作内容	技能要求	相关知识要求
4.蚊虫防制	4.2 侵害调查	4.2.1 能使用幼虫吸管法调查蚊幼虫密度 4.2.2 能使用幼虫勺捕法、路径法调查蚊幼虫密度 4.2.3 能使用诱蚊灯法、二氧化碳诱蚊灯法、人诱停落法调查蚊成虫密度 4.2.4 能填写蚊虫密度调查表	4.2.1 幼虫吸管法调查蚊幼虫密度的注意事项 4.2.2 幼虫勺捕法、路径法调查蚊幼虫密度的注意事项 4.2.3 诱蚊灯法、二氧化碳诱蚊灯法、人诱停落法调查蚊成虫密度的注意事项 4.2.4 蚊虫密度调查表的编制规范与填写要求
	4.3 防制	4.3.1 能使用滞留喷洒、空间喷雾技术灭成蚊 4.3.2 能使用灭幼剂灭蚊幼虫 4.3.3 能填写现场操作记录单	4.3.1 滞留喷洒、空间喷雾灭蚊的技术要求 4.3.2 灭幼剂灭蚊幼虫的注意事项 4.3.3 现场操作记录单的编制规范与填写要求
	4.4 效果评估	能计算蚊虫密度下降率	蚊虫密度下降率的概念与应用
5.白蚁防制	5.1 识别	能识别白蚁	白蚁的形态特征和生态习性
	5.2 侵害调查	5.2.1 能开展白蚁危害现场调查 5.2.2 能填写白蚁现场危害情况调查表	5.2.1 白蚁危害特征和外露迹象 5.2.2 白蚁现场危害情况调查表的填写要求及注意事项
	5.3 防制	5.3.1 能使用药剂防制白蚁 5.3.2 能填写现场操作记录单	5.3.1 使用药剂防制白蚁的方法及注意事项 5.3.2 现场操作记录单的填写要求和注意事项
	5.4 效果评估	能根据现场白蚁活动情况评价白蚁防制效果	白蚁活动和危害情况的评价方法
6.其他有害生物防制	6.1 识别	能识别小黄家蚁	小黄家蚁的形态特征和生态习性
	6.2 侵害调查	6.2.1 能识别小黄家蚁的危害场所和孳生场所 6.2.2 能填写密度调查表	6.2.1 小黄家蚁危害场所的特点 6.2.2 密度调查表的编制规范和撰写要求

续表

职业功能	工作内容	技能要求	相关知识要求
6. 其他有害生物防制	6.3 防制	能用灭蚁毒饵灭小黄家蚁	灭蚁毒饵技术灭小黄家蚁的特点
	6.4 效果评估	能计算小黄家蚁密度下降率,对防制效果进行评估	小黄家蚁密度下降率的概念与应用
7. 病死病害畜禽及其产品无害化处理	7.1 收集转运	能对病死病害畜禽及其产品进行包装、暂存和转运	收集转运过程中对包装、暂存、转运各环节的要求、注意事项
	7.2 无害化处理	7.2.1 能使用个人防护用具 7.2.2 能使用无害化处理设施设备处理病死病害畜禽及其产品	7.2.1 个人防护用具种类及使用要求 7.2.2 无害化处理设施设备操作要求、注意事项
	7.3 消毒剂使用	7.3.1 能配制常用消毒剂 7.3.2 能用消毒剂进行日常消毒	7.3.1 常用消毒剂类型和使用方法 7.3.2 常用消毒剂配制方法

3.2 四级/中级工

职业功能	工作内容	技能要求	相关知识要求
1. 鼠类防制	1.1 识别	1.1.1 能辨别鼩鼱 1.1.2 能识别臭鼩	1.1.1 鼩鼱的形态特征及其与鼠类的区别 1.1.2 臭鼩的形态特征和生态习性
	1.2 侵害调查	1.2.1 能根据鼠迹及盗食情况判断鼠类侵害情况 1.2.2 能根据鼠密度调查结果,撰写鼠类侵害调查报告	1.2.1 褐家鼠、小家鼠、黄胸鼠和臭鼩的主要鼠迹特征 1.2.2 鼠迹及盗食情况与鼠类侵害情况的关系 1.2.3 鼠类侵害调查报告的编制规范和撰写要求
	1.3 防制	1.3.1 能发现建筑物内外鼠类出入和栖息的隐患部位,确定整改及安装防鼠设备的类型 1.3.2 能根据现场情况选择杀鼠剂种类、剂型及灭鼠器械	1.3.1 家鼠出入建筑物的途径,室内鼠类栖息的场所,以及相应的整改措施 1.3.2 常用杀鼠剂种类、剂型及灭鼠器械的特点及适用条件

续表

职业功能	工作内容	技能要求	相关知识要求
1. 鼠类防制	1.4 效果评估	能根据现场防制调查情况，撰写鼠类防制效果评估报告	鼠类防制效果评估报告的编制规范和撰写要求
2. 蟑螂防制	2.1 识别	能识别黑胸大蠊	黑胸大蠊的形态特征和生态习性
	2.2 侵害调查	2.2.1 能采集蟑螂标本 2.2.2 能根据蟑螂密度调查结果，撰写蟑螂侵害和密度调查报告	2.2.1 蟑螂标本采集的注意事项 2.2.2 蟑螂侵害和密度调查报告的编制规范和撰写要求
	2.3 防制	2.3.1 能确定蟑螂栖息孳生环境，提出环境治理的措施 2.3.2 能根据现场情况，确定灭蟑药剂的种类、剂型及施用方法	2.3.1 蟑螂栖息孳生环境的特点 2.3.2 蟑螂防制措施及灭蟑药剂种类、剂型的选择与使用原则
	2.4 效果评估	能根据蟑螂防制调查情况，撰写防制效果评估报告	灭蟑效果评估报告的编制规范和撰写要求
3. 蝇类防制	3.1 识别	能识别丝光绿蝇、厩腐蝇	丝光绿蝇、厩腐蝇的形态特征和生态习性
	3.2 侵害调查	3.2.1 能采集蝇类标本 3.2.2 能根据蝇类密度调查结果，撰写蝇类侵害和密度调查报告	3.2.1 蝇类标本采集的注意事项 3.2.2 蝇类侵害和密度调查报告的编制规范与填写要求
	3.3 防制	3.3.1 能确定蝇类孳生地类型，提出治理措施 3.3.2 能根据现场情况，选择灭蝇药剂的种类、剂型及施用方法 3.3.3 能确定安装防灭蝇设施的位置	3.3.1 蝇类孳生地类型特点 3.3.2 灭蝇药剂的选择与使用原则 3.3.3 防灭蝇设施安装原则
	3.4 效果评估	能根据蝇类现场防制调查情况，撰写蝇类防制效果评估报告	灭蝇效果评估报告的编制规范和撰写要求

续表

职业功能	工作内容	技能要求	相关知识要求
4.蚊虫防制	4.1 识别	能识别三带喙库蚊、中华按蚊	三带喙库蚊、中华按蚊的形态特征和生态习性
	4.2 侵害调查	4.2.1 能采集现场蚊虫标本 4.2.2 能使用诱卵杯法和诱蚊诱卵器法调查蚊虫密度 4.2.3 能使用人帐诱法、栖息蚊虫捕捉法调查蚊成虫密度 4.2.4 能根据蚊虫密度情况，撰写蚊虫侵害和密度调查报告	4.2.1 蚊虫标本采集的注意事项 4.2.2 诱卵杯法和诱蚊诱卵器法调查蚊虫密度的注意事项 4.2.3 人帐诱法、栖息蚊虫捕捉法调查蚊成虫密度的注意事项 4.2.4 蚊虫侵害和密度调查报告的编制规范和撰写要求
	4.3 防制	4.3.1 能确定蚊幼虫孳生地类型，提出治理措施 4.3.2 能采用生物防制的方法控制池塘、湖泊等特殊场所的蚊虫 4.3.3 能根据现场情况，确定灭蚊的器械、药物和施用方法	4.3.1 蚊幼虫孳生地类型特点 4.3.2 生物杀虫剂使用注意事项 4.3.3 灭蚊器械及药剂的选择原则
	4.4 效果评估	能根据蚊虫现场防制调查情况，撰写蚊虫防制效果评估报告	灭蚊效果评估报告的编制规范和撰写要求
5.白蚁防制	5.1 识别	5.1.1 能识别台湾乳白蚁、黄胸散白蚁 5.1.2 能在现场根据白蚁危害的外露特征识别台湾乳白蚁、黄胸散白蚁	5.1.1 台湾乳白蚁、黄胸散白蚁的形态特征和生态习性 5.1.2 台湾乳白蚁、黄胸散白蚁危害的外露特征检查方法与识别要点
	5.2 侵害调查	5.2.1 能采集白蚁标本 5.2.2 能使用白蚁监测站开展白蚁危害监测工作 5.2.3 能根据白蚁危害情况，撰写白蚁危害调查报告	5.2.1 白蚁标本的采集方法 5.2.2 白蚁监测站的特点、性能要求和使用方法及注意事项 5.2.3 白蚁危害调查报告的内容框架和格式要求
	5.3 防制	能防制台湾乳白蚁、黄胸散白蚁	台湾乳白蚁、黄胸散白蚁的防制方法
	5.4 效果评估	能根据现场白蚁发生情况进行白蚁防制效果评估	白蚁防制效果评估的步骤与方法

续表

职业功能	工作内容	技能要求	相关知识要求
6.其他有害生物防制	6.1 识别	能识别臭虫	臭虫的形态特征和生态习性
	6.2 侵害调查	6.2.1 能使用粘捕法、床板震动法等调查臭虫密度 6.2.2 能填写臭虫密度调查表	6.2.1 臭虫密度调查的注意事项 6.2.2 臭虫密度调查表的编制规范和撰写要求
	6.3 防制	6.3.1 能使用物理方法清除臭虫 6.3.2 能使用滞留喷洒技术杀灭臭虫	6.3.1 物理方法清除臭虫的特点 6.3.2 滞留喷洒技术杀灭臭虫的特点
	6.4 效果评估	能计算臭虫密度下降率,对防制效果进行评估	臭虫密度下降率的概念与应用
7.病死病害畜禽及其产品无害化处理	7.1 收集转运	7.1.1 能对收集转运设施设备进行清洗消毒 7.1.2 能按照预案处置运输污染事件	7.1.1 收集转运设施设备消毒方法 7.1.2 包装、暂存、转运等收集转运工作程序 7.1.3 污染事件处置预案及技术要求
	7.2 无害化处理	7.2.1 能根据病死病害畜禽及其产品选择相应的无害化处理方法 7.2.2 能用消毒、销毁等方式处理使用过的个人防护用具	7.2.1 焚烧、高温、化制、深埋、化学处理等无害化处理方法的适用对象、原理 7.2.2 个人防护用具消毒或销毁的方式方法 7.2.3 无害化处理工作流程

3.3 三级/高级工

职业功能	工作内容	技能要求	相关知识要求
1.鼠类防制	1.1 识别	能识别黑线姬鼠	1.1.1 黑线姬鼠的外部形态 1.1.2 黑线姬鼠的生活习性
	1.2 侵害调查	1.2.1 能根据现场鼠类侵害调查结果,调整鼠密度监测方法 1.2.2 能编制鼠类密度调查方案并对鼠类侵害状况进行分析 1.2.3 能审核鼠类侵害调查报告	1.2.1 常用鼠密度调查方法的局限性及其克服方法 1.2.2 鼠类密度调查方案的编制规范与要求

续表

职业功能	工作内容	技能要求	相关知识要求
1. 鼠类防制	1.3 防制	1.3.1 能制订鼠类综合防制方案 1.3.2 能根据现场鼠类防制效果，调整防制措施	1.3.1 鼠类综合防制方案编制规范与要求 1.3.2 常规防鼠、灭鼠方法的局限性及其克服方法
	1.4 效果评估	1.4.1 能对鼠类防制效果进行综合分析和评价，提出改进意见和措施 1.4.2 能编制与现场防制情况相适应的监测评估方案	1.4.1 鼠类防制效果综合评价的原则 1.4.2 鼠监测评估方案的编制规范与要求
2. 蟑螂防制	2.1 识别	2.1.1 能识别澳洲大蠊 2.1.2 能识别褐斑大蠊 2.1.3 能制作蟑螂标本	2.1.1 澳洲大蠊的形态特征和生态习性 2.1.2 褐斑大蠊的形态特征和生态习性 2.1.3 蟑螂标本制作要求
	2.2 侵害调查	2.2.1 能制订蟑螂侵害和密度调查方案 2.2.2 能审核蟑螂侵害和密度调查报告	2.2.1 蟑螂侵害和密度调查方案的编制规范和撰写要求 2.2.2 蟑螂侵害和密度调查报告的审核步骤和注意事项
	2.3 防制	2.3.1 能制订蟑螂综合防制方案 2.3.2 能合理选择用药，并提出延缓抗药性产生的措施	2.3.1 蟑螂综合防制方案的编制规范和撰写要求 2.3.2 灭蟑药剂的作用方式，蟑螂抗药性产生的原因及延缓措施
	2.4 效果评估	2.4.1 能对蟑螂防制效果进行综合分析和评价，提出改进意见和措施 2.4.2 能编制与现场防制情况相适应的监测评估方案	2.4.1 蟑螂防制效果综合评价的原则 2.4.2 蟑螂监测评估方案的编制规范与要求
3. 蝇类防制	3.1 识别	3.1.1 能识别市蝇、巨尾阿丽蝇、夏厕蝇 3.1.2 能制作蝇类标本	3.1.1 市蝇、巨尾阿丽蝇、夏厕蝇的形态特征和生态习性 3.1.2 蝇类标本制作要求
	3.2 侵害调查	3.2.1 能制订蝇类侵害和密度调查方案 3.2.2 能审核蝇类侵害和密度调查报告	3.2.1 蝇类孳生地和幼虫密度调查方案的编制规范和撰写要求 3.2.2 蝇类侵害和密度调查报告的审核步骤和注意事项

续表

职业功能	工作内容	技能要求	相关知识要求
3. 蝇类防制	3.3 防制	3.3.1 能制订蝇类综合防制方案 3.3.2 能确定用药方案，并提出延缓抗药性产生的措施	3.3.1 蝇类综合防制方案的编制规范和撰写要求 3.3.2 用药方案的制订原则，抗药性产生的原因
	3.4 效果评估	3.4.1 能对灭蝇效果进行综合分析和评价，提出改进意见和措施 3.4.2 能编制与现场防制情况相适应的监测评估方案	3.4.1 蝇类防制效果综合评价的原则 3.4.2 蝇类监测评估方案的编制规范与要求
4. 蚊虫防制	4.1 识别	4.1.1 能识别凶小库蚊、雷氏按蚊、微小按蚊、大劣按蚊和骚扰阿蚊 4.1.2 能制作蚊虫标本	4.1.1 凶小库蚊、雷氏按蚊、微小按蚊、大劣按蚊和骚扰阿蚊的形态特征和生态习性 4.1.2 蚊虫标本制作要求
	4.2 侵害调查	4.2.1 能制订蚊虫密度调查方案 4.2.2 能使用双帐单人诱集法、双层叠帐法调查蚊成虫密度 4.2.3 能审核蚊虫侵害和密度调查报告	4.2.1 蚊虫密度调查方案的编制规范和撰写要求 4.2.2 双帐单人诱集法、双层叠帐法调查蚊成虫密度的注意事项 4.2.3 蚊虫侵害和密度调查报告的审核步骤和注意事项
	4.3 防制	4.3.1 能制订蚊虫综合防制方案 4.3.2 能合理选择用药，并提出延缓抗药性产生的措施	4.3.1 蚊虫综合防制方案制订原则 4.3.2 延缓蚊虫抗药性的原理及策略
	4.4 效果评估	4.4.1 能对灭蚊效果进行综合分析和评价，提出改进意见和措施 4.4.2 能编制与现场防制情况相适应的监测评估方案	4.4.1 蚊虫防制效果综合评价的原则 4.4.2 蚊虫监测评估方案的编制规范与要求
5. 白蚁防制	5.1 识别	能识别黑翅土白蚁和黄翅大白蚁	黑翅土白蚁和黄翅大白蚁的形态特征和生态习性
	5.2 侵害调查	5.2.1 能制订白蚁现场调查方案 5.2.2 能组织开展白蚁危害现场调查工作	5.2.1 白蚁现场调查方案的编制方法和撰写要求 5.2.2 白蚁危害现场调查的方法、步骤与要求

续表

职业功能	工作内容	技能要求	相关知识要求
5. 白蚁防制	5.3 防制	5.3.1 能防制黑翅土白蚁和黄翅大白蚁 5.3.2 能制订白蚁防制方案	5.3.1 黑翅土白蚁和黄翅大白蚁防制的药剂、使用方法及注意事项 5.3.2 白蚁防制方案的编制要求和撰写注意事项
	5.4 效果评估	能制订与现场情况相适应的白蚁防制效果评估方案	白蚁防制效果评估方案的编制要求与撰写注意事项
6. 其他有害生物防制	6.1 识别	能识别蚤类	蚤类的基本形态特征和生态习性
	6.2 侵害调查	6.2.1 能用粘蚤纸法、吸尘法调查蚤类密度 6.2.2 能填写蚤类密度调查表	6.2.1 蚤类密度调查方法的注意事项 6.2.2 蚤类密度调查表的编制规范与填写要求
	6.3 防制	6.3.1 能清理蚤类的孳生地 6.3.2 能用滞留喷洒法灭蚤	6.3.1 蚤类孳生地的特点 6.3.2 滞留喷洒法灭蚤操作的注意事项
	6.4 效果评估	能计算蚤类密度下降率，对防制效果进行评估	蚤类密度下降率的概念与应用
7. 病死病害畜禽及其产品无害化处理	7.1 收集转运	能综合评定收集转运的生物安全管理效果，提出改进意见	动物疫病防治技术规范
	7.2 无害化处理	7.2.1 能根据常见畜禽传染病、寄生虫病和中毒性疾病，制订现场处置或转运方案 7.2.2 能综合评定无害化处理效果，提出改进意见	7.2.1 畜禽传染病、寄生虫病和中毒性疾病的病原、传播途径 7.2.2 焚烧、高温、化制等无害化处理方法产物的性状要求
8. 培训与指导	8.1 理论培训	能讲授本专业理论知识，对四级/中级工及以下级别人员进行培训	8.1.1 培训讲义的编写方法 8.1.2 教学方法
	8.2 操作指导	能对四级/中级工及以下级别人员的实际操作给予指导	操作指导基本知识

3.4 二级/技师

职业功能	工作内容	技能要求	相关知识要求
1. 鼠类防制	1.1 识别	能使用检索表鉴别常见鼠种	鼠类检索表的原理与结构
	1.2 侵害调查	1.2.1 能审定鼠类密度调查方案 1.2.2 能制作鼠类假剥制标本	1.2.1 鼠类密度调查方案的审定规范和要求 1.2.2 鼠类假剥制标本的制作要求
	1.3 防制	1.3.1 能审定鼠类综合防制方案 1.3.2 能进行适口性调查,并选择毒饵 1.3.3 能应用并评估灭鼠的新技术和新方法	1.3.1 鼠类综合防制方案的审定规范和要求 1.3.2 毒饵种类及适用场所 1.3.3 鼠类防制新技术、新方法
	1.4 效果评估	1.4.1 能建立鼠类防制效果评估体系和质量保证体系文件,并对防制效果进行综合评价 1.4.2 能审定鼠类防制效果评估方案,并提出改进意见	1.4.1 鼠类防制效果评估体系和质量保证体系文件的构成要素及应用 1.4.2 鼠类防制效果评估方案的审定规范与要求
2. 蟑螂防制	2.1 识别	能使用检索表鉴别常见蟑螂(到属)	蟑螂检索表的原理和结构
	2.2 侵害调查	2.2.1 能审定蟑螂侵害和密度调查方案 2.2.2 能调查测定蟑螂抗药性	2.2.1 蟑螂侵害和密度调查方案的审定规范和要求 2.2.2 蟑螂抗药性生物测定的方法和注意事项
	2.3 防制	2.3.1 能审定蟑螂综合防制方案,提出灭蟑技术措施 2.3.2 能根据用药历史与蟑螂抗药性水平,确定用药方案 2.3.3 能应用并评估灭蟑新技术和新方法	2.3.1 蟑螂综合防制方案的审定规范和要求 2.3.2 用药方案的制订原则和蟑螂抗药性的治理措施 2.3.3 蟑螂防制新技术、新方法
	2.4 效果评估	2.4.1 能建立蟑螂防制效果评估体系和质量保证体系文件,并对防制效果进行综合评价 2.4.2 能审定蟑螂防制效果评估方案,并提出改进意见	2.4.1 蟑螂防制效果评估体系和质量保证体系文件的构成要素及应用 2.4.2 蟑螂防制效果评估方案的审定规范与要求

续表

职业功能	工作内容	技能要求	相关知识要求
3. 蝇类防制	3.1 识别	能使用检索表识别常见蝇类（到属）	蝇类检索表的原理和结构
	3.2 侵害调查	3.2.1 能审定蝇类侵害和密度调查方案 3.2.2 能调查测定蝇类抗药性	3.2.1 蝇类侵害和密度调查方案的审定规范和要求 3.2.2 蝇类抗药性生物测定的注意事项
	3.3 防制	3.3.1 能审定蝇类综合防制方案，提出灭蝇技术措施 3.3.2 能根据用药历史与蝇类抗药性水平，确定用药方案 3.3.3 能应用并评估灭蝇新技术与新方法	3.3.1 蝇类综合防制方案的审定规范和要求 3.3.2 灭蝇药剂的作用方式及抗药性治理 3.3.3 蝇类防制新技术、新方法
	3.4 效果评估	3.4.1 能建立蝇类防制效果评估体系和质量保证体系文件，并对防制效果进行综合评价 3.4.2 能审定蝇类防制效果评估方案，并提出改进意见	3.4.1 蝇类防制效果评估体系和质量保证体系文件的构成要素及应用 3.4.2 蝇类防制效果评估方案的审定规范与要求
4. 蚊虫防制	4.1 识别	能使用检索表识别常见蚊虫（到属）	蚊虫检索表的原理和结构，蚊虫属的检索特征
	4.2 侵害调查	4.2.1 能审定蚊虫密度调查方案 4.2.2 能调查测定蚊虫抗药性	4.2.1 蚊虫密度调查方案的审定规范和要求 4.2.2 蚊虫抗药性生物测定的注意事项
	4.3 防制	4.3.1 能审定蚊虫综合防制方案，提出灭蚊技术措施 4.3.2 能根据用药历史与蚊虫抗药性水平，确定用药方案 4.3.3 能应用并评估蚊虫防制的新技术、新方法	4.3.1 蚊虫综合防制方案的审定规范和要求 4.3.2 蚊虫用药方案的制订方法 4.3.3 蚊虫防制新技术、新方法
	4.4 效果评估	4.4.1 能建立蚊虫防制效果评估体系和质量保证体系文件，并对防制效果进行综合评价 4.4.2 能审定蚊虫防制效果评估方案，并提出改进意见	4.4.1 蚊虫防制效果评估体系和质量保证体系文件的构成要素及应用 4.4.2 蚊虫防制效果评估方案的审定规范与要求

续表

职业功能	工作内容	技能要求	相关知识要求
5. 白蚁防制	5.1 识别	能识别堆砂白蚁	堆砂白蚁的形态特征和生态习性
	5.2 侵害调查	5.2.1 能审定白蚁现场调查方案 5.2.2 能挖取白蚁巢	5.2.1 白蚁现场调查方案的审定方法、步骤与要求 5.2.2 白蚁巢的外露特征及挖巢技巧
	5.3 防制	能审定白蚁防制方案，提出合理的修改意见与建议	白蚁防制方案的审定方法、步骤与要求
	5.4 效果评估	能审定白蚁防制效果评估方案，提出修改意见	白蚁防制效果评估方案的审定规范与要求
6. 其他有害生物防制	6.1 识别	能识别猫蚤、人蚤、温带臭虫、热带臭虫	6.1.1 猫蚤的基本形态特征和生态习性 6.1.2 人蚤的基本形态特征和生态习性 6.1.3 温带臭虫的基本形态特征和生态习性 6.1.4 热带臭虫的基本形态特征和生态习性
	6.2 侵害调查	能审定跳蚤、蚂蚁、臭虫等有害生物侵害和密度调查方案	跳蚤、蚂蚁、臭虫等有害生物侵害和密度调查方案的审定规范和要求
	6.3 防制	6.3.1 能审定跳蚤、蚂蚁、臭虫等有害生物综合防制方案，提出防制技术措施 6.3.2 能使用跳蚤、蚂蚁、臭虫等有害生物防制的新技术和新方法	6.3.1 跳蚤、蚂蚁、臭虫等有害生物综合防制方案审定规范和要求 6.3.2 跳蚤、蚂蚁、臭虫等有害生物防制的新技术和新方法
	6.4 效果评估	6.4.1 能建立跳蚤、蚂蚁、臭虫等有害生物的防制效果评估体系和质量保证体系文件，并对防制效果进行综合评价 6.4.2 能审定跳蚤、蚂蚁、臭虫等有害生物防制效果评估方案，并提出意见	6.4.1 跳蚤、蚂蚁、臭虫等有害生物防制效果评估体系和质量保证体系文件的构成要素及应用 6.4.2 跳蚤、蚂蚁、臭虫等有害生物防制效果评估方案的审定规范与要求

续表

职业功能	工作内容	技能要求	相关知识要求
7. 病死病害畜禽及其产品无害化处理	7.1 收集转运	7.1.1 能审定现场转运方案 7.1.2 能应用收集转运新管理措施、新技术	7.1.1 现场转运方案的审定规范与要求 7.1.2 国内新实行的收集转运管理模式和技术
	7.2 无害化处理	7.2.1 能审定现场处置方案 7.2.2 能应用无害化处理新管理措施、新技术	7.2.1 现场处置方案的审定规范与要求 7.2.2 国内新实行的无害化处理管理模式和技术
8. 培训与指导	8.1 理论培训	能对三级/高级工及以下级别人员进行培训	8.1.1 培训计划与讲义的编制 8.1.2 考核方案的编写规范与要求
	8.2 操作指导	8.2.1 能对三级/高级工及以下级别人员的实际操作给予指导 8.2.2 能撰写报告	8.2.1 解决操作指导疑难问题的相关知识 8.2.2 报告撰写方法

4. 权重表

4.1 理论知识权重表

项目		技能等级	五级/初级工（%）	四级/中级工（%）	三级/高级工（%）	二级/技师（%）
基本要求	职业道德		5	5	5	5
	基础知识		20	15	10	5
相关知识要求	鼠类防制		12	12	12	12
	蟑螂防制		12	12	12	12
	蝇类防制		12	12	12	12
	蚊虫防制		12	12	12	12
	白蚁防制		10	10	5	5
	其他有害生物防制		10	12	12	12
	病死病害畜禽及其产品无害化处理		7	10	10	10
	培训与指导		—	—	10	15
合计			100	100	100	100

4.2 技能要求权重表

项目	技能等级	五级/初级工（%）	四级/中级工（%）	三级/高级工（%）	二级/技师（%）
技能要求	鼠类防制	15	15	13	13
	蟑螂防制	15	15	13	13
	蝇类防制	15	15	13	13
	蚊虫防制	15	15	13	13
	白蚁防制	15	15	13	10
	其他有害生物防制	13	13	14	12
	病死病害畜禽及其产品无害化处理	12	12	11	11
	培训与指导	—	—	10	15
合计		100	100	100	100

5. 职业标准附录

技工院校专业目录中的本专业或相关专业

专业类	专业名称
服务类	物业管理
	家政服务
农业类	现代农艺技术
	果蔬花卉生产技术
	畜禽生产与疫病防治
	畜牧兽医
	水产养殖
	野生动物保护
	农产品保鲜与加工
	现代林业技术
	园林技术
	农业机械使用与维护
	农村经济综合管理
	农产品营销与储运
	森林资源保护与管理

续表

专业类	专业名称
化工类	化工分析与检验
	精细化工
	生物化工
轻工类	食品加工与检验
	粮食工程
其他	环境保护与检测

中等职业学校专业目录中的本专业或相关专业

专业类	专业名称
农林牧渔类	设备农业生产技术
	现代农艺技术
	观光农业经营
	循环农业生产与管理
	植物保护
	现代林业技术
	森林资源保护与管理
	园林技术
	园林绿化
	畜禽生产与疾病防治
	畜牧兽医
	宠物养护与经营
	淡水养殖
	海水生态养殖
	农产品保鲜与加工
	农产品营销与储运
	农业机械使用与维护
	农业与农村用水
	农村环境监测
	农村经济综合管理
资源环境类	水文地质与工程地质勘察
	水文与水资源勘测
	环境监测技术

续表

专业类	专业名称
资源环境类	环境管理
	环境治理技术
	生态环境保护
轻纺食品类	食品生物工艺
	粮油储运与检验技术
公共管理与服务类	物业管理
	产品质量监督检验
	社会公共事务管理
	社会保障事务
	家政服务与管理

高等职业学校专业目录中的本专业或相关专业

专业类	专业名称
农业类	现代农业技术
	生态农业技术
	设施农业与装备
	园艺技术
	植物保护与检疫技术
	农产品加工与质量检测
	绿色食品生产与检验
	农产品流通与管理
	农业装备应用技术
	农业经济管理
林业类	林业技术
	森林资源保护
	野生植物资源保护与利用
	野生动物资源保护与利用
	自然保护区建设与管理
	园林技术
畜牧业类	畜牧兽医
	动物医学

续表

专业类	专业名称
畜牧业类	动物药学
	动物防疫与检疫
	动物医学检验技术
	宠物养护与训导
	畜牧工程技术
	草业技术
	畜牧业经济管理
渔业类	水产养殖技术
	海洋渔业技术
	水族科学与技术
	水生动物医学
	渔业经济管理
环境保护类	环境监测与控制技术
	农村环境保护
	室内环境检测与控制技术
	环境工程技术
	污染修复与生态工程技术
	清洁生产与减排技术
	资源综合利用与管理技术
	环境规划与管理
	环境评价与咨询服务
安全类	安全健康与环保
	化工安全技术
	安全技术与管理
	工程安全评价与监理
	职业卫生技术与管理
建筑设计类	古建筑工程技术
	风景园林设计
	园林工程技术
城乡建设与管理类	城乡规划
	村镇建设与管理

续表

专业类	专业名称
市政工程类	市政工程技术
	环境卫生工程技术
房地产类	物业管理
生物技术类	食品生物技术
	化工生物技术
	药品生物技术
	农业生物技术
	生物产品检验检疫
化工技术类	精细化工技术
	工业分析技术
	化工装备技术
	应用化工技术
食品工业类	食品加工技术
	食品质量与安全
	食品贮运与营销
	食品检测技术
	食品营养与卫生
	食品营养与检测
粮食储检类	粮油储藏与检测技术
医学技术类	医学检验技术
	医学生物技术
	卫生检验与检疫技术
公共卫生与卫生管理类	预防医学
	公共卫生管理
	卫生监督
健康管理与促进类	健康管理
公共事业类	社会工作
	社区管理与服务
公共服务类	家政服务与管理

大专院校专业目录中的本专业或相关专业

专业类	专业名称
农业技术类	园艺技术
	植物检疫
	植物保护
	设施农业技术
	农产品质量检测
	绿色食品生产与检测
	绿色食品生产与经营
畜牧兽医类	畜牧
	兽医
	动物医学
	兽医医学
	畜牧兽医
	动物科学与技术
	动物防疫与检疫
	宠物养护与疫病防治
林业技术类	林业技术
	园林技术
	城市园林
	森林工程技术
	森林资源保护
	野生动物保护
	林产化工技术
	森林生态旅游
	自然保护区建设与管理
水产养殖类	城市渔业
	渔业综合技术
	水生动植物保护
	水族科学与技术
农林管理类	农业经济管理
	农业技术与管理
	林业经济信息管理

续表

专业类	专业名称
农林管理类	林业信息工程与管理
	渔业资源与渔政管理
	都市林业资源与林政管理
生物技术类	生物化工工艺
	生物实验技术
	生物技术及应用
	微生物技术及应用
食品药品管理类	药品经营与管理
	技术监督与商检
	药品质量检测技术
	食品药品监督管理
城镇规划与管理类	城镇建设
	城镇规划
	城市管理与监察
建筑设计类	园林工程技术
市政工程类	市政工程技术
房地产类	物业管理
	物业设备管理
环保类	环境工程技术
	环境监测与评价
	水环境监测与保护
	农业环境保护技术
	环境监测与治理技术
	室内检测与控制技术
	城市检测与工程技术
	资源环境与城市管理
食品类	食品生物技术
	食品卫生检验
	食品分析与检验
	食品营养与检测
	食品贮运与营销

续表

专业类	专业名称
食品类	食品检测及管理
	食品工艺与检测
	营养与食品卫生
	食品加工及管理
	畜产品加工与检测
	粮油储藏与检测技术
	农畜特产品加工
	食品机械与管理
经济贸易类	经济管理
卫生管理类	预防医学
	卫生监督
	公共卫生管理
医药卫生类	临床医学
	卫生检验与检疫技术
	医学检验技术
	医学生物技术
公共事业类	社会工作
	社区管理与服务
公共管理类	环境规划与管理

普通高等学校本科专业目录中的本专业或相关专业

专业类	专业名称
经济学类	经济学
	经济统计学
社会学类	社会学
	社会工作
	家政学
历史学类	文化保护技术
化学类	化学
	应用化学
	化学生物学

续表

专业类	专业名称
生物科学类	生物科学
	生物技术
	生物信息学
	生态学
化工与制药类	化工工程与工艺
	制药工程
	资源循环科学与工程
	能源化学工程
	化学工程与工业生物工程
农业工程类	农业工程
	农业机械化及其自动化
	农业电气化
	农业建筑环境与能源工程
	农业水利工程
林业工程类	森林工程
	木材科学与工程
	林产化工
环境科学与工程类	环境科学与工程
	环境工程
	环境科学
	环境生态工程
	环保设备工程
	资源环境科学
生物医学工程类	生物医学工程
食品科学与工程类	食品科学与工程
	食品质量与安全
	粮食工程
建筑类	建筑学
	城乡规划
	风景园林
	历史建筑保护工程

续表

专业类	专业名称
生物工程类	生物工程
	生物制药
植物生产类	农学
	园艺
	植物保护
	植物科学与技术
	种子科学与工程
	设施农业科学与工程
	应用生物科学
	农艺教育
	园艺教育
自然保护与环境生态类	农业资源与环境
	野生动物与自然保护区管理
动物生产类	动物科学
动物医学类	动物医学
	动物药学
	动植物检疫
林学类	林学
	园林
	森林保护
草学类	草业科学
基础医学类	基础医学
临床医学类	临床医学
公共卫生与预防医学类	预防医学
	食品卫生与营养学
	卫生监督
	全球健康学
医学技术类	卫生检验与检疫
工商管理类	物业管理
农业经济管理类	农业经济管理
公共管理类	公共事业管理
	城市管理

美容师国家职业技能标准

（2018 年版）

1. 职业概况

1.1 职业名称

美容师

1.2 职业编码

4-10-03-01

1.3 职业定义

从事顾客面部护理、身体护理和美化修饰容颜的人员。

1.4 职业技能等级

本职业共设五个等级，分别为：五级/初级工、四级/中级工、三级/高级工、二级/技师、一级/高级技师。

1.5 职业环境条件

室内、常温。

1.6 职业能力特征

具有一定的学习和计算能力；具有一定的空间感和形体知觉；具有一定的观察、判断、沟通表达能力；手指、手臂灵活，动作协调。

1.7 普通受教育程度

初中毕业（或相当文化程度）。

1.8 职业技能鉴定要求

1.8.1 申报条件

具备以下条件之一者，可申报五级/初级工：
（1）累计从事本职业工作1年（含）以上。
（2）本职业学徒期满。

具备以下条件之一者，可申报四级/中级工：

（1）取得本职业五级/初级工职业资格证书（技能等级证书）后，累计从事本职业工作4年（含）以上。

（2）累计从事本职业工作6年（含）以上。

（3）取得技工学校本专业或相关专业①毕业证书（含尚未取得毕业证书的在校应届毕业生）；或取得经评估论证、以中级技能为培养目标的中等及以上职业学校本专业或相关专业毕业证书（含尚未取得毕业证书的在校应届毕业生）。

具备以下条件之一者，可申报三级/高级工：

（1）取得本职业四级/中级工职业资格证书（技能等级证书）后，累计从事本职业工作5年（含）以上。

（2）取得本职业四级/中级工职业资格证书（技能等级证书），并具有高级技工学校、技师学院毕业证书（含尚未取得毕业证书的在校应届毕业生）；或取得本职业四级/中级工职业资格证书（技能等级证书），并具有经评估论证、以高级技能为培养目标的高等职业学校本专业或相关专业毕业证书（含尚未取得毕业证书的在校应届毕业生）。

（3）具有大专及以上本专业或相关专业毕业证书，并取得本职业四级/中级工职业资格证书（技能等级证书）后，累计从事本职业工作2年（含）以上。

具备以下条件之一者，可申报二级/技师：

（1）取得本职业三级/高级工职业资格证书（技能等级证书）后，累计从事本职业工作4年（含）以上。

（2）取得本职业三级/高级工职业资格证书（技能等级证书）的高级技工学校、技师学院毕业生，累计从事本职业工作3年（含）以上；或取得本职业预备技师证书的技师学院毕业生，累计从事本职业工作2年（含）以上。

具备以下条件者，可申报一级/高级技师：

取得本职业二级/技师职业资格证书（技能等级证书）后，累计从事本职业工作4年（含）以上。

1.8.2　鉴定方式

分为理论知识考试、技能考核以及综合评审。理论知识考试以笔试、机考等方式为主，主要考核从业人员从事本职业应掌握的基本要求和相关知识要求；技能考核主要采用现场操作、模拟操作等方式进行，主要考核从业人员从事本职业应具备的技能水平；综合评审主要针对技师和高级技师，通常采取审阅申报材料、答辩等方式进行全面评议和审查。

理论知识考试、技能考核和综合评审均实行百分制，成绩皆达60分（含）以上者为合格。

1.8.3　监考人员、考评人员与考生配比

理论知识考试中的监考人员与考生配比不低于1∶15，且每个考场不少于2名监考人员；技能考核中的考评人员与考生配比不低于1∶5，且考评人员为3人（含）以上单数；

---

① 本专业或相关专业：美容美体、服装与化妆造型、舞美、美容护理、美容养生、医疗美容、人物形象设计、美容美发形象设计等，下同。

综合评审委员为3人（含）以上单数。

1.8.4 鉴定时间

理论知识考试时间不少于90 min。技能考核时间：五级/初级工不少于100 min，四级/中级工不少于180 min，三级/高级工不少于180 min，二级/技师不少于180 min，一级/高级技师不少于180 min。综合评审时间不少于30 min。

1.8.5 鉴定场所设备

理论知识考试在标准教室进行；技能考核在具有必要的美容床、美容凳、化妆台、化妆镜（正前上方日光灯）、化妆椅、奥桑（OZME）喷雾仪、真空吸啜仪、阴阳电离子仪、超声波仪等设施、设备及相关工具的实操场所进行。

2. 基本要求

2.1 职业道德

2.1.1 职业道德基本知识

2.1.2 职业守则

(1) 遵纪守法，遵守行业规范。
(2) 爱岗敬业，诚实守信。
(3) 礼貌待客，服务专业。
(4) 着装整洁，环境有序。
(5) 安全操作，爱护仪器设备。
(6) 努力学习，刻苦钻研，团结协作。
(7) 坚持匠心，精益求精。

2.2 基础知识

2.2.1 美容发展简史

(1) 美容的定义。
(2) 美容的起源。
(3) 世界美容发展简史。
(4) 中国现代美容发展简史。
(5) 现代医学美容简况。

2.2.2 人体生理常识

(1) 细胞常识。
(2) 人体基本组织常识。
(3) 人体器官及系统常识。

2.2.3 人体皮肤

(1) 人体皮肤结构。
(2) 人体皮肤生理功能及动态变化。
(3) 常见皮肤类型及特点。

2.2.4 素描与色彩

(1) 素描基础知识。
(2) 色彩的分类与基本表现方法。
(3) 绘画基础知识。

2.2.5 美容化妆品

(1) 化妆品的定义。
(2) 化妆品原料基础知识。
(3) 化妆品的分类、主要成分、特点。
(4) 化妆品使用的安全常识。

2.2.6 美容院卫生消毒与安全

(1) 微生物常识。
(2) 美容院卫生要求。
(3) 美容院常用消毒方法。
(4) 美容院安全防火常识。

2.2.7 美容师职业形象

(1) 美容师的仪表要求。
(2) 美容师的仪态要求。
(3) 美容师的语言要求。

2.2.8 顾客心理学

(1) 心理学定义。
(2) 顾客一般心理过程。
(3) 顾客个性心理。
(4) 常见顾客心理分析。

2.2.9 相关法律、法规知识

(1)《中华人民共和国劳动法》相关知识。
(2)《中华人民共和国劳动合同法》相关知识。
(3)《中华人民共和国消费者权益保护法》相关知识。
(4)《公共场所卫生管理条例》相关知识。

3. 工作要求

本标准对五级/初级工、四级/中级工、三级/高级工、二级/技师、一级/高级技师的技能要求和相关知识要求依次递进，高级别涵盖低级别的要求。

3.1 五级/初级工

职业功能	工作内容	技能要求	相关知识要求
1. 接待与咨询	1.1 接待	1.1.1 能使用礼貌用语及得体方式迎送顾客 1.1.2 能引领顾客进入美容护理区	1.1.1 接待顾客的基本程序 1.1.2 接待顾客的基本要求
	1.2 咨询	1.2.1 能为顾客介绍基础美容服务项目及服务内容 1.2.2 能填写顾客资料登记表	1.2.1 基础美容服务项目分类及主要服务内容 1.2.2 顾客资料登记表的主要内容
2. 护理美容	2.1 面部护理前的准备	2.1.1 能按面部护理方案准备相关仪器、用品用具 2.1.2 能完成面部护理操作前的卫生消毒工作	2.1.1 面部护理常规仪器、用品用具的分类及基本功能 2.1.2 面部护理前的消毒卫生要求 2.1.3 面部护理前准备工作的程序和要求
	2.2 面部清洁	2.2.1 能进行面部卸妆 2.2.2 能清洁面部皮肤 2.2.3 能去除面部老化角质	2.2.1 面部卸妆的操作要求 2.2.2 面部卸妆用品的类型及作用 2.2.3 面部清洁用品的类型及作用 2.2.4 面部去角质的操作要求及作用
	2.3 面部护理	2.3.1 能使用奥桑（OZME）喷雾仪对面部皮肤进行喷雾 2.3.2 能对面部皮肤进行基础按摩 2.3.3 能敷面膜 2.3.4 能涂抹面部护肤品	2.3.1 奥桑（OZME）喷雾仪的操作要求及功效 2.3.2 面部按摩的操作要求及功效 2.3.3 面部按摩的常用穴位 2.3.4 面膜的种类和功效 2.3.5 敷面膜的操作要求 2.3.6 面部护肤品的类型及作用

续表

职业功能	工作内容	技能要求	相关知识要求
3. 修饰美容	3.1 脱毛	3.1.1 能选用适宜的脱毛用品用具 3.1.2 能对需脱毛部位进行清洁 3.1.3 能对眉部、唇周、四肢及腋下等部位进行暂时性脱毛	3.1.1 人体毛发的基本生理知识 3.1.2 脱毛的基本原理 3.1.3 暂时性脱毛用品用具的种类及作用 3.1.4 脱毛的程序和操作要求
	3.2 烫睫毛	3.2.1 能根据顾客眼型及睫毛长短选择适宜的卷杠及相关用品用具 3.2.2 能清洁眼部皮肤及睫毛 3.2.3 能烫睫毛 3.2.4 能进行烫睫毛后的整理工作	3.2.1 烫睫毛的基本原理 3.2.2 烫睫毛用品用具的种类及使用 3.2.3 烫睫毛的程序及操作要求 3.2.4 烫睫毛的禁忌及注意事项
	3.3 化日妆	3.3.1 能选用化日妆所需用品用具 3.3.2 能化基面妆 3.3.3 能化基点妆	3.3.1 日妆的常见类型 3.3.2 日妆造型的特点 3.3.3 日妆用品用具的种类及作用

3.2 四级/中级工

职业功能	工作内容	技能要求	相关知识要求
1. 接待与咨询	1.1 接待	1.1.1 能用肉眼观察顾客皮肤的基本状况 1.1.2 能用皮肤检测仪器检测皮肤 1.1.3 能填写顾客皮肤分析表,判断皮肤存在的问题	1.1.1 老化、痤疮、色斑、敏感等皮肤问题的类型及特点 1.1.2 皮肤检测仪器的种类、作用及操作要求 1.1.3 顾客皮肤分析表的基本内容
	1.2 咨询	1.2.1 能根据皮肤分析结果制定面部护理方案 1.2.2 能根据面部护理方案选择护理用品用具	1.2.1 面部护理方案包含的主要内容 1.2.2 面部护理方案制定程序

续表

职业功能	工作内容	技能要求	相关知识要求
2. 护理美容	2.1 面部护理	2.1.1 能运用穴位按摩手法进行头面部美容按摩 2.1.2 能使用真空吸啜仪、阴阳电离子仪、超声波仪等美容仪器进行面部护理 2.1.3 能调敷软膜和硬膜	2.1.1 老化、痤疮、色斑、敏感等常见皮肤问题的特征、成因及护理要求 2.1.2 黑眼圈、眼袋、鱼尾纹等眼部和唇部常见问题的特征、成因及护理要求 2.1.3 头面部美容按摩中常用的穴位及相应按摩功效 2.1.4 真空吸啜仪、阴阳电离子仪、超声波仪等美容仪器的操作要求及功效 2.1.5 面膜调制知识
	2.2 手、足部护理	2.2.1 能清洁手、足部 2.2.2 能去除手、足部老化角质 2.2.3 能对手、足部进行按摩护理 2.2.4 能对手、足部指甲进行基础保养	2.2.1 手、足部护理要求 2.2.2 手、足部指甲基础保养的操作要求
	2.3 肩、颈部护理	2.3.1 能清洁肩、颈部 2.3.2 能按摩护理肩、颈部	2.3.1 肩、颈部护理要求 2.3.2 肩、颈部按摩操作要求
3. 修饰美容	3.1 美甲	3.1.1 能对指甲进行清洁 3.1.2 能根据指甲外形特点对指甲进行修整 3.1.3 能对指甲表面进行抛光 3.1.4 能涂指甲油	3.1.1 指甲的生理结构 3.1.2 指甲修整的操作要求 3.1.3 指甲表面抛光的操作要求 3.1.4 美甲设备及用品用具的分类与使用要求
	3.2 化职业妆	3.2.1 能根据职业特点确定顾客的妆面要求 3.2.2 能根据妆面要求采用不同的工具、色彩和线条化职业妆	3.2.1 不同职业的妆面特点 3.2.2 化职业妆的方法及操作要求 3.2.3 化妆中的色彩、光色基本知识

3.3 三级/高级工

职业功能	工作内容	技能要求	相关知识要求
1. 接待与咨询	1.1 接待	1.1.1 能通过观察、交流，判断顾客美容消费类型 1.1.2 能根据顾客的心理需求接待顾客并推荐美容服务项目及护肤品	1.1.1 顾客消费类型及特点 1.1.2 美容服务项目和护肤品的种类及特点
	1.2 咨询	1.2.1 能为顾客提供营养和美容建议 1.2.2 能为顾客提供居家护理指导	1.2.1 营养和美容的主要内容及作用 1.2.2 居家护理的主要内容及作用
2. 护理美容	2.1 疑难皮肤问题处理	2.1.1 能识别扁平疣、银屑病、脂溢性皮炎、日光性皮炎、汗管瘤等疑难皮肤问题 2.1.2 能针对疑难皮肤问题制定护理方案	2.1.1 扁平疣、银屑病、脂溢性皮炎、日光性皮炎、汗管瘤等疑难皮肤问题的特点及症状 2.1.2 疑难皮肤问题的护理流程
	2.2 减肥塑身	2.2.1 能对四肢和躯干部进行测量并制定减肥塑身方案 2.2.2 能根据减肥塑身方案选用相关用品用具进行减肥塑身护理	2.2.1 四肢和躯干部测量方法 2.2.2 四肢和躯干部肥胖的成因 2.2.3 减肥塑身护理的主要方式 2.2.4 减肥塑身按摩的操作要求及作用 2.2.5 电子减肥仪、振动减肥仪等减肥塑身仪器的作用及操作要求 2.2.6 减肥塑身用品的功效
	2.3 美胸	2.3.1 能对胸部进行测量并制定美胸方案 2.3.2 能选用胸部护理所需设备及用品用具 2.3.3 能运用胸部按摩手法及相关仪器对胸部进行护理	2.3.1 乳房生理知识 2.3.2 美胸用品的分类及作用 2.3.3 美胸护理的操作方式及功效 2.3.4 微电脑美胸仪等仪器设备的作用及操作要求 2.3.5 胸部按摩的操作要求
	2.4 水疗	2.4.1 能根据顾客的身体状况选择水疗（SPA）项目 2.4.2 能使用相关设施、设备进行水疗（SPA）护理	2.4.1 水疗（SPA）项目的类型、特点及功效 2.4.2 水疗（SPA）护理设施、设备的使用要求及作用 2.4.3 水疗（SPA）护理操作程序及要求

续表

职业功能	工作内容	技能要求	相关知识要求
3. 修饰美容	3.1 新娘妆整体造型设计	3.1.1 能根据时间、地点、场合设计相应的新娘妆整体造型 3.1.2 能根据整体造型的要求完成新娘妆的发型、服饰搭配	3.1.1 新娘妆的造型特点 3.1.2 新娘妆的发饰和婚纱类型及特点
	3.2 化新娘妆	3.2.1 能准备新娘妆用品用具 3.2.2 能根据妆面要求采用不同的工具、色彩和线条完成新娘妆	3.2.1 新娘妆的化妆方法及要求 3.2.2 色彩在化妆造型中的应用 3.2.3 光色与妆色的关系
	3.3 接睫毛	3.3.1 能根据顾客眼型及睫毛长短选择适宜的假睫毛及相关用品用具 3.3.2 能进行接睫毛前的准备 3.3.3 能接睫毛 3.3.4 能进行接睫毛后的整理	3.3.1 接睫毛的基本原理 3.3.2 接睫毛用品用具的种类及使用 3.3.3 接睫毛的程序及操作要求 3.3.4 接睫毛的禁忌及注意事项

3.4 二级/技师

职业功能	工作内容	技能要求	相关知识要求
1. 护理美容	1.1 面部芳香护理	1.1.1 能根据面部皮肤情况选用芳香精油 1.1.2 能按芳香护理程序，运用淋巴引流技法进行面部按摩及护理	1.1.1 芳香精油的类型、特点及功效 1.1.2 芳香精油的调配方式及程序 1.1.3 面部芳香护理的操作程序、作用及操作要求 1.1.4 淋巴系统基础知识 1.1.5 面部淋巴引流的作用及操作要求
	1.2 面部刮痧	1.2.1 能根据面部皮肤情况选用刮痧用品用具 1.2.2 能按面部刮痧护理程序，运用刮痧技法对面部进行刮拭及护理	1.2.1 面部刮痧的功效 1.2.2 刮痧用品用具的分类及作用 1.2.3 面部刮痧护理程序及操作要求

续表

职业功能	工作内容	技能要求	相关知识要求
1. 护理美容	1.3 面部拨筋	1.3.1 能根据面部皮肤情况选择面部拨筋用品用具 1.3.2 能按面部拨筋护理程序，运用拨筋技法对面部进行护理	1.3.1 面部拨筋的功效 1.3.2 面部拨筋用品用具的分类及作用 1.3.3 面部常用穴位及面部反射区的定位 1.3.4 面部拨筋护理程序及操作要求
	1.4 身体芳香护理	1.4.1 能根据身体情况选用芳香精油 1.4.2 能运用淋巴引流技法和经穴按摩技法进行身体护理	1.4.1 身体淋巴引流的功效及操作要求 1.4.2 身体经穴按摩的功效及操作要求
2. 修饰美容	2.1 色彩测试与搭配	2.1.1 能使用色彩测试用品用具对顾客进行色彩类型测试 2.1.2 能根据顾客色彩类型进行日常着装及化妆用色指导	2.1.1 色彩测试用品用具的类型和作用 2.1.2 色彩测试的方法和操作程序 2.1.3 色彩类型的特征及用色原则
	2.2 化晚宴妆	2.2.1 能根据主题进行晚宴妆的整体造型设计 2.2.2 能根据顾客的皮肤、脸型、五官等特点化晚宴妆 2.2.3 能完成晚宴妆的发饰、服饰搭配	2.2.1 晚宴妆的种类、特点及应用场合 2.2.2 晚宴妆发饰的种类及搭配原则 2.2.3 晚宴妆服饰的种类及搭配原则
3. 培训指导与技术管理	3.1 培训指导	3.1.1 能编制三级/高级工及以下级别人员的培训教案 3.1.2 能对三级/高级工及以下级别人员进行操作技能培训	3.1.1 培训教案的主要内容及编写要求 3.1.2 操作技能训练要点与要求 3.1.3 技术指导的方法及注意事项
	3.2 技术管理	3.2.1 能对基础美容服务项目进行质量评估并提出改进建议 3.2.2 能处理店务中的消费和营销问题 3.2.3 能进行日常店务管理	3.2.1 基础美容服务项目的质量评估方法 3.2.2 消费心理学和市场营销基础知识 3.2.3 经营成本核算和物品管理知识

3.5 一级/高级技师

职业功能	工作内容	技能要求	相关知识要求
1. 护理美容	1.1 美容护理项目开发	1.1.1 能开发符合新技术、新产品、新设备的美容项目 1.1.2 能根据新开发的美容项目制定具体操作规范及要求	1.1.1 美容市场发展情况 1.1.2 美容项目创新信息 1.1.3 美容项目开发制定的具体规程
	1.2 美容护理综合方案制定	1.2.1 能根据美容护理方案提出综合处理措施 1.2.2 能根据美容护理方案确定设施、设备、用品用具 1.2.3 能根据美容护理方案要求对员工进行示范性培训	1.2.1 整体美容护理方案的制定方法及要求 1.2.2 整体美容护理方案的现代设施、设备选择原理和依据
2. 修饰美容	2.1 形象分析指导	2.1.1 能运用观察、询问、测试等方式对顾客的体型、脸型、发型、肤色、发色等形象要素做分析 2.1.2 能根据形象要素分析对顾客进行形象定位指导	2.1.1 形象设计的构成要素 2.1.2 形象设计的基本原则 2.1.3 形象设计的主要内容 2.1.4 发型与形象的关系 2.1.5 服饰与形象的关系
	2.2 创意造型	2.2.1 能根据当代流行趋势进行创意造型 2.2.2 能进行主题创意造型的服装、饰品搭配 2.2.3 能选用适宜的人体彩绘用品用具 2.2.4 能运用人体彩绘技法对身体进行修饰、美化	2.2.1 国内外创意造型流行信息 2.2.2 色彩搭配知识 2.2.3 服装、饰品的流行动态 2.2.4 人体彩绘用品用具知识 2.2.5 人体彩绘的基本操作程序及技法
3. 培训指导与技术管理	3.1 培训指导	3.1.1 能编制员工培训计划及大纲 3.1.2 能对二级/技师及以下级别人员进行技术指导	3.1.1 培训计划及大纲的编制方法和要求 3.1.2 二级/技师及以下级别人员培训技术理论及管理要点
	3.2 技术管理	3.2.1 能拟定美容院服务规范、服务流程及质量评估方案 3.2.2 能分析市场动态，提出创新管理建议	3.2.1 美容院服务规范、流程的拟定方法 3.2.2 美容企业质量评估的方法及相关知识

4. 权重表

4.1 理论知识权重表

项目		技能等级	五级/初级工（%）	四级/中级工（%）	三级/高级工（%）	二级/技师（%）	一级/高级技师（%）
基本要求		职业道德	10	5	5	5	5
		基础知识	40	20	15	10	5
相关知识要求		接待与咨询	10	20	20	—	—
		护理美容	30	40	45	45	40
		修饰美容	10	15	15	25	30
		培训指导与技术管理	—	—	—	15	20
		合计	100	100	100	100	100

4.2 技能要求权重表

项目		技能等级	五级/初级工（%）	四级/中级工（%）	三级/高级工（%）	二级/技师（%）	一级/高级技师（%）
技能要求		接待与咨询	10	20	25	—	—
		护理美容	70	60	50	45	30
		修饰美容	20	20	25	25	30
		培训指导与技术管理	—	—	—	30	40
		合计	100	100	100	100	100

美发师国家职业技能标准

（2018 年版）

1. 职业概况

1.1 职业名称

美发师

1.2 职业编码

4-10-03-02

1.3 职业定义

使用美发工具，设计、修剪、制作顾客发型的人员。

1.4 职业技能等级

本职业共设五个等级，分别为：五级/初级工、四级/中级工、三级/高级工、二级/技师、一级/高级技师。

1.5 职业环境条件

室内、常温。

1.6 职业能力特征

具有一定的学习和计算能力；具有一定的表达能力；具有一定的色觉、空间感和形体知觉；手指、手臂灵活，动作协调。

1.7 普通受教育程度

初中毕业（或相当文化程度）。

1.8 职业技能鉴定要求

1.8.1 申报条件

具备以下条件之一者，可申报五级/初级工：
（1）累计从事本职业工作1年（含）以上。
（2）本职业学徒期满。
具备以下条件之一者，可申报四级/中级工：

（1）取得本职业五级/初级工职业资格证书（技能等级证书）后，累计从事本职业工作 4 年（含）以上。

（2）累计从事本职业工作 6 年（含）以上。

（3）取得技工学校本专业毕业证书（含尚未取得毕业证书的在校应届毕业生）；或取得经评估论证、以中级技能为培养目标的中等及以上职业学校本专业毕业证书（含尚未取得毕业证书的在校应届毕业生）。

具备以下条件之一者，可申报三级/高级工：

（1）取得本职业四级/中级工职业资格证书（技能等级证书）后，累计从事本职业或相关职业工作 5 年（含）以上。

（2）取得本职业四级/中级工职业资格证书（技能等级证书），并具有高级技工学校、技师学院毕业证书（含尚未取得毕业证书的在校应届毕业生）；或取得本职业四级/中级工职业资格证书（技能等级证书），并具有经评估论证、以高级技能为培养目标的高等职业学校本专业毕业证书（含尚未取得毕业证书的在校应届毕业生）。

（3）具有大专及以上本专业毕业证书，并取得本职业四级/中级工职业资格证书（技能等级证书）后，累计从事本职业工作 2 年（含）以上。

具备以下条件之一者，可申报二级/技师：

（1）取得本职业三级/高级工职业资格证书（技能等级证书）后，累计从事本职业工作 4 年（含）以上。

（2）取得本职业三级/高级工职业资格证书（技能等级证书）的高级技工学校、技师学院毕业生，累计从事本职业工作 3 年（含）以上；或取得本职业预备技师证书的技师学院毕业生，累计从事本职业工作 2 年（含）以上。

具备以下条件者，可申报一级/高级技师：

取得本职业二级/技师职业资格证书（技能等级证书）后，累计从事本职业工作 4 年（含）以上。

1.8.2 鉴定方式

分为理论知识考试、技能考核以及综合评审。理论知识考试以笔试、机考等方式为主，主要考核从业人员从事本职业应掌握的基本要求和相关知识要求；技能考核主要采用现场操作、模拟操作等方式进行，主要考核从业人员从事本职业应具备的技能水平；综合评审主要针对技师和高级技师，通常采取审阅申报材料、答辩等方式进行全面评议和审查。

理论知识考试、技能考核和综合评审均实行百分制，成绩皆达 60 分（含）以上者为合格。

1.8.3 监考人员、考评人员与考生配比

理论知识考试中的监考人员与考生配比不低于 1∶15，且每个考场不少于 2 名监考人员；技能考核中的考评人员与考生配比不低于 1∶5，且考评人员为 3 人（含）以上单数；综合评审委员为 3 人（含）以上单数。

1.8.4 鉴定时间

理论知识考试时间不少于 90 min。技能考核时间：五级/初级工不少于 80 min，四级/中级工不少于 120 min，三级/高级工不少于 180 min，二级/技师不少于 360 min，一级/高级技师不少于 360 min。综合评审时间不少于 30 min。

1.8.5 鉴定场所设备

理论知识考试在标准教室进行；技能考核在具有必要的美发（修面）椅、洗头床（盆）、焗油机、烘发机等设备及相关修剪、烫发、染发、护发、吹风造型、消毒等工具的实操场所进行。

2. 基本要求

2.1 职业道德

2.1.1 职业道德基本知识

2.1.2 职业守则

（1）爱国守法，爱岗敬业。
（2）诚信规范，安全卫生。
（3）传承弘扬，刻苦钻研。
（4）坚持匠心，精益求精。

2.2 基础知识

2.2.1 美发发展简史

（1）国内美发发展简史。
（2）国际美发发展简史。

2.2.2 服务业务管理知识

（1）美发服务接待程序和方法。
（2）美发岗位责任。
（3）服务规范要求及规章制度。
（4）公共关系基本知识。

2.2.3 美发行业卫生知识

（1）店容店貌及室内外环境卫生知识。
（2）个人卫生知识，仪表、着装有关要求。
（3）美发工具、用品消毒知识。

2.2.4 美发相关人体生理知识

（1）头部骨骼生理知识。
（2）皮肤生理知识。
（3）毛发生理知识。
（4）头发日常保养与护理知识。

2.2.5 脸型、头型、身材及发型结构知识

（1）脸型的分类和特征知识。
（2）头型、身材的分类和特征知识。
（3）发型结构知识（发式分类、发式基本结构、发型构成要素）。

2.2.6 按摩基本知识

（1）按摩对人体的一般保健作用知识。
（2）按摩用具、用品的使用方法。
（3）人体头、颈、肩的体表标志知识。
（4）人体头、颈、肩的经络、穴位名称、准确位置、穴位功效等知识。

2.2.7 美发工具、用品及电器设备知识

（1）美发工具、用品的种类、性能和用途知识。
（2）美发电器、仪器设备知识。
（3）美发工具及电器、仪器的维护保养知识。

2.2.8 美发化学用品知识

（1）洗护、造型用品的主要种类及其作用。
（2）烫发、染发用品的性能和作用。

2.2.9 色彩知识

（1）色彩构成的原理。
（2）色彩的功能。
（3）调配色彩的基本常识。
（4）颜色的选择方法。

2.2.10 发型素描基本知识

（1）发型素描的基本要领。
（2）发型素描的种类及应用。
（3）发型素描的表现手法。
（4）发型素描明暗度的基本规律。

2.2.11 发型美学基本概念

(1) 发型美的本质。
(2) 发型美的特征。
(3) 发型美的形态风格。
(4) 现代发型形式美法则的应用。

2.2.12 相关法律、法规知识

(1)《中华人民共和国劳动法》相关知识。
(2)《中华人民共和国劳动合同法》相关知识。
(3)《中华人民共和国消费者权益保护法》相关知识。
(4)《公共场所卫生管理条例》相关知识。

3. 工作要求

本标准对五级/初级工、四级/中级工、三级/高级工、二级/技师、一级/高级技师的技能要求和相关知识要求依次递进，高级别涵盖低级别的要求。

3.1 五级/初级工

职业功能	工作内容	技能要求	相关知识要求
1. 工作准备	1.1 工具、用品准备	1.1.1 能检查美发工具是否可正常使用，并根据要求进行清洁、消毒 1.1.2 能准备洗护用品、造型用品、饰品、围布、毛巾等相关美发物品	1.1.1 美发工具、用品消毒常识 1.1.2 常用美发工具、器具的维护保养常识
	1.2 环境准备	1.2.1 能根据顾客需要调整服务环境 1.2.2 能清扫发屑、整理工作环境	1.2.1 美发工作环境卫生常识 1.2.2 美发工作环境布置常识
2. 接待服务	2.1 接待礼仪	2.1.1 能用规范、礼貌用语迎送顾客 2.1.2 能按服务流程妥善安排顾客	2.1.1 接待流程规范知识 2.1.2 接待规范用语及服务礼仪知识 2.1.3 美发师仪容仪表知识
	2.2 服务介绍	2.2.1 能向顾客介绍美发服务项目及内容 2.2.2 能根据顾客的服务要求推荐有相应技术专长的美发师	2.2.1 美发服务项目内容 2.2.2 美发服务程序知识 2.2.3 美发服务项目操作质量标准

续表

职业功能	工作内容	技能要求	相关知识要求
3. 洗发与按摩	3.1 洗发	3.1.1 能鉴别顾客的发质类型 3.1.2 能根据顾客的发质，推荐相应洗发用品 3.1.3 能按规程涂抹洗发液进行洗发 3.1.4 能运用相应手法抓揉头皮 3.1.5 能在洗发后将洗发液冲洗干净 3.1.6 能根据顾客的发质，推荐相应护发用品 3.1.7 能用毛巾擦干头发和包裹头发	3.1.1 发质的分类与识别 3.1.2 洗发、护发用品选用常识 3.1.3 水质对洗发的影响 3.1.4 洗发常识 3.1.5 洗发止痒方法 3.1.6 洗发操作程序、要求及注意事项 3.1.7 头发护理方法 3.1.8 洗发效果不佳的常见原因
	3.2 按摩	3.2.1 能进行头部按摩 3.2.2 能进行颈部、肩部按摩	3.2.1 按摩的作用 3.2.2 按摩手法技巧知识 3.2.3 头部、颈部、肩部经络和穴位知识
4. 发型制作	4.1 修剪	4.1.1 能使用电推剪、剪刀、锯齿剪、剪发梳等美发工具进行修剪 4.1.2 能推剪男式有色调发式 4.1.3 能修剪女式生活类发式 4.1.4 能进行发型和发量的调整	4.1.1 头发生长流向知识 4.1.2 头发软硬、曲直状况知识 4.1.3 发型、发式分类知识 4.1.4 男式有色调发式知识 4.1.5 女式生活类发式知识 4.1.6 发式修剪的基本方法和操作程序
	4.2 烫发	4.2.1 能根据发型式样要求，选择适合的卷发杠 4.2.2 能按照标准卷杠法进行卷杠 4.2.3 能按顺序均匀涂放烫发剂、中和剂 4.2.4 能根据发质条件及发型制作要求，确定涂放烫发剂、中和剂后的停放时间 4.2.5 能按要求试卷头发 4.2.6 能在烫发后将烫发剂、中和剂冲洗干净	4.2.1 烫发药水的性能知识 4.2.2 烫发原理 4.2.3 烫发工具的作用 4.2.4 烫发的操作程序和注意事项 4.2.5 卷杠要领 4.2.6 烫发操作质量标准

续表

职业功能	工作内容	技能要求	相关知识要求
4. 发型制作	4.3 吹风造型	4.3.1 能根据发质条件和发式造型要求，选择吹风机及梳刷工具 4.3.2 能控制吹风机的温度、风力、送风时间和角度，对头发进行吹风造型 4.3.3 能进行男式有色调发式的吹风造型 4.3.4 能进行女式生活类发式的吹风造型 4.3.5 能使用电棒、电夹板造型	4.3.1 吹风梳理的基本方法 4.3.2 吹风梳理的操作技巧 4.3.3 吹风梳理的操作程序 4.3.4 吹风造型的质量标准 4.3.5 电棒、电夹板造型手法 4.3.6 电棒、电夹板造型操作技巧
5. 染发	5.1 白发染黑	5.1.1 能进行白发染黑前的皮肤过敏测试 5.1.2 能根据顾客发质状况，调配白发染黑的染发剂 5.1.3 能涂放染发剂，并确定停放时间 5.1.4 能在染发后将染发剂冲洗干净	5.1.1 染发相关专业术语 5.1.2 白发染黑专用染发剂知识 5.1.3 染膏与双氧乳的配比知识 5.1.4 染发的操作程序和注意事项
5. 染发	5.2 染深	5.2.1 能进行染深前的皮肤过敏测试 5.2.2 能根据顾客发质状况，调配浅发染深的染发剂 5.2.3 能涂放染发剂，并确定停放时间 5.2.4 能在染发后将染发剂冲洗干净	5.2.1 染发相关专业术语 5.2.2 浅发染深专用染发剂知识 5.2.3 染膏与双氧乳的配比知识 5.2.4 染发的操作程序和注意事项
6. 头皮与头发护理	6.1 头皮护理	6.1.1 能根据头皮情况选择护理用品 6.1.2 能进行头皮护理操作 6.1.3 能在头皮护理后将护理用品冲洗干净	6.1.1 头皮护理用品的种类及性能 6.1.2 头皮护理的操作程序、方法和注意事项
6. 头皮与头发护理	6.2 头发护理	6.2.1 能根据发质情况选择护发用品 6.2.2 能根据护发用品特征进行涂放操作 6.2.3 能在护发后将护发用品冲洗干净	6.2.1 头发护理用品的种类及性能 6.2.2 头发护理的操作程序、方法和注意事项

3.2 四级/中级工

职业功能	工作内容	技能要求	相关知识要求
1. 接待服务	1.1 心理服务	1.1.1 能与顾客沟通 1.1.2 能了解顾客的心理需求	1.1.1 顾客沟通技巧 1.1.2 服务心理学常识
	1.2 咨询服务	1.2.1 能了解顾客发质状况 1.2.2 能介绍美发、护发、造型用品的功能及特点 1.2.3 能根据发质条件推荐适合的发型	1.2.1 常用美发、护发、造型用品质量鉴别知识 1.2.2 护发知识 1.2.3 发型与脸型配合知识
2. 发型制作	2.1 修剪	2.1.1 能用削刀进行削发操作 2.1.2 能推剪男式有缝、无缝色调发式、毛寸发式 2.1.3 能修剪女式多种层次发式 2.1.4 能对修剪工具进行维护保养	2.1.1 发型的动态、静态层次知识 2.1.2 不同发式修剪的程序及技巧知识 2.1.3 发型设计的基本常识
	2.2 烫发	2.2.1 能根据发质特性、发型特征，选择烫发剂、中和剂和卷杠排列方法 2.2.2 能根据头发卷曲程度判断烫发效果，并对未达标的采取补救措施 2.2.3 能进行烫前、烫后护理操作 2.2.4 能操作热能烫等烫发设备	2.2.1 发质与烫发剂的关系 2.2.2 烫发中常见问题的解决办法 2.2.3 烫前、烫后护理知识 2.2.4 热能烫等烫发设备使用知识
	2.3 吹风造型	2.3.1 能使用造型用品和发饰造型 2.3.2 能通过梳刷等造型工具与吹风机的配合制作发型 2.3.3 能进行男式有缝、无缝色调发式的吹风造型 2.3.4 能进行女式多种层次发式的吹风造型	2.3.1 吹风工具的性能和使用方法 2.3.2 造型用品性质和使用特点 2.3.3 梳理造型工具使用技巧知识 2.3.4 发式造型原理
3. 剃须与修面	3.1 消毒、清洁	3.1.1 能对剃须与修面工具和用具进行消毒 3.1.2 能对面部皮肤进行清洁	3.1.1 剃须与修面消毒用品知识 3.1.2 剃须与修面工具和用具的消毒方法
	3.2 剃须	3.2.1 能磨剃刀 3.2.2 能采用张、拉、捏等方法绷紧皮肤 3.2.3 能运用正手刀、反手刀、推刀进行剃须与修面	3.2.1 剃须与修面用品常识 3.2.2 剃刀的基本使用方法 3.2.3 剃须与修面程序 3.2.4 绷紧皮肤的方法

续表

职业功能	工作内容	技能要求	相关知识要求
4.染发	4.1 材料选择	4.1.1 能根据发质和染发效果要求辨别、选择染发剂 4.1.2 能选用不同型号的染膏与双氧乳	4.1.1 自然色系染发的识别知识 4.1.2 染膏基本化学知识及物理知识 4.1.3 染发剂的种类
	4.2 染发操作	4.2.1 能根据染发色彩要求选择颜色、确定用量、调配染发剂 4.2.2 能进行色彩染发剂涂放 4.2.3 能进行染后护理操作	4.2.1 染发剂调配知识 4.2.2 色彩染发基本流程 4.2.3 染后护理知识
5.接发与假发操作	5.1 接发操作与调整	5.1.1 能根据发质和发型要求辨别、选择接发材料 5.1.2 能进行接发操作 5.1.3 能进行接发调整	5.1.1 接发材料知识 5.1.2 接发种类知识 5.1.3 接发工具知识 5.1.4 接发操作方法 5.1.5 接发质量标准
	5.2 假发操作与调整	5.2.1 能进行假发洗护 5.2.2 能进行假发修剪 5.2.3 能进行假发吹风造型 5.2.4 能进行假发混合造型	5.2.1 假发材料知识 5.2.2 假发种类知识 5.2.3 假发吹风造型知识 5.2.4 假发混合造型知识 5.2.5 假发护理知识

3.3 三级/高级工

职业功能	工作内容	技能要求	相关知识要求
1.发型设计	1.1 设计构思	1.1.1 能通过交流、观察,了解并确定顾客的需求 1.1.2 能根据顾客的需求,选用合适的设计方案	1.1.1 发型设计的基本要求 1.1.2 发型设计的程序
	1.2 发型素描	1.2.1 能绘制脸型、五官等主要轮廓 1.2.2 能绘制发型线条轮廓 1.2.3 能运用素描进行发型设计	1.2.1 素描基础知识 1.2.2 发型素描基本要领 1.2.3 "三庭五眼"知识

续表

职业功能	工作内容	技能要求	相关知识要求
2. 发型制作	2.1 修剪	2.1.1 能运用层次组合技法进行发式的修剪 2.1.2 能推剪平头式、圆头式发型 2.1.3 能修剪经典波浪式发型	2.1.1 层次组合的技术知识 2.1.2 提拉角度与层次变化的关系 2.1.3 修剪质量标准 2.1.4 修剪技术问题的解决方法
	2.2 烫发	2.2.1 能根据发型设计要求选择卷杠工具和卷杠手法 2.2.2 能采用新工艺进行烫发操作	2.2.1 砌砖式、扇形等卷杠法的操作程序和方法 2.2.2 烫发技术问题的分析与解决 2.2.3 烫发新工艺、新技术知识
	2.3 造型	2.3.1 能进行经典波浪式发式造型 2.3.2 能用盘、包、束、编等手法进行生活类晚妆发式造型 2.3.3 能进行发片造型	2.3.1 发式造型的技巧和要领 2.3.2 造型器具、手法在发型变化中的运用 2.3.3 盘、包、束、编要领及饰品搭配知识 2.3.4 发片造型知识
3. 剃须与修面	3.1 剃须	3.1.1 能修剃络腮胡须 3.1.2 能修剃螺旋型胡须、黄褐色胡须等多种特殊胡须	3.1.1 长短刀法的运用 3.1.2 络腮胡须的修剃方法 3.1.3 特殊胡须的修剃方法
	3.2 修面	3.2.1 能运用削刀、滚刀等五种刀法进行剃须与修面 3.2.2 能根据不同部位选择相应刀法进行修面 3.2.3 能运用"七十二刀半"方法进行修面	3.2.1 剃须与修面五种刀法知识 3.2.2 不同部位选用刀法的知识 3.2.3 剃刀保养知识
4. 漂发与染发	4.1 漂发与染发选择	4.1.1 能根据发型色彩要求进行漂发或染发 4.1.2 能进行发色与发质分析,确定目标色 4.1.3 能根据发质选择漂发与染发材料	4.1.1 头发色彩的差异及其漂染知识 4.1.2 漂发与染发的区别

续表

职业功能	工作内容	技能要求	相关知识要求
4. 漂发与染发	4.2 漂发与染发操作	4.2.1 能调配褪色剂 4.2.2 能进行挑染、线染、片染、层染等操作 4.2.3 能根据漂发与染发要求确定染发剂涂放时间与停放时间 4.2.4 能使用染发设备对漂发与染发后的头发进行加热着色 4.2.5 能分析漂发与染发后的发质受损状况，选择护发用品	4.2.1 漂发与染发的方法 4.2.2 漂发与染发的作用 4.2.3 挑染、线染、片染、层染等技法知识 4.2.4 漂发与染发前后头发护理方法

3.4 二级/技师

职业功能	工作内容	技能要求	相关知识要求
1. 整体设计	1.1 发型设计	1.1.1 能设计生活类发型 1.1.2 能设计符合时代潮流的发型	1.1.1 发型美学知识 1.1.2 发型外形设计知识 1.1.3 发型内形设计知识
	1.2 发型绘画	1.2.1 能画发型素描图 1.2.2 能画发型分解结构图	1.2.1 点、线、面的表现手法 1.2.2 静物（石膏头像）及人像绘画知识
	1.3 化妆	1.3.1 能根据整体设计要求选用化妆品 1.3.2 能净面、修眉 1.3.3 能配合发型进行日常生活化妆	1.3.1 发型与妆面的关系 1.3.2 生活化妆的操作程序与方法
	1.4 形象设计	1.4.1 能根据整体设计要求进行化妆设计 1.4.2 能根据整体设计要求进行发型设计 1.4.3 能根据整体设计要求进行服装搭配	1.4.1 整体形象设计要素 1.4.2 化妆设计知识 1.4.3 服装搭配设计相关知识
2. 发型制作	2.1 修剪	2.1.1 能修剪不同风格并富有个性和美感的发式 2.1.2 能运用不同修剪手法对直发、曲发进行修剪 2.1.3 能运用剪切口（刀口）角度变化修剪发式 2.1.4 能根据发型图片进行修剪	2.1.1 剪切口（刀口）角度变化与发式关系 2.1.2 看图修剪的基本方法

续表

职业功能	工作内容	技能要求	相关知识要求
2. 发型制作	2.2 造型	2.2.1 能综合运用各种造型手法，根据不同场合和顾客个性特点，塑造婚礼、宴会、舞会发型 2.2.2 能塑造男女直发、曲发组合发型 2.2.3 能制作发饰 2.2.4 能根据图片进行复制造型的操作 2.2.5 能进行男士古典发式造型	2.2.1 不同场合发型造型手法与特点 2.2.2 假发配合真发造型的方法 2.2.3 发饰的制作方法与运用 2.2.4 看图造型（复制）知识
	2.3 漂发与染发的色彩调整	2.3.1 能运用过渡染、晕染等技术进行漂发与染发操作 2.3.2 能运用褪色、补色、染色等方法调整发型颜色	2.3.1 颜色的调整知识 2.3.2 褪色、补色的方法
3. 胡髭与胡须修饰	3.1 胡髭修饰	3.1.1 能进行胡髭的修饰 3.1.2 能进行胡髭的造型	3.1.1 胡髭的形状和种类 3.1.2 胡髭的修饰方法
	3.2 胡须修饰	3.2.1 能进行胡须的修饰 3.2.2 能进行胡须的造型	3.2.1 胡须的形状和种类 3.2.2 胡须的修饰方法
4. 培训与管理	4.1 培训指导	4.1.1 能对三级/高级工及以下级别人员进行理论知识培训 4.1.2 能对三级/高级工及以下级别人员进行技能操作指导 4.1.3 能撰写专业技术小结	4.1.1 授课教案的编写方法 4.1.2 技能操作的指导方法 4.1.3 专业技术小结的撰写方法
	4.2 技术管理	4.2.1 能与员工沟通 4.2.2 能处理经营过程中出现的服务质量问题 4.2.3 能对服务项目进行质量评估并提出改进建议	4.2.1 与员工沟通的技巧及相关心理学常识 4.2.2 服务质量标准知识 4.2.3 服务质量评估方法

3.5 一级/高级技师

职业功能	工作内容	技能要求	相关知识要求
1. 整体设计	1.1 发型设计	1.1.1 能为时尚发布会、推广会等活动设计制作创新艺术发型 1.1.2 能设计制作主题系列发型 1.1.3 能根据顾客自身条件，设计符合不同场合、突出个性的整体形象	1.1.1 国内、国际时尚信息 1.1.2 创意发型设计知识 1.1.3 现代发型特点与风格
	1.2 发型绘画	1.2.1 能根据设计要求画出发型图样 1.2.2 能使用计算机进行发型绘画	1.2.1 三维立体素描知识和素描技法 1.2.2 计算机发型绘画基本知识
	1.3 化妆	1.3.1 能化新娘妆 1.3.2 能化晚宴妆	1.3.1 新娘妆的相关知识 1.3.2 晚宴妆的相关知识
2. 发型制作	2.1 造型	2.1.1 能修剪具有引领时代潮流和代表一个地区风格的发型 2.1.2 能进行一发多变发式的梳理造型 2.1.3 能对修剪工艺技法和造型技法进行革新 2.1.4 能根据图片等素材进行创意造型	2.1.1 发式线条形态变化对发型风格的影响 2.1.2 世界主要国家和地区的发型修剪顶尖技术及发展 2.1.3 看图创意造型知识
	2.2 漂发与染发流行趋势预测	2.2.1 能根据流行色及顾客个性特点，制定漂发与染发方案 2.2.2 能进行多层次漂发与染发	2.2.1 流行色知识 2.2.2 流行色彩趋势预测知识
3. 培训与管理	3.1 培训指导	3.1.1 能归纳、总结与美发相关的技术经验 3.1.2 能制订美发师职业培训计划和授课方案 3.1.3 能用 PPT 制作课件 3.1.4 能撰写专业技术论文	3.1.1 培训计划及授课方案编制要点 3.1.2 多媒体 PPT 制作基础知识 3.1.3 专业技术论文撰写基本要求
	3.2 经营管理	3.2.1 能分析市场动态 3.2.2 能分析、管理企业经营活动	3.2.1 市场营销知识 3.2.2 经营成本、费用、利润的核算和财务管理基本知识 3.2.3 定额管理基本知识 3.2.4 组织与分工管理基本知识

4. 权重表

4.1 理论知识权重表

项目		技能等级	五级/初级工（%）	四级/中级工（%）	三级/高级工（%）	二级/技师（%）	一级/高级技师（%）
基本要求	职业道德		5	5	5	5	5
	基础知识		25	25	20	15	15
相关知识要求	工作准备		5	—	—	—	—
	接待服务		5	5	—	—	—
	洗发与按摩		15	—	—	—	—
	发型设计		—	—	25	—	—
	整体设计		—	—	—	35	40
	发型制作		35	40	35	30	30
	剃须与修面		—	5	5	—	—
	胡髭与胡须修饰		—	—	—	5	—
	染发		5	10	—	—	—
	头皮与头发护理		5	—	—	—	—
	接发与假发操作		—	10	—	—	—
	漂发与染发		—	—	10	—	—
	培训与管理		—	—	—	10	10
合计			100	100	100	100	100

4.2 技能要求权重表

项目		技能等级	五级/初级工（%）	四级/中级工（%）	三级/高级工（%）	二级/技师（%）	一级/高级技师（%）
技能要求	工作准备		5	—	—	—	—
	接待服务		5	10	—	—	—
	洗发与按摩		20	—	—	—	—
	发型设计		—	—	25	—	—
	整体设计		—	—	—	45	40
	发型制作		60	65	50	35	45

续表

项目	技能等级	五级/初级工(%)	四级/中级工(%)	三级/高级工(%)	二级/技师(%)	一级/高级技师(%)
技能要求	剃须与修面	—	5	5	—	—
	胡髭与胡须修饰	—	—	—	5	—
	染发	5	10	—	—	—
	头皮与头发护理	5				
	接发与假发操作	—	10	—	—	—
	漂发与染发	—	—	20	—	—
	培训与管理	—	—	—	15	15
合计		100	100	100	100	100

眼镜验光员国家职业技能标准

（2018年版）

1. 职业概况

1.1 职业名称

眼镜验光员

1.2 职业编码

4-14-03-03

1.3 职业定义

使用验光仪器及辅助设备，检查视力、眼睛屈光度及融像机能，开具眼镜验光处方并指导视觉康复训练的人员。

1.4 职业技能等级

本职业共设五个等级，分别为：五级/初级工、四级/中级工、三级/高级工、二级/技师、一级/高级技师。

1.5 职业环境条件

室内，常温。

1.6 职业能力特征

具有一定的分析、判断和计算能力，具有一定交流沟通、表述的能力；辨色力和空间感正常，手指、手臂灵活。

1.7 普通受教育程度

初中毕业（或相当文化程度）。

1.8 职业技能鉴定要求

1.8.1 申报条件

具备以下条件之一者，可申报五级/初级工：
（1）累计从事本职业工作1年（含）以上。
（2）本职业学徒期满。

具备以下条件之一者，可申报四级/中级工：

（1）取得本职业五级/初级工职业资格证书（技能等级证书）后，累计从事本职业工作4年（含）以上。

（2）累计从事本职业工作6年（含）以上。

（3）取得技工学校本专业①或相关专业②毕业证书（含尚未取得毕业证书的在校应届毕业生）；或取得经评估论证、以中级技能为培养目标的中等及以上职业学校本专业或相关专业毕业证书（含尚未取得毕业证书的在校应届毕业生）。

具备以下条件之一者，可申报三级/高级工：

（1）取得本职业四级/中级工职业资格证书（技能等级证书）后，累计从事本职业工作5年（含）以上。

（2）取得本职业四级/中级工职业资格证书（技能等级证书），并具有高级技工学校、技师学院毕业证书（含尚未取得毕业证书的在校应届毕业生）；或取得本职业四级/中级工职业资格证书（技能等级证书），并具有经评估论证、以高级技能为培养目标的高等职业学校本专业或相关专业毕业证书（含尚未取得毕业证书的在校应届毕业生）。

（3）具有大专及以上本专业或相关专业毕业证书，并取得本职业四级/中级工职业资格证书（技能等级证书）后，累计从事本职业工作2年（含）以上。

具备以下条件之一者，可申报二级/技师：

（1）取得本职业三级/高级工职业资格证书（技能等级证书）后，累计从事本职业工作4年（含）以上。

（2）取得本职业三级/高级工职业资格证书（技能等级证书）的高级技工学校、技师学院和高等职业学校本专业毕业生，累计从事本职业工作3年（含）以上；或取得本职业预备技师证书的技师学院毕业生，累计从事本职业工作2年（含）以上。

具备以下条件者，可申报一级/高级技师：

取得本职业二级/技师职业资格证书（技能等级证书）后，累计从事本职业工作4年（含）以上。

1.8.2 鉴定方式

分为理论知识考试、技能考核以及综合评审。理论知识考试以笔试、机考等方式为主，主要考核从业人员从事本职业应掌握的基本要求和相关知识要求；技能考核主要采用现场操作、模拟操作等方式进行，主要考核从业人员从事本职业应具备的技能水平；综合评审主要针对技师和高级技师，通常采取审阅申报材料、答辩等方式进行全面评议和审查。

理论知识考试、技能考核和综合评审均实行百分制，成绩皆达60分（含）以上者为合格。

1.8.3 监考人员、考评人员与考生配比

理论知识考试中的监考人员与考生配比为1∶15，每个考场不少于2名监考人员；技能

---

① 本专业：眼视光与配镜专业眼视光技术、眼视光学，下同。
② 相关专业：临床医学、预防医学、护理学、光学、材料学，下同。

考核中的考评人员与考生配比为 2∶1，且考评人员为 3 人（含）以上单数；综合评审委员为 3 人（含）以上单数。

1.8.4 鉴定时间

理论知识考试时间不少于 90 min。技能考核时间：五级/初级工、四级/中级工、三级/高级工不少于 30 min，二级/技师和一级/高级技师不少于 45 min。综合评审时间不少于 15 min。

1.8.5 鉴定场所设备

理论知识考试在不小于 40 m^2 的标准教室进行；技能考核场地不小于 60 m^2（包括低照度实训室）。技能考核应根据不同等级鉴定的需要，备有顶焦度计、镜度表、试片箱、视力表灯箱、检影镜、模拟眼、电脑自动验光仪、综合验光仪及投影视力表、瞳距尺或瞳距仪、水平和垂直棱镜排镜、棱镜翻转拍、±2.00D 球镜翻转拍、动态检影卡片、随机点立体视本、Worth 四点灯、裂隙灯显微镜、角膜曲率仪、眼底镜、镜片投影检测仪、球径仪、假同色色觉检测图谱、对比敏感度视力表、遮眼板、低视力视力表、低视力助视器验配箱、视野仪、眼压计等考核设施和设备。

2. 基本要求

2.1 职业道德

2.1.1 职业道德基本知识

2.1.2 职业守则

（1）遵纪守法，敬业爱岗，遵守职业道德。
（2）工作认真负责，自觉履行职责。
（3）文明礼貌，热情待客，全心全意为消费者服务。
（4）具备刻苦学习、勤奋钻研的工匠精神，不断更新专业知识和技能。
（5）谦虚谨慎，团结协作，主动配合。
（6）遵守操作规程，爱护仪器、设备。

2.2 基础知识

2.2.1 眼科学相关知识

（1）眼的解剖和生理相关知识。
（2）常见眼病的表现。

2.2.2 光学相关知识

（1）物理光学相关知识。
（2）几何光学相关知识。

（3）眼镜光学相关知识。

2.2.3 眼屈光学相关知识

（1）眼生理光学相关知识。
（2）屈光不正相关知识。
（3）调节与集合相关知识。

2.2.4 眼镜商品相关知识

（1）眼镜片相关知识。
（2）眼镜架相关知识。

2.2.5 相关法律、法规

（1）《中华人民共和国劳动法》相关知识。
（2）《中华人民共和国产品质量法》相关知识。
（3）《中华人民共和国计量法》相关知识。
（4）《医疗器械监督管理条例》相关知识。
（5）《中华人民共和国消费者权益保护法》相关知识。

3. 工作要求

本标准对五级/初级工、四级/中级工、三级/高级工、二级/技师、一级/高级技师的技能要求和相关知识要求依次递进，高级别涵盖低级别的要求。

3.1 五级/初级工

职业功能	工作内容	技能要求	相关知识要求
1. 接待	1.1 问诊	1.1.1 能询问并记录顾客的一般资料及配镜目的和要求 1.1.2 能询问并记录顾客与验光相关的过去史	1.1.1 屈光异常的表现 1.1.2 特殊验光者的一般表现 1.1.3 影响视觉的常见症状 1.1.4 影响视力矫正的常见眼病 1.1.5 影响接触镜验配的常见眼病 1.1.6 影响视力矫正的常见全身病 1.1.7 影响视力矫正的药物反应 1.1.8 与遗传相关的眼病常识 1.1.9 眼镜验配错误或使用不当的表现

续表

职业功能	工作内容	技能要求	相关知识要求
1. 接待	1.2 咨询	1.2.1 能解答关于验光配镜的疑问并介绍戴镜常识 1.2.2 能介绍眼镜商品的特点	1.2.1 屈光不正的配镜原则 1.2.2 特殊验光者的配镜原则 1.2.3 戴镜常识 1.2.4 眼镜片的种类和特点 1.2.5 眼镜架的种类和特点 1.2.6 接触镜的种类和特点
2. 基础检查	2.1 视力检查	2.1.1 能进行视力检测 2.1.2 能进行导致视力异常的常见原因分析	2.1.1 视角和视力的概念 2.1.2 视力表的设计方法 2.1.3 视力检测结果的分析 2.1.4 内置式视力表的设计原理
	2.2 外眼检查	2.2.1 能用放大照明法进行眼附属器的常规检查 2.2.2 能用放大照明法进行眼前节的常规检查	2.2.1 外眼常规检查的程序 2.2.2 眼附属器的常见异常表现 2.2.3 眼前节的常见异常表现
3. 屈光检查	3.1 验光	3.1.1 能用电脑验光仪进行屈光定量 3.1.2 能用瞳距尺或瞳距仪测定瞳距 3.1.3 能用检影镜常态定量单光性屈光不正 3.1.4 能参考客观验光的结果,用试片箱将近视、远视和散光度数插入试镜架中 3.1.5 能用雾视法和最大正镜度的最佳矫正视力维持被测眼调节静态 3.1.6 能用红绿双色试验精调球镜焦度 3.1.7 能用经验法矫正老视 3.1.8 能维护、保养、调校电脑验光仪	3.1.1 电脑验光仪的基本原理 3.1.2 电脑验光仪检查 3.1.3 瞳距检测工具的基本原理 3.1.4 瞳距的检测方法 3.1.5 检影镜的结构 3.1.6 检影镜的基本原理 3.1.7 检影镜的使用方法 3.1.8 检影镜的验光原理分析 3.1.9 检影距离的选择及工作距离换算 3.1.10 单光性屈光不正的检影验光方法 3.1.11 试片箱的构成和检测功能 3.1.12 试镜架结构和调试方法 3.1.13 屈光不正眼的张力性调节 3.1.14 雾视法的原理 3.1.15 红绿双色试验检测原理 3.1.16 维持被测眼调节放松的方法 3.1.17 远交叉视标的检测 3.1.18 老视的致因和矫正原则

续表

职业功能	工作内容	技能要求	相关知识要求
3. 屈光检查	3.2 开具处方	3.2.1 能通过检测识别主视眼 3.2.2 能根据试戴的结果调整试片屈光度 3.2.3 能开具近视、远视等屈光不正处方	3.2.1 主视眼的成因 3.2.2 主视眼对验光的影响 3.2.3 修正近视、远视处方的原则 3.2.4 近视、远视处方中常见问题的处理原则 3.2.5 处方的基本要素 3.2.6 处方的基本原则
	3.3 眼镜检测	3.3.1 能采用中和法对透镜进行定性、定量和定轴分析 3.3.2 能使用焦度计检测光学眼镜镜片的焦度	3.3.1 视觉像移定性透镜的原理 3.3.2 中和法进行透镜定量的原理 3.3.3 中和法进行柱镜分析的原理 3.3.4 焦度计结构及原理
4. 接触镜验配	4.1 接触镜的基本验配	4.1.1 能换算接触镜的处方 4.1.2 能识别接触镜的正反面 4.1.3 能戴摘接触镜 4.1.4 能排除顾客的戴镜后不适 4.1.5 能进行诊断性试戴	4.1.1 接触镜的顶点焦度换算原理 4.1.2 接触镜矫正散光的原理 4.1.3 接触镜的基础特性 4.1.4 接触镜的优点 4.1.5 接触镜的适应证 4.1.6 合理选择接触镜的原则 4.1.7 接触镜的诊断性试戴
	4.2 接触镜的护理	4.2.1 能采用多功能护理液护理软性接触镜 4.2.2 能采用双氧护理液护理软性接触镜 4.2.3 能进行软性接触镜的配戴者培训 4.2.4 能训练配戴者摘戴接触镜 4.2.5 能用戴镜法辨别左右眼镜片	4.2.1 多功能护理液的成分和功效机理 4.2.2 双氧护理液的成分和功效机理 4.2.3 初次配戴接触镜的注意事项

3.2 四级/中级工

职业功能	工作内容	技能要求	相关知识要求
1. 基础检查	1.1 接触镜的配前检查	1.1.1 能用弥散投照法做外眼常规检查 1.1.2 能用直接投照法检查角膜 1.1.3 能用滤光投照法检查角膜 1.1.4 能维护、保养、调校裂隙灯显微镜	1.1.1 裂隙灯显微镜的结构 1.1.2 裂隙灯显微镜的工作原理 1.1.3 裂隙灯显微镜的常用检查方法 1.1.4 裂隙灯显微镜的眼部常规检测程序和内容 1.1.5 接触镜的主要禁忌证
	1.2 泪液和角膜检查	1.2.1 能定量测定泪液破裂时间 1.2.2 能定量测定泪液分泌量 1.2.3 能进行手动角膜曲率仪的检查 1.2.4 能进行自动角膜曲率仪的检查 1.2.5 能进行角膜直径检查 1.2.6 能进行角膜染色检查 1.2.7 能进行角膜知觉检查 1.2.8 能维护、保养、调校手动角膜曲率仪	1.2.1 泪器的解剖和生理 1.2.2 泪液的分层和生理 1.2.3 角膜的解剖和生理 1.2.4 角膜曲率仪的构造和工作原理
2. 屈光检查	2.1 屈光定量	2.1.1 能用检影镜定量检测模拟眼的复性屈光不正 2.1.2 能用检影镜定量检测人眼的复性屈光不正 2.1.3 能用散光盘测定被测眼散光 2.1.4 能用裂隙片测定被测眼散光 2.1.5 能用交叉圆柱镜精调柱镜的轴向 2.1.6 能用交叉圆柱镜精调柱镜的焦度 2.1.7 能进行屈光参差的验光 2.1.8 能采用交替遮盖进行双眼平衡检查	2.1.1 睫状肌麻痹检影验光的原理 2.1.2 检影镜测定复性屈光异常的相关知识 2.1.3 散光盘视标的检测原理和方法 2.1.4 裂隙片的检测原理和方法 2.1.5 交叉圆柱镜的结构和特性 2.1.6 交叉圆柱镜精调柱镜轴向的原理和方法 2.1.7 交叉圆柱镜精调柱镜焦度的原理和方法 2.1.8 屈光参差的病因和分类 2.1.9 屈光参差的临床表现 2.1.10 屈光参差的矫正原则

续表

职业功能	工作内容	技能要求	相关知识要求
2.屈光检查	2.2 开具处方	2.2.1 能根据试戴的结果调整试片屈光度 2.2.2 能开具散光和屈光参差的处方	2.2.1 散光和屈光参差的处方原则 2.2.2 修正散光和屈光参差处方的原则 2.2.3 散光和屈光参差处方中常见问题的处理原则
	2.3 眼镜检测	2.3.1 能用焦度计检测眼镜后顶焦度 2.3.2 能用焦度计检测硬性接触镜和软性接触镜的后顶焦度 2.3.3 能用焦度计检测透镜的棱镜度	2.3.1 焦度计结构和检测原理 2.3.2 国家相关标准中关于眼镜后顶焦度的相关知识 2.3.3 眼镜棱镜的原理 2.3.4 国家标准中关于眼镜棱镜的相关知识
3.接触镜验配	3.1 接触镜配适评估	3.1.1 能采用裂隙灯进行软性接触镜的配适评估 3.1.2 能进行软性接触镜的片上验光	3.1.1 影响接触镜配适的因素 3.1.2 接触镜的配适评估项目 3.1.3 接触镜的基本光学原理
	3.2 接触镜配后复查	3.2.1 能评价接触镜的配戴质量 3.2.2 能分析顾客配戴接触镜后的投诉原因并进行处理	3.2.1 接触镜配戴质量的评价方法 3.2.2 除蛋白酶制剂和润眼液制剂的功效原理 3.2.3 接触镜配戴后视力不良问题 3.2.4 接触镜配戴后眼部不适问题 3.2.5 接触镜配戴后镜片问题

3.3 三级/高级工

职业功能	工作内容	技能要求	相关知识要求
1. 基础检查	1.1 眼位检查	1.1.1 能进行角膜映光检查 1.1.2 能用遮盖试验检查眼位 1.1.3 能使用马氏杆检查眼位 1.1.4 能进行十字环形视标检测 1.1.5 能进行偏振十字视标检测 1.1.6 能进行棱镜分离（Von Graefe法）检测 1.1.7 能进行双马氏杆旋转斜视检测 1.1.8 能进行眼球运动的检查 1.1.9 能维护、保养和调校综合验光仪	1.1.1 眼外肌的解剖和生理 1.1.2 显性斜视的定义、分类和表现 1.1.3 眼位的客观检查方法 1.1.4 隐性斜视的定义、分类和表现 1.1.5 隐性斜视的主观检测方法
	1.2 眼底和眼压检查	1.2.1 能用眼底镜检查屈光介质 1.2.2 能用眼底镜检查眼底 1.2.3 能用指测法检测眼压 1.2.4 能用非接触式眼压计测试眼压 1.2.5 能维护、保养和调校直接检眼镜 1.2.6 能维护、保养和调校非接触眼压计	1.2.1 眼底镜的结构和工作原理 1.2.2 眼底镜的使用方法 1.2.3 常见的眼底和屈光介质疾病 1.2.4 房水和眼压的生理 1.2.5 眼压的检测方法
2. 屈光检查	2.1 验光	2.1.1 能进行综合验光仪的预前调试 2.1.2 能运用综合验光仪进行双眼平衡 2.1.3 能运用综合验光仪进行常规屈光检查的整体操作 2.1.4 能测定调节幅度 2.1.5 能检测老视附加光度 2.1.6 能进行双焦眼镜的验配 2.1.7 能进行渐变焦眼镜的验配	2.1.1 综合验光仪的结构和工作原理 2.1.2 双眼视力平衡的生理和检测方法 2.1.3 老视的矫正原理和方法 2.1.4 双焦和三焦眼镜的设计原理 2.1.5 渐变焦眼镜的设计原理
	2.2 开具处方	2.2.1 能开具移心棱镜处方并确定加工中心 2.2.2 能测定特殊眼的瞳距 2.2.3 能开具老视眼镜的处方 2.2.4 能开具渐变焦眼镜的处方	2.2.1 移心棱镜矫正眼位异常的方法 2.2.2 斜视眼、瞳孔不等眼瞳距的测定方法 2.2.3 老视眼镜的处方原则 2.2.4 渐变焦眼镜的处方原则 2.2.5 渐变焦眼镜配戴不适和视力不良的致因及解决原则

续表

职业功能	工作内容	技能要求	相关知识要求
2. 屈光检查	2.3 眼镜检测和校配	2.3.1 能进行双焦眼镜的检测 2.3.2 能进行渐变焦眼镜参考点还原 2.3.3 能进行渐变焦眼镜远用和近用焦度的检测 2.3.4 能解决渐变焦眼镜配戴不适的问题 2.3.5 能进行眼镜架的整形 2.3.6 能进行眼镜架的校配	2.3.1 近用眼镜检测原理 2.3.2 渐变焦眼镜测量卡的使用方法 2.3.3 国家相关标准中有关近用眼镜的规定 2.3.4 眼镜架的整形和校配原则
3. 接触镜验配	3.1 特殊接触镜验配	3.1.1 能进行环曲面软性接触镜的验配 3.1.2 能进行单焦老视软性接触镜的验配 3.1.3 能进行双焦或多焦软性接触镜的验配	3.1.1 散光眼的生理 3.1.2 环曲面软性接触镜的设计原理 3.1.3 近用软性接触镜的验配适应证 3.1.4 近用软性接触镜的矫正原理
	3.2 接触镜复查	3.2.1 能用裂隙灯显微镜的间接投照法进行眼部检查 3.2.2 能用裂隙灯显微镜的背面投照法进行眼部检查 3.2.3 能用裂隙灯显微镜的镜面反射投照法进行眼部检查 3.2.4 能进行软性接触镜常见沉淀物的检测 3.2.5 能进行软性接触镜常见并发症的检查	3.2.1 裂隙灯显微镜的特殊投照检测方法 3.2.2 软性接触镜常见沉淀物 3.2.3 软性接触镜常见并发症及其发生机理

3.4 二级/技师

职业功能	工作内容	技能要求	相关知识要求
1. 基础检查	1.1 特殊视功能检测	1.1.1 能进行对比敏感度视力表的检测 1.1.2 能进行对比暗适应的检测 1.1.3 能使用假同色图谱进行辨色力检测	1.1.1 对比敏感度视力的测定原理 1.1.2 对比敏感度视力的检查方法 1.1.3 光觉的机理 1.1.4 暗适应和明适应的生理 1.1.5 色觉的机理 1.1.6 色觉异常和检查方法

续表

职业功能	工作内容	技能要求	相关知识要求
1. 基础检查	1.2 双眼视功能检测	1.2.1 能进行 Worth 四点视标检测 1.2.2 能使用综合验光仪立体视标检测立体视 1.2.3 能使用随机点（Random）立体视本检测立体视 1.2.4 能使用综合验光仪检测双眼影像不等	1.2.1 正常双眼视的形成 1.2.2 感觉性融像机能的概述 1.2.3 常见的感觉性融像异常种类 1.2.4 双眼影像不等的概述
2. 屈光检查	2.1 调节与聚散检测	2.1.1 能进行调节幅度的检测 2.1.2 能进行调节反应的检测 2.1.3 能进行相对调节的检测 2.1.4 能进行调节灵活度的检测 2.1.5 能进行集合幅度的检测 2.1.6 能进行融像储备的检测（旋转棱镜和棱镜排镜检测） 2.1.7 能进行聚散灵活度的检测	2.1.1 眼的调节的机理 2.1.2 调节的生理参数分析 2.1.3 眼的聚散的机理 2.1.4 聚散的生理参数分析
2. 屈光检查	2.2 开具处方	2.2.1 能开具等像镜处方 2.2.2 能开具眼球震颤处方	2.2.1 等像镜的概念 2.2.2 等像镜的设计和验配 2.2.3 眼球震颤的概念 2.2.4 眼球震颤的配镜原则
3. 接触镜验配	3.1 特殊接触镜验配	3.1.1 能进行硬性接触镜的配前检查 3.1.2 能进行硬性接触镜的配适评估 3.1.3 能进行硬性接触镜的配后护理 3.1.4 能进行色盲用接触镜的验配 3.1.5 能进行圆锥角膜用接触镜的验配 3.1.6 能进行角膜塑形接触镜的配适评估 3.1.7 能对配戴角膜塑形接触镜前后的角膜地形图进行分析	3.1.1 硬性接触镜的概述 3.1.2 验配硬性接触镜的方法 3.1.3 色盲用接触镜验配的概述 3.1.4 圆锥角膜用接触镜的概述 3.1.5 角膜塑形接触镜的概念 3.1.6 角膜塑形接触镜的验配和配后检查
3. 接触镜验配	3.2 接触镜检测	3.2.1 能进行软性接触镜直径、基弧和矢深参数的检测 3.2.2 能进行硬性接触镜基弧的检测	3.2.1 软性接触镜投影检测仪的结构和工作原理 3.2.2 软性接触镜投影检测仪的检测方法 3.2.3 球径仪的结构 3.2.4 球径仪的工作原理

续表

职业功能	工作内容	技能要求	相关知识要求
4. 培训与指导	4.1 培训	4.1.1 能进行理论教学课的演示 4.1.2 能编写理论教学考核试题	4.1.1 授课的方法和技巧 4.1.2 知识点的教授方法 4.1.3 理论教学主观考试题的编写 4.1.4 理论教学客观考试题的编写
	4.2 指导	4.2.1 能进行实训教学课的演示 4.2.2 能进行视光专业常用英语会话	4.2.1 眼镜验光实训场地的条件 4.2.2 实训教学方法 4.2.3 英语会话基本知识 4.2.4 视光专业英语会话范例

3.5 一级/高级技师

职业功能	工作内容	技能要求	相关知识要求
1. 基础检查	1.1 特殊视功能检测	1.1.1 能进行阿姆斯勒（Amsler）方格表视野检测 1.1.2 能进行自动视野仪的检测及判定正常视野 1.1.3 能进行低视力的病史采集	1.1.1 视野的相关理论知识 1.1.2 视野检查的原理和方法 1.1.3 低视力概述 1.1.4 低视力的病因分析 1.1.5 低视力与遗传
	1.2 双眼视功能检测	1.2.1 能进行诊断眼位检查 1.2.2 能进行眼的扫视和跟随运动检查 1.2.3 能实施梯度法 AC/A 比率的检测 1.2.4 能实施计算法 AC/A 比率的检测 1.2.5 能进行运动性融像图形的绘制和分析 1.2.6 能采用 Sheard 准则、1∶1 准则和 Percival 准则矫治运动性融像异常 1.2.7 能进行注视差异的检测和分析 1.2.8 能进行注视差异的图形分析	1.2.1 正常眼球运动的相关知识 1.2.2 眼球运动的准则 1.2.3 AC/A 的概念 1.2.4 AC/A 的检测 1.2.5 运动性融像图形分析法 1.2.6 运动性融像异常的矫治准则 1.2.7 注视差异的概念 1.2.8 相联性斜视的概念 1.2.9 注视差异的图形分析方法

续表

职业功能	工作内容	技能要求	相关知识要求
2. 屈光检查	2.1 验光	2.1.1 能进行低视力的视力检查 2.1.2 能进行低视力的屈光检测 2.1.3 能进行低视力的眼部健康检查 2.1.4 能进行人工晶体手术后相关的屈光检查 2.1.5 能进行准分子激光角膜屈光手术后的屈光检查	2.1.1 低视力的视力检查方法和诊断标准 2.1.2 低视力的屈光检查方法 2.1.3 人工晶体眼的相关验光方法 2.1.4 准分子激光角膜屈光手术后的验光方法
	2.2 开具处方	2.2.1 能使用远用望远验光仪进行低视力患者的屈光定量 2.2.2 能进行远距离专用低视力助视器和物镜帽的验配 2.2.3 能进行近用望远镜助视器和阅读帽的验配 2.2.4 能进行近用眼镜式助视器的验配 2.2.5 能进行立式放大镜助视器的验配 2.2.6 能进行手持放大镜助视器的验配 2.2.7 能进行电子助视器的验配 2.2.8 能对视野异常的低视力进行膜状棱镜矫治 2.2.9 能对不同类型的低视力患者提出矫治方案 2.2.10 能进行助视器的使用训练 2.2.11 能开具弱视的屈光矫正处方 2.2.12 能使用直接检眼镜判断注视性质	2.2.1 远距离专用低视力助视器和物镜帽的原理及处方原则 2.2.2 近距离（中距离）专用低视力助视器的原理及处方原则 2.2.3 菲涅尔膜状棱镜的矫正原理 2.2.4 弱视的定义 2.2.5 各年龄段儿童视力的正常值 2.2.6 弱视的诊断标准及病因分析 2.2.7 弱视屈光矫正的原则
	2.3 视觉训练	2.3.1 能进行非老视性调节功能异常的训练 2.3.2 能进行非斜视性聚散功能异常的训练 2.3.3 能进行全面的双眼视功能检测 2.3.4 能进行中心注视性弱视的训练 2.3.5 能进行旁中心注视性弱视的训练	2.3.1 非老视性调节功能异常的表现、检查和矫治原则 2.3.2 非斜视性聚散功能异常的表现、检查和矫治原则 2.3.3 中心注视性弱视的训练方法 2.3.4 旁中心注视性弱视的训练方法

续表

职业功能	工作内容	技能要求	相关知识要求
3. 培训与指导	3.1 培训	3.1.1 能编写培训教学大纲 3.1.2 能进行多媒体教学幻灯的制作和播放	3.1.1 撰写工作技术总结的方法 3.1.2 评价工作技术总结的方法 3.1.3 设计教学幻灯的内容 3.1.4 制作和播放教学幻灯
	3.2 指导	3.2.1 能根据指定主题编写实训教学考核试卷 3.2.2 能初步阅读视光专业英语资料	3.2.1 实训教学考核方案的策划 3.2.2 视光专业英语阅读的基本知识 3.2.3 视光专业英语阅读资料范例

4. 权重表

4.1 理论知识权重表

项目		技能等级	五级/初级工（%）	四级/中级工（%）	三级/高级工（%）	二级/技师（%）	一级/高级技师（%）
基本要求		职业道德	5	5	5	5	5
		基础知识	30	20	10	5	5
相关知识要求		接待	5	—	—	—	—
		基础检查	10	15	35	25	45
		屈光检查	35	40	25	30	35
		接触镜验配	15	20	25	25	—
		培训与指导	—	—	—	10	10
		合计	100	100	100	100	100

4.2 技能要求权重表

项目		技能等级	五级/初级工（%）	四级/中级工（%）	三级/高级工（%）	二级/技师（%）	一级/高级技师（%）
技能要求	接待		10	—	—	—	—
	基础检查		20	20	40	30	50
	屈光检查		50	55	30	40	40
	接触镜验配		20	25	30	20	—
	培训与指导		—	—	—	10	10
合计			100	100	100	100	100

眼镜定配工国家职业技能标准

（2018 年版）

1. 职业概况

1.1 职业名称

眼镜定配工

1.2 职业编码

4-14-03-04

1.3 职业定义

操作光学加工设备，进行眼镜镜片磨边或割边、加工、装配、校配、检验的人员。

1.4 职业技能等级

本职业共设四个等级，分别为：五级/初级工、四级/中级工、三级/高级工、二级/技师。

1.5 职业环境条件

室内，常温。

1.6 职业能力特征

具有一定的分析、判断和计算能力，辨色力和立体觉正常，手指、手臂灵活。

1.7 普通受教育程度

初中毕业（或相当文化程度）。

1.8 职业技能鉴定要求

1.8.1 申报条件

具备以下条件之一者，可申报五级/初级工：
(1) 累计从事本职业工作 1 年（含）以上。
(2) 本职业学徒期满。

具备以下条件之一者，可申报四级/中级工：
(1) 取得本职业五级/初级工职业资格证书（技能等级证书）后，累计从事本职业工作

4年（含）以上。

(2) 累计从事本职业工作6年（含）以上。

(3) 取得技工学校本专业①或相关专业②毕业证书（含尚未取得毕业证书的在校应届毕业生）；或取得经评估论证、以中级技能为培养目标的中等及以上职业学校本专业或相关专业毕业证书（含尚未取得毕业证书的在校应届毕业生）。

具备以下条件之一者，可申报三级/高级工：

(1) 取得本职业四级/中级工职业资格证书（技能等级证书）后，累计从事本职业工作5年（含）以上。

(2) 取得本职业四级/中级工职业资格证书（技能等级证书），并具有高级技工学校、技师学院毕业证书（含尚未取得毕业证书的在校应届毕业生）；或取得本职业四级/中级工职业资格证书（技能等级证书），并具有经评估论证、以高级技能为培养目标的高等职业学校本专业或相关专业毕业证书（含尚未取得毕业证书的在校应届毕业生）。

(3) 具有大专及以上本专业或相关专业毕业证书，并取得本职业四级/中级工职业资格证书（技能等级证书）后，累计从事本职业工作2年（含）以上。

具备以下条件之一者，可申报二级/技师：

(1) 取得本职业三级/高级工职业资格证书（技能等级证书）后，累计从事本职业工作4年（含）以上。

(2) 取得本职业三级/高级工职业资格证书（技能等级证书）的高级技工学校、技师学院毕业生，累计从事本职业工作3年（含）以上；或取得本职业预备技师证书的技师学院毕业生，累计从事本职业工作2年（含）以上。

1.8.2 鉴定方式

分为理论知识考试、技能考核以及综合评审。理论知识考试以笔试、机考等方式为主，主要考核从业人员从事本职业应掌握的基本要求和相关知识要求；技能考核主要采用现场操作、模拟操作等方式进行，主要考核从业人员从事本职业应具备的技能水平；综合评审主要针对技师，通常采取审阅申报材料、答辩等方式进行全面评议和审查。

理论知识考试、技能考核和综合评审均实行百分制，成绩皆达60分（含）以上者为合格。

1.8.3 监考人员、考评人员与考生配比

理论知识考试中的监考人员与考生配比为1∶15，每个考场不少于2名监考人员；技能考核中的考评人员与考生配比为2∶1，且考评人员为3人（含）以上单数；综合评审委员为3人（含）以上单数。

1.8.4 鉴定时间

理论知识考试时间不少于90 min。技能考核时间：五级/初级工不少于50 min，四级/中

---

① 本专业：眼视光与配镜专业，下同。
② 相关专业：临床医学、预防医学、护理学、光学、材料学等，下同。

级工、三级/高级工、二级/技师不少于 60 min。综合评审时间不少于 15 min。

1.8.5 鉴定场所设备

理论知识考试在不小于 40 m^2 的标准教室进行；技能考核场地不小于 60 m^2。技能考核应根据不同等级鉴定的需要，备有焦度计、镜度表、油性记号笔、瞳距尺、游标卡尺、眼镜片厚度卡尺、眼镜片测厚仪、模板机、中心仪、渐变焦眼镜测量卡、手工磨边机、半自动磨边机、全自动磨边机、开槽机、钻孔机、抛光机、电烘热器、整形工具、应力仪、光透比检测仪、染色炉等眼镜装配工具，而且配备足够数量的球面、球柱面树脂毛边眼镜片，全框、半框、无框金属和塑料眼镜架以及模板坯等耗材，在照明、通风、供水条件适宜的场所进行。

2. 基本要求

2.1 职业道德

2.1.1 职业道德基本知识

2.1.2 职业守则

（1）遵纪守法，爱岗敬业。
（2）文明礼貌，诚信待客。
（3）工作认真负责，自觉履行各项职责。
（4）刻苦学习，勤奋钻研，不断提高自身素质。
（5）谦虚谨慎，团结协作。
（6）严格执行国家标准，保证装配质量。
（7）爱护仪器设备，重视安全、环保，坚持文明生产。

2.2 基础知识

2.2.1 眼科学知识

（1）眼的解剖与生理。
（2）影响视觉的原因。

2.2.2 基础光学知识

（1）几何光学基础知识。
（2）球面透镜基础知识。
（3）柱面透镜、球柱面透镜基础知识。
（4）光学棱镜、透镜的棱镜效应及移心基础知识。
（5）多焦点透镜基础知识。

2.2.3 眼屈光学知识

（1）眼光学系统相关知识。

(2) 屈光不正分类及成因相关知识。
(3) 调节与集合相关知识。

2.2.4 眼镜商品知识

(1) 眼镜架相关知识。
(2) 眼镜片相关知识。
(3) 接触镜相关知识。
(4) 眼镜品牌相关知识。

2.2.5 加工工艺基础知识

(1) 机械基础知识。
(2) 眼镜架制造工艺基础知识。
(3) 眼镜片制造工艺基础知识。
(4) 配装眼镜常用加工设备、工具、测量仪器的名称、规格和用途。

2.2.6 相关法律、法规知识

(1)《中华人民共和国劳动法》相关知识。
(2)《中华人民共和国产品质量法》相关知识。
(3)《中华人民共和国消费者权益保护法》相关知识。
(4)《中华人民共和国计量法》相关知识。

2.2.7 相关标准

(1)《眼镜镜片》的现行国家标准。
(2)《配装眼镜》的现行国家标准。

3. 工作要求

本标准对五级/初级工、四级/中级工、三级/高级工、二级/技师的技能要求和相关知识要求依次递进，高级别涵盖低级别的要求。

3.1 五级/初级工

职业功能	工作内容	技能要求	相关知识要求
1. 接单	1.1 分析配镜加工单（或处方）	1.1.1 能分析配镜加工单（或处方） 1.1.2 能确认镜架、镜片的适配性	1.1.1 配镜加工单（或处方）的内容、格式 1.1.2 眼镜片径大小的适用性 1.1.3 眼镜架的分类和性能 1.1.4 眼镜片的分类和性能

续表

职业功能	工作内容	技能要求	相关知识要求
1. 接单	1.2 核对商品	1.2.1 能进行眼镜片装配前核对 1.2.2 能进行眼镜架装配前核对 1.2.3 能检查镜片表面质量 1.2.4 能测量镜片顶焦度和做光学中心印记 1.2.5 能检查眼镜架外观质量、部件装配质量	1.2.1 焦度计的使用方法 1.2.2 装配前核对眼镜架、眼镜片的意义 1.2.3 国家相关标准中关于眼镜架、眼镜片外观质量的要求 1.2.4 焦度计的工作原理 1.2.5 焦度计的结构名称 1.2.6 镜度表的使用方法
2. 模板制作	2.1 用手工衬片制作模板	2.1.1 能画出衬片几何中心、垂直和水平基准线 2.1.2 能标出衬片鼻侧及上方标志 2.1.3 能利用衬片手工制作模板	2.1.1 衬片几何中心、垂直和水平基准线的作用 2.1.2 衬片在眼镜架中的作用 2.1.3 利用衬片手工制作模板的方法 2.1.4 衬片鼻侧和上方标志的方法和意义
	2.2 无衬片手工制作模板	2.2.1 能在模板坯上画出几何中心、垂直和水平基准线 2.2.2 能按照镜框内缘在模板坯上画形 2.2.3 能标出模板坯鼻侧及上方标志 2.2.4 能修剪已画形的模板坯	2.2.1 无衬片手工制作模板的意义 2.2.2 无衬片手工制作模板的方法和步骤
3. 确定加工中心	3.1 测量镜架几何中心距	3.1.1 能测量镜架的几何中心水平间距 3.1.2 能计算镜架的标称几何中心水平间距	3.1.1 眼镜架几何中心水平间距的作用和测量方法 3.1.2 眼镜架的标识尺寸 3.1.3 眼镜架的几何中心水平间距的计算 3.1.4 偏心眼镜的棱镜效应 3.1.5 眼镜架几何中心在磨边加工中的重要性
	3.2 确定加工移心量	3.2.1 能计算眼镜片水平移心量 3.2.2 能按远用、近用眼镜的处方进行光心垂直移心量的计算	3.2.1 眼镜片光学中心水平移心量和垂直移心量的计算方法 3.2.2 光心距的测量方法 3.2.3 视角与眼镜片视场的关系

续表

职业功能	工作内容	技能要求	相关知识要求
3. 确定加工中心	3.3 安装吸盘	3.3.1 能使用中心仪设定水平、垂直移心位置 3.3.2 能使用中心仪对眼镜片的中心进行定位 3.3.3 能确定吸盘方向并上吸盘	3.3.1 在中心仪上设定水平、垂直移心位置的方法 3.3.2 眼镜片光学中心正确到位要考虑的因素 3.3.3 毛边眼镜的尺寸和眼镜片移心加工时毛边眼镜片最小的有效直径 3.3.4 吸盘的种类及选择 3.3.5 吸盘方向的确定及上吸盘的方法 3.3.6 中心仪的结构、工作原理
4. 磨边	4.1 半自动磨边机加工参数设定	4.1.1 能选择磨削砂轮的类型 4.1.2 能选择眼镜片加工的工作冷却方法 4.1.3 能根据眼镜片厚度和类型进行尖边设置 4.1.4 能根据眼镜片及眼镜架材质、模板大小、砂轮磨损调整磨边尺寸	4.1.1 半自动磨边机操作面板的图形识别 4.1.2 半自动磨边机磨边尺寸调整装置 4.1.3 半自动磨边机的结构和工作原理 4.1.4 半自动磨边机磨削砂轮的类型和冷却方法 4.1.5 镜片安全斜角的作用和要求
	4.2 磨边操作	4.2.1 能按照左右眼方向装夹模板 4.2.2 能按照吸盘指示点装夹镜片 4.2.3 能调整眼镜片在粗磨区的位置 4.2.4 能在手磨砂轮机上对眼镜片进行倒边、倒棱	4.2.1 眼镜片粗磨砂轮位置的调整指征和调整方法 4.2.2 半自动磨边机的模板装夹装置及装夹模板对磨边的影响 4.2.3 眼镜片安全角的作用和倒安全角的方法
5. 装配	5.1 安装	5.1.1 能进行塑料眼镜架的安装 5.1.2 能进行金属眼镜架的安装 5.1.3 能进行安装眼镜的应力检查及修正	5.1.1 塑料眼镜架的装配技术 5.1.2 金属眼镜架的装配技术 5.1.3 应力仪的工作原理及使用方法

续表

职业功能	工作内容	技能要求	相关知识要求
5. 装配	5.2 整形	5.2.1 能调整金属眼镜架的镜面角、外张角 5.2.2 能调整塑料眼镜架的垂俯角、垂内角 5.2.3 能进行眼镜清洁和装袋	5.2.1 眼镜架的镜面角和外张角 5.2.2 眼镜架的垂俯角和垂内角 5.2.3 电烘热器的种类及使用方法 5.2.4 整形工具的种类和使用方法 5.2.5 眼镜片和眼镜架的清洁要求及方法 5.2.6 眼镜装袋要求
6. 质量检验	6.1 光学参数检验	6.1.1 能使用焦度计测量配装眼镜的顶焦度并作光学中心印记 6.1.2 能使用直尺或游标卡尺检验配装眼镜光学中心水平距离和垂直高度 6.1.3 能使用厚度计测试眼镜片的基准点厚度	6.1.1 国家相关标准中的主要质量指标 6.1.2 配装眼镜光学中心水平偏差、垂直互差的定义和测量方法 6.1.3 游标卡尺的使用方法 6.1.4 眼镜片厚度计的使用方法
	6.2 外观检验	6.2.1 能进行配装眼镜的装配质量检验 6.2.2 能检查眼镜架、眼镜片的外观质量	6.2.1 国家相关标准中关于外观质量的要求 6.2.2 国家相关标准中关于外观质量的检测方法
7. 校配	7.1 校配选项	7.1.1 能校配眼镜水平位置 7.1.2 能进行颞距、镜腿弯点长度等校配	7.1.1 校配的目的和主要方法 7.1.2 确定校配选项要考虑的因素 7.1.3 校配的基本选项
	7.2 校配操作	7.2.1 能进行塑料眼镜架水平位置、颞距和镜腿弯点长度的校配 7.2.2 能进行金属眼镜架水平位置、颞距和镜腿弯点长度的校配	7.2.1 校配工具的类型与用途 7.2.2 金属架、塑料架材料的加工性能
8. 设备维护	8.1 设备日常保养	8.1.1 能对手工磨边机、半自动磨边机进行使用前的检查 8.1.2 能按照手工磨边机、半自动磨边机操作说明书作日常保养	8.1.1 手工磨边机使用前的检查项目 8.1.2 半自动磨边机使用前的检查项目 8.1.3 手工磨边机和半自动磨边机日常保养

续表

职业功能	工作内容	技能要求	相关知识要求
8. 设备维护	8.2 简易故障排除	8.2.1 能及时发现手工磨边机、半自动磨边机运行故障 8.2.2 能排除手工磨边机、半自动磨边机运行中的常见故障	8.2.1 手工磨边机、半自动磨边机等仪器设备的安全操作规范 8.2.2 手工磨边机、半自动磨边机等仪器设备的常见故障

3.2　四级/中级工

职业功能	工作内容	技能要求	相关知识要求
1. 接单	1.1 分析配镜加工单	1.1.1 能分析散光眼配镜加工单（或处方） 1.1.2 能鉴别环曲面眼镜片类型 1.1.3 能鉴定光致变色眼镜片变色的品质	1.1.1 环曲面眼镜片的组合形式和分类 1.1.2 凹环曲面（内散）眼镜片的特点 1.1.3 环曲面透镜的片形转换 1.1.4 环曲面眼镜片的加工要求 1.1.5 眼镜片光透过率概念及计算方法 1.1.6 镀膜眼镜片的类型及常用镀膜眼镜片的特点 1.1.7 光致变色眼镜片的原理和变色性能
	1.2 核对出库商品	1.2.1 能利用视像移法测量环曲面眼镜片的光学中心、轴向及顶焦度 1.2.2 能利用手动焦度计测量环曲面眼镜片的轴位和顶焦度 1.2.3 能利用自动焦度计测量环曲面眼镜片的轴位和顶焦度 1.2.4 能利用目测法对镀膜（染色）眼镜片进行配对检验	1.2.1 视像移法测量环曲面眼镜片的光心和轴位的方法 1.2.2 手动焦度计测量环曲面眼镜片的顶焦度和标定轴位印点的方法 1.2.3 自动焦度计的结构和使用方法 1.2.4 视像移法和中和法测量环曲面眼镜片的轴向与顶焦度的方法 1.2.5 镀膜（染色）眼镜片配对检验及目测法眼镜片配对检验的环境要求

续表

职业功能	工作内容	技能要求	相关知识要求
2. 模板制作	2.1 模板机制作模板	2.1.1 能安放模板坯 2.1.2 能在模板机上定位和固定眼镜架 2.1.3 能操作模板机切割模板	2.1.1 眼镜圈固定的方法及步骤 2.1.2 眼镜架工作座与模板工作座的关系以及模板机对眼镜架的定位要求 2.1.3 模板坯概念 2.1.4 模板机的结构和工作原理
	2.2 修整模板	2.2.1 能进行手工模板倒棱、修整 2.2.2 能用焦度计做印点检验并修整模板水平基准线	2.2.1 模板机的水平基准线调整装置的操作方法 2.2.2 模板倒棱与修整的作用、方法及注意事项 2.2.3 模板水平加工基准线检验的意义和操作方法
3. 确定加工中心	3.1 测量镜架几何中心水平距离	3.1.1 能测量半框眼镜架的几何中心间距 3.1.2 能测量半框眼镜架的垂直高度	3.1.1 测量半框架眼镜的几何中心水平间距的方法 3.1.2 半框眼镜架的结构特点
	3.2 安装吸盘	3.2.1 能使用中心仪设定环曲面眼镜片的水平、垂直移心位置 3.2.2 能使环曲面眼镜片基准线与模板水平加工基准线相平行	3.2.1 轴位偏差对屈光矫正的影响 3.2.2 环曲面眼镜片基准线与模板水平加工基准线相平行的意义和要求
4. 磨边	4.1 设定半自动磨边机加工参数	4.1.1 能根据眼镜架类型及镜片顶焦度大小来设置尖边 4.1.2 能根据眼镜片曲率、眼镜圈面的弯度调整尖边曲率	4.1.1 半自动磨边机尖边种类与眼镜架配合的设置方法 4.1.2 眼镜片顶焦度大小的尖边设置方法 4.1.3 半自动磨边机尖边位置的设置方法 4.1.4 眼镜片厚度的计算及测量方法 4.1.5 半自动磨边机尖边曲率调整装置及尖边曲率的选择方法 4.1.6 眼镜片前表面弯曲度的计算和测量方法

续表

职业功能	工作内容	技能要求	相关知识要求
4. 磨边	4.2 开槽操作	4.2.1 能按开槽刀具倾斜方向装夹眼镜片 4.2.2 能根据眼镜片的类型设定开槽机槽弧类型 4.2.3 能根据眼镜片的边缘厚薄设定槽弧位置和槽深	4.2.1 开槽机的使用方法 4.2.2 根据眼镜片的类型和顶焦度大小设定槽弧类型的方法 4.2.3 开槽机槽深的设定方法 4.2.4 开槽机的结构名称 4.2.5 开槽机的工作原理
5. 装配	5.1 安装	5.1.1 能安装半框架眼镜片 5.1.2 能更换半框架尼龙丝线	5.1.1 半框架眼镜片的安装方法 5.1.2 更换半框架尼龙丝线的步骤 5.1.3 半框架尼龙丝线安装孔受力分析及紧固原理 5.1.4 尼龙丝线长短与紧固力大小的关系的判定方法
	5.2 整形	5.2.1 能调整金属半框架眼镜的镜面角、外张角 5.2.2 能调整塑料架眼镜的倾斜角、镜面角、外张角和垂内角	5.2.1 金属眼镜架的伸缩性与装配精度的关系 5.2.2 倾斜角、镜面角、外张角和垂内角对眼镜的影响
6. 质量检验	6.1 光学参数检验	6.1.1 能使用焦度计测量环曲面眼镜顶焦度和轴位 6.1.2 能检验配装眼镜光学中心水平互差及垂直互差	6.1.1 国家相关标准中关于镜片顶焦度和轴位允差的要求 6.1.2 国家相关标准中关于眼镜光学中心水平互差与垂直互差的要求 6.1.3 眼镜光学中心偏离所致的棱镜效应的计算方法 6.1.4 斜交柱镜的等效球镜度计算方法
	6.2 外观检验	6.2.1 能检验半框架眼镜尼龙丝线松紧度 6.2.2 能检查半框架眼镜外观质量	6.2.1 国家相关标准中关于外观质量的要求 6.2.2 国家相关标准中关于外观质量的检测方法
7. 校配	7.1 校配选项	7.1.1 能确定改善戴镜舒适度的校配项目 7.1.2 能确定改善戴镜清晰度的校配项目	7.1.1 校配的解剖学要求 7.1.2 戴镜不良的观察内容

续表

职业功能	工作内容	技能要求	相关知识要求
7. 校配	7.2 校配操作	7.2.1 能多方位校配金属眼镜 7.2.2 能多方位校配塑料眼镜	7.2.1 塑料眼镜架的校配特点与要求 7.2.2 金属眼镜架的校配特点与要求 7.2.3 多方位校配金属眼镜架的方法
8. 设备维护	8.1 设备日常保养	8.1.1 能对模板机、开槽机做使用前的检查 8.1.2 能按照模板机、开槽机操作说明书做日常保养	8.1.1 模板机、开槽机使用前的检查要求 8.1.2 模板机、开槽机日常保养的要求
	8.2 排除简易故障	8.2.1 能对模板机、开槽机的运行故障进行分析 8.2.2 能排除模板机、开槽机运行中的常见故障	8.2.1 模板机、开槽机的常见运行故障 8.2.2 模板机、开槽机的安全操作规范

3.3 三级/高级工

职业功能	工作内容	技能要求	相关知识要求
1. 接单	1.1 分析配镜加工单（或处方）	1.1.1 能分析双光、渐变焦眼镜配镜加工单（或处方） 1.1.2 能测定渐变焦眼镜的单侧瞳距和瞳高 1.1.3 能正确使用渐变焦眼镜测量卡的各项功能	1.1.1 双光、渐变焦眼镜配镜加工单（或处方）的内容与格式 1.1.2 测量单侧瞳距的方法 1.1.3 测量瞳高的方法 1.1.4 双光、渐变焦眼镜的制造工艺 1.1.5 渐变焦眼镜片阅读区的差异棱镜效应 1.1.6 渐变焦眼镜片的光学分区 1.1.7 渐变焦眼镜设计分类 1.1.8 渐变焦眼镜测量卡核对的配装内容 1.1.9 渐变焦眼镜车房定制镜片加工知识
	1.2 核对出库商品	1.2.1 能核对渐变焦眼镜片标记 1.2.2 能检查渐变焦眼镜片的顶焦度	1.2.1 渐变焦眼镜片的标记及意义 1.2.2 焦度计在渐变焦眼镜片测量中的使用方法

续表

职业功能	工作内容	技能要求	相关知识要求
2. 模板制作与确定加工中心	2.1 模板扫描仪数据输入	2.1.1 能选择镜框及眼别扫描类型 2.1.2 能设置模板扫描仪的内、外扫描 2.1.3 能设置模板扫描仪进行片型修改	2.1.1 模板扫描方式 2.1.2 扫描仪对内、外扫描的运行确认 2.1.3 模板扫描仪上片型样式修改和尺寸修改扫描方法 2.1.4 无框眼镜片的片型改造方法 2.1.5 模板扫描仪的控制面板与功能 2.1.6 模板扫描仪的工作原理
	2.2 全自动磨边机定中心操作	2.2.1 能在全自动磨边机上输入相关配镜参数 2.2.2 能在全自动磨边机上确定眼镜片加工中心并安装吸盘	2.2.1 全自动磨边机定中心装置的使用方法 2.2.2 在加工中对眼镜片表面的保护方法 2.2.3 全自动磨边机的工作原理
3. 磨边	3.1 设定全自动磨边机加工参数	3.1.1 能根据眼镜片类型选择自动磨边机的压力 3.1.2 能设定眼镜片材质类型和冷却方式 3.1.3 能设置待磨眼镜片尖边类型	3.1.1 全自动磨边机压力的调整方法 3.1.2 全自动磨边机待磨镜片的相关参数设定 3.1.3 全自动磨边机的冷却方式 3.1.4 全自动磨边机磨制眼镜片的尖边类型 3.1.5 自定义尖边的意义及设置方法 3.1.6 全自动磨边机的工作原理
	3.2 钻孔操作	3.2.1 能确定无框架眼镜钻孔位置 3.2.2 能进行眼镜片的预钻和成型钻	3.2.1 无框架眼镜的类型 3.2.2 按无框架眼镜原样板确定眼镜片钻孔位置的方法 3.2.3 修改无框架眼镜样板,确定眼镜片钻孔位置的方法 3.2.4 钻孔机的使用方法 3.2.5 玻璃眼镜片的钻孔方法 3.2.6 钻孔机的结构和工作原理

续表

职业功能	工作内容	技能要求	相关知识要求
4. 装配	4.1 安装	4.1.1 能对眼镜片钻孔处安置塑料套管、垫片 4.1.2 能装配无框架眼镜 4.1.3 能处理无框架眼镜连接松动	4.1.1 无框架眼镜的孔边距与确定方法 4.1.2 眼镜片使用中的受力与缓冲保护的方法
	4.2 整形	4.2.1 能调整无框架眼镜片连接部位 4.2.2 能调整金属无框眼镜架的镜面角、身腿倾斜角、外张角	4.2.1 无框架眼镜连接部位形状一致的调整方法 4.2.2 眼镜倾斜角变化与屈光力改变的关系
5. 质量检验	5.1 光学参数检验	5.1.1 能恢复渐变焦眼镜的暂时性标记 5.1.2 能使用渐变焦眼镜测量卡检验光学中心的位置 5.1.3 能使用焦度计测量渐变焦眼镜的光学参数	5.1.1 渐变焦眼镜远用区顶焦度的测量方法 5.1.2 渐变焦眼镜柱镜轴位的测量方法 5.1.3 渐变焦眼镜配适点的水平位置和棱镜基准点 5.1.4 渐变焦眼镜附加光度测量方法 5.1.5 渐变焦眼镜测量卡的功能及使用方法 5.1.6 渐变焦眼镜测量卡检测渐变焦眼镜单侧光心距与配镜十字高度的意义 5.1.7 渐变焦眼镜重现暂时性标记的意义和重现条件
	5.2 外观检验	5.2.1 能检查无框架眼镜的外观质量 5.2.2 能检查渐变焦眼镜的外观质量	5.2.1 国家相关标准中有关无框架眼镜外观质量的规定 5.2.2 国家相关标准中有关渐变焦眼镜外观质量的规定
6. 校配	6.1 校配选项	6.1.1 能判断特殊脸型戴镜者的特征 6.1.2 能分析特殊脸型戴镜问题，并确定校配选项 6.1.3 能判断渐变焦眼镜戴镜不适的校配选项	6.1.1 戴渐变焦眼镜后易出现的表现与可能出现不适的诱因 6.1.2 特殊脸型对戴镜的影响因素 6.1.3 特殊脸型戴镜校配的意义

职业功能	工作内容	技能要求	相关知识要求
6. 校 配	6.2 校配操作	6.2.1 能对特殊脸型戴镜者进行眼镜校配 6.2.2 能选用合适工具校配无框架眼镜 6.2.3 能选用合适工具校配渐变焦眼镜	6.2.1 特殊材质眼镜架的校配方法 6.2.2 特殊结构眼镜架的校配方法
7. 设 备 维 护	7.1 设备日常保养	7.1.1 能对全自动磨边机及扫描仪、钻孔机进行使用前的检查 7.1.2 能按照全自动磨边机及扫描仪、钻孔机操作说明书做日常保养	7.1.1 全自动磨边机及扫描仪使用前的检查要求 7.1.2 钻孔机使用前的检查要求 7.1.3 全自动磨边机和钻孔机的日常保养
	7.2 排除简易故障	7.2.1 能发现全自动磨边机及扫描仪、钻孔机运行故障 7.2.2 能排除钻孔机运行中的常见故障	7.2.1 全自动磨边机、扫描仪、钻孔机等仪器设备的安全操作规范 7.2.2 全自动磨边机、扫描仪、钻孔机等仪器设备的常见故障

3.4 二级/技师

职业功能	工作内容	技能要求	相关知识要求
1. 接 单	1.1 分析配镜加工单（或处方）	1.1.1 能分析斜视矫正眼镜配镜加工单（或处方）	1.1.1 斜视矫正配镜加工单（或处方）的内容及格式 1.1.2 斜视、隐斜视的基础知识和配镜原则 1.1.3 低视力矫正配镜加工单（或处方）的内容及格式 1.1.4 非球面眼镜片的作用、类型 1.1.5 非球面眼镜片的生产工艺 1.1.6 棱镜在斜视矫正镜的基底向 1.1.7 棱镜在斜视眼矫治中的运用 1.1.8 棱镜度均分法与菲涅尔棱镜的应用

续表

职业功能	工作内容	技能要求	相关知识要求
1.接单	1.1 分析配镜加工单（或处方）	1.1.2 能分析低视力矫正眼镜配镜加工单（或处方）	1.1.9 远用低视力助视器的主要类型 1.1.10 近用低视力助视器的主要类型 1.1.11 远用、近用低视力助视器的相关计算
	1.2 核对出库商品	1.2.1 能使用焦度计测量带棱镜眼镜片的棱镜度 1.2.2 能核实偏心眼镜片最小有效直径	1.2.1 焦度计测定棱镜度的方法 1.2.2 中和法测定棱镜度和底向的方法 1.2.3 偏心眼镜片最小有效直径的计算方法 1.2.4 棱镜厚度差的计算方法
2.确定加工中心	2.1 眼镜片产生棱镜效果光心偏移量确定	2.1.1 能进行球柱面透镜附加棱镜效果光心偏移量计算 2.1.2 能确定加磨棱镜球柱镜片的设计中心	2.1.1 柱面透镜附加棱镜效果光心偏移量计算方法 2.1.2 球柱面透镜附加棱镜效果光心偏移量计算方法 2.1.3 棱镜透镜的特殊加工方法 2.1.4 加磨棱镜的球柱镜片的设计中心方法
	2.2 定中心操作	2.2.1 能使用中心仪对棱镜定加工中心 2.2.2 能在带有棱镜的眼镜片上安装吸盘	2.2.1 中心仪对加磨棱镜确定加工中心的方法 2.2.2 带有棱镜的眼镜片安装吸盘的方法
3.磨边与装配	3.1 棱镜磨边	3.1.1 能根据棱镜眼镜片顶底边厚及曲率确定尖角边位置 3.1.2 能在磨边机上进行带有棱镜度眼镜片的磨边	3.1.1 棱镜眼镜片尖边位置的设置方法 3.1.2 棱镜顶底位置的磨边控制方法 3.1.3 自定义设计尖边的设置方法及其应用

续表

职业功能	工作内容	技能要求	相关知识要求
3. 磨边与装配	3.2 安装	3.2.1 能确定带棱镜度眼镜片的底顶向 3.2.2 能装配带棱镜度的眼镜	3.2.1 带有棱镜度眼镜片装配的特点 3.2.2 带有棱镜度眼镜片的眼镜架的调整方法 3.2.3 用正切尺测量棱镜度的方法 3.2.4 带棱镜度眼镜片底顶位置镜圈调整方法 3.2.5 棱镜度的合成与分解计算方法
4. 眼镜片的二次加工	4.1 计算加工数据	4.1.1 能使用二次加工计算软件，进行处方数据和半成品眼镜片数据的输入工作 4.1.2 能运用二次加工计算软件，得出被加工眼镜片的加工数据	4.1.1 眼镜片的常见像差及像差分析 4.1.2 眼镜片设计的方法
	4.2 定位和上盘	4.2.1 能使用划线仪按加工数据要求正确划线 4.2.2 能使用保护胶纸贴对眼镜片已加工面进行保护 4.2.3 能使用上盘装置按加工数据上盘	4.2.1 划线仪的结构和使用方法 4.2.2 眼镜片冷加工工艺
	4.3 镜片内表面研磨	4.3.1 能使用粗磨机对上盘眼镜片进行粗磨加工 4.3.2 能使用精磨加工机对粗磨后眼镜片进行精磨加工 4.3.3 能使用精磨抛光机对精磨后眼镜片进行抛光加工	4.3.1 眼镜片冷加工专用设备的工作原理 4.3.2 眼镜片冷加工专用设备的使用方法
	4.4 下盘与检测	4.4.1 能使用下盘环正确分离低温合金，去除保护胶纸，清洁眼镜片 4.4.2 能对已完成二次加工的眼镜片按处方及表面加工质量要求进行检测	4.4.1 国家相关标准中对眼镜片外观质量要求 4.4.2 非球面眼镜片的设计方法

续表

职业功能	工作内容	技能要求	相关知识要求
5. 树脂眼镜片的染色	5.1 染色、脱色液的制作	5.1.1 能根据染料产品说明书制作染色液 5.1.2 能根据染料产品说明书制作脱色液	5.1.1 树脂眼镜片的染色原理与方法 5.1.2 染色液的配制和染色器具 5.1.3 树脂眼镜片的脱色原理与方法 5.1.4 脱色液的配制
	5.2 染色操作	5.2.1 能根据色卡或样片进行单色染色 5.2.2 能根据色卡或样片进行混合染色 5.2.3 能根据色卡或样片进行渐变染色	5.2.1 单色染色方法和效果控制 5.2.2 混合染色概念和方法 5.2.3 三原色与色彩的调配原理 5.2.4 渐变染色的概念与方法
6. 质量检验	6.1 光学参数检验	6.1.1 能使用焦度计检验带棱镜眼镜的顶焦度、棱镜度和基底方向 6.1.2 能使用焦度计检验带棱镜眼镜设计中心	6.1.1 检查带棱镜眼镜的屈光度、棱镜度的方法 6.1.2 棱镜基底的表示方法 6.1.3 棱镜度检查标准 6.1.4 带棱镜眼镜设计中心的意义和检测方法 6.1.5 带棱镜眼镜设计中心偏差对光学效果的影响
	6.2 染色镜片的检测	6.2.1 能进行染色眼镜片光透过率测定 6.2.2 能进行染色眼镜片色差检查	6.2.1 染色眼镜片光透过率的测定方法 6.2.2 染色眼镜片色差检查的方法
7. 校配	7.1 校配选项	7.1.1 能确定戴镜不适校配项目 7.1.2 能判断渐变焦眼镜戴镜不适原因及校配选项	7.1.1 渐变焦眼镜戴镜不适的常见问题 7.1.2 戴镜不适的光学效果校配原则 7.1.3 影响戴镜光学效果的因素 7.1.4 眼镜片各形式的等效焦度关系
	7.2 校配操作	7.2.1 能实施戴镜不适的校配操作 7.2.2 能对配戴不适的渐变焦眼镜进行校配	7.2.1 渐变焦眼镜校配的特殊性 7.2.2 渐变焦眼镜戴镜不适的眼镜片定位处理

续表

职业功能	工作内容	技能要求	相关知识要求
8. 培训与管理	8.1 培训	8.1.1 能实施培训教案的编写 8.1.2 能对三级/高级工及以下级别人员进行实训培训	8.1.1 国内外眼镜专业资料的检索方法 8.1.2 培训计划与教学大纲的编写方法和要求 8.1.3 培训教案及编写要求 8.1.4 教学幻灯的制作和播放
	8.2 管理	8.2.1 能结合工作实际合理配置定配加工设备 8.2.2 能结合工作实际合理配置加工工位和人员 8.2.3 能撰写工作总结	8.2.1 眼镜定配加工实验室的设备配置 8.2.2 眼镜定配工实验室人员的管理 8.2.3 企业管理基础知识

4. 权重表

4.1 理论知识权重表

项目		技能等级	五级/初级工（%）	四级/中级工（%）	三级/高级工（%）	二级/技师（%）
基本要求		职业道德	5	5	5	5
		基本要求	30	25	10	5
相关知识要求		接单	10	10	20	20
		模板制作	5	10	15	—
		确定加工中心	5	10		20
		磨边	10	10	20	10
		装配	10	5	5	
		眼镜片的二次加工	—	—	—	10
		树脂眼镜片的染色	—	—	—	10
		质量检验	10	10	10	5
		校配	10	10	10	5
		设备维护	5	5	5	—
		培训与管理	—	—	—	10
合计			100	100	100	100

4.2 技能要求权重表

项目		技能等级	五级/初级工（%）	四级/中级工（%）	三级/高级工（%）	二级/技师（%）
技能要求	接单		5	5	5	5
	模板制作		20	20	20	—
	确定加工中心		10	10		20
	磨边		25	20	20	20
	装配		20	25	25	
	眼镜片的二次加工		—	—	—	10
	树脂眼镜片的染色		—	—	—	10
	质量检验		10	10	20	20
	校配		5	5	5	5
	设备维护		5	5	5	—
	培训与管理		—	—	—	10
	合计		100	100	100	100

制冷工国家职业技能标准

（2018 年版）

1. 职业概况

1.1 职业名称

制冷工

1.2 职业编码

6-11-01-04

1.3 职业定义

操作制冷压缩机、机泵等设备，用制冷剂及载冷体在生产系统中循环制冷的人员。

1.4 职业技能等级

本职业共设四个等级，分别为：五级/初级工、四级/中级工、三级/高级工、二级/技师。

1.5 职业环境条件

室内、外，常温、低温，噪声，有毒、易燃、易爆、高压。

1.6 职业能力特征

手指、手臂灵活，动作协调；具有一定的语言表达、文字写作、数字计算和分析判断能力；具有一定的空间感；色觉、嗅觉、视觉、听觉、触觉正常。

1.7 普通受教育程度

初中毕业（或相当文化程度）。

1.8 职业技能鉴定要求

1.8.1 申报条件

具备以下条件之一者，可申报五级/初级工：

(1) 累计从事本职业或相关职业①工作1年（含）以上。
(2) 本职业或相关职业学徒期满。

具备以下条件之一者，可申报四级/中级工：

(1) 取得本职业或相关职业五级/初级工职业资格证书（技能等级证书）后，累计从事本职业或相关职业工作4年（含）以上。
(2) 累计从事本职业或相关职业工作6年（含）以上。
(3) 取得技工学校本专业或相关专业②毕业证书（含尚未取得毕业证书的在校应届毕业生）；或取得经评估论证、以中级技能为培养目标的中等及以上职业学校本专业或相关专业毕业证书（含尚未取得毕业证书的在校应届毕业生）。

具备以下条件之一者，可申报三级/高级工：

(1) 取得本职业或相关职业四级/中级工职业资格证书（技能等级证书）后，累计从事本职业或相关职业工作5年（含）以上。
(2) 取得本职业或相关职业四级/中级工职业资格证书（技能等级证书），并具有高级技工学校、技师学院毕业证书（含尚未取得毕业证书的在校应届毕业生）；或取得本职业或相关职业四级/中级工职业资格证书（技能等级证书），并具有经评估论证、以高级技能为培养目标的高等职业学校本专业或相关专业毕业证书（含尚未取得毕业证书的在校应届毕业生）。
(3) 具有大专及以上本专业或相关专业毕业证书，并取得本职业或相关职业四级/中级工职业资格证书（技能等级证书）后，累计从事本职业或相关职业工作2年（含）以上。

具备以下条件之一者，可申报二级/技师：

(1) 取得本职业或相关职业三级/高级工职业资格证书（技能等级证书）后，累计从事本职业或相关职业工作4年（含）以上。
(2) 取得本职业或相关职业三级/高级工职业资格证书（技能等级证书）的高级技工学校、技师学院毕业生，累计从事本职业或相关职业工作3年（含）以上；或取得本职业或相关职业预备技师证书的技师学院毕业生，累计从事本职业或相关职业工作2年（含）以上。

1.8.2 鉴定方式

分为理论知识考试、技能考核以及综合评审。理论知识考试采用闭卷笔试、机考等方式，主要考核从业人员从事本职业应掌握的基本要求和相关知识要求；技能考核采用模拟现场操作、模拟装置操作、虚拟装置操作和口试等方式，主要考核从业人员从事本职业应具备的技能水平；综合评审主要针对技师和高级技师，通常采取审阅申报材料、答辩等方式进行全面评议和审查。

理论知识考试、技能考核和综合评审均实行百分制，成绩皆达60分（含）以上者为

---

① 相关职业：冷藏工、压缩机工、制冷空调系统安装维修工、制冷空调设备装配工、空调器装配工、中央空调系统运行操作员，下同。
② 本专业或相关专业：制冷及低温工程、供热、供燃气、通风及空调工程、动力工程、建筑环境与能源应用工程、能源与动力工程、暖通空调、给水排水工程、建筑环境与设备、热能工程等制冷、空调相关专业，下同。

合格。

1.8.3 监考人员、考评人员与考生配比

理论知识考试中的监考人员与考生配比为1∶15,且每个考场不少于2名监考人员;技能考核中的考评人员与考生配比为1∶5,且考评人员为3人(含)以上单数;综合评审委员为3人(含)以上单数。

1.8.4 鉴定时间

理论知识考试时间不少于90 min。技能考核时间依考核项目而定:五级/初级工不少于60 min;四级/中级工不少于90 min;三级/高级工、二级/技师不少于120 min。综合评审时间不少于30 min。

1.8.5 鉴定场所设备

理论知识考试在可容纳30名以上学员的标准教室进行;技能考核场所需具有制冷压缩机、辅助设备或模拟装置、虚拟装置及必要的仪器、仪表、工具,且通风条件良好、光线充足、安全设施齐全。

2. 基本要求

2.1 职业道德

2.1.1 职业道德基本知识

2.1.2 职业守则

(1) 遵章守法,安全生产。
(2) 爱岗敬业,忠于职守。
(3) 钻研业务,规范操作。
(4) 诚实守信,优质服务。
(5) 认真负责,团结合作。

2.2 基础知识

2.2.1 热工基础知识

(1) 温度、压力与比体积。
(2) 热量与机械功。
(3) 热量的传递形式。
(4) 物质的相变。

2.2.2 电工基础知识

(1) 电流、电压和电阻。

(2) 电容和电感。
(3) 直流、交流基本电路。

2.2.3 机械基础知识

(1) 识图基础知识。
(2) 公差与配合。
(3) 机械传动知识。
(4) 紧固与密封。

2.2.4 钳工基础知识

(1) 常用设备、工具、量具。
(2) 钳工操作基础知识。

2.2.5 制冷基础原理及应用

(1) 蒸气压缩式制冷循环。
(2) 制冷循环的性能与工况。
(3) 食品冷冻冷藏工艺。

2.2.6 安全生产

(1) 安全检测和保障措施。
(2) 防护用品及其使用方法。
(3) 人身安全与紧急救护知识。

2.2.7 节能与环保

(1) 节能基础知识。
(2) 制冷系统环境保护相关知识。

2.2.8 相关法律、法规知识

(1) 《中华人民共和国劳动法》相关知识。
(2) 《中华人民共和国安全生产法》相关知识。
(3) 《中华人民共和国合同法》相关知识。
(4) 《中华人民共和国食品安全法》相关知识。
(5) 《中华人民共和国消防法》相关知识。
(6) 《中华人民共和国环境保护法》相关知识。
(7) 《中华人民共和国节约能源法》相关知识。
(8) 《中华人民共和国计量法》相关知识。
(9) 《特种设备安全监察条例》相关知识。
(10) GB/T 7778《制冷剂编号方法和安全性分类》相关知识。
(11) GB/T 9237《制冷系统及热泵安全与环境要求》相关知识。

3. 工作要求

本标准对五级/初级工、四级/中级工、三级/高级工、二级/技师的技能要求和相关知识要求依次递进，高级别涵盖低级别的要求。

3.1 五级/初级工

职业功能	工作内容	技能要求	相关知识要求
1. 操作与调整	1.1 操作准备	1.1.1 能根据运行日志、显示屏判断系统状态 1.1.2 能确认制冷压缩机、系统阀门、辅助设备及配电系统状态是否符合开机要求	1.1.1 运行日志、显示屏的内容和作用 1.1.2 电压、电流、温度、压力、液位、流量、计量等仪表的使用方法
	1.2 开、停机	1.2.1 能开、停制冷压缩机及辅助设备 1.2.2 能在异常情况下对制冷系统紧急停机	1.2.1 开、停机操作规程 1.2.2 紧急停机注意事项
	1.3 巡检	1.3.1 能判断设备运转声音和震动是否正常 1.3.2 能根据系统压力、温度、液位、电流、电压等运行参数判断系统运行是否正常 1.3.3 能按要求操作显示屏、填写运行日志	1.3.1 制冷压缩机运转声音检查方法 1.3.2 制冷压缩机和辅助设备正常工作时的参数范围 1.3.3 显示屏的操作方法、运行日志的填写要求
	1.4 运行调节	1.4.1 能通过调节站阀门开启度调节冷藏间、冷冻间或载冷体的温度 1.4.2 能根据供液量调节供液阀 1.4.3 能根据需要调节载冷体流量 1.4.4 能调控载冷体容器液位	1.4.1 调节站结构和调节方法 1.4.2 供液量与制冷量的关系 1.4.3 载冷体回路的组成和工作原理 1.4.4 制冰间的操作规程
	1.5 加注、更换润滑油	1.5.1 能选用润滑油 1.5.2 能将润滑油加入制冷压缩机 1.5.3 能通过集油器排出辅助设备内积存的润滑油	1.5.1 润滑油的作用、性能、型号和选用知识 1.5.2 制冷压缩机加入润滑油的操作规程 1.5.3 辅助设备和集油器排油的操作规程

续表

职业功能	工作内容	技能要求	相关知识要求
1. 操作与调整	1.6 排放不凝性气体	1.6.1 能操作空气分离器排放不凝性气体 1.6.2 能操作制冷压缩机排气阀旁通孔排放不凝性气体 1.6.3 能操作冷凝器、贮液器的排气阀排放不凝性气体	1.6.1 空气分离器工作原理及排放不凝性气体操作要求 1.6.2 制冷压缩机排气阀旁通孔排放不凝性气体操作要求 1.6.3 冷凝器、贮液器的排气阀排放不凝性气体操作要求
	1.7 除霜	1.7.1 能进行手动除霜 1.7.2 能进行水除霜 1.7.3 能进行热气除霜 1.7.4 能进行电加热除霜	1.7.1 结霜危害和除霜方式 1.7.2 水除霜操作要求 1.7.3 热气除霜操作要求 1.7.4 电加热除霜操作要求
2. 处理故障	2.1 处理制冷压缩机故障	2.1.1 能判断、处理制冷压缩机湿压缩故障 2.1.2 能判断、处理曲轴箱/油槽中油起泡沫故障	2.1.1 制冷压缩机湿压缩故障原因和排除方法 2.1.2 曲轴箱/油槽中油起泡沫故障原因和排除方法
	2.2 处理辅助设备故障	2.2.1 能处理制冷系统阀门、法兰连接处制冷剂泄漏故障 2.2.2 能切换故障水泵 2.2.3 能切换故障制冷剂泵	2.2.1 制冷系统阀门基础知识 2.2.2 水泵的操作方法 2.2.3 制冷剂泵的操作方法
3. 维护保养	3.1 维护保养制冷压缩机	3.1.1 能保持机器、设备洁净无油污，机器间、设备间整洁 3.1.2 能给螺栓、阀杆处涂抹润滑油、润滑脂	3.1.1 机房工作环境要求 3.1.2 防腐、防锈知识
	3.2 维护保养辅助设备	3.2.1 能清洗水过滤器、进风栅、布水器、循环水池等设施 3.2.2 能更换Ｖ带 3.2.3 能调节循环水池水位 3.2.4 能清洗冷凝器 3.2.5 能给电动机、水泵、风机等设备的轴承充注润滑油、润滑脂	3.2.1 冷却水系统组成及冷却塔工作原理 3.2.2 Ｖ带更换的技术要求 3.2.3 水位控制阀工作原理 3.2.4 冷凝器清洗知识 3.2.5 润滑油、润滑脂知识
	3.3 更换定检装置	3.3.1 能更换压力表 3.3.2 能更换温度计 3.3.3 能更换安全阀	3.3.1 压力表规格和更换要求 3.3.2 温度计规格和更换要求 3.3.3 安全阀规格和更换要求

3.2 四级/中级工

职业功能	工作内容	技能要求	相关知识要求
1. 操作与调整	1.1 巡检操作	1.1.1 能使用仪表检测设备配电系统的电流、电压、温度 1.1.2 能检测电动机温升状况 1.1.3 能判断系统密封性、润滑情况和结霜/结露情况	1.1.1 万用表、电流表的使用方法 1.1.2 电动机正常工作的温度范围 1.1.3 制冷系统正常运转的参数
	1.2 运行调整	1.2.1 能根据冷负荷调配制冷压缩机和冷风机台数 1.2.2 能根据运行需要调定油压 1.2.3 能根据运行需要调整时间继电器、温度控制器、压力及压差控制器 1.2.4 能调整自动化控制制冷装置	1.2.1 能量调节装置的工作原理和调整要求 1.2.2 油压调节阀的工作原理 1.2.3 时间继电器、温度控制器、压力开关、压差控制器的结构和工作原理 1.2.4 制冷装置自动控制基本回路的组成和工作原理
	1.3 补充与回收制冷剂	1.3.1 能使用仪器、仪表鉴别制冷剂 1.3.2 能对制冷系统补充制冷剂 1.3.3 能使用制冷剂回收装置回收制冷剂 1.3.4 能紧急安全排放制冷剂	1.3.1 制冷剂鉴别、泄漏检测、泄漏部位处理的知识 1.3.2 补充制冷剂的操作规程 1.3.3 回收制冷剂的操作规程 1.3.4 制冷剂钢瓶的使用知识
2. 处理故障	2.1 处理制冷压缩机故障	2.1.1 能处理制冷压缩机起动和加载异常故障 2.1.2 能处理制冷压缩机联轴器、地脚螺栓等外部异响故障 2.1.3 能处理油压和油温异常故障	2.1.1 制冷压缩机起动和加载异常故障原因及排除方法 2.1.2 制冷压缩机外部异常声响原因及排除方法 2.1.3 制冷压缩机油路、油压异常原因及排除方法
	2.2 处理辅助设备故障	2.2.1 能处理制冷剂泵不动作、不供液和压力过低的故障 2.2.2 能处理制冷系统脏堵和冰堵故障	2.2.1 制冷剂泵常见故障原因及排除方法 2.2.2 制冷系统脏堵和冰堵原因及排除方法
	2.3 处理电气系统故障	2.3.1 能处理电源、电压、电流、接线等故障 2.3.2 能处理短路、断路等故障 2.3.3 能更换接触器等电气元件 2.3.4 能处理除霜加热器、油加热器、冷却水加热器故障	2.3.1 配电系统的基本知识 2.3.2 电路检查要求、故障原因和排除方法 2.3.3 接触器等电气元件知识 2.3.4 除霜加热器、油加热器、冷却水加热器的结构及工作原理

续表

职业功能	工作内容	技能要求	相关知识要求
3.维护保养	3.1 维护保养制冷压缩机	3.1.1 能拆装、更换制冷压缩机吸、排气阀片 3.1.2 能拆装、清洗、更换油过滤器 3.1.3 能拆装、清洗、更换吸气滤网 3.1.4 能对制冷压缩机抽真空 3.1.5 能校正联轴器的同轴度 3.1.6 能拆装、更换油泵 3.1.7 能清洗油冷却器 3.1.8 能清洗冷却水套	3.1.1 制冷压缩机吸、排气阀结构知识 3.1.2 制冷压缩机油过滤器的结构和作用 3.1.3 吸气滤网的结构和作用 3.1.4 真空泵操作方法 3.1.5 联轴器的结构和装配知识 3.1.6 油泵的结构和工作原理 3.1.7 油冷却器结构知识 3.1.8 水套结构和清洗方法
	3.2 维护保养辅助设备	3.2.1 能清洗、更换泵/风机的轴承、叶轮、扇叶、机械密封等部件 3.2.2 能修补破损的防潮隔汽层和绝热层	3.2.1 泵/风机的结构和工作原理 3.2.2 防潮隔汽层、绝热层的作用和常用防潮隔汽材料、绝热材料

3.3 三级/高级工

职业功能	工作内容	技能要求	相关知识要求
1.操作与调整	1.1 运行调整	1.1.1 能设定与调整控制仪表 1.1.2 能使用远程控制系统控制设备运行	1.1.1 控制仪表的工作原理 1.1.2 远程控制系统的组成和工作原理
	1.2 处理长期停机	1.2.1 能对长期停机的机器设备进行密闭防潮、防冻处理 1.2.2 能进行标识记录 1.2.3 能起动长期停机的机器设备	1.2.1 机器设备长期停机的技术规程 1.2.2 机器设备长期停机的安全要求 1.2.3 机器设备长期停机的起动规程
	1.3 气密性试验	1.3.1 能进行制冷压缩机试车 1.3.2 能进行系统排污 1.3.3 能进行系统压力气密性试验 1.3.4 能进行系统真空密封性试验 1.3.5 能对制冷系统进行泄漏检测	1.3.1 制冷压缩机试车的技术规程 1.3.2 制冷系统排污的技术规程 1.3.3 制冷系统试压的技术规程 1.3.4 制冷系统抽真空的技术规程 1.3.5 制冷剂泄漏检测方法分类与操作

续表

职业功能	工作内容	技能要求	相关知识要求
1. 操作与调整	1.4 操作特种制冷装置	1.4.1 能操作二氧化碳及复叠式低温制冷装置 1.4.2 能操作移动及运输用制冷装置	1.4.1 低温制冷装置的组成与工作原理 1.4.2 移动及运输用制冷装置的知识
	1.5 调整载冷体浓度	1.5.1 能配制载冷体 1.5.2 能确定防腐剂添加量	1.5.1 载冷体浓度与密度关系 1.5.2 防腐剂种类和使用要求
2. 处理故障	2.1 处理制冷压缩机故障	2.1.1 能处理轴封泄漏和温度过高故障 2.1.2 能处理制冷压缩机内部声音异常故障 2.1.3 能处理制冷压缩机润滑油系统异常故障	2.1.1 轴封结构和工作原理、泄漏和温度过高的原因及排除方法 2.1.2 制冷压缩机内部声音异常故障原因和排除方法 2.1.3 制冷压缩机润滑油系统故障主要原因和排除方法
	2.2 处理辅助设备故障	2.2.1 能处理蒸发器制冷效果不良故障 2.2.2 能处理冷凝器散热不良故障 2.2.3 能处理节流装置故障 2.2.4 能处理容器、管路中制冷剂泄漏故障	2.2.1 蒸发器常见故障和排除方法 2.2.2 冷凝器常见故障和排除方法 2.2.3 节流装置结构和工作原理 2.2.4 使用管夹、木塞处理制冷剂泄漏的方法
	2.3 处理电气系统故障	2.3.1 能处理温度控制器故障 2.3.2 能处理压力控制器故障 2.3.3 能处理自动控制电路故障	2.3.1 温度控制器结构和工作原理 2.3.2 压力控制器结构和工作原理 2.3.3 自动控制电路异常排除方法
3. 维护保养	3.1 维护保养制冷压缩机	3.1.1 能拆卸、装配制冷压缩机 3.1.2 能检查、调整制冷压缩机零部件间隙 3.1.3 能检查、维修连杆机构 3.1.4 能确定可用、需修、报废的零部件	3.1.1 制冷压缩机装配知识 3.1.2 制冷压缩机零部件间隙要求 3.1.3 连杆机构的检查方法 3.1.4 零部件的修复方法
	3.2 维护保养辅助设备	3.2.1 能用化学法清洗换热器 3.2.2 能维修水泵、制冷剂泵	3.2.1 化学清洗方法 3.2.2 水泵、制冷剂泵维修方法

续表

职业功能	工作内容	技能要求	相关知识要求
3. 维护保养	3.3 编制备品备件需求计划	3.3.1 能确定制冷压缩机及辅助设备零部件的规格型号 3.3.2 能确定易损件的范围及使用周期	3.3.1 制冷压缩机及辅助设备零部件的基本性能参数 3.3.2 零部件精度和使用寿命

3.4 二级/技师

职业功能	工作内容	技能要求	相关知识要求
1. 操作与调整	1.1 安装、调整自控装置	1.1.1 能调整、更换传感器 1.1.2 能调试远程控制系统	1.1.1 传感器的种类与基本工作原理 1.1.2 自动控制的基本知识及远程控制系统安装调试要求
	1.2 试运行制冷系统	1.2.1 能制定制冷剂充注方案并确定制冷剂充注量 1.2.2 能制定试运行方案 1.2.3 能进行制冷系统调试	1.2.1 制冷系统和设备中制冷剂充注量要求和计算方法 1.2.2 设备安装技术要求 1.2.3 制冷系统试运行程序
2. 处理故障	2.1 处理制冷压缩机故障	2.1.1 能处理制冷压缩机过热故障 2.1.2 能处理电动机过热故障 2.1.3 能处理能量调节装置失灵故障	2.1.1 制冷压缩机过热原因和排除方法 2.1.2 电动机过热原因和排除方法 2.1.3 能量调节的方式、工作原理、失灵原因和排除方法
	2.2 处理辅助设备故障	2.2.1 能处理节流装置故障 2.2.2 能处理排气压力、中间压力、吸气压力异常故障	2.2.1 节流装置的结构和工作原理 2.2.2 排气压力过高、中间压力过高、吸气压力过低的原因
3. 维护保养	3.1 维护保养制冷压缩机	3.1.1 能判断制冷压缩机是否需要更换 3.1.2 能检查零部件椭圆度、垂直度、水平度、平行度 3.1.3 能检查、维修、更换主轴承、止推轴承、曲轴	3.1.1 制冷压缩机安装要求 3.1.2 零部件的检查与测量知识 3.1.3 主轴承、止推轴承、曲轴等零部件的检查方法
	3.2 维护保养辅助设备	3.2.1 能判断辅助设备是否需要更换 3.2.2 能制定辅助设备大修方案	3.2.1 辅助设备技术性能指标 3.2.2 设备安全要求

续表

职业功能	工作内容	技能要求	相关知识要求
4. 管理	4.1 制冷系统运行管理	4.1.1 能编制制冷系统运行方案 4.1.2 能进行制冷系统安全检查 4.1.3 能编制应急准备和处置方案 4.1.4 能通过原始数据判断制冷设备运行状态 4.1.5 能根据设备台账和设备维修档案进行耗能分析 4.1.6 能提出节能降耗措施	4.1.1 制冷设备技术管理知识 4.1.2 安全管理知识 4.1.3 应急预案基本知识 4.1.4 制冷设备运行管理知识 4.1.5 设备管理工作和设备技术档案基本知识 4.1.6 制冷系统节能运行与管理基本知识
	4.2 环境保护与管理	4.2.1 能提出噪声、污水等环境保护措施 4.2.2 能制定制冷剂回收利用方案 4.2.3 能制定润滑油回收利用方案 4.2.4 能制定制冷系统余热利用方案	4.2.1 制冷系统噪声、污水等的处理措施 4.2.2 制冷剂回收处理知识 4.2.3 润滑油再生处理知识 4.2.4 能量综合利用知识
5. 培训与指导	5.1 培训	5.1.1 能讲授制冷系统运行知识 5.1.2 能讲授安装、试运行与修理知识 5.1.3 能讲授安全生产知识 5.1.4 能讲授节能、环保新技术，新型环保制冷剂相关知识	5.1.1 教案编写知识 5.1.2 制冷系统安装、试运行与修理的基本知识 5.1.3 制冷系统安全运行技术 5.1.4 节能、环保新技术基本知识和环保制冷剂相关知识
	5.2 技术指导	5.2.1 能指导三级/高级工及以下级别人员的技能操作 5.2.2 能编制作业指导书	5.2.1 技能操作教案编写知识 5.2.2 科技写作知识

4. 权重表

4.1 理论知识权重表

项目		技能等级	五级/初级工（%）	四级/中级工（%）	三级/高级工（%）	二级/技师（%）
基本要求	职业道德		5	5	5	5
	基础知识		35	15	10	5
相关知识要求	操作与调整		35	35	30	10
	处理故障		10	25	25	20
	维护保养		15	20	30	25
	管理		—	—	—	20
	培训与指导		—	—	—	15
合计			100	100	100	100

4.2 技能要求权重表

项目		技能等级	五级/初级工（%）	四级/中级工（%）	三级/高级工（%）	二级/技师（%）
技能要求	操作与调整		60	50	40	20
	处理故障		20	25	30	20
	维护保养		20	25	30	25
	管理		—	—	—	20
	培训与指导		—	—	—	15
合计			100	100	100	100

车工国家职业技能标准

（2018 年版）

1. 职业概况

1.1 职业名称

车工

1.2 职业编码

6-18-01-01

1.3 职业定义

操作车床，进行工件旋转表面切削加工的人员。

1.4 职业技能等级

本职业共设五个等级，分别为：五级/初级工、四级/中级工、三级/高级工、二级/技师、一级/高级技师。

1.5 职业环境条件

室内、常温。

1.6 职业能力特征

具有一定的学习能力和计算能力；具有较强的空间感和形体知觉；手指、手臂灵活，动作协调。

1.7 普通受教育程度

初中毕业（或相当文化程度）。

1.8 职业技能鉴定要求

1.8.1 申报条件

具备以下条件之一者，可申报五级/初级工：
（1）累计从事本职业或相关职业工作1年（含）以上。
（2）本职业或相关职业学徒期满。
具备以下条件之一者，可申报四级/中级工：

(1) 取得本职业或相关职业五级/初级工职业资格证书（技能等级证书）后，累计从事本职业或相关职业工作 4 年（含）以上。

(2) 累计从事本职业或相关职业工作 6 年（含）以上。

(3) 取得技工学校本专业或相关专业[①]毕业证书（含尚未取得毕业证书的在校应届毕业生）；或取得经评估论证、以中级技能为培养目标的中等及以上职业学校本专业或相关专业毕业证书（含尚未取得毕业证书的在校应届毕业生）。

具备以下条件之一者，可申报三级/高级工：

(1) 取得本职业或相关职业四级/中级工职业资格证书（技能等级证书）后，累计从事本职业或相关职业工作 5 年（含）以上。

(2) 取得本职业或相关职业四级/中级工职业资格证书（技能等级证书），并具有高级技工学校、技师学院毕业证书（含尚未取得毕业证书的在校应届毕业生）；或取得本职业或相关职业四级/中级工职业资格证书（技能等级证书），并具有经评估论证、以高级技能为培养目标的高等职业学校本专业或相关专业毕业证书（含尚未取得毕业证书的在校应届毕业生）。

(3) 具有大专及以上本专业或相关专业毕业证书，并取得本职业或相关职业四级/中级工职业资格证书（技能等级证书）后，累计从事本职业或相关职业工作 2 年（含）以上。

具备以下条件之一者，可申报二级/技师：

(1) 取得本职业或相关职业三级/高级工职业资格证书（技能等级证书）后，累计从事本职业或相关职业工作 4 年（含）以上。

(2) 取得本职业或相关职业三级/高级工职业资格证书（技能等级证书）的高级技工学校、技师学院毕业生，累计从事本职业或相关职业工作 3 年（含）以上；或取得本职业或相关职业预备技师证书的技师学院毕业生，累计从事本职业或相关职业工作 2 年（含）以上。

具备以下条件者，可申报一级/高级技师：

取得本职业或相关职业二级/技师职业资格证书（技能等级证书）后，累计从事本职业或相关职业工作 4 年（含）以上。

1.8.2 鉴定方式

分为理论知识考试、技能考核以及综合评审。理论知识考试以笔试、机考等方式为主，主要考核从业人员从事本职业应掌握的基本要求和相关知识要求；技能考核主要采用现场操作、模拟操作等方式进行，主要考核从业人员从事本职业应具备的技能水平；综合评审主要针对技师和高级技师，通常采取审阅申报材料、答辩等方式进行全面评议和审查。

理论知识考试、技能考核和综合评审均实行百分制，成绩皆达 60 分（含）以上者为合格。

1.8.3 监考人员、考评人员与考生配比

理论知识考试中的监考人员与考生配比不低于 1∶15，且每个考场不少于 2 名监考人

---

① 相关专业：机械类专业，下同。

员；技能考核中的考评人员与考生配比不低于1∶5，且考评人员为3人（含）以上单数；综合评审委员为3人（含）以上单数。

1.8.4 鉴定时间

理论知识考试时间不少于 90 min。技能考核时间：五级/初级工不少于 240 min，四级/中级工不少于 300 min，三级/高级工不少于 360 min，二级/技师不少于 420 min，一级/高级技师不少于 300 min。综合评审时间不少于 30 min。

1.8.5 鉴定场所设备

理论知识考试在标准教室进行；技能考核在具有必备的车床、工具、夹具、刀具、量具、量仪以及机床附件，通风条件良好、光线充足、安全设施完善的场所进行。

2. 基本要求

2.1 职业道德

2.1.1 职业道德基本知识

从业人员在职业活动中应遵循的基本观念、意识、品质和行为的要求，即一般社会道德以及工匠精神和敬业精神在职业活动中的具体体现。以爱岗敬业、诚实守信、办事公道、服务群众、奉献社会为主要内容。

2.1.2 职业守则

（1）遵纪守法，爱岗敬业。
（2）工作认真，团结协作。
（3）爱护设备，安全操作。
（4）遵守规程，执行工艺。
（5）保护环境，文明生产。

2.2 基础知识

2.2.1 机械制图与机械识图知识

（1）机械零件制图方法，各种符号表达的含义。
（2）轴、套、圆锥、三角螺纹及圆弧等简单零件图绘制。

2.2.2 公差配合与技术测量知识

（1）尺寸公差、未注尺寸公差、形状公差、位置公差及表面结构标注方法及含义。
（2）零件加工部位的技术要求。
（3）计量器具和检验方法。

2.2.3 基本计算知识

(1) 机械加工常用计算。
(2) 平面几何关于角度的基本计算。

2.2.4 常用材料与金属材料热处理知识

(1) 常用金属材料知识。
(2) 常用非金属材料知识。
(3) 识别零件材料材质的方法。
(4) 金属材料的退火、正火、淬火、调质处理知识。

2.2.5 机械加工工艺基础知识

(1) 金属切削加工方法及常用设备知识。
(2) 车削加工工艺规程制定知识。
(3) 常用车刀知识。

2.2.6 钳工基础知识

(1) 划线知识。
(2) 锯削、锉削知识。
(3) 孔加工知识：钻孔、扩孔、铰孔。
(4) 螺纹加工知识：攻螺纹、套螺纹。

2.2.7 电工基础知识

(1) 通用设备、常用电器的种类及用途。
(2) 电气控制基础知识。
(3) 机床安全用电知识。

2.2.8 液（气）压知识

(1) 液（气）压传动的概念。
(2) 动力元件、执行元件和控制元件的知识。
(3) 液（气）压技术在车床上的应用。

2.2.9 安全文明生产与环境保护知识

(1) 现场文明生产要求。
(2) 安全操作与劳动保护知识。
(3) 环境保护知识。

2.2.10 质量管理知识

(1) 全面质量管理基础知识。

(2) 操作过程中的质量分析与控制。

2.2.11 相关法律、法规知识

(1)《中华人民共和国劳动法》相关知识。
(2)《中华人民共和国劳动合同法》相关知识。

3. 工作要求

本标准对五级/初级工、四级/中级工、三级/高级工、二级/技师、一级/高级技师的技能要求和相关知识要求依次递进，高级别涵盖低级别的要求。

在"工作内容"栏内未标注"普通车床"或"数控车床"的，为两者通用内容。

3.1 五级/初级工

职业功能	工作内容	技能要求	相关知识要求
1. 轴类工件加工	1.1 工艺准备	1.1.1 能操作车床的手轮及手柄，变换主轴转速、进给量及螺距 1.1.2 能对车床各润滑点进行润滑 1.1.3 能对卡盘、床鞍、中小滑板、方刀架、尾座等进行调整和保养 1.1.4 能根据工件材料和加工性质选择刀具材料 1.1.5 能对90°、45°、75°右偏刀及切断刀进行刃磨和装夹 1.1.6 能选择和使用车削轴类工件的可转位车刀	1.1.1 车床型号代号的含义 1.1.2 车床各组成部分的名称及作用 1.1.3 车床传动路线知识 1.1.4 车床切削用量基本知识 1.1.5 车床润滑图表（含润滑油、润滑脂种类） 1.1.6 车床安全操作规程 1.1.7 常用刀具材料的牌号、含义及选择原则 1.1.8 刀具基本角度的名称、定义及选择原则 1.1.9 常用刀具的刃磨方法 1.1.10 砂轮的选择及砂轮机安全操作要求 1.1.11 切屑的种类及断屑措施 1.1.12 常用可转位车刀的型号标记方法
	1.2 工件加工	1.2.1 能对短光轴、3~4个台阶的轴类工件进行装夹、加工，并达到以下要求： (1) 跳动公差：0.05 mm (2) 表面粗糙度：$Ra3.2\ \mu m$ (3) 公差等级：IT8 1.2.2 能使用中心钻加工中心孔 1.2.3 能进行滚花加工及抛光加工	1.2.1 简单轴类工件的表达方法，公差与配合知识 1.2.2 简单轴类工件的车削加工工艺、车削用量的选择方法 1.2.3 轴类工件的装夹方法 1.2.4 中心钻的选择及钻中心孔方法 1.2.5 滚花加工及抛光加工的方法

续表

职业功能	工作内容	技能要求	相关知识要求
1. 轴类工件加工	1.3 精度检验与误差分析	1.3.1 能使用游标卡尺、外径千分尺和百分表等量具对轴类工件进行测量 1.3.2 能对简单轴类工件车削产生的误差进行分析	1.3.1 游标卡尺的结构、读数原理、读数方法和使用注意事项 1.3.2 外径千分尺的结构、读数原理、读数方法和使用注意事项 1.3.3 百分表的结构、读数原理、读数方法和使用注意事项 1.3.4 量具维护知识与保养方法 1.3.5 车削简单轴类工件产生误差的种类、原因及预防方法
2. 套类工件加工	2.1 工艺准备	2.1.1 能根据工件内孔尺寸选择麻花钻和内孔车刀 2.1.2 能对麻花钻进行刃磨和装夹 2.1.3 能刃磨通孔、台阶孔车刀	2.1.1 麻花钻的基本角度和刃磨方法 2.1.2 内孔车刀的种类、用途、刃磨及装夹方法
	2.2 工件加工	能对含有直孔、台阶孔和盲孔的简单套类工件进行装夹、加工,并达到以下要求: (1) 公差等级:外径 IT8,内孔 IT9 (2) 表面粗糙度:$Ra3.2\ \mu m$	2.2.1 简单套类工件的表达方法、公差与配合知识 2.2.2 简单套类工件的车削加工工艺、车削用量的选择方法 2.2.3 简单套类工件钻、扩、镗、铰的方法 2.2.4 内孔加工关键技术
	2.3 精度检验与误差分析	2.3.1 能使用塞规、内径表等量具对套类工件进行测量 2.3.2 能对简单套类工件车削产生的误差进行分析	2.3.1 内径百分表的结构、读数原理、读数方法和使用注意事项 2.3.2 塞规的测量原理和使用注意事项 2.3.3 内孔量具维护知识与保养方法 2.3.4 车削简单套类工件产生误差的种类、原因及预防方法
3. 圆锥面加工	3.1 工艺准备	3.1.1 能识读圆锥工件的零件图 3.1.2 能进行车削圆锥面的计算和调整	3.1.1 常用工具圆锥的种类、识读方法 3.1.2 车削圆锥面的有关计算知识

续表

职业功能	工作内容	技能要求	相关知识要求
3. 圆锥面加工	3.2 工件加工	能使用转动小滑板、偏移尾座和宽刃车刀等方法车削内、外圆锥面，并达到以下要求： （1）锥度公差等级：AT9 （2）表面粗糙度：$Ra3.2\ \mu m$	3.2.1 车削常用圆锥面的原理和方法 3.2.2 控制圆锥角度和尺寸的方法
	3.3 精度检验与误差分析	3.3.1 能使用角度样板、锥度量规和万能角度尺测量圆锥角度 3.3.2 能对圆锥面车削产生的误差进行分析	3.3.1 角度样板的测量方法 3.3.2 锥度量规的测量原理和测量方法 3.3.3 万能角度尺的读数原理和测量方法 3.3.4 车削圆锥面产生误差的种类、原因及预防方法
4. 特形面加工	4.1 工艺准备	4.1.1 能刃磨车削圆弧曲面的圆弧刀具 4.1.2 能刃磨车削圆弧曲面的成型刀具	4.1.1 圆弧刀、成型刀知识 4.1.2 圆弧刀、成型刀的刃磨方法
	4.2 工件加工	4.2.1 能使用双手控制法车削球类、曲面等简单特形面 4.2.2 能使用成型刀车削球面、曲面等简单特形面，并达到以下要求： （1）样板透光均匀 （2）表面粗糙度：$Ra3.2\ \mu m$	4.2.1 特形面工件的表达方法，公差与配合知识 4.2.2 简单特形面的车削加工工艺、车削用量的选择方法 4.2.3 特形面的车削方法
	4.3 精度检验与误差分析	4.3.1 能使用半径规和曲线样板测量曲面圆度和轮廓度 4.3.2 能对简单特形面车削产生的误差进行分析	4.3.1 轮廓度的概念 4.3.2 半径规、曲线样板的使用方法 4.3.3 车削简单特形面产生误差的种类、原因及预防方法
5. 螺纹加工	5.1 工艺准备	5.1.1 能识读普通螺纹标注 5.1.2 能刃磨高速钢螺纹车刀 5.1.3 能刃磨硬质合金螺纹车刀 5.1.4 能选择板牙和丝锥	5.1.1 普通螺纹的种类、用途和相关计算，标注的含义 5.1.2 螺纹车刀的几何角度要求 5.1.3 板牙和丝锥知识

续表

职业功能	工作内容	技能要求	相关知识要求
5. 螺纹加工	5.2 工件加工	5.2.1 能低速或高速车削普通螺纹，并达到以下要求： （1）螺纹精度：8 （2）表面粗糙度：$Ra1.6\ \mu m$ 5.2.2 能使用板牙和丝锥套、攻螺纹	5.2.1 车削普通螺纹切削用量的选择 5.2.2 普通螺纹的车削方法 5.2.3 在车床上使用板牙和丝锥套、攻螺纹的方法
	5.3 精度检验与误差分析	5.3.1 能使用螺距规测量螺纹螺距 5.3.2 能使用螺纹塞规和螺纹环规对螺纹进行综合测量 5.3.3 能对普通螺纹车削产生的误差进行分析	5.3.1 螺纹单项测量知识 5.3.2 螺纹综合测量知识 5.3.3 车削普通螺纹产生误差的种类、原因及预防方法

3.2 四级/中级工

职业功能	工作内容		技能要求	相关知识要求
1. 轴类工件加工	1.1 工艺准备		1.1.1 能识读台阶轴、细长轴等中等复杂轴类工件的零件图 1.1.2 能编写中等复杂轴类工件的车削工艺卡 1.1.3 能使用中心架或跟刀架装夹细长轴工件 1.1.4 能根据工件材料、加工精度和工作效率要求，选择刀具种类、材料及几何角度	1.1.1 中等复杂轴类工件零件图的识读方法 1.1.2 台阶轴、细长轴工件的车削加工工艺知识 1.1.3 细长轴定位夹紧的原理和方法、车削时防止工件变形的方法 1.1.4 车削细长轴工件刀具的种类、材料及几何角度的选择原则
	1.2 工件加工	普通车床	1.2.1 能车削细长轴类工件，并达到以下要求： （1）长径比：$L/D \geq 25 \sim 60$ （2）表面粗糙度：$Ra3.2\ \mu m$ （3）公差等级：IT9 （4）直线度公差等级：9~12 1.2.2 能车削 3 个以上台阶轴并达到以下要求： （1）表面粗糙度：$Ra1.6\ \mu m$ （2）公差等级：IT7	1.2.1 细长轴的车削加工特点和加工方法 1.2.2 车削细长轴切削用量的选择方法

续表

职业功能	工作内容	技能要求		相关知识要求
1. 轴类工件加工	1.2 工件加工	数控车床	1.2.3 能车削3个以上台阶轴并达到以下要求： （1）表面粗糙度：$Ra1.6\ \mu m$ （2）公差等级：IT7	1.2.3 台阶轴加工程序的编写知识 1.2.4 控制台阶轴精度的方法
	1.3 精度检验与误差分析		1.3.1 能使用通用量具检验公差等级IT7级工件的尺寸精度 1.3.2 能使用杠杆百分表检验工件跳动精度 1.3.3 能对中等复杂轴类工件车削产生的误差进行分析	1.3.1 通用量具的读数原理、使用方法和保养方法 1.3.2 杠杆百分表的读数原理、使用方法和保养方法 1.3.3 车削细长轴工件产生误差的种类、原因及预防方法
2. 套类工件加工	2.1 工艺准备		2.1.1 能识读套类、薄壁工件的零件图 2.1.2 能编写套类、薄壁工件的车削工艺卡 2.1.3 能使用自制心轴等专用夹具装夹套类、薄壁工件 2.1.4 能根据工件材料、加工精度和工作效率要求，选择刀具种类、材料及几何角度	2.1.1 套类、薄壁零件图的识读方法 2.1.2 套类、薄壁工件的车削加工工艺知识 2.1.3 套类、薄壁工件定位夹紧的原理和方法、车削时防止工件变形的方法 2.1.4 车削套类、薄壁工件刀具的种类、材料及几何角度的选择原则
	2.2 工件加工	普通车床	2.2.1 能车削薄壁工件，并达到以下要求： （1）表面粗糙度：$Ra1.6\ \mu m$ （2）轴颈公差等级：IT8 （3）孔径公差等级：IT9 （4）圆度公差等级：9	2.2.1 薄壁工件的车削加工特点和加工方法 2.2.2 薄壁工件车削时切削用量的选择方法
		数控车床	2.2.2 能车削3个以上台阶孔并达到以下要求： （1）表面粗糙度：$Ra1.6\ \mu m$ （2）公差等级：IT7	2.2.3 台阶孔加工程序的编写知识 2.2.4 控制台阶孔加工精度的方法
	2.3 精度检验与误差分析		2.3.1 能使用内径百分表、内测千分尺、塞规等量具检验工件尺寸精度 2.3.2 能使用杠杆百分表检验工件同轴度精度 2.3.3 能对套类、薄壁工件车削产生的误差进行分析	2.3.1 内径百分表、杠杆百分表、内测千分尺的读数原理、使用方法和保养方法 2.3.2 车削套类、薄壁工件产生误差的种类、原因及预防方法

续表

职业功能	工作内容	技能要求	相关知识要求
3. 偏心工件及曲轴加工	3.1 工艺准备	3.1.1 能识读偏心轴、偏心套工件的零件图 3.1.2 能编写偏心轴、偏心套工件的车削工艺卡 3.1.3 能使用三爪自定心卡盘、四爪单动卡盘、两顶尖、偏心卡盘及专用夹具装夹偏心轴、偏心套工件 3.1.4 能对单拐曲轴进行划线、钻中心孔、装夹和配重	3.1.1 偏心轴、偏心套工件零件图的表达方法 3.1.2 偏心轴、偏心套工件的车削加工工艺知识 3.1.3 偏心轴、偏心套工件定位夹紧的原理和方法、车削时防止工件变形的方法 3.1.4 单拐曲轴的装夹方法
	3.2 工件加工	3.2.1 能车削偏心轴、偏心套工件，并达到以下要求： （1）轴径公差等级：IT7。孔径公差等级：IT8 （2）表面粗糙度：$Ra1.6\ \mu m$ （3）偏心距公差等级：IT9 （4）轴线平行度公差等级：8 3.2.2 能车削单拐曲轴，并达到以下要求 （1）表面粗糙度：$Ra1.6\ \mu m$ （2）轴颈公差等级：IT8 （3）偏心距公差等级：IT11	3.2.1 偏心轴、偏心套工件车削加工特点和加工方法 3.2.2 单拐曲轴车削加工特点和加工方法
	3.3 精度检验与误差分析	3.3.1 能使用百分表检验工件偏心距精度 3.3.2 能检验单拐曲轴的轴颈、偏心距、主轴颈与曲柄颈的平行度等精度 3.3.3 能对偏心工件、单拐曲轴车削产生的误差进行分析	3.3.1 使用百分表测量偏心距的方法 3.3.2 单拐曲轴偏心距的测量方法 3.3.3 车削偏心工件、单拐曲轴产生误差的种类、原因及预防方法
4. 螺纹加工	4.1 工艺准备	4.1.1 能识读普通螺纹、管螺纹、梯形螺纹、美制螺纹、单线蜗杆工件的零件图 4.1.2 能查表计算螺纹各部分尺寸 4.1.3 能刃磨各类螺纹车刀 4.1.4 能根据加工需要选择机夹螺纹车刀	4.1.1 各类螺纹工件的标记及表达方法 4.1.2 各类螺纹的尺寸计算 4.1.3 各类螺纹车刀的刃磨方法 4.1.4 螺纹车刀几何参数的选择原则

续表

职业功能	工作内容		技能要求	相关知识要求
4. 螺纹加工	4.2 工件加工	普通车床	4.2.1 能车削普通螺纹、管螺纹、梯形螺纹、美制螺纹、单线蜗杆等螺纹工件 4.2.2 能车削双线普通螺纹和双线梯形螺纹	4.2.1 螺纹车削加工特点和加工方法 4.2.2 双线螺纹的分线方法
		数控车床	4.2.3 能车削普通螺纹、管螺纹、梯形螺纹、美制螺纹等螺纹工件	4.2.3 螺纹加工程序的编写知识 4.2.4 控制螺纹加工精度的方法
	4.3 精度检验与误差分析		4.3.1 能使用螺纹千分尺测量螺纹中径误差 4.3.2 能使用三针测量法测量螺纹中径误差 4.3.3 能使用齿厚游标卡尺测量蜗杆法向齿厚误差 4.3.4 能对梯形螺纹、单线蜗杆车削产生的误差进行分析	4.3.1 螺纹千分尺的结构、读数原理、调整和测量方法 4.3.2 三针测量法的检验原理、计算和测量方法 4.3.3 齿厚游标卡尺的结构、读数原理、调整和测量方法 4.3.4 车削梯形螺纹、单线蜗杆产生误差的种类、原因及预防方法
5. 畸形工件加工	5.1 工艺准备		5.1.1 能识读畸形工件的零件图 5.1.2 能制定畸形工件的切削加工工艺	5.1.1 畸形工件零件图的识读方法 5.1.2 畸形工件的工艺制定方法
	5.2 工件加工		5.2.1 能在工件上划加工轮廓线，并能按线找正工件 5.2.2 能在四爪单动卡盘上找正、装夹工件 5.2.3 能在四爪单动卡盘上车削畸形工件上的孔，并保证孔的轴线与各面的垂直度或平行度	5.2.1 工件划线方法 5.2.2 在四爪单动卡盘上找正工件的方法 5.2.3 保证孔的轴线与各面的垂直度或平行度的方法
	5.3 精度检验与误差分析		5.3.1 能使用百分表、平板和方箱等检验工件平面垂直度精度 5.3.2 能使用杠杆表和量块检验孔的位置精度 5.3.3 能对畸形工件车削产生的误差进行分析	5.3.1 平面垂直度精度的检验原理和方法 5.3.2 孔的位置精度的检验原理和方法 5.3.3 车削畸形工件产生误差的种类、原因及预防方法

续表

职业功能	工作内容		技能要求	相关知识要求
6. 设备维护与保养	6.1 车床的维护	普通车床	6.1.1 能根据加工需要对普通车床进行调整 6.1.2 能在加工前对普通车床进行常规检查，并能发现普通车床的一般故障	6.1.1 普通车床的结构、传动原理及加工前的调整知识 6.1.2 普通车床常见的故障现象
		数控车床	6.1.3 能在加工前对数控车床的机、电、气、液开关进行常规检查，并能发现数控车床的一般故障	6.1.3 数控车床的结构、传动原理 6.1.4 数控车床常见的故障现象
	6.2 车床的保养	普通车床	6.2.1 能对普通车床进行二级保养	6.2.1 普通车床二级保养的内容及方法
		数控车床	6.2.2 能对数控车床进行日常保养	6.2.2 数控车床日常保养的内容及方法

3.3 三级/高级工

职业功能	工作内容	技能要求	相关知识要求
1. 轴类工件加工	1.1 工艺准备	1.1.1 能识读机床主轴类零件图 1.1.2 能对机床主轴类工件进行工艺分析 1.1.3 能编制机床主轴类工件的车削工艺卡	1.1.1 机床主轴类零件图的表达方式和相关技术要求 1.1.2 机械加工工艺卡的主要内容及编制方法
	1.2 工件加工	能车削机床主轴类工件，公差等级达到IT7	机床主轴类工件的装夹、切削知识
	1.3 精度检验与误差分析	1.3.1 能使用杠杆式卡规和杠杆式千分尺对轴颈尺寸精度进行检验 1.3.2 能使用测微仪、圆度仪对工件形状精度、位置精度进行检验 1.3.3 能对主轴类工件车削产生的误差进行分析	1.3.1 杠杆式卡规和杠杆式千分尺的结构、读数原理和使用注意事项 1.3.2 测微仪、圆度仪的结构、读数原理和使用注意事项 1.3.3 车削主轴类工件产生误差的种类、原因及预防方法

续表

职业功能	工作内容		技能要求	相关知识要求
4. 螺纹加工	4.2 工件加工	数控车床	4.2.2 能车削多线螺纹和变螺距螺纹	4.2.2 多线螺纹和变螺距螺纹的计算、编程方法 4.2.3 车削多线螺纹和变螺距螺纹的方法
	4.3 精度检验与误差分析		4.3.1 能使用三针测量法检验螺纹中径精度 4.3.2 能使用三针检验法测量蜗杆分度圆直径精度 4.3.3 能使用齿厚游标卡尺测量蜗杆法向齿厚误差 4.3.4 能对多线螺纹和变螺距螺纹车削产生的误差进行分析	4.3.1 三针测量法测量螺纹中径误差的计算和测量方法 4.3.2 三针测量法测量蜗杆分度圆直径误差的计算和测量方法 4.3.3 蜗杆法向齿厚的计算和测量方法 4.3.4 车削多线螺纹和变螺距螺纹产生误差的种类、原因及预防方法
5. 畸形工件加工	5.1 工艺准备		5.1.1 能识读立体交错孔和箱体等复杂畸形工件的零件图 5.1.2 能在四爪单动卡盘、花盘和角铁上找正、装夹外形复杂畸形工件 5.1.3 能制定外形复杂畸形工件的车削加工工艺	5.1.1 复杂畸形工件零件图的识读方法 5.1.2 外形复杂畸形工件的车削加工工艺知识
	5.2 工件加工		5.2.1 能车削立体交错的两孔或三孔 5.2.2 能车削与轴线垂直且偏心的孔 5.2.3 能车削两个半箱体的同心孔 以上 3 项均达到以下要求： (1) 孔距公差等级：IT9 (2) 偏心距公差等级：IT9 (3) 孔径公差等级：IT7 (4) 孔中心线位置公差等级：9 (5) 表面粗糙度：$Ra1.6\ \mu m$	5.2.1 车削及测量立体交错孔的方法 5.2.2 车削与回转轴垂直且偏心的孔的方法 5.2.3 车削两半箱体的同心孔的方法
	5.3 精度检验与误差分析		5.3.1 能使用百分表、平板和方箱等检验复杂畸形工件的位置精度 5.3.2 能使用杠杆表和量块检验孔的位置精度 5.3.3 能对立体交错孔和箱体类工件车削产生的误差进行分析	5.3.1 位置精度的检验原理和方法 5.3.2 车削立体交错孔和箱体类工件产生误差的种类、原因及预防方法

续表

职业功能	工作内容		技能要求	相关知识要求
6. 设备维护与保养	6.1 车床的维护	普通车床	6.1.1 能判断并排除车床的一般机械故障	6.1.1 车床常见机械故障种类、原因及排除办法
		数控车床	6.1.2 能判别编程错误、超程、欠压、缺油等报警信息，并排除一般故障	6.1.2 数控车床报警信息的内容及解除报警方法 6.1.3 数控车床液压原理及常用液压元件知识
	6.2 车床的保养	普通车床	6.2.1 能进行普通车床的一级保养	6.2.1 普通车床一级保养的内容及方法
		数控车床	6.2.2 能进行数控车床定期保养	6.2.2 数控车床定期保养的内容及方法

3.4 二级/技师

职业功能	工作内容		技能要求	相关知识要求
1. 轴类工件加工	1.1 工艺准备		1.1.1 能绘制车床常用工装的零件图及装配图 1.1.2 能编制主轴类工件的加工工艺规程 1.1.3 能设计、制作装夹工件的专用夹具 1.1.4 能使用涂层、特殊形状及特殊材料等新型刀具	1.1.1 车床常用工装装配图的画法 1.1.2 典型主轴类工件加工工艺规程的编制方法 1.1.3 专用夹具的设计、制作方法 1.1.4 新型刀具的种类、特点及应用
	1.2 工件加工	普通车床	1.2.1 能车削轴径公差等级 IT7~IT6 级的机床主轴类工件	1.2.1 主轴类工件的特点及加工方法 1.2.2 精密机床主轴的加工工艺及深孔、螺纹在加工顺序中的安排
		数控车床	1.2.2 能车削轴径公差等级为 IT7~IT6 的机床主轴类工件	1.2.3 CAD/CAM 软件编程方法 1.2.4 保证加工精度的方法

续表

职业功能	工作内容		技能要求	相关知识要求
1. 轴类工件加工	1.3 精度检验与误差分析		1.3.1 能对高精度的主轴类工件进行直接测量和间接测量 1.3.2 能根据测量结果分析产生误差的原因,并提出改进措施	1.3.1 高精度主轴类工件直接测量和间接测量的方法 1.3.2 车削高精度主轴类工件产生误差的种类、原因及预防方法
2. 套类工件加工	2.1 工艺准备		2.1.1 能编制组合套件的加工工艺规程 2.1.2 能设计、制作加工组合套件的专用夹具 2.1.3 能根据加工要求,确定数控车床的有关参数,选择合理刀具	2.1.1 加工工艺方案合理性的分析方法及改进措施 2.1.2 加工组合套件专用夹具的设计与制作方法 2.1.3 数控车床刀具参数的设定方法
	2.2 工件加工	普通车床	2.2.1 能对组合套件进行工件加工和组装,并保证装配图上的技术要求	2.2.1 组合套件的加工工艺知识 2.2.2 保证组合套件装配精度的方法
		数控车床	2.2.2 能对在车削中心上加工带有车削、铣削等工序的 IT6 级工件	2.2.3 保证在车削加工中心上加工 IT6 级工件精度的方法
	2.3 精度检验与误差分析		2.3.1 能对组合套件进行精度检验 2.3.2 能对组合套件车削产生的误差进行分析,并提出改进措施	2.3.1 组合套件装配精度检验的方法 2.3.2 车削组合套件产生误差的种类、原因及预防方法
3. 偏心工件及曲轴加工	3.1 工艺准备		3.1.1 能编制偏心工件及多拐曲轴的加工工艺规程 3.1.2 能设计、制作装夹偏心工件、多拐曲轴的专用夹具	3.1.1 偏心工件及多拐曲轴加工工艺规程的编制方法 3.1.2 偏心工件、多拐曲轴专用夹具的设计、制作方法
	3.2 工件加工		3.2.1 能车削 3 个及以上多偏心孔的工件 3.2.2 能车削三拐以上的多拐曲轴 以上两项均达到以下要求: (1) 偏心距公差等级:IT9 (2) 直径公差等级:IT6 (3) 表面粗糙度:$Ra1.6\ \mu m$	3.2.1 多偏心孔工件的车削方法 3.2.2 多拐曲轴的车削方法

续表

职业功能	工作内容	技能要求	相关知识要求
3. 偏心工件及曲轴加工	3.3 精度检验与误差分析	3.3.1 能对多偏心工件、多拐曲轴进行精度检验 3.3.2 能对偏心距精度达不到要求的原因进行分析,并提出改进措施	3.3.1 多偏心工件、多拐曲轴的精度检验方法 3.3.2 车削多偏心工件、多拐曲轴产生误差的种类、原因及预防方法
4. 螺纹加工	4.1 工艺准备	4.1.1 能识读平面螺纹、不等距螺纹及变齿厚蜗杆工作图 4.1.2 能制定平面螺纹、不等距螺纹及变齿厚蜗杆的车削加工工序 4.1.3 能设计、制作加工不等距螺纹及变齿厚蜗杆的传动装置	4.1.1 平面螺纹、不等距螺纹及变齿厚蜗杆的制图知识 4.1.2 平面螺纹、不等距螺纹及变齿厚蜗杆的设计与应用知识 4.1.3 加工不等距螺纹、变齿厚蜗杆的传动装置的结构特点及工作原理
	4.2 工件加工	4.2.1 能车削平面螺纹 4.2.2 能车削不等距螺纹及变齿厚蜗杆	4.2.1 平面螺纹的加工方法 4.2.2 不等距螺纹及变齿厚蜗杆的加工方法
	4.3 精度检验与误差分析	4.3.1 能对平面螺纹、不等距螺纹及变齿厚蜗杆进行精度检验 4.3.2 能对平面螺纹、不等距螺纹及变齿厚蜗杆车削产生的误差进行分析,并提出改进措施	4.3.1 平面螺纹、不等距螺纹及变齿厚蜗杆的精度检验方法 4.3.2 车削平面螺纹、不等距螺纹及变齿厚蜗杆产生误差的种类、原因及预防方法
5. 畸形工件加工	5.1 工艺准备	5.1.1 能编制复杂畸形工件的加工工艺规程 5.1.2 能设计、制作、安装畸形工件的专用夹具	5.1.1 复杂畸形工件加工工艺规程的编制方法 5.1.2 畸形工件专用夹具的设计与制作方法
	5.2 工件加工	5.2.1 能对立体交叉孔及多孔工件进行安装和调整 5.2.2 能车削十字孔、偏心凸轮、十字轴、十字座、连杆、叉架等畸形工件	5.2.1 畸形工件在夹具上的定位精度调整方法 5.2.2 畸形工件的加工方法
	5.3 精度检验与误差分析	5.3.1 能对复杂畸形工件进行精度检验 5.3.2 能对复杂畸形工件车削的误差进行分析,并提出改进措施	5.3.1 复杂畸形工件的精度检验方法 5.3.2 车削复杂畸形工件产生误差的种类、原因及预防方法

续表

职业功能	工作内容	技能要求	相关知识要求
6. 设备维护与保养	6.1 普通车床维护与保养	6.1.1 能进行车床几何精度及工作精度的检验 6.1.2 能分析并排除普通车床常见液压和机械故障	6.1.1 车床几何精度及工作精度检验的内容与方法 6.1.2 排除普通车床常见液压和机械故障的方法
	6.2 数控车床维护与保养	6.2.1 能进行数控车床定位精度、重复定位精度及工作精度的检验 6.2.2 能根据数控车床的结构、原理诊断并排除液压及机械故障	6.2.1 数控车床定位精度、重复定位精度及工作精度的检验方法 6.2.2 数控车床常见液压和机械故障的诊断及排除方法
7. 培训指导	7.1 操作指导	能指导本职业三级/高级工及以下级别人员进行实际操作	实际操作的演示与指导方法
	7.2 理论培训	能对本职业三级/高级工及以下级别人员进行技术理论培训	编写培训讲义的方法
8. 技术管理	8.1 编写技术报告	能总结技术成果,编写技术报告	技术报告的撰写方法
	8.2 技术交流	能总结专业技术,向本职业三级/高级工及以下人员推广技术成果	技术交流推广的方法

3.5 一级/高级技师

职业功能	工作内容		技能要求	相关知识要求
1. 特形面加工	1.1 工艺准备		1.1.1 能编制特形面的加工工艺规程 1.1.2 能设计车削各类特形面的专用加工装置 1.1.3 能根据工件加工要求设计并制作成形车刀和专用车刀	1.1.1 特形面加工工艺规程的编制方法 1.1.2 特形面专用加工装置装夹工件的方法 1.1.3 成形车刀和专用车刀的设计与制造知识
	1.2 工件加工	普通车床	1.2.1 能用专用加工装置车削椭圆轴、椭圆孔、双曲面辊轴、凸轮、多边形等特形面工件	1.2.1 特形面专用加工装置调试 1.2.2 使用专用加工装置加工工件的方法

续表

职业功能	工作内容		技能要求	相关知识要求
1. 特形面加工	1.2 工件加工	数控车床	1.2.2 能在车削中心和车铣复合中心上使用对刀仪对刀，并使用工件极坐标系进行工件加工 1.2.3 能车削椭圆轴、椭圆孔、双曲面辊轴、凸轮等特形面	1.2.3 车削中心、车铣复合中心上建立工件坐标系的方法 1.2.4 对刀仪使用方法 1.2.5 使用 CAD/CAM 软件编制多轴加工程序，程序运行方式的选择 1.2.6 特形面工件加工过程中控制工件精度的方法
	1.3 精度检验与误差分析		1.3.1 能对特形面工件进行直接测量和间接测量 1.3.2 能对复杂特形面工件车削产生的误差进行分析，并提出改进措施	1.3.1 特形面工件直接测量和间接测量的方法 1.3.2 车削复杂特形面工件产生误差的种类、原因及预防方法
2. 难加工材料加工	2.1 工艺准备		2.1.1 能解决难加工材料的切削问题 2.1.2 能选择适合难加工材料切削的车刀 2.1.3 能设计制造难加工材料刀具	2.1.1 难加工材料的特点及加工工艺规程的编制方法 2.1.2 刀具材料、角度知识 2.1.3 新刀具材料及先进车刀知识
	2.2 工件加工		能车削高锰钢、高强度钢、不锈钢、高温合金钢、钛合金等难加工材料的工件，并达到以下要求： （1）直径公差等级：IT6 （2）表面粗糙度：$Ra0.8\ \mu m$	2.2.1 难加工材料切削知识 2.2.2 难加工材料的车削切削用量选择
	2.3 精度检验与误差分析		2.3.1 能对难加工材料高精度工件进行精度检验 2.3.2 能对难加工材料车削产生的误差进行分析，并提出改进措施	2.3.1 难加工材料高精度工件精度检验的方法 2.3.2 车削难加工材料工件产生误差的种类、原因及预防方法
3. 设备维护与保养	3.1 普通车床维护		能对车床进行主要技术指标的检测	车床几何精度和工作精度的检测知识
	3.2 数控车床维护与排除故障		3.2.1 能借助词典识读进口设备的图样和相关的技术资料 3.2.2 能排除各种常见故障报警	3.2.1 常用进口设备主要外文资料 3.2.2 数控车床故障报警信息的内容及解除报警方法

续表

职业功能	工作内容	技能要求	相关知识要求
4.培训指导	4.1 操作指导	4.1.1 能指导本职业二级/技师及以下人员进行实际操作 4.1.2 能组织相关人员进行技术攻关	技术攻关方法
	4.2 理论培训	4.2.1 能对本职业二级/技师及以下级别人员进行技术理论培训 4.2.2 能指导以上等级人员查找及应用相关技术手册	4.2.1 本行业"四新"技术的发展状况 4.2.2 精密加工、纳米加工和高速切削加工等先进加工知识
5.技术管理	5.1 编写技术报告	能总结本专业先进高效的操作方法、工装设计等技术成果并编写技术报告	专业技术报告的内容及撰写方法
	5.2 技术交流	能进行技术交流,发现和推广先进技术成果;能指导本职业二级/技师及以下级别人员解决加工问题	技术交流推广及展示的方法

4. 权重表

4.1 理论知识权重表

项目		技能等级	五级/初级工（%）	四级/中级工（%）		三级/高级工（%）		二级/技师（%）		一级/高级技师（%）	
				普通车床	数控车床	普通车床	数控车床	普通车床	数控车床	普通车床	数控车床
基本要求	职业道德		5	5	5	5	5	5	5	5	5
	基础知识		20	20	20	15	20	10	15	15	20
相关知识要求	轴类工件加工		20	15	15	15	15	15	10	—	—
	套类工件加工		15	15	15	15	15	10	10	—	—
	圆锥面加工		15	—	—	—	—	—	—	—	—
	特形面加工		10	—	—	—	—	—	—	25	25
	偏心工件及曲轴加工		—	10	10	10	10	15	15	—	—
	螺纹加工		15	20	20	20	15	15	15	—	—
	畸形工件加工		—	10	10	15	10	15	10	—	—

续表

项目	技能等级	五级/初级工(%)	四级/中级工(%)		三级/高级工(%)		二级/技师(%)		一级/高级技师(%)	
			普通车床	数控车床	普通车床	数控车床	普通车床	数控车床	普通车床	数控车床
相关知识要求	难加工材料加工	—	—	—	—	—	—	—	30	25
	设备维护与保养	—	5	5	5	10	5	10	10	10
	培训指导	—	—	—	—	—	5	5	10	10
	技术管理	—	—	—	—	—	5	5	5	5
合计		100	100	100	100	100	100	100	100	100

4.2 技能要求权重表

项目	技能等级	五级/初级工(%)	四级/中级工(%)		三级/高级工(%)		二级/技师(%)		一级/高级技师(%)	
			普通车床	数控车床	普通车床	数控车床	普通车床	数控车床	普通车床	数控车床
技能要求	轴类工件加工	25	20	20	20	20	20	15	—	—
	套类工件加工	20	20	20	20	20	15	15	—	—
	圆锥面加工	20	—	—	—	—	—	—	—	—
	特形面加工	15	—	—	—	—	—	—	35	35
	偏心工件及曲轴加工	—	20	15	20	15	15	15	—	—
	螺纹加工	20	20	20	20	20	15	15	—	—
	畸形工件加工	—	15	15	15	15	20	20	—	—
	难加工材料加工	—	—	—	—	—	—	—	35	35
	设备维护与保养	—	5	10	5	10	5	10	15	15
	培训指导	—	—	—	—	—	5	5	10	10
	技术管理	—	—	—	—	—	5	5	5	5
合计		100	100	100	100	100	100	100	100	100

铣工国家职业技能标准

（2018 年版）

1. 职业概况

1.1 职业名称

铣工

1.2 职业编码

6-18-01-02

1.3 职业定义

操作铣床对工件进行切削加工的人员。

1.4 职业技能等级

本职业共设五个等级，分别为：五级/初级工、四级/中级工、三级/高级工、二级/技师、一级/高级技师。

1.5 职业环境条件

室内、常温。

1.6 职业能力特征

具有较强的学习能力、表达能力、计算能力、空间感，形体知觉及色觉正常，手指、手臂灵活，动作协调、准确。

1.7 普通受教育程度

初中毕业（或相当文化程度）。

1.8 职业技能鉴定要求

1.8.1 申报条件

具备以下条件之一者，可申报五级/初级工：
（1）累计从事本职业或相关职业工作1年（含）以上。
（2）本职业或相关职业学徒期满。

具备以下条件之一者，可申报四级/中级工：

（1）取得本职业或相关职业五级/初级工职业资格证书（技能等级证书）后，累计从事本职业或相关职业工作4年（含）以上。

（2）累计从事本职业或相关职业工作6年（含）以上。

（3）取得技工学校本专业或相关专业①毕业证书（含尚未取得毕业证书的在校应届毕业生）；或取得经评估论证、以中级技能为培养目标的中等及以上职业学校本专业或相关专业毕业证书（含尚未取得毕业证书的在校应届毕业生）。

具备以下条件之一者，可申报三级/高级工：

（1）取得本职业或相关职业四级/中级工职业资格证书（技能等级证书）后，累计从事本职业或相关职业工作5年（含）以上。

（2）取得本职业或相关职业四级/中级工职业资格证书（技能等级证书），并具有高级技工学校、技师学院毕业证书（含尚未取得毕业证书的在校应届毕业生）；或取得本职业或相关职业四级/中级工职业资格证书（技能等级证书），并取得经评估论证、以高级技能为培养目标的高等职业学校本专业或相关专业毕业证书（含尚未取得毕业证书的在校应届毕业生）。

（3）具有大专及以上相关专业毕业证书，并取得本职业或相关职业四级/中级工职业资格证书（技能等级证书）后，累计从事本职业或相关职业工作2年（含）以上。

具备以下条件之一者，可申报二级/技师：

（1）取得本职业或相关职业三级/高级工职业资格证书（技能等级证书）后，累计从事本职业或相关职业工作4年（含）以上。

（2）取得本职业或相关职业三级/高级工职业资格证书（技能等级证书）的高级技工学校、技师学院毕业生，累计从事本职业或相关职业工作3年（含）以上；或取得本职业或相关职业预备技师证书的技师学院毕业生，累计从事本职业或相关职业工作2年（含）以上。

具备以下条件者，可申报一级/高级技师：

取得本职业或相关职业二级/技师职业资格证书（技能等级证书）后，累计从事本职业或相关职业工作4年（含）以上。

1.8.2 鉴定方式

分为理论知识考试、技能考核以及综合评审。理论知识考试以笔试、机考等方式为主，主要考核从业人员从事本职业应掌握的基本要求和相关知识要求；技能考核主要采用现场操作、模拟操作等方式进行，主要考核从业人员从事本职业应具备的技能水平；综合评审主要针对技师和高级技师，通常采取审阅申报材料、答辩等方式进行全面评议和审查。

理论知识考试、技能考核和综合评审均实行百分制，成绩皆达60分（含）以上者为合格。

1.8.3 监考人员、考评人员与考生配比

理论知识考试的监考人员与考生配比为1∶15，且每个考场不少于2名监考人员；技能

---

① 相关专业：机械制造、机械设计等机械类专业，下同。

考核的考评人员与考生配比为1∶5，且考评人员为3人（含）以上单数；综合评审委员为3人（含）以上单数。

1.8.4 鉴定时间

理论知识考试时间不少于90 min。技能考核时间：五级/初级工不少于240 min，四级/中级工不少于300 min，三级/高级工不少于360 min，二级/技师不少于420 min，一级/高级技师不少于300 min。综合评审时间不少于30 min。

1.8.5 鉴定场所设备

理论知识考试在标准教室进行；技能考核在配备精度合格的铣床（数控铣床）、夹具、刀具、量具、量仪、机床附件和必要工具的场所进行。

2. 基本要求

2.1 职业道德

2.1.1 职业道德基本知识

2.1.2 职业守则

（1）遵纪守法，敬业爱岗。
（2）努力学习，争做工匠。
（3）遵守规程，执行工艺。
（4）文明操作，爱护机床。
（5）安全生产，环保兴邦。

2.2 基础知识

2.2.1 机械制图知识

（1）投影的基本特性和机械制图方法。
（2）零件图和装配图知识。

2.2.2 公差配合与技术测量知识

（1）互换性知识。
（2）尺寸公差、形状公差、位置公差和表面结构要求的基本术语、定义及标注方法。
（3）量具与测量方法的分类及选择、常用测量器具的使用方法。

2.2.3 常用工程材料及新材料知识

（1）工程材料的分类。
（2）常用工程材料的代号、特性、适用范围。
（3）识别工件材质的方法。

(4) 复合材料等新材料知识。

2.2.4 冷、热处理及表面强化处理知识

(1) 冷、热处理的方法、目的及选用方法。
(2) 表面强化处理的方法。

2.2.5 机构与机械传动知识

(1) 常用机构与机械零件知识。
(2) 常用机械传动的工作原理、结构特点、适用范围。

2.2.6 液（气）压传动知识

(1) 液（气）压传动的基本原理、结构特点。
(2) 液（气）压元件和基本回路知识。
(3) 液（气）压传动在铣床（数控铣床）及附件上的应用知识。

2.2.7 机械加工工艺基础知识

(1) 金属切削原理、加工方法及常用加工设备知识。
(2) 切削刀具知识。
(3) 工件的定位、装夹及机床夹具知识。
(4) 机械加工工艺规程知识和机械加工工艺的制定方法。

2.2.8 钳工基础知识

(1) 划线知识。
(2) 钳工加工知识（锉削、锯削、钻孔、铰孔、攻螺纹、套螺纹等）。

2.2.9 电工知识

(1) 通用设备常用电气元件的种类及用途。
(2) 电气控制基础知识。
(3) 机床安全用电知识。

2.2.10 安全文明生产与环境保护知识

(1) 现场文明生产要求。
(2) 安全操作与劳动保护知识。
(3) 环境保护知识。

2.2.11 质量管理知识

(1) 全面质量管理基础知识。
(2) 质量方针及岗位的质量要求。
(3) 操作过程中的质量分析与控制。

2.2.12 相关法律、法规知识

(1)《中华人民共和国劳动法》相关知识。
(2)《中华人民共和国劳动合同法》相关知识。

3. 工作要求

本标准对五级/初级工、四级/中级工、三级/高级工、二级/技师、一级/高级技师的技能要求和相关知识要求依次递进，高级别涵盖低级别的要求。

在"工作内容"栏内未标注"普通铣床"或"数控铣床"的，为两者通用内容。

3.1 五级/初级工

职业功能	工作内容	技能要求	相关知识要求
1.平面和连接面加工	1.1 工艺准备	1.1.1 能操作普通铣床进行试运转 1.1.2 能根据工件材料和加工内容，选择刀具材料 1.1.3 能根据平面、连接面、角度面的加工性质选择铣刀类型并装夹铣刀 1.1.4 能刃磨单体端铣刀并装夹、调整盘式端铣刀 1.1.5 能对矩形体、圆柱体、多面体等工件进行定位 1.1.6 能使用平口钳或压板、螺栓装夹工件 1.1.7 能选择切削液	1.1.1 普通铣床的种类、型号、基本机械结构 1.1.2 常用刀具材料的名称、牌号含义及选择原则 1.1.3 铣刀种类及选用原则，铣刀几何角度的定义，铣刀的装夹方法 1.1.4 单体端铣刀的刃磨方法，盘式端铣刀的调整方法 1.1.5 矩形体、圆柱体、多面体等的定位原理及方法 1.1.6 切削液的作用、种类和选用
	1.2 铣削矩形工件	1.2.1 能使用端铣刀、圆柱铣刀、立铣刀铣削矩形工件并达到以下要求： (1) 尺寸公差等级：IT9 (2) 垂直度、平行度公差等级：8 (3) 表面粗糙度：$Ra3.2\ \mu m$ 1.2.2 能使用端铣刀、圆柱铣刀、立铣刀铣削连接面，并达到以下要求： (1) 尺寸公差等级：IT9 (2) 垂直度、平行度公差等级：8 (3) 表面粗糙度：$Ra3.2\ \mu m$	1.2.1 顺铣、逆铣的概念及适用原则 1.2.2 铣削用量及选择方法 1.2.3 矩形工件、连接面的铣削方法

续表

职业功能	工作内容	技能要求	相关知识要求
1. 平面和连接面加工	1.3 铣削斜面及角度面	1.3.1 能使用端铣刀、立铣刀、角度铣刀铣削楔铁等单一斜面，并达到以下要求： （1）尺寸公差等级：IT11 （2）倾斜度公差：±10′ （3）表面粗糙度：$Ra3.2\ \mu m$ 1.3.2 能使用端铣刀、立铣刀铣削正六方体等多面体和角度面，并达到以下要求： （1）尺寸公差等级：IT9 （2）平行度公差等级：8 （3）角度公差：±6′ （4）表面粗糙度：$Ra3.2\ \mu m$	1.3.1 斜面及角度面工件的装夹及找正方法 1.3.2 铣头或工作台角度的调整方法 1.3.3 万能分度头的工作原理、结构 1.3.4 简单分度法（角度分度法） 1.3.5 多面体的铣削方法 1.3.6 铣削角度面时的尺寸计算和调整方法
	1.4 精度检验及误差分析	1.4.1 能使用游标卡尺、万能角度尺等通用量具对矩形工件、连接面、斜面的尺寸和形状、位置进行精度检验 1.4.2 能运用比较法检验表面粗糙度 1.4.3 能分析工件产生尺寸、形状、位置误差的原因	1.4.1 游标卡尺、万能角度尺等通用量具的结构、读数原理、读数方法 1.4.2 矩形工件、连接面、斜面的精度检验方法及量具的选择和使用方法 1.4.3 铣削平面、连接面、角度面时减小产生尺寸误差的方法
2. 台阶和槽加工	2.1 工艺准备	2.1.1 能根据工件的几何形状确定装夹形式及夹具类型 2.1.2 能根据台阶和槽的具体加工内容选择铣削刀具	铣削台阶和槽类铣刀的种类及选择原则
	2.2 铣削台阶	2.2.1 能使用立铣刀、三面刃铣刀铣削单级台阶，并达到以下要求： （1）尺寸公差等级：IT9 （2）垂直度、平行度公差等级：7 （3）对称度公差等级：9 （4）表面粗糙度：$Ra3.2\ \mu m$ 2.2.2 能使用成对铣刀铣削等高肩台，并达到以下要求： （1）尺寸公差等级：IT9 （2）垂直度、平行度公差等级：7 （3）对称度公差等级：9 （4）表面粗糙度：$Ra3.2\ \mu m$	2.2.1 台阶的铣削方法 2.2.2 成对铣刀的装夹与调整方法

续表

职业功能	工作内容	技能要求	相关知识要求
2.台阶和槽加工	2.3 铣削键槽	2.3.1 能使用键槽铣刀、立铣刀、三面刃铣刀铣削通键槽、半封闭键槽、封闭键槽，并达到以下要求： (1) 尺寸公差等级：IT9 (2) 平行度公差等级：8 (3) 对称度公差等级：9 (4) 表面粗糙度：$Ra3.2\ \mu m$ 2.3.2 能使用半圆键槽铣刀、T形铣刀铣削半圆键槽，并达到以下要求： (1) 尺寸公差等级：IT9 (2) 平行度公差等级：8 (3) 对称度公差等级：9 (4) 表面粗糙度：$Ra3.2\ \mu m$	2.3.1 铣削键槽的对刀方法 2.3.2 键槽的铣削方法
	2.4 铣削直角沟槽	2.4.1 能使用三面刃铣刀、组合铣刀铣削直角通槽、直角斜槽，并达到以下要求： (1) 尺寸公差等级：IT9 (2) 平行度公差等级：7 (3) 对称度公差等级：9 (4) 表面粗糙度：$Ra3.2\ \mu m$ 2.4.2 能使用立铣刀、键槽铣刀铣削直角半通槽、封闭槽，并达到以下要求： (1) 尺寸公差等级：IT9 (2) 平行度公差等级：7 (3) 对称度公差等级：9 (4) 表面粗糙度：$Ra3.2\ \mu m$	2.4.1 立铣刀外径尺寸的测量方法 2.4.2 直角沟槽的铣削方法
	2.5 铣削特形沟槽	2.5.1 能使用立铣刀、三面刃铣刀、角度铣刀铣削V形槽，并达到以下要求： (1) 尺寸公差等级：IT11 (2) 平行度公差等级：7 (3) 对称度公差等级：9 (4) 表面粗糙度：$Ra3.2\ \mu m$ 2.5.2 能使用T形铣刀铣削T形槽，并达到以下要求： (1) 尺寸公差等级：IT11 (2) 平行度公差等级：7 (3) 对称度公差等级：9 (4) 表面粗糙度：$Ra3.2\ \mu m$	2.5.1 V形槽的铣削方法及相关计算 2.5.2 T形槽的铣削方法及相关计算

续表

职业功能	工作内容	技能要求	相关知识要求
2. 台阶和槽加工	2.6 精度检验及误差分析	2.6.1 能使用深度游标卡尺、外径千分尺对台阶尺寸进行精度检验 2.6.2 能使用游标卡尺、深度游标卡尺、量规、样板对槽的尺寸和形状、位置进行精度检验 2.6.3 能分析台阶、槽加工后产生尺寸和形状、位置误差的原因	2.6.1 台阶的精度检验方法及量具的选择和使用方法 2.6.2 键槽的精度检验方法及量具的选择和使用方法 2.6.3 直角沟槽的精度检验方法及量具的选择和使用方法 2.6.4 特形沟槽的精度检验方法及量具的选择和使用方法 2.6.5 铣削台阶、槽时减小形状、位置误差的方法
3. 刻线与工件切断	3.1 工艺准备	3.1.1 能根据工件图样及技术要求选择刻线刀具 3.1.2 能根据被切断工件加工要求选择铣削方法	3.1.1 刻线刀具的种类与装夹方法 3.1.2 切断刀具的种类
	3.2 工件刻线	3.2.1 能使用万能分度头、刻线刀、双角铣刀在圆柱面、圆锥面上刻线，并达到以下要求： （1）尺寸公差等级：IT9 （2）对称度公差等级：9 （3）角度公差：±6′ 3.2.2 能使用刻线刀、双角铣刀在平面上刻线，并达到以下要求： （1）尺寸公差等级：IT9 （2）对称度公差等级：9 （3）角度公差：±6′	提高刻线精度与美观度的工艺知识
	3.3 工件切断及窄槽铣削	3.3.1 能使用锯片铣刀切断工件 3.3.2 能使用锯片铣刀铣削窄槽，并达到以下要求： （1）尺寸公差等级：IT9 （2）平行度、对称度公差等级：9 （3）表面粗糙度：$Ra6.3\ \mu m$	3.3.1 锯片铣刀的选择和装夹方法 3.3.2 工件的切断方法 3.3.3 锯片铣刀铣窄槽的方法及注意事项
	3.4 精度检验及误差分析	3.4.1 能使用游标卡尺、游标高度尺对刻线、窄槽的尺寸和位置进行精度检验 3.4.2 能对切断后工件的尺寸进行精度检验 3.4.3 能分析窄槽加工后产生尺寸和形态、位置误差的原因	3.4.1 工件刻线的精度检验方法 3.4.2 窄槽的精度检验方法 3.4.3 铣削窄槽时减小尺寸和形状、位置误差的方法

续表

职业功能	工作内容	技能要求	相关知识要求
4. 齿形加工	4.1 工艺准备	4.1.1 能识读直齿圆柱齿轮、花键轴的零件图样和技术要求 4.1.2 能使用万能分度头装夹直齿圆柱齿轮、花键轴 4.1.3 能选择铣削直齿圆柱齿轮的刀具 4.1.4 能选择铣削花键轴的刀具	4.1.1 直齿圆柱齿轮的装夹与找正方法 4.1.2 花键轴的装夹与找正方法 4.1.3 铣削直齿圆柱齿轮的刀具种类及选择原则 4.1.4 铣削花键轴的刀具种类及选择原则
	4.2 铣削直齿圆柱齿轮	4.2.1 能使用齿轮盘铣刀铣削直齿圆柱齿轮，并达到以下要求： （1）精度等级：11FJ （2）表面粗糙度：$Ra3.2\ \mu m$ 4.2.2 能使用指状铣刀铣削直齿圆柱齿轮，并达到以下要求： （1）精度等级：11FJ （2）表面粗糙度：$Ra3.2\ \mu m$	4.2.1 直齿圆柱齿轮的铣削方法 4.2.2 万能分度头的计算与挂轮知识
	4.3 铣削花键轴	4.3.1 能使用立铣刀、三面刃铣刀粗铣花键轴，并达到以下要求： （1）键宽尺寸公差等级：IT10，小径公差等级：IT12 （2）平行度公差等级：7 （3）对称度公差等级：9 （4）齿侧表面粗糙度：$Ra3.2\ \mu m$ 4.3.2 能使用成形铣刀、组合铣刀粗铣花键轴，并达到以下要求： （1）键宽尺寸公差等级：IT10。小径公差等级：IT12 （2）平行度公差等级：7 （3）对称度公差等级：9 （4）齿侧表面粗糙度：$Ra3.2\ \mu m$	4.3.1 花键轴铣刀的选择方法 4.3.2 三面刃成组铣刀铣削花键轴的方法
	4.4 精度检验及误差分析	4.4.1 能使用游标卡尺、游标齿厚尺、公法线千分尺对直齿圆柱齿轮的齿厚、公法线长度进行精度检验 4.4.2 能使用万能分度头等量具对花键轴分度、键宽进行精度检验 4.4.3 能分析直齿圆柱齿轮、花键轴加工后产生尺寸和形状、位置误差的原因	4.4.1 直齿圆柱齿轮的精度检验方法及量具的选择和使用方法 4.4.2 花键轴的精度检验方法及量具的选择和使用方法 4.4.3 铣削直齿圆柱齿轮、花键轴时减小尺寸和形状、位置误差的方法

续表

职业功能	工作内容	技能要求	相关知识要求
5. 设备维护与保养	5.1 铣床的精度检验与调整	5.1.1 能恢复铣床工作台和立铣头的零位 5.1.2 能调整铣床工作台导轨与镶条的间隙	5.1.1 铣床工作台和立铣头的调整方法 5.1.2 铣床工作台导轨与镶条间隙的调整方法
	5.2 铣床的日常保养	5.2.1 能按润滑标识对铣床进行润滑 5.2.2 能清洁铣床及万能分度头、回转工作台等附件	5.2.1 润滑油、润滑脂的种类及选用方法 5.2.2 铣床日常维护保养方法 5.2.3 万能分度头、回转工作台等附件的维护保养方法

3.2 四级/中级工

职业功能	工作内容		技能要求	相关知识要求
1. 平面和连接面加工	1.1 工艺准备	普通铣床	1.1.1 能确定平面、连接面的加工顺序 1.1.2 能选择定位基准 1.1.3 能使用找正盘、百分表等找正工件 1.1.4 能调整组合铣刀	1.1.1 确定加工顺序的基本原则 1.1.2 选择定位基准的原则 1.1.3 组合铣刀的调整方法
		数控铣床	1.1.5 能根据铣削工艺文件选择、安装和调整常用刀具 1.1.6 能选择刀具及其几何参数，并确定切削参数和切削用量 1.1.7 能利用数控机床的功能，借助通用量具或对刀仪测量刀具的半径和长度 1.1.8 能通过操作面板输入、编辑和修改加工程序 1.1.9 能通过多种途径（DNC、数据卡）传输加工程序 1.1.10 能设定和使用工件坐标系 1.1.11 能进行程序检验及试切 1.1.12 能选择及输入有关数控系统参数	1.1.4 数控铣床的基本结构及工作原理 1.1.5 控制系统、伺服系统的组成及控制原理 1.1.6 数控铣床说明书 1.1.7 使用杠杆表找正工件的方法 1.1.8 寻边器的种类及使用方法 1.1.9 坐标系及工件坐标系的设定方法 1.1.10 常用刀具的种类、结构、性能及用途 1.1.11 对刀方法 1.1.12 直线插补和圆弧插补的原理 1.1.13 节点的计算方法 1.1.14 数控加工程序的编辑方法和输入方法 1.1.15 数控系统中相关参数的输入方法 1.1.16 程序调试的方法

续表

职业功能	工作内容		技能要求	相关知识要求
1. 平面和连接面加工	1.2 铣削矩形工件	普通铣床	1.2.1 能使用端铣刀、圆柱铣刀、立铣刀铣削矩形工件，并达到以下要求： （1）尺寸公差等级：IT7 （2）平面度、垂直度、平行度公差等级：7 （3）表面粗糙度：$Ra1.6\ \mu m$ 1.2.2 能使用端铣刀、圆柱铣刀、立铣刀铣削连接面，并达到以下要求： （1）尺寸公差等级：IT7 （2）平面度、垂直度、平行度公差等级：7 （3）表面粗糙度：$Ra1.6\ \mu m$	1.2.1 不同形状毛坯的装夹方法 1.2.2 提高平面和连接面加工精度、表面质量、工作效率的工艺措施
	1.3 铣削斜面及角度面		1.3.1 能采用工件倾斜装夹、铣床主轴扳转角度、平口钳扳转角度和分度头旋转角度等方式铣削单一斜面，并达到以下要求： （1）尺寸公差等级：IT10 （2）倾斜度公差等级：9 （3）表面粗糙度：$Ra1.6\ \mu m$ 1.3.2 能铣削多角度面、非对称角度面，并达到以下要求： （1）尺寸公差等级：IT8 （2）角度公差：±5′ （3）表面粗糙度：$Ra1.6\ \mu m$	1.3.1 工件倾斜装夹的找正方法 1.3.2 主轴扳转角度、平口钳扳转角度的找正方法 1.3.3 提高斜面铣削精度的措施 1.3.4 铣削多角度面的加工步骤 1.3.5 提高角度面铣削精度的措施 1.3.6 万能分度头的差动分度法
	1.4 平面加工	数控铣床	1.4.1 能运用平面、垂直面、阶梯面的数控加工程序进行铣削，并达到以下要求： （1）尺寸公差等级：IT7 （2）形状、位置公差等级：8 （3）表面粗糙度：$Ra3.2\ \mu m$ 1.4.2 能运用多边形面、斜面铣削的数控加工程序进行铣削，并达到以下要求： （1）尺寸公差等级：IT7 （2）倾斜度公差：±4′ （3）表面粗糙度：$Ra3.2\ \mu m$	1.4.1 铣削平面的基本知识 1.4.2 刀具长度补偿、半径补偿等刀具参数的设置知识 1.4.3 斜面的铣削方法 1.4.4 刃倾角对工件加工质量的影响 1.4.5 切入角的概念及对刀具使用寿命的影响

续表

职业功能	工作内容		技能要求	相关知识要求
1. 平面和连接面加工	1.5 精度检验及误差分析		1.5.1 能使用正弦规、量块等检验平面、连接面、斜面、角度面的平面度、垂直度、角度等精度 1.5.2 能分析工件产生平面度、垂直度、角度误差的原因	1.5.1 正弦规的结构、工作原理及使用方法 1.5.2 铣削平面、连接面、角度面时减小平面度、垂直度、角度误差的方法
2. 台阶和槽加工	2.1 工艺准备	普通铣床	2.1.1 能测量奇数刃立铣刀的外径尺寸和圆柱度 2.1.2 能修磨键槽铣刀 2.1.3 能确定台阶、槽的加工顺序	2.1.1 奇数刃立铣刀外径尺寸和圆柱度的测量方法 2.1.2 键槽铣刀的修磨方法 2.1.3 铣削台阶、槽的工艺知识
	2.2 铣削台阶		2.2.1 能铣削非对称台阶,并达到以下要求: (1) 尺寸公差等级:IT8 (2) 形状、位置公差等级:8 (3) 表面粗糙度:$Ra1.6\ \mu m$ 2.2.2 能使用成组铣刀铣削多级台阶,并达到以下要求: (1) 尺寸公差等级:IT8 (2) 形状、位置公差等级:8 (3) 表面粗糙度:$Ra1.6\ \mu m$	2.2.1 提高台阶铣削精度的措施 2.2.2 成组铣刀的调整方法
	2.3 铣削键槽		2.3.1 能铣削通键槽、半封闭键槽、半圆键槽,并达到以下要求: (1) 尺寸公差等级:IT8 (2) 平行度、对称度公差等级:8 (3) 表面粗糙度:键槽两侧面 $Ra1.6\ \mu m$ 2.3.2 能铣削对称键槽,并达到以下要求: (1) 尺寸公差等级:IT8 (2) 平行度、对称度公差等级:8 (3) 表面粗糙度:键槽两侧面 $Ra1.6\ \mu m$	2.3.1 铣削键槽易产生的缺陷及预防措施 2.3.2 提高键槽铣削精度的工艺措施

续表

职业功能	工作内容		技能要求	相关知识要求
2. 台阶和槽加工	2.4 铣削直角沟槽	普通铣床	2.4.1 能铣削直角沟槽，并达到以下要求： (1) 尺寸公差等级：IT8 (2) 平行度、对称度公差等级：8 (3) 表面粗糙度：$Ra1.6\ \mu m$ 2.4.2 能铣削直角斜槽，并达到以下要求： (1) 尺寸公差等级：IT8 (2) 平行度、对称度公差等级：8 (3) 倾斜度公差等级：9 (4) 表面粗糙度：$Ra1.6\ \mu m$	2.4.1 提高直角沟槽铣削精度的方法及避免铣削缺陷的措施 2.4.2 铣削直角斜槽的对刀方法及相关计算知识
	2.5 铣削特形沟槽		2.5.1 能铣削 V 形槽、T 形槽，并达到以下要求： (1) 尺寸公差等级：IT8 (2) 平行度、对称度公差等级：8 (3) 表面粗糙度：$Ra3.2\ \mu m$ 2.5.2 能铣削燕尾块、燕尾槽，并达以下要求： (1) 尺寸公差等级：IT8 (2) 平行度、对称度公差等级：8 级 (3) 表面粗糙度：$Ra3.2\ \mu m$	2.5.1 提高特形沟槽铣削精度的措施 2.5.2 燕尾块、燕尾槽的铣削方法
	2.6 台阶与沟槽加工	数控铣床	2.6.1 能运用手工编程方法，编制由直线、圆弧组成的二维轮廓槽的加工程序 2.6.2 能运用加工程序铣削槽，并达到以下要求： (1) 尺寸公差等级：IT8 (2) 形状、位置公差等级：8 (3) 侧壁表面粗糙度：$Ra1.6\ \mu m$ (4) 底面粗糙度：$Ra3.2\ \mu m$	2.6.1 立铣刀让刀的概念 2.6.2 进刀和退刀的方法 2.6.3 提高槽位置精度的加工方法
	2.7 精度检验及误差分析		2.7.1 能使用万能角度尺对台阶面之间的垂直度进行精度检验 2.7.2 能使用游标卡尺、游标高度尺、辅助测量圆棒对槽的尺寸和对称度进行精度检验 2.7.3 能根据台阶和槽的检测结果，分析产生垂直度、对称度误差的原因	铣削台阶和槽产生误差的分析方法

续表

职业功能	工作内容		技能要求	相关知识要求
3. 刻线与工件切断	3.1 工艺准备	普通铣床	3.1.1 能找正平口钳转角、分度头仰角 3.1.2 能刃磨刻线刀具 3.1.3 能确定刻线、工件切断的加工顺序	3.1.1 平口钳转角、分度头仰角的找正方法 3.1.2 刻线刀具的刃磨方法 3.1.3 确定刻线、工件切断加工顺序的原则
	3.2 工件刻线		3.2.1 能使用光学分度头在圆柱面、圆锥面上刻线，并达到以下要求： （1）尺寸公差等级：IT8 （2）对称度公差等级：8 （3）角度公差：±3′ 3.2.2 能在平面上刻线，并达到以下要求： （1）尺寸公差等级：IT8 （2）对称度公差等级：8 （3）角度公差：±3′	3.2.1 光学分度头的结构与使用方法 3.2.2 提高刻线精度的方法
	3.3 工件切断及窄槽铣削		3.3.1 能切断工件，并达到以下要求： （1）尺寸公差等级：IT8 （2）平行度公差等级：8 （3）表面粗糙度：$Ra3.2\ \mu m$ 3.3.2 能使用成组锯片铣刀铣削多排窄槽，并达到以下要求： （1）尺寸公差等级：IT8 （2）平行度、对称度公差等级：8 （3）表面粗糙度：$Ra3.2\ \mu m$	3.3.1 提高切断精度的措施 3.3.2 提高窄槽铣削精度的措施 3.3.3 成组锯片铣刀的调整方法 3.3.4 预防多排窄槽工件变形的措施
	3.4 精度检验及误差分析		3.4.1 能使用万能分度头和游标高度尺测量圆柱面、圆锥面上刻线的角度 3.4.2 能分析刻线产生角度误差的原因 3.4.3 能使用游标卡尺、游标高度尺、百分表对多排窄槽的尺寸和形状、位置进行精度检验 3.4.4 能分析多排窄槽产生形状、位置误差的原因	3.4.1 刻线产生角度误差的分析方法 3.4.2 铣削多排窄槽产生形状、位置误差的分析方法

续表

职业功能	工作内容		技能要求	相关知识要求
4.齿形加工	4.1 工艺准备	普通铣床	4.1.1 能装夹及找正圆柱齿轮、齿条毛坯，并选择铣削刀具、调整机床 4.1.2 能装夹、找正直齿锥齿轮齿坯，并选择铣削刀具 4.1.3 能根据滚子链链轮和齿形链链轮的加工精度、技术要求和外形尺寸选择铣削机床和装夹形式，并进行调整 4.1.4 能装夹、找正牙嵌式离合器，并选择铣削刀具 4.1.5 能确定齿形类工件的铣削顺序	4.1.1 圆柱齿轮、齿条毛坯的装夹方法和铣削刀具的选择方法 4.1.2 直齿锥齿轮的装夹方法和铣削刀具的选择方法 4.1.3 链轮的装夹及调整方法 4.1.4 牙嵌式离合器装夹方法和铣削刀具的选择方法 4.1.5 齿形类工件铣削工艺的确定原则
	4.2 铣削齿轮、齿条、链轮		4.2.1 能铣削直齿和斜齿圆柱齿轮，并达到以下要求： （1）精度等级：10FJ （2）表面粗糙度：$Ra1.6\ \mu m$ 4.2.2 能铣削直齿和斜齿齿条，并达到以下要求： （1）精度等级：10FJ （2）表面粗糙度：$Ra1.6\ \mu m$ 4.2.3 能使用分度头铣削直齿锥齿轮，并达到以下要求： （1）精度等级：a12 （2）表面粗糙度：$Ra1.6\ \mu m$ 4.2.4 能铣削滚子链链轮和齿形链链轮，并达到以下要求： （1）精度等级：10FJ （2）表面粗糙度：$Ra1.6\ \mu m$	4.2.1 直齿圆柱齿轮、斜齿圆柱齿轮的铣削方法及相关计算 4.2.2 直齿条和斜齿条的铣削方法及相关计算 4.2.3 直齿锥齿轮的铣削方法及相关计算 4.2.4 各类链轮的铣削方法及相关计算
	4.3 铣削花键轴		4.3.1 能使用三面刃铣刀半精铣、精铣花键两侧面 4.3.2 能使用锯片铣刀铣削花键轴根部圆弧 4.3.3 能用成形铣刀半精铣和精铣花键轴 以上加工达到以下要求： （1）键宽尺寸公差等级：IT9 （2）不等分累积误差：≤5′ （3）平行度、对称公差等级：8 （4）表面粗糙度：两侧面 $Ra1.6\ \mu m$，根部圆弧面 $Ra3.2\ \mu m$	4.3.1 花键轴的技术标准 4.3.2 花键根部圆弧的铣削方法 4.3.3 提高花键轴铣削精度的方法

续表

职业功能	工作内容		技能要求	相关知识要求
4. 齿形加工	4.4 铣削牙嵌式离合器	普通铣床	4.4.1 能铣削矩形齿、尖形齿、梯形齿离合器，并达到以下要求： （1）等分误差：≤12′ （2）表面粗糙度：齿侧面 $Ra1.6\ \mu m$，齿底面 $Ra3.2\ \mu m$ 4.4.2 能铣削螺旋齿离合器，并达到以下要求： （1）等分误差：≤12′ （2）表面粗糙度：齿侧面 $Ra1.6\ \mu m$，齿底面 $Ra3.2\ \mu m$ （3）螺旋齿离合器导程误差：≤0.1 mm	4.4.1 矩形齿离合器的铣削方法 4.4.2 尖齿形离合器的铣削方法 4.4.3 梯形齿离合器的铣削方法 4.4.4 螺旋齿离合器的铣削方法
	4.5 精度检验及误差分析		4.5.1 能检验齿轮的齿距、齿向和分度圆弦齿厚精度 4.5.2 能检验齿条的齿厚、齿距和齿向精度 4.5.3 能检验花键轴花键的对称度和角度精度 4.5.4 能检验牙嵌式离合器的齿形、位置精度 4.5.5 能分析锥齿轮、齿条、链轮、牙嵌式离合器加工产生尺寸和形状、位置误差的原因	4.5.1 齿轮的齿距、齿向和分度圆弦齿厚精度的检验方法 4.5.2 齿条的齿厚、齿距和齿向精度的检验方法 4.5.3 链轮的齿形、位置精度的检验方法 4.5.4 花键轴花键的对称度和角度精度的检验方法 4.5.5 牙嵌式离合器的齿形、位置精度的检验方法 4.5.6 铣削锥齿轮、齿条、链轮、牙嵌式离合器产生尺寸和形状、位置误差的原因
5. 孔加工	5.1 工艺准备	普通铣床	5.1.1 能刃磨标准麻花钻 5.1.2 能根据工件材料选择镗刀的刀具材料，并刃磨镗削刀具 5.1.3 能对工件所要镗削的孔进行孔位划线 5.1.4 能选择铰刀 5.1.5 能确定孔加工的加工顺序	5.1.1 标准麻花钻的刃磨方法 5.1.2 镗削刀具的刃磨方法 5.1.3 划线工具及使用方法 5.1.4 铰刀的种类 5.1.5 孔的加工工艺

续表

职业功能	工作内容		技能要求	相关知识要求
5. 孔加工	5.2 钻、扩、铰、镗孔及加工坐标孔系	普通铣床	5.2.1 能进行钻孔、扩孔、铰、镗孔，并达到以下要求： （1）孔径尺寸公差等级：IT8 （2）圆度、圆柱度公差等级：8 （3）表面粗糙度：$Ra1.6\ \mu m$ 5.2.2 能在铣床上镗削与轴线平行的孔系（两孔或不在同一直线上的三个孔等），并达到以下要求： （1）孔径尺寸公差等级：IT8 （2）孔中心距公差等级：IT9 （3）圆度、圆柱度公差等级：8 （4）表面粗糙度：$Ra1.6\ \mu m$	5.2.1 钻孔、扩孔、铰孔、镗孔的切削用量确定原则 5.2.2 铰刀的使用方法 5.2.3 镗刀的调整方法 5.2.4 提高坐标孔系孔距精度的方法 5.2.5 平行孔系的镗削方法
	5.3 椭圆孔及椭圆柱面的加工		5.3.1 能镗削椭圆孔，并达到下要求： （1）尺寸公差等级：IT8 （2）表面粗糙度：$Ra1.6\ \mu m$ 5.3.2 能镗削椭圆柱面，并达到以下要求： （1）尺寸公差等级：IT8 （2）表面粗糙度：$Ra1.6\ \mu m$	5.3.1 椭圆孔、椭圆柱面的加工原理及相关计算 5.3.2 镗削椭圆孔、椭圆柱面的刀具调整和镗削方法
	5.4 孔系加工	数控铣床	5.4.1 能运用固定循环、子程序、增量进行钻孔、镗孔加工程序的编制 5.4.2 能运用固定循环功能进行孔加工，并达到以下要求： （1）尺寸公差等级：IT7 （2）形状、位置公差等级：8 （3）表面粗糙度：$Ra1.6\ \mu m$	5.4.1 麻花钻、扩孔钻、镗刀、铰刀的使用方法 5.4.2 固定循环、子程序等功能的使用方法 5.4.3 孔系的数控加工工艺
	5.5 精度检验及误差分析		5.5.1 能使用内径千分尺、内径百分表检验孔的尺寸、圆度、圆柱度精度及椭圆孔的尺寸精度 5.5.2 能使用外径千分尺检验椭圆柱的尺寸精度 5.5.3 能分析孔系产生尺寸误差和形状、位置误差的原因	5.5.1 孔的精度检验方法及量具的选择和使用方法 5.5.2 椭圆孔、椭圆柱的尺寸精度检验方法 5.5.3 孔系加工产生尺寸误差和形状、位置误差的原因

续表

职业功能	工作内容	技能要求		相关知识要求
6. 成形面、螺旋面和曲面加工	6.1 工艺准备	6.1.1 能使用万能分度头或回转工作台装夹盘形凸轮、圆柱凸轮 6.1.2 能计算凸轮的工作曲线导程 6.1.3 能使用万能分度头装夹球形工件	普通铣床	6.1.1 盘形凸轮、圆柱凸轮的加工工艺知识 6.1.2 凸轮工作曲线导程的计算 6.1.3 球形工件的加工工艺知识
	6.2 铣削凸轮	6.2.1 能铣削等速盘形凸轮，并达到以下要求： （1）尺寸公差等级：IT9 （2）表面粗糙度：$Ra1.6\ \mu m$ （3）形状公差（包括导程）：≤0.1 mm 6.2.2 能铣削等速圆柱凸轮，并达到以下要求： （1）尺寸公差等级：IT9 （2）表面粗糙度：$Ra1.6\ \mu m$ （3）形状公差（包括导程）：≤0.1 mm		6.2.1 等速盘形凸轮的铣削方法 6.2.2 等速圆柱凸轮的铣削方法 6.2.3 万能分度头交换齿轮的计算
	6.3 铣削螺旋槽	6.3.1 能使用万能分度头铣削圆柱螺旋槽，并达到以下要求： （1）尺寸公差等级：IT9 （2）表面粗糙度：$Ra1.6\ \mu m$ （3）成形面形状公差（包括导程）：≤0.1 mm 6.3.2 能使用回转工作台铣削平面螺旋槽，并达到以下要求： （1）尺寸公差等级：IT9 （2）表面粗糙度：$Ra1.6\ \mu m$ （3）成形面形状公差（包括导程）：≤0.1 mm		6.3.1 圆柱螺旋槽的铣削方法 6.3.2 平面螺旋槽的铣削方法

续表

职业功能	工作内容		技能要求	相关知识要求
6. 成形面、螺旋面和曲面加工	6.4 铣削成形面	普通铣床	6.4.1 能手动铣削曲面，并达到以下要求： （1）尺寸公差等级：IT10 （2）表面粗糙度：$Ra3.2\ \mu m$ （3）形状公差：≤0.15 mm 6.4.2 能使用成形铣刀、仿形装置及仿形铣床铣削成形面，并达到以下要求： （1）尺寸公差等级：IT9 （2）表面粗糙度：$Ra3.2\ \mu m$ （3）成形面形状公差：≤0.05 mm	6.4.1 手动铣削曲面的操作要点 6.4.2 成形面的铣削方法
	6.5 铣削球面		6.5.1 能铣削内球面，并达到以下求： （1）尺寸公差等级：IT9 （2）表面粗糙度：$Ra3.2\ \mu m$ 6.5.2 能铣削外球面，并达到以下要求： （1）尺寸公差等级：IT9 （2）表面粗糙度：$Ra3.2\ \mu m$	6.5.1 球面的展成原理和相关铣削计算 6.5.2 内、外球面的铣削方法
	6.6 轮廓加工	数控铣床	6.6.1 能手工编制直线、圆弧组成的平面轮廓的加工程序 6.6.2 能使用 CAD/CAM 软件绘制二维零件图 6.6.3 能使用 CAD/CAM 软件编制平面轮廓的铣削程序 6.6.4 能进行平面轮廓加工，达到以下要求： （1）尺寸公差等级：IT8 （2）形状、位置公差等级：8 级 （3）表面粗糙度：$Ra1.6\ \mu m$	6.6.1 平面轮廓铣削的基本知识 6.6.2 过切的概念及处理方法 6.6.3 CAD/CAM 软件的基本功能 6.6.4 平面轮廓的绘制与加工代码生成方法
	6.7 曲面加工		6.7.1 能手工编制铣削圆锥面、圆柱面的加工程序 6.7.2 能使用立铣刀、球头铣刀铣削圆锥面、圆柱面，并达到以下要求： （1）尺寸公差等级：IT8 （2）形状、位置公差等级：8 级 （3）表面粗糙度：$Ra3.2\ \mu m$	6.7.1 变量的概念与宏程序的编程方法 6.7.2 球头刀具的切削特点

续表

职业功能	工作内容		技能要求	相关知识要求
6. 成形面、螺旋面和曲面加工	6.8 精度检验及误差分析		6.8.1 能使用常用量具、量仪并借助万能分度头、回转工作台检验凸轮的几何形状和工作曲线精度 6.8.2 能检验螺旋槽的槽宽和导程精度 6.8.3 能检验曲面等成形面的形状精度 6.8.4 能检验球面尺寸、形状精度 6.8.5 能分析凸轮、螺旋槽、成形面加工产生形状、位置误差的原因	6.8.1 凸轮的精度检验方法及量具的选择和使用方法 6.8.2 螺旋槽的精度检验方法 6.8.3 仿形法加工成形面的误差分析方法 6.8.4 内、外球面的精度检验方法及量具的选择和使用方法 6.8.5 分析凸轮、螺旋槽、成形面产生形状、位置误差的原因
7. 刀具齿槽加工	7.1 工艺准备	普通铣床	7.1.1 能装夹刀具坯件,并找正轴线、圆跳动等 7.1.2 能选择铣削刀具和切削参数	7.1.1 加工刀具的工艺知识 7.1.2 确定加工刀具和切削参数的原则与方法
	7.2 铣削圆盘直齿刀具的齿槽		7.2.1 能使用单角铣刀铣削圆盘直齿刀具的齿槽,并达到以下要求: (1) 刀具前角公差:≤2° (2) 刀齿处棱边尺寸公差等级:IT15 7.2.2 能使用双角铣刀铣削圆盘直齿刀具的齿槽,并达到以下要求: (1) 刀具前角公差:≤2° (2) 刀齿处棱边尺寸公差等级:IT15	7.2.1 圆盘直齿刀具齿槽的铣削方法 7.2.2 圆盘直齿刀具齿槽的精度检验方法及量具的选择和使用方法
	7.3 铣削圆柱直齿刀具的齿槽		7.3.1 能使用单角铣刀铣削圆柱直齿刀具齿槽,并达到以下要求: (1) 刀具前角公差:≤2° (2) 刀齿处棱边尺寸公差等级:IT15 7.3.2 能使用双角铣刀铣削圆柱直齿刀具齿槽,并达到以下要求: (1) 刀具前角公差:≤2° (2) 刀齿处棱边尺寸公差等级:IT15	7.3.1 圆柱直齿刀具齿槽的铣削方法 7.3.2 铣削刀具的调整方法
	7.4 精度检验及误差分析		7.4.1 能对圆盘直齿刀具齿槽、圆柱直齿刀具齿槽的前角、后角、螺旋角等进行精度检验 7.4.2 能分析刀具齿槽加工产生角度误差、导程误差的原因	7.4.1 圆盘直齿刀具齿槽、圆柱直齿刀具齿槽的精度检验方法及量具、量仪的选择方法 7.4.2 铣削刀具齿槽产生角度误差、导程误差的原因

续表

职业功能	工作内容		技能要求	相关知识要求
8. 设备维护与保养	8.1 铣床的精度检验及调整	普通铣床	8.1.1 能调整铣床传动丝杠螺母副的间隙 8.1.2 能根据加工需要对机床与机床附件（分度头、回转工作台）的机动连接装置进行调整	8.1.1 铣床的种类、型号及加工范围 8.1.2 铣床的结构、传动原理 8.1.3 机床附件的结构、工作原理
	8.2 铣床的日常保养		8.2.1 能按说明书要求对铣床部件进行检查 8.2.2 能对铣床进行一级保养	铣床一级保养的内容
	8.3 数控铣床的维护保养	数控铣床	8.3.1 能对数控铣床的机械、电气、液、冷却、数控系统进行检查及维护保养 8.3.2 能识读数控系统的报警信息 8.3.3 能更换系统电池	8.3.1 数控铣床说明书 8.3.2 数控铣床日常保养方法 8.3.3 数控系统说明书 8.3.4 数控系统的报警信息表的使用方法

3.3 三级/高级工

职业功能	工作内容		技能要求	相关知识要求
1. 平面和连接面加工	1.1 工艺准备	普通铣床	1.1.1 能对易变形工件进行装夹 1.1.2 能进行复合斜面的角度计算 1.1.3 能使用万能角度尺、百分表找正工件角度 1.1.4 能调整结构复杂的专用夹具、组合夹具	1.1.1 易变形工件装夹方法 1.1.2 复合斜面的角度计算方法 1.1.3 使用万能角度尺、百分表找正角度的方法 1.1.4 专用夹具和组合夹具的种类、结构、特点及调整方法 1.1.5 夹紧机构的种类及选用方法
	1.2 铣削薄型工件		能铣削宽厚比 $B/H \geqslant 10$ 的薄型工件，并达到以下要求： （1）尺寸公差等级：IT7 （2）平面度、垂直度、平行度公差等级：7 （3）表面粗糙度：$Ra1.6\ \mu m$	1.2.1 铣削薄型工件防止变形的方法 1.2.2 薄型工件的加工方法

续表

职业功能	工作内容		技能要求	相关知识要求
1. 平面和连接面加工	1.3 铣削斜面	普通铣床	1.3.1 能铣削复合斜面，并达到以下要求： （1）尺寸公差等级：IT8 （2）表面粗糙度：$Ra1.6\ \mu m$ 1.3.2 能铣削复合斜槽，并达到以下要求： （1）尺寸公差等级：IT8 （2）表面粗糙度：$Ra1.6\ \mu m$	1.3.1 复合斜面工件的装夹及找正方法 1.3.2 复合斜面的铣削方法 1.3.3 复合斜槽的铣削方法
	1.4 平面加工	数控铣床	1.4.1 能编制阶梯面、垂直面的数控加工程序，进行铣削并达到以下要求： （1）尺寸公差等级：IT7 （2）形状、位置公差等级：7 （3）表面粗糙度：$Ra1.6\ \mu m$ 1.4.2 能编制多边形面、斜面的数控加工程序，进行铣削并达到以下要求： （1）尺寸公差等级：IT7 （2）形状、位置公差等级：8 （3）表面粗糙度：$Ra1.6\ \mu m$	1.4.1 极坐标编程的方法 1.4.2 带 IF 循环语句的手工编程方法 1.4.3 斜面造型及轨迹的生成方法 1.4.4 平面铣削的精度控制方法
	1.5 精度检验及误差分析		1.5.1 能检验薄型工件的平面度和平行度精度 1.5.2 能检验复合斜面、复合斜槽尺寸精度和形状、位置精度 1.5.3 能分析复合斜面、复合斜槽加工产生形状、位置误差的原因	1.5.1 薄型工件的平面度和平行度的精度检验方法 1.5.2 复合斜面、复合斜槽尺寸精度和形状、位置精度的检验方法 1.5.3 减小复合斜面、复合斜槽形状、位置误差的方法
2. 台阶和槽加工	2.1 工艺准备	普通铣床	2.1.1 能编制台阶、槽的铣削加工工艺文件 2.1.2 能使用专用夹具、组合夹具进行多工件装夹	夹具的定位误差原理

续表

职业功能	工作内容	技能要求	相关知识要求
2.台阶和槽加工	2.2 铣削台阶	2.2.1 能使用立铣刀、三面刃铣刀铣削台阶,并达到以下要求: (1) 尺寸公差等级:IT7 (2) 平行度、对称度公差等级:7 (3) 表面粗糙度:$Ra1.6\mu m$ 2.2.2 能使用组合铣刀、成形铣刀铣削非对称台阶、多级台阶,并达到以下要求: (1) 尺寸公差等级:IT7 (2) 平行度、对称度公差等级:7 (3) 表面粗糙度:$Ra1.6\mu m$	台阶铣削精度和表面质量的控制措施
	2.3 铣削键槽	2.3.1 能使用立铣刀、键槽铣刀、三面刃铣刀铣削通键槽、半封闭键槽、封闭键槽 2.3.2 能使用半圆键槽铣刀、T形铣刀铣削半圆键槽 以上加工达到以下要求: (1) 尺寸公差等级:IT7 (2) 对称度公差等级:7 (3) 表面粗糙度:$Ra1.6\mu m$	键槽铣削精度和表面质量的控制措施
	2.4 铣削直角沟槽	2.4.1 能铣削等分圆弧直角沟槽,并达到以下要求: (1) 尺寸公差等级:IT7 (2) 平行度、对称度公差等级:7 (3) 表面粗糙度:$Ra1.6\mu m$ 2.4.2 能铣削大半径弧形直角沟槽,并达到以下要求: (1) 尺寸公差等级:IT7 (2) 平行度、对称度公差等级:7 (3) 表面粗糙度:$Ra1.6\mu m$	2.4.1 铣削等分圆弧直角沟槽的方法 2.4.2 铣削大半径弧形直角沟槽的方法
	2.5 铣削特形沟槽	2.5.1 能根据图样要求,改制铣削特形沟槽刀具 2.5.2 能铣削特形沟槽,并达到以下要求: (1) 尺寸公差等级:IT7 (2) 平行度、对称度公差等级:7级 (3) 表面粗糙度:$Ra1.6\mu m$	提高铣削特形沟槽尺寸精度、形状精度、位置精度的方法

（"普通铣床"为第二列至第三列间的合并单元格）

续表

职业功能	工作内容		技能要求	相关知识要求
2. 台阶和槽加工	2.6 铣削空间沟槽	数控铣床	2.6.1 能根据图样要求，使用CAD/CAM软件进行造型（含曲线、曲面、实体） 2.6.2 能生成空间沟槽的加工轨迹，并进行相应加工参数设置 2.6.3 能编制加工程序进行空间沟槽加工，并达到以下要求： （1）尺寸公差等级：IT8 （2）平行度、对称度公差等级：7 （3）表面粗糙度：$Ra1.6\ \mu m$	2.6.1 曲线、曲面、实体造型的方法 2.6.2 刀具切入、切出设置方法 2.6.3 投影加工、曲面区域加工等轨迹生成的方法
	2.7 精度检验及误差分析		2.7.1 能对特形沟槽的尺寸、形状、位置进行精度检验 2.7.2 能分析特形沟槽工件加工产生变形的原因	2.7.1 特形沟槽的精度检验方法及测量器具的选择原则 2.7.2 防止特形沟槽工件变形的措施 2.7.3 切入、切出的方法对槽加工的质量影响
3. 齿形加工	3.1 工艺准备	普通铣床	3.1.1 能使用分度头装夹大质数直齿锥齿轮，并进行找正 3.1.2 能计算变位齿轮的相关尺寸 3.1.3 能选择铣削蜗轮、蜗杆的刀具 3.1.4 能刃磨铣削蜗轮的飞刀	3.1.1 大质数直齿锥齿轮的装夹、找正方法 3.1.2 变位齿轮相关参数的计算方法 3.1.3 铣削蜗轮、蜗杆的刀具种类及选择方法 3.1.4 飞刀的刃磨方法
	3.2 铣削齿轮、齿条		3.2.1 能铣削斜齿圆柱齿轮、直齿锥齿轮、大质数直齿锥齿轮，并达到以下要求： （1）精度等级：8FJ （2）表面粗糙度：$Ra1.6\ \mu m$ 3.2.2 能铣削变位齿轮，并达到以下要求： （1）精度等级：8FJ （2）表面粗糙度：$Ra1.6\ \mu m$ 3.2.3 能铣削大模数直齿齿条、斜齿齿条，并达到以下要求： （1）精度等级：8FJ （2）表面粗糙度：$Ra1.6\ \mu m$	3.2.1 近似分度法、差动分度法 3.2.2 直齿锥齿轮、大质数直齿锥齿轮的铣削方法 3.2.3 变位齿轮的工作原理及铣削方法 3.2.4 大模数齿条的铣削方法

续表

职业功能	工作内容	技能要求	相关知识要求
3. 齿形加工	3.3 铣削牙嵌式离合器 (普通铣床)	3.3.1 能铣削矩形齿、尖形齿、梯形齿离合器,并达到以下要求: (1) 尺寸公差等级:IT8 (2) 等分公差:≤6′ (3) 表面粗糙度:齿侧面 $Ra1.6\ \mu m$,齿底面 $Ra3.2\ \mu m$ 3.3.2 能铣削螺旋形齿离合器,并达到以下要求: (1) 尺寸公差等级:IT8 (2) 等分误差:≤6′ (3) 表面粗糙度:齿侧面 $Ra1.6\ \mu m$,齿底面 $Ra3.2\ \mu m$	提高离合器齿形加工精度的措施
	3.4 铣削蜗轮、蜗杆	3.4.1 能使用盘式铣刀、指状铣刀铣削蜗杆,并达到以下要求: (1) 精度等级:8级 (2) 表面粗糙度:$Ra1.6\ \mu m$ (3) 导程公差:≤0.1 mm 3.4.2 能使用盘式铣刀、蜗轮滚刀或飞刀铣削蜗轮,并达到以下要求: (1) 精度等级:8级 (2) 表面粗糙度:$Ra1.6\ \mu m$ (3) 导程公差:≤0.1 mm	3.4.1 铣削蜗杆、蜗轮的刀具装夹与调整方法 3.4.2 蜗杆、蜗轮的铣削方法 3.4.3 飞刀展成法
	3.5 精度检验及误差分析	3.5.1 能检验大质数直齿锥齿轮大、小端和齿厚的尺寸精度 3.5.2 能检验蜗杆的齿形、齿距、径向圆跳动和导程精度 3.5.3 能检验蜗轮的齿形、齿距、径向圆跳动和中心距精度 3.5.4 能分析大质数直齿锥齿轮加工产生齿厚误差的原因 3.5.5 能分析蜗杆、蜗轮加工产生误差的原因	3.5.1 大质数直齿锥齿轮的精度检验方法 3.5.2 蜗杆的精度检验方法 3.5.3 三针测量方法 3.5.4 蜗轮的精度检验方法 3.5.5 铣削大质数直齿锥齿轮时减小齿厚误差的方法 3.5.6 铣削蜗杆、蜗轮时减小误差的方法
4. 孔加工	4.1 工艺准备	4.1.1 能进行平行孔系、交叉孔系的坐标计算 4.1.2 能选择镗削台阶孔、盲孔的刀具	4.1.1 平行孔系、交叉孔系的坐标计算 4.1.2 台阶孔、盲孔镗削刀具的选择方法

续表

职业功能	工作内容		技能要求	相关知识要求
4. 孔加工	4.2 铣、镗坐标孔系	普通铣床	能使用铣床镗削平行孔系、交叉孔系，并达到以下要求： (1) 孔径尺寸公差等级：IT7 (2) 孔中心距公差等级：IT8 (3) 圆度、圆柱度公差等级：8 (4) 表面粗糙度：$Ra1.6\ \mu m$	4.2.1 平行孔系、交叉孔系的镗削方法 4.2.2 提高镗削平行孔系、交叉孔系精度的工艺措施
	4.3 铣、镗台阶孔、盲孔		4.3.1 能镗削台阶孔，并达到以下要求： (1) 孔径尺寸公差等级：IT7 (2) 圆度、圆柱度公差等级：8 (3) 表面粗糙度：$Ra1.6\ \mu m$ 4.3.2 能镗削盲孔，并达到以下要求： (1) 孔径尺寸公差等级：IT7 (2) 圆度、圆柱度公差等级：8 (3) 表面粗糙度：$Ra1.6\ \mu m$	4.3.1 镗削台阶孔的方法 4.3.2 镗削盲孔的方法
	4.4 螺纹孔、组合孔加工	数控铣床	4.4.1 能编制螺纹孔加工程序进行加工，并达到以下要求： (1) 螺纹精度等级：6级 (2) 表面粗糙度：$Ra1.6\ \mu m$ 4.4.2 能编制组合孔加工程序进行加工，并达到以下要求： (1) 尺寸公差等级：IT7 (2) 形状、位置公差等级：8 (3) 表面粗糙度：$Ra1.6\ \mu m$	4.4.1 丝锥、螺纹铣刀的使用方法 4.4.2 铣孔程序的编制方法 4.4.3 铣螺纹程序的编制方法 4.4.4 通孔、盲孔、交叉孔的加工工艺 4.4.5 组合刀具的使用方法
	4.5 精度检验及误差分析		4.5.1 能使用游标卡尺、游标高度尺、百分表检验平行孔系、交叉孔系孔的位置精度 4.5.2 能对理论交点尺寸进行间接测量 4.5.3 能检验螺纹尺寸精度及位置精度	4.5.1 平行孔系、交叉孔系孔的位置精度的检验方法 4.5.2 减小孔系加工产生形状、位置误差的方法 4.5.3 间接测量的方法及计算知识 4.5.4 螺纹的精度检验方法

续表

职业功能	工作内容		技能要求	相关知识要求
5. 成形面、螺旋面和曲面加工	5.1 工艺准备		5.1.1 能分析并计算专用夹具的定位误差 5.1.2 能设计、制作定位件等装夹辅具 5.1.3 能对模具的型腔、型面及组合体进行定位与装夹 5.1.4 能换算尺寸链	5.1.1 夹具的定位原理以及定位误差计算方法 5.1.2 定位元件的种类及相关要求 5.1.3 装夹辅具的种类及选择方法 5.1.4 尺寸链的计算方法
	5.2 铣削凸轮	普通铣床	5.2.1 能铣削小导程或大导程等速圆柱凸轮，并达到以下要求： （1）尺寸公差等级：IT8 （2）成形面形状公差（包括导程）：≤0.10 mm （3）表面粗糙度：$Ra1.6\ \mu m$ 5.2.2 能用坐标法铣削等速圆柱凸轮，并达到以下要求： （1）尺寸公差等级：IT8 （2）成形面形状公差（包括导程）：≤0.10 mm （3）表面粗糙度：$Ra1.6\ \mu m$ 5.2.3 能铣削非等速圆柱凸轮，并达到以下要求： （1）尺寸公差等级：IT8 （2）成形面形状公差（包括导程）：≤0.10 mm （3）表面粗糙度：$Ra1.6\ \mu m$	提高凸轮铣削精度的方法
	5.3 铣削螺旋槽、平面螺旋面		5.3.1 能铣削圆柱螺旋槽，并达到以下要求： （1）尺寸公差等级：IT8 （2）形状公差：≤0.10 mm （3）表面粗糙度：$Ra1.6\ \mu m$ 5.3.2 能铣削平面螺旋面，并达到以下要求： （1）尺寸公差等级：IT8 （2）形状公差：≤0.10 mm （3）表面粗糙度：$Ra1.6\ \mu m$	5.3.1 铣削平面螺旋面的方法 5.3.2 提高铣削螺旋槽精度的方法

续表

职业功能	工作内容		技能要求	相关知识要求
5. 成形面、螺旋面和曲面加工	5.4 铣削球面	普通铣床	5.4.1 能铣削内球面，并达到以下要求： (1) 尺寸公差等级：IT8 (2) 形状公差：≤0.05 mm (3) 表面粗糙度：$Ra1.6\ \mu m$ 5.4.2 能铣削外球面，并达到以下要求： (1) 尺寸公差等级：IT8 (2) 形状公差：≤0.05 mm (3) 表面粗糙度：$Ra1.6\ \mu m$	提高内、外球面加工精度的措施
	5.5 铣削型腔、型面及组合体		5.5.1 能铣削模具的型腔、型面，并达到以下要求： (1) 尺寸公差等级：IT8 (2) 形状、位置公差等级：8 (3) 表面粗糙度：$Ra1.6\ \mu m$ 5.5.2 能铣削带特形沟槽的组合体（三件以上组合）工件，组合后能达到以下要求： (1) 尺寸公差等级：IT8 (2) 形状、位置公差等级：8 (3) 表面粗糙度：$Ra1.6\ \mu m$	5.5.1 模具型腔、型面的铣削方法 5.5.2 组合体工件的加工方法及铣削要点
	5.6 轮廓加工	数控铣床	5.6.1 能编制凸轮、椭圆等曲线轮廓加工程序 5.6.2 能铣削凸轮、椭圆等曲线轮廓工件，并达到以下要求： (1) 尺寸公差等级：IT7 级 (2) 形状、位置公差等级：7 (3) 表面粗糙度：$Ra1.6\ \mu m$	5.6.1 曲线轮廓铣削的精度控制方法 5.6.2 刀具侧刃对工件加工精度的影响 5.6.3 变量编程的方法
	5.7 曲面加工		5.7.1 能使用 CAD/CAM 软件编制二次曲面加工程序，并进行干涉检查 5.7.2 能进行二次曲面加工，并达到以下要求： (1) 尺寸公差等级：IT8 (2) 形状、位置公差等级：8 (3) 表面粗糙度：$Ra1.6\ \mu m$	5.7.1 二次曲面的建模方法 5.7.2 后置处理生成加工代码的方法 5.7.3 刀具路径的选择方法 5.7.4 影响二次曲面加工精度的因素及控制方法

续表

职业功能	工作内容		技能要求	相关知识要求
5. 成形面、螺旋面和曲面加工	5.8 组合件加工	数控铣床	5.8.1 能编制组合件及凸凹模的加工程序，并进行干涉检查 5.8.2 能进行组合件及凸凹模加工，并达到以下要求： (1) 配合精度：IT7 (2) 表面粗糙度：$Ra1.6\ \mu m$	5.8.1 组合件的加工方法 5.8.2 凸凹模的铣削方法 5.8.3 卧式数控铣床的加工特点及操作方法
	5.9 精度检验及误差分析		5.9.1 能使用杠杆千分尺、水平仪、光学分度头、拉簧比较仪等量具量仪检验成形面、螺旋齿槽、锥面齿槽的形状、位置精度 5.9.2 能综合分析成形面、螺旋齿槽、锥面齿槽加工产生形状、位置误差的原因 5.9.3 能检验模具的型腔、型面精度 5.9.4 能检验组合体的配合精度、各组合件的尺寸、形状、位置精度 5.9.5 能分析组合体加工产生配合误差的原因	5.9.1 水平仪、光学分度头、拉簧比较仪等量具量仪的结构、工作原理和使用方法 5.9.2 分析成形面、螺旋齿槽、锥面齿槽产生误差的方法 5.9.3 模具的型腔、型面及组合体的精度检验方法 5.9.4 分析组合体配合误差的方法
6. 刀具齿槽加工	6.1 工艺准备	普通铣床	6.1.1 能识读错齿三面刃铣刀、立铣刀和角度铣刀图样及技术要求 6.1.2 能确定错齿三面刃铣刀、立铣刀和角度铣刀齿槽的铣削加工步骤	6.1.1 错齿三面刃铣刀、立铣刀和角度铣刀的表达方法 6.1.2 确定错齿三面刃铣刀、立铣刀和角度铣刀齿槽铣削加工步骤的原则与方法
	6.2 铣削直齿刀具的齿槽		6.2.1 能铣削错齿三面刃铣刀的齿槽，并达到以下要求： (1) 刀具前角公差：≤2° (2) 刀齿处棱边尺寸公差等级：IT12 (3) 表面粗糙度：$Ra3.2\ \mu m$ 6.2.2 能铣削角度铣刀的齿槽，并达到以下要求： (1) 刀具前角公差：≤2° (2) 刀齿处棱边尺寸公差等级：IT12 (3) 表面粗糙度：$Ra3.2\ \mu m$	6.2.1 错齿刀具齿槽的铣削方法 6.2.2 错齿刀具刀齿的铣削方法

续表

职业功能	工作内容		技能要求	相关知识要求
6. 刀具齿槽加工	6.3 铣削螺旋齿刀具的齿槽	普通铣床	6.3.1 能铣削立铣刀螺旋齿槽,并达到以下要求： (1) 刀具前角公差：≤2° (2) 刀齿处棱边尺寸公差等级：IT12 (3) 表面粗糙度：$Ra3.2\ \mu m$ 6.3.2 能铣削等前角、等螺旋角刀具的螺旋齿槽,并达到以下要求： (1) 刀具前角公差：≤2° (2) 刀齿处棱边尺寸公差等级：IT12 (3) 表面粗糙度：$Ra3.2\ \mu m$	螺旋齿刀具齿槽的铣削方法和相关计算知识
	6.4 精度检验及误差分析		6.4.1 能使用游标高度尺、百分表、万能分度头检验错齿刀具齿槽的位置精度和角度精度 6.4.2 能检验螺旋齿刀具齿槽的螺旋角和齿槽等分尺寸精度	6.4.1 错齿刀具齿槽的精度检验方法 6.4.2 螺旋齿刀具齿槽的精度检验方法
7. 设备维护与保养	7.1 铣床的精度检验及调整	普通铣床	7.1.1 能进行铣床的几何精度检验： (1) 机床主轴的回转精度 (2) 机床主轴轴线与工作台的垂直度或平行度 (3) 工作台的平面度、工作台的移动精度 7.1.2 能进行铣床的工作精度测量,并通过试切检测铣床的综合工艺性能 7.1.3 能对铣床的纵、横向工作台运动精度进行调整	铣床精度验收标准及检验方法
	7.2 铣床的日常保养		7.2.1 能判断铣床主轴运转故障、工作台进给故障 7.2.2 能判断铣床的电气故障 7.2.3 能判断铣床的传动故障	7.2.1 铣床的电气元件及工作原理知识 7.2.2 铣床传动故障的排除方法

续表

职业功能	工作内容		技能要求	相关知识要求
7. 设备维护与保养	7.3 数控铣床的精度调整	数控铣床	7.3.1 能进行铣床的几何精度检验： （1）主轴的轴向、径向跳动等精度 （2）主轴相对工作台的垂直（平行）度 （3）工作台的平面度及运动间的平行度、垂直度 7.3.2 能进行机床切削精度检验	7.3.1 数控铣床几何精度检验内容及调整方法 7.3.2 数控铣床切削精度检验内容及调整方法
	7.4 数控铣床的维护与保养		7.4.1 能判断数控铣床机械系统（主轴异响、进给间隙过大等）、液压系统（液压泵不供油等）、气动系统（拉刀机构拉不紧刀柄等）和冷却系统（冷却泵不工作等）的故障 7.4.2 能判断数控铣床控制系统（主轴等）与电气系统（按钮、行程开关等）的故障	7.4.1 数控铣床机械系统故障的诊断方法 7.4.2 数控铣床液压、气动元器件的结构及工作原理 7.4.3 数控铣床电气元件的结构及作用 7.4.4 电主轴的结构及保养方法

3.4 二级/技师

职业功能	工作内容		技能要求	相关知识要求
1. 成形面、螺旋面和曲面加工	1.1 工艺准备	普通铣床	1.1.1 能设计、制作铣床专用夹具、专用量具，并绘制零件图和装配图 1.1.2 能分析夹具产生装夹误差的原因 1.1.3 能装夹和找正曲面、多斜面、多棱角的工件 1.1.4 能设计专用铣刀、铰刀 1.1.5 能依据切削条件和刀具条件估算刀具的使用寿命，并设置相关参数 1.1.6 能编制成形面、螺旋面、曲面工件的铣削加工工艺卡	1.1.1 专用夹具和专用量具零件图、装配图的表达方法 1.1.2 夹紧机构的种类、特点及减少装夹误差的措施 1.1.3 几何形状复杂工件的装夹方法 1.1.4 不等螺旋角、不等齿距、特殊齿形等刀具的功能特点及应用 1.1.5 刀具设计与制造技术 1.1.6 铣削时影响刀具寿命的因素及提高刀具使用寿命的方法 1.1.7 成形面、螺旋面、曲面工件铣削加工工艺卡的编制方法

续表

职业功能	工作内容		技能要求	相关知识要求
1. 成形面、螺旋面和曲面加工	1.1 工艺准备	数控铣床	1.1.7 能设计、制作数控铣床专用夹具 1.1.8 能编制叶片、螺旋桨、复杂模具型腔等工件的铣削加工工艺卡 1.1.9 能根据工件与加工要求编制具有指导性的变量编程程序 1.1.10 能编制五面体的铣削加工程序 1.1.11 能利用 CAD/CAM 软件对叶片等复杂工件进行实体及曲面造型	1.1.8 夹具误差分析的方法 1.1.9 四轴以上数控铣床的操作方法及加工工艺知识 1.1.10 数控龙门铣床的操作方法及加工工艺知识
	1.2 型腔、型面及组合体的铣削	普通铣床	1.2.1 能使用普通铣床铣削复杂型面（发动机机体、泵体、箱体等），并达到以下要求： （1）尺寸公差等级：IT7 （2）形状、位置公差等级：7 （3）表面粗糙度：$Ra1.6\ \mu m$ 1.2.2 能使用数控铣床铣削组合体（三件以上），并达到以下要求： （1）尺寸公差等级：IT7 （2）形状、位置公差等级：7 （3）表面粗糙度：$Ra1.6\ \mu m$ （4）配合精度：IT8	1.2.1 复杂型面工件的装夹、找正及铣削方法 1.2.2 数控铣床的操作方法 1.2.3 二维轮廓工件的数控加工方法 1.2.4 二维轮廓铣削程序的编制方法
	1.3 大半径内、外圆弧面的铣削		能铣削大半径内、外圆弧面（圆弧半径尺寸大于最大刀具直径尺寸），并达到以下要求： （1）等径公差：≤0.05 mm （2）表面粗糙度：$Ra3.2\ \mu m$	1.3.1 近似铣削法 1.3.2 大半径内、外圆弧铣削刀具的确定方法及主轴倾角的计算
	1.4 曲面的铣削	数控铣床	1.4.1 能进行曲面的加工，并达到以下要求： （1）尺寸公差等级：IT7 （2）形状、位置公差等级：7 （3）表面粗糙度$Ra1.6\ \mu m$ 1.4.2 能使用四轴及以上铣床对叶片、螺旋桨复杂模具型腔等复杂工件进行铣削加工，并达到以下要求： （1）尺寸公差等级：IT8 （2）形状、位置公差等级：8 （3）表面粗糙度：$Ra3.2\ \mu m$	1.4.1 模具的特点及加工方法 1.4.2 叶片等复杂曲面的造型方法 1.4.3 四轴及以上联动的程序编制方法 1.4.4 高速铣削的原理及应用 1.4.5 新型刀具的选择及使用方法

续表

职业功能	工作内容	技能要求	相关知识要求
1. 成形面、螺旋面和曲面加工	1.5 精度检验及误差分析	1.5.1 能使用通用、专用量具对发动机机体、泵体、箱体等型面、型腔的尺寸、垂直度、平行度、平面度等进行精度检验 1.5.2 能自制样板对大半径内、外圆弧面尺寸进行精度检验 1.5.3 能根据测量结果分析产生误差的原因	1.5.1 大型、复杂型面工件的精度检验方法 1.5.2 大半径内、外圆弧面的精度检验方法 1.5.3 大半径内、外圆弧面等径精度的误差计算 1.5.4 减少发动机机体、泵体、箱体加工误差的方法
2. 难加工材料加工	2.1 工艺准备	2.1.1 能针对难加工材料确定加工方法、选择加工刀具、确定铣削参数 2.1.2 能编制难加工材料的加工工艺文件	2.1.1 铣削力知识 2.1.2 难加工材料的材料学知识 2.1.3 铣削难加工材料的刀具材料知识 2.1.4 难加工材料加工工艺文件的编制方法
	2.2 工件加工	2.2.1 能铣削高温合金、钛合金、高锰奥氏体钢、高强度钢等难加工材料，并达到以下要求： （1）尺寸公差等级：IT7 （2）形状、位置公差等级：8 （3）表面粗糙度：$Ra1.6\ \mu m$ 2.2.2 能铣削新型材料（如碳纤维、高分子材料等）工件，并达到以下要求： （1）尺寸公差等级：IT8 （2）形状、位置公差等级：8级	2.2.1 选择难加工材料加工刀具的原则 2.2.2 难加工材料切削液的选择方法 2.2.3 新型材料的铣削加工方法 2.2.4 新型刀具、新型机床的使用方法
	2.3 精度检验及误差分析	2.3.1 能对难加工材料工件的尺寸、形状、位置进行精度检验 2.3.2 能对工件表面质量进行精度检验 2.3.3 能分析难加工材料工件加工误差产生的原因	2.3.1 难加工材料工件的精度检验方法 2.3.2 表面质量的检验方法 2.3.3 难加工材料的铣削特性

续表

职业功能	工作内容		技能要求	相关知识要求
3. 设备维护与保养	3.1 铣床的精度调整	普通铣床	3.1.1 能调整铣床主轴轴承间隙 3.1.2 能精确调整铣床工作台和立铣头的扳转角度（角度公差<6′）	3.1.1 铣床主轴轴承间隙的调整方法 3.1.2 精确调整扳转角度的方法
	3.2 铣床的日常保养		3.2.1 能排除铣床的常见机械系统故障（工作台松动、进给反向空程量大等） 3.2.2 能判断普通铣床常见电气系统故障（主轴制动不良、变速齿轮不易啮合等） 3.2.3 能制订和调整维护保养铣床的方案	3.2.1 普通铣床常见机械系统故障的原因及排除方法 3.2.2 普通铣床常见电气系统故障的产生原因 3.2.3 生产条件和生产环境对铣床的影响
	3.3 数控铣床的精度调整	数控铣床	3.3.1 能利用检测仪器对机床的动态精度进行检验 3.3.2 能根据机床切削精度判断机床精度误差	3.3.1 机床定位精度、重复定位精度检验方法 3.3.2 机床动态特性的基本原理
	3.4 数控铣床的维护与保养		3.4.1 能排除数控铣床机械系统（进给爬行、振动等）、液压系统（液压泵异常噪声、发热等）、气动系统（气动泵异常噪声、压力不正常等）和冷却系统（电机过热等）的一般故障 3.4.2 能判断数控铣床控制与电气系统（主轴转速与Z轴进给不匹配等）的一般故障	3.4.1 数控铣床常见机械系统故障的原因及排除方法 3.4.2 数控铣床液压系统、气动系统故障的诊断方法 3.4.3 数控铣床电气系统故障的诊断方法 3.4.4 数控铣床数控系统故障的诊断方法 3.4.5 数控铣床综合故障的诊断方法
4. 技术管理	4.1 加工工艺制定与分析	普通铣床	4.1.1 能制定工件的铣削加工工艺 4.1.2 能编制二维轮廓的数控铣削加工工艺 4.1.3 能对工件的加工工艺方案进行合理性分析并提出改进建议	4.1.1 典型机械零件铣削加工工艺知识 4.1.2 数控铣床工作原理知识 4.1.3 高级编程指令代码知识
		数控铣床	4.1.4 能编制叶片、螺旋桨、复杂模具型腔等工件的加工工艺 4.1.5 能分析数控加工工艺的不足并进行改进 4.1.6 能利用数控加工仿真软件分析和优化数控加工工艺	4.1.4 大型复杂工件的数控铣削加工方法 4.1.5 精密工件的加工方法 4.1.6 提高生产效率的工艺优化方法

续表

职业功能	工作内容		技能要求	相关知识要求
4. 技术管理	4.2 新工艺的应用	普通铣床	4.2.1 能应用成组技术对工件进行加工 4.2.2 能选择和使用适合高速铣削的工具系统	4.2.1 成组加工技术的特点与应用方法 4.2.2 高速铣削的工具系统知识
		数控铣床	4.2.3 能使用复合机床进行加工 4.2.4 能使用高速铣削技术进行工件的加工	4.2.3 复合加工的工艺方法 4.2.4 高速铣削机床的操作方法 4.2.5 高速铣削刀具的选择方法 4.2.6 高速铣削加工工艺的编制方法
	4.3 技术报告编写及技术推广		4.3.1 能总结加工工艺、刀具改进及专用夹具设计等成果,编写技术报告 4.3.2 能总结专业技术,向本职业三级/高级工及以下级别人员推广技术成果	4.3.1 技术报告的编写方法 4.3.2 技术交流推广的方法
5. 培训与指导	5.1 理论知识培训指导		5.1.1 能对本职业三级/高级工及以下级别人员进行基础理论知识、专业技术理论知识培训 5.1.2 能指导本职业三级/高级工及以下级别人员查找并使用相关技术手册	5.1.1 理论培训方案及基本培训方法 5.1.2 技术手册的查找方法
	5.2 技能操作培训指导		能对本职业三级/高级工及以下级别人员进行技能操作培训	实际操作技能的演示与指导方法

3.5 一级/高级技师

职业功能	工作内容	技能要求	相关知识要求
1. 特形工件加工	1.1 工艺准备	1.1.1 能设计与制作高精度箱体类、叶片、螺旋桨等复杂工件的专用夹具 1.1.2 能设计多功能夹具 1.1.3 能根据工件要求设计专用(成型)刀具 1.1.4 能制定专用铣刀的制造工艺 1.1.5 能根据工件加工需要配置组合铣刀	1.1.1 先进机床夹具的使用方法及发展趋势 1.1.2 多功能夹具的设计知识 1.1.3 专用(成型)刀具的设计和制造知识 1.1.4 刀具制造工艺的编制方法 1.1.5 组合铣刀的配置要求与方法

续表

职业功能	工作内容		技能要求	相关知识要求
1. 特形工件加工	1.2 高难度、高精度、大型工件的铣削	普通铣床	1.2.1 能对高难度、高精度工件进行装夹、找正、固定并加工 1.2.2 能分析和解决铣削加工的工艺难题，并制定铣削工艺 1.2.3 能操作多轴铣床进行加工 1.2.4 能解决高难度、高精度（例如：工件尺寸精度高于机床刻度值等）工件加工中的尺寸精度、几何精度问题	1.2.1 装夹、定位、找正的技巧 1.2.2 多轴铣床的特点与加工工艺知识 1.2.3 高难度、高精度工件铣削难点及解决方法
	1.3 关键零件加工	数控铣床	1.3.1 能制定关键零件加工方案及加工工艺 1.3.2 能发现关键零件的设计、工艺错误并提出改进意见 1.3.3 能对关键零件进行加工	1.3.1 关键零件的数控加工方法 1.3.2 保证关键零件首件质量的方法
	1.4 精度检验及误差分析		1.4.1 能使用机械、气动、光学等量仪和专用检具对特形工件的尺寸、形状、位置精度进行检验 1.4.2 能分析特形工件的加工精度和表面质量问题产生的原因，并提出解决问题的方案	1.4.1 精密量具和量仪的工作原理、结构特点及使用方法 1.4.2 提高加工精度的工艺方法
2. 设备维护与保养	2.1 铣床的精度调整		2.1.1 能对机床、机床附件进行全方位精度检查和调整 2.1.2 能利用检测仪器对数控铣床的动态精度进行测量	2.1.1 常用金属切削机床的结构、工作原理与操作方法 2.1.2 数控机床动态特性的基本原理
	2.2 铣床的日常保养	普通铣床	2.2.1 能判断并排除普通铣床的机械、电气、液压与气动系统故障 2.2.2 能判断并排除数控铣床急停、超程、编程错误、报警信息等故障	2.2.1 铣床机械、电气、液压与气动系统故障的排除方法 2.2.2 数控铣床报警信息的内容及排除方法
	2.3 数控铣床的精度调整	数控铣床	2.3.1 能调整和修改机床参数对可补偿的机床误差进行精度补偿 2.3.2 能分析数控铣床机械系统（滚珠丝杠副反向间隙大、主轴温升过高等）、液压系统、气动系统（压力下降等）、冷却系统（油温、水温高等）故障产生的原因，并提出调整措施	2.3.1 误差统计和计算方法 2.3.2 数控系统中机床误差的补偿方法 2.3.3 数控机床机械系统、液压系统、气动系统和冷却系统结构调整和维修方法

续表

职业功能	工作内容		技能要求	相关知识要求
2. 设备维护与保养	2.4 数控铣床的维护与保养	数控铣床	2.4.1 能编写数控铣床的重大维修方案 2.4.2 能组织并协助进行更换导轨、丝杠螺母副等维修 2.4.3 能针对机床运行现状合理调整数控系统相关参数 2.4.4 能借助网络设备和软件系统实现数控设备的远程诊断 2.4.5 能根据机床电路图及可编程逻辑控制器（PLC）梯形图检查出故障发生点，并提出机床维修方案	2.4.1 数控铣床的大修方法 2.4.2 数控系统的机床参数信息表 2.4.3 数控铣床数控系统的执行过程与故障判断知识 2.4.4 数控设备网络接口及相关技术 2.4.5 机床电路图工作原理 2.4.6 可编程逻辑控制器（PLC）的使用方法
3. 技术管理	3.1 加工工艺制定与分析	普通铣床	3.1.1 能编制关键机械零件加工的工艺规程 3.1.2 能对零件的加工工艺方案进行综合性、合理性分析，提出改进意见 3.1.3 能对特形工件进行分析并提出加工工艺方案	3.1.1 机械制造工艺系统知识 3.1.2 特形工件的加工方法
		数控铣床	3.1.4 能对关键零件的数控加工工艺方案进行合理性分析，提出改进意见 3.1.5 能分析关键零件加工误差产生原因，并提出改进加工精度措施	3.1.3 复杂、精密零件机械加工工艺的系统知识
	3.2 新工艺的推广应用	普通铣床	3.2.1 能进行以铣代磨的加工 3.2.2 能在铣床上进行滚齿加工 3.2.3 能对三轴联动数控铣床加工的工件制订调试方案	3.2.1 以铣代磨的工艺方法 3.2.2 铣床上滚齿加工的方法 3.2.3 三轴联动加工的方法
		数控铣床	3.2.4 能制定高速（以铣代磨）加工工艺 3.2.5 能制订精细加工的工艺方案 3.2.6 能分析在多轴数控加工中由夹具精度引起的加工误差，提出改进方案并组织实施	3.2.4 高速加工机床的知识 3.2.5 精细加工的工艺知识 3.2.6 多轴数控加工的方法

续表

职业功能	工作内容	技能要求	相关知识要求
3. 技术管理	3.3 技术报告编写与技术交流	3.3.1 能总结本专业先进高效的操作方法、工装设计等技术成果并编写技术报告 3.3.2 能进行技术交流，发现和推广先进技术成果	技术交流、推广组织与实施的相关知识
4. 培训与指导	4.1 理论知识培训指导	4.1.1 能对本职业二级/技师及以下级别人员进行机械制造理论知识培训 4.1.2 能指导本职业二级/技师及以下级别人员撰写技术论文	4.1.1 理论培训大纲的编写方法 4.1.2 培训教材的选择知识 4.1.3 现代制造技术知识
	4.2 技能操作培训指导	4.2.1 能对本职业二级/技师及以下级别人员进行操作技能培训 4.2.2 能指导本职业二级/技师及以下级别人员解决加工问题 4.2.3 能组织有关人员对技术难题进行技术革新	4.2.1 现场实际操作教学计划及方法 4.2.2 相同课题、不同操作技能的演示方法 4.2.3 技术革新的实施方法

4. 权重表

4.1 理论知识权重表

项目		技能等级	五级/初级工（%）	四级/中级工（%）		三级/高级工（%）		二级/技师（%）		一级/高级技师（%）	
				普通铣床	数控铣床	普通铣床	数控铣床	普通铣床	数控铣床	普通铣床	数控铣床
基本要求	职业道德		5	5	5	5	5	5	5	5	5
	基础知识		25	20	20	15	15	10	10	5	5
相关知识要求	平面和连接面加工		20	10	15	10	15	—	—	—	—
	台阶和槽加工		20	5	10	5	10	—	—	—	—
	刻线与工件切断		10	5	—	—	—	—	—	—	—
	齿形加工		15	10	—	15	—	—	—	—	—
	孔加工		—	10	25	10	25	—	—	—	—
	成形面、螺旋面和曲面加工		—	20	15	25	20	30	15	—	—

续表

项目	技能等级	五级/初级工（%）	四级/中级工（%）		三级/高级工（%）		二级/技师（%）		一级/高级技师（%）	
			普通铣床	数控铣床	普通铣床	数控铣床	普通铣床	数控铣床	普通铣床	数控铣床
相关知识要求	刀具齿槽加工	—	10	—	10	—	—	—	—	—
	难加工材料加工	—	—	—	—	—	15	25	—	—
	特形工件加工	—	—	—	—	—	—	—	35	35
	设备维护与保养	5	5	10	5	10	10	10	10	10
	技术管理	—	—	—	—	—	20	25	30	30
	培训与指导	—	—	—	—	—	10	10	15	15
合计		100	100		100		100		100	

4.2 技能要求权重表

项目	技能等级	五级/初级工（%）	四级/中级工（%）		三级/高级工（%）		二级/技师（%）		一级/高级技师（%）	
			普通铣床	数控铣床	普通铣床	数控铣床	普通铣床	数控铣床	普通铣床	数控铣床
技能要求	平面和连接面加工	30	10	20	10	15	—	—	—	—
	台阶和槽加工	35	10	20	10	15	—	—	—	—
	刻线与工件切断	10	5	—	—	—	—	—	—	—
	齿形加工	20	15	—	20	—	—	—	—	—
	孔加工	—	15	25	15	25	—	—	—	—
	成形面、螺旋面和曲面加工	—	30	30	30	35	30	35	—	—
	刀具齿槽加工	—	10	—	10	—	—	—	—	—
	难加工材料加工	—	—	—	—	—	20	25	—	—
	特形件加工	—	—	—	—	—	—	—	40	40
	设备维护与保养	5	5	5	5	10	10	10	10	10
	技术管理	—	—	—	—	—	30	20	35	35
	培训与指导	—	—	—	—	—	10	10	15	15
合计		100	100	100	100	100	100	100	100	100

磨工国家职业技能标准

（2018年版）

1. 职业概况

1.1 职业名称

磨工

1.2 职业编码

6-18-01-04

1.3 职业定义

操作磨床，使用磨料、磨具及专用工具，进行工件、光学玻璃等柱面、平面、螺纹等型面磨削加工的人员。

1.4 职业技能等级

本职业共设五个等级，分别为：五级/初级工、四级/中级工、三级/高级工、二级/技师、一级/高级技师。

1.5 职业环境条件

一般精度磨削加工要求室内、常温、湿度≤80%，高精度磨削加工要求室内、恒温。

1.6 职业能力特征

具有较强的计算能力、空间感、形体知觉和色觉；手指灵活，动作协调，能操作磨床设备。

1.7 普通受教育程度

初中毕业（或相当文化程度）。

1.8 职业技能鉴定要求

1.8.1 申报条件

具备以下条件之一者，可申报五级/初级工：
（1）累计从事本职业或相关职业工作1年（含）以上。
（2）本职业或相关职业学徒期满。

具备以下条件之一者，可申报四级/中级工：

（1）取得本职业或相关职业五级/初级工职业资格证书（技能等级证书）后，累计从事本职业或相关职业工作4年（含）以上。

（2）累计从事本职业或相关职业工作6年（含）以上。

（3）取得技工学校本专业①或相关专业②毕业证书（含尚未取得毕业证书的在校应届毕业生）；或取得经评估认证、以中级技能为培养目标的中等及以上职业学校本专业或相关职业毕业证书（含尚未取得毕业证书的在校应届毕业生）。

具备以下条件之一者，可申报三级/高级工：

（1）取得本职业或相关职业四级/中级工职业资格证书（技能等级证书）后，累计从事本职业或相关职业工作5年（含）以上。

（2）取得本职业或相关职业四级/中级工职业资格证书（技能等级证书），并具有高级技工学校、技师学院毕业证书（含尚未取得毕业证书的在校应届毕业生）；或取得本职业或相关职业四级/中级工职业资格证书（技能等级证书），并具有经评估论证、以高级技能为培养目标的高等职业学校本专业或相关专业毕业证书（含尚未取得毕业证书的在校应届毕业生）。

（3）具有大专及以上本专业或相关专业毕业证书，并取得本职业或相关职业四级/中级工职业资格证书（技能等级证书）后，累计从事本职业或相关职业工作2年（含）以上。

具备以下条件之一者，可申报二级/技师：

（1）取得本职业或相关职业三级/高级工职业资格证书（技能等级证书）后，累计从事本职业工作4年（含）以上。

（2）取得本职业或相关职业三级/高级工职业资格证书（技能等级证书）的高级技工学校、技师学院毕业生，累计从事本职业或相关职业工作3年（含）以上；或取得本职业或相关职业预备技师证书的技师学院毕业生，累计从事本职业或相关职业工作2年（含）以上。

具备以下条件者，可申报一级/高级技师：

取得本职业或相关职业二级/技师职业资格证书（技能等级证书）后，累计从事本职业或相关职业工作4年（含）以上。

1.8.2 鉴定方式

分为理论知识考试、技能考核以及综合评审。理论知识考试以笔试、机考等方式为主，主要考核从业人员从事本职业应掌握的基本要求和相关知识要求；技能考核主要采用现场操作、模拟操作等方式进行，主要考核从业人员从事本职业应具备的技能水平；综合评审主要针对技师和高级技师，通常采取评审申报材料、答辩等方式进行全面评议和审查。

理论知识考试、技能考核和综合评审均实行百分制，成绩皆达60分（含）以上者为合格。

---

① 本专业：磨削加工专业，下同。
② 相关专业：其他机械加工类专业，下同。

1.8.3 监考人员、考评人员与考生配比

理论知识考试中的监考人员与考生配比不低于 1∶15，且每个考场不少于 2 名监考人员；技能考核中的考评人员与考生配比为 1∶5，且考评人员为 3 人（含）以上单数；综合评审委员为 3 人（含）以上单数。

1.8.4 鉴定时间

理论知识考试时间不少于 120 min。技能考核时间：五级/初级工不少于 240 min，四级/中级工不少于 300 min，三级/高级工不少于 360 min，二级/技师不少于 420 min，一级/高级技师不少于 240 min。综合评审时间不少于 45 min。

1.8.5 鉴定场所设备

理论知识考试在标准教室进行；技能考核在配备必要的磨床、夹具及机床附件以及量具、量仪等设备和工具的场所进行。

2. 基本要求

2.1 职业道德

2.1.1 职业道德基本知识

2.1.2 职业守则

（1）遵守法律、法规和有关规定。
（2）爱岗敬业，具有高度的责任心。
（3）严格执行工作程序、工作规范、工艺文件和安全操作规程。
（4）工作认真负责，团结合作。
（5）爱护设备及工具、夹具、刀具、量具。
（6）着装整洁，符合规定；保持工作环境清洁有序，文明生产。

2.2 基础知识

2.2.1 基础理论知识

（1）常用计算知识。
（2）识图知识。
（3）公差配合与技术测量知识。
（4）常用金属材料及热处理知识。
（5）常用非金属材料知识。

2.2.2 机械加工基础知识

（1）机械原理与机械设计基础。

(2) 机械加工常用设备的分类、用途、基本结构及维护保养方法。
(3) 金属切削常用刀具。
(4) 磨具的种类、用途、选择与修整知识。
(5) 冷却液的种类与配制知识。
(6) 机械加工工艺基础。
(7) 零件的定位与夹紧知识。
(8) 机械加工精度检验知识。
(9) 典型零件（主轴、动压滑动轴承、静压滑动轴承、箱体、丝杠、刀具、曲轴、导轨、耦合件等）的磨削工艺。
(10) 磨床的结构、特点。
(11) 数控编程、数控加工工艺知识。
(12) 气动及液压传动知识。
(13) 工具、夹具、量具、量仪使用方法与维护知识。

2.2.3 钳工基础知识

(1) 划线知识。
(2) 钳工操作（錾削、锉削、锯削、钻削、铰孔、攻螺纹、套螺纹等）知识。

2.2.4 电工知识

(1) 通用设备常用电器的种类及用途。
(2) 电力拖动及控制原理基础知识。
(3) 安全用电知识。

2.2.5 安全文明生产与环境保护知识

(1) 现场文明生产要求。
(2) 环境保护知识。
(3) 安全操作与劳动保护知识。

2.2.6 质量管理知识

(1) 企业的质量方针。
(2) 岗位的质量管理要求。
(3) 岗位的质量保证措施与责任。

2.2.7 相关法律法规、技术标准及规范

(1)《中华人民共和国劳动法》相关知识。
(2)《中华人民共和国劳动合同法》相关知识。
(3)《中华人民共和国特种设备安全法》相关知识。
(4)《中华人民共和国安全生产法》相关知识。
(5)《中华人民共和国环境保护法》相关知识。

(6)《磨削机械安全规程》(GB 4674—2009)。

(7)《金属切削机床安全防护通用技术条件》(GB 15760—2004)。

(8) 相关磨床的精度检验标准及技术条件标准。

3. 工作要求

本标准对五级/初级工、四级/中级工、三级/高级工、二级/技师、一级/高级技师的技能要求和相关知识要求依次递进,高级别涵盖低级别的要求。

3.1 五级/初级工

3.1.1 普通磨床磨工

职业功能	工作内容	技能要求	相关知识要求
1. 工艺准备	1.1 读图与绘图	能读懂轴类、套类、棱体类、刀具与工具类、齿轮类、曲轴与导轨类等简单的零件图	1.1.1 简单零件的识图知识 1.1.2 简单零件磨削技术要求
	1.2 磨削加工准备	1.2.1 能读懂轴类、套类、棱体类、刀具与工具类、齿轮类、曲轴与导轨类简单零件磨削工序的工艺规程 1.2.2 能选择磨削用量 1.2.3 能配制、使用磨削液	1.2.1 简单零件的磨削工艺 1.2.2 磨削余量的确定方法 1.2.3 磨削液的种类和配制方法 1.2.4 常用计算知识
	1.3 工件定位与装夹	1.3.1 能选择工件的定位基准 1.3.2 能使用通用夹具、专用夹具和简单的组合夹具	1.3.1 工件定位原理的知识 1.3.2 磨床常用夹具的种类、结构与使用方法及组合夹具的使用方法
	1.4 磨具与量具准备	1.4.1 能选用磨削常用磨具,并会检查、安装、平衡和校正 1.4.2 能使用磨削常用量具	1.4.1 磨具的选择与校正方法 1.4.2 磨床常用磨具的种类及用途 1.4.3 磨削常用量具的种类及用途
	1.5 设备维护保养	1.5.1 能操作和调整所用磨床 1.5.2 能对所用磨床进行清洁保养	1.5.1 所用磨床的名称、型号、规格、部件构成、性能及操作方法 1.5.2 所用磨床的清洁保养方法

续表

职业功能	工作内容	技能要求	相关知识要求
2.工件加工	2.1 外圆磨削	能进行 $D/L \leqslant 6$ 圆柱零件磨削或能进行 $\phi 20$ mm×200 mm 光轴无心磨削,达到以下要求:尺寸公差等级 IT6,表面粗糙度 $Ra0.8$ μm,跳动公差等级 7 级,圆度公差等级 6 级	2.1.1 外圆、外锥类零件磨削的装夹方法 2.1.2 外圆、外锥类零件磨削的其他注意事项
	2.2 内圆磨削	能进行 $D/L \leqslant 4$、长度 100 mm 的内圆、内锥及端面磨削,达到以下要求:尺寸公差等级 IT7,表面粗糙度 $Ra0.8$ μm,圆度公差等级 6 级,内圆与端面垂直度公差等级 6 级	2.2.1 内圆、内锥和端面磨削装夹方法 2.2.2 内圆、内锥和端面磨削的其他注意事项
	2.3 平面磨削	能进行 $L×B×H=150$ mm×150 mm×10 mm 的平板磨削,达到以下要求:尺寸公差等级 IT7,表面粗糙度 $Ra0.8$ μm,平行度公差等级 7 级,平面度公差等级 7 级	2.3.1 棱体类、法兰类零件磨削的装夹方法 2.3.2 平面磨削的其他注意事项
	2.4 刀具磨削	能进行 8 级精度手用铰刀等简单刀具刃口的磨削,达到以下要求:表面粗糙度 $Ra0.4$ μm,磨削部分对公共轴线的径向圆跳动公差等级 8 级,GB/T 1131.1—2004	2.4.1 刀具与工具磨削的装夹方法 2.4.2 刀具与工具磨削的其他注意事项
	2.5 螺纹磨削	能进行螺纹部分长度 $L_0 \leqslant 500$ mm、齿形角为 30°的单头梯形螺纹磨削,达到以下要求:精度等级 7e,表面粗糙度 $Ra0.8$ μm,GB/T 5796.2—2005	2.5.1 螺纹类零件磨削的装夹方法 2.5.2 螺纹磨削的其他注意事项
	2.6 齿轮磨削	能进行标准直齿圆柱齿轮轮齿部分的磨削,达到以下要求:精度等级 7—6—6HL,表面粗糙度 $Ra0.8$ μm,GB/T 10095—2008	2.6.1 齿轮类零件磨削的装夹方法 2.6.2 齿轮磨削的其他注意事项
	2.7 曲轴磨削	能进行单拐曲轴磨削,达到以下要求:尺寸公差等级 IT6,表面粗糙度 $Ra0.8$ μm,圆柱度公差等级 6 级	2.7.1 曲轴零件磨削的装夹方法 2.7.2 曲轴磨削的其他注意事项

续表

职业功能	工作内容	技能要求	相关知识要求
2. 工件加工	2.8 导轨磨削	能进行铸铁材料双矩形导轨的磨削，达到以下要求：表面粗糙度 $Ra0.8\ \mu m$，直线度公差等级6级，平行度公差等级6级	2.8.1 导轨类零件磨削的装夹方法 2.8.2 导轨磨削的其他注意事项
	2.9 珩磨加工	能进行铸铁箱体孔的珩磨，达到以下要求：尺寸公差等级IT6，表面粗糙度 $Ra0.8\ \mu m$，圆柱度公差等级6级	2.9.1 箱体类零件珩磨的装夹方法 2.9.2 珩磨的其他注意事项
3. 加工精度检验	3.1 长度、角度类几何尺寸检验	3.1.1 能使用游标卡尺等游标类量具测量零件长度、高度等几何尺寸 3.1.2 能使用外径千分尺、内径千分尺、内径量表测量直径等几何尺寸 3.1.3 能使用环规、塞规、卡规测量工件的内圆、外圆直径等几何尺寸	3.1.1 游标卡尺、游标深度尺、游标高度尺的使用、维护保养方法 3.1.2 内径千分尺、外径千分尺的使用、维护保养方法 3.1.3 量规的使用方法及维护保养方法
	3.2 锥度精度检验	3.2.1 能使用涂色法检验零件内、外锥面的接触精度 3.2.2 能使用游标角度尺测量零件角度	3.2.1 涂色法检验锥度的方法 3.2.2 游标角度尺的使用方法和维护保养方法
	3.3 螺纹精度检验	3.3.1 能使用螺纹千分尺测量螺纹中径尺寸 3.3.2 能使用三针测量螺纹中径尺寸 3.3.3 能使用环规、塞规、卡规测量螺纹精度	3.3.1 螺纹的检验项目与检验方法 3.3.2 螺纹检验量具的使用方法及维护保养方法
	3.4 齿轮精度检验	3.4.1 能使用公法线千分尺测量齿轮的公法线长度 3.4.2 能使用齿厚游标卡尺测量齿厚	3.4.1 齿轮的检验项目与检验方法 3.4.2 齿轮磨削常用量具的使用方法及维护保养方法 3.4.3 使用公法线千分尺测量公法线长度的方法；使用齿厚卡尺测量齿厚的方法

续表

职业功能	工作内容	技能要求	相关知识要求
3.加工精度检验	3.5 曲轴精度检验	能使用千分尺、量块测量偏心量	3.5.1 曲轴的检验项目与检验方法 3.5.2 曲轴磨削常用量具的使用方法及维护保养方法 3.5.3 使用千分尺、量块测量偏心量的方法
	3.6 导轨精度检验	能使用千分表测量导轨的直线度	3.6.1 导轨的检验项目与检验方法 3.6.2 使用千分表测量直线度的方法
	3.7 几何精度检验	能使用百分表、千分表、角度尺测量零件跳动、平行度和垂直度等几何精度	使用百分表、千分表、角度尺测量零件跳动、平行度和垂直度等几何精度的方法
	3.8 表面质量检验	能根据表面粗糙度样板,判断零件表面粗糙度等级	粗糙度样板使用方法及维护保养方法

3.1.2 光学普通磨床磨工

职业功能	工作内容	技能要求	相关知识要求
1.工艺准备	1.1 读图与绘图	能读懂平面、球面反射镜及透镜等简单光学零件图	简单光学零件的识图知识
	1.2 磨削加工准备	1.2.1 能读懂平面、球面反射镜及透镜等简单光学零件工艺规程 1.2.2 能配制和使用磨削液	1.2.1 简单光学零件的磨削工艺 1.2.2 磨削液的配制与使用方法
	1.3 工件定位与装夹	1.3.1 能选择工件的定位基准 1.3.2 能选择简单光学零件用粘盘,并将光学零件固定到粘盘上	1.3.1 工件定位原理的知识 1.3.2 简单光学零件粘盘的选择与使用方法 1.3.3 常用光学零件的固定方法
	1.4 磨具与量具准备	1.4.1 能选用简单光学零件的常用磨盘 1.4.2 能使用光学零件的常用量具 1.4.3 常用磨料的选择与使用方法	1.4.1 简单光学零件常用磨盘的选择及使用方法 1.4.2 常用量具的种类及用途 1.4.3 常用磨料的选择与使用方法

续表

职业功能	工作内容	技能要求	相关知识要求
1. 工艺准备	1.5 设备维护保养	1.5.1 能操作和调整所用磨床,根据需要调整所需速度及压力 1.5.2 能对所用磨床进行清洁保养	1.5.1 所用磨床的名称、型号、规格、部件构成、性能及操作方法 1.5.2 所用磨床的维护保养方法
2. 工件加工	2.1 粗磨成型	2.1.1 能进行 $\phi100$ mm 平面及球面反射镜粗磨成型,达到以下要求:外径及中孔尺寸公差等级 IT10,面形误差 $P_v \leq 0.05$ mm,平行度 ≤ 0.05 mm,中心厚度尺寸公差 ± 0.10 mm 2.1.2 能进行 $\phi100$ mm 透镜粗磨成型,达到以下要求:外径尺寸公差等级 IT10,面形误差 $P_v \leq 0.05$ mm,平行度 ≤ 0.05 mm,中心厚度尺寸公差 ± 0.10 mm	小口径平面、球面反射镜及透镜粗磨成型方法
2. 工件加工	2.2 研磨抛光	2.2.1 能进行 $\phi100$ mm 平面及球面反射镜研磨抛光,达到以下要求:整体光圈 $N \leq 0.5$,局部光圈 $\Delta N \leq 0.3$,表面疵病等级 V 2.2.2 能进行 $\phi100$ mm 透镜研磨抛光,达到以下要求:整体光圈 $N \leq 0.5$,局部光圈 $\Delta N \leq 0.3$,平行度 ≤ 0.01 mm,中心厚度尺寸公差 ± 0.10 mm,表面疵病等级 V	小口径平面、球面反射镜及透镜研抛方法
3. 加工精度检验	3.1 长度、角度类几何尺寸检验	3.1.1 能使用游标卡尺测量零件长度、外径等几何尺寸 3.1.2 能使用百分表测量简单光学零件的中心厚度	3.1.1 游标卡尺的使用与维护保养方法 3.1.2 使用百分表测量简单光学零件中心厚度的方法
3. 加工精度检验	3.2 面形与曲率半径误差检验	3.2.1 能使用简易球径仪等测量光学零件面形与曲率半径误差 3.2.2 能使用样板检验简单光学零件的曲率半径与面形误差	3.2.1 使用球径仪测量简单光学零件面形与曲率半径误差的方法 3.2.2 使用样板检验简单光学零件曲率半径与面形误差的方法
3. 加工精度检验	3.3 几何精度检验	能使用百分表或千分表测量简单光学零件的平行度	使用百分表或千分表测量简单光学零件平行度的方法
3. 加工精度检验	3.4 表面质量检验	能目视检查光学零件的表面疵病	光学零件表面疵病级别及判别标准

3.1.3 宝石轴承磨床磨工

职业功能	工作内容	技能要求	相关知识要求
1. 工艺准备	1.1 读图与绘图	能读懂简单宝石轴承的零件图	简单宝石轴承零件的识图知识
	1.2 磨削加工准备	1.2.1 能读懂简单宝石轴承零件的磨削工艺规程 1.2.2 能检查前道工序流转下的待加工产品规格 1.2.3 能配制、使用磨削液	1.2.1 简单宝石轴承零件的磨削工艺 1.2.2 简单宝石轴承零件磨削余量的确定方法 1.2.3 磨削液的种类和配制方法 1.2.4 常用计算知识
	1.3 工件定位与装夹	1.3.1 能选择工件的定位基准 1.3.2 能根据加工要求,进行三眼铜片及吸管等夹具的安装和调试	1.3.1 工件定位原理的知识 1.3.2 简单宝石轴承零件磨削常用夹具及安装调试方法
	1.4 磨具与量具准备	1.4.1 能根据加工要求,选择磨料规格并进行配比,达到所需磨削加工的浓度和用量 1.4.2 能选择磨具并正确安装 1.4.3 能根据加工要求选择钢丝规格,并测量钢丝标准尺寸及标准线的位置	1.4.1 宝石轴承磨削常用磨料与磨具知识 1.4.2 常用钢丝种类和规格 1.4.3 常用磨棒的组成及磨削特性
	1.5 设备维护保养	1.5.1 能操作所用磨床,能对磨床进行调整 1.5.2 能对所用磨床进行维护保养	1.5.1 所用磨床的名称、规格型号、性能及操作方法 1.5.2 所用磨床常规保养方法
2. 工件加工	2.1 平面磨削	2.1.1 能进行外径 $\phi 0.90 \sim 1.50$ mm、孔径 $\phi 0.11 \sim 0.60$ mm、厚度 $0.22 \sim 0.50$ mm、无槽通孔宝石轴承成型磨削,达到以下要求:中心厚度尺寸公差 ± 0.02 mm,平面的表面粗糙度 $Rz0.2$ μm 2.1.2 能进行外径 $\phi 0.90 \sim 1.50$ mm、孔径 $\phi 0.11 \sim 0.60$ mm、厚度 $0.22 \sim 0.50$ mm、油槽口面 $0.45 \sim 1.00$ mm、有槽通孔宝石轴承成型磨削,达到以下要求:中心厚度尺寸公差 ± 0.02 mm,非工作平面表面粗糙度 $Rz0.8$ μm,工作平面表面粗糙度 $Rz0.1$ μm,油槽面表面粗糙度 $Rz0.8$ μm	2.1.1 简单无槽及有槽通孔宝石轴承平面磨削成型方法 2.1.2 简单油槽口面磨削成型方法

续表

职业功能	工作内容	技能要求	相关知识要求
2. 工件加工	2.2 内圆磨削	能进行孔径 $\phi 0.15 \sim 0.25$ mm、厚度 $0.22 \sim 0.50$ mm、外径 $\phi 0.80 \sim 1.20$ mm、无槽通孔宝石轴承成型磨削，达到以下要求：孔径偏差 $0 \sim +0.008$ mm，内孔表面粗糙度 $Rz\ 0.8\ \mu m$	无槽通孔宝石轴承的内孔磨削成型方法
	2.3 油槽磨削	能进行油槽直径 $\phi 0.45 \sim 1.20$ mm，厚度 $0.26 \sim 0.50$ mm，外径 $\phi 0.90 \sim 1.50$ mm 有槽通孔宝石轴承成型磨削，达到以下要求：油槽公差 ± 0.07 mm，油槽表面粗糙度 $Rz\ 0.8\ \mu m$	有槽通孔的油槽磨削成型方法
3. 加工精度检验	3.1 长度、角度类几何尺寸检验	3.1.1 能使用百分表、千分表、千分尺测量厚度、孔高及槽深等几何尺寸 3.1.2 能使用 50×、100× 投影仪测量外径和孔径等几何尺寸	3.1.1 百分表、千分表、千分尺的使用方法 3.1.2 50×、100× 投影仪的使用方法
	3.2 表面质量检验	3.2.1 能使用 30× 显微镜检验出宝石轴承表面有凹坑、崩口和裂纹的不合格品 3.2.2 能使用 30× 显微镜目测内孔表面粗糙度	30× 显微镜使用方法

3.1.4 普通研磨机床磨工

职业功能	工作内容	技能要求	相关知识要求
1. 工艺准备	1.1 读图与绘图	能读懂轴、套、锥体、棱柱体等简单的零件图	1.1.1 简单零件的识图知识 1.1.2 简单零件的研磨技术要求
	1.2 研磨加工准备	1.2.1 能读懂轴、套、锥体等简单零件的研磨工艺规程 1.2.2 能选择研磨用量 1.2.3 能配制和使用研磨液	1.2.1 简单零件的磨削工艺知识 1.2.2 磨削余量的确定方法 1.2.3 研磨液的种类、配制和使用方法 1.2.4 常用计算知识

续表

职业功能	工作内容	技能要求	相关知识要求
1. 工艺准备	1.3 工件定位与装夹	1.3.1 能选择工件的定位基准 1.3.2 能使用通用夹具、专用夹具和简单的组合夹具	1.3.1 工件定位原理的知识 1.3.2 研磨常用夹具的种类、结构与使用方法及组合夹具的使用方法
	1.4 磨具与量具准备	1.4.1 能选用常用研磨用具，并会检查、安装、平衡和校正 1.4.2 能使用研磨常用量具	1.4.1 磨具的选择与校正方法 1.4.2 研磨常用磨具的种类及用途 1.4.3 研磨常用量具的种类及用途
	1.5 设备维护保养	1.5.1 能操作和调整所用磨床，能对所用磨床研磨用具进行调整 1.5.2 能对所用磨床进行清洁保养	1.5.1 所用研磨机床的名称、型号、规格、性能及操作方法 1.5.2 所用磨床的维护保养方法
2. 工件加工	2.1 外圆研磨	2.1.1 能进行直径≤ϕ300 mm 圆柱零件研磨，达到以下要求：尺寸公差等级 IT4，表面粗糙度 Ra0.2 μm，跳动公差等级 4 级 2.1.2 能进行直径 $S\phi$10 mm 钢球研磨，达到以下要求：尺寸公差等级 IT4，表面粗糙度 Ra0.2 μm，GB/T 308.1—2013	普通外圆研磨的方法及锥体工件研磨知识
	2.2 内孔研磨	2.2.1 能进行内圆 ϕ50 mm×50 mm 零件研磨，达到以下要求：尺寸公差等级 IT4，表面粗糙度 Ra0.2 μm，圆度公差等级 3 级 2.2.2 能进行 1∶20 内锥、大端尺寸 ϕ50 mm、长 50 mm 零件研磨，达到以下要求：尺寸公差等级 IT4，表面粗糙度 Ra0.2 μm，圆度公差等级 3 级	普通内圆研磨的方法及锥体工件研磨知识
	2.3 平面研磨	能进行 $L×B$=100 mm×100 mm 的立方体上、下面研磨，达到以下要求：尺寸公差等级 IT4，表面粗糙度 Ra0.1 μm，平面度公差等级 3 级，平行度公差等级 3 级	平面研磨的方法及研磨基本知识

续表

职业功能	工作内容	技能要求	相关知识要求
3. 工件研磨精度检验	3.1 长度、角度类几何尺寸检验	能使用游标卡尺、外径千分尺测量外径几何尺寸	游标卡尺和外径千分尺的使用方法
	3.2 几何精度检验	能使用千分表、测微仪测量零件的跳动误差	使用千分表、测微仪测量工件跳动误差的方法
	3.3 表面质量检验	能使用粗糙度仪、干涉显微镜等仪器测量表面粗糙度	3.3.1 粗糙度仪的使用方法 3.3.2 干涉显微镜的使用方法

3.1.5 数控磨床磨工

职业功能	工作内容	技能要求	相关知识要求
1. 工艺准备	1.1 读图与绘图	能读懂轴类、套类、棱体类、刀具与工具类、齿轮类、曲轴与导轨类等简单的零件图	1.1.1 简单零件的识图知识 1.1.2 简单零件磨削技术要求
	1.2 磨削加工准备	1.2.1 能读懂轴类、套类、棱体类、刀具与工具类、齿轮类、曲轴与导轨类简单零件磨削工序的工艺规程 1.2.2 能选择磨削用量 1.2.3 能配制、使用磨削液	1.2.1 简单零件的磨削工艺知识 1.2.2 磨削余量的确定方法 1.2.3 磨削液的种类和配制方法 1.2.4 常用计算知识
	1.3 数控编程	能读懂数控磨床数控系统编程指令	数控磨床编程的基本方法、数控磨床的坐标系及数控程序基本知识
	1.4 工件定位与装夹	1.4.1 能选择工件的定位基准 1.4.2 能使用通用夹具、专用夹具和简单的组合夹具	1.4.1 工件定位原理的知识 1.4.2 磨床常用夹具的种类、结构与使用方法及组合夹具的使用方法
	1.5 磨具与量具准备	1.5.1 能选用磨削常用磨具，并会检查、安装、平衡和校正 1.5.2 能使用磨削常用量具	1.5.1 磨具的选择与校正方法 1.5.2 磨床常用磨具的种类及用途 1.5.3 磨削常用量具的种类及用途
	1.6 设备维护保养	1.6.1 能操作和调整所用磨床 1.6.2 能对所用磨床进行清洁保养	1.6.1 所用磨床的名称、型号、规格、部件构成、性能及操作方法 1.6.2 所用磨床的清洁保养方法

续表

职业功能	工作内容	技能要求	相关知识要求
2.工件加工	2.1 外圆磨削	能进行 $D/L≤6$ 圆柱零件磨削或能进行 $\phi 20$ mm×200 mm 光轴无心磨削，达到以下要求：尺寸公差等级IT6，表面粗糙度 $Ra0.8$ μm，跳动公差等级7级，圆度公差等级6级	2.1.1 外圆、外锥类零件磨削的装夹方法 2.1.2 外圆、外锥类零件磨削的其他注意事项
	2.2 内圆磨削	能进行 $D/L≤4$、长度100 mm 的内圆、内锥及端面磨削，达到以下要求：尺寸公差等级IT7，表面粗糙度 $Ra0.8$ μm，圆度公差等级6级，内圆与端面垂直度公差等级6级	2.2.1 内圆、内锥和端面磨削装夹方法 2.2.2 内圆、内锥和端面磨削的其他注意事项
	2.3 平面磨削	能进行 $L×B×H$ = 150 mm×150 mm×10 mm 的平板磨削，达到以下要求：尺寸公差等级 IT7，表面粗糙度 $Ra0.8$ μm，平行度公差等级7级，平面度公差等级7级	2.3.1 棱体类、法兰类零件磨削的装夹方法 2.3.2 平面磨削的其他注意事项
	2.4 刀具磨削	能进行8级精度手用铰刀等简单刀具刃口的磨削，达到以下要求：表面粗糙度 $Ra0.4$ μm，磨削部分对公共轴线的径向圆跳动公差等级8级，GB/T 1131.1—2004	2.4.1 刀具与工具磨削的装夹方法 2.4.2 刀具与工具磨削的其他注意事项
	2.5 螺纹磨削	能进行螺纹部分长度 $L_0≤500$ mm、齿形角为30°的单头梯形螺纹磨削，达到以下要求：精度等级7e，表面粗糙度 $Ra0.8$ μm，GB/T 5796.2—2005	2.5.1 螺纹类零件磨削的装夹方法 2.5.2 螺纹磨削的其他注意事项
	2.6 齿轮磨削	能进行标准直齿圆柱齿轮轮齿部分的磨削，达到以下要求：精度等级7—6—6HL，表面粗糙度 $Ra0.8$ μm，GB/T 10095—2008	2.6.1 齿轮类零件磨削的装夹方法 2.6.2 齿轮磨削的其他注意事项
	2.7 曲轴磨削	能进行单拐曲轴磨削，达到以下要求：尺寸公差等级IT6，表面粗糙度 $Ra0.8$ μm，圆柱度公差等级6级	2.7.1 曲轴零件磨削的装夹方法 2.7.2 曲轴磨削的其他注意事项

续表

职业功能	工作内容	技能要求	相关知识要求
2. 工件加工	2.8 导轨磨削	能进行铸铁材料双矩形导轨的磨削，达到以下要求：表面粗糙度 $Ra0.8\ \mu m$，直线度公差等级 6 级，平行度公差等级 6 级	2.8.1 导轨类零件磨削的装夹方法 2.8.2 导轨磨削的其他注意事项
	2.9 珩磨加工	能进行铸铁箱体孔的珩磨，达到以下要求：尺寸公差等级 IT6，表面粗糙度 $Ra0.8\ \mu m$，圆柱度公差等级 6 级	2.9.1 箱体类零件珩磨的装夹方法 2.9.2 珩磨的其他注意事项
3. 加工精度检验	3.1 长度、角度类几何尺寸检验	3.1.1 能使用游标卡尺等游标类量具测量零件长度、高度等几何尺寸 3.1.2 能使用外径千分尺、内径千分尺、内径量表测量直径等几何尺寸 3.1.3 能使用环规、塞规、卡规测量工件的内圆、外圆直径等几何尺寸	3.1.1 游标卡尺、游标深度尺、游标高度尺的使用、维护保养方法 3.1.2 内径千分尺、外径千分尺的使用、维护保养方法 3.1.3 量规的使用方法及维护保养方法
	3.2 锥度精度检验	3.2.1 能使用涂色法检验零件内、外锥面的接触精度 3.2.2 能使用游标角度尺测量零件角度	3.2.1 涂色法检验锥度的方法 3.2.2 游标角度尺的使用方法和维护保养方法
	3.3 螺纹精度检验	3.3.1 能使用螺纹千分尺测量螺纹中径尺寸 3.3.2 能使用三针测量螺纹中径尺寸 3.3.3 能使用环规、塞规、卡规测量螺纹精度	3.3.1 螺纹的检验项目与检验方法 3.3.2 螺纹检验量具的使用方法及维护保养方法
	3.4 齿轮精度检验	3.4.1 能使用公法线千分尺测量齿轮的公法线长度 3.4.2 能使用齿厚游标卡尺测量齿厚	3.4.1 齿轮的检验项目与检验方法 3.4.2 齿轮磨削常用量具的使用方法及维护保养方法 3.4.3 使用公法线千分尺测量公法线长度的方法；使用齿厚卡尺测量齿厚的方法

续表

职业功能	工作内容	技能要求	相关知识要求
3.加工精度检验	3.5 曲轴精度检验	能使用千分尺、量块测量偏心量	3.5.1 曲轴的检验项目与检验方法 3.5.2 曲轴磨削常用量具的使用方法及维护保养方法 3.5.3 使用千分尺、量块测量偏心量的方法
	3.6 导轨精度检验	能使用千分表测量导轨的直线度	3.6.1 导轨的检验项目与检验方法 3.6.2 使用千分表测量直线度的方法
	3.7 几何精度检验	能使用百分表、千分表、角度尺测量零件跳动、平行度和垂直度等几何精度	使用百分表、千分表、角度尺测量零件跳动、平行度和垂直度等几何精度的方法
	3.8 表面质量检验	能根据表面粗糙度样板，判断零件表面粗糙度等级	粗糙度样板使用方法及维护保养方法

3.1.6 光学数控磨床磨工

职业功能	工作内容	技能要求	相关知识要求
1.工艺准备	1.1 读图与绘图	能读懂平面、球面反射镜及透镜等简单光学零件图	简单光学零件的识图知识
	1.2 磨削加工准备	1.2.1 能读懂平面、球面反射镜及透镜等简单光学零件工艺规程 1.2.2 能配制和使用磨削液	1.2.1 简单光学零件的磨削工艺 1.2.2 磨削液的配制与使用方法
	1.3 数控编程	能读懂光学数控磨床数控系统编程指令	光学数控磨床编程的基本方法、光学数控磨床的坐标系及数控程序基本知识
	1.4 工件定位与装夹	1.4.1 能选择工件的定位基准 1.4.2 能选择简单光学零件用粘盘，并将光学零件固定到粘盘上	1.4.1 工件定位原理的知识 1.4.2 简单光学零件粘盘的选择与使用方法 1.4.3 常用光学零件的固定方法

续表

职业功能	工作内容	技能要求	相关知识要求
1. 工艺准备	1.5 磨具与量具准备	1.5.1 能选用简单光学零件的常用磨盘 1.5.2 能使用光学零件的常用量具 1.5.3 能选择与使用常用磨料	1.5.1 简单光学零件常用磨盘的选择及使用方法 1.5.2 常用量具的种类及用途 1.5.3 常用磨料的选择与使用方法
	1.6 设备维护保养	1.6.1 能操作和调整所用磨床,根据需要调整所需速度及压力 1.6.2 能对所用磨床进行清洁保养	1.6.1 所用磨床的名称、型号、规格、部件构成、性能及操作方法 1.6.2 所用磨床的维护保养方法
2. 工件加工	2.1 粗磨成型	2.1.1 能进行 $\phi 100$ mm 平面及球面反射镜粗磨成型,达到以下要求:外径及中孔尺寸公差等级 IT10,面形误差 $P_v \leqslant 0.05$ mm,平行度 $\leqslant 0.05$ mm,中心厚度尺寸公差 ± 0.10 mm 2.1.2 能进行 $\phi 100$ mm 透镜粗磨成型,达到以下要求:外径尺寸公差等级 IT10,面形误差 $P_v \leqslant 0.05$ mm,平行度 $\leqslant 0.05$ mm,中心厚度尺寸公差 ± 0.10 mm	小口径平面、球面反射镜及透镜粗磨成型方法
	2.2 研磨抛光	2.2.1 能进行 $\phi 100$ mm 平面及球面反射镜研磨抛光,达到以下要求:整体光圈 $N \leqslant 0.5$,局部光圈 $\Delta N \leqslant 0.3$,表面疵病等级 V 2.2.2 能进行 $\phi 100$ mm 透镜研磨抛光,达到以下要求:整体光圈 $N \leqslant 0.5$,局部光圈 $\Delta N \leqslant 0.3$,平行度 $\leqslant 0.01$ mm,中心厚度尺寸公差 ± 0.10 mm,表面疵病等级 V	小口径平面、球面反射镜及透镜研抛方法
3. 加工精度检验	3.1 长度、角度类几何尺寸检验	3.1.1 能使用游标卡尺测量零件长度、外径等几何尺寸 3.1.2 能使用百分表测量简单光学零件的中心厚度	3.1.1 游标卡尺的使用与维护保养方法 3.1.2 使用百分表测量简单光学零件中心厚度的方法

续表

职业功能	工作内容	技能要求	相关知识要求
3. 加工精度检验	3.2 面形与曲率半径误差检验	3.2.1 能使用简易球径仪等测量光学零件面形与曲率半径误差 3.2.2 能使用样板检验简单光学零件的曲率半径与面形误差	3.2.1 使用球径仪测量简单光学零件面形与曲率半径误差的方法 3.2.2 使用样板检验简单光学零件曲率半径与面形误差的方法
	3.3 几何精度检验	能使用百分表或千分表测量简单光学零件的平行度	使用百分表或千分表测量简单光学零件平行度的方法
	3.4 表面质量检验	能目视检查光学零件的表面疵病	光学零件表面疵病级别及判别标准

3.1.7 数控研磨机床磨工

职业功能	工作内容	技能要求	相关知识要求
1. 工艺准备	1.1 读图与绘图	能读懂轴、套、锥体、棱柱体等简单的零件图	1.1.1 简单零件的识图知识 1.1.2 简单零件研磨技术要求
	1.2 研磨加工准备	1.2.1 能读懂轴、套、锥体等简单零件的研磨工艺规程 1.2.2 能选择研磨用量 1.2.3 能配制和使用研磨液	1.2.1 简单零件的磨削工艺知识 1.2.2 磨削余量的确定方法 1.2.3 研磨液的种类、配制和使用方法 1.2.4 常用计算知识
	1.3 数控编程	能读懂控研磨机床数控系统编程指令	数控编程的基本方法、数控研磨机床的坐标系及数控程序基本知识
	1.4 工件定位与装夹	1.4.1 能选择工件的定位基准 1.4.2 能使用通用夹具、专用夹具和简单的组合夹具	1.4.1 工件定位原理的知识 1.4.2 研磨常用夹具的种类、结构与使用方法及组合夹具的使用方法
	1.5 磨具与量具准备	1.5.1 能选用常用研磨用具,并会检查、安装、平衡和校正 1.5.2 能使用研磨常用量具	1.5.1 磨具的选择与校正方法 1.5.2 研磨常用磨具的种类及用途 1.5.3 研磨常用量具的种类及用途

续表

职业功能	工作内容	技能要求	相关知识要求
1. 工艺准备	1.6 设备维护保养	1.6.1 能操作和调整所用磨床，对所用磨床研磨用具进行调整 1.6.2 能对所用磨床进行清洁保养	1.6.1 所用研磨机床的名称、型号、规格、性能及操作方法 1.6.2 所用磨床的清洁保养方法
2. 工件加工	2.1 外圆研磨	2.1.1 能进行直径≤ϕ300 mm 圆柱零件研磨，达到以下要求：尺寸公差等级 IT4，表面粗糙度 Ra0.2 μm，跳动公差等级 4 级 2.1.2 能进行直径 $S\phi$10 mm 钢球研磨，达到以下要求：尺寸公差等级 IT4，表面粗糙度 Ra0.2 μm，GB/T 308.1—2013	普通外圆研磨的方法及锥体工件研磨知识
	2.2 内孔研磨	2.2.1 能进行内圆 ϕ50 mm×50 mm 零件研磨，达到以下要求：尺寸公差等级 IT4，表面粗糙度 Ra0.2 μm，圆度公差等级 3 级 2.2.2 能进行 1:20 内锥、大端尺寸 ϕ50 mm、长 50 mm 零件研磨，达到以下要求：尺寸公差等级 IT4，表面粗糙度 Ra0.2 μm，圆度公差等级 3 级	普通内圆研磨的方法及锥体工件研磨知识
	2.3 平面研磨	能进行 $L×B$ = 100 mm×100 mm 的立方体上、下面研磨，达到以下要求：尺寸公差等级 IT4，表面粗糙度 Ra0.1 μm，平面度公差等级 3 级，平行度公差等级 3 级	平面研磨的方法及研磨基本知识
3. 工件研磨精度检验	3.1 长度、角度类几何尺寸检验	能使用游标卡尺、外径千分尺测量外径几何尺寸	游标卡尺和外径千分尺的使用方法
	3.2 几何精度检验	能使用千分表、测微仪测量零件的跳动误差	使用千分表、测微仪测量工件跳动误差的方法
	3.3 表面质量检验	能使用粗糙度仪、干涉显微镜等仪器测量表面粗糙度	3.3.1 粗糙度仪的使用方法 3.3.2 干涉显微镜的使用方法

3.2 四级/中级工

3.2.1 普通磨床磨工

职业功能	工作内容	技能要求	相关知识要求
1. 工艺准备	1.1 读图与绘图	1.1.1 能绘制轴类、套类、棱体类、刀具与工具类、齿轮类、曲轴与导轨类等简单的零件图 1.1.2 能标注轴类、套类、棱体类、刀具与工具类、齿轮类、曲轴与导轨类等零件的尺寸公差、几何公差、表面粗糙度、热处理状态等技术要求 1.1.3 能识读普通磨床砂轮架、头架、尾架等部件的装配图	轴套、圆锥、棱体、刀具与工具、齿轮、曲轴与导轨类零件的识图知识
	1.2 磨削加工准备	能读懂细长轴、偏心轴、套筒、法兰类、刀具与工具类、蜗杆与齿轮类、曲轴与导轨类等零件的工艺规程	加工余量的分配原则
	1.3 工件定位与装夹	1.3.1 能选择定位元件 1.3.2 能根据零件的加工需要,使用辅助夹具装夹零件	1.3.1 定位元件的确定方法 1.3.2 防止零件装夹、磨削时变形的方法
	1.4 磨具与量具准备	1.4.1 能根据零件材料、加工精度和工作效率的要求,选择磨具 1.4.2 能根据加工零件的需要,使用磨削加工的精密量具	1.4.1 精密磨削的磨料、磨具的规格、性能及其选择原则 1.4.2 精密量具的种类及用途
	1.5 设备维护保养	1.5.1 能根据加工要求进行所用磨床部件的调整 1.5.2 能对所用磨床进行日常维护保养	1.5.1 根据加工要求进行所用磨床部件调整的方法 1.5.2 所用磨床的润滑及常规保养方法
2. 工件加工	2.1 外圆磨削	2.1.1 能进行 $D/L=15\sim20$ 细长轴零件磨削,达到以下要求:尺寸公差等级 IT6,表面粗糙度 $Ra0.8\ \mu m$,跳动公差等级 6 级,圆度公差等级 6 级 2.1.2 能进行 $\phi 20\ mm\times 600\ mm$ 的光轴无心磨削,达到以下要求:尺寸公差等级 IT6,表面粗糙度 $Ra0.8\ \mu m$,跳动公差等级 6 级,圆度公差等级 6 级	2.1.1 细长轴磨削的工艺特点及装夹方法 2.1.2 细长轴磨削的其他注意事项

续表

职业功能	工作内容	技能要求	相关知识要求
2. 工件加工	2.2 内圆磨削	能进行莫氏锥度 4~6 号内锥孔的磨削，达到以下要求：用锥度塞规检查，接触面≥80%且靠近大端，径向跳动或同轴度公差等级 5 级，表面粗糙度 $Ra0.4$ μm	2.2.1 细长套筒磨削的工艺特点及装夹方法 2.2.2 细长套筒磨削的其他注意事项
	2.3 平面磨削	能进行 $L×B×H$ = 70 mm×20 mm×5 mm 的两大平面磨削，达到以下要求：尺寸公差等级 IT6，表面粗糙度 $Ra0.4$ μm，平行度公差等级 6 级，平面度等级 6 级	2.3.1 薄板类零件磨削的工艺特点及装夹方法 2.3.2 薄板类零件磨削的其他注意事项
	2.4 刀具磨削	能进行圆柱铣刀刃磨，圆周刃对内孔轴线的径向圆跳动公差等级达到以下要求：相邻齿跳动公差等级 6 级，周向跳动公差等级 6 级，表面粗糙度 $Ra0.4$ μm，GB/T 1115.1—2002	2.4.1 铣刀磨削的工艺特点及装夹方法 2.4.2 铣刀磨削的其他注意事项
	2.5 螺纹磨削	能进行蜗杆部分长度 L_0 = 120 mm 的双头法向直廓蜗杆磨削，达到以下要求：精度等级 7f，表面粗糙度 $Ra0.4$ μm，GB/T 10089—1988	2.5.1 双头蜗杆磨削的工艺特点、装夹与分度方法 2.5.2 双头蜗杆磨削的其他注意事项
	2.6 齿轮磨削	能进行标准直齿圆柱齿轮磨削，达到以下要求：表面粗糙度 $Ra0.4$ μm，精度等级 6HL，GB/T 10095—2008	2.6.1 精密齿轮类零件磨削方法 2.6.2 精密齿轮磨削中的砂轮修整方法 2.6.3 精密齿轮磨削的其他注意事项
	2.7 曲轴磨削	能进行双拐曲轴磨削，达到以下要求：尺寸公差等级 IT6，表面粗糙度 $Ra0.4$ μm，圆柱度公差精度等级 6 级，对称公差等级 6 级，两拐角度公差等级 6 级	2.7.1 双拐曲轴零件磨削的工艺特点及装夹方法 2.7.2 双拐曲轴磨削的其他注意事项
	2.8 导轨磨削	能进行矩形—三角形导轨磨削（类似于车床床身导轨），达到图样要求	2.8.1 矩形—三角形导轨磨削的工艺特点及装夹方法 2.8.2 矩形—三角形导轨磨削的其他注意事项

续表

职业功能	工作内容	技能要求	相关知识要求
2. 工件加工	2.9 珩磨加工	2.9.1 能进行直径 $\phi 400$ mm 以下孔的珩磨，达到以下要求：尺寸公差等级 IT6 级，表面粗糙度 $Ra0.4$ μm，圆柱度公差等级 5 级，锥度公差等级 5 级 2.9.2 能进行 $D/L \geqslant 6$ 细长套筒类零件珩磨，达到以下要求：尺寸公差等级 IT6，表面粗糙度 $Ra0.4$ μm，圆柱度公差等级 6 级	2.9.1 主轴箱主轴轴承孔珩磨的工艺特点及装夹方法 2.9.2 主轴箱主轴轴承孔珩磨的其他注意事项 2.9.3 细长套筒类内孔珩磨的工艺特点及装夹方法 2.9.4 细长套筒类内孔珩磨的其他注意事项
3. 加工精度检验	3.1 长度、角度类几何尺寸检验	3.1.1 能使用杠杆卡规和扭簧比较仪测量尺寸公差等级 IT6 的长度几何尺寸 3.1.2 能使用内径千分表测量尺寸公差等级 IT6 的内径几何尺寸	3.1.1 杠杆卡规、扭簧比较仪和内径千分表的工作原理 3.1.2 杠杆卡规、扭簧比较仪和内径千分表的使用方法及维护保养方法
	3.2 锥度精度检验	3.2.1 能使用正弦规测量锥体的锥度 3.2.2 能使用巴氏量角仪测量角度	3.2.1 正弦规的使用与计算方法 3.2.2 巴氏量角仪的使用方法
	3.3 蜗杆精度检验	3.3.1 能使用千分尺与三针测量蜗杆中径 3.3.2 能使用齿厚卡尺测量蜗杆齿厚	3.3.1 蜗杆的检验项目及检验方法 3.3.2 蜗杆中径和齿厚的检验方法 3.3.3 蜗杆检验量具的使用方法及维护保养方法
	3.4 齿轮精度检验	能使用齿轮径向测量仪检验精密齿轮径向跳动	精密齿轮径向跳动测量检验方法
	3.5 曲轴精度检验	3.5.1 能使用千分表测量曲轴对称度 3.5.2 能使用量块测量曲拐角度误差	3.5.1 曲轴对称度的检验方法 3.5.2 曲拐角度的检验方法
	3.6 导轨精度检验	能使用千分表测量导轨的直线度和平行度	导轨直线度和平行度检验方法
	3.7 几何精度检验	能使用千分表、扭簧比较仪测量零件跳动、圆度、圆柱度、平行度和垂直度等位置精度	3.7.1 同轴度、圆度和圆柱度的检验方法 3.7.2 平行度的检验方法
	3.8 表面质量检验	能根据表面粗糙度样板，判断零件表面粗糙度等级	表面粗糙度样板的使用方法及维护保养方法

3.2.2 光学普通磨床磨工

职业功能	工作内容	技能要求	相关知识要求
1. 工艺准备	1.1 读图与绘图	能读懂二次非球面等常见光学零件图样及工艺规程	二次非球面等常见光学零件的识图知识
	1.2 磨削加工准备	1.2.1 能读懂二次非球面等常见光学零件工艺规程 1.2.2 能根据光学零件常用光学材料选择磨削用量并确定工序磨削余量	1.2.1 常见光学零件的磨削工艺 1.2.2 光学零件常用光学材料的分类及其冷加工特性 1.2.3 磨削余量与磨削用量的确定方法 1.2.4 二次非球面的分类及基本性质 1.2.5 最佳比较球面及非球面度的概念及意义
	1.3 工件定位与装夹	1.3.1 能选择定位元件 1.3.2 能使用光学零件装夹用通用夹具与专用夹具固定常见光学零件	1.3.1 定位元件的确定方法 1.3.2 光学零件装夹用通用夹具与专用夹具的使用方法 1.3.3 常见光学零件的装夹与调整方法
	1.4 磨具与量具准备	1.4.1 能使用加工平面、球面及二次非球面等常见光学零件的磨具（磨盘或砂轮） 1.4.2 能根据常用光学材料选择磨料的粒度和种类	1.4.1 平面、球面及二次非球面等常见光学零件的磨具的使用方法 1.4.2 磨料的种类、粒度、硬度及使用方法
	1.5 设备操作与维护保养	1.5.1 能根据光学零件加工要求进行所用磨床部件的调整 1.5.2 能对所用磨床进行日常维护保养	1.5.1 根据光学零件加工要求调整机床部件的方法 1.5.2 所用磨床的润滑及常规保养方法

续表

职业功能	工作内容	技能要求	相关知识要求
2. 工件加工	2.1 粗磨成型	2.1.1 能进行 ϕ100 mm 透镜零件粗磨成型，达到以下要求：外径尺寸公差等级 IT4，面形误差 $P_v \leq 0.01$ mm，平行度 ≤ 0.01 mm，中心厚度尺寸公差 ± 0.05 mm 2.1.2 能进行 ϕ250 mm 平面及球面反射镜粗磨成型，达到以下要求：外径尺寸公差等级 IT7，中孔尺寸公差等级 IT6，圆柱度公差等级 5 级，垂直度公差等级 6 级，平行度 ≤ 0.02 mm 2.1.3 能进行 ϕ250 mm 透镜零件成型，达到以下要求：外径尺寸公差等级 IT7，面形误差 $P_v \leq 0.03$ mm，平行度 ≤ 0.02 mm，中心厚度尺寸公差 ± 0.10 mm	中小口径平面、球面反射镜及透镜粗磨成型方法
	2.2 研磨抛光	2.2.1 能进行 ϕ150 mm 透镜研磨抛光，达到以下要求：整体光圈 $N \leq 0.2$，局部光圈 $\Delta N \leq 0.2$，平行度 ≤ 0.01 mm，中心厚度尺寸公差 ± 0.02 mm，表面疵病等级 Ⅲ 2.2.2 能进行 ϕ250 mm 透镜研磨抛光，达到以下要求：整体光圈 $N \leq 0.5$，局部光圈 $\Delta N \leq 0.3$，平行度 ≤ 0.01 mm，中心厚度尺寸公差 ± 0.10 mm，表面疵病等级 Ⅳ 2.2.3 能进行直径 ϕ150 mm 二次非球面光学零件研磨抛光，达到以下要求：面形误差 $P_v \leq 0.2\lambda$，$R_{ms} \leq 0.025\lambda$，非球面系数误差 $\Delta K \leq 0.001$，顶点曲率半径误差 $\Delta R_0 \leq 1‰R_0$，表面疵病等级 Ⅳ（$\lambda = 632.8$ nm）	2.2.1 透镜（球面镜）加工的特点、面形误差与曲率半径等光学参数检验的控制方法 2.2.2 简单非球面镜面加工的特点、面形误差与顶点曲率半径及非球面系数等光学参数的控制方法
3. 加工精度检验	3.1 长度、角度类几何尺寸检验	3.1.1 能使用高度尺、深度尺、角度尺等游标类量具测量光学零件长度、高度和角度等几何尺寸 3.1.2 能使用游标卡尺、外径千分尺及内测千分尺测量光学零件内外径等几何尺寸	3.1.1 深度尺、高度尺等游标类量具的使用与维护保养方法 3.1.2 外径千分尺及内测千分尺的使用与维护保养方法

续表

职业功能	工作内容	技能要求	相关知识要求
3. 加工精度检验	3.2 面形误差与曲率半径等光学参数检验	3.2.1 能使用轮廓仪或刀口仪等检验光学零件的面形与曲率半径误差 3.2.2 能使用样板检验平面、球面光学零件的面形与曲率半径误差 3.2.3 能使用干涉仪检验平面、球面及简单二次非球面光学零件的面形误差 3.2.4 能使用测量杆等工装控制简单二次非球面的顶点曲率半径与非球面系数等光学参数	3.2.1 轮廓仪或刀口仪等检验光学零件的面形与曲率半径误差的方法 3.2.2 样板检验平面、球面光学零件面形精度的原理与方法 3.2.3 干涉仪测量平面、球面及简单二次非球面光学零件面形误差的方法 3.2.4 二次非球面光学参数的测量与控制方法 3.2.5 二次非球面镜无像差点检验原理与方法
	3.3 检验光路装调	能搭建平面及凹球面光学零件的干涉检验光路	3.3.1 干涉检验基本知识 3.3.2 平面及凹球面干涉检验光路搭建方法
	3.4 表面质量检验	能使用高倍目镜等工具检查光学零件的表面疵病	光学零件表面疵病级别及判别标准

3.2.3 宝石轴承磨床磨工

职业功能	工作内容	技能要求	相关知识要求
1. 工艺准备	1.1 读图与绘图	能读懂常见宝石轴承的零件图	常见宝石轴承零件的识图知识
	1.2 磨削加工准备	1.2.1 能读懂常见宝石轴承零件的磨削工艺规程 1.2.2 能根据工件图样进行加工前工艺分析，确定加工路线 1.2.3 能确定磨削速度、压力及所需时间之间的关系	1.2.1 常见宝石轴承零件的磨削工艺规程 1.2.2 常见宝石轴承零件工艺路线的确定方法 1.2.3 磨削速度、压力及所需时间之间的关系
	1.3 工件定位与装夹	能进行所需夹具种类、开口张力及三等分均匀度的判别	所需夹具种类、开口张力及三等分均匀度的判别方法
	1.4 磨具与量具准备	1.4.1 能进行磨棒与工件接触的部位调整，即"调中心" 1.4.2 能调节缓冲结构	1.4.1 磨棒与工件接触部位的调整方法 1.4.2 缓冲结构的调整方法及接触力的判断

续表

职业功能	工作内容	技能要求	相关知识要求
1. 工艺准备	1.5 设备维护保养	1.5.1 能根据宝石轴承加工要求进行机床部件的调整 1.5.2 能排除工件加工过程中机床出现的简单故障	1.5.1 根据加工要求进行机床部件调整的方法 1.5.2 机床简单故障的排除方法
2. 工件加工	2.1 平面磨削	2.1.1 能进行外径 $\phi 0.70 \sim 2.0$ mm、孔径 $\phi 0.11 \sim 1.0$ mm、厚度 $0.16 \sim 0.80$ mm、无槽通孔宝石轴承成型磨削,达到以下要求:中心厚度尺寸公差 ±0.015 mm,表面粗糙度 Rz 0.2 μm,倒棱 $R0.03 \sim 0.09$ mm 2.1.2 能进行外径 $\phi 0.70 \sim 2.0$ mm、孔径 $\phi 0.11 \sim 1.00$ mm、厚度 $0.16 \sim 0.80$ mm、油槽口面 $0.40 \sim 1.80$ mm、有槽通孔宝石轴承成型磨削,达到以下要求:中心厚度尺寸公差 ±0.02 mm,非工作平面表面粗糙度 Rz0.8 μm,工作平面表面粗糙度 Rz0.1 μm,油槽面表面粗糙度 Rz0.8 μm,倒棱 $R0.05 \sim 0.09$ mm	2.1.1 常见无槽及有槽通孔宝石轴承平面磨削成型方法 2.1.2 常见油槽口面表面粗糙度和倒棱 R 的磨削成型方法
	2.2 内圆磨削	能进行孔径 $\phi 0.09 \sim 0.60$ mm、厚度 $0.26 \sim 0.90$ mm、外径 $\phi 0.80 \sim 2.2$ mm、无槽和有槽通孔宝石轴承成型磨削,达到以下要求:孔径偏差 $0 \sim +0.006$ mm,孔径表面粗糙度 Rz0.2 μm	常见有槽通孔宝石轴承的内孔磨削成型方法
	2.3 油槽磨削	能进行油槽直径 $\phi 0.45 \sim 1.80$ mm、厚度 $0.26 \sim 0.90$ mm、外径 $\phi 0.80 \sim 2.0$ mm、有槽通孔宝石轴承成型磨削,达到以下要求:油槽公差 ±0.07 mm,油槽表面粗糙度 Rz 0.8 μm	常见有槽通孔宝石轴承的油槽磨削成型方法
3. 加工精度检验	3.1 长度、角度类几何尺寸检验	3.1.1 能使用千分尺进行粘有加工工件的玻璃总厚度测量,计算出毛坯工件的厚度 3.1.2 能使用 50×、100× 投影仪测量倒棱 R 等几何尺寸	3.1.1 千分尺的使用方法 3.1.2 使用 50×、100× 投影仪测量倒棱 R 的方法

续表

职业功能	工作内容	技能要求	相关知识要求
3. 加工精度检验	3.2 表面质量检验	能使用30×显微镜检验磨削产生的表面损伤	使用30×显微镜检验磨削产生表面损伤的方法
	3.3 误差分析	能根据测量结果分析产生加工误差的原因,并提出与磨削加工有关的改进措施	影响磨削质量的原因及磨削加工中消除或减少加工误差的措施

3.2.4 普通研磨机床磨工

职业功能	工作内容	技能要求	相关知识要求
1. 工艺准备	1.1 读图与绘图	1.1.1 能绘制轴类、套类、圆锥体、棱体类等简单零件图 1.1.2 能识读研磨用上、下研具及辐板等简单机构的装配图	轴类、套类、圆锥体、棱体类零件的识图知识
	1.2 磨削加工准备	能读懂轴类、套筒类、圆锥类、刀具与工具类、齿轮类零件的工艺规程	研磨余量分配原则
	1.3 工件定位与装夹	1.3.1 能选择定位元件 1.3.2 能根据零件的加工需要,使用辅助夹具装夹零件	1.3.1 定位元件的确定方法 1.3.2 防止零件装夹、研磨时变形的方法
	1.4 磨具与量具准备	1.4.1 能根据工件材料、加工精度和工作效率要求,选用研磨剂 1.4.2 能根据加工零件的需要,使用磨削加工的精密量具	1.4.1 精密研磨的研磨剂、研具规格性能及其选择原则 1.4.2 精密量具的种类及用途
	1.5 设备维护保养	1.5.1 能对所用磨床进行常规检查及压力、速度的调整 1.5.2 能发现所用磨床的一般故障	1.5.1 所用磨床的结构、传动原理及加工前的调整方法 1.5.2 所用磨床的常见故障
2. 工件加工	2.1 外圆研磨	2.1.1 能进行外径 $\phi3$ mm 量针研磨,达到以下要求:直径尺寸公差等级 IT3,表面粗糙度 $Ra0.05$ μm,圆度公差等级 3 级 2.1.2 能进行莫氏锥度塞规研磨,达到以下要求:通、止端刻线距离尺寸公差等级 IT3,表面粗糙度 Ra 0.05 μm	2.1.1 外圆柱研磨的方法 2.1.2 圆锥研具制作的基本知识

续表

职业功能	工作内容	技能要求	相关知识要求
2. 工件加工	2.2 内孔研磨	能进行莫氏锥度环规研磨，达到以下要求：通、止端刻线距离尺寸公差等级IT3，表面粗糙度$Ra0.05\ \mu m$	2.2.1 内锥研磨的方法 2.2.2 内锥研具制作的基本知识
	2.3 平面研磨	2.3.1 能进行长边100 mm的90°角尺研磨，达到以下要求：尺寸公差等级IT3，表面粗糙度$Ra0.05\ \mu m$，长面平面度等级3级，短面平面度等级3级，内直角处垂直度公差等级3级 2.3.2 能进行长边100 mm的六面体研磨，达到以下要求：尺寸公差等级IT3，角度累积误差±3″，表面粗糙度$Ra0.05\ \mu m$	精密平面研磨的方法
3. 加工精度检验	3.1 长度、角度类几何尺寸检验	能使用量块和杠杆卡规测量工件外径和内径等几何尺寸	量块的种类、用途及使用方法
	3.2 几何精度检验	能使用光学平晶检验平面度误差	使用光学平晶测量平面度的方法
	3.3 表面质量检验	能使用粗糙度仪、干涉显微镜等仪器测量表面粗糙度	3.3.1 粗糙度仪的使用方法 3.3.2 干涉显微镜的使用方法

3.2.5 数控磨床磨工

职业功能	工作内容	技能要求	相关知识要求
1. 工艺准备	1.1 读图与绘图	1.1.1 能绘制轴类、套类、棱体类、刀具与工具类、齿轮类、曲轴与导轨类等简单的零件图 1.1.2 能标注轴类、套类、棱体类、刀具与工具类、齿轮类、曲轴与导轨类等零件的尺寸公差、几何公差、表面粗糙度、热处理状态等技术要求 1.1.3 能识读普通磨床砂轮架、头架、尾架等部件的装配图	轴套、圆锥、棱体、刀具与工具、齿轮、曲轴与导轨类零件的识图知识
	1.2 磨削加工准备	能读懂细长轴、偏心轴、套筒、法兰类、刀具与工具类、蜗杆与齿轮类、曲轴与导轨类等零件的工艺规程	加工余量的分配原则

续表

职业功能	工作内容	技能要求	相关知识要求
1. 工艺准备	1.3 数控编程	能对数控磨床进行数控程序的校验	1.3.1 数控编程知识 1.3.2 直线插补和圆弧插补相关知识 1.3.3 坐标点计算知识 1.3.4 数控磨床程序校验的方法
	1.4 工件定位与装夹	1.4.1 能选择定位元件 1.4.2 能根据零件的加工需要，使用辅助夹具装夹零件	1.4.1 定位元件的确定方法 1.4.2 防止零件装夹、磨削时变形的方法
	1.5 磨具与量具准备	1.5.1 能根据零件材料、加工精度和工作效率的要求，选择磨具 1.5.2 能根据加工零件的需要，使用磨削加工的精密量具	1.5.1 精密磨削的磨料和磨具的规格、性能及其选择原则 1.5.2 精密量具的种类及用途
	1.6 设备维护保养	1.6.1 能根据加工要求进行所用磨床部件的调整 1.6.2 能对所用磨床进行日常维护保养	1.6.1 根据加工要求进行所用磨床部件调整的方法 1.6.2 所用磨床的润滑及常规保养方法
2. 工件加工	2.1 外圆磨削	2.1.1 能进行 D/L = 15~20 细长轴零件磨削，达到以下要求：尺寸公差等级 IT6，表面粗糙度 Ra0.8 μm，跳动公差等级 6 级，圆度公差等级 6 级 2.1.2 能进行 ϕ20 mm×600 mm 的光轴无心磨削，达到以下要求：尺寸公差等级 IT6，表面粗糙度 Ra0.8 μm，跳动公差等级 6 级，圆度公差等级 6 级	2.1.1 细长轴磨削的工艺特点及装夹方法 2.1.2 细长轴磨削的其他注意事项
	2.2 内圆磨削	能进行莫氏锥度 4~6 号内锥孔的磨削，达到以下要求：用锥度塞规检查，接触面≥80%且靠近大端，径向跳动或同轴度公差等级 5 级，表面粗糙度 Ra0.4 μm	2.2.1 细长套筒磨削的工艺特点及装夹方法 2.2.2 细长套筒磨削的其他注意事项
	2.3 平面磨削	能进行 $L \times B \times H$ = 70 mm×20 mm×5 mm 的两大平面磨削，达到以下要求：尺寸公差等级 IT6，表面粗糙度 Ra0.4 μm，平行度公差等级 6 级，平面度等级 6 级	2.3.1 薄板类零件磨削的工艺特点及装夹方法 2.3.2 薄板类零件磨削的其他注意事项

续表

职业功能	工作内容	技能要求	相关知识要求
2. 工件加工	2.4 刀具磨削	能进行圆柱铣刀刃磨，圆周刃对内孔轴线的径向圆跳动公差等级达到以下要求：相邻齿跳动公差等级 6 级，周向跳动公差等级 6 级，表面粗糙度 $Ra0.4\ \mu m$，GB/T 1115.1—2002	2.4.1 铣刀磨削的工艺特点及装夹方法 2.4.2 铣刀磨削的其他注意事项
	2.5 螺纹磨削	能进行蜗杆部分长度 $L_0 = 120\ mm$ 的双头法向直廓蜗杆磨削，达到以下要求：精度等级 7f，表面粗糙度 $Ra0.4\ \mu m$，GB/T 10089—1988	2.5.1 双头蜗杆磨削的工艺特点、装夹与分度方法 2.5.2 双头蜗杆磨削的其他注意事项
	2.6 齿轮磨削	能进行标准直齿圆柱齿轮磨削，达到以下要求：表面粗糙度 $Ra0.4\ \mu m$，精度等级 6HL，GB/T 10095—2008	2.6.1 精密齿轮类零件磨削方法 2.6.2 精密齿轮磨削中的砂轮修整方法 2.6.3 精密齿轮磨削的其他注意事项
	2.7 曲轴磨削	能进行双拐曲轴磨削，达到以下要求：尺寸公差等级 IT6，表面粗糙度 $Ra0.4\ \mu m$，圆柱度公差精度等级 6 级，对称度公差等级 6 级，两拐角度公差等级 6 级	2.7.1 双拐曲轴零件磨削的工艺特点及装夹方法 2.7.2 双拐曲轴磨削的其他注意事项
	2.8 导轨磨削	能进行矩形—三角形导轨磨削（类似于车床床身导轨），达到图样要求	2.8.1 矩形—三角形导轨磨削的工艺特点及装夹方法 2.8.2 矩形—三角形导轨磨削的其他注意事项
	2.9 珩磨加工	2.9.1 能进行直径 $\phi 400\ mm$ 以下孔的珩磨，达到以下要求：尺寸公差等级 IT6 级，表面粗糙度 $Ra0.4\ \mu m$，圆柱度公差等级 5 级，锥度公差等级 5 级 2.9.2 能进行 $D/L \geq 6$ 细长套筒类零件珩磨，达到以下要求：尺寸公差等级 IT6，表面粗糙度 $Ra0.4\ \mu m$，圆柱度公差等级 6 级	2.9.1 主轴箱主轴轴承孔珩磨的工艺特点及装夹方法 2.9.2 主轴箱主轴轴承孔珩磨的其他注意事项 2.9.3 细长套筒类内孔珩磨的工艺特点及装夹方法 2.9.4 细长套筒类内孔珩磨的其他注意事项

续表

职业功能	工作内容	技能要求	相关知识要求
3. 加工精度检验	3.1 长度、角度类几何尺寸检验	3.1.1 能使用杠杆卡规和扭簧比较仪测量尺寸公差等级IT6的长度几何尺寸 3.1.2 能使用内径千分表测量尺寸公差等级IT6的内径几何尺寸	3.1.1 杠杆卡规、扭簧比较仪和内径千分表的工作原理 3.1.2 杠杆卡规、扭簧比较仪和内径千分表的使用及维护保养方法
	3.2 锥度精度检验	3.2.1 能使用正弦规测量锥体的锥度 3.2.2 能使用巴氏量角仪测量角度	3.2.1 正弦规的使用与计算方法 3.2.2 巴氏量角仪的使用方法
	3.3 蜗杆精度检验	3.3.1 能使用千分尺与三针测量蜗杆中径 3.3.2 能使用齿厚卡尺测量蜗杆齿厚	3.3.1 蜗杆的检验项目及检验方法 3.3.2 蜗杆中径和齿厚的检验方法 3.3.3 蜗杆检验量具的使用及维护保养方法
	3.4 齿轮精度检验	能使用齿轮径向测量仪检验精密齿轮径向跳动	精密齿轮径向跳动测量检验方法
	3.5 曲轴精度检验	3.5.1 能使用千分表测量曲轴对称度 3.5.2 能使用量块测量曲拐角度误差	3.5.1 曲轴对称度的检验方法 3.5.2 曲拐角度的检验方法
	3.6 导轨精度检验	能使用千分表测量导轨的直线度和平行度	导轨直线度和平行度检验方法
	3.7 几何精度检验	能使用千分表、扭簧比较仪测量零件跳动、圆度、圆柱度、平行度和垂直度等位置精度	3.7.1 同轴度、圆度和圆柱度的检验方法 3.7.2 平行度的检验方法
	3.8 表面质量检验	能根据表面粗糙度样板，判断零件表面粗糙度等级	粗糙度样板的使用及维护保养方法

3.2.6 光学数控磨床磨工

职业功能	工作内容	技能要求	相关知识要求
1. 工艺准备	1.1 读图与绘图	能读懂二次非球面等常见光学零件图样及工艺规程	二次非球面等常见光学零件的识图知识
	1.2 磨削加工准备	1.2.1 能读懂二次非球面等常见光学零件工艺规程 1.2.2 能根据光学零件常用光学材料选择磨削用量并确定工序磨削余量	1.2.1 常见光学零件的数控磨削工艺 1.2.2 数控磨削余量与磨削用量的确定方法 1.2.3 二次非球面的分类及基本性质（抛物面、双曲面、椭球面、扁椭球面） 1.2.4 光学零件常用光学材料的分类及其冷加工特性 1.2.5 最佳比较球面及非球面度的概念及意义
	1.3 数控编程	1.3.1 能根据光学零件的面形误差等光学参数编写加工程序 1.3.2 能进行程序校验与试加工	1.3.1 数控编程知识 1.3.2 直线插补和圆弧插补相关知识 1.3.3 坐标点计算知识 1.3.4 数控磨床程序校验的方法
	1.4 工件定位与装夹	1.4.1 能选择定位元件 1.4.2 能使用光学零件装夹用通用夹具与专用夹具固定常见光学零件 1.4.3 能使用常用工具调整光学零件的径向与轴向跳动	1.4.1 定位元件的确定方法 1.4.2 光学零件装夹用通用夹具与专用夹具的使用方法 1.4.3 光学零件的径向与轴向跳动的调整方法 1.4.4 常见光学零件的装夹方法
	1.5 磨具与量具准备	1.5.1 能使用平面、球面及二次非球面等常见光学零件的磨具（磨盘或砂轮） 1.5.2 能根据光学零件常用光学材料选择磨料的粒度和种类	1.5.1 平面、球面及二次非球面等常见光学零件的磨具（磨盘或砂轮）的使用方法 1.5.2 磨料的种类、粒度、硬度及使用方法
	1.6 设备操作与维护保养	1.6.1 能操作所用磨床，并进行维护保养 1.6.2 能发现所用磨床的一般故障	所用磨床的性能、操作方法及常规维护保养方法

续表

职业功能	工作内容	技能要求	相关知识要求
2. 工件加工	2.1 粗磨成型	2.1.1 能进行 ϕ100 mm 透镜零件粗磨成型，达到以下要求：外径尺寸公差等级 IT4，面形误差 $P_v \leq 0.01$ mm，平行度 ≤ 0.01 mm，中心厚度尺寸公差 ± 0.05 mm 2.1.2 能进行 ϕ250 mm 平面及球面反射镜成型，达到以下要求：外径尺寸公差等级 IT7，中孔尺寸公差等级 IT6，圆柱度公差等级 5 级，垂直度公差等级 6 级，平行度 ≤ 0.02 mm 2.1.3 能进行 ϕ250 mm 透镜零件成型，达到以下要求：外径尺寸公差等级 IT7，面形误差 $P_v \leq 0.03$ mm，平行度 ≤ 0.02 mm，中心厚度尺寸公差 ± 0.10 mm	中小口径透镜粗磨成型方法
	2.2 研磨抛光	2.2.1 能进行 ϕ150 mm 透镜研磨抛光，达到以下要求：整体光圈 $N \leq 0.2$，局部光圈 $\Delta N \leq 0.2$，平行度 ≤ 0.01 mm，中心厚度尺寸公差 ± 0.02 mm，表面疵病等级 III 2.2.2 能进行 ϕ250 mm 透镜研磨抛光，达到以下要求：整体光圈 $N \leq 0.5$，局部光圈 $\Delta N \leq 0.3$，平行度 ≤ 0.01 mm，中心厚度尺寸公差 ± 0.10 mm，表面疵病等级 IV 2.2.3 能进行直径 ϕ150 mm 二次非球面光学零件研磨抛光，达到以下要求：面形误差 $P_v \leq 0.2\lambda$，$R_{ms} \leq 0.025\lambda$，非球面系数误差 $\Delta K \leq 0.001$，顶点曲率半径误差 $\Delta R_0 \leq 1‰ R_0$，表面疵病等级 IV（$\lambda = 632.8$ nm）	2.2.1 透镜（球面镜）加工的特点、面形误差与曲率半径等光学参数检验的控制方法 2.2.2 简单非球面镜面加工的特点、面形误差与顶点曲率半径及非球面系数等光学参数的控制方法
3. 加工精度检验	3.1 长度、角度类几何尺寸检验	3.1.1 能使用高度尺、深度尺、角度尺等游标类量具测量光学零件长度、高度和角度等几何尺寸 3.1.2 能使用外径千分尺及内测千分尺测量光学零件内外径等几何尺寸	3.1.1 深度尺、高度尺等游标类量具的使用与维护保养方法 3.1.2 外径千分尺及内测千分尺使用与维护保养方法

续表

职业功能	工作内容	技能要求	相关知识要求
3. 加工精度检验	3.2 面形误差与曲率半径等光学参数检验	3.2.1 能使用轮廓仪或刀口仪等检验光学零件的面形与曲率半径误差 3.2.2 能使用样板检验平面、球面光学零件的面形与曲率半径误差 3.2.3 能使用干涉仪检验平面、球面及简单二次非球面光学零件的面形误差 3.2.4 能使用测量杆等工装控制简单二次非球面的顶点曲率半径与非球面系数等光学参数	3.2.1 轮廓仪或刀口仪等检验光学零件面形与曲率半径误差的方法 3.2.2 样板检验平面、球面光学零件面形精度的原理与方法 3.2.3 干涉仪测量平面、球面及简单非球面光学零件面形误差的方法 3.2.4 二次非球面光学参数的测量与控制方法 3.2.5 二次非球面镜无像差点检验原理与方法
	3.3 检验光路装调	能搭建平面及凹球面光学零件的干涉检验光路	3.3.1 干涉检验基本知识 3.3.2 平面及凹球面干涉检验光路搭建方法
	3.4 表面质量检验	能使用高倍目镜等工具检查光学零件的表面疵病	光学零件表面疵病级别及判别标准

3.2.7 数控研磨机床磨工

职业功能	工作内容	技能要求	相关知识要求
1. 工艺准备	1.1 读图与绘图	1.1.1 能绘制轴类、套类、圆锥体、棱体类等简单零件图 1.1.2 能识读研磨用上、下研具及辐板等简单机构的装配图	轴类、套类、圆锥体、棱体类零件的识图知识
	1.2 磨削加工准备	能读懂轴类、套筒类、圆锥类、刀具与工具类、齿轮类零件的工艺规程	研磨余量分配原则
	1.3 数控编程	能对数控研磨机床进行数控程序的校验	1.3.1 数控编程知识 1.3.2 直线插补和圆弧插补相关知识 1.3.3 坐标点计算知识 1.3.4 数控研磨机床程序校验的方法

续表

职业功能	工作内容	技能要求	相关知识要求
1. 工艺准备	1.4 工件定位与装夹	1.4.1 能选择定位元件 1.4.2 能根据零件的加工需要，使用辅助夹具装夹零件	1.4.1 定位元件的确定方法 1.4.2 防止零件装夹、研磨时变形的方法
	1.5 磨具与量具准备	1.5.1 能根据工件材料、加工精度和工作效率要求，选用研磨剂 1.5.2 能根据加工零件的需要，使用磨削加工的精密量具	1.5.1 精密研磨的研磨剂、研具规格性能及其选择原则 1.5.2 精密量具的种类及用途
	1.6 设备维护保养	1.6.1 能对所用磨床进行常规检查及压力、速度的调整 1.6.2 能发现所用磨床的一般故障	1.6.1 所用磨床的结构、传动原理及加工前的调整方法 1.6.2 所用磨床的常见故障
2. 工件加工	2.1 外圆研磨	2.1.1 能进行外径 $\phi 3$ mm 量针研磨，达到以下要求：直径尺寸公差等级 IT3，表面粗糙度 $Ra0.05$ μm，圆度公差等级 3 级 2.1.2 能进行莫氏锥度塞规研磨，达到以下要求：通、止端刻线距离尺寸公差等级 IT3，表面粗糙度 Ra 0.05 μm	2.1.1 外圆柱研磨的方法 2.1.2 圆锥研具制作的基本知识
	2.2 内孔研磨	能进行莫氏锥度环规研磨，达到以下要求：通、止端刻线距离尺寸公差等级 IT3，表面粗糙度 $Ra0.05$ μm	2.2.1 内锥研磨的方法 2.2.2 内锥研具制作的基本知识
	2.3 平面研磨	2.3.1 能进行长边 100 mm 的 90°角尺研磨，达到以下要求：尺寸公差等级 IT3，表面粗糙度 $Ra0.05$ μm，长面平面度等级 3 级，短面平面度等级 3 级，内直角处垂直度公差等级 3 级 2.3.2 能进行长边 100 mm 的六面体的研磨，达到以下要求：尺寸公差等级 IT3，角度累积误差±3″，表面粗糙度 $Ra0.05$ μm	精密平面研磨的方法
3. 加工精度检验	3.1 长度、角度类几何尺寸检验	能使用量块和杠杆卡规测量工件外径和内径等几何尺寸	量块的种类、用途及使用方法
	3.2 几何精度检验	能使用光学平晶检验平面度误差	使用光学平晶测量平面度的方法
	3.3 表面质量检验	能使用粗糙度仪、干涉显微镜等仪器测量表面粗糙度	3.3.1 粗糙度仪的使用方法 3.3.2 干涉显微镜的使用方法

3.3 三级/高级工

3.3.1 普通磨床磨工

职业功能	工作内容	技能要求	相关知识要求
1. 工艺准备	1.1 读图与绘图	1.1.1 能绘制动压轴承、静压轴承、箱体类、多线蜗杆、滚珠丝杠、错齿三面刃铣刀、曲轴、液压滑台导轨等复杂零件图 1.1.2 能识读普通磨床装配图和液压原理图	1.1.1 复杂零件图的绘图知识 1.1.2 机械装配图与液压原理图的识图知识
	1.2 磨削加工准备	能编制较复杂零件的磨削工艺规程	1.2.1 较复杂零件编制加工工艺规程的相关知识 1.2.2 畸形、精密工件的磨削工艺 1.2.3 大型或复杂工件的磨削工艺
	1.3 工件定位与装夹	1.3.1 能调整磨床的专用夹具 1.3.2 能分析计算磨床用夹具的定位误差 1.3.3 能装夹和调整复杂零件和不规则零件	1.3.1 专用夹具的种类、结构、用途、特点和调整方法 1.3.2 夹具定位误差的分析与计算方法 1.3.3 复杂及不规则零件的装夹和调整方法
	1.4 磨具与量具准备	能选用金刚石砂轮、立方氮化硼砂轮、微晶砂轮、石墨砂轮和其他特殊磨具	磨具的种类、用途、特点及正确使用方法
	1.5 设备验收与排故	1.5.1 能对所用磨床进行几何精度和工作精度的检验 1.5.2 能排除所用磨床头架主轴径向跳动超差等常见机械故障	1.5.1 所用磨床的机械结构相关知识 1.5.2 所用磨床常见的机械故障及排除方法
2. 工件加工	2.1 外圆磨削	2.1.1 能进行 $\phi40$ mm×300 mm 精密心轴磨削，达到以下要求：尺寸公差等级 IT5，表面粗糙度 Ra0.4 μm，跳动公差等级 5 级，圆度公差等级 5 级 2.1.2 能进行 $\phi20$ mm×300 mm 精密心轴磨削，达到以下要求：尺寸公差等级 IT5，表面粗糙度 Ra0.4 μm，跳动公差等级 5 级，圆度公差等级 5 级	2.1.1 精密零件外圆磨削的磨削用量选择方法 2.1.2 精密零件外圆磨削的其他注意事项 2.1.3 精密零件外圆磨削砂轮的修整方法

续表

职业功能	工作内容	技能要求	相关知识要求
2. 工件加工	2.2 内圆磨削	能进行零件内孔 $\phi50$ mm×150 mm 的高精度深孔磨削，达到以下要求：尺寸公差等级 IT5，表面粗糙度 $Ra0.4$ μm，圆柱度公差等级 5 级	2.2.1 精密零件内圆磨削的磨削用量选择方法 2.2.2 精密零件内圆磨削的其他注意事项 2.2.3 精密零件内圆磨削砂轮的修整方法
	2.3 平面磨削	能进行 $L\times B\times H = 25$ mm×25 mm×100 mm 零件的四面磨削，达到以下要求：尺寸公差等级 IT5，表面粗糙度 $Ra0.4$ μm，四面相互垂直、垂直度公差等级 5 级	2.3.1 精密零件四面磨削的磨削用量选择方法 2.3.2 精密零件四面磨削的其他注意事项 2.3.3 精密零件四面磨削砂轮的修整方法
	2.4 刀具磨削	能进行错齿三面刃铣刀、渐开线花键滚刀等复杂刀具的刃磨，如刃磨错齿三面刃铣刀 63×8 GB 6119—2012 或能刃磨压力角 $\alpha = 30°$，模数 $m = 3$ mm，A 级渐开线花键滚刀，GB/T 5014—2008	2.4.1 错齿三面刃铣刀、渐开线花键滚刀磨削的磨削用量选择方法 2.4.2 错齿三面刃铣刀、渐开线花键滚刀磨削的其他注意事项 2.4.3 错齿三面刃铣刀、渐开线花键滚刀磨削砂轮的修整方法
	2.5 螺纹磨削	能进行零件全长 $L = 1\,000$ mm、螺纹部分长 $L_0 = 800$ mm、齿形角 $\alpha = 30°$ 的高精度梯形丝杠 Tr50 mm×6 mm 的磨削，达到以下要求：精度等级 5e，表面粗糙度 $Ra0.2$ μm，GB/T 5796.2—2005	2.5.1 多线蜗杆、高精度梯形螺纹、滚珠丝杠磨削的磨削用量选择方法 2.5.2 多线蜗杆、高精度梯形螺纹、滚珠丝杠磨削的其他注意事项 2.5.3 多线蜗杆、高精度梯形螺纹、滚珠丝杠磨削砂轮的修整方法
	2.6 齿轮磨削	能进行标准直齿圆柱齿轮轮齿部分的磨削，达到以下要求：表面粗糙度 $Ra0.4$ μm，精度等级 6—5—5HL，GB/T 10095—2008	2.6.1 6 级以上齿轮磨削的磨削用量选择方法 2.6.2 6 级以上齿轮磨削的其他注意事项 2.6.3 6 级以上齿轮磨削砂轮的修整方法

续表

职业功能	工作内容	技能要求	相关知识要求
2. 工件加工	2.7 曲轴磨削	能磨削四拐曲轴，达到以下要求：尺寸公差等级 IT5 级，表面粗糙度 $Ra0.4\ \mu m$，圆柱度公差等级 5 级，相邻两拐角度误差不大于 5′	2.7.1 多拐曲轴零件磨削的磨削用量选择方法 2.7.2 多拐曲轴零件磨削的其他注意事项 2.7.3 多拐曲轴零件磨削砂轮的修整方法
	2.8 导轨磨削	能进行 V 形—平行导轨（类似于精密外圆磨床床身的导轨）磨削，达到图样要求	2.8.1 精密机床导轨磨削的工艺特点 2.8.2 精密机床导轨磨削的磨削用量选择 2.8.3 精密机床导轨磨削的其他注意事项
	2.9 珩磨加工	能进行 $\phi 100\ mm \times 600\ mm$ 的内孔珩磨，达到以下要求：尺寸公差等级 IT6 级，表面粗糙度 $Ra0.4\ \mu m$，圆度公差等级 5 级，锥度公差等级 5 级	2.9.1 精密深孔珩磨的磨削用量选择 2.9.2 精密深孔珩磨的其他注意事项 2.9.3 精密深孔珩磨油石的修整方法
3. 加工精度检验	3.1 内外径、长度、深度、角度精度检验	3.1.1 能使用测量仪器测量内圆、外圆直径、角度等几何尺寸 3.1.2 能进行空间角度的计算及利用辅助工装进行测量 3.1.3 能分析内圆、外圆、刀具磨削尺寸误差产生的原因	3.1.1 测微仪等精密量具的使用方法 3.1.2 空间角度的计算方法及利用辅助工装的测量方法 3.1.3 内外圆、刀具磨削误差的种类与产生原因
	3.2 平面精度检验	3.2.1 能使用测量仪器测量平面度 3.2.2 能分析平面磨削尺寸误差产生的原因	3.2.1 测微仪等精密量具的使用方法 3.2.2 平面磨削误差的种类与产生原因
	3.3 螺纹精度检验	3.3.1 能使用测量仪器测量螺纹螺距误差和积累螺距误差 3.3.2 能分析螺纹磨削尺寸误差产生的原因	3.3.1 测微仪、螺纹误差测量仪等精密量具的使用方法 3.3.2 螺纹磨削误差的种类与产生原因
	3.4 齿轮精度检验	3.4.1 能使用测量仪器测量齿轮的综合误差 3.4.2 能分析齿轮磨削误差产生的原因	3.4.1 测微仪、齿轮单齿仪等精密量具的使用方法 3.4.2 齿轮磨削误差的种类与产生原因

续表

职业功能	工作内容	技能要求	相关知识要求
3. 加工精度检验	3.5 曲轴精度检验	3.5.1 能使用测量仪器测量曲轴磨削误差 3.5.2 能分析曲轴磨削误差产生的原因	3.5.1 测微仪等精密量具的使用方法 3.5.2 曲轴磨削误差的种类与产生原因
	3.6 导轨精度检验	3.6.1 能使用测量仪器测量导轨的几何精度 3.6.2 能分析导轨磨削误差产生的原因	3.6.1 测微仪等精密量具的使用方法 3.6.2 导轨磨削误差的种类与产生原因
	3.7 几何精度检验	能使用测量仪器测量零件磨削的几何精度误差	3.7.1 圆度仪、电动轮廓仪等精密量具的使用方法 3.7.2 零件磨削形位偏差的种类与产生原因
	3.8 表面质量检验	能使用测量仪器测量零件磨削的表面粗糙度	3.8.1 表面粗糙度仪等精密量具的使用方法 3.8.2 零件磨削表面粗糙度误差的种类与产生原因

3.3.2 光学普通磨床磨工

职业功能	工作内容	技能要求	相关知识要求
1. 工艺准备	1.1 读图与绘图	能读懂含高次非球面、离轴非球面、复杂几何公差等的较为复杂光学零件图样	高次非球面、离轴非球面、复杂几何公差等较为复杂光学零件的识图知识
	1.2 磨削加工准备	1.2.1 能读懂高次非球面、离轴非球面、几何公差等较为复杂或异形光学零件的工艺规程 1.2.2 能制定较为复杂光学零件的磨削加工顺序 1.2.3 能针对硬度较软、较硬的光学材料选择工序磨削用量并确定磨削余量	1.2.1 较为复杂或异形光学零件的磨削工艺 1.2.2 硬度较软或较硬光学材料的光学冷加工特性
	1.3 工件定位与装夹	1.3.1 能使用组合夹具固定复杂或异形光学零件 1.3.2 能定位较为复杂或异形光学零件	1.3.1 组合夹具的结构、特点、用途及使用方法 1.3.2 较为复杂或异形光学零件的装夹与调整方法

续表

职业功能	工作内容	技能要求	相关知识要求
1. 工艺准备	1.4 磨具与量具准备	1.4.1 能根据较为复杂光学零件的结构特点选择砂轮 1.4.2 能根据复杂光学零件及其面形误差特点合理选择及制作磨具 1.4.3 能根据光学材料的硬度等特点合理选择磨料的种类、粒度	1.4.1 砂轮的分类、磨削特性及使用方法 1.4.2 研抛用磨具的磨削特性、选择及制作方法
	1.5 设备维护保养	1.5.1 能对所用磨床进行几何精度和工作精度的检验 1.5.2 能排除所用磨床的简单机械故障	1.5.1 所用磨床的机械结构相关知识 1.5.2 所用磨床的简单机械故障及排除方法
2. 工件加工	2.1 粗磨成型	2.1.1 能进行 $\phi 250$ mm 透镜粗磨成型，达到以下要求：外径尺寸公差等级5级，平行度≤0.01 mm，面形误差 P_v≤0.01 mm，中心厚度尺寸公差±0.05 mm 2.1.2 能进行 $\phi 400$ mm 轴对称非球面光学零件最佳比较球面的粗磨成型，达到以下要求：面形误差 P_v≤0.05 mm，平行度≤0.03 mm，中心厚度尺寸公差±0.10 mm	2.1.1 中等及以上口径透镜的粗磨成型方法 2.1.2 中等口径同轴非球面最佳比较球面的粗磨成型方法
	2.2 研磨抛光	2.2.1 能进行 $\phi 200$ mm 透镜零件研磨抛光，达到以下要求：整体光圈 N≤0.2，局部光圈 ΔN≤0.2，平行度≤0.01 mm，中心厚度尺寸公差±0.02 mm，表面疵病等级Ⅲ 2.2.2 能进行 $\phi 350$ mm 透镜研磨抛光，达到以下要求：整体光圈 N≤0.5，局部光圈 ΔN≤0.3，平行度≤0.01 mm，中心厚度尺寸公差±0.10 mm，表面疵病等级Ⅳ 2.2.3 能进行 $\phi 400$ mm 轴对称非球面反射镜研磨抛光，达到以下要求：面形误差 P_v≤0.16λ、R_{ms}≤0.020λ，非球面系数误差 ΔK≤0.001，顶点曲率半径误差 ΔR_0≤1‰R_0，表面疵病等级Ⅳ，平行度≤0.05 mm，中心厚度尺寸公差±0.10 mm	2.2.1 中等及以上口径透镜（球面镜）加工的特点、面形与光学参数控制方法 2.2.2 中等口径同轴非球面加工的特点、面形与光学参数控制方法

续表

职业功能	工作内容	技能要求	相关知识要求
3.加工精度检验	3.1 长度、角度类几何尺寸检验	3.1.1 能使用测量仪器检验高精度光学零件轻量化孔（或安装孔）内径、深度等几何尺寸误差 3.1.2 能根据测量结果分析加工误差产生的原因	3.1.1 光学零件结构尺寸精度的检验方法 3.1.2 磨削加工误差的种类及产生原因
	3.2 面形误差与曲率半径等光学参数检验	3.2.1 能使用干涉仪进行透射检验等较为复杂的光学零件检验 3.2.2 能进行中等口径光学零件支撑，识别支撑带来的面形误差	3.2.1 光学零件面形误差干涉检验方法基础知识 3.2.2 中等口径光学零件支撑方法 3.2.3 支撑对光学零件面形误差的影响及简单识别方法
	3.3 检验光路装调	3.3.1 能搭建瑞奇—康芒法检验平面镜的检验光路 3.3.2 能搭建无像差点法检验二次非球面的检验光路 3.3.3 能搭建补偿法检验非球面的简单检验光路	3.3.1 瑞奇—康芒法检验平面镜的原理与检验光路调整方法 3.3.2 二次非球面镜无像差点法检验原理与检验光路调整方法 3.3.3 补偿法检验非球面的原理与检验光路搭建方法

3.3.3 宝石轴承磨床磨工

职业功能	工作内容	技能要求	相关知识要求
1.工艺准备	1.1 读图与绘图	能读懂复杂宝石轴承的零件图	复杂宝石轴承零件的识图知识
	1.2 磨削加工准备	1.2.1 能对前道工序流转的待加工产品参数进行分析和加工前工艺设计 1.2.2 能进行加工工件过程中造成工件崩边、孔口花边及孔径椭圆、槽偏及油槽深浅等质量问题的主要原因判定并调整工艺参数 1.2.3 能根据磨料粒度和工件的加工余量判定磨削时间，按时抽检加工尺寸 1.2.4 能进行设备、电压、电流的调整	1.2.1 加工产品参数分析方法和工艺设计方法 1.2.2 工件外崩、孔口崩、上崩、下崩、孔口花边与椭圆释义 1.2.3 设备电压、电流与设备进给拉力大小的关系 1.2.4 工件槽偏、油槽深浅的释义 1.2.5 国内外磨削工艺发展现状及先进工艺知识
	1.3 工件定位与装夹	1.3.1 能对各类常用夹具进行误差分析 1.3.2 能推广应用先进夹具	1.3.1 磨床夹具的误差分析方法 1.3.2 先进夹具的知识

续表

职业功能	工作内容	技能要求	相关知识要求
1. 工艺准备	1.4 磨具与量具准备	1.4.1 能解决钢丝在公差范围内的极限数值对加工过程中产生的质量波动问题 1.4.2 能进行自动测量的调整和修理 1.4.3 能推广应用先进磨具、量具	1.4.1 钢丝锥度参数 1.4.2 自动测量的工作原理 1.4.3 先进量具的使用及发展方向
	1.5 设备维护保养	1.5.1 能进行机械手的调整 1.5.2 能调整机床参数与结构部件，使机床处于最佳状态 1.5.3 能进行所用磨床一般性故障排除及简单修理	1.5.1 机械手的工作原理与调整方法 1.5.2 机床的主要参数与含义、机床的主要结构部件及调整方法 1.5.3 所用磨床一般性故障排除及简单修理方法
2. 工件加工	2.1 平面磨削	2.1.1 能进行外径 $\phi 0.50 \sim 3.00$ mm、孔径 $\phi 0.07 \sim 2.20$ mm、厚度 $0.14 \sim 2.00$ mm、无槽通孔宝石轴承成型磨削，达到以下要求：中心厚度尺寸公差 ± 0.01 mm，表面粗糙度 $Rz 0.1$ μm，倒棱 $R 0.01 \sim 0.12$ mm 2.1.2 能进行外径 $\phi 0.50 \sim 3.00$ mm、孔径 $\phi 0.07 \sim 2.2$ mm、厚度 $0.14 \sim 2.0$ mm、油槽口面 $0.35 \sim 2.30$ mm、有槽通孔宝石轴承成型磨削，达到以下要求：厚度尺寸公差 ± 0.01 mm，非工作面表面粗糙度 $Rz 0.8$ μm，工作面表面粗糙度 $Rz 0.1$ μm，油槽面表面粗糙度 $Rz 0.8$ μm，倒棱 $R 0.01 \sim 0.12$ mm	2.1.1 高精度无槽通孔宝石轴承平面及倒棱 R 的磨削成型方法 2.1.2 高精度有槽通孔宝石轴承平面及油槽口面表面粗糙度、倒棱 R 的磨削成型方法
	2.2 内圆磨削	能进行孔径 $\phi 0.07 \sim 2.20$ mm、厚度 $0.26 \sim 2.00$ mm、外径 $\phi 0.50 \sim 3.00$ mm、无槽和有槽通孔宝石轴承成型磨削，达到以下要求：孔径偏差 $0 \sim +0.004$ mm，孔径表面粗糙度 $Rz 0.1$ μm	高精度无槽和有槽通孔宝石轴承的孔径磨削成型方法

续表

职业功能	工作内容	技能要求	相关知识要求
2. 工件加工	2.3 油槽磨削	能进行油槽直径 $\phi 0.35\sim2.30$ mm、厚度 $0.20\sim2.00$ mm、外径 $\phi 0.80\sim3.00$ mm、有槽通孔宝石轴承和有槽无孔宝石轴承成型磨削，达到以下要求：油槽尺寸公差 ±0.05 mm，油槽表面粗糙度 $Rz0.8$ μm	2.3.1 高精度有槽通孔宝石轴承和有槽无孔宝石轴承的磨削成型方法 2.3.2 挖槽机磨棒角度的变化对油槽口面的影响
	2.4 高难度工件的磨削	2.4.1 能进行高难度、高精度工件的磨削加工 2.4.2 能解决高难度、高精度工件磨削加工中的技术问题 2.4.3 能解决磨削加工中的各种难题	2.4.1 高难度宝石轴承零件的加工方法 2.4.2 高难度宝石轴承零件磨削加工过程中的关键及特殊问题的解决方案分析
3. 加工精度检验	3.1 误差分析与质量控制	3.1.1 能准确判断质量问题产生的多种原因 3.1.2 能提出解决质量问题的具体方案 3.1.3 能提出预防质量事故的有效措施	在宝石轴承磨削加工全过程中影响质量的因素及提高质量的措施

3.3.4 普通研磨机床磨工

职业功能	工作内容	技能要求	相关知识要求
1. 工艺准备	1.1 读图与绘图	1.1.1 能绘制动压轴承、静压轴承和阀门、铜瓦等复杂、畸形零件图 1.1.2 能识读所用机床及一般机械的装配图和简单的液压图	1.1.1 复杂零件的绘图知识 1.1.2 机械装配图与液压原理图的识图知识
	1.2 磨削加工准备	能制定复杂零件的研磨工艺规程	1.2.1 较复杂零件加工工艺规程的编制知识 1.2.2 畸形、超精密工件的研磨工艺
	1.3 工件定位与装夹	1.3.1 能调整研磨机床的专用研具 1.3.2 能分析计算研磨机床用研具的定位误差 1.3.3 能装夹、调整复杂零件和不规则零件	1.3.1 复杂研具的种类、用途、特点及使用方法 1.3.2 研具定位误差的分析与计算方法 1.3.3 复杂及不规则零件的装夹和调整方法

续表

职业功能	工作内容	技能要求	相关知识要求
1. 工艺准备	1.4 磨具与量具准备	能选用氧化物系、金刚石系等研磨剂进行硬质合金、黄铜等精细研磨	氧化物系、金刚石系等磨具的种类、用途、特点及使用方法
	1.5 设备维护保养	1.5.1 能对所用机床进行几何精度和工作精度的检验 1.5.2 能排除所用机床的一般机械故障	1.5.1 所用机床的机械结构相关知识 1.5.2 所用机床的一般机械故障及排除方法
2. 工件加工	2.1 外圆研磨	2.1.1 能进行外径 $S\phi 10$ mm 钢球研磨，达到以下要求：直径尺寸公差等级 IT2，表面粗糙度 $Ra0.05$ μm，圆度公差等级 2 级，GB/T 308.1—2013 2.1.2 能进行锥面、球面凡尔线研磨，达到以下要求：表面粗糙度 $Ra0.05$ μm	超精研磨外圆的条件和方法
	2.2 内孔研磨	能进行莫氏锥度环规研磨，达到以下要求：通、止端刻线距离尺寸公差等级 IT2，表面粗糙度 $Ra0.05$ μm	超精研磨内孔的条件和方法
	2.3 平面研磨	2.3.1 能进行长边 100 mm 的 90°内角尺研磨，达到以下要求：尺寸公差等级 IT2，表面粗糙度 $Ra0.05$ μm，平面度等级 2 级，直角垂直度公差 2 级 2.3.2 能进行长边 60 mm 的量块研磨，达到以下要求，尺寸公差等级 IT2，平面度等级 2 级，平行度公差等级 2 级，表面粗糙度 $Ra0.02$ μm	超精研磨平面的条件和方法
3. 加工精度检验	3.1 长度、角度类几何尺寸检验	3.1.1 能掌握与研磨工有关的零件精度检验方法 3.1.2 能根据测量结果分析产生研磨误差的原因 3.1.3 能使用电动、气动、光学测量装置	3.1.1 机械零件精度检验方法 3.1.2 研磨加工产生误差的种类及原因 3.1.3 电动、气动、光学测量装置的基本知识
	3.2 锥度检验	能分析锥度误差产生的原因	锥度磨削的原理及误差分析方法
	3.3 表面质量检验	能使用测量仪器测量零件磨削的表面粗糙度	3.3.1 表面粗糙度仪等精密量具的使用方法 3.3.2 零件磨削表面粗糙度误差的种类与产生原因

3.3.5 数控磨床磨工

职业功能	工作内容	技能要求	相关知识要求
1. 工艺准备	1.1 读图与绘图	1.1.1 能绘制动压轴承、静压轴承、箱体类、多线蜗杆、滚珠丝杠、错齿三面刃铣刀、曲轴、液压滑台导轨等复杂零件图 1.1.2 能识读磨床装配图和液压原理图	1.1.1 复杂零件图的绘图知识 1.1.2 机械装配图与液压原理图的识图知识
	1.2 磨削加工准备	能编制较复杂零件的磨削工艺规程	1.2.1 较复杂零件编制加工工艺规程的相关知识 1.2.2 畸形、精密工件的磨削工艺 1.2.3 大型或复杂工件的磨削工艺
	1.3 数控编程	1.3.1 能编制阶梯轴、阶梯孔、平面、刀具、螺纹、齿轮、曲轴、导轨、珩磨的数控加工程序 1.3.2 能依据零件特点设置相关参数并进行加工	1.3.1 数控磨床、珩磨机床变量编程规则和方法 1.3.2 二次曲面几何体轮廓节点计算 1.3.3 数控系统设置参数方法
	1.4 工件定位与装夹	1.4.1 能调整磨床的专用夹具 1.4.2 能分析计算磨床用夹具的定位误差 1.4.3 能装夹和调整复杂零件和不规则零件	1.4.1 专用夹具的种类、结构、用途、特点和调整方法 1.4.2 夹具定位误差的分析与计算方法 1.4.3 复杂及不规则零件的装夹和调整方法
	1.5 磨具与量具准备	能选用金刚石砂轮、立方氮化硼砂轮、微晶砂轮、石墨砂轮和其他特殊磨具	磨具的种类、用途、特点及正确使用方法
	1.6 设备验收与排故	1.6.1 能对所用磨床进行几何精度和工作精度的检验 1.6.2 能排除所用磨床头架主轴径向跳动超差等常见机械故障	1.6.1 所用磨床的机械结构相关知识 1.6.2 所用磨床的常见机械故障及排除方法

续表

职业功能	工作内容	技能要求	相关知识要求
2. 工件加工	2.1 外圆磨削	2.1.1 能进行 $\phi40$ mm×300 mm 精密心轴磨削，达到以下要求：尺寸公差等级 IT5，表面粗糙度 $Ra0.4$ μm，跳动公差等级 5 级，圆度公差等级 5 级 2.1.2 能进行 $\phi20$ mm×300 mm 精密心轴磨削，达到以下要求：尺寸公差等级 IT5，表面粗糙度 $Ra0.4$ μm，跳动公差等级 5 级，圆度公差等级 5 级	2.1.1 精密零件外圆磨削的磨削用量选择方法 2.1.2 精密零件外圆磨削的其他注意事项 2.1.3 精密零件外圆磨削砂轮的修整方法
	2.2 内圆磨削	能进行零件内孔 $\phi50$ mm×150 mm 的高精度深孔磨削，达到以下要求：尺寸公差等级 IT5，表面粗糙度 $Ra0.4$ μm，圆柱度公差等级 5 级	2.2.1 精密零件内圆磨削的磨削用量选择方法 2.2.2 精密零件内圆磨削的其他注意事项 2.2.3 精密零件内圆磨削砂轮的修整方法
	2.3 平面磨削	能进行 $L\times B\times H = 25$ mm×25 mm×100 mm 零件的四面磨削，达到以下要求：尺寸公差等级 IT5，表面粗糙度 $Ra0.4$ μm，四面相互垂直、垂直度公差等级 5 级	2.3.1 精密零件四面磨削的磨削用量选择方法 2.3.2 精密零件四面磨削的其他注意事项 2.3.3 精密零件四面磨削砂轮的修整方法
	2.4 刀具磨削	能进行错齿三面刃铣刀、渐开线花键滚刀等复杂刀具的刃磨，如刃磨错齿三面刃铣刀 63×8 GB 1118—85 或能刃磨压力角 $\alpha = 30°$，模数 $m = 3$ mm，A 级渐开线花键滚刀，GB/T 6119—2012	2.4.1 错齿三面刃铣刀、渐开线花键滚刀磨削的磨削用量选择方法 2.4.2 错齿三面刃铣刀、渐开线花键滚刀磨削的其他注意事项 2.4.3 错齿三面刃铣刀、渐开线花键滚刀磨削砂轮的修整方法
	2.5 螺纹磨削	能进行零件全长 $L = 1\,000$ mm、螺纹部分长 $L_0 = 800$ mm、齿形角 $\alpha = 30°$ 的高精度梯形丝杠 Tr50 mm×6 mm 的磨削，达到以下要求：精度等级 5e，表面粗糙度 $Ra0.2$ μm，GB/T 5796.2—2005	2.5.1 多线蜗杆、高精度梯形螺纹、滚珠丝杠磨削的磨削用量选择方法 2.5.2 多线蜗杆、高精度梯形螺纹、滚珠丝杠磨削的其他注意事项 2.5.3 多线蜗杆、高精度梯形螺纹、滚珠丝杠磨削砂轮的修整方法

续表

职业功能	工作内容	技能要求	相关知识要求
2. 工件加工	2.6 齿轮磨削	能进行标准直齿圆柱齿轮轮齿部分的磨削，达到以下要求：表面粗糙度 $Ra0.4~\mu m$，精度等级 6—5—5HL，GB/T 10095—2008	2.6.1 6级以上齿轮磨削的磨削用量选择方法 2.6.2 6级以上齿轮磨削的其他注意事项 2.6.3 6级以上齿轮磨削砂轮的修整方法
	2.7 曲轴磨削	能磨削四拐曲轴，达到以下要求：尺寸公差等级 IT5 级，表面粗糙度 $Ra0.4~\mu m$，圆柱度公差等级 5 级，相邻两拐角度误差不大于 5′	2.7.1 多拐曲轴零件磨削的磨削用量选择方法 2.7.2 多拐曲轴零件磨削的其他注意事项 2.7.3 多拐曲轴零件磨削砂轮的修整方法
	2.8 导轨磨削	能进行 V 形—平行导轨（类似于精密外圆磨床床身的导轨）磨削，达到图样要求	2.8.1 精密机床导轨磨削的工艺特点 2.8.2 精密机床导轨磨削的磨削用量选择 2.8.3 精密机床导轨磨削的其他注意事项
	2.9 珩磨加工	能进行 $\phi 100~mm \times 600~mm$ 的内孔珩磨，达到以下要求：尺寸公差等级 IT6 级，表面粗糙度 $Ra0.4~\mu m$，圆度公差等级 5 级，锥度公差等级 5 级	2.9.1 精密深孔珩磨的磨削用量选择 2.9.2 精密深孔珩磨的其他注意事项 2.9.3 精密深孔珩磨油石的修整方法
3. 加工精度检验	3.1 内外径、长度、深度、角度精度检验	3.1.1 能使用测量仪器测量内圆、外圆直径、角度等几何尺寸 3.1.2 能进行空间角度的计算及利用辅助工装进行测量 3.1.3 能分析内圆、外圆、刀具磨削尺寸误差产生的原因	3.1.1 测微仪等精密量具的使用方法 3.1.2 空间角度的计算方法及利用辅助工装的测量方法 3.1.3 内外圆、刀具磨削误差的种类与产生原因
	3.2 平面精度检验	3.2.1 能使用测量仪器测量平面度 3.2.2 能分析平面磨削尺寸误差产生的原因	3.2.1 测微仪等精密量具的使用方法 3.2.2 平面磨削误差的种类与产生原因

续表

职业功能	工作内容	技能要求	相关知识要求
3. 加工精度检验	3.3 螺纹精度检验	3.3.1 能使用测量仪器测量螺纹螺距误差和积累螺距误差 3.3.2 能分析螺纹磨削尺寸误差产生的原因	3.3.1 测微仪、螺纹误差测量仪等精密量具的使用方法 3.3.2 螺纹磨削误差的种类与产生原因
	3.4 齿轮精度检验	3.4.1 能使用测量仪器测量齿轮的综合误差 3.4.2 能分析齿轮磨削误差产生的原因	3.4.1 测微仪、齿轮单齿仪等精密量具的使用方法 3.4.2 齿轮磨削误差的种类与产生原因
	3.5 曲轴精度检验	3.5.1 能使用测量仪器测量曲轴磨削误差 3.5.2 能分析曲轴磨削误差产生的原因	3.5.1 测微仪等精密量具的使用方法 3.5.2 曲轴磨削误差的种类与产生原因
	3.6 导轨精度检验	3.6.1 能使用测量仪器测量导轨的几何精度 3.6.2 能分析导轨磨削误差产生的原因	3.6.1 测微仪等精密量具的使用方法 3.6.2 导轨磨削误差的种类与产生原因
	3.7 几何精度检验	能使用测量仪器测量零件磨削的几何精度误差	3.7.1 圆度仪、电动轮廓仪等精密量具的使用方法 3.7.2 零件磨削形位偏差的种类与产生原因
	3.8 表面质量检验	能使用测量仪器测量零件磨削的表面粗糙度	3.8.1 表面粗糙度仪等精密量具的使用方法 3.8.2 零件磨削表面粗糙度误差的种类与产生原因

3.3.6 光学数控磨床磨工

职业功能	工作内容	技能要求	相关知识要求
1. 工艺准备	1.1 读图与绘图	能读懂含高次非球面、离轴非球面、几何公差要求等的较为复杂光学零件图样	高次非球面、离轴非球面、几何公差要求等较为复杂光学零件的识图知识

续表

职业功能	工作内容	技能要求	相关知识要求
1. 工艺准备	1.2 磨削加工准备	1.2.1 能读懂含高次非球面、离轴非球面等复杂零件或异形光学零件的数控加工工艺规程 1.2.2 能制定较为复杂光学零件的数控磨削加工顺序 1.2.3 能针对硬度较软、较硬的光学材料选择工序磨削用量并确定磨削余量	1.2.1 较为复杂或异形光学零件的数控磨削工艺 1.2.2 硬度较软或较硬光学材料的光学冷加工特性
	1.3 数控编程	1.3.1 能根据光学零件的数控加工工艺编写加工程序 1.3.2 能进行程序的修改,解决加工过程中的一般性问题	1.3.1 程序编制所要需的光学零件工艺分析知识 1.3.2 数控编程"插补"知识
	1.4 工件定位与装夹	1.4.1 能使用组合夹具固定较为复杂或异形光学零件 1.4.2 能定位较为复杂或异形光学零件	1.4.1 组合夹具的结构、特点、用途及使用方法 1.4.2 较为复杂或异形光学零件的装夹与调整方法
	1.5 磨具与量具准备	1.5.1 能根据较为复杂或异形光学零件的结构特点选择砂轮 1.5.2 能根据光学零件的面形误差特点合理选择及制作磨具 1.5.3 能根据光学材料的硬度等特点合理选择磨料的种类、粒度 1.5.4 能测量复杂或异形零件的精度	1.5.1 砂轮的分类、磨削特性及使用方法 1.5.2 抛光用磨具的磨削特性及选择方法
	1.6 设备维护保养	1.6.1 能对所用磨床进行几何精度和工作精度的检验 1.6.2 能排除所用磨床的简单机械故障	1.6.1 所用磨床的机械结构相关知识 1.6.2 所用磨床的简单机械故障及排除方法

续表

职业功能	工作内容	技能要求	相关知识要求
2. 工件加工	2.1 粗磨成型	2.1.1 能进行 $\phi 250$ mm 透镜粗磨成型，达到以下要求：外径尺寸公差等级5级，平行度 ≤ 0.01 mm，面形误差 $P_v \leq 0.01$ mm，中心厚度尺寸公差 ± 0.05 mm 2.1.2 能进行 $\phi 350$ mm 透镜粗磨成型，达到以下要求：外径尺寸公差等级6级，平行度 ≤ 0.03 mm，面形误差 $P_v \leq 0.03$ mm，中心厚度尺寸公差 ± 0.10 mm 2.1.3 能进行 $\phi 400$ mm 轴对称非球面光学零件最佳比较球面的粗磨成型，达到以下要求：面形误差 $P_v \leq 0.05$ mm，平行度 ≤ 0.03 mm，中心厚度尺寸公差 ± 0.10 mm 2.1.4 能进行 $\phi 400$ mm 离轴非球面粗磨成型，非球面度 ≤ 0.05 mm，面形误差 $P_v \leq 0.05$ mm，中心厚度尺寸公差 ± 0.10 mm	2.1.1 中等口径轴对称非球面光学零件粗磨加工的特点，面形误差与光学参数控制方法 2.1.2 中等口径离轴非球面光学零件粗磨加工的特点，面形误差与光学参数控制方法
	2.2 研磨抛光	2.2.1 能进行 $\phi 250$ mm 透镜研磨抛光，达到以下要求：整体光圈 $N \leq 0.2$，局部光圈 $\Delta N \leq 0.2$，平行度 ≤ 0.01 mm，中心厚度尺寸公差 ± 0.02 mm，表面疵病等级Ⅲ 2.2.2 能进行 $\phi 350$ mm 透镜研磨抛光，达到以下要求：整体光圈 $N \leq 0.5$，局部光圈 $\Delta N \leq 0.3$，平行度 ≤ 0.01 mm，中心厚度尺寸公差 ± 0.10 mm，表面疵病等级Ⅳ 2.2.3 能进行非球面度 ≤ 0.05 mm，$\phi 400$ mm 轴对称非球面反射镜研磨抛光，达到以下要求：面形误差 $P_v \leq 0.16\lambda$，$R_{ms} \leq 1/50\lambda$，非球面系数误差 $\Delta K \leq 0.001$，顶点曲率半径误差 $\Delta R_0 \leq 1‰ R_0$，表面疵病等级Ⅳ，平行度 ≤ 0.03 mm，中心厚度尺寸公差 ± 0.10 mm 2.2.4 能进行非球面度 ≤ 0.05 mm、$\phi 400$ mm 离轴非球面研磨抛光，达到以下要求：面形误差 $P_v \leq 0.16\lambda$，$R_{ms} \leq 1/50\lambda$，非球面系数误差 $\Delta K \leq 0.001$，顶点曲率半径误差 $\Delta R_0 \leq 1‰ R_0$，表面疵病等级Ⅳ	2.2.1 中等口径同轴非球面加工的特点、面形与光学参数控制方法 2.2.2 离轴非球面加工的特点、面形误差与顶点曲率半径、离轴量等参数控制方法

续表

职业功能	工作内容	技能要求	相关知识要求
3. 加工精度检验	3.1 长度、角度类几何尺寸检验	3.1.1 能使用内测千分尺测量光学零件的内径等几何尺寸 3.1.2 能根据测量结果分析加工误差产生的原因	3.1.1 光学零件结构尺寸精度的检验方法 3.1.2 磨削加工误差的种类及产生原因
	3.2 面形误差与曲率半径等光学参数检验	3.2.1 能使用干涉仪进行透射检验、比较法检验等较为复杂的光学零件检验 3.2.2 能进行中等口径光学零件支撑，识别支撑带来的面形误差 3.2.3 能使用干涉仪检验离轴非球面的面形误差，控制离轴量、顶点曲率半径及非球面系数等光学参数	3.2.1 光学零件面形误差干涉检验方法基础知识 3.2.2 中等口径光学零件支撑方法 3.2.3 支撑对光学零件面形误差的影响及简单识别方法
	3.3 检验光路装调	3.3.1 能搭建瑞奇—康芒法检验平面镜的检验光路 3.3.2 能搭建无像差点法检验二次非球面的检验光路 3.3.3 能搭建补偿法检验非球面的简单检验光路	3.3.1 瑞奇-康芒法检验平面镜的原理与检验光路调整方法 3.3.2 二次非球面无像差点法检验原理与检验光路调整方法 3.3.3 补偿法检验非球面的原理与检验光路搭建方法

3.3.7 数控研磨机床磨工

职业功能	工作内容	技能要求	相关知识要求
1. 工艺准备	1.1 读图与绘图	1.1.1 能绘制动压轴承、静压轴承和阀门、铜瓦等复杂、畸形零件图 1.1.2 能识读所用机床及一般机械的装配图和简单的液压图	1.1.1 复杂零件的绘图知识 1.1.2 机械装配图与液压原理图的识图知识
	1.2 磨削加工准备	能制定复杂零件的研磨工艺规程	1.2.1 较复杂零件加工工艺规程的编制知识 1.2.2 畸形、超精密工件的研磨工艺
	1.3 数控编程	能编制轴、圆锥、平面、齿轮的数控研磨加工程序	数控研磨机床编程知识

续表

职业功能	工作内容	技能要求	相关知识要求
1. 工艺准备	1.4 工件定位与装夹	1.4.1 能调整研磨机床的专用研具 1.4.2 能分析计算研磨机床用研具的定位误差 1.4.3 能装夹、调整复杂零件和不规则零件	1.4.1 复杂研具的种类、用途、特点及使用方法 1.4.2 研具定位误差的分析与计算方法 1.4.3 复杂及不规则零件的装夹和调整方法
	1.5 磨具与量具准备	能选用氧化物系、金刚石系等研磨剂进行硬质合金、黄铜等精细研磨	氧化物系、金刚石系等磨具的种类、用途、特点及使用方法
	1.6 设备维护保养	1.6.1 能对所用机床进行几何精度和工作精度的检验 1.6.2 能排除所用机床的一般机械故障	1.6.1 所用机床的机械结构相关知识 1.6.2 所用机床的一般机械故障及排除方法
2. 工件加工	2.1 外圆研磨	2.1.1 能进行外径 $S\phi10$ mm 钢球研磨，达到以下要求：直径尺寸公差等级 IT2，表面粗糙度 $Ra0.05$ μm，圆度公差等级 2 级，GB/T 308.1—2013 2.1.2 能进行锥面、球面凡尔线研磨，达到以下要求：表面粗糙度 $Ra0.05$ μm	超精研磨外圆的条件和方法
	2.2 内孔研磨	能进行莫氏锥度环规研磨，达到以下要求：通、止端刻线距离尺寸公差等级 IT2，表面粗糙度 $Ra0.05$ μm	超精研磨内孔的条件和方法
	2.3 平面研磨	2.3.1 能进行长边 100 mm 的 90°内角尺研磨，达到以下要求：尺寸公差等级 IT2，表面粗糙度 $Ra0.05$ μm，平面度等级 2 级，直角垂直度公差 2 级 2.3.2 能进行长边 60 mm 的量块研磨，达到以下要求，尺寸公差等级 IT2，平面度等级 2 级，平行度公差等级 2 级，表面粗糙度 $Ra0.02$ μm	超精研磨平面的条件和方法

续表

职业功能	工作内容	技能要求	相关知识要求
3. 加工精度检验	3.1 长度、角度类几何尺寸检验	3.1.1 能掌握与研磨工有关的零件精度检验方法 3.1.2 能根据测量结果分析产生研磨误差的原因 3.1.3 能使用电动、气动、光学测量装置	3.1.1 机械零件精度检验方法 3.1.2 研磨加工产生误差的种类及原因 3.1.3 电动、气动、光学测量装置的基本知识
	3.2 锥度检验	能分析锥度误差产生的原因	锥度磨削的原理及误差分析方法
	3.3 表面质量检验	能使用测量仪器测量零件磨削的表面粗糙度	3.3.1 表面粗糙度仪等精密量具的使用方法 3.3.2 零件磨削表面粗糙度误差的种类与产生原因

3.4 二级/技师

3.4.1 普通磨床磨工

职业功能	工作内容	技能要求	相关知识要求
1. 工艺准备	1.1 读图与绘图	1.1.1 能根据实物或装配图绘制或拆画零件图 1.1.2 能使用计算机辅助设计（CAD）软件绘制零件图	1.1.1 零件的测绘方法 1.1.2 根据装配图拆画零件图的方法 1.1.3 计算机辅助设计（CAD）软件绘图知识
	1.2 磨削加工准备	1.2.1 能编制车床主轴、尾座套筒和床身导轨、错齿三面刃铣刀、多线蜗杆、滚珠丝杠、精密齿轮、四拐曲轴等典型零件的加工工艺规程 1.2.2 能对典型零件磨削加工工艺方案进行分析，并提出改进意见 1.2.3 能掌握特硬、特软及非金属材料等特殊材料工件的加工工艺规程	1.2.1 典型零件的磨削工艺规程的编制要求 1.2.2 硬质合金等特殊材料零件的磨削工艺
	1.3 工件定位与装夹	1.3.1 能设计磨削加工的专用夹具 1.3.2 能对已有夹具提出改进意见	磨床专用夹具的设计与制造知识

311

续表

职业功能	工作内容	技能要求	相关知识要求
1. 工艺准备	1.4 磨具与量具准备	能使用磨床在位检验和在线监测装置	1.4.1 磨具方面的新技术、新材料及其应用知识 1.4.2 磨床在位检验和在线监测装置的使用方法
	1.5 设备验收与排故	1.5.1 能向维修部门提供所用磨床使用中的精度数据 1.5.2 能进行所用磨床精度调整工作 1.5.3 能分析并排除所用磨床液压故障 1.5.4 能进行所用磨床维修后的验收	1.5.1 所用磨床液压故障排除方法 1.5.2 所用磨床验收标准
2. 工件加工	2.1 外圆磨削	2.1.1 能进行 $\phi 50$ mm×300 mm 带有外圆柱面、外圆锥面的复合阶梯轴零件磨削，达到以下要求：尺寸公差等级 IT4，表面粗糙度 $Ra0.2$ μm，跳动公差等级 4 级，锥角公差等级 4 级 2.1.2 能进行硬质合金等特殊材料零件磨削，外圆公差等级 IT4	2.1.1 高精度外圆磨削的工艺特点和其他注意事项 2.1.2 硬质合金等特殊材料零件磨削的其他注意事项 2.1.3 高速强力磨削的工艺特点及其他注意事项
	2.2 内圆磨削	能进行莫氏锥度高精度内锥孔磨削，达到以下要求：用试棒检验锥孔 200 mm，外圆跳动公差等级 4 级，表面粗糙度 $Ra0.2$ μm，涂色法检验，接触面积大于 85% 且靠近大端，尺寸公差等级 IT4，圆柱度公差等级 4 级	2.2.1 高精度内圆磨削的工艺特点和其他注意事项 2.2.2 硬质合金等特殊材料零件磨削的其他注意事项 2.2.3 高速强力磨削的工艺特点及其他注意事项
	2.3 平面磨削	能进行 $L \times B \times H = 250$ mm×50 mm×50 mm、一面 90°V 形的 V 形导轨磨削，达到以下要求：表面粗糙度 $Ra0.2$ μm，V 形平面直线度公差等级 4 级，对称度公差等级 4 级，垂直度公差等级 4 级，四方体四面垂直，垂直度公差等级 4 级	2.3.1 高精度平面磨削的工艺特点和其他注意事项 2.3.2 硬质合金等特殊材料零件磨削的其他注意事项 2.3.3 高速强力磨削的工艺特点及其他注意事项

续表

职业功能	工作内容	技能要求	相关知识要求
2. 工件加工	2.4 刀具磨削	能进行模数 $m=8$ mm 的硬质合金镶齿渐开线齿轮滚刀的刃磨,达到 AA 级精度,GB/T 5014—2008	2.4.1 高精度刀具刃磨的工艺特点和其他注意事项 2.4.2 立方氮化硼等特殊材料刀具磨削的其他注意事项 2.4.3 高速强力磨削的工艺特点及其他注意事项
	2.5 螺纹磨削	2.5.1 能磨削 $m=4$ mm,$d_1=40$ mm,$z=3$ 的 ZA 型蜗杆,达到以下要求:精度等级 6f,表面粗糙度 $Ra0.2$ μm,GB/T 10089—1988 2.5.2 能进行公称直径 $d=40$ mm、$L=1\,000$ mm、基本导程 $P_h=10$ mm 的双圆弧滚珠丝杠磨削,达到以下要求:精度等级 4 级,表面粗糙度 $Ra0.1$ μm,GB/T 17587.3—2017	2.5.1 多线蜗杆、滚珠丝杠磨削的工艺特点和其他注意事项 2.5.2 多线蜗杆、滚珠丝杠磨削的磨削用量选择
	2.6 齿轮磨削	能进行标准直齿圆柱齿轮轮齿部分的磨削,达到以下要求:表面粗糙度 $Ra0.2$ μm,精度等级 5HL GB/T 10095—2008	2.6.1 高精度齿轮磨削的工艺特点和其他注意事项 2.6.2 高精度齿轮磨削的磨削用量选择
	2.7 曲轴磨削	能磨削六拐曲轴等发动机用高精度曲轴并达到图样要求	2.7.1 高精度六拐曲轴磨削的工艺特点及其他注意事项 2.7.2 高速强力磨削的工艺特点和其他注意事项
	2.8 导轨磨削	能进行 V 形—平行导轨(类似于高精度磨床床身导轨)磨削,达到图样要求	2.8.1 高精度机床导轨磨削的工艺特点及其他注意事项 2.8.2 高速强力磨削的工艺特点和其他注意事项
	2.9 珩磨加工	能进行内圆 $d=195$ mm、壁厚 $\delta=1.2$ mm、孔深 $H=300$ mm 的活塞缸内衬套珩磨,达到以下要求:尺寸公差等级 IT4 级,表面粗糙度 $Ra0.2$ μm,圆度公差等级 4 级,锥度公差等级 4 级	2.9.1 高精度薄壁深孔珩磨的工艺特点及其他注意事项 2.9.2 高速强力磨削的工艺特点和其他注意事项

续表

职业功能	工作内容	技能要求	相关知识要求
3. 工件磨削误差分析	3.1 测量误差分析	能分析测量误差产生的原因，改进测量方法	测量误差产生的原因及改进测量方法的具体措施
	3.2 磨削加工误差分析	能根据测量结果分析高精度零件磨削加工过程中误差产生的原因，提出并制定与磨削加工有关的改进措施	3.2.1 影响磨削质量的原因 3.2.2 磨削加工中消除或减少加工误差的措施
4. 培训指导	4.1 培训指导	能对三级/高级工及以下级别人员进行操作指导	职业技能培训基本方法
	4.2 培训资料编写	4.2.1 能讲授相关技术理论知识 4.2.2 能编制培训教案 4.2.3 能编写培训计划、培训大纲	4.2.1 培训计划、培训大纲的编写知识和方法 4.2.2 培训教案的编写知识和方法
5. 技术管理	5.1 质量管理	5.1.1 能进行操作过程的质量分析与控制 5.1.2 能进行零件磨削的成本核算和定额管理	5.1.1 质量分析与控制方法 5.1.2 生产成本核算和定额管理知识
	5.2 技术文件编写	5.2.1 能撰写零件磨削质量分析、质量检验、技术总结报告 5.2.2 能对磨削加工工艺和作业指导书提出修改意见 5.2.3 能对生产现场管理提出改进方案	5.2.1 生产管理知识 5.2.2 技术资料查阅方法 5.2.3 计算机应用基础 5.2.4 技术总结报告的撰写要求和方法 5.2.5 技术论文的撰写方法

3.4.2 光学普通磨床磨工

职业功能	工作内容	技能要求	相关知识要求
1. 工艺准备	1.1 读图与绘图	1.1.1 能读懂含复杂几何公差要求的光学零件图样 1.1.2 能使用计算机辅助设计（CAD）软件绘制零件图	1.1.1 含轻量化孔、复杂几何公差要求的光学零件的识图知识 1.1.2 计算机辅助设计（CAD）软件绘图知识
	1.2 磨削加工准备	1.2.1 能读懂含轻量化孔、复杂几何公差要求的光学零件工艺规程 1.2.2 能根据光学材料的磨耗度选择工序磨削用量并确定磨削余量	1.2.1 含轻量化孔、复杂几何公差要求的光学零件的磨削工艺 1.2.2 光学材料的光学性能、热学性能、机械性能及质量指标

续表

职业功能	工作内容	技能要求	相关知识要求
1. 工艺准备	1.3 工件定位与装夹	1.3.1 能安装固定高度轻量化的光学零件,并评估对面形误差的影响 1.3.2 能根据复杂几何公差要求或者加工需要调整光学零件 1.3.3 能对现有的光学零件夹具进行改进	1.3.1 高度轻量化光学零件的安装方法 1.3.2 光学零件的装夹对面形的影响 1.3.3 含复杂几何公差零件粗磨成型过程中基准的确定及调整方法 1.3.4 光学零件夹具的结构及使用特点
	1.4 磨具与量具准备	1.4.1 能根据含轻量化孔光学零件粗磨成型的要求选择砂轮 1.4.2 能推广应用先进的磨具、磨料与辅料 1.4.3 能推广应用先进的测量用具与测量设备	1.4.1 磨具(或磨料)方面的新技术、新材料及其应用知识 1.4.2 光学零件磨削方面的先进量具与测量设备
	1.5 设备维护保养	1.5.1 能向维修部门提供所用磨床使用中的精度数据 1.5.2 能进行所用磨床精度调整 1.5.3 能进行所用磨床维修后的验收	1.5.1 所用磨床常见故障排除方法 1.5.2 所用磨床工作精度检验的内容和方法 1.5.3 所用磨床验收标准
2. 工件加工	2.1 粗磨成型	2.1.1 能进行 $\phi 400$ mm 透镜粗磨成型,达到以下要求:外径尺寸公差等级 7 级,平行度≤0.02 mm,面形误差 P_v≤0.10 mm,中心厚度尺寸公差±0.10 mm 2.1.2 能进行 $\phi 600$ mm 平面或球面反射镜粗磨成型,达到以下要求:外径尺寸公差等级 6 级,中孔尺寸公差等级 5 级,面形误差 P_v≤0.10 mm,平行度≤0.05 mm,中心厚度尺寸公差±0.10 mm 2.1.3 能进行 $\phi 500$ mm 非球面粗磨最佳比较球面,达到以下要求:外形尺寸公差等级 6 级,侧面与底面垂直度公差等级 5 级,面形误差 P_v≤0.10 mm 2.1.4 能进行光学零件背部轻量化或安装孔(圆孔或异形孔)、结构尺寸中的几何公差及异形结构等的粗磨成型磨削	2.1.1 光学零件粗磨成型理论知识 2.1.2 离轴非球面的结构形式及粗磨成型方法 2.1.3 大口径透镜粗磨成型方法 2.1.4 光学零件轻量化孔等结构尺寸的加工顺序及几何公差控制方法

续表

职业功能	工作内容	技能要求	相关知识要求
2. 工件加工	2.2 研磨抛光	2.2.1 能进行 $\phi 400$ mm 透镜研磨抛光，达到以下要求：整体光圈 $N \leq 0.5$，局部光圈 $\Delta N \leq 0.3$，平行度 ≤ 0.01 mm，中心厚度尺寸公差 ± 0.10 mm，表面疵病等级Ⅲ 2.2.2 能进行 $\phi 600$ mm 平面或球面反射镜研磨抛光，达到以下要求：面形误差 $P_v \leq 0.20\lambda$、$R_{ms} \leq 0.025\lambda$，曲率半径误差 $\leq 0.5‰R$，平行度 ≤ 0.02 mm，中心厚度尺寸公差 ± 0.10，表面疵病等级Ⅳ 2.2.3 能进行 $\phi 500$ mm 轴对称非球面反射镜研磨抛光，达到以下要求：面形误差 $P_v \leq 0.16\lambda$、$R_{ms} \leq 1/50\lambda$，非球面系数误差 $\Delta K \leq 0.001$，顶点曲率半径误差 $\Delta R_0 \leq 1‰R_0$，表面疵病等级Ⅴ 2.2.4 能进行 $\phi 400$ mm 轴对称非球面反射镜研磨抛光，达到以下要求：非球面度 0.30 mm，面形误差 $P_v \leq 0.16\lambda$、$R_{ms} \leq 1/50\lambda$，非球面系数误差 $\Delta K \leq 0.001$，顶点曲率半径误差 $\Delta R_0 \leq 1‰R_0$，表面疵病等级Ⅴ	2.2.1 光学零件研磨抛光理论知识 2.2.2 大口径透镜（球面镜）加工的特点、面形控制与曲率半径误差的修改与控制方法 2.2.3 大口径透镜研磨过程中平行度的控制方法 2.2.4 中大口径同轴非球面镜面加工的特点、面形误差与光学参数控制方法
3. 工件磨削误差分析	3.1 测量误差分析	3.1.1 能进行光学零件支撑，识别并排除支撑带来的面形误差 3.1.2 能分析测量误差（如气流影响、补偿器装调误差、高精度测量杆测量误差等）产生的原因，改进测量方法	3.1.1 光学零件的支撑及支撑误差的识别与排除方法 3.1.2 测量误差（如气流影响、补偿器装调误差、高精度测量杆测量误差等）产生的原因，改进测量方法
	3.2 磨削加工误差分析	3.2.1 能根据测量结果分析高精度零件磨削加工过程中误差（几何尺寸误差、几何精度误差、光学参数误差等）产生的原因 3.2.2 能提出磨削加工有关的改进措施	3.2.1 影响磨削质量的原因 3.2.2 磨削加工中消除或减少加工误差的措施

续表

职业功能	工作内容	技能要求	相关知识要求
4. 培训指导	4.1 培训指导	能对三级/高级工及以下级别人员进行操作指导	职业技能培训基本方法
	4.2 培训资料编写	4.2.1 能讲授相关技术理论知识 4.2.2 能编制培训教案 4.2.3 能编写培训计划、培训大纲	4.2.1 培训计划、培训大纲的编写知识和方法 4.2.2 培训教案的编写知识和方法
5. 技术管理	5.1 质量管理	5.1.1 能进行操作过程的质量分析与控制 5.1.2 能进行零件磨削的成本核算和定额管理	5.1.1 质量分析与控制方法 5.1.2 生产成本核算和定额管理知识
	5.2 技术文件编写	5.2.1 能撰写零件磨削质量分析、质量检验、技术总结报告 5.2.2 能对磨削加工工艺和作业指导书提出修改意见 5.2.3 能对生产现场管理提出改进方案	5.2.1 生产管理知识 5.2.2 技术资料查阅方法 5.2.3 计算机应用基础 5.2.4 技术总结报告的撰写要求和方法 5.2.5 技术论文的撰写方法

3.4.3 数控磨床磨工

职业功能	工作内容	技能要求	相关知识要求
1. 工艺准备	1.1 读图与绘图	1.1.1 能根据实物或装配图绘制或拆画零件图 1.1.2 能使用计算机辅助设计（CAD）软件绘制零件图	1.1.1 零件的测绘方法 1.1.2 根据装配图拆画零件图的方法 1.1.3 计算机辅助设计（CAD）软件绘图知识
	1.2 磨削加工准备	1.2.1 能编制车床主轴、尾座套筒和床身导轨、错齿三面刃铣刀、多线蜗杆、滚珠丝杠、精密齿轮、四拐曲轴等典型零件的加工工艺规程 1.2.2 能对典型零件磨削加工工艺方案进行分析，并提出改进意见 1.2.3 能掌握特硬、特软及非金属材料等特殊材料工件的加工工艺规程	1.2.1 典型零件的磨削工艺规程的编制要求 1.2.2 硬质合金等特殊材料零件的磨削工艺

续表

职业功能	工作内容	技能要求	相关知识要求
1. 工艺准备	1.3 数控编程	1.3.1 能编制复杂、高精度零件的数控磨床加工程序 1.3.2 能使用计算机辅助制造软件（CAD/CAM）对复杂零件进行自动编程	1.3.1 数控磨床、珩磨机床复杂零件编程知识与方法 1.3.2 CAD/CAM 实体造型及自动编程知识
	1.4 工件定位与装夹	1.4.1 能设计磨削加工的专用夹具 1.4.2 能对已有夹具提出改进意见	磨床专用夹具的设计与制造知识
	1.5 磨具与量具准备	能使用磨床在位检验和在线监测装置	1.5.1 磨具方面的新技术、新材料及其应用知识 1.5.2 磨床在位检验和在线监测装置的使用方法
	1.6 设备验收与排故	1.6.1 能向维修部门提供所用磨床使用中的精度数据 1.6.2 能进行所用磨床精度调整工作 1.6.3 能分析并排除所用磨床液压故障 1.6.4 能进行所用磨床维修后的验收	1.6.1 所用磨床液压故障排除方法 1.6.2 所用磨床验收标准
2. 工件加工	2.1 外圆磨削	2.1.1 能进行 $\phi50$ mm×300 mm 带有外圆柱面、外圆锥面的复合阶梯轴零件磨削，达到以下要求：尺寸公差等级 IT4，表面粗糙度 $Ra0.2$ μm，跳动公差等级 4 级，锥角公差等级 4 级 2.1.2 能进行硬质合金等特殊材料零件磨削，外圆公差等级 IT4	2.1.1 高精度外圆磨削的工艺特点和其他注意事项 2.1.2 硬质合金等特殊材料零件磨削的其他注意事项 2.1.3 高速强力磨削的工艺特点及其他注意事项
	2.2 内圆磨削	能进行莫氏锥度高精度内锥孔磨削，达到以下要求：用试棒检验锥孔 200 mm，外圆跳动公差等级 4 级，表面粗糙度 $Ra0.2$ μm，涂色法检验，接触面积大于 85% 且靠近大端，尺寸公差等级 IT4，圆柱度公差等级 4 级	2.2.1 高精度内圆磨削的工艺特点和其他注意事项 2.2.2 硬质合金等特殊材料零件磨削的其他注意事项 2.2.3 高速强力磨削的工艺特点及其他注意事项

续表

职业功能	工作内容	技能要求	相关知识要求
2. 工件加工	2.3 平面磨削	能进行 $L \times B \times H = 250 \text{ mm} \times 50 \text{ mm} \times 50 \text{ mm}$、一面 90° V 形的 V 形导轨磨削,达到以下要求:表面粗糙度 $Ra0.2 \text{ μm}$,V 形平面直线度公差等级 4 级,对称度公差等级 4 级,垂直度公差等级 4 级,四方体四面垂直,垂直度公差等级 4 级	2.3.1 高精度平面磨削的工艺特点和其他注意事项 2.3.2 硬质合金等特殊材料零件磨削的其他注意事项 2.3.3 高速强力磨削的工艺特点及其他注意事项
	2.4 刀具磨削	能进行模数 $m = 8 \text{ mm}$ 的硬质合金镶齿渐开线齿轮滚刀的刃磨,达到 AA 级精度,GB/T 5104—2008	2.4.1 高精度刀具刃磨的工艺特点和其他注意事项 2.4.2 立方氮化硼等特殊材料刀具磨削的其他注意事项 2.4.3 高速强力磨削的工艺特点及其他注意事项
	2.5 螺纹磨削	2.5.1 能磨削 $m = 4 \text{ mm}$、$d_1 = 40 \text{ mm}$、$z = 3$ 的 ZA 型蜗杆,达到以下要求:精度等级 6f,表面粗糙度 $Ra0.2 \text{ μm}$,GB/T 10089—1988 2.5.2 能进行公称直径 $d = 40 \text{ mm}$、$L = 1\,000 \text{ mm}$、基本导程 $P_h = 10 \text{ mm}$ 的双圆弧滚珠丝杠磨削,达到以下要求:精度等级 4 级,表面粗糙度 $Ra0.1 \text{ μm}$,GB/T 17587.3—2017	2.5.1 多线蜗杆、滚珠丝杠磨削的工艺特点和其他注意事项 2.5.2 多线蜗杆、滚珠丝杠磨削的磨削用量选择
	2.6 齿轮磨削	能进行标准直齿圆柱齿轮轮齿部分的磨削,达到以下要求:表面粗糙度 $Ra0.2 \text{ μm}$,精度等级 5HL,GB/T 10095—2008	2.6.1 高精度齿轮磨削的工艺特点和其他注意事项 2.6.2 高精度齿轮磨削的磨削用量选择
	2.7 曲轴磨削	能磨削六拐曲轴等发动机用高精度曲轴并达到图样要求	2.7.1 高精度六拐曲轴磨削工艺特点及其他注意事项 2.7.2 高速强力磨削的工艺特点和其他注意事项
	2.8 导轨磨削	能进行 V 形—平行导轨(类似于高精度磨床床身导轨)磨削,达到图样要求	2.8.1 高精度机床导轨磨削工艺特点和其他注意事项 2.8.2 高速强力磨削的工艺特点和其他注意事项

续表

职业功能	工作内容	技能要求	相关知识要求
2. 工件加工	2.9 珩磨加工	能进行内圆 $d=195$ mm、壁厚 $\delta=1.2$ mm、孔深 $H=300$ mm 的活塞缸内衬套珩磨，达到以下要求：尺寸公差等级 IT4 级，表面粗糙度 Ra 0.2 μm，圆度公差等级 4 级，锥度公差等级 4 级	2.9.1 高精度薄壁深孔珩磨工艺特点及其他注意事项 2.9.2 高速强力磨削的工艺特点和其他注意事项
3. 工件磨削误差分析	3.1 测量误差分析	能分析测量误差产生的原因，改进测量方法	测量误差产生的原因及改进测量方法的具体措施
	3.2 磨削加工误差分析	能根据测量结果分析高精度零件磨削加工过程中误差产生的原因，提出并制定与磨削加工有关的改进措施	3.2.1 影响磨削质量的原因 3.2.2 磨削加工中消除或减少加工误差的措施
4. 培训指导	4.1 培训指导	能对三级/高级工及以下级别人员进行操作指导	职业技能培训基本方法
	4.2 培训资料编写	4.2.1 能讲授相关的技术理论知识 4.2.2 能编制培训教案 4.2.3 能编写培训计划、培训大纲	4.2.1 培训计划、培训大纲的编写知识和方法 4.2.2 培训教案的编写知识和方法
5. 技术管理	5.1 质量管理	5.1.1 能进行操作过程的质量分析与控制 5.1.2 能进行零件磨削的成本核算和定额管理	5.1.1 质量分析与控制方法 5.1.2 生产成本核算和定额管理知识
	5.2 技术文件编写	5.2.1 能撰写零件磨削质量分析、质量检验、技术总结报告 5.2.2 能对磨削加工工艺和作业指导书提出修改意见 5.2.3 能对生产现场管理提出改进方案	5.2.1 生产管理知识 5.2.2 技术资料查阅方法 5.2.3 计算机应用基础 5.2.4 技术总结报告的撰写要求和方法 5.2.5 技术论文的撰写方法

3.4.4 光学数控磨床磨工

职业功能	工作内容	技能要求	相关知识要求
1. 工艺准备	1.1 读图与绘图	1.1.1 能读懂含复杂几何公差要求的光学零件图样 1.1.2 能使用计算机辅助设计（CAD）软件绘制零件图	1.1.1 含轻量化孔、复杂几何公差要求的光学零件的识图知识 1.1.2 计算机辅助设计（CAD）软件绘图知识
	1.2 磨削加工准备	1.2.1 能读懂及优化含轻量化孔、复杂几何公差要求的光学零件数控加工工艺规程 1.2.2 能根据光学材料的磨耗度选择工序磨削用量并确定磨削余量	1.2.1 含轻量化孔、复杂几何公差要求的光学零件的数控磨削工艺 1.2.2 光学材料的光学性能、热学性能、机械性能及质量指标
	1.3 数控编程	1.3.1 能编写复杂零件的数控加工程序 1.3.2 能掌握多种数控编程方法	1.3.1 复杂零件数控加工编程方法 1.3.2 先进数控系统知识
	1.4 工件定位与装夹	1.4.1 能安装固定高度轻量化的光学零件，并评估对面形误差的影响 1.4.2 能根据复杂几何公差要求调整光学零件 1.4.3 能对现有光学零件夹具进行改进	1.4.1 高度轻量化光学零件的安装方法 1.4.2 光学零件的装夹对面形的影响 1.4.3 含复杂几何公差零件粗磨成型过程中基准的确定及调整方法 1.4.4 光学零件夹具的结构及使用特点
	1.5 磨具与量具准备	1.5.1 能根据轻量化孔粗磨成型的要求选择砂轮 1.5.2 能推广应用先进的磨具、磨料与辅料 1.5.3 能推广应用先进的测量用具、测量设备及测量方法	1.5.1 磨具方面的新技术、新材料及其应用知识 1.5.2 光学零件磨削方面的先进量具、设备及测量方法知识
2. 工件加工	2.1 粗磨成型	2.1.1 能进行 $\phi400$ mm 透镜粗磨成型，达到以下要求：外径尺寸公差等级 IT7，平行度 ≤ 0.02 mm，面形误差 $P_v \leq 0.10$ mm，中心厚度尺寸公差 ± 0.10 mm 2.1.2 能进行 $\phi600$ mm 平面或球面反射镜粗磨成型，达到以下要求：外径尺寸公差等级 IT7，中孔尺寸公差 ± 0.02 mm，面形误差 $P_v \leq 0.10$ mm，平行度 ≤ 0.05 mm，中心厚度尺寸公差 ± 0.10 mm	2.1.1 光学零件粗磨成型磨削理论知识 2.1.2 中大口径同轴非球面数控磨成型的方法

续表

职业功能	工作内容	技能要求	相关知识要求
2. 工件加工	2.1 粗磨成型	2.1.3 能进行 ϕ500 mm 离轴非球面（等厚型/非等厚型）粗磨最佳比较球面，达到以下要求：侧面与底面垂直度公差等级 5 级，面形误差 $P_v \leqslant 0.10$ mm 2.1.4 能进行 ϕ500 mm 同轴非球面粗磨最佳比较球面，达到以下要求：外径尺寸公差等级 7 级，平行度 $\leqslant 0.03$ mm，侧面与底面垂直度公差等级 5 级，面形误差 $P_v \leqslant 0.10$ mm 2.1.5 能进行光学零件背部轻量化孔或安装孔（圆孔或异形孔）、结构尺寸中的几何公差及异形结构等的粗磨成型	2.1.3 中大口径离轴非球面结构形式及数控粗磨成型方法 2.1.4 光学零件结构的几何公差控制方法
	2.2 研磨抛光	2.2.1 能进行 ϕ400 mm 透镜研磨抛光，达到以下要求：整体光圈 $N \leqslant 0.5$，局部光圈 $\Delta N \leqslant 0.3$，平行度 $\leqslant 0.01$ mm，中心厚度尺寸公差 ± 0.10 mm，表面疵病等级Ⅲ 2.2.2 能进行 ϕ600 mm 平面或球面反射镜研磨抛光，达到以下要求：面形误差 $P_v \leqslant 0.20\lambda$、$R_{ms} \leqslant 0.025\lambda$，曲率半径误差 $\leqslant 0.5‰R$，平行度 $\leqslant 0.02$ mm，中心厚度尺寸公差 ± 0.10 mm，表面疵病等级Ⅳ 2.2.3 能进行 ϕ500 mm 轴对称非球面反射镜研磨抛光，达到以下要求：面形误差 $P_v \leqslant 0.16\lambda$、$R_{ms} \leqslant 1/50\lambda$，非球面系数误差 $\Delta K \leqslant 0.001$，顶点曲率半径误差 $\Delta R_0 \leqslant 1‰R_0$，表面疵病等级Ⅴ 2.2.4 能进行非球面度 0.30 mm、ϕ400 mm 轴对称非球面反射镜研磨抛光，达到以下要求：面形误差 $P_v \leqslant 0.16\lambda$、$R_{ms} \leqslant 1/50\lambda$，非球面系数误差 $\Delta K \leqslant 0.001$，顶点曲率半径误差 $\Delta R_0 \leqslant 1‰R_0$，表面疵病等级Ⅴ	2.2.1 光学零件研磨抛光理论知识 2.2.2 中大口径同轴非球面面形误差、顶点曲率半径及非球面系数等光学参数控制方法 2.2.3 中大口径离轴非球面面形误差、离轴量、顶点曲率半径及非球面系数等光学参数控制方法

续表

职业功能	工作内容	技能要求	相关知识要求
3. 工件磨削误差分析	3.1 测量误差分析	3.1.1 能进行光学零件支撑，识别并排除支撑带来的面形误差 3.1.2 能分析测量误差（如气流影响、补偿器装调误差、高精度测量杆测量误差等）产生的原因，改进测量方法	3.1.1 光学零件的支撑方法及支撑误差的识别与排除方法 3.1.2 测量误差（如气流影响、补偿器装调误差、镜面支撑影响、高精度测量杆测量误差等）产生的原因，改进测量方法
	3.2 磨削加工误差分析	3.2.1 能根据测量结果分析高精度零件磨削加工过程中误差（几何尺寸误差、几何精度误差、光学参数误差等）产生的原因 3.2.2 能提出并制定与磨削加工有关的改进措施	3.2.1 影响磨削质量的原因 3.2.2 磨削加工中消除或减少加工误差的措施
4. 培训指导	4.1 培训指导	能对三级/高级工及以下级别人员进行操作指导	职业技能培训基本方法
	4.2 培训资料编写	4.2.1 能讲授相关的技术理论知识 4.2.2 能编制培训教案 4.2.3 能编写培训计划、培训大纲	4.2.1 培训计划、培训大纲的编写知识和方法 4.2.2 培训教案的编写知识和方法
5. 技术管理	5.1 质量管理	5.1.1 能进行操作过程的质量分析与控制 5.1.2 能进行零件磨削的成本核算和定额管理	5.1.1 质量分析与控制方法 5.1.2 生产成本核算和定额管理知识
	5.2 技术文件编写	5.2.1 能撰写零件磨削质量分析、质量检验、技术总结报告 5.2.2 能对磨削加工工艺和作业指导书提出修改意见 5.2.3 能对生产现场管理提出改进方案	5.2.1 生产管理知识 5.2.2 技术资料查阅方法 5.2.3 计算机应用基础 5.2.4 技术总结报告的撰写要求和方法 5.2.5 技术论文的撰写方法

3.5 一级/高级技师

3.5.1 普通磨床磨工

职业功能	工作内容	技能要求	相关知识要求
1. 工艺准备	1.1 读图与绘图	1.1.1 能使用计算机辅助设计（CAD）软件绘制机械装配图 1.1.2 能绘制液压原理图	1.1.1 机械装配图绘制方法 1.1.2 液压原理图绘制方法
	1.2 磨削加工准备	1.2.1 能编制复杂、精密零件的工艺规程 1.2.2 能对复杂零件的机械加工工艺方案进行合理性分析，提出改进意见并参与实施	机械制造设计及工艺知识
	1.3 工件定位与装夹	1.3.1 能指导和独立设计普通磨床用的各种复杂夹具 1.3.2 能对各类常用夹具进行定位误差分析 1.3.3 能推广应用先进夹具	1.3.1 复杂工件普通磨床夹具的设计及使用方法 1.3.2 普通磨床夹具的误差分析方法 1.3.3 先进夹具的知识
	1.4 磨具与量具准备	1.4.1 能根据零件要求设计成型砂轮修整器并修整成型砂轮 1.4.2 能推广应用先进磨具、量具	1.4.1 成型磨具的设计、修整方法及使用 1.4.2 金属磨削原理和先进磨具的知识 1.4.3 先进测量仪器的使用及发展方向
	1.5 设备验收与排故	能排除所用磨床的常见故障	所用磨床的结构及常见故障的排除方法
2. 工件加工	2.1 外圆磨削	2.1.1 能进行高难度、高精度、异形件的外圆磨削 2.1.2 能进行高精度机床检验心棒磨削（圆锥端 7 : 24，圆柱端 $D = 50$ mm，长度 $L = 400$ mm），达到以下要求：两外表面粗糙度 $Ra0.1\ \mu m$，跳动公差等级 4 级，圆锥端接触面积大于 85%，且靠近大端 2.1.3 能解决高难度、高精度外圆磨削中的技术问题与难题	2.1.1 高难度、高精度、异形轴类零件外圆磨削方法 2.1.2 高难度、高精度、异形轴类零件外圆磨削中的关键问题及特殊问题的解决方案

续表

职业功能	工作内容	技能要求	相关知识要求
2. 工件加工	2.2 内圆磨削	2.2.1 能进行高难度、高精度、异形件的内圆磨削，如磨削大端直径 $D=60$ mm，长度 $L=400$ mm，锥度 1∶100 的挤塑机螺杆套内锥孔，达到以下要求：表面粗糙度 $Ra0.2$ μm，锥角公差等级 4 级 2.2.2 能解决高难度、高精度内圆磨削中的技术问题与难题	2.2.1 高难度、高精度、异形轴类零件内圆磨削方法 2.2.2 高难度、高精度、异形轴类零件内圆磨削中的关键问题及特殊问题的解决方案
	2.3 平面磨削	2.3.1 能进行高难度、高精度、异形件的平面磨削，如磨削 $L×B×H=500$ mm×200 mm×20 mm，凹槽宽 $B_1=100$ mm，深 $h=10$ mm 的凹字形专用导向槽的上下表面与凹槽三表面，达到以下要求：上下表面粗糙度 $Ra0.2$ μm，凹槽三表面粗糙度 $Ra0.4$ μm，上下表面与凹槽底面的平面度公差等级 4 级，凹槽两侧面的平行度公差等级 4 级，与大底面的垂直度公差等级 4 级 2.3.2 能解决高难度、高精度平面磨削中的技术问题与难题	2.3.1 高难度、高精度、异形零件的平面磨削方法 2.3.2 高难度、高精度、异形零件平面磨削中的关键问题及特殊问题的解决方案
	2.4 刀具磨削	2.4.1 能进行高难度、高精度刀具刃磨，如刃磨 $\phi 20H7$ 孔用扩孔、粗铰、精铰三复合整体硬质合金刀具，达到图样要求 2.4.2 能解决高难度、高精度刀具刃磨中的技术问题与难题	2.4.1 高难度、高精度、异形刀具的刃磨方法 2.4.2 高难度、高精度、异形刀具刃磨中的关键问题及特殊问题的解决方案
	2.5 螺纹磨削	2.5.1 能进行高难度、高精度多线蜗杆磨削，如磨削 $m=4$ mm、$d_1=40$ mm、$z=4$ 的 ZL 型蜗杆，达到以下要求：精度等级 5f，表面粗糙度 $Ra0.1$ μm，GB/T 10089—1988 2.5.2 能解决高难度、高精度丝杠与多线蜗杆磨削中的技术问题与难题	2.5.1 高难度、高精度、异形丝杠与多线蜗杆的磨削方法 2.5.2 高难度、高精度、异形丝杠与多线蜗杆磨削中的关键问题及特殊问题的解决方案

续表

职业功能	工作内容	技能要求	相关知识要求
2. 工件加工	2.6 齿轮磨削	2.6.1 能进行高难度、高精度齿轮磨削，如磨削精度等级 5HL GB/T 10095—2008，表面粗糙度 $Ra0.1\ \mu m$，$\beta=10°$ 的斜齿圆柱齿轮 2.6.2 能解决高难度、高精度齿轮磨削中的技术问题与难题	2.6.1 高难度、高精度、异形齿轮磨削方法 2.6.2 高难度、高精度、异形齿轮磨削中的关键问题及特殊问题的解决方案
	2.7 曲轴磨削	2.7.1 能进行高难度、高精度曲轴磨削，如不使用专用夹具对四缸发动机用曲轴进行磨削，达到图样要求 2.7.2 能解决高难度、高精度曲轴磨削中的技术问题与难题	2.7.1 高难度、高精度、异形曲轴磨削方法 2.7.2 高难度、高精度、异形曲轴磨削中的关键问题及特殊问题的解决方案
	2.8 导轨磨削	2.8.1 能进行高难度、高精度导轨磨削，如磨削导轨跨距 $B=1\ 000\ mm$，长度 $L=3\ 500\ mm$ 的大型机床用双 V 形静压导轨面，达到图样要求 2.8.2 能解决高难度、高精度导轨磨削中的技术问题与难题	2.8.1 高难度、高精度、异形导轨磨削方法 2.8.2 高难度、高精度、异形导轨磨削中的关键问题及特殊问题的解决方案
	2.9 珩磨加工	2.9.1 能进行高难度、高精度内孔珩磨，如在不使用专用夹具的情况下对轿车 V6 发动机的 6 个活塞缸内衬套孔修配珩磨，并达到以下要求：尺寸公差等级 IT6，表面粗糙度 $Ra\ 0.2\ \mu m$，圆度公差等级 4 级，锥度公差等级 4 级 2.9.2 能解决高难度、高精度内孔珩磨中的技术问题与难题	2.9.1 高难度、高精度、异形箱体孔珩磨加工方法 2.9.2 高难度、高精度、异形箱体孔珩磨中的关键问题及特殊问题的解决方案
3. 工件磨削质量控制	3.1 测量精度控制	3.1.1 能判断测量产生质量问题的多种原因 3.1.2 能提出解决测量问题的具体方案 3.1.3 能提出预防测量造成质量事故的有效措施	影响测量的全因素分析及提高测量精度、预防测量事故的具体措施
	3.2 加工过程中的质量控制	3.2.1 能判断磨削产生质量问题的多种原因 3.2.2 能提出解决磨削质量问题的具体方案 3.2.3 能提出预防磨削质量事故的有效措施	在磨削加工全过程中影响质量的因素及提高质量的措施

续表

职业功能	工作内容	技能要求	相关知识要求
4. 培训指导	4.1 培训指导	4.1.1 能对二级/技师及以下级别人员进行操作指导 4.1.2 能对二级/技师及以下级别人员进行技术理论培训	理论教学和实操教学的方法与技巧
	4.2 培训资料编写	4.2.1 能编制相关培训教案、讲义 4.2.2 能编写相关培训计划、培训大纲	培训讲义的编写方法
5. 技术管理	5.1 技术攻关	5.1.1 能利用计算机进行文字编辑与数据处理 5.1.2 能利用互联网进行信息查询 5.1.3 能承担新产品的研发试制与技术攻关	技术攻关课题立项的编写要求与方法
	5.2 技术文件编写	5.2.1 能对磨削加工工艺和作业指导书提出修改意见 5.2.2 能对生产现场管理提出改进方案	技术攻关课题总结报告的编写要求与方法

3.5.2 光学普通磨床磨工

职业功能	工作内容	技能要求	相关知识要求
1. 工艺准备	1.1 读图与绘图	能读懂含光学材料要求、镀膜要求等全要素光学零件图样	光学材料及镀膜技术要求的标注方法
	1.2 磨削加工准备	1.2.1 能对新材料或新型光学零件结构的磨削工艺提出建议,制定工艺规程 1.2.2 能推广应用国内外先进的光学零件磨削工艺技术	1.2.1 新型光学材料光学工艺的探索方法 1.2.2 新型光学零件结构磨削方案的探索方法 1.2.3 国内外先进的光学零件磨削工艺技术
	1.3 工件定位与装夹	1.3.1 能对较软或热稳定性差的光学零件制定装夹方案 1.3.2 能设计复杂或异形零件的工装夹具 1.3.3 能推广应用国内外先进的工装夹具及装夹方法	1.3.1 光学零件工装夹具的设计方法 1.3.2 国内外先进的工装夹具及装夹方法

续表

职业功能	工作内容	技能要求	相关知识要求
1. 工艺准备	1.4 磨具与量具准备	1.4.1 能针对光学零件新型或特殊结构设计磨具 1.4.2 能推广应用国内外先进的光学零件测量方法	1.4.1 磨具的结构及设计方法 1.4.2 国内外先进的光学零件测量方法
	1.5 设备维护保养	1.5.1 能根据光学零件新型或特殊结构提出所用磨床的改进方案 1.5.2 能推广应用国内外先进的磨床	1.5.1 所用磨床的结构、性能及改进方案 1.5.2 国内外先进的磨床
2. 工件加工	2.1 粗磨成型	2.1.1 能进行大口径透镜、平面/球面反射镜、同轴或离轴非球面在光学普通粗磨磨床上完成的光学零件粗磨成型 2.1.2 能进行复杂或异形光学零件（如含圆形盲孔、肚孔扩孔、平行度或垂直度要求的结构等）复杂结构粗磨成型 2.1.3 能进行新材料的粗磨成型及试磨，制定新材料磨制工艺 2.1.4 能判断粗磨成型磨削质量或事故的产生原因，提出改进方法与预防措施	2.1.1 光学零件的盲孔、安装孔等复杂结构的加工方式及高精度几何公差的控制方法 2.1.2 新型光学材料（如较软或硬、稳定性差等）粗磨成型方案的制定方法 2.1.3 新光学材料磨削用量与磨削余量的确定方法
	2.2 研磨抛光	2.2.1 能研磨抛光大口径非球面光学零件 2.2.2 能研磨抛光快焦比特大非球面度非球面光学零件 2.2.3 能进行新材料光学零件的研磨抛光实验，制定新材料磨制工艺 2.2.4 能进行超薄等特殊光学零件研磨抛光 2.2.5 能判断研磨抛光磨削质量或事故的产生原因，提出改进方法与预防措施	2.2.1 大口径非球面加工特点、光学参数控制方法 2.2.2 快焦比大非球面度非球面面形误差收敛方法与光学参数控制方法 2.2.3 快焦比大非球面度非球面高频面形误差的控制与消除方法 2.2.4 新光学材料（如较软或硬、稳定性差等）研磨抛光工艺方案的探索方法 2.2.5 新光学材料研磨抛光磨削用量与磨削余量的确定原则

续表

职业功能	工作内容	技能要求	相关知识要求
3. 工件磨削质量控制	3.1 测量精度控制	3.1.1 能判断测量产生质量问题的多种原因 3.1.2 能提出解决测量问题的具体方案 3.1.3 能提出预防测量造成质量事故的有效措施	影响测量的全因素分析及提高测量精度、预防测量事故的具体措施
	3.2 加工过程中的质量控制	3.2.1 能判断磨削产生质量问题的多种原因 3.2.2 能提出解决磨削质量问题的具体方案 3.3.3 能提出预防磨削质量事故的有效措施	在磨削加工全过程中影响质量的因素及提高质量的措施
4. 培训指导	4.1 培训指导	4.1.1 能对二级/技师及以下级别人员进行操作指导 4.1.2 能对二级/技师及以下级别人员进行技术理论培训	理论教学和实操教学的方法与技巧
	4.2 培训资料编写	4.2.1 能编制相关培训教案、讲义 4.2.2 能编写相关培训计划、培训大纲	培训讲义的编写方法
5. 技术管理	5.1 技术攻关	5.1.1 能利用计算机进行文字编辑与数据处理 5.1.2 能利用互联网进行信息查询 5.1.3 能承担新产品的研发试制与技术攻关	技术攻关课题立项的编写要求与方法
	5.2 技术文件编写	5.2.1 能对磨削加工工艺和作业指导书提出修改意见 5.2.2 能对生产现场管理提出改进方案	技术攻关课题总结报告的编写要求与方法

3.5.3 数控磨床磨工

职业功能	工作内容	技能要求	相关知识要求
1. 工艺准备	1.1 读图与绘图	1.1.1 能使用计算机辅助设计（CAD）软件绘制机械装配图 1.1.2 能绘制液压原理图	1.1.1 机械装配图绘制方法 1.1.2 液压原理图的绘制方法

续表

职业功能	工作内容	技能要求	相关知识要求
1. 工艺准备	1.2 磨削加工准备	1.2.1 能编制复杂、精密零件的工艺规程 1.2.2 能对复杂零件的机械加工工艺方案进行合理性分析，提出改进意见并参与实施	机械制造设计及工艺知识
	1.3 数控编程	能进行多轴数控磨床编程	多轴磨床编程方法
	1.4 工件定位与装夹	1.4.1 能指导和独立设计普通磨床用的各种复杂夹具 1.4.2 能对各类常用夹具进行定位误差分析 1.4.3 能推广应用先进夹具	1.4.1 复杂工件普通磨床夹具的设计及使用方法 1.4.2 普通磨床夹具的误差分析方法 1.4.3 先进夹具的知识
	1.5 磨具与量具准备	1.5.1 能根据零件要求设计成型砂轮修整器并修整成型砂轮 1.5.2 能推广应用先进磨具、量具	1.5.1 成型磨具的设计、修整方法及使用 1.5.2 金属磨削原理和先进磨具的知识 1.5.3 先进测量仪器的使用及发展方向
	1.6 设备验收与排故	1.6.1 能排除所用磨床的常见故障 1.6.2 能借助网络设备和软件系统实现数控设备网络化管理	1.6.1 所用磨床的结构及常见故障的排除方法 1.6.2 数控设备网络接口相关知识
2. 工件加工	2.1 外圆磨削	2.1.1 能进行高难度、高精度、异形件的外圆磨削 2.1.2 能进行高精度机床检验心棒磨削（圆锥端 7∶24，圆柱端 $D=50$ mm，长度 $L=400$ mm），达到以下要求：两外表面粗糙度 $Ra0.1\ \mu m$，跳动公差等级 4 级，圆锥端接触面积大于 85%，且靠近大端 2.1.3 能解决高难度、高精度外圆磨削中的技术问题与难题	2.1.1 高难度、高精度、异形轴类零件外圆磨削方法 2.1.2 高难度、高精度、异形轴类零件外圆磨削中的关键问题及特殊问题的解决方案

续表

职业功能	工作内容	技能要求	相关知识要求
2. 工件加工	2.2 内圆磨削	2.2.1 能进行高难度、高精度、异形件的内圆磨削，如磨削大端直径 $D=60$ mm，长度 $L=400$ mm，锥度 1∶100 的挤塑机螺杆套内锥孔，达到以下要求：表面粗糙度 $Ra0.2$ μm，锥角公差等级 4 级 2.2.2 能解决高难度、高精度内圆磨削中的技术问题与难题	2.2.1 高难度、高精度、异形轴类零件内圆磨削方法 2.2.2 高难度、高精度、异形轴类零件内圆磨削中的关键问题及特殊问题的解决方案
	2.3 平面磨削	2.3.1 能进行高难度、高精度、异形件的平面磨削，如磨削 $L×B×H=$ 500 mm×200 mm×20 mm，凹槽宽 $B_1=100$ mm，深 $h=10$ mm 的凹字形专用导向槽的上下表面与凹槽三表面，达到以下要求：上下表面粗糙度 $Ra0.2$ μm，凹槽三表面粗糙度 $Ra0.4$ μm，上下表面与凹槽底面的平面度公差等级 4 级，凹槽两侧面的平行度公差等级 4 级，与大底面的垂直度公差等级 4 级 2.3.2 能解决高难度、高精度平面磨削中的技术问题与难题	2.3.1 高难度、高精度、异形零件的平面磨削方法 2.3.2 高难度、高精度、异形零件平面磨削中的关键问题及特殊问题的解决方案
	2.4 刀具磨削	2.4.1 能进行高难度、高精度刀具刃磨，如刃磨 $\phi20H7$ 孔用扩孔、粗铰、精铰三复合整体硬质合金刀具，达到图样要求 2.4.2 能解决高难度、高精度刀具刃磨中的技术问题与难题	2.4.1 高难度、高精度、异形刀具的刃磨方法 2.4.2 高难度、高精度、异形刀具刃磨中的关键问题及特殊问题的解决方案
	2.5 螺纹磨削	2.5.1 能进行高难度、高精度多线蜗杆磨削，如磨削 $m=4$ mm、$d_1=40$ mm、$z=4$ 的 ZL 型蜗杆，达到以下要求：精度等级 5f，表面粗糙度 $Ra0.1$ μm，GB/T 10089—1988 2.5.2 能解决高难度、高精度丝杠与多线蜗杆磨削中的技术问题与难题	2.5.1 高难度、高精度、异形丝杠与多线蜗杆磨削方法 2.5.2 高难度、高精度、异形丝杠与多线蜗杆磨削中的关键问题及特殊问题的解决方案

续表

职业功能	工作内容	技能要求	相关知识要求
2. 工件加工	2.6 齿轮磨削	2.6.1 能进行高难度、高精度齿轮磨削，如磨削精度等级 5HL GB/T 10095—2008、表面粗糙度 $Ra0.1\ \mu m$、$\beta=10°$ 的斜齿圆柱齿轮 2.6.2 能解决高难度、高精度齿轮磨削中的技术问题与难题	2.6.1 高难度、高精度、异形齿轮磨削方法 2.6.2 高难度、高精度、异形齿轮磨削中的关键问题及特殊问题的解决方案
	2.7 曲轴磨削	2.7.1 能进行高难度、高精度曲轴磨削，如不使用专用夹具对四缸发动机用曲轴进行磨削，达到图样要求 2.7.2 能解决高难度、高精度曲轴磨削中的技术问题与难题	2.7.1 高难度、高精度、异形曲轴磨削方法 2.7.2 高难度、高精度、异形曲轴磨削中的关键问题及特殊问题的解决方案
	2.8 导轨磨削	2.8.1 能进行高难度、高精度导轨磨削，如磨削导轨跨距 $B=1\ 000\ mm$、长度 $L=3\ 500\ mm$ 的大型机床用双 V 形静压导轨面，达到图样要求 2.8.2 能解决高难度、高精度导轨磨削中的技术问题与难题	2.8.1 高难度、高精度、异形导轨磨削方法 2.8.2 高难度、高精度、异形导轨磨削中的关键问题及特殊问题的解决方案
	2.9 珩磨加工	2.9.1 能进行高难度、高精度内孔珩磨，如在不使用专用夹具的情况下对轿车 V6 发动机的 6 个活塞缸内衬套孔修配珩磨，并达到以下要求：尺寸公差等级 IT6、表面粗糙度 $Ra0.2\ \mu m$、圆度公差等级 4 级、锥度公差等级 4 级 2.9.2 能解决高难度、高精度内孔珩磨中的技术问题与难题	2.9.1 高难度、高精度、异形箱体孔珩磨加工方法 2.9.2 高难度、高精度、异形箱体孔珩磨中的关键问题及特殊问题的解决方案
3. 工件磨削质量控制	3.1 测量精度控制	3.1.1 能判断测量产生质量问题的多种原因 3.1.2 能提出解决测量问题的具体方案 3.1.3 能提出预防测量造成质量事故的有效措施	影响测量的全因素分析及提高测量精度、预防测量事故的具体措施
	3.2 加工过程中的质量控制	3.2.1 能判断磨削产生质量问题的多种原因 3.2.2 能提出解决磨削质量问题的具体方案 3.2.3 能提出预防磨削质量事故的有效措施	在磨削加工全过程中影响质量的因素及提高质量的措施

续表

职业功能	工作内容	技能要求	相关知识要求
4.培训指导	4.1 培训指导	4.1.1 能对二级/技师及以下级别人员进行操作指导 4.1.2 能对二级/技师及以下级别人员进行技术理论培训	理论教学和实操教学的方法与技巧
	4.2 培训资料编写	4.2.1 能编制相关培训教案、讲义 4.2.2 能编写相关培训计划、培训大纲	培训讲义的编写方法
5.技术管理	5.1 技术攻关	5.1.1 能利用计算机进行文字编辑与数据处理 5.1.2 能利用互联网进行信息查询 5.1.3 能承担新产品的研发试制与技术攻关	技术攻关课题立项的编写要求与方法
	5.2 技术文件编写	5.2.1 能对磨削加工工艺和作业指导书提出修改意见 5.2.2 能对生产现场管理提出改进方案	技术攻关课题总结报告的编写要求与方法

3.5.4 光学数控磨床磨工

职业功能	工作内容	技能要求	相关知识要求
1.工艺准备	1.1 读图与绘图	能读懂含光学材料要求、镀膜要求等全要素光学零件图样	光学材料及镀膜技术要求的标注方法
	1.2 磨削加工准备	1.2.1 能探索新材料或新型光学零件结构的数控磨削工艺，制定数控磨削工艺规程 1.2.2 能推广应用国内外先进的光学零件数控磨削工艺技术	1.2.1 新型光学材料数控磨削光学工艺的探索方法 1.2.2 新型光学零件结构数控磨削方案的探索方法 1.2.3 国内外先进的光学零件数控磨削工艺技术
	1.3 数控编程	1.3.1 能编写新材料或新型光学零件结构的数控磨削程序 1.3.2 能掌握多种数控程序编写法	1.3.1 新材料或新型光学零件结构的数控磨削程序编写方法 1.3.2 掌握多种数控程序编写方法

续表

职业功能	工作内容	技能要求	相关知识要求
1. 工艺准备	1.4 工件定位与装夹	1.4.1 能对较软或热稳定性差的光学零件制定装夹方案 1.4.2 能设计复杂或异形零件的数控工装夹具 1.4.3 能推广应用国内外先进的数控工装夹具及装夹方法	1.4.1 光学零件数控工装夹具的设计方法 1.4.2 国内外先进的数控工装夹具及装夹方法
	1.5 磨具与量具准备	1.5.1 能针对光学零件新型或特殊结构设计磨具 1.5.2 能推广应用国内外先进的光学零件测量方法	1.5.1 磨具的结构及设计方法 1.5.2 国内外先进的光学零件测量方法
	1.6 设备维护保养	1.6.1 能根据光学零件新型或特殊结构提出所用磨床的改进方案 1.6.2 能推广应用国内外先进的数控磨床	1.6.1 所用磨床的结构、性能及改进方案 1.6.2 国内外先进的数控磨床
2. 工件加工	2.1 粗磨成型	2.1.1 能进行大口径同轴非球面、离轴非球面（等厚型及非等厚型）数控粗磨成型 2.1.2 能进行复杂结构光学零件（如含圆形盲孔、异型结构、高精度结构孔、平行度或垂直度要求的结构等）粗磨成型 2.1.3 能进行新材料或新型结构的数控粗磨成型	2.1.1 大口径同轴或离轴非球面面形误差及曲率半径等参数控制与粗磨成型的方法 2.1.2 光学零件的盲孔、安装孔等复杂结构的加工方式、几何公差的控制方法 2.1.3 新材料或新型结构的数控粗磨成型方法
	2.2 研磨抛光	2.2.1 能进行大口径离轴或同轴非球面光学零件研磨抛光 2.2.2 能进行快焦比特大非球面度非球面光学零件研磨抛光 2.2.3 能进行新材料光学零件的研磨抛光实验，探索新材料的磨制工艺 2.2.4 能加工超薄等特殊光学零件	2.2.1 大口径同轴或离轴非球面加工特点、面形误差等光学参数控制方法 2.2.2 大非球面度高陡度非球面高频面形误差的控制与消除方法 2.2.3 新型光学材料磨制工艺的探索方法 2.2.4 超薄等特殊光学零件加工特点及面形误差等光学参数的控制方法

续表

职业功能	工作内容	技能要求	相关知识要求
3. 工件磨削质量控制	3.1 测量精度控制	3.1.1 能判断测量产生质量问题的多种原因 3.1.2 能提出解决测量问题的具体方案 3.1.3 能提出预防测量造成质量事故的有效措施	影响测量的全因素分析及提高测量精度、预防测量事故的具体措施
	3.2 加工过程中的质量控制	3.2.1 能判断磨削产生质量问题的多种原因 3.2.2 能提出解决磨削质量问题的具体方案 3.2.3 能提出预防磨削质量事故的有效措施	在磨削加工全过程中影响质量的因素及提高质量的措施
4. 培训指导	4.1 培训指导	4.1.1 能对二级/技师及以下级别人员进行操作指导 4.1.2 能对二级/技师及以下级别人员进行技术理论培训	理论教学和实操教学的方法与技巧
	4.2 培训资料编写	4.2.1 能编制相关培训教案、讲义 4.2.2 能编写相关培训计划、培训大纲	培训讲义的编写方法
5. 技术管理	5.1 技术攻关	5.1.1 能利用计算机进行文字编辑与数据处理 5.1.2 能利用互联网进行信息查询 5.1.3 能承担新产品的研发试制与技术攻关	技术攻关课题立项的编写要求与方法
	5.2 技术文件编写	5.2.1 能对磨削加工工艺和作业指导书提出修改意见 5.2.2 能对生产现场管理提出改进方案	技术攻关课题总结报告的编写要求与方法

4. 权重表

4.1 理论知识权重表

项目	技能等级	五级/初级工（%）	四级/中级工（%）	三级/高级工（%）	二级/技师（%）	一级/高级技师（%）
基本要求	职业道德	5	5	5	5	5
	基础知识	25	20	15	10	10
相关知识要求	工艺准备	25	30	20	20	20
	工件加工	25	25	35	20	20
	加工精度检验	20	20	25	—	—
	工件磨削误差分析	—	—	—	25	—
	工件磨削质量控制	—	—	—	—	20
	培训指导	—	—	—	10	15
	技术管理	—	—	—	10	10
	合计	100	100	100	100	100

4.2 技能要求权重表

项目	技能等级	五级/初级工（%）	四级/中级工（%）	三级/高级工（%）	二级/技师（%）	一级/高级技师（%）
技能要求	工艺准备	20	20	15	10	10
	工件加工	50	50	45	35	35
	加工精度检验	30	30	40	—	—
	工件磨削误差分析	—	—	—	25	—
	工件磨削质量控制	—	—	—	—	25
	培训指导	—	—	—	15	15
	技术管理	—	—	—	15	15
	合计	100	100	100	100	100

电切削工国家职业技能标准

（2018 年版）

1. 职业概况

1.1 职业名称

电切削工[①]

1.2 职业编码

6-18-01-08

1.3 职业定义

操作电火花线切割机床或电火花成型机床，进行工件切割和成型加工的人员。

1.4 职业技能等级

本职业共设五个等级，分别为：五级/初级工、四级/中级工、三级/高级工、二级/技师、一级/高级技师。

1.5 职业环境条件

室内，常温。

1.6 职业能力特征

具有一定的学习能力、表达能力、计算能力和空间感，形体知觉、色觉正常，手臂、手指动作灵活，动作协调。

1.7 普通受教育程度

高中毕业（或同等学力）。

1.8 职业技能鉴定要求

1.8.1 申报条件

具备以下条件之一者，可申报五级/初级工：

[①] 本职业分为电火花线切割机床操作工、电火花成型机床操作工两个工种。

（1）累计从事本职业或相关职业①工作1年（含）以上。

（2）本职业或相关职业学徒期满。

具备以下条件之一者，可申报四级/中级工：

（1）取得本职业或相关职业五级/初级工职业资格证书（技能等级证书）后，累计从事本职业或相关职业工作4年（含）以上。

（2）累计从事本职业或相关职业工作6年（含）以上。

（3）取得技工学校本专业或相关专业②毕业证书（含尚未取得毕业证书的在校应届毕业生）；或取得经评估论证、以中级技能为培养目标的中等及以上职业学校本专业或相关专业毕业证书（含尚未取得毕业证书的在校应届毕业生）。

具备以下条件之一者，可申报三级/高级工：

（1）取得本职业或相关职业四级/中级工职业资格证书（技能等级证书）后，累计从事本职业或相关职业工作5年（含）以上。

（2）取得本职业或相关职业四级/中级工职业资格证书（技能等级证书），并具有高级技工学校、技师学院毕业证书（含尚未取得毕业证书的在校应届毕业生）；或取得本职业或相关职业四级/中级工职业资格证书（技能等级证书），并具有经评估论证、以高级技能为培养目标的高等职业学校本专业或相关专业毕业证书（含尚未取得毕业证书的在校应届毕业生）。

（3）具有大专及以上本专业或相关专业毕业证书，并取得本职业或相关职业四级/中级工职业资格证书（技能等级证书）后，累计从事本职业或相关职业工作2年（含）以上。

具备以下条件之一者，可申报二级/技师：

（1）取得本职业或相关职业三级/高级工职业资格证书（技能等级证书）后，累计从事本职业或相关职业工作4年（含）以上。

（2）取得本职业或相关职业三级/高级工职业资格证书（技能等级证书）的高级技工学校、技师学院毕业生，累计从事本职业或相关职业工作3年（含）以上；或取得本职业或相关职业预备技师证书的技师学院毕业生，累计从事本职业或相关职业工作2年（含）以上。

具备以下条件者，可申报一级/高级技师：

取得本职业或相关职业二级/技师职业资格证书（技能等级证书）后，累计从事本职业或相关职业工作4年（含）以上。

1.8.2 鉴定方式

分为理论知识考试、技能考核以及综合评审。理论知识考试以笔试、机考等方式为主，主要考核从业人员从事本职业应掌握的基本要求和相关知识要求；技能考核主要采用现场操作、模拟操作等方式进行，主要考核从业人员从事本职业应具备的技能水平；综合评审主要针对技师和高级技师，通常采取审阅申报材料、答辩等方式进行全面评议和审查。

---

① 相关职业：数控车工、数控铣工、加工中心操作调整工等，下同。

② 本专业或相关专业：模具制造技术、机械加工技术、数控技术应用、模具设计与制造、数控技术、机械设计与制造、材料成型及控制工程等，下同。

理论知识考试、技能考核和综合评审均实行百分制，成绩皆达60分（含）以上者为合格。

1.8.3 监考人员、考评人员与考生配比

理论知识考试中的监考人员与考生配比不低于1∶15，且每个考场不少于2名监考人员；技能考核中的考评人员与考生配比不低于1∶5，且考评人员为3人（含）以上单数；综合评审委员为3人（含）以上单数。

1.8.4 鉴定时间

理论知识考试时间：五级/初级工、四级/中级工不少于90 min，三级/高级工、二级/技师、一级/高级技师不少于120 min。技能考核时间：五级/初级工不少于90 min，四级/中级工不少于120 min，三级/高级工不少于150 min，二级/技师、一级/高级技师不少于180 min。综合评审时间不少于60 min。

1.8.5 鉴定场所设备

理论知识考试应在标准考场进行；技能考核应在配有相关机床设备、计算机设备和机床辅助设备及必要的工具、量具、夹具的场所进行。

2. 基本要求

2.1 职业道德

2.1.1 职业道德基本知识

2.1.2 职业守则

(1) 遵章守法，严于律己。
(2) 爱岗敬业，诚实守信。
(3) 认真负责，团结协作。
(4) 刻苦钻研，精益求精。
(5) 勇于探索，开拓创新。
(6) 规范操作，安全生产。

2.2 基础知识

2.2.1 基础理论知识

(1) 机械识图知识。
(2) 公差与配合、表面粗糙度知识。
(3) 常用金属材料及热处理知识。
(4) 计算机知识。

2.2.2 专业基础知识

（1）电工知识。
（2）金属切削加工知识。
（3）电切削加工原理、加工工艺知识。
（4）常用电加工设备知识（名称、规格型号、性能、基本结构及维护保养知识）。
（5）工具、量具、夹具的使用与维护知识。

2.2.3 安全与环境保护知识

（1）现场文明生产要求。
（2）安全操作与劳动保护知识。
（3）环境保护知识。

2.2.4 相关法律、法规知识

（1）《中华人民共和国劳动法》相关知识。
（2）《中华人民共和国安全生产法》相关知识。
（3）《中华人民共和国劳动合同法》相关知识。
（4）《中华人民共和国消防法》相关知识。
（5）《中华人民共和国环境保护法》相关知识。

3. 工作要求

本标准对五级/初级工、四级/中级工、三级/高级工、二级/技师、一级/高级技师的技能要求和相关知识要求依次递进，高级别涵盖低级别的要求。

3.1 五级/初级工

本等级分为电火花线切割机床操作工和电火花成型机床操作工两个工种。电火花线切割机床操作工考核第1、2、3项职业功能，电火花成型机床操作工考核第1、2、4项职业功能。

职业功能	工作内容	技能要求	相关知识要求
1. 工作准备	1.1 识图与读懂工艺文件	1.1.1 能识读基本几何体组成的简单零件图 1.1.2 能读懂上述零件图的工艺文件	1.1.1 基本几何体组成的简单零件图的识读方法 1.1.2 几何公差基本知识 1.1.3 工艺文件的识读知识
	1.2 安全防护	1.2.1 能使用个人劳动保护用品保护个人安全 1.2.2 能按照操作规程要求保证个人及生产安全	1.2.1 劳动保护用品使用知识 1.2.2 电加工机床安全操作规程

续表

职业功能	工作内容	技能要求	相关知识要求
2. 设备维护	2.1 基础操作	2.1.1 能按照操作规程启动及停止机床 2.1.2 能使用设备人机界面上的常用功能键（如回零、手动等） 2.1.3 能进行加工前电、气、液、开关等常规检查	2.1.1 机床操作说明书 2.1.2 机床人机界面功能 2.1.3 加工前常规检查的内容
	2.2 日常维护	2.2.1 能对电加工机床运动部件进行润滑 2.2.2 能更换电加工机床过滤部件	2.2.1 电加工机床本体结构 2.2.2 电加工机床的润滑及常规保养方法
3. 电火花线切割加工	3.1 装夹与定位	3.1.1 能使用电火花线切割机床通用夹具装夹工件 3.1.2 能使用百（千）分表校正工件 3.1.3 能完成穿丝操作 3.1.4 能完成工件定位	3.1.1 通用夹具定位与夹紧的方法 3.1.2 校正工件的方法 3.1.3 穿丝的操作步骤 3.1.4 机床测量循环功能使用方法
	3.2 编制程序	3.2.1 能使用移动存储器复制图档和程序 3.2.2 能使用 CAD/CAM 软件绘制直线、圆、方等简单图形 3.2.3 能使用 CAD/CAM 软件进行直线、圆、方等简单图形的编程 3.2.4 能读懂加工程序	3.2.1 图档、程序的复制方法 3.2.2 CAD/CAM 软件简易绘图的方法 3.2.3 CAD/CAM 软件生成加工程序的流程 3.2.4 常用程序代码的含义
	3.3 加工工件	3.3.1 能输入加工程序 3.3.2 能中断加工并正确恢复加工 3.3.3 能加工圆、方等简单形状的凸模 3.3.4 能加工圆、方等简单形状的凹模 上述加工达到以下要求： (1) 表面粗糙度：$Ra2.5~\mu m$ (2) 公差等级：IT8	3.3.1 电加工的基本原理 3.3.2 电火花线切割加工的特点及应用范围 3.3.3 电火花线切割加工的工艺指标 3.3.4 加工程序的输入方法 3.3.5 程序中断与恢复加工的方法 3.3.6 凸模加工的方法 3.3.7 凹模加工的方法
	3.4 检测工件	3.4.1 能使用游标卡尺、千分尺测量工件的尺寸 3.4.2 能判断工件线性尺寸和角度尺寸是否达到技术要求	3.4.1 游标卡尺、千分尺的使用与保养知识 3.4.2 工件线性尺寸和角度尺寸的检测方法

续表

职业功能	工作内容	技能要求	相关知识要求
4. 电火花成型加工	4.1 装夹与定位	4.1.1 能使用电火花成型机床通用夹具装夹工件和电极 4.1.2 能使用百（千）分表校正工件和电极 4.1.3 能预设工件坐标系	4.1.1 通用夹具定位与夹紧的方法 4.1.2 工件和电极校正的方法 4.1.3 坐标系的知识
	4.2 编制程序	4.2.1 能读懂常用程序代码 4.2.2 能按照机床操作规程完成编程	4.2.1 常用程序代码知识 4.2.2 机床操作规程
	4.3 加工工件	4.3.1 能选用冲液方式 4.3.2 能中断加工并正确恢复加工 4.3.3 能使用单电极加工浅表面型腔 4.3.4 能使用粗、精电极加工简易型腔 上述加工达到以下要求： (1) 表面粗糙度：$Ra2.5\ \mu m$ (2) 公差等级：IT8	4.3.1 电加工的基本原理 4.3.2 电火花成型加工的特点及应用范围 4.3.3 电火花成型加工的工艺指标 4.3.4 电火花成型加工流程 4.3.5 冲液的方式 4.3.6 程序中断与恢复加工的方法 4.3.7 放电参数基本知识 4.3.8 多电极更换成型工艺
	4.4 检测工件	4.4.1 能使用游标卡尺、千分尺、深度游标卡尺测量工件的尺寸 4.4.2 能判断工件线性尺寸和角度尺寸是否达到技术要求	4.4.1 游标卡尺、千分尺、深度游标卡尺的使用与保养知识 4.4.2 工件线性尺寸和角度尺寸的检测方法

3.2 四级/中级工

本等级分为电火花线切割机床操作工和电火花成型机床操作工两个工种。电火花线切割机床操作工考核第1、2、3项职业功能，电火花成型机床操作工考核第1、2、4项职业功能。

职业功能	工作内容	技能要求	相关知识要求
1. 工作准备	1.1 识读机械图样	1.1.1 能读懂零件的三视图、局部视图、剖视图 1.1.2 能读懂单工序模具装配图	1.1.1 零件三视图、局部视图和剖视图的表达方法 1.1.2 单工序模具装配图表达方法

续表

职业功能	工作内容	技能要求	相关知识要求
1. 工作准备	1.2 制定加工工艺	1.2.1 能读懂零件的加工工艺文件 1.2.2 能编制基本几何体组成的简单零件的加工工艺文件	1.2.1 加工工艺知识 1.2.2 加工工艺文件制定知识
2. 设备维护	2.1 日常维护	2.1.1 能读懂电加工机床数控系统报警信息 2.1.2 能进行电加工机床的机械、电、气、液、冷却、数控系统等日常维护与保养	2.1.1 电加工机床数控系统常见报警信息 2.1.2 电加工机床日常维护与保养知识
	2.2 机床精度检验	2.2.1 能进行电加工机床水平的检查 2.2.2 能利用量具、量仪等检验机床几何精度	2.2.1 水平仪的使用方法 2.2.2 机床垫铁的调整方法 2.2.3 机床精度检验的内容及方法
3. 电火花线切割加工	3.1 装夹与定位	3.1.1 能根据加工位置预先加工穿丝孔 3.1.2 能根据加工要求选择合适的电极丝直径与材质 3.1.3 能完成电极丝的安装与校正 3.1.4 能使用机床的定位功能	3.1.1 穿丝孔的加工方法及意义 3.1.2 电极丝的类型及应用 3.1.3 电极丝的安装与校正步骤 3.1.4 常用的定位方法
	3.2 编制程序	3.2.1 能使用 CAD/CAM 软件绘制二维零件图 3.2.2 能根据加工要求，使用 CAD/CAM 软件编制二维零件的加工程序 3.2.3 能利用 CAD/CAM 软件的模拟功能实施加工过程仿真、加工代码检查与干涉检查 3.2.4 能手工编制二维轮廓（曲线除外）的加工程序	3.2.1 使用 CAD/CAM 软件绘制二维零件图的方法 3.2.2 使用 CAD/CAM 软件进行二维零件图后处理的方法 3.2.3 数控加工仿真功能的使用方法 3.2.4 手工编程的各种功能代码的使用方法 3.2.5 电极丝补偿的作用及计算方法
	3.3 加工工件	3.3.1 能一次加工成型凸凹模复合零件 3.3.2 能加工锥度零件 3.3.3 能加工多型孔模板 3.3.4 能根据加工要求合理选择加工工艺条件	3.3.1 电加工的物理过程 3.3.2 影响工艺指标的主要因素 3.3.3 工艺参数的含义 3.3.4 凸凹模复合零件、锥度零件等加工方法

续表

职业功能	工作内容	技能要求	相关知识要求
3. 电火花线切割加工	3.3 加工工件	3.3.5 能判断加工过程的放电稳定性 上述加工达到以下要求： （1）表面粗糙度：$Ra1.6\ \mu m$ （2）公差等级：IT7	3.3.5 锥度加工的设置 3.3.6 多型孔加工工艺及优化 3.3.7 暂留量的处理与跳步加工的方法 3.3.8 常见加工异常问题及处理方法
	3.4 检测工件	3.4.1 能选择量具测量工件尺寸 3.4.2 能使用常用量具进行零件的几何精度检验	3.4.1 常用量具的使用方法 3.4.2 几何公差的基本知识 3.4.3 零件精度检验方法
4. 电火花成型加工	4.1 电极准备	4.1.1 能判断电极结构设计的合理性 4.1.2 能选择电极材料 4.1.3 能选定电极尺寸缩放量	4.1.1 常见电极的结构形式 4.1.2 电极材料的特性及应用 4.1.3 电极尺寸缩放量的确定方法
	4.2 装夹与定位	4.2.1 能选择定位基准找正工件 4.2.2 能手动校正电极 4.2.3 能使用机床定位功能	4.2.1 工件找正的方法 4.2.2 手动校正电极的方法 4.2.3 常用的定位方法
	4.3 编制程序	4.3.1 能根据加工要求设定放电任务清单 4.3.2 能选用平动方式 4.3.3 能根据加工精度要求选择加工策略	4.3.1 加工形状、电极编号、工件编号、型腔编号、加工阶段的设定方法 4.3.2 平动加工的类型及应用 4.3.3 加工策略的确定方法
	4.4 加工工件	4.4.1 能进行程序校验、空运行、单步执行 4.4.2 能判断加工过程中的放电稳定性 4.4.3 能进行侧向放电加工 4.4.4 能进行深槽型腔放电加工 上述加工达到以下要求： （1）表面粗糙度：$Ra1.6\ \mu m$ （2）公差等级：IT7	4.4.1 电加工的物理过程 4.4.2 影响工艺指标的主要因素 4.4.3 程序校验、空运行、单步执行的方法 4.4.4 异常放电的判断方法 4.4.5 多型腔、多工件自动运行的方法，均衡控制电极损耗的工艺 4.4.6 侧向放电加工的方法
	4.5 检测工件	4.5.1 能使用表面粗糙度样板进行表面对比 4.5.2 能使用常用量具进行零件的精度检验	4.5.1 表面粗糙度样板的使用方法 4.5.2 零件精度检验方法

3.3 三级/高级工

本等级分为电火花线切割机床操作工和电火花成型机床操作工两个工种。电火花线切割机床操作工考核第1、2、3项职业功能，电火花成型机床操作工考核第1、2、4项职业功能。

职业功能	工作内容	技能要求	相关知识要求
1. 工作准备	1.1 读图与绘图	1.1.1 能读懂装配图及技术要求 1.1.2 能读懂机床传动及控制原理图 1.1.3 能使用 CAD/CAM 软件将三维模型转为工程图	1.1.1 装配图的画法及技术要求的注写 1.1.2 机床传动及控制原理基础知识 1.1.3 CAD/CAM 软件将三维模型转工程图的方法
	1.2 制定加工工艺	1.2.1 能编制零件的加工工艺文件 1.2.2 能选择零件加工工艺方案	1.2.1 制定零件加工工艺文件的程序 1.2.2 加工工艺方案的选择方法
2. 设备维护	2.1 机床精度检验	2.1.1 能安装调试电加工机床 2.1.2 能通过试切来检验电加工机床精度	2.1.1 安装调试机床的知识 2.1.2 机床试切检验的内容和方法
	2.2 故障诊断	2.2.1 能监督检查电加工机床的日常维护状况 2.2.2 能判断电加工机床机械系统故障	2.2.1 电加工机床维护管理基本知识 2.2.2 电加工机床机械系统故障的诊断方法
3. 电火花线切割加工	3.1 装夹与定位	3.1.1 能使用快速装夹夹具装夹工件 3.1.2 能通过 3D 测量建立倾斜坐标系 3.1.3 能设计夹具装夹特殊零件	3.1.1 快速装夹夹具的原理及使用方法 3.1.2 通过 3D 测量建立倾斜坐标系的方法 3.1.3 特殊工件的装夹、定位、测量知识 3.1.4 夹具的设计方法
	3.2 编制程序	3.2.1 能使用 CAD/CAM 软件编制变锥度、无屑加工和分阶段加工等加工程序 3.2.2 能使用废料管理、废料连接功能 3.2.3 能手工编制固定循环程序、子程序和变量程序	3.2.1 变锥度、无屑加工和分阶段加工等编程方法 3.2.2 废料管理、废料连接功能的运用 3.2.3 固定循环程序、子程序和变量程序的编程方法

续表

职业功能	工作内容	技能要求	相关知识要求
3. 电火花线切割加工	3.3 加工工件	3.3.1 能加工间隙单边小于 10 μm 的配合件 3.3.2 能加工上下异形零件、狭长零件和大锥度零件 3.3.3 能根据加工要求修改程序 3.3.4 能判断加工状态，处理加工异常 上述加工达到以下要求： （1）表面粗糙度：$Ra0.8$ μm （2）公差等级：IT6	3.3.1 脉冲电源放电参数 3.3.2 配合件加工的方法 3.3.3 上下异形零件的加工方法 3.3.4 狭长零件的加工方法 3.3.5 大锥度零件的加工方法 3.3.6 检查程序的要点 3.3.7 加工状态判断及异常处理方法 3.3.8 加工精度的控制方法
	3.4 检测工件	3.4.1 能使用在线光学测量系统检验工件 3.4.2 能通过修正程序减少加工误差	3.4.1 在线光学测量系统的使用方法 3.4.2 加工误差产生的主要原因及其消除方法
4. 电火花成型加工	4.1 电极准备	4.1.1 能提出电极设计、制造方案 4.1.2 能使用 CAD/CAM 软件进行含曲面电极的实体建模	4.1.1 电极的设计方法与原则 4.1.2 电极的制造方法 4.1.3 CAD/CAM 软件实体建模、曲面建模的方法
	4.2 装夹与定位	4.2.1 能使用快速装夹夹具装夹电极与工件 4.2.2 能建立倾斜坐标系 4.2.3 能使用基准球工具完成精密定位 4.2.4 能操控电极、工件自动更换装置	4.2.1 快速装夹夹具的原理及使用方法 4.2.2 倾斜坐标系建立的方法 4.2.3 电极偏心的概念 4.2.4 基准球精密定位的方法 4.2.5 电极、工件自动更换装置的操控方法
	4.3 编制程序	4.3.1 能编制程序模板 4.3.2 能优化专家系统生成的放电参数 4.3.3 能通过优化加工余量来控制加工速度与表面质量 4.3.4 能手工编制二维轮廓（曲线除外）的加工程序 4.3.5 能手工编制固定循环程序、子程序和变量程序	4.3.1 编制程序模板的方法 4.3.2 放电参数的含义及调整方法 4.3.3 优化加工条件与余量的方法 4.3.4 直线与圆弧插补原理 4.3.5 固定循环程序、子程序和变量程序的手工编程方法

续表

职业功能	工作内容	技能要求	相关知识要求
4. 电火花成型加工	4.4 加工工件	4.4.1 能完成螺纹型腔放电加工 4.4.2 能加工亚光表面和镜面 4.4.3 能完成斜向及多轴联动放电加工 4.4.4 能判断加工状态，处理加工异常 上述加工达到以下要求： (1) 表面粗糙度：$Ra0.8\ \mu m$ (2) 公差等级：IT6	4.4.1 脉冲电源放电参数 4.4.2 螺纹型腔放电加工方法 4.4.3 亚光表面和镜面的加工方法 4.4.4 斜向及多轴联动放电加工方法 4.4.5 加工状态判断及异常处理方法
	4.5 检测工件	4.5.1 能使用百（千）分表进行在线测量 4.5.2 能通过修正程序减少加工误差	4.5.1 在线测量的方法 4.5.2 加工误差产生的主要原因及其消除方法

3.4 二级/技师

职业功能	工作内容	技能要求	相关知识要求
1. 工作准备	1.1 读图与绘图	1.1.1 能读懂装配图拆画零件图 1.1.2 能读懂常用电加工机床脉冲电源、控制系统原理图	1.1.1 零件的测绘方法 1.1.2 根据装配图拆画零件图的方法 1.1.3 常用电加工机床脉冲电源、控制系统原理图
	1.2 制定加工工艺	1.2.1 能编制高难度、精密、特殊材料零件的加工工艺文件 1.2.2 能对零件加工工艺进行合理性分析，并提出改进建议	1.2.1 高难度、精密零件的工艺分析方法 1.2.2 特殊材料零件的加工方法 1.2.3 加工工艺方案合理性分析方法及改进措施
2. 设备维护	2.1 机床精度检查	2.1.1 能使用量具、量仪对机床定位精度、重复定位精度、导轨精度等进行检验 2.1.2 能使用示波仪对机床脉冲电源的放电波形进行精度检验	2.1.1 机床定位精度检验、重复定位精度检验的内容及方法 2.1.2 机床导轨垂直度、平行度的检验方法 2.1.3 示波仪检测脉冲电源波形的方法

续表

职业功能	工作内容	技能要求	相关知识要求
2. 设备维护	2.2 故障诊断	2.2.1 能排除电加工机床轴驱动报警等一般故障 2.2.2 能判断电加工机床脉冲电源与控制系统的一般故障	2.2.1 电加工机床轴驱动报警等一般故障的排除方法 2.2.2 电加工机床脉冲电源与控制系统故障的诊断方法
3. 零件加工	3.1 工装设计与装夹工件	3.1.1 能设计、制作异形工件工装夹具 3.1.2 能对现有的夹具进行误差分析并提出改进建议	3.1.1 工装夹具的设计知识 3.1.2 异形工件的装夹方法 3.1.3 夹具定位误差的分析与计算方法
	3.2 编制程序	3.2.1 能使用 CAD/CAM 软件进行复杂电极的建模 3.2.2 能编制涡轮、叶片等复杂零件的多轴联动加工程序	3.2.1 CAD/CAM 设计电极的方法 3.2.2 涡轮、叶片等复杂零件加工的编程方法
	3.3 加工工件	3.3.1 能加工硬质合金、钛合金等特殊材料 3.3.2 能加工薄板、易变形等零件 3.3.3 能使用混粉电火花成型技术加工大面积镜面 3.3.4 能使用电火花线切割机床进行油割加工 3.3.5 能解决工件超出机床加工范围等实际难题	3.3.1 特殊材料的材料学知识及电加工特性 3.3.2 电火花加工影响因素的消除、控制方法 3.3.3 混粉电火花成型加工的原理与应用 3.3.4 油割加工的方法 3.3.5 超出机床加工范围工件的加工方法
4. 技术管理和培训	4.1 技术管理	4.1.1 能进行操作过程的质量分析与控制 4.1.2 能协助制订生产计划，进行调度及人员管理	4.1.1 质量管理知识 4.1.2 质量分析与控制方法 4.1.3 生产管理基本知识 4.1.4 多人协同作业组织方法
	4.2 培训与指导	4.2.1 能指导本职业三级/高级工及以下等级人员的实际操作 4.2.2 能讲授本职业的专业技术知识	4.2.1 培训教学的基本方法 4.2.2 操作指导书的编制方法

3.5 一级/高级技师

职业功能	工作内容	技能要求	相关知识要求
1. 工作准备	1.1 读图与绘图	1.1.1 能绘制工装装配图 1.1.2 能读懂常用电加工机床的原理图及装配图 1.1.3 能组织本职业二级/技师及以下等级人员进行工装协同设计	1.1.1 常用电加工机床电气、机械原理图 1.1.2 协同设计知识
	1.2 制定加工工艺	1.2.1 能对高难度、高精密零件的电加工工艺方案进行合理性分析，提出改进意见，并参与实施 1.2.2 能推广应用新知识、新技术、新工艺、新材料	1.2.1 零件电加工工艺系统知识 1.2.2 新知识、新技术、新工艺、新材料知识
2. 设备维护	2.1 机床精度检查	2.1.1 能使用激光干涉仪对机床定位精度、重复定位精度、导轨精度等进行检验 2.1.2 能通过调整机床参数对可补偿的机床误差进行精度补偿	2.1.1 激光干涉仪的使用方法 2.1.2 误差统计和计算方法 2.1.3 数控系统中机床误差的补偿方法
	2.2 故障诊断与排除	2.2.1 能组织并实施电加工机床的大修与改装 2.2.2 能分析电加工机床故障产生的原因，并能提出改进措施减少故障率 2.2.3 能查阅电加工机床的外文技术资料	2.2.1 电加工机床大修与改装方法 2.2.2 电加工机床脉冲电源、控制系统的常见故障及排除方法 2.2.3 电加工机床专业外文知识
3. 零件加工	3.1 工装设计与装夹工件	3.1.1 能设计复杂夹具 3.1.2 能对零件加工误差提出改进方案，并组织实施	3.1.1 微细、精密电火花成型加工技术 3.1.2 工装设计方法 3.1.3 复杂夹具的误差分析及消减方法
	3.2 编制程序	3.2.1 能根据加工要求独立创建放电参数数据库 3.2.2 能解决高难度、异形零件加工的编程技术问题	3.2.1 创建放电参数数据库的方法 3.2.2 解决技术难题的思路和方法

续表

职业功能	工作内容	技能要求	相关知识要求
3. 零件加工	3.3 加工工件	3.3.1 能使用电火花成型机床加工 $R<8\ \mu m$ 的极限清角 3.3.2 能使用电火花线切割机床加工 $D20\ \mu m$ 的电极丝 3.3.3 能通过改变放电参数来获得不同的微观表面形貌	3.3.1 微细、精密电火花线切割加工技术 3.3.2 电加工微观表面形貌及与放电参数的关系
4. 技术管理和培训	4.1 技术管理	4.1.1 能评审产品的质量 4.1.2 能借助网络设备和软件系统实现电加工机床网络化管理 4.1.3 能组织实施技术改造和创新，并撰写相应的论文	4.1.1 产品质量评审的质量指标 4.1.2 质量体系知识 4.1.3 电加工机床网络接口及相关技术 4.1.4 技术论文的撰写方法
	4.2 培训与指导	4.2.1 能指导本职业二级/技师及以下等级人员的实际操作 4.2.2 能对本职业二级/技师及以下等级人员进行技术理论培训	4.2.1 培训讲义的编写方法 4.2.2 培训计划与大纲的编制方法

4. 权重表

4.1 理论知识权重表

项目		技能等级	五级/初级工（%）	四级/中级工（%）	三级/高级工（%）	二级/技师（%）	一级/高级技师（%）
基本要求		职业道德	5	5	5	5	5
		基础知识	25	20	20	15	10
相关知识要求		工作准备	15	15	15	20	20
		设备维护	10	15	20	20	20
		电火花线切割加工	45	45	40	—	—
		电火花成型加工					
		零件加工	—	—	—	30	30
		技术管理和培训	—	—	—	10	15
		合计	100	100	100	100	100

注：五级/初级工、四级/中级工、三级/高级工考核时，按电火花线切割加工和电火花成型加工任选其中一项进行考核。

4.2 技能要求权重表

项目	技能等级	五级/初级工（%）	四级/中级工（%）	三级/高级工（%）	二级/技师（%）	一级/高级技师（%）
技能要求	工作准备	10	15	15	15	15
	设备维护	10	10	15	20	20
	电火花线切割加工	80	75	70	—	—
	电火花成型加工					
	零件加工	—	—	—	55	55
	技术管理和培训	—	—	—	10	10
合计		100	100	100	100	100

注：五级/初级工、四级/中级工、三级/高级工考核时，按电火花线切割加工和电火花成型加工任选其中一项进行考核。

锻造工国家职业技能标准

（2018 年版）

1. 职业概况

1.1 职业名称

锻造工

1.2 职业编码

6—18—02—02

1.3 职业定义

使用加热、锻造设备及辅助工具，进行金属毛坯的下料、加热、镦粗、拔长、预制坯、成形、冲孔、切边、校正、热处理、清理、检验等锻件加工的人员。

1.4 职业技能等级

本职业共设五个等级，分别为：五级/初级工、四级/中级工、三级/高级工、二级/技师、一级/高级技师。

1.5 职业环境条件

室内、高温、噪声、粉尘。

1.6 职业能力特征

具有一定的学习、分析、判断和语言表达能力；空间、形体及色觉感强；手指、手臂灵活，动作协调性强。

1.7 普通受教育程度

初中毕业（或相当文化程度）。

1.8 职业技能鉴定要求

1.8.1 申报条件

具备以下条件之一者，可申报五级/初级工：
（1）累计从事本职业工作 1 年（含）以上。
（2）本职业学徒期满。

具备以下条件之一者，可申报四级/中级工：

（1）取得本职业五级/初级工职业资格证书（技能等级证书）后，累计从事本职业工作4年（含）以上。

（2）累计从事本职业工作6年（含）以上。

（3）取得技工学校本专业或相关专业①毕业证书（含尚未取得毕业证书的在校应届毕业生）；或取得经评估论证、以中级技能为培养目标的中等及以上职业学校本专业或相关专业毕业证书（含尚未取得毕业证书的在校应届毕业生）。

具备以下条件之一者，可申报三级/高级工：

（1）取得本职业四级/中级工职业资格证书（技能等级证书）后，累计从事本职业工作5年（含）以上。

（2）取得本职业四级/中级工职业资格证书（技能等级证书），并具有高级技工学校、技师学院毕业证书（含尚未取得毕业证书的在校应届毕业生）；或取得本职业四级/中级工职业资格证书（技能等级证书），并具有经评估论证、以高级技能为培养目标的高等职业学校本专业或相关专业毕业证书（含尚未取得毕业证书的在校应届毕业生）。

（3）具有大专及以上本专业或相关专业毕业证书，并取得本职业四级/中级工职业资格证书（技能等级证书）后，累计从事本职业工作2年（含）以上。

具备以下条件之一者，可申报二级/技师：

（1）取得本职业三级/高级工职业资格证书（技能等级证书）后，累计从事本职业工作4年（含）以上。

（2）取得本职业三级/高级工职业资格证书（技能等级证书）的高级技工学校、技师学院毕业生，累计从事本职业工作3年（含）以上；或取得本职业预备技师证书的技师学院毕业生，累计从事本职业工作2年（含）以上。

具备以下条件者，可申报一级/高级技师：

取得本职业二级/技师职业资格证书（技能等级证书）后，累计从事本职业工作4年（含）以上。

1.8.2 鉴定方式

分为理论知识考试、技能考核以及综合评审。理论知识考试以笔试、机考等方式为主，主要考核从业人员从事本职业应掌握的基本要求和相关知识要求；技能考核主要采用现场操作、模拟操作等方式进行，主要考核从业人员从事本职业应具备的技能水平；综合评审主要针对技师和高级技师，通常采取审阅申报材料、答辩等方式进行全面评议和审查。

理论知识考试、技能考核和综合评审均实行百分制，成绩皆达60分（含）以上者为合格。职业标准中标注"★"的为涉及安全生产或操作的关键技能，如考生在技能考核中违反操作规程或未达到该技能要求的，则技能考核成绩为不合格。

1.8.3 监考人员、考评人员与考生配比

理论知识考试中的监考人员与考生配比不低于1∶15，且每个考场不少于2名监考人

---

① 本专业或相关专业：机械工程或材料工程等专业，下同。

员；技能考核中的考评人员与考生配比不超过1∶10，且考评人员为3人（含）以上单数；综合评审委员为3人（含）以上单数。

1.8.4 鉴定时间

理论知识考试时间不少于90 min。技能考核时间：五级/初级工不少于60 min，四级/中级工不少于90 min，三级/高级工不少于120 min，二级/技师不少于120 min，一级/高级技师不少于90 min。综合评审时间不少于30 min。

1.8.5 鉴定场所设备

理论知识考试在标准教室进行，技能考核在具备必要的锻造设备、工件、工具、夹具、设备附件以及必要的量具、量仪和安全设施完备的工作现场进行。

2. 基本要求

2.1 职业道德

2.1.1 职业道德基本知识

2.1.2 职业守则

（1）遵守法律，维护行规。
（2）爱岗敬业，钻研技术。
（3）规范操作，确保质量。
（4）爱护设备，保护环境。
（5）着装整洁，文明生产。
（6）协作互助，保障安全。

2.2 基础知识

2.2.1 理论基础知识

（1）机械识图知识。
（2）常用金属材料及相关热处理知识。
（3）机械传动与机械制造工艺基础知识。
（4）塑性成型基础理论知识。

2.2.2 锻造加工基础知识

（1）锻造常用设备及相关设备的分类、用途及基本结构。
（2）常用检测方法及检测器具的使用与维护知识。
（3）典型锻件的锻造工艺。

2.2.3 钳工基础知识

（1）划线知识。
（2）钳工基本操作知识。

2.2.4 电工基础知识

（1）通用设备、常用电器的种类及用途。
（2）安全用电知识。

2.2.5 安全文明生产与环境保护知识

（1）现场文明生产要求。
（2）安全操作与劳动保护知识。
（3）环境保护知识。

2.2.6 质量管理知识

（1）全面质量管理基础知识。
（2）岗位的质量要求与责任。

2.2.7 相关法律、法规知识

（1）《中华人民共和国劳动法》相关知识。
（2）《中华人民共和国劳动合同法》相关知识。
（3）《中华人民共和国安全生产法》相关知识。

3. 工作要求

本标准对五级/初级工、四级/中级工、三级/高级工、二级/技师、一级/高级技师的技能要求和相关知识要求依次递进，高级别涵盖低级别的要求。

注：自由锻、模锻两个职业功能任选其一进行考核。

3.1 五级/初级工

职业功能	工作内容		技能要求	相关知识要求
1. 工艺准备	自由锻	1.1 图样、工艺准备	1.1.1 能识读带孔盘类、环类、轴类锻件等简单自由锻件图 1.1.2 能识读自由锻工艺规程	1.1.1 锻件的主要特点 1.1.2 自由锻工艺规程基本知识

续表

职业功能	工作内容		技能要求	相关知识要求
1. 工艺准备	自由锻	1.2 工模具及设备准备	1.2.1 能选择常用自由锻工具和简单胎模具 1.2.2 能判断普通自由锻设备及辅助设备使用状态 1.2.3 能使用剪切和切削等常规设备进行下料	1.2.1 普通锻造设备及辅助设备的构造、使用及维护知识 1.2.2 常用工具和简单胎模具的构造、使用及维护知识 1.2.3 下料工艺和设备分类及其特点和适用范围
	模锻	1.3 图样、工艺准备	1.3.1 能识读带孔盘类、环类、轴类锻件等简单模锻件图 1.3.2 能识读模锻工艺规程	1.3.1 模锻件的主要特点 1.3.2 模锻工艺规程基本知识
		1.4 工模具及设备准备	1.4.1 能判断模锻设备及辅助设备使用状态 1.4.2 能独立安装调整校正模、简单切边模、冲孔模 1.4.3 能使用剪切和切削等常规设备进行下料	1.4.1 模锻设备及辅助设备的构造、使用及维护知识 1.4.2 常用工具和模具的构造、使用及维护知识 1.4.3 下料工艺和设备分类及其特点和适用范围
2. 坯料加热		2.1 坯料装、出炉	2.1.1 能在装炉前核对坯料的牌号、规格和数量等 2.1.2 能在装炉前清理炉膛，按装炉温度装炉 2.1.3 能进行坯料的成批装炉、逐件出炉 2.1.4 能进行坯料的逐件装炉、逐件出炉 2.1.5 能维护和保养普通加热炉及辅助设备	2.1.1 常用钢材锻造温度知识 2.1.2 锻造加热炉使用和维护知识 2.1.3 加热炉常用燃料的特性
		2.2 炉温控制	2.2.1 能识读测温仪表等仪器 2.2.2 能使用测温仪表测量坯料加热温度	2.2.1 测温仪表使用和维护知识 2.2.2 加热温度对锻件质量的影响
3. 锻造加工	自由锻	3.1 简单自由锻件的锻造	3.1.1 能使用自由锻工具和简单胎模具进行锻件的拔长 3.1.2 能使用自由锻工具和简单胎模具进行锻件的镦粗 3.1.3★能使用自由锻工具和简单胎模具进行锻件的冲孔	3.1.1 自由锻基本操作知识 3.1.2 自由锻及辅助工序的操作要点与规则

续表

职业功能	工作内容		技能要求	相关知识要求
3. 锻造加工	自由锻	3.2 锻造操作术语及肢体语言运用	3.2.1 能使用自由锻操作中的术语 3.2.2 能使用自由锻操作中的肢体语言	3.2.1 锻造操作术语 3.2.2 锻造操作中的肢体语言
	模锻	3.3 模锻操作	3.3.1★能根据锻造工艺的要求锻造齿轮类、法兰类等简单锻件 3.3.2 能按锻造工艺要求进行锻模预热	3.3.1 模锻基本操作知识 3.3.2 锻模预热方法
		3.4 模锻辅助操作	3.4.1 能进行冲孔、切边辅助操作 3.4.2 能进行模锻件的热校正辅助操作	3.4.1 安装调整切边、冲孔模操作要点与规则 3.4.2 模锻件的校正方法 3.4.3 安装调整校正模操作要点与规则
4. 锻后处理及检验	4.1 锻后处理		4.1.1 能对锻件进行空冷、可控冷却等处理 4.1.2 能对锻件进行表面清理	4.1.1 常用锻件冷却规范 4.1.2 锻件表面清理的方法及注意事项
	4.2 产品检验		4.2.1 能使用通用量具检验自由锻件和模锻件尺寸 4.2.2 能识别锻件错模、缺肉等缺陷	4.2.1 一般锻件的检验知识 4.2.2 锻造常用量具的使用方法

3.2 四级/中级工

职业功能	工作内容		技能要求	相关知识要求
1. 工艺准备	自由锻	1.1 图样、工艺准备	1.1.1 能识读曲轴等自由锻件图 1.1.2 能绘制连杆等自由锻件检验样板草图 1.1.3 能根据工艺规程选择工具、量具和样板	1.1.1 自由锻件图的识图知识 1.1.2 自由锻件草图的绘图知识 1.1.3 常用锻造金属热膨胀系数的计算方法 1.1.4 锻造比对自由锻件性能的影响 1.1.5 工具、量具和样板的使用知识

续表

职业功能	工作内容	技能要求	相关知识要求
1. 工艺准备	自由锻 1.2 工模具及设备准备	1.2.1 能调整自由锻锤等常用锻造设备 1.2.2 能排除自由锻锤等常用锻造设备的常见故障 1.2.3 能按照自由锻件的材质、尺寸和形状选择锻造设备 1.2.4 能安装调整常用工具、模具 1.2.5 能根据自由锻件表面质量判断工具、模具的损耗程度 1.2.6 能根据材料牌号和规格选择下料方法	1.2.1 常用自由锻设备及辅助设备的原理与结构 1.2.2 常用自由锻设备的调整与故障排除方法 1.2.3 自由锻设备的选用知识 1.2.4 工具、模具失效的方式 1.2.5 下料的方法和缺陷处理
	模锻 1.3 图样、工艺准备	1.3.1 能识读连杆、简单曲轴类模锻件图、相应技术要求和圆盘类简单模具图 1.3.2 能绘制连杆类模锻件检验样板草图 1.3.3 能根据工艺规程选择和使用工具、量具和样板	1.3.1 模锻件图的识图知识 1.3.2 模锻件草图的绘制知识 1.3.3 常用锻造金属热膨胀系数的计算方法 1.3.4 工具、量具和样板的使用知识
	1.4 工模具及设备准备	1.4.1 能简单调整所使用的模锻设备 1.4.2 能排除所使用的锻造设备一般故障 1.4.3 能安装调整锻模、冲孔切边复合模或连续模 1.4.4 能根据材料牌号和规格选择下料方法	1.4.1 常用模锻设备及辅助设备的原理与结构 1.4.2 常用模锻设备的调整与故障排除方法 1.4.3 安装调整锻模、冲孔切边复合模或连续模操作要点与规则 1.4.4 下料的方法和缺陷处理
2. 坯料加热	2.1 坯料装、出炉	2.1.1 能根据工艺要求确定坯料在炉内的堆放方式和装炉量 2.1.2 能进行坯料的连续装炉、连续出炉	2.1.1 常用燃料的种类、成分、发热量及燃烧过程 2.1.2 加热方式对钢的组织、力学性能的影响 2.1.3 装炉堆放方式和装炉量对坯料加热质量的影响 2.1.4 连续炉结构及操作方法

续表

职业功能	工作内容		技能要求	相关知识要求
2. 坯料加热	2.2 炉温控制		2.2.1 能目测工件温度是否达到加工要求 2.2.2 能根据测量温度判断普通碳钢材料出炉时间 2.2.3 能使用连续炉或电加热设备进行坯料加热 2.2.4 能根据工艺要求调整中频加热参数，确定加热节拍 2.2.5 能调整常用加热炉温度设置	2.2.1 炉温目测方法及炉温调整方法 2.2.2 常用锻造加热设备及辅助设备的原理与结构 2.2.3 常用锻造加热设备的一般调整方法与故障排除方法 2.2.4 锻造加热设备选用及操作知识
3. 锻造加工	自由锻	3.1 一般自由锻件及常用工具的锻造	3.1.1 能根据锻造工艺要求锻制长杆类、环形或筒形锻件 3.1.2 能制作钳子、凿子、锤头等常用工具	3.1.1 锻件加工余量和锻造公差的选择知识 3.1.2 钢坯、钢锭缺陷的基本知识 3.1.3 锻造温度对锻件内部组织的影响 3.1.4 锻造工艺过程对锻件内部质量的影响
		3.2 合金钢、高合金钢和有色金属的锻造	3.2.1 能对合金钢、高合金钢进行锻造 3.2.2 能对有色金属进行锻造	合金钢、高合金钢及有色金属的锻造工艺特点
	模锻	3.3 较复杂模锻件的锻造	3.3.1 能根据锻造工艺要求锻造双头扳手、凸轮轴、连杆、吊钩等较复杂锻件 3.3.2 能在压力机上利用模具进行拔长、滚挤等出坯工作	3.3.1 模锻件加工余量和锻造公差的选择知识 3.3.2 钢坯、钢锭缺陷的基本知识 3.3.3 锻造温度对模锻件内部组织的影响 3.3.4 锻造工艺过程对模锻件内部质量的影响 3.3.5 后续工序对模锻件的要求
		3.4 工模具状态的判断	3.4.1 能根据模锻件质量判断工具、模具的损耗程度 3.4.2 能根据工具、模具的损耗程度提出工具、模具修复意见	判断工具、模具损耗的方法

续表

职业功能	工作内容	技能要求	相关知识要求
4. 锻后处理及检验	4.1 锻后处理	4.1.1 能根据锻件冷却规范调整合金钢锻件的冷却速度等参数 4.1.2 能对锻件进行锻后退火、正火等热处理 4.1.3 能使用夹具等方法，防止锻件在锻后热处理中出现变形	4.1.1 常用合金钢的锻后冷却方法 4.1.2 锻件的锻后热处理知识 4.1.3 锻件在锻后热处理中出现变形的原因
	4.2 产品检验	4.2.1 能用工具、量具和样板检验发动机连杆等较复杂模锻件的主要尺寸 4.2.2 能识别锻件折叠、过烧等常见缺陷 4.2.3 能用工具、量具和样板检验凸轮轴等较复杂的锻件	4.2.1 选用工具、量具和样板的知识 4.2.2 自由锻件、模锻件取样知识 4.2.3 识别锻件常见表面缺陷的相关知识

3.3 三级/高级工

职业功能	工作内容		技能要求	相关知识要求
1. 工艺准备	自由锻	1.1 图样、工艺准备	1.1.1 能识读大型连杆等较复杂的自由锻件图及相应技术要求 1.1.2 能识读胎模具装配图 1.1.3 能编制一般自由锻件的工艺规程 1.1.4 能绘制复杂的自由锻件的检验样板图 1.1.5 能对一般自由锻件进行工时和用料的计算	1.1.1 识读装配图的有关知识 1.1.2 一般自由锻件工艺规程的编制方法 1.1.3 绘制复杂自由锻件检验样板的知识 1.1.4 锻件工时定额知识 1.1.5 自由锻件用料计算方法
		1.2 工模具及设备准备	1.2.1 能对自由锻设备及辅助设备进行调整和简单维修 1.2.2★能锻制和修改自用工具，并能进行淬火、回火处理 1.2.3 能修正磨损的工具、模具 1.2.4 能设计简单的胎膜	1.2.1 自由锻设备及辅助设备的原理与结构 1.2.2 修整工具、模具的方法 1.2.3 锻模材料及热处理的知识
	模锻	1.3 图样、工艺准备	1.3.1 能识读多拐曲轴等复杂模锻件图及相应技术要求 1.3.2 能识读锻造模具装配图 1.3.3 能编制一般模锻件的工艺规程 1.3.4 能绘制模锻件的检验样板图	1.3.1 识读锻模装配图的有关知识 1.3.2 模锻件锻造工艺规程的编制方法 1.3.3 绘制模锻件的检验样板知识

续表

职业功能	工作内容		技能要求	相关知识要求
1. 工艺准备	模锻	1.4 工模具及设备准备	1.4.1★能对模锻设备及辅助设备进行调整和简单维修 1.4.2 能修整磨损的工具、模具 1.4.3 能操作自动上料机、步进梁、工业机器人等锻造（半）自动化设备	1.4.1 模锻设备及辅助设备的原理与结构 1.4.2 修整工具、模具的方法
2. 坯料加热		2.1 坯料装、出炉	2.1.1 能按照加热规范将有色金属在电阻炉内加热 2.1.2 能按照加热规范进行高合金钢和不锈钢的加热 2.1.3 能按照加热规范执行钢坯的少无氧化加热工艺	2.1.1 铝合金的加热特点和方法 2.1.2 铜合金的加热特点和方法 2.1.3 高合金钢和不锈钢的加热特点和方法 2.1.4 坯料少无氧化加热知识
		2.2 炉温控制	2.2.1 能目测判断钢坯的加热温度，误差不超过±50 ℃ 2.2.2 能根据测量温度判断合金钢材料出炉时间 2.2.3 能在加热有色金属（铜合金、铝合金、钛合金）时，对加热炉采取防护措施 2.2.4 能掌握高合金钢加热操作要点和确定加热次数	2.2.1 坯料加热时温度与颜色的对应关系 2.2.2 常用中频炉加热知识 2.2.3 加热炉防护知识
3. 锻造加工	自由锻	3.1 较复杂自由锻件的锻造	3.1.1★能根据锻造工艺要求锻制大型连杆、双拐曲轴等较复杂锻件 3.1.2 能根据锻造工艺要求锻制空心长筒、护环、转子、轧辊等较复杂锻件	较复杂自由锻件的锻造方法
		3.2 模具钢的锻造	3.2.1 能进行热作模具钢的锻造 3.2.2 能进行冷作模具钢的锻造	常用热作模具钢和冷作模具钢的特点与加热、锻造知识
	模锻	3.3 复杂模锻件的锻造	3.3.1★能根据锻造工艺要求锻制多拐曲轴、机动车前桥等复杂锻件 3.3.2 能在其他锻造设备上进行拔长、滚挤等出坯工作	3.3.1 消除和改善锻件内部缺陷的锻造方法 3.3.2 模具润滑基础知识 3.3.3 锻件氧化皮清理方法 3.3.4 自由锻基本操作知识

续表

职业功能	工作内容		技能要求	相关知识要求
3. 锻造加工	模锻	3.4 合金钢、高合金钢和有色金属的模锻	3.4.1 能对合金钢、高合金钢进行模锻 3.4.2 能对有色金属进行模锻	合金钢、高合金钢及有色金属的特点、锻造方法
4. 锻后处理及检验		4.1 锻后处理	4.1.1 能对锻件进行预备热处理 4.1.2 能预防锻件在锻后热处理中出现裂纹	4.1.1 锻件预备热处理的知识 4.1.2 高合金钢氢致裂纹产生的原因
		4.2 产品检验	4.2.1 能划线检查多拐曲轴及全纤维镦锻曲轴等锻件 4.2.2 能分析锻件内部裂纹产生的原因，并提出纠正措施和修复方法 4.2.3 能分析锻件缺肉、充不满、折叠等表面缺陷产生的原因，并提出纠正和预防措施	4.2.1 锻件划线检验知识 4.2.2 模锻件水平尺寸精确测量法 4.2.3 自由锻件和模锻件常见缺陷产生的原因及消除方法

3.4 二级/技师

职业功能	工作内容		技能要求	相关知识要求
1. 工艺准备	自由锻	1.1 图样、工艺准备	1.1.1 能根据实物测绘锻件图 1.1.2 能绘制常用工装模具的装配图 1.1.3 能编制复杂自由锻件的工艺规程 1.1.4 能设计自由锻专用检测工具，并绘制草图 1.1.5 能看懂锻造成形过程的CAE①分析报告并应用于生产 1.1.6 能编制特殊钢材坯料加热前后防护工艺	1.1.1 测绘图的知识 1.1.2 绘制装配图的知识 1.1.3 计算机辅助编制工艺规程的知识 1.1.4 自由锻、特种成形的锻造工艺特点及基本知识 1.1.5 专用检测工具设计知识 1.1.6 国内外常用金属材料的牌号、特性及用途 1.1.7 坯料加热防护工艺知识 1.1.8 锻造成形过程的CAE分析的基本概念及流程
		1.2 工模具及设备准备	1.2.1 能识读锻压设备的原理图、装配图 1.2.2 能对大型自由锻设备及特种锻造设备进行调试	自由锻、特种锻造设备的结构、使用、调整和维护方法

① CAE 的全称是 Computer Aided Engineering，这里指计算机辅助工程。

续表

职业功能	工作内容		技能要求	相关知识要求
1. 工艺准备	模锻	1.3 图样、工艺准备	1.3.1 能使用 3D 扫描仪等设备对锻件进行逆向测绘 1.3.2 能绘制常用工装模具的装配草图 1.3.3 能识读锻压设备的原理图、装配图 1.3.4 能设计专用检测工具并绘制草图 1.3.5 能看懂锻造成形过程的 CAE 分析报告并应用于生产 1.3.6 能编制特殊钢材坯料加热前后防护工艺	1.3.1 测绘图的知识 1.3.2 绘制装配图的知识 1.3.3 计算机辅助编制工艺规程的知识 1.3.4 模锻、特种成形的锻造工艺特点及基本知识 1.3.5 专用检测工具设计知识 1.3.6 国内外常用金属材料的牌号、特性及用途 1.3.7 坯料加热防护工艺知识 1.3.8 锻造成形过程的 CAE 分析的基本概念及流程
		1.4 工具及设备准备	1.4.1 能对模锻及特种锻造设备进行调试 1.4.2 能改进锻模结构 1.4.3 能设计简单的锻模和通用工具 1.4.4 能对自动上料机、步进梁、工业机器人等锻造（半）自动化设备进行维护、保养	1.4.1 模锻、特种锻造设备的结构、使用、调整和维护方法 1.4.2 简单锻模和通用工具的设计知识 1.4.3 自动上料机、步进梁、工业机器人等锻造（半）自动化设备的维护和保养方法
2. 锻造加工	自由锻	2.1 复杂、难变形金属锻造	2.1.1★能根据锻造工艺要求锻制多拐曲轴、吊钩等复杂锻件 2.1.2 能对难变形金属进行锻造	2.1.1 多拐曲轴、吊钩的锻造方法 2.1.2 难变形金属锻造知识
		2.2 质量问题解决及技术攻关	2.2.1 能分析自由锻件的质量问题 2.2.2 能对自由锻件的质量问题提出解决方案并实施技术攻关 2.2.3 能避免普通材料出现过热、过烧等加热缺陷	2.2.1 锻件缺陷分析 2.2.2 热处理缺陷分析 2.2.3 材料加热常见缺陷的预防
	模锻	2.3 新材料及特殊合金钢锻造	2.3.1 能对新材料锻件试制过程中出现的质量问题提出改进意见 2.3.2 能对特殊合金钢进行锻造	2.3.1 新产品试制程序 2.3.2 新材料基本知识、变形特点 2.3.3 特殊合金锻造知识
		2.4 质量问题解决及技术攻关	2.4.1 能对模锻件质量问题进行原因分析、提出解决方案并实施技术攻关 2.4.2 能避免普通材料出现过热、过烧等加热缺陷	2.4.1 模锻件缺陷分析 2.4.2 材料加热常见缺陷的预防

续表

职业功能	工作内容	技能要求	相关知识要求
3. 锻后处理及检验	3.1 锻后处理	3.1.1 能针对不同材质的锻件制定锻后热处理规范 3.1.2 能进行难变形金属锻后热处理	3.1.1 金属锻后热处理及合理利用能源知识 3.1.2 难变形金属锻后热处理知识
	3.2 产品检验	3.2.1 能检验楔横轧制、精锻、等温锻造等特种锻造工艺生产的锻件 3.2.2 能分析大型复杂、精密锻件缺陷产生的原因，并提出纠正措施和修复方法 3.2.3 能使用 3D 扫描测量仪等检测设备测量产品的轮廓尺寸 3.2.4 能撰写锻件检验报告	3.2.1 有关楔横轧制、精锻、等温锻造等相关知识 3.2.2 锻件质量等级判定的标准和方法 3.2.3 特种锻造工艺知识 3.2.4 3D 扫描测量仪等检测设备基本操作知识 3.2.5 锻件缺陷的分析和排除方法
4. 培训指导与管理	4.1 指导操作	4.1.1 能指导三级/高级工及以下级别人员进行实际操作 4.1.2 能运用理论知识，结合实践经验指导锻造工解决一般锻件质量疑难问题	4.1.1 操作指导的要点和方法 4.1.2 锻件质量分析及判定知识
	4.2 理论培训	4.2.1 能讲授本职业的技术基础理论知识 4.2.2 能编写本职业的培训大纲 4.2.3 能使用计算机办公软件进行辅助教学	4.2.1 本职业的技术基础理论知识 4.2.2 培训大纲编写方法 4.2.3 常用办公软件如 PPT 的使用方法
	4.3 质量管理	4.3.1 能利用质量体系中的相关文件进行技术文件管理工作 4.3.2 能贯彻质量管理体系中规定的各项质量标准 4.3.3 能应用全面质量管理方法，解决锻件质量问题	4.3.1 ISO 9000 有关知识 4.3.2 锻件质量管理的概念及主要内容 4.3.3 全面质量管理基本知识
	4.4 生产技术管理	4.4.1 能应用新技术、新材料，改进和提高生产工艺水平 4.4.2 能发现生产环境、节能降耗等方面的问题	4.4.1 技术管理体系及生产管理体系知识 4.4.2 改善生产环境、节能降耗知识 4.4.3 5S 现场管理基本知识

3.5 一级/高级技师

职业功能	工作内容		技能要求	相关知识要求
1. 工艺准备	自由锻	1.1 图样、工艺准备	1.1.1 能进行复杂自由锻件工艺方案的审查并提出改进意见 1.1.2 能运用计算机辅助编制工艺规程及绘图 1.1.3 能根据锻造成形过程的CAE分析报告提出建议和改进措施 1.1.4 能审核坯料加热前后防护工艺	1.1.1 计算机辅助设计知识 1.1.2 自由锻、特种成形锻造工艺编制知识 1.1.3 锻造成形过程CAE基础知识 1.1.4 坯料加热防护工艺知识
		1.2 工模具及设备准备	能对大型自由锻设备及特种锻造设备进行试车和验收	自由锻、特种锻造设备的试车、验收标准和方法
	模锻	1.3 图样、工艺准备	1.3.1 能进行模锻件工艺方案的审查和改进 1.3.2 能运用计算机辅助编制工艺规程及绘图 1.3.3 能根据锻造成形过程的CAE分析报告提出建议和改进措施 1.3.4 能编制复杂模锻件的工艺规程 1.3.5 能审核坯料加热前后防护工艺	1.3.1 计算机辅助设计知识 1.3.2 模锻、特种成形锻造工艺编制知识 1.3.3 锻造成形过程CAE基础知识 1.3.4 坯料加热防护工艺知识
		1.4 工模具及设备准备	1.4.1 能进行模锻、特种锻造设备的试车和验收 1.4.2 能设计轴类、法兰盘类锻件的锻模和专用工具	1.4.1 模锻及特种锻造设备的试车、验收标准和方法 1.4.2 锻模和专用工具的设计知识
2. 锻造加工	自由锻	2.1 小余量锻件锻造与特种锻造	2.1.1★能完成小余量锻件的锻造 2.1.2 能对特种锻造过程中锻件出现的缺陷提出改进意见并实施	2.1.1 小余量锻件锻造的知识 2.1.2 自由锻、特种锻造过程中出现缺陷的分析和预防相关知识
		2.2 疑难问题解决及技术攻关	2.2.1 能解决难变形金属材料加热中出现的疑难问题 2.2.2 在技术与技能方面有创新	2.2.1 金属加热的原理、方法 2.2.2 技术与技能创新知识

续表

职业功能	工作内容		技能要求	相关知识要求
2. 锻造加工	模锻	2.3 特种锻造缺陷分析及改进	2.3.1 能对特种锻造过程中出现的缺陷进行原因分析 2.3.2 能对特种锻造过程中锻件出现的缺陷提出改进意见	特种锻造过程中出现缺陷的分析和预防相关知识
		2.4 疑难问题解决及技术攻关	2.4.1 能解决难变形金属材料加热中出现的疑难问题 2.4.2 在技术与技能方面有创新	2.4.1 金属加热的原理、方法 2.4.2 技术与技能创新知识
3. 锻后处理及检验		3.1 锻后处理	3.1.1 能审核锻后热处理规范并提出改进意见 3.1.2 能解决难变形金属锻后热处理缺陷问题	3.1.1 热处理规范的相关知识 3.1.2 难变形金属锻后热处理缺陷知识
		3.2 产品检验	3.2.1 能区分锻件常用检测方法的适用范围 3.2.2 能综合运用多种技术手段检查锻件的质量	超声波探伤、磁粉探伤、渗透探伤等锻件检测方法
4. 培训指导与管理		4.1 指导操作	4.1.1 能根据大型复杂锻件的工艺要求指导二级/技师及以下级别人员进行操作 4.1.2 能运用理论知识，结合实践经验，指导锻造工解决复杂锻件操作过程中出现的问题	4.1.1 指导操作复杂锻件的锻造要点和方法 4.1.2 复杂锻件锻造过程中容易出现的问题
		4.2 理论培训	4.2.1 能编写锻造工专业技能（含安全）培训讲义 4.2.2 能结合企业现状进行节能、降耗、减排等改善生态环境的教育培训	4.2.1 编写锻造工专业技能（含安全）培训讲义的要点和方法 4.2.2 锻造生产中节能、降耗、减排等改善生态环境的要点和知识
		4.3 质量管理	4.3.1 能针对重大质量问题开展技术攻关 4.3.2 能对提高锻件质量提出新工艺及工艺方案	4.3.1 技术攻关方法 4.3.2 相关锻件质量标准 4.3.3 质量分析与控制方法
		4.4 生产技术管理	4.4.1 能解决锻件疑难技术问题，并提出解决方案 4.4.2 能参与企业技术改造工作 4.4.3 能提出改善生产环境、节能降耗的具体建议	4.4.1 精益管理相关知识 4.4.2 绿色技术创新概念

4. 权重表

4.1 理论知识权重表

项目		技能等级	五级/初级工(%)		四级/中级工(%)		三级/高级工(%)		二级/技师(%)		一级/高级技师(%)	
			自由锻	模锻	自由锻	模锻	自由锻	模锻	自由锻	模锻	自由锻	模锻
基本要求	职业道德		5	5	5	5	5	5	5	5	5	5
	基础知识		25	25	20	20	15	15	15	15	15	15
相关知识要求	工艺准备		20	20	30	30	30	30	35	35	35	35
	坯料加热		15	15	10	10	10	10	—	—	—	—
	锻造加工		30	30	25	25	25	25	15	15	10	10
	锻后处理及检验		5	5	10	10	15	15	15	15	15	15
	培训指导与管理		—	—	—	—	—	—	15	15	20	20
合计			100	100	100	100	100	100	100	100	100	100

4.2 技能要求权重表

项目		技能等级	五级/初级工(%)		四级/中级工(%)		三级/高级工(%)		二级/技师(%)		一级/高级技师(%)	
			自由锻	模锻	自由锻	模锻	自由锻	模锻	自由锻	模锻	自由锻	模锻
技能要求	工艺准备		30	30	30	30	25	25	20	20	15	15
	坯料加热		25	25	25	25	25	25	—	—	—	—
	锻造加工		40	40	35	35	35	35	45	45	45	45
	锻后处理及检验		5	5	10	10	15	15	15	15	15	15
	培训指导与管理		—	—	—	—	—	—	20	20	25	25
合计			100	100	100	100	100	100	100	100	100	100

焊工国家职业技能标准

（2018 年版）

1. 职业概况

1.1 职业名称

焊工[①]

1.2 职业编码

6-18-02-04

1.3 职业定义

操作焊机或焊接设备，焊接金属工件的人员。

1.4 职业技能等级

本职业共设五个等级，分别为：五级/初级工、四级/中级工、三级/高级工、二级/技师、一级/高级技师。

电焊工工种分别为：五级/初级工、四级/中级工、三级/高级工、二级/技师、一级/高级技师。

气焊工工种分别为：五级/初级工、四级/中级工、三级/高级工。

钎焊工工种分别为：五级/初级工、四级/中级工、三级/高级工、二级/技师。

焊接设备操作工工种分别为：五级/初级工、四级/中级工、三级/高级工、二级/技师、一级/高级技师。

1.5 职业环境条件

在室内外、常温的情况下作业，作业环境会有一定的弧光辐射、噪声、焊接烟尘等。

1.6 职业能力特征

具有一定的学习、理解、分析及判断能力，良好的视力，基本的辨别颜色及识图能力；手指、手臂能灵活、协调地操作焊接设备。

1.7 普通受教育程度

初中毕业（或相当文化程度）。

---

① 本职业分为电焊工、气焊工、钎焊工、焊接设备操作工四个工种。

1.8 职业技能鉴定要求

1.8.1 申报条件

具备以下条件之一者，可申报五级/初级工：
(1) 累计从事本职业工作1年（含）以上。
(2) 本职业学徒期满。

具备以下条件之一者，可申报四级/中级工：
(1) 取得本职业五级/初级工职业资格证书（技能等级证书）后，累计从事本职业工作4年（含）以上。
(2) 累计从事本职业工作6年（含）以上。
(3) 取得技工学校本专业或相关专业[①]毕业证书（含尚未取得毕业证书的在校应届毕业生）；或取得经评估论证、以中级技能为培养目标的中等及以上职业学校本专业或相关专业毕业证书（含尚未取得毕业证书的在校应届毕业生）。

具备以下条件之一者，可申报三级/高级工：
(1) 取得本职业四级/中级工职业资格证书（技能等级证书）后，累计从事本职业工作5年（含）以上。
(2) 取得本职业四级/中级工职业资格证书（技能等级证书），并具有高级技工学校、技师学院毕业证书（含尚未取得毕业证书的在校应届毕业生）；或取得本职业四级/中级工职业资格证书（技能等级证书），并具有经评估论证、以高级技能为培养目标的高等职业学校本专业或相关专业毕业证书（含尚未取得毕业证书的在校应届毕业生）。
(3) 具有大专及以上本专业或相关专业毕业证书，并取得本职业四级/中级工职业资格证书（技能等级证书）后，累计从事本职业工作2年（含）以上。

具备以下条件之一者，可申报二级/技师：
(1) 取得本职业三级/高级工职业资格证书（技能等级证书）后，累计从事本职业工作4年（含）以上。
(2) 取得本职业三级/高级工职业资格证书（技能等级证书）的高级技工学校、技师学院毕业生，累计从事本职业工作3年（含）以上；或取得本职业预备技师证书的技师学院毕业生，累计从事本职业工作2年（含）以上。

具备以下条件者，可申报一级/高级技师：
取得本职业二级/技师职业资格证书（技能等级证书）后，累计从事本职业工作4年（含）以上。

1.8.2 鉴定方式

分为理论知识考试、技能考核以及综合评审。理论知识考试以笔试、机考等方式为主，主要考核从业人员从事本职业应掌握的基本要求和相关知识要求；技能考核主要采用现场操作、模拟操作等方式进行，主要考核从业人员从事本职业应具备的技能水平；综合评审主要

---

① 相关专业：焊接加工、焊接技术应用、金属热加工（焊接）、焊接技术与自动化、焊接技术与工程。

针对技师和高级技师，通常采取审阅申报材料、答辩等方式进行全面评议和审查。

理论知识考试、技能考核和综合评审均实行百分制，成绩皆达 60 分（含）以上者为合格。

1.8.3 监考人员、考评人员与考生配比

理论知识考试中的监考人员与考生配比不低于 1∶15，且每个考场不少于 2 名监考人员；技能考核中的考评人员与考生配比为 1∶5，且考评人员为 3 人（含）以上单数；综合评审委员为 3 人（含）以上单数。

1.8.4 鉴定时间

理论知识考试时间不少于 90 min。技能考核时间：五级/初级工不少于 90 min，四级/中级工、三级/高级工不少于 120 min，二级/技师、一级/高级技师不少于 90 min。综合评审时间不少于 30 min。

1.8.5 鉴定场所设备

理论知识考试在标准教室进行，教室须具有能够覆盖全部学员范围的监控设备；技能考核场所能安排 10 个以上工位，每个工位须安装一部能够覆盖工位全部范围的监控设备，并具有符合国家标准或其他规定要求的焊接设备、焊接作业工具、焊接夹具、安全防火设备及排风设备等。

2. 基本要求

2.1 职业道德

2.1.1 职业道德基本知识

2.1.2 职业守则

（1）遵守法律、法规和相关规章制度。

（2）爱岗敬业，开拓创新。

（3）勤于学习专业业务，提高能力素质。

（4）重视安全环保，坚持文明生产。

（5）崇尚劳动光荣和精益求精的敬业风气，具有弘扬工匠精神和争做时代先锋的意识。

2.2 基础知识

2.2.1 识图知识

（1）焊接方法代号及焊缝标注基本知识。

（2）焊接装配图的基本知识。

（3）机械制图基础知识。

2.2.2 常用金属材料知识

(1) 金属材料的理化性能及其焊接性。
(2) 金属材料牌号的表示方法及含义。
(3) 金属材料的用途、特点。

2.2.3 常用金属材料热处理知识

(1) 金属材料热处理的意义。
(2) 金属材料热处理的分类。
(3) 金属材料热处理常用方法。

2.2.4 焊接材料知识

(1) 焊接材料的分类、特点及应用。
(2) 焊接材料的管理。

2.2.5 焊接设备知识

(1) 焊接设备的分类、特点及应用。
(2) 焊接设备的日常维护、保养及管理。
(3) 电工基本知识。

2.2.6 焊接知识

(1) 焊接方法的分类、特点及应用。
(2) 焊接接头种类及坡口制备。
(3) 焊接变形的预防及控制方法。
(4) 焊接缺陷的分类、形成原因及防止措施。
(5) 焊接工艺文件的相关知识。

2.2.7 焊接检验知识

(1) 焊缝外观质量的检验与验收。
(2) 无损检测方法及特点。
(3) 破坏性检验方法及特点。

2.2.8 安全和环境保护知识

(1) 安全用电常识。
(2) 焊接安全操作基础知识。
(3) 焊接安全防护措施。
(4) 焊接环境保护相关知识。
(5) 消防相关知识。
(6) 《焊接与切割安全》(GB 9448—1999)的相关知识。

2.2.9 相关法律、法规知识

（1）《中华人民共和国劳动法》相关知识。
（2）《中华人民共和国劳动合同法》相关知识。
（3）《中华人民共和国特种设备安全法》相关知识。
（4）《中华人民共和国安全生产法》相关知识。

3. 工作要求

本标准对五级/初级工、四级/中级工、三级/高级工、二级/技师和一级/高级技师的技能要求和相关知识要求依次递进，高级别涵盖低级别的要求。

3.1 五级/初级工

电焊工考核职业功能第 1 项及 2~9 项中的任意 2 项；气焊工考核职业功能 10~12 项；钎焊工考核职业功能第 13 项及 14~21 项中的任意 2 项；焊接设备操作工考核职业功能 1~9 项中的任意 2 项与 22~24 项中的任意 1 项。

职业功能	工作内容	技能要求	相关知识要求
1. 低碳钢或低合金钢板角接或T形接头平焊焊条电弧焊	1.1 焊前准备	1.1.1 能进行低碳钢或低合金钢板角接或T形接头平焊焊条电弧焊所用设备、工具和夹具的安全检查 1.1.2 能进行低碳钢或低合金钢板角接或T形接头平焊焊条电弧焊坡口的清理、组对及定位焊 1.1.3 能根据焊接工艺要求预留低碳钢或低合金钢板角接或T形接头平焊焊条电弧焊焊件的反变形量	1.1.1 低碳钢或低合金钢板角接或T形接头平焊焊条电弧焊所用设备、工具和夹具安全检查方法 1.1.2 低碳钢或低合金钢板角接或T形接头平焊焊条电弧焊坡口的清理、组对及工件定位焊的工艺要领 1.1.3 低碳钢或低合金钢板角接或T形接头平焊焊条电弧焊焊接变形的基本知识
	1.2 焊接操作	1.2.1 能根据焊接工艺要求确定低碳钢或低合金钢板角接或T形接头平焊焊条电弧焊焊接参数 1.2.2 能进行低碳钢或低合金钢板角接或T形接头平焊焊条电弧焊的引弧、焊接、收弧等操作	1.2.1 低碳钢或低合金钢板角接或T形接头平焊焊条电弧焊接参数的选择及其对焊缝成形的影响 1.2.2 低碳钢或低合金钢板角接或T形接头平焊焊条电弧焊引弧、焊接、收弧的操作方法
	1.3 焊后检查	1.3.1 能对低碳钢或低合金钢板角接或T形接头平焊焊条电弧焊接头表面清理 1.3.2 能对低碳钢或低合金钢板角接或T形接头平焊焊条电弧焊接头外观质量进行自检	1.3.1 低碳钢或低合金钢板角接或T形接头平焊焊条电弧焊接头表面清理方法 1.3.2 低碳钢或低合金钢板角接或T形接头平焊焊条电弧焊接头表面缺陷及外观质量自检的相关知识

续表

职业功能	工作内容	技能要求	相关知识要求
2. 低碳钢或低合金钢板对接平焊焊条电弧焊	2.1 焊前准备	2.1.1 能进行低碳钢或低合金钢板对接平焊焊条电弧焊所用设备、工具和夹具的安全检查 2.1.2 能进行低碳钢或低合金钢板对接平焊焊条电弧焊坡口的清理、组对及定位焊 2.1.3 能根据焊接工艺要求预留低碳钢或低合金钢板对接平焊焊条电弧焊焊件的反变形量	2.1.1 低碳钢或低合金钢板对接平焊焊条电弧焊所用设备、工具和夹具安全检查方法 2.1.2 低碳钢或低合金钢板对接平焊焊条电弧焊坡口的清理、组对及工件定位焊的工艺要领 2.1.3 低碳钢或低合金钢板对接平焊焊条电弧焊焊接变形的基本知识
	2.2 焊接操作	2.2.1 能根据焊接工艺要求确定低碳钢或低合金钢板对接平焊焊条电弧焊焊接参数 2.2.2 能进行低碳钢或低合金钢板对接平焊焊条电弧焊的引弧、焊接、收弧等操作 2.2.3 能进行低碳钢或低合金钢板对接平焊焊条电弧焊双面焊根部焊道背面清根处理	2.2.1 低碳钢或低合金钢板对接平焊焊条电弧焊焊接参数的选择及其对焊缝成形的影响 2.2.2 低碳钢或低合金钢板对接平焊焊条电弧焊引弧、焊接、收弧的操作方法 2.2.3 低碳钢或低合金钢板对接平焊焊条电弧焊双面焊根部焊道背面清根要求
	2.3 焊后检查	2.3.1 能对低碳钢或低合金钢板对接平焊焊条电弧焊接头表面清理 2.3.2 能对低碳钢或低合金钢板对接平焊焊条电弧焊接头外观质量进行自检	2.3.1 低碳钢或低合金钢板对接平焊焊条电弧焊接头表面清理方法 2.3.2 低碳钢或低合金钢板对接平焊焊条电弧焊接头表面缺陷及外观质量自检的相关知识
3. 低碳钢或低合金钢管对接水平转动焊条电弧焊	3.1 焊前准备	3.1.1 能进行低碳钢或低合金钢管对接水平转动焊条电弧焊所用设备、工具和夹具的安全检查 3.1.2 能进行低碳钢或低合金钢管对接水平转动焊条电弧焊坡口的清理、组对及定位焊	3.1.1 低碳钢或低合金钢管对接水平转动焊条电弧焊所用设备、工具和夹具安全检查方法 3.1.2 低碳钢或低合金钢管对接水平转动焊条电弧焊坡口的清理、组对及工件定位焊的工艺要领
	3.2 焊接操作	3.2.1 能根据焊接工艺要求确定低碳钢或低合金钢管对接水平转动焊条电弧焊的焊接参数 3.2.2 能进行低碳钢或低合金钢管对接水平转动焊条电弧焊的引弧、焊接、收弧等操作	3.2.1 低碳钢或低合金钢管对接水平转动焊条电弧焊焊接参数的选择及其对焊缝成形的影响 3.2.2 低碳钢或低合金钢管对接水平转动焊条电弧焊引弧、焊接、收弧的操作方法

续表

职业功能	工作内容	技能要求	相关知识要求
3.低碳钢或低合金钢管对接水平转动焊条电弧焊	3.3 焊后检查	3.3.1 能对低碳钢或低合金钢管对接水平转动焊条电弧焊接头表面清理 3.3.2 能对低碳钢或低合金钢管对接水平转动焊条电弧焊接头外观质量进行自检	3.3.1 低碳钢或低合金钢管对接水平转动焊条电弧焊接头表面清理方法 3.3.2 低碳钢或低合金钢管对接水平转动焊条电弧焊接头表面缺陷及外观质量自检的相关知识
4.低碳钢或低合金钢板角接或T形接头平焊熔化极气体保护焊	4.1 焊前准备	4.1.1 能进行低碳钢或低合金钢板角接或T形接头平焊熔化极气体保护焊所用设备、工具和夹具的安全检查 4.1.2 能进行低碳钢或低合金钢板角接或T形接头平焊熔化极气体保护焊坡口的清理、组对及定位焊 4.1.3 能根据焊接工艺要求预留低碳钢或低合金钢板角接或T形接头平焊熔化极气体保护焊焊件的反变形量	4.1.1 低碳钢或低合金钢板角接或T形接头平焊熔化极气体保护焊所用设备、工具和夹具安全检查方法 4.1.2 低碳钢或低合金钢板角接或T形接头平焊熔化极气体保护焊坡口的清理、组对及工件定位焊的工艺要领 4.1.3 低碳钢或低合金钢板角接或T形接头平焊熔化极气体保护焊焊接变形的基本知识
	4.2 焊接操作	4.2.1 能根据焊接工艺要求确定低碳钢或低合金钢板角接或T形接头平焊熔化极气体保护焊焊接参数 4.2.2 能进行低碳钢或低合金钢板角接或T形接头平焊熔化极气体保护焊的引弧、焊接、收弧等操作	4.2.1 低碳钢或低合金钢板角接或T形接头平焊熔化极气体保护焊焊接参数的选择及其对焊缝成形的影响 4.2.2 低碳钢或低合金钢板角接或T形接头平焊熔化极气体保护焊引弧、焊接、收弧的操作方法
	4.3 焊后检查	4.3.1 能对低碳钢或低合金钢板角接或T形接头平焊熔化极气体保护焊接头表面清理 4.3.2 能对低碳钢或低合金钢板角接或T形接头平焊熔化极气体保护焊接头外观质量进行自检	4.3.1 低碳钢或低合金钢板角接或T形接头平焊熔化极气体保护焊接头表面清理方法 4.3.2 低碳钢或低合金钢板角接或T形接头平焊熔化极气体保护焊接头表面缺陷及外观质量自检的相关知识

续表

职业功能	工作内容	技能要求	相关知识要求
5.低碳钢或低合金钢板对接平焊熔化极气体保护焊	5.1 焊前准备	5.1.1 能进行低碳钢或低合金钢板对接平焊熔化极气体保护焊所用设备、工具和夹具的安全检查 5.1.2 能进行低碳钢或低合金钢板对接平焊熔化极气体保护焊坡口的清理、组对及定位焊 5.1.3 能根据焊接工艺要求预留低碳钢或低合金钢板对接平焊熔化极气体保护焊焊件的反变形量	5.1.1 低碳钢或低合金钢板对接平焊熔化极气体保护焊所用设备、工具和夹具安全检查方法 5.1.2 低碳钢或低合金钢板对接平焊熔化极气体保护焊坡口的清理、组对及工件定位焊的工艺要领 5.1.3 低碳钢或低合金钢板对接平焊熔化极气体保护焊焊接变形的基本知识
	5.2 焊接操作	5.2.1 能根据焊接工艺要求确定低碳钢或低合金钢板对接平焊熔化极气体保护焊焊接参数 5.2.2 能进行低碳钢或低合金钢板对接平焊熔化极气体保护焊的引弧、焊接、收弧等操作 5.2.3 能进行低碳钢或低合金钢板对接平焊熔化极气体保护焊双面焊根部焊道背面清根处理	5.2.1 低碳钢或低合金钢板对接平焊熔化极气体保护焊焊接参数的选择及其对焊缝成形的影响 5.2.2 低碳钢或低合金钢板对接平焊熔化极气体保护焊引弧、焊接、收弧的操作方法 5.2.3 低碳钢或低合金钢板对接平焊熔化极气体保护焊双面焊根部焊道背面清根要求
	5.3 焊后检查	5.3.1 能对低碳钢或低合金钢板对接平焊熔化极气体保护焊接头表面清理 5.3.2 能对低碳钢或低合金钢板对接平焊熔化极气体保护焊接头外观质量进行自检	5.3.1 低碳钢或低合金钢板对接平焊熔化极气体保护焊接头表面清理方法 5.3.2 低碳钢或低合金钢板对接平焊熔化极气体保护焊接头表面缺陷及外观质量自检的相关知识
6.低碳钢或低合金钢板搭接平焊熔化极气体保护焊	6.1 焊前准备	6.1.1 能进行低碳钢或低合金钢板搭接平焊熔化极气体保护焊所用设备、工具和夹具的安全检查 6.1.2 能进行低碳钢或低合金钢板搭接平焊熔化极气体保护焊坡口的清理、组对及定位焊 6.1.3 能根据焊接工艺要求预留低碳钢或低合金钢板搭接平焊熔化极气体保护焊焊件的反变形量	6.1.1 低碳钢或低合金钢板搭接平焊熔化极气体保护焊所用设备、工具和夹具安全检查方法 6.1.2 低碳钢或低合金钢板搭接平焊熔化极气体保护焊坡口的清理、组对及工件定位焊的工艺要领 6.1.3 低碳钢或低合金钢板搭接平焊熔化极气体保护焊焊接变形的基本知识

续表

职业功能	工作内容	技能要求	相关知识要求
6. 低碳钢或低合金钢板搭接平焊熔化极气体保护焊	6.2 焊接操作	6.2.1 能根据焊接工艺要求确定低碳钢或低合金钢板搭接平焊熔化极气体保护焊焊接参数 6.2.2 能进行低碳钢或低合金钢板搭接平焊熔化极气体保护焊的引弧、焊接、收弧等操作	6.2.1 低碳钢或低合金钢板搭接平焊熔化极气体保护焊焊接参数的选择及其对焊缝成形的影响 6.2.2 低碳钢或低合金钢板搭接平焊熔化极气体保护焊的引弧、焊接、收弧的操作方法
	6.3 焊后检查	6.3.1 能对低碳钢或低合金钢板搭接平焊熔化极气体保护焊接头表面清理 6.3.2 能对低碳钢或低合金钢板搭接平焊熔化极气体保护焊接头外观质量进行自检	6.3.1 低碳钢或低合金钢板搭接平焊熔化极气体保护焊接头表面清理方法 6.3.2 低碳钢或低合金钢板搭接平焊熔化极气体保护焊接头表面缺陷及外观质量自检的相关知识
7. 低碳钢或低合金钢板角接或T形接头平焊手工钨极氩弧焊	7.1 焊前准备	7.1.1 能进行低碳钢或低合金钢板角接或T形接头平焊手工钨极氩弧焊所用设备、工具和夹具的安全检查 7.1.2 能进行低碳钢或低合金钢板角接或T形接头平焊手工钨极氩弧焊坡口的清理、组对及定位焊 7.1.3 能根据焊接工艺要求预留低碳钢或低合金钢板角接或T形接头平焊手工钨极氩弧焊焊件的反变形量	7.1.1 低碳钢或低合金钢板角接或T形接头平焊手工钨极氩弧焊所用设备、工具和夹具安全检查方法 7.1.2 低碳钢或低合金钢板角接或T形接头平焊手工钨极氩弧焊坡口的清理、组对及工件定位焊的工艺要领 7.1.3 低碳钢或低合金钢板角接或T形接头平焊手工钨极氩弧焊焊接变形的基本知识
	7.2 焊接操作	7.2.1 能根据焊接工艺要求确定低碳钢或低合金钢板角接或T形接头平焊手工钨极氩弧焊焊接参数 7.2.2 能进行低碳钢或低合金钢板角接或T形接头平焊手工钨极氩弧焊的引弧、焊接、收弧等操作	7.2.1 低碳钢或低合金钢板角接或T形接头平焊手工钨极氩弧焊焊接参数的选择及其对焊缝成形的影响 7.2.2 低碳钢或低合金钢板角接或T形接头平焊手工钨极氩弧焊引弧、焊接、收弧的操作方法
	7.3 焊后检查	7.3.1 能对低碳钢或低合金钢板角接或T形接头平焊手工钨极氩弧焊接头表面清理 7.3.2 能对低碳钢或低合金钢板角接或T形接头平焊手工钨极氩弧焊接头外观质量进行自检	7.3.1 低碳钢或低合金钢板角接或T形接头平焊手工钨极氩弧焊接头表面清理方法 7.3.2 低碳钢或低合金钢板角接或T形接头平焊手工钨极氩弧焊接头表面缺陷及外观质量自检的相关知识

续表

职业功能	工作内容	技能要求	相关知识要求
8. 低碳钢或低合金钢板对接平焊手工钨极氩弧焊	8.1 焊前准备	8.1.1 能进行低碳钢或低合金钢板对接平焊手工钨极氩弧焊所用设备、工具和夹具的安全检查 8.1.2 能进行低碳钢或低合金钢板对接平焊手工钨极氩弧焊坡口的清理、组对及定位焊 8.1.3 能根据焊接工艺要求预留低碳钢或低合金钢板对接平焊手工钨极氩弧焊焊件的反变形量	8.1.1 低碳钢或低合金钢板对接平焊手工钨极氩弧焊所用设备、工具和夹具安全检查方法 8.1.2 低碳钢或低合金钢板对接平焊手工钨极氩弧焊坡口的清理、组对及工件定位焊的工艺要领 8.1.3 低碳钢或低合金钢板对接平焊手工钨极氩弧焊焊接变形的基本知识
	8.2 焊接操作	8.2.1 能根据焊接工艺要求确定低碳钢或低合金钢板对接平焊手工钨极氩弧焊焊接参数 8.2.2 能进行低碳钢或低合金钢板对接平焊手工钨极氩弧焊的引弧、焊接、收弧等操作 8.2.3 能进行低碳钢或低合金钢板对接平焊手工钨极氩弧焊双面焊根部焊道背面清根处理	8.2.1 低碳钢或低合金钢板对接平焊手工钨极氩弧焊焊接参数的选择及其对焊缝成形的影响 8.2.2 低碳钢或低合金钢板对接平焊手工钨极氩弧焊引弧、焊接、收弧的操作方法 8.2.3 低碳钢或低合金钢板对接平焊手工钨极氩弧焊双面焊根部焊道背面清根处理
	8.3 焊后检查	8.3.1 能对低碳钢或低合金钢板对接平焊手工钨极氩弧焊接头表面清理 8.3.2 能对低碳钢或低合金钢板对接平焊手工钨极氩弧焊接头外观质量进行自检	8.3.1 低碳钢或低合金钢板对接平焊手工钨极氩弧焊接头表面清理方法 8.3.2 低碳钢或低合金钢板对接平焊手工钨极氩弧焊接头表面缺陷及外观质量自检的相关知识
9. 低碳钢或低合金钢管对接水平转动手工钨极氩弧焊	9.1 焊前准备	9.1.1 能进行低碳钢或低合金钢管对接水平转动手工钨极氩弧焊所用设备、工具和夹具的安全检查 9.1.2 能进行低碳钢或低合金钢管对接水平转动手工钨极氩弧焊坡口的清理、组对及定位焊	9.1.1 低碳钢或低合金钢管对接水平转动手工钨极氩弧焊所用设备、工具和夹具安全检查方法 9.1.2 低碳钢或低合金钢管对接水平转动手工钨极氩弧焊坡口清理、组对及工件定位焊的工艺要领
	9.2 焊接操作	9.2.1 能根据焊接工艺要求确定低碳钢或低合金钢管对接水平转动手工钨极氩弧焊的焊接参数 9.2.2 能进行低碳钢或低合金钢管对接水平转动手工钨极氩弧焊的引弧、焊接、收弧等操作	9.2.1 低碳钢或低合金钢管对接水平转动手工钨极氩弧焊焊接参数的选择及其对焊缝成形的影响 9.2.2 低碳钢或低合金钢管对接水平转动手工钨极氩弧焊引弧、焊接、收弧的操作方法

续表

职业功能	工作内容	技能要求	相关知识要求
9. 低碳钢或低合金钢管对接水平转动手工钨极氩弧焊	9.3 焊后检查	9.3.1 能对低碳钢或低合金钢管对接水平转动手工钨极氩弧焊接头表面清理 9.3.2 能对低碳钢或低合金钢管对接水平转动手工钨极氩弧焊接头外观质量进行自检	9.3.1 低碳钢或低合金钢管对接水平转动手工钨极氩弧焊接头表面清理方法 9.3.2 低碳钢或低合金钢管对接水平转动手工钨极氩弧焊接头表面缺陷及外观质量自检的相关知识
10. 低碳钢或低合金钢板角接接头气焊	10.1 焊前准备	10.1.1 能进行低碳钢或低合金钢板角接接头气焊用工件及焊丝的清理 10.1.2 能进行低碳钢或低合金钢板角接接头气焊所用设备、工具和夹具的安全检查 10.1.3 能根据工艺文件选择低碳钢或低合金钢板角接接头气焊用可燃气体、助燃气体、焊炬、焊丝和焊剂等材料 10.1.4 能根据焊接工艺要求预留低碳钢或低合金钢板角接接头气焊焊件的反变形量	10.1.1 低碳钢或低合金钢板角接接头气焊用工件及焊丝的清理方法 10.1.2 低碳钢或低合金钢板角接接头气焊所用设备、工具和夹具安全检查方法 10.1.3 低碳钢或低合金钢板角接接头气焊用可燃气体、助燃气体、焊炬、焊丝和焊剂等材料的选用原则 10.1.4 低碳钢或低合金钢板角接接头气焊焊接变形的基本知识
	10.2 焊接操作	10.2.1 能根据工艺文件选择低碳钢或低合金钢板角接接头气焊火焰能率、焊嘴倾角、火焰高度及焊接速度等 10.2.2 能进行低碳钢或低合金钢板角接接头气焊点火与熄火，能进行回火处置 10.2.3 能根据工艺文件确定低碳钢或低合金钢板角接接头定位焊的焊点位置及定位焊，并进行起焊、焊接和收尾	10.2.1 低碳钢或低合金钢板角接接头气焊的焊接工艺要领 10.2.2 低碳钢或低合金钢板角接接头气焊点火与熄火操作要领、回火的处置方法 10.2.3 低碳钢或低合金钢板角接接头气焊操作方法
	10.3 焊后检查	10.3.1 能对低碳钢或低合金钢板角接气焊接头表面清理 10.3.2 能对低碳钢或低合金钢板角接气焊接头的外观质量进行自检	10.3.1 低碳钢或低合金钢板角接气焊接头表面清理方法 10.3.2 低碳钢或低合金钢板角接气焊接头表面缺陷及外观质量自检的相关知识

续表

职业功能	工作内容	技能要求	相关知识要求
11. 低碳钢或低合金钢板对接平焊气焊	11.1 焊前准备	11.1.1 能进行低碳钢或低合金钢板对接平焊气焊用工件及焊丝的清理 11.1.2 能进行低碳钢或低合金钢板对接平焊气焊所用设备、工具和夹具的安全检查 11.1.3 能根据工艺文件选择低碳钢或低合金钢板对接平焊气焊用可燃气体、助燃气体、焊炬、焊丝和焊剂等材料 11.1.4 能根据焊接工艺要求预留低碳钢或低合金钢板对接平焊气焊焊件的反变形量	11.1.1 低碳钢或低合金钢板对接平焊气焊用工件及焊丝的清理方法 11.1.2 低碳钢或低合金钢板对接平焊气焊所用设备、工具和夹具安全检查方法 11.1.3 低碳钢或低合金钢板对接平焊气焊用可燃气体、助燃气体、焊炬、焊丝和焊剂等材料的选用原则 11.1.4 低碳钢或低合金钢板对接平焊气焊焊接变形的基本知识
	11.2 焊接操作	11.2.1 能根据工艺文件选择低碳钢或低合金钢板对接平焊气焊火焰能率、焊嘴倾角、火焰高度及焊接速度等 11.2.2 能进行低碳钢或低合金钢板对接平焊气焊的点火与熄火，能进行回火处置 11.2.3 能根据工艺文件确定低碳钢或低合金钢板对接平焊气焊定位焊的焊点位置及定位焊，并进行起焊、焊接和收尾	11.2.1 低碳钢或低合金钢板对接平焊气焊的焊接工艺要领 11.2.2 低碳钢或低合金钢板对接平焊气焊点火与熄火操作要领、回火的处置方法 11.2.3 低碳钢或低合金钢板对接平焊气焊操作方法
	11.3 焊后检查	11.3.1 能对低碳钢或低合金钢板对接平焊气焊接头表面清理 11.3.2 能对低碳钢或低合金钢板对接平焊气焊接头的外观质量进行自检	11.3.1 低碳钢或低合金钢板对接平焊气焊接头表面清理方法 11.3.2 低碳钢或低合金钢板对接平焊气焊接头表面缺陷及外观质量自检的相关知识
12. 低碳钢或低合金钢板T形接头气焊	12.1 焊前准备	12.1.1 能进行低碳钢或低合金钢板T形接头气焊用工件及焊丝的清理 12.1.2 能进行低碳钢或低合金钢板T形接头气焊所用设备、工具和夹具的安全检查 12.1.3 能根据工艺文件选择低碳钢或低合金钢板T形接头气焊用可燃气体、助燃气体、焊炬、焊丝和焊剂等材料 12.1.4 能根据焊接工艺要求预留低碳钢或低合金钢板T形接头气焊焊件的反变形量	12.1.1 低碳钢或低合金钢板T形接头气焊用工件及焊丝的清理方法 12.1.2 低碳钢或低合金钢板T形接头气焊所用设备、工具和夹具安全检查方法 12.1.3 低碳钢或低合金钢板T形接头气焊用可燃气体、助燃气体、焊炬、焊丝和焊剂等材料的选用原则 12.1.4 低碳钢或低合金钢板T形接头气焊焊接变形基本知识

续表

职业功能	工作内容	技能要求	相关知识要求
12. 低碳钢或低合金钢板T形接头气焊	12.2 焊接操作	12.2.1 能根据工艺文件选择低碳钢或低合金钢板T形接头气焊火焰能率、焊嘴倾角、火焰高度及焊接速度等 12.2.2 能进行低碳钢或低合金钢板T形接头气焊点火与熄火，能进行回火处置 12.2.3 能根据工艺文件确定低碳钢或低合金钢板T形接头气焊定位焊的焊点位置及定位焊，并进行起焊、焊接和收尾	12.2.1 低碳钢或低合金钢板T形接头气焊的焊接工艺要领 12.2.2 低碳钢或低合金钢板T形接头气焊点火与熄火操作要领、回火的处置方法 12.2.3 低碳钢或低合金钢板T形接头气焊操作方法
	12.3 焊后检查	12.3.1 能对低碳钢或低合金钢板T形气焊接头表面清理 12.3.2 能对低碳钢或低合金钢板T形气焊接头的外观质量进行自检	12.3.1 低碳钢或低合金钢板T形气焊接头表面清理方法 12.3.2 低碳钢或低合金钢板T形气焊接头表面缺陷及外观质量自检的相关知识
13. 低碳钢板对接/搭接火焰钎焊	13.1 焊前准备	13.1.1 能进行低碳钢板对接/搭接火焰钎焊所用设备、工具、夹具的安全检查 13.1.2 能进行低碳钢板对接/搭接火焰钎焊用工件的表面清理、装配和固定 13.1.3 能根据低碳钢板对接/搭接火焰钎焊工艺文件选择钎料、钎剂、阻流剂	13.1.1 低碳钢板对接/搭接火焰钎焊所用设备、工具和夹具的安全检查方法 13.1.2 低碳钢板对接/搭接火焰钎焊用工件的清理方法、钎焊间隙选择原则 13.1.3 低碳钢板对接/搭接火焰钎焊用可燃气体、助燃气体、焊炬、钎料、钎剂、阻流剂等材料的选用原则
	13.2 焊接操作	13.2.1 能进行低碳钢板对接/搭接火焰钎焊用火焰类型的调整 13.2.2 能进行低碳钢板对接/搭接火焰钎焊加热、施加钎料/钎剂、液态钎料填缝、冷却等操作	13.2.1 低碳钢板对接/搭接火焰钎焊的工艺要领 13.2.2 低碳钢板对接/搭接火焰钎焊的操作方法
	13.3 焊后检查	13.3.1 能对低碳钢板对接/搭接火焰钎焊接头进行清洗 13.3.2 能对低碳钢板对接/搭接火焰钎焊接头的外观质量进行自检	13.3.1 低碳钢板对接/搭接火焰钎焊接头清洗方法 13.3.2 低碳钢板对接/搭接火焰钎焊接头表面缺陷及外观质量自检的相关知识

续表

职业功能	工作内容	技能要求	相关知识要求
14. 不锈钢板对接／搭接火焰钎焊	14.1 焊前准备	14.1.1 能进行不锈钢板对接/搭接火焰钎焊所用设备、工具、夹具的安全检查 14.1.2 能进行不锈钢板对接/搭接火焰钎焊用工件的表面清理、装配和固定 14.1.3 能根据不锈钢板对接/搭接火焰钎焊工艺文件选择钎料、钎剂、阻流剂	14.1.1 不锈钢板对接/搭接火焰钎焊所用设备、工具和夹具的安全检查方法 14.1.2 不锈钢板对接/搭接火焰钎焊用工件的清理方法、钎焊间隙选择原则 14.1.3 不锈钢板对接/搭接火焰钎焊用可燃气体、助燃气体、焊炬、钎料、钎剂、阻流剂等材料的选用原则
	14.2 焊接操作	14.2.1 能进行不锈钢板对接/搭接火焰钎焊用火焰类型的调整 14.2.2 能进行不锈钢板对接/搭接火焰钎焊加热、施加钎料/钎剂、液态钎料填缝、冷却等操作	14.2.1 不锈钢板对接/搭接火焰钎焊的工艺要领 14.2.2 不锈钢板对接/搭接火焰钎焊的操作方法
	14.3 焊后检查	14.3.1 能对不锈钢板对接/搭接火焰钎焊接头进行清洗 14.3.2 能对不锈钢板对接/搭接火焰钎焊接头的外观质量进行自检	14.3.1 不锈钢板对接/搭接火焰钎焊接头清洗方法 14.3.2 不锈钢板对接/搭接火焰钎焊接头表面缺陷及外观质量自检的相关知识
15. 铜及铜合金板对接／搭接火焰钎焊	15.1 焊前准备	15.1.1 能进行铜及铜合金板对接/搭接火焰钎焊所用设备、工具、夹具的安全检查 15.1.2 能进行铜及铜合金板对接/搭接火焰钎焊用工件的表面清理、装配和固定 15.1.3 能根据铜及铜合金板对接/搭接火焰钎焊工艺文件选择钎料、钎剂、阻流剂	15.1.1 铜及铜合金板对接/搭接火焰钎焊所用设备、工具和夹具的安全检查方法 15.1.2 铜及铜合金板对接/搭接火焰钎焊用工件的清理方法、钎焊间隙选择原则 15.1.3 铜及铜合金板对接/搭接火焰钎焊用可燃气体、助燃气体、焊炬、钎料、钎剂、阻流剂等材料的选用原则
	15.2 焊接操作	15.2.1 能进行铜及铜合金板对接/搭接火焰钎焊用火焰类型的调整 15.2.2 能进行铜及铜合金板对接/搭接火焰钎焊加热、施加钎料/钎剂、液态钎料填缝、冷却等操作	15.2.1 铜及铜合金板对接/搭接火焰钎焊的工艺要领 15.2.2 铜及铜合金板对接/搭接火焰钎焊的操作方法
	15.3 焊后检查	15.3.1 能对铜及铜合金板对接/搭接火焰钎焊接头进行清洗 15.3.2 能对铜及铜合金板对接/搭接火焰钎焊接头的外观质量进行自检	15.3.1 铜及铜合金板对接/搭接火焰钎焊接头清洗方法 15.3.2 铜及铜合金板对接/搭接火焰钎焊接头表面缺陷及外观质量自检的相关知识

续表

职业功能	工作内容	技能要求	相关知识要求
16. 低碳钢板对接／搭接炉中钎焊	16.1 焊前准备	16.1.1 能进行低碳钢板对接/搭接炉中钎焊所用设备、工具、夹具的安全检查 16.1.2 能进行低碳钢板对接/搭接炉中钎焊用工件的表面清理、装配和固定 16.1.3 能根据低碳钢板对接/搭接炉中钎焊工艺文件选择钎料、钎剂、阻流剂、保护气体	16.1.1 低碳钢板对接/搭接炉中钎焊所用设备、工具和夹具的安全检查方法 16.1.2 低碳钢板对接/搭接炉中钎焊用工件的清理方法、钎焊间隙选择原则 16.1.3 低碳钢板对接/搭接炉中钎焊用可燃气体、助燃气体、焊炬、钎料、钎剂、阻流剂、保护气体等材料的选用原则
	16.2 焊接操作	16.2.1 能进行低碳钢板对接/搭接炉中钎焊钎料/钎剂预置 16.2.2 能进行低碳钢板对接/搭接炉中钎焊工件入炉、加热、冷却、工件出炉等操作	16.2.1 低碳钢板对接/搭接炉中钎焊的工艺要求 16.2.2 低碳钢板对接/搭接炉中钎焊的操作方法
	16.3 焊后检查	16.3.1 能对低碳钢板对接/搭接炉中钎焊接头进行清洗 16.3.2 能对低碳钢板对接/搭接炉中钎焊接头的外观质量进行自检	16.3.1 低碳钢板对接/搭接炉中钎焊接头清洗方法 16.3.2 低碳钢板对接/搭接炉中钎焊接头表面缺陷及外观质量自检的相关知识
17. 不锈钢板对接／搭接炉中钎焊	17.1 焊前准备	17.1.1 能进行不锈钢板对接/搭接炉中钎焊所用设备、工具、夹具的安全检查 17.1.2 能进行不锈钢板对接/搭接炉中钎焊用工件的表面清理、装配和固定 17.1.3 能根据不锈钢板对接/搭接炉中钎焊工艺文件选择钎料、钎剂、阻流剂、保护气体	17.1.1 不锈钢板对接/搭接炉中钎焊所用设备、工具和夹具的安全检查方法 17.1.2 不锈钢板对接/搭接炉中钎焊用工件的清理方法、钎焊间隙选择原则 17.1.3 不锈钢板对接/搭接炉中钎焊用可燃气体、助燃气体、焊炬、钎料、钎剂、阻流剂、保护气体等材料的选用原则
	17.2 焊接操作	17.2.1 能进行不锈钢板对接/搭接炉中钎焊钎料/钎剂预置 17.2.2 能进行不锈钢板对接/搭接炉中钎焊工件入炉、加热、冷却、工件出炉等操作	17.2.1 不锈钢板对接/搭接炉中钎焊的工艺要求 17.2.2 不锈钢板对接/搭接炉中钎焊的操作方法
	17.3 焊后检查	17.3.1 能对不锈钢板对接/搭接炉中钎焊接头进行清洗 17.3.2 能对不锈钢板对接/搭接炉中钎焊接头的外观质量进行自检	17.3.1 不锈钢板对接/搭接炉中钎焊接头清洗方法 17.3.2 不锈钢板对接/搭接炉中钎焊接头表面缺陷及外观质量自检的相关知识

续表

职业功能	工作内容	技能要求	相关知识要求
18. 铜及铜合金板对接/搭接炉中钎焊	18.1 焊前准备	18.1.1 能进行铜及铜合金板对接/搭接炉中钎焊所用设备、工具、夹具的安全检查 18.1.2 能进行铜及铜合金板对接/搭接炉中钎焊用工件的表面清理、装配和固定 18.1.3 能根据铜及铜合金板对接/搭接炉中钎焊工艺文件选择钎料、钎剂、阻流剂、保护气体	18.1.1 铜及铜合金板对接/搭接炉中钎焊所用设备、工具和夹具的安全检查方法 18.1.2 铜及铜合金板对接/搭接炉中钎焊用工件的清理方法、钎焊间隙选择原则 18.1.3 铜及铜合金板对接/搭接炉中钎焊用可燃气体、助燃气体、焊炬、钎料、钎剂、阻流剂、保护气体等材料的选用原则
	18.2 焊接操作	18.2.1 能进行铜及铜合金板对接/搭接炉中钎焊钎料/钎剂预置 18.2.2 能进行铜及铜合金板对接/搭接炉中钎焊工件入炉、加热、冷却、工件出炉等操作	18.2.1 铜及铜合金板对接/搭接炉中钎焊的工艺要求 18.2.2 铜及铜合金板对接/搭接炉中钎焊的操作方法
	18.3 焊后检查	18.3.1 能对铜及铜合金板对接/搭接炉中钎焊接头进行清洗 18.3.2 能对铜及铜合金板对接/搭接炉中钎焊接头的外观质量进行自检	18.3.1 铜及铜合金板对接/搭接炉中钎焊接头清洗操作规程 18.3.2 铜及铜合金板对接/搭接炉中钎焊接头表面缺陷及外观质量自检的相关知识
19. 低碳钢板感应钎焊	19.1 焊前准备	19.1.1 能进行低碳钢板感应钎焊所用设备、工具、夹具的安全检查 19.1.2 能进行低碳钢板感应钎焊用工件的表面清理、装配和固定 19.1.3 能根据低碳钢板感应钎焊工艺文件选择钎料、钎剂、阻流剂、保护气体	19.1.1 低碳钢板感应钎焊所用设备、工具和夹具的安全检查方法 19.1.2 低碳钢板感应钎焊用工件的清理方法、工件装配与钎焊间隙选择原则 19.1.3 低碳钢板感应钎焊用钎料、钎剂、阻流剂、保护气体等材料的选用原则
	19.2 焊接操作	19.2.1 能进行低碳钢板感应钎焊钎料/钎剂预置、添加 19.2.2 能进行低碳钢板感应钎焊感应加热、保温、钎焊冷却等操作	19.2.1 低碳钢板感应钎焊的焊接工艺要求 19.2.2 低碳钢板感应钎焊的操作方法
	19.3 焊后检查	19.3.1 能对低碳钢板感应钎焊接头进行清洗 19.3.2 能对低碳钢板感应钎焊接头的外观质量进行自检	19.3.1 低碳钢板感应钎焊接头清洗方法 19.3.2 低碳钢板感应钎焊接头表面缺陷及外观质量自检的相关知识

续表

职业功能	工作内容	技能要求	相关知识要求
20. 不锈钢板感应钎焊	20.1 焊前准备	20.1.1 能进行不锈钢板感应钎焊所用设备、工具、夹具的安全检查 20.1.2 能进行不锈钢板感应钎焊用工件的表面清理、装配和固定 20.1.3 能根据不锈钢板感应钎焊工艺文件选择钎料、钎剂、阻流剂、保护气体	20.1.1 不锈钢板感应钎焊所用设备、工具和夹具的安全检查方法 20.1.2 不锈钢板感应钎焊用工件的清理方法、工件装配与钎焊间隙选择原则 20.1.3 不锈钢板感应钎焊用钎料、钎剂、阻流剂、保护气体等材料的选用原则
	20.2 焊接操作	20.2.1 能进行不锈钢板感应钎焊钎料/钎剂预置、添加 20.2.2 能进行不锈钢板感应钎焊感应加热、保温、钎焊冷却等操作	20.2.1 不锈钢板感应钎焊的焊接工艺要求 20.2.2 不锈钢板感应钎焊的操作方法
	20.3 焊后检查	20.3.1 能对不锈钢板感应钎焊接头进行清洗 20.3.2 能对不锈钢板感应钎焊接头的外观质量进行自检	20.3.1 不锈钢板感应钎焊接头清洗方法 20.3.2 不锈钢板感应钎焊接头表面缺陷及外观质量自检的相关知识
21. 铜及铜合金板感应钎焊	21.1 焊前准备	21.1.1 能进行铜及铜合金板感应钎焊所用设备、工具、夹具的安全检查 21.1.2 能进行铜及铜合金板感应钎焊用工件的表面清理、装配和固定 21.1.3 能根据铜及铜合金板感应钎焊工艺文件选择钎料、钎剂、阻流剂、保护气体	21.1.1 铜及铜合金板感应钎焊所用设备、工具和夹具的安全检查方法 21.1.2 铜及铜合金板感应钎焊用工件的清理方法、工件装配与钎焊间隙选择原则 21.1.3 铜及铜合金板感应钎焊用钎料、钎剂、阻流剂、保护气体等材料的选用原则
	21.2 焊接操作	21.2.1 能进行铜及铜合金板感应钎焊钎料/钎剂预置、添加 21.2.2 能进行铜及铜合金板感应钎焊感应加热、保温、钎焊冷却等操作	21.2.1 铜及铜合金板感应钎焊的焊接工艺要求 21.2.2 铜及铜合金板感应钎焊的操作方法
	21.3 焊后检查	21.3.1 能对铜及铜合金板感应钎焊接头进行清洗 21.3.2 能对铜及铜合金板感应钎焊接头的外观质量进行自检	21.3.1 铜及铜合金板感应钎焊接头清洗方法 21.3.2 铜及铜合金板感应钎焊接头表面缺陷及外观质量自检的相关知识

续表

职业功能	工作内容	技能要求	相关知识要求
22. 自动电弧焊	22.1 焊前准备	22.1.1 能进行自动电弧焊设备、工具、夹具的安全检查 22.1.2 能识读自动电弧焊的工艺文件 22.1.3 能进行低碳钢板对接平焊、角接和T形接头自动电弧焊的工件清理、装配及固定	22.1.1 自动电弧焊设备、工具、夹具的安全检查要求 22.1.2 自动电弧焊工艺要领 22.1.3 自动电弧焊工件清理及装配要求，焊接变形的基本知识
	22.2 焊接操作	22.2.1 能启停自动电弧焊设备、周边设备 22.2.2 能进行自动电弧焊焊接程序文件的调用、保存、复制、删除 22.2.3 能进行低碳钢板对接平焊、角接或T形接头的焊接操作	22.2.1 自动电弧焊设备、周边设备操作规程 22.2.2 自动电弧焊设备使用说明书 22.2.3 自动电弧焊原理及种类，自动电弧焊焊接要领
	22.3 焊后检查	22.3.1 能对自动电弧焊接头进行表面清理 22.3.2 能对自动电弧焊接头外观质量进行自检	22.3.1 自动电弧焊接头表面清理方法 22.3.2 自动电弧焊接头表面缺陷及外观质量自检的相关知识
23. 自动电阻焊	23.1 焊前准备	23.1.1 能进行自动电阻焊设备、工具和夹具的安全检查 23.1.2 能识读自动电阻焊工艺文件 23.1.3 能进行自动电阻焊的工件清理、装配及固定	23.1.1 自动电阻焊设备、工具、夹具的安全检查要求 23.1.2 自动电阻焊工艺要领 23.1.3 自动电阻焊工件清理及装配要求
	23.2 焊接操作	23.2.1 能操作自动电阻焊设备、周边设备进行自动电阻焊焊接 23.2.2 能进行自动电阻焊焊接程序文件的调用、保存、复制、删除 23.2.3 能辨识自动电阻焊焊接过程状态	23.2.1 自动电阻焊设备、周边设备操作规程 23.2.2 自动电阻焊设备使用说明书 23.2.3 自动电阻焊原理及种类，自动电阻焊焊接要领
	23.3 焊后检查	23.3.1 能对自动电阻焊接头进行表面清理 23.3.2 能对自动电阻焊接头外观质量进行自检	23.3.1 自动电阻焊接头表面清理方法 23.3.2 自动电阻焊接头表面缺陷及外观质量自检的相关知识

续表

职业功能	工作内容	技能要求	相关知识要求
24. 机器人焊接	24.1 示教编程	24.1.1 能持握机器人示教盒 24.1.2 能使用示教盒操纵机器人各轴运动 24.1.3 能选择坐标系 24.1.4 能按工作要求移动机器人末端执行机构如焊枪、焊钳到达指定位置并保持正确的姿态 24.1.5 能选择示教模式并使用运动指令进行平面直线、圆弧轨迹的示教编程	24.1.1 示教盒按钮的名称及功能 24.1.2 机器人动作原理及机器人设备技术参数 24.1.3 坐标系类别及使用方法 24.1.4 机器人示教编程要领,示教点的属性及设定方法 24.1.5 示教再现概念,模式选择开关的使用,插补及运动指令
	24.2 焊前准备	24.2.1 能进行机器人、电源、周边设备的安全检查 24.2.2 能按照机器人焊接工艺规程要求对工件状态进行确认 24.2.3 能进行机器人系统的水、电、气和焊接材料的检查,能更换焊接耗材	24.2.1 机器人、电源及周边设备的安全检查要求 24.2.2 机器人焊接工艺要领 24.2.3 机器人系统水、电、气检查规程,焊接耗材更换规程
	24.3 焊接操作	24.3.1 能启停机器人焊接设备、周边设备 24.3.2 能根据机器人焊接工艺文件选择正确的焊接指令 24.3.3 能进行低碳钢板单道直线、圆弧堆焊的示教编程与焊接操作 24.3.4 能在示教盒上选择已编制完成的程序文件,能切换自动模式进行焊接	24.3.1 机器人焊接操作规程 24.3.2 机器人程序管理操作说明 24.3.3 机器人焊接示教编程与焊接要领 24.3.4 机器人焊接程序选择与模式切换方法
	24.4 焊后检查	24.4.1 能对机器人焊接接头进行表面清理 24.4.2 能对机器人焊接接头外观质量进行自检	24.4.1 机器人焊接接头表面清理方法 24.4.2 机器人焊接接头表面缺陷及外观质量自检的相关知识

3.2 四级/中级工

电焊工考核职业功能第 1 项及 2~8 项中的任意 2 项；气焊工考核职业功能 9~11 项；钎焊工考核职业功能第 12 项及 13~20 项中的任意 2 项；焊接设备操作工考核职业功能第 21 项及 22~29 项中的任意 2 项。

职业功能	工作内容	技能要求	相关知识要求
1. 管板插入式或骑座式全焊透角接头焊条电弧焊	1.1 焊前准备	1.1.1 能进行管板插入式或骑座式全焊透角接头焊条电弧焊坡口的制备 1.1.2 能选择管板插入式或骑座式全焊透角接头焊条电弧焊用焊条	1.1.1 管板插入式或骑座式全焊透角接头焊条电弧焊的坡口制备要求 1.1.2 管板插入式或骑座式全焊透角接头焊条电弧焊焊材选择原则
	1.2 焊接操作	1.2.1 能根据管板焊条电弧焊施焊方向调整焊条角度 1.2.2 能进行管板焊条电弧焊的引弧、焊接、收弧等操作，实现焊缝单面焊双面成形	1.2.1 管板插入式或骑座式全焊透角接头焊条电弧焊焊条角度对焊缝成形的影响 1.2.2 管板插入式或骑座式全焊透角接头焊条电弧焊单面焊双面成形焊接操作方法
	1.3 焊后检查	1.3.1 能对管板插入式或骑座式全焊透角接头焊条电弧焊接头表面清理 1.3.2 能对管板插入式或骑座式全焊透角接头焊条电弧焊接头的外观质量进行自检	1.3.1 管板插入式或骑座式全焊透角接头焊条电弧焊接头表面清理方法 1.3.2 管板插入式或骑座式全焊透角接头焊条电弧焊接头表面缺陷及其外观质量自检的相关知识
2. 低碳钢或低合金钢板对接立焊、横焊焊条电弧焊	2.1 焊前准备	2.1.1 能进行低碳钢或低合金钢板对接立焊、横焊焊条电弧焊坡口的制备 2.1.2 能根据焊接工艺要求预留低碳钢或低合金钢板对接立焊、横焊焊条电弧焊焊件的反变形量	2.1.1 低碳钢或低合金钢板对接立焊、横焊焊条电弧焊坡口的制备要求 2.1.2 低碳钢或低合金钢板对接立焊、横焊焊条电弧焊焊接变形的基本知识
	2.2 焊接操作	2.2.1 能进行低碳钢或低合金钢板对接立焊、横焊焊条电弧焊的打底焊道焊接，实现焊缝单面焊双面成形 2.2.2 能进行低碳钢或低合金钢板对接立焊、横焊焊条电弧焊焊道清理，确定填充焊道的运条方式	2.2.1 低碳钢或低合金钢板对接立焊、横焊焊条电弧焊打底焊道单面焊双面成形的基本知识 2.2.2 低碳钢或低合金钢板对接立焊、横焊焊条电弧焊焊道清理及填充焊道焊接的操作方法

续表

职业功能	工作内容	技能要求	相关知识要求
2. 低碳钢或低合金钢板对接立焊、横焊焊条电弧焊	2.3 焊后检查	2.3.1 能对低碳钢或低合金钢板对接立焊、横焊焊条电弧焊接头表面清理 2.3.2 能对低碳钢或低合金钢板对接立焊、横焊焊条电弧焊接头的外观质量进行自检	2.3.1 低碳钢或低合金钢板对接立焊、横焊焊条电弧焊接头表面清理方法 2.3.2 低碳钢或低合金钢板对接立焊、横焊焊条电弧焊接头表面缺陷及其外观质量自检的相关知识
3. 低碳钢或低合金钢管对接水平固定、垂直固定或45°固定焊条电弧焊	3.1 焊前准备	3.1.1 能进行低碳钢或低合金钢管对接焊条电弧焊坡口的制备 3.1.2 能选择低碳钢或低合金钢管对接焊条电弧焊焊条 3.1.3 能选择低碳钢或低合金钢管对接焊条电弧焊定位焊位置	3.1.1 低碳钢或低合金钢管对接焊条电弧焊坡口的制备要求 3.1.2 低碳钢或低合金钢管对接焊条电弧焊焊材选择原则 3.1.3 低碳钢或低合金钢管对接焊条电弧焊定位焊位置选择原则
	3.2 焊接操作	3.2.1 能根据低碳钢或低合金钢管对接水平固定、垂直固定或45°固定焊条电弧焊焊接位置调整焊条角度 3.2.2 能进行低碳钢或低合金钢管对接水平固定、垂直固定或45°固定焊条电弧焊打底焊道、填充焊道及盖面焊道焊接	3.2.1 低碳钢或低合金钢管对接水平固定、垂直固定或45°固定焊条电弧焊焊条角度对焊缝成形的影响 3.2.2 低碳钢或低合金钢管对接水平固定、垂直固定或45°固定焊条电弧焊焊接操作方法
	3.3 焊后检查	3.3.1 能对低碳钢或低合金钢管对接水平固定、垂直固定或45°固定焊条电弧焊接头表面清理 3.3.2 能对低碳钢或低合金钢管对接水平固定、垂直固定或45°固定焊条电弧焊接头的外观质量进行自检	3.3.1 低碳钢或低合金钢管对接水平固定、垂直固定或45°固定焊条电弧焊接头表面清理方法 3.3.2 低碳钢或低合金钢管对接水平固定、垂直固定或45°固定焊条电弧焊接头表面缺陷及其外观质量自检的相关知识

续表

职业功能	工作内容	技能要求	相关知识要求
4. 低碳钢或低合金钢板对接立焊、横焊熔化极气体保护焊	4.1 焊前准备	4.1.1 能进行低碳钢或低合金钢板对接立焊、横焊熔化极气体保护焊坡口的制备 4.1.2 能根据焊接工艺要求预留低碳钢或低合金钢板对接立焊、横焊熔化极气体保护焊焊件的反变形量	4.1.1 低碳钢或低合金钢板对接立焊、横焊熔化极气体保护焊坡口的制备要求 4.1.2 低碳钢或低合金钢板对接立焊、横焊熔化极气体保护焊焊接变形的基本知识
	4.2 焊接操作	4.2.1 能进行低碳钢或低合金钢板对接立焊、横焊熔化极气体保护焊的打底焊道焊接,实现焊缝单面焊双面成形 4.2.2 能进行低碳钢或低合金钢板对接立焊、横焊熔化极气体保护焊填充焊道、盖面焊道的焊接	4.2.1 低碳钢或低合金钢板对接立焊、横焊熔化极气体保护焊打底焊道单面焊双面成形的基本知识 4.2.2 低碳钢或低合金钢板对接立焊、横焊熔化极气体保护焊填充焊道及盖面焊道焊接的操作方法
	4.3 焊后检查	4.3.1 能对低碳钢或低合金钢板对接立焊、横焊熔化极气体保护焊接头表面清理 4.3.2 能对低碳钢或低合金钢板对接立焊、横焊熔化极气体保护焊接头的外观质量进行自检	4.3.1 低碳钢或低合金钢板对接立焊、横焊熔化极气体保护焊接头表面清理方法 4.3.2 低碳钢或低合金钢板对接立焊、横焊熔化极气体保护焊接头表面缺陷及其外观质量自检的相关知识
5. 低碳钢或低合金钢管对接水平固定、垂直固定熔化极气体保护焊	5.1 焊前准备	5.1.1 能进行低碳钢或低合金钢管对接熔化极气体保护焊坡口的制备 5.1.2 能选择低碳钢或低合金钢管对接熔化极气体保护焊焊丝和保护气体 5.1.3 能选择低碳钢或低合金钢管对接熔化极气体保护焊定位焊位置	5.1.1 低碳钢或低合金钢管对接熔化极气体保护焊坡口的制备要求 5.1.2 低碳钢或低合金钢管对接熔化极气体保护焊焊材选择原则 5.1.3 低碳钢或低合金钢管对接熔化极气体保护焊定位焊位置选择原则
	5.2 焊接操作	5.2.1 能根据低碳钢或低合金钢管对接水平固定、垂直固定熔化极气体保护焊的焊接位置调整焊枪角度 5.2.2 能进行低碳钢或低合金钢管对接水平固定、垂直固定熔化极气体保护焊打底焊道、填充焊道及盖面焊道焊接	5.2.1 低碳钢或低合金钢管对接水平固定、垂直固定熔化极气体保护焊焊枪角度对焊缝成形的影响 5.2.2 低碳钢或低合金钢管对接水平固定、垂直固定熔化极气体保护焊焊接操作方法

续表

职业功能	工作内容	技能要求	相关知识要求
5. 低碳钢或低合金钢管对接水平固定、垂直固定熔化极气体保护焊	5.3 焊后检查	5.3.1 能对低碳钢或低合金钢管对接水平固定、垂直固定熔化极气体保护焊接头表面清理 5.3.2 能对低碳钢或低合金钢管对接水平固定、垂直固定熔化极气体保护焊接头的外观质量进行自检	5.3.1 低碳钢或低合金钢管对接水平固定、垂直固定熔化极气体保护焊接头表面清理方法 5.3.2 低碳钢或低合金钢管对接水平固定、垂直固定熔化极气体保护焊接头表面缺陷及其外观质量自检的相关知识
6. 低碳钢管板插入式或骑座式手工钨极氩弧焊	6.1 焊前准备	6.1.1 能进行低碳钢管板手工钨极氩弧焊坡口的制备 6.1.2 能选择低碳钢管板手工钨极氩弧焊喷嘴、钨极和焊丝	6.1.1 低碳钢管板手工钨极氩弧焊的坡口制备要求 6.1.2 低碳钢管板手工钨极氩弧焊喷嘴、钨极、焊丝等选择原则
	6.2 焊接操作	6.2.1 能根据低碳钢管板插入式或骑座式手工钨极氩弧焊施焊方向调整焊枪角度和送丝方式 6.2.2 能进行低碳钢管板插入式或骑座式手工钨极氩弧焊的打底、填充、盖面焊道焊接等操作	6.2.1 低碳钢管板插入式或骑座式手工钨极氩弧焊焊枪角度、送丝方式对焊缝成形的影响 6.2.2 低碳钢管板插入式或骑座式手工钨极氩弧焊焊接操作方法
	6.3 焊后检查	6.3.1 能对低碳钢管板插入式或骑座式手工钨极氩弧焊接头表面清理 6.3.2 能对低碳钢管板插入式或骑座式手工钨极氩弧焊接头的外观质量进行自检	6.3.1 低碳钢管板插入式或骑座式手工钨极氩弧焊接头表面清理方法 6.3.2 低碳钢管板插入式或骑座式手工钨极氩弧焊接头表面缺陷及其外观质量自检的相关知识

续表

职业功能	工作内容	技能要求	相关知识要求
7.低合金钢管对接水平固定、垂直固定手工钨极氩弧焊	7.1 焊前准备	7.1.1 能进行低合金钢管对接手工钨极氩弧焊坡口的制备 7.1.2 能选择低合金钢管对接手工钨极氩弧焊喷嘴、钨极和焊丝 7.1.3 能选择低合金钢管对接手工钨极氩弧焊定位焊位置	7.1.1 低合金钢管对接手工钨极氩弧焊坡口的制备要求 7.1.2 低合金钢管对接手工钨极氩弧焊焊接材料选择原则 7.1.3 低合金钢管对接手工钨极氩弧焊定位焊位置选择原则
	7.2 焊接操作	7.2.1 能根据低合金钢管对接水平固定、垂直固定手工钨极氩弧焊的焊接位置调整焊枪角度和送丝方式 7.2.2 能进行低合金钢管对接水平固定、垂直固定手工钨极氩弧焊打底焊道、填充焊道及盖面焊道焊接	7.2.1 低合金钢管对接水平固定、垂直固定手工钨极氩弧焊焊枪角度、送丝方式对焊缝成形的影响 7.2.2 低合金钢管对接水平固定、垂直固定手工钨极氩弧焊焊接操作方法
	7.3 焊后检查	7.3.1 能对低合金钢管对接水平固定、垂直固定手工钨极氩弧焊接头表面清理 7.3.2 能对低合金钢管对接水平固定、垂直固定手工钨极氩弧焊接头的外观质量进行自检	7.3.1 低合金钢管对接水平固定、垂直固定手工钨极氩弧焊接头表面清理方法 7.3.2 低合金钢管对接水平固定、垂直固定手工钨极氩弧焊接头表面缺陷及其外观质量自检的相关知识
8.不锈钢板对接平焊手工钨极氩弧焊	8.1 焊前准备	8.1.1 能进行不锈钢板对接平焊手工钨极氩弧焊坡口的制备 8.1.2 能根据焊接工艺要求预留不锈钢板对接平焊手工钨极氩弧焊焊件的反变形量	8.1.1 不锈钢板对接平焊手工钨极氩弧焊坡口的制备要求 8.1.2 不锈钢板对接平焊手工钨极氩弧焊焊接变形的基本知识
	8.2 焊接操作	8.2.1 能进行不锈钢板对接平焊手工钨极氩弧焊的根部焊道、填充焊道、盖面焊道的焊接 8.2.2 能进行不锈钢板对接平焊手工钨极氩弧焊双面焊根部焊道背面清根处理	8.2.1 不锈钢板对接平焊手工钨极氩弧焊焊接的操作方法 8.2.2 不锈钢板对接平焊手工钨极氩弧焊双面焊根部焊道背面清根处理要求
	8.3 焊后检查	8.3.1 能对不锈钢板对接平焊手工钨极氩弧焊接头表面清理 8.3.2 能对不锈钢板对接平焊手工钨极氩弧焊接头的外观质量进行自检	8.3.1 不锈钢板对接平焊手工钨极氩弧焊接头表面清理方法 8.3.2 不锈钢板对接平焊手工钨极氩弧焊接头表面缺陷及其外观质量自检的相关知识

续表

职业功能	工作内容	技能要求	相关知识要求
9. 铝及铝合金板气焊	9.1 焊前准备	9.1.1 能进行铝及铝合金板气焊坡口的制备 9.1.2 能选择铝及铝合金板气焊可燃气体、助燃气体、焊炬、焊丝和焊剂等 9.1.3 能进行铝及铝合金板气焊焊丝的清理	9.1.1 铝及铝合金板气焊坡口制备要求 9.1.2 铝及铝合金板气焊可燃气体、助燃气体、焊炬、焊丝和焊剂等选用原则 9.1.3 铝及铝合金板气焊焊丝清理方法
	9.2 焊接操作	9.2.1 能选择铝及铝合金板气焊焊接参数、焊炬施焊角度及填丝方式 9.2.2 能确定铝及铝合金板气焊定位焊位置，并进行起焊、焊接和收尾	9.2.1 铝及铝合金板气焊的焊接工艺要求 9.2.2 铝及铝合金板气焊的操作方法
	9.3 焊后检查	9.3.1 能对铝及铝合金板气焊接头表面清理 9.3.2 能对铝及铝合金板气焊接头的外观质量进行自检	9.3.1 铝及铝合金板气焊接头表面清理方法 9.3.2 铝及铝合金板气焊接头表面缺陷及外观质量自检的相关知识
10. 低碳钢管对接水平转动气焊	10.1 焊前准备	10.1.1 能进行低碳钢管对接水平转动气焊坡口的制备 10.1.2 能根据低碳钢管壁厚和焊接位置确定接头间隙 10.1.3 能确定低碳钢管对接水平转动气焊定位焊位置，并能进行定位焊	10.1.1 低碳钢管对接水平转动气焊坡口制备要求 10.1.2 低碳钢管对接水平转动气焊接头间隙选择原则 10.1.3 低碳钢管对接水平转动气焊定位焊要求
	10.2 焊接操作	10.2.1 能选择低碳钢管对接水平转动气焊焊接参数、焊炬施焊角度及填丝方式 10.2.2 能进行低碳钢管对接水平转动气焊的起焊、焊接和收尾	10.2.1 低碳钢管对接水平转动气焊的焊接工艺要求 10.2.2 低碳钢管对接水平转动气焊的操作方法
	10.3 焊后检查	10.3.1 能对低碳钢管对接水平转动气焊接头表面清理 10.3.2 能对低碳钢管对接水平转动气焊接头的外观质量进行自检	10.3.1 低碳钢管对接水平转动气焊接头表面清理方法 10.3.2 低碳钢管对接水平转动气焊接头表面缺陷及外观质量自检的相关知识

续表

职业功能	工作内容	技能要求	相关知识要求
11. 低合金钢管对接垂直固定气焊	11.1 焊前准备	11.1.1 能进行低合金钢管对接垂直固定气焊坡口的制备 11.1.2 能根据低合金钢管壁厚和焊接位置确定接头间隙 11.1.3 能确定低合金钢管对接垂直固定气焊定位焊位置，并能进行定位焊	11.1.1 低合金钢管对接垂直固定气焊坡口制备要求 11.1.2 低合金钢管对接垂直固定气焊头间隙选择原则 11.1.3 低合金钢管对接垂直固定气焊定位焊要求
	11.2 焊接操作	11.2.1 能选择低合金钢管对接垂直固定气焊焊接参数、焊炬施焊角度及填丝方式 11.2.2 能进行低合金钢管对接垂直固定气焊的起焊、焊接和收尾	11.2.1 低合金钢管对接垂直固定气焊的焊接工艺要求 11.2.2 低合金钢管对接垂直固定气焊的操作方法
	11.3 焊后检查	11.3.1 能对低合金钢管对接垂直固定气焊接头表面清理 11.3.2 能对低合金钢管对接垂直固定气焊接头的外观质量进行自检	11.3.1 低合金钢管对接垂直固定气焊接头表面清理方法 11.3.2 低合金钢管对接垂直固定气焊接头表面缺陷及外观质量自检的相关知识
12. 铝及铝合金管火焰钎焊	12.1 焊前准备	12.1.1 能进行铝及铝合金管火焰钎焊前的表面处理 12.1.2 能采用夹具调整铝及铝合金管火焰钎焊间隙、装配和固定 12.1.3 能选择铝及铝合金管火焰钎焊用钎料及钎剂	12.1.1 铝及铝合金管火焰钎焊前表面处理要求 12.1.2 铝及铝合金管火焰钎焊间隙选择与装配要求 12.1.3 铝及铝合金管火焰钎焊钎料及钎剂选用原则
	12.2 焊接操作	12.2.1 能根据铝及铝合金管火焰钎焊的接头结构形式选择火焰类别、加热方式及钎料、钎剂的施加方法 12.2.2 能进行铝及铝合金管火焰钎焊加热、液态钎料填缝、冷却等操作	12.2.1 铝及铝合金管火焰钎焊工艺要求 12.2.2 铝及铝合金管火焰钎焊的操作方法
	12.3 焊后检查	12.3.1 能对铝及铝合金管火焰钎焊接头表面清理 12.3.2 能对铝及铝合金管火焰钎焊接头的外观质量进行自检	12.3.1 铝及铝合金管火焰钎焊接头表面清理方法 12.3.2 铝及铝合金管火焰钎焊接头表面缺陷及外观质量自检的相关知识

续表

职业功能	工作内容	技能要求	相关知识要求
13. 铜及铜合金管火焰钎焊	13.1 焊前准备	13.1.1 能进行铜及铜合金管火焰钎焊前的表面处理 13.1.2 能采用夹具调整铜及铜合金管火焰钎焊间隙、装配和固定 13.1.3 能选择铜及铜合金管火焰钎焊用钎料及钎剂	13.1.1 铜及铜合金管火焰钎焊前表面处理要求 13.1.2 铜及铜合金管火焰钎焊间隙选择与装配要求 13.1.3 铜及铜合金管火焰钎焊钎料及钎剂选用原则
	13.2 焊接操作	13.2.1 能根据铜及铜合金管火焰钎焊的接头结构形式选择火焰类别、加热方式及钎料、钎剂的施加方法 13.2.2 能进行铜及铜合金管火焰钎焊加热、液态钎料填缝、冷却等操作	13.2.1 铜及铜合金管火焰钎焊工艺要求 13.2.2 铜及铜合金管火焰钎焊的操作方法
	13.3 焊后检查	13.3.1 能对铜及铜合金管火焰钎焊接头表面清理 13.3.2 能对铜及铜合金管火焰钎焊接头的外观质量进行自检	13.3.1 铜及铜合金管火焰钎焊接头表面清理方法 13.3.2 铜及铜合金管火焰钎焊接头表面缺陷及外观质量自检的相关知识
14. 不锈钢管火焰钎焊	14.1 焊前准备	14.1.1 能进行不锈钢管火焰钎焊前的表面处理 14.1.2 能采用夹具调整不锈钢管火焰钎焊间隙、装配和固定 14.1.3 能选择不锈钢管火焰钎焊用钎料及钎剂	14.1.1 不锈钢管火焰钎焊前表面处理要求 14.1.2 不锈钢管火焰钎焊间隙选择与装配要求 14.1.3 不锈钢管火焰钎焊钎料及钎剂选用原则
	14.2 焊接操作	14.2.1 能根据不锈钢管火焰钎焊的接头结构形式选择火焰类别、加热方式及钎料、钎剂的施加方法 14.2.2 能进行不锈钢管火焰钎焊加热、液态钎料填缝、冷却等操作	14.2.1 不锈钢管火焰钎焊工艺要求 14.2.2 不锈钢管火焰钎焊的操作方法
	14.3 焊后检查	14.3.1 能对不锈钢管火焰钎焊接头表面清理 14.3.2 能对不锈钢管火焰钎焊接头的外观质量进行自检	14.3.1 不锈钢管火焰钎焊接头表面清理方法 14.3.2 不锈钢管火焰钎焊接头表面缺陷及外观质量自检的相关知识

续表

职业功能	工作内容	技能要求	相关知识要求
15.不锈钢管炉中钎焊	15.1 焊前准备	15.1.1 能采用夹具调整不锈钢管炉中钎焊间隙、装配和固定 15.1.2 能选择不锈钢管炉中钎焊用钎焊材料	15.1.1 不锈钢管炉中钎焊间隙选择与装配要求 15.1.2 不锈钢管炉中钎焊用钎焊材料选择原则
	15.2 焊接操作	15.2.1 能选择不锈钢管炉中钎焊参数 15.2.2 能进行不锈钢管炉中钎焊控制程序设定与调用	15.2.1 不锈钢管炉中钎焊工艺要求 15.2.2 不锈钢管炉中钎焊的操作方法
	15.3 焊后检查	15.3.1 能对不锈钢管炉中钎焊接头表面清理 15.3.2 能对不锈钢管炉中钎焊接头的外观质量进行自检	15.3.1 不锈钢管炉中钎焊接头表面清理方法 15.3.2 不锈钢管炉中钎焊接头表面缺陷及外观质量自检的相关知识
16.铝合金构件炉中钎焊	16.1 焊前准备	16.1.1 能采用夹具调整铝合金构件炉中钎焊间隙、装配和固定 16.1.2 能选择铝合金构件炉中钎焊用钎焊材料	16.1.1 铝合金构件炉中钎焊间隙选择与装配要求 16.1.2 铝合金构件炉中钎焊用钎焊材料选择原则
	16.2 焊接操作	16.2.1 能选择铝合金构件炉中钎焊参数 16.2.2 能进行铝合金构件炉中钎焊控制程序设定与调用	16.2.1 铝合金构件炉中钎焊工艺要求 16.2.2 铝合金构件炉中钎焊的操作方法
	16.3 焊后检查	16.3.1 能对铝合金构件炉中钎焊接头表面清理 16.3.2 能对铝合金构件炉中钎焊接头的外观质量进行自检	16.3.1 铝合金构件炉中钎焊接头表面清理方法 16.3.2 铝合金构件炉中钎焊接头表面缺陷及外观质量自检的相关知识
17.铜及铜合金管炉中钎焊	17.1 焊前准备	17.1.1 能采用夹具调整铜及铜合金管炉中钎焊间隙、装配和固定 17.1.2 能选择铜及铜合金管炉中钎焊用钎焊材料	17.1.1 铜及铜合金管炉中钎焊间隙选择与装配要求 17.1.2 铜及铜合金管炉中钎焊用钎焊材料选择原则
	17.2 焊接操作	17.2.1 能选择铜及铜合金管炉中钎焊参数 17.2.2 能进行铜及铜合金管炉中钎焊控制程序设定与调用	17.2.1 铜及铜合金管炉中钎焊工艺要求 17.2.2 铜及铜合金管炉中钎焊的操作方法

续表

职业功能	工作内容	技能要求	相关知识要求
17.铜及铜合金管炉中钎焊	17.3 焊后检查	17.3.1 能对铜及铜合金管炉中钎焊接头表面清理 17.3.2 能对铜及铜合金管炉中钎焊接头的外观质量进行自检	17.3.1 铜及铜合金管炉中钎焊接头表面清理方法 17.3.2 铜及铜合金管炉中钎焊接头表面缺陷及外观质量自检的相关知识
18.钛合金管感应钎焊	18.1 焊前准备	18.1.1 能进行钛合金管感应钎焊工件的表面处理 18.1.2 能采用夹具调整钛合金管感应钎焊间隙、装配和固定 18.1.3 能选择钛合金管感应钎焊用钎焊材料	18.1.1 钛合金管感应钎焊工件的表面处理要求 18.1.2 钛合金管感应钎焊间隙选择与装配要求 18.1.3 钛合金管感应钎焊用钎焊材料选择原则
18.钛合金管感应钎焊	18.2 焊接操作	18.2.1 能选择钛合金管感应钎焊参数 18.2.2 能进行钛合金管感应钎焊控制程序设定与调用	18.2.1 钛合金管感应钎焊工艺要求 18.2.2 钛合金管感应钎焊的操作方法
18.钛合金管感应钎焊	18.3 焊后检查	18.3.1 能对钛合金管感应钎焊接头表面清理 18.3.2 能对钛合金管感应钎焊接头的外观质量进行自检	18.3.1 钛合金管感应钎焊接头表面清理方法 18.3.2 钛合金管感应钎焊接头表面缺陷及外观质量自检的相关知识
19.高速钢板感应钎焊	19.1 焊前准备	19.1.1 能进行高速钢板感应钎焊工件的表面处理 19.1.2 能采用夹具调整高速钢板感应钎焊间隙、装配和固定 19.1.3 能选择高速钢板感应钎焊用钎焊材料	19.1.1 高速钢板感应钎焊工件的表面处理要求 19.1.2 高速钢板感应钎焊间隙选择与装配要求 19.1.3 高速钢板感应钎焊用钎焊材料选择原则
19.高速钢板感应钎焊	19.2 焊接操作	19.2.1 能选择高速钢板感应钎焊参数 19.2.2 能进行高速钢板感应钎焊控制程序设定与调用	19.2.1 高速钢板感应钎焊工艺要求 19.2.2 高速钢板感应钎焊的操作方法

续表

职业功能	工作内容	技能要求	相关知识要求
19. 高速钢板感应钎焊	19.3 焊后检查	19.3.1 能对高速钢板感应钎焊接头表面清理 19.3.2 能对高速钢板感应钎焊接头的外观质量进行自检	19.3.1 高速钢板感应钎焊接头表面清理方法 19.3.2 高速钢板感应钎焊接头表面缺陷及外观质量自检的相关知识
20. 不锈钢管感应钎焊	20.1 焊前准备	20.1.1 能进行不锈钢管感应钎焊工件的表面处理 20.1.2 能采用夹具调整不锈钢管感应钎焊间隙、装配和固定 20.1.3 能选择不锈钢管感应钎焊用钎焊材料	20.1.1 不锈钢管感应钎焊工件的表面处理要求 20.1.2 不锈钢管感应钎焊间隙选择与装配要求 20.1.3 不锈钢管感应钎焊用钎焊材料选择原则
	20.2 焊接操作	20.2.1 能选择不锈钢管感应钎焊参数 20.2.2 能进行不锈钢管感应钎焊控制程序设定与调用	20.2.1 不锈钢管感应钎焊工艺要求 20.2.2 不锈钢管感应钎焊的操作方法
	20.3 焊后检查	20.3.1 能对不锈钢管感应钎焊接头表面清理 20.3.2 能对不锈钢管感应钎焊接头的外观质量进行自检	20.3.1 不锈钢管感应钎焊接头表面清理方法 20.3.2 不锈钢管感应钎焊接头表面缺陷及外观质量自检的相关知识
21. 自动熔化极气体保护焊	21.1 焊前准备	21.1.1 能进行自动熔化极气体保护焊工件装夹、组对及预置反变形量 21.1.2 能进行自动熔化极气体保护焊设备的轨迹模拟 21.1.3 能进行自动熔化极气体保护焊设备、周边设备的例行维护	21.1.1 自动熔化极气体保护焊工件装夹、组对操作规程 21.1.2 自动熔化极气体保护焊设备操作规程 21.1.3 自动熔化极气体保护焊设备、周边设备维护、保养基本方法
	21.2 焊接操作	21.2.1 能根据工件厚度、坡口尺寸、焊接位置、接头间隙进行自动熔化极气体保护焊焊接参数调整 21.2.2 能根据自动熔化极气体保护焊焊接位置调整焊接机头姿态 21.2.3 能记述自动熔化极气体保护焊设备的问题 21.2.4 能进行低碳钢板对接横焊或对接立焊的自动熔化极气体保护焊焊接	21.2.1 自动熔化极气体保护焊工艺规程及焊接参数对焊接质量的影响 21.2.2 自动熔化极气体保护焊设备操作要领 21.2.3 自动熔化极气体保护焊设备故障术语 21.2.4 低碳钢板对接横焊或对接立焊的自动熔化极气体保护焊焊接工艺知识

续表

职业功能	工作内容	技能要求	相关知识要求
21. 自动熔化极气体保护焊	21.3 焊后检查	21.3.1 能使用焊接检具对自动熔化极气体保护焊接头外观质量进行自检 21.3.2 能测量自动熔化极气体保护焊焊缝的尺寸	21.3.1 自动熔化极气体保护焊接头表面缺陷基本知识及预防措施 21.3.2 自动熔化极气体保护焊焊缝尺寸测量方法
22. 自动非熔化极气体保护焊	22.1 焊前准备	22.1.1 能进行自动非熔化极气体保护焊工件装夹、组对及预置反变形量 22.1.2 能进行自动非熔化极气体保护焊设备的轨迹模拟 22.1.3 能进行自动非熔化极气体保护焊设备、周边设备的例行维护	22.1.1 自动非熔化极气体保护焊工件装夹、组对操作规程 22.1.2 自动非熔化极气体保护焊设备操作规程 22.1.3 自动非熔化极气体保护焊设备、周边设备维护、保养基本方法
	22.2 焊接操作	22.2.1 能根据工件厚度、坡口尺寸、焊接位置、接头间隙进行自动非熔化极气体保护焊焊接参数调整 22.2.2 能根据自动非熔化极气体保护焊焊接位置调整焊接机头姿态 22.2.3 能记述自动非熔化极气体保护焊焊接设备的问题并准确地传达给焊接工程师或技术人员 22.2.4 能进行低碳钢板对接横焊或对接立焊的自动非熔化极气体保护焊焊接	22.2.1 自动非熔化极气体保护焊工艺规程及焊接参数对焊接质量的影响 22.2.2 自动非熔化极气体保护焊设备操作要领 22.2.3 自动非熔化极气体保护焊焊接设备故障术语 22.2.4 低碳钢板对接横焊或对接立焊的自动非熔化极气体保护焊焊接工艺知识
	22.3 焊后检查	22.3.1 能使用焊接检具对自动非熔化极气体保护焊接头外观质量进行自检 22.3.2 能测量自动非熔化极气体保护焊焊缝的尺寸	22.3.1 自动非熔化极气体保护焊接头表面缺陷基本知识及预防措施 22.3.2 自动非熔化极气体保护焊焊缝尺寸测量方法
23. 自动埋弧焊	23.1 焊前准备	23.1.1 能进行自动埋弧焊工件装夹、组对及预置反变形量 23.1.2 能进行自动埋弧焊设备的轨迹模拟 23.1.3 能进行自动埋弧焊设备、周边设备的例行维护	23.1.1 自动埋弧焊工件装夹、组对操作规程 23.1.2 自动埋弧焊设备操作规程 23.1.3 自动埋弧焊设备、周边设备维护、保养基本方法

续表

职业功能	工作内容	技能要求	相关知识要求
23. 自动埋弧焊	23.2 焊接操作	23.2.1 能根据工件厚度、坡口尺寸、焊接位置、接头间隙进行自动埋弧焊焊接参数调整 23.2.2 能用碳弧气刨、等离子弧气刨进行背部清根 23.2.3 能记述自动埋弧焊设备的问题 23.2.4 能进行低碳钢或低合金钢板的打底、填充、盖面的自动埋弧焊焊接操作	23.2.1 自动埋弧焊工艺规程及焊接参数对焊接质量的影响 23.2.2 碳弧气刨、等离子弧气刨清根的操作要领 23.2.3 自动埋弧焊设备故障术语 23.2.4 自动埋弧焊多层多道焊接工艺、操作要领
	23.3 焊后检查	23.3.1 能使用焊接检具对自动埋弧焊接头外观质量进行自检 23.3.2 能测量自动埋弧焊焊缝的尺寸	23.3.1 自动埋弧焊接头表面缺陷基本知识及预防措施 23.3.2 自动埋弧焊焊缝尺寸测量方法
24. 自动电阻点焊	24.1 焊前准备	24.1.1 能根据被焊材料选择自动电阻点焊电极 24.1.2 能对自动电阻点焊电极进行清理和修整 24.1.3 能根据焊接工艺文件的要求设定自动电阻点焊焊接参数 24.1.4 能进行预防性的自动电阻点焊机、周边设备的维护 24.1.5 能根据实际工作情况调整自动电阻点焊工装夹具	24.1.1 自动电阻点焊电极选取标准 24.1.2 自动电阻点焊电极清理和修整操作规程 24.1.3 自动电阻点焊工艺参数选择规程、标准 24.1.4 自动电阻点焊机、周边设备维护保养基本方法 24.1.5 自动电阻点焊工装夹具的基本知识
	24.2 焊接操作	24.2.1 能根据工件厚度、焊接材料进行自动电阻点焊焊接参数调整 24.2.2 能进行镀锌钢板或高强钢板同种材料自动电阻点焊操作 24.2.3 能记述自动电阻点焊设备的问题，并准确地传达给焊接工程师或技术人员	24.2.1 自动电阻点焊工艺规程、标准 24.2.2 镀锌钢板、高强钢板的自动电阻点焊焊接工艺知识 24.2.3 自动电阻点焊设备故障术语
	24.3 焊后检查	24.3.1 能对自动电阻点焊接头外观质量进行自检 24.3.2 能测量自动电阻点焊焊点尺寸	24.3.1 自动电阻点焊接头表面缺陷基本知识 24.3.2 自动电阻点焊焊点尺寸测量方法

续表

职业功能	工作内容	技能要求	相关知识要求
25. 自动电阻缝焊	25.1 焊前准备	25.1.1 能根据被焊材料选择自动电阻缝焊电极 25.1.2 能对自动电阻缝焊电极进行清理和修整 25.1.3 能根据焊接工艺文件的要求设定自动电阻缝焊焊接参数 25.1.4 能进行预防性的自动电阻缝焊机、周边设备的维护 25.1.5 能根据实际工作情况调整自动电阻缝焊工装夹具	25.1.1 自动电阻缝焊电极选取标准 25.1.2 自动电阻缝焊电极清理和修整操作规程 25.1.3 自动电阻缝焊焊接参数选择规程、标准 25.1.4 自动电阻缝焊机、周边设备维护保养基本方法 25.1.5 自动电阻缝焊工装夹具的基本知识
	25.2 焊接操作	25.2.1 能根据工件厚度、焊接材料进行自动电阻缝焊焊接参数调整 25.2.2 能进行镀锌钢板或高强钢板同种材料自动电阻缝焊操作 25.2.3 能记述自动电阻缝焊设备的问题	25.2.1 自动电阻缝焊工艺规程、标准 25.2.2 镀锌钢板、高强钢板的自动电阻缝焊焊接工艺知识 25.2.3 自动电阻缝焊设备故障术语
	25.3 焊后检查	25.3.1 能对自动电阻缝焊接头外观质量进行自检 25.3.2 能测量自动电阻缝焊焊缝尺寸	25.3.1 自动电阻缝焊接头表面缺陷基本知识 25.3.2 自动电阻缝焊焊缝尺寸测量方法
26. 螺柱焊	26.1 焊前准备	26.1.1 能调节螺柱焊设备 26.1.2 能根据焊接工艺文件的要求设定螺柱焊焊接参数 26.1.3 能进行螺柱焊设备维护	26.1.1 螺柱焊设备操作规程 26.1.2 螺柱焊焊接参数选择规程 26.1.3 螺柱焊设备维护保养基本方法
	26.2 焊接操作	26.2.1 能依据工件进行螺柱焊参数调整 26.2.2 能进行低碳钢螺柱焊焊接操作 26.2.3 能记述螺柱焊设备的问题，并准确地传达给焊接工程师或技术人员	26.2.1 螺柱焊工艺规程、标准 26.2.2 常用材料螺柱焊焊接工艺及操作要领 26.2.3 螺柱焊设备故障术语
	26.3 焊后检查	26.3.1 能对螺柱焊焊件外观质量进行自检 26.3.2 能测量螺柱焊焊缝尺寸	26.3.1 螺柱焊焊件表面缺陷基本知识 26.3.2 螺柱焊焊缝尺寸测量方法

续表

职业功能	工作内容	技能要求	相关知识要求
27. 机器人弧焊	27.1 示教编程	27.1.1 能运用各类指令编制机器人弧焊工作程序 27.1.2 能分析和解决示教误差产生原因以及对机器人弧焊焊接的影响 27.1.3 能处理机器人弧焊特异姿态 27.1.4 能通过机器人单步运行和连续运行修正机器人弧焊示教轨迹 27.1.5 能根据机器人弧焊焊接工艺要求对示教程序进行编辑和优化 27.1.6 能标定机器人弧焊焊枪中心点	27.1.1 机器人弧焊指令的类别和应用 27.1.2 示教误差以及对弧焊焊接的影响 27.1.3 机器人弧焊特异姿态的产生及解决方法 27.1.4 单步运行和连续运行机器人弧焊的方法 27.1.5 机器人弧焊程序编辑 27.1.6 机器人弧焊焊枪中心点标定操作规程
	27.2 焊接操作	27.2.1 能进行单层单道平焊位置对接、搭接、角接焊缝的机器人弧焊示教编程 27.2.2 能根据工艺要求编写机器人弧焊起弧、收弧程序 27.2.3 能进行低碳钢板对接平焊、角接或T形接头机器人弧焊	27.2.1 机器人弧焊典型接头示教编程要领 27.2.2 机器人弧焊焊接工艺编程要领 27.2.3 机器人弧焊示教编程要领，机器人弧焊程序管理操作说明
	27.3 焊后检查	27.3.1 能对机器人弧焊焊件外观质量进行自检 27.3.2 能测量机器人弧焊焊缝尺寸	27.3.1 机器人弧焊焊缝表面缺陷基本知识 27.3.2 机器人弧焊焊缝测量方法
28. 机器人点焊	28.1 示教编程	28.1.1 能运用各类指令编制机器人点焊工作程序 28.1.2 能分析和解决示教误差产生原因以及对机器人点焊焊接的影响 28.1.3 能处理机器人点焊特异姿态 28.1.4 能通过机器人单步运行和连续运行修正机器人点焊示教轨迹 28.1.5 能根据机器人点焊焊接工艺要求对示教程序进行编辑和优化 28.1.6 能标定机器人点焊焊枪、焊钳工具中心点	28.1.1 机器人点焊指令的类别和应用 28.1.2 示教误差以及对点焊焊接的影响 28.1.3 机器人点焊特异姿态的产生及解决方法 28.1.4 单步运行和连续运行机器人点焊的方法 28.1.5 机器人点焊程序编辑 28.1.6 机器人点焊焊枪、焊钳工具中心点标定操作规程

续表

职业功能	工作内容	技能要求	相关知识要求
28. 机器人点焊	28.2 焊接操作	28.2.1 能根据工艺要求进行机器人点焊焊接条件设定 28.2.2 能进行碳钢钣金组合件机器人点焊程序编写 28.2.3 能进行低碳钢板机器人点焊	28.2.1 机器人点焊焊接工艺要领 28.2.2 机器人点焊示教编程要领 28.2.3 机器人点焊程序管理操作说明
	28.3 焊后检查	28.3.1 能对机器人点焊焊件外观质量进行自检 28.3.2 能测量机器人点焊焊点的尺寸	28.3.1 机器人点焊焊点表面缺陷基本知识 28.3.2 机器人点焊焊点尺寸测量方法
29. 机器人激光焊	29.1 示教编程	29.1.1 能运用各类指令编制机器人激光焊工作程序 29.1.2 能分析和解决示教误差产生原因以及对机器人激光焊焊接的影响 29.1.3 能处理机器人激光焊特异姿态 29.1.4 能通过机器人单步运行和连续运行修正机器人激光焊示教轨迹 29.1.5 能根据机器人激光焊焊接工艺要求对示教程序进行编辑和优化 29.1.6 能标定机器人激光焊焊枪中心点	29.1.1 机器人激光焊指令的类别和应用 29.1.2 示教误差以及对激光焊焊接的影响 29.1.3 机器人激光焊特异姿态的产生及解决方法 29.1.4 单步运行和连续运行机器人激光焊的方法 29.1.5 机器人激光焊程序编辑 29.1.6 机器人激光焊焊枪中心点标定操作规程
	29.2 焊接操作	29.2.1 能进行单层单道平焊位置对接、搭接、角接焊缝的机器人激光焊示教编程 29.2.2 能根据工艺要求编写机器人激光焊起焊、收焊程序 29.2.3 能进行低碳钢板对接平焊、角接或T形接头机器人激光焊	29.2.1 机器人激光焊典型接头示教编程要领 29.2.2 机器人激光焊焊接工艺编程要领 29.2.3 机器人激光焊示教编程要领，机器人激光焊程序管理操作说明
	29.3 焊后检查	29.3.1 能对机器人激光焊焊件外观质量进行自检 29.3.2 能测量机器人激光焊焊缝尺寸	29.3.1 机器人激光焊焊缝表面缺陷基本知识 29.3.2 机器人激光焊焊缝测量方法

3.3 三级/高级工

电焊工考核职业功能第 1 项及 2~9 项中的任意 2 项；气焊工考核职业功能 10~12 项；钎焊工考核职业功能第 13 项及 14~17 项中的任意 2 项；焊接设备操作工考核职业功能 18~20 项或 21~23 项。

职业功能	工作内容	技能要求	相关知识要求
1. 低碳钢或低合金钢板对接仰焊焊条电弧焊	1.1 焊前准备	1.1.1 能选择低碳钢或低合金钢板对接仰焊焊条电弧焊工件间隙，满足单面焊双面成形的焊接要求 1.1.2 能预留低碳钢或低合金钢板对接仰焊焊条电弧焊工件反变形量	1.1.1 低碳钢或低合金钢板对接仰焊焊条电弧焊间隙选择原则 1.1.2 低碳钢或低合金钢板对接仰焊焊条电弧焊焊接变形相关知识
	1.2 焊接操作	1.2.1 能根据低碳钢或低合金钢板对接仰焊部位调整焊条施焊角度 1.2.2 能进行低碳钢或低合金钢板对接仰焊焊条电弧焊的打底、填充和盖面焊接，实现根部焊道单面焊双面成形 1.2.3 能进行低碳钢或低合金钢板对接仰焊焊条电弧焊短弧焊接	1.2.1 低碳钢或低合金钢板对接仰焊焊条电弧焊焊条施焊角度对焊缝成形的影响 1.2.2 低碳钢或低合金钢板对接仰焊焊条电弧焊单面焊双面成形的操作要领 1.2.3 低碳钢或低合金钢板对接仰焊焊条电弧焊短弧焊接操作要领
	1.3 焊后检查	1.3.1 能进行低碳钢或低合金钢板对接仰焊焊条电弧焊接头表面清理 1.3.2 能对低碳钢或低合金钢板对接仰焊焊条电弧焊接头的外观质量进行自检	1.3.1 低碳钢或低合金钢板对接仰焊焊条电弧焊接头表面清理方法 1.3.2 低碳钢或低合金钢板对接仰焊焊条电弧焊接头表面缺陷及其外观质量自检的相关知识
2. 低碳钢或低合金钢管45°固定加排管障碍焊条电弧焊	2.1 焊前准备	2.1.1 能进行低碳钢或低合金钢管45°固定加排管障碍焊条电弧焊的工件定位焊 2.1.2 能根据低碳钢或低合金钢管厚度和障碍形状确定焊接层道数	2.1.1 低碳钢或低合金钢管45°固定加排管障碍的工件定位焊选择原则 2.1.2 低碳钢或低合金钢管45°固定加排管障碍焊条电弧焊焊道排布原则

续表

职业功能	工作内容	技能要求	相关知识要求
2. 低碳钢或低合金钢管45°固定加排管障碍焊条电弧焊	2.2 焊接操作	2.2.1 能采用断弧逐点或连弧焊接法进行低碳钢或低合金钢管45°固定加排管障碍焊条电弧焊打底焊道单面焊双面成形焊接 2.2.2 能进行低碳钢或低合金钢管45°固定加排管障碍焊条电弧焊填充和盖面焊道的焊接 2.2.3 能根据焊接工艺文件要求匹配焊接参数	2.2.1 低碳钢或低合金钢管45°固定加排管障碍焊条电弧焊单面焊双面成形操作要领 2.2.2 低碳钢或低合金钢管45°固定加排管障碍焊条电弧焊的操作要领 2.2.3 低碳钢或低合金钢管45°固定加排管障碍焊条电弧焊焊接参数对焊缝成形的影响
	2.3 焊后检查	2.3.1 能进行低碳钢或低合金钢管45°固定加排管障碍焊条电弧焊接头表面清理 2.3.2 能对低碳钢或低合金钢管45°固定加排管障碍焊条电弧焊接头的外观质量进行自检	2.3.1 低碳钢或低合金钢管45°固定加排管障碍焊条电弧焊接头表面清理方法 2.3.2 低碳钢或低合金钢管45°固定加排管障碍焊条电弧焊接头表面缺陷及其外观质量自检的相关知识
3. 不锈钢管垂直固定或45°固定焊条电弧焊	3.1 焊前准备	3.1.1 能进行不锈钢管垂直固定或45°固定焊条电弧焊的工件定位焊 3.1.2 能根据不锈钢管厚度确定焊接层道数	3.1.1 不锈钢管垂直固定或45°固定的工件定位焊选择原则 3.1.2 不锈钢管垂直固定或45°固定焊条电弧焊焊道排布原则
	3.2 焊接操作	3.2.1 能选择不锈钢管垂直固定或45°固定焊条电弧焊焊接参数 3.2.2 能进行不锈钢管垂直固定或45°固定焊条电弧焊填充和盖面焊道的焊接 3.2.3 能根据焊接工艺文件要求匹配焊接参数	3.2.1 不锈钢管垂直固定或45°固定焊条电弧焊工艺要求 3.2.2 不锈钢管垂直固定或45°固定焊条电弧焊的操作要领 3.2.3 不锈钢管垂直固定或45°固定焊条电弧焊焊接参数对焊缝成形的影响
	3.3 焊后检查	3.3.1 能进行不锈钢管垂直固定或45°固定焊条电弧焊接头表面清理 3.3.2 能对不锈钢管垂直固定或45°固定焊条电弧焊接头的外观质量进行自检	3.3.1 不锈钢管垂直固定或45°固定焊条电弧焊接头表面清理方法 3.3.2 不锈钢管垂直固定或45°固定焊条电弧焊接头表面缺陷及其外观质量自检的相关知识

续表

职业功能	工作内容	技能要求	相关知识要求
4.低碳钢板对接仰焊熔化极气体保护焊	4.1 焊前准备	4.1.1 能选择低碳钢板对接仰焊熔化极气体保护焊工件间隙，满足单面焊双面成形的焊接要求 4.1.2 能预留低碳钢板对接仰焊熔化极气体保护焊工件反变形量	4.1.1 低碳钢板对接仰焊熔化极气体保护焊间隙选择原则 4.1.2 低碳钢板对接仰焊熔化极气体保护焊焊接变形相关知识
	4.2 焊接操作	4.2.1 能根据低碳钢板对接仰焊部位调整焊枪角度 4.2.2 能进行低碳钢板对接仰焊熔化极气体保护焊的打底、填充和盖面焊接，实现根部焊道单面焊双面成形	4.2.1 低碳钢板对接仰焊熔化极气体保护焊焊枪角度对焊缝成形的影响 4.2.2 低碳钢板对接仰焊熔化极气体保护焊单面焊双面成形的操作要领
	4.3 焊后检查	4.3.1 能进行低碳钢板对接仰焊熔化极气体保护焊接头表面清理 4.3.2 能对低碳钢板对接仰焊熔化极气体保护焊接头的外观质量进行自检	4.3.1 低碳钢板对接仰焊熔化极气体保护焊接头表面清理方法 4.3.2 低碳钢板对接仰焊熔化极气体保护焊接头表面缺陷及其外观质量自检的相关知识
5.不锈钢板对接平焊熔化极气体保护焊	5.1 焊前准备	5.1.1 能选择不锈钢板对接平焊熔化极气体保护焊用焊接材料 5.1.2 能预留不锈钢板对接平焊熔化极气体保护焊工件反变形量	5.1.1 不锈钢板对接平焊熔化极气体保护焊用焊接材料选择原则 5.1.2 不锈钢板对接平焊熔化极气体保护焊焊接变形相关知识
	5.2 焊接操作	5.2.1 能根据不锈钢板对接平焊熔化极气体保护焊焊缝成形质量调整焊枪角度 5.2.2 能进行不锈钢板对接平焊熔化极气体保护焊的打底、填充和盖面焊接 5.2.3 能进行不锈钢板对接平焊熔化极气体保护焊脉冲参数的合理匹配	5.2.1 不锈钢板对接平焊熔化极气体保护焊焊枪角度对焊缝成形的影响 5.2.2 不锈钢板对接平焊熔化极气体保护焊的操作要领 5.2.3 不锈钢板对接平焊熔化极气体保护焊脉冲参数对焊缝成形的影响
	5.3 焊后检查	5.3.1 能进行不锈钢板对接平焊熔化极气体保护焊接头表面清理 5.3.2 能对不锈钢板对接平焊熔化极气体保护焊接头的外观质量进行自检	5.3.1 不锈钢板对接平焊熔化极气体保护焊接头表面清理方法 5.3.2 不锈钢板对接平焊熔化极气体保护焊接头表面缺陷及其外观质量自检的相关知识

续表

职业功能	工作内容	技能要求	相关知识要求
6. 不锈钢管对接45°固定熔化极气体保护焊	6.1 焊前准备	6.1.1 能进行不锈钢管对接45°固定熔化极气体保护焊的工件定位焊 6.1.2 能根据不锈钢管厚度确定焊接层道数	6.1.1 不锈钢管对接45°固定的工件定位焊选择原则 6.1.2 不锈钢管对接45°固定熔化极气体保护焊焊道排布原则
	6.2 焊接操作	6.2.1 能选择不锈钢管对接45°固定熔化极气体保护焊焊接参数 6.2.2 能进行不锈钢管对接45°固定熔化极气体保护焊填充和盖面焊道的焊接 6.2.3 能根据焊接工艺文件要求匹配焊接参数	6.2.1 不锈钢管对接45°固定熔化极气体保护焊工艺要求 6.2.2 不锈钢管对接45°固定熔化极气体保护焊的操作要领 6.2.3 不锈钢管对接45°固定熔化极气体保护焊焊接参数对焊缝成形的影响
	6.3 焊后检查	6.3.1 能进行不锈钢管对接45°固定熔化极气体保护焊接头表面清理 6.3.2 能对不锈钢管对接45°固定熔化极气体保护焊接头的外观质量进行自检	6.3.1 不锈钢管对接45°固定熔化极气体保护焊接头表面清理方法 6.3.2 不锈钢管对接45°固定熔化极气体保护焊接头表面缺陷及其外观质量自检的相关知识
7. 低合金钢管对接水平固定、垂直固定或45°固定加排管障碍手工钨极氩弧焊	7.1 焊前准备	7.1.1 能进行低合金钢管对接水平固定、垂直固定或45°固定加排管障碍手工钨极氩弧焊的工件定位焊 7.1.2 能根据低合金钢管厚度和障碍形状确定手工钨极氩弧焊焊接层道数	7.1.1 低合金钢管对接水平固定、垂直固定或45°固定加排管障碍手工钨极氩弧焊的工件定位焊选择原则 7.1.2 低合金钢管对接水平固定、垂直固定或45°固定加排管障碍手工钨极氩弧焊焊道排布原则
	7.2 焊接操作	7.2.1 能采用断弧逐点或连弧焊接法进行低合金钢管对接水平固定、垂直固定或45°固定加排管障碍手工钨极氩弧焊打底焊道焊接 7.2.2 能进行低合金钢管对接水平固定、垂直固定或45°固定加排管障碍手工钨极氩弧焊填充和盖面焊道的焊接 7.2.3 能根据焊接位置调整焊枪角度和送丝方式	7.2.1 低合金钢管对接水平固定、垂直固定或45°固定加排管障碍手工钨极氩弧焊打底焊道操作要领 7.2.2 低合金钢管对接水平固定、垂直固定或45°固定加排管障碍手工钨极氩弧焊的操作要领 7.2.3 低合金钢管对接水平固定、垂直固定或45°固定加排管障碍手工钨极氩弧焊焊接参数对焊缝成形的影响

续表

职业功能	工作内容	技能要求	相关知识要求
7.低合金钢管对接水平固定、垂直固定或45°固定加排管障碍手工钨极氩弧焊	7.3 焊后检查	7.3.1 能进行低合金钢管对接水平固定、垂直固定或45°固定加排管障碍手工钨极氩弧焊接头表面清理 7.3.2 能对低合金钢管对接水平固定、垂直固定或45°固定加排管障碍手工钨极氩弧焊接头的外观质量进行自检	7.3.1 低合金钢管对接水平固定、垂直固定或45°固定加排管障碍手工钨极氩弧焊接头表面清理方法 7.3.2 低合金钢管对接水平固定、垂直固定或45°固定加排管障碍手工钨极氩弧焊接头表面缺陷及其外观质量自检的相关知识
8.不锈钢管对接水平固定、垂直固定或45°固定手工钨极氩弧焊	8.1 焊前准备	8.1.1 能进行不锈钢管对接水平固定、垂直固定或45°固定手工钨极氩弧焊的工件定位焊 8.1.2 能根据不锈钢管厚度确定手工钨极氩弧焊焊接层道数	8.1.1 不锈钢管对接水平固定、垂直固定或45°固定手工钨极氩弧焊工件定位焊选择原则 8.1.2 不锈钢管对接水平固定、垂直固定或45°固定手工钨极氩弧焊焊道排布原则
	8.2 焊接操作	8.2.1 能选择不锈钢管对接水平固定、垂直固定或45°固定手工钨极氩弧焊焊接参数 8.2.2 能进行不锈钢管对接水平固定、垂直固定或45°固定手工钨极氩弧焊填充和盖面焊道的焊接	8.2.1 不锈钢管对接水平固定、垂直固定或45°固定手工钨极氩弧焊工艺要求 8.2.2 不锈钢管对接水平固定、垂直固定或45°固定手工钨极氩弧焊的操作要领
	8.3 焊后检查	8.3.1 能进行不锈钢管对接水平固定、垂直固定或45°固定手工钨极氩弧焊接头表面清理 8.3.2 能对不锈钢管对接水平固定、垂直固定或45°固定手工钨极氩弧焊接头的外观质量进行自检	8.3.1 不锈钢管对接水平固定、垂直固定或45°固定手工钨极氩弧焊接头表面清理方法 8.3.2 不锈钢管对接水平固定、垂直固定或45°固定手工钨极氩弧焊接头表面缺陷及其外观质量自检的相关知识

续表

职业功能	工作内容	技能要求	相关知识要求
9. 铝及铝合金板对接仰焊手工钨极氩弧焊	9.1 焊前准备	9.1.1 能进行铝及铝合金板对接仰焊手工钨极氩弧焊工件清理 9.1.2 能选择铝及铝合金板对接仰焊手工钨极氩弧焊用焊接材料 9.1.3 能预留铝及铝合金板对接仰焊手工钨极氩弧焊工件反变形量	9.1.1 铝及铝合金板手工钨极氩弧焊工件清理要求 9.1.2 铝及铝合金板对接仰焊手工钨极氩弧焊用焊接材料选择原则 9.1.3 铝及铝合金板对接仰焊手工钨极氩弧焊接变形相关知识
	9.2 焊接操作	9.2.1 能根据铝及铝合金板对接仰焊手工钨极氩弧焊焊缝成形质量调整焊枪角度 9.2.2 能进行铝及铝合金板对接仰焊手工钨极氩弧焊的打底、填充和盖面焊接	9.2.1 铝及铝合金板对接仰焊手工钨极氩弧焊焊枪角度对焊缝成形的影响 9.2.2 铝及铝合金板对接仰焊手工钨极氩弧焊的操作要领
	9.3 焊后检查	9.3.1 能进行铝及铝合金板对接仰焊手工钨极氩弧焊接头表面清理 9.3.2 能对铝及铝合金板对接仰焊手工钨极氩弧焊接头的外观质量进行自检	9.3.1 铝及铝合金板对接仰焊手工钨极氩弧焊接头表面清理方法 9.3.2 铝及铝合金板对接仰焊手工钨极氩弧焊接头表面缺陷及其外观质量自检的相关知识
10. 低合金钢管垂直固定气焊	10.1 焊前准备	10.1.1 能进行低合金钢管垂直固定气焊坡口的制备与清理 10.1.2 能选择低合金钢管垂直固定气焊用焊丝和焊剂	10.1.1 低合金钢管垂直固定气焊坡口制备与清理要求 10.1.2 低合金钢管垂直固定气焊焊丝和焊剂选择原则
	10.2 焊接操作	10.2.1 能选择低合金钢管垂直固定气焊用火焰类别及加热方式 10.2.2 能选择低合金钢管垂直固定气焊焊接参数 10.2.3 能进行低合金钢管垂直固定气焊的起焊、焊接和收尾	10.2.1 低合金钢管垂直固定气焊用火焰加热要求 10.2.2 低合金钢管垂直固定气焊工艺要求 10.2.3 低合金钢管垂直固定气焊操作原则
	10.3 焊后检查	10.3.1 能对低合金钢管垂直固定气焊接头表面清理 10.3.2 能对低合金钢管垂直固定气焊接头的外观质量进行自检	10.3.1 低合金钢管垂直固定气焊接头表面清理方法 10.3.2 低合金钢管垂直固定气焊接头表面缺陷及外观质量自检的相关知识

续表

职业功能	工作内容	技能要求	相关知识要求
11. 低合金钢管对接水平固定气焊	11.1 焊前准备	11.1.1 能进行低合金钢管对接水平固定气焊坡口的制备 11.1.2 能根据低合金钢管壁厚和焊接位置确定水平固定接头间隙 11.1.3 能确定低合金钢管对接水平固定气焊定位焊位置，并能进行定位焊	11.1.1 低合金钢管对接水平固定气焊坡口制备要求 11.1.2 低合金钢管对接水平固定气焊接头间隙选择原则 11.1.3 低合金钢管对接水平固定气焊定位焊要求
	11.2 焊接操作	11.2.1 能选择低合金钢管对接水平固定气焊焊接参数 11.2.2 能选择低合金钢管对接水平固定气焊焊炬施焊角度及填丝方式，并进行起焊、焊接和收尾	11.2.1 低合金钢管对接水平固定气焊的焊接工艺要求 11.2.2 低合金钢管对接水平固定气焊的操作方法
	11.3 焊后检查	11.3.1 能对低合金钢管对接水平固定气焊接头表面清理 11.3.2 能对低合金钢管对接水平固定气焊接头的外观质量进行自检	11.3.1 低合金钢管对接水平固定气焊接头表面清理方法 11.3.2 低合金钢管对接水平固定气焊接头表面缺陷及外观质量自检的相关知识
12. 低合金钢管对接45°固定气焊	12.1 焊前准备	12.1.1 能进行低合金钢管对接45°固定气焊坡口的制备 12.1.2 能根据低合金钢管壁厚和焊接位置确定对接45°固定接头间隙 12.1.3 能确定低合金钢管对接45°固定气焊定位焊位置，并能进行定位焊	12.1.1 低合金钢管对接45°固定气焊坡口制备要求 12.1.2 低合金钢管对接45°固定气焊接头间隙选择原则 12.1.3 低合金钢管对接45°固定气焊定位焊要求
	12.2 焊接操作	12.2.1 能选择低合金钢管对接45°固定气焊焊接参数 12.2.2 能选择低合金钢管对接45°固定气焊焊炬施焊角度及填丝方式，并进行起焊、焊接和收尾	12.2.1 低合金钢管对接45°固定气焊的焊接工艺要求 12.2.2 低合金钢管对接45°固定气焊的操作方法
	12.3 焊后检查	12.3.1 能对低合金钢管对接45°固定气焊接头表面清理 12.3.2 能对低合金钢管对接45°固定气焊接头的外观质量进行自检	12.3.1 低合金钢管对接45°固定气焊接头表面清理方法 12.3.2 低合金钢管对接45°固定气焊接头表面缺陷及外观质量自检的相关知识

续表

职业功能	工作内容	技能要求	相关知识要求
13. 不等壁厚工件火焰钎焊	13.1 焊前准备	13.1.1 能根据不等壁厚工件结构调整火焰钎焊间隙 13.1.2 能根据不等壁厚工件结构选择火焰钎焊用焊枪	13.1.1 不等壁厚工件火焰钎焊间隙选择与装配要求 13.1.2 不等壁厚工件火焰钎焊用焊枪选择原则
	13.2 焊接操作	13.2.1 能根据不等壁厚工件结构调整火焰钎焊加热方式 13.2.2 能根据不等壁厚工件火焰钎焊质量要求调整钎焊参数	13.2.1 不等壁厚工件火焰钎焊加热控制要求 13.2.2 不等壁厚工件火焰钎焊工艺对接头质量的影响
	13.3 焊后检查	13.3.1 能对不等壁厚工件火焰钎焊接头外观质量进行自检 13.3.2 能对不等壁厚工件火焰钎焊接头缺陷进行修复	13.3.1 不等壁厚工件火焰钎焊接头表面缺陷及其外观质量自检的相关知识 13.3.2 不等壁厚工件火焰钎焊接头缺陷修复要求
14. 异种金属火焰钎焊	14.1 焊前准备	14.1.1 能根据异种金属结构调整火焰钎焊间隙 14.1.2 能根据异种金属钎焊接头质量要求选择钎焊材料	14.1.1 异种金属火焰钎焊间隙选择与装配要求 14.1.2 异种金属火焰钎焊材料选择原则
	14.2 焊接操作	14.2.1 能根据异种金属结构调整火焰钎焊加热方式 14.2.2 能根据异种金属火焰钎焊质量要求调整钎焊参数	14.2.1 异种金属火焰钎焊加热控制要求 14.2.2 异种金属火焰钎焊工艺对接头质量的影响
	14.3 焊后检查	14.3.1 能对异种金属火焰钎焊接头外观质量进行自检 14.3.2 能对异种金属火焰钎焊接头缺陷进行修复	14.3.1 异种金属火焰钎焊接头表面缺陷及其外观质量自检的相关知识 14.3.2 异种金属火焰钎焊接头缺陷修复要求
15. 同种材料组合构件炉中钎焊	15.1 焊前准备	15.1.1 能采用工装夹具进行组合构件钎焊装配和钎焊间隙调整 15.1.2 能根据组合构件钎焊接头质量要求选择钎焊材料	15.1.1 组合构件炉中钎焊钎焊间隙选择与装配要求 15.1.2 组合构件炉中钎焊材料选择原则
	15.2 焊接操作	15.2.1 能根据组合构件结构调整炉中钎焊参数 15.2.2 能根据组合构件结构预置钎焊材料	15.2.1 组合构件炉中钎焊工艺要求 15.2.2 组合构件炉中钎焊接头质量控制方法

续表

职业功能	工作内容	技能要求	相关知识要求
15. 同种材料组合构件炉中钎焊	15.3 焊后检查	15.3.1 能对组合构件炉中钎焊接头外观质量进行自检 15.3.2 能对组合构件炉中钎焊接头缺陷进行修复	15.3.1 组合构件炉中钎焊缺陷相关知识 15.3.2 组合构件炉中钎焊接头缺陷修复要求
16. 异种材料炉中钎焊	16.1 焊前准备	16.1.1 能采用工装夹具进行异种材料工件钎焊装配和钎焊间隙调整 16.1.2 能根据异种材料钎焊接头质量要求选择钎焊材料	16.1.1 异种材料炉中钎焊钎焊间隙选择与装配要求 16.1.2 异种材料炉中钎焊材料选择原则
	16.2 焊接操作	16.2.1 能根据异种材料工件结构和物理性能调整炉中钎焊参数 16.2.2 能根据异种材料工件结构和物理性能预置钎焊材料	16.2.1 异种材料炉中钎焊工艺要求 16.2.2 异种材料炉中钎焊接头质量控制方法
	16.3 焊后检查	16.3.1 能对异种材料炉中钎焊接头外观质量进行自检 16.3.2 能对异种材料炉中钎焊接头缺陷进行修复	16.3.1 异种材料炉中钎焊缺陷相关知识 16.3.2 异种材料炉中钎焊接头缺陷修复要求
17. 硬质合金感应钎焊	17.1 焊前准备	17.1.1 能根据硬质合金结构进行感应圈设计 17.1.2 能进行硬质合金工件钎焊装配 17.1.3 能选择硬质合金钎焊材料	17.1.1 感应圈结构与钎焊结构尺寸要求 17.1.2 硬质合金钎焊间隙选择与装配要求 17.1.3 硬质合金钎焊材料选择原则
	17.2 焊接操作	17.2.1 能根据硬质合金结构调整钎焊参数 17.2.2 能根据硬质合金结构选择钎焊后处理工艺参数	17.2.1 硬质合金感应钎焊加热控制要求 17.2.2 硬质合金钎焊工艺对接头质量的影响
	17.3 焊后检查	17.3.1 能对硬质合金钎焊接头进行清洗 17.3.2 能对硬质合金钎焊接头外观质量进行自检	17.3.1 硬质合金钎焊接头清洗方法 17.3.2 硬质合金钎焊接头表面缺陷及其外观质量自检的相关知识

续表

职业功能	工作内容	技能要求	相关知识要求
18. 自动熔化极气体保护焊	18.1 焊前准备	18.1.1 能进行预防性的自动熔化极气体保护焊焊接设备、周边设备的维护 18.1.2 能根据实际工作情况调整自动熔化极气体保护焊工装夹具	18.1.1 自动熔化极气体保护焊焊接设备、周边设备维护保养基本方法 18.1.2 自动熔化极气体保护焊工装夹具的基本知识
	18.2 焊接操作	18.2.1 能根据焊接实际工况和焊接工艺要求设置调整自动熔化极气体保护焊引弧、收弧、焊接过程的工艺规范 18.2.2 能根据焊接熔池状态调整自动熔化极气体保护焊焊接机头姿态 18.2.3 能处理常见的自动熔化极气体保护焊设备故障 18.2.4 能进行低碳钢或低合金钢板的自动熔化极气体保护焊焊接	18.2.1 自动熔化极气体保护焊引弧、收弧、焊接的操作要领 18.2.2 自动熔化极气体保护焊焊接机头姿态调整要领，熔池形态的知识 18.2.3 自动熔化极气体保护焊设备常见故障维修的知识 18.2.4 自动熔化极气体保护焊多层多道焊接工艺、操作要领
	18.3 焊后检查	18.3.1 能分析自动熔化极气体保护焊焊缝表面缺陷产生原因 18.3.2 能制备自动熔化极气体保护焊焊缝断面试样，测量自动熔化极气体保护焊焊缝断面尺寸	18.3.1 自动熔化极气体保护焊焊缝表面缺陷基本知识 18.3.2 自动熔化极气体保护焊焊接接头断面试样制备方法，焊缝量具使用方法、测量知识
19. 自动非熔化极气体保护焊	19.1 焊前准备	19.1.1 能进行预防性的自动非熔化极气体保护焊设备、周边设备的维护 19.1.2 能根据实际工作情况调整自动非熔化极气体保护焊工装夹具	19.1.1 自动非熔化极气体保护焊设备、周边设备维护保养基本方法 19.1.2 自动非熔化极气体保护焊工装夹具的基本知识
	19.2 焊接操作	19.2.1 能根据焊接实际工况和焊接工艺要求设置调整自动非熔化极气体保护焊引弧、收弧、焊接过程的工艺规范 19.2.2 能根据焊接熔池状态调整自动非熔化极气体保护焊焊接机头姿态 19.2.3 能处理常见的自动非熔化极气体保护焊设备故障 19.2.4 能进行低碳钢或低合金钢板的自动非熔化极气体保护焊焊接	19.2.1 自动非熔化极气体保护焊引弧、收弧、焊接的操作要领 19.2.2 自动非熔化极气体保护焊焊接机头姿态调整要领，熔池形态的知识 19.2.3 自动非熔化极气体保护焊设备常见故障维修的知识 19.2.4 自动非熔化极气体保护焊多层多道焊接工艺、操作要领

续表

职业功能	工作内容	技能要求	相关知识要求
19. 自动非熔化极气体保护焊	19.3 焊后检查	19.3.1 能分析自动非熔化极气体保护焊焊缝表面缺陷产生原因 19.3.2 能制备自动非熔化极气体保护焊焊缝断面试样，测量自动非熔化极气体保护焊焊缝断面尺寸	19.3.1 自动非熔化极气体保护焊焊缝表面缺陷基本知识 19.3.2 自动非熔化极气体保护焊焊接接头断面试样制备方法，焊缝量具使用方法、测量知识
20. 自动埋弧焊	20.1 焊前准备	20.1.1 能进行预防性的自动埋弧焊设备、周边设备的维护 20.1.2 能根据实际工作情况调整自动埋弧焊工装夹具	20.1.1 自动埋弧焊设备、周边设备维护保养基本方法 20.1.2 自动埋弧焊工装夹具的基本知识
	20.2 焊接操作	20.2.1 能根据焊接实际工况和焊接工艺要求设置调整多丝、窄间隙自动埋弧焊焊接过程的工艺规范 20.2.2 能处理常见的自动埋弧焊设备故障 20.2.3 能进行低碳钢或低合金钢板的多丝、窄间隙自动埋弧焊焊接	20.2.1 多丝、窄间隙自动埋弧焊焊接的操作要领 20.2.2 自动埋弧焊设备常见故障维修的知识 20.2.3 多丝、窄间隙自动埋弧焊多层多道焊接工艺、操作要领
	20.3 焊后检查	20.3.1 能分析自动埋弧焊焊缝表面缺陷产生原因 20.3.2 能制备自动埋弧焊焊缝断面试样，测量自动埋弧焊焊缝断面尺寸	20.3.1 自动埋弧焊焊缝表面缺陷基本知识 20.3.2 自动埋弧焊焊接接头断面试样制备方法，焊缝量具使用方法、测量知识
21. 机器人弧焊	21.1 示教编程	21.1.1 能进行机器人弧焊工件位置平移 21.1.2 能进行机器人弧焊运行状态数值设定 21.1.3 能进行机器人弧焊多工位外部启动装置的设定 21.1.4 能设定机器人弧焊与外部系统通信 21.1.5 能设定和使用机器人弧焊变量进行编程 21.1.6 能更换机器人弧焊编码器电池并使机器人复位	21.1.1 机器人弧焊工件坐标位置平移 21.1.2 机器人弧焊高级设定 21.1.3 机器人弧焊多工位启动系统设定 21.1.4 机器人弧焊输入、输出设定 21.1.5 机器人弧焊变量类型及设定 21.1.6 机器人弧焊编码器电池规格及更换，机器人本体复位及回零

续表

职业功能	工作内容	技能要求	相关知识要求
21. 机器人弧焊	21.2 焊前准备	21.2.1 能根据质量评定结果调整机器人弧焊焊接参数 21.2.2 能调整机器人弧焊工装夹具 21.2.3 能进行机器人弧焊变位机外部轴通信检查、功能验证 21.2.4 能进行机器人弧焊接触传感装置通信检查、功能验证	21.2.1 机器人弧焊工艺调整操作规程 21.2.2 机器人弧焊工装夹具基本知识 21.2.3 机器人弧焊变位机外部轴功能检查规范 21.2.4 机器人弧焊接触传感功能检查规范
	21.3 焊接操作	21.3.1 能进行机器人弧焊与外部轴协调运动的示教编程 21.3.2 能在机器人弧焊程序中使用接触传感指令编程 21.3.3 能根据机器人弧焊工艺文件进行多层多道焊接的示教编程 21.3.4 能进行横焊、立焊、相贯线焊缝的机器人弧焊示教编程 21.3.5 能进行不锈钢及铝等有色金属的机器人弧焊焊接	21.3.1 机器人弧焊外部轴编程规范 21.3.2 机器人弧焊接触传感编程规范 21.3.3 机器人弧焊多层多道编程规范 21.3.4 机器人弧焊复杂焊缝编程规范 21.3.5 机器人弧焊焊接工艺
	21.4 焊后检查	21.4.1 能分析机器人弧焊焊缝表面缺陷产生原因 21.4.2 能制备机器人弧焊焊缝断面试样，测量弧焊焊缝断面尺寸	21.4.1 机器人弧焊焊缝表面缺陷基本知识 21.4.2 机器人弧焊焊缝断面试样制备方法，弧焊焊缝量具使用方法、测量知识
22. 机器人点焊	22.1 示教编程	22.1.1 能进行机器人点焊工件位置平移 22.1.2 能进行机器人点焊运行状态数值设定 22.1.3 能进行机器人点焊多工位外部启动装置的设定 22.1.4 能设定机器人点焊与外部系统通信 22.1.5 能设定和使用机器人点焊变量进行编程 22.1.6 能更换机器人点焊编码器电池并使机器人复位	22.1.1 机器人点焊工件坐标位置平移 22.1.2 机器人点焊高级设定 22.1.3 机器人点焊多工位启动系统设定 22.1.4 机器人点焊输入、输出设定 22.1.5 机器人点焊变量类型及设定 22.1.6 机器人点焊编码器电池规格及更换，机器人本体复位及回零

续表

职业功能	工作内容	技能要求	相关知识要求
22.机器人点焊	22.2 焊前准备	22.2.1 能根据工艺评定调整机器人点焊焊接参数 22.2.2 能调整机器人点焊工装夹具 22.2.3 能进行伺服焊钳和点焊控制器的检查 22.2.4 能使用机器人点焊示教电极修磨器的修磨程序 22.2.5 能进行机器人点焊示教编程	22.2.1 机器人点焊工艺调整操作规程 22.2.2 机器人点焊工装夹具基本知识 22.2.3 伺服焊钳和点焊控制器检查规范 22.2.4 电极修磨器原理及使用 22.2.5 电极修磨机工作原理及参数设定
	22.3 焊接操作	22.3.1 能进行机器人点焊工艺编程 22.3.2 能运用伺服焊钳进行编程操作 22.3.3 能进行伺服焊钳特性设定 22.3.4 能进行低碳钢板机器人伺服电阻点焊 22.3.5 能进行低碳钢多层板机器人电阻点焊	22.3.1 机器人点焊运动控制时序编程规范 22.3.2 伺服焊钳编程规范 22.3.3 伺服焊钳特性文件及设定内容 22.3.4 机器人点焊示教编程要领，机器人点焊程序管理操作说明
	22.4 焊后检查	22.4.1 能分析机器人点焊焊件表面缺陷产生原因 22.4.2 能制作机器人点焊焊核断面试样，测量点焊焊核断面尺寸	22.4.1 机器人点焊焊件表面缺陷基本知识 22.4.2 机器人点焊焊核断面试样制备方法，点焊焊件量具使用方法、测量知识
23.机器人激光焊	23.1 示教编程	23.1.1 能进行机器人激光焊工件位置平移 23.1.2 能进行机器人激光焊运行状态数值设定 23.1.3 能进行机器人激光焊多工位外部启动装置的设定 23.1.4 能设定机器人激光焊与外部系统通信 23.1.5 能设定和使用机器人激光焊变量进行编程 23.1.6 能更换机器人激光焊编码器电池并使机器人复位	23.1.1 机器人激光焊工件坐标位置平移 23.1.2 机器人激光焊高级设定 23.1.3 机器人激光焊多工位启动系统设定 23.1.4 机器人激光焊输入、输出设定 23.1.5 机器人激光焊变量类型及设定 23.1.6 机器人激光焊编码器电池规格及更换，机器人本体复位及回零

续表

职业功能	工作内容	技能要求	相关知识要求
23. 机器人激光焊	23.2 焊接准备	23.2.1 能根据工艺评定调整机器人激光焊焊接参数 23.2.2 能调整机器人激光焊工装夹具 23.2.3 能进行激光器脉冲调制信号检查	23.2.1 机器人激光焊工艺调整操作规程 23.2.2 机器人激光焊工装夹具基本知识 23.2.3 激光器脉冲调制信号检查规范
	23.3 焊接操作	23.3.1 能进行机器人激光深熔焊程序编写并进行焊接 23.3.2 能运用激光器脉冲焊指令进行编程操作并进行焊接	23.3.1 机器人厚板激光深熔焊编程规范 23.3.2 激光器脉冲焊编程规范
	23.4 焊后检查	23.4.1 能分析机器人激光焊焊缝表面缺陷产生原因 23.4.2 能制备机器人激光焊焊缝断面试样，测量焊缝断面尺寸	23.4.1 机器人激光焊焊缝表面缺陷基本知识 23.4.2 机器人激光焊焊缝断面试样制备方法，激光焊焊缝量具使用方法、测量知识

3.4 二级/技师

电焊工考核职业功能 1~3 项中的任意 1 项和 10~11 项；钎焊工考核职业功能第 4 项和 10~11 项；焊接设备操作工考核职业功能 5~9 项中的任意 1 项和 10~11 项。

职业功能	工作内容	技能要求	相关知识要求
1. 焊条电弧焊	1.1 不锈钢管对接 45°固定加障碍焊条电弧焊	1.1.1 能根据不锈钢管对接 45°固定加障碍的特点进行不锈钢管的组对和定位焊 1.1.2 能确定不锈钢管对接 45°固定加障碍焊条电弧焊焊接参数 1.1.3 能根据不锈钢焊条电弧焊工艺文件控制层间温度 1.1.4 能根据不锈钢管厚度以及对接 45°固定加障碍的特点确定焊条电弧焊焊接层道数 1.1.5 能根据焊条电弧焊焊接工艺文件要求完成不锈钢管对接 45°固定加障碍的打底、填充和盖面的焊条电弧焊焊接	1.1.1 不锈钢管对接 45°固定加障碍焊条电弧焊定位焊的相关知识 1.1.2 不锈钢管对接 45°固定加障碍焊条电弧焊的技术要求 1.1.3 不锈钢管对接 45°固定加障碍焊条电弧焊层间温度控制要求 1.1.4 不锈钢管对接 45°固定加障碍焊条电弧焊的焊接工艺实施方案 1.1.5 不锈钢管对接 45°固定加障碍焊条电弧焊的操作要领

续表

职业功能	工作内容	技能要求	相关知识要求
1.焊条电弧焊	1.2 不锈钢管对接水平固定加障碍焊条电弧焊	1.2.1 能根据不锈钢管对接水平固定加障碍的特点进行不锈钢管的组对和定位焊 1.2.2 能确定不锈钢管对接水平固定加障碍焊条电弧焊焊接参数 1.2.3 能根据不锈钢焊条电弧焊工艺文件控制层道间温度 1.2.4 能根据不锈钢管厚度以及对接水平固定加障碍的特点确定焊条电弧焊焊接层道数 1.2.5 能根据焊条电弧焊焊接工艺文件要求完成不锈钢管对接水平固定加障碍的打底、填充和盖面的焊条电弧焊焊接	1.2.1 不锈钢管对接水平固定加障碍焊条电弧焊定位焊的相关知识 1.2.2 不锈钢管对接水平固定加障碍焊条电弧焊的技术要求 1.2.3 不锈钢管对接水平固定加障碍焊条电弧焊层道间温度控制要求 1.2.4 不锈钢管对接水平固定加障碍焊条电弧焊的焊接工艺实施方案 1.2.5 不锈钢管对接水平固定加障碍焊条电弧焊的操作要领
2.熔化极气体保护焊	2.1 不锈钢板对接仰焊熔化极气体保护焊	2.1.1 能根据不锈钢板对接仰焊熔化极气体保护焊的特点进行不锈钢板的组对和定位焊 2.1.2 能确定不锈钢板对接仰焊熔化极气体保护焊焊接参数 2.1.3 能根据不锈钢板对接仰焊熔化极气体保护焊工艺文件控制层道间温度 2.1.4 能根据不锈钢板对接仰焊熔化极气体保护焊的特点确定焊接层道数 2.1.5 能根据不锈钢板对接仰焊熔化极气体保护焊工艺文件要求完成焊接	2.1.1 不锈钢板对接仰焊熔化极气体保护焊定位焊的相关知识 2.1.2 不锈钢板对接仰焊熔化极气体保护焊的技术要求 2.1.3 不锈钢板对接仰焊熔化极气体保护焊层道间温度控制要求 2.1.4 不锈钢板对接仰焊熔化极气体保护焊的焊接工艺实施方案 2.1.5 不锈钢板对接仰焊熔化极气体保护焊的操作要领
	2.2 铝及铝合金薄板对接平焊熔化极气体保护焊	2.2.1 能选择铝及铝合金薄板对接平焊熔化极气体保护焊焊丝 2.2.2 能进行铝及铝合金薄板试件的清理、组对和定位焊 2.2.3 能根据焊接工艺文件选择铝及铝合金薄板对接平焊熔化极气体保护焊焊接参数 2.2.4 能进行铝及铝合金薄板对接平焊熔化极气体保护焊起弧、焊接和收弧等操作	2.2.1 铝及铝合金薄板对接平焊熔化极气体保护焊焊丝选择原则 2.2.2 铝及铝合金薄板组对和定位焊要求 2.2.3 铝及铝合金薄板对接平焊熔化极气体保护焊工艺参数的选择及其对焊缝成形的影响 2.2.4 铝及铝合金薄板对接平焊熔化极气体保护焊操作要领

续表

职业功能	工作内容	技能要求	相关知识要求
3. 非熔化极气体保护焊	3.1 不锈钢管或异种钢管对接45°固定加排管障碍非熔化极气体保护焊	3.1.1 能根据障碍情况制定焊接工艺实施方案 3.1.2 能根据障碍情况完成打底层、填充层和盖面层的焊接，单面焊双面成形 3.1.3 能根据障碍情况调整非熔化极气体保护焊的焊接手法	3.1.1 小径不锈钢管和异种钢管对接45°固定加排管障碍的非熔化极气体保护焊焊接工艺实施方案 3.1.2 小径不锈钢管和异种钢管对接45°固定加排管障碍的非熔化极气体保护焊工艺要领 3.1.3 不锈钢管加排管障碍的非熔化极气体保护焊对接的操作要领
	3.2 钛及钛合金板非熔化极气体保护焊	3.2.1 能选择钛及钛合金非熔化极气体保护焊焊丝 3.2.2 能进行钛及钛合金薄板试件的清理、组对和定位焊 3.2.3 能根据焊接工艺文件选择非熔化极气体保护焊焊接参数 3.2.4 能进行钛及钛合金非熔化极气体保护焊起弧、焊接和收弧等操作	3.2.1 钛及钛合金非熔化极气体保护焊焊丝选择原则 3.2.2 钛及钛合金板组对和定位焊要求 3.2.3 钛及钛合金非熔化极气体保护焊参数的选择及其对焊缝成形的影响 3.2.4 钛及钛合金非熔化极气体保护焊操作要领
4. 钎焊	4.1 可达性差的钎焊	4.1.1 能根据复杂结构及有限的操作空间制定钎焊工艺方案 4.1.2 能制定钎焊出现缺陷的修复方案	4.1.1 钎焊结构分析，钎焊工艺实施特点 4.1.2 钎焊接头质量保证措施
	4.2 铝及其他有色金属合金薄管或薄板材料制成组合结构件的钎焊	4.2.1 能对组合结构件进行钎焊方法的选择，制定钎焊工艺方案 4.2.2 能进行工装夹具的改进	4.2.1 钎焊工艺方案 4.2.2 工装夹具的改进
5. 自动熔化极气体保护焊	5.1 焊前准备	5.1.1 能进行不规则工件的焊接编程 5.1.2 能根据实际工作情况改进工装夹具 5.1.3 能制定焊接工艺实施方案	5.1.1 不规则工件焊接操作要领，自动熔化极气体保护焊设备的编程知识 5.1.2 自动熔化极气体保护焊工装夹具的基本知识 5.1.3 自动熔化极气体保护焊工艺流程

续表

职业功能	工作内容	技能要求	相关知识要求
5. 自动熔化极气体保护焊	5.2 焊接操作	5.2.1 能调整焊接参数完成单面焊双面成形 5.2.2 能采取工艺措施减少焊接残余应力，控制焊接变形	5.2.1 弧焊单面焊双面成形操作要领 5.2.2 焊接残余应力、变形的基本知识
	5.3 焊后检查	5.3.1 能识读焊缝无损检测报告 5.3.2 能识读焊缝力学性能报告 5.3.3 能根据焊缝检测报告分析焊接缺陷产生原因，提出解决方案	5.3.1 无损检测知识 5.3.2 焊缝力学性能知识 5.3.3 焊接接头缺陷产生原因及预防措施
6. 自动非熔化极气体保护焊	6.1 焊接准备	6.1.1 能进行不规则工件的焊接编程 6.1.2 能根据实际工作情况改进工装夹具 6.1.3 能制定焊接工艺实施方案	6.1.1 不规则工件焊接操作要领，自动非熔化极气体保护焊设备的编程知识 6.1.2 自动非熔化极气体保护焊工装夹具的基本知识 6.1.3 自动非熔化极气体保护焊工艺流程
	6.2 焊接操作	6.2.1 能调整焊接参数完成单面焊双面成形 6.2.2 能采取工艺措施控制焊接变形	6.2.1 弧焊单面焊双面成形操作要领 6.2.2 焊接反变形的相关知识
	6.3 焊件检查	6.3.1 能识读焊缝无损检测报告 6.3.2 能识读焊缝力学性能报告 6.3.3 能根据焊缝检测报告分析焊接缺陷产生原因，提出解决方案	6.3.1 无损检测知识 6.3.2 焊缝力学性能知识 6.3.3 焊接接头缺陷产生原因及预防措施
7. 机器人弧焊	7.1 多机器人系统示教编程	7.1.1 能进行机器人弧焊系统备份 7.1.2 能进行多机器人弧焊系统示教编程 7.1.3 能进行多机器人弧焊系统时序控制 7.1.4 能进行多机器人弧焊系统干涉区域设置及编程	7.1.1 机器人弧焊系统备份方法 7.1.2 多机器人弧焊系统示教编程方法 7.1.3 多机器人弧焊系统时序控制知识 7.1.4 多机器人弧焊系统干涉区域设置及编程方法

续表

职业功能	工作内容	技能要求	相关知识要求
7. 机器人弧焊	7.2 机器人系统离线编程	7.2.1 能运用机器人离线编程软件进行电弧焊轨迹程序编写 7.2.2 能将离线程序在机器人弧焊系统中导入、导出并修改和运行 7.2.3 能对机器人弧焊系统离线程序进行修改、运行和标定	7.2.1 机器人弧焊系统离线编程方法 7.2.2 机器人弧焊系统离线程序导入、导出方法 7.2.3 机器人弧焊系统离线程序修改、运行和标定方法
	7.3 工艺制定	7.3.1 能根据焊接要求进行机器人弧焊工艺试验 7.3.2 能审核、制定机器人弧焊焊接工艺 7.3.3 能制定、优化机器人弧焊生产节拍	7.3.1 机器人弧焊工艺试验方法 7.3.2 机器人弧焊焊接工艺原理及操作要领 7.3.3 机器人弧焊生产节拍管理方法
	7.4 焊接操作	7.4.1 能根据实际工作情况改进机器人弧焊工装夹具 7.4.2 能进行电弧跟踪传感编程 7.4.3 能根据机器人弧焊系统方案进行离线编程 7.4.4 能根据机器人弧焊系统方案建立仿真模型	7.4.1 机器人弧焊工装夹具基本知识 7.4.2 机器人弧焊电弧跟踪功能编程操作规范 7.4.3 机器人弧焊离线编程软件使用方法 7.4.4 机器人弧焊离线编程建模方法
	7.5 焊后检查	7.5.1 能根据验收标准进行机器人弧焊焊接结构的质量检查 7.5.2 能根据金相组织、力学性能试验结果判定机器人弧焊焊件质量	7.5.1 机器人弧焊焊接结构验收标准 7.5.2 机器人弧焊金相组织对焊缝性能的影响
	7.6 设备维护	7.6.1 能进行机器人弧焊及外围设备的评估 7.6.2 能进行机器人弧焊及外围设备故障分析 7.6.3 能够根据示教盒显示的故障信息编号进行机器人弧焊一般故障的处理	7.6.1 机器人弧焊及外围设备验收标准 7.6.2 机器人弧焊设备故障分析方法 7.6.3 机器人系统故障信息编号或代码的发生原因及解决方法

续表

职业功能	工作内容	技能要求	相关知识要求
8. 机器人点焊	8.1 多机器人系统示教编程	8.1.1 能进行机器人点焊系统备份 8.1.2 能进行多机器人点焊系统示教编程 8.1.3 能进行多机器人点焊系统时序控制 8.1.4 能进行多机器人点焊系统干涉区域设置及编程	8.1.1 机器人点焊系统备份方法 8.1.2 多机器人点焊系统示教编程方法 8.1.3 多机器人点焊系统时序控制知识 8.1.4 多机器人点焊系统干涉区域设置及编程方法
	8.2 机器人系统离线编程	8.2.1 能运用机器人离线编程软件进行电阻点焊点位程序编写 8.2.2 能将离线程序在机器人点焊系统中导入、导出并修改和运行 8.2.3 能对机器人点焊系统离线程序进行修改、运行和标定	8.2.1 机器人点焊系统离线编程方法 8.2.2 机器人点焊系统离线程序导入、导出方法 8.2.3 机器人点焊系统离线程序修改、运行和标定方法
	8.3 工艺制定	8.3.1 能进行机器人点焊焊接工艺评定 8.3.2 能根据焊接要求进行机器人点焊工艺试验 8.3.3 能制定、优化机器人点焊生产节拍	8.3.1 机器人点焊焊接工艺评定方法 8.3.2 机器人点焊工艺试验方法 8.3.3 机器人点焊生产节拍分析方法
	8.4 焊接操作	8.4.1 能根据实际工作情况改进机器人点焊工装夹具 8.4.2 能进行机器人干涉区编程 8.4.3 能根据机器人点焊系统方案进行离线编程 8.4.4 能根据机器人点焊系统方案建立仿真模型 8.4.5 能根据生产需求指导机器人点焊工作站方案设计	8.4.1 机器人点焊工装夹具基本知识 8.4.2 机器人干涉区域编程操作规范 8.4.3 机器人点焊离线编程软件使用方法 8.4.4 机器人点焊系统建模规范 8.4.5 机器人点焊焊接工作站选型方法
	8.5 焊后检查	8.5.1 能根据验收标准进行机器人点焊焊接结构的质量检查 8.5.2 能根据金相组织、力学性能试验结果判定机器人点焊焊件质量	8.5.1 机器人点焊焊接结构验收标准 8.5.2 机器人点焊金相组织对焊缝性能的影响
	8.6 设备维护	8.6.1 能进行机器人点焊及外围设备的评估 8.6.2 能进行机器人点焊及外围设备故障分析	8.6.1 机器人点焊及外围设备验收标准 8.6.2 机器人点焊设备故障分析方法

续表

职业功能	工作内容	技能要求	相关知识要求
9. 机器人激光焊	9.1 多机器人系统示教编程	9.1.1 能进行机器人激光焊系统备份 9.1.2 能进行多机器人激光焊系统示教编程 9.1.3 能进行多机器人激光焊系统时序控制 9.1.4 能进行多机器人激光焊系统干涉区域设置及编程	9.1.1 机器人激光焊系统备份方法 9.1.2 多机器人激光焊系统示教编程方法 9.1.3 多机器人激光焊系统时序控制知识 9.1.4 多机器人激光焊系统干涉区域设置及编程方法
	9.2 机器人系统离线编程	9.2.1 能运用机器人离线编程软件进行激光焊轨迹程序编写 9.2.2 能将离线程序在机器人激光焊系统中导入、导出并修改和运行 9.2.3 能对机器人激光焊系统离线程序进行修改、运行和标定	9.2.1 机器人激光焊系统离线编程方法 9.2.2 机器人激光焊系统离线程序导入、导出方法 9.2.3 机器人激光焊系统离线程序修改、运行和标定方法
	9.3 工艺制定	9.3.1 能进行机器人激光焊焊接工艺评定 9.3.2 能根据焊接要求进行机器人激光焊工艺试验 9.3.3 能制定、优化机器人激光焊生产节拍	9.3.1 机器人激光焊焊接工艺评定方法 9.3.2 机器人激光焊焊接工艺试验方法 9.3.3 机器人激光焊生产节拍管理方法
	9.4 焊接操作	9.4.1 能根据实际工作情况改进机器人激光焊工装夹具 9.4.2 能进行机器人激光焊干涉区编程 9.4.3 能根据机器人激光焊系统方案进行离线编程 9.4.4 能根据机器人激光焊系统方案建立仿真模型	9.4.1 机器人激光焊工装夹具基本知识 9.4.2 机器人激光焊干涉区域编程操作规范 9.4.3 机器人激光焊离线编程软件使用方法 9.4.4 机器人激光焊系统建模规范
	9.5 焊后检查	9.5.1 能进行激光焊接接头的质量检查 9.5.2 能撰写质量检查报告 9.5.3 能根据验收标准进行焊接结构的质量检查	9.5.1 焊接接头质量验收标准 9.5.2 质量检查报告的撰写要求 9.5.3 焊接结构及工程质量验收标准
	9.6 设备维护	9.6.1 能进行机器人激光焊及外围设备的评估 9.6.2 能进行机器人激光焊及外围设备故障分析	9.6.1 机器人激光焊及外围设备验收标准 9.6.2 机器人激光焊设备故障分析方法

续表

职业功能	工作内容	技能要求	相关知识要求
10. 焊接技术管理	10.1 焊接生产管理	10.1.1 能进行焊接成本核算 10.1.2 能进行焊接定额管理	10.1.1 成本核算的相关知识 10.1.2 定额管理的相关知识
	10.2 技术文件编写	10.2.1 能进行技术总结 10.2.2 能撰写技术论文	10.2.1 技术总结的内容和写作方法 10.2.2 技术论文的内容和写作方法
	10.3 焊接质量验收	10.3.1 能进行焊接接头的质量检查 10.3.2 能撰写质量检查报告 10.3.3 能进行焊接接头的缺陷分析	10.3.1 焊接接头质量验收标准 10.3.2 焊接接头质量检查报告撰写要求 10.3.3 焊接接头缺陷产生原因及预防措施
11. 培训与指导	11.1 理论培训	11.1.1 能编写理论培训讲义 11.1.2 能讲解基本理论知识	11.1.1 三级/高级工及以下级别人员技能培训教案的编制方法 11.1.2 焊工技能培训和考核的相关知识
	11.2 技能指导	11.2.1 能进行焊接作业指导 11.2.2 能编制技能培训教案	11.2.1 焊接作业指导书编制原则 11.2.2 焊接教案相关要求

3.5 一级/高级技师

电焊工考核职业功能1~4项中的任意1项和7~8项；焊接设备操作工考核职业功能5~6项中的任意1项和7~8项。

职业功能	工作内容	技能要求	相关知识要求
1. 焊条电弧焊	1.1 不锈钢与铜及铜合金的焊条电弧焊	1.1.1 能选择匹配的焊条 1.1.2 能进行坡口选择、制备与清理 1.1.3 能进行不锈钢与铜及铜合金打底、填充和盖面的焊接	1.1.1 不锈钢与铜及铜合金焊条的选用原则 1.1.2 不锈钢与铜及铜合金焊条电弧焊坡口的选择和制备原则、坡口打磨清理要领及定位焊的相关知识 1.1.3 不锈钢与铜及铜合金焊条电弧焊的焊接操作要领

续表

职业功能	工作内容	技能要求	相关知识要求
1. 焊条电弧焊	1.2 镍及镍合金焊条电弧焊对接平焊	1.2.1 能选择匹配的镍及镍合金焊条 1.2.2 能进行镍及镍合金焊条电弧焊坡口选择、制备与清理 1.2.3 能进行镍及镍合金层道间温度的控制，完成打底、填充和盖面的焊接	1.2.1 镍及镍合金焊条的选用原则 1.2.2 镍及镍合金焊条电弧焊坡口的选择和制备原则、坡口打磨清理要领及定位焊的相关知识 1.2.3 镍及镍合金焊条电弧焊的焊接操作要领
2. 熔化极气体保护焊	2.1 铝及铝合金管熔化极脉冲氩弧焊对接横焊	2.1.1 能进行铝及铝合金管对接横焊工件组装及定位焊 2.1.2 能确定铝及铝合金管熔化极脉冲氩弧焊对接横焊的焊接参数 2.1.3 能完成铝及铝合金管熔化极脉冲氩弧焊对接横焊	2.1.1 铝及铝合金管焊接坡口的选择和制备原则、坡口打磨清理要领及定位焊的相关知识 2.1.2 铝及铝合金管熔化极脉冲氩弧焊对接横焊参数的选择及其对焊缝成形的影响 2.1.3 铝及铝合金管熔化极脉冲氩弧焊对接横焊焊接操作要领
	2.2 铜及铜合金管熔化极脉冲氩弧焊对接横焊	2.2.1 能进行铜及铜合金管对接横焊工件组装及定位焊 2.2.2 能确定铜及铜合金管熔化极脉冲氩弧焊对接横焊的焊接参数 2.2.3 能完成铜及铜合金管熔化极脉冲氩弧焊对接横焊	2.2.1 铜及铜合金管焊接坡口的选择和制备原则、坡口打磨清理要领及定位焊的相关知识 2.2.2 铜及铜合金管熔化极脉冲氩弧焊对接横焊参数的选择及其对焊缝成形的影响 2.2.3 铜及铜合金管熔化极脉冲氩弧焊对接横焊焊接操作要领
3. 可达性差的结构焊接	3.1 焊接工艺方案制定	3.1.1 能根据工况条件制定焊接工艺方案 3.1.2 能制定焊接质量的保证措施	3.1.1 可达性差的结构焊接工艺制定的相关原则 3.1.2 焊接质量控制要求
	3.2 焊接操作与检验	3.2.1 能利用辅助工具完成复杂环境障碍位置、操作空间狭窄等可达性差的结构焊接 3.2.2 能进行焊后无法检验或关键部位无法返修的焊接 3.2.3 能处理焊后出现的各种焊接缺陷和技术问题	3.2.1 可达性差的结构焊接操作要领 3.2.2 高难度焊接方法与技巧 3.2.3 焊接缺陷知识及相关解决方案

续表

职业功能	工作内容	技能要求	相关知识要求
4.有色金属合金薄管或薄板材料制成组合结构件的焊接	4.1 焊前准备	4.1.1 能识读相关结构件的装配图和零件图 4.1.2 能根据焊接工艺要求对铝及其他有色金属合金薄管或薄板组合结构件进行坡口制备、组对、定位焊等 4.1.3 能选择合适的焊接方法和焊接材料	4.1.1 结构件装配图和零件图的基本知识 4.1.2 铝及其他有色金属合金薄管或薄板材料制成组合结构件坡口的选择和制备原则、坡口打磨清理要领及定位焊的相关知识 4.1.3 铝及其他有色金属合金薄管或薄板材料制成组合结构件焊接方法和焊接材料的选用原则
	4.2 焊接操作与检验	4.2.1 能根据工况制定焊接工艺文件，并根据焊接工艺要求进行焊接 4.2.2 能采取合理的工艺措施控制焊接变形 4.2.3 能采用合理的工艺措施对不合格焊缝进行修复	4.2.1 铝及其他有色金属合金薄管或薄板材料制成组合结构件的焊接工艺实施方案 4.2.2 铝及其他有色金属合金薄管或薄板材料制成组合结构件焊接变形的控制方法 4.2.3 铝及其他有色金属合金薄管或薄板材料制成组合结构件修复的相关知识
5.机器人焊接工艺优化	5.1 工艺制定	5.1.1 能根据工件审核、制定焊接工艺实施方案 5.1.2 能根据生产需求完成焊接方案设计 5.1.3 能根据实际工况设计焊接工装夹具	5.1.1 机器人焊接工艺原理 5.1.2 机器人焊接工艺操作要领 5.1.3 焊接工装夹具设计基本要求
	5.2 示教编程	5.2.1 能根据焊件建立机器人焊接系统仿真模型 5.2.2 能完成焊接系统的离线编程 5.2.3 能进行不规则工件的焊接编程	5.2.1 机器人焊接离线编程建模方法 5.2.2 机器人焊接离线编程软件使用方法 5.2.3 不规则焊接编程知识
	5.3 焊前准备	5.3.1 能根据实际工作情况改进工装夹具 5.3.2 能采取工艺措施控制焊接变形	5.3.1 特种焊工装夹具的基本知识 5.3.2 焊接变形形成机理、变形矫正的知识
	5.4 焊接操作	5.4.1 能操作焊接机器人作业 5.4.2 能使用机器人焊缝跟踪传感器作业	5.4.1 焊接机器人构成及应用特点 5.4.2 机器人焊缝跟踪传感器的类别及原理

续表

职业功能	工作内容	技能要求	相关知识要求
5. 机器人焊接工艺优化	5.5 焊后检查	5.5.1 能根据验收标准进行焊接工件的质量检查 5.5.2 能分析焊接缺陷产生原因 5.5.3 能提出预防、解决焊接、切割缺陷方案 5.5.4 能提出焊接检验方法	5.5.1 焊接质量验收标准 5.5.2 焊接缺陷形成机理 5.5.3 焊接工艺规范 5.5.4 焊接检验的相关知识
	5.6 设备维护	5.6.1 能进行焊接设备的评估 5.6.2 能进行其他外围设备故障分析	5.6.1 焊接验收标准 5.6.2 外围设备故障验收标准
6. 机器人焊接	6.1 工艺制定	6.1.1 能根据工件审核、制定焊接工艺 6.1.2 能根据生产需求完成机器人焊接工作站方案设计	6.1.1 焊接工艺原理及操作要领 6.1.2 机器人焊接工作站选型方法
	6.2 示教编程	6.2.1 能进行多机器人系统示教编程 6.2.2 能进行 PLC 编程 6.2.3 能进行机器人工作站编程 6.2.4 能进行机器人工作站生产数据管理系统、网络通信系统操作和数据设定	6.2.1 多机器人协调作业示教编程方法 6.2.2 PLC 编程方法 6.2.3 机器人柔性工作站及集散控制系统 6.2.4 机器人工作站生产数据管理系统、网络通信系统
	6.3 焊前准备	6.3.1 能根据焊接工艺选定焊接机器人种类 6.3.2 能根据实际工作情况设计工装夹具 6.3.3 能进行多种机器人联调联试 6.3.4 能建立搬运机构、行走机构、变位机构、夹具、工件及其他外围设备的模型	6.3.1 各种焊接机器人使用说明书 6.3.2 特种焊接工装夹具设计的基本知识 6.3.3 多种机器人焊接操作要领 6.3.4 离线软件仿真模型建立方法
	6.4 焊接操作	6.4.1 能根据机器人焊接工作站系统方案建立仿真模型 6.4.2 能进行机器人焊接工作站机器人焊接	6.4.1 机器人焊接工作站系统建模规范 6.4.2 机器人焊接工作站使用方法
	6.5 焊后检查	6.5.1 能根据验收标准进行焊接结构的质量检查 6.5.2 能根据金相组织、力学性能试验结果判定焊件质量	6.5.1 焊接结构验收标准 6.5.2 金相组织对焊缝性能的影响

续表

职业功能	工作内容	技能要求	相关知识要求
6. 机器人焊接	6.6 设备维护	6.6.1 能进行焊接机器人设备的评估 6.6.2 能进行搬运机构、行走机构、变位机构及其他外围设备的故障分析	6.6.1 焊接机器人验收标准 6.6.2 搬运机构、行走机构、变位机构及其他外围设备的使用说明书
7. 焊接技术管理	7.1 结构焊接	7.1.1 能针对各种材料和结构进行焊接方法的综合选择及运用 7.1.2 能进行工装夹具的设计和改造 7.1.3 能解决焊接结构生产问题 7.1.4 能综合运用焊接知识解决较高难度焊接工艺和结构焊接问题 7.1.5 能对焊接结构出现的问题进行分析和解决	7.1.1 焊接结构生产的一般工艺流程 7.1.2 工装夹具相关的结构、组成和设计要领 7.1.3 典型焊接结构生产的工艺流程 7.1.4 复杂焊接结构的生产知识 7.1.5 焊接结构缺陷分析的知识
	7.2 焊接安全	7.2.1 能编制焊接安全操作规程 7.2.2 能对焊工进行安全生产指导	7.2.1 焊接安全生产的危险因素、有害因素及相关的预防措施 7.2.2 与焊接安全、职业卫生相关的法规和标准
	7.3 焊接施工管理	7.3.1 能编制施工组织设计方案 7.3.2 能在施工中进行技术指导和监督 7.3.3 能按照工程管理程序开展相关工作	7.3.1 施工组织设计内容与编制原则,典型施工组织设计 7.3.2 焊接工程管理的基本知识 7.3.3 现场检查和管理的实施措施
	7.4 质量检查与管理	7.4.1 能根据验收标准进行焊接结构的质量检查 7.4.2 能使用质量管理方法进行质量分析并提出解决质量问题的方法 7.4.3 能根据质量管理体系要求指导焊接生产	7.4.1 焊接结构及工程质量验收标准,典型焊接结构及工程质量的验收 7.4.2 质量分析方法 7.4.3 全面质量管理体系知识
8. 培训与指导	8.1 理论培训	8.1.1 能编写三级/高级工和二级/技师理论知识培训讲义 8.1.2 能利用教学仪器向三级/高级工和二级/技师培训技能操作要领	8.1.1 焊接理论培训相关知识 8.1.2 相关教学仪器的使用,三级/高级工和二级/技师技能培训教案的编制方法
	8.2 技能指导	8.2.1 能制定三级/高级工和二级/技师技能培训方案 8.2.2 能对焊工进行现场操作示范,讲解操作要点,对学员训练情况进行及时的总结、指正	8.2.1 焊接技能培训教案编制的相关知识 8.2.2 焊接技能培训相关知识

4. 权重表

4.1 理论知识权重表

项目		技能等级	五级/初级工(%)				四级/中级工(%)				三级/高级工(%)				二级/技师(%)				一级/高级技师(%)			
			电焊工	气焊工	钎焊工	焊接设备操作工	电焊工	气焊工	钎焊工	焊接设备操作工	电焊工	气焊工	钎焊工	焊接设备操作工	电焊工	气焊工	钎焊工	焊接设备操作工	电焊工	气焊工	钎焊工	焊接设备操作工
基本要求	职业道德		5				5				5				5				5			
	基础知识		20				20				20				20				20			
相关知识要求	低碳钢或低合金钢板角接或T形接头平焊焊条电弧焊（必选）		25																			
	低碳钢或低合金钢板对接平焊焊条电弧焊		25	25																		
	低碳钢或低合金钢管对接水平转动焊条电弧焊		25	25																		
	低碳钢或低合金钢板角接或T形接头平焊熔化极气体保护焊		25	25																		
	低碳钢或低合金钢板对接平焊熔化极气体保护焊		25	25																		
	低碳钢或低合金钢板搭接平焊熔化极气体保护焊		25	25																		
	低碳钢或低合金钢板角接或T形接头平焊手工钨极氩弧焊		25	25																		
	低碳钢或低合金钢管对接水平转动手工钨极氩弧焊			25																		
	低碳钢或低合金钢板对接头气焊			25																		

续表

项目	技能等级	五级/初级工(%)				四级/中级工(%)				三级/高级工(%)				二级/技师(%)				一级/高级技师(%)		
		电焊工	气焊工	钎焊工	焊接设备操作工	电焊工	气焊工	钎焊工	焊接设备操作工	电焊工	气焊工	钎焊工	焊接设备操作工	电焊工	钎焊工	焊接设备操作工	电焊工	焊接设备操作工
	低碳钢或低合金钢板T形接头气焊		25																
	低碳钢板对接/搭接火焰钎焊（必选）			25															
	不锈钢板对接/搭接火焰钎焊			25															
	铜及铜合金板对接/搭接火焰钎焊			25															
	低碳钢板对接/搭接炉中钎焊			25															
	不锈钢板对接/搭接炉中钎焊			25															
	铜及铜合金板对接/搭接炉中钎焊			25															
	低碳钢板感应钎焊			25															
	不锈钢板感应钎焊			25															
	铜及铜合金板感应钎焊			25															
	自动电弧焊				25														
	自动电阻焊				25														
	机器人焊接				25														
	管板插入式或骑座式全焊透角接头焊条电弧焊（必选）					25													
	低碳钢或低合金钢板对接立焊、横焊焊条电弧焊					25													
相关知识要求																			

续表

项目	技能等级	五级/初级工(%)				四级/中级工(%)				三级/高级工(%)				二级/技师(%)			一级/高级技师(%)	
		电焊工	气焊工	钎焊工	焊接设备操作工	电焊工	气焊工	钎焊工	焊接设备操作工	电焊工	气焊工	钎焊工	焊接设备操作工	电焊工	钎焊工	焊接设备操作工	电焊工	焊接设备操作工
相关知识要求	低碳钢或低合金钢管对接水平固定、垂直固定45°固定焊条电弧焊					25												
	低碳钢或低合金钢板对接立焊、横焊熔化极气体保护焊					25												
	低碳钢或低合金钢管对接水平固定、垂直固定熔化极气体保护焊					25												
	低碳钢钢管板插入式或骑座式手工钨极氩弧焊					25												
	低碳钢钢管对接水平固定、垂直固定手工钨极氩弧焊					25												
	不锈钢板对接平焊手工钨极氩弧焊					25												
	铝及铝合金板气焊						25											
	低合金钢管对接水平转动气焊						25											
	低合金钢管对接水平垂直固定气焊						25											
	铝及铝合金管火焰钎焊（必选）							25										
	铜及铜合金管火焰钎焊							25										
	不锈钢管火焰钎焊							25										
	不锈钢管炉中钎焊							25										
	铝及铝合金构件炉中钎焊							25										
	铜及铜合金管炉中钎焊							25										

续表

技能等级项目	五级/初级工 (%)				四级/中级工 (%)				三级/高级工 (%)				二级/技师 (%)			一级/高级技师 (%)		
	电焊工	气焊工	钎焊工	焊接设备操作工	电焊工	气焊工	钎焊工	焊接设备操作工	电焊工	气焊工	钎焊工	焊接设备操作工	电焊工	钎焊工	焊接设备操作工	电焊工	钎焊工	焊接设备操作工
钛合金管感应钎焊							25											
高速钢板感应钎焊							25											
不锈钢管感应钎焊							25											
自动熔化极气体保护焊（必选）								25										
自动非熔化极气体保护焊								25										
自动埋弧焊								25										
自动电阻点焊								25										
自动电阻缝焊								25										
螺柱焊								25										
机器人弧焊								25										
机器人点焊								25										
机器人激光焊								25										
相关知识要求	低碳钢或低合金钢板对接仰焊焊条电弧焊（必选）									25								
	低碳钢或低合金钢管45°固定加排障焊条电弧焊									25								
	不锈钢管垂直固定或45°固定焊条电弧焊									25								

续表

项目		五级/初级工(%)				四级/中级工(%)				三级/高级工(%)				二级/技师(%)				一级/高级技师(%)		
	技能等级	电焊工	气焊工	钎焊工	焊接设备操作工	电焊工	气焊工	钎焊工	焊接设备操作工	电焊工	气焊工	钎焊工	焊接设备操作工	电焊工	钎焊工	焊接设备操作工	电焊工	焊接设备操作工
相关知识要求	低碳钢板对接仰焊熔化极气体保护焊									25								
	不锈钢板对接平焊熔化极气体保护焊									25								
	不锈钢管对接45°固定熔化极气体保护焊									25								
	低合金钢管对接水平固定、垂直固定或45°固定加排管障碍手工钨极氩弧焊									25								
	不锈钢管对接水平固定、垂直固定或45°固定手工钨极氩弧焊									25								
	铝及铝合金板对接仰焊手工钨极氩弧焊									25								
	低合金钢管对接垂直固定气焊										25							
	低合金钢管对接水平固定气焊										25							
	低合金钢管对接45°固定气焊										25							
	不等壁厚工件火焰钎焊（必选）											25						
	异种金属火焰钎焊											25						
	同种材料组合构件炉中钎焊											25						
	异种材料组合构件炉中钎焊											25						
	硬质合金感应钎焊											25						

续表

技能等级 项目	五级/初级工(%)				四级/中级工(%)				三级/高级工(%)				二级/技师(%)				一级/高级技师(%)			
	电焊工	气焊工	钎焊工	焊接设备操作工	电焊工	气焊工	钎焊工	焊接设备操作工	电焊工	气焊工	钎焊工	焊接设备操作工	电焊工	气焊工	钎焊工	焊接设备操作工	电焊工	气焊工	钎焊工	焊接设备操作工
相关知识要求 自动熔化极气体保护焊												25								
自动非熔化极气体保护焊												25								
自动埋弧焊												25								
机器人弧焊												25								
机器人点焊												25								
机器人激光焊																				
焊条电弧焊													25							
熔化极气体保护焊													25							
非熔化极气体保护焊													25							
钎焊															25					
自动熔化极气体保护焊																25				
自动非熔化极气体保护焊																25				
机器人弧焊																25				
机器人点焊																25				
机器人激光焊																25				

续表

技能等级	五级/初级工(%)			四级/中级工(%)			三级/高级工(%)			二级/技师(%)			一级/高级技师(%)		
项目	电焊工	气焊工	钎焊工	焊接设备操作工	电焊工	气焊工	钎焊工	焊接设备操作工	电焊工	气焊工	钎焊工	焊接设备操作工	电焊工	钎焊工	焊接设备操作工
焊接技术管理（必选）															
培训与指导（必选）															
熔化电弧焊											25		25		
熔化极气体保护焊											25		25		
可达性差的结构焊											25		25		
有色金属合金薄板或薄管或料制成组合结构构件的焊接															25
机器人焊接															25
焊接技术管理（必选）													25	25	25
培训与指导（必选）													25	25	25
合计	100	100	100	100	100	100	100	100	100	100	100	100	100	100	100

注：关于相关知识要求的配分项说明如下：电焊工的初级工、中级工、高级工考核配分项的1项必选项和其他任意2项，技师、高级技师考核焊接技术管理、培训与指导和其他任意1项；气焊工的初级工、中级工、高级工考核配分项的1项必选项和其他任意2项，焊接设备操作工初级工考核相关知识要求中职业功能1~9项中的任意1项和22~24项中的任意2项，中级工考核配分项的1项必选项和其他任意2项，高级工考核3项自动焊或焊接机器人焊接方面的职业功能，技师、高级技师考核焊接技术管理，培训与指导和其他任意1项。

4.2 技能要求权重表

项目	技能等级	五级/初级工 (%)			四级/中级工 (%)			三级/高级工 (%)			二级/技师 (%)			一级/高级技师 (%)	
		电焊工	气焊工	焊接设备操作工	电焊工	气焊工	焊接设备操作工	电焊工	气焊工	焊接设备操作工	电焊工	气焊工	焊接设备操作工	电焊工	焊接设备操作工
技能要求	低碳钢或低合金钢板角接或T形接头平焊焊条电弧焊（必选）	40		30											
	低碳钢或低合金钢板对接平焊焊条电弧焊	30		30											
	低碳钢或低合金钢管对接水平转动焊条电弧焊	30		30											
	低碳钢或低合金钢板角接或T形接头平焊熔化极气体保护焊	30		30											
	低碳钢或低合金钢板对接平焊熔化极气体保护焊	30		30											
	低碳钢或低合金钢板搭接平焊熔化极气体保护焊	30		30											
	低碳钢或低合金钢板角接或T形接头平焊手工钨极氩弧焊	30		30											
	低碳钢或低合金钢管对接水平转动手工钨极氩弧焊	30		30											
	低碳钢或低合金钢板角接头气焊		40												
	低碳钢或低合金钢板对接平焊气焊		30												
	低碳钢或低合金钢板T形接头气焊		30												
	低碳钢或低合金钢板对接/搭接火焰钎焊（必选）		40												
	不锈钢板对接/搭接火焰钎焊		30												

续表

技能等级	五级/初级工 (%)				四级/中级工 (%)				三级/高级工 (%)				二级/技师 (%)				一级/高级技师 (%)	
项目	电焊工	气焊工	钎焊工	焊接设备操作工	电焊工	气焊工	钎焊工	焊接设备操作工	电焊工	气焊工	钎焊工	焊接设备操作工	电焊工	气焊工	钎焊工	焊接设备操作工	电焊工	焊接设备操作工
铜及铜合金板对接、搭接火焰钎焊		30																
低碳钢板对接/搭接炉中钎焊		30																
不锈钢板对接/搭接炉中钎焊		30																
铜及铜合金板对接/搭接炉中钎焊		30																
低碳钢板感应钎焊		30																
不锈钢板感应钎焊		30																
铜及铜合金板感应钎焊		30																
自动电弧焊				40														
自动电阻焊				40														
机器人焊接				40														
管板插入式或骑座式全焊透角接头焊条电弧焊（必选）					40													
低碳钢或低合金钢板对接立焊、横焊焊条电弧焊					30													
低碳钢或低合金钢管对接水平固定、垂直固定或45°固定焊条电弧焊					30													
低碳钢或低合金钢板对接立焊、横焊熔化极气体保护焊					30													

技能要求

续表

技能等级 项目	五级/初级工(%)				四级/中级工(%)				三级/高级工(%)				二级/技师(%)				一级/高级技师(%)			
	电焊工	气焊工	钎焊工	焊接设备操作工	电焊工	气焊工	钎焊工	焊接设备操作工	电焊工	气焊工	钎焊工	焊接设备操作工	电焊工	气焊工	钎焊工	焊接设备操作工	电焊工	气焊工	钎焊工	焊接设备操作工
低碳钢或低合金钢管对接水平固定、垂直固定熔化极气体保护焊					30															
低碳钢管板插入式或骑座式手工钨极氩弧焊					30															
低合金钢管对接水平固定、垂直固定手工钨极氩弧焊					30															
不锈钢板对接平焊手工钨极氩弧焊					30															
铝及铝合金板气焊						40														
低碳钢管对接水平转动气焊						30														
低合金钢管对接垂直固定气焊						30														
铝及铝合金管火焰钎焊(必选)							40													
铜及铜合金管火焰钎焊							30													
不锈钢管火焰钎焊							30													
不锈钢管炉中钎焊							30													
铝合金构件炉中钎焊							30													
铜及铜合金管中钎焊							30													
钛合金管感应钎焊							30													
高速钢板感应钎焊							30													
技能要求																				

续表

技能等级 项目	五级/初级工(%)				四级/中级工(%)				三级/高级工(%)				二级/技师(%)				一级/高级技师(%)			
	电焊工	气焊工	钎焊工	焊接设备操作工	电焊工	气焊工	钎焊工	焊接设备操作工	电焊工	气焊工	钎焊工	焊接设备操作工	电焊工	气焊工	钎焊工	焊接设备操作工	电焊工	气焊工	钎焊工	焊接设备操作工
技能要求 — 不锈钢管感应钎焊																				
自动熔化极气体保护焊（必选）							30	40												
自动非熔化极气体保护焊								30												
自动埋弧焊								30												
自动电阻点焊								30												
自动电阻缝焊								30												
螺柱焊								30												
机器人弧焊								30												
机器人点焊								30												
机器人激光焊								30												
低碳钢或低合金钢板对接仰焊条电弧焊（必选）									40											
低碳钢或低合金钢管45°固定加排管障碍焊条电弧焊									30											
低碳钢或低合金钢管垂直固定或45°固定仰焊条电弧焊									30											
不锈钢板对接仰焊熔化极气体保护焊									30											
不锈钢板对接平焊熔化极气体保护焊									30											

续表

技能等级 项目	五级/初级工 (%)				四级/中级工 (%)				三级/高级工 (%)				二级/技师 (%)			一级/高级技师 (%)	
	电焊工	气焊工	钎焊工	焊接设备操作工	电焊工	气焊工	钎焊工	焊接设备操作工	电焊工	气焊工	钎焊工	焊接设备操作工	电焊工	钎焊工	焊接设备操作工	电焊工	焊接设备操作工
技能要求																	
不锈钢管对接45°固定熔化极气体保护焊									30								
低合金钢管对接水平固定、垂直固定或45°固定加排管障碍手工钨极氩弧焊									30								
不锈钢管对接水平固定、垂直固定仰焊手工钨极氩弧焊									30								
铝及铝合金板对接垂直固定气焊									30								
低合金钢管垂直固定气焊										40							
低合金钢管对接水平45°固定气焊										30							
不等壁厚工件火焰钎焊(必选)										30	40						
异种金属火焰钎焊											30						
同种材料组合构件炉中钎焊											30						
异种材料炉中钎焊											30						
硬质合金感应钎焊											30						
自动熔化极气体保护焊												40					
自动非熔化极气体保护焊												30					

续表

技能等级 / 项目	五级/初级工(%)				四级/中级工(%)				三级/高级工(%)				二级/技师(%)				一级/高级技师(%)	
	电焊工	气焊工	钎焊工	焊接设备操作工	电焊工	气焊工	钎焊工	焊接设备操作工	电焊工	气焊工	钎焊工	焊接设备操作工	电焊工	气焊工	钎焊工	焊接设备操作工	电焊工	焊接设备操作工
技能要求																		
自动埋弧焊										30								
机器人弧焊										40								
机器人点焊										30								
机器人激光焊										30								
焊条电弧焊													40					
熔化极气体保护焊													40					
非熔化极气体保护焊													40					
钎焊															40			
自动熔化极气体保护焊																40		
自动非熔化极气体保护焊																40		
机器人弧焊																40		
机器人点焊													30			30		
机器人激光焊													30			30		
焊接技术管理(必选)																		
培训与指导(必选)																		

续表

技能等级 项目	五级/初级工(%)			四级/中级工(%)			三级/高级工(%)			二级/技师(%)			一级/高级技师(%)	
	电焊工	气焊工	焊接设备操作工	电焊工	气焊工	焊接设备操作工	电焊工	气焊工	焊接设备操作工	电焊工	钎焊工	焊接设备操作工	电焊工	焊接设备操作工
焊条电弧焊	100	100	100										40	
熔化极气体保护焊													40	
可达性差的结构焊接													40	
有色金属合金薄管或薄板材料制成组合结构件的焊接														40
机器人焊接														40
焊接技术管理（必选）													30	30
技能要求 培训与指导（必选）													30	30
合计	100	100	100	100	100	100	100	100	100	100	100	100	100	100

注：电焊工的初级工、中级工、高级工考核配分项的1项必选项和其他任意2项，技师、高级技师考核焊接技术管理、培训与指导任意1项；钎焊工的初级工、中级工、高级工考核配分项的1项必选项和其他任意2项；焊接设备操作工考核分值为30分的职业功能任意2项和分值为40分的职业功能任意2项，中级工考核配分项的1项必选项和其他任意2项，高级工考核3项自动焊或机器人焊接方面的职业功能，技师、高级技师考核焊接技术管理、培训与指导和其他任意1项。

机床装调维修工国家职业技能标准

（2018 年版）

1. 职业概况

1.1 职业名称

机床装调维修工[①]

1.2 职业编码

6-20-03-01

1.3 职业定义

使用设备、工装、工具和检测仪器，装配、调试和维修机床的人员。

1.4 职业技能等级

本职业共设四个等级，分别为：四级/中级工、三级/高级工、二级/技师、一级/高级技师。

1.5 职业环境条件

室内，常温。

1.6 职业能力特征

具有较强的学习、理解、计算能力；具有较强的空间感、形体知觉、听觉和色觉，手指、手臂灵活，形体动作协调性强。

1.7 普通受教育程度

初中毕业（或相当文化程度）。

1.8 职业技能鉴定要求

1.8.1 申报条件

具备以下条件之一者，可申报四级/中级工：

[①] 本职业分为数控机床机械装调维修、数控机床电气装调维修、普通机床机械装调维修、普通机床电气装调维修四个方向。

(1) 取得本职业或相关职业①五级/初级工职业资格证书（技能等级证书）后，累计从事本职业或相关职业工作4年（含）以上。

(2) 累计从事本职业或相关职业工作6年（含）以上。

(3) 取得技工学校本专业②或相关专业③毕业证书（含尚未取得毕业证书的在校应届毕业生）；或取得经评估论证、以中级技能为培养目标的中等及以上职业学校本专业或相关专业毕业证书（含尚未取得毕业证书的在校应届毕业生）。

具备以下条件之一者，可申报三级/高级工：

(1) 取得本职业或相关职业四级/中级工职业资格证书（技能等级证书）后，累计从事本职业或相关职业工作5年（含）以上。

(2) 取得本职业或相关职业四级/中级工职业资格证书（技能等级证书），并具有高级技工学校、技师学院毕业证书（含尚未取得毕业证书的在校应届毕业生）；或取得本职业或相关职业四级/中级工职业资格证书（技能等级证书），并具有经评估论证、以高级技能为培养目标的高等职业学校本专业或相关专业毕业证书（含尚未取得毕业证书的在校应届毕业生）。

(3) 具有大专及以上本专业或相关专业毕业证书，并取得本职业或相关职业四级/中级工职业资格证书（技能等级证书）后，累计从事本职业或相关职业工作2年（含）以上。

具备以下条件之一者，可申报二级/技师：

(1) 取得本职业或相关职业三级/高级工职业资格证书（技能等级证书）后，累计从事本职业或相关职业工作4年（含）以上。

(2) 取得本职业或相关职业三级/高级工职业资格证书（技能等级证书）的高级技工学校、技师学院毕业生，累计从事本职业或相关职业工作3年（含）以上；或取得本职业或相关职业预备技师证书的技师学院毕业生，累计从事本职业或相关职业工作2年（含）以上。

具备以下条件者，可申报一级/高级技师：

取得本职业或相关职业二级/技师职业资格证书（技能等级证书）后，累计从事本职业或相关职业工作4年（含）以上。

1.8.2 鉴定方式

分为理论知识考试、技能考核以及综合评审。理论知识考试以笔试、机考等方式为主，主要考核从业人员从事本职业应掌握的基本要求和相关知识要求；技能考核主要采用现场操作、模拟操作等方式进行，主要考核从业人员从事本职业应具备的技能水平；综合评审主要针对技师和高级技师，通常采用审阅申报材料、答辩等方式进行全面评议和审查。

理论知识考试、技能考核和综合评审均实行百分制，成绩皆达60分（含）以上者为合格。

---

① 相关职业：装配钳工、机修钳工、车工、磨工、铣工、镗工、电工等，下同。
② 本专业：数控机床装配与维修、普通机床装配与维修，下同。
③ 相关专业：非金属切削机床类机械设备装配与维修、机电一体化设备安装与维修、加工制造类，下同。

1.8.3 监考人员、考评人员与考生配比

理论知识考试中的监考人员与考生配比不低于1∶15，且每个考场不少于2名监考人员；技能考核中的考评人员与考生配比不低于1∶5，且考评人员为3人（含）以上单数；综合评审委员为3人（含）以上单数。

1.8.4 鉴定时间

理论知识考试时间不少于90 min；四级/中级工技能考核时间不少于180 min，三级/高级工、二级/技师、一级/高级技师技能考核时间均不少于240 min；综合评审时间不少于30 min。

1.8.5 鉴定场所设备

理论知识考试在标准教室进行，技能考核在具备必备设备、工具、夹具、量具的场所或现场进行。

2. 基本要求

2.1 职业道德

2.1.1 职业道德基本知识

2.1.2 职业守则

（1）遵纪守法，爱岗敬业。
（2）探索创新，精益求精。
（3）工作认真，团队协作。
（4）爱护设备，安全操作。
（5）遵守规程，执行工艺。
（6）保护环境，文明生产。

2.2 基础知识

2.2.1 通用基础知识

（1）机械识图知识。
（2）电气识图知识。
（3）公差配合与形位公差。
（4）金属材料及热处理基础知识。
（5）机床电气基础知识。
（6）金属切削刀具基础知识。
（7）液压与气动基础知识。
（8）测量与误差分析基础知识。

(9) 计算机基础知识。

2.2.2 机械装调基础知识

(1) 钳工基础知识。
(2) 机床机械结构基础知识。
(3) 机床机械装配工艺基础知识。

2.2.3 电气装调基础知识

(1) 电工基础知识。
(2) 机床电气识图基础知识。
(3) 机床电气装配基础知识。
(4) 机床电气调试基础知识
(5) 数控机床操作与编程基础知识。

2.2.4 维修基础知识

(1) 机床精度检测与调整基础知识。
(2) 机床故障诊断与维修基础知识。

2.2.5 安全生产与环境保护知识

(1) 安全生产要求。
(2) 安全操作与劳动保护知识。
(3) 环境保护知识。

2.2.6 质量管理知识

(1) 企业质量管理目标。
(2) 岗位质量管理要求。
(3) 岗位质量保证措施与责任。

2.2.7 相关法律、法规知识

(1)《中华人民共和国劳动法》相关知识。
(2)《中华人民共和国劳动合同法》相关知识。

3. 工作要求

本标准对四级/中级工、三级/高级工、二级/技师、一级/高级技师的技能要求和相关知识要求依次递进，高级别涵盖低级别的要求。

根据所从事工作，各级别在"数控机床机械装调维修""数控机床电气装调维修""普通机床机械装调维修""普通机床电气装调维修"四个方向中选择一个方向进行考核。

3.1 四级/中级工

3.1.1 数控机床机械装调维修

职业功能	工作内容	技能要求	相关知识要求
1. 数控机床机械功能部件装配	1.1 机械功能部件装配准备	1.1.1 能读懂零部件装配图 1.1.2 能读懂零部件装配工艺卡 1.1.3 能绘制轴、套、盘类零件图 1.1.4 能按照装配要求选择工具、量具、工装等	1.1.1 机械零部件装配图与零部件配合公差知识 1.1.2 机械零部件装配结构知识 1.1.3 机械零部件装配工艺知识（如轴承与轴承组的装配，有配合、密封要求组件的装配等） 1.1.4 轴、套、盘类零件图的画法 1.1.5 装配工具、工装、量具的使用方法
	1.2 机械功能部件装配	1.2.1 能钻铰孔，并达到以下要求：公差等级 IT8，表面粗糙度 Ra1.6 μm 1.2.2 能加工 M12 以下的螺纹，没有明显的倾斜 1.2.3 能手工刃磨标准麻花钻头 1.2.4 能刮削平板，并达到以下要求：在 25 mm×25 mm 范围内接触点数不少于 16 点，表面粗糙度 Ra0.8 μm 1.2.5 能完成有配合、密封要求的零部件装配 1.2.6 能完成有预紧力要求或有特殊要求的零部件装配（如主轴轴承、主轴的动平衡等） 1.2.7 能对以下功能部件中的一种进行装配 （1）主轴箱 （2）进给传动部件 （3）换刀装置（刀架、刀库与机械手） （4）辅助设备（液压系统、气动系统、润滑系统、冷却系统、排屑、防护等）	1.2.1 数控机床功能部件（如主轴箱、进给传动系统、刀架、刀库、机械手、液压站等）的结构、工作原理及其装配工艺 1.2.2 典型装配工装结构原理 1.2.3 钳工基本知识（如刀具材料的选择、钻头和丝锥尺寸的选择、钻头和铰刀尺寸的选择、锯削、锉削、刮削、研磨等） 1.2.4 手工刃磨标准麻花钻头的方法 1.2.5 加工切削参数的选择方法 1.2.6 有特殊要求的数控机床部件的装配方法 1.2.7 液压、气动、润滑、冷却知识

续表

职业功能	工作内容	技能要求	相关知识要求
1. 数控机床机械功能部件装配	1.3 机械功能部件装配检查	1.3.1 能使用仪器、仪表、检具等对机械功能部件进行检查 1.3.2 能按照装配技术要求检查机械功能部件相关精度及功能 1.3.3 能填写机械功能部件装配记录单	1.3.1 测量仪器、仪表、检具的使用方法及规范 1.3.2 机械功能部件相关精度及功能的检查方法 1.3.3 机械功能部件装配记录单的填写方法
2. 数控机床机械功能部件调整与整机调整	2.1 机械功能部件调整与整机调整准备	2.1.1 能读懂机械功能部件装配图 2.1.2 能读懂机械功能部件装配工艺卡及装配检查记录卡 2.1.3 能按照装配要求选择工具、量具、检具等	2.1.1 机械功能部件装配图的阅读方法 2.1.2 机械功能部件装配工艺卡、检查记录卡阅读方法 2.1.3 装配工具、工装的使用方法 2.1.4 通用量具、专用量具、检具的使用方法
	2.2 机械功能部件调整与整机调整	2.2.1 能对机械功能部件进行装配后的试车调整（如主轴箱的空运转试验、刀架的空运转试验、液压站的试验等） 2.2.2 能进行一种型号数控系统的操作 2.2.3 至少能应用一种型号数控系统进行加工编程	2.2.1 功能部件空运转试验方法 2.2.2 功能部件装配精度的测试方法 2.2.3 数控机床系统面板、机床操作面板的使用方法 2.2.4 数控机床的编程方法
	2.3 机械功能部件调整与整机调整检查	2.3.1 能按照技术文件要求对机床进行水平检测与调整 2.3.2 能按照技术文件要求对安装机床的功能部件进行几何精度、定位精度等检测 2.3.3 能按照国家机床精度检测标准进行精度检测，并填写相关机床检测报告单	2.3.1 机床水平调整的相关技术文件及规范 2.3.2 技术文件阅读与理解方法 2.3.3 国家机床精度检测标准相关知识

续表

职业功能	工作内容	技能要求	相关知识要求
3. 数控机床机械功能部件维修	3.1 机械功能部件维修准备	能按照维修内容合理选择维修的工具、量具、工装等	工具、量具、工装等的使用方法
	3.2 机械功能部件维修	3.2.1 能对以下功能部件中的一种进行拆卸和再装配 （1）主轴箱 （2）进给传动部件 （3）换刀装置（刀架、刀库与机械手） （4）辅助设备（液压系统、气动系统、润滑系统、冷却系统、排屑、防护等） 3.2.2 能检修齿轮、花键轴、轴承、密封件、弹簧、紧固件等 3.2.3 能检查调整各种零部件的配合间隙（如齿轮啮合间隙、轴承间隙等） 3.2.4 能绘制轴、套、盘类零件图	3.2.1 齿轮、花键轴、轴承、密封件、弹簧、紧固件等的检修方法 3.2.2 齿轮啮合间隙调整方法 3.2.3 轴承间隙调整方法 3.2.4 数控机床结构知识 3.2.5 液压与气动知识 3.2.6 轴、套、盘类零件图的画法
	3.3 机械功能部件维修检查	3.3.1 能检查维修部件的功能 3.3.2 能利用仪器、仪表、检具等检查维修部件的几何精度 3.3.3 能根据加工精度评估功能部件维修质量，填写维修记录单	3.3.1 维修部件的功能检查方法 3.3.2 测量仪器、仪表、检具等的使用方法及规范 3.3.3 功能部件维修质量检验方法

3.1.2 数控机床电气装调维修

职业功能	工作内容	技能要求	相关知识要求
1. 数控机床电气部件装配	1.1 电气部件装配准备	1.1.1 能读懂数控机床电气原理图、电器布置图、电气接线图等 1.1.2 能根据电气部件装配要求选择常用工具、仪器、仪表 1.1.3 能按照电气原理图要求选择电器元件及导线、电缆线的规格	1.1.1 数控机床电气原理图、电器布置图、电气接线图等识读知识 1.1.2 常用仪器、仪表的规格、用途、选择原则及使用方法 1.1.3 安全作业规范及要求

续表

职业功能	工作内容	技能要求	相关知识要求
1. 数控机床电气部件装配	1.2 电气部件装配	1.2.1 能对以下部件的一种进行配线与装配 （1）电气柜的配电板 （2）机床操纵台 （3）电气柜到机床各部分的连接 1.2.2 能刃磨标准麻花钻头 1.2.3 能在薄板上钻孔 1.2.4 能根据电器布置图要求安装电器元件 1.2.5 能按照电气原理图、电气接线图连接线路 1.2.6 能使用电烙铁焊接电器元件	1.2.1 薄板上钻孔、攻螺纹方法 1.2.2 刃磨标准麻花钻头的方法 1.2.3 电器元件的规格、型号及命名规范 1.2.4 电线、电缆的规格型号 1.2.5 电气线路连接规范及要求 1.2.6 电工操作技术与装配知识 1.2.7 保护接地的知识 1.2.8 电烙铁的使用方法及焊接规范要求
	1.3 电气部件装配检查	1.3.1 能检查电器元件安装的正确性 1.3.2 能检查线路连接的正确性 1.3.3 能检查电器元件、连接电线规格型号选择的正确性 1.3.4 能利用相关仪器、仪表检查电气配电板连接的正确性 1.3.5 能填写电气部件装配记录单	1.3.1 电器布置图绘制规范及要求 1.3.2 电气接线图绘制规范及要求 1.3.3 电气原理图绘制规范及要求 1.3.4 常用仪器、仪表的使用规范及要求 1.3.5 电气部件装配记录单的填写方法
2. 数控机床电气部件调试	2.1 电气部件调试准备	能按照电气部件调试要求准备工具、仪器、仪表、机床资料等	2.1.1 常用仪器、仪表的规格及用途 2.1.2 仪器、仪表的选择原则及使用方法 2.1.3 安全用电及作业规范 2.1.4 数控机床操作说明书、调试手册
	2.2 电气部件调试	2.2.1 能对数控机床系统面板、操作面板进行操作 2.2.2 能进行数控机床一般功能的调试 2.2.3 能应用一种型号数控系统进行加工编程	2.2.1 数控机床系统面板、操作面板的使用方法 2.2.2 数控机床一般功能的调试方法 2.2.3 数控机床的编程方法

449

续表

职业功能	工作内容	技能要求	相关知识要求
2. 数控机床电气部件调试	2.3 电气部件调试检查	2.3.1 能按照相关图纸要求对通电调试的机床线路检测点进行通电前电阻检测 2.3.2 能按照相关图纸要求对通电调试的机床线路检测点进行通电时电压检测 2.3.3 能按照相关技术文件要求对机床进行功能检查 2.3.4 能填写电气部件装配记录单	2.3.1 电气原理图的识读知识 2.3.2 机床通电调试技术要求及规范 2.3.3 机床功能说明书 2.3.4 常用仪器、仪表的使用规范及要求 2.3.5 电气部件装配记录单的填写方法
3. 数控机床电气部件维修	3.1 电气部件维修准备	3.1.1 能读懂数控机床电气原理图、电器布置图、电气接线图等 3.1.2 能读懂数控机床的操作说明书及维修操作手册 3.1.3 能考察故障设备维修现场，进行必要的维修前工具、仪器、仪表的准备 3.1.4 能读懂相关维修设备的安全作业规程	3.1.1 数控机床电气原理图、电器布置图、电气接线图等识读知识 3.1.2 常用仪器、仪表的规格、用途 3.1.3 仪器、仪表的选择原则及使用方法 3.1.4 相关设备的基本功能操作及安全作业规程
	3.2 电气部件维修	3.2.1 能对以下功能部件进行线路拆卸和再装配 （1）电气柜的配电板 （2）机床操纵台 （3）电气柜与机床各部分的连接 3.2.2 能对电气维修中配线质量进行检查，能解决配线中出现的问题 3.2.3 能对系统操作面板、机床操作面板进行操作 3.2.4 能进行数控机床一般功能的调试 3.2.5 能使用数控机床诊断功能或可编程序控制器梯形图（语句表）等分析故障 3.2.6 能排除数控机床调试中常见的电气故障	3.2.1 电烙铁的使用方法及焊接规范要求 3.2.2 电工操作技术与装配知识 3.2.3 电气装配规范 3.2.4 电器元件的规格、型号及命名规范 3.2.5 电线、电缆的规格型号 3.2.6 分析、排除电气故障的常用方法
	3.3 电气部件维修检查	3.3.1 能对维修后的机床进行功能检查 3.3.2 能填写维修记录单	常用仪器、仪表的使用规范及要求

3.1.3 普通机床机械装调维修

职业功能	工作内容	技能要求	相关知识要求
1. 普通机床机械功能部件装配	1.1 机械功能部件装配准备	1.1.1 能读懂零部件装配图 1.1.2 能读懂零部件装配工艺卡 1.1.3 能绘制轴、套、盘类零件图 1.1.4 能按照装配要求选择工具、工装	1.1.1 机械零部件装配图与零部件配合公差知识 1.1.2 机械零部件装配结构知识 1.1.3 机械零部件装配工艺知识（如轴承与轴承组的装配，有配合、密封要求组件的装配等） 1.1.4 轴、套、盘类零件图的画法 1.1.5 典型装配工装结构原理
	1.2 机械功能部件装配	1.2.1 能钻、铰孔，并达到以下要求：公差等级 IT8，表面粗糙度 $Ra1.6~\mu m$ 1.2.2 能加工 M12 以下的螺纹，没有明显的倾斜 1.2.3 能手工刃磨标准麻花钻头 1.2.4 能刮削平板，并达到以下要求：在 25 mm×25 mm 范围内接触点数不少于 16 点，表面粗糙度 $Ra0.8~\mu m$ 1.2.5 能对旋转体进行静平衡 1.2.6 能对以下功能部件中的一种进行装配 （1）主轴箱（床头箱） （2）进给变速箱 （3）溜板箱 （4）传动机构	1.2.1 钳工基本知识（如刀具材料的选择、钻头和丝锥尺寸的选择、钻头和铰刀尺寸的选择、锯削、锉削、刮削、研磨等） 1.2.2 手工刃磨标准麻花钻头的方法 1.2.3 普通金属切削机床的部件结构、工作原理及其装配工艺 1.2.4 加工切削参数的选择方法 1.2.5 导轨刮削的基本方法及检测方法 1.2.6 曲面刮削基本方法及检测方法 1.2.7 孔的研磨方法及检测方法 1.2.8 旋转体静平衡的基本知识及方法
	1.3 机械功能部件装配检查	1.3.1 能使用仪器、仪表、检具等对机械功能部件进行检查 1.3.2 能按照装配技术要求检查机械功能部件的功能及精度 1.3.3 能填写机械功能部件装配记录单	1.3.1 测量仪器、仪表、检具的使用方法及规范 1.3.2 机械功能部件功能的检查和精度的检测方法 1.3.3 机械功能部件装配记录单的填写方法

续表

职业功能	工作内容	技能要求	相关知识要求
2. 普通机床机械功能部件调整与整机调整	2.1 机械功能部件调整与整机调整准备	能按照工序选择工具、量具、检具、技术资料等	典型装配工装结构原理
	2.2 机械功能部件调整与整机调整	2.2.1 能对普通机床的功能部件进行装配后的试车调整 2.2.2 能进行新装设备空运转试验 2.2.3 能正确使用常用量具对试件进行检验 2.2.4 能进行普通机床的几何精度检验	2.2.1 功能部件空运转试验方法 2.2.2 功能部件装配精度的检测方法 2.2.3 通用量具、专用量具、检具的使用方法 2.2.4 普通机床质量检验项目和检验方法
	2.3 机械功能部件调整与整机调整检查	2.3.1 能按照相关技术文件要求对机床进行水平检测与调整 2.3.2 能按照相关技术文件要求对安装机床的功能部件进行几何精度检测 2.3.3 能按照国家机床精度检验标准进行精度检测，并填写机床检测报告单 2.3.4 能使用通用量具对试切件进行检测，并进行误差分析和调整	2.3.1 设备水平调整的相关技术文件及规范 2.3.2 技术文件阅读与理解方法 2.3.3 国家机床精度检验标准相关知识 2.3.4 试切件的测量与误差分析方法
3. 普通机床机械功能部件维修	3.1 机械功能部件维修准备	3.1.1 能读懂普通机床机械总装配图及部件装配图 3.1.2 能根据机床功能部件维修要求准备工具、量具、工装等 3.1.3 能读懂普通机床维修作业规范	3.1.1 普通机床机械总装配图及部件装配图识读知识 3.1.2 功能部件维修时所用工具、量具、工装的知识及使用方法 3.1.3 普通机床维修作业规范
	3.2 机械功能部件维修	3.2.1 能对普通机床功能部件进行拆卸和再装配 3.2.2 能检修凸轮、链传动、齿轮传动、蜗轮蜗杆传动、曲柄滑块、螺旋传动等机构 3.2.3 能检修普通机床主轴组件、导轨副、动压式滑动轴承等 3.2.4 能检修和调整液压、气动系统	3.2.1 零部件装配图识读知识 3.2.2 机械零部件装配工艺知识（如齿轮传动机构的装配，轴承与轴承组的装配，有配合、密封要求组件的装配等） 3.2.3 通用量具、专用量具、检具的使用方法

续表

职业功能	工作内容	技能要求	相关知识要求
3. 普通机床机械功能部件维修	3.2 机械功能部件维修	3.2.5 能检查调整各种零部件的配合间隙（如齿轮啮合间隙、轴承间隙等） 3.2.6 能用检具检测普通机床的几何精度 3.2.7 能通过试加工方法检测普通机床的工作精度 3.2.8 能进行普通机床（如车床、铣床、刨床等）的操控装置、安全防护装置、润滑系统、冷却系统及温度装置、仪表装置的维护保养	3.2.4 机床导轨的技术要求、类型特点、截面形状及组合形式 3.2.5 机床导轨的精度和检测方法 3.2.6 普通机床（如车床、铣床、刨床等）的结构、工作原理及保养与维护方法
	3.3 机械功能部件维修检查	3.3.1 能检查维修部件的功能 3.3.2 能利用仪器、仪表、检具等检查维修部件的安装精度 3.3.3 能根据加工精度评估功能部件维修质量，填写维修记录单	3.3.1 维修部件的功能检查方法 3.3.2 测量仪器、仪表、检具等的使用方法及规范 3.3.3 功能部件维修质量检验方法

3.1.4 普通机床电气装调维修

职业功能	工作内容	技能要求	相关知识要求
1. 普通机床电气部件装配	1.1 电气部件装配准备	1.1.1 能读懂机床电气原理图、电器布置图、电气接线图等 1.1.2 能进行机床线路安装工具、量具的准备 1.1.3 能按照电气原理图要求选择电器元件及导线、电缆线的规格	1.1.1 机床电气原理图、电器布置图、电气接线图等识读知识 1.1.2 常用仪器、仪表的规格、用途及使用方法 1.1.3 电器元件的规格、型号及命名规范 1.1.4 电线、电缆的规格型号 1.1.5 安全作业规范及要求
	1.2 电气部件装配	1.2.1 能对以下部件的一种进行配线与装配 （1）电气柜的配电板 （2）机床操纵台 （3）电气柜到机床各部分的连接 1.2.2 能根据工作内容选择常用仪器、仪表 1.2.3 能刃磨标准麻花钻头 1.2.4 能在薄板上钻孔	1.2.1 薄板上钻孔、攻螺纹方法 1.2.2 刃磨标准麻花钻头的方法 1.2.3 电气线路连接规范及要求

续表

职业功能	工作内容	技能要求	相关知识要求
1. 普通机床电气部件装配	1.2 电气部件装配	1.2.5 能根据电器布置图要求安装电器元件 1.2.6 能按照电气原理图、电气接线图正确连接线路 1.2.7 能对电气线路连接必要部分进行锡焊	1.2.4 电工操作技术与装配知识 1.2.5 保护接地的知识 1.2.6 电烙铁的使用方法及焊接规范要求
	1.3 电气部件装配检查	1.3.1 能按照电器布置图要求检查电器元件安装的正确性 1.3.2 能按照电气接线图要求检查线路连接的正确性 1.3.3 能按照电气原理图要求检查电器元件、连接电线规格型号选择的正确性 1.3.4 能利用相关仪器、仪表检查电气配电板连接的正确性 1.3.5 能填写电气部件装配记录单	1.3.1 电器布置图绘制规范及要求 1.3.2 电气接线图绘制规范及要求 1.3.3 电气原理图绘制规范及要求 1.3.4 常用仪器、仪表的使用规范及要求 1.3.5 电气部件装配记录单的填写方法
2. 普通机床电气部件调试	2.1 电气部件调试准备	2.1.1 能读懂机床电气原理图、电器布置图、电气接线图等 2.1.2 能进行机床线路安装、通电调试前工具、仪器、仪表的准备 2.1.3 能按照电气原理图、电气接线图的要求进行通电调试前准备	2.1.1 机床电气原理图、电器布置图、电气接线图等识读知识 2.1.2 常用仪器、仪表的规格及用途 2.1.3 仪器、仪表的选择原则及使用方法 2.1.4 安全用电及作业规范 2.1.5 机床使用说明书、调试手册
	2.2 电气部件调试	2.2.1 能对机床控制操作面板进行操作 2.2.2 能进行普通机床一般功能的调试 2.2.3 能处理调试中出现的问题，经过测试、调整，最后达到控制要求	2.2.1 普通机床操作面板的使用方法 2.2.2 普通机床调试中常见的电气问题的排除方法 2.2.3 机床通电及功能调试方法
	2.3 电气部件调试检查	2.3.1 能按照图纸要求对通电调试的机床线路检测点进行通电前电阻检测 2.3.2 能按照图纸要求对通电调试的机床线路检测点进行通电时电压检测 2.3.3 能按照技术文件要求对机床进行功能检查 2.3.4 能填写电气部件调试记录单	2.3.1 电气原理图的识读知识 2.3.2 机床通电调试技术要求及规范 2.3.3 常用仪器、仪表的使用规范及要求 2.3.4 电气部件调试记录单的填写方法

续表

职业功能	工作内容	技能要求	相关知识要求
3. 普通机床电气部件维修	3.1 电气部件维修准备	3.1.1 能读懂机床电器布置图、电气原理图、电气接线图 3.1.2 能读懂机床的操作说明书及维修操作手册 3.1.3 能考察故障设备维修现场，进行维修前工具、仪器、仪表的准备 3.1.4 能读懂维修设备的安全作业规程	3.1.1 机床电器布置图、电气原理图、电气接线图的识读知识 3.1.2 常用仪器、仪表的规格、用途 3.1.3 仪器、仪表的选择原则及使用方法 3.1.4 普通机床的基本功能操作及安全作业规程
	3.2 电气部件维修	3.2.1 能对以下部件进行拆卸和再装配 （1）电气柜的配电板 （2）机床操纵台 （3）电气柜与机床各部分的连接 3.2.2 能对电气维修中配线质量进行检查，能解决配线中出现的问题 3.2.3 能分析、检修、排除普通机床（如车床、铣床、磨床等）控制系统的电路及电气故障	3.2.1 电烙铁的使用方法及焊接规范要求 3.2.2 常用电器元件、导线、电缆线的规格 3.2.3 电工操作技术与装配知识 3.2.4 电气装配规范 3.2.5 交、直流电动机及各种特种电动机的构造、工作原理和使用与拆装方法 3.2.6 分析、排除电气故障的常用方法
	3.3 电气部件维修检查	3.3.1 能对维修后的机床进行功能检查 3.3.2 能规范填写维修记录单	常用仪器、仪表的使用规范及要求

3.2 三级/高级工

3.2.1 数控机床机械装调维修

职业功能	工作内容	技能要求	相关知识要求
1. 数控机床机械总装	1.1 机械总装准备	1.1.1 能读懂数控机床部件装配图和总装配图 1.1.2 能绘制连接件装配图 1.1.3 能根据整机装配要求准备工具、量具、检具、工装等	1.1.1 数控机床总装配图或部件装配图识读知识 1.1.2 连接件装配图的画法 1.1.3 整机装配所用工具、量具、检具、工装等原理知识及使用方法

续表

职业功能	工作内容	技能要求	相关知识要求
1. 数控机床机械总装	1.2 机械总装	1.2.1 能刮削平板,并达到以下要求:在25 mm×25 mm范围内接触点数不少于20点,表面粗糙度$Ra0.4\ \mu m$ 1.2.2 能按照工艺规范要求完成一种以上型号数控机床机械功能部件与床身的总装配 1.2.3 能在数控机床总装过程中进行几何精度的检测,并进行一般误差分析和调整(如垂直度、平行度、同轴度、位置度等)	1.2.1 数控机床液压与气动工作原理 1.2.2 数控机床总装配知识 1.2.3 数控机床几何精度检测和调整方法 1.2.4 数控机床总装过程中一般误差分析和调整的方法
	1.3 机械总装检查	能按照国家数控机床精度检验标准对机床整机进行几何精度检测,并填写机床检测报告单	国家数控机床精度检验标准
2. 数控机床整机调整与验收	2.1 整机调整准备	2.1.1 能读懂数控机床电气原理图、电气接线图 2.1.2 能进行两种型号以上数控系统的操作 2.1.3 能进行两种型号以上数控系统的加工编程 2.1.4 能根据机床整机调整与验收要求准备刀具、量具、检具、夹具等	2.1.1 数控机床电气原理图、电气接线图识读知识 2.1.2 数控系统的通信方法 2.1.3 数控机床参数基本知识 2.1.4 试车工艺规程 2.1.5 刀具的几何角度、功能及刀具材料的切削性能知识 2.1.6 零件加工中夹具的使用方法
	2.2 整机调整	2.2.1 能进行数控机床总装后几何精度、定位精度的检测和调整 2.2.2 能通过修改切削工艺参数调整机床性能 2.2.3 能完成试切工件的加工 2.2.4 能使用通用量具对所加工工件进行检测,分析误差原因并进行机床调整 2.2.5 能读懂三坐标测量报告、激光检测报告,并进行一般误差分析和调整(如垂直度、平行度、同轴度、位置度等) 2.2.6 能用计算机辅助设计与制造软件进行仿真加工并生成加工程序	2.2.1 零件加工切削参数的选择方法 2.2.2 数控机床加工工艺知识 2.2.3 加工工件测量与误差分析方法 2.2.4 数控机床几何精度、定位精度检测和调整方法 2.2.5 阅读三坐标测量报告、激光检测报告的方法 2.2.6 数控机床总装后进行一般误差分析和调整的方法 2.2.7 计算机辅助设计与制造软件的使用方法
	2.3 整机验收	能按照国家机床精度检验标准对机床整机进行精度检验,并填写机床检验报告单	国家机床精度检验标准

续表

职业功能	工作内容	技能要求	相关知识要求
3. 数控机床机械维修	3.1 机械维修准备	3.1.1 能读懂机床部件装配图和总装配图 3.1.2 能读懂数控机床电气原理图、电气接线图 3.1.3 能读懂数控机床液压与气动原理图 3.1.4 能根据机床机械维修要求准备工具、量具、工装、检具等	3.1.1 数控机床部件装配图和总装配图识读知识 3.1.2 数控机床电气原理图、电气接线图识读知识 3.1.3 液压与气动原理图识读知识 3.1.4 整机装配、调试所用工具、量具、工装、检具的知识及使用方法
	3.2 机械维修	3.2.1 能拆卸、组装整台数控机床（如数控车床主轴箱与床身的拆装、床鞍与床身的拆装、加工中心主轴箱与立柱的拆装、工作台与床身的拆装等） 3.2.2 能通过数控机床诊断功能判断常见机械、电气、液压、气动控制故障 3.2.3 能排除数控机床的机械故障 3.2.4 能排除数控机床的强电故障	3.2.1 拆卸、组装数控机床的工艺规范 3.2.2 应用数控机床诊断功能判断常见机械、电气、液压、气动控制故障的方法 3.2.3 数控机床机械故障的排除方法 3.2.4 数控机床强电故障的排除方法 3.2.5 加工中心换刀的工作原理
	3.3 机械维修检查	能按照国家机床精度检验标准对机床整机进行精度检验，并填写机床维修验收单	国家机床精度检验标准

3.2.2 数控机床电气装调维修

职业功能	工作内容	技能要求	相关知识要求
1. 数控机床整机电气装配	1.1 整机电气装配准备	1.1.1 能读懂机床电气总装配图 1.1.2 能读懂数控机床液压与气动原理图 1.1.3 能读懂与电气相关的机械图（如换刀装置、刀库与机械手等） 1.1.4 能进行数控机床整机电气装配前的工具、仪器、仪表及相关技术文件的准备	1.1.1 机床电气总装配图识读知识 1.1.2 数控机床液压与气动原理图识读知识 1.1.3 与电气相关的机械图（如换刀装置、刀库与机械手等）识读知识 1.1.4 工具、仪器、仪表的使用方法

续表

职业功能	工作内容	技能要求	相关知识要求
1. 数控机床整机电气装配	1.2 整机电气装配	1.2.1 能按照电气装配技术文件要求进行机床的配电板、变压器、数控装置、电源等部件的安装 1.2.2 能按照电气原理图要求进行机床的数控装置、配电板、变频器、刀库、机械手、液压、润滑、排屑系统等各部分之间电缆线的连接等 1.2.3 能按照相关技术文件要求进行屏蔽线、接地线等连接	1.2.1 数控装置的接口作用、伺服装置、可编程序控制器、主轴变频器等数控系统硬件知识 1.2.2 数控机床的换刀过程及其工作原理 1.2.3 换刀装置、刀库、机械手相关知识
	1.3 整机电气装配检查	1.3.1 能完成通电前短路检测、接地电阻值检测 1.3.2 能按照技术文件规定检测相关检测点的电阻值	1.3.1 通电前短路检测、接地及相关检测点的电阻的检测方法 1.3.2 数控机床安装调试手册
2. 数控机床整机电气调试	2.1 整机电气调试准备	2.1.1 能读懂数控机床安装调试手册 2.1.2 能进行数控机床整机电气调试前的工具、仪器、仪表及相关技术文件的准备	2.1.1 数控机床安装调试手册 2.1.2 工具、仪表的使用方法
	2.2 整机电气调试	2.2.1 能在数控机床通电试车时，通过机床通信口将机床参数与可编程序控制器程序传入数控机床控制器中 2.2.2 能使用数控系统参数、可编程序控制器参数、变频器参数等对数控机床进行调整 2.2.3 能利用数控机床诊断功能进行机床功能的调试 2.2.4 能应用数控系统编制试件加工程序 2.2.5 能进行数控机床试车（如空运转） 2.2.6 能试车加工工件	2.2.1 数控系统通信方式 2.2.2 数控机床可编程序控制器程序知识 2.2.3 数控机床参数使用方法 2.2.4 变频器操作及调试方法 2.2.5 应用数控机床诊断功能调试机床功能的方法 2.2.6 刀具的几何角度、功能及刀具材料的切削性能 2.2.7 数控机床操作方法 2.2.8 数控系统的编程方法 2.2.9 机械零件加工工艺
	2.3 整机电气调试检查	2.3.1 能按照调试手册要求检查机床的各种控制功能（如限位、主轴速度、进给速度、换刀、参考点等） 2.3.2 能填写整机电气调试记录单	2.3.1 数控机床安装调试手册 2.3.2 整机电气调试记录单的填写方法

续表

职业功能	工作内容	技能要求	相关知识要求
3. 数控机床电气维修	3.1 电气维修准备	3.1.1 能读懂数控机床电器布置图、电气原理图、电气接线图等 3.1.2 能读懂机床电气总装配图 3.1.3 能读懂数控机床液压与气动原理图 3.1.4 能读懂与电气相关的机械图（如数控刀架、刀库与机械手等） 3.1.5 能进行机床维修前的工具、仪器、仪表及相关技术文件的准备	3.1.1 数控机床电器布置图、电气原理图、电气接线图、电气总装配图等识读知识 3.1.2 数控机床参数说明书、维修说明书 3.1.3 数控机床液压与气动原理图识读知识 3.1.4 工具、仪器、仪表的使用方法
	3.2 电气维修	3.2.1 能通过仪器、仪表检查故障点 3.2.2 能通过数控系统诊断功能、可编程序控制器梯形图（语句表）等诊断数控机床常见电气、机械、液压（气动）控制故障 3.2.3 能完成两种类型以上数控机床常见强、弱电气故障的维修	3.2.1 数控刀架、刀库与机械手原理 3.2.2 仪器、仪表使用方法 3.2.3 数控系统自诊断功能知识 3.2.4 数控机床电气故障与诊断方法 3.2.5 机床传动的基础知识
	3.3 电气维修检查	能检查机床故障修复情况，填写机床维修验收单	数控机床操作手册

3.2.3 普通机床机械装调维修

职业功能	工作内容	技能要求	相关知识要求
1. 普通机床机械总装	1.1 机械总装准备	1.1.1 能读懂普通机床（如铣床、磨床、齿轮加工机床、镗床等）的总装配图和部件装配图 1.1.2 能编制普通机床（如铣床、磨床、齿轮加工机床、镗床等）的装配工艺规程 1.1.3 能根据整机装配调试要求准备工具、量具、检具、工装等	1.1.1 普通机床（如铣床、磨床、齿轮加工机床、镗床等）的总装配图和部件装配图识读知识 1.1.2 普通机床（如铣床、磨床、齿轮加工机床、镗床等）装配工艺规程的编制方法 1.1.3 整机装配、调试所用工具、量具、检具、工装等原理知识及使用方法

续表

职业功能	工作内容	技能要求	相关知识要求
1. 普通机床机械总装	1.2 机械总装	1.2.1 能刮削平板，并达到以下要求：在 25 mm×25 mm 范围内接触点数不少于 20 点，表面粗糙度 $Ra0.4\ \mu m$ 1.2.2 能对旋转体进行静平衡调整 1.2.3 能装配普通机床（如铣床、磨床、齿轮加工机床、镗床等）并达到技术要求	1.2.1 提高刮削精度的方法 1.2.2 动平衡的原理和方法 1.2.3 静压导轨、静压轴承的工作原理、结构和应用方法 1.2.4 轴瓦浇注巴氏合金的知识 1.2.5 精密部件的装配知识（如高精度轴承、内圆磨具的装配等） 1.2.6 液压传动原理，常用液压泵、控制阀、辅助元件的种类、工作原理及应用方法
	1.3 机械总装检查	能按照国家机床精度检验标准对机床整机进行几何精度检测，并填写机床检测报告单	国家机床精度检验标准
2. 普通机床整机调整与验收	2.1 整机调整准备	2.1.1 能阅读简单的电气、液压（气动）系统原理图 2.1.2 能进行普通机床试车（如空运转） 2.1.3 能根据零件加工工艺要求准备刀具、夹具	2.1.1 机床电气原理图、电气接线图、液压（气动）系统原理图识读知识 2.1.2 机床试车工艺规程 2.1.3 刀具的几何角度、功能及刀具材料的切削性能知识 2.1.4 零件加工中夹具的使用方法
	2.2 整机调整	2.2.1 能进行普通机床（如磨床、镗床、龙门铣床等）的定位、水平调整与固定 2.2.2 能进行普通机床整机或维修装配后空运转试验 2.2.3 能完成普通机床整机或维修装配后试车工件的加工 2.2.4 能使用通用量具对所加工工件进行检测，并进行误差分析和调整 2.2.5 能进行普通机床总装后几何精度、工作精度的检测和调整	2.2.1 普通机床（如磨床、镗床、龙门铣床等）的工作环境与安装要求 2.2.2 普通机床的操作说明书及操作规程 2.2.3 零件加工切削参数的选择 2.2.4 机床加工工艺知识 2.2.5 通用量具、专用量具、检具的使用方法 2.2.6 加工工件测量与误差分析方法 2.2.7 普通机床几何精度、工作精度检测和调整方法 2.2.8 一般误差分析和调整的方法 2.2.9 计算机辅助设计软件的使用方法

续表

职业功能	工作内容	技能要求	相关知识要求
2. 普通机床整机调整与验收	2.3 整机验收	能按照国家机床精度检验标准对机床整机进行精度检验，并填写机床检验报告单	国家机床精度检验标准
3. 普通机床机械维修	3.1 机械维修准备	3.1.1 能读懂普通机床（如磨床、镗床、龙门铣床等）部件装配图和总装配图 3.1.2 能读懂普通机床电气原理图、电气接线图 3.1.3 能读懂普通机床液压与气动原理图 3.1.4 能根据机床机械维修要求准备工具、量具、检具、工装等	3.1.1 普通机床部件装配图和总装配图识读知识 3.1.2 普通机床电气原理图、电气接线图识读知识 3.1.3 液压与气动原理图识读知识 3.1.4 机床机械维修所用工具、量具、检具、工装的知识及使用方法
	3.2 机械维修	3.2.1 能进行滚珠螺旋传动机构、静压螺旋传动机构、离合器的维修 3.2.2 能进行静压轴承组件、镗床主轴、拼接导轨、液压系统、气动系统的调整和维修 3.2.3 能进行高速转轴的动平衡调整 3.2.4 能用光学测量仪器检测普通机床（如磨床、镗床、龙门铣床等）的几何精度 3.2.5 能通过试加工方法检测普通机床（如磨床、镗床、龙门铣床等）的工作精度 3.2.6 能进行普通机床（如磨床、镗床、龙门铣床等）的操控装置、安全防护装置、润滑系统、冷却系统及温度装置、仪表装置的维护保养 3.2.7 能诊断普通机床（如磨床、镗床、龙门铣床等）的常见故障 3.2.8 能进行普通机床（如磨床、镗床、龙门铣床等）易损件的更换和维修 3.2.9 能进行普通机床（如车床、铣床、牛头刨床等）的大修	3.2.1 提高刮削精度的方法 3.2.2 提高研磨质量的方法 3.2.3 超精密表面的检测方法 3.2.4 磨床、镗床、龙门铣床的结构和工作原理 3.2.5 磨床、镗床、龙门铣床的常见故障 3.2.6 光学测量仪器的种类、用途和工作原理 3.2.7 滚珠螺旋传动机构、静压螺旋传动机构、离合器的工作原理和特点 3.2.8 静压轴承的分类、工作原理和常见故障 3.2.9 主轴的动平衡原理、测量方法和修复工艺 3.2.10 液压、气动系统的常见故障及产生原因 3.2.11 普通机床（如磨床、镗床、龙门铣床等）保养与维护方法 3.2.12 普通机床（如车床、铣床、牛头刨床等）的大修工艺和要求
	3.3 机械维修检查	能按照国家机床精度检验标准对机床整机进行精度检验，并填写机床维修验收单	国家机床精度检验标准

3.2.4 普通机床电气装调维修

职业功能	工作内容	技能要求	相关知识要求
1. 普通机床整机电气装配	1.1 整机电气装配准备	1.1.1 能读懂普通机床电气总装配图 1.1.2 能读懂普通机床液压与气动原理图 1.1.3 能读懂与电气相关的机械图（如主轴变速箱、进给变速箱、工作台等） 1.1.4 能进行普通机床整机电气装配前的工具、量具、仪器、仪表及相关技术文件的准备	1.1.1 普通机床电气总装配图识读知识 1.1.2 液压与气动原理图识读知识 1.1.3 与电气相关的机械图（如主轴变速箱、进给变速箱、工作台等）识读知识 1.1.4 工具、仪器、仪表的使用方法
	1.2 整机电气装配	1.2.1 能按照电气装配技术文件要求进行机床的配电板、变压器、主轴变频器、可编程序控制器、电源等部件的安装 1.2.2 能按照电气原理图连接普通机床（车床、铣床、磨床等）全部电路，包括配电板、电气柜、操作台、主轴变频器、可编程序控制器、机床各部分之间电缆线的连接等 1.2.3 能按照相关技术文件要求进行屏蔽线、接地线等连接	1.2.1 机床的配电板、变压器、主轴变频器、可编程序控制器、电源等部件安装方法 1.2.2 普通机床全部电路（如配电板、电气柜、操作台、主轴变频器、可编程序控制器、机床各部分之间电缆线的连接等）安装的技术要求 1.2.3 屏蔽线、接地线等连接的相关技术要求
	1.3 整机电气装配检查	1.3.1 能完成通电前短路检测、接地电阻值检测 1.3.2 能按照技术文件规定检测相关检测点的电阻值 1.3.3 能填写整机电气装配记录单	1.3.1 通电前短路检测、接地及相关检测点的电阻的检测方法 1.3.2 机床安装调试规范 1.3.3 装配记录单的填写方法
2. 普通机床整机电气调试	2.1 整机电气调试准备	2.1.1 能读懂普通机床安装调试手册 2.1.2 能进行普通机床整机电气调试前的工具、仪器、仪表及相关技术文件的准备	2.1.1 普通机床安装调试手册 2.1.2 工具、仪表的使用方法

续表

职业功能	工作内容	技能要求	相关知识要求
2.普通机床整机电气调试	2.2 整机电气调试	2.2.1 能将可编程序控制器程序传入控制器中 2.2.2 能按照相关技术文件的要求对机床各种功能进行调试，并能处理出现的问题 2.2.3 能根据机床相关操作说明书要求对调试机床进行基本操作 2.2.4 能对机床进行水平调整 2.2.5 能调整机床几何精度	2.2.1 可编程序控制器编程软件的使用与通信方式 2.2.2 可编程序控制器程序（如梯形图）知识 2.2.3 变频器操作及调试知识 2.2.4 普通机床的操作方法 2.2.5 机床电气联调知识 2.2.6 机械零件加工工艺 2.2.7 机床水平调整的方法 2.2.8 机床几何精度调整方法
	2.3 机床整机电气调试检查	2.3.1 能按调试手册要求检查机床的各种控制功能（如急停、限位、正反转、换挡、润滑、冷却等） 2.3.2 能填写整机电气调试记录单	2.3.1 普通机床安装调试手册 2.3.2 整机电气调试记录单的填写方法
3.普通机床电气维修	3.1 电气维修准备	3.1.1 能读懂普通机床电器布置图、电气原理图、电气接线图 3.1.2 能读懂普通机床电气总装配图 3.1.3 能读懂液压与气动原理图 3.1.4 能读懂与电气相关的机械图（如主轴变速箱、进给箱变速箱、工作台等） 3.1.5 能进行机床维修前的工具、仪器、仪表及相关技术文件的准备	3.1.1 普通机床电器布置图、电气原理图、电气接线图识读知识 3.1.2 可编程序控制器梯形图识读知识 3.1.3 普通机床电气总装配图识读知识 3.1.4 液压与气动原理知识 3.1.5 主轴变速箱、进给箱变速箱、工作台等机械图的识读知识 3.1.6 工具、仪器、仪表的使用方法
	3.2 电气维修	3.2.1 能通过仪器、仪表检查故障点 3.2.2 能通过可编程序控制器梯形图等诊断机床常见电气、机械、液压故障 3.2.3 能完成普通机床常见强、弱电气故障的维修	3.2.1 仪器、仪表使用方法 3.2.2 液压与气动工作原理 3.2.3 普通机床操作方法 3.2.4 机床常见电气故障维修知识
	3.3 电气维修检查	能检查机床故障修复情况，填写机床维修验收单	普通机床操作手册

3.3 二级/技师

3.3.1 数控机床机械装调维修

职业功能	工作内容	技能要求	相关知识要求
1. 数控机床机械装配与调整	1.1 机械装配与调整前准备	1.1.1 能提出装配需要的专用夹具、胎具的设计方案，并能绘制草图 1.1.2 能读懂数控机床电气原理图、液压（气动）系统原理图、电气接线图 1.1.3 能借助词典或翻译软件看懂进口机床产品简要说明书 1.1.4 能编制机床机械装配与调整工艺规程	1.1.1 一般夹具、胎具的设计与制造知识 1.1.2 典型机床电气原理图、液压（气动）系统原理图的识读知识 1.1.3 进口机床产品简要说明书阅读知识 1.1.4 装配与调整工艺规程编制方法
	1.2 机械装配与调整	1.2.1 能完成数控机床的机械总装、试车、机械部分的调整 1.2.2 能完成多种型号数控系统加工编程 1.2.3 能完成试制新产品的装配、调试 1.2.4 能读懂数控机床可编程序控制器程序（如梯形图、语句表），能诊断故障产生的原因并排除故障 1.2.5 能判断机械装配关系的合理性，并能对装配关系中不合理的结构提出修改方案并实施 1.2.6 能制定机床日常维护保养的制度	1.2.1 数控系统加工编程方法 1.2.2 数控机床的机械调试方法 1.2.3 自动控制知识 1.2.4 数控机床可编程序控制器程序知识 1.2.5 机床日常维护保养方法
	1.3 机械装配与调整检查	1.3.1 能按照国家数控机床检验标准，利用激光干涉仪、球杆仪、检具等对机床进行精度检测，并能出具相关检测报告 1.3.2 能对三坐标测量报告和激光干涉仪、球杆仪的检测报告进行误差分析，并对数控机床的几何精度、工作精度、定位精度进行调整	1.3.1 数控机床几何精度、工作精度、定位精度的测量、误差分析及调整方法 1.3.2 国家数控机床检验标准 1.3.3 激光干涉仪、球杆仪等数字检测仪器的使用方法

续表

职业功能	工作内容	技能要求	相关知识要求
2. 数控机床机械维修	2.1 机械维修准备	能根据机床机械维修要求准备工具、量具、工装、检具等	工具、量具、工装、检具的使用方法
	2.2 机械维修	2.2.1 能排除数控机床的液压、气动故障 2.2.2 能进行数控机床（如数控车床、数控铣床、立式加工中心等）的大修 2.2.3 能进行高速、精密、大型数控机床的维护保养 2.2.4 能进行高速、精密、大型数控机床易损件的更换和维修 2.2.5 能排除数控机床常见电气线路故障	2.2.1 数控机床液压、气动故障的排除方法 2.2.2 数控机床（如数控车床、数控铣床、立式加工中心等）的大修工艺和要求 2.2.3 高速、精密、大型数控机床的保养与维护知识 2.2.4 高速、精密、大型数控机床易损件的更换方法 2.2.5 数控机床常见电气线路的故障排除方法
	2.3 机械维修检查	能按照国家机床精度检验标准对机床整机进行精度检验，并填写机床维修验收单	国家机床精度检验标准
3. 数控机床机械技术改造	3.1 机床机械技术改造准备	能进行机床机械技术改造前工具、量具、仪表的准备	工具、量具、仪表的使用方法
	3.2 机械技术改造	3.2.1 能对数控机床机械结构工艺性的不合理之处提出改进意见 3.2.2 能对损坏的零件进行测绘 3.2.3 能进行电主轴的安装与调试 3.2.4 能用力矩电动机改造蜗轮、蜗杆传动机构	3.2.1 数控机床结构及各部分工作原理 3.2.2 机械零件测绘方法 3.2.3 电主轴的安装与调试方法 3.2.4 力矩电动机的使用方法
	3.3 机械技术改造验收	能按照技术改造的技术文件设定标准进行精度检验、功能验收，并能够出具相关验收报告	机床改造的技术文件要求及检验标准
4. 培训与指导	4.1 指导操作	能指导本职业三级/高级工及以下级别人员的实际操作	指导操作的基本要求和基本方法
	4.2 理论培训	4.2.1 能撰写培训大纲 4.2.2 能讲授本专业技术理论知识	4.2.1 培训大纲的撰写方法 4.2.2 培训教学的基本方法

续表

职业功能	工作内容	技能要求	相关知识要求
5.质量与生产管理	5.1 质量管理	5.1.1 能在本职工作中贯彻各项质量标准 5.1.2 能应用质量管理知识实施操作过程的质量分析与控制	相关质量标准
	5.2 生产管理	能组织有关人员协同作业	多人协同作业的组织管理方法

3.3.2 数控机床电气装调维修

职业功能	工作内容	技能要求	相关知识要求
1.数控机床电气装配与调整	1.1 电气装配与调整准备	1.1.1 能读懂数控机床机械总装图、部件装配图、液压（气动）系统原理图 1.1.2 能绘制简单的机械零件图 1.1.3 能借助词典或翻译软件看懂进口数控机床产品简要说明书 1.1.4 能根据产品技术要求制定电气装配工艺规程	1.1.1 数控机床机械总装图、机械部件装配图、液压（气动）系统原理图识读知识 1.1.2 机械零件图的画法 1.1.3 进口机床产品简要说明书阅读知识 1.1.4 数控机床电气装配工艺规程制定方法
	1.2 电气装配与调整	1.2.1 能通过阅读使用说明书对数控系统进行加工编程 1.2.2 能对数控系统直线轴或旋转轴进行补偿 1.2.3 能利用机床伺服优化软件对各进给轴进行参数优化、调整 1.2.4 能应用、推广装调新工艺、新技术 1.2.5 能完成新产品的装配、调试 1.2.6 能分析重大质量问题的产生原因，并提出解决措施	1.2.1 数控系统编程知识 1.2.2 计算机辅助设计与制造软件的使用方法 1.2.3 数控系统直线轴或旋转轴补偿知识 1.2.4 伺服优化软件使用方法 1.2.5 数控多轴应用方法 1.2.6 新产品、新技术、新工艺知识 1.2.7 解决重大质量问题的措施与方法
	1.3 电气装配与调整检查	1.3.1 能按照数控机床操作说明书要求检验数控机床各项功能 1.3.2 能按照相关技术文件要求编制机床试机程序并运行，检验机床相关技术指标、可靠性等 1.3.3 能填写电气装配与调整记录单	1.3.1 数控机床各项功能的检验方法 1.3.2 机床试机程序编制方法 1.3.3 电气装配与调整记录单填写方法

续表

职业功能	工作内容	技能要求	相关知识要求
2. 数控机床电气维修	2.1 电气维修准备	能进行机床电气维修前的工具、仪器、仪表及相关技术文件的准备	工具、仪器、仪表的使用方法
	2.2 电气维修	2.2.1 能排除高速、精密、大型数控机床的各种电气、液压（气动）控制系统故障 2.2.2 能排除数控机床的常见机械故障	2.2.1 高速、精密、大型数控机床电气、液压（气动）控制系统故障排除方法 2.2.2 数控机床常见机械故障的排除方法
	2.3 电气维修检查	能检查机床故障修复情况，填写机床维修验收单	数控机床操作手册
3. 数控机床电气技术改造	3.1 电气技术改造准备	能进行机床电气技术改造前工具、量具、仪表的准备	工具、量具、仪表的使用方法
	3.2 电气技术改造	3.2.1 能对数控机床电气方面的不合理之处，提出修改方案并实施 3.2.2 能进行数控机床联网及数据采集系统的改造 3.2.3 能对力矩电动机的电气控制线路进行连接与调试 3.2.4 进行电主轴的电气系统连接与调试 3.2.5 能够进行简单的电气控制线路设计	3.2.1 数控机床结构及各部分工作原理 3.2.2 数控机床电气改造方法 3.2.3 数控机床联网及数据采集方法 3.2.4 力矩电动机的电气控制知识 3.2.5 电主轴的电气系统连接与调试方法
	3.3 电气技术改造验收	能按照技术文件进行功能验收，并能够出具验收报告	机床改造的技术文件要求及验收标准
4. 培训与指导	4.1 指导操作	能指导本职业三级/高级工及以下级别人员的实际操作	指导操作的基本要求和基本方法
	4.2 理论培训	4.2.1 能撰写培训大纲 4.2.2 能讲授本专业技术理论知识	4.2.1 培训大纲的撰写方法 4.2.2 培训教学的基本方法
5. 质量与生产管理	5.1 质量管理	5.1.1 能在本职工作中贯彻各项质量标准 5.1.2 能应用质量管理知识实施操作过程的质量分析与控制	相关质量标准
	5.2 生产管理	能组织有关人员协同作业	多人协同作业的组织管理方法

3.3.3 普通机床机械装调维修

职业功能	工作内容	技能要求	相关知识要求
1. 普通机床机械装配与调整	1.1 机械装配与调整准备	1.1.1 能读懂复杂机床机械、液压（气动）系统原理图和机械装配图 1.1.2 能提出专用夹具、胎具的设计方案并绘制草图 1.1.3 能借助词典和翻译软件看懂进口机床简要说明书 1.1.4 能根据新产品的技术要求，编制装配工艺规程	1.1.1 复杂机床机械、液压（气动）系统原理图和机械装配图的识读知识 1.1.2 一般夹具设计与制造知识 1.1.3 进口机床产品简要说明书阅读知识 1.1.4 与机床装配相关的新技术、新工艺、新设备、新材料知识
	1.2 机械装配与调整	1.2.1 能编制关键件的装配作业指导书 1.2.2 能装配坐标镗床、齿轮磨床及高速、精密、复杂机床，并达到技术要求 1.2.3 能按说明书要求操作数控机床 1.2.4 能进行高速、精密、复杂机床的空运转试验并排除出现的故障 1.2.5 能对高速、精密、复杂机床的试件不合格项的产生原因进行综合分析并处理 1.2.6 能制定机床日常保养的制度	1.2.1 装配作业指导书的编制方法 1.2.2 组合导轨的刮研及检测方法 1.2.3 提高研磨精度的方法及研具的制备方法 1.2.4 复杂和高精度机床的工作原理、构造及装配调整方法 1.2.5 精密量仪（如合像水平仪、光学准直仪、平晶等）的结构原理 1.2.6 机床的试件不合格项分析及处理方法 1.2.7 机床日常保养制度的制定方法
	1.3 机械装配与调整检查	能对高速、精密、复杂机床的几何精度进行检验，分析超差原因并提出解决方法	高速、精密、复杂机床几何精度的检验方法、超差原因及解决方法

续表

职业功能	工作内容	技能要求	相关知识要求
2. 普通机床机械维修	2.1 机械维修准备	能根据机床机械维修要求准备工具、量具、工装、检具等	工具、量具、工装、检具的使用方法
	2.2 机械维修	2.2.1 能直观诊断精密磨床、精密镗铣床、车铣复合机床等精密机床的常见故障 2.2.2 能检测精密磨床、精密镗铣床、车铣复合机床等精密机床的几何精度 2.2.3 能通过试件加工方法检测精密磨床、精密镗铣床、车铣复合机床等精密机床等的工作精度 2.2.4 能应用振动检测仪器进行振动检测 2.2.5 能进行精密磨床、精密镗铣床、车铣复合机床等精密机床的维修 2.2.6 能排除液压系统引起的爬行、冲击等常见故障 2.2.7 能进行精密磨床、精密镗铣床、车铣复合机床等精密机床的操控装置、安全防护装置、润滑系统、冷却系统及温度装置、仪表装置的维护保养 2.2.8 能进行精密磨床、精密镗铣床、车铣复合机床等精密机床易损件的更换和维修	2.2.1 精密磨床、精密镗铣床、车铣复合机床等精密机床的结构和工作原理 2.2.2 精密磨床、精密镗铣床、车铣复合机床等精密机床的常见故障 2.2.3 振动检测仪器的使用方法 2.2.4 超高压液压系统维修的注意事项 2.2.5 精密磨床、精密镗铣床、车铣复合机床等精密机床的保养与维护方法
	2.3 机械维修检查	能按照国家机床精度检验标准对机床整机进行精度检验,并填写机床维修验收单	国家机床精度检验标准
3. 普通机床机械技术改造	3.1 机械技术改造准备	能进行机床机械技术改造前工具、量具、仪表的准备	工具、量具、仪表的使用方法
	3.2 机械技术改造	3.2.1 能对机械设备工艺、结构不合理之处提出改造意见 3.2.2 能对损坏的零件进行测绘 3.2.3 能进行磨床、镗床、龙门铣床等通用设备机械技术改造 3.2.4 能对数控车床、立式加工中心进给传动、主轴传动部分进行装配、调整 3.2.5 能设计维修夹具	3.2.1 机械制造工艺及设计知识 3.2.2 计算机辅助设计与制造软件的使用方法 3.2.3 机械零件测绘方法 3.2.4 数控车床、立式加工中心等设备机械技术改造方法 3.2.5 数控机床基本知识 3.2.6 夹具制造知识
	3.3 机械技术改造验收	能按照技术文件进行精度检验、功能验收,并能够出具验收报告	机床改造的技术文件要求及验收标准

续表

职业功能	工作内容	技能要求	相关知识要求
4. 培训与指导	4.1 指导操作	能指导本职业三级/高级工及以下级别人员的实际操作	指导操作的基本要求和基本方法
	4.2 理论培训	4.2.1 能撰写培训大纲 4.2.2 能讲授本专业技术理论知识	4.2.1 培训大纲的撰写方法 4.2.2 培训教学的基本方法
5. 质量与生产管理	5.1 质量管理	5.1.1 能在本职工作中贯彻各项质量标准 5.1.2 能应用质量管理知识实施操作过程的质量分析与控制	相关质量标准
	5.2 生产管理	能组织有关人员协同作业	多人协同作业的组织管理方法

3.3.4 普通机床电气装调维修

职业功能	工作内容	技能要求	相关知识要求
1. 普通机床电气装配与调整	1.1 普通机床电气装配与调整准备	1.1.1 能读懂常见机床机械总装图、部件装配图、液压（气动）系统原理图 1.1.2 能绘制简单的机械零件图 1.1.3 能借助词典或翻译软件看懂进口机床产品简要说明书 1.1.4 能根据产品技术要求制定各种机床电气装配工艺规程	1.1.1 机床机械总装图、部件装配图、液压（气动）系统原理图识读知识 1.1.2 机械零件图的画法 1.1.3 进口机床产品简要说明书阅读知识 1.1.4 机床电气装配工艺规程制定方法 1.1.5 计算机辅助设计软件的使用方法
	1.2 普通机床电气装配与调整	1.2.1 能应用、推广装调新工艺、新技术 1.2.2 能完成大型、复杂金属切削类机床的电气线路装配和机电联调 1.2.3 能分析装调疑难问题的产生原因，并提出解决措施 1.2.4 能制定机床电气安全操作规程	1.2.1 新产品、新技术、新工艺的知识 1.2.2 大型、复杂金属切削类机床电气安装调试方法 1.2.3 解决装调疑难问题的方法
	1.3 普通机床电气装配与调整检查	1.3.1 能按照机床操作说明书要求检验机床各项功能 1.3.2 能填写电气装配与调整记录单	1.3.1 机床各项功能的检验方法 1.3.2 电气装配与调整记录单填写方法

续表

职业功能	工作内容	技能要求	相关知识要求
2. 普通机床电气维修	2.1 电气维修准备	能进行机床电气维修工具、量具、仪表、技术资料的准备	工具、量具、仪表的使用方法
	2.2 电气维修	2.2.1 能根据设备资料，排除大型、复杂金属切削类机床的电气、液压（气动）控制系统故障 2.2.2 能通过查看机床控制的PLC程序，分析故障原因，排除故障	2.2.1 大型、复杂金属切削类机床的电气、液压（气动）控制系统基本原理、分析及排除故障的方法 2.2.2 PLC机床控制梯形图的阅读知识
	2.3 电气维修检查	能检查机床电气故障修复情况，填写机床维修验收单	普通机床操作手册
3. 普通机床的电气技术改造	3.1 电气技术改造准备	3.1.1 能读懂改造机床技术文件的控制要求 3.1.2 能进行机床电气改造前工具、量具、仪表的准备	3.1.1 机床电气改造方案的制定规范 3.1.2 工具、量具、仪表的使用方法
	3.2 电气技术改造	3.2.1 能对普通机床电气方面的不合理之处，提出修改设计方案并实施 3.2.2 能对普通机床电气控制进行升级改造 3.2.3 能进行简单的电气控制线路设计	3.2.1 机床结构及各部分工作原理 3.2.2 机床电气改造方法 3.2.3 可编程序控制器的编程知识
	3.3 机床的电气技术改造验收	能按照技术文件进行功能验收，并出具验收报告	机床改造的技术文件要求及检验标准
4. 培训与指导	4.1 指导操作	能指导本职业三级/高级工及以下级别人员的实际操作	指导操作的基本要求和基本方法
	4.2 理论培训	4.2.1 能撰写培训大纲 4.2.2 能讲授本专业技术理论知识	4.2.1 培训大纲的撰写方法 4.2.2 培训教学的基本方法
5. 质量与生产管理	5.1 质量管理	5.1.1 能在本职工作中贯彻各项质量标准 5.1.2 能应用质量管理知识实施操作过程的质量分析与控制	相关质量标准
	5.2 生产管理	能组织有关人员协同作业	多人协同作业的组织管理方法

3.4 一级/高级技师

3.4.1 数控机床机械装调维修

职业功能	工作内容	技能要求	相关知识要求
1. 数控机床机械装配与调试	1.1 机械装配与调试准备	1.1.1 能读懂复杂数控机床的机械、电气、液压（气动）系统原理图、电气接线图 1.1.2 能借助词典或翻译软件看懂进口机床使用说明书 1.1.3 能准备高速、精密、大型机床装配与调试的工具、量具、夹具或设计工装、夹具、胎具等 1.1.4 能准备高速电主轴装配与调试的工装、动平衡仪等设备	1.1.1 复杂机床的机械、电气、液压（气动）系统原理图、电气接续线图识读知识 1.1.2 进口机床使用说明书（中外文对照表）阅读知识 1.1.3 专用夹具、胎具知识 1.1.4 高速电主轴装配与调试的工装、动平衡仪等设备的使用方法
	1.2 机械装配与调试	1.2.1 能进行数控机床操作编程 1.2.2 能组织解决高速、精密、大型数控设备装配中出现的疑难问题 1.2.3 能组织解决新产品装配、调整中出现的重大疑难问题（如加工精度、振动、变形、噪声等） 1.2.4 能配对、成组装配高速、高精密陶瓷轴承，检测轴承游隙，能配置隔套 1.2.5 能按照工艺规范要求冷装、热装高速、高精度电主轴轴承 1.2.6 能使用动平衡仪装配、调试高速、高精度电主轴	1.2.1 数控机床编程方法 1.2.2 高速、精密、大型数控设备及新产品装配、调试方法 1.2.3 装配、调试中出现的技术难题的解决方法 1.2.4 高速、高精密陶瓷轴承的配对方法、游隙检测方法、隔套配置方法 1.2.5 冷装、热装高速、高精度电主轴轴承知识 1.2.6 高速、高精度电主轴的装配与调试方法
	1.3 机械装配与调试检查	1.3.1 能按照国家数控机床检验标准，利用激光干涉仪、球杆仪等现代数字化检测设备对机床进行精度检测，并能够出具相关检测报告 1.3.2 能对三坐标测量报告、激光干涉仪检测报告进行误差分析并制定调整方案，进行数控机床的几何精度、工作精度、定位精度调整	1.3.1 数控机床几何精度、工作精度、定位精度的测量、误差分析及调整方法 1.3.2 国家数控机床检验标准 1.3.3 激光干涉仪、球杆仪等数字化检测设备的使用方法

续表

职业功能	工作内容	技能要求	相关知识要求
2. 数控机床机械维修	2.1 机械维修准备	能根据机床机械维修要求准备通用和精密电子工具、检具等	通用和精密电子工具、检具等的使用方法
	2.2 机械维修	2.2.1 能诊断并排除复杂、大型数控机床机械、液压（气动）系统等疑难故障 2.2.2 能确定常见电气故障范围，并加以排除	2.2.1 复杂、大型数控机床机械与电气故障诊断与排除方法 2.2.2 计算机网络应用知识
	2.3 机械维修检查	能按照国家机床精度检验标准对机床整机进行精度检验，并填写机床维修验收单	2.3.1 大型机床水平调整的方法 2.3.2 国家机床精度检验标准
3. 新技术应用	3.1 新技术应用	3.1.1 能应用并推广新工艺、新技术、新材料、新设备 3.1.2 能对数控机床进行项目改造 3.1.3 能应用一种计算机辅助设计与制造软件编制加工程序 3.1.4 能根据零件特点设计机械手夹具	3.1.1 新工艺、新技术、新材料、新设备应用知识 3.1.2 数控机床项目改造方法 3.1.3 计算机辅助设计与制造软件编制加工程序的方法 3.1.4 夹具设计方法
4. 培训与指导	4.1 指导操作	能指导二级/技师及以下级别人员的实际操作	指导操作的要求和方法
	4.2 理论培训	4.2.1 能对二级/技师及以下级别人员进行专业理论培训 4.2.2 能撰写培训讲义	4.2.1 培训教学的基本方法 4.2.2 培训讲义撰写方法
5. 质量与生产管理	5.1 质量管理	5.1.1 能组织进行质量攻关 5.1.2 能提出产品质量评审方案	5.1.1 质量攻关的组织方法与措施 5.1.2 产品质量评审知识 5.1.3 产品质量评审方案撰写方法
	5.2 生产管理	能根据生产计划提出调度及人员管理方案	生产管理基本知识

3.4.2 数控机床电气装调维修

职业功能	工作内容	技能要求	相关知识要求
1. 数控机床电气装配与调试	1.1 电气装配与调试准备	1.1.1 能读懂复杂数控机床的机械、电气、液压（气动）系统原理图、电气接线图 1.1.2 能借助词典或翻译软件看懂进口机床使用说明书 1.1.3 能准备高速、精密、大型机床电气装配与调试的工具、仪器、仪表等	1.1.1 复杂数控机床的机械、电气、液压（气动）系统原理图、电气接线图识读知识 1.1.2 进口机床使用说明书（中外文对照表）阅读知识
	1.2 电气装配与调试	1.2.1 能对数控机床操作编程 1.2.2 能组织解决在装配高速、精密、大型数控机床中出现的电气疑难问题 1.2.3 能对电气故障进行检测，并能判断故障点到基础单元 1.2.4 能解决新产品试制、装配、调试中出现的各种疑难问题	1.2.1 数控机床的编程方法 1.2.2 数控机床调试软件的应用知识 1.2.3 电气故障分析方法 1.2.4 机、电、液综合应用知识
	1.3 电气装配与调试检查	1.3.1 能按照机床操作说明书要求检验机床各项功能 1.3.2 能填写电气装配与调整记录单	1.3.1 机床各项功能的检验方法 1.3.2 电气装配与调整记录单填写方法
2. 数控机床电气维修	2.1 电气维修准备	能进行数控机床电气维修工具、量具、仪表、技术资料的准备	工具、量具、仪表的使用方法
	2.2 电气维修	2.2.1 能诊断并排除进口、复杂、大型数控机床的疑难电气故障 2.2.2 能解决机床维修中与电气故障相关的机械故障 2.2.3 能通过远程诊断解决疑难问题	2.2.1 进口、复杂、大型机床故障诊断与排除方法 2.2.2 计算机网络应用知识
	2.3 电气维修检查	能检查机床电气故障修复情况，填写机床维修验收单	数控机床操作手册

续表

职业功能	工作内容	技能要求	相关知识要求
3. 新技术应用	3.1 新技术应用	3.1.1 能应用并推广新工艺、新技术、新材料、新设备 3.1.2 能进行数控机床数据采集与分析 3.1.3 能对进口数控机床进行项目改造 3.1.4 能应用射频识别（RFID）技术进行零件制造过程管理	3.1.1 新工艺、新技术、新材料、新设备应用知识 3.1.2 数控机床数据采集与分析方法 3.1.3 数控机床项目改造方法 3.1.4 射频识别技术应用知识
4. 培训与指导	4.1 指导操作	能指导二级/技师及以下级别人员的实际操作	指导操作的要求和方法
	4.2 理论培训	4.2.1 能对二级/技师及以下级别人员进行专业理论培训 4.2.2 能撰写培训讲义	4.2.1 培训教学的基本方法 4.2.2 培训讲义撰写方法
5. 质量与生产管理	5.1 质量管理	5.1.1 能组织进行质量攻关 5.1.2 能提出产品质量评审方案	5.1.1 质量攻关的组织方法与措施 5.1.2 产品质量评审知识 5.1.3 产品质量评审方案撰写方法
	5.2 生产管理	能根据生产计划提出调度及人员管理方案	生产管理基本知识

3.4.3 普通机床机械装调维修

职业功能	工作内容	技能要求	相关知识要求
1. 普通机床机械装配与调试	1.1 机械装配与调试准备	1.1.1 能读懂高速、精密、大型机床机械、液压（气动）系统原理图和机械装配图、电气原理图 1.1.2 能借助词典或翻译软件看懂进口机床使用说明书 1.1.3 能准备高速、精密、大型机床装配与调试的工具、量具、夹具或设计工装、夹具等	1.1.1 高速、精密、大型机床机械、电气、液压（气动）系统原理图、电气原理图识读知识 1.1.2 进口机床使用说明书（中外文对照表）阅读知识 1.1.3 专用夹具、胎具知识 1.1.4 高速电主轴装配与调试的工装、动平衡仪等设备的使用方法

续表

职业功能	工作内容	技能要求	相关知识要求
1. 普通机床机械装配与调试	1.2 机械装配与调试	1.2.1 能进行高速、精密、大型机床（如坐标镗床、齿轮磨床等）装配工艺的编制 1.2.2 能组织解决高速、精密、大型机床在装配、调试中出现的振动、变形、噪声等疑难问题	1.2.1 高速、精密、大型机床（坐标镗床、齿轮磨床）装配工艺 1.2.2 超精研磨技术及精度测量方法，超差项的解决方法 1.2.3 高速、精密、大型机床在装配与调试中出现的技术难题及解决方法 1.2.4 振动、变形、噪声等疑难问题的解决方法
	1.3 机械装配与调试检查	能按照国家机床检验标准，利用量具、检具等对机床进行精度检测，并能够出具相关检测报告	国家机床检验标准
2. 普通机床机械维修	2.1 机械维修准备	能根据机床机械维修要求准备通用和精密电子工具、检具等	通用和精密电子工具、检具等的使用方法
	2.2 机械维修	2.2.1 能诊断弧齿铣床、导轨磨床等复杂机床的故障 2.2.2 能进行非圆齿轮减速器、高速空气静压轴承、精密非接触特种静压轴承、复杂液压工作站的维修 2.2.3 能进行精密磨床、精密镗铣床、精密车铣、弧齿铣床、导轨磨床等复杂设备的大修	2.2.1 弧齿铣床的结构和工作原理 2.2.2 弧齿铣床、导轨磨床的常见故障 2.2.3 非圆齿轮减速器、高速空气静压轴承、非接触特种静压轴承、复杂液压工作站的结构和工作原理 2.2.4 精密磨床、精密镗铣床、精密车铣、弧齿铣床、导轨磨床等复杂设备大修工艺的编制方法
	2.3 机械维修检查	2.3.1 能按照整机验收技术要求进行水平检测与调整 2.3.2 能按照国家机床精度检验标准对机床整机进行精度检验，并填写机床维修验收单	2.3.1 大型机床水平调整的方法 2.3.2 国家机床精度检验标准

续表

职业功能	工作内容	技能要求	相关知识要求
3. 新技术应用	3.1 新技术应用	3.1.1 能应用并推广新工艺、新技术、新材料、新设备 3.1.2 能对进口数控机床进行项目改造	3.1.1 新工艺、新技术、新材料、新设备应用知识 3.1.2 数控机床项目改造方法
4. 培训与指导	4.1 指导操作	能指导二级/技师及以下级别人员的实际操作	指导操作的要求和方法
	4.2 理论培训	4.2.1 能对二级/技师及以下级别人员进行专业理论培训 4.2.2 能撰写培训讲义	4.2.1 培训教学的基本方法 4.2.2 培训讲义撰写方法
5. 质量与生产管理	5.1 质量管理	5.1.1 能组织进行质量攻关 5.1.2 能提出产品质量评审方案	5.1.1 质量攻关的组织方法与措施 5.1.2 产品质量评审知识 5.1.3 产品质量评审方案撰写方法
	5.2 生产管理	能根据生产计划提出调度及人员管理方案	生产管理基本知识

3.4.4 普通机床电气装调维修

职业功能	工作内容	技能要求	相关知识要求
1. 普通机床电气装配与调试	1.1 电气装配与调试准备	1.1.1 能读懂高速、精密、大型机床机械、液压（气动）系统原理图和机械装配图、电气原理图 1.1.2 能借助词典或翻译软件看懂进口复杂机床使用说明书 1.1.3 能准备高速、精密、大型机床电气装配与调试中的工具、量具、仪器、仪表等	1.1.1 高速、精密、大型机床机械、电气、液压（气动）系统原理图、电气原理图识读知识 1.1.2 进口机床使用说明书（中外文对照表）阅读知识

续表

职业功能	工作内容	技能要求	相关知识要求
1. 普通机床电气装配与调试	1.2 电气装配与调试	1.2.1 能组织解决在装配高速、精密、大型机床中出现的电气疑难问题 1.2.2 能对复杂专用机床的程序控制不合理之处进行改进。 1.2.3 能对疑难电气故障进行检测，并能判断故障点 1.2.4 能组织相关人员解决新产品试制、装配、调试中出现的各种疑难问题或意外情况 1.2.5 能参与复杂设备系统改造方案的设计、选型，并主持设计电气原理图、电气接线图、电器布置图	1.2.1 计算机 CAD 绘图知识 1.2.2 进口机床的操作方法 1.2.3 线路板故障分析的知识和方法 1.2.4 机、电、液一体化知识
	1.3 电气装配与调试检查	1.3.1 能按照机床操作说明书要求检验机床各项功能 1.3.2 能正确填写电气装配与调整记录单	1.3.1 机床各项功能的检验方法 1.3.2 电气装配与调整记录单填写方法
2. 普通机床电气维修	2.1 电气维修准备	能进行机床电气装调与维修工具、量具、仪器、仪表、技术资料的准备	工具、量具、仪器、仪表的使用方法
	2.2 电气维修	2.2.1 能解决高速、精密、大型机床电气故障中的疑难问题 2.2.2 能组织人员对机床维修过程中的技术难点进行攻关 2.2.3 能协同各方面人员解决生产中出现的诸如设备与工艺、机械与电气、技术与管理等综合性或边缘性问题	2.2.1 机械原理基本知识 2.2.2 电气检测基本知识 2.2.3 诊断技术基本知识
	2.3 电气维修检查	能检查机床电气故障修复情况，填写机床维修验收单	普通机床操作手册
3. 新技术应用	3.1 新技术应用	3.1.1 能应用并推广新工艺、新技术、新材料、新设备 3.1.2 能对进口数控机床进行项目改造	3.1.1 新工艺、新技术、新材料、新设备应用知识 3.1.2 数控机床项目改造方法

续表

职业功能	工作内容	技能要求	相关知识要求
4. 培训与指导	4.1 指导操作	能指导二级/技师及以下级别人员的实际操作	指导操作的要求和方法
	4.2 理论培训	4.2.1 能对二级/技师及以下级别人员进行专业理论培训 4.2.2 能撰写培训讲义	4.2.1 培训教学的基本方法 4.2.2 培训讲义撰写方法
5. 质量与生产管理	5.1 质量管理	5.1.1 能组织进行质量攻关 5.1.2 能提出产品质量评审方案	5.1.1 质量攻关的组织方法与措施 5.1.2 产品质量评审知识 5.1.3 产品质量评审方案撰写方法
	5.2 生产管理	能根据生产计划提出调度及人员管理方案	生产管理基本知识

4. 权重表

4.1 数控机床机械装调维修

4.1.1 理论知识权重表

项目		技能等级	四级/中级工（%）	三级/高级工（%）	二级/技师（%）	一级/高级技师（%）
基本要求		职业道德	5	5	5	5
		基础知识	5	5	5	5
相关知识要求		数控机床机械功能部件装配	30	—	—	—
		数控机床机械功能部件调整与整机调整	30	—	—	—
		数控机床机械功能部件维修	30	—	—	—
		数控机床机械总装	—	30	—	—
		数控机床整机调整与验收	—	30	—	—
		数控机床机械维修	—	30	—	—
		数控机床机械装配与调整（调试）	—	—	30	30
		数控机床机械维修	—	—	30	30
		数控机床机械技术改造	—	—	—	20

续表

项目		技能等级	四级/中级工(%)	三级/高级工(%)	二级/技师(%)	一级/高级技师(%)
相关知识要求		新技术应用	—	—	—	20
		培训与指导	—	—	5	5
		质量与生产管理	—	—	5	5
		合计	100	100	100	100

4.1.2 技能要求权重表

项目		技能等级	四级/中级工(%)	三级/高级工(%)	二级/技师(%)	一级/高级技师(%)
技能要求		数控机床机械功能部件装配	35	—	—	—
		数控机床机械功能部件调整与整机调整	35	—	—	—
		数控机床机械功能部件维修	30	—	—	—
		数控机床机械总装	—	30	—	—
		数控机床整机调整与验收	—	35	—	—
		数控机床机械维修	—	35	—	—
		数控机床机械装配与调整（调试）	—	—	35	35
		数控机床机械维修	—	—	35	35
		数控机床机械技术改造	—	—	20	—
		新技术应用	—	—	—	20
		培训与指导	—	—	5	5
		质量与生产管理	—	—	5	5
		合计	100	100	100	100

4.2 数控机床电气装调维修

4.2.1 理论知识权重表

项目		技能等级	四级/中级工(%)	三级/高级工(%)	二级/技师(%)	一级/高级技师(%)
基本要求		职业道德	5	5	5	5
		基础知识	5	5	5	5

续表

项目	技能等级	四级/中级工(%)	三级/高级工(%)	二级/技师(%)	一级/高级技师(%)
相关知识要求	数控机床电气部件装配	30	—	—	—
	数控机床电气部件调试	30	—	—	—
	数控机床电气部件维修	30	—	—	—
	数控机床整机电气装配	—	30	—	—
	数控机床整机电气调试	—	30	—	—
	数控机床电气维修	—	30	—	—
	数控机床电气装配与调整（调试）	—	—	30	30
	数控机床电气维修	—	—	30	30
	数控机床电气技术改造	—	—	20	—
	新技术应用	—	—	—	20
	培训与指导	—	—	5	5
	质量与生产管理	—	—	5	5
	合计	100	100	100	100

4.2.2 技能要求权重表

项目	技能等级	四级/中级工(%)	三级/高级工(%)	二级/技师(%)	一级/高级技师(%)
技能要求	数控机床电气部件装配	35	—	—	—
	数控机床电气部件调试	35	—	—	—
	数控机床电气部件维修	30	—	—	—
	数控机床整机电气装配	—	30	—	—
	数控机床整机电气调试	—	35	—	—
	数控机床电气维修	—	35	—	—
	数控机床电气装配与调整（调试）	—	—	35	35
	数控机床电气维修	—	—	35	35
	数控机床电气技术改造	—	—	20	—
	新技术应用	—	—	—	20
	培训与指导	—	—	5	5
	质量与生产管理	—	—	5	5
	合计	100	100	100	100

4.3 普通机床机械装调维修

4.3.1 理论知识权重表

项目	技能等级	四级/中级工（%）	三级/高级工（%）	二级/技师（%）	一级/高级技师（%）
基本要求	职业道德	5	5	5	5
	基础知识	5	5	5	5
相关知识要求	普通机床机械功能部件装配	30	—	—	—
	普通机床机械功能部件调整与整机调整	30	—	—	—
	普通机床机械功能部件维修	30	—	—	—
	普通机床机械总装	—	30	—	—
	普通机床整机调整与验收	—	30	—	—
	普通机床机械维修	—	30	—	—
	普通机床机械装配与调整（调试）	—	—	30	30
	普通机床机械维修	—	—	30	30
	普通机床机械技术改造	—	—	20	—
	新技术应用	—	—	—	20
	培训与指导	—	—	5	5
	质量与生产管理	—	—	5	5
合计		100	100	100	100

4.3.2 技能要求权重表

项目	技能等级	四级/中级工（%）	三级/高级工（%）	二级/技师（%）	一级/高级技师（%）
技能要求	普通机床机械功能部件装配	35	—	—	—
	普通机床机械部件调整与整机调整	35	—	—	—
	普通机床机械部件维修	30	—	—	—
	普通机床机械总装	—	30	—	—
	普通机床整机调整与验收	—	35	—	—
	普通机床机械整机维修	—	35	—	—
	普通机床机械装配与调整（调试）	—	—	35	35

续表

项目		技能等级	四级/中级工(%)	三级/高级工(%)	二级/技师(%)	一级/高级技师(%)
技能要求	普通机床机械维修		—	—	35	35
	普通机床机械技术改造		—	—	20	—
	新技术应用		—	—	—	20
	培训与指导		—	—	5	5
	质量与生产管理		—	—	5	5
合计			100	100	100	100

4.4 普通机床电气装调维修

4.4.1 理论知识权重表

项目		技能等级	四级/中级工(%)	三级/高级工(%)	二级/技师(%)	一级/高级技师(%)
基本要求	职业道德		5	5	5	5
	基础知识		5	5	5	5
相关知识要求	普通机床电气部件装配		30	—	—	—
	普通机床电气部件调试		30	—	—	—
	普通机床电气部件维修		30	—	—	—
	普通机床整机电气装配		—	30	—	—
	普通机床整机电气调试		—	30	—	—
	普通机床电气维修		—	30	—	—
	普通机床电气装配与调整（调试）		—	—	30	30
	普通机床电气维修		—	—	30	30
	普通机床电气技术改造		—	—	20	—
	新技术应用		—	—	—	20
	培训与指导		—	—	5	5
	质量与生产管理		—	—	5	5
合计			100	100	100	100

4.4.2 技能要求权重表

项目	技能等级	四级/中级工（%）	三级/高级工（%）	二级/技师（%）	一级/高级技师（%）
技能要求	普通机床电气部件装配	35	—	—	—
	普通机床电气部件调整	35	—	—	—
	普通机床电气部件维修	30	—	—	—
	普通机床整机电气装配	—	30	—	—
	普通机床整机电气调试	—	35	—	—
	普通机床电气维修	—	35	—	—
	普通机床电气装配与调整（调试）	—	—	35	35
	普通机床电气维修	—	—	35	35
	普通机床电气技术改造	—	—	20	—
	新技术应用	—	—	—	20
	培训与指导	—	—	5	5
	质量与生产管理	—	—	5	5
	合计	100	100	100	100

汽车装调工国家职业技能标准

（2018年版）

1. 职业概况

1.1 职业名称

汽车装调工①

1.2 职业编码

6-22-02-01

1.3 职业定义

使用专用工装、设备和装配线，装配、调试汽车部件、总成或整车的人员。

1.4 职业技能等级

本职业共设五个等级，分别为：五级/初级工、四级/中级工、三级/高级工、二级/技师、一级/高级技师。

1.5 职业环境条件

室内、外，常温。

1.6 职业能力特征

具有一定的学习和计算能力；具有一定的空间感和形体知觉；手指、手臂灵活，动作协调。

1.7 普通受教育程度

高中毕业（或同等学力）。

1.8 职业技能鉴定要求

1.8.1 申报条件

具备以下条件之一者，可申报五级/初级工：

---

① 本职业：汽车整车装调工、汽车发动机装调工、汽车变速器装调工、汽车零部件装调工、汽车电气装调工5个工种，下同。

（1）累计从事本职业或相关职业工作 1 年（含）以上。

（2）本职业或相关职业学徒期满。

具备以下条件之一者，可申报四级/中级工：

（1）取得本职业或相关职业①五级/初级工职业资格证书（技能等级证书）后，累计从事本职业或相关职业工作 4 年（含）以上。

（2）累计从事本职业或相关职业工作 6 年（含）以上。

（3）取得技工学校本专业或相关专业②毕业证书（含尚未取得毕业证书的在校应届毕业生）；或取得经评估论证、以中级技能为培养目标的中等及以上职业学校本专业或相关专业毕业证书（含尚未取得毕业证书的在校应届毕业生）。

具备以下条件之一者，可申报三级/高级工：

（1）取得本职业或相关职业四级/中级工职业资格证书（技能等级证书）后，累计从事本职业或相关职业工作 5 年（含）以上。

（2）取得本职业或相关职业四级/中级工职业资格证书（技能等级证书），并具有高级技工学校、技师学院毕业证书（含尚未取得毕业证书的在校应届毕业生）；或取得本职业或相关职业四级/中级工职业资格证书（技能等级证书），并具有经评估论证、以高级技能为培养目标的高等职业学校本专业或相关专业毕业证书（含尚未取得毕业证书的在校应届毕业生）。

（3）具有大专及以上本专业或相关专业毕业证书，并取得本职业或相关职业四级/中级工职业资格证书（技能等级证书）后，累计从事本职业或相关职业工作 2 年（含）以上。

具备以下条件之一者，可申报二级/技师：

（1）取得本职业或相关职业三级/高级工职业资格证书（技能等级证书）后，累计从事本职业或相关职业工作 4 年（含）以上。

（2）取得本职业或相关职业三级/高级工职业资格证书（技能等级证书）的高级技工学校、技师学院毕业生，累计从事本职业或相关职业工作 3 年（含）以上；或取得本职业或相关职业预备技师证书的技师学院毕业生，累计从事本职业或相关职业工作 2 年（含）以上。

具备以下条件者，可申报一级/高级技师：

取得本职业或相关职业二级/技师职业资格证书（技能等级证书）后，累计从事本职业或相关职业工作 4 年（含）以上。

1.8.2 鉴定方式

分为理论知识考试、技能考核以及综合评审。理论知识考试以笔试、机考等方式为主，主要考核从业人员从事本职业应掌握的基本要求和相关知识要求；技能考核主要采用现场操作、模拟操作等方式进行，主要考核从业人员从事本职业应具备的技能水平；综合评审主要针对技师和高级技师，通常采取审阅申报材料、答辩等方式进行全面评议和审查。

---

① 相关职业：汽车生产线操作工、汽车饰件制造工、汽车零部件再制造工、汽车回收拆解工、汽车维修工和机动车检测工等职业，下同。

② 本专业或相关专业：汽车类专业，下同。

理论知识考试、技能考核和综合评审均实行百分制，成绩皆达 60 分（含）以上者为合格。

1.8.3 监考及考评人员与考生配比

理论知识考试中的监考人员与考生配比不低于 1∶15，且每个考场不少于 2 名监考人员；技能考核中的考评人员与考生配比应根据职业特点、考核方式等因素确定，且考评人员为 3 人（含）以上单数；综合评审委员为 3 人（含）以上单数。

1.8.4 鉴定时间

理论知识考试时间不少于 90 min；技能考核时间不少于 120 min；综合评审时间不少于 30 min。

1.8.5 鉴定场所设备

理论知识考试在标准教室进行；技能考核在具有必要的工具、夹具、量具、量仪以及相关设备的场所进行。

2. 基本要求

2.1 职业道德

2.1.1 职业道德基本知识

2.1.2 职业守则

（1）遵守法律、法规和有关规定。
（2）爱岗敬业，具有高度的责任心。
（3）严格执行工作程序、工作规范、工艺文件。
（4）工作认真负责，团结协作。
（5）爱护并正确使用设备及各类工装。
（6）着装整洁，符合规定；严格遵守安全操作规程，保持工作环境清洁有序，文明生产。

2.2 基础知识

2.2.1 基础理论知识

2.2.1.1 机械识图基础知识

（1）正投影原理和三视图。
（2）基本几何体三视图的识读。

2.2.1.2 金属与非金属材料

（1）汽车常用的金属材料。
（2）汽车常用的非金属材料。

2.2.1.3 电工基础知识

(1) 电压、电流、电阻及欧姆定律。
(2) 电路的组成。
(3) 电阻的串联与并联。
(4) 电功率与电能。
(5) 直流、交流高压系统的基本结构及原理。

2.2.1.4 汽车构造基础知识

(1) 汽车的种类与总体构造。
(2) 汽车各组成部分的作用。

2.2.1.5 汽车机械传动基础知识

(1) 汽车机械传动的形式与构造。
(2) 汽车机械传动的特点。

2.2.2 装配调整基础知识

(1) 常用工量具的种类及使用方法。
(2) 万用表的使用方法。
(3) 故障诊断仪的使用方法。

2.2.3 安全生产与环境保护知识

(1) 现场文明生产要求。
(2) 安全操作与劳动保护知识。
(3) 环境保护知识。
(4) 安全用电常识。

2.2.4 质量管理知识

(1) 质量管理体系基础知识。
(2) 现场质量管理基础知识。
(3) 质量控制与检验基础知识。

2.2.5 相关法律、法规知识

(1)《中华人民共和国劳动法》相关知识。
(2)《中华人民共和国合同法》相关知识。

3. 工作要求

本标准对五级/初级工、四级/中级工、三级/高级工、二级/技师、一级/高级技师的技能要求和相关知识要求依次递进，高级别涵盖低级别的要求。

3.1 五级/初级工

汽车（含新能源汽车）整车装调工考核职业功能 1~3；汽车发动机装调工考核职业功能 4~6；汽车变速器装调工考核职业功能 7~9；汽车零部件装调工考核职业功能 10~12；汽车电气装调工考核职业功能 13~15。

职业功能	工作内容	技能要求	相关知识要求
1. 整车装配准备	1.1 工艺准备	1.1.1 能识读本岗位工序的工艺卡（含工艺附图） 1.1.2 能识读本岗位工序的作业指导书	1.1.1 本岗位工艺卡（含工艺附图）的表达方法及各种符号的含义 1.1.2 本岗位作业指导书的表达方法及各种符号的含义
	1.2 设备、设施准备	1.2.1 能识别本岗位装配零部件、总成编号 1.2.2 能选用本岗位工序的工具、工装 1.2.3 能根据整车装调工艺选择多品种混线（流）时的装配设备、仪器及工具 1.2.4 能对本岗位所用工装、设备进行点检和维护保养	1.2.1 汽车零部件编号规则、汽车编号规则 1.2.2 汽车零部件装配图的识图知识 1.2.3 设备、仪器、工具的规格、代号及用途 1.2.4 通用工具、工装的结构原理及使用方法 1.2.5 生产线常用设备的名称、型号、原理、性能，以及操作和维护保养方法 1.2.6 新能源汽车安全知识及绝缘工具、电容放电和高压标识等知识（非新能源汽车装调工不考核此项内容）
2. 整车装配	2.1 常规要求零件的装配	2.1.1 能装配常规要求的紧固件、密封件、管线类等零件 2.1.2 能按照工艺文件完成常规零部件（如有预紧力的紧固件）的装配	2.1.1 紧固件的拧紧技术、密封性及管线类零件的特性 2.1.2 螺纹连接的装配要求及拧紧技术 2.1.3 装配间隙、装配要求、间隙测量及调整方法
	2.2 常规要求零件的更换	2.2.1 能识别常规要求的不合格零部件 2.2.2 能更换常规要求的不合格零部件	2.2.1 汽车常规零部件相关知识 2.2.2 汽车常规零部件更换的工艺方法

续表

职业功能	工作内容	技能要求	相关知识要求
3. 整车装配质量检验及处理	3.1 装配质量检验	3.1.1 能分析、识别和排除本岗位装配零件的不良状况 3.1.2 能按工艺要求完成螺栓拧紧力矩、密封性能等项目的装配与检测	3.1.1 本岗位装调工艺及质量控制要求 3.1.2 螺栓拧紧力矩基础知识
	3.2 填写质量记录单	能填写质量记录单（质量跟单）	质量记录单（质量跟单）的填写内容及要求
4. 发动机装配准备	4.1 工艺准备	4.1.1 能识读本岗位工序的工艺卡（含工艺附图） 4.1.2 能识读本岗位工序的作业指导书	4.1.1 本岗位工艺卡（含工艺附图）的表达方法及各种符号的含义 4.1.2 本岗位作业指导书的表达方法及各种符号的含义
	4.2 设备、设施准备	4.2.1 能识别本岗位装配零部件、总成编号 4.2.2 能选用本岗位工序的工具、工装 4.2.3 能根据发动机装配工艺选择多品种混线（流）时的装配设备、仪器及工具 4.2.4 能对本岗位所用工装、设备进行点检和维护保养	4.2.1 发动机零部件编号规则 4.2.2 发动机零部件装配图的识图知识 4.2.3 设备、仪器、工具的规格、代号及用途 4.2.4 通用工具、工装的结构原理及使用方法 4.2.5 生产线常用设备的名称、型号、原理、性能，以及操作和维护保养方法
5. 发动机装配	5.1 进、排气系统装配	5.1.1 能装配进气歧管、节气门等零部件 5.1.2 能装配排气歧管、增压器总成等零部件	5.1.1 拧紧工具的使用方法及装配力矩要求 5.1.2 进、排气歧管以及其上附件的装配方法 5.1.3 发动机进、排气歧管的结构 5.1.4 发动机节气门的结构和工作原理
	5.2 冷却系统装配	5.2.1 能用专用工具装配水泵 5.2.2 能装配冷却水管 5.2.3 能装配节温器、冷却液温度传感器	5.2.1 水泵专用工具使用与调校方法 5.2.2 水泵的构造 5.2.3 风扇、节温器的构造 5.2.4 水泵、进水管、排水管、节温器、冷却液温度传感器的装配工艺要求

续表

职业功能	工作内容	技能要求	相关知识要求
5. 发动机装配	5.3 润滑系统装配	5.3.1 能进行机油泵组装 5.3.2 能用专用工具完成机油滤清器的装配 5.3.3 能用拧紧工具完成放油螺栓的装配	5.3.1 机油泵的构造 5.3.2 机油滤清器的构造 5.3.3 机油泵、机油滤清器、放油螺栓的装配方法及技术要求
6. 发动机装配质量检验及处理	6.1 装配质量检验	6.1.1 能判断进气歧管、排气歧管、机油滤清器是否装配正确 6.1.2 能通过目视和手感来判断发动机的水泵是否装配正确 6.1.3 能通过目视和手感来判断各零部件的质量 6.1.4 能用刀口尺和塞规来评价零部件的平面度	6.1.1 进、排气系统工作原理 6.1.2 发动机冷却系统的工作原理及水泵的检查方法 6.1.3 润滑系统的工作原理 6.1.4 刀口尺和塞规的测量原理
	6.2 填写质量记录单	能填写质量记录单(质量跟单)	质量记录单(质量跟单)的填写内容及要求
7. 变速器装配准备	7.1 工艺准备	7.1.1 能识读本岗位工序的工艺卡(含工艺附图) 7.1.2 能识读本岗位工序的作业指导书	7.1.1 本岗位工艺卡(含工艺附图)的表达方法及各种符号的含义 7.1.2 本岗位作业指导书的表达方法及各种符号的含义
	7.2 设备、设施准备	7.2.1 能选择生产线上本岗位使用的标准工具 7.2.2 能使用本岗位的装配设备 7.2.3 能点检和保养本岗位的装配设备、工装和量具	7.2.1 工具、工装的名称、规格、代号及用途 7.2.2 本岗位装配设备的使用方法 7.2.3 点检和保养本岗位的装配设备、工装和量具的方法
8. 变速器装配	8.1 手动变速器零件装配	8.1.1 能使用拧紧工具进行螺纹连接的拧紧作业 8.1.2 能完成变速器轴与齿轮的装配	8.1.1 螺纹连接及螺纹拧紧知识 8.1.2 过盈连接压入法和温差法装配知识、变速器轴与齿轮的装配要领
	8.2 手动变速器总成装配	8.2.1 能完成变速器同步器等分总成的装配 8.2.2 能完成变速器附件传感器、电磁阀等装配 8.2.3 能完成变速器轴系分总成、操纵机构分总成、驻车机构分总成、壳体总成等合箱作业	8.2.1 同步器等分总成的相关原理、同步器等分总成装配要领 8.2.2 传感器、电磁阀基础知识、装配要领 8.2.3 变速器轴系及各分总成等合箱作业操作要领

续表

职业功能	工作内容	技能要求	相关知识要求
9. 变速器装配质量检验及处理	9.1 装配质量检验	9.1.1 能完成零件装配尺寸的检测 9.1.2 能识别和排除本岗位的装配不良状况	9.1.1 螺纹连接拧紧力矩的检测方法 9.1.2 装配尺寸的测量方法
	9.2 填写质量记录单	能填写质量记录单（质量跟单）	质量记录单（质量跟单）的填写内容及要求
10. 零部件装配准备	10.1 工艺准备	10.1.1 能识读本岗位工序的工艺卡（含工艺附图） 10.1.2 能识读本岗位工序的作业指导书	10.1.1 本岗位工艺卡（含工艺附图）的表达方法及各种符号的含义 10.1.2 本岗位作业指导书的表达方法及各种符号的含义
	10.2 设备、设施准备	10.2.1 能选择本岗位使用的标准工具 10.2.2 能使用本岗位的装配设备 10.2.3 能点检和保养本岗位的装配设备、工装和量具	10.2.1 工具、工装的名称、规格、代号及用途 10.2.2 本岗位装配设备的使用方法 10.2.3 点检和保养本岗位的装配设备、工装和量具的方法
11. 零部件装配	11.1 零部件装配工具、设备、设施的安全使用	11.1.1 能使用扭力扳手、气动扳手按工艺要求完成紧固作业 11.1.2 能使用游标卡尺、千分尺、塞尺测量装配尺寸	11.1.1 扭力扳手、气动扳手的使用方法 11.1.2 游标卡尺、千分尺、塞尺的使用方法
	11.2 零部件装配作业	11.2.1 能装配常规要求螺栓、螺母、螺钉等紧固件、密封件 11.2.2 能装配有预紧力要求的零件 11.2.3 能加注润滑油、脂	11.2.1 常规要求紧固件的拧紧技术 11.2.2 密封件的装配技术 11.2.3 润滑油、脂加注方法
12. 零部件装配质量检验及处理	12.1 装配质量检验	12.1.1 能完成零件装配尺寸的检测 12.1.2 能识别和排除本岗位的装配不良状况	12.1.1 螺纹连接拧紧力矩的检测方法 12.1.2 装配尺寸的测量方法
	12.2 填写质量记录单	能填写质量记录单（质量跟单）	质量记录单（质量跟单）的填写内容及要求

续表

职业功能	工作内容	技能要求	相关知识要求
13. 电气装配准备	13.1 工艺准备	13.1.1 能识读本岗位电气装配工艺卡和作业指导书 13.1.2 能识读本岗位电气装配的工艺附图 13.1.3 能根据电气装配工艺卡选择多品种混线（流）时的装配设备	13.1.1 本岗位工艺文件及工艺附图的识读知识 13.1.2 电路图的画法及电路图的识读知识
	13.2 设备、设施准备	13.2.1 能选择本岗位使用的标准工具 13.2.2 能使用本岗位的装配设备 13.2.3 能点检和保养本岗位的装配设备、工装和量具	13.2.1 工具、工装的名称、规格、代号及用途 13.2.2 本岗位装配设备的使用方法 13.2.3 点检和保养本岗位的装配设备、工装和量具的方法
14. 电气装调	14.1 电气部件装配	能根据工艺卡和作业指导书完成起动机、发电机、仪表、线束等部件的装配	汽车起动机、发电机、仪表、线束的装配工艺知识
	14.2 电气系统装配	能根据工艺卡和作业指导书完成电气娱乐系统、照明系统及其他电控系统零部件的装配	电气娱乐系统、照明系统及其他电控系统零部件的装配工艺知识
15. 电气装配质量检验及处理	15.1 装配质量检验	15.1.1 能对本岗位装配后的汽车电气部件进行自检和外观检查 15.1.2 能识别本岗位电气装调不良状况	本岗位装配质量检验项目和检验方法
	15.2 填写质量记录单	能填写质量记录单（质量跟单）	质量记录单（质量跟单）的填写内容及要求

3.2 四级/中级工

汽车（含新能源汽车）整车装调工考核职业功能 1~3；汽车发动机装调工考核职业功能 4~6；汽车变速器装调工考核职业功能 7~9；汽车零部件装调工考核职业功能 10~12；汽车电气装调工考核职业功能 13~15。

职业功能	工作内容	技能要求	相关知识要求
1. 整车装配准备	1.1 工艺准备	1.1.1 能识读本班组工序的工艺卡（含工艺附图） 1.1.2 能识读本班组工序的作业指导书 1.1.3 能通过 VIN（Vehicle Identification Number，车辆识别码）来区分各车型	1.1.1 本班组工艺卡（含工艺附图）的表达方法 1.1.2 本班组作业指导书的表达方法 1.1.3 生产线上汽车零部件及总成件零件号的识别方法 1.1.4 汽车 VIN 识别规则
	1.2 设备、设施准备	1.2.1 能选用本班组各工序所需要的工具、工装 1.2.2 能根据整车装调工艺选择多品种混线（流）时的装调设备、仪器及工具 1.2.3 能使用整车装调常用的检测工具 1.2.4 能检查并报修工装、设备的常见故障	1.2.1 本班组工装的使用方法 1.2.2 本班组设备、仪器的结构 1.2.3 本班组工装、设备的使用、维护工作程序
2. 整车装配	2.1 有动平衡要求零件的装配	能进行轮胎分装、平衡轴分装等有动平衡要求的零件的装配	2.1.1 动平衡的原理 2.1.2 有动平衡要求的零件的装配方法
	2.2 有配合、密封等要求的零件的装配	2.2.1 能进行门、盖的装配 2.2.2 能进行传动轴、离合器等零件的装调	2.2.1 有配合要求的零件的装配方法 2.2.2 有密封要求的零件的装配方法
3. 整车装配质量检验及处理	3.1 装配质量检验	能识别、分析和排除本班组装配零件的不良状况	本班组装调工艺及质量的控制要求
	3.2 质量分析	能根据质量记录进行质量分析	本班组的质量统计分析方法

续表

职业功能	工作内容	技能要求	相关知识要求
4.发动机装配准备	4.1 工艺准备	4.1.1 能识读本班组工序的工艺卡（含工艺附图） 4.1.2 能识读本班组工序的作业指导书 4.1.3 能识别本班组各岗位装配零部件、总成编号	4.1.1 本班组工艺卡（含工艺附图）的表达方法 4.1.2 本班组作业指导书的表达方法 4.1.3 发动机零部件编号规则 4.1.4 发动机零部件装配图的识图知识
	4.2 设备、设施准备	4.2.1 能使用本班组各岗位工序的工具、工装 4.2.2 能根据发动机装配工艺选择多品种混线（流）时的装配设备、仪器及工具 4.2.3 能对本班组各岗位所用工装、设备进行点检和维护保养	4.2.1 设备、仪器、工具的规格、代号及用途 4.2.2 通用工具、工装的结构原理及使用方法 4.2.3 生产线常用设备的名称、型号、原理、性能，以及操作和维护保养方法
5.发动机装配	5.1 活塞连杆组件装配	5.1.1 能在节拍时间内完成缸体、活塞连杆组件装配 5.1.2 能用专用工具装配曲轴轴瓦、连杆轴瓦、活塞连杆组件、止推片等 5.1.3 能装配平衡轴 5.1.4 能装配飞轮	5.1.1 缸体、活塞组件装配工艺及流程 5.1.2 曲轴轴瓦和连杆轴瓦的选配要求 5.1.3 发动机平衡轴的装配方法 5.1.4 飞轮的作用及装配方法
	5.2 气缸盖装配	5.2.1 能用装配工具将气缸盖装配在气缸体上 5.2.2 能装配气缸盖定位销 5.2.3 能装配气缸盖垫、密封圈	5.2.1 螺栓的拧紧力矩要求 5.2.2 气缸体与气缸盖之间的密封要求 5.2.3 气缸盖密封圈的作用 5.2.4 气缸盖的结构和装配注意事项 5.2.5 气缸盖定位销、气缸体、气缸盖垫、气缸盖密封圈等的装配方法
	5.3 发动机电控系统装配	5.3.1 能装配火花塞、点火线圈 5.3.2 能装配发动机线束 5.3.3 能装配发动机各传感器、执行器	5.3.1 火花塞、点火线圈的结构和装配要求 5.3.2 发动机线束的装配要求 5.3.3 发动机各传感器、执行器的结构和装配要求

续表

职业功能	工作内容	技能要求	相关知识要求
6. 发动机装配质量检验及处理	6.1 装配误差检验	6.1.1 能检测曲轴转动扭矩，能测量发动机曲轴的轴向间隙 6.1.2 能判断活塞、连杆重量分组及装配方向的正确性和一致性 6.1.3 能用扭力扳手检测连杆螺栓、主轴承盖螺栓、气缸盖螺栓拧紧力矩是否达到要求 6.1.4 能用缸盖进、排气道密封性检测仪检测缸盖进、排气道的密封性	6.1.1 曲轴转动扭矩的检测方法 6.1.2 曲轴轴向间隙要求及测量方法 6.1.3 活塞连杆组的装配要求 6.1.4 扭力扳手的使用及调校方法 6.1.5 气缸盖密封性检测仪的使用方法 6.1.6 气缸盖螺栓、主轴承盖螺栓拧紧力矩的检测方法
	6.2 零部件质量检验	6.2.1 能进行主轴瓦、连杆轴瓦径向间隙的正确测量 6.2.2 能用目视的检查方法检查各传感器、执行器、发动机线束的接插件是否完好	6.2.1 轴瓦的结构和选配要求 6.2.2 轴瓦间隙的测量方法
	6.3 质量分析	能根据质量记录进行质量分析	数据统计与计算分析知识
7. 变速器装配准备	7.1 工艺准备	7.1.1 能识读本班组工序的工艺卡（含工艺附图） 7.1.2 能识读本班组工序的作业指导书 7.1.3 能通过零件号来区分各型号变速器	7.1.1 本班组工艺卡（含工艺附图）的表达方法 7.1.2 本班组作业指导书的表达方法 7.1.3 变速箱零件号的识别方法
	7.2 设备、设施准备	7.2.1 能选择本班组使用的工具、工装、量具 7.2.2 能使用本班组的工具、工装、量具进行变速器装调工作 7.2.3 能检查并报修设备的常见故障 7.2.4 能操作手动模式下的自动生产线	7.2.1 典型工具、工装、量具的结构原理及使用方法 7.2.2 生产线的工艺流程和节拍知识 7.2.3 压装机、拧紧机等常用设备装配知识，设备常见故障及其报修程序 7.2.4 设备操作说明书

续表

职业功能	工作内容	技能要求	相关知识要求
8. 变速器装配	8.1 手动变速器装配	8.1.1 能完成轴承、油封等关键零部件的装配 8.1.2 能检查和调整轴承装配情况 8.1.3 能根据各种不同材料的油封选择不同的润滑方式及不同的工装 8.1.4 能完成变速器轴系分总成、操纵机构分总成、驻车机构分总成、壳体总成、副变速器总成的装配	8.1.1 轴承、油封等装配知识及注意事项 8.1.2 润滑保养基础知识 8.1.3 密封件的结构特点及装配注意事项 8.1.4 变速器主要零部件的工作原理及装配要求 8.1.5 变速器轴系分总成、顶盖总成、上盖总成、副变速器总成的装配要求
	8.2 自动变速器液压模块装配	8.2.1 能完成阀芯、阀套、弹簧等装配 8.2.2 能完成电磁阀、支架及线束的装配 8.2.3 能完成自动变速器上阀体、下阀体及隔板的装配	8.2.1 液压模块总成结构 8.2.2 电磁阀装配和固定螺栓的装配方法 8.2.3 上下阀体及隔板缺陷的判定方法
9. 变速器装配质量检验及处理	9.1 装配质量检验	9.1.1 能识别本班组装配不良状况（如齿轮花键孔与花键轴的配合间隙不良）并排除 9.1.2 能判断操纵系统各相关部件的装配质量	9.1.1 本班组装配质量的控制要求 9.1.2 顾客对变速器操纵的感知质量要求（轻便、舒适）
	9.2 质量分析	能根据质量记录进行质量分析	数据统计与计算分析知识
10. 零部件装配准备	10.1 工艺准备	10.1.1 能识读本班组工序的工艺卡（含工艺附图） 10.1.2 能识读本班组工序的作业指导书	10.1.1 本班组工艺卡（含工艺附图）的表达方法 10.1.2 本班组作业指导书的表达方法
	10.2 设备、设施准备	10.2.1 能选择本班组使用的工具、工装、量具 10.2.2 能检查并报修设备的常见故障 10.2.3 能操作手动模式下的自动生产线	10.2.1 典型工具、工装、量具的结构原理及使用方法 10.2.2 本班组总成及主要零部件的工作原理 10.2.3 压装机、拧紧机等常用设备装配知识，设备常见故障及其报修程序 10.2.4 设备操作说明书

续表

职业功能	工作内容	技能要求	相关知识要求
11. 零部件装配	11.1 零部件装配设备的使用	11.1.1 能使用本班组的工装、量具、专用工具进行总成装调工作 11.1.2 能识别所装配部件的装配扭矩要求，能使用测量工具进行扭矩监控 11.1.3 能检查并报修设备的常见故障	11.1.1 常用工具、设备、设施的工作原理 11.1.2 专用工具、设备、设施的工作原理、操作方法和技巧
	11.2 零部件装配调整作业	11.2.1 能进行有配合要求部件的装配与调整 11.2.2 能进行有动平衡要求零件的装配与调整 11.2.3 能进行驱动桥、转向桥组件的装配与调整 11.2.4 能进行离合器组件的装配与调整 11.2.5 能进行制动器的装配与调整 11.2.6 能进行悬架系统的装配与调整 11.2.7 能进行主减速器、差速器的分解、组装与调整 11.2.8 能进行车身（含车身附件、内饰、外装等）的分解、组装与调整	11.2.1 有配合、动平衡特殊要求零件的装配方法 11.2.2 汽车各零部件的装配标准和工艺规范
12. 零部件装配质量检验及处理	12.1 装配质量检验	12.1.1 能识别本班组装配不良状况 12.1.2 能排除本班组装配质量问题	本班组装配质量的控制要求
	12.2 质量分析	能根据记录进行本班组质量分析	数据统计与计算分析知识
13. 电气装配准备	13.1 工艺准备	13.1.1 能识读本班组电气装配工艺卡和作业指导书 13.1.2 能识读本班组电气装配的工艺附图	13.1.1 本班组工艺文件及工艺附图的识读知识 13.1.2 本班组工具、工装的名称、规格、代号及用途

续表

职业功能	工作内容	技能要求	相关知识要求
13. 电气装配准备	13.2 设备、设施准备	13.2.1 能根据工艺卡选择本班组多品种混线（流）的装调工具、工装 13.2.2 能检查和判定装调生产线电气检测设备的故障	13.2.1 汽车仪表盘指示灯的图形符号知识 13.2.2 汽车电气装调生产线常用工具、工装的结构原理 13.2.3 装调生产线常见电气检测设备的结构与工作原理
14. 电气装调	14.1 电气部件装配	能对本班组电气部件进行装配	照明系统、各类开关、仪表、电气娱乐系统、各电控单元、线束等电气零部件的构造知识
	14.2 电气部件调整	14.2.1 能对本班组电气部件进行功能设置 14.2.2 能对本班组电气部件进行功能确认	照明系统、各类开关、仪表、电气娱乐系统、各电控单元、线束等电气零部件的功能设置方法
15. 电气装配质量检验及处理	15.1 装配质量检验	15.1.1 能对本班组装配的电气部件进行质量检验 15.1.2 能对本班组装配的电气部件进行故障分析与判定	15.1.1 汽车电气部件的质量检验方法 15.1.2 汽车发电机、变速器、起动机、仪表、照明系统、电气娱乐系统及其他电控系统电气常见故障的形式和分析方法
	15.2 装配质量分析	能根据记录进行质量分析	质量分析工具知识

3.3 三级/高级工

汽车（含新能源汽车）整车装调工考核职业功能 1~3；汽车发动机装调工考核职业功能 4~6；汽车变速器装调工考核职业功能 7~9；汽车零部件装调工考核职业功能 10~12；汽车电气装调工考核职业功能 13~15。

职业功能	工作内容	技能要求	相关知识要求
1. 整车装配准备	1.1 工艺准备	1.1.1 能识读本工段生产线上各工序的工艺文件、工艺附图 1.1.2 能识别本工段生产线的装配零部件、总成编号 1.1.3 能审查装调生产线工艺文件并能提出更改意见	1.1.1 汽车总成及分总成，机械部件装配调整工艺流程，各种装配工艺方法及应用 1.1.2 汽车零部件结构及基本原理 1.1.3 汽车材料基本知识 1.1.4 汽车整车装调工艺规程 1.1.5 汽车装配图中技术要求的标注方法

续表

职业功能	工作内容	技能要求	相关知识要求
1. 整车装配准备	1.2 设备、设施准备	1.2.1 能选用生产线上本工段各工序所需要的工具、工装 1.2.2 能对本工段设备精度进行监控	1.2.1 常用装调设备的结构和原理 1.2.2 常用装调设备的精度及调试方法
2. 整车装调	2.1 总成部件装调	2.1.1 能进行汽车灯具、灯光检测与调整 2.1.2 能进行四轮定位的调整 2.1.3 能进行制动系统的检测及调整 2.1.4 能进行汽车转向系统装调 2.1.5 能进行组合踏板的装调 2.1.6 能进行汽车前、中、后桥装调	2.1.1 汽车前照灯的调整方法 2.1.2 汽车四轮定位的调整操作规程 2.1.3 制动间隙的调整方法 2.1.4 主减速器轴承预紧力的调整方法 2.1.5 所装配总成的工艺流程及作业指导书
	2.2 动力总成装调（非新能源汽车）	2.2.1 能进行发动机总成的装配及调整 2.2.2 能进行变速器总成的装配及调整 2.2.3 能进行离合器的调整	2.2.1 变速器换挡机构的调整方法 2.2.2 离合器踏板自由行程的调整方法
	2.3 高压部件装调（新能源汽车）	2.3.1 能完成新能源汽车高压配电单元总成部件的装调 2.3.2 能完成新能源汽车高压线束的装调 2.3.3 能完成新能源汽车高压母线绝缘及动力电池箱外观的检查与确认 2.3.4 能完成新能源汽车高压总保险的装调 2.3.5 能完成新能源汽车动力电池箱的装调 2.3.6 能完成新能源汽车高压母线、低压线束与动力电池组的装调	2.3.1 高压配电单元的装配调整方法 2.3.2 高压线束的装配调整方法 2.3.3 数字绝缘兆欧表的使用知识 2.3.4 高压总保险的相关知识 2.3.5 高压母线及低压线束的装配知识

续表

职业功能	工作内容	技能要求	相关知识要求
3. 整车装配质量检验及处理	3.1 装配质量检验	3.1.1 能识别、分析和排除本工段生产线各岗位上的装配不良状况 3.1.2 能制作简易检测工装（如定位工装）	3.1.1 生产线装配工艺及质量控制要求 3.1.2 整车装配质量检测方法
	3.2 质量分析	能对装调过程中产生的误差进行原因分析	3.2.1 质量统计过程控制方法及应用 3.2.2 装调过程中产生误差的原因和分析方法
4. 发动机装配准备	4.1 工艺准备	4.1.1 能识读本工段生产线上各工序的工艺文件、工艺附图 4.1.2 能识别本工段生产线的装配零部件、总成编号 4.1.3 能审查装调生产线工艺文件并能提出更改意见	4.1.1 发动机机械部件装配调整工艺流程，各种装配工艺方法及应用 4.1.2 发动机零部件结构及基本原理 4.1.3 发动机零部件材料基本知识
	4.2 设备、设施准备	4.2.1 能使用本工段生产线各岗位工序的工具、工装、设备仪器 4.2.2 能根据发动机装配工艺选择多品种混线（流）时的装配设备、仪器及工具 4.2.3 能对本工段生产线各岗位所用工装、设备进行点检和维护保养	4.2.1 设备仪器、工具的规格、代号及用途 4.2.2 通用工具、工装的结构原理及使用方法 4.2.3 生产线常用设备的名称、型号、原理、性能，以及操作和维护保养方法
5. 发动机装配	5.1 气缸盖总成装配	5.1.1 能用专用工具装配气门油封 5.1.2 能装配进、排气门弹簧 5.1.3 能用气门锁夹压装机装配气门弹簧座及锁夹组件 5.1.4 能装配气门推杆	5.1.1 配气系统装配专用工具的使用方法 5.1.2 气门锁夹压装机的使用方法 5.1.3 配气机构的构造及工作原理 5.1.4 气门油封、气门弹簧、气门弹簧座和气门锁夹的装配方法

续表

职业功能	工作内容	技能要求	相关知识要求
5. 发动机装配	5.2 配气正时装配	5.2.1 能用专用工具装配发动机正时链条或正时带 5.2.2 能用专用工具装配正时链条或正时带张紧装置、导轨等 5.2.3 能装配发动机液压挺杆、摇臂、凸轮轴等 5.2.4 能装配可变配气机构	5.2.1 发动机正时系统的工作原理和装配要求 5.2.2 发动机正时链条或正时带的结构及装配要求 5.2.3 发动机液压挺杆的结构和原理 5.2.4 凸轮轴的工作原理及装配要求 5.2.5 发动机可变配气机构的工作原理和装配要求
	5.3 燃油供给系统装配	5.3.1 能装配燃油分配管 5.3.2 能装配喷油器和高压燃油管路 5.3.3 能装配发动机高压油泵 5.3.4 能装配发动机高压共轨系统	5.3.1 发动机燃油供给系统的原理 5.3.2 燃油分配管和高压共轨系统的装配要求 5.3.3 喷油器工作原理及装配要求 5.3.4 发动机高压泵的工作原理及装配要求
	5.4 发动机附件装配	5.4.1 能用专用工具装配发电机、空调压缩机、水泵风扇总成、动力转向泵等发动机附件及驱动带 5.4.2 能用专用工具装配张紧机构	5.4.1 发动机附件及驱动带的装配工艺要求 5.4.2 各类传动带、张紧机构的结构及装配要求
6. 发动机装配质量检验及处理	6.1 装配误差检验	6.1.1 能检查气门锁夹是否压装到位 6.1.2 能检查气门与气门座圈的密封性 6.1.3 能检查正时系统是否正确装配 6.1.4 能操作测试设备检查燃油系统的密封性 6.1.5 能用专用检具检测附件面传动带的张紧力和轮系的对齐精度	6.1.1 气门锁夹与弹簧的装配关系 6.1.2 配气机构的构造及工作原理 6.1.3 配气机构各零件的装配位置、方向、间隙的检测方法 6.1.4 发动机正时系统的测量方法 6.1.5 燃油系统密封性检查设备的原理及操作
	6.2 零部件质量检验	6.2.1 能检查气缸盖是否符合状态要求，外观有无明显的缺陷 6.2.2 能用量具（游标卡尺、千分尺、百分表等）检测各零件的尺寸、间隙等是否达到要求	6.2.1 气缸盖外观、表面机加工质量等相关知识 6.2.2 百分表的调校及使用方法 6.2.3 内径千分尺的调校及使用方法

续表

职业功能	工作内容	技能要求	相关知识要求
6. 发动机装配质量检验及处理	6.3 质量分析	能对装配过程中产生的误差进行原因分析	6.3.1 质量统计过程控制原理及应用 6.3.2 装配过程中产生误差的原因、分析方法及问题的解决方案
7. 变速器装配准备	7.1 工艺准备	7.1.1 能识读本工段生产线上各工序的工艺文件、工艺附图 7.1.2 能识别本工段生产线的装配零部件、总成编号 7.1.3 能审查装调生产线工艺文件并能提出更改意见	7.1.1 变速器机械部件装配调整工艺流程，各种装配工艺方法及应用 7.1.2 变速器零部件结构及基本原理 7.1.3 变速器零部件材料基本知识
	7.2 设备、设施准备	7.2.1 能选择本工段生产线使用的工具、工装、量具 7.2.2 能根据工艺文件选择生产线多品种混流时的工具、工装、量具 7.2.3 能检查设备的常见故障，并能对故障进行分析	7.2.1 典型工装、量具的使用方法 7.2.2 混流生产时各品种变速器工艺特点及差异 7.2.3 装配用设备基本原理和结构 7.2.4 工具、工装、设备故障形成原因与故障分析方法
8. 变速器装配	8.1 手动变速器装配与调整	8.1.1 能完成变速器轴系、顶盖、上盖等分总成及变速器总成的装配与拆解 8.1.2 能对圆锥滚子轴承的轴向游隙进行调整 8.1.3 能对由通过测量进行装调的部位进行装配与调整，如需调整的阻尼、卡环、齿轮间隙等 8.1.4 能对变速器电器元件进行装配 8.1.5 能对变速器液压、气动、电动操纵系统进行装配与调整	8.1.1 变速器轴系分总成、顶盖总成、上盖总成、副变速器总成的装配要领及拆解方法 8.1.2 圆锥滚子轴承的间隙调整知识及调整方法 8.1.3 变速器需调整部位的工作原理和调整方法 8.1.4 变速器电器系统各部件的工作原理 8.1.5 变速器液压、气动、电动系统各部件的工作原理
	8.2 自动变速器装配与调整	8.2.1 能完成变速器液压模块总成的拆解 8.2.2 能完成自动变速器总成与轴系总成的间隙调整	8.2.1 液压模块总成的拆解方法 8.2.2 间隙测量方法

续表

职业功能	工作内容	技能要求	相关知识要求
9. 变速器装配质量检验及处理	9.1 装配质量检验	9.1.1 能识别本工段各工序的装配不良状况（如轴的定位不对、变速器漏油等），并排除 9.1.2 能诊断和排除变速器电器系统的故障 9.1.3 能诊断和排除气动系统的故障	9.1.1 本工段装配质量的控制要求 9.1.2 电器系统原理及常见故障原因、处理流程 9.1.3 气动系统原理及质量异常处理流程
	9.2 质量分析及处理	9.2.1 能分析装调过程中产生误差的原因，并进行处理 9.2.2 能根据记录进行质量分析，制定改善对策或提出改善建议	9.2.1 数据统计与计算分析知识，质量改进的工作方法 9.2.2 常见装配质量问题处理方法
10. 部件装配准备	10.1 工艺准备	10.1.1 能识读本工段部件装配工艺卡和作业指导书 10.1.2 能识读本工段工序的工艺附图 10.1.3 能识读标准化作业文件 10.1.4 能阐述标准化作业指导书与作业要素单的关系与作用	10.1.1 机械识图知识 10.1.2 机械部件表达方法 10.1.3 零部件尺寸、表面粗糙度等技术要求的标注方法
	10.2 设备、设施准备	10.2.1 能选用本工段的扭力检测扳手 10.2.2 能根据工具保养知识对本工段常用工具进行常规保养 10.2.3 能根据工具保养知识对本工段工具、工装的简单故障进行分析、判断、排除 10.2.4 能按操作规程正确使用本工段的装调设备 10.2.5 能根据设备管理知识发现生产线设备的常见故障，并能对故障进行分析、判断、排除	10.2.1 常用气动扳手、电动扳手、涂胶机等装调工具、工装的结构、原理 10.2.2 常用装调工具、工装的常见故障及排除方法 10.2.3 生产设备的故障形成原因及故障分析方法
11. 部件装调	11.1 部件装调	11.1.1 能对本工段部件进行装配 11.1.2 能对本工段部件进行调整	装调部件各模块的结构、工作原理
	11.2 特殊要求零部件装调	11.2.1 能进行所装调部件间的配合、动平衡、密封、温度要求的装配 11.2.2 能进行轴承、卡簧、球头、销子等零件的装配与调整 11.2.3 能对由通过测量进行装调的部位进行装配与调整	11.2.1 配合副配合特性知识 11.2.2 主要连接件的紧固力矩及其均匀性

续表

职业功能	工作内容	技能要求	相关知识要求
12. 部件装配质量检验及处理	12.1 装配质量检测	12.1.1 能用工量具对装配的部件间隙、面差等进行测量 12.1.2 能使用实验设备、仪表、检测工具对制造完成或送检的部件总成技术状况进行检测 12.1.3 能使用实验设备、仪表、检测工具检测已修复的部件总成及零件	部件总成的验收标准
	12.2 结果处理	12.2.1 能依据测量结果对装配的部件间隙、面差等进行调整 12.2.2 能分析装调部件过程中产生误差的原因	12.2.1 间隙、面差等装配质量问题的处理方法 12.2.2 装调部件误差产生的原因
13. 电气装配准备	13.1 工艺准备	能识读本工段生产线电气装调岗位工艺卡、工艺附图及工序文件	汽车发电机、起动机、仪表、线束、照明系统、电气娱乐系统及其他电控系统等装调技术要求
	13.2 设备、设施准备	13.2.1 能选用生产线本工段装调岗位的工具、工装 13.2.2 能操作万用表、ECU（Electronic Control Unit，电子控制单元）/TCU（Transmission Control Unit，自动变速器控制单元）/ISU（Intelligent Switch Unit，智能控制开关单元）在线标定或刷写设备、ECOS（Electrical Check Out System，整车电子电器检测系统）电检设备等简单的汽车电气检测设备 13.2.3 能检查、判断生产线本工段设备的故障，并找出原因，提出解决方案	13.2.1 汽车发电机、起动机、空调、仪表、线束、照明系统、电气娱乐系统等电气控制系统的结构原理 13.2.2 汽车电气检测设备知识 13.2.3 本工段电气装配工具、工装、设备的故障形成原因与故障分析方法
14. 电气装调	14.1 电气部件装配	能在生产线本工段进行电气部件装配	汽车起动机、发电机、发动机电控、变速器电控、仪表、线束、照明系统、电气娱乐系统等电控系统零部件的工作原理
	14.2 电气部件调整	能在生产线本工段进行电气功能设置和标定	汽车起动机、发电机、发动机电控、变速器电控、仪表、线束、照明系统、电气娱乐系统等电控系统零部件的功能及标定知识

续表

职业功能	工作内容	技能要求	相关知识要求
15. 电气装配质量检验及处理	15.1 装配质量检验	15.1.1 能对生产线装配后的汽车电气部件进行故障分析与判断，并提出解决方案 15.1.2 能解决装调过程中由于工装、夹具和操作造成的质量问题	15.1.1 汽车电气部件质量评定标准与判定方法 15.1.2 汽车电气部件检测设备的工作原理
	15.2 装配质量分析	能根据记录进行质量分析	质量分析工具知识

3.4 二级/技师

汽车（含新能源汽车）整车装调工考核职业功能1~3、13及14；汽车发动机装调工考核职业功能4~5、13及14；汽车变速器装调工考核职业功能6~7、13及14；汽车零部件装调工考核职业功能9~10、13及14；汽车电气装调工考核职业功能11~14。

职业功能	工作内容	技能要求	相关知识要求
1. 整车装配准备	1.1 工艺准备	1.1.1 能计算工位工艺节拍、生产能力和工位数 1.1.2 能编制工艺卡和作业指导书 1.1.3 能审查装调生产线工艺文件并提出改进意见 1.1.4 能编制汽车的装调工艺流程 1.1.5 能根据本行业新工艺、新装备和新技术的要求改进装配工艺	1.1.1 工艺节拍、生产能力、工位数等计算方法和知识 1.1.2 工艺卡和作业指导书的编制方法 1.1.3 装调生产线工艺设计知识 1.1.4 汽车总成及分总成，机械部件装配调整工艺流程、各种装配工艺方法及应用 1.1.5 装配工艺尺寸链计算知识
	1.2 设备、设施准备	1.2.1 能设计工位的工具（包括检测工具）、工装 1.2.2 能选用装调生产线各工序的工具、工装 1.2.3 能对工具、工装提出改进意见 1.2.4 能对设备精度进行监控	1.2.1 本行业新材料、新工艺、新装备、新技术发展动向 1.2.2 装配质量检测原理 1.2.3 汽车装调生产线工艺规程

续表

职业功能	工作内容	技能要求	相关知识要求
2. 整车装调	2.1 整车系统装调	2.1.1 能进行电控发动机、自动变速器、防抱死制动系统（Antilock Brake System，ABS）、ESP（Electronic Stability Program，车身电子稳定程序）、定速巡航系统、卫星定位等车身电子控制系统的装调 2.1.2 能进行发动机、变速器、ESP/ABS/EPB（Electrical Parking Brake，电子驻车系统）等控制单元的标定与检测 2.1.3 能进行汽车舒适系统部件的标定及功能激活 2.1.4 能完成汽车前后悬架系统、制动系统、踏板自由行程的装调 2.1.5 能完成减速器与驱动电动机的装调、驱动电动机总成的装调和电动机控制器的装调（非新能源汽车不考核此项内容） 2.1.6 能进行整车检测线作业	2.1.1 电控发动机、自动变速器、防抱死制动系统（ABS）、ESP、定速巡航系统、卫星定位等车身电子控制系统操作规程 2.1.2 发动机、变速器、ESP/ABS/EPB等控制单元的标定与检测原理 2.1.3 汽车舒适系统部件的标定及功能激活原理 2.1.4 汽车前后悬架系统、制动系统、踏板自由行程的装调操作规程 2.1.5 驱动电动机和电动机控制器操作规程（非新能源汽车不考核此项内容） 2.1.6 电动门窗系统操作规程 2.1.7 中控门锁系统操作规程 2.1.8 安全气囊装置的操作规程 2.1.9 检测线调整工艺规程
	2.2 新产品装调	2.2.1 能对新产品进行试装、调整 2.2.2 能对新产品出现的问题提出改进建议	新产品的结构图、装调工艺要求、质量要求
3. 整车装配质量检验及处理	3.1 质量检验	3.1.1 能使用故障诊断仪进行整车电控系统的功能性检测 3.1.2 能排除整车电控系统的故障	3.1.1 整车电控系统的原理 3.1.2 整车电控系统零部件的功能性知识
	3.2 质量问题判定	3.2.1 能对汽车分装总成、机械部件的性能进行判定 3.2.2 能对汽车整车功能进行检测判定	3.2.1 汽车零部件功能判定方法 3.2.2 生产线全线装配质量的控制要求 3.2.3 汽车整车功能判定方法
4. 发动机装配准备	4.1 工艺识读	能识读本厂各型发动机的装配工艺文件	4.1.1 装配工艺设计知识 4.1.2 装配工艺尺寸链的计算方法

续表

职业功能	工作内容	技能要求	相关知识要求
4. 发动机装配准备	4.2 工艺编制	4.2.1 能计算工艺节拍、生产能力和工位数 4.2.2 能初步编制各工序的工艺卡和作业指导书 4.2.3 能初步编制各种发动机的装配工艺流程图	4.2.1 工艺节拍、生产能力、工位数等计算知识 4.2.2 操作规程及作业指导书的编写方法 4.2.3 发动机装配工艺流程的编制知识
5. 发动机装配及检验	5.1 总装装配	5.1.1 能根据装配工艺要求设计简易的专用工具、工装、检具 5.1.2 能评价工具、工装的合理性，并提出改进意见 5.1.3 能按装配工艺装配不同类型的发动机	5.1.1 专用工具、工装、检具的设计方法 5.1.2 各种发动机生产线工艺规程 5.1.3 发动机新技术知识 5.1.4 不同类型发动机的构造及技术要求
	5.2 故障诊断	5.2.1 能识别并解决发动机装配和检测过程中出现的问题 5.2.2 能诊断和排除发动机在整车测试时出现的问题	5.2.1 各系统（机构）的构造、工作原理、检验和调整方法 5.2.2 发动机故障诊断流程及故障诊断仪的使用方法 5.2.3 发动机故障诊断与维修方法
6. 变速器装配准备	6.1 工艺准备	6.1.1 能识读生产线各工序的工艺文件、工艺附图 6.1.2 能编制各工序的作业指导书	6.1.1 变速器生产线工艺设计知识，装配工艺尺寸链计算知识 6.1.2 作业指导书的编制方法
	6.2 设备、设施准备	6.2.1 能选用生产线各工序的工具、工装及量具 6.2.2 能评价工具、工装、量具的合理性，并提出改进意见 6.2.3 能识读进口设备相关外文标牌及使用规范	6.2.1 变速器生产线工艺规程 6.2.2 常用进口设备标牌及使用规范外文、中文对照表
7. 变速器装调及检验	7.1 手动变速器装配与调整	7.1.1 能计算工艺节拍、生产能力和工位数 7.1.2 能对自动设备进行手动操作，并调整工装夹具 7.1.3 能进行新产品试装、调整	7.1.1 工艺节拍、生产能力、工位数等计算知识 7.1.2 装配自动化及生产线相关知识 7.1.3 新产品的技术特点、工艺要求

续表

职业功能	工作内容	技能要求	相关知识要求
7. 变速器装调及检验	7.2 自动变速器装配与调整	7.2.1 能进行自动变速器标定及NVH（Noise、Vibration、Harshness，噪声、振动、声振粗糙度）测试 7.2.2 能进行液压模块总成电磁阀的装配下线测试	7.2.1 自动变速器的标定及NVH测试原理 7.2.2 液压模块总成电磁阀的测试原理
8. 变速器装配质量检验及处理	8.1 装配质量检验	8.1.1 能识别生产线各岗位的装配不良状况 8.1.2 能对不良品信息进行统计	生产线各岗位装配质量的控制要求
	8.2 质量问题处理	8.2.1 能分析变速器装配下线试验的问题 8.2.2 能排除变速器装配下线试验的问题	变速器装配下线试验方法、质量要求，常见故障诊断方法及对策
9. 部件装配准备	9.1 工艺准备	9.1.1 能识读生产线各工序的工艺文件、工艺附图 9.1.2 能编制各工序的作业指导书	9.1.1 生产线工艺设计知识 9.1.2 编制作业指导书的方法
	9.2 设备、设施准备	9.2.1 能选用生产线各工序的工具、工装及量具 9.2.2 能评价工具、工装、量具的合理性，并提出改进意见	装配工艺尺寸链计算知识
10. 部件装调及检验	10.1 部件装调	10.1.1 能计算工艺节拍、生产能力和工位数 10.1.2 能对自动设备进行手动操作，并调整工装夹具 10.1.3 能进行新产品试装、调整	10.1.1 工艺节拍、生产能力、工位数等计算知识 10.1.2 汽车试制产品技术特点、工艺要求 10.1.3 汽车试制产品装调工艺编制方法
	10.2 装配质量检验	10.2.1 能识别生产线各岗位的装配不良状况 10.2.2 能对总成装配及检测过程中发现的问题进行分析和排除	10.2.1 生产线各岗位装配质量的控制要求 10.2.2 总成装配技术、检查方法、质量要求，常见故障诊断方法及对策

续表

职业功能	工作内容	技能要求	相关知识要求
11. 电气装配准备	11.1 工艺准备	11.1.1 能编制汽车电气装调工艺卡和作业指导书 11.1.2 能识别智能互联汽车工艺的要求	11.1.1 工艺文件的编制方法 11.1.2 智能互联娱乐系统工作原理
	11.2 设备、设施准备	11.2.1 能审查电气装调工具、工装的选用 11.2.2 能阅读进口设备使用说明书及相关资料	11.2.1 工具、工装设计知识 11.2.2 进口设备资料外文、中文对照表
12. 电气装调及检验	12.1 电气部件装调	能进行新产品电气部件的试装与调整	新产品的技术特性和工艺要求
	12.2 装配质量检验	能分析重要电气部件的质量问题，找出产生原因，并提出解决方案	汽车电气部件的质量统计分析方法
13. 培训与指导	13.1 理论培训	13.1.1 能对三级/高级工及以下级别人员进行在线装配知识及基本操作培训 13.1.2 能讲授本专业基本理论知识 13.1.3 能编写培训讲义	13.1.1 培训讲义的编写方法 13.1.2 授课及实操培训方法与技巧
	13.2 操作指导	能指导三级/高级工及以下级别人员的实际操作	技能辅导技巧
14. 管理	14.1 质量管理	14.1.1 能进行质量管理工作 14.1.2 能组织、实施质量攻关项目 14.1.3 能组织、实施质量改进工作，开展 QC（Quality Control, 质量控制）活动，解决常见质量问题 14.1.4 能组织、实施质量攻关工作，开展质量活动，解决一般疑难质量问题	14.1.1 生产线质量管理的理论知识 14.1.2 质量分析与控制方法 14.1.3 QC 活动方法 14.1.4 质量管理工具
	14.2 生产管理	14.2.1 能组织有关人员协同作业 14.2.2 能组织有关人员协同工作	14.2.1 生产管理基本知识 14.2.2 精益生产基本知识

3.5 一级/高级技师

汽车（含新能源汽车）整车装调工考核职业功能 1~3、12 及 13；汽车发动机装调工考核职业功能 4~5、12 及 13；汽车变速器装调工考核职业功能 6~7、12 及 13；汽车零部件装调工考核职业功能 8~9、12 及 13；汽车电气装调工考核职业功能 10~13。

职业功能	工作内容	技能要求	相关知识要求
1. 整车装配准备	1.1 工艺准备	1.1.1 能够编制汽车总成、分总成的装调工艺流程 1.1.2 能分析生产、装调工艺存在的问题，并提出改进意见 1.1.3 能对新产品的工艺合理性进行评价，并提出改进意见 1.1.4 能借助外文词典识读进口设备的图样和技术标准等相关的主要外文资料	1.1.1 汽车装调新工艺、新技术 1.1.2 装调工艺流程的设计及编写方法 1.1.3 汽车设计的原则 1.1.4 常用进口设备资料外文、中文对照表 1.1.5 汽车行业新材料、新工艺、新装备、新技术发展趋势
	1.2 设备、设施准备	能设计生产线所需工具、工装	工具、工装的设计原则与设计方法
2. 整车装调	2.1 系统装调	能进行汽车尾气后处理系统装配、调试	汽车尾气后处理系统的工作原理
	2.2 风险识别	2.2.1 能进行电控发动机、自动变速器、防抱死制动系统（ABS）、ESP、定速巡航系统、卫星定位等车身电子控制系统的运动风险识别 2.2.2 能进行发动机、变速器、ESP/ABS/EPB 等控制单元的风险识别 2.2.3 能进行整车管路、线路装配及风险识别 2.2.4 能排除汽车前后悬架系统、制动系统、踏板自由行程的装配、机械故障 2.2.5 能进行汽车出厂调整等汽车整车风险识别	2.2.1 电喷发动机、自动变速器、防抱死制动系统（ABS）、ESP、定速巡航系统、卫星定位等车身电子控制系统运动失效风险 2.2.2 发动机、变速器、ESP/ABS/EPB 等控制单元的故障形式 2.2.3 整车管路、线路装配技术要求 2.2.4 汽车前后悬架系统、制动系统、踏板自由行程的装配、机械故障，门锁、安全气囊装置的失效风险 2.2.5 新产品的结构图、工艺、质量的项目评审要求

续表

职业功能	工作内容	技能要求	相关知识要求
3. 整车装配质量检验及处理	3.1 装配质量检验	3.1.1 能进行整车检测 3.1.2 能诊断并排除发动机、自动变速器、电器、电子控制系统等整车电气装调疑难故障 3.1.3 能完成总成、分总成性能检测和调整	3.1.1 检测线的软、硬件知识 3.1.2 发动机、自动变速器、电子控制系统等故障模式 3.1.3 汽车部件性能检测、试验知识
	3.2 质量改进	3.2.1 能进行工艺系统误差分析 3.2.2 能对整车装调工艺提出实施方案	3.2.1 汽车机械部件加工知识 3.2.2 工艺系统误差分析知识
4. 发动机装配准备	4.1 工艺准备	4.1.1 能根据本行业新材料、新工艺、新装备和新技术改进装配工艺 4.1.2 能对新产品工艺的合理性进行评价,并提出改进意见	本行业新材料、新工艺、新装备、新技术知识
	4.2 设备、设施准备	4.2.1 能对装配新型发动机的工具、工装进行设计 4.2.2 能对设计的工具、工装的合理性进行验证并提出改进意见	4.2.1 新型发动机装配、调试的知识 4.2.2 新型发动机装配中消除和减少装配误差的方法
5. 发动机装配及检验	5.1 总装装配	5.1.1 能进行新项目、改进机型的发动机试制装配 5.1.2 初步制定新项目机型的工艺流程 5.1.3 能解决装配差异性等发动机装配技术难题,并能组织技术攻关	5.1.1 新项目发动机装配方法 5.1.2 新机型的结构及特点 5.1.3 技术攻关的组织方法
	5.2 机械故障诊断	5.2.1 能进行新型发动机总成、分总成性能检测和调整 5.2.2 能进行新型发动机综合性能测试	5.2.1 发动机总成、分总成零部件性能试验知识 5.2.2 新型发动机综合性能测试知识
	5.3 电子故障排除	5.3.1 能对无"故障代码"的电控发动机进行故障诊断 5.3.2 能初步分析、解决各类发动机质量问题	5.3.1 无"故障代码"的电控发动机故障诊断要点 5.3.2 新型发动机故障诊断与维修的方法

续表

职业功能	工作内容	技能要求	相关知识要求
6. 变速器装配准备	6.1 工艺准备	能编制变速器总成及分总成的装配工艺流程	装配工艺流程的设计方法和编写方法
	6.2 设备、设施准备	6.2.1 能设计生产线所需工具、工装 6.2.2 能分析目前生产线设备存在的问题,在新购置设备时提出会审意见,设备改造时提出优化方案 6.2.3 能借助词典识读进口设备的图样和技术标准等相关的主要外文资料	6.2.1 工具、工装的设计原则与设计方法 6.2.2 装配自动化及生产线相关知识 6.2.3 常用进口设备外文、中文对照表
7. 变速器装调及检验	7.1 新技术应用	7.1.1 能根据本行业新材料、新工艺、新装备和新技术改进装配工艺 7.1.2 能对新产品工艺的合理性进行评价,并提出改进意见	本行业新材料、新工艺、新装备、新技术知识
	7.2 自动变速器装配与调整	7.2.1 能识别 TCU 软件的控制逻辑并对其进行刷写 7.2.2 能进行变速器 NVH 测试的故障诊断及限值优化 7.2.3 能使用车载控制器匹配、标定系统软件对变速器进行控制及诊断	7.2.1 变速器 TCU 的软件知识 7.2.2 变速器 NVH 测试软件知识 7.2.3 车载控制器匹配、标定系统软件的使用,如 CANape 软件
	7.3 装配质量检验	7.3.1 能对变速器装配下线试验的问题进行判定、分析和排除,并对返修问题进行统计分析,制定对策,提升装配下线合格率 7.3.2 能进行工艺系统误差分析	7.3.1 工艺系统误差分析知识 7.3.2 变速器性能试验知识
8. 部件装配准备	8.1 工艺准备	8.1.1 能编制总成的装配工艺流程 8.1.2 能设计生产线所需工具、工装	8.1.1 装配工艺流程的设计方法和编写方法 8.1.2 工具、工装的设计原则与设计方法
	8.2 设备、设施准备	能分析目前生产线设备存在的问题,在新购置设备时提出会审意见,设备改造时提出优化方案	装配自动化及生产线相关知识

续表

职业功能	工作内容	技能要求	相关知识要求
9. 部件装调及检验	9.1 部件装调	9.1.1 能根据本行业新材料、新工艺、新装备和新技术改进装配工艺 9.1.2 能对新产品工艺的合理性进行评价，并提出改进意见	本行业新材料、新工艺、新装备、新技术知识
	9.2 装配质量检验	能解决部件装调过程中（如驱动桥、转向桥、转向器、制动器、离合器等部件）出现的复杂技术难题	驱动桥、转向桥、转向器、制动器、离合器等部件的结构、功能
10. 电气装配准备	10.1 工艺准备	10.1.1 能分析生产线电气装调工艺存在的问题，并提出改进意见 10.1.2 能对汽车电气新产品工艺进行评价 10.1.3 能识别汽车电气新工艺的特殊要求	10.1.1 电气原理图知识 10.1.2 汽车构造及汽车理论知识 10.1.3 汽车电气新工艺知识
	10.2 设备、设施准备	10.2.1 能设计电气装调的工具、工装 10.2.2 能操作汽车前照灯检测仪器、尾气排放检测仪器、空调冷媒检测设备、360 标定设备、ADAS（Advanced Driver Assistant System，驾驶辅助系统标定设备）等复杂的汽车电气检测设备	10.2.1 工具、工装设计知识 10.2.2 汽车电气检测设备知识
11. 电气装调及检验	11.1 电气部件装调	11.1.1 能对车身电气系统进行电检和标定，如 360 标定、ESP 标定、辅助驾驶系统、电气智能娱乐系统等 11.1.2 能对发动机电控进行电检和标定 11.1.3 能对变速器电控系统进行电检和标定 11.1.4 能对后处理系统进行电检和标定 11.1.5 能对汽车电气前沿技术产品进行电检和标定	11.1.1 汽车车身电气部件检测项目和相关标定知识 11.1.2 发动机电控检测项目和相关标定知识 11.1.3 变速器电控检测项目和相关标定知识 11.1.4 后处理系统检测项目和相关标定知识 11.1.5 汽车电气前沿技术产品电检和标定知识
	11.2 装配质量检验	11.2.1 能诊断并排除汽车车身电气疑难故障 11.2.2 能诊断并排除发动机，自动变速器，电驱动系统，电气、电子控制系统等故障 11.2.3 能对生产线汽车电气装调工艺布置提出改进方案	11.2.1 汽车车身电气检测知识 11.2.2 发动机，自动变速器，电驱动系统，电气、电子控制系统等的故障模式及排除方法 11.2.3 汽车电气装配工艺布置

续表

职业功能	工作内容	技能要求	相关知识要求
12. 培训与指导	12.1 理论培训	12.1.1 能对二级/技师及以下级别人员进行在线装配知识培训 12.1.2 能对二级/技师及以下级别人员进行技术理论培训 12.1.3 能编写培训讲义	12.1.1 培训讲义的编写方法 12.1.2 授课及实操培训方法与技巧
	12.2 操作指导	12.2.1 能指导二级/技师及以下级别人员的实际操作 12.2.2 能指导二级/技师及以下级别人员的安全操作培训	技能辅导技巧
13. 管理	13.1 质量管理	13.1.1 能组织、实施质量改进工作，开展QC活动，解决常见质量问题 13.1.2 能组织、实施重大质量攻关工作，开展六西格玛绿带项目，解决重大质量问题	13.1.1 生产线质量管理的理论知识 13.1.2 质量分析与控制方法 13.1.3 QC活动方法 13.1.4 六西格玛方法
	13.2 生产管理	13.2.1 能组织有关人员协同工作 13.2.2 能进行生产计划、调度及生产线人员管理	13.2.1 生产管理基本知识 13.2.2 精益生产基本知识

4. 权重表

4.1 汽车整车装调工

4.1.1 理论知识权重表

项目	技能等级	五级/初级工（%）	四级/中级工（%）	三级/高级工（%）	二级/技师（%）	一级/高级技师（%）
基本要求	职业道德	5	5	5	5	5
	基础知识	25	25	20	10	5
相关知识要求	整车装配准备	25	25	25	15	10
	整车装配	35	35	—	—	—
	整车装调	—	—	30	25	15
	整车装配质量检验及处理	10	10	20	20	20
	培训与指导	—	—	—	15	25
	管理	—	—	—	10	20
合计		100	100	100	100	100

4.1.2 技能要求权重表

项目	技能等级	五级/初级工（%）	四级/中级工（%）	三级/高级工（%）	二级/技师（%）	一级/高级技师（%）
技能要求	整车装配准备	30	30	30	15	10
	整车装配	45	45	—	—	—
	整车装调	—	—	35	35	25
	整车装配质量检验及处理	25	25	35	30	25
	培训与指导	—	—	—	10	25
	管理	—	—	—	10	15
合计		100	100	100	100	100

4.2 汽车发动机装调工

4.2.1 理论知识权重表

项目	技能等级	五级/初级工（%）	四级/中级工（%）	三级/高级工（%）	二级/技师（%）	一级/高级技师（%）
基本要求	职业道德	5	5	5	5	5
	基础知识	25	25	20	10	5
相关知识要求	发动机装配准备	25	25	25	15	10
	发动机装配	35	35	30	—	—
	发动机装配质量检验及处理	10	10	20	—	—
	发动机装配及检验	—	—	—	45	35
	培训与指导	—	—	—	15	25
	管理	—	—	—	10	20
合计		100	100	100	100	100

4.2.2 技能要求权重表

项目	技能等级	五级/初级工（%）	四级/中级工（%）	三级/高级工（%）	二级/技师（%）	一级/高级技师（%）
技能要求	发动机装配准备	30	30	30	25	20
	发动机装配	45	45	35	—	—
	发动机装配质量检验及处理	25	25	35	—	—
	发动机装配及检验	—	—	—	55	40
	培训与指导	—	—	—	10	25
	管理	—	—	—	10	15
合计		100	100	100	100	100

4.3 汽车变速器装调工

4.3.1 理论知识权重表

项目	技能等级	五级/初级工（%）	四级/中级工（%）	三级/高级工（%）	二级/技师（%）	一级/高级技师（%）
基本要求	职业道德	5	5	5	5	5
	基础知识	25	25	20	10	5
相关知识要求	变速器装配准备	25	25	25	15	10
	变速器装配	35	35	30	—	—
	变速器装配质量检验及处理	10	10	20	—	—
	变速器装调及检验	—	—	—	45	35
	培训与指导	—	—	—	15	25
	管理	—	—	—	10	20
合计		100	100	100	100	100

4.3.2 技能要求权重表

项目	技能等级	五级/初级工（%）	四级/中级工（%）	三级/高级工（%）	二级/技师（%）	一级/高级技师（%）
技能要求	变速器装配准备	30	30	30	25	20
	变速器装配	45	45	35	—	—
	变速器装配质量检验及处理	25	25	35	—	—
	变速器装调及检验	—	—	—	55	40
	培训与指导	—	—	—	10	25
	管理	—	—	—	10	15
合计		100	100	100	100	100

4.4 汽车零部件装调工

4.4.1 理论知识权重表

项目	技能等级	五级/初级工（%）	四级/中级工（%）	三级/高级工（%）	二级/技师（%）	一级/高级技师（%）
基本要求	职业道德	5	5	5	5	5
	基础知识	25	20	15	10	5
相关知识要求	零部件装配准备	25	20	—	—	—
	部件装配准备	—	—	20	15	10
	零部件装配	40	45	—	—	—
	部件装调	—	—	45	—	—
	零部件装配质量检验及处理	5	10	—	—	—
	部件装配质量检验及处理	—	—	15	—	—
	部件装调及检验	—	—	—	55	45
	培训与指导	—	—	—	10	20
	管理	—	—	—	5	15
合计		100	100	100	100	100

4.4.2 技能要求权重表

项目	技能等级	五级/初级工(%)	四级/中级工(%)	三级/高级工(%)	二级/技师(%)	一级/高级技师(%)
技能要求	零部件装配准备	30	25	—	—	—
	部件装配准备	—	—	20	15	10
	零部件装配	50	50	—	—	—
	部件装调	—	—	50	—	—
	零部件装配质量检验及处理	20	25	—	—	—
	部件装配质量检验及处理	—	—	30	—	—
	部件装调及检验	—	—	—	65	50
	培训与指导	—	—	—	10	25
	管理	—	—	—	10	15
合计		100	100	100	100	100

4.5 汽车电气装调工

4.5.1 理论知识权重表

项目	技能等级	五级/初级工(%)	四级/中级工(%)	三级/高级工(%)	二级/技师(%)	一级/高级技师(%)
基本要求	职业道德	10	10	10	5	5
	基础知识	20	20	20	20	20
相关知识要求	电气装配准备	20	20	20	20	20
	电气装调	30	30	20	—	—
	电气装配质量检验及处理	20	20	30	—	—
	电气装调及检验	—	—	—	45	40
	培训与指导	—	—	—	5	10
	管理	—	—	—	5	5
合计		100	100	100	100	100

4.5.2 技能要求权重表

项目	技能等级	五级/初级工（%）	四级/中级工（%）	三级/高级工（%）	二级/技师（%）	一级/高级技师（%）
技能要求	电气装配准备	30	30	30	30	30
	电气装调	40	40	30	—	—
	电气装配质量检验及处理	30	30	40	—	—
	电气装调及检验	—	—	—	60	55
	培训与指导	—	—	—	5	10
	管理	—	—	—	5	5
合计		100	100	100	100	100

变压器互感器制造工国家职业技能标准

（2018年版）

1. 职业概况

1.1 职业名称

变压器互感器制造工[①]

1.2 职业编码

6—24—02—01

1.3 职业定义

使用设备与工装，加工、装配变压器和互感器的铁芯、线圈、绝缘件等部件，进行器身套装、引线配焊和整体装配的人员。

1.4 职业技能等级

本职业共设五个等级，分别为：五级/初级工、四级/中级工、三级/高级工、二级/技师、一级/高级技师。

1.5 职业环境条件

室内、外，常温。

1.6 职业能力特征

具有一定的学习、计算、分析判断能力；具有一定的空间感、形体知觉、色觉；手指、手臂灵活，动作协调；有较强的语言表达能力及团队协作能力。

1.7 普通受教育程度

高中毕业（或同等学力）。

[①] 本职业包含变压器装配工、互感器装配工、变压器处理工、变压器铁芯叠装工、变压器线圈制造工、变压器绝缘件装配工、变压器试验工、互感器试验工等工种。

1.8 职业技能鉴定要求

1.8.1 申报条件

具备以下条件之一者，可申报五级/初级工：
(1) 累计从事本职业工作1年（含）以上。
(2) 本职业学徒期满。

具备以下条件之一者，可申报四级/中级工：
(1) 取得本职业五级/初级工职业资格证书（技能等级证书）后，累计从事本职业工作4年（含）以上。
(2) 累计从事本职业工作6年（含）以上。
(3) 取得技工学校本专业或相关专业①毕业证书（含尚未取得毕业证书的在校应届毕业生）；或取得经评估论证、以中级技能为培养目标的中等及以上职业学校本专业或相关专业②毕业证书（含尚未取得毕业证书的在校应届毕业生）。

具备以下条件之一者，可申报三级/高级工：
(1) 取得本职业四级/中级工职业资格证书（技能等级证书）后，累计从事本职业工作5年（含）以上。
(2) 取得本职业四级/中级工职业资格证书（技能等级证书），并具有高级技工学校、技师学院毕业证书（含尚未取得毕业证书的在校应届毕业生）；或取得本职业四级/中级工职业资格证书（技能等级证书），并具有经评估论证、以高级技能为培养目标的高等职业学校本专业或相关专业③毕业证书（含尚未取得毕业证书的在校应届毕业生）。
(3) 具有大专及以上本专业或相关专业④毕业证书，并取得本职业四级/中级工职业资格证书（技能等级证书）后，累计从事本职业工作2年（含）以上。

具备以下条件之一者，可申报二级/技师：
(1) 取得本职业三级/高级工职业资格证书（技能等级证书）后，累计从事本职业工作4年（含）以上。
(2) 取得本职业三级/高级工职业资格证书（技能等级证书）的高级技工学校、技师学院毕业生，累计从事本职业工作3年（含）以上；或取得本职业预备技师证书的技师学院毕业生，累计从事本职业工作2年（含）以上。

具备以下条件者，可申报一级/高级技师：
取得本职业二级/技师职业资格证书（技能等级证书）后，累计从事本职业工作4年（含）以上。

1.8.2 鉴定方式

分为理论知识考试、技能考核以及综合评审。理论知识考试以笔试、机考等方式为主，

---

① 技工学校本专业或相关专业：机械类和电工电子类专业。
② 中等及以上职业学校本专业或相关专业：机械类和电工电子类专业。
③ 高等职业学校本专业或相关专业：机械设计制造类专业。
④ 大专及以上本专业或相关专业：电气类专业。

主要考核从业人员从事本职业应掌握的基本要求和相关知识要求；技能考核主要采用现场操作、模拟操作等方式进行，主要考核从业人员从事本职业应具备的技能水平；综合评审主要针对技师和高级技师，通常采取审阅申报材料、答辩等方式进行全面评议和审查。

理论知识考试、技能考核和综合评审均实行百分制，成绩皆达 60 分（含）以上者为合格。

1.8.3 监考人员、考评人员与考生配比

理论知识考试中的监考人员与考生配比不低于 1∶15，且每个考场不少于 2 名监考人员；技能考核中的考评人员与考生配比应不低于 1∶5，且考评人员为 3 人（含）以上单数；综合评审委员为 3 人（含）以上单数。

1.8.4 鉴定时间

理论知识考试时间不少于 90 min；五级/初级工、四级/中级工、三级/高级工技能考核时间不少于 120 min，二级/技师技能考核时间不少于 150 min，一级/高级技师技能考核时间不少于 180 min；综合评审时间不少于 30 min。

1.8.5 鉴定场所设备

理论知识考试在标准教室进行；技能考核在配备有相应的设备、工装、工具、量具、工件、仪器仪表和辅助设备，通风条件良好、光线充足、空间够用、安全设施完善的厂房及室外场所进行。

2. 基本要求

2.1 职业道德

2.1.1 职业道德基本知识

2.1.2 职业守则

（1）忠于职守，爱岗敬业。

（2）讲究质量，注重信誉。

（3）积极进取，团结协作。

（4）遵纪守法，讲究公德。

（5）着装整洁，文明生产。

（6）爱护设备，安全操作。

2.2 通用基础知识

2.2.1 机械制图基础知识

（1）机械识图与绘图。

(2) 极限与配合基础知识。

(3) 测量工具和测量方法基础知识。

2.2.2 机械加工基础知识

(1) 机械加工基本方法。

(2) 机械传动种类和组成。

2.2.3 变压器基础知识

(1) 变压器工作原理。

(2) 变压器分类和用途。

(3) 变压器主要结构。

(4) 变压器型号。

(5) 变压器制造工艺流程。

2.2.4 变压器绝缘基础知识

(1) 变压器主、纵绝缘结构。

(2) 绝缘材料种类、作用和特点。

2.2.5 电工基础知识

(1) 电路与电场基础知识。

(2) 磁路与磁场基础知识。

(3) 电磁转换基本原理。

(4) 电工测量基础知识。

2.3 专用基础知识

2.3.1 变压器装配工、互感器装配工、变压器处理工

(1) 金属材料、电工材料及润滑材料的种类、牌号及性能。

(2) 绝缘干燥基础知识。

(3) 变压器组部件的种类、作用、加工及装配特点。

(4) 互感器工作原理、分类、型号、结构、用途及电气性能。

(5) 绝缘材料性能、特点和应用范围。

(6) 变压器绝缘油的成分、牌号、主要性能。

(7) 变压器互感器装配用刀具与模具的结构、材质、安装和使用。

(8) 夹具结构、工作原理和使用方法。

(9) 装配钳工锉、锯、钻、铰、攻螺纹、套螺纹等知识。

2.3.2 变压器铁芯叠装工

(1) 机械传动种类与特点。

(2) 气动传动组成与作用。

(3) 液压传动基本概念与组成。

(4) 碳素结构钢种类与性能。
(5) 低磁钢板牌号与性能。
(6) 硅钢片特点与应用。
(7) 非晶合金特点与应用。
(8) 绝缘漆种类、性能与用途。
(9) 铁芯绑扎带种类、性能与应用。

2.3.3 变压器线圈制造工

(1) 直流电路和交流电路。
(2) 三相异步电动机基础知识。
(3) 导线种类、结构、性能。
(4) 焊剂种类及性能。
(5) 线圈结构形式、绕向和换位。
(6) 线圈主、纵绝缘。

2.3.4 变压器绝缘件装配工

(1) 绝缘件加工设备使用、维护和保养。
(2) 钳工操作基础知识。
(3) 绝缘材料性能、特点和应用范围。
(4) 变压器用绝缘材料加工特点。
(5) 绝缘件存储与运输。
(6) 绝缘材料用胶黏剂的种类及性能。

2.3.5 变压器试验工

(1) 直流电路和交流电路基本概念。
(2) 直流电路和交流电路中电压、电流测量仪表的使用方法。
(3) 线圈结构形式。
(4) 变压器主、纵绝缘结构。

2.3.6 互感器试验工

(1) 直流电路和交流电路基本概念。
(2) 直流电路和交流电路中电压、电流测量仪表的使用方法。
(3) 互感器工作原理、分类、型号、结构、用途及电气性能。
(4) 互感器制造工艺流程。
(5) 互感器线圈结构形式。
(6) 互感器主、纵绝缘结构。

2.4 质量管理知识

(1) 质量管理性质与特点。

(2) 质量管理基本方法。

2.5 安全生产与环境保护知识

(1) 安全用电及触电急救常识。
(2) 工作现场文明生产要求。
(3) 安全操作与劳动保护知识。
(4) 消防器材使用常识。
(5) 《环境管理体系要求及使用指南》相关知识。
(6) 《职业健康安全管理体系规范》相关知识。

2.6 相关法律、法规知识

(1) 《中华人民共和国劳动法》相关知识。
(2) 《中华人民共和国劳动合同法》相关知识。
(3) 《中华人民共和国环境保护法》相关知识。

3. 工作要求

本标准对五级/初级工、四级/中级工、三级/高级工、二级/技师、一级/高级技师的技能要求和相关知识要求依次递进，高级别涵盖低级别的要求。

3.1 五级/初级工

变压器装配工、互感器装配工考核职业功能1~3；变压器处理工考核职业功能4~6；变压器铁芯叠装工考核职业功能7~9；变压器线圈制造工考核职业功能10~12；变压器绝缘件装配工考核职业功能13~16；变压器试验工、互感器试验工考核职业功能17~19。

职业功能	工作内容		技能要求	相关知识要求
1. 绝缘装配	变压器装配工	1.1 工艺准备	1.1.1 能识读变压器绝缘装配图 1.1.2 能识读变压器中垫块、纸圈、角环等绝缘零件图 1.1.3 能识读绝缘装配的工艺文件	1.1.1 变压器绝缘装配的功能和质量要求 1.1.2 绝缘装配图的规定画法、技术要求、标注方法以及读图的基本方法 1.1.3 工艺文件的阅读方法
		1.2 线圈、绝缘件装配	1.2.1 能进行绝缘筒滚圆操作 1.2.2 能装配绝缘筒、撑条、端圈、围屏等绝缘件 1.2.3 能在操作过程中进行绝缘件及线圈的清洁防护	1.2.1 绝缘筒滚圆的操作方法 1.2.2 绝缘筒、撑条、端圈、围屏的装配方法 1.2.3 变压器绝缘装配过程中的清洁防护要求

续表

职业功能	工作内容		技能要求	相关知识要求
1. 绝缘装配	1.3 外观、尺寸检测	变压器装配工	1.3.1 能测量绝缘装配图中零件尺寸 1.3.2 能填写绝缘装配质量控制卡	1.3.1 变压器绝缘零件尺寸的测量方法 1.3.2 质量控制记录数据测量和表达方法
	1.4 工艺准备		1.4.1 能识读铁芯、二次线圈、一次线圈成型等图样、工艺守则及作业指导书 1.4.2 能完成包扎机、绕线机、吸尘器等设备，支架、绑扎器等工装，吊带、专用扳手、卡尺等工具及摇表、极性表等测量仪表的一级保养 1.4.3 能正确和及时填写质量控制卡 1.4.4 能按现场 6S（整理、整顿、清扫、清洁、素质、安全）要求执行	1.4.1 铁芯、二次线圈、一次线圈成型等图样、工艺守则及作业指导书的识读方法 1.4.2 绝缘装配相关的设备、工装、工具和测量仪表的一级保养方法 1.4.3 质量控制卡的识读和填写方法 1.4.4 现场 6S 的意义和做法
	1.5 线圈制作与装配	互感器装配工	1.5.1 能完成一次线圈成型制作 1.5.2 能制作主绝缘包扎中电容屏、零屏引线和末屏引线 1.5.3 能检查铁芯外观及尺寸 1.5.4 能包绕铁芯绝缘、二次线圈引出线 1.5.5 能调匝 1.5.6 能检测套装后的线圈极性	1.5.1 一次线圈成型的制作方法 1.5.2 主绝缘包扎中电容屏、零屏引线和末屏引线的制作方法 1.5.3 铁芯外观及尺寸的检查方法 1.5.4 铁芯绝缘、二次线圈引出线的包绕方法 1.5.5 调匝方法 1.5.6 互感器极性的检测方法 1.5.7 产品型号与规格的意义 1.5.8 产品结构的基础知识（串并联、电容屏、减极性等）
	1.6 质量检测与控制		1.6.1 能检查测量铁芯外观及尺寸 1.6.2 能检查测量辅件外观及尺寸 1.6.3 能检查测量二次线圈完工尺寸	1.6.1 铁芯外观及尺寸的检查测量方法 1.6.2 辅件外观及尺寸的检查测量方法 1.6.3 二次线圈尺寸的检查测量方法

续表

职业功能	工作内容		技能要求	相关知识要求
2. 引线装配	2.1 工艺准备	变压器装配工	2.1.1 能识读引线装配图和器身装配图 2.1.2 能识读引线装配所用导线夹、垫板、引线、接线片等零件图 2.1.3 能识读引线装配、器身装配的相关工艺文件	2.1.1 变压器引线装配的功能和质量要求 2.1.2 变压器引线装配用零部件图的识读方法 2.1.3 工艺文件阅读方法 2.1.4 变压器引线制作工艺装备相关知识,包括设备的名称、型号、规格、性能、操作规程和设备故障的排除方法
	2.2 引线加工与装配		2.2.1 能在操作过程中进行器身清洁防护 2.2.2 能进行框间距测量等铁芯验收工作 2.2.3 能进行器身绝缘件装配、套装线圈、插铁芯上铁轭操作	2.2.1 变压器铁芯结构相关知识 2.2.2 变压器引线装配过程中清洁防护要求 2.2.3 铁芯直径、框间尺寸等铁芯关键数据测量方法 2.2.4 插铁芯上铁轭使用工具、操作方法、注意事项等 2.2.5 安全吊运相关知识 2.2.6 导线夹装配、引线连接方法
	2.3 质量检测与控制		2.3.1 能测量零件外形尺寸、角度、孔距等 2.3.2 能测量各电极之间绝缘距离 2.3.3 能填写引线装配质量控制卡	2.3.1 测量工具使用方法 2.3.2 绝缘距离测量方法和标准要求 2.3.3 变压器绝缘电阻测量方法和标准要求 2.3.4 质量控制记录数据测量方法
	2.4 工艺准备	互感器装配工	2.4.1 能识读接线板装配、零屏引线装配、末屏引线装配、等电位线装配等图样和工艺文件 2.4.2 能对氩弧焊机、磷铜焊机、切割机、弯管机、角磨机、退火炉等设备及工具和测量仪表进行维护 2.4.3 能填写与引线装配相关的质量控制卡	2.4.1 接线板装配、零屏引线装配、末屏引线装配、等电位线装配等图样和工艺文件的识读方法 2.4.2 与引线装配相关的设备、工具和测量仪表的维护方法 2.4.3 与引线装配相关的质量控制卡的填写方法

续表

职业功能	工作内容		技能要求	相关知识要求
2. 引线装配	2.5 引线制作与装配	互感器装配工	2.5.1 能装配接线板外部字牌 2.5.2 能装配零屏引线、末屏引线、等电位线	2.5.1 接线板外部字牌的装配方法 2.5.2 零屏引线、末屏引线、等电位线的装配方法
	2.6 质量检测与控制		2.6.1 能检查测量接线板外观及尺寸 2.6.2 能检查测量零屏引线、末屏引线、等电位线外观及尺寸	2.6.1 接线板外观及尺寸的检查测量方法 2.6.2 零屏引线、末屏引线、等电位线外观及尺寸的检查测量方法
3. 总装配	3.1 工艺准备	变压器装配工	3.1.1 能识读冷却装置、阀门、联管、储油柜的装配图和零件图 3.1.2 能识读冷却装置、阀门、联管、储油柜的安装工艺文件	3.1.1 变压器总装配的工艺流程 3.1.2 总装配零件图的识图方法和各种符号的含义 3.1.3 工艺文件阅读方法 3.1.4 变压器总装配各部件的功能
	3.2 总装		3.2.1 能安装阀门 3.2.2 能装配冷却装置、联管 3.2.3 能安装储油柜和胶囊	3.2.1 安全吊运相关知识 3.2.2 阀门、冷却装置等变压器组部件的安装要求 3.2.3 紧固和密封相关知识 3.2.4 储油柜的结构和工作原理
	3.3 质量检测与控制		3.3.1 能测量零件外形尺寸、角度、孔距 3.3.2 能填写总装配质量控制卡	3.3.1 测量工具分类和使用方法 3.3.2 质量控制记录数据测量和表达方法
	3.4 工艺准备	互感器装配工	3.4.1 能识读油箱、瓷套、储油柜、膨胀器、端子板等零部件图样和工艺文件 3.4.2 能对装配架、翻转架、转运车、烘箱、真空注油装置等设备及工具和测量仪表进行维护 3.4.3 能填写总装配相关的质量控制卡	3.4.1 油箱、瓷套、储油柜、膨胀器、端子板等零部件图样和工艺文件的识读方法 3.4.2 与总装配相关的设备、工具和测量仪表的维护方法

续表

职业功能	工作内容		技能要求	相关知识要求
3. 总装配	3.5 总装	互感器装配工	3.5.1 能烘干绝缘件、油箱、瓷套、储油柜、膨胀器和端子板等零部件 3.5.2 能对油箱、瓷套、储油柜、膨胀器、端子板等进行试装	3.5.1 绝缘件、油箱、瓷套、储油柜、膨胀器、端子板等零部件的烘干方法 3.5.2 油箱、瓷套、储油柜、膨胀器、端子板等的试装方法
	3.6 质量检测与控制		能检查测量油箱、瓷套、储油柜、膨胀器、端子板等零部件的外观及尺寸	油箱、瓷套、储油柜、膨胀器、端子板等零部件的外观及尺寸的检查测量方法
4. 线圈处理	4.1 工艺准备		4.1.1 能识读绝缘纸板闪络电压与含水量关系图 4.1.2 能识读油、纸中水的质量分数平衡曲线图 4.1.3 能识读不同含水量绝缘水蒸气分压与温度关系图 4.1.4 能识读纸在干燥过程中干燥速度变化图	4.1.1 绝缘纸板闪络电压与含水量关系 4.1.2 油、纸中水的质量分数平衡关系 4.1.3 不同含水量绝缘水蒸气分压与温度关系 4.1.4 纸在干燥过程中干燥速度与时间、温度、真空度的关系
	4.2 工装、设备的维护与保养		4.2.1 能进行吊运工具的维护和保养 4.2.2 能进行真空罐的维护和保养 4.2.3 能进行温度计、压力表、真空表、流量计等测量仪表的维护和保养	4.2.1 吊具的存放要求 4.2.2 真空罐使用和维护方法 4.2.3 温度计、压力表、真空表、流量计等测量仪表维护和保养方法
	4.3 线圈干燥		4.3.1 能使用吊装工具对线圈进行出、入炉 4.3.2 能进行真空罐开罐和闭罐的操作 4.3.3 能识读温度计、压力表、真空表、流量计等测试仪表的测量结果	4.3.1 线圈出、入炉过程防护知识 4.3.2 钢丝绳使用注意事项 4.3.3 吊重和钢丝绳夹角关系 4.3.4 吊具的选取方法 4.3.5 真空罐的结构类型 4.3.6 加热-真空干燥原理 4.3.7 真空干燥处理方式
5. 器身处理	5.1 工艺准备		5.1.1 能识读真空罐结构文件、真空罐使用和维护文件 5.1.2 能识读变压器器身干燥工艺文件	5.1.1 变压器器身干燥要求 5.1.2 真空罐的使用方法

续表

职业功能	工作内容	技能要求	相关知识要求
5.器身处理	5.2 器身干燥	5.2.1 能使用吊装工具对器身进行出、入炉 5.2.2 能使用干燥设备进行器身干燥	5.2.1 器身出、入炉过程防护知识 5.2.2 变压器器身干燥方法
6.油处理	6.1 工艺准备	6.1.1 能识读绝缘纸板闪络电压与含水量关系图 6.1.2 能识读油、纸中水的质量分数平衡曲线图 6.1.3 能识读变压器油处理工艺文件、油处理系统流程图	6.1.1 变压器油处理工艺要求 6.1.2 真空度（压力）概念和单位换算
	6.2 工装、设备的维护与保养	6.2.1 能进行吊运工具的维护和保养 6.2.2 能进行油处理设备的维护和保养 6.2.3 能进行温度计、压力表、真空表、流量计等测量仪表的维护和保养	油处理维护方法
	6.3 变压器油处理	6.3.1 能操作压力滤油机对变压器油进行过滤 6.3.2 能操作真空设备对油箱（油罐）抽真空	6.3.1 压力滤油机使用操作规程和注意事项 6.3.2 对油箱（油罐）抽真空的方法
7.纵剪	7.1 工艺准备	7.1.1 能识读本工序设备的使用说明书及操作规程 7.1.2 能识读变压器铁芯片剪切的套裁单 7.1.3 能使用本工序专用吊具进行卷料吊运 7.1.4 能对设备进行维护保养 7.1.5 能进行设备、现场的清理工作	7.1.1 设备的名称、型号、规格、性能 7.1.2 设备的结构及图形符号的含义 7.1.3 设备的操作规程 7.1.4 产品工作号及型号的含义 7.1.5 技术文件的阅读方法 7.1.6 吊具的使用方法和注意事项 7.1.7 冲剪设备的润滑及常规保养方法 7.1.8 铁芯片加工过程中的清洁要求

续表

职业功能	工作内容	技能要求	相关知识要求
7. 纵剪	7.2 加工铁芯片	7.2.1 能进行卷料的上料、穿料、收料、卸料等操作 7.2.2 能对铁芯片纵剪刀口进行防锈漆（液）的刷涂工作	7.2.1 铁芯片加工过程中的存放与运输 7.2.2 防锈漆（液）的刷涂方法
	7.3 质量检测与控制	7.3.1 能检验现场、设备及卷料的清洁度 7.3.2 能检验铁芯片卷料外观是否满足使用 7.3.3 能检查硅钢片表面绝缘膜有无损伤 7.3.4 能填写质量控制卡	7.3.1 铁芯片加工过程中的清洁要求 7.3.2 异物对变压器性能的影响 7.3.3 铁芯片卷料的外观要求 7.3.4 铁芯片绝缘膜的结构与作用 7.3.5 质量控制卡的识读和填写方法
8. 横剪	8.1 工艺准备	8.1.1 能识读本工序设备的使用说明书及操作规程 8.1.2 能识读变压器叠片式铁芯片剪切的相关工艺文件 8.1.3 能使用本工序所用工具、吊具、量具、仪器、仪表进行相关操作 8.1.4 能对设备进行维护保养 8.1.5 能进行设备、现场的清理工作	8.1.1 设备的名称、型号、规格、性能 8.1.2 设备的结构及图形符号的含义 8.1.3 设备的操作规程 8.1.4 产品工作号及型号的含义 8.1.5 技术文件的阅读方法 8.1.6 相关工具、吊具的种类、规格、用途、性能、使用方法与保养知识 8.1.7 冲剪设备的润滑及常规保养方法
	8.2 加工铁芯片	8.2.1 能进行卷料的上料、穿料、收料、卸料等操作 8.2.2 能根据片型选择托料板和托料架，能进行吊运板料工作 8.2.3 能对铁芯片横剪刀口进行防锈漆（液）的刷涂工作	8.2.1 铁芯片加工过程中的清洁要求 8.2.2 铁芯片加工过程中的存放与运输
	8.3 质量检测与控制	8.3.1 能检验现场、设备及卷料的清洁度 8.3.2 能检验铁芯片卷料外观是否满足使用 8.3.3 能检验铁芯片表面绝缘膜有无损伤 8.3.4 能填写质量控制卡	8.3.1 铁芯片加工过程中的清洁要求 8.3.2 异物对变压器性能的影响 8.3.3 铁芯片卷料的外观要求 8.3.4 铁芯片绝缘膜的结构与作用 8.3.5 质量控制卡的识读和填写方法

续表

职业功能	工作内容	技能要求	相关知识要求
9. 叠装或卷制	9.1 工艺准备	9.1.1 能识读叠片式铁芯的片形图、叠积图 9.1.2 能识读环形或方形卷制铁芯的绕制与装配图 9.1.3 能识读变压器叠片式铁芯的预叠、叠积等相关工艺文件 9.1.4 能识读环形或方形卷制铁芯的绕制与装配的相关工艺文件 9.1.5 能使用本工序所用工具、吊具、量具、仪器、仪表进行相关操作 9.1.6 能对设备进行维护保养 9.1.7 能进行设备、现场的清理工作	9.1.1 铁芯图的规定画法、技术要求、标注方法以及读图的方法 9.1.2 零件的表达方法和各种符号的含义 9.1.3 铁芯零部件（包括紧固件、绝缘件等）的制作工艺路线与制作方法 9.1.4 叠片式、卷制式铁芯产品的结构特点、技术要点 9.1.5 相关工具、吊具的种类、规格、用途、性能、使用方法与保养知识 9.1.6 设备的结构及图形符号的含义 9.1.7 产品工作号及型号的意义 9.1.8 工艺文件的阅读方法 9.1.9 变压器铁芯叠装及卷制的工艺流程
	9.2 叠装铁芯	9.2.1 能完成叠片式铁芯叠积操作 9.2.2 能卷制环形卷铁芯及单框方形卷铁芯和进行焊头工作 9.2.3 能对成品铁芯进行整理和清洁 9.2.4 能对铁芯片及铁芯成品进行防锈漆（液）的刷涂工作	9.2.1 铁芯的组成与作用 9.2.2 铁芯叠积和卷制的方法和要求 9.2.3 硅钢片的焊接特性 9.2.4 铁芯叠装过程中的清洁要求及铁芯异物对变压器性能的影响
	9.3 质量检测与控制	9.3.1 能检验现场、设备及产品组部件清洁度 9.3.2 能检验铁芯片毛刺大小、表面绝缘膜有无损伤 9.3.3 能检验铁芯紧固件是否紧固可靠，满足扭矩要求 9.3.4 能填写质量控制卡	9.3.1 铁芯片质量要求 9.3.2 力矩扳手的使用方法 9.3.3 铁芯紧固结构与紧固的方式 9.3.4 紧固工具的选取方法 9.3.5 质量控制卡的识读和填写方法

续表

职业功能	工作内容	技能要求	相关知识要求
10.线圈绕制准备	10.1 工艺准备	10.1.1 能识读变压器型号、规格、名称等施工材料 10.1.2 能识读层式和饼式线圈图的基本技术要求	10.1.1 变压器型号、规格、名称表示方法 10.1.2 层式和饼式线圈图的识读方法
	10.2 材料选择	10.2.1 能识别导线材料的种类、牌号、规格等 10.2.2 能进行导线的下料、校直、整平、砂光、搪锡、焊接、去毛刺等工作 10.2.3 能按图样清点绝缘件的种类、规格及数量 10.2.4 能进行绝缘件防尘、防潮等防护和保管工作 10.2.5 能选用导线、焊料、纸带、白布带、电工收缩带、黏带、胶黏剂等材料	10.2.1 导线的规格、牌号和外观要求 10.2.2 导线的下料、校直、整平、砂光、搪锡、焊接、去毛刺的方法 10.2.3 绝缘材料的种类及规格 10.2.4 线圈绝缘件的用途 10.2.5 绝缘件的防护和保管方法 10.2.6 纸带、白布带、电工收缩带、黏带、胶黏剂的规格和用途 10.2.7 焊接材料的规格和用途 10.2.8 辅助材料的选用原则
	10.3 设备启动前检查	10.3.1 能检查设备及其仪器仪表是否正常运行 10.3.2 能进行设备及其仪器仪表的日常清洁和润滑	10.3.1 设备及其仪器仪表的使用方法 10.3.2 设备及其仪器仪表的清洁、润滑方法
	10.4 安装绕线	10.4.1 能对照绕线图和施工材料,核对绕线模相关尺寸 10.4.2 能选择合适工具把绕线模安装在绕线机上	10.4.1 核对绕线模相关尺寸的方法 10.4.2 上、下绕线模机床的安全操作事项
	10.5 选用放线架	10.5.1 能选用卧绕放线架 10.5.2 能在放线架上固定线盘,并调节刹车带或安放重锤 10.5.3 能拉线、分线、穿线和固定线端	10.5.1 放线架的种类、结构及使用知识 10.5.2 在放线架上固定线盘及调节刹车带或安放重锤的操作方法 10.5.3 拉线、分线、穿线和固定线端的操作方法
	10.6 调整张紧和分线装置	10.6.1 能手动调整导线张紧装置的压力 10.6.2 能使用导线分线装置,防止导线绞合	10.6.1 导线张紧装置的结构及使用知识 10.6.2 导线分线装置的结构及使用知识

续表

职业功能	工作内容	技能要求	相关知识要求
11. 线圈绕制	11.1 安装绝缘件	11.1.1 能安装胶木筒、纸板筒等绝缘筒 11.1.2 能安装线圈撑条、垫块，并能用收紧带紧固 11.1.3 能安装线圈端部绝缘	11.1.1 线圈绝缘件结构图 11.1.2 安装绝缘筒、线圈撑条、垫块的方法 11.1.3 安装线圈端部绝缘的方法
	11.2 导线焊接	能使用碰焊设备、铜焊设备、熔锡焊设备、气焊设备等进行同材料、同规格导线焊接，并能保证焊头饱满光滑，无断裂、尖角、毛刺等缺陷	11.2.1 焊接设备的操作方法 11.2.2 焊头的机械强度要求
	11.3 层式线圈的绕制	能绕制单层、多层层式线圈、单层箔式线圈	11.3.1 圆筒式线圈和箔式线圈的绕制工艺 11.3.2 箔式线圈金属箔和绝缘纸绕制张力的计算方法 11.3.3 层式线圈引出端的绑扎方法
	11.4 饼式线圈的绕制	11.4.1 能绕制"212"换位单列螺旋式线圈 11.4.2 能绕制并绕导线根数3根及以下连续式线圈 11.4.3 能绕制单根导线普通纠结式线圈	11.4.1 导线换位及绕制方法 11.4.2 "212"换位单列螺旋式线圈的绕制工艺 11.4.3 双饼式及连续式线圈的绕制工艺 11.4.4 纠结式线圈的绕制工艺 11.4.5 饼式线圈引出端的绑扎方法
	11.5 其他形式线圈的绕制	能绕制电流互感器U形一次线圈、电压互感器层式线圈	电流互感器、电压互感器线圈的绕制工艺
12. 线圈压装	12.1 线圈组装	12.1.1 能操作线圈起立设备，进行线圈起立、卧倒等操作，且不损坏线圈的绝缘 12.1.2 能套装线圈端部绝缘，安装上、下压板和拉紧螺杆，并对线圈进行初步整形 12.1.3 能根据线圈结构操作压装设备，进行线圈的压紧	12.1.1 起立设备的结构及使用方法 12.1.2 线圈起立、卧倒的操作方法 12.1.3 线圈压装的工艺要求

续表

职业功能	工作内容	技能要求	相关知识要求
12. 线圈压装	12.2 检测	12.2.1 能检测导线的规格、根数、绝缘厚度 12.2.2 能检测线圈的绕向、匝数、层数、段数等 12.2.3 能检测、调整线圈的压装高度	12.2.1 导线规格标准及检测方法 12.2.2 线圈的绕向、匝数、层数、段数等的检测方法 12.2.3 线圈高度的调整方法
	12.3 整理	12.3.1 能按工艺要求对不良品绝缘损伤、垫块不齐进行处理 12.3.2 能对型位尺寸偏差等进行整理	12.3.1 修复线圈的方法 12.3.2 不良品绝缘损伤、垫块不齐、型位尺寸偏差的处理方法
13. 绝缘件开料	13.1 工艺准备	13.1.1 能识读绝缘件开料工序的工艺文件 13.1.2 能识读配电变压器的零件图 13.1.3 能准备本工序操作所用设备	13.1.1 变压器绝缘开料工艺 13.1.2 配电变压器零件图形的表达方法和标注尺寸的含义 13.1.3 设备的型号、规格和性能知识
	13.2 开料作业	13.2.1 能判断层压木、纸板的纤维方向 13.2.2 能安装、拆卸剪刀片和锯片 13.2.3 能使用剪床、锯床等设备进行绝缘开料	13.2.1 绝缘材料纤维方向的判断方法 13.2.2 安装、拆卸剪刀片和锯片的方法 13.2.3 开料设备的操作方法
	13.3 检查	13.3.1 能检查下料的尺寸 13.3.2 能检查下料的表面质量	13.3.1 测量工具的使用方法 13.3.2 绝缘材料外观质量标准
14. 绝缘件压制	14.1 工艺准备	14.1.1 能识读配电变压器绝缘件压制工序的工艺文件 14.1.2 能识读配电变压器的部件图	14.1.1 配电变压器绝缘压制工艺 14.1.2 配电变压器部件图形的表达方法和标注尺寸的含义
	14.2 压制作业	14.2.1 能对绝缘件进行胶黏剂的涂刷 14.2.2 能进行绝缘件的层叠 14.2.3 能对石蜡使用专用锅进行加热熔解,并对压制后的绝缘件进行石蜡封口处理	14.2.1 胶黏剂的性能及稀释方法 14.2.2 绝缘纸板层叠的要求、接缝位置的规定 14.2.3 绝缘件石蜡封口处理的方法

续表

职业功能	工作内容	技能要求	相关知识要求
14. 绝缘件压制	14.3 检查	14.3.1 能检查压制件毛坯厚度 14.3.2 能判断胶黏剂涂刷的质量	14.3.1 厚度测量工具使用方法 14.3.2 胶黏剂涂刷的工艺要求
15. 绝缘件机加工	15.1 工艺准备	15.1.1 能根据工件图样要求准备工装、夹具 15.1.2 能对本工序操作所用设备进行润滑与清洁	15.1.1 工装、夹具使用与维护知识 15.1.2 设备使用与维护知识
	15.2 机加工作业	15.2.1 能对绝缘件进行钻孔、锯边等加工 15.2.2 能进行绝缘筒的滚圆、滚压瓦楞纸板等操作	15.2.1 钻头、锯片等的安装方法 15.2.2 绝缘件在各种设备上的定位方法
	15.3 检查	15.3.1 能测量工件的外形尺寸、孔的位置尺寸 15.3.2 能检测绝缘零件的飞边毛刺 15.3.3 能检查绝缘件表面有无金属异物	15.3.1 零件尺寸的测量方法 15.3.2 绝缘件外观质量标准 15.3.3 绝缘件表面金属异物的检查方法
16. 绝缘件组装	16.1 工艺准备	16.1.1 能识读配电变压器绝缘件组装图 16.1.2 能识读配电变压器绝缘件组装工艺	16.1.1 配电变压器绝缘件组装图上尺寸、符号的含义 16.1.2 配电变压器绝缘件组装的技术要求
	16.2 组装作业	16.2.1 能进行配电变压器绝缘件的拼接和粘接 16.2.2 能进行垫块、纸圈等绝缘件的装配	16.2.1 绝缘纸板拼接和粘接的基本方法 16.2.2 垫块、纸圈等绝缘件的装配工艺流程
	16.3 检查	16.3.1 能根据设计图样要求测量配电变压器绝缘组装件的尺寸 16.3.2 能检查配电变压器绝缘组装件的组装质量	16.3.1 配电变压器绝缘组装件的测量方法 16.3.2 配电变压器绝缘组装件的质量标准

续表

职业功能	工作内容		技能要求	相关知识要求
17. 试验准备	17.1 技术准备	变压器试验工	17.1.1 能根据产品试验方案和标准，确定电压比测量和联结组标号检定试验的数据偏差范围 17.1.2 能根据产品试验方案和标准，确定绕组直流电阻测量试验中电阻不平衡率的数值要求	17.1.1 变压器标准中关于电压比测量和联结组标号检定的条款 17.1.2 变压器标准中关于绕组直流电阻不平衡率的条款
	17.2 设备准备		17.2.1 能根据产品型号和设计数据，选取电压比测量和联结组标号检定的仪器 17.2.2 能根据产品设计数据，选取绕组直流电阻测量仪器	17.2.1 电压比测量和联结组标号检定测量仪器的工作原理及操作规程 17.2.2 绕组直流电阻测量仪器的工作原理及操作规程
	17.3 技术准备	互感器试验工	17.3.1 能根据产品试验方案和标准，确定段间工频耐压试验的技术要求 17.3.2 能根据产品试验方案和标准，确定二次端工频耐压试验的技术要求 17.3.3 能根据产品试验方案和标准，确定准确度试验的技术要求 17.3.4 能根据产品试验方案和标准，确定标志试验的技术要求 17.3.5 能根据产品试验方案和标准，确定环境温度下密封性能试验的技术要求 17.3.6 能根据产品试验方案和标准，确定压力试验的技术要求	17.3.1 互感器标准中关于段间工频耐压试验的条款 17.3.2 互感器标准中关于二次端工频耐压试验的条款 17.3.3 互感器标准中关于准确度试验的条款 17.3.4 互感器标准中关于标志试验的条款 17.3.5 互感器标准中关于密封性能试验的条款 17.3.6 互感器标准中关于压力试验的条款
	17.4 设备准备		17.4.1 能根据产品型号和设计数据，选取工频耐压试验设备和测量系统 17.4.2 能根据产品型号和设计数据，选取相应准确度和标志检验测量的标准互感器、误差校验仪 17.4.3 能根据产品型号和设计数据，选取密封和压力试验设备和测量压力表 17.4.4 能根据产品设计要求，选取露点仪或微量水分测量仪	17.4.1 工频耐压试验设备和测量系统的工作原理及操作规程 17.4.2 误差校验仪的工作原理及操作规程 17.4.3 压力表的工作原理及操作规程 17.4.4 露点仪或微量水分测量仪的工作原理及操作规程

续表

职业功能	工作内容		技能要求	相关知识要求
18. 试验	18.1 试验接线	变压器试验工	18.1.1 能进行电压比测量的试验接线 18.1.2 能进行变压器联结组标号检定的接线 18.1.3 能进行变压器绕组直流电阻测量的接线	18.1.1 电压比测量的技术要求和试验方法 18.1.2 三相变压器的联结组标号检定的技术要求和试验方法 18.1.3 变压器绕组直流电阻测量的技术要求和试验方法
	18.2 试验操作		18.2.1 能使用电压比测量和联结组标号检定测量仪进行变压器变比测量的数据采集 18.2.2 能进行变压器联结组标号检定的数据采集 18.2.3 能进行变压器绕组直流电阻测量的数据采集	18.2.1 电压比测量和联结组标号检定测量仪的使用方法 18.2.2 试验标准中关于变压器联结组标号检定的条款 18.2.3 绕组直流电阻测量仪的使用方法
	18.3 试验接线	互感器试验工	18.3.1 能进行段间工频耐压试验、二次端工频耐压试验的试验接线 18.3.2 能进行准确度试验、标志检验的试验接线 18.3.3 能进行环境温度下密封性能试验、压力试验相关设备和试验线路的连接	18.3.1 段间工频耐压试验、二次端工频耐压试验的技术要求和试验方法 18.3.2 准确度试验、标志检验的技术要求和试验方法 18.3.3 环境温度下密封性能试验、压力试验的技术要求和试验方法
	18.4 试验操作		18.4.1 能使用工频耐压试验设备和测量系统完成工频试验和数据采集 18.4.2 能进行准确度和标志检验测量的误差校验仪的数据采集 18.4.3 能进行环境温度下密封性能试验、压力试验的数据采集 18.4.4 能进行 SF6 气体微水含量的数据采集	18.4.1 工频耐压试验设备和测量系统的使用方法 18.4.2 误差校验仪的使用方法 18.4.3 压力设备、压力表和 SF6 气体检漏仪的使用方法 18.4.4 露点仪或微量水分测量仪的使用方法
19. 数据处理	19.1 数据计算	变压器试验工	19.1.1 能计算电压比偏差 19.1.2 能计算绕组直流电阻的三相不平衡率	19.1.1 标准中关于电压比偏差和联结组标号检定的规定 19.1.2 标准中关于绕组直流电阻的三相不平衡率的计算公式
	19.2 数据分析		19.2.1 能根据产品试验方案和设计,判断电压比测量和联结组标号检定测量数据的符合性 19.2.2 能根据产品试验方案和设计,判断绕组直流电阻测量数据的符合性	19.2.1 变压器设计中关于电压比测量和联结组标号检定的规定 19.2.2 变压器试验标准和设计中关于绕组直流电阻不平衡率的规定

续表

职业功能	工作内容	技能要求	相关知识要求
19. 数据处理	19.3 数据计算	能完成工频测量系统分压比计算	分压器分压比计算公式
	19.4 数据分析	19.4.1 能根据产品试验方案和标准，判断段间工频耐压试验、二次端工频耐压试验测量数据的符合性 19.4.2 能根据产品试验方案和标准，判断准确度试验和标志的检验测量数据的符合性 19.4.3 能根据产品试验方案和标准，判断环境温度下密封性能试验、压力试验测量数据的符合性	19.4.1 互感器标准和设计中关于段间工频耐压试验、二次端工频耐压试验的规定 19.4.2 互感器标准和设计中关于准确度试验和标志检验的规定 19.4.3 互感器标准和设计中关于环境温度下密封性能试验、压力试验的规定

注：工作内容列"互感器试验工"为跨列标注。

3.2 四级/中级工

变压器装配工、互感器装配工考核职业功能1~3；变压器处理工考核职业功能4~6；变压器铁芯叠装工考核职业功能7~9；变压器线圈制造工考核职业功能10~12；变压器绝缘件装配工考核职业功能13~16；变压器试验工、互感器试验工考核职业功能17~19。

职业功能	工作内容	技能要求	相关知识要求
1. 绝缘装配	1.1 工艺准备	1.1.1 能准备绝缘装配工序的专用工具 1.1.2 能识读滚圆机、线圈吊具等专用设备使用说明书	1.1.1 绝缘装配工序专用工具的种类、功能 1.1.2 滚圆机、线圈吊具等专用设备结构和功能
	1.2 线圈、绝缘件装配	1.2.1 能进行撑条去短、包扎出头绝缘等线圈整理工作 1.2.2 能完成线圈套装工作 1.2.3 能安装角环	1.2.1 线圈套装前撑条去短的相关要求 1.2.2 线圈出头绝缘包扎的相关要求 1.2.3 线圈吊具的选取和线圈套装的要求 1.2.4 角环的种类、功能及安装要求
	1.3 质量检测与控制	1.3.1 能测量每层绝缘筒外径和线圈的内外径 1.3.2 能检查控制线圈套装的紧实度 1.3.3 能检查控制绝缘筒、角环的搭接尺寸	1.3.1 绝缘件装配过程中尺寸控制方法 1.3.2 线圈套装工作过程和技术要求 1.3.3 绝缘筒、角环安装要求和检测方法

注：工作内容列"变压器装配工"为跨列标注。

续表

职业功能	工作内容		技能要求	相关知识要求
1. 绝缘装配	1.4 工艺准备	互感器装配工	1.4.1 能识读主绝缘包扎、器身装配等图样和工艺文件 1.4.2 能使用与绝缘装配相关的设备、工具和测量仪表 1.4.3 能识读包扎机、绕线机等设备使用说明书	1.4.1 主绝缘包扎、器身装配等图样和工艺文件的识读方法 1.4.2 与绝缘装配相关的设备、工具和测量仪表的使用方法 1.4.3 包扎机、绕线机等设备使用说明书的识读方法
	1.5 线圈制作与装配		1.5.1 能绕制二次线圈 1.5.2 能对误差不合格的二次线圈调匝 1.5.3 能包扎主绝缘 1.5.4 能套装二次线圈	1.5.1 二次线圈的绕制方法 1.5.2 二次线圈误差不合格调匝的方法 1.5.3 主绝缘的包扎方法 1.5.4 二次线圈的套装方法
	1.6 质量检测与控制		1.6.1 能测量导线线规 1.6.2 能测量主绝缘电容屏直径、屏间绝缘厚度等关键尺寸 1.6.3 能测量套装后器身关键控制尺寸	1.6.1 导线线规的测量方法 1.6.2 主绝缘电容屏直径、屏间绝缘厚度等关键尺寸的测量方法 1.6.3 套装后器身关键控制尺寸的测量方法
2. 引线装配	2.1 工艺准备	变压器装配工	2.1.1 能识读铁芯装配图 2.1.2 能识读引线加工的工艺文件 2.1.3 能准备引线装配工序的设备、工具 2.1.4 能识读线圈吊具使用说明书	2.1.1 铁芯的结构和功能 2.1.2 铁芯装配图的表达方法和各种参数的含义 2.1.3 引线加工的要求 2.1.4 焊机、装配架等引线装配、器身装配所需设备的操作规程 2.1.5 不同型号吊具使用方法
	2.2 引线加工与装配		2.2.1 能使用磷铜焊机进行引线焊接 2.2.2 能使用冷压焊机进行引线压接 2.2.3 能包扎引线绝缘 2.2.4 能测量铁芯层间、铁芯对地等绝缘电阻 2.2.5 能装配夹件	2.2.1 磷铜焊机操作规程 2.2.2 冷压焊机操作规程 2.2.3 引线绝缘包扎方法和要求 2.2.4 绝缘电阻测量工具、方法和要求 2.2.5 夹件装配操作方法和要求
	2.3 质量检测与控制		2.3.1 能检测控制线圈套装质量 2.3.2 能检测控制插铁质量	2.3.1 变压器线圈套装质量检测方法 2.3.2 铁芯插铁质量检测方法

续表

职业功能	工作内容		技能要求	相关知识要求
2. 引线装配	2.4 工艺准备	互感器装配工	2.4.1 能识读一次配线、二次配线等图样和工艺文件 2.4.2 能使用与引线装配相关的设备、工具和测量仪表 2.4.3 能识读氩弧焊机、磷铜焊机、切割机、弯管机等设备使用说明书	2.4.1 一次配线、二次配线等图样和工艺文件的识读方法 2.4.2 与引线装配相关的设备、工具和测量仪表的使用方法 2.4.3 氩弧焊机、磷铜焊机、切割机、弯管机等设备的使用常识
	2.5 总装配		2.5.1 能装配一次配线和串并联连接 2.5.2 能冷压焊接和锡焊接导线与接线片 2.5.3 能装配二次配线	2.5.1 一次配线和串并联连接的装配方法 2.5.2 冷压焊接和锡焊接导线与接线片的方法 2.5.3 二次配线的方法
	2.6 质量检测与控制		能检查引线外观和测量关键控制尺寸	引线外观及关键控制尺寸的检查和测量方法
3. 总装配	3.1 工艺准备	变压器装配工	3.1.1 能识读套管、有载/无励磁分接开关图样和安装使用说明书 3.1.2 能识读油箱磁屏蔽图样和装配工艺文件 3.1.3 能识读器身吊运操作规程 3.1.4 能准备总装配用设备和工具	3.1.1 套管、有载/无励磁分接开关结构和工作原理 3.1.2 变压器油箱磁屏蔽的结构和功能 3.1.3 器身吊运方法和注意事项 3.1.4 油压机、升降车等设备种类、功能和使用方法
	3.2 总装		3.2.1 能安装套管和有载/无励磁分接开关 3.2.2 能安装油箱磁屏蔽 3.2.3 能测量变压器真空度、充气压力 3.2.4 能吊装变压器器身	3.2.1 有载/无励磁分接开关安装知识 3.2.2 油箱磁屏蔽安装知识 3.2.3 变压器真空度测量方法 3.2.4 变压器充气操作方法和压力测量方法 3.2.5 变压器器身吊装操作规程
	3.3 质量检测与控制		3.3.1 能检测铁芯绝缘电阻 3.3.2 能检查控制储油柜安装质量	3.3.1 铁芯绝缘电阻标准和测量方法 3.3.2 储油柜安装质量要求

续表

职业功能	工作内容		技能要求	相关知识要求
3. 总装配	3.4 工艺准备	互感器装配工	3.4.1 能识读总装配等图样和工艺文件 3.4.2 能使用与总装配相关的设备、工具和测量仪表 3.4.3 能识读与总装配相关的设备使用说明书 3.4.4 能识读烘箱、翻转架等设备使用说明书	3.4.1 总装配等图样和工艺文件的识读方法 3.4.2 与总装配相关的设备、工具和测量仪表的使用方法 3.4.3 与总装配相关的设备使用常识 3.4.4 烘箱、翻转架等设备使用常识
	3.5 总装		3.5.1 能对干燥出炉后的器身进行二次紧固和清理 3.5.2 能将器身与油箱进行装配 3.5.3 能装配瓷套、储油柜、膨胀器、端子板等	3.5.1 器身干燥出炉后二次紧固和清理的方法 3.5.2 器身与油箱的装配方法 3.5.3 瓷套、储油柜、膨胀器、端子板等的装配方法
	3.6 质量检测与控制		3.6.1 能检查器身套装紧固度 3.6.2 能检查产品外观是否有因装配造成的损伤 3.6.3 能检查涂漆金属件漆膜质量	3.6.1 器身套装紧固度的检查方法 3.6.2 产品外观的检查方法 3.6.3 涂漆金属件漆膜质量的检查方法
4. 线圈处理	4.1 工艺准备		4.1.1 能识读铠装热电偶、兆欧表等测量仪表结构图 4.1.2 能识读机械增压泵、滑阀式真空泵、旋片泵等真空设备原理图 4.1.3 能识读铠装热电偶、兆欧表等测量仪表使用说明书	4.1.1 铠装热电偶、兆欧表等测量仪表结构和工作原理 4.1.2 热风真空干燥系统干燥工艺 4.1.3 机械增压泵、滑阀式真空泵、旋片泵等真空设备结构和工作原理
	4.2 工装、设备的维护与保养		4.2.1 能进行机械增压泵等真空设备的维护和保养 4.2.2 能进行铠装热电偶等测量仪表的维护和保养	4.2.1 机械增压泵等真空设备的操作注意事项 4.2.2 铠装热电偶等测量仪表的维护和保养方法
	4.3 线圈干燥		4.3.1 能用铠装热电偶进行温度测量 4.3.2 能用加热干燥法对线圈进行干燥	4.3.1 铠装热电偶使用方法 4.3.2 干燥工艺 4.3.3 机械增压泵、滑阀式真空泵、旋片泵、真空机组等真空设备操作规程

续表

职业功能	工作内容	技能要求	相关知识要求
5. 器身处理	5.1 工装、设备的维护与保养	5.1.1 能进行滑阀式真空泵、旋片泵等真空设备的维护和保养 5.1.2 能进行兆欧表等测量仪表的维护和保养	5.1.1 滑阀式真空泵、旋片泵等真空设备的操作注意事项 5.1.2 兆欧表等测量仪表的维护和保养方法
	5.2 器身干燥	5.2.1 能用兆欧表进行变压器、互感器绝缘电阻测量 5.2.2 能根据相关参数，如温度、真空度、干燥时间、出水量，判断干燥程度	5.2.1 循环热风加热干燥工艺 5.2.2 兆欧表使用方法和注意事项
6. 油处理	6.1 工艺准备	6.1.1 能识读机械增压泵、滑阀式真空泵、旋片泵等真空设备原理图 6.1.2 能识读压力滤油机工作原理图、变压器油性能指标技术文件、压力滤油机使用说明书 6.1.3 能绘制变径接头、特殊法兰等工具的零件草图 6.1.4 能识读机械增压泵、滑阀式真空泵、旋片泵等真空设备使用说明书	6.1.1 机械增压泵、滑阀式真空泵、旋片泵等真空设备结构和工作原理 6.1.2 压力滤油机结构和工作原理 6.1.3 零件草图的绘制方法 6.1.4 变压器油性能指标要求
	6.2 工装、设备的维护与保养	6.2.1 能进行机械增压泵、滑阀式真空泵、旋片泵等真空设备的维护和保养 6.2.2 能进行压力滤油机的维护和保养	6.2.1 机械增压泵、滑阀式真空泵、旋片泵等真空设备开泵、运转、停车、换油等操作的注意事项 6.2.2 压力滤油机滤纸的更换方法
	6.3 变压器油处理	6.3.1 能根据变压器油的污染程度，选择合适的处理方法 6.3.2 能进行油处理管道连接 6.3.3 能计算变压器油体积、密度	6.3.1 变压器油按油质分类方法 6.3.2 变压器油的主要性能指标基本要求 6.3.3 管道连接注意事项 6.3.4 变压器油体积计算方法 6.3.5 变压器油处理的目的 6.3.6 变压器油处理的基本原理

续表

职业功能	工作内容	技能要求	相关知识要求
7. 纵剪	7.1 工艺准备	7.1.1 能识读剪切及转运等设备的结构图 7.1.2 能在加工前对所用设备进行常规检查，能发现操作设备运行过程中的螺丝松动、漏油漏气、异响等故障 7.1.3 能识读铁芯卷料剪切加工的相关工艺文件 7.1.4 能使用本工序测量工具进行剪切质量检测	7.1.1 设备基本结构的识图方法 7.1.2 加工设备的基本参数 7.1.3 操作设备常见故障 7.1.4 铁芯片加工的工艺要求 7.1.5 相关量具的种类、规格、用途、性能、使用方法与维护知识
	7.2 加工铁芯片	7.2.1 能在加工前进行核对套裁单及铁芯片卷料牌号工作 7.2.2 能进行装配刀具、对刀、片料调整压紧工作 7.2.3 能启动设备进行卷料剪切工作 7.2.4 能计算或核对剪切加工长度、质量	7.2.1 铁芯用硅钢片的分类与牌号知识 7.2.2 加工前设备的调整方法 7.2.3 纵剪线的结构和操作方法 7.2.4 卷料长度、质量的计算方法
	7.3 质量检测与控制	7.3.1 能测量铁芯片厚度 7.3.2 能测量剪切片宽度、剪切毛刺大小 7.3.3 能检验硅钢片板型是否平整	7.3.1 剪片质量对铁芯性能的影响 7.3.2 量具的规格、精度、测量原理与使用方法 7.3.3 铁芯片加工的工艺要求 7.3.4 铁芯的填充、叠装、叠片与工艺系数的概念
8. 横剪	8.1 工艺准备	8.1.1 能识读铁芯片形图、叠积图 8.1.2 能识读剪切及转运等设备的结构图和使用说明书 8.1.3 能识读变压器铁芯片剪切的相关工艺文件 8.1.4 能对所用设备在加工前进行常规检查，能发现操作设备运行过程中的螺丝松动、漏油漏气、异响等故障 8.1.5 能使用本工序测量设备或工具进行剪切质量检测	8.1.1 铁芯图的规定画法、技术要求、标注方法以及读图的基本方法 8.1.2 零件的表达方法和各种符号的含义 8.1.3 设备结构的识图方法 8.1.4 叠片式、卷制式铁芯产品的结构特点、工艺要点 8.1.5 铁芯的结构特点、性能要求和制造工艺流程 8.1.6 加工前设备的调整方法 8.1.7 操作设备常见故障 8.1.8 量具及测量设备的规格、精度、测量原理与使用方法

续表

职业功能	工作内容	技能要求	相关知识要求
8. 横剪	8.2 加工铁芯片	8.2.1 能在加工前核对图样及铁芯片卷料牌号 8.2.2 能启动设备、选择程序、输入参数，进行剪切铁芯叠片工作 8.2.3 能在手工冲剪设备上剪切铁芯片	8.2.1 设备参数的选取原则 8.2.2 数控横剪线操作方法 8.2.3 数字程序编码中典型剪切程序各参数的定义与输入方法 8.2.4 手工冲剪设备叠片冲剪过程中定位的原理和方法 8.2.5 深喉距冲床调整、维护 8.2.6 铁芯的填充、叠装、叠片与工艺系数的概念
	8.3 质量检测与控制	8.3.1 能测量剪切片形（长度、宽度、角度等）尺寸公差 8.3.2 能测量剪切毛刺 8.3.3 能检验硅钢片板型是否平整	8.3.1 铁芯片加工的工艺要求 8.3.2 剪片的质量要求与检测方法 8.3.3 铁芯片相关尺寸的公差要求和测量方法
9. 叠装或卷制	9.1 工艺准备	9.1.1 能识读叠片式铁芯的零件图、装配图 9.1.2 能识读三相卷制铁芯的绕制与装配图 9.1.3 能识读变压器叠片式铁芯装配的相关工艺文件 9.1.4 能识读叠装、绑扎、转运等设备的结构图和使用说明书 9.1.5 能发现操作设备运行过程中的螺丝松动、漏油漏气、异响等故障	9.1.1 铁芯图的图样特点及读图方法 9.1.2 叠片式、卷制式铁芯产品的结构特点、工艺要点 9.1.3 设备结构图的识读方法 9.1.4 铁芯的结构特点、性能要求和制造工艺流程 9.1.5 卷制铁芯的结构特点、性能要求和制造工艺流程 9.1.6 设备的参数和选取原则 9.1.7 使用前设备的调整方法 9.1.8 操作设备常见故障
	9.2 叠装铁芯	9.2.1 能完成不叠上铁轭铁芯的预叠工作 9.2.2 能完成三相多级环形铁芯的卷制 9.2.3 能在叠积过程中控制铁芯接缝、窗宽、叠厚等尺寸 9.2.4 能进行铁芯的摆底、装配、起立、整理等工作 9.2.5 能选用绑扎工具、卡具、设备对变压器铁芯进行绑扎 9.2.6 能对铁芯的绑扎力进行控制	9.2.1 不叠上铁轭铁芯的预叠方法 9.2.2 环形卷制铁芯的结构特点以及卷制操作的方法和质量要求 9.2.3 变压器铁芯的结构特点以及摆底、叠积、起立、整理等操作方法和质量要求 9.2.4 绑扎黏带的使用要求和绑扎操作的工艺方法 9.2.5 绑扎用工具的使用方法 9.2.6 绑扎带的特性与使用要求 9.2.7 铁芯绑扎质量要求 9.2.8 绑扎力对铁芯性能的影响和在绑扎过程中控制绑扎力的方法 9.2.9 铁芯锈蚀对变压器性能的影响

续表

职业功能	工作内容	技能要求	相关知识要求
9. 叠装或卷制	9.3 质量检测与控制	9.3.1 能测量铁芯接缝、窗宽、叠厚等叠积尺寸 9.3.2 能测量铁芯组部件的装配尺寸 9.3.3 能检验电气连接是否可靠 9.3.4 能检验铁芯及金属件表面涂装质量 9.3.5 能测量铁芯的绝缘电阻 9.3.6 能测量卷制铁芯的外形尺寸及卷绕厚度	9.3.1 铁芯叠积相关知识 9.3.2 铁芯组部件装配尺寸对铁芯装配工作的影响 9.3.3 铁芯的绝缘与接地知识 9.3.4 铁芯件表面涂装质量要求 9.3.5 铁芯及金属绝缘电阻测量方法 9.3.6 卷制铁芯的尺寸要求和测量方法
10. 线圈绕制准备	10.1 工艺准备	10.1.1 能识读与图样配套的工艺文件 10.1.2 能识读层式、饼式线圈图样	10.1.1 图样配套工艺文件的识读方法 10.1.2 层式、饼式线圈图样的识读方法
	10.2 材料选择	10.2.1 能测量线规并计算导线截面积 10.2.2 能按导线尺寸、匝数、层数及绝缘厚度计算线圈尺寸 10.2.3 能测量导线的包纸厚度 10.2.4 能根据图样和工艺文件选用符合条件的绝缘件,并能鉴别绝缘件的外观质量 10.2.5 能识别纸带、黏带的材料质量 10.2.6 能调配胶黏剂	10.2.1 线圈尺寸的计算方法及其裕度允许范围 10.2.2 导线包纸厚度的测量方法 10.2.3 绝缘件外观质量的鉴别方法 10.2.4 纸带、黏带的规格性能及质材的识别方法 10.2.5 绝缘胶黏剂的种类、用途 10.2.6 胶黏剂调配方法
	10.3 设备检查与保养	10.3.1 能检查设备的监控仪表和测试器具的完好情况 10.3.2 能检查设备的机械传动和电气、液压系统的完好情况 10.3.3 能维护保养绕线机、绕线模、气动收紧装置等设备	10.3.1 检查设备的监控仪表和测试器具完好情况的方法 10.3.2 检查设备的机械传动和电气、液压系统的完好情况的方法 10.3.3 设备的基本结构和维护保养的知识
	10.4 安装绕线模	能根据线圈结构检查绕线模,并判断绕线模安装的安全性和拨棒的可靠性	10.4.1 绕线模的检查方法 10.4.2 绕线模安装的安全性和拨棒的可靠性判断方法

续表

职业功能	工作内容	技能要求	相关知识要求
10. 线圈绕制准备	10.5 选用放线架	10.5.1 能选用立绕放线架 10.5.2 能根据线圈结构，确定各线盘摆放位置和拉线距离 10.5.3 能按工艺要求放引出线长度，并按线圈绕向进行排线和固定	10.5.1 立绕放线架的选用原则 10.5.2 确定各线盘摆放位置和拉线距离的方法 10.5.3 线圈进出线知识
	10.6 调整张紧和分线装置	能使用气动、液压张紧装置进行压力调整	张紧装置的机械、气动、液压张紧原理
11. 线圈绕制	11.1 安装绝缘件	11.1.1 能根据线圈撑条挡数等分绝缘筒 11.1.2 能采用胶黏剂或收紧带，在线圈绝缘筒上固定撑条、垫块的位置	11.1.1 绕线绝缘筒的等分办法 11.1.2 在绕线绝缘筒上固定撑条、垫块位置的方法 11.1.3 绝缘筒和撑条工艺参数的调整方法
	11.2 导线焊接	11.2.1 能进行不同材料、不同规格导线的焊接 11.2.2 能进行金属箔的对焊和搭焊 11.2.3 能使用冷压焊、高频焊、氩弧焊等设备进行导线、标准焊套的焊接	11.2.1 不同材料、不同规格的导线焊接方法 11.2.2 金属箔的对焊和搭焊的方法及质量标准 11.2.3 冷压焊、高频焊、氩弧焊等设备进行导线、标准焊套的焊接方法
	11.3 层式线圈的绕制	11.3.1 能绕制分段、多根并绕、带静电屏等特殊结构层式线圈 11.3.2 能绕制双层金属箔式线圈 11.3.3 能进行特殊结构层式线圈引出端的弯制、成形、包扎、绑扎固定等工作	11.3.1 特殊结构层式线圈的绕制方法 11.3.2 双层金属箔式线圈的绕制工艺 11.3.3 特殊结构层式线圈引出端的弯制、成形、包扎、绑扎固定等方法
	11.4 饼式线圈的绕制	11.4.1 能绕制"424"换位单列螺旋式线圈、双列或四列螺旋式线圈 11.4.2 能绕制双连续式线圈或并绕导线根数6根及以下连续式线圈 11.4.3 能绕制多根导线并联普通纠结式、部分纠结式线圈	11.4.1 "424"换位单列螺旋式线圈的绕制工艺，双列或四列螺旋式线圈的绕制工艺 11.4.2 双连续式线圈的绕制工艺和并绕导线根数6根及以下连续式线圈的绕制工艺 11.4.3 多根导线并联普通纠结式线圈、部分纠结式线圈的绕制工艺

续表

职业功能	工作内容	技能要求	相关知识要求
11. 线圈绕制	11.4 饼式线圈的绕制	11.4.4 能绕制内屏蔽线圈,并能确定屏线长度及位置 11.4.5 能进行饼式线圈引出端的弯制、成形、包扎、绑扎固定等工作	11.4.4 内屏蔽线圈的绕制工艺和确定屏线长度、位置的方法 11.4.5 饼式线圈引出端的弯制、成形、包扎、绑扎固定的方法
	11.5 其他形式线圈的绕制	能绕制电流互感器吊环形一次线圈、电压互感器串级式线圈	电流互感器吊环形一次线圈、电压互感器串级式线圈的绕制工艺
12. 线圈压装	12.1 线圈组装	12.1.1 能确保线圈起立、卧倒中线圈线饼紧固,防止塌饼或局部松散等故障 12.1.2 能计算线圈的压紧力,合理选用螺杆、压板等,控制绕制轴向高度 12.1.3 能对线圈引出端、撑条、垫块、静电板等进行整形及调整	12.1.1 线圈线饼紧固、防止塌饼或局部松散等技术难点的解决措施 12.1.2 线圈压紧力的计算方法 12.1.3 线圈引出端、撑条、垫块、静电板等进行整形及调整的方法及技术要求
	12.2 检查	12.2.1 能检测线圈的匝绝缘、层绝缘、段间绝缘等的厚度和测量直流电阻 12.2.2 能检测线圈出头、绝缘撑条、垫块等的位置偏差 12.2.3 能检查线圈的分接头编号、换位及其分布位置等 12.2.4 能测量线圈的高度、内径、外径、油道等的结构尺寸	12.2.1 线圈检验指导书 12.2.2 测量直流电阻的方法 12.2.3 检测线圈出头、绝缘撑条和垫块位置的方法 12.2.4 检查线圈的分接头编号、换位及其分布位置的方法
	12.3 整理	12.3.1 能判断线饼伞形、撑条倾斜等质量问题 12.3.2 能修复线圈出头偏差、绝缘撑条和垫块位置偏差、匝绝缘破损和"S"弯刀口等质量问题	12.3.1 查找质量问题的方法及判断质量问题的知识 12.3.2 修复线圈出头偏差、绝缘撑条和垫块位置偏差、匝绝缘破损和"S"弯刀口等质量问题的方法
13. 绝缘件开料	13.1 工艺准备	13.1.1 能识读大、中型电力变压器绝缘零件图 13.1.2 能根据工件材料使用刀具、锯条	13.1.1 大、中型电力变压器绝缘零件图识读方法 13.1.2 刀具、锯条使用方法

续表

职业功能	工作内容	技能要求	相关知识要求
13. 绝缘件开料	13.2 开料作业	13.2.1 能计算瓦楞纸板、斜端圈等绝缘件的展开长尺寸，并进行下料 13.2.2 能对锯片、剪刀片的间隙进行调整 13.2.3 能根据零件的厚度，调整圆剪刀片的间隙及内外圆直径的间距	13.2.1 绝缘件下料几何计算的基本知识 13.2.2 剪切工件厚度对间隙的影响 13.2.3 调整锯片、剪刀片及其间隙的方法
	13.3 检查	能测量大、中型电力变压器绝缘零件的外形尺寸	大、中型电力变压器绝缘零件外形尺寸的测量方法
14. 绝缘件压制	14.1 工艺准备	14.1.1 能识读常规电力变压器绝缘件制作的工艺文件 14.1.2 能在加工前对所用设备进行常规检查	14.1.1 常规电力变压器绝缘件制作的工艺要求 14.1.2 对设备进行常规检查的方法
	14.2 压制作业	14.2.1 能根据绝缘材料的收缩率和图样尺寸配制绝缘件厚度 14.2.2 能对绝缘件用压铁进行冷压作业 14.2.3 能进行层压纸圈类绝缘件的热压作业 14.2.4 能在多层热压机上按工艺要求摆放热压件	14.2.1 绝缘件配制厚度和图样规定厚度的关系 14.2.2 绝缘件压铁冷压作业的方法 14.2.3 线圈端圈热压工艺 14.2.4 多层热压机上摆放热压件的技术要求
	14.3 检查	14.3.1 能对压铁冷压绝缘件的质量进行检测 14.3.2 能对线圈端圈等层压绝缘件进行粘接质量的检查	14.3.1 冷压绝缘件的技术要求 14.3.2 线圈端圈等层压绝缘件粘接的质量要求
15. 绝缘件机加工	15.1 工艺准备	15.1.1 能根据加工需要对所用设备进行调整 15.1.2 能根据工件选用测量的工具	15.1.1 所用设备的结构、工作原理和调整方法 15.1.2 测量工具的精度、测量范围
	15.2 机加工	15.2.1 能加工托板、压板等绝缘零件 15.2.2 能加工层压绝缘件和脆性绝缘材料	15.2.1 绝缘件切削工艺知识 15.2.2 防止加工层压件起层和脆性绝缘件损坏的方法
	15.3 检查	15.3.1 能检测绝缘件表面有无变色、碳化 15.3.2 能检测加工工件的尺寸	15.3.1 异物对变压器性能影响的基本知识 15.3.2 测量工件尺寸的方法

续表

职业功能	工作内容		技能要求	相关知识要求
16.绝缘件组装	16.1 工艺准备		16.1.1 能识读绝缘件装配图 16.1.2 能按工艺文件要求确定工件的装配顺序 16.1.3 能选用胶黏剂	16.1.1 绝缘件装配图的识读方法 16.1.2 绝缘件制作的工艺文件要求 16.1.3 胶黏剂的使用规定
	16.2 组装作业		16.2.1 能调配胶黏剂 16.2.2 能对绝缘纸板进行调湿熟化处理，能鉴别纸板的调湿程度 16.2.3 能调湿绝缘软角环、地屏等绝缘零部件 16.2.4 能对硬纸筒等绝缘件进行稳定化处理	16.2.1 胶黏剂调配的方法 16.2.2 蒸馏水的性能特点及其对绝缘纸板电气性能的影响 16.2.3 绝缘纸板调湿熟化操作方法和鉴别调湿程度的方法 16.2.4 对硬纸筒等绝缘件进行稳定化处理的方法
	16.3 检查		16.3.1 能检查胶黏剂黏度 16.3.2 能判断绝缘件的含水量 16.3.3 能检查绝缘件稳定化处理质量	16.3.1 胶黏剂黏度测量的方法 16.3.2 绝缘件的含水量的测量方法 16.3.3 绝缘件稳定化处理质量要求
17.试验准备	17.1 技术准备	变压器试验工	17.1.1 能根据产品试验方案和标准，确定变压器绕组对地及绕组间直流绝缘电阻测量的数据范围 17.1.2 能根据产品试验方案和标准，确定变压器绕组对地和绕组间电容测量的技术要求 17.1.3 能根据产品试验方案和标准，确定变压器绝缘系统电容的介质损耗因数测量的技术要求 17.1.4 能根据产品试验方案和标准，确定空载损耗测量和空载电流测量的技术要求 17.1.5 能根据产品试验方案和标准，确定负载损耗和短路阻抗的技术要求	17.1.1 变压器标准中关于绕组对地及绕组间直流绝缘电阻测量的条款 17.1.2 变压器标准中关于绕组对地和绕组间电容测量的条款 17.1.3 变压器标准中关于绝缘系统电容的介质损耗因数测量的条款 17.1.4 变压器标准中关于空载试验的条款 17.1.5 变压器标准中关于负载试验的条款

续表

职业功能	工作内容		技能要求	相关知识要求
17. 试验准备	17.2 设备准备	变压器试验工	17.2.1 能根据产品的相关参数，选用兆欧表 17.2.2 能根据产品的相关参数，选用介损电桥 17.2.3 能根据产品试验方案和标准，选择空载损耗和空载电流测量的试验设备和测量仪器 17.2.4 能根据产品试验方案和标准，选择负载损耗和短路阻抗的试验设备和测量仪器	17.2.1 兆欧表的工作原理及操作规程 17.2.2 介损电桥的工作原理及操作规程 17.2.3 变压器空载损耗和空载电流测量试验设备的性能参数、测量仪器的工作原理及操作规程 17.2.4 变压器负载损耗和短路阻抗试验设备的性能参数、测量仪器的工作原理及操作规程
	17.3 技术准备	互感器试验工	17.3.1 能根据产品试验方案和标准，确定温升试验的技术要求 17.3.2 能根据产品试验方案和标准，确定电容量和介质损耗因数测量的技术要求 17.3.3 能根据产品试验方案和标准，确定一次端工频耐压试验的技术要求 17.3.4 能根据产品试验方案和标准，确定互感器一次端冲击（全波和截波）耐压试验的技术要求 17.3.5 能根据产品试验方案和标准，确定局部放电测量试验的技术要求	17.3.1 互感器标准中关于温升试验的条款 17.3.2 互感器标准中关于电容量和介质损耗因数测量的条款 17.3.3 互感器标准中关于一次端工频耐压试验的条款 17.3.4 互感器标准中关于一次端冲击（全波和截波）耐压试验的条款 17.3.5 互感器标准中关于局部放电测量试验的条款
	17.4 设备准备		17.4.1 能根据产品的相关参数，选用温升试验设备、温度测量和直流电阻测量仪器 17.4.2 能根据产品的相关参数，选用介损电桥 17.4.3 能根据产品试验方案和标准，选择工频耐压试验设备和电压测量系统 17.4.4 能根据产品试验方案和标准，选择冲击耐压试验设备和电压测量系统 17.4.5 能根据产品试验方案和标准，选择局部放电测量设备和局部放电测试仪	17.4.1 温度和直流电阻测量仪器的工作原理及操作规程 17.4.2 介损电桥的工作原理及操作规程 17.4.3 工频耐压试验设备和电压测量系统的工作原理及操作规程 17.4.4 冲击耐压试验设备和电压测量系统的工作原理及操作规程 17.4.5 局部放电测试仪的工作原理及操作规程

续表

职业功能	工作内容		技能要求	相关知识要求
18. 试验	18.1 试验接线	变压器试验工	18.1.1 能进行变压器绝缘电阻测量的试验接线 18.1.2 能进行变压器绝缘系统电容的介质损耗因数测量的接线 18.1.3 能进行变压器空载试验和负载试验的接线	18.1.1 变压器绝缘电阻测量的技术要求和试验方法 18.1.2 变压器绝缘系统电容的介质损耗因数测量的技术要求和试验方法 18.1.3 变压器空载试验和负载试验的技术要求和试验方法
	18.2 试验操作		18.2.1 能进行变压器绝缘电阻测量试验的数据采集 18.2.2 能进行变压器绝缘系统电容的介质损耗因数测量的数据采集 18.2.3 能进行变压器空载试验和负载试验的电源调节和数据采集	18.2.1 兆欧表的使用方法 18.2.2 介损电桥的使用方法 18.2.3 变压器空载试验和负载试验设备的使用方法
	18.3 试验接线	互感器试验工	18.3.1 能进行互感器温升试验、温度测量布置和热电阻测量的接线 18.3.2 能进行互感器工频电容和介质损耗因数测量的接线 18.3.3 能进行互感器一次端工频耐压试验的接线 18.3.4 能进行互感器一次端冲击耐压试验的接线 18.3.5 能进行互感器局部放电测量的试验接线	18.3.1 互感器温升试验的技术要求和试验方法 18.3.2 电容和介质损耗因数测量试验的技术要求和试验方法 18.3.3 工频耐压试验设备和电压测量系统的技术要求和试验方法 18.3.4 冲击耐压试验设备和电压测量系统的技术要求和试验方法 18.3.5 局部放电测量的技术要求和试验方法
	18.4 试验操作		18.4.1 能进行互感器温升试验的数据采集 18.4.2 能进行互感器工频电容和介质损耗因数测量的数据采集 18.4.3 能进行工频耐压试验设备和电压测量系统的数据采集 18.4.4 能进行冲击耐压试验设备和电压测量系统的数据采集 18.4.5 能进行局部放电测量和方波校准的数据采集	18.4.1 温度和直流电阻测量仪器的使用方法 18.4.2 介损电桥的使用方法 18.4.3 工频耐压试验设备和电压测量系统的使用方法 18.4.4 冲击耐压试验设备和电压测量系统的使用方法 18.4.5 局部放电测量仪、方波校准器的使用方法

续表

职业功能	工作内容	技能要求	相关知识要求
19. 数据处理	变压器试验工	19.1 数据计算 19.1.1 能根据绝缘电阻的测量值计算吸收比和极化指数 19.1.2 能根据变压器绝缘系统电容的介质损耗因数测量值计算电容和介质损耗因数	19.1.1 变压器试验标准中关于吸收比和极化指数的定义和公式 19.1.2 电容和介质损耗因数的定义和公式
		19.2 数据分析 19.2.1 能判断绝缘电阻的吸收比和极化指数的符合性 19.2.2 能根据空载试验的数据判断空载损耗和空载电流数值的符合性 19.2.3 能根据负载试验的数据判断负载损耗和短路阻抗数值的符合性	19.2.1 变压器试验标准中绝缘电阻的吸收比和极化指数的规定 19.2.2 变压器试验标准中关于空载损耗和空载电流数值的规定 19.2.3 变压器试验标准中关于负载损耗和短路阻抗数值的规定
	互感器试验工	19.3 数据计算 19.3.1 能根据温升试验的测量值计算温升并能判断数值的符合性 19.3.2 能根据不同电压下互感器工频电容和介质损耗因数测量结果计算介损增加值并能判断数值的符合性	19.3.1 互感器温升试验值的计算方法和规定 19.3.2 互感器工频电容和介质损耗因数的计算方法和规定
		19.4 数据分析 19.4.1 能根据互感器一次端工频耐压试验结果和声音判断数值的符合性 19.4.2 能根据互感器一次端冲击耐压试验电压波形和电流示伤结果等判断数值的符合性 19.4.3 能根据互感器局部放电测量波形分析判断数值的符合性	19.4.1 互感器一次端工频耐压试验的规定 19.4.2 互感器一次端冲击耐压试验电压波形和电流示伤结果的判断标准 19.4.3 互感器局部放电测量波形分析的方法和规定

3.3 三级/高级工

变压器装配工、互感器装配工考核职业功能 1~3；变压器处理工考核职业功能 4~6；变压器铁芯叠装工考核职业功能 7~9；变压器线圈制造工考核职业功能 10~12；变压器绝缘件装配工考核职业功能 13~16；变压器试验工、互感器试验工考核职业功能 17~19。

职业功能	工作内容		技能要求	相关知识要求
1. 绝缘装配	1.1 工艺准备	变压器装配工	1.1.1 能识读油压机等压紧设备使用说明书 1.1.2 能识读产品修理工艺文件	1.1.1 油压机结构和工作原理 1.1.2 工艺文件的种类、编制方法、内容和标准
	1.2 线圈、绝缘件装配		1.2.1 能进行整套线圈压装 1.2.2 能修理压紧力不均匀等滚圆机常见问题 1.2.3 能根据安装要求配制角环 1.2.4 能维护保养线圈吊具等专用设备	1.2.1 整套线圈压装的目的、要求和操作方法 1.2.2 滚圆机维修知识 1.2.3 配制角环技术要求 1.2.4 线圈吊具维护保养相关知识
	1.3 质量检测与控制		1.3.1 能检查控制内外层撑条、端圈垫块对正偏差尺寸 1.3.2 能检查控制整套线圈压紧力	1.3.1 撑条、端圈垫块装配质量控制标准 1.3.2 整套线圈压紧力控制相关要求
	1.4 工艺准备	互感器装配工	1.4.1 能识读与绝缘装配相关的产品修理方案 1.4.2 能识读绝缘装配区域工艺布置图	1.4.1 与绝缘装配相关的产品修理方案的识读方法 1.4.2 绝缘装配区域工艺布置图的识读方法
	1.5 线圈制作与装配		1.5.1 能调节切口铁芯气隙，能装配切口铁芯 1.5.2 能绑扎和固定套装后的器身 1.5.3 能分析和处理导线拉伸直径偏差大、漆膜划伤等问题 1.5.4 能分析和处理绕组外限尺寸不合格等问题	1.5.1 切口铁芯调节气隙和装配的方法 1.5.2 器身绑扎和固定的方法 1.5.3 导线拉伸直径偏差大、漆膜划伤等问题的分析和处理方法 1.5.4 绕组外限尺寸不合格等问题的分析和处理方法
	1.6 质量检测与控制		1.6.1 能测量切口铁芯气隙厚度 1.6.2 能检测绝缘装配后的绝缘电阻、极性	1.6.1 切口铁芯气隙厚度的测量方法 1.6.2 绝缘装配后的绝缘电阻、极性的检测方法

续表

职业功能	工作内容		技能要求	相关知识要求
2. 引线装配	2.1 工艺准备	变压器装配工	2.1.1 能识读有载/无励磁分接开关安装使用说明书 2.1.2 能识读焊机等专用设备使用说明书	2.1.1 有载/无励磁分接开关安装结构和工作原理 2.1.2 冷压焊机、磷铜焊机结构和工作原理
	2.2 引线加工与装配		2.2.1 能安装有载/无励磁分接开关 2.2.2 能维护保养磷铜焊机、冷压焊机等专用设备 2.2.3 能调整引线绝缘距离	2.2.1 有载/无励磁分接开关安装操作知识 2.2.2 磷铜焊机、冷压焊机等专用设备操作知识 2.2.3 引线绝缘距离调整方法
	2.3 质量检测与控制		2.3.1 能检查控制有载/无励磁分接开关装配质量 2.3.2 能检查控制夹件装配质量	2.3.1 有载/无励磁分接开关装配质量检测方法 2.3.2 夹件装配质量检测方法
	2.4 工艺准备	互感器装配工	2.4.1 能识读与引线装配相关的产品修理方案 2.4.2 能识读引线装配区域工艺布置图	2.4.1 引线装配相关的产品修理方案的识读方法 2.4.2 引线装配区域工艺布置图的识读方法
	2.5 引线制作与装配		2.5.1 能切割、弯制、整形、氩弧焊接、打磨铝质引线 2.5.2 能切割、弯制、整形、磷铜焊接、打磨铜质引线 2.5.3 能对引线进行退火处理	2.5.1 铝质引线的制作方法 2.5.2 铜质引线的制作方法 2.5.3 引线的退火方法
	2.6 质量检测与控制		能检测引线装配后的绝缘电阻、极性	引线装配后的绝缘电阻、极性的检测方法
3. 总装配	3.1 工艺准备	变压器装配工	3.1.1 能识读变压器吊运操作规程 3.1.2 能识读出线装置图样和工艺文件 3.1.3 能识读油箱电屏蔽、器身压装图样和工艺文件	3.1.1 吊运规程识读方法 3.1.2 出线装置结构和功能 3.1.3 油箱电屏蔽结构和工作原理 3.1.4 器身压装的目的和方法

续表

职业功能	工作内容		技能要求	相关知识要求
3. 总装配	3.2 总装	变压器装配工	3.2.1 能连接套管引线 3.2.2 能安装油箱电屏蔽 3.2.3 能调试有载/无励磁分接开关 3.2.4 能安装套管均压球、高压出线装置 3.2.5 能吊装转运变压器主体 3.2.6 能维护保养油压机、升降车等专用设备 3.2.7 能处理组部件装配偏差大等装配质量问题	3.2.1 引线连接操作方法和注意事项 3.2.2 油箱电屏蔽安装方法和注意事项 3.2.3 有载/无励磁分接开关调试方法和要求 3.2.4 套管均压球、高压出线装置安装方法和注意事项 3.2.5 变压器主体吊装转运方法和要求 3.2.6 油压机、升降车等设备维护保养内容和方法 3.2.7 变压器组部件装配质量要求
	3.3 质量检测与控制		3.3.1 能检查测量组部件装配偏差尺寸 3.3.2 能检查控制套管安装质量	3.3.1 变压器组部件装配偏差测量方法和标准 3.3.2 套管安装质量要求
	3.4 工艺准备	互感器装配工	3.4.1 能识读与总装配相关的产品修理方案 3.4.2 能识读总装配区域工艺布置图	3.4.1 与总装配相关的产品修理要点 3.4.2 总装配区域工艺布置图的识读方法
	3.5 总装		3.5.1 能装配真空注油装置 3.5.2 能分析和处理产品渗漏油等问题	3.5.1 真空注油装置的装配方法 3.5.2 产品渗漏油等问题的分析和处理方法
	3.6 质量检测与控制		能检查真空注油装置工况是否良好	真空注油装置的检查方法
4. 线圈处理	4.1 工艺准备		4.1.1 能识读设备标志牌等外语资料 4.1.2 能识读气相干燥操作规程 4.1.3 能识读加热真空干燥工艺文件 4.1.4 能识读麦氏真空计和电阻真空计等真空测量仪表说明书	4.1.1 绝缘纸板纤维素的化学结构 4.1.2 识读标志牌所需的外语词汇 4.1.3 气相干燥操作规程 4.1.4 加热真空干燥工艺 4.1.5 麦氏真空计和电阻真空计等真空测量仪表的使用方法

续表

职业功能	工作内容	技能要求	相关知识要求
4. 线圈处理	4.2 工装、设备的维护与保养	能维护和保养干燥设备系统	干燥设备系统操作规程，使用、维护和保养方法
	4.3 线圈干燥	4.3.1 能按操作规程对线圈进行气相干燥处理 4.3.2 能按操作规程对线圈进行真空干燥 4.3.3 能用麦氏真空计和电阻真空计进行真空测量并对测量数据进行分析	4.3.1 气相干燥工艺操作方法 4.3.2 真空干燥工艺方法 4.3.3 麦氏真空计和皮拉尼真空计使用方法和测量特点 4.3.4 气相干燥工艺过程和各个阶段特点 4.3.5 绝缘件的干燥特点 4.3.6 加热真空干燥工艺方法 4.3.7 麦氏真空计和电阻真空计等真空测量仪表的结构、特点
5. 器身处理	5.1 工装、设备的维护与保养	能维护和保养干燥设备系统	干燥设备系统操作规程，使用、维护和保养方法
	5.2 器身干燥	5.2.1 能按操作规程对器身进行气相干燥处理 5.2.2 能按操作规程对器身进行真空干燥	5.2.1 气相干燥工艺操作方法 5.2.2 真空干燥工艺方法 5.2.3 绝缘件的干燥特点 5.2.4 加热真空干燥工艺方法
6. 油处理	6.1 工艺准备	6.1.1 能识读齿轮式油泵、叶片式油泵、活塞式油泵等油泵的结构图，识读麦氏真空计和电阻真空计等真空测量仪表说明书 6.1.2 能识读真空净油机的结构和工作原理 6.1.3 能识读设备标志牌等外语资料 6.1.4 能识读真空净油机使用说明书 6.1.5 能编制油处理工艺规程	6.1.1 齿轮式油泵、叶片式油泵、活塞式油泵等油泵的主要结构 6.1.2 真空净油机的结构和工作原理 6.1.3 识读标志牌所需的外语词汇 6.1.4 真空净油机性能参数 6.1.5 油处理工艺规程编制方法
	6.2 工装、设备的维护与保养	6.2.1 能进行真空净油机、齿轮式油泵、叶片式油泵、活塞式油泵等油处理设备的维护和保养 6.2.2 能进行油处理设备系统的维护和保养	6.2.1 真空净油机、齿轮式油泵、叶片式油泵、活塞式油泵等油处理设备的开泵、运转、停车、换油等注意事项 6.2.2 油处理设备系统启动、运转、停车等注意事项及维护和保养方法

续表

职业功能	工作内容	技能要求	相关知识要求
6. 油处理	6.3 变压器油处理	6.3.1 能操作真空净油机对变压器油进行处理 6.3.2 能操作油处理系统对变压器油进行处理 6.3.3 能对油处理中的变压器油介质损耗因数偏高、变压器油中出现乙炔气体等问题进行分析处理	6.3.1 真空净油机操作规程 6.3.2 油处理系统处理变压器油操作规程 6.3.3 油处理问题的处理方法 6.3.4 齿轮式油泵、叶片式油泵、活塞式油泵等油泵的工作原理
7. 纵剪	7.1 工艺准备	7.1.1 能识读工艺布置图 7.1.2 能对需要的专用刀具、模具和工具提出设计制作要求 7.1.3 能提出纵剪刀具的刃磨与修整要求 7.1.4 能对自动化纵剪线进行维护保养 7.1.5 能发现自动化纵剪线设备运行过程中出现的故障	7.1.1 工艺布置的原则与布置图的读图方法 7.1.2 专用刀具、工具、模具和工装的设计制作要求 7.1.3 刀具的材质特性与刃磨技术知识 7.1.4 自动化纵剪线设备工作原理及维护保养知识 7.1.5 自动化纵剪线结构集中润滑原理
	7.2 加工铁芯片	7.2.1 能操作自动化纵剪线进行卷料的纵向剪切 7.2.2 能进行滚刀间隙、进料导向板、驱动辊、制动装置的调整工作 7.2.3 能处理剪切过程中出现的剪切质量问题 7.2.4 能对防锈漆涂刷、固化中出现的瑕疵进行处理	7.2.1 自动化纵剪线的调整与操作方法 7.2.2 自动化设备的刀具安装和调整方法 7.2.3 取向硅钢片的金属学特性及磁性能知识 7.2.4 铁芯防锈漆的种类、特性、涂刷与固化工艺 7.2.5 防锈漆涂刷、固化中出现相关瑕疵的处理方法
	7.3 质量检测与控制	7.3.1 能检验剪切铁芯片的绝缘膜附着性和完整性，并判定是否符合要求 7.3.2 能测量并控制剪切铁芯片的波浪度、直线度	7.3.1 变压器用取向硅钢片的性能要求 7.3.2 铁芯片板形对铁芯叠装工作的影响

续表

职业功能	工作内容	技能要求	相关知识要求
8. 横剪	8.1 工艺准备	8.1.1 能识读步进式铁芯片剪切程序图、层排列图 8.1.2 能识读工艺布置图 8.1.3 能对专用刀具、模具和工具提出设计制作要求 8.1.4 能提出横剪刀具的刃磨与修整要求 8.1.5 能对自动化横剪线进行维护和保养 8.1.6 能发现自动化横剪线设备运行过程中出现的故障	8.1.1 各类变压器及电抗器铁芯的结构特点及各自的图样特点 8.1.2 工艺布置的原则与布置图的读图方法 8.1.3 设计要求的编制原则和方法 8.1.4 相关刀具的结构特点和刃磨方法 8.1.5 自动化横剪线设备工作原理及维护保养知识 8.1.6 自动化横剪线结构集中润滑原理
	8.2 加工铁芯片	8.2.1 能操作自动化横剪线进行各类铁芯片的剪切、冲孔、断角和冲V形槽 8.2.2 能进行不预叠铁芯片和多级步进式铁芯片的剪切 8.2.3 能安装与更换刀、模具并能合理调整其间隙和重合度 8.2.4 能进行进料导向板、驱动辊、导轨、制动装置的调整工作 8.2.5 能拆卸和安装手工剪床用横剪刀并调整其剪切间隙	8.2.1 铁芯片形种类 8.2.2 自动化横剪线的调整与操作方法 8.2.3 手工剪床用横剪刀的拆卸、安装和调整方法
	8.3 质量检测与控制	能测量和调整剪切铁芯片的过剪量和角度偏差	8.3.1 铁芯片关键尺寸的偏差要求 8.3.2 斜接缝铁芯片各尺寸的公差要求与测量方法
9. 叠装或卷制	9.1 工艺准备	9.1.1 能识读柱式、框式大型变压器铁芯、大型壳式变压器铁芯、心式及壳式电抗器、特种变压器等结构铁芯图和工艺文件 9.1.2 能识读工艺布置图 9.1.3 能对专用工具、模具和工装提出设计制作要求	9.1.1 各类变压器、电抗器及变压器铁芯的结构特点及各自的图样特点 9.1.2 大型变压器与特种变压器铁芯制造工艺文件的特点 9.1.3 工艺布置的原则与布置图的读图方法 9.1.4 设计要求的编制原则和方法

续表

职业功能	工作内容	技能要求	相关知识要求
9. 叠装或卷制	9.2 叠装铁芯	9.2.1 能进行柱式、框式大型变压器铁芯、大型壳式变压器铁芯、心式及壳式电抗器、特种变压器等结构铁芯的叠装工作 9.2.2 能进行环形铁芯的退火、烘干、浸渍、锯切等工作 9.2.3 能进行平板式、折弯式和立式等结构磁屏蔽的制作 9.2.4 能选择铁芯绑扎方式和绑扎材料	9.2.1 常见铁芯的结构形式、片形、接缝结构及铁芯截面与芯柱直径的特点 9.2.2 各类常规结构铁芯的叠装工艺和质量要求 9.2.3 环形铁芯的制造工艺流程及退火、烘干、浸渍、锯切等操作的方法 9.2.4 磁屏蔽的作用 9.2.5 磁屏蔽的粘接方法或焊接方法 9.2.6 铁芯绑扎材料的性能要求及各类绑扎材料的特性
	9.3 质量检测与控制	9.3.1 能测量铁芯的外形尺寸和装配尺寸 9.3.2 能测量铁芯各绝缘部位的绝缘距离 9.3.3 能测量树脂或漆液黏度	9.3.1 变压器铁芯各外形尺寸测量方法和质量要求 9.3.2 控制铁芯绝缘电阻方法 9.3.3 控制铁芯绝缘距离的意义，绝缘距离测量的方法与质量要求知识 9.3.4 黏度的表示方法，黏度计的使用条件及测量方法
10. 线圈绕制准备	10.1 材料选择	10.1.1 能检查多股导线，如换位导线、复合导线的规格、尺寸等外观质量 10.1.2 能配制部分角环、垫块等绝缘件 10.1.3 能控制绝缘件距离	10.1.1 导线外观质量状况的鉴定方法 10.1.2 导线包纸的绝缘厚度和层数的对应关系 10.1.3 导线的规格及匝绝缘 10.1.4 配制绝缘件的方法 10.1.5 控制绝缘件距离的方法
	10.2 设备启动前检查	10.2.1 能检查设备气动、液压装置等 10.2.2 能对可移动设备的安全措施进行检查	10.2.1 设备的结构原理 10.2.2 设备的气动、真空和管道系统等的工作原理
	10.3 选用放线架	10.3.1 能确定放线架的摆放位置 10.3.2 能使用线圈的放线架	10.3.1 确定特殊放线架摆放位置的方法 10.3.2 特殊放线架的结构、功能及使用方法

续表

职业功能	工作内容	技能要求	相关知识要求
11. 线圈绕制	11.1 安装绝缘件	11.1.1 能安装各类线圈的绝缘件 11.1.2 能根据线圈结构需要配制绝缘件，如线饼封油纸圈	11.1.1 线圈绝缘件的制造方法及用途 11.1.2 绝缘件安装中技术难点的解决措施 11.1.3 合理配制绝缘件的要求
	11.2 导线焊接	11.2.1 能根据导线材质、规格及种类，在采用冷压焊时选择冷压模、压套 11.2.2 能根据导线材质、规格及种类，在采用高频焊时选择高频焊机功率、焊接时间、温度	11.2.1 冷压焊、高频焊设备的结构及焊接原理 11.2.2 使用和维护冷压焊、高频焊等设备的方法 11.2.3 冷压模、压套、高频焊机功率、焊接时间、温度的选择方法
	11.3 层式线圈的绕制	11.3.1 能绕制大型层式线圈，如换位导线或复合导线层式、电容屏蔽层式线圈 11.3.2 能控制大型层式线圈层间绝缘的绕制紧度及线圈幅向尺寸	11.3.1 换位导线或复合导线层式线圈的特点 11.3.2 电容屏蔽层式线圈的绕制工艺 11.3.3 控制层间绝缘距离及线圈幅向尺寸的方法
	11.4 饼式线圈的绕制	11.4.1 能绕制三列螺旋式线圈 11.4.2 能绕制带插入屏双连续式线圈或并绕导线根数8根及以上的连续式线圈 11.4.3 能绕制分裂式螺旋式、分裂式连续式线圈	11.4.1 三列螺旋式线圈的绕制工艺 11.4.2 带插入屏双连续式线圈的绕制工艺 11.4.3 分裂式螺旋式、分裂式连续式线圈的绕制工艺
	11.5 其他形式线圈的绕制	11.5.1 能绕制"8"字结构线圈 11.5.2 能绕制交错式线圈	11.5.1 "8"字结构线圈的绕制工艺 11.5.2 交错式线圈的绕制工艺
12. 线圈压装	12.1 线圈组装	12.1.1 能进行换位导线或复合导线层式线圈、电容屏蔽层式线圈的脱模和压装 12.1.2 能进行电炉变压器等特种变压器线圈、低压饼式线圈等的压装 12.1.3 能分析影响线圈轴向高度的因素，并进行调整	12.1.1 大型层式线圈的结构 12.1.2 电炉变压器等特种变压器的压装技术 12.1.3 影响线圈轴向高度的因素

续表

职业功能	工作内容	技能要求	相关知识要求
12. 线圈压装	12.2 检查	12.2.1 能检查出线圈的导线断路、短路、焊接不良、匝数错、换位偏差、绝缘损坏等质量问题 12.2.2 能根据不同电压等级的线圈所对应的绝缘厚度和绝缘距离,检查、分析、判断关键部位的质量问题	12.2.1 检查线圈导线质量问题的方法 12.2.2 检查、分析、判断承受高电压关键部位质量问题的方法
	12.3 线圈干燥处理	12.3.1 能进行超高压线圈真空干燥处理 12.3.2 能根据线圈结构,选配带压干燥或恒压干燥工装设备 12.3.3 能在干燥过程中调整压力、时间、真空度等工艺参数 12.3.4 能判断线圈或绝缘件干燥处理程度	12.3.1 带压干燥的工作原理 12.3.2 干燥工装设备的相关知识 12.3.3 干燥终结点的判断方法 12.3.4 调整工艺参数的原则
	12.4 处理质量问题	能鉴别分析线圈断路、短路、多匝、少匝、S弯油道堵塞、绝缘损伤等多种质量问题及产生原因,并采取措施予以解决	质量问题的修复程序和技巧
13. 绝缘件开料	13.1 工艺准备	13.1.1 能识读电炉变压器等特种变压器绝缘零件图 13.1.2 能编制绝缘零件的加工工艺程序	13.1.1 电炉变压器等特种变压器绝缘零件图识读方法 13.1.2 编制绝缘零件加工工艺程序卡片的方法
	13.2 开料作业	13.2.1 能计算厚纸板筒、铁轭绝缘、各种曲线形状的垫块等绝缘件的展开长尺寸并进行下料 13.2.2 能对绝缘纸板进行套裁	13.2.1 绝缘筒、铁轭绝缘等典型绝缘件下料的基本方法 13.2.2 纸板套裁基本方法
	13.3 检查	能检查厚纸板筒、各种曲线形状的绝缘件的下料尺寸	检查厚纸板筒、各种曲线形状的绝缘件的下料尺寸的方法
14. 绝缘件压制	14.1 工艺准备	14.1.1 能识读绝缘件冷压、热压加工工艺 14.1.2 能对冷压机进行保养、维护 14.1.3 能根据硬纸筒的直径选择压制模具	14.1.1 绝缘件冷压、热压加工工艺 14.1.2 冷压机保养、维护方法 14.1.3 硬纸筒的直径与压制模具配合的知识

续表

职业功能	工作内容	技能要求	相关知识要求
14. 绝缘件压制	14.2 压制作业	14.2.1 能计算待压绝缘件面积并根据面积计算冷压机压力 14.2.2 能操作冷压机进行冷压作业 14.2.3 能操作硬纸筒压接机进行硬纸筒斜面的压接 14.2.4 能根据热压件面积计算热压机压力 14.2.5 能操作多层大型热压机	14.2.1 面积的计算方法和冷压作业压力规定 14.2.2 冷压机的操作方法 14.2.3 硬纸筒压接的温度与压力控制要求 14.2.4 热压作业压力规定 14.2.5 大型热压机的操作方法
	14.3 检查	14.3.1 能检查绝缘件冷压质量 14.3.2 能检查硬纸筒的压接质量和尺寸 14.3.3 能检查绝缘件热压质量	14.3.1 绝缘件冷压质量要求 14.3.2 硬纸筒质量和尺寸控制要求 14.3.3 绝缘件热压质量要求
15. 绝缘件机加工	15.1 工艺准备	15.1.1 能编制绝缘零件加工工艺程序卡片 15.1.2 能对需要设计制作的专用刀具、工具、模具提出设计要求	15.1.1 编制绝缘零件加工工艺程序卡片的方法 15.1.2 工装、模具设计要求
	15.2 机加工作业	15.2.1 能对绝缘零、部件加工工艺、工装性能进行验证，并提出改进建议 15.2.2 能根据图样要求组合胎具，进行绝缘筒卷制 15.2.3 能操作小型数控机床加工制作牛角等小型绝缘成型件 15.2.4 能分析绝缘件形成焦斑、毛刺等质量问题的原因，并提出解决办法	15.2.1 绝缘件制作的基本工艺 15.2.2 绝缘筒卷制方法 15.2.3 小型数控机床编程加工绝缘成型件的方法 15.2.4 解决机加工绝缘件焦斑、毛刺等质量问题的知识
	15.3 检查	15.3.1 能用卡尺、千分尺对绝缘成型件的尺寸进行检查 15.3.2 能对机加工绝缘件的加工质量进行检查	15.3.1 用卡尺、千分尺对绝缘件的尺寸进行检查的方法 15.3.2 机加工绝缘件的加工质量要求
16. 绝缘件组装	16.1 工艺准备	16.1.1 能识读电炉变压器等特种变压器部件装配图 16.1.2 能识读电炉变压器等特种变压器绝缘件装配的工艺文件	16.1.1 电炉变压器等特种变压器部件装配图的识读方法 16.1.2 工艺文件的编制方法及内容

续表

职业功能	工作内容	技能要求	相关知识要求
16. 绝缘件组装	16.2 组装作业	16.2.1 能对多层厚纸筒、线圈油隙垫块等绝缘件进行装配 16.2.2 能对纸板筒的圆度进行调整 16.2.3 能解决大型电力变压器绝缘装配中的质量问题	16.2.1 绝缘件的装配方法 16.2.2 绝缘件产生收缩变形的原因及调整方法 16.2.3 纸板筒等绝缘件质量问题的解决方法
	16.3 检查	16.3.1 能对多层厚纸板筒的尺寸、质量进行检测 16.3.2 能对绝缘件的粘接质量进行检查	16.3.1 多层厚纸板筒的质量要求 16.3.2 绝缘件的粘接质量的检查方法
17. 试验准备	17.1 技术准备	17.1.1 能根据产品试验方案和标准,确定工频和雷电冲击耐压试验数值要求及偏差范围 17.1.2 能根据产品试验方案和标准,确定变压器温升的限值 17.1.3 能根据产品试验方案和标准,确定变压器声级的限值 17.1.4 能根据产品试验方案和标准,确定变压器的局部放电的限值 17.1.5 能根据产品试验方案和标准,确定变压器绝缘电阻、介质损耗因数和电容测量的限值 17.1.6 能根据产品试验方案和标准,确定变压器感应耐压试验值及偏差范围 17.1.7 能根据产品试验方案和标准,确定变压器雷电冲击全波、截波和操作冲击波形参数的技术要求及偏差范围	17.1.1 变压器试验标准中关于工频和雷电冲击耐压试验的条款 17.1.2 变压器试验标准中关于温升试验的条款 17.1.3 变压器试验标准中关于声级测量试验的条款 17.1.4 变压器试验标准中关于局部放电测量试验的条款 17.1.5 变压器试验标准中关于变压器绝缘电阻、介质损耗因数和电容测量的条款 17.1.6 变压器试验标准中关于感应耐压试验的条款和试验方案的编制方法 17.1.7 变压器试验标准中关于变压器雷电冲击全波、截波和操作冲击波形参数的条款
	17.2 设备准备	17.2.1 能根据产品试验方案,选择工频耐压试验设备和测量系统 17.2.2 能根据产品试验方案,选择变压器温升试验设备和测量系统 17.2.3 能根据产品试验方案,选择变压器声级测量的试验设备和测量仪器	17.2.1 工频耐压试验设备的性能参数和测量系统的工作原理及操作规程 17.2.2 变压器温升试验设备的性能参数和测量系统的工作原理及操作规程 17.2.3 声级测量仪器的工作原理及操作规程

(注:17. 试验准备 工作内容含"变压器试验工")

续表

职业功能	工作内容		技能要求	相关知识要求
17. 试验准备	17.3 技术准备	互感器试验工	17.3.1 能根据产品试验方案和标准,确定户外型互感器湿试验的淋雨水量和电导率的技术要求 17.3.2 能根据产品试验方案和标准,确定励磁特性的技术要求 17.3.3 能根据产品试验方案和标准,确定铁磁谐振的技术要求 17.3.4 能根据产品试验方案和标准,确定绝缘热稳定试验的技术要求 17.3.5 能根据产品试验方案和标准,确定传递过电压的技术要求 17.3.6 能根据产品试验方案和标准,确定测量用电流互感器的仪表保安系数测定的技术要求 17.3.7 能根据产品试验方案和标准,确定保护用电流互感器的复合误差测定的技术要求	17.3.1 互感器试验标准中关于户外型互感器湿试验的淋雨水量和电导率的数值规定、大气条件校正和条款 17.3.2 互感器试验标准中关于励磁特性的条款 17.3.3 互感器试验标准中关于铁磁谐振的条款 17.3.4 互感器试验标准中关于电流互感器绝缘热稳定试验的条款 17.3.5 互感器试验标准中关于传递过电压试验的条款 17.3.6 互感器试验标准中关于测量用电流互感器的仪表保安系数测定的条款 17.3.7 互感器试验标准中关于保护用电流互感器复合误差试验的条款
	17.4 设备准备		17.4.1 能根据互感器试验方案,选择户外型互感器湿耐压试验设备和测量系统 17.4.2 能根据产品试验方案,选择互感器励磁特性试验设备和测量仪器	17.4.1 湿耐压试验设备的性能参数、测量系统、淋雨水量测量和电导率测量的工作原理及操作规程 17.4.2 互感器励磁特性试验设备性能参数和测量仪器的工作原理及操作规程
18. 试验	18.1 试验接线	变压器试验工	18.1.1 能根据产品试验方案,进行变压器工频耐压试验的接线 18.1.2 能根据产品试验方案,进行变压器温升试验的接线 18.1.3 能根据产品试验方案,进行变压器声级测量试验的接线 18.1.4 能根据产品试验方案,进行变压器局部放电测量的试验接线 18.1.5 能根据产品试验方案,进行变压器绝缘电阻、介质损耗因数和电容测量的试验接线 18.1.6 能根据产品试验方案,进行变压器感应耐压试验的接线 18.1.7 能根据产品的试验方案,进行变压器雷电冲击和操作冲击试验的接线	18.1.1 变压器工频耐压试验的技术要求和试验方法 18.1.2 变压器温升试验技术要求和试验方法 18.1.3 变压器声级测量的技术要求和试验方法 18.1.4 变压器局部放电测量的技术要求和试验方法 18.1.5 变压器绝缘电阻、介质损耗因数和电容测量的技术要求和试验方法 18.1.6 变压器感应耐压试验的技术要求和试验方法 18.1.7 变压器雷电冲击和操作冲击试验的技术要求和试验方法

续表

职业功能	工作内容		技能要求	相关知识要求
18. 试验	18.2 试验操作	变压器试验工	18.2.1 能进行变压器工频耐压试验的电压调节和数据采集 18.2.2 能进行变压器温升试验时温度测量装置的布置和数据采集 18.2.3 能进行变压器声级测量时基本发射面绘制和测量点的布置 18.2.4 能进行变压器绝缘电阻、介质损耗因数和电容测量的电桥调节和数据采集 18.2.5 能进行变压器感应耐压试验的电压调节和数据采集 18.2.6 能进行变压器雷电冲击与操作冲击试验波形调节和数据采集	18.2.1 变压器试验标准中关于工频耐压试验设备和测量系统操作方法的条款 18.2.2 变压器试验标准中关于温升试验时温度测量装置的布置及使用方法的条款 18.2.3 变压器试验标准中关于变压器声级测量时基本发射面绘制和测量点布置的方法的条款 18.2.4 变压器绝缘电阻、介质损耗因数和电容测量的测量仪器的使用方法 18.2.5 变压器试验标准中关于感应耐压试验设备和测量系统操作方法的条款 18.2.6 变压器试验标准中关于雷电冲击和操作冲击试验及测量系统使用方法的条款
	18.3 试验接线	互感器试验工	18.3.1 能根据产品试验方案，进行户外型互感器湿耐压试验的接线 18.3.2 能根据产品试验方案，进行互感器励磁特性试验的接线 18.3.3 能根据产品试验方案，进行互感器铁磁谐振试验的接线 18.3.4 能根据产品试验方案，进行电流互感器绝缘热稳定试验的接线 18.3.5 能根据产品试验方案，进行互感器传递过电压试验的接线	18.3.1 户外型互感器湿耐压试验的技术要求及试验方法 18.3.2 互感器励磁特性试验的技术要求和试验方法 18.3.3 互感器铁磁谐振试验的技术要求和试验方法 18.3.4 电流互感器绝缘热稳定试验的技术要求和试验方法 18.3.5 互感器传递过电压试验的技术要求和试验方法
	18.4 试验操作		18.4.1 能进行互感器湿耐压试验的电压、淋雨量、电导率的调节和数据采集 18.4.2 能进行互感器励磁特性试验和数据采集 18.4.3 能进行互感器铁磁谐振试验和数据采集 18.4.4 能进行电流互感器绝缘热稳定试验和数据采集 18.4.5 能进行互感器传递过电压试验和数据采集	18.4.1 互感器试验标准中关于互感器湿耐压试验的电压、淋雨量、电导率测量仪器使用方法的条款 18.4.2 互感器试验标准中关于互感器励磁特性试验测量仪器使用方法的条款 18.4.3 互感器试验标准中关于互感器铁磁谐振试验测量仪器使用方法的条款 18.4.4 互感器试验标准中关于电流互感器绝缘热稳定试验测量仪器使用方法的条款 18.4.5 互感器试验标准中关于互感器传递过电压试验测量仪器使用方法的条款

续表

职业功能	工作内容	技能要求	相关知识要求
19. 数据处理	变压器试验工	19.1 数据计算 19.1.1 能进行工频耐压试验电流的计算并能根据试验现象判定工频耐压试验是否合格 19.1.2 能根据试验数据进行变压器绝缘电阻的温度校正计算	19.1.1 变压器工频耐压试验电流的计算方法 19.1.2 变压器绝缘电阻的温度校正计算方法
		19.2 数据分析 19.2.1 能分析试验条件和试验设备问题造成的直流电阻测量数据异常问题 19.2.2 能分析试验条件和试验设备问题造成的绝缘电阻测量数据异常问题 19.2.3 能分析试验条件和试验设备问题造成的变压器介质损耗因数和电容测量数值异常问题	19.2.1 变压器及直流电阻的相关技术参数及规定 19.2.2 绝缘特性试验的干扰因素 19.2.3 变压器介质损耗因数和电容测量数值异常出现的原因
	互感器试验工	19.3 数据计算 19.3.1 能进行互感器湿耐压试验的海拔、大气和湿度条件的校正计算 19.3.2 能进行互感器铁磁谐振试验测量结果的计算 19.3.3 能进行互感器传递过电压的计算	19.3.1 户外互感器的干、湿式耐压试验的海拔、大气和湿度校正的计算方法 19.3.2 互感器铁磁谐振波形记录和计算方法 19.3.3 互感器传递过电压的计算方法
		19.4 数据分析 19.4.1 能分析试验条件和试验设备问题造成的工频、冲击耐压试验测量数据异常的问题 19.4.2 能分析电流互感器绝缘热稳定试验数据异常问题	19.4.1 工频、冲击耐压试验的干扰因素 19.4.2 电流互感器绝缘热稳定试验数据异常的原因

3.4 二级/技师

变压器装配工、互感器装配工考核职业功能 1~3、20~21；变压器处理工考核职业功能 4~6、20~21；变压器铁芯叠装工考核职业功能 7~9、20~21；变压器线圈制造工考核职业功能 10~12、20~21；变压器绝缘件装配工考核职业功能 13~16、20~21；变压器试验工、互感器试验工考核职业功能 17~21。

职业功能	工作内容		技能要求	相关知识要求
1. 绝缘装配	1.1 工艺准备	变压器装配工	1.1.1 能识读作业指导书编制标准文件 1.1.2 能制定绝缘件修理工艺方案	1.1.1 作业指导书的编制格式和标准要求 1.1.2 工艺文件编制格式和标准要求
	1.2 线圈、绝缘件装配		1.2.1 能绘制绝缘装配专用工具图 1.2.2 能对变形、破损等轻度损坏的绝缘件进行修理 1.2.3 能处理垫块脱落、开裂等绝缘件装配问题 1.2.4 能制定场地工艺布置方案 1.2.5 能编制绝缘装配作业指导书	1.2.1 机械制图知识 1.2.2 常用金属材料性能、加工、处理知识 1.2.3 绝缘材料的种类、特性和使用要求 1.2.4 绝缘件装配质量要求 1.2.5 工艺布置的原则、方法和要求 1.2.6 作业指导书编制方法
	1.3 质量检测与控制		1.3.1 能检查控制绝缘件修理质量 1.3.2 能检查线圈套装质量	1.3.1 绝缘件质量检查方法和标准 1.3.2 线圈套装质量检查方法和标准
	1.4 工艺准备	互感器装配工	能识读与绝缘装配相关的新产品图样与工艺方案	绝缘装配相关的新产品结构及装配要点
	1.5 线圈制作与装配		1.5.1 能分析和处理电容屏直径偏差大、屏间绝缘厚度不均匀、电容屏断裂、电容量异常、介损异常等问题 1.5.2 能分析和处理绝缘装配后一次直流电阻、二次直流电阻、绝缘电阻、极性、误差不合格等问题 1.5.3 能进行与绝缘装配相关的现场售后服务操作 1.5.4 能绘制与绝缘装配相关的简单零部件和工具（如垫块、撑条、压板、托架等）图样，能自制简单实用的工具	1.5.1 电容屏直径偏差大、屏间绝缘厚度不均匀、电容屏断裂、电容量异常、介损异常等问题的分析和处理方法 1.5.2 绝缘装配后一次直流电阻、二次直流电阻、绝缘电阻、极性、误差不合格等问题的分析和处理方法 1.5.3 绝缘装配相关的现场售后服务方法 1.5.4 绘制与绝缘装配相关的零部件和工具图样的方法
	1.6 质量检测与控制		能检测绝缘装配后的一次直流电阻、二次直流电阻	绝缘装配后的一次直流电阻、二次直流电阻的检测方法

续表

职业功能	工作内容		技能要求	相关知识要求
2. 引线装配	2.1 工艺准备	变压器装配工	2.1.1 能识读作业指导书编制标准文件 2.1.2 能识读无励磁分接开关修理说明书	2.1.1 作业指导书的编制格式和标准要求 2.1.2 无励磁分接开关常见故障及修理
	2.2 引线加工与装配		2.2.1 能编制引线装配作业指导书 2.2.2 能绘制引线装配专用工具图 2.2.3 能处理铁芯绝缘电阻低、铁芯层间短路等问题 2.2.4 能处理无励磁分接开关安装困难等内部装配技术问题	2.2.1 作业指导书编制方法 2.2.2 机械制图知识 2.2.3 铁芯绝缘电阻低、铁芯层间短路等器身装配常见问题处理方法 2.2.4 无励磁分接开关常见技术问题及处理方法
	2.3 质量检测与控制		2.3.1 能检查控制引线焊接质量 2.3.2 能检查控制无励磁分接开关安装质量	2.3.1 引线焊接质量检查方法和要求 2.3.2 无励磁分接开关内部安装质量检查方法和要求
	2.4 工艺准备	互感器装配工	能识读与引线装配相关的新产品图样与工艺方案	引线装配相关的新产品结构及装配要点
	2.5 引线制作与装配		2.5.1 能分析和处理引线装配后一次直流电阻、二次直流电阻、绝缘电阻、极性、误差、产品介损、末屏介损不合格等问题 2.5.2 能进行与引线装配相关的现场售后服务操作 2.5.3 能绘制与引线装配相关的简单零部件和工具（如端子、导电板、扳手等）图样，能自制简单实用的工具	2.5.1 引线装配后一次直流电阻、二次直流电阻、绝缘电阻、极性、误差、产品介损、末屏介损不合格等问题的分析和处理方法 2.5.2 绝缘装配相关的现场售后服务方法 2.5.3 绘制与引线装配相关的零部件和工具图样的方法
	2.6 质量检测与控制		能检测引线装配后的一次直流电阻、二次直流电阻	引线装配后一次直流电阻、二次直流电阻的检测方法
3. 总装配	3.1 工艺准备	变压器装配工	3.1.1 能识读作业指导书编制标准文件 3.1.2 能识读无励磁分接开关修理说明书	3.1.1 作业指导书的编制格式和标准要求 3.1.2 无励磁分接开关常见故障及修理

续表

职业功能	工作内容		技能要求	相关知识要求
3. 总装配	3.2 总装	变压器装配工	3.2.1 能绘制总装配专用工具图样 3.2.2 能处理变压器绝缘距离紧张、组部件安装困难等问题 3.2.3 能处理无励磁分接开关挡位调整困难等外部装配技术问题 3.2.4 能绘制场地工艺布置图 3.2.5 能处理变压器密封不严、渗漏油等技术问题	3.2.1 机械制图知识 3.2.2 变压器总装配常见问题处理方法 3.2.3 无励磁分接开关安装常见问题及处理方法 3.2.4 工艺布置的原则、方法和要求 3.2.5 变压器总装配常见技术问题处理方法
	3.3 质量检测与控制		3.3.1 能测量变压器泄漏率 3.3.2 能检查控制均压球、出线装置安装质量	3.3.1 变压器泄漏率测量方法 3.3.2 均压球、出线装置安装质量测量和控制方法
	3.4 工艺准备		能识读与总装配相关的新产品图样与工艺方案	总装配相关的新产品结构及装配要点
	3.5 总装	互感器装配工	3.5.1 能分析和处理装配密封性能不良的问题 3.5.2 能进行与总装配相关的现场售后服务操作 3.5.3 能绘制与总装配相关的简单零部件和工具（如导电杆、橡胶密封件、装配架、尖锥等）图样，能自制简单实用的工具	3.5.1 密封性能不良的分析和处理方法 3.5.2 总装配相关的现场售后服务问题的处理方法 3.5.3 绘制与总装配相关的零部件和工具图样的方法
	3.6 质量检测与控制		能检测产品泄漏率	产品泄漏率的检测方法
4. 线圈处理	4.1 工艺准备		4.1.1 能绘制干燥设备系统方框原理图 4.1.2 能识读水蒸气分压测量装置原理图 4.1.3 能识读设备使用说明书等外文资料 4.1.4 能识读气相干燥设备和系统原理文件、气相干燥设备安全与防爆文件、气相干燥用油文件	4.1.1 干燥设备系统方框原理图的绘制方法 4.1.2 水蒸气分压测量装置测量微水含量的方法 4.1.3 变压器处理设备的技术参数、使用规范的英（或其他语种）汉对照表 4.1.4 气相干燥设备和系统原理文件、气相干燥设备安全与防爆文件、气相干燥用油文件

续表

职业功能	工作内容	技能要求	相关知识要求
4. 线圈处理	4.2 工装、设备的维护与保养	能排除设备运行过程中出现的一般故障	设备一般故障的排除方法
	4.3 线圈干燥	4.3.1 能对气相干燥过程出现的故障进行分析 4.3.2 能选择合适的气相干燥用油 4.3.3 能用水蒸气分压测量装置判断干燥程度 4.3.4 能对特殊产品进行干燥	4.3.1 气相干燥处理过程常见故障的分析方法 4.3.2 防止煤油发生爆炸应采取的措施 4.3.3 绝缘单位时间、单位质量出水量与干燥程度的关系 4.3.4 特殊产品干燥工艺方法 4.3.5 气相干燥设备和系统知识 4.3.6 气相干燥设备的安全与防护知识 4.3.7 气相干燥用油知识
5. 器身处理	5.1 工艺准备	5.1.1 能绘制干燥设备系统方框原理图 5.1.2 能识读水蒸气分压测量装置原理图 5.1.3 能识读设备使用说明书等外文资料 5.1.4 能识读气相干燥设备和系统原理文件、气相干燥设备安全与防爆文件、气相干燥用油文件	5.1.1 干燥设备系统方框原理图的绘制方法 5.1.2 水蒸气分压测量装置测量微水含量的方法 5.1.3 变压器处理设备的技术参数、使用规范的英（或其他语种）汉对照表 5.1.4 用户安装现场变压器器身干燥的工艺方法
	5.2 工装、设备的选取、维护与保养	5.2.1 能排除设备运行过程中出现的一般故障 5.2.2 能选择干燥设备对用户安装现场变压器器身进行干燥	5.2.1 设备一般故障的排除方法 5.2.2 用户安装现场变压器器身干燥设备的选取方法
	5.3 器身干燥	5.3.1 能对气相干燥过程出现的故障进行分析 5.3.2 能选择合适的气相干燥用油 5.3.3 能用水蒸气分压测量装置判断干燥程度 5.3.4 能对特殊产品进行干燥 5.3.5 能根据用户安装现场条件，选择合适的设备和工艺方法对变压器器身进行干燥	5.3.1 气相干燥处理过程常见故障的分析方法 5.3.2 防止煤油发生爆炸应采取的措施 5.3.3 绝缘单位时间、单位质量出水量与干燥程度的关系 5.3.4 特殊产品干燥工艺方法 5.3.5 气相干燥设备和系统知识 5.3.6 气相干燥设备的安全与防护知识 5.3.7 气相干燥用油知识 5.3.8 用户安装现场变压器在油箱内真空干燥的方法

续表

职业功能	工作内容	技能要求	相关知识要求
6. 油处理	6.1 工艺准备	6.1.1 能绘制净油设备的工作过程原理图 6.1.2 能识读设备使用说明书等外文资料 6.1.3 能编制现场变压器油处理的工艺方案	6.1.1 净油设备工作过程原理 6.1.2 变压器处理设备的技术参数、使用规范的英（或其他语种）汉对照表 6.1.3 用户安装现场变压器油处理的工艺方法
	6.2 工装、设备的维护与保养	6.2.1 能对真空机组、真空净油机进行维护和保养 6.2.2 能排除设备运行过程中出现的一般故障	6.2.1 真空机组、真空净油机的性能特点及维护和保养方法 6.2.2 设备一般故障的排除方法
	6.3 变压器油处理	6.3.1 能选择设备和工艺方法对用户安装现场变压器油进行处理 6.3.2 能根据油中溶解气体分析变压器、互感器故障的性质	6.3.1 现场变压器油处理设备和处理工艺的选取方法 6.3.2 判断变压器、互感器故障性质的三比值法
7. 纵剪	7.1 工艺准备	7.1.1 能识读进口设备相关外文标牌、技术指标及使用范围 7.1.2 能设计和绘制专用工装、工具、模具草图 7.1.3 能结合设备状况，配合维修人员排除设备运行过程中出现的剪切精度下降、信号传递等故障 7.1.4 能结合设备状况，配合设备维修人员进行设备修理	7.1.1 铁芯设备及技术参数、使用规范的英（或其他语种）汉对照表 7.1.2 工艺布置的原则以及绘制工艺布置图的方法和图形符号表示方法 7.1.3 设计和绘制专用工具、模具草图的方法 7.1.4 自动化设备的名称、型号、规格、性能及调整方法 7.1.5 所用设备常见故障及排除方法
	7.2 加工铁芯片	7.2.1 能编制铁芯片纵剪下料套裁单 7.2.2 能调整铁芯纵剪专用设备，使其达到最佳工况	7.2.1 铁芯片下料套裁单的编写格式 7.2.2 铁芯片套裁方案的原则和依据 7.2.3 自动化设备的性能特点 7.2.4 铁芯片剪切质量标准及故障分析与处理的方法
	7.3 质量检测与控制	能对剪切产生的质量问题进行综合原因分析并处理	7.3.1 叠片问题处理的方法 7.3.2 磁畴细化硅钢片与非晶金等高新技术铁芯材料的特点与加工应用技术方面的知识 7.3.3 电工硅钢片的各类相关标准

续表

职业功能	工作内容	技能要求	相关知识要求
8. 横剪	8.1 工艺准备	8.1.1 能识读进口设备相关外文标牌、技术指标及使用范围 8.1.2 能设计和绘制专用工装、工具、模具草图 8.1.3 能绘制各类变压器铁芯的片形、接缝结构示意图以及叠积示意图 8.1.4 能排除设备运行过程中出现的剪切精度下降、信号传递、程序执行失败等故障 8.1.5 能结合设备状况，配合设备维修人员进行设备修理	8.1.1 铁芯设备及技术参数、使用规范的英（或其他语种）汉对照表 8.1.2 设计和绘制专用工装、工具、模具草图的方法 8.1.3 铁芯叠片图的标识方法 8.1.4 自动化设备的性能特点 8.1.5 所用设备常见故障及排除方法
	8.2 加工铁芯片	8.2.1 能编制各类铁芯叠片的横剪剪切程序 8.2.2 能在全自动横剪线上编写多级步进式铁芯片剪切程序 8.2.3 能调整铁芯专用自动化设备，使其达到最佳工况	8.2.1 全自动横剪线上多级步进铁芯片剪切程序的编写原则和方法 8.2.2 先进横剪线操作方法 8.2.3 不预叠铁芯片和多级步进铁芯片的剪切方法 8.2.4 自动化设备的刀具安装和调整方法 8.2.5 取向硅钢片的金属学特性以及磁性能方面的基本知识 8.2.6 铁芯片剪切质量标准及故障分析与处理的方法
	8.3 质量检测与控制	能对冲剪过程中出现的质量问题进行综合原因分析并处理	8.3.1 影响铁芯损耗性能的相关因素及降低铁芯损耗的技术性措施 8.3.2 铁芯噪声的产生机理、影响因素及降低噪声的技术性措施等方面的知识 8.3.3 叠片问题处理的方法
9. 叠装或卷制	9.1 工艺准备	9.1.1 能绘制各类变压器铁芯的片形、接缝结构示意图以及叠积示意图、装配示意图 9.1.2 能设计和绘制专用工具、模具草图 9.1.3 能根据产品特点和工艺条件，拟订卷制铁芯的退火工艺，并能绘制相应的退火工艺曲线图 9.1.4 能设计不叠上铁轭铁芯定位和铁芯夹紧方案示意图 9.1.5 能识读引进的技术文件	9.1.1 铁芯的叠积图及叠片图的标识方法 9.1.2 铁芯各示意图的画法 9.1.3 设计和绘制专用工具、模具草图的方法 9.1.4 卷制铁芯退火原理、工艺特点及退火工艺曲线的绘制方法 9.1.5 不叠上铁轭铁芯的定位原理 9.1.6 引进技术文件的特点

续表

职业功能	工作内容	技能要求	相关知识要求
9. 叠装或卷制	9.2 叠装铁芯	能解决铁芯产品在叠装或卷制过程中出现的质量问题和装配问题，并能分析原因、制定防范措施	9.2.1 影响铁芯制造质量的因素 9.2.2 铁芯生产过程中重大装配问题的处理方法
	9.3 质量检测与控制	9.3.1 能通过检测判定铁芯质量问题产生的原因 9.3.2 能在安装现场处理铁芯的质量问题	9.3.1 影响铁芯损耗性能的相关因素及降低铁芯损耗的技术性措施 9.3.2 铁芯噪声的产生机理、影响因素及降低噪声的技术性措施等方面的知识 9.3.3 铁芯问题处理的方法
10. 线圈绕制准备	10.1 工艺准备	10.1.1 能对线圈结构合理性提出建议 10.1.2 能根据不同的线圈结构特点，编制线圈绕制前的技术提示	10.1.1 线圈的工艺规程 10.1.2 产品的技术标准 10.1.3 各种结构线圈的特点
	10.2 材料选择及配置	10.2.1 能制定线圈导线的分盘方法 10.2.2 能根据导线加工单和线圈的结构特点，合理放置线盘 10.2.3 能根据线圈形式，估算原材料及辅助材料用量 10.2.4 能进行原材料的储存及摆放	10.2.1 车间的不同线盘的规格、承重 10.2.2 导线分盘的原则 10.2.3 选配绕线模、放线架和张紧装置的方法 10.2.4 原材料、辅助材料用量配算方法，原材料的存储原则
	10.3 选配调整线圈辅助工装	10.3.1 能指导其他操作者根据线圈结构特点，合理选配绕线模、放线架和张紧装置等 10.3.2 能确定线圈端部出头在绕线模上的位置，配置相关工装	10.3.1 选配绕线模、放线架和张紧装置的方法 10.3.2 确定线圈端部出头位置的方法
	10.4 设计、改进工装模具	能绘制新型工装模具的草图	10.4.1 设计工装模具的技术要求 10.4.2 绘制工装模具草图的知识

续表

职业功能	工作内容	技能要求	相关知识要求
11. 线圈绕制	11.1 导线焊接	11.1.1 能根据焊件的加热颜色，正确地判断焊接温度及质量 11.1.2 能根据导线及焊套的截面积，决定其填充系数 11.1.3 能选用冷压模	11.1.1 加热颜色与焊接温度的对应关系 11.1.2 填充系数的确定方法 11.1.3 压模的选用原则
	11.2 线圈辅助设备的设计和调整	11.2.1 能根据各类线圈的结构，配置、调整线圈的辅助设备 11.2.2 能根据新产品或特殊产品线圈的需要，提出新型辅助设备的设计建议	11.2.1 线圈辅助设备的种类及功能 11.2.2 线圈设备及辅助设备的结构配置和操作过程管理
	11.3 排除设备故障	11.3.1 能处理和解决生产过程中线圈设备的常见技术难题，如绕线机倒车现象、导线收紧装置拉力下降等 11.3.2 能根据产品工艺要求和设备技术状况，对设备采取有效的故障预防措施	11.3.1 生产过程中线圈设备绕线机有倒车现象、导线收紧装置拉力下降等技术难题的解决方法 11.3.2 设备故障的预防措施
	11.4 鉴别新型、复杂线圈的结构	能对新产品设计中线圈结构及制造工艺的合理性提出建议，并给予操作方法的建议	11.4.1 变压器技术标准 11.4.2 变压器线圈结构的制造工艺合理性分析方法
12. 线圈压装	12.1 线圈组装	能根据线圈结构形式，制定线圈的压装方案	12.1.1 线圈压装工艺规程 12.1.2 线圈压装技术标准
	12.2 检查	12.2.1 能进行相关技术参数的计算，如线圈不同温度下直流电阻的折算 12.2.2 能测量直流电阻并计算三相电阻不平衡率	12.2.1 串、并联电路的分析计算知识 12.2.2 不同温度下直流电阻的换算方法 12.2.3 测量直流电阻的方法
	12.3 处理线圈质量问题	12.3.1 能提出预防线圈质量问题的改进意见 12.3.2 能发现复杂或隐蔽的质量问题 12.3.3 能分析线圈产生质量问题的原因	12.3.1 线圈产品质量问题的预控方法 12.3.2 复杂隐蔽质量故障点的判定方法 12.3.3 分析生产过程的排除法

续表

职业功能	工作内容	技能要求	相关知识要求
13. 绝缘件开料	13.1 工艺准备	13.1.1 能编制静电环骨架、压板等绝缘件的加工工艺程序 13.1.2 能设计和绘制专用工装、模具草图	13.1.1 绝缘件加工工艺程序卡片的编制办法 13.1.2 设计、绘制专用工装、模具草图的方法
	13.2 开料作业	13.2.1 能对各种静电环骨架、压板等绝缘件进行下料 13.2.2 能计算层压件的毛坯厚度	13.2.1 静电环骨架、压板等绝缘件的下料方法 13.2.2 层压件毛坯厚度的计算方法
	13.3 检查	13.3.1 能检测静电环骨架、压板等绝缘件的下料尺寸 13.3.2 能检查所下工料的质量状况	13.3.1 静电环骨架、压板等绝缘件的下料尺寸和数量的计算方法 13.3.2 静电环骨架、压板等绝缘件的质量要求
14. 绝缘件压制	14.1 工艺准备	14.1.1 能进行压板等厚绝缘件的叠装、压制 14.1.2 能根据压制件的厚度、面积等尺寸选择合适的压制方法 14.1.3 能分析层压件开裂等质量问题的原因,并提出解决办法	14.1.1 双面上胶纸的性能等知识 14.1.2 绝缘件压制的工艺规定 14.1.3 层压件质量问题的出现原因和解决办法
	14.2 压制作业	14.2.1 能进行压板等厚绝缘件的叠装、压制 14.2.2 能根据压制件的厚度、面积等尺寸选择合适的压制方法 14.2.3 能分析层压件开裂等质量问题的原因,并提出解决办法	14.2.1 双面上胶纸的性能等知识 14.2.2 绝缘件压制的工艺规定 14.2.3 引起层压件质量问题的知识和经验
	14.3 检查	14.3.1 能检查热压件的叠装质量 14.3.2 能检查压板等厚绝缘件的热压质量	14.3.1 绝缘件叠装工艺要求 14.3.2 压板等厚绝缘件的质量判断标准

续表

职业功能	工作内容	技能要求	相关知识要求
15.绝缘件机加工	15.1 工艺准备	15.1.1 能对数控加工中心及其所用刀具进行维护保养 15.1.2 能发现数控加工中心出现的常见故障并进行排除	15.1.1 数控加工中心及其所用刀具进行维护保养的基本知识 15.1.2 数控加工中心的常见故障及其排除方法
	15.2 机加工作业	15.2.1 能用计算机编制压板、铁轭垫块等绝缘件的加工程序 15.2.2 能用数控加工中心设备对压板、铁轭垫块等绝缘件进行加工 15.2.3 能对静电环骨架进行加工成型	15.2.1 绝缘件数控加工程序的编制方法 15.2.2 数控加工中心设备的操作方法 15.2.3 静电环骨架加工成型的方法
	15.3 检查	能检查数控加工中心所加工绝缘件的质量	机加工成型绝缘件的质量要求
16.绝缘件组装	16.1 工艺准备	16.1.1 能识读超高压变压器及电抗器中器身绝缘及线圈组装等装配图 16.1.2 能识读超高压变压器及电抗器绝缘组装的工艺流程	16.1.1 超大型变压器及电抗器中器身绝缘及线圈组装图的识读方法 16.1.2 超大型变压器及电抗器绝缘组装的工艺流程知识
	16.2 组装作业	16.2.1 能对静电环的引出线进行焊接 16.2.2 能对静电环进行金属皱纹纸绕包 16.2.3 能对静电环进行绝缘包扎并对引线绝缘进行包扎 16.2.4 能装配高压电抗器等特种变压器绝缘件	16.2.1 静电环引出线焊接方法 16.2.2 金属皱纹纸的绕包方法 16.2.3 静电环绝缘包扎及引线绝缘的包扎方法 16.2.4 高压电抗器等特种变压器绝缘件装配工艺
	16.3 检测	能检测静电板的引出线焊接质量、包扎质量	静电板质量要求

续表

职业功能	工作内容		技能要求	相关知识要求
17. 试验准备	17.1 技术准备	变压器试验工	17.1.1 能编制变压器空载损耗和空载电流测量的试验方案 17.1.2 能编制变压器负载损耗和短路阻抗、温升试验的试验方案 17.1.3 能编制变压器工频耐压试验方案和选择工频电压测量系统 17.1.4 能编制变压器雷电冲击和操作冲击试验方案，能选择冲击和操作电压测量系统 17.1.5 能编制变压器局部放电和感应耐压试验试验方案，能选择感应电压和局部放电测量系统	17.1.1 变压器空载损耗和空载电流测量试验方案的编制方法及电压、电流互感器的选用方法 17.1.2 变压器负载损耗和短路阻抗、温升试验方案的编制方法及电源补偿原理 17.1.3 变压器工频耐压试验方案的编制方法及高电压测量方法 17.1.4 变压器雷电冲击和操作冲击试验方案的编制方法及高电压测量方法 17.1.5 变压器局部放电和感应耐压试验方案的编制方法及高电压和局部放电测量方法
	17.2 设备准备		17.2.1 能根据产品试验方案，选择变压器局部放电测量的试验设备和局部放电测试仪 17.2.2 能根据产品试验方案，选择变压器绝缘电阻、介质损耗因数和电容测量的试验设备和测量仪器	17.2.1 局部放电测量的试验设备的性能参数和局部放电测试仪的工作原理及操作规程 17.2.2 变压器绝缘电阻、介质损耗因数和电容测量的试验设备的性能参数和测量仪器的工作原理及操作规程
	17.3 技术准备	互感器试验工	17.3.1 能编制互感器准确度和标志检验的试验方案和选择标准电压、电流互感器 17.3.2 能编制互感器电容量和介质损耗因数测量的试验方案和选择标准电容器和介损电桥 17.3.3 能编制互感器工频耐压试验方案和选择工频电压测量系统 17.3.4 能编制互感器冲击耐压试验方案和选择雷电冲击电压测量系统	17.3.1 互感器准确度和标志检验试验方案的编制方法及标准电压、电流互感器的选用方法 17.3.2 互感器电容量和介质损耗因数测量的试验方案的编制方法及标准电容器和介损电桥的选用方法 17.3.3 互感器工频耐压试验方案及高电压测量方法 17.3.4 互感器冲击耐压试验方案的编制方法及高电压测量方法
	17.4 设备准备		17.4.1 能根据产品试验方案，选择互感器铁磁谐振试验设备和测量仪器 17.4.2 能根据产品试验方案，选择电流互感器绝缘热稳定试验设备和测量设备	17.4.1 互感器铁磁谐振试验设备性能参数和测量仪器的工作原理及操作规程 17.4.2 电流互感器绝缘热稳定试验设备的性能参数和测量设备的工作原理及操作规程

续表

职业功能	工作内容		技能要求	相关知识要求
18. 试验	18.1 试验接线	变压器试验工	18.1.1 能进行变压器感应耐压试验和局部放电测量的试验接线 18.1.2 能进行变压器雷电冲击和操作冲击试验和电压及电流示伤波形测量的试验接线 18.1.3 能进行变压器声级测量的试验接线和基本发射面绘制及声级测点布置	18.1.1 变压器感应耐压试验和局部放电测量的技术要求和测量系统的使用方法 18.1.2 变压器雷电冲击和操作冲击试验和电压及电流示伤波形测量的技术要求和测量方法 18.1.3 变压器声级测量的技术要求和测量方法
	18.2 试验操作		18.2.1 能进行变压器局部放电和感应耐压试验的系统调整和放电量的测量 18.2.2 能进行变压器雷电冲击和操作冲击时的波形调节	18.2.1 变压器局部放电和感应耐压试验方法 18.2.2 变压器雷电冲击和操作冲击时的数据采集和波形调节的试验方法
	18.3 试验接线	互感器试验工	18.3.1 能进行互感器匝间过电压的试验接线 18.3.2 能进行互感器二次回路时间常数试验接线 18.3.3 能进行互感器一次端截断雷电冲击的试验和截波电压及电流示伤波形测量的试验接线	18.3.1 互感器匝间过电压的技术要求和电压测量方法 18.3.2 互感器二次回路时间常数试验的技术要求和试验方法 18.3.3 互感器一次端截断雷电冲击的试验和截波电压及电流示伤波形测量的试验方法
	18.4 试验操作		18.4.1 能进行互感器匝间过电压试验 18.4.2 能进行互感器二次回路时间常数测定 18.4.3 能进行互感器一次端截断雷电冲击试验的数据采集和波形调节	18.4.1 互感器匝间过电压测量的技术要求和试验方法 18.4.2 互感器二次回路时间常数测定的技术要求和试验方法 18.4.3 互感器一次端截断雷电冲击试验的数据采集和波形调节的技术要求及试验方法
19. 数据处理	19.1 数据计算	变压器试验工	19.1.1 能进行变压器温升试验的数据计算 19.1.2 能进行变压器声级测量的数据计算	19.1.1 变压器温升试验的数据计算的方法 19.1.2 变压器声级测量的数据计算的方法

续表

职业功能	工作内容		技能要求	相关知识要求
19. 数据处理	19.2 数据分析	变压器试验工	19.2.1 能对变压器工频耐压试验中的试验现象和结果进行分析 19.2.2 能分析三相变压器零序阻抗测量的异常问题 19.2.3 能分析变压器空载试验数值异常问题 19.2.4 能分析变压器负载试验数值异常问题 19.2.5 能分析变压器温升试验数值异常问题	19.2.1 变压器工频耐压试验现象分析和结果判断方法 19.2.2 三相变压器零序阻抗的估算方法 19.2.3 变压器铁芯结构、材料性能及制造工艺对空载试验的影响 19.2.4 变压器绕组结构、材料性能等对负载试验的影响 19.2.5 变压器油道结构和冷却系统对温升的影响
	19.3 数据计算	互感器试验工	19.3.1 能进行互感器温升试验的数据计算 19.3.2 能进行互感器干、湿式耐压试验的海拔、大气和湿度校正的数据计算	19.3.1 互感器温升试验的数据计算的方法 19.3.2 互感器干、湿式耐压试验的海拔、大气和湿度校正的数据计算的方法
	19.4 数据分析		19.4.1 能对互感器工频耐压试验中的试验现象和结果进行分析 19.4.2 能分析互感器准确度异常问题 19.4.3 能分析互感器局部放电试验的异常问题 19.4.4 能分析互感器温升试验数值异常问题	19.4.1 互感器工频耐压试验现象分析和结果判断方法 19.4.2 互感器准确度和标志的检验的影响因素 19.4.3 互感器局部放电测量的干扰和波形分析 19.4.4 互感器结构对温升试验的影响因素
20. 培训与指导	20.1 理论培训		20.1.1 能讲授本职业基础理论知识 20.1.2 能指导本职业三级/高级工及以下级别人员的理论培训	20.1.1 讲授专业基础理论知识的基本方法 20.1.2 理论培训的基本要求
	20.2 指导操作		能指导本职业三级/高级工及以下级别人员的实际操作	职工培训各项要求
21. 管理	21.1 质量管理		能在本职工作中执行各项质量标准	相关质量标准
	21.2 生产管理		能组织人员协同作业，进行现场管理	生产管理的基本知识

3.5 一级/高级技师

变压器装配工、互感器装配工考核职业功能1~3、20~21；变压器处理工考核职业功能4~6、20~21；变压器铁芯叠装工考核职业功能7~9、20~21；变压器线圈制造工考核职业功能10~12、20~21；变压器绝缘件装配工考核职业功能13~16、20~21；变压器试验工、互感器试验工考核职业功能17~21。

职业功能	工作内容		技能要求	相关知识要求
1. 绝缘装配	1.1 工艺准备	变压器装配工 / 互感器装配工	1.1.1 能对绝缘装配作业指导书进行审查修改 1.1.2 能对工艺方案进行审查修改	1.1.1 绝缘装配的内容、要求 1.1.2 绝缘材料的分类、性能和作用
	1.2 线圈、绝缘件装配		1.2.1 能对开裂、褶皱、变形等严重损坏的绝缘件进行修理 1.2.2 能处理直径偏差大、线圈超高等线圈问题 1.2.3 能处理线圈出头位置尺寸超差等套装问题 1.2.4 能分析确定场地生产加工能力 1.2.5 能提出新工艺、新技术、新设备、新材料的评审意见	1.2.1 不同绝缘材料的成分、性能和特点 1.2.2 绝缘装配过程中线圈常见问题及处理方法 1.2.3 绝缘装配过程中套装常见问题及处理方法 1.2.4 场地生产加工能力测算方法 1.2.5 新工艺、新技术、新设备、新材料评审的目的、要求和方法
	1.3 质量检测与控制		1.3.1 能检查线圈压装质量 1.3.2 能检查角环安装质量	1.3.1 线圈压装质量检查控制方法 1.3.2 角环安装质量检查控制方法
	1.4 工艺准备		1.4.1 能编制与绝缘装配相关的质量检验规范和作业指导书 1.4.2 能编制与绝缘装配相关的设备、工具技术要求	1.4.1 与绝缘装配相关的质量检验规范和作业指导书的编制方法 1.4.2 与绝缘装配相关的设备、工具技术要求的编制方法
	1.5 线圈制作与装配		1.5.1 能进行绝缘装配区域工艺布置 1.5.2 能计算绝缘装配生产能力 1.5.3 能通过理论计算来分析与绝缘装配相关的疑难问题 1.5.4 能提出新工艺、新技术、新设备、新材料的评审意见	1.5.1 绝缘装配区域工艺布置的方法 1.5.2 绝缘装配生产能力的计算方法 1.5.3 理论计算分析与绝缘装配相关的疑难问题的方法 1.5.4 新工艺、新技术、新设备、新材料评审的目的、要求和方法

续表

职业功能	工作内容		技能要求	相关知识要求
1. 绝缘装配	1.6 质量检测与控制	互感器装配工	能运用质量管理知识和工具对与绝缘装配相关的质量问题进行统计分析并制定措施	运用质量管理知识和工具对与绝缘装配相关的质量问题进行统计分析并制定措施的方法
2. 引线装配	2.1 工艺准备	变压器装配工	2.1.1 能对引线装配作业指导书进行审查修改 2.1.2 能对工艺方案进行审查修改	2.1.1 引线装配的内容、要求 2.1.2 有载分接开关安装使用知识
	2.2 引线加工与装配		2.2.1 能处理引线绝缘距离及绝缘包扎不满足要求等问题 2.2.2 能处理有载分接开关安装困难等内部装配技术问题 2.2.3 能制定场地工艺布置方案 2.2.4 能分析确定场地生产加工能力 2.2.5 能提出新工艺、新技术、新设备、新材料的评审意见	2.2.1 引线装配常见问题及处理 2.2.2 有载分接开关常见故障及处理 2.2.3 场地工艺布置原则和方法 2.2.4 场地生产加工能力测算方法 2.2.5 新工艺、新技术、新设备、新材料评审的目的、要求和方法
	2.3 质量检测与控制		2.3.1 能检查控制引线装配质量 2.3.2 能检查控制有载分接开关安装质量	2.3.1 引线装配质量检查控制方法 2.3.2 有载分接开关安装质量检查方法
	2.4 工艺准备	互感器装配工	2.4.1 能编制与引线装配相关的质量检验规范和作业指导书 2.4.2 能编制与引线装配相关的设备、工具技术要求	2.4.1 引线装配相关的质量检验规范和作业指导书的编制方法 2.4.2 引线装配相关的设备、工具要求的技术要点
	2.5 引线制作与装配		2.5.1 能进行引线装配区域工艺布置 2.5.2 能计算引线装配生产能力 2.5.3 能通过理论计算来分析与引线装配相关的疑难问题 2.5.4 能提出新工艺、新技术、新设备、新材料的评审意见	2.5.1 引线装配区域工艺布置的知识和要点 2.5.2 引线装配生产能力的计算方法 2.5.3 理论计算分析与引线装配相关的疑难问题的方法 2.5.4 新工艺、新技术、新设备、新材料评审的目的、要求和方法
	2.6 质量检测与控制		能运用质量管理知识和工具对与引线装配相关的质量问题进行统计分析并制定措施	运用质量管理知识和工具对与引线装配相关的质量问题进行统计分析并制定措施的方法

续表

职业功能	工作内容		技能要求	相关知识要求
3.总装配	3.1 工艺准备	变压器装配工	3.1.1 能对变压器总装配作业指导书进行审查修改 3.1.2 能识读有载分接开关修理说明书	3.1.1 变压器总装配的内容、要求 3.1.2 变压器现场安装技术要求 3.1.3 有载分接开关安装使用方法
	3.2 总装		3.2.1 能处理有载分接开关挡位调整困难等外部装配技术问题 3.2.2 能进行变压器现场安装、检修的技术指导 3.2.3 能分析确定场地加工能力 3.2.4 能提出新工艺、新技术、新设备、新材料的评审意见	3.2.1 有载分接开关常见故障与处理 3.2.2 变压器现场安装、检修工作要求 3.2.3 场地生产加工能力测算方法 3.2.4 新工艺、新技术、新设备、新材料评审的目的、要求和方法
	3.3 质量检测与控制		3.3.1 能检查控制有载分接开关安装质量 3.3.2 能检查控制变压器总装配整体安装质量	3.3.1 有载分接开关安装质量检测方法 3.3.2 变压器总装配整体安装质量检查方法
	3.4 工艺准备	互感器装配工	3.4.1 能编制与总装配相关的质量检验规范和作业指导书 3.4.2 能编制与总装配相关的设备、工具技术要求	3.4.1 总装配相关的质量检验规范和作业指导书的编制方法 3.4.2 总装配相关的设备、工具技术要求的编制方法
	3.5 总装		3.5.1 能进行总装配区域工艺布置 3.5.2 能计算总装配生产能力 3.5.3 能通过理论计算来分析与总装配相关的疑难问题 3.5.4 能提出新工艺、新技术、新设备、新材料的评审意见	3.5.1 总装配区域工艺布置的方法 3.5.2 总装配生产能力的计算方法 3.5.3 理论计算分析与总装配相关的疑难问题的方法 3.5.4 新工艺、新技术、新设备、新材料评审的目的、要求和方法
	3.6 质量检测与控制		能运用质量管理知识和工具对与总装配相关的质量问题进行统计分析并制定检控措施	运用质量管理知识和工具对与总装配相关的质量问题进行统计分析并制定检控措施的方法

续表

职业功能	工作内容	技能要求	相关知识要求
4. 线圈处理	4.1 工艺准备	4.1.1 能为新产品编制工艺方案、质量保证措施、质量检测方案及作业指导书等 4.1.2 能编制真空干燥处理的工艺规程 4.1.3 能确定工序工艺的布置方案，并确定相应的加工能力和生产能力	4.1.1 工艺标准、质量标准、检测方法 4.1.2 真空干燥处理工艺规程的编制方法 4.1.3 生产管理和组织方面的知识
	4.2 设备更新和故障排除	4.2.1 能提出线圈处理制造新增设备、工装的技术要求 4.2.2 能排除设备运行过程中出现的问题	4.2.1 线圈处理制造设备、工装的技术要求 4.2.2 设备运行过程故障排除方法
	4.3 线圈干燥	4.3.1 能处理线圈干燥过程中出现的问题 4.3.2 能处理新产品、新结构在新工艺条件下进行线圈干燥过程中出现的技术难题	4.3.1 新产品、新结构变压器线圈干燥处理工艺技术 4.3.2 新产品新工艺条件下线圈干燥处理过程中的技术难题的解决方法
	4.4 生产过程和质量控制	4.4.1 能解决线圈干燥过程中出现的疑难问题 4.4.2 能使用各种仪器、仪表测定出现的问题并分析问题原因	4.4.1 线圈干燥过程中出现的疑难问题的解决方法 4.4.2 国内、外相关仪器、仪表知识
5. 器身处理	5.1 工艺准备	5.1.1 能为新产品编制工艺方案、质量保证措施、质量检测方案及作业指导书等 5.1.2 能确定工序工艺的布置方案，并确定相应的加工能力和生产能力	5.1.1 工艺标准、质量标准、检测方法 5.1.2 生产管理和组织方面的知识
	5.2 设备更新和故障排除	5.2.1 能提出器身处理制造新增设备、工装的技术要求 5.2.2 能排除设备运行过程中出现的问题 5.2.3 能使用移动式气相干燥设备对现场安装变压器进行处理	5.2.1 国内、外先进设备、工装知识 5.2.2 移动式气相干燥设备及使用注意事项 5.2.3 移动式气相干燥设备操作方法

续表

职业功能	工作内容	技能要求	相关知识要求
5. 器身处理	5.3 器身干燥	5.3.1 能处理器身干燥过程中出现的问题 5.3.2 能处理新产品、新结构在新工艺条件下进行器身干燥处理过程中出现的技术难题	5.3.1 新产品、新结构变压器器身干燥处理工艺技术 5.3.2 新产品新工艺条件下器身干燥处理过程中的技术难题的解决方法
	5.4 生产过程和质量控制	5.4.1 能解决器身干燥过程中出现的疑难问题 5.4.2 能使用各种仪器、仪表测定出现的问题并分析问题原因	5.4.1 器身干燥过程中出现的疑难问题的解决方法 5.4.2 国内、外相关仪器、仪表知识
6. 油处理	6.1 工艺准备	6.1.1 能对新产品工艺方案提出可行意见 6.1.2 能编制质量保证措施、质量检测方案及作业指导书等 6.1.3 能确定工序工艺的布置方案，并确定相应的加工能力和生产能力	6.1.1 产品相关工艺标准 6.1.2 质量标准、检测方法 6.1.3 生产管理和组织方面的知识
	6.2 设备更新和故障排除	6.2.1 能提出油处理新增设备、工装的技术要求 6.2.2 能排除设备运行过程中出现的问题	6.2.1 国内、外设备、工装知识 6.2.2 设备运行中故障的排除方法
	6.3 变压器油处理	6.3.1 能处理油处理过程中出现的问题 6.3.2 能处理新产品、新结构在新工艺条件下进行油处理过程中的技术难题	6.3.1 新产品、新结构变压器油处理工艺技术 6.3.2 新产品在新工艺条件下进行油处理过程中的技术难题的解决方法
	6.4 生产过程和质量控制	6.4.1 能解决油处理过程中出现的疑难问题 6.4.2 能使用各种仪器、仪表测定出现的问题，并分析问题原因	6.4.1 油处理过程中出现的疑难问题的解决方法 6.4.2 国内、外相关仪器、仪表知识
7. 纵剪	7.1 工艺准备	7.1.1 能识读全自动铁芯加工线气动系统、液压系统、数控系统图 7.1.2 能对工艺方案、质量保证措施、质量检测方案等技术文件提出改进意见	7.1.1 全自动铁芯加工线气动系统、液压系统、数控系统图的识读方法 7.1.2 工艺标准、质量标准、检测方法编制原则与方法

续表

职业功能	工作内容	技能要求	相关知识要求
7. 纵剪	7.2 加工铁芯片	7.2.1 能编制本工序标准化作业指导书 7.2.2 能确定相关工序的加工能力和生产能力并提出改进方案 7.2.3 能提出新工艺、新技术、新设备、新材料的评审意见	7.2.1 编制作业指导书的方法 7.2.2 工序能力的计算方法 7.2.3 新工艺、新技术、新设备、新材料评审的目的、要求和方法
	7.3 质量检测与控制	能运用质量管理知识和工具对纵剪剪切相关质量问题进行统计分析并制定措施	运用质量管理知识和工具对与纵剪剪切相关的质量问题进行统计分析并制定措施的方法
8. 横剪	8.1 工艺准备	8.1.1 能识读全自动铁芯加工线气动系统、液压系统、数控系统图 8.1.2 能针对新产品工艺方案、质量保证措施、质量检测方案及作业指导书等提出改进意见	8.1.1 全自动铁芯加工线气动系统、液压系统、数控系统图的识读方法 8.1.2 工艺标准、质量标准、检测方法编制原则与方法
	8.2 加工铁芯片	8.2.1 能编制横剪作业指导书 8.2.2 能确定相关工序的加工能力和生产能力并提出改进方案 8.2.3 能组织解决冲剪、冲孔、剪切过程中出现的重大疑难问题 8.2.4 能提出新工艺、新技术、新设备、新材料的评审意见	8.2.1 编制作业指导书的方法 8.2.2 工序能力的计算方法 8.2.3 组织解决冲剪、冲孔、剪切过程中出现的重大疑难问题的基本方法 8.2.4 新工艺、新技术、新设备、新材料评审的目的、要求和方法
	8.3 质量检测与控制	能运用质量管理知识和工具对横剪剪切相关质量问题进行统计分析并制定措施	运用质量管理知识和工具对与横剪剪切相关的质量问题进行统计分析并制定措施的方法
9. 叠装或卷制	9.1 工艺准备	能对工艺方案、质量保证措施、质量检测方案等技术文件提出改进意见	工艺标准、质量标准、检测方法编制原则与方法
	9.2 叠装铁芯	9.2.1 能编制叠装或卷制工序作业指导书 9.2.2 能确定相关工序的加工能力和生产能力并提出改进方案 9.2.3 能提出新工艺、新技术、新设备、新材料的评审意见	9.2.1 编制作业指导书的方法 9.2.2 工序能力的计算方法 9.2.3 新工艺、新技术、新设备、新材料评审的目的、要求和方法
	9.3 质量检测与控制	能运用质量管理知识和工具对叠装或卷制相关质量问题进行统计分析并制定措施	运用质量管理知识和工具对与叠装或卷制相关的质量问题进行统计分析并制定措施的方法

续表

职业功能	工作内容	技能要求	相关知识要求
10. 线圈绕制准备	10.1 工艺准备	10.1.1 能对线圈结构合理性提出建议 10.1.2 能根据不同的线圈结构特点，编制线圈绕制前的技术提示	10.1.1 线圈的工艺规程 10.1.2 产品的技术标准 10.1.3 各种结构线圈的特点
	10.2 材料选择及配置	10.2.1 能制定大型层式线圈、纠结式线圈导线的分盘方法 10.2.2 能根据线圈形式，对线圈所用导线的长度、质量进行核算	10.2.1 特殊结构线圈的导线分盘的原则 10.2.2 线圈所用导线的长度、质量核算方法
	10.3 选配调整线圈辅助工装	能收集、分析、应用国内外同行业包括其他行业的先进辅助工装	10.3.1 收集、选用先进工装的方法 10.3.2 先进工装使用作业指导书的编制原则与方法
	10.4 设计、改进工装模具	能绘制新型工装模具的零件或装配图	10.4.1 设计工装模具的技术要求 10.4.2 绘制工装模具机械加工图样的知识
11. 线圈绕制	11.1 导线焊接	11.1.1 能计算铜焊机的参数 11.1.2 能处理复杂、高难度导线的焊接 11.1.3 能设计导线冷压模具	11.1.1 铜焊机参数计算方法 11.1.2 换位导线逐根焊接、截面相差大的工件焊接方法 11.1.3 冷压模具和压套的设计方法
	11.2 线圈生产管理及工艺检查	11.2.1 能分析、处理、协调线圈生产能力和产品质量稳定性 11.2.2 能管理生产现场工艺纪律	11.2.1 精益生产的管理方法 11.2.2 线圈制造专用设备的管理方法 11.2.3 工艺纪律的管理方法
	11.3 鉴别新型、复杂线圈的结构	能分析、编制新型、复杂线圈结构的制造工艺	11.3.1 变压器设计技术标准 11.3.2 工艺规程、指导书的编制方法
12. 线圈压装	12.1 线圈组装	12.1.1 能根据线圈结构形式，制定线圈压装的质量标准 12.1.2 能解决线圈压装中的疑难问题	12.1.1 线圈压装质量标准的编制方法 12.1.2 因挡距过小，出头压装出线偏移、小油道结构造成油道堵塞和多层线圈出现高低不平等疑难问题的解决方法

续表

职业功能	工作内容	技能要求	相关知识要求
12.线圈压装	12.2 检查	能对线圈短路点等技术难题进行测量、查找，并进行修复	12.2.1 线圈绝缘的结构知识 12.2.2 线圈内部多股导线间短路点的判断方法
	12.3 处理线圈质量问题	能发现并建立线圈制造质量控制点	12.3.1 线圈制造质量风险预防管理方法 12.3.2 关键工序质量控制点管理方法
13.绝缘件开料	13.1 工艺准备	能确定绝缘纸板套裁下料的基本原则与计算方法	绝缘纸板套裁方法的确定依据
	13.2 开料作业	能计算硬纸筒、斜端圈等烘制绝缘件的下料尺寸	绝缘纸板的密度、强度、收缩率、压缩率等性能方面的基本知识
	13.3 检查	能检测硬纸筒、斜端圈等烘制绝缘件的下料尺寸	烘制绝缘件毛坯尺寸的计算方法
14.绝缘件压制	14.1 工艺准备	能对压制工艺方案、质量控制卡等技术文件的编制提出合理化建议	相关技术文件的编制原则与方法
	14.2 压制作业	14.2.1 能根据不同材料的性能确定不同材料层压件的压制系数 14.2.2 能根据不同材料吸胶率和不同工件确定层压件刷胶制作时的刷胶厚度	14.2.1 层压件压制系数的确定方法 14.2.2 不同材料对胶的吸收特性
	14.3 检查	14.3.1 能检查不同材料层压件的压制质量 14.3.2 能检查不同材料的刷胶质量	14.3.1 不同材料层压件压制的质量要求 14.3.2 不同材料刷胶技术要求
15.绝缘件机加工	15.1 工艺准备	15.1.1 能对需要购置和改造的设备从使用角度提出技术要求 15.1.2 能对厂房和设备位置进行调整和布置，使其符合绝缘件加工的工艺要求，并能形成顺畅的加工工艺流程	15.1.1 相关设备的使用条件 15.1.2 工艺布置与调整的基本原则

续表

职业功能	工作内容	技能要求	相关知识要求
15. 绝缘件机加工	15.2 机加工作业	15.2.1 能根据绝缘件材质和工艺要求确定加工刀具的材质、角度等相关技术参数 15.2.2 能加工斜端圈式静电环骨架等超高压变压器用绝缘件	15.2.1 绝缘加工用刀具的基本特性 15.2.2 超高压变压器用绝缘件的加工方法
	15.3 检查	能检查超高压变压器用绝缘件的质量	超高压变压器用绝缘件的质量要求
16. 绝缘件组装	16.1 工艺准备	16.1.1 能编制变压器特殊绝缘零部件的加工工艺流程 16.1.2 能编制超高压变压器绝缘件装配的工艺流程	16.1.1 新型绝缘零部件、特殊绝缘零部件的工艺流程知识及其工艺流程卡编制方法 16.1.2 超高压变压器绝缘件装配技术文件编制原则与方法
	16.2 组装作业	16.2.1 能制作斜端圈式静电环 16.2.2 能制作石墨地屏、铜带地屏等 16.2.3 能装配超高压变压器绝缘件	16.2.1 斜端圈式静电环的制作方法 16.2.2 地屏铜带、出头的焊接方法、绝缘包扎方法 16.2.3 超高压变压器的基本绝缘结构
	16.3 检查	16.3.1 能对静电板及地屏引出线焊点的质量状况进行检查 16.3.2 能对静电板及地屏的质量状况进行检查 16.3.3 能对超高压变压器绝缘件的装配质量进行检查	16.3.1 静电板及地屏的质量要求 16.3.2 静电板及地屏的检验方法 16.3.3 超高压变压器绝缘件的质量要求
17. 试验准备	17.1 技术准备 变压器试验工	17.1.1 能识读变压器引线图和线圈图 17.1.2 能阅读变压器合同,确定变压器试验项目 17.1.3 能编制变压器感应耐压试验方案和选择电压测量系统 17.1.4 能编制变压器线圈冲击电位分布、冲击入口电容测量等特殊试验的试验方案 17.1.5 能编制三相变压器零序阻抗测量试验方案 17.1.6 能编制特种变压器、电抗器等产品的试验方案	17.1.1 机械识图和电气原理图识读方法 17.1.2 标准及合同中关于变压器试验项目的规定 17.1.3 变压器感应耐压的试验方案的编制方法及高电压测量方法 17.1.4 变压器线圈冲击电位分布、冲击入口电容测量等特殊试验的试验方法 17.1.5 三相变压器零序阻抗测量试验方法 17.1.6 特种变压器、电抗器等产品的结构原理和试验方法

续表

职业功能	工作内容		技能要求	相关知识要求
17. 试验准备	17.2 设备准备	变压器试验工	17.2.1 能根据产品试验方案，选择变压器感应耐压试验设备和测量仪器 17.2.2 能根据产品试验方案，选择变压器雷电冲击全波、截波和操作冲击波试验设备和测量系统	17.2.1 变压器感应耐压试验设备的性能参数和测量系统工作原理及操作规程 17.2.2 变压器雷电冲击全波试验设备的性能参数和测量系统工作原理及操作规程
	17.3 技术准备	互感器试验工	17.3.1 能识读互感器引线图和线圈图 17.3.2 能阅读互感器合同，确定互感器试验项目 17.3.3 能编制互感器机械强度试验方案 17.3.4 能编制互感器一次端多次截断冲击试验的试验方案和选择电压测量系统 17.3.5 能编制组合式互感器、电容式电压互感器等产品的试验方案	17.3.1 机械识图和电气原理图识读方法 17.3.2 标准及合同中关于互感器试验项目的规定 17.3.3 互感器机械强度的试验方法 17.3.4 互感器一次端多次截断冲击试验和测量方法 17.3.5 组合式互感器和电容式电压互感器等产品的试验方法
	17.4 设备准备		能根据产品试验方案，选择互感器传递过电压试验设备和测量设备	互感器传递过电压试验设备的性能参数和测量设备的工作原理及操作规程
18. 试验	18.1 试验接线	变压器试验工	18.1.1 能进行变压器冲击电位分布测量试验接线 18.1.2 能进行变压器冲击入口电容测量试验的接线 18.1.3 能进行三相变压器零序阻抗测量试验的接线	18.1.1 变压器冲击电位分布测量的技术要求和测量系统的使用方法 18.1.2 变压器冲击入口电容测量的技术要求和测量方法 18.1.3 三相变压器零序阻抗测量的技术要求和测量方法
	18.2 试验操作		18.2.1 能根据电场计算要求进行变压器冲击电位分布测量试验测点的布置 18.2.2 能进行变压器冲击入口电容测量试验的脉冲波形调节 18.2.3 能进行三相变压器零序阻抗测量试验和电压电流的调节	18.2.1 变压器冲击电位分布测量试验测点的布置要求及试验方法 18.2.2 变压器冲击脉冲波形调节技术要求及试验方法 18.2.3 三相变压器零序阻抗测量试验方法及电压和电流互感器的选取

续表

职业功能	工作内容		技能要求	相关知识要求
18. 试验	18.3 试验接线	互感器试验工	18.3.1 能进行互感器一次端多次截断冲击试验接线 18.3.2 能进行互感器传递过电压试验接线 18.3.3 能进行电压互感器短路承受能力试验的接线	18.3.1 互感器一次端多次截断冲击的技术要求和截断冲击电压测量方法 18.3.2 互感器传递过电压试验技术要求和数字记录仪的使用方法 18.3.3 电压互感器短路承受能力试验方法和短路电流测量用数字记录仪的使用方法
	18.4 试验操作		18.4.1 能进行互感器一次端多次截断冲击波形的调节和波形采集 18.4.2 能进行互感器传递过电压试验和输入输出试验数据采集 18.4.3 能进行电压互感器短路承受能力试验的电压、电流的数据采集	18.4.1 互感器一次端多次截断冲击波形调节的试验方法和测量系统的使用方法 18.4.2 互感器传递过电压试验方法和测量用数字记录仪使用方法 18.4.3 互感器短路承受能力试验方法及测量用数字记录仪的使用方法
19. 数据处理	19.1 数据计算	变压器试验工	19.1.1 能根据测量数据计算变压器的冲击电位分布 19.1.2 能根据测量值计算变压器的冲击入口电容	19.1.1 变压器的冲击电位分布的计算方法 19.1.2 变压器的冲击入口电容的计算方法
	19.2 数据分析		19.2.1 能分析变压器感应耐压试验中出现的常见问题 19.2.2 能分析变压器雷电冲击试验中出现的常见问题 19.2.3 能分析变压器局部放电试验中出现的常见问题 19.2.4 能通过常规试验方法诊断变压器线圈内短路故障	19.2.1 变压器的结构原理及影响感应耐压试验的因素 19.2.2 变压器雷电冲击试验波形分析、判断和排除干扰方法 19.2.3 变压器局部放电试验的排除干扰方法 19.2.4 变压器线圈内短路故障诊断方法
	19.3 数据计算	互感器试验工	19.3.1 能根据测量数据计算互感器的冲击电位分布 19.3.2 能根据测定试验计算二次回路时间常数	19.3.1 互感器的冲击电位分布的计算方法 19.3.2 互感器的二次回路时间常数的计算方法

续表

职业功能	工作内容		技能要求	相关知识要求
19. 数据处理	19.4 数据分析	互感器试验工	19.4.1 能分析互感器电容和介质损耗因数测量出现的常见问题 19.4.2 能分析互感器雷电冲击试验中出现的常见问题 19.4.3 能分析互感器局部放电试验中出现的常见问题 19.4.4 能通过常规试验方法诊断互感器线圈内短路故障 19.4.5 能分析和判断绝缘油中气体含量	19.4.1 互感器的结构原理及影响电容和介质损耗因数测量的因素 19.4.2 互感器雷电冲击试验的波形分析、判断和干扰排除方法 19.4.3 互感器局部放电试验的干扰排除方法 19.4.4 互感器线圈内短路故障诊断方法 19.4.5 绝缘油中气体含量的分析
20. 培训与指导	20.1 理论培训		20.1.1 能讲授本职业技术理论知识 20.1.2 能指导本职业二级/技师及以下级别人员的理论培训 20.1.3 能制定培训计划和编制培训大纲	20.1.1 讲授专业技术理论知识的基本方法 20.1.2 理论培训的基本要求 20.1.3 培训大纲的编制方法
	20.2 指导操作		20.2.1 能指导本职业二级/技师及以下级别人员的实际操作 20.2.2 能编制操作指导书	20.2.1 职工培训各项要求 20.2.2 操作指导书编写方法
21. 管理	21.1 质量管理		21.1.1 能在本职工作中执行各项质量标准 21.1.2 能运用质量管理知识，实现操作过程的质量分析与控制	21.1.1 相关质量标准 21.1.2 质量分析与控制方法
	21.2 生产管理		21.2.1 能组织人员协同作业，进行现场管理 21.2.1 能够进行制造全过程的质量分析与控制	21.2.1 生产管理的基本知识 21.2.2 全面质量管理知识

4. 权重表

4.1 理论知识权重表

项目	技能等级 →	五级/初级工 (%)								四级/中级工 (%)								三级/高级工 (%)								二级技师 (%)								一级/高级技师 (%)							
		变压器装配工	互感器装配工	变压器处理工	变压器铁芯叠装工	变压器线圈制造工	变压器绝缘件装配工	变压器试验工	互感器试验工	变压器装配工	互感器装配工	变压器处理工	变压器铁芯叠装工	变压器线圈制造工	变压器绝缘件装配工	变压器试验工	互感器试验工	变压器装配工	互感器装配工	变压器处理工	变压器铁芯叠装工	变压器线圈制造工	变压器绝缘件装配工	变压器试验工	互感器试验工	变压器装配工	互感器装配工	变压器处理工	变压器铁芯叠装工	变压器线圈制造工	变压器绝缘件装配工	变压器试验工	互感器试验工	变压器装配工	互感器装配工	变压器处理工	变压器铁芯叠装工	变压器线圈制造工	变压器绝缘件装配工	变压器试验工	互感器试验工
基本要求	职业道德	5	5	5	5	5	5	5	5	5	5	5	5	5	5	5	5	5	5	5	5	5	5	5	5	5	5	5	5	5	5	5	5	5	5	5	5	5	5	5	5
	基础知识	15	15	15	15	15	15	15	15	15	15	15	15	15	15	15	15	10	10	10	10	10	10	10	10	10	10	10	10	10	10	10	10	10	10	10	10	10	10	10	10
相关知识要求	绝缘装配	30	30	—	—	—	25	20	—	30	30	—	—	—	25	20	—	30	30	—	—	—	15	15	—	15	15	—	—	—	10	—	—	15	15	—	—	—	10	—	—
	引线装配	25	20	—	—	—	—	—	—	25	20	—	—	—	—	—	—	25	20	—	—	—	—	—	—	20	20	—	—	—	—	—	—	20	20	—	—	—	—	—	—
	总装配	25	30	—	—	—	—	—	—	25	30	—	—	—	—	—	—	30	35	—	—	—	—	—	—	30	30	—	—	—	—	—	—	30	30	—	—	—	—	—	—
	线圈处理	—	—	25	—	—	—	—	—	—	—	25	—	—	—	—	—	—	—	20	—	—	—	—	—	—	—	20	—	—	—	—	—	—	—	20	—	—	—	—	—
	器身处理	—	—	25	—	—	—	—	—	—	—	30	—	—	—	—	—	—	—	30	—	—	—	—	—	—	—	25	—	—	—	—	—	—	—	15	—	—	—	—	—
	油处理	—	—	25	—	—	—	—	—	—	—	25	—	—	—	—	—	—	—	30	—	—	—	—	—	—	—	10	—	—	—	—	—	—	—	20	—	—	—	—	—
	纵剪	—	—	—	25	—	—	—	—	—	—	—	25	—	—	—	—	—	—	—	25	—	—	—	—	—	—	—	15	—	—	—	—	—	—	—	15	—	—	—	—
	横剪	—	—	—	25	—	—	—	—	—	—	—	25	—	—	—	—	—	—	—	30	—	—	—	—	—	—	—	25	—	—	—	—	—	—	—	20	—	—	—	—
	叠装卷制	—	—	—	30	—	—	—	—	—	—	—	30	—	—	—	—	—	—	—	30	—	—	—	—	—	—	—	25	—	—	—	—	—	—	—	25	—	—	—	—
	线圈绕制准备	—	—	—	—	20	—	—	—	—	—	—	—	20	—	—	—	—	—	—	—	20	—	—	—	—	—	—	—	20	—	—	—	—	—	—	—	15	—	—	—
	线圈绕制	—	—	—	—	20	—	—	—	—	—	—	—	25	—	—	—	—	—	—	—	25	—	—	—	—	—	—	—	20	—	—	—	—	—	—	—	20	—	—	—
	线圈压装	—	—	—	—	30	—	—	—	—	—	—	—	35	—	—	—	—	—	—	—	35	—	—	—	—	—	—	—	30	—	—	—	—	—	—	—	35	—	—	—
	绝缘件开料	—	—	—	—	—	20	—	—	—	—	—	—	—	20	—	—	—	—	—	—	—	10	—	—	—	—	—	—	—	10	—	—	—	—	—	—	—	10	—	—
	绝缘件压制	—	—	—	—	—	20	—	—	—	—	—	—	—	20	—	—	—	—	—	—	—	25	—	—	—	—	—	—	—	15	—	—	—	—	—	—	—	15	—	—
	绝缘件机加工	—	—	—	—	—	20	—	—	—	—	—	—	—	20	—	—	—	—	—	—	—	25	—	—	—	—	—	—	—	15	—	—	—	—	—	—	—	15	—	—

续表

项目		五级/初级工 (%)						四级/中级工 (%)						三级/高级工 (%)						二级/技师 (%)						一级/高级技师 (%)						
	技能等级	变压器装配工	互感器装配工	变压器处理工	变压器铁芯叠装工	变压器线圈制造工	变压器绝缘件装配工	变压器试验工	互感器试验工	变压器装配工	互感器装配工	变压器处理工	变压器铁芯叠装工	变压器线圈制造工	变压器绝缘件装配工	变压器试验工	互感器试验工	变压器装配工	互感器装配工	变压器处理工	变压器铁芯叠装工	变压器线圈制造工	变压器绝缘件装配工	变压器试验工	互感器试验工	变压器装配工	互感器装配工	变压器处理工	变压器铁芯叠装工	变压器线圈制造工	变压器绝缘件装配工	变压器试验工	互感器试验工
相关知识要求	绝缘件组装	—	—	—	—	—	20	—	—	—	—	—	—	—	20	—	—	—	—	—	—	—	25	—	—	—	—	—	—	—	15	—	—
	试验准备	—	—	—	—	—	—	30	30	—	—	—	—	—	—	25	25	—	—	—	—	—	—	25	25	—	—	—	—	—	—	20	20
	试验	—	—	—	—	—	—	30	30	—	—	—	—	—	—	35	35	—	—	—	—	—	—	35	40	—	—	—	—	—	—	30	30
	数据处理	—	—	—	—	—	—	15	15	—	—	—	—	—	—	25	25	—	—	—	—	—	—	20	20	—	—	—	—	—	—	15	15
	培训与指导	—	—	—	—	—	—	—	—	10	10	15	10	10	15	5	5	10	10	15	20	10	15	5	5	10	10	15	20	10	15	5	5
	管理	—	—	—	—	—	—	—	—	10	10	15	10	10	15	5	5	10	10	15	10	5	15	5	5	10	10	15	10	5	15	5	5
合计		100	100	100	100	100	100	100	100	100	100	100	100	100	100	100	100	100	100	100	100	100	100	100	100	100	100	100	100	100	100	100	100

4.2 技能要求权重表

项目		五级/初级工 (%)						四级/中级工 (%)						三级/高级工 (%)						二级/技师 (%)						一级/高级技师 (%)						
	技能等级	变压器装配工	互感器装配工	变压器处理工	变压器铁芯叠装工	变压器线圈制造工	变压器绝缘件装配工	变压器试验工	互感器试验工	变压器装配工	互感器装配工	变压器处理工	变压器铁芯叠装工	变压器线圈制造工	变压器绝缘件装配工	变压器试验工	互感器试验工	变压器装配工	互感器装配工	变压器处理工	变压器铁芯叠装工	变压器线圈制造工	变压器绝缘件装配工	变压器试验工	互感器试验工	变压器装配工	互感器装配工	变压器处理工	变压器铁芯叠装工	变压器线圈制造工	变压器绝缘件装配工	变压器试验工	互感器试验工
技能要求	绝缘装配	40	45	—	—	—	—	—	—	40	45	—	—	—	—	—	—	35	40	—	—	—	—	—	—	20	25	—	—	—	—	—	—
	引线装配	30	20	—	—	—	—	—	—	30	20	—	—	—	—	—	—	30	20	—	—	—	—	—	—	30	20	—	—	—	—	—	—

续表

技能等级	工种	总装配	线圈处理	器身处理	油处理	纵剪	横剪	叠装或卷制	线圈绕制准备	线圈绕制	线圈压装	绝缘件干料	绝缘件压制	绝缘件机加工	绝缘件组装	试验准备	试验	数据处理	培训与指导	管理	合计
五级/初级工(%)	变压器装配工	30	—	—	—	—	—	—	—	—	—	—	—	—	—	—	—	—	—	—	100
	互感器装配工	35	—	—	—	—	—	—	—	—	—	—	—	—	—	—	—	—	—	—	100
	变压器处理工	—	35	35	30	—	—	—	—	—	—	—	—	—	—	—	—	—	—	—	100
	变压器铁芯叠装工	—	—	—	—	30	30	40	—	—	—	—	—	—	—	—	—	—	—	—	100
	变压器线圈制造工	—	—	—	—	—	—	—	25	30	45	—	—	—	—	—	—	—	—	—	100
	变压器绝缘件装配工	—	—	—	—	—	—	—	—	—	—	25	25	25	25	—	—	—	—	—	100
	变压器试验工	—	—	—	—	—	—	—	—	—	—	—	—	—	—	40	40	20	—	—	100
	互感器试验工	—	—	—	—	—	—	—	—	—	—	—	—	—	—	40	40	20	—	—	100
四级/中级工(%)	变压器装配工	30	—	—	—	—	—	—	—	—	—	—	—	—	—	—	—	—	—	—	100
	互感器装配工	35	—	—	—	—	—	—	—	—	—	—	—	—	—	—	—	—	—	—	100
	变压器处理工	—	30	40	30	—	—	—	—	—	—	—	—	—	—	—	—	—	—	—	100
	变压器铁芯叠装工	—	—	—	—	30	30	40	—	—	—	—	—	—	—	—	—	—	—	—	100
	变压器线圈制造工	—	—	—	—	—	—	—	25	30	45	—	—	—	—	—	—	—	—	—	100
	变压器绝缘件装配工	—	—	—	—	—	—	—	—	—	—	25	25	25	25	—	—	—	—	—	100
	变压器试验工	—	—	—	—	—	—	—	—	—	—	—	—	—	—	30	40	30	—	—	100
	互感器试验工	—	—	—	—	—	—	—	—	—	—	—	—	—	—	30	40	30	—	—	100
三级/高级工(%)	变压器装配工	35	—	—	—	—	—	—	—	—	—	—	—	—	—	—	—	—	—	—	100
	互感器装配工	40	—	—	—	—	—	—	—	—	—	—	—	—	—	—	—	—	—	—	100
	变压器处理工	—	35	35	30	—	—	—	—	—	—	—	—	—	—	—	—	—	—	—	100
	变压器铁芯叠装工	—	—	—	—	30	35	35	—	—	—	—	—	—	—	—	—	—	—	—	100
	变压器线圈制造工	—	—	—	—	—	—	—	20	25	55	—	—	—	—	—	—	—	—	—	100
	变压器绝缘件装配工	—	—	—	—	—	—	—	—	—	—	15	25	30	30	—	—	—	—	—	100
	变压器试验工	—	—	—	—	—	—	—	—	—	—	—	—	—	—	30	40	30	—	—	100
	互感器试验工	—	—	—	—	—	—	—	—	—	—	—	—	—	—	30	40	30	—	—	100
二级/技师(%)	变压器装配工	30	—	—	—	—	—	—	—	—	—	—	—	—	—	—	—	—	10	10	100
	互感器装配工	35	—	—	—	—	—	—	—	—	—	—	—	—	—	—	10	10	10	10	100
	变压器处理工	—	30	30	10	—	—	—	—	—	—	—	—	—	—	—	15	15	15	5	100
	变压器铁芯叠装工	—	—	—	—	25	30	35	—	—	—	—	—	—	—	—	—	—	5	5	100
	变压器线圈制造工	—	—	—	—	—	—	—	20	25	40	—	—	—	—	—	—	—	10	5	100
	变压器绝缘件装配工	—	—	—	—	—	—	—	—	—	—	10	25	25	25	—	—	—	10	5	100
	变压器试验工	—	—	—	—	—	—	—	—	—	—	—	—	—	—	—	30	30	30	5	5	100
	互感器试验工	—	—	—	—	—	—	—	—	—	—	—	—	—	—	30	30	30	5	5	100
一级/高级技师(%)	变压器装配工	30	—	—	—	—	—	—	—	—	—	—	—	—	—	—	—	—	10	10	100
	互感器装配工	35	—	—	—	—	—	—	—	—	—	—	—	—	—	—	10	10	10	10	100
	变压器处理工	—	20	30	20	—	—	—	—	—	—	—	—	—	—	—	15	15	15	5	100
	变压器铁芯叠装工	—	—	—	—	20	30	35	—	—	—	—	—	—	—	—	—	—	10	5	100
	变压器线圈制造工	—	—	—	—	—	—	—	20	20	45	—	—	—	—	—	—	—	10	5	100
	变压器绝缘件装配工	—	—	—	—	—	—	—	—	—	—	10	20	20	20	—	—	—	20	10	100
	变压器试验工	—	—	—	—	—	—	—	—	—	—	—	—	—	—	—	20	30	30	15	5	100
	互感器试验工	—	—	—	—	—	—	—	—	—	—	—	—	—	—	20	30	30	15	5	100

电线电缆制造工国家职业技能标准

（2018年版）

1. 职业概况

1.1 职业名称

电线电缆制造工[①]

1.2 职业编码

6-24-03-01

1.3 职业定义

操作电线电缆专用设备，加工铜、铝等金属导体，在导体或线芯上包覆材料，制造电线、电缆或绕组线的人员。

1.4 职业技能等级

本职业共设五个等级，分别为：五级/初级工、四级/中级工、三级/高级工、二级/技师、一级/高级技师。

1.5 职业环境条件

室内，部分工种（铜铝杆生产工、电线电缆金属导体挤制工等）高温，部分工种（电线电缆拉制工、电线电缆绞制工等）有噪声，部分工种（电线电缆镀制工、电缆辐照工等）接触有毒有害物质。

1.6 职业能力特征

具有一定的学习、分析、判断、表达和计算能力，具有较强的空间感和较敏锐的色觉，手指、手臂灵活，动作协调。

1.7 普通受教育程度

初中毕业（或相当文化程度）。

[①] 本职业包含绕组线漆包工、电线电缆拉制工、铜铝杆生产工、电线电缆镀制工、电线电缆绞制工、电线电缆挤塑工、电线电缆挤橡工、电线电缆包制工、电缆辐照工、电缆金属护套制造工、电线电缆金属导体挤制工和电线电缆检验工等工种。

1.8 职业技能鉴定要求

1.8.1 申报条件

具备以下条件之一者,可申报五级/初级工:
(1) 累计从事本职业工作1年(含)以上。
(2) 本职业学徒期满。

具备以下条件之一者,可申报四级/中级工:
(1) 取得本职业五级/初级工职业资格证书(技能等级证书)后,累计从事本职业工作3年(含)以上。
(2) 累计从事本职业工作6年(含)以上。
(3) 取得技工学校本专业①毕业证书(含尚未取得毕业证书的在校应届毕业生);或取得经评估论证、以中级技能为培养目标的中等及以上职业学校本专业毕业证书(含尚未取得毕业证书的在校应届毕业生);取得其他专业中等职业学校的毕业证书,连续从事本职业工作满3年(含)以上。
(4) 取得大专及以上本专业毕业证书,连续从事本职业工作满1年;取得其他专业大专及以上毕业证书,连续从事本职业工作满2年(含)以上。

具备以下条件之一者,可申报三级/高级工:
(1) 取得本职业四级/中级工职业资格证书(技能等级证书)后,累计从事本职业工作4年(含)以上。
(2) 取得本职业四级/中级职业资格证书(技能等级证书),并具有高级技工学校、技师学院本专业毕业证书(含尚未取得毕业证书的在校应届毕业生);或取得本职业四级/中级工职业资格证书(技能等级证书),并具有经评估论证、以高级技能为培养目标的高等职业学校本专业毕业证书(含尚未取得毕业证书的在校应届毕业生)。
(3) 具有大专及以上本专业毕业证书,并取得本职业四级/中级职业资格证书(技能等级证书)后,累计从事本职业工作2年(含)以上。

具备以下条件之一者,可申报二级/技师:
(1) 取得本职业三级/高级工职业资格证书(技能等级证书)后,累计从事本职业工作4年(含)以上。
(2) 取得本职业三级/高级工职业资格证书(技能等级证书)的高级技工学校、技师学院毕业生,累计从事本职业工作3年(含)以上;或取得本职业预备技师证书的技师学院毕业生,累计从事本职业工作2年(含)以上。

具备以下条件者,可申报一级/高级技师:
取得本职业二级/技师职业资格证书(技能等级证书)后,累计从事本职业工作4年(含)以上。

---

① 本专业:线缆专业。

1.8.2 鉴定方式

分为理论知识考试、技能考核以及综合评审。理论知识考试以笔试、机考等方式为主，主要考核从业人员从事本职业应掌握的基本要求和相关知识要求；技能考核主要采用现场操作、模拟操作等方式进行，主要考核从业人员从事本职业应具备的技能水平；综合评审主要针对技师和高级技师，通常采取审阅申报材料、答辩等方式进行全面评议和审查。

理论知识考试、技能考核和综合评审均实行百分制，成绩皆达60分（含）以上者为合格。

1.8.3 监考人员、考评人员与考生配比

理论知识考试中的监考人员与考生配比不低于1∶15，且每个考场不少于2名监考人员；技能考核中的考评人员与考生配比为1∶5，且考评人员为3人（含）以上单数；综合评审委员为3人（含）以上单数。

1.8.4 鉴定时间

理论知识考试时间和技能考核时间分别不少于90 min；综合评审时间一般不少于15 min。

1.8.5 鉴定场所设备

理论知识考试在标准教室进行；技能考核须具备开展本职业鉴定所必备的场所、专用设备、工具、量具和检测设备。

2. 基本要求

2.1 职业道德

2.1.1 职业道德基本知识

2.1.2 职业守则

(1) 热爱岗位，忠于职守。
(2) 遵章守纪，尊师爱徒。
(3) 坚持学习，钻研技术。
(4) 保证质量，降低成本。
(5) 精益求精，勇于创新。

2.2 基础知识

2.2.1 机械基础知识

(1) 常用量具的使用和维护。
(2) 机械传动知识。

(3) 机械制图知识。
(4) 表面粗糙度知识。
(5) 各类零件图的识读。
(6) 公差配合知识。
(7) 装配图的识读。

2.2.2　电工电子知识和光学知识

(1) 直流电路和交流电路。
(2) 常用电工仪表的使用和调整。
(3) 三相交流电路的连接和应用。
(4) 电气控制基本知识。
(5) 数字电路基础知识。
(6) 三相异步电动机的变频调速知识。
(7) 光学传输基础知识。

2.2.3　电线电缆制造基础知识

(1) 电线电缆的基本结构和分类。
(2) 电线电缆产品的型号、性能和用途。
(3) 电线电缆原材料的性能、检测方法及验收标准。
(4) 电线电缆产品的质量标准和检测方法。
(5) 电线电缆制造的材料、辅助材料及能耗等定额、产量定额的计算。

2.2.4　电线电缆设备知识

(1) 电线电缆设备的分类及性能特点。
(2) 电线电缆设备的组成、结构、传动系统、控制系统、物料输送系统。
(3) 电线电缆设备操作基本知识及操作规范。
(4) 电线电缆设备维护保养基本知识及系统运行故障的识别和排除。
(5) 电线电缆设备运行危险源的识别，安全操作规范。
(6) 电线电缆设备的发展趋势。

2.2.5　电线电缆制造工艺知识

(1) 电线电缆制造的基本工艺流程。
(2) 电线电缆制造的工艺参数。
(3) 电线电缆制造的作业规程和质量关键点控制。
(4) 电线电缆工装及模具的选配和调整。
(5) 电线电缆辅助材料及辅助装备的作业控制要求。
(6) 电线电缆产品质量缺陷的识别、防控及处理措施。
(7) 电线电缆在线检测知识。
(8) 电线电缆制造焊接操作要求。

(9)电线电缆制造工艺技术的发展。

2.2.6 其他必备知识

(1)计算机应用基本知识。
(2)常用法定计量单位的使用及换算方法。
(3)质量管理和质量认证知识。
(4)安全操作知识。
(5)职业健康安全和环境保护知识。

2.2.7 相关法律、法规知识

(1)《中华人民共和国劳动法》相关知识。
(2)《中华人民共和国安全生产法》相关知识。

3. 工作要求

本标准对五级/初级工、四级/中级工、三级/高级工、二级/技师、一级/高级技师的技能要求和相关知识要求依次递进,高级别涵盖低级别的要求。

3.1 五级/初级工

职业功能	工作内容	技能要求	相关知识要求
1. 生产（检验）准备	1.1 识读工艺文件	1.1.1 能识别产品和原材料型号、规格 1.1.2 能识读工艺参数、产品质量要求和设备操作要求	1.1.1 产品和原材料型号、规格的表示方法 1.1.2 绞线机、成缆机等设备工艺操作规程
	1.2 设备启动前的检查	1.2.1 能进行设备、仪器的日常保养和润滑 1.2.2 能识别主设备、辅助设备和仪器的完好情况 1.2.3 能检查所需工具、量具的完好情况	1.2.1 设备、仪器保养知识 1.2.2 设备知识和仪器知识 1.2.3 工具和量具的使用、保养知识
2. 配置材料	2.1 配料	2.1.1 能掌握原材料、半成品的工艺技术要求，按工艺文件要求选用原材料、半成品 2.1.2 能识别原材料和半成品的质量	2.1.1 原材料、半成品技术规范 2.1.2 原材料、半成品的直观要求
	2.2 混料、配制	2.2.1 能使用配制器具进行操作 2.2.2 能按配方要求配制原材料 2.2.3 能按要求进行混料	2.2.1 器具使用规定 2.2.2 绝缘材料、护套材料等配方要求 2.2.3 混料操作规定

续表

职业功能	工作内容	技能要求	相关知识要求
3. 选配工装模具	3.1 工装和模具选择	3.1.1 能按工艺文件选用相应工装和模具 3.1.2 能检测模具和工装尺寸 3.1.3 能进行模具和工装的装卸	3.1.1 工装和模具的种类、结构和选配知识 3.1.2 工装和模具的检测方法 3.1.3 工装和模具的安装和拆卸方法
	3.2 配模、校模	3.2.1 能按工艺文件要求进行配模 3.2.2 能按要求配模、校模,使导体直径、绝缘厚度、护套厚度等控制在规定的范围内	3.2.1 配模的操作方法 3.2.2 校模的操作方法
4. 确定工艺参数	4.1 计算、选择工艺参数	4.1.1 能识读相应的工艺参数 4.1.2 能设置工艺参数	4.1.1 产品工艺要求和工艺参数概念 4.1.2 框绞机、管绞机等设备工艺操作规程
	4.2 调整工艺参数	4.2.1 能根据产品结构尺寸调整工艺参数 4.2.2 能根据产品质量要求调整工艺参数	4.2.1 产品结构尺寸要求和设备操作要求 4.2.2 产品质量要求和设备操作要求
5. 操作设备	5.1 使用盘具	5.1.1 能按工艺文件要求选用盘具,并能检查盘具和对盘具进行紧固 5.1.2 能按要求进行上下盘的操作	5.1.1 工艺要求和盘具知识 5.1.2 上下盘安全操作事项
	5.2 焊接	5.2.1 能使用冷焊、碰焊、银焊等方法焊接圆形金属单丝 5.2.2 能按工艺文件要求修复绞合导体的单根缺股、铠装钢丝的单根缺股等	5.2.1 焊接设备的操作知识和焊接质量要求 5.2.2 导体、铠装层等修补规定
	5.3 放线和排线	5.3.1 能按工艺操作要求进行穿线、放线 5.3.2 能使用排线装置进行排线	5.3.1 放线和收线装置结构知识 5.3.2 排线操作规定
	5.4 使用设备	5.4.1 能开机和关机 5.4.2 能按照工艺文件要求设置和调整温度、压力、速度、时间、真空度、节距齿轮、绕包挡位等工艺参数 5.4.3 能按工艺文件使用火花机、绕包头等辅助设备	5.4.1 大拉机、束线机等设备工艺操作规程 5.4.2 辅助设备的使用知识

续表

职业功能	工作内容	技能要求	相关知识要求
5. 操作设备	5.5 设备运行监控	5.5.1 能识别收放线稳定，加料连续均匀 5.5.2 能识读控制仪表、监控器的数值，保证设备正常运行	5.5.1 挤塑机组、连铸连轧机组等设备操作规程 5.5.2 设备监控仪表知识
6. 控制产品质量	6.1 检测	6.1.1 能检查产品的结构尺寸、外观质量 6.1.2 能使用万用表、定位仪等测量仪器检测断线、短路、混规等 6.1.3 能进行产品自检、互检	6.1.1 产品的结构和外观质量要求 6.1.2 万用表、定位仪等测量仪器的使用方法 6.1.3 产品过程检验规范
	6.2 分析不合格品原因	6.2.1 能分析不合格品产生的原因 6.2.2 能对不合格品产生原因提出意见	6.2.1 不合格品产生原因分析方法 6.2.2 不合格品产生原因
	6.3 处置不合格品	6.3.1 能根据产品转移卡判断出不合格品 6.3.2 能掌握不合格品处理要求 6.3.3 能按工艺要求对不合格品进行返工、返修	6.3.1 不合格品控制规定 6.3.2 不合格品处理规范

3.2 四级/中级工

职业功能	工作内容	技能要求	相关知识要求
1. 生产（检验）准备	1.1 解读工艺文件	1.1.1 能按产品制造工艺要求进行生产 1.1.2 能按设备操作要求进行生产	1.1.1 产品工艺文件要求 1.1.2 盘绞机、挤塑机组等设备工艺操作规程
	1.2 设备启动前的检查	1.2.1 能检查设备的机械传动系统和电气控制系统 1.2.2 能检查各种辅助设备、监控仪表和测量仪器	1.2.1 设备机械传动和电气控制的基础知识 1.2.2 设备、仪器仪表的结构和使用方法
2. 配置材料	2.1 配料	2.1.1 能判断选用原材料、半成品是否合格 2.1.2 能安置并保管好原材料、半成品 2.1.3 能检测配合剂、催化剂、镀制液等性能 2.1.4 能计算各种原材料用量	2.1.1 原材料、半成品技术规范 2.1.2 原材料、半成品的贮存要求 2.1.3 配合剂、催化剂、镀制液等测试方法 2.1.4 原材料用量的计算方法

续表

职业功能	工作内容	技能要求	相关知识要求
2.配置材料	2.2 混料、配制	2.2.1 能按工艺文件要求对原材料进行预加工 2.2.2 能按工艺文件配制镀制液、浸渍剂、防腐剂、润滑液、漆料、金属合金等 2.2.3 能按配方要求进行橡皮、塑料等材料的加工	2.2.1 橡皮绝缘材料、塑料绝缘材料等混合工艺操作规程 2.2.2 材料加工和配制方法 2.2.3 配方材料操作规程
3.选配工装模具	3.1 工装和模具选择	3.1.1 能计算并选配模具 3.1.2 能看懂工装图，并能绘制工装、模具的草图 3.1.3 能按工艺文件要求清理、装卸模具和工装	3.1.1 拉丝、挤塑等模具的选配方法 3.1.2 工装图的绘制知识 3.1.3 拉丝机、挤塑机等设备工艺操作规程
	3.2 配模、校模	3.2.1 能配模、校模，使绝缘、护套的偏心度符合要求 3.2.2 能检查和调整模具 3.2.3 能操作修模设备	3.2.1 拉丝、挤塑等配模和校模知识 3.2.2 拉丝模、挤塑模等模具技术要求 3.2.3 修模设备操作要求
4.确定工艺参数	4.1 计算、选择工艺参数	4.1.1 能根据设备配置和产品结构计算主要工艺参数 4.1.2 能在设备上进行工艺参数的设置和变更操作	4.1.1 工艺参数计算公式的推导 4.1.2 辐照交联机组、化学交联机组等设备操作规程
	4.2 调整工艺参数	4.2.1 能根据检验结果对工艺参数进行调整，并能理解工艺参数对产品性能的影响 4.2.2 能对挤出、交联等工艺中出现的异常情况进行工艺调整	4.2.1 工艺原理 4.2.2 挤塑机组、交联机组等设备工艺参数调整方法
5.操作设备	5.1 使用盘具	5.1.1 能计算产品装盘长度和重量 5.1.2 能检查盘具的型号、质量 5.1.3 能进行生产过程中的换盘操作	5.1.1 装盘产品长度和重量的计算方法 5.1.2 盘具技术要求 5.1.3 换盘操作规定
	5.2 焊接	5.2.1 能使用焊接设备焊接软结构导体股线 5.2.2 能进行光纤、钢带、铝带、铜带、钢丝、铜线、带材、芳纶、纱线、铝护套等材料的连接操作	5.2.1 焊接设备的操作知识和焊接质量要求 5.2.2 相关材料接头操作规定

续表

职业功能	工作内容	技能要求	相关知识要求
5. 操作设备	5.3 放线和排线	5.3.1 能按放线盘、牵引轮等放线路径进行放线，调整放线张力 5.3.2 能调整收放线机构的传动系统，保持收放线顺畅 5.3.3 能排除收线、放线和排线机构的故障	5.3.1 产品工艺要求和产品质量要求 5.3.2 连续挤橡硫化机组、连续拉丝退火机组等设备操作规程 5.3.3 收放线装置知识
	5.4 使用设备	5.4.1 能控制设备的机械、电气、液压等系统，达到规定要求 5.4.2 能拆装或调整节距齿轮、辊筒、紧压轮、模架、导轮等传动零件和装置 5.4.3 能发现设备运行中出现的故障 5.4.4 能识读设备的传动系统图、电气系统和管路系统图	5.4.1 设备的传动系统、电气系统、液压系统等知识 5.4.2 笼绞机、漆包机等设备操作规程 5.4.3 设备故障的判断方法
	5.5 设备的检查保养和运行监控	5.5.1 能对设备进行例行检查和保养 5.5.2 能对计量器具进行检查 5.5.3 能清理设备的管道、机头、螺杆、炉体、罐体、筒体内的残留物 5.5.4 能判断设备运行的异常现象，并处理或报修	5.5.1 挤塑机组、挤橡机组等设备检查保养规定 5.5.2 计量器具管理规定 5.5.3 挤塑机、交联机组交联管等设备清理规定 5.5.4 连续挤橡硫化机组、绕包机等设备工艺操作规程
6. 控制产品质量	6.1 检测	6.1.1 能使用测试仪器测量产品结构尺寸、绝缘电阻和导体电阻等性能 6.1.2 能使用测试仪器判断出产品的短路、断线、断纤位置 6.1.3 能检测铜铝液成分、拉线润滑液、光纤和光缆性能等，开展生产现场检验 6.1.4 能使用火花耐压机、在线外径测径仪等检验设备在线检测产品性能、结构尺寸	6.1.1 投影仪、高阻计、电桥等测量仪器的使用方法 6.1.2 短路、断线和断纤等故障的检测方法 6.1.3 铜铝成分、拉线润滑液浓度、光棒和光纤性能等试验项目的试验方法 6.1.4 火花耐压设备、在线外径测径仪等在线测量设备操作规范
	6.2 分析不合格品原因	6.2.1 能分析不合格品产生原因，并能提出改进措施 6.2.2 能分析造成不合格的原因，从设备、工艺等方面提出相应纠正措施	6.2.1 不合格品产生原因分析方法 6.2.2 排列图、因果图等质量统计分析方法

续表

职业功能	工作内容	技能要求	相关知识要求
6.控制产品质量	6.3 处置不合格品	6.3.1 能使用仪器找出质量缺陷的位置和故障点 6.3.2 能修复线芯、护套、屏蔽等存在的质量缺陷，达到规定要求	6.3.1 电桥、高阻计等测量仪器的使用方法 6.3.2 线芯、护套、屏蔽等质量缺陷修复方法

3.3 三级/高级工

职业功能	工作内容	技能要求	相关知识要求
1.生产（检验）准备	1.1 解读工艺文件	1.1.1 能解读产品制造过程的工艺原理 1.1.2 能指出工艺流程中的难点和关键点，并制定应对措施 1.1.3 能指导生产操作人员掌握生产工艺要点	1.1.1 产品制造工艺原理 1.1.2 工艺流程分析
	1.2 设备的检查	1.2.1 能对设备中的机械装置、电气线路、管道阀门等结构进行全面检查 1.2.2 能发现设备启动后出现的隐患，能排除隐患或针对隐患采取有效预防措施	1.2.1 设备的机械结构、电气控制和管道等系统知识 1.2.2 氩弧焊、辐照交联机组等设备操作规程
2.配置材料	2.1 配料	2.1.1 能对不同金属液进行精炼和过滤 2.1.2 能检测绝缘、护套、屏蔽等材料的性能，并判断是否合格 2.1.3 能正确回收处理各种废旧材料 2.1.4 能处理不合格原材料	2.1.1 铜、铝等熔炼反应的物理化学原理 2.1.2 绝缘、护套、屏蔽等材料性能的测试方法 2.1.3 废旧材料的处理方法 2.1.4 不合格原材料的处置规定
	2.2 混料、配制	2.2.1 能解决混料过程中出现的混合不均匀等问题 2.2.2 能按要求进行特殊塑料类、橡皮类绝缘、护套等材料加工 2.2.3 能配制新型包制材料、涂覆液、化学液剂配方等	2.2.1 混料原理 2.2.2 特殊材料的质量要求和配制方法 2.2.3 新型包制材料、涂覆液等配方知识

续表

职业功能	工作内容	技能要求	相关知识要求
3. 选配工装模具	3.1 工装和配模选择	3.1.1 能计算并选配异形模、复合模、漆包模等 3.1.2 能对配模技术难题的改进提出建议 3.1.3 能绘制模具装配草图 3.1.4 能对模具进行修理	3.1.1 异形模、复合模、漆包模等的选配方法 3.1.2 挤塑、挤橡等配模原理 3.1.3 装配图的绘制知识 3.1.4 模具修理的操作方法
	3.2 校模	3.2.1 能对异形结构的模具进行调整 3.2.2 能进行快捷、高效的校模操作，使绝缘、护套等厚度符合要求	3.2.1 异形产品结构知识 3.2.2 挤塑、挤橡等校模技能知识
4. 确定工艺参数	4.1 选择工艺参数	4.1.1 能根据工艺原理和工艺流程选用相应的工艺参数 4.1.2 能根据工艺参数计算公式和设备状况选择工艺参数的最佳值	4.1.1 产品知识和工艺知识 4.1.2 工艺参数的最佳选择方法
	4.2 调整工艺参数	4.2.1 能对疑难产品性能异常进行工艺调整 4.2.2 能按工艺规程指导生产和工艺调整 4.2.3 能对产品生产工艺提出改进意见	4.2.1 产品知识和工艺知识 4.2.2 工艺规程知识
5. 操作设备	5.1 焊接	5.1.1 能焊接异型线材 5.1.2 能检验焊头、金属护套管等的质量	5.1.1 异型线材焊接操作知识 5.1.2 焊头、金属护套管等检验方法
	5.2 设计设备重要部件	5.2.1 能对设计工装模具提出建议 5.2.2 能对设计、调试挤塑螺杆、挤橡机加料区轧辊等重要部件提出建议 5.2.3 能提出辅助设备设计方案	5.2.1 工装模具知识 5.2.2 螺杆等设备部件知识 5.2.3 相关设备知识
	5.3 控制设备正常运行	5.3.1 能根据所生产产品选择合适的生产设备，能操作悬链式交联机组（CCV）或立式交联机组（VCV）等大型机组 5.3.2 能对设备进行保养，保持设备完好状态	5.3.1 悬链式交联机组、立式交联机组等设备操作规程和设备工作原理 5.3.2 设备保养细则

续表

职业功能	工作内容	技能要求	相关知识要求
5.操作设备	5.4 排除设备故障	5.4.1 能解决设备运行中出现的张力不稳定等问题 5.4.2 能解决炉体、管道、泵体、阀门、管体等故障 5.4.3 能识别设备的报警故障，并能采取措施予以排除	5.4.1 张力不稳定原因分析方法 5.4.2 炉体、管道、泵体、阀门、管体等故障的分析和改进方法 5.4.3 设备工作原理
	5.5 安装调试设备	5.5.1 能识读设备的工作原理和操作规程 5.5.2 能参与设备的安装和调试	5.5.1 设备结构原理 5.5.2 设备安装调试要求
6.控制产品质量	6.1 检测	6.1.1 能使用局部放电检测系统、工频耐压试验等检测设备检测产品性能 6.1.2 能绘出电桥、高阻计等检测设备的测量原理图并进行计算	6.1.1 局部放电检测系统、工频耐压试验等检测设备试验方法 6.1.2 电桥、高阻计等检测设备原理和检测方法
	6.2 解决产品质量问题	6.2.1 能鉴别、分析线芯、绝缘、屏蔽等质量问题和产生原因，并能按工艺文件要求进行处置 6.2.2 能参与解决新产品试制中的质量问题 6.2.3 能参与疑难质量问题产生原因的分析，并能提出相应改进措施	6.2.1 QC（质量控制）知识 6.2.2 产品质量问题的鉴别和分析方法 6.2.3 不合格品分析和处理程序
	6.3 组织质量管理活动	6.3.1 能组织并指导班组人员学习质量管理知识，并能组织实施生产现场的产品质量攻关 6.3.2 能制定产品质量验收规范	6.3.1 GB/T 19001—2016《质量管理体系 要求》 6.3.2 电线电缆相关产品标准

3.4 二级/技师

职业功能	工作内容	技能要求	相关知识要求
1.生产（检验）准备	1.1 解读工艺文件	1.1.1 能讲解生产工艺技术的难点和关键点 1.1.2 能把工艺技术要求分解为工序的各个操作环节，并能讲解上下工序的工作要求	1.1.1 工艺要点分析 1.1.2 相关各工序的工艺技术要求

续表

职业功能	工作内容	技能要求	相关知识要求
1. 生产（检验）准备	1.2 组织安排生产现场	1.2.1 能指导开展设备全面检查，保证生产设备的完好 1.2.2 能检查生产现场环境，能督促开展现场定置管理工作 1.2.3 能组织安排安全生产 1.2.4 能组织实施日常设备保养	1.2.1 设备知识和生产作业管理知识 1.2.2 定置管理知识 1.2.3 生产管理知识和安全生产知识 1.2.4 设备保养规定
2. 配置材料	2.1 混料、配制	2.1.1 能解决配料、混料过程中出现的异常问题，并能讲解配方原理和配制加工方法 2.1.2 能检测金属、塑料、橡皮等材料的性能	2.1.1 材料配方原理 2.1.2 金属、塑料、橡皮等材料性能的测试方法
	2.2 配制材料	2.2.1 能对产品试制、材料配方的设计提出建议 2.2.2 能进行配方材料试验 2.2.3 能对配制材料进行成本核算	2.2.1 产品和材料技术要求 2.2.2 材料试验方法 2.2.3 材料用量的计算方法
3. 选配工装模具	3.1 配模、校模	3.1.1 能解决配模过程中出现的技术难题 3.1.2 能编制模具制作、调整、使用和保养的规程 3.1.3 能进行配模优化和最佳方案的制定 3.1.4 能指导四级/中级工、三级/高级工开展配模和校模	3.1.1 导体绞合紧压、挤塑、挤橡、镀制等配模原理 3.1.2 模具相关知识 3.1.3 校模相关知识
	3.2 设计新型工装模具	3.2.1 能为试制新产品工装模具设计提出建议 3.2.2 能绘制新型工装模具的设计草图 3.2.3 能指导四级/中级工、三级/高级工使用新型工装模具	3.2.1 新产品知识和工装模具设计知识 3.2.2 工装模具的设计原理和绘图知识 3.2.3 新型工装模具的技术要求
4. 确定工艺参数	4.1 选择工艺参数	4.1.1 能解读工艺原理、工艺参数和设备技术参数之间的关系 4.1.2 能在试制新产品时，综合计算并选择最佳工艺参数	4.1.1 产品工艺技术知识和相关设备知识 4.1.2 工艺参数的计算和新产品知识

续表

职业功能	工作内容	技能要求	相关知识要求
4. 确定工艺参数	4.2 编制产品工艺技术文件	4.2.1 能编制产品工艺规程，指导产品的生产 4.2.2 能在工艺规程中明确产品制造的工艺要点和技术难点，并确定采取措施 4.2.3 能编制与工艺规程相配套的设备操作规程	4.2.1 工艺规程的编制要求 4.2.2 产品制造工艺技术 4.2.3 设备操作规程的编制要求
5. 操作设备	5.1 设计设备重要部件	5.1.1 能参与设备技术改造，对设备的重要部件与传动系统的改进和设计提出建议 5.1.2 能参与设计、绘制设备的管路系统图、电气控制线路图 5.1.3 能收集国内外设备的发展动向信息	5.1.1 设备机械系统、电气系统等自动化控制知识 5.1.2 设备管路系统、电气系统知识和绘图知识 5.1.3 新设备的现状和发展动态
	5.2 控制设备正常运行	5.2.1 能组织开展大型机组（CCV、VCV等）设备的生产运行 5.2.2 能操作设备采集相关数据应用于信息化 5.2.3 能指导和培训中级工、高级工操作设备	5.2.1 大型机组的结构知识和使用知识 5.2.2 设备知识和信息化应用知识 5.2.3 设备操作相关知识
	5.3 排除设备故障	5.3.1 能判断和分析设备故障 5.3.2 能对设备故障采取有效措施 5.3.3 能对设备优化提出改进意见和建议	5.3.1 设备结构原理 5.3.2 设备运行原理
	5.4 安装调试设备	5.4.1 能对设备安装方案提出建议 5.4.2 能识别设备关键部位的技术要求 5.4.3 能进行新型号设备的调试	5.4.1 设备安装的技术要求 5.4.2 设备的验收条件 5.4.3 设备知识
6. 控制产品质量	6.1 检测	6.1.1 能使用测试仪器测量相应产品的质量数据 6.1.2 能使用在线检测设备检测产品性能 6.1.3 能参与制定产品测试方案，解决测试难题 6.1.4 能制定产品质量大纲和检验文件等 6.1.5 能开展新产品和产品改进的试验工作	6.1.1 相关检测项目的试验方法 6.1.2 在线检测设备知识 6.1.3 产品技术要求和相关试验方法 6.1.4 产品质量大纲、产品检验文件等文件的编制规定

续表

职业功能	工作内容	技能要求	相关知识要求
6. 控制产品质量	6.2 解决产品质量问题	6.2.1 能分析、判断并解决绝缘击穿等疑难质量问题 6.2.2 能制定解决产品问题的纠正措施，并能指导实施 6.2.3 能参与解决新产品试制中的关键质量问题 6.2.4 能参与不合格品的评审	6.2.1 PFMEA（过程失效模式及影响分析）等知识和产品质量问题分析与试验技术 6.2.2 纠正措施管理知识 6.2.3 新产品知识和工艺知识 6.2.4 不合格品处理流程
	6.3 组织质量管理活动	6.3.1 能运用质量统计方法分析质量问题 6.3.2 能在质量攻关活动中有创新 6.3.3 能组织建立质量管理小组，并开展活动	6.3.1 质量统计分析常用方法 6.3.2 技术创新方法 6.3.3 质量管理知识
7. 技术培训和管理	7.1 编制培训文件	7.1.1 能编制操作培训讲稿和资料 7.1.2 能编制操作培训计划	7.1.1 挤塑、挤橡等操作技能培训知识 7.1.2 培训计划编制要求
	7.2 组织专业技术培训	7.2.1 能对三级/高级工及以下级别人员进行制造工艺的培训 7.2.2 能对三级/高级工及以下级别人员进行操作技能培训	7.2.1 制造工艺知识 7.2.2 操作技能要点知识
	7.3 生产管理	7.3.1 能指导三级/高级工及以下级别人员进行产品成本控制 7.3.2 能协助有关部门实施生产计划、成本控制和人员的管理	7.3.1 成本核算、控制和定额管理的基本知识 7.3.2 生产计划的编制、调度和生产系统的信息化管理知识

3.5 一级/高级技师

职业功能	工作内容	技能要求	相关知识要求
1. 生产（检验）准备	1.1 核查工艺文件	1.1.1 能对各类技术文件进行核查 1.1.2 能把握生产环节中的难点和关键点，能预见潜在问题并采取预防措施	1.1.1 产品标准和工艺文件 1.1.2 产品生产工艺难点分析方法
	1.2 组织安排生产现场	1.2.1 能全面协调生产现场的各个操作环节 1.2.2 能编制生产现场所需的相关工艺规程 1.2.3 能提出生产现场合理性改进意见与建议	1.2.1 生产管理知识 1.2.2 工艺规程编制方法 1.2.3 生产现场管理知识

续表

职业功能	工作内容	技能要求	相关知识要求
2. 配置材料	2.1 混料、配制	2.1.1 能指导操作人员解决配料、混料的疑难问题 2.1.2 能运用配方原理和方法，鉴别原材料的符合性 2.1.3 能提出配方优化方案	2.1.1 配方操作技能 2.1.2 配方的组成和性能要求 2.1.3 配方知识和产品要求
	2.2 配制材料	2.2.1 能对产品试制、材料配方的持续改进提出建议 2.2.2 能进行配方设计 2.2.3 能指导高级工、技师进行配方试验	2.2.1 产品技术要求和材料技术要求 2.2.2 配方知识
3. 选配工装模具	3.1 配模、校模	3.1.1 能总结配模、校模经验并编制操作规范 3.1.2 能运用新技术、新工具制定快捷、高效的校模方法 3.1.3 能对高级工、技师进行校模方法指导	配模知识和校模知识
	3.2 设计新型工装模具	3.2.1 能按产品工艺要求和设备技术特性要求设计工装模具 3.2.2 能编制新型工装模具的设计图	3.2.1 产品要求和工装模具设计知识 3.2.2 工装模具设计原理和绘图知识
4. 确定工艺参数	4.1 选择工艺参数	4.1.1 能够按产品工艺要求、原材料和设备状况等选择最佳工艺路线和工艺参数 4.1.2 能制定工艺方案 4.1.3 能总结和优化工艺参数	4.1.1 工艺参数等变化对产品质量的影响 4.1.2 产品知识和工艺知识
	4.2 编制产品工艺技术文件	4.2.1 能讲解产品工艺规程内容 4.2.2 能编制产品的工艺技术文件，能对解决工艺难题提出有效措施	4.2.1 电力电缆、电气装备用电缆等产品知识 4.2.2 工艺技术文件编制要求
5. 操作设备	5.1 控制设备正常运行	5.1.1 能负责协调大型机组或生产线的生产运行 5.1.2 能在重要操作岗位上进行示范讲解	5.1.1 悬链式交联机组、立式交联机组等设备的操作规程 5.1.2 操作技能知识

续表

职业功能	工作内容	技能要求	相关知识要求
5.操作设备	5.2 排除设备故障	5.2.1 能组织解决设备运行中疑难技术问题 5.2.2 能分析设备的共性和个性，制定设备保养措施 5.2.3 能制定设备故障排除操作规范 5.2.4 能实施设备故障预防措施	5.2.1 设备电气知识和机械知识 5.2.2 设备管理知识 5.2.3 文件编制要求
	5.3 实施设备的技术改造	5.3.1 能绘制设备技术改造所需的图样 5.3.2 能编制设备技术改造的实施方案，并能指导开展相关工作 5.3.3 能编制设备改进后的操作规程	5.3.1 机械零件图和装配图的绘制知识 5.3.2 设备技术改造创新知识 5.3.3 文件编制规定
	5.4 安装调试设备	5.4.1 能制定设备的验收方案 5.4.2 能指导设备的安装 5.4.3 能组织对设备的验收	5.4.1 设备信息化、智能化等知识 5.4.2 设备安装的土建、机械和电气知识 5.4.3 设备验收要求
6.控制产品质量	6.1 检测	6.1.1 能进行成品、半成品、在制品的质量监控和检测 6.1.2 能选用合适的试验方法检测产品并判定产品质量 6.1.3 能对产品测试数据进行统计分析，提出产品改进建议 6.1.4 能指导高级工、技师制定产品测试方案	6.1.1 检测设备知识和产品知识 6.1.2 绝缘性能、护套性能等项目的检测技术 6.1.3 测试数据的统计分析方法
	6.2 解决产品质量问题	6.2.1 能制定关键工序的质量控制措施 6.2.2 能组织实施质量问题的纠正预防措施 6.2.3 能进行新产品开发的质量控制策划	6.2.1 质量管理知识 6.2.2 纠正预防管理知识 6.2.3 新产品开发程序
	6.3 组织质量管理活动	6.3.1 能组织实施产品疑难质量问题的攻关活动 6.3.2 能组织实施质量管理体系认证、产品认证的相关活动 6.3.3 能组织实施产品质量审核和过程质量审核	6.3.1 质量管理体系知识及工具 6.3.2 质量管理体系认证程序和产品认证要求 6.3.3 产品质量审核和过程质量审核知识

续表

职业功能	工作内容	技能要求	相关知识要求
7. 技术培训和管理	7.1 编制培训文件	7.1.1 能编制工艺培训讲义和考核试题 7.1.2 能编制工艺培训计划和培训大纲	7.1.1 工艺培训知识 7.1.2 工艺知识的培训要求
	7.2 组织系统的专业技术培训	7.2.1 能组织对二级/技师及以下级别人员进行制造工艺学理论的培训 7.2.2 能组织对二级/技师及以下级别人员进行操作技能培训	7.2.1 工艺理论知识 7.2.2 操作技能知识 7.2.3 培训技能知识
	7.3 生产管理	7.3.1 能指导二级/技师及以下级别人员实施产品成本控制改进方案 7.3.2 能提出并实施生产效率提升的改进方案	7.3.1 成本核算、控制和定额管理的知识 7.3.2 生产计划的控制和生产管理信息化知识

4. 权重表

4.1 理论知识权重表

项目		技能等级	五级/初级工（%）	四级/中级工（%）	三级/高级工（%）	二级/技师（%）	一级/高级技师（%）
基本要求		职业道德	5	5	5	5	5
		基础知识	35	33	32	30	30
相关知识要求		生产（检验）准备	8	8	8	6	6
		配置材料	10	9	8	7	7
		选配工装模具	6	7	7	7	7
		确定工艺参数	6	7	8	8	8
		操作设备	22	22	22	19	19
		控制产品质量	8	9	10	10	10
		技术培训和管理	—	—	—	8	8
合计			100	100	100	100	100

4.2 技能要求权重表

项目		技能等级	五级/初级工（%）	四级/中级工（%）	三级/高级工（%）	二级/技师（%）	一级/高级技师（%）
技能要求	生产（检验）准备		12	12	12	10	8
	配置材料		12	11	10	10	10
	选配工装模具		8	9	10	10	10
	确定工艺参数		10	12	14	12	12
	操作设备		40	37	34	28	28
	控制产品质量		18	19	20	20	20
	技术培训和管理		—	—	—	10	12
	合计		100	100	100	100	100

电梯安装维修工国家职业技能标准

（2018 年版）

1. 职业概况

1.1 职业名称

电梯安装维修工

1.2 职业编码

6-29-03-03

1.3 职业定义

使用工具、夹具、量具、检测仪器及设备，安装、调试、维修、改造电梯的人员。

1.4 职业技能等级

本职业共设五个等级，分别为：五级/初级工、四级/中级工、三级/高级工、二级/技师、一级/高级技师。

1.5 职业环境条件

室内，常温。

1.6 职业能力特征

具有一般智力；手指、手臂灵活；动作协调；听力正常；色觉正常；无妨碍从事本职业的疾病。

1.7 普通受教育程度

初中毕业（或相当文化程度）。

1.8 职业技能鉴定要求

1.8.1 申报条件

具备以下条件之一者，可申报五级/初级工：
（1）累计从事本职业或相关职业[①]工作1年（含）以上。

[①] 相关职业：电梯装配调试工、特种设备检验检测工程技术人员（电梯），下同。

(2) 本职业或相关职业学徒期满。

具备以下条件之一者，可申报四级/中级工：

(1) 取得本职业或相关职业五级/初级工职业资格证书（技能等级证书）后，累计从事本职业或相关职业工作4年（含）以上。

(2) 累计从事本职业或相关职业工作6年（含）以上。

(3) 取得技工学校本专业①或相关专业②毕业证书（含尚未取得毕业证书的在校应届毕业生）；或取得经评估论证、以中级技能为培养目标的中等及以上职业学校本专业或相关专业毕业证书（含尚未取得毕业证书的在校应届毕业生）。

具备以下条件之一者，可申报三级/高级工：

(1) 取得本职业或相关职业四级/中级工职业资格证书（技能等级证书）后，累计从事本职业或相关职业工作5年（含）以上。

(2) 取得本职业或相关职业四级/中级工职业资格证书（技能等级证书），并具有高级技工学校、技师学院毕业证书（含尚未取得毕业证书的在校应届毕业生）；或取得本职业或相关职业四级/中级工职业资格证书（技能等级证书），并具有经评估论证、以高级技能为培养目标的高等职业学校本专业或相关专业毕业证书（含尚未取得毕业证书的在校应届毕业生）。

(3) 具有大专及以上本专业或相关专业毕业证书，并取得本职业或相关职业四级/中级工职业资格证书（技能等级证书）后，累计从事本职业或相关职业工作2年（含）以上。

具备以下条件之一者，可申报二级/技师：

(1) 取得本职业或相关职业三级/高级工职业资格证书（技能等级证书）后，累计从事本职业或相关职业工作4年（含）以上。

(2) 取得本职业或相关职业三级/高级工职业资格证书（技能等级证书）的高级技工学校、技师学院毕业生，累计从事本职业或相关职业工作3年（含）以上；或取得本职业或相关职业预备技师证书的技师学院毕业生，累计从事本职业或相关职业工作2年（含）以上。

具备以下条件者，可申报一级/高级技师：

取得本职业或相关职业二级/技师职业资格证书（技能等级证书）后，累计从事本职业或相关职业工作4年（含）以上。

1.8.2 鉴定方式

分为理论知识考试、技能考核以及综合评审。理论知识考试以笔试、机考等方式为主，主要考核从业人员从事本职业应掌握的基本要求和相关知识要求；技能考核主要采用现场操作、模拟操作等方式进行，主要考核从业人员从事本职业应具备的技能水平；综合评审主要针对技师和高级技师，通常采取审阅申报材料、答辩等方式进行全面评议和审查。

理论知识考试、技能考核和综合评审均实行百分制，成绩皆达60分（含）以上者为合格。

---

① 本专业：电梯工程技术专业，下同。
② 相关专业：理工科专业，下同。

1.8.3 监考人员、考评人员与考生配比

理论知识考试中的监考人员与考生配比不低于 1∶15，且每个考场不少于 2 名监考人员；技能考核中的考评人员与考生配比为 1∶5，且考评人员为 3 人（含）以上单数；综合评审委员为 3 人（含）以上单数。

1.8.4 鉴定时间

理论知识考试时间不少于 90 min；技能考核时间不少于 60 min；综合评审时间不少于 30 min。

1.8.5 鉴定场所设备

理论知识考试场所应可容纳 30 名以上学员。

技能考核场地面积不少于 300 m²。场地内至少配备以下设备：曳引驱动乘客电梯整机 2 台（其中 1 台应配备变频器装置，1 台能满足逻辑控制考核鉴定功能或另配 1 套逻辑控制考核鉴定设备；井道具备安装考核鉴定功能）、自动扶梯整机 1 台；曳引机、门机、控制柜、限速器、安全钳、缓冲器等主要部件各 3 套；2 吨以上起重设备；工具、量具、检测仪器、安全防护及辅助设备。

2. 基本要求

2.1 职业道德

2.1.1 职业道德基本知识

2.1.2 职业守则

(1) 遵纪守法，爱岗敬业。
(2) 工作认真，团结协作。
(3) 爱护设备，安全操作。
(4) 遵守规程，执行工艺。
(5) 保护环境，文明生产。

2.2 基础知识

2.2.1 土建和机械制图知识

(1) 设备安装与建筑物土建图基本知识。
(2) 零件图和装配图基本知识。

2.2.2 电梯的结构与原理

(1) 电梯的基本机械结构。
(2) 电梯部件的工作原理。

2.2.3 机械基础知识

(1) 机械结构基本知识。
(2) 机械传动基本知识。

2.2.4 电气基础知识

(1) 直流电路基本知识。
(2) 交流电路基本知识。
(3) 电工读图基本知识。
(4) 电力变压器基本知识。
(5) 常用电动机基本知识。
(6) 常用低压电器基本知识。

2.2.5 安全防护知识

(1) 现场安全文明生产要求。
(2) 安全操作与劳动保护知识。
(3) 触电急救知识。
(4) 电气安全装置及电气安全操作规程。
(5) 环境保护知识。
(6) 施工消防安全知识。

2.2.6 相关法律、法规知识

(1) 相关法律、法规
《中华人民共和国劳动法》相关知识。
《中华人民共和国劳动合同法》相关知识。
《中华人民共和国安全生产法》相关知识。
《中华人民共和国特种设备安全法》相关知识。
(2) 相关技术规范、标准
《电梯监督检验和定期检验规则》相关知识。
《特种设备制造、安装、改造、维修许可鉴定评审细则》相关知识。
《电梯制造与安装安全规范》相关知识。
《自动扶梯和自动人行道的制造与安装安全规范》相关知识。
《安装于现有建筑物中的新电梯制造与安装安全规范》相关知识。
《电梯技术条件》相关知识。
《电梯试验方法》相关知识。
《电梯安装验收规范》相关知识。
《电梯、自动扶梯、自动人行道术语》相关知识。

3. 工作要求

本标准对五级/初级工、四级/中级工、三级/高级工、二级/技师、一级/高级技师的技能要求和相关知识要求依次递进，高级别涵盖低级别的要求。

3.1 五级/初级工

职业功能	工作内容	技能要求	相关知识要求
1. 安装调试	1.1 机房设备安装调试	1.1.1 能使用线锤、旋具、扳手安装定位限速器 1.1.2 能使用剥线钳、尖嘴钳、斜口钳、钢锯等工具敷设线槽、线管和电线电缆	1.1.1 限速器安装定位的相关知识 1.1.2 线槽、线管和电线电缆敷设的相关知识
	1.2 井道设备安装调试	1.2.1 能安装层站召唤、层站显示装置和井道接线盒 1.2.2 能安装限速器张紧装置 1.2.3 能安装层门的门套、悬挂装置、门扇、地坎装置	1.2.1 层站召唤、层站显示装置和井道接线盒安装的相关知识 1.2.2 限速器张紧装置安装的相关知识 1.2.3 层门部件、地坎装置安装的相关知识
	1.3 轿厢对重设备安装调试	1.3.1 能使用吊具、榔头、卷尺等工具，安装轿顶、导靴、轿厢围壁、装饰吊顶、风机、照明、操纵箱 1.3.2 能敷设风机、照明电气线路	1.3.1 轿厢部件安装的相关知识 1.3.2 风机、照明电气线路敷设的相关知识
	1.4 自动扶梯设备安装调试	1.4.1 能安装自动扶梯内外盖板、护壁板、扶手导轨、防攀爬装置、防护挡板、防夹装置 1.4.2 能使用塞尺、抛光机调整内外盖板、护壁板、扶手导轨间隙和平整度	1.4.1 内外盖板、护壁板、扶手导轨安装的相关知识 1.4.2 间隙和平整度调整的相关知识
2. 诊断修理	2.1 机房设备诊断修理	2.1.1 能使用紧急操作装置将轿厢移动至开锁区域 2.1.2 能使用万用表诊断电梯主电源故障	2.1.1 轿厢紧急操作移动的相关知识 2.1.2 万用表使用的相关知识

续表

职业功能	工作内容	技能要求	相关知识要求
2. 诊断修理	2.2 井道设备诊断修理	2.2.1 能更换井道位置信息装置 2.2.2 能修理电梯层门、轿门地坎槽及门导轨的异物卡阻故障	2.2.1 位置信息装置的相关知识 2.2.2 异物卡阻修理的相关知识
	2.3 轿厢对重设备诊断修理	2.3.1 能更换轿内按钮与显示装置 2.3.2 能诊断修理电梯轿厢照明及应急照明设备故障	2.3.1 轿厢按钮、显示装置的相关知识 2.3.2 照明设备故障的相关知识
	2.4 自动扶梯设备诊断修理	2.4.1 能更换自动扶梯运行方向显示部件 2.4.2 能修理扶手带导轨、梳齿板的异物卡阻故障	2.4.1 运行方向显示部件的相关知识 2.4.2 扶手带导轨、梳齿板异物卡阻故障的相关知识
3. 维护保养	3.1 机房设备维护保养	3.1.1 能检查、紧固编码器、电源箱和控制柜内接线端子 3.1.2 能使用油枪润滑限速器销轴部位	3.1.1 接线端子检查、紧固的相关知识 3.1.2 限速器销轴部位润滑的相关知识
	3.2 井道设备维护保养	3.2.1 能检查、测试并调整层门自动关闭装置 3.2.2 能检查对重块数量并紧固其压板 3.2.3 能检查、调整层门的间隙 3.2.4 能清洁、检查和调整层门门锁电气触点	3.2.1 层门自动关闭装置的相关知识 3.2.2 对重块数量及压板的相关知识 3.2.3 层门间隙的相关知识 3.2.4 层门门锁及电气触点的相关知识
	3.3 轿厢对重设备维护保养	3.3.1 能通过开关门试验检查防夹人保护装置的功能 3.3.2 能测试、判断轿顶检修开关、停止装置的功能 3.3.3 能用量具测量及判定平层准确度 3.3.4 能检查轿内报警装置、对讲系统、轿内显示、指令按钮、读卡器（IC卡）系统的功能 3.3.5 能检查、维护轿厢及对重导轨润滑系统	3.3.1 防夹人保护装置的相关知识 3.3.2 轿顶检修开关、停止装置功能的相关知识 3.3.3 平层准确度的相关知识 3.3.4 报警装置、对讲系统、显示、指令按钮、读卡器（IC卡）系统功能的相关知识 3.3.5 轿厢及对重导轨润滑的相关知识

续表

职业功能	工作内容	技能要求	相关知识要求
3. 维护保养	3.4 自动扶梯设备维护保养	3.4.1 能开启自动扶梯上下机房、分离机房、各驱动和转向站、电动机通风口的盖板或护罩 3.4.2 能检查、调整自动扶梯防夹装置、防攀爬装置 3.4.3 能检查自动扶梯主驱动链条、运行方向状态显示装置、启动开关、停止开关的功能 3.4.4 能检查、维护梯级链的自动润滑装置油位 3.4.5 能测量梯级间、梯级与梳齿板、梯级与围裙板、梳齿板的梳齿与梯级踏板面齿槽的间隙	3.4.1 上下机房、分离机房、各驱动和转向站、电动机通风口盖板或护罩开启的相关知识 3.4.2 防夹装置、防攀爬装置的相关知识 3.4.3 主驱动链条、运行方向状态显示装置、启动开关、停止开关功能的相关知识 3.4.4 梯级链自动润滑装置油位的相关知识 3.4.5 梯级各间隙测量的相关知识

3.2 四级/中级工

职业功能	工作内容	技能要求	相关知识要求
1. 安装调试	1.1 机房设备安装调试	1.1.1 能使用起重设备、水平尺、钢直尺、电焊机、力矩扳手，起吊、安装承重钢梁、底座、曳引机、导向轮、夹绳器 1.1.2 能安装机房控制柜，接通控制柜的电气线路 1.1.3 能装配楔形自锁紧式曳引钢丝绳端接装置	1.1.1 曳引机、导向轮、夹绳器及底座结构的相关知识 1.1.2 控制柜安装的相关知识 1.1.3 楔形自锁紧式钢丝绳端接装置的相关知识
	1.2 井道设备安装调试	1.2.1 能测量、复核土建布置图的尺寸数据 1.2.2 能制作样板架，并定位、固定样板线及样板架 1.2.3 能定位、调整层门的门套、悬挂装置、门扇及地坎装置、井道位置信息装置、缓冲器 1.2.4 能安装轿厢及对重导轨、悬挂比为1∶1电梯的曳引钢丝绳、随行电缆、补偿链及补偿缆导向装置	1.2.1 土建布置图尺寸数据的相关知识 1.2.2 样板线和样板架的相关知识 1.2.3 层门设备、井道位置信息装置、缓冲器定位调整的相关知识 1.2.4 导轨、1∶1悬挂比悬挂系统安装的相关知识

续表

职业功能	工作内容	技能要求	相关知识要求
1. 安装调试	1.3 轿厢对重设备安装与调试	1.3.1 能起吊、安装轿架、轿厢地坎和轿底、对重架及其附件,并调整、校正轿厢地坎及轿底、两侧直梁 1.3.2 能安装、调整轿厢开门机构和轿门地坎、门扇 1.3.3 能安装轿顶接线箱、护栏、检修盒、轿门开门限制装置,接通轿顶及轿厢电气线路	1.3.1 轿架、对重架安装调整的相关知识 1.3.2 轿厢开门机构和轿门地坎、门扇的相关知识 1.3.3 轿顶接线箱、护栏、检修盒、轿门开门限制装置的相关知识
	1.4 自动扶梯设备安装调试	1.4.1 能安装围裙板、护壁板、内外盖板、扶手带导轨、扶手带、梯级 1.4.2 能测量现场土建尺寸,复核自动扶梯设计图样	1.4.1 围裙板、护壁板、内外盖板、扶手带导轨、扶手带、梯级结构的相关知识 1.4.2 土建尺寸复核的相关知识
2. 诊断修理	2.1 机房设备诊断修理	2.1.1 能诊断、修理电气安全回路、门锁回路、制动器控制回路引起的故障 2.1.2 能使用绝缘电阻测试仪测试并判断电梯的导电回路绝缘性能 2.1.3 能进行限速器-安全钳联动试验、上行超速保护装置动作试验、轿厢意外移动保护装置动作试验、空载曳引力试验及制动力试验,判定电梯安全性能 2.1.4 能使用限速器校验仪校验限速器动作速度 2.1.5 能诊断、修理控制系统电气部件及电梯方向、选层逻辑控制故障	2.1.1 电气安全回路、门锁回路、制动器控制回路的相关知识 2.1.2 绝缘电阻测试仪使用的相关知识 2.1.3 安全试验的相关知识 2.1.4 限速器校验仪使用的相关知识 2.1.5 控制系统电气部件及电梯方向、选层逻辑控制的相关知识
	2.2 井道设备诊断修理	2.2.1 能诊断、修理层门门扇联动与悬挂机构、井道位置信号设备、内外呼信号的故障 2.2.2 能调整上、下极限位置	2.2.1 层门门扇联动与悬挂机构、井道位置信号设备、内外呼信号故障诊断修理的相关知识 2.2.2 上、下极限位置的相关知识
	2.3 轿厢对重设备诊断修理	2.3.1 能诊断、修理轿门门扇联动机构、悬挂机构、门机机械装置开关门故障 2.3.2 能检查、调整门刀和轿门锁机械电气装置	2.3.1 轿门门扇联动机构、悬挂机构、门机机械的相关知识 2.3.2 门刀和轿门锁机械电气装置的相关知识

续表

职业功能	工作内容	技能要求	相关知识要求
2.诊断修理	2.4 自动扶梯设备诊断修理	2.4.1 能诊断、修理电气安全回路故障 2.4.2 能诊断、修理异物卡阻引起的运行抖动及噪声	2.4.1 电气安全回路的相关知识 2.4.2 运行抖动及噪声的相关知识
3.维护保养	3.1 机房设备维护保养	3.1.1 能检查、调整限速器及其张紧轮、钢丝绳端接装置、制动器监测装置、控制柜仪表及显示装置 3.1.2 能检查曳引轮、导向轮轮槽磨损及曳引钢丝绳断丝、磨损、变形等状况 3.1.3 能检查、紧固电动机与减速机联轴器螺栓 3.1.4 能检查、更换减速机润滑油 3.1.5 能使用钳形电流表测量电梯平衡系数	3.1.1 限速器及张紧轮、钢丝绳、端接装置、制动器监测装置、控制柜仪表及显示装置的相关知识 3.1.2 曳引轮、导向轮轮槽及曳引钢丝绳的相关知识 3.1.3 电动机与减速机联轴器螺栓的相关知识 3.1.4 减速机润滑油的相关知识 3.1.5 平衡系数的相关知识
	3.2 井道设备维护保养	3.2.1 能检查、调整层门各部件、补偿链（绳）、随行电缆 3.2.2 能使用游标卡尺测量曳引钢丝绳的公称直径 3.2.3 能使用拉力计测量、计算和调整钢丝绳的张力差	3.2.1 层门各部件、补偿链（绳）、随行电缆的相关知识 3.2.2 游标卡尺、钢丝绳公称直径的相关知识 3.2.3 曳引钢丝绳张力差的相关知识
	3.3 轿厢对重设备维护保养	3.3.1 能检查、调整导靴间隙、门机的机械装置、轿门锁及其电气开关 3.3.2 能使用声级计测试电梯的运行噪声	3.3.1 导靴靴衬、滚轮间隙、门机的机械装置、轿门锁及其电气开关的相关知识 3.3.2 声级计使用的相关知识
	3.4 自动扶梯设备维护保养	3.4.1 能检查、调整扶手带系统、驱动链系统、梯级轴衬、梯级链润滑装置 3.4.2 能检查、调整制动器间隙、梯级间隙及梯级与梳齿板、梯级与围裙板、梳齿与梯级踏板面齿槽的间隙 3.4.3 能进行自动扶梯空载、有载向下运行制动距离试验并判定制动性能 3.4.4 能检查、调整梯级滚轮和导轨、主驱动链及梯级链张紧装置、附加制动器、制动器动作状态监测装置 3.4.5 能检查并维护梯级下陷、梯级链和主驱动链异常伸长、超速保护、扶手带速度监控系统、梯级缺失监测装置、梳齿板开关	3.4.1 扶手带、驱动链、梯级轴衬、梯级链润滑装置的相关知识 3.4.2 间隙调整的相关知识 3.4.3 制动距离试验的相关知识 3.4.4 梯级滚轮和导轨、主驱动链及梯级链张紧装置、附加制动器、制动器动作状态监测装置的相关知识 3.4.5 梯级下陷、梯级链、主驱动链异常伸长，超速保护，扶手带速度监控系统、梯级缺失监测装置、梳齿板开关的相关知识

3.3 三级/高级工

职业功能	工作内容	技能要求	相关知识要求
1. 安装调试	1.1 机房设备安装调试	1.1.1 能检查、调整曳引轮与导向轮的垂直度、平行度 1.1.2 能调试检修运行功能	1.1.1 曳引轮与导向轮的相关知识 1.1.2 检修运行调试的相关知识
	1.2 井道设备安装调试	1.2.1 能根据土建布置图，复核井道的垂直度和各层站门洞位置 1.2.2 能安装悬挂比为 2∶1 电梯的曳引钢丝绳	1.2.1 土建井道垂直度和层站门洞的相关知识 1.2.2 2∶1 悬挂比曳引钢丝绳的相关知识
	1.3 轿厢对重设备安装调试	1.3.1 能安装、调整安全钳及联动机构、导靴 1.3.2 能安装轿门门刀，调整门刀与门锁滚轮、地坎的间隙	1.3.1 安全钳及联动机构、导靴的相关知识 1.3.2 轿门门刀的相关知识
	1.4 自动扶梯设备安装调试	1.4.1 能调试扶手带的运行速度 1.4.2 能安装电气主电源，接通主电源与控制柜的电气线路	1.4.1 扶手带驱动装置的相关知识 1.4.2 主电源与控制柜电气线路的相关知识
2. 诊断修理	2.1 机房设备诊断修理	2.1.1 能使用拉马器等工具更换、调整主机、曳引轮、导向轮、主机减振垫 2.1.2 能通过修改驱动参数，调整电梯运行抖动、噪声 2.1.3 能检查、修理控制柜内各电气线路与电气元件、控制系统通信功能、速度控制、位置控制及电梯启动、加减速度、停止逻辑控制的故障 2.1.4 能更换曳引机的制动器、制动衬、制动臂、销轴、电磁铁、减速箱油封、轴承	2.1.1 主机、曳引轮、导向轮、主机减振垫的相关知识 2.1.2 驱动参数的相关知识 2.1.3 电气线路与电气元件、控制系统通信功能、速度控制、位置控制及电梯启动、加减速度、停止逻辑控制的相关知识 2.1.4 制动器、制动衬、制动臂、销轴、电磁铁、减速箱油封、曳引机轴承的相关知识
	2.2 井道设备诊断修理	2.2.1 能更换电梯的补偿链/缆、随行电缆、对重轮 2.2.2 能更换、调整层门门扇、悬挂装置、地坎	2.2.1 补偿链/缆、随行电缆、对重轮的相关知识 2.2.2 层门门扇、悬挂装置、地坎的相关知识

续表

职业功能	工作内容	技能要求	相关知识要求
2. 诊断修理	2.3 轿厢对重设备诊断修理	2.3.1 能更换轿顶轮、轿底轮、安全钳、轿厢轿架、自动门机系统 2.3.2 能检查、修理电梯轿厢称重装置的故障	2.3.1 轿顶轮、轿底轮、安全钳、轿厢轿架、自动门机系统的相关知识 2.3.2 轿厢称重装置的相关知识
	2.4 自动扶梯设备诊断修理	2.4.1 能更换扶手带、扶手带驱动装置、梯级链、主驱动轴和链轮、驱动主机、驱动链条、工作制动器、附加制动器 2.4.2 能通过修改控制参数,调整运行速度、抖动	2.4.1 扶手带、扶手带驱动装置、梯级链、主驱动轴和链轮、驱动主机、驱动链条、工作制动器、附加制动器的相关知识 2.4.2 运行速度、抖动的相关知识
3. 维护保养	3.1 机房设备维护保养	3.1.1 能检查、调整电梯驱动电动机的速度检测装置 3.1.2 能使用百分表等工具检查并调整联轴器 3.1.3 能检查、调整制动器间隙、制动力 3.1.4 能使用电梯乘运质量分析仪、转速表等检测电梯的速度及加速度	3.1.1 驱动电动机速度检测功能的相关知识 3.1.2 百分表使用的相关知识 3.1.3 制动器间隙、制动力的相关知识 3.1.4 电梯乘运质量分析仪、转速表使用的相关知识
	3.2 井道设备维护保养	3.2.1 能使用刀口尺、刨刀等修整导轨接头 3.2.2 能根据电梯运行的振动情况检查、调整导轨间距及垂直度 3.2.3 能检查、调整层轿门联动机构	3.2.1 导轨接头修整的相关知识 3.2.2 间距及垂直度相关知识 3.2.3 层轿门联动机构的相关知识
	3.3 轿厢对重设备维护保养	3.3.1 能检查、调整轿厢减振垫 3.3.2 能使用液压剪刀截短电梯曳引钢丝绳、钢带,调整缓冲距离	3.3.1 轿厢减振垫的相关知识 3.3.2 缓冲距离调整的相关知识
	3.4 自动扶梯设备维护保养	3.4.1 能检查、调整扶手带托轮、滑轮群、防静电轮、梯级传动装置 3.4.2 能检查、调整进入梳齿板处的梯级与导轮的轴向窜动量 3.4.3 能检查、调整自动扶梯的速度检测装置及非操纵逆转监测装置 3.4.4 能使用速度检测仪检测自动扶梯的运行速度	3.4.1 扶手带托轮、滑轮群、防静电轮、梯级传动装置的相关知识 3.4.2 梯级与导轮的轴向窜动量的相关知识 3.4.3 速度检测装置及非操纵逆转监测装置的相关知识 3.4.4 自动扶梯速度检测仪使用的相关知识

续表

职业功能	工作内容	技能要求	相关知识要求
4. 改造更新	4.1 曳引驱动乘客电梯设备改造更新	4.1.1 能根据改造方案，拆装、改造、调试不同规格型号的曳引机 4.1.2 能根据改造方案，拆装、改造、调试不同型号的控制系统 4.1.3 能根据加层改造方案，加层、改造、调试曳引驱动乘客电梯 4.1.4 能拆装、改造轿厢和内部装潢，调整轿厢平衡系数 4.1.5 能根据悬挂比改造方案，拆装、改造曳引系统的悬挂比 4.1.6 能加装读卡器（IC卡）系统、残疾人操纵箱、能量反馈、应急平层及远程监控装置	4.1.1 曳引机系统改造的相关知识 4.1.2 控制系统改造的相关知识 4.1.3 加层改造的相关知识 4.1.4 轿厢改造的相关知识 4.1.5 曳引系统悬挂比改造的相关知识 4.1.6 读卡器（IC卡）系统、残疾人操纵箱、能量反馈、应急平层及远程监控装置加装的相关知识
	4.2 自动扶梯设备改造更新	4.2.1 能加装变频器及其外部控制设备，调试自动扶梯的变频控制功能 4.2.2 能改造、调试自动扶梯的控制系统	4.2.1 自动扶梯变频加装改造的相关知识 4.2.2 自动扶梯控制系统改造的相关知识

3.4 二级/技师

职业功能	工作内容	技能要求	相关知识要求
1. 安装调试	1.1 曳引驱动乘客电梯设备安装调试	1.1.1 能设定驱动和控制参数，调试电梯运行功能、性能 1.1.2 能调试门机功能、性能 1.1.3 能测试、调整轿厢的静、动态平衡 1.1.4 能编制电梯安装调试方案	1.1.1 电梯驱动和调速的相关知识 1.1.2 门机运行控制的相关知识 1.1.3 轿厢静、动态平衡的相关知识 1.1.4 电梯安装调试方案编制的相关知识
	1.2 自动扶梯设备安装调试	1.2.1 能校正分段式自动扶梯桁架、导轨 1.2.2 能修改电气控制参数，调试自动扶梯运行功能 1.2.3 能安装、调整大跨度自动扶梯的中间支撑部件	1.2.1 分段式自动扶梯桁架和导轨的相关知识 1.2.2 电气控制的相关知识 1.2.3 大跨度自动扶梯中间支撑部件的相关知识

续表

职业功能	工作内容	技能要求	相关知识要求
2. 诊断修理	2.1 曳引驱动乘客电梯设备诊断修理	2.1.1 能对电梯反复出现的故障进行分析，并提出解决方案 2.1.2 能对电梯偶发性故障进行跟踪分析，并提出解决方案 2.1.3 能编制电梯重大修理的安全施工方案	2.1.1 电梯反复出现故障分析的相关知识 2.1.2 电梯偶发性故障跟踪分析的相关知识 2.1.3 电梯重大修理安全施工方案编制的相关知识
	2.2 自动扶梯设备诊断修理	2.2.1 能对自动扶梯反复出现的故障进行分析，并提出解决方案 2.2.2 能对自动扶梯偶发性故障进行跟踪分析，并提出解决方案 2.2.3 能编制自动扶梯重大修理的安全施工方案	2.2.1 自动扶梯反复出现故障分析的相关知识 2.2.2 自动扶梯偶发性故障跟踪分析的相关知识 2.2.3 自动扶梯重大修理安全施工方案编制的相关知识
3. 改造更新	3.1 曳引驱动乘客电梯改造更新	3.1.1 能编制曳引系统改造施工方案 3.1.2 能编制控制系统改造施工方案 3.1.3 能编制加层改造施工方案 3.1.4 能编制悬挂比改造施工方案	3.1.1 曳引系统改造方案编制的相关知识 3.1.2 控制系统改造方案编制的相关知识 3.1.3 加层改造方案编制的相关知识 3.1.4 悬挂比改造方案编制的相关知识
	3.2 自动扶梯设备改造更新	3.2.1 能编制自动扶梯加装变频控制装置施工方案 3.2.2 能编制自动扶梯控制系统改造施工方案	3.2.1 变频改造方案编制的相关知识 3.2.2 控制系统改造方案编制的相关知识
4. 培训与管理	4.1 培训指导	4.1.1 能对三级/高级工及以下级别人员进行基础理论知识、专业技术理论知识的培训 4.1.2 能对三级/高级工及以下级别人员进行技能操作培训 4.1.3 能指导三级/高级工及以下级别人员查找并使用相关技术手册	4.1.1 理论培训方案及基本培训的相关知识 4.1.2 实际操作技能演示与指导的相关知识 4.1.3 技术手册查找的相关知识
	4.2 技术管理	4.2.1 能撰写电梯安装维修技术报告 4.2.2 能对三级/高级工及以下级别人员进行技术指导 4.2.3 能总结本级别专业技术，向三级/高级工及以下级别人员推广技术成果	4.2.1 技术方案编写的相关知识 4.2.2 进行技术指导的相关知识 4.2.3 技术成果总结、推广的相关知识

3.5 一级/高级技师

职业功能	工作内容	技能要求	相关知识要求
1. 安装调试	1.1 曳引驱动乘客电梯安装调试	1.1.1 能调试电梯启停、运行舒适感，并分析、排除影响舒适感的因素 1.1.2 能分析建筑物引起导轨弯曲的原因，并编制解决方案	1.1.1 启停、运行舒适感控制的相关知识 1.1.2 建筑物引起导轨弯曲的相关知识
	1.2 自动扶梯设备安装调试	1.2.1 能安装、调试采用新技术、新材料、新工艺生产的自动扶梯 1.2.2 能编制大跨度自动扶梯安装调试方案	1.2.1 自动扶梯设计制造的相关知识 1.2.2 自动扶梯安装调试方案编制的相关知识
2. 诊断修理	2.1 曳引驱动乘客电梯诊断修理	2.1.1 能对电梯的故障数量和故障原因进行统计分析，提出降低故障率的改进方案 2.1.2 能运用新技术、新工艺、新材料改进电梯部件结构形式，降低失效风险 2.1.3 能设计专用工具或设备，提高电梯诊断、修理的效率	2.1.1 电梯故障原因和故障数量分析及有效降低故障率改进方案的相关知识 2.1.2 电梯部件结构改进的相关知识 2.1.3 提高电梯诊断修理效率的专用工具或设备设计的相关知识
	2.2 自动扶梯诊断修理	2.2.1 能对自动扶梯的故障数量和故障原因进行统计分析，提出降低故障率的改进方案 2.2.2 能运用新技术、新工艺、新材料改进自动扶梯部件结构形式，降低失效风险 2.2.3 能设计专用工具或设备，提高自动扶梯诊断、修理的效率	2.2.1 自动扶梯故障原因和故障数量分析及有效降低故障率改进方案的相关知识 2.2.2 自动扶梯部件结构改进相关知识 2.2.3 提高自动扶梯诊断修理效率的专用工具或设备设计的相关知识
3. 改造更新	3.1 曳引驱动乘客电梯改造更新	3.1.1 能进行整机更新改造设计、计算 3.1.2 能进行部件更新改造设计、计算	3.1.1 整机更新改造方案设计和计算的相关知识 3.1.2 部件更新改造方案设计和计算的相关知识
	3.2 自动扶梯设备改造更新	3.2.1 能编制在保留自动扶梯桁架的情况下，对自动扶梯机械系统整体更新的改造方案 3.2.2 能编制拆除室内自动扶梯并更新的改造方案	3.2.1 自动扶梯机械系统改造方案设计的相关知识 3.2.2 室内自动扶梯更新改造方案设计的相关知识

续表

职业功能	工作内容	技能要求	相关知识要求
4. 培训与管理	4.1 培训指导	4.1.1 能对二级/技师及以下级别人员进行基础理论知识、专业技术理论知识培训 4.1.2 能对二级/技师及以下级别人员进行操作技能培训 4.1.3 能指导二级/技师及以下级别人员撰写技术论文 4.1.4 能进行技术革新，解决技术难题	4.1.1 理论培训大纲编写的相关知识 4.1.2 现场实际操作教学计划编写的相关知识 4.1.3 技术论文撰写的相关知识 4.1.4 技术革新实施的相关知识
	4.2 技术管理	4.2.1 能对二级/技师及以下级别人员进行技术指导 4.2.2 能推广应用新技术、新工艺 4.2.3 能总结本专业先进高效的安装工艺、维修技术等技术成果，并编写技术报告	4.2.1 现场实际操作教学的相关知识 4.2.2 技术推广应用的相关知识 4.2.3 技术成果总结、技术报告编写的相关知识

4. 权重表

4.1 理论知识权重表

项目		技能等级	五级/初级工（%）	四级/中级工（%）	三级/高级工（%）	二级/技师（%）	一级/高级技师（%）
基本要求		职业道德	5	5	5	5	5
		基础知识	30	25	15	10	5
相关知识要求		安装调试	15	20	20	20	15
		诊断修理	15	20	25	25	25
		维护保养	35	30	20	—	—
		改造更新	—	—	15	25	30
		培训与管理	—	—	—	15	20
合计			100	100	100	100	100

4.2 技能要求权重表

项目		技能等级	五级/初级工(%)	四级/中级工(%)	三级/高级工(%)	二级/技师(%)	一级/高级技师(%)
技能要求	安装调试		40	30	20	15	10
	诊断修理		15	25	35	30	30
	维护保养		45	45	30	—	—
	改造更新		—	—	15	35	30
	培训与管理		—	—	—	20	30
合计			100	100	100	100	100

制冷空调系统安装维修工国家职业技能标准

（2018 年版）

1. 职业概况

1.1 职业名称

制冷空调系统安装维修工

1.2 职业编码

6—29—03—05

1.3 职业定义

使用通用和专用工具，安装、连接、装配、调试和维修制冷空调系统的人员。

1.4 职业技能等级

本职业共设五个等级，分别为：五级/初级工、四级/中级工、三级/高级工、二级/技师、一级/高级技师。

1.5 职业环境条件

在低温、高温、潮湿环境下作业，过程中可能会接触可燃气体、有毒气体、光辐射、焊接烟灰、振动、噪声等。

1.6 职业能力特征

运用手、眼、耳等身体部位，准确、协调地完成既定作业的能力；对工艺规程和技术参数的记忆、理解、辨识和执行的能力；灵活应变和独立处理问题的能力；学习和获取外界信息的能力。

1.7 普通受教育程度

初中毕业（或相当文化程度）。

1.8 职业技能鉴定要求

1.8.1 申报条件

具备以下条件之一者，可申报五级/初级工：

(1) 累计从事本职业或相关职业①工作 1 年（含）以上。

(2) 本职业或相关职业学徒期满。

具备以下条件之一者，可申报四级/中级工：

(1) 取得本职业或相关职业五级/初级工职业资格证书（技能等级证书）后，累计从事本职业或相关职业工作 4 年（含）以上。

(2) 累计从事本职业或相关职业工作 6 年（含）以上。

(3) 取得技工学校本专业②或相关专业③毕业证书（含尚未取得毕业证书的在校应届毕业生）；或取得经评估论证、以中级技能为培养目标的中等及以上职业学校本专业或相关专业毕业证书（含尚未取得毕业证书的在校应届毕业生）。

具备以下条件之一者，可申报三级/高级工：

(1) 取得本职业或相关职业四级/中级工职业资格证书（技能等级证书）后，累计从事本职业或相关职业工作 5 年（含）以上。

(2) 取得本职业或相关职业四级/中级工职业资格证书（技能等级证书），并具有高级技工学校、技师学院毕业证书（含尚未取得毕业证书的在校应届毕业生）；或取得本职业或相关职业四级/中级工职业资格证书（技能等级证书），并具有经评估论证、以高级技能为培养目标的高等职业学校本专业或相关专业毕业证书（含尚未取得毕业证书的在校应届毕业生）。

(3) 具有大专及以上本专业或相关专业毕业证书，并取得本职业或相关职业四级/中级工职业资格证书（技能等级证书）后，累计从事本职业或相关职业工作 2 年（含）以上。

具备以下条件之一者，可申报二级/技师：

(1) 取得本职业或相关职业三级/高级工职业资格证书（技能等级证书）后，累计从事本职业或相关职业工作 4 年（含）以上。

(2) 取得本职业或相关职业三级/高级工职业资格证书（技能等级证书）的高级技工学校、技师学院毕业生，累计从事本职业或相关职业工作 3 年（含）以上；或取得本职业或相关职业预备技师证书的技师学院毕业生，累计从事本职业或相关职业工作 2 年（含）以上。

具备以下条件者，可申报一级/高级技师：

取得本职业或相关职业二级/技师职业资格证书（技能等级证书）后，累计从事本职业或相关职业工作 4 年（含）以上。

1.8.2 鉴定方式

分为理论知识考试、技能考核以及综合评审。理论知识考试以笔试、机考等方式为主，主要考核从业人员从事本职业应掌握的基本要求和相关知识要求；技能考核采用现场实际操作、模拟操作等方式，主要考核人业人员从事本职业应具备的技能水平；综合评审主要针对技师和高级技师，通常采取审阅申报材料、答辩等方式进行全面评议和审查。

---

① 相关职业：建筑工程、机电设备检修、物业管理等，下同。
② 本专业：供热通风与空调工程、建筑环境与能源应用工程、制冷与冷藏技术、制冷与空调技术，下同。
③ 相关专业：建筑类、机电类、能源类，下同。

理论知识考试、技能考核和综合评审均实行百分制，成绩皆达60分（含）以上者为合格。

1.8.3 监考人员、考评人员与考生配比

理论知识考试中的监考人员与考生配比不低于1：15，每个标准教室不少于2名监考人员，技能考核中的考评人员与考生配比为1：5，且考评人员为3人（含）以上单数，综合评审委员为3人（含）以上单数。

1.8.4 鉴定时间

理论知识考试时间不少于90 min。技能考核时间：五级/初级工不少于90 min，四级/中级工、三级/高级工不少于120 min，二级/技师和一级/高级技师不少于90 min。综合评审时间不少于30 min。

1.8.5 鉴定场所设备

理论知识考试在标准教室进行；技能考核场所能安排10个以上工位，每个工位必须具有符合国家标准或其他规定要求，且能满足技能鉴定要求的工装设备、制冷设备、空调设备、焊接设备、电气部件、安全防火与防毒设备、排风设备，以及物料、工具等。

2. 基本要求

2.1 职业道德

2.1.1 职业道德基本知识

2.1.2 职业守则

（1）遵纪守法，爱岗敬业。
（2）努力学习，勤奋工作。
（3）严谨求实，一丝不苟。
（4）恪尽职守，不断进取。
（5）团结协作，安全生产。

2.2 基础知识

2.2.1 专业基础知识

（1）工程热力学和传热学基础知识。
（2）流体力学及泵与风机基础知识。
（3）电工、电子技术基础知识。
（4）智能化控制基础知识。
（5）机械制图及计算机辅助设计（以下简称CAD）基础知识。
（6）工程材料知识。

（7）管道施工技术知识。

（8）通用工具、专用检修工具和常用仪器仪表知识。

2.2.2 制冷空调技术知识

（1）制冷设备及其主要部件知识。

（2）制冷剂与冷冻油知识。

（3）空气及空气输配与处理知识。

（4）冷水、冷却水系统及其输配知识。

（5）空调设备及系统知识。

（6）制冷空调系统电气控制基础知识。

2.2.3 工艺技术知识

（1）钎焊知识。

（2）电焊知识。

（3）熔接、黏结知识。

（4）制冷空调系统安装知识。

（5）制冷空调系统调试与检修知识。

2.2.4 安全环保知识

（1）安全用电知识。

（2）钎焊安全知识。

（3）电焊安全知识。

（4）制冷剂替代与环保、安全知识。

（5）防火、防爆、防中毒知识。

（6）高空作业安全知识。

（7）制冷剂、冷冻油等回收及处理知识。

2.2.5 相关法律、法规知识

（1）《中华人民共和国劳动法》相关知识。

（2）《中华人民共和国劳动合同法》相关知识。

（3）《中华人民共和国特种设备安全法》相关知识。

（4）《中华人民共和国安全生产法》相关知识。

（5）《中华人民共和国环境保护法》相关知识。

（6）《消耗臭氧层物质管理条例》相关知识。

2.2.6 相关标准与规范知识

（1）《通风与空调工程施工质量验收规范》（GB 50243—2016）相关知识。

（2）《冷库安全规程》（GB 28009—2011）相关知识。

（3）《家用和类似用途空调器安装规范》（GB 17790—2008）相关知识。

(4)《空气调节系统经济运行》(GB/T 17981—2007)相关知识。

(5)《制冷空调设备和系统　减少卤代制冷剂排放规范》(GB/T 26205—2010)相关知识。

(6)《使用可燃性制冷剂生产家用和类似用途房间空调器安全技术规范》(QB/T 4975—2016)相关知识。

(7)《使用可燃性制冷剂房间空调器产品运输的特殊要求》(QB/T 4976—2016)相关知识。

(8)《氨制冷系统安装工程施工及验收规范》(SBJ 12—2000)相关知识。

(9)《工商业用或类似用途的制冷空调设备维修保养技术规范》(T/CRAA 1010—2017)相关知识。

(10)《多联机空调系统工程技术规程》(JGJ 174—2010)相关知识。

(11)《制冷空调作业安全技术规范》(AQ 7004—2007)相关知识。

(12)《通风与空调工程施工规范》(GB 50738—2011)相关知识。

3. 工作要求

本标准对五级/初级工、四级/中级工、三级/高级工、二级/技师、一级/高级技师的技能要求和相关知识要求依次递进，高级别涵盖低级别的要求。

3.1 五级/初级工

职业功能	工作内容	技能要求	相关知识要求
1.制冷空调系统识别	1.1 制冷剂循环系统部件识别	1.1.1 能对照制冷循环图进行制冷部件识别 1.1.2 能对制冷部件（压缩机、换热器、节流机构、干燥过滤器、单向阀等）实物进行识别	1.1.1 热工学基础知识 1.1.2 蒸气压缩系统制冷循环原理 1.1.3 压缩机类型、结构与原理 1.1.4 换热器类型、结构与原理 1.1.5 节流机构结构、组成与原理 1.1.6 干燥过滤器结构与原理 1.1.7 单向阀结构与原理
	1.2 制冷剂和冷冻油识别	1.2.1 能对制冷剂类型进行识别 1.2.2 能对冷冻油进行识别	1.2.1 常用制冷剂知识 1.2.2 制冷剂分类和命名 1.2.3 制冷剂、有毒和可燃制冷剂知识 1.2.4 冷冻油分类及选用知识

续表

职业功能	工作内容	技能要求	相关知识要求
2. 管道连接	2.1 金属管路连接	2.1.1 能对螺纹管路进行连接 2.1.2 能使用洛克林环对管路进行连接	2.1.1 常用工具使用知识 2.1.2 割、锉、磨、胀等管道加工知识 2.1.3 铜管、铝管、钢管等材料知识 2.1.4 喇叭口、杯型口制作和工艺要求 2.1.5 洛克林环连接和工艺要求 2.1.6 消防器材使用知识
	2.2 非金属管路连接	能对非金属管路进行熔接和粘接	2.2.1 非金属管道材料知识 2.2.2 非金属管道连接知识
3. 电气控制系统组装	3.1 电冰箱电路识别	3.1.1 能进行电冰箱控制电路识图 3.1.2 能进行电冰箱控制电路元器件识别	3.1.1 电工、电子技术基础知识 3.1.2 电冰箱的电气控制原理图、接线图识图知识
	3.2 电冰箱电路组装	能进行电冰箱控制电路连接	3.2.1 低压电气安装与安全操作规范 3.2.2 压缩机、启动器、温控器、热保护器等器件安装工艺知识
4. 制冷空调系统维护	4.1 换热设备维护	能进行换热器清洗	4.1.1 翅片式换热器清洗方法 4.1.2 壳管式换热器清洗方法
	4.2 水系统维护	4.2.1 能进行过滤器清洗 4.2.2 能进行管道柔性连接部件更换	4.2.1 流体力学基础知识 4.2.2 Y型过滤器结构和清洗方法 4.2.3 管道柔性连接部件更换工艺知识
	4.3 通风系统维护	能进行空气过滤网、各类风口、风叶积尘的清洗和清扫	4.3.1 空气过滤网、加湿器类型和功能 4.3.2 风口类型与功能 4.3.3 风叶、电动机积尘对风机工作性能的影响

续表

职业功能	工作内容	技能要求	相关知识要求
4.制冷空调系统维护	4.4 电气系统维护	4.4.1 能进行电气部件紧固 4.4.2 能进行电气系统除尘	4.4.1 安全用电知识 4.4.2 常用电气元器件作用及工作原理 4.4.3 电气设备及系统维护基础知识
5.制冷空调系统检修	5.1 制冷剂循环系统检修	5.1.1 能进行制冷系统保温层更换 5.1.2 能检查压缩机吸排气温度 5.1.3 能检查制冷系统高低压力	5.1.1 电冰箱原理和检修基础知识 5.1.2 机械基础及识图知识 5.1.3 制冷技术基础知识 5.1.4 温度表、压力表、检漏仪等仪器仪表知识 5.1.5 制冷剂循环系统安全技术操作规范 5.1.6 可燃和有毒制冷剂安全操作规范
	5.2 电气系统检修	5.2.1 能进行电冰箱用启动电容、启动器、保护器、温控器、化霜定时器、门开关等元器件检测 5.2.2 能进行电冰箱照明系统、温控器、启动器、热保护器、门开关等更换	5.2.1 万用表、兆欧表、电流表、功率计等仪器仪表知识 5.2.2 电冰箱用启动电容、启动器、保护器、温控器、化霜定时器、门开关等元器件的工作原理及检测知识 5.2.3 电冰箱常见电气故障分析知识

3.2 四级/中级工

职业功能	工作内容	技能要求	相关知识要求
1.制冷空调系统识别	1.1 空调系统识别	1.1.1 能进行整体式空调器识别 1.1.2 能进行分体式空调器识别 1.1.3 能进行集中式空调系统识别	1.1.1 整体式空调器类型、结构和原理 1.1.2 分体式空调器类型、结构和原理 1.1.3 集中式空调系统类型、结构和原理

续表

职业功能	工作内容	技能要求	相关知识要求
1. 制冷空调系统识别	1.2 制冷剂循环系统识别	1.2.1 能进行氨制冷系统识别 1.2.2 能进行可燃制冷剂制冷系统识别 1.2.3 能进行二氧化碳制冷系统识别 1.2.4 能进行半导体制冷系统识别	1.2.1 氨制冷系统类型、结构和原理 1.2.2 二氧化碳制冷系统类型、结构和原理 1.2.3 吸收式制冷系统类型、结构和原理 1.2.4 可燃制冷剂制冷系统类型、结构和原理 1.2.5 半导体制冷原理与应用知识 1.2.6 各类蒸汽式压缩机结构与工作原理
2. 制冷空调系统安装	2.1 空调器安装	2.1.1 能进行整体式空调器安装 2.1.2 能进行分体式空调器安装	2.1.1 整体式空调器安装工艺 2.1.2 分体式空调器安装工艺 2.1.3 多联式空调机组安装工艺
	2.2 风机盘管安装	2.2.1 能进行风机盘管吊装 2.2.2 能进行风口安装 2.2.3 能进行风机盘管冷凝水排水管安装	2.2.1 给排水基础知识 2.2.2 冷凝水排水管与接水盘布置知识 2.2.3 清洁盘管污物的方法 2.2.4 风机盘管安装工艺知识 2.2.5 管道布置工艺知识
	2.3 空调器控制电路安装	2.3.1 能进行空调器供电电路安装 2.3.2 能进行空调器室内机、室外机电源线安装 2.3.3 能进行空调器通信线和线控器等安装	2.3.1 空调器电气控制原理图、接线图读图知识 2.3.2 空调器室内机和室外机电气线路安装方法和工艺 2.3.3 空调器通信线和线控器等安装方法和工艺
3. 管道连接	3.1 管道钎焊	3.1.1 能进行钎焊工具使用 3.1.2 能进行相同管径铜管钎焊连接 3.1.3 能进行不同管径铜管钎焊连接	3.1.1 钎焊用焊接器具基本知识 3.1.2 钎焊工艺知识 3.1.3 焊接材料分类特点和应用知识
	3.2 管道保温层安装	3.2.1 能安装管道保温层 3.2.2 能完成保温灰浆抹面，包缠层及一般金属护壳安装	3.2.1 管道保温层和保护层安装工艺知识 3.2.2 保温材料选择方法以及环境对保温的影响知识 3.2.3 管道防腐蚀知识

续表

职业功能	工作内容	技能要求	相关知识要求
4. 制冷空调系统调试	4.1 制冷空调系统性能调试	4.1.1 能对照制冷空调设备技术资料做调试前检查 4.1.2 能按照技术资料对制冷空调系统进行联机开机 4.1.3 能进行制冷空调系统正常、异常停机操作 4.1.4 能判断调试数据是否达到设计要求	4.1.1 空调技术基础知识 4.1.2 空气处理系统原理知识 4.1.3 测试仪器与仪表使用知识 4.1.4 空调系统冷（热）源类型与工作流程 4.1.5 制冷空调系统操作规程
	4.2 电气系统参数调整	4.2.1 能进行电气系统运行参数测定 4.2.2 能进行电气系统使用参数调整	4.2.1 电气保护电路基础知识 4.2.2 电气系统运行参数测定方法和原理 4.2.3 电气系统使用参数设定方法和原理
5. 制冷空调系统维护	5.1 制冷剂循环系统维护	5.1.1 能调整压缩机吸排压力 5.1.2 能检测压缩机油温、油位、油压及回油情况	5.1.1 蒸汽压缩式、吸收式制冷机日常检查维护知识 5.1.2 压缩机油温、油位、油压、吸排压力、过冷度和过热度对制冷系统工作性能影响相关知识
	5.2 水系统维护	5.2.1 能更换水泵轴承润滑油脂 5.2.2 能进行电动机和水泵联轴器的同轴度检测与调整 5.2.3 能进行冷却塔清洗、冷却塔风机维护	5.2.1 水泵类型、结构及工作原理 5.2.2 水泵日常维护、预防性检查及常见故障处理方法 5.2.3 水泵联轴器与减震器检查与调整，水泵轴承润滑油脂检查及更换知识 5.2.4 冷却塔种类、结构、组成与原理 5.2.5 冷却塔喷嘴、集水盘（槽）、水过滤器清洗方法
	5.3 通风系统维护	5.3.1 能进行风机传动部位润滑油脂保养 5.3.2 能检查空调风机传动工作状态 5.3.3 能进行风管清扫 5.3.4 能检查风阀工作状态	5.3.1 空气处理器类型、结构和工作原理 5.3.2 风机传动部位注油保养方法 5.3.3 空气处理器传动皮带张力调整或更换方法 5.3.4 风管及接口、风阀、防火阀是否完好与通畅检查方法

续表

职业功能	工作内容	技能要求	相关知识要求
5.制冷空调系统维护	5.4 电气系统维护	5.4.1 能检查电气连接线路工作状态 5.4.2 能进行电气元件保护功能检查 5.4.3 能对配电柜进行防水、防火、防尘、防腐蚀处理 5.4.4 能进行制冷空调系统数据备份、扫描工作	5.4.1 计算机应用基础知识 5.4.2 智能化控制基础知识 5.4.3 消防知识 5.4.4 机房建筑安全知识 5.4.5 电气防腐蚀知识
6.制冷空调系统检修	6.1 制冷剂循环系统检修	6.1.1 能操作制冷剂回收机 6.1.2 能对制冷系统进行加压检漏操作 6.1.3 能对制冷系统进行抽真空操作 6.1.4 能对制冷系统进行制冷剂充注 6.1.5 能使用检漏仪对制冷系统进行检漏 6.1.6 能对制冷系统工作状态进行检查和维修 6.1.7 能进行小型压缩机更换	6.1.1 制冷剂回收机使用知识 6.1.2 压力容器安全使用知识 6.1.3 制冷剂回收方法和工艺知识 6.1.4 高压气体安全使用知识 6.1.5 制冷系统加压检漏测试方法 6.1.6 真空泵操作使用知识 6.1.7 制冷剂充注方法 6.1.8 电子检漏仪使用知识 6.1.9 制冷系统常见故障检查方法和维修知识 6.1.10 机械装配技术基础知识
	6.2 电气系统检修	6.2.1 能对定频空调遥控电路进行检修 6.2.2 能对定频空调压缩机电容进行检测和更换 6.2.3 能对定频空调风机电容和电动机进行检测和更换 6.2.4 能对定频空调供电线路进行检修 6.2.5 能对制冷空调控制板进行检测和更换	6.2.1 定频空调风机电容、电动机常见故障检修知识 6.2.2 定频空调压缩机控制电路原理和检修知识 6.2.3 定频空调遥控电路原理和检修知识 6.2.4 供配电基本知识 6.2.5 制冷空调电气控制电路常见故障检修知识

3.3 三级/高级工

职业功能	工作内容	技能要求	相关知识要求
1. 制冷空调系统安装	1.1 制冷剂循环系统安装	1.1.1 能进行螺杆式、离心式、活塞式、溴化锂等空调机组安装 1.1.2 能进行换热器安装 1.1.3 能进行空调主机附件安装 1.1.4 能进行小型冷库制冷系统和一机多库制冷系统安装 1.1.5 能进行分歧管等组件安装	1.1.1 冷热源机组类型、工作原理、各部件功能及系统辅助设备部件知识 1.1.2 换热器类型、结构和工作原理 1.1.3 急救知识 1.1.4 高空作业安全知识 1.1.5 压力容器、压力管道、气瓶管理等相关安全法规知识 1.1.6 制冷空调系统安装知识 1.1.7 设备起重知识 1.1.8 脚手架标准和搭设要求规范 1.1.9 温度、压力及介质对法兰阀门垫料和填料工作影响 1.1.10 阀门泄漏判断和处理方法 1.1.11 气密性试验检查方法选择 1.1.12 小型冷库制冷系统和一机多库制冷系统结构、工作原理 1.1.13 分歧管等组件安装方法
	1.2 水系统安装	1.2.1 能进行各类水泵安装 1.2.2 能进行各类冷却塔安装 1.2.3 能进行水泵和冷却塔配套附件阀门安装 1.2.4 能进行膨胀水箱和定压罐等安装	1.2.1 常用量具、工具使用及维护知识 1.2.2 水泵安装规范和质量标准知识 1.2.3 膨胀水箱结构原理知识 1.2.4 空调水管系统中各类阀门结构原理知识

续表

职业功能	工作内容	技能要求	相关知识要求
1. 制冷空调系统安装	1.3 通风系统安装	1.3.1 能进行各类空气处理设备安装 1.3.2 能进行制冷空调通风系统各类阀门及附件安装 1.3.3 能进行送风设备安装 1.3.4 能进行排风设备安装 1.3.5 能进行新风设备安装	1.3.1 各类空气处理设备安装知识 1.3.2 通风系统中各类调节阀结构原理知识 1.3.3 工业冷风机结构、组成与原理 1.3.4 冷风机降温原理知识 1.3.5 工业排风扇及附件结构原理和安装规范 1.3.6 新风设备工作原理和安装规范 1.3.7 制冷空调系统防排烟知识
	1.4 电气系统安装	1.4.1 能进行变频控制电路安装 1.4.2 能进行可编程控制电路安装 1.4.3 能进行可燃及有毒气体报警控制电路安装	1.4.1 变频器种类、结构、原理与应用知识 1.4.2 可编程控制器种类、结构、原理与应用知识 1.4.3 可燃及有毒气体报警电路种类和安全知识 1.4.4 电机拖动基础知识
2. 制冷空调系统调试	2.1 制冷剂循环系统调试	2.1.1 能进行节流元件调整 2.1.2 能进行制冷压缩机能量调节 2.1.3 能进行制冷系统节能设置与调试 2.1.4 能进行溴化锂溶液浓度调整	2.1.1 制冷系统节流元件种类、结构、工作原理与调试方法 2.1.2 各类压缩机能量调节方法、结构、原理 2.1.3 制冷剂流量变化、冷凝温度与蒸发温度变化、冷热负荷变化对制冷系统能耗的影响 2.1.4 影响冷凝温度与蒸发温度变化因素 2.1.5 溴化锂溶液浓度、温度变化对制冷量及能耗的影响 2.1.6 能量调节机构校准知识
	2.2 水系统调试	能进行水流量调整	2.2.1 冷水与冷却水流量调节方法 2.2.2 水流量变化对冷凝器与蒸发器的性能影响 2.2.3 水流速度测试仪器及工具使用知识

续表

职业功能	工作内容	技能要求	相关知识要求
2. 制冷空调系统调试	2.3 通风系统调试	2.3.1 能进行风量调整 2.3.2 能进行风压调整	2.3.1 风量对换热器换热性能的影响 2.3.2 风量与风压调整方法 2.3.3 风压测试仪器使用知识 2.3.4 通风系统消声知识
	2.4 电气系统调试	2.4.1 能进行控制参数调整 2.4.2 能进行通信线路调试	2.4.1 电子器件及各类基本控制电路知识 2.4.2 制冷与空调电气控制电路分析知识 2.4.3 电气调试仪器使用知识
3. 制冷空调系统维护	3.1 制冷系统维护	3.1.1 能进行制冷系统冷冻油与干燥剂更换 3.1.2 能进行蒸发器除霜操作 3.1.3 能进行制冷系统内制冷剂回收操作	3.1.1 更换机油、干燥剂方法与流程 3.1.2 蒸发器除霜方法与操作流程 3.1.3 制冷系统制冷剂回收与处理工艺流程
	3.2 水系统维护	能进行冷水与冷却水检测和处理	3.2.1 水系统泄漏处理方法及水处理知识 3.2.2 换热器结垢机理知识和清除水垢方法（化学清洗方法和物理清洗方法）
	3.3 通风系统维护	3.3.1 能进行洁净空调箱维护 3.3.2 能进行洁净空调系统附件维护	3.3.1 洁净空调箱结构和工作原理 3.3.2 检查阀门、仪表有无损坏，送风管、回风管是否漏气，风管保温层有无脱落或崩裂，封补方法 3.3.3 初中效过滤器清洗、高效过滤器更换，以及消毒、杀菌、去异味方法
	3.4 电气系统维护	3.4.1 能完成远程监控系统日常维护与保养 3.4.2 能配置现场控制系统	3.4.1 自动控制技术知识 3.4.2 建筑设备技术基础知识 3.4.3 电子巡更系统原理及技术知识 3.4.4 直接数字控制器及编程技术知识 3.4.5 安全防范规范、安全防范技术知识

续表

职业功能	工作内容	技能要求	相关知识要求
4. 制冷空调系统检修	4.1 制冷系统检修	4.1.1 能进行开启式和半封闭式压缩机拆装与修理 4.1.2 能运用压焓图进行制冷系统故障分析与检修 4.1.3 能进行大型制冷系统冷冻机油品质判断、补充与更换	4.1.1 压焓图在制冷循环性能分析中的应用 4.1.2 大型制冷系统冷冻机油选择、更换和回油处理方法 4.1.3 制冷系统故障诊断与处理方法 4.1.4 机械零件失效机理知识
	4.2 水系统检修	能进行水泵、冷却塔等换热装置故障分析与检修	4.2.1 水泵故障分析与检修知识 4.2.2 水泵电动机检修知识 4.2.3 冷却塔故障分析与检修知识
	4.3 通风系统检修	能进行风机及空气处理设备故障检修	4.3.1 通风系统风机故障检修方法 4.3.2 风机转速传感器故障检修和更换方法 4.3.3 压差传感器故障检修和更换方法 4.3.4 净化耗材检查和更换方法
	4.4 电气控制系统检修	4.4.1 能进行可编程逻辑控制电路故障分析与检修 4.4.2 能进行变频控制电路故障分析与检修	4.4.1 可编程逻辑控制器基础知识 4.4.2 可编程逻辑电路检修和更换方法 4.4.3 变频控制电路原理 4.4.4 变频控制电路故障分析和检修方法
5. 制冷剂回收再生	5.1 冷热源机组制冷剂回收	5.1.1 能进行大型回收设备操作 5.1.2 能进行大型制冷设备制冷剂回收操作	5.1.1 大型回收设备使用和规范 5.1.2 大型回收设备回收制冷剂操作方法和工艺 5.1.3 制冷剂品质鉴别方法
	5.2 溴化锂溶液再生	5.2.1 能进行溴化锂溶液回收操作 5.2.2 能进行溴化锂溶液再生操作	5.2.1 溴化锂溶液回收操作方法和工艺 5.2.2 溴化锂溶液再生操作方法和工艺 5.2.3 溴化锂溶液品质鉴别方法

3.4 二级/技师

职业功能	工作内容	技能要求	相关知识要求
1.制冷空调系统安装	1.1 制冷剂循环系统安装	1.1.1 能进行复叠式制冷系统安装 1.1.2 能进行双级压缩制冷系统安装	1.1.1 复叠式制冷系统工作原理、部件功能及系统辅助设备部件知识 1.1.2 双级压缩制冷系统工作原理、部件功能及系统辅助设备部件知识 1.1.3 双级压缩、复叠式制冷系统性能分析与计算
	1.2 电气系统安装	1.2.1 能进行变频控制电路编程 1.2.2 能进行可编程控制器控制电路编程	1.2.1 单片机技术基础 1.2.2 变频技术原理与变频器结构 1.2.3 可编程控制器结构与自动控制原理
2.制冷空调系统检修	2.1 制冷剂循环及空气处理系统检修	2.1.1 能进行活塞式、离心式、螺杆式等压缩机复杂故障分析处理 2.1.2 能进行复杂制冷系统故障分析与处理	2.1.1 各类制冷压缩机、辅助设备故障分析知识 2.1.2 冷冻、冷却工艺知识 2.1.3 空气净化处理系统故障分析知识
	2.2 电气系统检修	2.2.1 能进行变频控制电路故障分析诊断与处理 2.2.2 能进行可编程控制器控制电路故障分析诊断与处理 2.2.3 能进行机组远程监控系统检修 2.2.4 能进行变频空调系统电路检修	2.2.1 变频空调机组电路故障诊断及排除方法 2.2.2 变频空调机组微处理器控制系统故障诊断及排除方法 2.2.3 空调信息网络处理系统故障诊断及排除方法 2.2.4 通信电路原理与检修 2.2.5 数据总线基础知识 2.2.6 变频空调系统通信电路检修基础知识

续表

职业功能	工作内容	技能要求	相关知识要求
3. 制冷空调系统管理	3.1 制冷空调系统安装检修管理	3.1.1 能制定安全操作规程 3.1.2 能组织实施制冷空调系统检修工艺改进及管理 3.1.3 能进行制冷空调技术状况评定 3.1.4 能进行制冷空调系统检修成本核算和定额管理 3.1.5 能进行制冷空调系统检修器具、检测诊断设备调试和合规使用	3.1.1 制冷空调系统检修工艺及质量控制 3.1.2 制冷空调系统基础管理与制冷空调技术等级评定 3.1.3 制冷空调系统检修成本核算知识 3.1.4 制冷空调系统检修定额管理知识 3.1.5 制冷空调系统检测诊断设备检定方法 3.1.6 制冷空调系统检修质量检测标准 3.1.7 制冷工艺与环境保护知识
	3.2 技术文件编写	能撰写技术报告	3.2.1 考察报告、调试报告、技术报告、实验报告等特点与构成知识 3.2.2 应用文写作知识
	3.3 质量管理	3.3.1 能进行制冷空调系统安装检修质量管理 3.3.2 能分析安装检修质量对制冷空调系统性能的影响	3.3.1 制冷空调系统安装检修质量评定知识 3.3.2 制冷空调系统故障诊断方法 3.3.3 制冷空调系统性能参数测试知识 3.3.4 制冷空调系统数据分析方法 3.3.5 制冷空调系统安装检修理论知识 3.3.6 制冷空调系统安装检修质量控制知识
4. 培训与指导	4.1 理论培训	4.1.1 能编写三级/高级工及以下级别人员理论培训讲义 4.1.2 能讲解基础理论知识	4.1.1 培训计划编制方法 4.1.2 培训讲义编写方法
	4.2 技能指导	4.2.1 能进行三级/高级工及以下级别人员制冷操作维护指导 4.2.2 能编制三级/高级工及以下级别人员技能培训教案	4.2.1 生产实习培训有关知识 4.2.2 技能实训方案设计知识

3.5 一级/高级技师

职业功能	工作内容	技能要求	相关知识要求
1. 制冷空调系统节能改造	1.1 制冷空调系统节能分析	能进行制冷空调系统测定评价	1.1.1 制冷空调系统运行参数测定 1.1.2 制冷空调系统能效计算
	1.2 制冷空调系统改造可行性分析	1.2.1 能进行改造方案编制 1.2.2 能进行改造结果分析	1.2.1 制冷空调系统能效提升方法 1.2.2 制冷空调系统节能改善方法 1.2.3 制冷系统优化调节方法 1.2.4 改造前后制冷系统性能指标理论计算和对比 1.2.5 经济性分析知识
2. 制冷空调系统优化	2.1 制冷剂循环系统优化	能进行压缩机、换热器、节流元件等部件优化理论计算，并制定优化方案	2.1.1 冷、热负荷计算基础 2.1.2 换热器换热量计算 2.1.3 节流机构知识和计算 2.1.4 制冷空调系统优化知识
	2.2 水系统优化	能进行水系统流量优化计算，并制定优化方案	2.2.1 循环水量计算 2.2.2 变频水泵应用和节能改造知识 2.2.3 水泵选型知识 2.2.4 制冷空调水循环系统优化知识
	2.3 通风系统优化	能进行风量、风压优化计算，并改进送、回风设计，制定优化方案	2.3.1 通风量计算 2.3.2 通风系统设计和优化知识 2.3.3 风机选型知识
	2.4 电气系统优化	能进行可编程逻辑单元和变频控制单元程序编写和修改，并制定优化方案	2.4.1 可编程逻辑单元程序编写基础知识 2.4.2 变频器编程基础知识
3. 制冷空调系统管理	3.1 制冷空调技术管理	3.1.1 能按企业生产能力和技术水平组织实施安装检修作业 3.1.2 能研究、应用和推广制冷空调领域新技术、新工艺、新方法、新材料	3.1.1 制冷空调企业管理知识 3.1.2 制冷空调企业设计知识 3.1.3 新型制冷剂和碳氢化合物制冷剂热工特性知识

续表

职业功能	工作内容	技能要求	相关知识要求
3. 制冷空调系统管理	3.2 技术文件编写	能撰写技术论文	3.2.1 论文写作注意事项 3.2.2 技术论文特点与构成
	3.3 质量验收	3.3.1 能依据《质量管理体系 基础和术语》（GB/T 19000）等标准文件，按要求指导安装与检修 3.3.2 能依据《质量管理体系 基础和术语》（GB/T 19000）等标准文件要求进行制冷空调系统安装及检修质量检查与评定 3.3.3 能结合企业实际提出制冷空调系统安装与检修质量改进措施	3.3.1《质量管理体系 基础和术语》（GB/T 19000）基础知识 3.3.2 零件疲劳断裂机理、断面构成、断口分析知识 3.3.3 制冷空调系统安装与检修质量评定标准
4. 培训与指导	4.1 理论培训	4.1.1 能编写二级/技师及以下级别人员理论培训讲义 4.1.2 能利用教学仪器向二级/技师及以下级别人员讲解技能操作要领 4.1.3 能对制冷空调系统安装维修工进行制冷理论讲解	4.1.1 培训内容和大纲编写 4.1.2 常用教学仪器使用知识 4.1.3 技能操作要领演示方法 4.1.4 制冷原理培训方法和技巧 4.1.5 培训效果评估方法
	4.2 技能指导	4.2.1 能对制冷空调系统安装维修工进行制冷空调操作示范 4.2.2 能讲解操作要点，能对学员培训情况及时总结 4.2.3 能对疑难制冷空调问题进行技术指导 4.2.4 能进行可编程逻辑控制器程序编写指导 4.2.5 能进行变频器程序编写指导	4.2.1 制冷空调技能实操方案编写知识 4.2.2 制冷空调疑难案例收集整理和编写知识 4.2.3 制冷空调疑难案例分析方法 4.2.4 可编程逻辑控制器程序设计和编写知识 4.2.5 变频器程序设计和编写知识

4. 权重表

4.1 理论知识权重表

项目		技能等级	五级/初级工（%）	四级/中级工（%）	三级/高级工（%）	二级/技师（%）	一级/高级技师（%）
基本要求		职业道德	10	10	10	10	10
		基础知识	15	15	15	15	15
相关知识要求		制冷空调系统识别	10	10	—	—	—
		管道连接	15	20	—	—	—
		电气控制系统组装	20	—	—	—	—

续表

项目	技能等级	五级/初级工(%)	四级/中级工(%)	三级/高级工(%)	二级/技师(%)	一级/高级技师(%)
相关知识要求	制冷空调系统维护	10	5	20	—	—
	制冷空调系统检修	20	15	20	20	—
	制冷空调系统安装	—	15	15	20	—
	制冷空调系统调试	—	—	10	15	—
	制冷剂回收再生	—	—	5	—	—
	制冷空调系统管理	—	—	—	20	20
	制冷空调系统节能改造	—	—	—	—	15
	制冷空调系统优化	—	—	—	—	20
	培训与指导	—	—	—	15	20
	合计	100	100	100	100	100

4.2 技能要求权重表

项目	技能等级	五级/初级工(%)	四级/中级工(%)	三级/高级工(%)	二级/技师(%)	一级/高级技师(%)
技能要求	制冷空调系统识别	10	10	—	—	—
	管道连接	20	20	—	—	—
	电气控制系统组装	25	—	—	—	—
	制冷空调系统维护	20	15	20	—	—
	制冷空调系统检修	25	20	30	30	—
	制冷空调系统安装	—	20	30	30	—
	制冷空调系统调试	—	15	15	—	—
	制冷剂回收再生	—	—	5	—	—
	制冷空调系统管理	—	—	—	25	20
	制冷空调系统节能改造	—	—	—	—	30
	制冷空调系统优化	—	—	—	—	30
	培训与指导	—	—	—	15	20
	合计	100	100	100	100	100

电工国家职业技能标准

(2018 年版)

1. 职业概况

1.1 职业名称

电工

1.2 职业编码

6-31-01-03

1.3 职业定义

使用工具、量具和仪器、仪表，安装、调试与维护、修理机械设备电气部分和电气系统线路及器件的人员。

1.4 职业技能等级

本职业共设五个等级，分别为：五级/初级工、四级/中级工、三级/高级工、二级/技师、一级/高级技师。

1.5 职业环境条件

室内、外，常温。

1.6 职业能力特征

具有一定的学习理解能力、观察判断推理能力和计算能力，手指和手臂灵活，动作协调，无色盲。

1.7 普通受教育程度

初中毕业（或相当文化程度）。

1.8 职业技能鉴定要求

1.8.1 申报条件

具备以下条件之一者，可申报五级/初级工：
(1) 累计从事本职业工作 1 年（含）以上。
(2) 本职业学徒期满。

具备以下条件之一者,可申报四级/中级工:

(1) 取得本职业五级/初级工职业资格证书(技能等级证书)后,累计从事本职业工作4年(含)以上。

(2) 累计从事本职业工作6年(含)以上。

(3) 取得技工学校本专业或相关专业①毕业证书(含尚未取得毕业证书的在校应届毕业生);或取得经评估论证、以中级技能为培养目标的中等及以上职业学校本专业或相关专业毕业证书(含尚未取得毕业证书的在校应届毕业生)。

具备以下条件之一者,可申报三级/高级工:

(1) 取得本职业四级/中级工职业资格证书(技能等级证书)后,累计从事本职业工作5年(含)以上。

(2) 取得本职业四级/中级工职业资格证书(技能等级证书),并具有高级技工学校、技师学院毕业证书(含尚未取得毕业证书的在校应届毕业生);或取得本职业四级/中级工职业资格证书(技能等级证书),并具有经评估论证、以高级技能为培养目标的高等职业学校本专业或相关专业毕业证书(含尚未取得毕业证书的在校应届毕业生)。

(3) 具有大专及以上本专业或相关专业毕业证书,并取得本职业四级/中级工职业资格证书(技能等级证书)后,累计从事本职业工作2年(含)以上。

具备以下条件之一者,可申报二级/技师:

(1) 取得本职业三级/高级工职业资格证书(技能等级证书)后,累计从事本职业工作4年(含)以上。

(2) 取得本职业三级/高级工职业资格证书(技能等级证书)的高级技工学校、技师学院毕业生,累计从事本职业工作3年(含)以上;或取得本职业预备技师证书的技师学院毕业生,累计从事本职业工作2年(含)以上。

具备以下条件者,可申报一级/高级技师:

取得本职业二级/技师职业资格证书(技能等级证书)后,累计从事本职业工作4年(含)以上。

1.8.2 鉴定方式

分为理论知识考试、技能考核以及综合评审。理论知识考试以笔试、机考等方式为主,主要考核从业人员从事本职业应掌握的基本要求和相关知识要求;技能考核主要采用现场操作、模拟操作等方式进行,主要考核从业人员从事本职业应具备的技能水平;综合评审主要针对技师和高级技师,通常采取审阅申报材料、答辩等方式进行全面评议和审查。

理论知识考试、技能考核和综合评审均实行百分制,成绩皆达60分(含)以上者为合格。职业标准中标注"★"的为涉及安全生产或操作的关键技能,如考生在技能考核中违反操作规程或未达到该技能要求的,则技能考核成绩为不合格。

---

① 相关专业:数控机床装配与维修、机械设备装配与自动控制、制冷设备运用与维修、机电设备安装与维修、机电一体化技术、电气自动化设备安装与维修、电梯工程技术、城市轨道交通车辆运用与检修、煤矿电气设备维修、工业机器人应用与维护、工业网络技术、机电技术应用、电气运行与控制、电气技术应用、纺织机电技术、铁道供电技术、农业电气化技术等专业。

1.8.3 监考人员、考评人员与考生配比

理论知识考试中的监考人员与考生配比不低于 1∶15，且每个考场不少于 2 名监考人员；技能考核中的考评人员与考生配比不低于1∶5，且考评人员为 3 人（含）以上单数；综合评审委员为 5 人（含）以上单数。

1.8.4 鉴定时间

理论知识考试时间不少于 90 min。技能考核时间：五级/初级工不少于 150 min，四级/中级工不少于 150 min，三级/高级工不少于 180 min，二级/技师不少于 240 min，一级/高级技师不少于 240 min。综合评审时间不少于 20 min。

1.8.5 鉴定场所设备

理论知识考试在标准教室进行；技能考核在具有相应电工鉴定设施和必要仪器、仪表、工具的场所进行。

2. 基本要求

2.1 职业道德

2.1.1 职业道德基本知识

2.1.2 职业守则

(1) 遵纪守法，爱岗敬业。
(2) 精益求精，勇于创新。
(3) 爱护设备，安全操作。
(4) 遵守规程，执行工艺。
(5) 保护环境，文明生产。

2.2 基础知识

2.2.1 电工基础知识

(1) 直流电路基本知识。
(2) 电磁基本知识。
(3) 交流电路基本知识。
(4) 电工识图基本知识。
(5) 电力变压器的识别与分类。
(6) 常用电机的识别与分类。
(7) 常用低压电器的识别与分类。

2.2.2 电子技术基础知识

(1) 常用电子元器件的图形符号和文字符号。
(2) 二极管的基本知识。
(3) 三极管的基本知识。
(4) 整流、滤波、稳压电路基本应用。

2.2.3 常用电工工具、量具使用知识

(1) 常用电工工具及其使用。
(2) 常用电工量具及其使用。

2.2.4 常用电工仪器、仪表使用知识

(1) 电工测量基础知识。
(2) 常用电工仪表及其使用。
(3) 常用电工仪器及其使用。

2.2.5 常用电工材料选型知识

(1) 常用导电材料的分类及其应用。
(2) 常用绝缘材料的分类及其应用。
(3) 常用磁性材料的分类及其应用。

2.2.6 安全知识

(1) 电工安全基本知识。
(2) 电工安全用具。
(3) 触电急救知识。
(4) 电气消防、接地、防雷等基本知识。
(5) 安全距离、安全色和安全标志等国家标准规定。
(6) 电气安全装置及电气安全操作规程。

2.2.7 其他相关知识

(1) 供电和用电基本知识。
(2) 钳工划线、钻孔等基础知识。
(3) 质量管理知识。
(4) 环境保护知识。
(5) 现场文明生产知识。

2.2.8 相关法律、法规知识

(1)《中华人民共和国劳动合同法》相关知识。
(2)《中华人民共和国电力法》相关知识。

（3）《中华人民共和国安全生产法》相关知识。

3. 工作要求

本标准对五级/初级工、四级/中级工、三级/高级工、二级/技师、一级/高级技师的技能要求和相关知识要求依次递进，高级别涵盖低级别的要求。

3.1 五级/初级工

职业功能	工作内容	技能要求	相关知识要求
1. 电器安装和线路敷设	1.1 低压电器选用	1.1.1 能识别常用低压电器的图形符号、文字符号 1.1.2 能识别和选用刀开关、熔断器、断路器、接触器、热继电器、主令电器、漏电保护器、指示灯等低压电器的规格、型号 1.1.3 能识别防爆电气设备的防爆型式、防爆标识	1.1.1 常用低压电器图形符号、文字符号的国家标准 1.1.2 常用低压电器的结构、工作原理及使用方法 1.1.3 防爆电气设备标识、等级
	1.2 电工材料选用	1.2.1 能根据安全载流量和导线规格、型号选用电线、电缆 1.2.2 能根据使用场合选用电线管、桥架、线槽等 1.2.3 能识别低压电缆接头、接线端子	1.2.1 电工常用线材、管材选用方法 1.2.2 电线、电缆分类、性能、使用方法 1.2.3 电工辅料类型、选用方法
	1.3 照明电路装调	1.3.1 能按要求配备照明灯具，确定安装位置 1.3.2 能按要求安装照明灯具 1.3.3 能对不同照明灯具配备装具并安装接线 1.3.4★能对照明线路进行调试 1.3.5 能选择、安装有功电能表	1.3.1 电光源及照明器材的种类 1.3.2 灯具安装规范 1.3.3 穿管电线安全载流量计算方法 1.3.4 接线工艺规范 1.3.5 日光灯等常用电光源的工作原理 1.3.6 有功电能表的结构和工作原理

续表

职业功能	工作内容	技能要求	相关知识要求
1. 电器安装和线路敷设	1.4 动力及控制电路装调	1.4.1 能安装配电箱（柜） 1.4.2 能对金属管进行煨弯、穿线、固定 1.4.3 能对电线保护管进行切割、穿线、连接、敷设 1.4.4 能使用线槽、槽板、桥架、拖链带等敷设电线电缆 1.4.5 能识别线号和标注线号 1.4.6 能进行导线的直线和分支连接 1.4.7 能选择和压接接线端子 1.4.8★能对动力配电线路进行接线、调试	1.4.1 低压电器安装规范 1.4.2 管线施工规范 1.4.3 室内电气布线规范 1.4.4 单芯、多芯导线的连接方法 1.4.5 接线盒内导线的连接方法 1.4.6 低压保护系统分类 1.4.7 接地、接零安装规范
2. 继电控制电路装调维修	2.1 低压电器安装、维修	2.1.1 能安装、修理、更换按钮、继电器、接触器、指示灯 2.1.2★能进行低压电器电路的检查、故障排除 2.1.3 能对手电钻等手持电动工具的线路进行检修	2.1.1 低压电器拆装工艺 2.1.2 手持电动工具国家标准
	2.2 交流电动机接线、维护	2.2.1 能分辨控制变压器的同名端 2.2.2 能分辨三相交流异步电动机绕组的首尾端 2.2.3 能对三相交流异步电动机的主电路、正反转控制电路、Y/△启动控制电路进行接线、维护 2.2.4 能对单相交流异步电动机进行接线、维护 2.2.5 能对三相交流异步电动机进行保养	2.2.1 变压器同名端判断方法 2.2.2 交流异步电动机工作原理、分类方法 2.2.3 电动机绝缘检测方法 2.2.4 交流异步电动机保养方法

续表

职业功能	工作内容	技能要求	相关知识要求
2. 继电控制电路装调维修	2.3 低压动力控制电路维修	2.3.1 能识读电气原理图 2.3.2★能进行三相交流笼型异步电动机单方向运转控制电路的检查、调试、故障排除 2.3.3★能进行三相交流笼型异步电动机正反转控制电路的检查、调试、故障排除 2.3.4★能进行三相交流笼型异步电动机Y/△启动等降压启动控制电路的检查、调试、故障排除 2.3.5★能进行三相交流笼型多速异步电动机启动控制电路的检查、调试、故障排除 2.3.6★能进行三相交流笼型异步电动机多处控制电路的检查、调试、故障排除 2.3.7★能进行三相交流笼型异步电动机电磁抱闸控制电路的检查、调试、故障排除	2.3.1 电气原理图的识读分析方法 2.3.2 三相交流笼型异步电动机单方向运转电路原理 2.3.3 三相交流笼型异步电动机正反转电路原理 2.3.4 三相交流笼型异步电动机Y/△启动电路原理 2.3.5 三相交流笼型多速异步电动机自耦减压启动电路原理 2.3.6 三相交流笼型异步电动机多处控制电路原理 2.3.7 三相交流笼型异步电动机电磁抱闸电路原理
3. 基本电子电路装调维修	3.1 电子元件焊接作业	3.1.1 能根据焊接对象选择焊接工具 3.1.2 能进行焊前处理 3.1.3 能安装、焊接由电阻器、电容器、二极管、三极管等组成的单面印制电路板 3.1.4 能识别虚焊、假焊	3.1.1 电子焊接工艺 3.1.2 电烙铁、焊丝的分类、选用方法 3.1.3 助焊剂选用方法
	3.2 电子电路调试、维修	3.2.1 能进行半波和全波整流稳压电路的测量、调试、维修 3.2.2 能进行基本放大电路的测量、调试、维修	3.2.1 半导体器件特性、工作原理 3.2.2 直流稳压电路组成、工作原理 3.2.3 基本放大电路组成、工作原理

3.2 四级/中级工

职业功能	工作内容	技能要求	相关知识要求
1.继电控制电路装调维修	1.1 低压电器选用	1.1.1 能根据需要选用中间继电器、时间继电器、计数器等器件 1.1.2 能根据需要选用断路器、接触器、热继电器等器件	1.1.1 中间继电器、时间继电器、计数器等选型方法 1.1.2 断路器、接触器、热继电器等选型方法
	1.2 继电器、接触器线路装调	1.2.1★能对多台三相交流笼型异步电动机顺序控制电路进行安装、调试 1.2.2★能对三相交流笼型异步电动机位置控制电路进行安装、调试 1.2.3★能对三相交流绕线式异步电动机启动控制电路进行安装、调试 1.2.4★能对三相交流异步电动机能耗制动、反接制动、再生发电制动等制动电路进行安装、调试	1.2.1 三相交流笼型异步电动机顺序控制电路原理 1.2.2 三相交流笼型异步电动机位置控制电路原理 1.2.3 三相交流绕线式异步电动机启动控制电路原理 1.2.4 三相交流异步电动机能耗制动、反接制动、再生发电制动等制动电路原理
	1.3 临时供电、用电设备设施的安装、维护	1.3.1★能安装、维护临时用电总配电箱、分配电箱、开关箱及线路 1.3.2★能选用、安装临时用电照明装置、隔离变压器 1.3.3 能安装、维护、拆除卷扬机、搅拌机等电动建筑机械 1.3.4 能安装、维护、拆除电焊机等移动式设备 1.3.5 能安装、维护临时用电设备的接地装置、独立避雷针	1.3.1 临时用电配电箱、开关箱安装规范 1.3.2 低压电器及电动机的防护等级 1.3.3 临时用电系统电气工作接地、保护接地（接零）等接地装置的安装规范 1.3.4 建筑物防雷设计规范
	1.4 机床电气控制电路调试、维修	1.4.1★能对C6140车床或类似难度的电气控制电路进行调试，对电路故障进行排除 1.4.2★能对M7130平面磨床或类似难度的电气控制电路进行调试，对电路故障进行排除 1.4.3★能对Z37摇臂钻床或类似难度的电气控制电路进行调试，对电路故障进行排除	1.4.1 机床电气故障分析、排除方法 1.4.2 C6140车床电气控制电路组成、控制原理 1.4.3 M7130平面磨床电气控制电路组成、控制原理 1.4.4 Z37摇臂钻床电气控制电路组成、控制原理

续表

职业功能	工作内容	技能要求	相关知识要求
2. 电气设备（装置）装调维修	2.1 可编程控制器控制电路装调	2.1.1 能根据可编程控制器控制电路接线图连接可编程控制器及其外围线路 2.1.2 能使用编程软件从可编程控制器中读写程序 2.1.3 能使用可编程控制器的基本指令编写、修改三相异步电动机正反转、Y/△启动、三台电动机顺序启停等基本控制电路的控制程序	2.1.1 可编程控制器结构、特点 2.1.2 可编程控制器输入、输出端接线规则 2.1.3 可编程控制器编程软件基本功能、使用方法 2.1.4 可编程控制器基本指令、定时器指令、计数器指令的使用方法
	2.2 常见电力电子装置维护	2.2.1 能识别软启动器操作面板、电源输入端、电源输出端、电源控制端 2.2.2 ★能判断、排除软启动器故障 2.2.3 能设置充电桩参数 2.2.4 ★能检修充电桩电路	2.2.1 软启动器工作原理、使用方法 2.2.2 充电桩工作原理、使用方法
3. 自动控制电路装调维修	3.1 传感器装调	3.1.1 能根据现场设备条件选择传感器类型 3.1.2 能安装、调试光电开关 3.1.3 能安装、调试霍尔开关 3.1.4 能安装、调试电感式开关 3.1.5 能安装、调试电容式开关	3.1.1 光电开关工作原理、使用方法 3.1.2 霍尔开关工作原理、使用方法 3.1.3 电感式开关工作原理、使用方法 3.1.4 电容式开关工作原理、使用方法
	3.2 专用继电器装调	3.2.1 能安装、调试速度继电器 3.2.2 能安装、调试温度继电器 3.2.3 能安装、调试压力继电器	3.2.1 速度继电器工作原理、使用方法 3.2.2 温度继电器工作原理、使用方法 3.2.3 压力继电器工作原理、使用方法
4. 基本电子电路装调维修	4.1 仪器仪表使用	4.1.1 能使用单、双臂电桥测量电阻 4.1.2 能使用信号发生器产生三角波、正弦波、矩形波等信号 4.1.3 能使用示波器测量波形的幅值、频率	4.1.1 单、双臂电桥使用方法 4.1.2 信号发生器使用方法 4.1.3 示波器使用方法

续表

职业功能	工作内容	技能要求	相关知识要求
4. 基本电子电路装调维修	4.2 电子元器件选用	4.2.1 能为稳压电路选用78、79系列集成电路 4.2.2 能为调光调速电路选用晶闸管	4.2.1 78、79系列三端稳压集成电路选用方法 4.2.2 晶闸管选用方法
	4.3 电子电路装调维修	4.3.1 能对78、79系列集成电路进行安装、调试、故障排除 4.3.2 能对阻容耦合放大电路进行安装、调试、故障排除 4.3.3★能对单相晶闸管整流电路进行安装、调试、故障排除	4.3.1 阻容耦合放大电路工作原理 4.3.2 单相晶闸管整流电路工作原理

3.3 三级/高级工

职业功能	工作内容	技能要求	相关知识要求
1. 继电控制电路装调维修	1.1 继电器、接触器控制电路分析、测绘	1.1.1 能对多台联动三相交流异步电动机控制方案进行分析、选择 1.1.2 能对T68镗床、X62W铣床或类似难度的电气控制电路接线图进行测绘、分析	1.1.1 电气控制方案分析方法 1.1.2 电气接线图测绘步骤、分析方法
	1.2 机床电气控制电路调试、维修	1.2.1★能根据设备技术资料对T68镗床、X62W铣床或类似难度的电路进行调试、维修 1.2.2★能根据设备技术资料对大型磨床、龙门铣床或类似难度的电路进行调试、维修 1.2.3★能根据设备技术资料对龙门刨床、盾构机或类似难度的电路进行调试、维修	1.2.1 T68镗床、X62W铣床电路组成、控制原理 1.2.2 大型磨床、龙门铣床电路组成、控制原理 1.2.3 龙门刨床、盾构机电路组成、控制原理
	1.3 临时供电、用电设备设施的安装与维护	1.3.1 能确认临时用电方案，并组织实施 1.3.2★能组织安装临时用电配电室、配电变压器、配电线路 1.3.3★能安装、维护临时用电自备发电机 1.3.4 能安装、维护、拆除塔吊等建筑机械的电气部分	1.3.1 临时用电负荷计算 1.3.2 临时供电、用电设备型号、技术指标 1.3.3 接地装置施工、验收规范 1.3.4 施工现场临时用电安全技术规范

续表

职业功能	工作内容		技能要求	相关知识要求
2. 电气设备（装置）装调维修	二选一	2.1 常用电力电子装置维护	2.1.1 能识别变频器操作面板、电源输入端、电源输出端、电源控制端 2.1.2 能根据用电设备要求，参照变频器使用手册，设置变频器参数，确认变频器故障 2.1.3★能对不间断电源整流电路、逆变电路、控制电路进行检修	2.1.1 变频器工作原理、使用方法 2.1.2 变频器故障类型 2.1.3 不间断电源工作原理、使用方法
		2.2 非工频设备装调维修	2.2.1★能对中高频淬火设备可控整流电源进行调试 2.2.2★能对中高频淬火设备高压电子管三点振荡电路进行调试 2.2.3★能对中高频淬火设备电容耦合电路进行调试 2.2.4★能对中高频淬火设备加热变压器耦合电路进行调试	2.2.1 集肤效应、涡流等电磁原理 2.2.2 中高频淬火设备工作原理 2.2.3 中高频淬火设备调试方法 2.2.4 中高频淬火设备操作规程
		2.3 调功器装调维修	2.3.1 能安装、调试调功器设备 2.3.2 能检测调功器主电路、控制电路输出波形 2.3.3★能排除调功器内部主电路故障	2.3.1 调功器工作原理 2.3.2 过零触发控制电路工作原理
3. 自动控制电路装调维修	二选一	3.1 可编程控制系统分析、编程与调试维修	3.1.1 能使用基本指令编写自动洗衣机、机械手或类似难度的可编程控制器控制程序 3.1.2 能用可编程控制器改造C6140车床、T68镗床、X62W铣床或类似难度的继电控制电路 3.1.3 能模拟调试以基本指令为主的可编程控制器程序 3.1.4 能现场调试以基本指令为主的可编程控制器程序 3.1.5 能根据可编程控制器面板指示灯，借助编程软件、仪器仪表分析可编程控制系统的故障范围 3.1.6 能排除可编程控制系统中开关、传感器、执行机构等外围设备电气故障	3.1.1 自动洗衣机、机械手等设备的控制逻辑 3.1.2 梯形图编程规则 3.1.3 可编程控制器模拟调试方法 3.1.4 可编程控制器现场调试方法 3.1.5 可编程控制系统故障范围判断方法 3.1.6 可编程控制器外围设备常见故障类型、排除方法
		3.2 单片机控制电路装调	3.2.1 能根据单片机控制电路接线图完成单片机控制系统接线 3.2.2 能使用编程软件完成上位机与单片机之间的程序传递 3.2.3 能分析信号灯闪烁控制或类似难度的单片机控制程序	3.2.1 单片机结构 3.2.2 单片机引脚功能 3.2.3 单片机编程软件、烧录软件基本功能 3.2.4 单片机基本指令使用方法

续表

职业功能	工作内容	技能要求	相关知识要求
3.自动控制电路装调维修	二选一	3.3 消防电气系统装调维修	3.3.1 能检修消防泵的启动、停止电路 3.3.2 能检修消防系统用传感器 3.3.3 能检修消防联动系统 3.3.4 能检修消防主机控制系统 3.3.5 能设置消防系统人机界面	3.3.1 消防电气系统安装、运行规范 3.3.2 消防用传感器的种类、选用方法 3.3.3 人机界面设置方法
		3.4 冷水机组电控设备维修	3.4.1 能检修冷水机组的启动、停止电路 3.4.2 能检修冷水机组的流量控制电路 3.4.3 能检修冷水机组的温度控制电路 3.4.4 能检修冷水机组的制冷量控制电路	3.4.1 温度传感器选用方法 3.4.2 流量传感器选用方法 3.4.3 冷水机组操作规范
4.应用电子电路调试维修		4.1 电子电路分析测绘	4.1.1 能对由集成运算放大器组成的应用电路进行测绘 4.1.2 能分析由分立元件、集成运算放大器组成的应用电子电路的功能、用途	4.1.1 电子电路测绘方法 4.1.2 集成运算放大器的线性应用、非线性应用技术
		4.2 电子电路调试维修	4.2.1 能对编码器、译码器等组合逻辑电路进行调试维修 4.2.2 能对寄存器、计数器等时序逻辑电路进行调试维修 4.2.3 能分析由555集成电路组成的定时器等常用电子电路的功能、用途 4.2.4 能对小型开关稳压电路进行调试维修	4.2.1 编码器、译码器等组合逻辑电路基础知识 4.2.2 寄存器、计数器等时序逻辑电路基础知识 4.2.3 555集成电路基础知识 4.2.4 小型开关稳压电路工作原理
		4.3 电力电子电路分析测绘	4.3.1 能对晶闸管触发电路进行测绘 4.3.2 能对相控整流主电路、触发电路工作波形进行测绘	4.3.1 半波可控整流电路、半控桥式整流电路、全控桥式整流电路工作原理 4.3.2 可控整流电路计算方法
		4.4 电力电子电路调试维修	4.4.1★能利用示波器对相控整流主电路、触发电路进行波形测量和调试 4.4.2★能对相控整流主电路、触发电路进行维修	4.4.1 相控整流电路调试方法 4.4.2 相控整流电路波形分析方法

续表

职业功能	工作内容	技能要求	相关知识要求
5. 交直流传动系统装调维修	5.1 交直流传动系统安装	5.1.1 能识读分析交直流传动系统图 5.1.2 能对交直流传动系统的设备、器件进行检查确认 5.1.3 能对交直流传动系统设备进行安装	5.1.1 直流调速系统工作原理 5.1.2 交流调速系统工作原理
	5.2 交直流传动系统调试	5.2.1 能分析交直流传动系统中各单元电路工作原理 5.2.2★能对交直流调速电路进行调试	5.2.1 电磁转差离合器调速工作原理 5.2.2 串级调速工作原理 5.2.3 单闭环直流调速工作原理
	5.3 交直流传动系统维修	5.3.1 能分析判断交直流传动系统的故障原因 5.3.2★能对交直流传动装置及外围电路故障进行分析、排除	交直流传动系统常见故障

3.4 二级/技师

职业功能	工作内容		技能要求	相关知识要求
1. 电气设备（装置）装调维修	1.1 数控机床电气控制装置装调维修		1.1.1 能对编码器、光栅尺进行调整 1.1.2★能对数控机床电气线路进行装调维修	1.1.1 编码器、光栅尺工作原理 1.1.2 数控机床电气控制原理
	二选一	1.2 工业机器人调试	1.2.1 能对工业机器人外围线路进行连接、调试 1.2.2 能对工业机器人进行示教编程 1.2.3 能对工业机器人进行保养	1.2.1 工业机器人工作原理 1.2.2 示教器使用方法 1.2.3 工业机器人基本指令使用方法 1.2.4 工业机器人保养方法
		1.3 单片机控制的电气装置装调维修	1.3.1 能编写、调试电动机启停控制或类似难度的单片机程序 1.3.2 能调试以基本指令为主的单片机程序 1.3.3 能使用编程软件、仪器仪表划定单片机控制的电气装置的故障范围 1.3.4 能排除单片机控制的电气装置电气故障	1.3.1 单片机控制系统开发流程 1.3.2 单片机应用程序编译、仿真调试、烧录的方法 1.3.3 单片机控制系统故障检测、判断方法

续表

职业功能	工作内容	技能要求	相关知识要求
2. 自动控制电路装调维修	2.1 可编程控制系统编程与维护	2.1.1 能对模拟量输入输出模块进行程序分析、程序编制 2.1.2 能选用和连接触摸屏 2.1.3 能设置触摸屏与可编程控制器之间的通信参数 2.1.4 能编辑和修改触摸屏组态画面 2.1.5 能判断、排除可编程控制器功能模块故障	2.1.1 可编程控制器功能模块技术参数 2.1.2 可编程控制器特殊功能模块参数的设置方法 2.1.3 触摸屏组态软件使用方法 2.1.4 可编程控制器与触摸屏之间的通信规约
	二选一 2.2 风力发电系统电气设备维护	2.2.1 能对风力发电变桨系统进行维护 2.2.2 能对风力发电解缆系统进行维护	风力发电基础知识
	2.3 光伏发电系统电气设备维护	2.3.1 能对太阳能电池应用电路进行维护 2.3.2 能对光伏发电系统电路进行维护	光伏发电基础知识
	二选一 2.4 双闭环直流调速系统装调维修	2.4.1 能对双闭环直流调速系统组成设备、器件进行检查确认 2.4.2★能对速度环、电流环进行调试 2.4.3 能分析判断双闭环直流调速系统故障原因 2.4.4★能排除双闭环直流调速装置及外围电路故障	2.4.1 双闭环直流调速系统工作原理 2.4.2 双闭环直流调速系统常见故障
	2.5 变频恒压供水系统装调维修	2.5.1 能对变频恒压供水系统组成设备、器件进行检查确认 2.5.2 能对变频恒压供水系统设备进行安装 2.5.3★能对变频恒压供水系统电路进行调试 2.5.4★能对变频恒压供水系统电路进行故障排除 2.5.5 能对 PID 调节器进行安装接线 2.5.6 能根据控制要求设置、调整 PID 调节器参数 2.5.7 能对 PID 调节器进行自整定调试	2.5.1 变频恒压供水系统组成、工作原理 2.5.2 压力变送器使用方法 2.5.3 PID 调节器工作原理 2.5.4 PID 调节器参数设置方法 2.5.5 PID 调节器自整定调试方法

续表

职业功能	工作内容	技能要求	相关知识要求
3. 应用电子电路调试维修	3.1 电子电路分析测绘	3.1.1 能对由组合逻辑电路组成的电子应用电路进行分析测绘 3.1.2 能对由时序逻辑电路组成的电子应用电路进行分析测绘	3.1.1 组合逻辑电路工作原理 3.1.2 时序逻辑电路工作原理
	3.2 电子电路调试维修	3.2.1 能对 A/D、D/A 应用电路进行调试 3.2.2 能对寄存器型 N 进制计数器应用电路进行调试 3.2.3 能对中小规模集成电路的外围电路进行维修	3.2.1 A/D、D/A 转换器工作原理 3.2.2 寄存器型 N 进制计数器工作原理 3.2.3 集成触发电路工作原理
	3.3 电力电子电路分析测绘	3.3.1 能测绘三相整流变压器△/Y—11 或Y/Y—12 联结组别 3.3.2 能测绘晶闸管触发电路、主电路波形 3.3.3 能测绘直流斩波器电路波形	3.3.1 三相变压器联结组别国家标准 3.3.2 晶闸管电路同步（定相）方法 3.3.3 直流斩波器电路工作原理
	3.4 电力电子电路调试维修	3.4.1 能根据三相整流变压器△/Y—11 或Y/Y—12 联结组别号进行接线 3.4.2★能分析、排除相控整流电路故障 3.4.3 能根据需要对直流斩波器输出波形进行调整	3.4.1 相控整流电路常见故障 3.4.2 直流斩波器工作原理
4. 交直流传动及伺服系统调试维修	4.1 交直流传动系统调试维修	4.1.1 能分析造纸机交直流调速系统或类似难度的电气控制系统原理图 4.1.2★能对造纸机交直流调速系统或类似难度的电气传动系统进行调试、维修	4.1.1 反馈原理与分类 4.1.2 交直流调速系统调试方法 4.1.3 交直流调速系统常见故障
	4.2 伺服系统调试维修	4.2.1 能对步进电动机驱动装置进行安装、调试 4.2.2 能分析、排除步进电动机驱动器主电路故障 4.2.3 能分析交直流伺服系统电气控制原理图 4.2.4★能对交直流伺服系统进行调试、维修	4.2.1 步进电动机驱动装置调试方法 4.2.2 步进电动机驱动器常见故障 4.2.3 交直流伺服系统调试方法 4.2.4 交直流伺服系统常见故障

续表

职业功能	工作内容	技能要求	相关知识要求
5. 培训与技术管理	5.1 培训指导	5.1.1 能编写培训教案 5.1.2 能对本职业三级/高级工及以下级别人员进行理论培训 5.1.3 能对本职业三级/高级工及以下级别人员进行操作技能指导	5.1.1 培训教案编制方法 5.1.2 理论培训教学方法 5.1.3 操作技能指导方法
	5.2 技术管理	5.2.1 能进行电气设备检修管理 5.2.2 能进行电气设备维护质量管理 5.2.3 能制定电气设备大、中修方案	5.2.1 电气设备检修管理方法 5.2.2 电气设备维护质量管理方法 5.2.3 电气设备大、中修方案编写方法

3.5 一级/高级技师

职业功能	工作内容	技能要求	相关知识要求
1. 电气设备（装置）装调维修	1.1 数控机床电气系统故障判断与维修	1.1.1 能判断数控机床主轴电气控制线路故障 1.1.2 能判断数控机床伺服系统相关线路故障 1.1.3 能判断数控机床检测电路故障 1.1.4★能排除数控机床主轴电气控制线路故障 1.1.5★能排除数控机床伺服系统相关线路故障 1.1.6★能排除数控机床检测电路故障	1.1.1 常用数控系统工作原理 1.1.2 数控系统常见故障 1.1.3 数控机床主轴系统、伺服系统、进给系统工作原理 1.1.4 数控机床检测装置工作原理
	1.2 复杂生产线电气传动控制设备调试与维修	1.2.1 能分析多辊连轧机或类似难度的电气控制系统原理 1.2.2★能对多辊连轧机或类似难度的电气传动系统进行调试、维修	1.2.1 多辊连轧机电气控制原理 1.2.2 多辊连轧机电气控制系统常见故障
2. 电气自动控制系统调试维修	2.1 电气自动控制系统分析、测绘	2.1.1 能分析工业自动控制系统电气控制原理 2.1.2 能按控制要求测绘电气自动控制系统原理图 2.1.3 能对电气自动控制系统提出技术改进建议	2.1.1 电气测量基础知识 2.1.2 自动控制基础知识 2.1.3 自动控制系统性能指标

续表

职业功能	工作内容	技能要求	相关知识要求
2. 电气自动控制系统调试维修	2.2 工业控制网络系统调试与维修	2.2.1 能分析工厂自动化系统的现场总线组成 2.2.2 能分析工厂自动化系统的工业以太网结构 2.2.3 能根据要求选用通信设备、器件 2.2.4 能选用数据传输介质，对网络进行布线、连接 2.2.5 能对工业控制网络上的各节点进行组态、参数配置 2.2.6 能根据网络通信协议选择各控制节点之间的数据交换方式	2.2.1 网络通信基础知识 2.2.2 PROFIBUS 等现场总线应用基础知识 2.2.3 工业以太网应用基础知识 2.2.4 设备级网络通信硬件配置方法 2.2.5 设备级网络组态方法
	2.3 可编程控制系统调试与维修	2.3.1 能用可编程控制器特殊功能模块、功能指令对控制程序进行编制、修改 2.3.2 能调试、维修由可编程控制器、触摸屏、传感器、变频器、伺服系统、执行部件组成的多功能控制系统 2.3.3 能设置可编程控制器之间、可编程控制器与其他智能设备之间的通信参数	2.3.1 特殊功能模块应用方法 2.3.2 计算机通信知识 2.3.3 串行通信基础知识
3. 培训与技术管理	3.1 培训指导	3.1.1 能制定培训方案 3.1.2 能对本职业二级/技师及以下级别人员进行理论培训 3.1.3 能对本职业二级/技师及以下级别人员进行操作技能指导	培训方案制定方法
	3.2 技术管理	3.2.1 能编写电气控制系统安装工艺、验收方案 3.2.2 能对工艺线路、控制方案等提出优化建议 3.2.3 能对技术改造项目进行成本核算	3.2.1 安装工艺编写方法 3.2.2 设备验收报告编写方法 3.2.3 项目改造成本核算方法

4. 权重表

4.1 理论知识权重表

项目		技能等级	五级/初级工（%）	四级/中级工（%）	三级/高级工（%）	二级/技师（%）	一级/高级技师（%）
基本要求		职业道德	5	5	5	5	5
		基础知识	20	15	10	5	5
相关知识要求		电器安装和线路敷设	25	—	—	—	—
		继电控制电路装调维修	30	25	10	—	—
		电气设备（装置）装调维修	—	20	25	25	35
		自动控制电路装调维修	—	25	10	10	—
		基本电子电路装调维修	20	10	—	—	—
		应用电子电路调试维修	—	—	—	15	15
		交直流传动系统装调维修	—	—	25	—	—
		交直流传动及伺服系统调试维修	—	—	—	30	—
		电气自动控制系统调试维修	—	—	—	—	45
		培训与技术管理	—	—	—	10	10
		合计	100	100	100	100	100

4.2 技能要求权重表

项目		技能等级	五级/初级工（%）	四级/中级工（%）	三级/高级工（%）	二级/技师（%）	一级/高级技师（%）
技能要求		电器安装和线路敷设	40	—	—	—	—
		继电控制电路装调维修	40	30	15	—	—
		电气设备（装置）装调维修	—	25	30	25	45
		自动控制电路装调维修	—	30	20	15	—
		基本电子电路装调维修	20	15	—	—	—
		应用电子电路调试维修	—	—	15	20	—
		交直流传动系统装调维修	—	—	20	—	—
		交直流传动及伺服系统调试维修	—	—	—	30	—
		电气自动控制系统调试维修	—	—	—	—	40
		培训与技术管理	—	—	—	10	15
		合计	100	100	100	100	100

人力资源社会保障部办公厅 交通运输部办公厅关于颁布机动车驾驶教练员等3个国家职业技能标准的通知

(人社厅发〔2018〕147号)

各省、自治区、直辖市及新疆生产建设兵团人力资源社会保障厅(局),交通运输厅(局、委):

根据《中华人民共和国劳动法》有关规定,人力资源社会保障部、交通运输部共同制定了机动车驾驶教练员等3个国家职业技能标准,现予颁布施行。原相应国家职业技能标准同时废止。

附件:3个国家职业技能标准目录

人力资源社会保障部办公厅　交通运输部办公厅
2018年12月28日

附件

3个国家职业技能标准目录

序号	职业编码	职业名称
1	4-02-02-07	机动车驾驶教练员
2	4-12-01-01	汽车维修工
3	6-30-05-01	起重装卸机械操作工

机动车驾驶教练员国家职业技能标准

（2018 年版）

1. 职业概况

1.1 职业名称

机动车驾驶教练员

1.2 职业编码

4-02-02-07

1.3 职业定义

使用机动车辆及辅助教学设备，为培训对象传授道路交通安全知识和安全驾驶技能的人员。

1.4 职业技能等级

本职业共设五个等级，分别为：五级/初级工、四级/中级工、三级/高级工、二级/技师、一级/高级技师。

1.5 职业环境条件

室内、外，常温。

1.6 职业能力特征

具有较强的空间感、形体知觉、色觉；手指、手臂灵活，动作协调；表达能力、分析判断能力强。

1.7 普通受教育程度

高中毕业（或同等学力）。

1.8 职业技能鉴定要求

1.8.1 申报条件

——五级/初级工

持有效机动车驾驶证，具有 2 年以上安全驾驶经历并无不良驾驶记录，具备以下条件者：

连续从事本职业工作 1 年（含）以上，无不良教学（信用）记录。

——四级/中级工

持有效机动车驾驶证，具有 5 年以上安全驾驶经历并无不良教学（信用）记录，具备以下条件之一者：

（1）取得本职业五级/初级工职业资格证书（技能等级证书）后，连续从事本职业工作 3 年（含）以上。

（2）连续从事本职业工作 6 年（含）以上。

（3）取得经评估论证、以中级技能为培养目标的中等及以上职业学校本专业毕业证书。

——三级/高级工

持有效机动车驾驶证，具有 5 年以上安全驾驶经历并无不良教学（信用）记录，具备以下条件之一者：

（1）取得本职业四级/中级工职业资格证书（技能等级证书）后，连续从事本职业工作 4 年（含）以上。

（2）具有大专及以上本专业毕业证书，并取得本职业四级/中级工职业资格证书（技能等级证书）后，连续从事本职业工作 2 年（含）以上。

（3）取得经评估论证、以高级技能为培养目标的高等职业学校本专业毕业证书。

——二级/技师

持有效机动车驾驶证，具有 8 年以上安全驾驶经历并无不良教学（信用）记录，具备以下条件之一者：

（1）取得本职业三级/高级工职业资格证书（技能等级证书）后，连续从事本职业工作 4 年（含）以上。

（2）具有本科及以上相关专业毕业证书，并取得本职业三级/高级工职业资格证书（技能等级证书）后，连续从事本职业工作 2 年（含）以上。

——一级/高级技师

持有效机动车驾驶证，具有 10 年以上安全驾驶经历并无不良教学（信用）记录，具备以下条件之一者：

（1）取得本职业二级/技师职业资格证书（技能等级证书）后，连续从事本职业工作 4 年（含）以上。

（2）具有研究生及以上本专业毕业证书，并取得本职业二级/技师职业资格证书（技能等级证书）后，连续从事本职业工作 2 年（含）以上。

注：持有 A1、A2、A3、B1、B2、C1 机动车驾驶证的教练员，符合申报条件的，可以申报各级机动车驾驶教练员。

1.8.2 鉴定方式

分为理论知识考试、技能考核以及综合评审。理论知识考试以机考方式为主，主要考核从业人员从事本职业应掌握的基本要求和相关知识要求；技能考核采用示范教学、现场操作、模拟演示等方式进行，主要考核从业人员从事本职业应具备的技能水平；综合评审主要针对技师和高级技师，通常采取审阅申报材料、论文答辩等方式进行全面评议和审查。

理论知识考试、技能考核和综合评审均实行百分制，成绩皆达 60 分（含）及以上者为合格。

1.8.3 监考人员、考评人员与考生配比

理论知识考试中的监考人员与考生配比为1∶15，且每个考场不少于2名监考人员；技能考核的监考人员与考生配比为1∶8，且考评人员为3人（含）以上单数；综合评审委员为5人（含）以上的单数。

1.8.4 鉴定时间

理论知识考试时间不少于90 min；技能考核时间不少于30 min；综合评审时间不少于30 min。

1.8.5 鉴定场所设备

鉴定场所包括标准教室或无纸化考试教室、模拟演示教室或模拟考试场地（所）等。

理论知识考试设备包括多媒体教学设备、教学磁板、计算机等。技能考核设备包括教练车、模拟驾驶教学设备等。

鉴定场所安全设施须符合有关规定，使用面积应根据考生的安全要求和鉴定内容确定，鉴定设备数量和工具配件须满足考核要求。

2. 基本要求

2.1 职业道德

2.1.1 职业道德基本知识

2.1.2 职业守则

（1）珍爱生命，安全第一。
（2）遵纪守法，为人师表。
（3）规范教学，文明施教。
（4）廉洁自律，诚实守信。
（5）勤于学习，不断创新。

2.2 基础知识

2.2.1 驾驶培训教学基础知识

（1）职业教育的培养目标。
（2）教育技术学在驾驶培训中的应用。
（3）驾驶技能形成规律。
（4）心理、生理与安全驾驶关系。
（5）服务能力在驾驶培训中的应用。

2.2.2 教学大纲与教学方法

（1）机动车驾驶培训教学大纲。
（2）驾驶培训规范化教学方法。
（3）机动车驾驶操作规范。

2.2.3 教学设施设备知识

（1）多媒体教学设备使用知识。
（2）教学磁板使用知识。
（3）驾驶模拟教学设备使用知识。
（4）机动车驾驶训练场知识。
（5）其他驾驶培训教学设施设备使用知识。

2.2.4 道路交通安全知识

（1）道路交通事故预防。
（2）交通风险与交通安全意识。
（3）文明礼让驾驶。

2.2.5 机动车基本知识

（1）机动车行驶基本知识。
（2）车辆结构与安全装置基本知识。
（3）车辆维护与安全检视基本知识。
（4）车辆常见故障的判断与处置知识。
（5）车辆运行材料基本知识。

2.2.6 节能与环保知识

（1）节能减排常识。
（2）汽车新技术、新能源知识。

2.2.7 驾驶相关知识

（1）伤病员急救知识。
（2）消防知识。
（3）保险常识。

2.2.8 相关法律、法规知识

（1）《中华人民共和国民法总则》相关知识。
（2）《中华人民共和国刑法》相关知识。
（3）《中华人民共和国劳动合同法》及其实施条例相关知识。
（4）《中华人民共和国安全生产法》相关知识。

(5)《中华人民共和国道路交通安全法》相关知识。
(6)《中华人民共和国道路运输条例》相关知识。
(7)《中华人民共和国道路交通安全法实施条例》相关知识。
(8)《机动车驾驶员培训管理规定》相关知识。
(9)《道路运输从业人员管理规定》相关知识。
(10)《道路交通安全违法行为处理程序规定》相关知识。
(11)《机动车驾驶证申领和使用规定》相关知识。
(12)《机动车登记规定》相关知识。
(13)《道路交通事故处理程序规定》相关知识。
(14)《机动车驾驶员培训机构资格条件》相关知识。

3. 工作要求

本标准对五级/初级工、四级/中级工、三级/高级工、二级/技师、一级/高级技师的技能要求和相关知识要求依次递进,高级别涵盖低级别的要求。技能要求的内容,根据不同的教学车型设定比例,其中,五级/初级工 C1 车型占 95%,其他车型占 5%;四级/中级工 C1 车型占 90%,其他车型占 10%;三级/高级工 C1 车占 80%,其他车型占 20%;二级/技师 C1 车型占 70%,其他车型占 30%;一级/高级技师 C1 车型 60%,其他车型占 40%。

3.1 五级/初级工

职业功能	工作内容	技能要求	相关知识要求
1.理论教学	1.1 理论教学准备	1.1.1 能编写执教车型理论培训教案 1.1.2 能使用多媒体教学设施设备 1.1.3 能制作执教车型多媒体教学课件	1.1.1 驾驶培训理论教案编写要求 1.1.2 多媒体教学设施设备使用知识 1.1.3 多媒体教学课件的相关知识
	1.2 法律、法规、规章教学	1.2.1 能讲解《中华人民共和国道路交通安全法》及实施条例相关内容 1.2.2 能讲解机动车登记、保险相关内容 1.2.3 能讲解机动车驾驶证申领和使用规定相关内容 1.2.4 能讲解道路交通安全违法行为及处罚相关内容	1.2.1《中华人民共和国道路交通安全法》及实施条例的相关知识 1.2.2 机动车注册、变更、转移、抵押登记规定的相关知识 1.2.3 机动车号牌设置、使用规定 1.2.4 机动车安全检验规定 1.2.5 道路交通事故责任强制保险相关知识 1.2.6 驾驶证申领和使用规定 1.2.7 道路交通违法行政强制措施规定

续表

职业功能	工作内容	技能要求	相关知识要求
1. 理论教学	1.2 法律、法规、规章教学	1.2.5 能讲解道路交通事故处理相关内容	1.2.8 道路交通违法行政处罚规定 1.2.9 道路交通违法刑事处罚规定 1.2.10 道路交通事故处理规定
	1.3 道路交通信号教学	1.3.1 能讲解道路交通信号灯的作用 1.3.2 能讲解道路交通标志的作用 1.3.3 能讲解道路交通标线的作用 1.3.4 能讲解交通警察手势信号的作用	1.3.1 道路交通信号灯的分类、识别和含义 1.3.2 道路交通标志的分类、识别和含义 1.3.3 道路交通标线的分类、识别和含义 1.3.4 交通警察手势信号的分类、识别和含义
	1.4 机动车基本常识教学	1.4.1 能讲解机动车基本结构知识 1.4.2 能讲解汽车行驶基本原理 1.4.3 能讲解车辆主要安全装置基本知识	1.4.1 机动车基本结构 1.4.2 汽车行驶基本原理 1.4.3 车辆主动安全装置知识 1.4.4 车辆被动安全装置知识
	1.5 安全、文明驾驶常识教学	1.5.1 能结合驾驶教学讲解安全行车知识 1.5.2 能结合驾驶教学讲解文明行车常识 1.5.3 能结合驾驶教学讲解道路交通信号的综合应用知识 1.5.4 能结合驾驶教学讲解恶劣气候和复杂道路条件下的驾驶常识 1.5.5 能结合驾驶教学讲解紧急避险常识 1.5.6 能正确分析、讲解典型事故案例 1.5.7 能讲解交通事故救护知识	1.5.1 出车前检查和车辆日常维护知识 1.5.2 安全驾驶状态 1.5.3 文明礼让驾驶知识 1.5.4 道路交通信号的综合应用知识 1.5.5 通过桥梁、隧道、山区道路的驾驶知识 1.5.6 夜间驾驶知识 1.5.7 雨天、雾天、大风天气驾驶知识 1.5.8 冰雪道路、泥泞道路、施工道路、涉水路段、高速公路驾驶知识 1.5.9 紧急避险知识 1.5.10 典型交通事故违法行为、事故案例分析等知识 1.5.11 伤员自救、急救知识

续表

职业功能	工作内容	技能要求	相关知识要求
2. 场地驾驶教学	2.1 实操教学准备	2.1.1 能按照教学实施计划制订实操训练方案 2.1.2 能编写驾驶操作训练教案 2.1.3 能对教学车辆进行安全检查 2.1.4 能操作驾驶模拟教学设备	2.1.1 实操训练方案制订要求 2.1.2 驾驶操作训练教案的编写要求 2.1.3 教学车辆安全检查知识 2.1.4 驾驶模拟教学设备使用知识
	2.2 驾驶操作规范动作教学	2.2.1 能结合场地驾驶训练讲解基础驾驶理论知识 2.2.2 能运用驾驶模拟教学设备进行基础驾驶规范操作教学	2.2.1 驾驶操纵机构操作基本原理 2.2.2 驾驶模拟教学设备驾驶操纵装置的结构 2.2.3 驾驶操纵装置模拟训练的内容、要求
	2.3 基础驾驶教学	2.3.1 能对教学车辆进行上车前的检查 2.3.2 能讲解、示范上下车动作及驾驶姿势 2.3.3 能讲解、示范起步前的调整与检查 2.3.4 能讲解、示范驾驶操纵装置规范动作 2.3.5 能讲解、示范发动机起动、升温和停熄操作 2.3.6 能讲解、示范平路起步、加速、减速、停车的驾驶操作 2.3.7 能讲解、示范转向、转弯的驾驶操作 2.3.8 能讲解、示范倒车操作 2.3.9 能讲解、示范行驶路线和行驶位置驾驶操作	2.3.1 上车前安全检查的方法和要求 2.3.2 正确的上下车动作和驾驶姿势 2.3.3 上车后操纵机构的检查、调整方法 2.3.4 各种仪表和指示、报警灯的检视知识 2.3.5 驾驶操纵装置的规范操作要求 2.3.6 照明、信号及其他装置规范操作知识 2.3.7 发动机起动前检查、起动、升温和停熄等操作知识 2.3.8 平路起步的操作要领和注意事项 2.3.9 起步后加速、加挡、汇入车流的驾驶知识 2.3.10 减速、减挡和停车位置的判断知识 2.3.11 最小转弯半径、内（外）轮差和行驶轨迹知识 2.3.12 倒车前安全确认和直线、曲线、转弯倒车操作要求 2.3.13 行驶路线观察点的选择和车体位置感觉知识

续表

职业功能	工作内容	技能要求	相关知识要求
2. 场地驾驶教学	2.4 场地项目驾驶教学	2.4.1 能讲解、示范场地倒车入库操作 2.4.2 能讲解、示范场地坡道定点停车和起步操作 2.4.3 能讲解、示范场地侧方停车操作 2.4.4 能讲解、示范场地曲线行驶操作 2.4.5 能讲解、示范场地直角转弯操作	2.4.1 倒车入库驾驶操作方法和要求 2.4.2 坡道定点停车和起步驾驶操作方法和要求 2.4.3 侧方停车驾驶操作方法和要求 2.4.4 曲线行驶驾驶操作方法和要求 2.4.5 直角转弯驾驶操作方法和要求
3. 道路驾驶教学	3.1 上车前准备与起步教学	3.1.1 能在道路上进行上车前准备与起步讲解和动作示范 3.1.2 能在道路上讲解、示范起步驾驶操作	3.1.1 上车前车辆检查方法和要求 3.1.2 上车的动作规范和要求 3.1.3 起步前观察与调整方法和要求 3.1.4 平稳起步驾驶操作要领
	3.2 直线行驶和跟车教学	3.2.1 能在道路上进行保持车辆直线行驶的驾驶训练 3.2.2 能在道路上进行保持跟车距离的驾驶训练	3.2.1 直线行驶驾驶操作要求和注意事项 3.2.2 跟车行驶驾驶操作要求和注意事项
	3.3 变更车道与通过路口教学	3.3.1 能在道路上进行安全变更车道的驾驶训练 3.3.2 能在道路上进行直线通过路口、路口转弯的驾驶训练	3.3.1 变更车道驾驶操作要求和注意事项 3.3.2 通过路口驾驶操作要求和注意事项
	3.4 会车、超车、让车教学	3.4.1 能在道路上进行与对向来车交会的驾驶训练 3.4.2 能在道路上进行超越前方车辆的驾驶训练 3.4.3 能在道路上进行合理让车的驾驶训练	3.4.1 会车驾驶操作要求和注意事项 3.4.2 超车驾驶操作要求和注意事项 3.4.3 让车驾驶操作要求和注意事项
	3.5 掉头与倒车教学	3.5.1 能在道路上讲解、示范掉头驾驶操作 3.5.2 能在道路上讲解、示范倒车驾驶操作	3.5.1 掉头驾驶操作要求和注意事项 3.5.2 倒车驾驶操作要求和注意事项

续表

职业功能	工作内容	技能要求	相关知识要求
3. 道路驾驶教学	3.6 通过学校、人行横道、公交车站教学	3.6.1 能进行通过学校区域的驾驶训练 3.6.2 能进行通过人行横道避让行人的驾驶训练 3.6.3 能进行通过公交车站的驾驶训练	3.6.1 通过学校区域驾驶操作要求和注意事项 3.6.2 通过人行横道驾驶操作要求和注意事项 3.6.3 通过公交车站驾驶操作要求和注意事项
	3.7 停车与下车教学	3.7.1 能进行靠边临时停车的驾驶训练 3.7.2 能讲解、示范下车的操作	3.7.1 停车操作要求和注意事项 3.7.2 下车操作要求和注意事项
	3.8 夜间驾驶教学	3.8.1 能讲解、示范夜间正确使用灯光的操作 3.8.2 能在夜间根据不同的照明条件进行安全驾驶训练	3.8.1 夜间各种灯光的使用和注意事项 3.8.2 夜间驾驶操作要求和注意事项

3.2 四级/中级工

职业功能	工作内容	技能要求	相关知识要求
1. 理论教学	1.1 理论教学准备	1.1.1 能根据《机动车驾驶培训教学与考试大纲》编写理论教学教案 1.1.2 能对多媒体教学设施设备进行维护和性能检查	1.1.1 《机动车驾驶培训教学与考试大纲》相关知识 1.1.2 多媒体教学设施设备的维护知识
	1.2 机动车基础知识教学	1.2.1 能讲授车辆性能、动力传递基本知识 1.2.2 能讲授车辆安全装置基本原理 1.2.3 能讲授轮胎更换相关知识 1.2.4 能讲授常见故障识别、汽车维护知识	1.2.1 车辆性能与安全行车的关系 1.2.2 发动机动力传递方向和路线 1.2.3 车辆安全装置基本原理 1.2.4 轮胎更换知识 1.2.5 汽车常见故障识别 1.2.6 汽车维护知识

续表

职业功能	工作内容	技能要求	相关知识要求
1. 理论教学	1.3 基础驾驶常识教学	1.3.1 能讲授汽车行驶基本原理 1.3.2 能讲授基础驾驶知识 1.3.3 能讲授驾驶技能形成规律知识 1.3.4 能讲解专用车辆迁延装置使用方法	1.3.1 汽车行驶的基本条件 1.3.2 基础驾驶对安全行车的影响 1.3.3 基础驾驶不安全因素分析 1.3.4 驾驶技能形成规律及过程 1.3.5 专用车辆迁延装置的基本结构 1.3.6 专用车辆迁延装置的使用
	1.4 安全驾驶知识教学	1.4.1 能讲授驾驶生理、心理相关知识 1.4.2 能讲授安全驾驶理论知识 1.4.3 能讲授事故预防知识 1.4.4 能讲授预见性驾驶和临危处置知识	1.4.1 驾驶生理、心理对安全驾驶的影响 1.4.2 各类道路条件下的安全通行规则 1.4.3 常见道路交通事故成因分析和预防措施 1.4.4 常见道路交通事故案例分析和警示 1.4.5 危险源辨识与防御性驾驶知识 1.4.6 突发情况、紧急情况临危应急处置知识
2. 场地驾驶教学	2.1 实操教学准备	2.1.1 能根据教学总计划编写训练实施计划 2.1.2 能对教学车辆技术性、安全设施进行检查 2.1.3 能对驾驶模拟教学设备进行维护和检查	2.1.1 实操教学实施计划编制要求 2.1.2 教学车辆技术性能、安全检查和维护知识 2.1.3 驾驶模拟教学设备技术性能及检查、维护知识

续表

职业功能	工作内容	技能要求	相关知识要求
2. 场地驾驶教学	2.2 模拟场地城市街道驾驶教学	2.2.1 能在模拟场地进行通过人行横道驾驶训练 2.2.2 能在模拟场地进行通过路口驾驶训练 2.2.3 能在模拟场地进行通过学校区域驾驶训练 2.2.4 能在模拟场地进行通过居民小区驾驶训练 2.2.5 能在模拟场地进行通过公交车站驾驶训练 2.2.6 能在模拟场地进行通过医院路段驾驶训练 2.2.7 能在模拟场地进行通过商店路段驾驶训练 2.2.8 能在模拟场地进行通过铁路道口驾驶训练 2.2.9 能在模拟场地进行跟车速度感知驾驶训练	2.2.1 通过模拟人行横道路段的观察、速度控制、安全驾驶方法和要求 2.2.2 通过模拟路口的观察、速度控制、安全驾驶方法和要求 2.2.3 通过模拟学校区域的观察、速度控制、安全驾驶方法和要求 2.2.4 通过模拟居民小区的观察、速度控制、安全驾驶方法和要求 2.2.5 通过模拟公交车站的观察、速度控制、安全驾驶方法和要求 2.2.6 通过模拟医院路段的观察、速度控制、安全驾驶方法和要求 2.2.7 通过模拟商店路段的观察、速度控制、安全驾驶方法和要求 2.2.8 通过模拟铁路道口的观察、速度控制、安全驾驶方法和要求 2.2.9 模拟速度 70 km/h 跟车速度感知的方法 2.2.10 模拟速度 40 km/h 跟车速度感知的方法
3. 道路驾驶教学	3.1 上车前准备与安全起步教学	3.1.1 能在道路上进行上车前安全检查和起步前安全确认训练 3.1.2 能根据道路条件和交通环境进行安全起步训练	3.1.1 上车前车辆安全检查知识 3.1.2 起步前安全观察知识 3.1.3 夜间、雾、雨、雪天起步操作知识
	3.2 安全直线行驶与安全跟车教学	3.2.1 能根据道路情况和交通环境进行安全直线行驶驾驶训练 3.2.2 能在不同道路条件和交通环境进行安全跟车驾驶训练	3.2.1 直线行驶观察与车体位置感觉知识 3.2.2 直线行驶位置、路线选择、方向控制知识 3.2.3 跟车行驶观察、速度控制、保持安全距离知识

续表

职业功能	工作内容	技能要求	相关知识要求
3. 道路驾驶教学	3.3 安全变更车道教学	3.3.1 能根据道路交通情况进行安全变更车道驾驶训练 3.3.2 能在各种交叉路口进行变更车道的安全驾驶训练	3.3.1 向左（右）变更车道安全驾驶知识 3.3.2 超越障碍物变更车道安全驾驶知识 3.3.3 车流量大路段变更车道安全驾驶知识 3.3.4 通过路口变更车道安全驾驶知识 3.3.5 频繁变更车道的危害
	3.4 安全通过路口教学	3.4.1 能根据交叉路口不同的交通状况进行通过路口安全驾驶训练 3.4.2 能进行通过环岛路口、立交桥、铁路道口等复杂路口安全驾驶训练	3.4.1 通过有交通信号灯路口的安全驾驶知识 3.4.2 通过没有交通信号灯路口的安全驾驶知识 3.4.3 通过视线不良路口的安全驾驶知识 3.4.4 通过交通拥堵路口的安全驾驶知识 3.4.5 通过环岛路口的安全驾驶知识 3.4.6 通过立交桥的安全驾驶知识 3.4.7 通过铁路道口的安全驾驶知识
	3.5 安全会车、超车、让车教学	3.5.1 能在不同交通状况的路段进行会车安全驾驶训练 3.5.2 能进行超车前观察方法和安全超车驾驶训练 3.5.3 能根据道路条件进行安全让车驾驶训练	3.5.1 会车地点选择、速度控制和安全间距等知识 3.5.2 有障碍路段安全会车驾驶知识 3.5.3 超车前观察与行驶路线选择等知识 3.5.4 超车安全驾驶知识 3.5.5 让车观察与行驶路线选择知识 3.5.6 让车安全驾驶知识
	3.6 安全掉头与倒车教学	3.6.1 能在道路上讲解、示范掉头地点选择和安全掉头驾驶操作 3.6.2 能讲解、示范倒车地点选择和安全倒车驾驶操作	3.6.1 掉头地点选择、掉头前观察安全驾驶知识 3.6.2 倒车地点选择、倒车前观察安全驾驶知识

续表

职业功能	工作内容	技能要求	相关知识要求
3. 道路驾驶教学	3.7 安全通过学校、人行横道、公交车站教学	3.7.1 能在道路上进行通过学校区域和学校门口观察和让行安全驾驶训练 3.7.2 能在道路上进行通过人行横道减速观察和让行安全驾驶训练 3.7.3 能在道路上进行通过公交车站减速观察、提前预防安全驾驶训练	3.7.1 通过学校区域和学校门口观察与让行安全驾驶知识 3.7.2 通过人行横道前观察、速度控制、让行安全驾驶知识 3.7.3 通过公交车站前观察与提前预防安全驾驶知识
	3.8 安全停车、下车的教学	3.8.1 能在道路上进行路边临时停车的安全驾驶训练 3.8.2 能进行规范、安全的下车驾驶训练	3.8.1 路边临时停车地点选择知识 3.8.2 下车前安全确认、观察和安全下车知识
	3.9 夜间安全驾驶教学	3.9.1 能在暗环境条件下进行正确使用灯光教学 3.9.2 能在各种道路和环境条件下进行夜间安全驾驶训练	3.9.1 夜间灯光正确使用知识 3.9.2 夜间起步、跟车、会车等安全驾驶知识 3.9.3 夜间路面识别和判断知识 3.9.4 夜间通过路口安全驾驶知识
4. 恶劣气象及复杂道路条件下驾驶教学	4.1 恶劣气象条件下安全驾驶教学	4.1.1 能借助驾驶模拟教学设备（或在实际道路）进行雨天、雪天、雾（霾）天驾驶教学 4.1.2 能借助驾驶模拟教学设备进行冰雪路面、积水路面、泥泞路面驾驶教学	4.1.1 摩擦系数、附着力、能见度基本知识 4.1.2 恶劣气象条件驾驶心理承受能力知识 4.1.3 雨天、雪天、雾（霾）天安全驾驶知识 4.1.4 冰雪路面、积水路面、泥泞路面特点及对安全行车的影响 4.1.5 冰雪路面、积水路面、泥泞路面安全驾驶知识
	4.2 山区道路安全驾驶教学	4.2.1 能借助驾驶模拟教学设备（或在实际道路）进行弯道、连续弯道和反向弯道驾驶教学 4.2.2 能借助驾驶模拟教学设备（或在实际道路）进行上陡坡、下陡坡和连续上下陡坡驾驶教学 4.2.3 能借助驾驶模拟教学设备进行傍山险道驾驶教学	4.2.1 山区弯道行驶速度控制、行驶路线选择驾驶知识 4.2.2 山区道路挡位选择、速度控制驾驶知识 4.2.3 山区傍山险道的特点和行车恐惧心理形成原因分析 4.2.4 傍山险道安全驾驶方法

续表

职业功能	工作内容	技能要求	相关知识要求
4. 恶劣气象及复杂道路条件下驾驶教学	4.3 高速公路安全驾驶教学	4.3.1 能借助驾驶模拟教学设备进行通过高速公路收费站（ETC）和驶入高速公路驾驶教学 4.3.2 能借助驾驶模拟教学设备进行高速公路控制速度、选择车行道、保持车距、超车和应急停车驾驶教学 4.3.3 能借助驾驶模拟教学设备进行驶出高速公路和通过收费站（ETC）驾驶教学	4.3.1 通过高速公路 ETC 车道驾驶知识 4.3.2 通过高速公收费站驾驶知识 4.3.3 高速公路匝道、加速车道安全驾驶知识 4.3.4 高速公路车行道选择、保持安全车距知识 4.3.5 高速公路安全超车知识 4.3.6 高速公路应急停车知识 4.3.7 高速公路减速车道安全行驶知识 4.3.8 通过收费站驶离高速公路驾驶知识
5. 教学管理	5.1 学员管理	5.1.1 能对学员进行培训学时管理 5.1.2 能对学员进行安全行为管理	5.1.1 学员理论学习、驾驶训练应遵守的规定和行为要求 5.1.2 驾驶培训学时规定和要求 5.1.3 教学日志填写方法和要求 5.1.4 学员安全行为规定和要求
	5.2 教学车辆及教学设施设备使用管理	5.2.1 能对教学车辆进行维护管理 5.2.2 能对多媒体、教学磁板、驾驶模拟器等教学设施设备进行维护管理	5.2.1 教学车辆使用和维护知识 5.2.2 多媒体教学设备正确使用和维护知识 5.2.3 教学磁板正确使用和维护知识 5.2.4 驾驶模拟教学设备正确使用和维护知识 5.2.5 教学教具正确使用和维护知识

3.3 三级/高级工

职业功能	工作内容	技能要求	相关知识要求
1. 理论教学	1.1 理论教学准备	1.1.1 能编写两种以上车型驾驶理论培训教案 1.1.2 能制作两种以上车型驾驶理论培训多媒体教学课件	1.1.1 不同车型理论培训教案编写内容和要求 1.1.2 不同车型多媒体教学课件制作内容和方法
	1.2 法律、法规和安全生产知识教学	1.2.1 能讲授载货汽车相关法律、法规知识 1.2.2 能讲授一般货物运输知识 1.2.3 能讲授货物运输安全驾驶行为和安全生产规范知识 1.2.4 能讲授道路运输生产事故应急救援知识 1.2.5 能讲授危险货物运输知识	1.2.1 载货汽车通行、装载、牵引规定相关知识 1.2.2 载货汽车登记、处罚规定相关知识 1.2.3 汽车货物运输规则相关知识 1.2.4 道路普通货物运输分类、特点和要求等知识 1.2.5 货运安全驾驶行为和安全生产操作规范 1.2.6 货运车辆事故隐患排查、应急预案、应急响应知识 1.2.7 危险化学品分类和安全运输知识
	1.3 车辆基本结构及原理教学	1.3.1 能讲授车辆构造知识 1.3.2 能讲授车辆行驶基本原理知识 1.3.3 能讲授车辆性能评价指标知识 1.3.4 能讲授车辆性能与安全行车关系知识 1.3.5 能讲授车辆维护和安全检查知识 1.3.6 能讲授车辆运行材料知识	1.3.1 汽车发动机、底盘、电器设备、车身组成和功用 1.3.2 车辆行驶条件 1.3.3 车辆驱动力和各种阻力 1.3.4 车辆的动力性、经济性、制动性、操纵稳定性、通过性评价指标知识 1.3.5 车辆制动性能、操纵稳定性能、通过性能对安全行车的影响 1.3.6 出车前、行车中、收车后的车辆维护与安全检查 1.3.7 车辆燃油、轮胎的种类及使用 1.3.8 车辆润滑材料、工作液的选用

续表

职业功能	工作内容	技能要求	相关知识要求
1. 理论教学	1.4 驾驶常识教学	1.4.1 能讲授汽车驾驶的影响因素知识 1.4.2 能讲授车辆行驶记录仪和车用导航系统使用知识 1.4.3 能讲授车辆节能减排知识	1.4.1 车辆不安全驾驶因素 1.4.2 驾驶技术对安全行车的影响 1.4.3 车辆行驶记录仪的使用知识 1.4.4 车辆导航系统的使用知识 1.4.5 车辆技术状况、驾驶技术对节能减排的影响 1.4.6 节能减排驾驶技术
2. 场地驾驶教学	2.1 桩考场地驾驶教学	2.1.1 能讲解、示范、指导大型车侧方移位、倒车进库桩考场地驾驶操作 2.1.2 能讲解、示范、指导牵引车桩考场地驾驶操作	2.1.1 大型车辆侧方移位、倒车进库桩考场地驾驶操作方法和要求 2.1.2 牵引车侧方移位、倒车进库桩考场地驾驶操作方法和要求
	2.2 场地项目驾驶教学	2.2.1 能讲解、示范、指导坡道定点停车和起步场地驾驶操作 2.2.2 能讲解、示范、指导侧方停车场地驾驶操作 2.2.3 能讲解、示范、指导通过曲线行驶场地驾驶操作 2.2.4 能讲解、示范、指导通过直角转弯场地驾驶操作 2.2.5 能讲解、示范、指导通过限宽门场地驾驶操作 2.2.6 能讲解、示范、指导通过连续障碍场地驾驶操作 2.2.7 能讲解、示范、指导窄路掉头场地驾驶操作 2.2.8 能讲解、示范、指导起伏路面场地驾驶操作	2.2.1 坡道定点停车和起步场地项目设置目的和操作要求 2.2.2 侧方停车场地项目设置目的和操作要求 2.2.3 曲线行驶场地项目设置目的和操作要求 2.2.4 直角转弯场地项目设置目的和操作要求 2.2.5 通过限宽门场地驾驶操作方法和要求 2.2.6 通过连续障碍场地驾驶操作方法和要求 2.2.7 窄路掉头场地驾驶操作方法和要求 2.2.8 通过起伏路面场地驾驶操作方法和要求
	2.3 场地模拟驾驶教学	2.3.1 能讲解、示范、指导模拟高速公路场地驾驶操作 2.3.2 能讲解、示范、指导模拟连续急弯山区道路场地驾驶操作 2.3.3 能讲解、示范、指导模拟隧道场地驾驶操作 2.3.4 能讲解、示范、指导模拟雨（雾）天场地驾驶操作 2.3.5 能讲解、示范、指导模拟湿滑道路场地驾驶操作	2.3.1 模拟高速公路场地驾驶操作方法和要求 2.3.2 模拟连续急弯山区道路场地驾驶操作方法和要求 2.3.3 模拟隧道场地驾驶操作方法和要求 2.3.4 模拟雨（雾）天路段场地驾驶操作方法和要求 2.3.5 模拟湿滑道路场地驾驶操作方法和要求

续表

职业功能	工作内容	技能要求	相关知识要求
3. 道路驾驶教学	3.1 上车前准备与起步教学	3.1.1 能讲解、示范起步前准备和安全确认的动作 3.1.2 能根据道路交通情况讲解、示范安全起步驾驶方法	3.1.1 起步前调整和安全确认的内容和要求 3.1.2 平稳起步驾驶要求
	3.2 道路驾驶训练教学	3.2.1 能讲解、指导直线行驶驾驶操作 3.2.2 能讲解、指导跟车驾驶操作 3.2.3 能讲解、指导变更车道驾驶操作 3.2.4 能讲解、指导会车驾驶操作 3.2.5 能讲解、指导超车驾驶操作 3.2.6 能讲解、指导让车驾驶操作 3.2.7 能讲解、指导交叉路口选择车道驾驶操作 3.2.8 能讲解、指导通过学校区域驾驶操作 3.2.9 能讲解、指导通过人行横道驾驶操作 3.2.10 能讲解、指导通过公交车站驾驶操作 3.2.11 能讲解、指导掉头驾驶操作 3.2.12 能讲解、指导倒车驾驶操作 3.2.13 能讲解、指导路边临时停车驾驶操作	3.2.1 直线行驶项目设置目的和训练要求 3.2.2 跟车驾驶项目设置目的和训练要求 3.2.3 变更车道驾驶项目设置目的和训练要求 3.2.4 会车驾驶项目设置目的和训练要求 3.2.5 超车驾驶项目设置目的和训练要求 3.2.6 让车驾驶项目设置目的和训练要求 3.2.7 通过交叉路口驾驶项目设置目的和训练要求 3.2.8 通过学校区域驾驶项目设置目的和训练要求 3.2.9 通过人行横道驾驶项目设置目的和训练要求 3.2.10 通过公交车站驾驶项目设置目的和训练要求 3.2.11 掉头驾驶项目设置目的和训练要求 3.2.12 倒车驾驶项目设置目的和训练要求 3.2.13 路边临时停车驾驶项目设置目的和训练要求
	3.3 夜间道路驾驶教学	3.3.1 能讲解、指导正确使用灯光 3.3.2 能进行夜间安全驾驶训练	3.3.1 灯光设置的目的和作用 3.3.2 夜间正确使用灯光的驾驶操作要求 3.3.3 夜间驾驶特点和要求

续表

职业功能	工作内容	技能要求	相关知识要求
4. 专业知识应用教学	4.1 牵引车驾驶教学	4.1.1 能讲解、示范牵引车（汽车列车）连接与分离驾驶操作 4.1.2 能讲解、示范牵引车停靠货台驾驶操作	4.1.1 牵引车（汽车列车）与挂车连接操作知识 4.1.2 牵引车（汽车列车）与挂车分离操作知识 4.1.3 牵引车倒车尾靠货台操作知识 4.1.4 牵引车倒车侧靠货台操作知识 4.1.5 牵引车前进侧靠货台操作知识
	4.2 车辆安全检视与更换轮胎教学	4.2.1 能讲解、示范车辆安全检视操作 4.2.2 能讲解、示范车辆更换轮胎操作方法	4.2.1 车辆安全检视部件技术标准 4.2.2 车辆安全检视知识 4.2.3 更换轮胎工具使用知识 4.2.4 轮胎使用、更换知识
5. 教学管理	5.1 学员管理	5.1.1 能对学员进行培训教学管理 5.1.2 能对学员进行考核管理	5.1.1 学员学习秩序和行为管理知识 5.1.2 学员学习阶段考核内容和要求 5.1.3 学员结业考核内容和要求
	5.2 教学组织管理	5.2.1 能对学员理论学习进行组织管理 5.2.2 能对学员场地驾驶训练进行组织管理 5.2.3 能对学员道路驾驶训练进行组织管理	5.2.1 理论教学组织形式和管理知识 5.2.2 场地驾驶教学组织和管理知识 5.2.3 道路驾驶教学组织和管理知识
6. 培训与指导	6.1 培训	6.1.1 能设计四级/中级工及以下人员专业培训方案 6.1.2 能对四级/中级工及以下人员进行驾驶心理学基本知识培训 6.1.3 能对四级/中级工及以下人员进行理论和实操教学方法培训	6.1.1 教练员培训实施方案编制要求 6.1.2 教练员培训组织和管理知识 6.1.3 驾驶心理学基本知识 6.1.4 理论教学和实操教学方法和要求

职业功能	工作内容	技能要求	相关知识要求
6. 培训与指导	6.2 指导	6.2.1 能指导四级/中级工及以下人员编制教学实施计划 6.2.2 能指导四级/中级工及以下人员编写教学教案 6.2.3 能指导四级/中级工及以下人员进行教学方法研讨	6.2.1 驾驶培训教学实施计划编制内容和方法 6.2.2 驾驶培训教案编写方法和要求 6.2.3 教学方法在驾驶培训理论教学中的应用 6.2.4 教学方法在驾驶训练中的应用

3.4 二级/技师

职业功能	工作内容	技能要求	相关知识要求
1. 理论教学	1.1 理论教学准备	1.1.1 能编写三种以上车型驾驶理论培训教案 1.1.2 能制作三种以上车型驾驶多媒体教学课件	1.1.1 不同车型驾驶理论教案编写规范和要求 1.1.2 不同车型驾驶多媒体教学课件设计和制作要求
	1.2 法律、法规和安全生产知识教学	1.2.1 能讲授法律、法规相关知识 1.2.2 能讲授安全生产相关知识 1.2.3 能讲授安全应急处置相关知识	1.2.1 车辆通行规则相关知识 1.2.2 驾驶行为规定和要求 1.2.3 交通违法行为处罚相关知识 1.2.4 安全生产管理相关知识 1.2.5 安全驾驶行为知识 1.2.6 安全生产操作规范相关知识 1.2.7 事故隐患排除、事故应急预案知识 1.2.8 发生火灾、落水、坠落、倾覆时组织旅客逃生的方法和应急措施 1.2.9 发生杀人行凶、抢夺钱物、打架斗殴、设赌诈骗和盗窃等事件的应急处置知识 1.2.10 反恐救助、临危处置方法和反恐措施

续表

职业功能	工作内容	技能要求	相关知识要求
1. 理论教学	1.3 车辆技术要求教学	1.3.1 能讲授车辆技术等级划分知识 1.3.2 能讲授车辆技术要求知识 1.3.3 能讲授车辆外廓尺寸、轴荷及质量限值要求知识	1.3.1 车辆类型等级 1.3.2 车辆技术等级划分 1.3.3 整车外观、装备、安全设施、驾驶操纵装置知识 1.3.4 照明、信号装置、电器设备知识 1.3.5 车辆外廓尺寸、轴荷及质量限值要求相关知识 1.3.6 车辆燃料消耗限值
	1.4 道路运输知识教学	1.4.1 能讲授道路运输驾驶员职业道德相关知识 1.4.2 能讲授道路运输法律、法规相关知识 1.4.3 能讲授道路运输相关知识 1.4.4 能讲授节能驾驶技术相关知识	1.4.1 道路运输驾驶员职业道德 1.4.2 道路运输驾驶员社会责任与职业行为规范 1.4.3 《中华人民共和国安全生产法》相关知识 1.4.4 《道路运输从业人员管理规定》相关知识 1.4.5 《道路旅客运输及站场管理规定》相关知识 1.4.6 道路运输经营管理相关知识 1.4.7 道路运输服务规范相关知识 1.4.8 车辆行车日志使用知识 1.4.9 车辆技术对节能减排的影响 1.4.10 驾驶技术对节能减排的影响
2. 场地驾驶教学	2.1 基础驾驶教学	2.1.1 能讲解、分析、演示安全起步驾驶技术 2.1.2 能讲解、分析、演示驾驶操纵装置规范操作方法 2.1.3 能讲解、演示车辆专用仪表、指示灯识别和使用方法 2.1.4 能讲解、演示起步、停车、变速、换挡、倒车、行驶位置、路线判断驾驶技术	2.1.1 不同车型安全起步的区别和驾驶技术要求 2.1.2 不同车型驾驶操纵装置设置的区别和驾驶技术要求 2.1.3 车辆专用仪表和指示灯设置的作用、识别和使用知识 2.1.4 不同车型起步、停车、变速、换挡、倒车的区别和驾驶技术要求 2.1.5 不同车型行驶位置、路线判断方法和驾驶技术

续表

职业功能	工作内容	技能要求	相关知识要求
2. 场地驾驶教学	2.2 场地项目驾驶教学	2.2.1 能进行侧方停车、倒车入库场地项目讲解、示范和技术指导 2.2.2 能进行通过限宽门场地项目讲解、示范和技术指导 2.2.3 能进行通过连续障碍场地项目讲解、示范和技术指导 2.2.4 能进行窄路掉头场地项目讲解、示范和技术指导 2.2.5 能进行通过起伏路面场地项目讲解、示范和技术指导 2.2.6 能进行停靠站台场地项目讲解、示范和技术指导	2.2.1 侧方停车、倒车入库场地项目设置目的和操作要求 2.2.2 通过限宽门场地项目设置目的和操作要求 2.2.3 通过连续障碍场地项目设置目的和操作要求 2.2.4 窄路掉头场地项目设置目的和操作要求 2.2.5 通过起伏路面场地项目设置目的和操作要求 2.2.6 客车倒车侧靠站台、前进侧靠站台、准确停靠到位的操作方法和要求
	2.3 场地模拟驾驶教学	2.3.1 能进行模拟高速公路场地项目讲解、示范和技术指导 2.3.2 能进行模拟连续急弯山路场地项目讲解、示范和技术指导 2.3.3 能进行模拟隧道场地项目讲解、示范和技术指导 2.3.4 能进行模拟雨（雾）天场地项目讲解、示范和技术指导 2.3.5 能进行模拟湿滑道路场地项目讲解、示范和技术指导	2.3.1 模拟高速公路场地项目设置目的和技术要求 2.3.2 模拟连续急弯山路场地项目设置目的和操作要求 2.3.3 模拟隧道场地项目设置目的和技术要求 2.3.4 模拟雨（雾）天场地项目设置目的和技术要求 2.3.5 模拟湿滑道路场地项目设置目的和技术要求
3. 道路驾驶教学	3.1 安全驾驶教学	3.1.1 能根据道路情况和交通环境进行直线行驶、跟车、变更车道、会车、超车、让车安全驾驶训练 3.1.2 能根据路口通行方式进行通过交叉路口、环岛路口、立交桥、铁路道口安全驾驶训练 3.1.3 能根据道路通行状态进行掉头、倒车、路边临时停车安全驾驶训练	3.1.1 直线行驶、跟车行驶、变更车道、车会、超车、让车安全驾驶技术要求 3.1.2 通过有交通信号灯的路口安全驾驶技术要求 3.1.3 通过没有交通信号灯的路口安全驾驶技术要求 3.1.4 通过环岛路口、立交桥、铁路道口的安全驾驶技术要求 3.1.5 掉头、倒车、路边临时停车的安全驾驶技术要求

续表

职业功能	工作内容	技能要求	相关知识要求
3. 道路驾驶教学	3.2 文明礼让驾驶教学	3.2.1 能进行通过学校区域、人行横道、公交车站礼让驾驶训练 3.2.2 能进行文明使用灯光的驾驶训练 3.2.3 能进行夜间礼让驾驶训练	3.2.1 通过学校区域观察、礼让学生的驾驶知识 3.2.2 通过人行横道前观察、礼让行人和非机动车的驾驶知识 3.2.3 通过公交车站前观察、礼让下车乘客的驾驶知识 3.2.4 灯光设置目的、作用和文明使用知识 3.2.5 夜间驾驶特点和礼让行人、非机动车的驾驶知识
4. 专业知识应用教学	4.1 应急处置教学	4.1.1 能制定训练事故应急预案和训练事故隐患排查方案 4.1.2 能讲授事故应急处置知识 4.1.3 能讲解、演示伤病员急救知识	4.1.1 训练事故应急预案知识 4.1.2 训练事故隐患排查知识 4.1.3 紧急情况下临危处置驾驶知识 4.1.4 交通事故现场处置知识 4.1.5 伤病员救护基本知识 4.1.6 交通事故现场伤员自救常识 4.1.7 常见疾病处置知识 4.1.8 心肺复苏技术 4.1.9 止血法、包扎法、骨折固定和搬运知识
	4.2 新技术、新能源知识教学	4.2.1 能讲授汽车新技术知识 4.2.2 能讲授汽车卫星定位系统知识 4.2.3 能讲授汽车新能源知识	4.2.1 废气涡轮增压技术知识 4.2.2 高压共轨技术知识 4.2.3 尾气处理技术知识 4.2.4 卫星定位系统车载终端知识 4.2.5 卫星定位监控平台知识 4.2.6 混合动力汽车知识 4.2.7 电动汽车知识 4.2.8 燃料电池汽车知识 4.2.9 燃气汽车知识
	4.3 常见故障诊断教学	4.3.1 能讲授发动机常见故障诊断知识 4.3.2 能讲授底盘常见故障诊断知识 4.3.3 能讲授轮胎常见故障诊断知识 4.3.4 能讲授电器设备常见故障诊断知识	4.3.1 发动机常见故障诊断、处置知识 4.3.2 底盘常见故障诊断、处置知识 4.3.3 轮胎常见故障诊断、处置知识 4.3.4 电器设备常见故障诊断、处置知识

续表

职业功能	工作内容	技能要求	相关知识要求
5. 教学管理	5.1 学员管理	5.1.1 能按照制度和规定对学员进行教学管理 5.1.2 能对培训质量进行考核管理	5.1.1 理论教学管理相关知识 5.1.2 场地教学管理相关知识 5.1.3 道路训练管理相关知识 5.1.4 教学日志填写知识 5.1.5 理论知识考核内容和要求 5.1.6 场地驾驶考核内容和要求 5.1.7 道路驾驶考核内容和要求
	5.2 教学质量评估	5.2.1 能编制教学质量考核评估方案 5.2.2 能对驾驶培训进行质量评估	5.2.1 培训质量评估知识 5.2.2 教练员教学质量评估知识 5.2.3 学员对教学和服务评价评估知识 5.2.4 不良教学（信用）记录评估知识
	5.3 教学设施设备管理	5.3.1 能对教学场所（地）进行管理 5.3.2 能对伤员急救器材进行管理	5.3.1 教学场所（地）安全管理知识 5.3.2 教学场所设施设备维护管理知识 5.3.3 伤员急救器材维护管理知识
6. 培训与指导	6.1 培训	6.1.1 能设计三级/高级工的专业培训方案 6.1.2 能对三级/高级工进行教育心理学基础知识培训 6.1.3 能对三级/高级工进行理论和实操教学培训	6.1.1 三级/高级工培训教学计划和设计要求 6.1.2 教育心理学知识 6.1.3 三级/高级工理论教学培训内容和要求 6.1.4 三级/高级工实操教学培训内容和要求
	6.2 指导	6.2.1 能指导三级/高级工编制教学实施计划、编写培训教案 6.2.2 能指导三级/高级工进行驾驶培训教学组织和研讨	6.2.1 驾驶培训教学实施计划编制指导方法 6.2.2 教学方法在驾驶培训中应用 6.2.3 教学经验交流和研讨设计、要求及组织方式

3.5 一级/高级技师

职业功能	工作内容	技能要求	相关知识要求
1. 专业知识应用教学	1.1 教学总计划制订和实施	1.1.1 能根据《机动车驾驶培训教学与考试大纲》制订教学总计划 1.1.2 能指导各等级教练员编写教学实施计划 1.1.3 能对教学计划实施进度进行检查	1.1.1 制定教学总计划的原则和依据 1.1.2 教学总计划的体例、程序要求 1.1.3 教学实施计划的体例、程序要求 1.1.4 教学计划实施进度检查的方法和要求
	1.2 驾驶培训理论教学	1.2.1 能编写三种以上车型驾驶理论培训教案 1.2.2 能制作三种以上车型驾驶理论培训教学课件 1.2.3 能进行三种以上车型驾驶理论培训教学	1.2.1 理论培训教案编写规范 1.2.2 理论培训教学课件制作方法、内容要求 1.2.3 多媒体教学课件内容要求 1.2.4 驾驶指导理论教学知识 1.2.5 理论规范化教学内容和要求
	1.3 驾驶培训实操教学	1.3.1 能编写三种以上车型驾驶操作培训教案 1.3.2 能进行三种以上车型驾驶操作训练教学	1.3.1 驾驶操作培训教案编写规范 1.3.2 场地驾驶操作教案编写内容和要求 1.3.3 道路驾驶操作教案的编写内容和要求 1.3.4 不同车型场地操作训练要求 1.3.5 不同车型道路驾驶操作训练要求
2. 教学管理	2.1 教学质量管理与评估	2.1.1 能监督驾驶培训教学质量 2.1.2 能对培训对象进行教学质量评估	2.1.1 教学质量管理相关知识 2.1.2 教学质量监督相关知识 2.1.3 教学质量评估方案制订要求 2.1.4 教学质量评估实施步骤和任务要求 2.1.5 教学质量管理与教学质量评估的关系

续表

职业功能	工作内容	技能要求	相关知识要求
2. 教学管理	2.2 教学安全管理	2.2.1 能制定教学安全管理制度 2.2.2 能实施教学安全管理 2.2.3 能制订训练教学事故应急预案 2.2.4 能制订训练教学事故隐患排查方案 2.2.5 能组织编写安全教育教材 2.2.6 能对教练员进行安全教育	2.2.1 安全管理制度相关知识 2.2.2 安全管理与教学质量的关系 2.2.3 教学车辆、教练场地、教练员、学员安全管理基本要求 2.2.4 训练教学事故应急预案编制知识 2.2.5 训练教学事故应急预案实施与管理知识 2.2.6 训练教学事故隐患排查方案制订依据和要求 2.2.7 训练教学事故隐患排查、整改方法和范围 2.2.8 事故责任分析相关知识 2.2.9 安全教育的作用、原则、内容和形式等知识 2.2.10 安全教育信息收集及教材编写知识
	2.3 教学人员管理	2.3.1 能根据需求建立教学人才结构体系 2.3.2 能设置教学人才评价体系	2.3.1 教学人才结构体系、梯队建设相关知识 2.3.2 教学人员任职资格评价内容、方法和要求 2.3.3 教学人员入职前评价内容、方法和要求 2.3.4 教学人员岗前培训相关知识 2.3.5 教学人员继续教育相关知识 2.3.6 教学人员专业培训考核内容和要求 2.3.7 教学人员业绩评价内容、方法和要求 2.3.8 教学人员价值评价内容、方法和要求
	2.4 教学改革与创新管理	2.4.1 能制定驾驶培训教学改革方案 2.4.2 能组织开展驾驶培训教学创新活动	2.4.1 驾驶培训教学改革的发展趋势分析 2.4.2 教学设备创新对驾驶教学的影响 2.4.3 驾驶培训教学理念、内容、方法的改革创新知识

续表

职业功能	工作内容	技能要求	相关知识要求
2. 教学管理	2.5 教学车辆、设备及场地管理	2.5.1 能对教学车辆进行系统管理 2.5.2 能对教学设备进行系统管理 2.5.3 能对教学场地的管理进行监督 2.5.4 能对教学车辆、教学辅助设备进行节能管理	2.5.1 教学车辆相关技术标准和管理知识 2.5.2 教学设备技术要求和使用管理知识 2.5.3 教学场地技术标准和管理知识 2.5.4 国家节能减排有关规定和要求
3. 培训与指导	3.1 培训	3.1.1 能编写教练员培训计划和方案 3.1.2 能对教练员进行教学技术应用培训 3.1.3 能对教练员进行交通工程学基本知识培训 3.1.4 能对教练员进行汽车检测设备使用基本知识培训	3.1.1 教练员培训计划方案的内容和要求 3.1.2 教育技术学基本知识 3.1.3 现代信息技术在教学中的应用 3.1.4 教育技术学在驾驶培训中的应用 3.1.5 交通特性、道路通行能力分析知识 3.1.6 停车设施知识 3.1.7 城市交通管理与控制知识 3.1.8 汽车常用检测设备使用知识
	3.2 指导	3.2.1 能指导、检查二级/技师编写教学实施计划、编写培训教案 3.2.2 能指导二级/技师进行新模式培训教学	3.2.1 驾驶培训教案设计规范、编写方法和要求 3.2.2 不同车型驾驶培训教案的区别 3.2.3 实车驾驶与驾驶模拟教学设备穿插教学模式知识 3.2.4 安全文明意识与道路训练一体化教学模式知识 3.2.5 智能化新技术在驾驶培训教学中的应用 3.2.6 网络技术在驾驶培训教学中的应用

续表

职业功能	工作内容	技能要求	相关知识要求
4. 教学研究	4.1 教学质量研究	4.1.1 能对教练员职业素养进行分析 4.1.2 能对学员满意度进行分析	4.1.1 系统调查与分析方法相关知识 4.1.2 教练员职业素养内涵、要求 4.1.3 职业信念、职业知识、职业技能、职业行为习惯等相关知识 4.1.4 教学综合服务、服务质量、教学水平、综合管理、设施设备指标等知识 4.1.5 学员满意率调查分析方法
	4.2 教学方法研究	4.2.1 能对驾驶培训教学方法进行分析 4.2.2 能对培养学员良好驾驶习惯教学方法进行分析	4.2.1 理论与驾驶操作相结合教学方法和要求 4.2.2 实车与模拟驾驶穿插教学方法和要求 4.2.3 实车与模拟驾驶互补教学方法和要求 4.2.4 学员心理与生理相关知识 4.2.5 学习与教学活动心理规律知识 4.2.6 素质教育教学模式和方法 4.2.7 培养学员安全意识的教学方法和要求 4.2.8 培养学员养成良好驾驶习惯的教学方法和要求

4. 权重表

4.1 理论知识权重表

项目		技能等级	五级/初级工 %	四级/中级工 %	三级/高级工 %	二级/技师 %	一级/高级技师 %
基本要求		职业道德	5	5	5	5	5
		基础知识	15	15	10	10	5
相关知识要求		理论教学	30	25	20	10	—
		场地驾驶教学	30	20	30	20	—
		道路驾驶教学	20	20	15	10	—
		恶劣气象及复杂道路条件下驾驶教学	—	10	—	—	—
		专业知识应用教学	—	—	10	15	25
		教学管理	—	5	5	15	40
		培训与指导	—	—	5	15	15
		教学研究	—	—	—	—	10
		合计	100	100	100	100	100

4.2 技能要求权重表

项目		技能等级	五级/初级工 %	四级/中级工 %	三级/高级工 %	二级/技师 %	一级/高级技师 %
技能要求		理论教学	10	15	10	10	—
		场地驾驶教学	60	40	35	30	—
		道路驾驶教学	30	25	25	10	—
		恶劣气象及复杂道路条件下驾驶教学	—	10	—	—	—
		专业知识应用教学	—	—	10	15	10
		教学管理	—	10	10	15	50
		培训与指导	—	—	10	20	20
		教学研究	—	—	—	—	20
		合计	100	100	100	100	100

汽车维修工国家职业技能标准

（2018 年版）

1. 职业概况

1.1 职业名称

汽车维修工

1.2 职业编码

4—12—01—01

1.3 职业定义

使用工、夹、量具和仪器仪表、检修设备，维护、修理和调试汽车及特种车辆的人员。

1.4 职业技能等级

本职业共设五个等级，分别为：五级/初级工、四级/中级工、三级/高级工、二级/技师、一级/高级技师。

1.5 职业环境条件

室内、外，常温。

1.6 职业能力特征

具有一般智力水平、表达能力、动作协调性和空间感；手指和手臂灵活性好；有一定计算能力。从事车身涂装修复的人员应具有正常色觉。

1.7 普通受教育程度

初中毕业（或相当文化程度）。

1.8 职业技能鉴定要求

1.8.1 申报条件

具备以下条件之一者，可申报五级/初级工：
（1）累计从事本职业或相关职业[①]工作 1 年（含）以上。

[①] 机动车检测工、汽车装调工、农机修理工、工程机械维修工。

（2）本职业或相关职业学徒期满。

具备以下条件之一者，可申报四级/中级工：

（1）取得本职业或相关职业五级/初级工职业资格证书（技能等级证书）后，累计从事本职业或相关职业工作4年（含）以上。

（2）累计从事本职业或相关职业工作6年（含）以上。

（3）取得技工学校本专业①或相关专业②毕业证书（含尚未取得毕业证书的在校应届毕业生）；或取得经评估论证、以中级技能为培养目标的中等及以上职业学校本专业③或相关专业④毕业证书（含尚未取得毕业证书的在校应届毕业生）。

具备以下条件之一者，可申报三级/高级工：

（1）取得本职业或相关职业⑤四级/中级工职业资格证书（技能等级证书）后，累计从事本职业或相关职业工作5年（含）以上。

（2）取得本职业或相关职业四级/中级工职业资格证书（技能等级证书），并具有高级技工学校、技师学院毕业证书（含尚未取得毕业证书的在校应届毕业生）；或取得本职业或相关职业四级/中级工职业资格证书（技能等级证书），并具有经评估论证、以高级技能为培养目标的高等职业学校本专业⑥或相关专业⑦毕业证书（含尚未取得毕业证书的在校应届毕业生）。

（3）具有大专及以上本专业⑧或相关专业⑨毕业证书，并取得本职业或相关职业四级/中级工职业资格证书（技能等级证书）后，累计从事本职业工作2年（含）以上。

具备以下条件之一者，可申报二级/技师：

（1）取得本职业或相关职业三级/高级工职业资格证书（技能等级证书）后，累计从事本职业或相关职业工作4年（含）以上。

（2）取得本职业或相关职业三级/高级工职业资格证书（技能等级证书）的高级技工学校、技师学院毕业生，累计从事本职业或相关职业工作3年（含）以上；或取得本职业或相关职业预备技师证书的技师学院毕业生，累计从事本职业或相关职业工作2年（含）以上。

具备以下条件者，可申报一级/高级技师：

取得本职业或相关职业二级/技师职业资格证书（技能等级证书）后，累计从事本职业或相关职业工作4年（含）以上。

---

① 汽车维修、汽车电器维修、汽车钣金与涂装、汽车装饰与美容、汽车营销。
② 汽车检测、汽车驾驶、汽车制造与装配、工程机械运用与维修、农业机械使用与维护。
③ 汽车运用与维修、汽车车身修复、汽车美容与装潢、汽车整车与配件营销。
④ 工程机械运用与维修、机电技术应用、机电设备安装与维修、汽车制造与检修、汽车电子技术应用、电子与信息技术。
⑤ 机动车检测工、汽车装调工、农机修理工、工程机械维修工、机动车驾驶教练员，下同。
⑥ 汽车运用与维修技术、汽车车身维修技术、新能源汽车运用与维修、汽车检测与维修技术、新能源汽车技术、汽车改装技术。
⑦ 汽车制造与装配技术、汽车试验技术、汽车电子技术、汽车智能技术、内燃机制造与维修、机电设备维修与管理、工程机械运用技术、应用电子技术、机械产品检测检验技术。
⑧ 车辆工程、汽车服务工程、交通工程。
⑨ 农业机械化及其自动化、汽车维修工程教育、新能源科学与工程。

1.8.2 鉴定方式

分为理论知识考试、技能考核以及综合评审。理论知识考试以笔试、机考等方式为主，主要考核从业人员从事本职业应掌握的基本要求和相关知识要求；技能考核主要采用现场操作、模拟操作等方式进行，主要考核从业人员从事本职业应具备的技能水平；综合评审主要针对技师和高级技师，通常采取审阅申报材料、答辩等方式进行全面评议和审查。

理论知识考试、技能考核和综合评审均实行百分制，成绩皆达60分（含）以上者为合格。

1.8.3 监考人员、考评人员与考生配比

理论知识考试中的监考人员与考生配比不低于1∶15，且每个考场不少于2名监考人员；技能考核中的考评人员与考生配比为1∶3，且考评人员为3人（含）以上单数；综合评审委员为3人（含）以上单数。

1.8.4 鉴定时间

理论知识考试时间不少于90 min。技能考核时间：五级/初级工不少于60 min，四级/中级工不少于80 min，三级/高级工不少于100 min，二级/技师不少于120 min，一级/高级技师不少于100 min。综合评审时间不少于30 min。

1.8.5 鉴定场所设备

理论知识考试在标准教室进行；技能考核应在通风条件良好、光线充足和安全措施完善的场所进行。考核场所使用面积应根据考生的健康安全要求和鉴定内容确定，以模拟仿真设备为主的，人均使用面积不低于4 m^2；以真实生产设备为主的，人均使用面积不低于8 m^2。鉴定场所的鉴定设备数量和工具配件须满足不少于4人同时进行考核。

2. 基本要求

2.1 职业道德

2.1.1 职业道德基本知识

2.1.2 职业守则

（1）遵守相关法律、法规和规定。
（2）爱岗敬业，忠于职守，诚实守信。
（3）认真负责，严于律己。
（4）刻苦学习，钻研业务，奉献社会。
（5）谦虚谨慎，团结协作。
（6）严格执行工艺文件，质量意识强。
（7）重视安全生产，环保意识强。

2.2 基础知识

2.2.1 汽车常用材料

(1) 汽车常用金属和非金属材料的种类、性能及应用。
(2) 燃料的标号、性能及应用。
(3) 润滑油、润滑脂的规格、性能及应用。
(4) 汽车常用工作液的规格、性能及应用。
(5) 汽车轮胎的分类、规格及应用。
(6) 轴承的类型、结构。
(7) 紧固件的种类与代号。

2.2.2 电工与电子基本知识

(1) 电路基础知识（直流电路、交流电路）。
(2) 电路基本元件的名称与代号。
(3) 电子电路基础知识。
(4) 常见电子元件的名称与代号。

2.2.3 液压传动

(1) 液压传动基本知识。
(2) 液压传动在汽车上的应用。

2.2.4 汽车维修常用工量具、仪器仪表和维修设备

(1) 汽车维修常用工量具、仪器仪表和维修设备的种类和功能。
(2) 汽车维修常用工量具、仪器仪表和维修设备的选择和使用。

2.2.5 汽车构造

(1) 发动机构造、工作原理。
(2) 底盘构造、工作原理。
(3) 汽车电气设备构造、工作原理。
(4) 汽车车身结构和用材。

2.2.6 安全生产与环境保护知识

(1) 安全防火知识。
(2) 安全用电知识。
(3) 现场急救知识。
(4) 汽车维修作业安全知识。
(5) 汽车维修设备、检测仪器和专用工具的安全操作规范。
(6) 新能源汽车安全知识。

（7）危险化学品知识。
（8）车用油、液的储存和管理。
（9）废弃物及废弃油、液的处置。
（10）环保法规及相关知识。

2.2.7 质量管理知识

（1）质量管理的基本知识。
（2）汽车维修质量检验基础知识。

2.2.8 相关法律法规、规章和技术标准、规范

（1）相关法律法规
《中华人民共和国产品质量法》相关知识。
《中华人民共和国计量法》相关知识。
《中华人民共和国标准化法》相关知识。
《中华人民共和国合同法》相关知识。
《中华人民共和国消费者权益保护法》相关知识。
《中华人民共和国劳动法》相关知识。
《中华人民共和国大气污染防治法》相关知识。
《特种设备安全监察条例》相关知识。
（2）相关规章
《机动车维修管理规定》相关知识。
《道路运输从业人员管理规定》相关知识。
《道路运输车辆技术管理规定》相关知识。
《家用汽车产品修理、更换、退货责任规定》相关知识。
《液化天然气汽车专用装置安装要求》相关知识。
（3）相关技术标准、规范
GB/T 5624《汽车维修术语》。
GB 7258《机动车运行安全技术条件》。
GB 18565《道路运输车辆综合性能要求和检验方法》。
GB/T 3798《汽车大修竣工出厂技术条件》。
GB/T 3799《商用汽车发动机大修竣工出厂技术条件》。
GB/T 18344《汽车维护、检测、诊断技术规范》。
GB/T 15746《汽车修理质量检查评定标准》。
GB/T 19910《汽车发动机电子控制系统修理技术要求》。
GB 18285《点燃式发动机汽车排气污染物排放限值及测量方法（双怠速法及简易工况法）》。
GB 17691《车用压燃式、气体燃料点燃式发动机与汽车排气污染物排放限值及测量方法》。
JT/T 1045《道路运输企业车辆技术管理规范》。

JT/T 511《液化石油气汽车维护、检测技术规范》。
JT/T 512《压缩天然气汽车维护、检测技术规范》。
QC/T 984《汽车玻璃零配安装要求》。

3. 工作要求

本标准对五级/初级工、四级/中级工、三级/高级工、二级/技师、一级/高级技师的技能要求和相关知识要求依次递进，高级别涵盖低级别的要求。

3.1 五级/初级工

汽车维修检验工、汽车机械维修工、汽车电器维修工考核职业功能1~4项，汽车车身整形修复工考核职业功能5~7项，汽车车身涂装修复工考核职业功能8~10项，汽车美容装潢工考核职业功能11~14项，汽车玻璃维修工考核职业功能15~17项。

职业功能	工作内容	技能要求	相关知识要求
1. 汽车维护	1.1 发动机维护	1.1.1 能清洁、更换空气滤清器 1.1.2 能检查调整机油、冷却液的液位 1.1.3 能检查发动机油、液泄漏 1.1.4 能选用和更换机油、冷却液及机油滤清器 1.1.5 能清理发动机散热器表面污物 1.1.6 能检查冷却液冰点	1.1.1 发动机一级维护项目、作业内容和技术要求 1.1.2 发动机机油、冷却液的分类、选用、更换和安全注意事项 1.1.3 发动机机油、冷却液泄漏检查方法 1.1.4 冷却液冰点检查方法 1.1.5 废弃物的收集、储存方法
	1.2 底盘维护	1.2.1 能检查并紧固底盘螺栓、螺母 1.2.2 能检查车轮外观损伤、轮胎花纹深度和轮胎气压 1.2.3 能加注润滑油（脂） 1.2.4 能检查并调整变速器、制动、转向、传动等系统的油位和品质	1.2.1 底盘一级维护项目、作业内容和技术要求 1.2.2 底盘紧固作业安全注意事项 1.2.3 螺栓和螺母的分类、规格及使用 1.2.4 车轮组成、结构和轮胎检查方法 1.2.5 润滑油（脂）选用与加注方法

续表

职业功能	工作内容	技能要求	相关知识要求
1. 汽车维护	1.3 电器维护	1.3.1 能检查灯光、仪表、信号系统功能 1.3.2 能检查喇叭、刮水器、中控门锁、电动后视镜、电动座椅等辅助电器系统功能 1.3.3 能检查空调系统功能 1.3.4 能检查蓄电池极桩连接状况并清洁	1.3.1 灯光、仪表信号系统功能检查方法 1.3.2 喇叭、刮水器、中控门锁、电动后视镜、电动座椅等辅助电气系统功能检查方法 1.3.3 空调系统功能检查方法 1.3.4 蓄电池外观及极桩连接、清洁状况检查方法
2. 发动机检修	2.1 发动机附件拆装	2.1.1 能拆装发电机总成 2.1.2 能拆装起动机总成 2.1.3 能拆装液压转向助力泵总成 2.1.4 能拆装曲轴前皮带轮（扭转减振器）	2.1.1 发电机总成拆装技术要求 2.1.2 起动机总成拆装技术要求 2.1.3 液压转向助力泵总成拆装技术要求 2.1.4 曲轴前皮带轮（扭转减振器）拆装技术要求和专用工具使用
	2.2 发动机总成拆装	2.2.1 能拆装气门室盖和油底壳 2.2.2 能拆装润滑系统、冷却系统外部部件 2.2.3 能拆装进（排）气歧管	2.2.1 发动机各组件、零部件拆装技术要求 2.2.2 发动机零部件清洗方法和注意事项 2.2.3 密封材料、衬垫的分类和使用相关知识
3. 底盘检修	3.1 行驶系统拆装	3.1.1 能进行车轮拆装及换位 3.1.2 能更换减振器总成	3.1.1 车轮拆装及换位技术要求 3.1.2 减振器分类、组成和工作原理 3.1.3 减振器总成更换技术要求
	3.2 转向系统拆装	3.2.1 能拆装转向拉杆和球头 3.2.2 能拆装横向稳定杆	3.2.1 转向拉杆和球头拆装技术要求 3.2.2 横向稳定杆拆装技术要求
	3.3 制动系统拆装	3.3.1 能拆装盘式制动器 3.3.2 能拆装鼓式制动器 3.3.3 能更换制动轮缸	3.3.1 盘式制动器拆装技术要求 3.3.2 鼓式制动器拆装技术要求 3.3.3 制动轮缸更换技术要求

续表

职业功能	工作内容	技能要求	相关知识要求
4. 汽车电器检修	4.1 蓄电池、照明、信号装置拆装	4.1.1 能更换蓄电池 4.1.2 能更换照明指示灯泡 4.1.3 能更换熔断器及继电器	4.1.1 蓄电池更换技术要求 4.1.2 照明指示灯泡更换技术要求 4.1.3 熔断器及继电器更换技术要求
	4.2 其他辅助电器系统拆装	4.2.1 能更换刮水臂、刮水片和调整喷水位置 4.2.2 能更换喇叭	4.2.1 刮水臂、刮水片更换技术要求 4.2.2 喇叭更换技术要求
	4.3 空调系统拆装	4.3.1 能清洁冷凝器 4.3.2 能更换空调滤清器	4.3.1 冷凝器清洁方法和技术要求 4.3.2 空调滤清器更换方法和技术要求
5. 车身损伤检测	5.1 目视检测	能目测确定车身覆盖件损伤的面积和程度	目测检查损伤方法
	5.2 工具检测	能使用测量工具检验覆盖件损伤程度	测量工具使用方法
6. 车身零部件拆装	6.1 车身零部件拆卸	6.1.1 能拆卸前保险杠、后保险杠、前翼子板、车身内外装饰件、车门玻璃和侧窗玻璃等零部件 6.1.2 能拆卸螺纹连接零部件	6.1.1 螺纹连接方法 6.1.2 专用工具与通用工具的使用方法 6.1.3 拆卸零部件的步骤与方法
	6.2 车身零部件安装	6.2.1 能安装前保险杠、后保险杠、前翼子板、车身内外装饰件、车门玻璃和侧窗玻璃等零部件 6.2.2 能安装螺纹连接零部件	6.2.1 安装零部件的步骤与方法 6.2.2 安装零部件的质量标准
7. 整形修复	7.1 手工工具整形修复	7.1.1 能使用打磨机去除漆膜 7.1.2 能使用手工工具修复钢质覆盖件平面损伤	7.1.1 维修钢质板面的基本方法 7.1.2 手工工具使用方法

续表

职业功能	工作内容	技能要求	相关知识要求
7. 整形修复	7.2 设备整形修复	7.2.1 能使用钢板整形修复机修复钢质覆盖件平面损伤 7.2.2 能维护钢板整形修复机 7.2.3 能进行钢板冷热态整形修复 7.2.4 能使用气体保护焊焊接钢板上不超过 5 mm 的裂纹、直径不大于 2 mm 的孔洞	7.2.1 钢板整形修复机使用及维护方法 7.2.2 钢板延展和收缩的基本知识 7.2.3 常用金属材料热处理常识 7.2.4 焊接操作方法及安全操作规程
	7.3 修复塑料件	能使用专用工具焊接、粘接塑料件	焊接、粘接塑料件方法
8. 前处理	8.1 打磨、除漆	能使用双动作打磨机、干磨手刨及干磨砂纸等打磨辅料去除旧漆膜和打磨羽状边	8.1.1 双动作打磨机、干磨手刨、打磨辅料的选择与使用方法 8.1.2 去除旧漆、打磨羽状边的方法 8.1.3 吸尘设备选择与使用方法
	8.2 清洁、遮蔽	8.2.1 能使用清洁剂、除油剂清洁工件表面 8.2.2 能使用遮蔽材料完成喷涂前遮蔽	8.2.1 清洁剂、除油剂与遮蔽材料的选择与使用方法 8.2.2 贴护方法
9. 损伤面施涂与整平	9.1 施涂环氧底漆	9.1.1 能调配环氧底漆 9.1.2 能在金属面施涂环氧底漆	环氧底漆调配与施涂方法
	9.2 平面、外弧面刮涂原子灰	能完成平面、外弧面的原子灰刮涂	9.2.1 原子灰知识 9.2.2 平面、外弧面的原子灰刮涂方法
	9.3 打磨原子灰	能使用双动作打磨机、干磨手刨及干磨砂纸等打磨辅料干磨原子灰	干磨原子灰的方法
10. 漆面抛光	10.1 抛光前打磨	能使用打磨垫、打磨机及砂纸等打磨辅料完成抛光前打磨	抛光前打磨流程
	10.2 抛光	能使用抛光机、抛光盘及抛光蜡去除浅色面漆面脏点、橘皮等缺陷	10.2.1 抛光工艺流程 10.2.2 抛光材料知识

续表

职业功能	工作内容	技能要求	相关知识要求
11. 汽车清洗	11.1 汽车外部清洗	11.1.1 能识别、选用、调配外部清洁剂 11.1.2 能使用海绵或毛刷等清洗工具手工清洁汽车外部 11.1.3 能使用汽车清洗机、洗车液泡沫发生机清洗汽车外部	11.1.1 汽车外部清洗安全防护知识 11.1.2 汽车外部清洗设备操作规范及安全检查要求 11.1.3 常用汽车外部清洗材料、工具的使用要求及标准 11.1.4 汽车外部清洗的操作流程
	11.2 汽车内部清洁	11.2.1 能识别、选用、调配汽车内部清洁剂 11.2.2 能清洁仪表台、地毯、座椅等部位及物件	11.2.1 常用汽车内部清洁材料使用要求及标准 11.2.2 汽车内部装饰件的材质特性、清洁要求及擦拭方法 11.2.3 汽车内部清洁的操作流程 11.2.4 汽车内部地毯、玻璃清洁的操作及注意事项 11.2.5 汽车内部清洁设备的操作规范、维护及安全事项
12. 汽车美容养护	12.1 汽车外部美容养护	12.1.1 能清除车身树胶、鸟粪等污物 12.1.2 能清洁轮毂表面污垢 12.1.3 能进行漆面手工打蜡 12.1.4 能进行车身塑料件清洁护理	12.1.1 车身污垢的种类和形成原因 12.1.2 去除不同残留杂物的各种清洁剂和辅助配套工具的选用方法及施工方法、工艺流程和注意事项 12.1.3 车蜡的分类、手工打蜡的操作流程和注意事项 12.1.4 车身塑料件养护材料的种类和使用方法
	12.2 汽车内部美容养护	12.2.1 能对仪表台、内饰件进行养护 12.2.2 能对真皮座椅进行养护 12.2.3 能对车内进行杀菌除味	12.2.1 汽车内饰养护材料的种类、特性、使用方法、操作流程及注意事项 12.2.2 皮革及维护的基本知识 12.2.3 车内异味的形成与分类及去除、杀菌的方法及注意事项

续表

职业功能	工作内容	技能要求	相关知识要求
13. 汽车饰品选配和安装	13.1 汽车饰品安装	13.1.1 能选配和安装除菌类用品 13.1.2 能选配和安装汽车饰品	13.1.1 汽车除菌类用品的分类与产品特征 13.1.2 汽车饰品种类、产品特征及安装和安全注意事项
	13.2 汽车功能性产品安装	13.2.1 能安装汽车座套 13.2.2 能剪裁和安放汽车脚垫 13.2.3 能安装儿童座椅	13.2.1 汽车座套的分类、产品特性、安装步骤与要求 13.2.2 汽车脚垫的分类、产品特性、安装步骤与安全事项 13.2.3 儿童安全座椅的分类、使用方法、安装步骤与安全事项
14. 汽车玻璃贴膜	14.1 拆除旧膜	能拆除旧玻璃膜	拆除旧玻璃膜的工艺要求
	14.2 选膜及裁剪膜	14.2.1 能识别和选用玻璃膜 14.2.2 能裁剪玻璃膜	14.2.1 汽车玻璃膜的功能、种类、性能指标及选择和鉴别常识 14.2.2 裁剪玻璃膜的技术要点和注意事项
15. 汽车玻璃拆装	15.1 侧窗玻璃拆装	15.1.1 能拆卸固定式侧窗玻璃的固定装置、装饰条和玻璃 15.1.2 能安装固定式侧窗玻璃并调整到位	15.1.1 车窗玻璃的分类、功能、构造和工作原理 15.1.2 汽车玻璃的安装方式和性能特点
	15.2 后风挡玻璃拆装	15.2.1 能拆装夸口式后风挡玻璃 15.2.2 能拆装拉条式后风挡玻璃 15.2.3 能拆装无加热线后风挡玻璃	15.2.1 风挡玻璃的基本知识和性能 15.2.2 风挡玻璃拆装注意事项及安全操作知识 15.2.3 常用汽车玻璃拆装工具的使用与保养方法
16. 汽车玻璃更换	16.1 侧窗玻璃更换	16.1.1 能更换推拉型有框式车窗玻璃并调整到位 16.1.2 能更换无框式侧开型车窗玻璃	车窗玻璃装置零件的功能和用途
	16.2 风挡玻璃更换	16.2.1 能检测风挡密封条、装饰条的老化程度 16.2.2 能更换橡胶条式风挡玻璃 16.2.3 能拆装螺丝类型的导流板、装饰条、内饰板、内后视镜	风挡玻璃更换安装操作规范及注意事项

续表

职业功能	工作内容	技能要求	相关知识要求
16. 汽车玻璃更换	16.3 诊断安装故障	能使用测漏仪检测玻璃安装后的密封性	16.3.1 常用汽车玻璃密封性检测仪器的工作原理和保养方法 16.3.2 汽车玻璃密封性检测的注意事项
17. 汽车玻璃修复	17.1 霉变修复	17.1.1 能修复玻璃表层因周边环境造成的霉变 17.1.2 能修复后风挡玻璃加热丝因氧化颜色不均的问题	17.1.1 汽车玻璃霉变的常见原因 17.1.2 汽车玻璃金属印刷的原理
	17.2 划痕修复	能修复非主视区深度不超过 100 μm 的划痕	17.2.1 汽车玻璃划痕修复的原理及注意事项 17.2.2 常用修复设备的使用和保养方法

3.2 四级/中级工

汽车维修检验工、汽车机械维修工、汽车电器维修工考核职业功能 1~4 项，汽车车身整形修复工考核职业功能 5~7 项，汽车车身涂装修复工考核职业功能 8~12 项，汽车美容装潢工考核职业功能 13~15 项，汽车玻璃维修工考核职业功能 16~18 项。

职业功能	工作内容	技能要求	相关知识要求
1. 汽车维护	1.1 发动机维护	1.1.1 能更换燃油滤清器 1.1.2 能检查进（排）气系统及其泄漏 1.1.3 能检查、调整及更换发动机传动皮带 1.1.4 能检查、更换发动机正时皮带或正时链条 1.1.5 能更换发动机悬置总成	1.1.1 发动机二级维护项目、作业内容和技术要求 1.1.2 进（排）气系统密封性检查技术要求 1.1.3 发动机传动皮带检查调整操作方法和技术要求 1.1.4 正时皮带、正时链条更换操作方法和技术要求 1.1.5 发动机悬置总成更换操作方法和技术要求

续表

职业功能	工作内容	技能要求	相关知识要求
1.汽车维护	1.2 底盘维护	1.2.1 能检查、调整离合器踏板、制动踏板自由行程 1.2.2 能检查万向节、传动轴技术状况 1.2.3 能检查、调整转向拉杆及球头 1.2.4 能检查悬架弹簧、减振器技术状况 1.2.5 能检查、调整轮毂轴承间隙 1.2.6 能检查、调整制动器和更换制动蹄（含驻车制动器）	1.2.1 底盘二级维护项目、作业内容和技术要求 1.2.2 二级维护竣工检测项目、技术要求 1.2.3 二级维护作业安全注意事项
2.发动机检修	2.1 技术参数检测	2.1.1 能检测气缸压力和漏气量 2.1.2 能检测进气歧管真空度 2.1.3 能检测汽油机燃油压力 2.1.4 能检测汽车尾气排放 2.1.5 能使用汽车故障诊断仪	2.1.1 气缸压力及漏气量测试方法 2.1.2 进气歧管真空度测量方法及要求 2.1.3 燃油压力测量方法及要求 2.1.4 尾气排放检测方法及要求 2.1.5 汽车故障诊断仪操作方法及故障码相关知识
	2.2 曲柄连杆机构检修	2.2.1 能拆装、检测气缸体及气缸套 2.2.2 能拆装、检测活塞、活塞环及活塞销 2.2.3 能拆装、检测连杆及轴承 2.2.4 能拆装、检测飞轮、曲轴及轴承	2.2.1 曲柄连杆机构组成与工作原理 2.2.2 气缸体及气缸检测技术要求 2.2.3 活塞、活塞环及活塞销检测技术要求 2.2.4 连杆及轴承检测技术要求 2.2.5 飞轮、曲轴及轴承检测技术要求 2.2.6 公差与配合、几何公差等测量技术相关知识
	2.3 配气机构检修	2.3.1 能拆装、检测凸轮轴 2.3.2 能拆装、检测气门组件 2.3.3 能拆装、检测气缸盖	2.3.1 配气机构组成与工作原理、检查方法 2.3.2 凸轮轴及衬套、座孔检测技术要求 2.3.3 气门组件检测技术要求 2.3.4 气缸盖检测技术要求

续表

职业功能	工作内容	技能要求	相关知识要求
2. 发动机检修	2.4 燃油、电控系统检修	2.4.1 能检测燃油供给系统密封性能 2.4.2 能检测各传感器技术状况 2.4.3 能检测各执行器技术状况 2.4.4 能检测点火系统电路 2.4.5 能检查和校正点火正时	2.4.1 燃油供给系统组成、工作原理、检测方法、技术要求及安全注意事项 2.4.2 传感器、执行器工作原理、检测方法和注意事项 2.4.3 传感器、执行器清洗及更换注意事项 2.4.4 喷油器检测设备使用方法 2.4.5 点火系统电路检测方法及技术要求
	2.5 润滑和冷却系统检修	2.5.1 能检测机油压力 2.5.2 能检测散热器盖压力 2.5.3 能检测节温器工作状况 2.5.4 能检测冷却风扇工作状况	2.5.1 润滑系统组成与工作原理 2.5.2 机油压力检查技术要求 2.5.3 冷却系统组成与工作原理 2.5.4 散热器盖工作原理和检测方法 2.5.5 冷却风扇工作原理和检测技术要求
	2.6 进（排）气系统检修	2.6.1 能拆装增压器 2.6.2 能检查增压器工作性能 2.6.3 能检测进气系统密封性 2.6.4 能检测排气背压	2.6.1 增压器组成与工作原理 2.6.2 增压器拆装、检测技术要求 2.6.3 进气系统密封性检测方法 2.6.4 排气背压的检测方法
3. 底盘检修	3.1 传动系统检修	3.1.1 能拆装离合器总成 3.1.2 能拆装手动变速器总成 3.1.3 能拆装万向传动装置 3.1.4 能拆装主减速器及差速器总成 3.1.5 能更换自动变速器油、滤芯	3.1.1 传动系统组成与工作原理 3.1.2 离合器总成拆装技术要求 3.1.3 手动变速器总成拆装技术要求 3.1.4 万向传动装置拆装技术要求 3.1.5 主减速器和差速器总成拆装技术要求

续表

职业功能	工作内容	技能要求	相关知识要求
3. 底盘检修	3.2 行驶系统检修	3.2.1 能更换轮毂轴承 3.2.2 能进行车轮定位检查 3.2.3 能进行车轮动平衡检查 3.2.4 能更换轮胎	3.2.1 行驶系统组成与工作原理 3.2.2 四轮定位仪操作规程 3.2.3 车轮定位技术要求 3.2.4 车轮动平衡机操作规程 3.2.5 拆胎机操作规程
	3.3 转向系统检修	3.3.1 能更换转向器总成 3.3.2 能更换转向传动机构	3.3.1 转向系统组成与工作原理 3.3.2 机械转向器更换技术要求 3.3.3 液压助力转向系统更换技术要求 3.3.4 电动助力转向系统更换技术要求 3.3.5 转向传动机构更换技术要求
	3.4 制动系统检修	3.4.1 能更换制动主缸或制动控制阀 3.4.2 能更换制动助力器总成 3.4.3 能更换盘（鼓）式制动器总成 3.4.4 能拆装驻车制动装置	3.4.1 制动系统组成与工作原理 3.4.2 制动主缸和制动助力器检修技术要求 3.4.3 制动控制阀检修技术要求 3.4.4 盘（鼓）式制动器检修技术要求 3.4.5 驻车制动装置检修技术要求
4. 汽车电器检修	4.1 蓄电池检修	4.1.1 能检测蓄电池技术状况 4.1.2 能对蓄电池进行充电	4.1.1 蓄电池结构与工作原理 4.1.2 蓄电池技术状况检查方法 4.1.3 蓄电池充电方法及注意事项
	4.2 起动系统检修	4.2.1 能检测起动机技术状况 4.2.2 能检修起动机总成 4.2.3 能检修起动机控制线路	4.2.1 起动系统组成与工作原理 4.2.2 起动机检查方法 4.2.3 起动系统电路相关知识

续表

职业功能	工作内容	技能要求	相关知识要求
4. 汽车电器检修	4.3 充电系统检修	4.3.1 能检测发电机技术状况 4.3.2 能检修发电机总成 4.3.3 能检修充电系统线路	4.3.1 充电系统组成与工作原理 4.3.2 发电机检查方法 4.3.3 充电系统电路相关知识
	4.4 照明、信号及仪表系统检修	4.4.1 能检修照明线路及元件 4.4.2 能检修信号系统线路及元件 4.4.3 能检修仪表线路	4.4.1 照明、信号及仪表系统组成与工作原理 4.4.2 照明、信号及仪表系统电路图知识 4.4.3 照明、信号及仪表系统元件的检测方法
	4.5 辅助电气系统检修	4.5.1 能检查、更换电动车窗电机及开关 4.5.2 能检查、更换门锁电机及开关 4.5.3 能检查、更换电动后视镜及开关 4.5.4 能检查、更换雨刷电机及开关 4.5.5 能检查、更换电动座椅电机及控制开关	4.5.1 辅助电器系统组成与工作原理 4.5.2 电动车窗电机及开关检查、更换方法 4.5.3 电动后视镜及开关检查、更换方法 4.5.4 雨刷电机及开关检查、更换方法 4.5.5 电动座椅电机及控制开关检查、更换方法
	4.6 空调系统检修	4.6.1 能检查空调压缩机电磁离合器 4.6.2 能检查空调制冷循环系统技术状况 4.6.3 能检查、更换制冷系统各组件（膨胀阀、冷凝器、储液干燥过滤器） 4.6.4 能拆装暖风控制水阀 4.6.5 能拆装鼓风机和通风装置	4.6.1 空调系统组成与工作原理 4.6.2 电磁离合器检测技术要求 4.6.3 汽车空调控制电路图相关知识 4.6.4 空调压力表、冷媒加注回收机操作规程 4.6.5 空调取暖和通风系统组成与工作原理 4.6.6 鼓风机和通风装置拆装技术要求
5. 车身损伤检测	5.1 目视检测	能目测判断车身结构件损伤范围	5.1.1 检查结构件损伤的方法 5.1.2 碰撞力传递的基础知识
	5.2 测量设备检测	5.2.1 能使用测量设备检查车身并给出测量数据 5.2.2 能进行测量设备维护	5.2.1 测量设备检测方法 5.2.2 测量设备维护方法

续表

职业功能	工作内容	技能要求	相关知识要求
6. 车身零部件拆装	6.1 车身零部件拆卸	6.1.1 能拆卸天窗机构、座椅、车门、发动机盖、行李箱盖、水箱框架和前（后）风挡玻璃等总成 6.1.2 能进行螺纹和电器插头遮蔽 6.1.3 能进行电器、线束、插头等的防水处理	6.1.1 汽车车身各部件总成结构 6.1.2 拆装车身部件总成的方法 6.1.3 螺纹和电器插头的遮蔽方法 6.1.4 电器、线束、插头的防水处理方法
	6.2 车身零部件安装	6.2.1 能安装天窗机构、座椅、车门、发动机盖、行李箱盖、水箱框架和前（后）风挡玻璃等总成 6.2.2 能调试各总成功能 6.2.3 能进行覆盖件的铆接 6.2.4 能进行板件的粘接	6.2.1 车身各部件总成调试方法 6.2.2 板件的铆接方法 6.2.3 板件的粘接方法
7. 整形修复	7.1 车身损伤整形修复	7.1.1 能使用手工工具整形修复钢质板面棱线的损伤 7.1.2 能使用维修工具组套整形修复钢质板面棱线的损伤 7.1.3 能使用气体保护焊完成 25 mm 以内钢板的连续缝焊和 10 mm 以内孔洞的焊接 7.1.4 能进行气体保护焊机的维护	7.1.1 钢质板面棱线的整形修复方法 7.1.2 维修工具组套整形修复方法 7.1.3 焊接变形的预防知识 7.1.4 气体保护焊机的维护规范
	7.2 校正车身结构件	能使用机械或液压工具校正结构件	7.2.1 车身控制点数据查阅方法 7.2.2 机械、液压工具的使用方法
8. 损伤面施涂与整平	8.1 复杂表面刮涂原子灰	能使用刮涂工具完成内弧面、双弧面线条等复杂表面的原子灰刮涂	复杂表面刮涂原子灰的方法
	8.2 打磨原子灰	能选择和使用双动作打磨机、干磨手刨及干磨砂纸等打磨辅料干磨整平复杂表面原子灰	打磨复杂表面原子灰的方法

续表

职业功能	工作内容	技能要求	相关知识要求
9. 中涂底漆喷涂	9.1 中涂底漆整板喷涂	9.1.1 能选择和调配中涂底漆 9.1.2 能使用喷枪完成中涂底漆整板喷涂	9.1.1 中涂底漆的材料知识 9.1.2 中涂底漆整板喷涂的方法
	9.2 中涂底漆局部修补喷涂	能使用喷枪完成中涂底漆局部喷涂	中涂底漆修补喷涂的方法
	9.3 中涂底漆打磨	能选择双动作打磨机、干磨手刨及干磨砂纸等打磨辅料完成打磨	中涂底漆打磨方法
10. 单工序素色漆喷涂	10.1 清洁、遮蔽	10.1.1 能使用清洁剂、除油剂清洁工件表面 10.1.2 能使用遮蔽材料完成面漆喷涂前遮蔽	10.1.1 清洁剂、除油剂材料知识及使用方法 10.1.2 遮蔽材料及遮蔽方法
	10.2 素色漆整板喷涂	能使用喷枪完成素色漆整板喷涂	10.2.1 单工序素色漆材料知识 10.2.2 单工序素色漆整板喷涂方法
11. 双工序色漆喷涂	11.1 双工序素色漆整板喷涂	能使用喷枪完成素色漆整板喷涂	11.1.1 喷枪的选择与调整知识 11.1.2 双工序素色漆整板喷涂方法
	11.2 普通银粉色漆整板喷涂	能使用喷枪完成普通银粉色漆整板喷涂	11.2.1 普通银粉色漆颜色的影响因素 11.2.2 普通银粉色漆整板喷涂方法
	11.3 清漆喷涂	能使用喷枪完成清漆整板喷涂	11.3.1 清漆的材料知识 11.3.2 清漆喷涂的方法
12. 漆面抛光	12.1 抛光前打磨	能使用双动作打磨机、打磨垫及砂纸等打磨辅料打磨深色面漆	深色面漆抛光前打磨工艺
	12.2 抛光	能使用抛光机、抛光盘及抛光蜡，去除深色面漆面脏点、橘皮等缺陷	12.2.1 深色面漆抛光工艺流程 12.2.2 深色面漆抛光材料知识

续表

职业功能	工作内容	技能要求	相关知识要求
13. 汽车内外翻新与养护	13.1 汽车漆养护	13.1.1 能进行漆面色彩还原 13.1.2 能进行漆面封釉养护 13.1.3 能进行漆面镀膜和镀晶 13.1.4 能进行漆面划痕还原修复 13.1.5 能进行底盘装甲	13.1.1 汽车漆面失光原因、汽车漆面翻新可行性判断 13.1.2 汽车漆面翻新与养护材料的功效 13.1.3 汽车漆面翻新与养护的工具及使用方法 13.1.4 抛光设备的使用操作规范、清洁保养及安全检查 13.1.5 汽车漆面翻新的操作流程及质量评价方法 13.1.6 汽车封釉、镀膜和镀晶的保护原理及各自工艺流程 13.1.7 底盘保护材料的使用 13.1.8 底盘装甲的工艺流程
	13.2 汽车内饰件养护	13.2.1 能对皮革件与针织纤维件进行护理、翻新、更换 13.2.2 能对桃木、镀铬、橡胶、塑胶零部件进行护理、翻新、更换	13.2.1 皮革件深度清洁及上光保护的材料选择及工艺流程 13.2.2 针织纤维深度清洁及上光保护的材料选择及工艺流程 13.2.3 桃木、镀铬、橡胶、塑胶零部件翻新及上光保护材料的选择及工艺流程 13.2.4 汽车内饰件更换的原则和要求
14. 汽车电子产品安装	14.1 汽车安全类电子产品安装	14.1.1 能安装倒车辅助装置 14.1.2 能安装中控锁系统 14.1.3 能安装行车记录仪 14.1.4 能安装汽车导航装置	14.1.1 汽车点烟器电源及保险丝技术要求 14.1.2 倒车雷达产品原理和技术要求 14.1.3 中控锁原理和技术要求 14.1.4 行车记录仪的使用方法、安装步骤和注意事项
	14.2 汽车娱乐类电子产品安装	14.2.1 能安装智能辅助系统 14.2.2 能安装汽车音响系统 14.2.3 能安装车载影像系统	14.2.1 汽车电源和电路的特性 14.2.2 智能后视镜安装技术要求 14.2.3 汽车音响知识和安装要求 14.2.4 汽车导航中控系统电路识别和产品安装技术要求

续表

职业功能	工作内容	技能要求	相关知识要求
15. 汽车玻璃贴膜	15.1 裁膜	能对玻璃膜预定型	风挡玻璃曲面定型技术要点
	15.2 覆膜	15.2.1 能揭衬、粘贴玻璃膜 15.2.2 能进行双曲弧度烤膜	15.2.1 覆膜操作工艺流程 15.2.2 常用覆膜工具使用方法 15.2.3 覆膜技术要点和注意事项 15.2.4 调整玻璃膜边、角间隙量的方法
16. 汽车玻璃拆装	16.1 前风挡玻璃拆装	16.1.1 能拆除感应器雨刷器 16.1.2 能拆除无保护罩式内视镜 16.1.3 能拆除与风挡玻璃连接的各类电器元件 16.1.4 能拆装轿车的风挡玻璃（玻璃弦高小于1.2 m）	16.1.1 汽车玻璃质量基础知识 16.1.2 汽车玻璃拆装规范操作流程 16.1.3 汽车玻璃附件的功能与特性相关知识
	16.2 玻璃检查和诊断	16.2.1 能诊断风挡玻璃拆除后是否有损伤 16.2.2 能诊断拆除的附件是否有损坏 16.2.3 能排除侧窗玻璃运行不畅故障	汽车安全玻璃的质量标准知识
17. 汽车玻璃更换	17.1 风挡玻璃更换	17.1.1 能掌握聚氨酯胶活化剂和底涂的使用顺序和干燥时间 17.1.2 能沿底胶中心线施胶，误差不超过2 mm，接口处无缝隙和气孔 17.1.3 能复位电器连接件并测试 17.1.4 能更换弦高大于1.2 m以上的客车风挡玻璃	17.1.1 风挡玻璃密封胶的性能、特点 17.1.2 汽车玻璃专用底涂的性能、特点和使用方法 17.1.3 风挡玻璃电器连接件的工作原理及安装测试方法 17.1.4 客车风挡玻璃安装技术要点
	17.2 车窗（门）玻璃更换	17.2.1 能拆装车门护板 17.2.2 能拆装臂式玻璃升降器 17.2.3 能拆装钢绳式玻璃升降器 17.2.4 能拆装齿簧式玻璃升降器 17.2.5 能进行玻璃复位	17.2.1 车窗（门）玻璃升降器的分类、构造、工作原理及拆装工艺流程 17.2.2 汽车钢化玻璃拆装的技术要点及注意事项

续表

职业功能	工作内容	技能要求	相关知识要求
17.汽车玻璃更换	17.3 诊断并排除故障	17.3.1 能诊断并排除手动升降玻璃托架不稳固故障 17.3.2 能诊断并排除侧窗玻璃安装后运行不畅故障 17.3.3 能诊断并排除玻璃升降器异响故障 17.3.4 能诊断并排除利用仪器检测到的汽车风挡玻璃漏风、漏水等问题	17.3.1 车窗（门）玻璃托架的工作原理和安装技术要点 17.3.2 风挡玻璃侧漏仪工作原理
18.汽车玻璃修复	18.1 玻璃撞击点修补	18.1.1 能修补小于3 cm的风挡玻璃破损点 18.1.2 能判断破损点是否存在暗纹 18.1.3 能控制注射器与玻璃结合处的压力，避免破损点扩展	18.1.1 玻璃修补工艺流程、技术要点和注意事项 18.1.2 注胶技术要点 18.1.3 注射器稳压表工作原理
	18.2 玻璃裂纹修补	18.2.1 能选择止裂孔的位置 18.2.2 能使用电动空心钻在止裂孔位置钻孔并注胶	18.2.1 止裂孔位置选择技术要领 18.2.2 电动空心钻使用方法

3.3 三级/高级工

汽车维修检验工、汽车机械维修工、汽车电器维修工考核职业功能1~3项，汽车车身整形修复工考核职业功能4~7项，汽车车身涂装修复工考核职业功能8~11项，汽车玻璃维修工考核职业功能12~15项。

职业功能	工作内容	技能要求	相关知识要求
1.发动机检修	1.1 发动机大修	1.1.1 能进行发动机总成大修 1.1.2 能进行发动机竣工检验	1.1.1 发动机总成大修工艺规程及技术要求 1.1.2 发动机竣工检验标准及条件
	1.2 发动机单个机械故障诊断排除	1.2.1 能诊断排除气门脚、挺柱异响 1.2.2 能诊断排除连杆轴承、曲轴轴承异响 1.2.3 能诊断排除活塞敲缸、活塞销敲击异响	1.2.1 发动机常见机械异响故障诊断方法 1.2.2 发动机常见机械异响产生原因及排除方法

续表

职业功能	工作内容	技能要求	相关知识要求
1. 发动机检修	1.3 发动机燃油、控制系统单个故障诊断排除	1.3.1 能诊断排除发动机燃油压力不足故障 1.3.2 能诊断排除发动机怠速不稳故障 1.3.3 能诊断排除发动机加速不良故障 1.3.4 能诊断排除发动机起动困难故障	1.3.1 发动机燃油供给系统故障诊断方法 1.3.2 发动机怠速控制相关知识及故障诊断方法 1.3.3 发动机控制系统故障诊断方法
	1.4 进（排）气系统单个故障诊断排除	1.4.1 能诊断排除进（排）气系统故障 1.4.2 能使用尾气分析仪、烟度计诊断故障	1.4.1 发动机进（排）气系统故障诊断方法 1.4.2 发动机增压系统故障诊断方法 1.4.3 尾气分析仪、烟度计使用相关知识
	1.5 润滑、冷却系统单个故障诊断排除	1.5.1 能诊断排除润滑系统报警故障 1.5.2 能诊断排除冷却系统故障 1.5.3 能诊断排除机油消耗量过大故障	1.5.1 润滑系统故障诊断方法 1.5.2 冷却系统故障诊断方法
	1.6 排放控制系统单个故障诊断排除	1.6.1 能检测、诊断曲轴箱通风系统性能和故障 1.6.2 能检测、诊断燃油蒸发控制系统性能和故障 1.6.3 能检测、诊断废气再循环系统性能和故障 1.6.4 能检测、诊断三效催化转换器性能和故障 1.6.5 能检测、诊断柴油机排气微粒捕集器、氧化催化转换器、选择还原催化转换器的性能和故障	1.6.1 曲轴箱通风系统组成与工作原理 1.6.2 燃油蒸发控制系统组成与工作原理 1.6.3 废气再循环系统组成与工作原理 1.6.4 三效催化转换器组成与工作原理 1.6.5 柴油机颗粒捕集器、氧化催化转换器、选择还原催化转换器组成与工作原理

续表

职业功能	工作内容	技能要求	相关知识要求
2.底盘检修	2.1 底盘总成检修	2.1.1 能检修离合器总成 2.1.2 能检修手动变速器总成 2.1.3 能检修万向传动装置 2.1.4 能检修主减速器和差速器总成 2.1.5 能检修转向器总成	2.1.1 离合器总成检修技术要求 2.1.2 手动变速器总成检修要求 2.1.3 万向传动装置检修技术要求 2.1.4 主减速器和差速器检修技术要求 2.1.5 转向器总成检修技术要求
	2.2 传动系统单个故障诊断排除	2.2.1 能诊断排除离合器故障 2.2.2 能诊断排除手动变速器故障 2.2.3 能检查自动变速器的技术状况 2.2.4 能诊断排除万向传动装置故障 2.2.5 能诊断排除主减速器和差速器故障	2.2.1 离合器故障诊断排除方法 2.2.2 手动变速器故障诊断排除方法 2.2.3 自动变速器技术状况的测试方法 2.2.4 万向传动装置故障诊断排除方法 2.2.5 主减速器和差速器故障诊断排除方法
	2.3 行驶系统单个故障诊断排除	2.3.1 能诊断排除行驶系统如行驶异响、跑偏、轮胎异常磨损等单个故障 2.3.2 能诊断排除悬架装置如弹簧、减振器等单个故障	2.3.1 行驶异响故障诊断排除方法 2.3.2 行驶跑偏故障诊断排除方法 2.3.3 车轮故障诊断排除方法 2.3.4 悬架装置故障诊断排除方法
	2.4 转向系统单个故障诊断排除	2.4.1 能诊断排除机械转向系统故障 2.4.2 能诊断排除液压助力转向系统故障 2.4.3 能诊断排除电动助力转向系统故障	2.4.1 机械转向系统故障诊断方法 2.4.2 液压助力转向系统故障诊断方法 2.4.3 电动助力转向系统故障诊断方法
	2.5 制动系统单个故障诊断排除	2.5.1 能诊断排除制动系统如制动跑偏、制动力不足等单个故障 2.5.2 能诊断排除制动系统电子控制部分的故障	2.5.1 制动跑偏故障诊断排除方法 2.5.2 制动力不足故障诊断排除方法 2.5.3 制动系统电子控制部分的故障诊断排除方法

续表

职业功能	工作内容	技能要求	相关知识要求
3. 汽车电器检修	3.1 充电、起动系统单个故障诊断排除	3.1.1 能诊断排除充电系统故障 3.1.2 能诊断排除起动系统故障	3.1.1 充电系统故障诊断方法 3.1.2 起动系统故障诊断方法
	3.2 照明、信号及仪表单个故障诊断排除	3.2.1 能诊断排除照明系统电路故障 3.2.2 能诊断排除信号系统电路故障 3.2.3 能诊断排除仪表系统电路故障	3.2.1 照明系统故障诊断方法 3.2.2 信号系统故障诊断方法 3.2.3 仪表系统故障诊断方法
	3.3 辅助电器系统单个故障诊断排除	3.3.1 能检修、更换音响娱乐系统 3.3.2 能诊断排除电动座椅系统故障 3.3.3 能诊断排除电动后视镜系统故障 3.3.4 能诊断排除中控门锁系统故障 3.3.5 能诊断排除雨刷系统故障 3.3.6 能诊断排除电动车窗系统故障 3.3.7 能诊断排除安全气囊系统故障	3.3.1 音响娱乐系统检修、更换方法 3.3.2 电动座椅系统故障诊断方法 3.3.3 电动后视镜系统故障诊断方法 3.3.4 中控门锁系统故障诊断方法 3.3.5 雨刷系统故障诊断方法 3.3.6 电动车窗系统故障诊断方法 3.3.7 安全气囊系统故障诊断方法
	3.4 空调系统单个故障诊断排除	3.4.1 能诊断排除空调制冷系统故障 3.4.2 能诊断排除手动空调系统电路故障 3.4.3 能诊断排除自动空调系统电路故障 3.4.4 能诊断排除空调取暖和通风系统故障	3.4.1 汽车空调制冷循环系统故障诊断方法 3.4.2 自动空调系统电路故障诊断方法 3.4.3 手动空调系统电路故障诊断方法 3.4.4 空调取暖和通风系统故障诊断方法
	3.5 电力驱动和电池系统维护	3.5.1 能使用高压维修开关 3.5.2 能清洁动力电池 3.5.3 能检查动力电池连线状况	3.5.1 高压电安全防护相关知识及作业专用工具选用与使用方法 3.5.2 高压维修开关相关知识与安全操作要求 3.5.3 动力电池结构及清洁方法 3.5.4 动力电池连接线检查方法及技术要求

续表

职业功能	工作内容	技能要求	相关知识要求
4. 车身损伤检测	4.1 车身损伤综合检测	能使用汽车故障诊断仪、测量设备综合检查车身整体结构损伤程度	汽车故障诊断仪使用方法
	4.2 铝质车身部件损伤检测	能使用测量工具、显影剂，配合目视检查铝质车身部件损伤程度	显影剂使用方法
5. 车身零部件拆装	5.1 车身覆盖件、结构件更换	5.1.1 能使用专用工具拆装受损部件 5.1.2 能使用铆接、粘接方法进行钢、铝质车身板件混装	5.1.1 电动、气动工具使用安全知识 5.1.2 装配工艺
	5.2 防腐处理	能按照防腐要求进行防腐处理	防腐工艺
6. 整形修复	6.1 校正台整形、复位、配装	6.1.1 能使用车身校正设备校正受损车身 6.1.2 能进行钢质结构件的插入物对接焊、平错对接焊 6.1.3 能进行钢质板件的电阻点焊 6.1.4 能使用校正台进行更换件的配装	6.1.1 车身校正台操作规程 6.1.2 钢质结构件焊接知识 6.1.3 电阻点焊操作规程 6.1.4 配装更换件工艺
	6.2 消除应力	能使用锤击、适量加热的方法消除应力	消除应力的方法
	6.3 整形修复铝制板件	6.3.1 使用专用工具、设备整形修复铝质板件 6.3.2 能进行铝质板件的对接焊、搭接焊	6.3.1 铝质板件的维修知识 6.3.2 铝焊接知识
7. 车身维修项目检验	7.1 过程检验	能检验封闭结构封闭前的内部清洁及防腐状态	封闭结构的质量检验标准
	7.2 竣工检验	7.2.1 能检验车身维修质量 7.2.2 能使用汽车故障诊断仪进行整车检验	7.2.1 车身维修质量检验标准 7.2.2 汽车故障诊断仪整车检验方法
8. 调色	8.1 查找配方	8.1.1 能使用色卡、计算机查配方系统查找出最接近的颜色配方 8.1.2 能根据颜色的判断调配色漆	8.1.1 素色色母特性知识 8.1.2 单工序素色漆、双工序素色漆结构知识 8.1.3 银粉色母结构、特性知识 8.1.4 银粉漆结构知识

续表

职业功能	工作内容	技能要求	相关知识要求
8. 调色	8.2 喷涂样板	8.2.1 能选择已喷涂灰度底漆的样板 8.2.2 能使用喷枪喷涂素色色漆、银粉色漆（银粉色母质量低于总色母质量60%）样板	8.2.1 面漆配方中灰度的查询方法 8.2.2 单工序素色漆喷涂样板方法 8.2.3 银粉漆颜色的影响因素 8.2.4 普通银粉漆喷涂样板方法
	8.3 判断色差、加色母	8.3.1 能根据样板与目标板的色差选择色母及其添加量 8.3.2 能确定样板颜色是否合格	8.3.1 单工序素色漆、双工序素色漆结构知识 8.3.2 银粉色母结构、特性知识 8.3.3 双工序面漆结构知识 8.3.4 银粉漆颜色的影响因素
9. 中涂底漆喷涂	9.1 修补喷涂中涂底漆	9.1.1 能根据银粉漆颜色配方选择中涂底漆的灰度 9.1.2 能调配和喷涂中涂底漆	9.1.1 面漆配方中中涂底漆灰度的查询方法 9.1.2 中涂底漆灰度的调配方法
	9.2 银粉漆色漆局部修补前打磨	能使用双动作打磨机、干磨手刨及干磨砂纸等打磨辅料完成打磨	银粉漆色漆局部修补前的打磨方法
	9.3 免磨底漆喷涂前打磨	能选择双动作打磨机、干磨手刨及干磨砂纸等打磨辅料完成打磨	免磨底漆整板喷涂前的打磨方法
	9.4 整板喷涂免磨底漆	9.4.1 能使用喷枪完成整板喷涂 9.4.2 能打磨去除表面脏点、边缘粗糙漆尘等缺陷	9.4.1 免磨底漆材料知识 9.4.2 免磨底漆整板喷涂方法
	9.5 整板喷涂中涂底漆	能选择并喷涂银粉色母质量高于总色母质量60%的银粉漆对应灰度的中涂底漆	9.5.1 面漆配方中中涂底漆灰度的查询方法 9.5.2 中涂底漆灰度的调配方法
10. 双工序色漆喷涂	10.1 银粉漆色漆局部修补	能使用喷枪完成银粉漆色漆（银粉色母质量低于总色母质量60%）局部修补	10.1.1 银粉漆颜色的影响因素 10.1.2 银粉漆局部修补喷涂方法
	10.2 银粉漆色漆局部修补后清漆整喷	能使用喷枪完成银粉漆色漆局部修补后清漆整板喷涂	10.2.1 清漆知识 10.2.2 清漆喷涂方法

续表

职业功能	工作内容	技能要求	相关知识要求
10. 双工序色漆喷涂	10.3 银粉漆色漆整板喷涂前打磨	能使用双动作打磨机、干磨手刨及砂纸等打磨辅料完成打磨	银粉漆色漆整板喷涂前的打磨方法
	10.4 银粉漆色漆整板喷涂	能使用喷枪完成银粉漆（银粉色母质量高于总色母质量60%）整板喷涂	银粉漆整板喷涂的方法
11. 漆面抛光	11.1 抛光前打磨	能使用双动作打磨机及干磨砂纸等完成耐擦伤清漆抛光前打磨	11.1.1 抛光工艺 11.1.2 耐擦伤清漆知识
	11.2 抛光	能使用抛光机、抛光盘及抛光蜡去除耐擦伤清漆表面脏点、橘皮等缺陷	抛光材料知识
12. 汽车玻璃拆装	12.1 风挡玻璃拆装	12.1.1 能拆装有定位装置、电器连接双支臂式雨刷器 12.1.2 能拆装夹层风挡玻璃上的隐型加热线、天线装置 12.1.3 能拆装有夜视、抬头显示、雨感光感相结合类型内饰镜 12.1.4 能拆除汽车碰撞后框架变形的未损伤风挡玻璃 12.1.5 能对碰撞后变形的风挡玻璃框架钣金进行校正	12.1.1 汽车玻璃相关附件的装配构造知识 12.1.2 汽车玻璃生产工艺流程和基础知识 12.1.3 风挡玻璃框架钣金校正的技术要点和注意事项
	12.2 车窗（门）玻璃拆装	12.2.1 能拆装有电动遮阳帘、中控装置的门饰板 12.2.2 能拆装三角玻璃窗、后窗电动玻璃调整器 12.2.3 能将电动车窗玻璃复位	12.2.1 电动玻璃升降器的种类和工作原理 12.2.2 电动玻璃升降器的结构和拆装方法 12.2.3 三角窗、后窗电动玻璃调整器的结构和拆装方法
	12.3 诊断和排除故障	12.3.1 能诊断并排除后风挡玻璃除雾器故障 12.3.2 能焊接风挡加热线、天线插头 12.3.3 能诊断并排除玻璃印刷天线故障 12.3.4 能诊断并排除电动玻璃升降器一键升降和防夹功能等故障 12.3.5 能诊断并排除雨感器故障 12.3.6 能诊断并排除玻璃安装后车门锁故障	12.3.1 后风挡玻璃除雾器故障排除方法 12.3.2 后风挡加热线检测和维修方法 12.3.3 玻璃印刷天线故障排除方法 12.3.4 雨感器故障排除方法 12.3.5 车门锁工作原理和故障排除方法 12.3.6 电器元件工作原理知识

续表

职业功能	工作内容	技能要求	相关知识要求
13. 汽车玻璃更换	13.1 天窗玻璃拆装	13.1.1 能拆装单片、全景天窗玻璃 13.1.2 能拆装固定式和电动滑动式相结合天窗玻璃 13.1.3 能进行天窗玻璃复位	13.1.1 天窗玻璃总成的结构和拆装方法 13.1.2 电动天窗玻璃电器元件基础知识
	13.2 诊断和排除故障	能诊断并排除天窗玻璃安装后运行不畅、偏离轨道等故障	天窗玻璃故障排除方法
14. 汽车玻璃修复	14.1 玻璃撞击点和裂纹修补	14.1.1 能修补有弧度玻璃裂纹 14.1.2 能修补小于 5 cm 的综合型玻璃破损点 14.1.3 能在注胶时进行加压、减压等特殊处理 14.1.4 能修补有加热线的风挡玻璃 14.1.5 能同步修补交叉类型的破损点 14.1.6 能修补斜度较垂直玻璃的裂纹 14.1.7 能对裂纹进行全面注胶并固化	14.1.1 修补有弧度玻璃裂纹的工艺流程、技术要点和注意事项 14.1.2 修补斜度较垂直玻璃裂纹的工艺流程、技术要点和注意事项 14.1.3 夹层玻璃向外张力及内层加热线的基础知识和原理
	14.2 排除玻璃修补后的缺陷	14.2.1 能排除树脂固化产生的气泡和凹坑缺陷 14.2.2 能排除注胶不彻底产生的水纹和气泡缺陷 14.2.3 能诊断并排除加压中出现的裂纹扩展	排除玻璃修补后缺陷的技术要点和注意事项
15. 汽车玻璃安装方案工艺制定	15.1 特种车型玻璃安装	15.1.1 能制定特种车型风挡玻璃安装施工方案并安装 15.1.2 能制定新车型、改装车型玻璃安装施工方案	特种车型风挡玻璃安装技术要点
	15.2 工艺制定	15.2.1 能绘制异形汽车玻璃零件示意图 15.2.2 能制定汽车玻璃改型工艺	汽车玻璃测绘知识

3.4 二级/技师

汽车维修检验工、汽车机械维修工、汽车电器维修工考核职业功能1、2、13项，汽车车身整形修复工考核职业功能3、4、5、6、13项，汽车车身涂装修复工考核职业功能7~13项。

职业功能	工作内容	技能要求	相关知识要求
1. 汽车故障诊断	1.1 发动机单一系统故障诊断排除	1.1.1 能诊断排除发动机点火控制系统故障 1.1.2 能诊断排除车载诊断系统故障 1.1.3 能诊断排除排放控制系统故障	1.1.1 发动机点火控制系统故障诊断排除方法 1.1.2 车载诊断系统故障诊断相关知识 1.1.3 排放控制系统故障诊断相关知识
	1.2 底盘单一系统故障诊断排除	1.2.1 能诊断排除自动变速器系统故障 1.2.2 能诊断排除传动、行驶系统故障 1.2.3 能诊断排除转向、制动系统故障	1.2.1 自动变速器机械和液压系统工作原理及故障诊断排除方法 1.2.2 传动和行驶系统故障诊断排除方法 1.2.3 转向和制动系统故障诊断排除方法
	1.3 电气单一系统故障诊断排除	1.3.1 能诊断排除音响娱乐和视讯系统故障 1.3.2 能诊断排除巡航系统故障 1.3.3 能诊断排除空调系统故障 1.3.4 能诊断排除车载网络系统故障 1.3.5 能诊断排除防盗系统故障 1.3.6 能诊断排除车辆电源管理系统故障	1.3.1 音响娱乐和视讯系统组成、工作原理及故障诊断排除方法 1.3.2 巡航系统组成、工作原理及故障诊断排除方法 1.3.3 空调系统组成、工作原理及故障诊断排除方法 1.3.4 车载网络系统组成、工作原理及故障诊断排除方法 1.3.5 防盗系统组成、工作原理及故障诊断排除方法 1.3.6 车辆电源管理系统组成、工作原理及故障诊断排除方法
	1.4 电力驱动和电池系统维护	1.4.1 能更换动力电池 1.4.2 能更换动力电池箱散热风扇 1.4.3 能更换发电机、电动机	1.4.1 动力电池更换安全操作方法及相关知识 1.4.2 动力电池箱散热风扇更换安全操作方法及相关知识 1.4.3 发电机、电动机更换安全操作方法相关知识

续表

职业功能	工作内容	技能要求	相关知识要求
2. 汽车大修竣工检验	2.1 路试检验	2.1.1 能进行动力性能路试检验 2.1.2 能进行经济性能路试检验 2.1.3 能进行转向性能路试检验 2.1.4 能进行制动性能路试检验 2.1.5 能进行滑行性能路试检验	汽车大修竣工路试检验相关知识
	2.2 台试检验	2.2.1 能检测发动机综合性能 2.2.2 能检测发动机无负荷功率 2.2.3 能检测喇叭声级和车辆噪声 2.2.4 能检测前照灯性能 2.2.5 能检测车辆制动性能 2.2.6 能检测车辆排放性能	汽车大修竣工台试检验相关知识
3. 车身损伤检测	3.1 组织检测、评估	能组织相关人员检测车身损伤	车身损伤的检查评估方法
	3.2 维修方案制定	能制定车身损伤维修方案	车身损伤维修方案编制方法
4. 车身零部件拆装	4.1 全铝车身损伤零部件更换	能使用专用工具组套拆装受损零部件	专用工具组套使用方法
	4.2 更换工艺制定	能制定各种材质零部件的更换工艺	各种材质零部件更换工艺要求
5. 整形修复	5.1 铝制结构件更换	5.1.1 能使用专用工具组套、设备和专用场地更换铝质结构件 5.1.2 能进行铝质结构件的插入物对接焊、平错对接焊 5.1.3 能进行铝质板件的电阻点焊 5.1.4 能消除铝质材料焊接应力	5.1.1 铝质结构件的维修常识 5.1.2 铝质结构件焊接知识 5.1.3 铝质板件电阻点焊操作工艺规程 5.1.4 铝质材料焊接应力消除方法
	5.2 覆盖件、结构件更换工艺制定	能制定覆盖件、结构件更换工艺	覆盖件、结构件更换工艺制定知识
6. 车身维修项目检验	6.1 过程检验	6.1.1 能进行涂装前各重要部位遮蔽检查 6.1.2 能检验铝质零部件防腐质量	6.1.1 涂装前遮蔽各部位的方法 6.1.2 铝质零部件防腐方法
	6.2 竣工检验	能对检验出的故障进行综合处理	故障综合处理方法

续表

职业功能	工作内容	技能要求	相关知识要求
7. 调色	7.1 查找配方	7.1.1 能使用色卡、计算机查配方系统查找银粉漆（银粉色母质量高于总色母质量60%）颜色配方 7.1.2 能根据银粉漆颜色判断调配出色漆	银粉漆（银粉色母质量高于总色母质量60%）结构知识
	7.2 喷涂样板	7.2.1 能选择已喷涂灰度底漆样板 7.2.2 能使用喷枪喷涂银粉色漆样板	银粉漆（银粉色母质量高于总色母质量60%）样板喷涂方法
	7.3 判断色差、添加色母	7.3.1 能判断银粉色漆（银粉色母质量高于总色母质量60%）样板与目标板的色差并选择色母及添加量 7.3.2 能确定样板颜色是否合格	银粉漆颜色的影响因素
8. 单工序素色漆喷涂	8.1 单工序素色漆局部修补前打磨	能使用双动作打磨机、干磨手刨及干磨砂纸等打磨辅料完成打磨	单工序素色漆局部修补前的打磨方法
	8.2 单工序素色漆局部修补	能使用喷枪完成素色漆局部修补	8.2.1 单工序素色漆干燥至可打磨、抛光的时间相关要求 8.2.2 单工序素色漆局部修补喷涂方法
9. 双工序色漆喷涂	9.1 银粉漆色漆局部修补前打磨	能使用双动作打磨机、干磨手刨及干磨砂纸等打磨辅料完成打磨	银粉漆（银粉色母质量高于总色母质量60%）色漆局部修补前的打磨方法
	9.2 银粉漆色漆局部修补喷涂	能使用喷枪完成银粉漆（银粉色母质量高于总色母质量60%）修补	9.2.1 银粉漆（银粉色母质量高于总色母质量60%）颜色的影响因素 9.2.2 银粉漆（银粉色母质量高于总色母质量60%）局部修补喷涂的方法
10. 三工序色漆喷涂	10.1 三工序珍珠色漆整板喷涂	能使用喷枪完成三工序珍珠色漆整板喷涂	10.1.1 三工序珍珠漆颜色的影响因素 10.1.2 三工序珍珠漆整板喷涂方法
	10.2 清漆局部修补前打磨	能使用双动作打磨机、干磨手刨及干磨砂纸等打磨辅料完成清漆局部修补前打磨	色漆、清漆局部修补前的打磨方法

续表

职业功能	工作内容	技能要求	相关知识要求
10. 三工序色漆喷涂	10.3 色漆局部修补	能使用喷枪完成清漆局部修补前的色漆修补	清漆局部修补前的色漆局部修补喷涂方法
	10.4 清漆局部修补	能使用喷枪完成清漆局部修补	清漆局部修补喷涂方法
11. 漆面抛光	11.1 清漆接口抛光	11.1.1 能使用双动作打磨机及干磨砂纸等打磨辅料完成抛光前打磨 11.1.2 能使用抛光机、抛光盘及抛光蜡将接口位置抛光至无修补痕迹，同时去除漆面脏点等瑕疵	清漆局部修补接口抛光工艺、相关材料知识
	11.2 单工序素色漆接口抛光	11.2.1 能使用双动作打磨机及砂纸等打磨辅料完成抛光前打磨 11.2.2 能使用抛光机、抛光盘及抛光蜡将接口位置抛光至无修补痕迹，同时去除漆面脏点等瑕疵	单工序素色漆局部修补接口抛光工艺、相关材料知识
12. 涂膜缺陷分析及解决	12.1 涂膜缺陷分析	能分析、判断涂膜缺陷原因	涂装缺陷原因分析方法
	12.2 涂膜缺陷解决	12.2.1 能解决设备、工具、施工环境等原因导致的涂膜缺陷问题 12.2.2 能在漆膜干燥前或者干燥后处理漆膜缺陷	涂膜缺陷的解决方法
13. 技术管理与培训	13.1 技术管理	13.1.1 能制定维修方案并组织实施 13.1.2 能撰写汽车故障分析报告和技术论文 13.1.3 能对车辆维修质量进行技术评定 13.1.4 能掌握汽车新技术、新工艺、新设备、新材料等相关知识并承担技术革新任务	13.1.1 汽车故障分析报告和技术论文的写作要求及注意事项 13.1.2 汽车维修质量技术评定方法 13.1.3 汽车新技术、新工艺、新设备、新材料等相关知识
	13.2 指导培训	13.2.1 能指导三级/高级工及以下级别人员进行维修作业、排除故障 13.2.2 能对三级/高级工及以下级别人员进行技能培训	技术人员培训方案编制相关知识

3.5 一级/高级技师

汽车维修检验工、汽车机械维修工、汽车电器维修工考核职业功能1、9、10项，汽车车身整形修复工考核职业功能2、3、4、5、9、10项，汽车车身涂装修复工考核职业功能6~10项。

职业功能	工作内容	技能要求	相关知识要求
1. 汽车故障诊断	1.1 发动机复合故障诊断排除	1.1.1 能诊断排除发动机系统复合故障 1.1.2 能编制发动机系统复合故障诊断流程和维修工艺要求并组织实施	1.1.1 发动机系统复合故障诊断排除相关知识 1.1.2 发动机系统复合故障诊断流程、维修工艺编制相关知识
	1.2 底盘复合故障诊断排除	1.2.1 能诊断排除底盘系统复合故障 1.2.2 能编制底盘系统复合故障诊断流程和维修工艺要求并组织实施	1.2.1 底盘系统复合故障诊断排除相关知识 1.2.2 底盘系统复合故障诊断流程、维修工艺编制相关知识
	1.3 电气复合故障诊断排除	1.3.1 能诊断排除电气系统复合故障 1.3.2 能编制电气系统复合故障诊断流程和维修工艺要求并组织实施	1.3.1 电气系统复合故障诊断排除相关知识 1.3.2 电气系统复合故障诊断流程、维修工艺编制相关知识
	1.4 电力驱动及电池系统故障诊断排除	1.4.1 能检查诊断动力电池及其管理系统故障 1.4.2 能检查诊断电动机及控制系统故障 1.4.3 能检查诊断动力总成控制系统故障	1.4.1 电力驱动及电池系统相关知识 1.4.2 电动机及其控制系统相关知识 1.4.3 动力总成控制系统相关知识
2. 车身损伤检测	2.1 损伤检测分析	能对车身损伤检测结果进行综合分析	车身损伤检测分析方法
	2.2 制定检测工艺	能制定各种材质车身及零部件检测工艺	检测工艺制定方法
3. 车身零部件拆装	3.1 拆装质量分析	3.1.1 能对螺纹连接、铆接、粘接、焊接等进行强度分析 3.1.2 能对连接接头质量进行分析，并制定相应工艺措施	3.1.1 螺纹连接、铆接、粘接、焊接等的静载强度分析方法 3.1.2 焊接应力与变形分析 3.1.3 复杂结构焊接变形的控制方法
	3.2 铝制零部件连接质量分析	能使用专用工具、设备对铝质零部件连接进行质量分析	铝制板件、结构件粘接、铆接连接方式的技术标准

续表

职业功能	工作内容	技能要求	相关知识要求
4. 整形修复	4.1 车身整形质量分析	能对车身整形质量进行分析，并制定相应工艺措施	车身整形质量分析方法
	4.2 车身整形工艺制定	能制定车身整形修复工艺	车身整形修复工艺制定方法
5. 车身维修项目检验	5.1 车身维修质量分析	能对车身维修质量问题进行原因分析，并提出具体解决方案	车身维修质量问题分析方法
	5.2 车身维修质量检验报告	能撰写车身维修质量检验报告	车身维修质量检验报告撰写方法
6. 调色	6.1 查找配方	6.1.1 能使用色卡、计算机查配方系统查找三工序珍珠颜色配方 6.1.2 能根据三工序珍珠颜色判断调配出色漆	6.1.1 珍珠色母结构、特性知识 6.1.2 三工序珍珠漆结构知识
	6.2 喷涂分色样板	6.2.1 能选择已喷涂灰度底漆的样板 6.2.2 能使用喷枪喷涂分色样板	6.2.1 三工序珍珠漆面漆配方中灰度查询方法 6.2.2 三工序珍珠漆喷涂分色样板使用方法
	6.3 判断色差、添加色母	6.3.1 能对比分色样板与目标板的色差并选择色母及添加量 6.3.2 能确定分色样板颜色是否合格	6.3.1 多角度判断三工序珍珠颜色色差方法 6.3.2 根据三工序珍珠漆颜色色差判断色母及添加量
7. 三工序色漆喷涂	7.1 中涂底漆喷涂	能根据三工序颜色配方选择中涂底漆灰度并喷涂中涂底漆	三工序面漆配方中灰度查询方法
	7.2 三工序珍珠色漆局部修补前打磨	能使用双动作打磨机、干磨手刨及干磨砂纸等打磨辅料完成打磨	三工序珍珠色漆局部修补前的打磨方法
	7.3 局部修补喷涂三工序珍珠色漆	能使用喷枪完成三工序珍珠色漆修补喷涂	7.3.1 三工序珍珠漆颜色的影响因素 7.3.2 三工序珍珠漆局部修补喷涂方法

续表

职业功能	工作内容	技能要求	相关知识要求
8. 涂膜缺陷分析及解决	8.1 涂膜缺陷产生原因分析	能分析判断完工后涂膜出现缺陷的原因	涂装缺陷原因分析方法
	8.2 解决完工后涂膜缺陷问题	8.2.1 能解决施工技术、材料、外界环境等原因导致的完工后涂膜缺陷问题 8.2.2 能撰写涂膜缺陷分析报告	8.2.1 解决完工后出现的涂膜缺陷问题方法 8.2.2 分析报告撰写方法
9. 技术管理与培训	9.1 技术管理	能制定企业内部汽车维修质量管理标准、考核标准并组织实施	汽车维修质量管理标准和考核标准相关知识
	9.2 系统培训	能制定系统培训计划，细分课程，并组织实施	系统技术培训方案制定相关知识
10. 技术指导与革新	10.1 技术指导	能指导技师排除偶发、疑难故障	汽车偶发、疑难故障相关知识
	10.2 技术革新	10.2.1 能推广汽车维修新技术、新材料、新工艺，通过试验改进维修作业流程 10.2.2 能进行技术革新、技术改造，并编写工艺规程	10.2.1 国内外技术改造成功案例 10.2.2 汽车性能试验相关知识

4. 权重表

4.1 理论知识权重表

项目		技能等级	五级/初级工 %	四级/中级工 %	三级/高级工 %	二级/技师 %	一级/高级技师 %
基本要求		职业道德	5	5	5	5	5
	基础知识	汽车维修检验工、汽车机械维修工、汽车电器维修工	25	15	15	10	10
		汽车车身整形修复工	25	20	15	10	10
		汽车车身涂装修复工	10	10	15	10	10
		汽车美容装潢工	25	10	—	—	—
		汽车玻璃维修工	25	20	15		

续表

项目			技能等级	五级/初级工 %	四级/中级工 %	三级/高级工 %	二级/技师 %	一级/高级技师 %
相关知识要求	汽车维修检验工、汽车机械维修工、汽车电器维修工		汽车维护	20	20	—	—	—
			发动机检修	20	20	30	—	—
			底盘检修	15	20	25	—	—
			汽车电器检修	15	20	25	—	—
			汽车故障诊断	—	—	—	35	55
			汽车大修竣工检验	—	—	—	30	—
			技术管理与培训	—	—	—	20	15
			技术指导与革新	—	—	—	—	15
	汽车车身整形修复工		车身损伤检测	15	15	20	15	15
			车身零部件拆装	20	25	15	5	5
			整形修复	35	35	30	25	25
			车身维修项目检验	—	—	15	10	10
			技术管理与培训	—	—	—	30	15
			技术指导与革新	—	—	—	—	15
	汽车车身涂装修复工		前处理	50	—	—	—	—
			损伤面施涂与整平	20	25	—	—	—
			调色	—	—	30	20	20
			中涂底漆喷涂	—	20	10	—	—
			单工序素色漆喷涂	—	10	—	5	—
			双工序色漆喷涂	—	10	30	10	—
			三工序色漆喷涂	—	—	—	20	25
			漆面抛光	15	20	10	10	—
			涂膜缺陷分析及解决	—	—	—	10	20
			技术管理与培训	—	—	—	10	10
			技术指导与革新	—	—	—	—	10
	汽车美容装潢工		汽车清洗	25	—	—	—	—
			汽车美容养护	25	—	—	—	—
			汽车饰品选配和安装	10	—	—	—	—
			汽车内外翻新与养护	—	25	—	—	—
			汽车电子产品安装	—	25	—	—	—
			汽车玻璃贴膜	10	35	—	—	—

续表

项目		技能等级	五级/初级工 %	四级/中级工 %	三级/高级工 %	二级/技师 %	一级/高级技师 %
相关知识要求	玻璃维修工	汽车玻璃拆装	15	15	15	—	—
		汽车玻璃更换	45	40	20	—	—
		汽车玻璃修复	10	20	20	—	—
		汽车玻璃安装方案工艺制定	—	—	25	—	—
合计			100	100	100	100	100

备注：1. "基本要求"中"职业道德"项为通考内容；

2. "基本要求"中"基础知识"项和"相关知识要求"均按工种分别考核；

3. "合计"项100分为"职业道德"与各工种对应的"基础知识""相关知识要求"分值之和。

4.2 技能要求权重表

项目		技能等级	五级/初级工 %	四级/中级工 %	三级/高级工 %	二级/技师 %	一级/高级技师 %
技能要求	汽车维修检验工、汽车机械维修工、汽车电器维修工	汽车维护	30	30	—	—	—
		发动机检修	30	30	40	—	—
		底盘检修	20	20	30	—	—
		汽车电器检修	20	20	30	—	—
		汽车故障诊断	—	—	—	50	55
		汽车大修竣工检验	—	—	—	30	—
		技术管理与培训	—	—	—	20	20
		技术指导与革新	—	—	—	—	25
	汽车车身整形修复工	车身损伤检测	20	25	20	15	15
		车身零部件拆装	40	35	35	25	25
		整形修复	40	40	35	30	30
		车身维修项目检验	—	—	10	10	10
		技术管理与培训	—	—	—	20	10
		技术指导与革新	—	—	—	—	10
	汽车车身涂装修复工	前处理	50	—	—	—	—
		损伤面施涂与整平	30	35	—	—	—
		调色	—	—	40	25	20

续表

项目		技能等级	五级/初级工 %	四级/中级工 %	三级/高级工 %	二级/技师 %	一级/高级技师 %
技能要求	汽车车身涂装修复工	中涂底漆喷涂	—	20	10	—	—
		单工序素色漆喷涂	—	15	—	10	—
		双工序色漆喷涂	—	10	40	15	—
		三工序色漆喷涂	—	—	—	20	30
		漆面抛光	20	20	10	10	—
		涂膜缺陷分析及解决	—	—	—	10	25
		技术管理与培训	—	—	—	10	15
		技术指导与革新	—	—	—	—	10
	汽车美容装潢工	汽车清洗	40	—	—	—	—
		汽车美容养护	40	—	—	—	—
		汽车饰品选配和安装	10	—	—	—	—
		汽车内外翻新与养护	—	35	—	—	—
		汽车电子产品安装	—	30	—	—	—
		汽车玻璃贴膜	10	35	—	—	—
	玻璃维修工	汽车玻璃拆装	45	35	10	—	—
		汽车玻璃更换	40	40	25	—	—
		汽车玻璃修复	15	25	30	—	—
		汽车玻璃安装方案工艺制定	—	—	35	—	—
合计			100	100	100	100	100

备注：1. 各工种分别考核对应的"技能要求"；
2. "合计"项100分为各工种对应的"技能要求"分值之和。

起重装卸机械操作工国家职业技能标准

（2018年版）

1. 职业概况

1.1 职业名称

起重装卸机械操作工[①]

1.2 职业编码

6-30-05-01

1.3 职业定义

操作起重、装卸、吊运等机械设备，吊运、装卸物料的人员。

1.4 职业技能等级

本职业各工种职业技能等级均为五级，分别为五级/初级工、四级/中级工、三级/高级工、二级/技师、一级/高级技师。

1.5 职业环境条件

室内、外，常温。

1.6 职业能力特征

具有正常智力水平，能以语言和文字方式进行有效交流、表述，四肢健全灵活，动作协调性好，听力及辨色力正常，双眼矫正视力不低于5.0（船舶起货机司机、门式起重机司机、门座式起重机司机、桥式起重机司机、塔式起重机司机），无心理障碍、无职业禁忌证。

1.7 普通受教育程度

初中毕业（或相当文化程度）。

[①] 起重装卸机械操作工包括叉车司机、船舶起货机司机、电动港机装卸机械司机、堆垛车操作工、堆（取）料机司机、翻车机操作工、流体装卸工、轮胎式起重机司机、履带式起重机司机、门式起重机司机、门座式起重机司机、内燃港机装卸机械司机、桥式起重机司机、散料卸车机司机、塔式起重机司机15个工种。

1.8 职业技能鉴定要求

1.8.1 申报条件

具备以下条件之一者,可申报五级/初级工:
(1) 累计从事本职业工作 1 年(含)以上。
(2) 本职业学徒期满。

具备以下条件之一者,可申报四级/中级工:
(1) 取得本职业五级/初级工职业资格证书(技能等级证书)后,累计从事本职业工作 4 年(含)以上。
(2) 累计从事本职业工作 6 年(含)以上。
(3) 取得技工学校本专业或相关专业[①]毕业证书(含尚未取得毕业证书的在校应届毕业生);或取得经评估论证、以中级技能为培养目标的中等及以上职业学校本专业或相关专业毕业证书(含尚未取得毕业证书的在校应届毕业生)。

具备以下条件之一者,可申报三级/高级工:
(1) 取得本工种四级/中级工职业资格证书(技能等级证书)后,累计从事本工种工作 5 年(含)以上。
(2) 取得本工种四级/中级工职业资格证书(技能等级证书),并具有高级技工学校、技师学院毕业证书(含尚未取得毕业证书的在校应届毕业生);或取得本工种四级/中级工职业资格证书(技能等级证书),并具有经评估论证、以高级技能为培养目标的高等职业学校本专业或相关专业毕业证书(含尚未取得毕业证书的在校应届毕业生)。
(3) 具有大专及以上本专业或相关专业毕业证书,并取得本工种四级/中级工职业资格证书(技能等级证书)后,累计从事本工种 2 年(含)以上。

具备以下条件之一者,可申报二级/技师:
(1) 取得本工种三级/高级工职业资格证书(技能等级证书)后,累计从事本工种工作 4 年(含)以上。
(2) 取得本工种三级/高级工职业资格证书(技能等级证书)的高级技工学校、技师学院毕业生,累计从事本工种工作 3 年(含)以上;或取得本职业预备技师证书的技师学院毕业生,累计从事本职业工作 2 年(含)以上。

具备以下条件者,可申报一级/高级技师:
取得本工种二级/技师职业资格证书(技能等级证书)后,累计从事本工种工作 4 年(含)以上。

1.8.2 鉴定方式

分为理论知识考试、技能考核以及综合评审。理论知识考试以笔试、机考等方式为主,主要考核从业人员从事本职业应掌握的基本要求和相关知识要求;技能考核主要采用现场操作、模拟操作等方式进行,主要考核从业人员从事本职业应具备的技能水平;综合评审主要

[①] 本专业或相关专业:机械、电气类专业,下同。

针对技师和高级技师，通常采取审阅申报材料、答辩等方式进行全面评议和审查。

理论知识考试、技能考核和综合评审均实行百分制，成绩皆达 60 分（含）以上者为合格。

1.8.3 监考人员、考评人员与考生配比

理论知识考试中的监考人员与考生配比为 1∶15，且每个考场不少于 2 名监考人员；技能考核中要求每个工位不少于 3 名考评人员；综合评审委员不少于 5 人。

1.8.4 鉴定时间

理论知识考试时间为 90 min。技能考核时间：五级/初级工不少于 30 min，四级/中级工不少于 45 min，三级/高级工不少于 60 min，二级/技师不少于 90 min，一级/高级技师不少于 90 min。综合评审时间不少于 30 min。

1.8.5 鉴定场所设备

理论知识考试在标准教室进行。技能考核应在通风良好、光线充足和安全措施完善的场所进行，场地及设备、工具、量具、仪器等的安全和使用条件应满足实际操作考核需要。

2. 基本要求

2.1 职业道德

2.1.1 职业道德基本知识

（1）了解职业道德与企业文化、企业竞争力的关系。
（2）熟悉道德、职业道德的基本概念、内涵、特征。
（3）掌握本职业职业道德基本规范内容和要求。

2.1.2 职业守则

（1）遵守相关法律、法规和规定。
（2）爱岗敬业，忠于职守，文明生产。
（3）刻苦学习，钻研业务，奉献社会。
（4）团结协作，具有高度的责任感和良好的团队合作精神。
（5）严格执行操作规程，重视安全生产，牢固树立安全质量意识。

2.2 基础知识

2.2.1 叉车司机、船舶起货机司机、电动港机装卸机械司机、堆垛车操作工、堆（取）料机司机、翻车机操作工、轮胎式起重机司机、履带式起重机司机、门式起重机司机、门座式起重机司机、内燃港机装卸机械司机、桥式起重机司机、散料卸车机司机、塔式起重机司机基础知识

2.2.1.1 机械基础知识

(1) 零件图和装配图的识读与绘制。
(2) 尺寸测量及常用量具的使用。
(3) 零件测绘、公差配合与标注方法。
(4) 常用金属和非金属材料的种类、性能与应用。
(5) 机械传动基本知识。
(6) 润滑油、润滑脂的规格、性能与应用。
(7) 力学基础知识。

2.2.1.2 电工与电子基础知识

序号	工种	电工与电子基础知识
1	叉车司机、船舶起货机司机、电动港机装卸机械司机、堆垛车操作工、堆（取）料机司机、翻车机操作工、轮胎式起重机司机、履带式起重机司机、门式起重机司机、门座式起重机司机、内燃港机装卸机械司机、桥式起重机司机、散料卸车机司机、塔式起重机司机	(1) 直流电路的基本知识 (2) 交流电路的基本知识 (3) 常用电气与电子元件识别与使用 (4) 电气原理图的识别与绘制 (5) 电气仪表原理与使用 (6) 常用电工工具的使用
2	电动港机装卸机械司机、堆（取）料机司机、翻车机操作工、门式起重机司机、门座式起重机司机、桥式起重机司机	(1) 常用低压电气原理与应用 (2) 常用高压电气原理与应用 (3) 变压器工作原理与维护 (4) 电动机工作原理与应用 (5) 变频器工作原理与应用 (6) 可编程控制器工作原理与应用

2.2.1.3 液压传动知识

(1) 液压原理图识读。
(2) 常用液压元件构造与用途。

2.2.1.4 钳工基础知识

(1) 钳工常用设备知识。
(2) 钳工常用工具、量具、仪表的名称、用途与使用方法。

2.2.1.5 安全生产与环境保护知识

(1) 安全防火知识。
(2) 安全用电知识。
(3) 现场急救知识。
(4) 危险货物运输安全知识。
(5) 本工种起重装卸机械安全操作规程。
(6) 起重吊运指挥信号知识。
(7) 起重装卸机械适用吊具知识。

（8）节能、环保相关知识。

2.2.1.6 起重装卸机械基础知识

序号	工种	起重装卸机械基础知识
1	叉车司机	（1）叉车发动机构造与工作原理 （2）叉车起升机构组成与工作原理 （3）叉车俯仰机构组成与工作原理 （4）叉车底盘系统组成与工作原理 （5）叉车液压系统元件与工作原理 （6）叉车电气系统组成与工作原理 （7）叉车吊具更换与使用方法 （8）叉车润滑与维护保养 （9）叉车常见故障与排除方法
2	船舶起货机司机	（1）船舶起货机起升机构组成与工作原理 （2）船舶起货机旋转机构组成与工作原理 （3）船舶起货机液压系统组成与工作原理 （4）船舶起货机电气系统工作原理 （5）船舶起货机常见故障与排除方法
3	电动港机装卸机械司机	（1）电动港机装卸机械种类与用途 （2）电动港机装卸机械各工作机构组成与工作原理 （3）电动港机装卸机械电气与控制系统工作原理 （4）电动港机装卸机械液压组成与工作原理 （5）电动港机装卸机械金属结构主要构造 （6）电动港机装卸机械安全保护装置工作原理 （7）电动港机装卸机械润滑与维护保养 （8）电动港机装卸机械常见故障与排除方法
4	堆垛车操作工	（1）堆垛车动力系统组成与工作原理 （2）堆垛车液压系统组成与工作原理 （3）堆垛车电气系统组成与工作原理 （4）堆垛车行走机构组成与工作原理 （5）堆垛车润滑与维护保养 （6）堆垛车常见故障与排除方法
5	堆（取）料机司机	（1）堆（取）料机斗轮传动机构组成与工作原理 （2）堆（取）料机俯仰机构组成与工作原理 （3）堆（取）料机回转机构组成与工作原理 （4）堆（取）料机大车运行机构组成与工作原理 （5）堆（取）料机皮带机传动机构组成与工作原理 （6）堆（取）料机尾车运行机构组成与工作原理 （7）堆（取）料机电气系统控制原理 （8）堆（取）料机金属结构主要构造 （9）堆（取）料机安全保护装置工作原理 （10）堆（取）料机润滑与维护保养 （11）堆（取）料机常见故障与排除方法

续表

序号	工种	起重装卸机械基础知识
6	翻车机操作工	（1）翻车机系统组成与工作原理 （2）翻车机构造与工作原理 （3）定位车组成与工作原理 （4）推车机组成与工作原理 （5）振动给料机组成与工作原理 （6）翻车机电气系统控制工作原理 （7）翻车机液压系统组成与工作原理 （8）翻车机安全保护装置工作原理 （9）翻车机系统润滑与维护保养 （10）翻车机系统常见故障与排除方法
7	轮胎式起重机司机	（1）轮胎式起重机起升机构组成与工作原理 （2）轮胎式起重机变幅机构组成与工作原理 （3）轮胎式起重机行走机构组成与工作原理 （4）轮胎式起重机回转机构组成与工作原理 （5）轮胎式起重机动力系统组成与工作原理 （6）轮胎式起重机液压系统组成与工作原理 （7）轮胎式起重机电气控制系统组成与工作原理 （8）轮胎式起重机安全保护装置工作原理 （9）轮胎式起重机润滑与维护保养 （10）轮胎式起重机常见故障与排除方法
8	履带式起重机司机	（1）履带式起重机发动机构造与工作原理 （2）履带式起重机起升机构组成与工作原理 （3）履带式起重机底盘系统组成与工作原理 （4）履带式起重机行走系统组成与工作原理 （5）履带式起重机电气控制系统组成与工作原理 （6）履带式起重机润滑与维护保养 （7）履带式起重机常见故障与排除方法
9	门式起重机司机	（1）门式起重机动力系统组成与工作原理 （2）门式起重机吊具系统组成与工作原理 （3）门式起重机制动系统组成与工作原理 （4）门式起重机起升系统组成与工作原理 （5）门式起重机大车机构组成与工作原理 （6）门式起重机小车机构组成与工作原理 （7）门式起重机电气系统工作原理 （8）门式起重机安全保护装置工作原理 （9）门式起重机润滑与维护保养 （10）门式起重机常见故障与排除方法

续表

序号	工种	起重装卸机械基础知识
10	门座式起重机司机	(1) 门座式起重机起升机构组成与工作原理 (2) 门座式起重机变幅机构组成与工作原理 (3) 门座式起重机回转机构组成与工作原理 (4) 门座式起重机行走机构组成与工作原理 (5) 门座式起重机电气控制系统组成与工作原理 (6) 门座式起重机安全保护装置工作原理 (7) 门座式起重机润滑与维护保养 (8) 门座式起重机常见故障与排除方法
11	内燃港机装卸机械司机	(1) 内燃港机装卸机械发动机构造与工作原理 (2) 内燃港机装卸机械起升机构组成与工作原理 (3) 内燃港机装卸机械传动系统组成与工作原理 (4) 内燃港机装卸机械转向系统组成与工作原理 (5) 内燃港机装卸机械行走系统组成与工作原理 (6) 内燃港机装卸机械电气系统组成与工作原理 (7) 内燃港机装卸机械液压系统组成与工作原理 (8) 内燃港机装卸机械润滑与维护保养 (9) 内燃港机装卸机械常见故障与排除方法
12	桥式起重机司机	(1) 桥式起重机整体构造与工作原理 (2) 桥式起重机起升机构组成与工作原理 (3) 桥式起重机小车运行机构组成与工作原理 (4) 桥式起重机大车运行机构组成与工作原理 (5) 桥式起重机前大梁俯仰机构组成与工作原理 (6) 桥式起重机电气系统组成与工作原理 (7) 桥式起重机自动控制装置工作原理 (8) 桥式起重机吊具系统组成与工作原理 (9) 桥式起重机安全保护装置工作原理 (10) 桥式起重机润滑与维护保养 (11) 桥式起重机常见故障与排除方法
13	散料卸车机司机	(1) 散料卸车机整体构造与工作原理 (2) 散料卸车机行走机构组成与工作原理 (3) 散料卸车机卸料机构组成与工作原理 (4) 散料卸车机电气控制系统组成与工作原理 (5) 散料卸车机液压系统组成与工作原理 (6) 散料卸车机安全保护装置工作原理 (7) 散料卸车机润滑与维护保养 (8) 散料卸车机常见故障与排除方法

续表

序号	工种	起重装卸机械基础知识
14	塔式起重机司机	（1）塔式起重机起升机构组成与工作原理 （2）塔式起重机旋转机构组成与工作原理 （3）塔式起重机制动系统组成与工作原理 （4）塔式起重机液压系统组成与工作原理 （5）塔式起重机电气控制系统组成与工作原理 （6）塔式起重机安全保护装置工作原理 （7）塔式起重机润滑与维护保养 （8）塔式起重机常见故障与排除方法

2.2.2 流体装卸工基础知识

2.2.2.1 常用工具知识

（1）常用扳手、螺栓、垫片、管道及附件等的规格及使用方法。
（2）压力表、取样器、量油尺、液位计、温度计等计量器件的分类、规格及使用方法。
（3）环境、职业健康监测、消防及应急处置常用工具的使用及维护方法。

2.2.2.2 流体危险货物的基础知识

（1）流体危险货物的分类。
（2）流体危险货物的特性、危害及安全操作。
（3）化学品安全技术说明书。

2.2.2.3 流体力学基础知识

（1）流体的基本概念。
（2）流体的形状特征、压力、温度、密度、黏度。
（3）流体静力学基本知识、流体静压力计算及简单应用。
（4）流体流动状态，流速、流量及测量，流动阻力及简单计算，简单管路计算。

2.2.2.4 流体装卸储存设备设施知识

（1）储罐及其附属设备。
（2）泵、管线系统和阀门。
（3）水、电、压缩空气、氮气、消防系统、污水处理、尾气（油气）回收系统、锅炉等公用工程设施。
（4）装卸臂、软管、万向接管器、登船梯、快速脱缆钩等。
（5）鹤管、地磅、制氮设备、计量设备、取样设备。
（6）工艺仪表及自动化控制系统。
（7）安全监控系统。

2.2.2.5 流体装卸储存健康安全与环保知识

（1）安全、健康与防护知识。
（2）防火防爆与消防知识。
（3）安全用电知识。

(4) 现场急救知识。
(5) 环境安全与防污染知识。
(6) 救生知识。

2.2.2.6 流体货物储运操作程序知识
(1) 装卸船、装卸汽车、装卸火车的操作程序。
(2) 管输及储罐操作程序。
(3) 制氮、管线吹扫、收发球操作等其他辅助操作程序。

2.2.3 相关法律、法规和技术标准、规范

2.2.3.1 相关法律、法规
(1)《中华人民共和国劳动法》相关知识。
(2)《中华人民共和国合同法》相关知识。
(3)《中华人民共和国环境保护法》相关知识。
(4)《中华人民共和国安全生产法》相关知识。
(5)《中华人民共和国道路交通安全法》相关知识。
(6)《中华人民共和国特种设备安全法》相关知识。
(7)《中华人民共和国消防法》相关知识。
(8)《中华人民共和国海洋环境保护法》相关知识。
(9)《中华人民共和国港口法》相关知识。
(10)《中华人民共和国大气污染防治法》相关知识。
(11)《危险化学品安全管理条例》相关知识。
(12)《特种设备安全监察条例》相关知识。

2.2.3.2 相关技术标准、规范

工种	技术标准、规范
叉车司机、船舶起货机司机、电动港机装卸机械司机、堆垛车操作工、流体装卸工、轮胎式起重机司机、履带式起重机司机、门式起重机司机、门座式起重机司机、内燃港机装卸机械司机、桥式起重机司机、塔式起重机司机	GB 18218—2009《危险化学品重大危险源辨识》
叉车司机	JB/T 2390—2005《平衡重式叉车 基本参数》
堆（取）料机司机	GB/T 14695—2011《臂式斗轮堆取料机 型式和基本参数》
	GB/T 13561.6—2006《港口连续装卸设备安全规程 第6部分：连续装卸机械》
	JB/T 4149—2010《臂式斗轮堆取料机 技术条件》
	JB/T 8849—2005《移动式散料连续搬运设备 钢结构设计规范》

续表

工种	技术标准、规范
履带式起重机司机	GB/T 14560—2016《履带起重机》
塔式起重机司机	GB 5144—2006《塔式起重机安全规程》
流体装卸工	GB 50074—2014《石油库设计规范》
	GB 13348—2009《液体石油产品静电安全规程》
	GB 18434—2001《油船油码头安全作业规程》
	GB/T 15626—1995《散装液体化工产品港口装卸技术要求》
	HG/T 21608—2012《液体装卸臂工程技术要求》
	JT 556—2004《港口防雷与接地技术要求》
	JTJ 237—1999《装卸油品码头防火设计规范》
	JTS 165—8—2007《石油化工码头装卸工艺设计规范》
	JT/T 451—2009《港口码头溢油应急设备配备要求》
	JT/T 661—2006《散装液体危险货物码头安全与防污染管理体系要求》
	SH/T 3097—2017《石油化工静电接地设计规范》

注：相关法律法规、标准和部门规章均以最新版本为准。

3. 工作要求

本标准对五级/初级工、四级/中级工、三级/高级工、二级/技师、一级/高级技师的技能要求和相关知识要求依次递进，高级别涵盖低级别的要求。

本职业包括叉车司机、船舶起货机司机、电动港机装卸机械司机、堆垛车操作工、堆（取）料机司机、翻车机操作工、流体装卸工、轮胎式起重机司机、履带式起重机司机、门式起重机司机、门座式起重机司机、内燃港机装卸机械司机、桥式起重机司机、散料卸车机司机、塔式起重机司机 15 个工种。

3.1 叉车司机

3.1.1 五级/初级工

职业功能	工作内容	技能要求	相关知识要求
1. 叉车操作	1.1 安全防护	1.1.1 能使用灭火器灭火 1.1.2 能进行叉车的防火处理 1.1.3 能在发生事故后，按有关规定进行处理，并参与救援工作	1.1.1 灭火器使用方法 1.1.2 叉车防火内容和要求 1.1.3 事故救援基本方法和要求 1.1.4 事故处理措施和汇报程序

续表

职业功能	工作内容	技能要求	相关知识要求
1. 叉车操作	1.2 环境识别	1.2.1 能根据作业环境采取相应的防护措施 1.2.2 能找准结构件位置及吊运路线 1.2.3 能识别起重物重量、重心、作业条件	1.2.1 装卸工艺规程 1.2.2 结构件基本知识 1.2.3 叉车工作参数
	1.3 作业前准备	1.3.1 能按规范穿戴劳动防护用品 1.3.2 能检查内燃叉车发动机机油、冷却液、燃油液面高度是否符合标准 1.3.3 能检查叉车电气系统是否漏电、液压系统是否漏液 1.3.4 能根据不同货物准备属具和托盘	1.3.1 叉车（内燃、电瓶）的技术参数、性能、用途、基本构造和工作原理 1.3.2 叉车用润滑油（脂）和燃油的种类、性能、用途及使用知识 1.3.3 蓄电池使用要求及保养知识 1.3.4 内燃机冷车、常温、热车启动程序和方法 1.3.5 仪表的工作原理和判断方法
	1.4 货物装卸搬运作业	1.4.1 能驾驶叉车进出库房、货车车厢 1.4.2 能对准货位水平平稳进叉、抽叉、起叉、落叉 1.4.3 能平衡提叉和鸣笛倒车 1.4.4 能平稳起步、载货行驶、下坡和载货影响视线时倒向行驶 1.4.5 能进行货物的堆码及附属作业	1.4.1 叉车作业程序标准 1.4.2 叉车安全操作要求 1.4.3 一般货件叉取方法和"五不叉"要求 1.4.4 装卸车及附属作业规定
	1.5 作业后检查	1.5.1 能停车和熄火 1.5.2 能将各操纵杆放在空挡位置，操纵室和机棚关门加锁 1.5.3 能履行交接班手续，填写交接班记录	1.5.1 叉车停放要求 1.5.2 起重机械安全操作规程 1.5.3 叉车交接班制度
2. 叉车维护与保养	2.1 叉车日常保养	2.1.1 能按规定进行叉车相关紧固作业 2.1.2 能进行叉车属具更换保养	2.1.1 常用工具、量具的使用方法 2.1.2 叉车日常保养的作业内容 2.1.3 叉车日常保养作业方法及注意事项

续表

职业功能	工作内容	技能要求	相关知识要求
2. 叉车维护与保养	2.2 叉车定期保养	2.2.1 能按规定对叉车进行 40~50 h 保养 2.2.2 能使用常用电工工具、仪器、仪表进行维护与保养	2.2.1 叉车 40~50 h 保养内容和技术要求 2.2.2 常用电工工具、仪器、仪表的使用方法和安全操作注意事项
3. 叉车故障判断与排除	3.1 判断与排除电气设备故障	3.1.1 能检查蓄电池是否亏电 3.1.2 能检查照明灯具故障属于灯具问题还是线路问题	3.1.1 蓄电池亏电故障现象、原因与处理方法 3.1.2 照明灯具故障现象及处理方法
	3.2 判断与排除发动机油路故障	3.2.1 能判断与排除发动机燃油供给系统常见故障 3.2.2 能检查、发现发动机机油滤清器和空气滤清器故障	3.2.1 燃油系统不供油常见故障的现象、原因与处理方法 3.2.2 燃油管、滤清器常见故障处理方法
	3.3 判断与排除底盘故障	3.3.1 能调整连接松动、脱落等机械故障 3.3.2 能进行轮胎紧固	叉车机械传动系统主要总成的组成、功用
	3.4 判断与排除液压系统故障	3.4.1 能判断叉车液压系统泄漏点 3.4.2 能进行液压密封圈更换	3.4.1 叉车液压系统基本组成及功用 3.4.2 液压缸主要组成部件

3.1.2 四级/中级工

职业功能	工作内容	技能要求	相关知识要求
1. 叉车操作	1.1 安全防护	1.1.1 能对叉车运行中转向失灵、制动失灵等突发失控情况进行处理 1.1.2 能对柴油机"飞车"故障进行紧急处理 1.1.3 能对因蓄电池破损而外漏的电解液进行处理	1.1.1 叉车紧急停车安全操作方法 1.1.2 柴油机"飞车"故障产生原因和处理方法 1.1.3 电解液处理的基本方法
	1.2 作业前准备	1.2.1 能检查离合器和制动器工作状态 1.2.2 能检查电瓶叉车制动联锁装置 1.2.3 能检查电动机换向器	1.2.1 离合器踏板和制动器踏板自由行程调整方法 1.2.2 电瓶叉车制动联锁装置基本结构 1.2.3 电动机换向器基本结构,电刷和弹簧规格、更换标准和方法

续表

职业功能	工作内容	技能要求	相关知识要求
1. 叉车操作	1.3 货物装卸搬运作业	1.3.1 能判断长大、笨重货物的重量、重心位置 1.3.2 能驾驶叉车在厂外进行一般货物装卸、搬运及堆码作业 1.3.3 能使用各种属具、索具进行长大、笨重货物的装卸、搬运及堆码作业 1.3.4 能驾驶叉车进行特定危险品装卸作业	1.3.1 长大、笨重货物重心位置的判断方法 1.3.2 长大、笨重货物装卸方法 1.3.3 道路交通安全知识 1.3.4 危险品装卸安全知识
2. 叉车维护与保养	2.1 叉车走合保养	2.1.1 能使用处于走合期的新车和大修车 2.1.2 能对处于走合期的新车和大修车进行维护保养	新车和大修车走合期的使用和保养要求
	2.2 叉车定期保养	2.2.1 能按规定对叉车进行一级保养（每隔150 h） 2.2.2 能使用钳工常用设备、主要工具、主要量具对叉车进行维护与保养	2.2.1 叉车一级保养（每隔150 h）内容和技术要求 2.2.2 钳工常用设备、主要工具、主要量具的使用方法和安全操作注意事项
3. 叉车故障判断与排除	3.1 判断与排除电瓶叉车（内燃叉车）电气设备一般故障	3.1.1 能判断电气元件发热、噪声等一般故障 3.1.2 能判断启动系统一般电气故障	3.1.1 电路图识读基本知识 3.1.2 主要电气元件的图形符号及工作原理 3.1.3 启动系统常见故障产生原因、判断和排除方法
	3.2 判断与排除发动机一般故障	3.2.1 能判断发动机总成部件配合不良、发热、噪声等一般机械故障 3.2.2 能判断和排除发动机漏气、窜气、漏水等一般故障	3.2.1 机械图识读基本知识 3.2.2 发动机工作原理 3.2.3 发动机总成部件常见故障产生原因、判断和排除方法
	3.3 判断与排除叉车底盘一般故障	3.3.1 能判断机械配合不良、发热、噪声等一般机械故障 3.3.2 能调整紧固转向连杆	3.3.1 叉车机械传动系统主要总成的结构、工作原理 3.3.2 叉车机械传动系统常见故障产生原因、判断和排除方法
	3.4 判断与排除叉车液压系统一般故障	3.4.1 能判断油压不足、门架自行下降（或前倾）、系统噪声等液压故障 3.4.2 能进行液压系统密封件更换	3.4.1 液压图识读基本知识 3.4.2 主要液压元件的图形符号及工作原理 3.4.3 液压系统常见故障产生原因、判断和排除方法

续表

职业功能	工作内容	技能要求	相关知识要求
3. 叉车故障判断与排除	3.5 判断与排除叉车工作装置一般故障	3.5.1 能判断门架导轮、叉架导轮、侧向导轮磨损程度并进行调整、更换 3.5.2 能判断起升链条磨损程度并进行调整、更换	3.5.1 门架导轮、叉架导轮、侧向导轮更换方法 3.5.2 导轮间隙、链条松紧度的调整方法

3.1.3 三级/高级工

职业功能	工作内容	技能要求	相关知识要求
1. 叉车操作	1.1 安全防护	1.1.1 能发现初、中级叉车司机作业过程中的安全隐患并及时制止 1.1.2 能对危险品、贵重品、易碎品进行安全防护 1.1.3 能对形状不规则、重心偏移货物装卸作业实施安全防护	1.1.1 危险品、贵重品、易碎品的安全防护措施 1.1.2 货物装卸作业安全防护措施
	1.2 作业前准备	1.2.1 能检查内燃叉车发动机工作状况 1.2.2 能检查叉车底盘各系统工作状况 1.2.3 能检查叉车液压系统工作状况 1.2.4 能检查叉车电气系统工作状况	1.2.1 内燃叉车各总成及重要零部件的构造特点、技术要求 1.2.2 电瓶叉车各总成及重要零部件的构造特点、工作原理和技术要求
	1.3 货物装卸搬运	1.3.1 能确定形状不规则、重心偏移等货物的重心位置 1.3.2 能对形状不规则、重心偏移等货物进行装卸、搬运作业 1.3.3 能在雨、雪等恶劣天气条件下进行装卸作业	1.3.1 货物重心位置的计算方法 1.3.2 货物的装卸方法 1.3.3 特殊和复杂环境对叉车稳定性的影响
2. 叉车维护与保养	2.1 叉车换季、封存保养	2.1.1 能按规定对叉车进行换季保养 2.1.2 能按规定对叉车进行封存保养	2.1.1 叉车换季保养项目及要求 2.1.2 叉车封存保养的形式及要求

续表

职业功能	工作内容	技能要求	相关知识要求
2.叉车维护与保养	2.2 叉车定期保养	能按规定对叉车进行二级保养	2.2.1 叉车二级保养基本内容、技术要求、作业方法、注意事项 2.2.2 保养耗材相关知识（含易损件磨耗限度及报废标准） 2.2.3 保养常用工具、量具等器材使用方法
3.叉车故障判断与排除	3.1 判断与排除内燃叉车发动机故障	3.1.1 能排除发动机不启动、转速不稳、功率不足等故障 3.1.2 能排除电控发动机电控系统故障	3.1.1 发动机故障的现象、原因及排除方法 3.1.2 电控发动机电控系统工作原理 3.1.3 电控发动机电控系统故障排除方法
	3.2 判断与排除内燃叉车底盘故障	3.2.1 能排除内燃叉车传动系统变矩器工作不正常、起步车身抖动等故障 3.2.2 能排除叉车全液压转向系统转向沉重等故障 3.2.3 能排除叉车制动系统制动跑偏、制动不良等故障	3.2.1 叉车液力系统构造知识 3.2.2 叉车传动系统故障现象、原因及排除方法 3.2.3 叉车全液压转向系统故障现象、原因及排除方法 3.2.4 叉车制动系统故障现象、原因及排除方法
	3.3 判断与排除叉车工作装置故障	能排除叉车液压系统起升缸柱塞动作慢、举升无力、爬行等故障	叉车液压系统故障现象、原因及排除方法
	3.4 判断与排除电瓶叉车故障	3.4.1 能排除电瓶叉车控制系统常见故障 3.4.2 能排除电瓶叉车驱动电机常见故障	3.4.1 电瓶叉车控制系统的组成、工作原理及常见故障的排除方法 3.4.2 电瓶叉车驱动电机构造、工作原理及常见故障排除方法

3.1.4 二级/技师

职业功能	工作内容	技能要求	相关知识要求
1.叉车操作	1.1 新车验收	1.1.1 能进行外观和外部尺寸检查 1.1.2 能对发动机、转向、灯光、负重升降进行性能试验 1.1.3 能检查验收随机文件和工具	1.1.1 新车验收检验项目 1.1.2 负重性能试验方法 1.1.3 转向性能试验方法 1.1.4 行驶性能试验方法 1.1.5 整机密封性能检查内容和试验方法

续表

职业功能	工作内容	技能要求	相关知识要求
1. 叉车操作	1.2 大、中修验收	1.2.1 能进行外观检查 1.2.2 能对修复后的发动机、底盘、工作装置进行检查验收 1.2.3 能进行连续装卸作业和静、动载荷试验	1.2.1 大、中修验收检验项目及检查方法 1.2.2 连续装卸作业和静、动载荷试验方法
2. 叉车故障判断与排除	2.1 叉车大修	2.1.1 能拆装叉车发动机、底盘、工作装置各零件，并能对主要零部件进行检测，确定维修方案 2.1.2 能制定叉车发动机、底盘、工作装置大修工艺	2.1.1 叉车大、中修技术标准 2.1.2 叉车发动机、底盘、工作装置总成拆卸步骤、装配与精度调整方法 2.1.3 测量工具的使用方法
	2.2 故障处理	2.2.1 能处理内燃叉车、电瓶叉车的疑难故障 2.2.2 能解决生产中出现的技术难题	叉车使用、检修、故障处理知识
3. 技术革新	3.1 技术管理	3.1.1 能检测评定叉车技术状况 3.1.2 能制定货物的装卸、搬运工艺 3.1.3 能根据货物的形状、性质、包装、重量等情况，对现有属具进行改进	3.1.1 评定叉车技术状况变化的基本方法 3.1.2 复杂货物装卸、搬运工艺的内容和制定方法 3.1.3 叉车司机作业程序、标准、制度和管理要求 3.1.4 叉车专用属具的种类和使用范围
	3.2 机务管理	3.2.1 能制定机械使用与维修计划 3.2.2 能填写机械设备的技术档案	3.2.1 机械使用管理知识 3.2.2 固定资产管理知识
4. 培训与管理	4.1 业务培训	4.1.1 能对新入厂叉车司机开展班组安全教育 4.1.2 能面向新员工开展叉车作业规程培训	4.1.1 工厂安全教育知识 4.1.2 叉车作业规程内容和培训方法
	4.2 专业指导	能对三级/高级工及以下级别人员进行技术指导	技术指导的基本方法与技巧

3.1.5 一级/高级技师

职业功能	工作内容	技能要求	相关知识要求
1. 叉车操作	1.1 叉车作业安全管理	1.1.1 能根据叉车作业环境，识别作业现场危险源，并制定安全防控措施 1.1.2 能根据叉车性能及作业现场情况，编制货物装卸作业工艺 1.1.3 能发现叉车司机作业过程中的安全隐患并及时制止，防止事故的发生	1.1.1 作业现场危险源与识别方法 1.1.2 叉车装卸作业工艺编制方法 1.1.3 安全管理知识
	1.2 应急预案管理	1.2.1 能编制叉车安全生产事故应急预案 1.2.2 能定期组织本单位叉车司机等相关人员开展应急预案演练 1.2.3 能在事故发生后，按照应急预案要求，组织事故救援工作	1.2.1 应急预案相关知识 1.2.2 应急预案编制方法 1.2.3 应急预案演练知识 1.2.4 安全生产事故救援组织工作要求
2. 叉车故障判断与排除	2.1 叉车大修	2.1.1 能拆装叉车液压系统各零件，并能对主要零部件进行检测，确定维修方案 2.1.2 能制定液压系统大修工艺	2.1.1 叉车液压系统零部件工作原理 2.1.2 叉车液压系统零部件检测方法
	2.2 故障排除	2.2.1 能判断与排除内燃叉车电控系统故障 2.2.2 能判断与排除内燃叉车尾气处理系统故障 2.2.3 能判断与排除电瓶叉车控制系统故障	2.2.1 内燃机电控系统工作原理 2.2.2 内燃叉车尾气处理系统工作原理 2.2.3 叉车总成装配图和电气配线图识读方法 2.2.4 电瓶叉车控制系统工作原理
3. 技术革新	3.1 叉车选用	能收集各品牌叉车产品规格、价格等信息，并提出叉车选用建议	3.1.1 叉车性能、经济性指标含义 3.1.2 叉车性能综合评价方法
	3.2 叉车更新管理	3.2.1 能评估叉车使用性能，提出叉车报废依据 3.2.2 能检测叉车总成的劣化程度，提出总成更新依据	3.2.1 叉车报废依据 3.2.2 叉车总成更换依据

续表

职业功能	工作内容	技能要求	相关知识要求
4. 培训与管理	4.1 业务培训	4.1.1 能编写培训计划 4.1.2 能编写培训讲义 4.1.3 能编写技术总结	4.1.1 培训教学的基本方法 4.1.2 培训讲义的编制方法 4.1.3 技术总结的内容和编写方法
	4.2 专业指导	4.2.1 能对二级/技师及以下级别人员进行技术指导 4.2.2 能在作业中推广应用新材料、新技术、新设备、新标准	4.2.1 技术指导的基本方法与技巧 4.2.2 有关叉车的新材料、新技术、新设备、新标准

3.2 船舶起货机司机

3.2.1 五级/初级工

职业功能	工作内容	技能要求	相关知识要求
1. 船舶起货机操作	1.1 安全防护	1.1.1 能按规范穿戴劳动防护用品 1.1.2 能识别船舶起货机作业的危险有害因素 1.1.3 能查明船舶起货机的安全装置工况是否良好、可靠 1.1.4 能规范使用通信设备进行工作联络 1.1.5 能使用消防器材进行灭火 1.1.6 遇有突发情况，能实施紧急救护措施，会紧急逃生方法	1.1.1 危险源辨识 1.1.2 安全生产与职业健康知识 1.1.3 船舶起货机安全操作规程 1.1.4 消防器材使用知识
	1.2 环境识别	1.2.1 能根据作业环境采取相应的防护措施 1.2.2 能识别吊车实际起重量 1.2.3 能判定设备安全工作的范围	装卸工艺规程

续表

职业功能	工作内容	技能要求	相关知识要求
1. 船舶起货机操作	1.3 作业前检查	1.3.1 能完成交接班工作 1.3.2 能检查船舶起货机安全防护装置工作状况 1.3.3 能检查船舶起货机各润滑部位的润滑状况 1.3.4 能根据所装卸的货物选用工属具 1.3.5 能检查船舶起货机起升、变幅机构钢丝绳的使用情况,并判断是否需要更换 1.3.6 能直观检查设备主要部位金属结构及工属具有无开裂、变形 1.3.7 能检查液压系统油位是否正常,管路是否渗漏 1.3.8 能检查电气设备信号是否正常 1.3.9 能检查各机构动作是否正常	1.3.1 船舶起货机基本结构原理 1.3.2 钢丝绳检查及更换标准 1.3.3 船舶起货机润滑标准 1.3.4 金属结构检查标准 1.3.5 设备日常点检管理规定 1.3.6 设备防突发性大风管理规定 1.3.7 主要工属具的类型、特点和应用场合及报废标准
	1.4 作业中操作	1.4.1 能识别起重吊运指挥信号 1.4.2 能操作船舶起货机完成升降、旋转、变幅操作 1.4.3 能使用吊钩等常用取物装置装卸货物 1.4.4 能根据货种特点、货物特征、包装标志及装卸条件,选择合适的操作方法 1.4.5 能及时发现设备故障,实施停机检查 1.4.6 能平稳操作设备,避免取物装置、钢丝绳等刮碰到相邻设备或船舶	1.4.1 设备安全操作规程 1.4.2 设备基本作业方法及技术要求 1.4.3 工属具使用注意事项 1.4.4 起重吊运指挥信号 1.4.5 设备事故案例分析汇编 1.4.6 现场警示标牌的识别
	1.5 作业后检查	1.5.1 能按照船舶起货机设备管理规定完成设备复位 1.5.2 能对机械设备、液压装置、电气设备进行安全防范	船舶起货机管理规定

续表

职业功能	工作内容	技能要求	相关知识要求
2. 船舶起货机维护与保养	2.1 检查调整	2.1.1 能完成日常点检项目 2.1.2 能检查并紧固主要部件的固定螺栓 2.1.3 能调整制动器制动间隙	2.1.1 制动器调整规范 2.1.2 润滑油品的分类标准、使用要求
	2.2 设备保养	2.2.1 能进行各润滑点的润滑保养 2.2.2 能使用加油枪、加油桶等润滑工具，补充齿轮油、加注润滑脂 2.2.3 能进行钢丝绳保养润滑 2.2.4 能进行设备涂漆前的除锈、打磨，能按补漆工艺过程对局部实施补漆	2.2.1 润滑工具的使用要求 2.2.2 设备维护保养管理规定 2.2.3 重点部位保养标准 2.2.4 油漆使用知识 2.2.5 千分尺、游标卡尺等检测工具及钳工工具的知识
3. 船舶起货机故障判断与排除	3.1 故障判断	3.1.1 能看懂船舶起货机简单零件图 3.1.2 能看懂船舶起货机简单液压系统图 3.1.3 能按技术要求完成简单零件更换 3.1.4 能检查吊钩等零件的磨损 3.1.5 能协助更换钢丝绳	3.1.1 船舶起货机机械基础知识 3.1.2 液压与气压传动知识 3.1.3 状态检测与故障诊断技术
	3.2 故障排除	3.2.1 能准备维修用工具 3.2.2 能准备维修用的备件、紧固件及辅助材料	设备小修、二级修理、项目修理的作业范围、技术要求、检验标准

3.2.2 四级/中级工

职业功能	工作内容	技能要求	相关知识要求
1. 船舶起货机操作	1.1 安全防护	1.1.1 能判断工作过程当中可能发生的事故隐患，并制定现场处置方案 1.1.2 能查明各安全保护装置种类、数量、位置，能查各安全装置是否灵敏、可靠	1.1.1 恶劣天气设备管理规定 1.1.2 事故隐患排查治理及管理要求
	1.2 环境识别	1.2.1 能识别船舶起货机作业区域货物分布结构 1.2.2 能根据生产计划及货物分布，制定作业实施方案	货物堆放管理规定

续表

职业功能	工作内容	技能要求	相关知识要求
1. 船舶起货机操作	1.3 作业前检查	1.3.1 能检查和判断电路、电气元件工作状态 1.3.2 能检查和判断电动机、减速机、卷筒等工况 1.3.3 能检查和判断液压、气动元件功能是否正常 1.3.4 能检查和判断滑轮、卷筒、小齿轮等磨损情况 1.3.5 能对各类安全保护装置进行检查、测试、复位	1.3.1 船舶起货机检修的作业范围 1.3.2 滑轮及卷筒等的技术要求、检查标准和质量标准
	1.4 作业中操作	1.4.1 能根据货物特性选择装卸工艺，能对各类货物进行装卸作业 1.4.2 能配合设备维修，搬运吊装器材配件 1.4.3 能合理操作各个工作机构，节约电力消耗 1.4.4 能根据作业条件，采用节能降耗的操作方法，不出现偏载、超载、物料洒落	1.4.1 港口机械设备下舱使用管理规定 1.4.2 各机构功率配置，经济运行曲线 1.4.3 水运经济相关知识
2. 船舶起货机维护与保养	2.1 检查调整	2.1.1 能利用仪器测量设备运动部位温度、转速、噪声等 2.1.2 能根据技术要求调整各运动件之间的间隙	设备维护保养规定
	2.2 设备保养	2.2.1 能对设备实施防腐防锈 2.2.2 能更换船舶起货机各类润滑油 2.2.3 能更换船舶起货机液压系统元件，能更换液压油 2.2.4 能组织实施设备清洁方案	设备维护保养管理规定
3. 船舶起货机故障判断与排除	3.1 故障判断	3.1.1 能配合专业维修人员做好维修后的试车工作 3.1.2 能绘制船舶起货机简单零件图 3.1.3 能看懂船舶起货机部件装配图 3.1.4 能看懂船舶起货机液压系统图 3.1.5 能分析机件磨损原因	船舶起货机使用保养规程

续表

职业功能	工作内容	技能要求	相关知识要求
3.船舶起货机故障判断与排除	3.2 故障排除	3.2.1 能检修各式制动器的松紧度 3.2.2 能按照既定工艺更换及调整钢丝绳 3.2.3 能使用检测仪器、量具和工具，进行常见故障诊断 3.2.4 能依据技术要求和检验标准对零部件实施检验	3.2.1 状态检测与故障诊断技术 3.2.2 设备小修、二级修理、项目修理的作业范围、技术要求、检验标准

3.2.3 三级/高级工

职业功能	工作内容	技能要求	相关知识要求
1.船舶起货机操作	1.1 作业前检查	1.1.1 能根据特殊货物装卸作业要求布置起重作业相关设施 1.1.2 能根据特殊货物装卸作业要求提出改善船舶起货机装卸条件的措施	船舶起货机的动力性、经济性比较分析
	1.2 作业中操作	1.2.1 能平稳吊装外形不规则的货物 1.2.2 能吊装超长大件货物 1.2.3 能吊装危险品货物	1.2.1 超大型货物装卸作业安全操作规程 1.2.2 特殊货物装卸作业安全操作规程
2.船舶起货机维护与保养	2.1 检查调整	2.1.1 能根据设备使用情况提出设备防腐防锈实施方案 2.1.2 能对设备整体技术状况进行鉴定 2.1.3 能利用仪器对油品质量进行简单分析检测	设备防腐管理规定
	2.2 设备保养	2.2.1 能按照点检计划组织设备保养 2.2.2 能按照保养计划组织设备保养 2.2.3 能根据船舶起货机的运行状态，制定维护保养计划	2.2.1 船舶起货机点检计划 2.2.2 船舶起货机保养计划

续表

职业功能	工作内容	技能要求	相关知识要求
3. 船舶起货机故障判断与排除	3.1 故障判断	3.1.1 能用适当方法诊断电动机、减速机、卷筒、轴承故障,做好维修前准备 3.1.2 能分析零件非正常磨损原因 3.1.3 能看懂总装配图	3.1.1 船舶起货机常用部件更换验收标准 3.1.2 设备大修作业范围、各工作机构鉴定技术标准及大修验车标准
	3.2 故障排除	3.2.1 能按照既定工艺方案更换滑轮、轴承等 3.2.2 能按照既定工艺方案更换液压泵、管、阀、密封件、分配器等元件 3.2.3 能检测调整各类安全保护装置 3.2.4 能配合实施设备在线测试与诊断技术在本机上的应用 3.2.5 能排除常见故障 3.2.6 能对设备进行技术经济分析	3.2.1 船舶起货机装配知识 3.2.2 船舶起货机典型部件维修技术要求、标准和工艺 3.2.3 船舶起货机机械、控制、液压系统工作原理

3.2.4 二级/技师

职业功能	工作内容	技能要求	相关知识要求
1. 船舶起货机操作	1.1 环境检查	1.1.1 能纠正不良操作习惯和违规操作行为 1.1.2 能辨识异常情况下能否继续作业及会产生的后果	1.1.1 船舶起货机安全操作规程 1.1.2 港口装卸作业工艺汇编 1.1.3 生产组织及生产管理基本知识
	1.2 作业中操作	1.2.1 能分析复杂环境、复杂货种,并进行安全作业 1.2.2 能组织指导三级/高级工在复杂情况下完成难度较大的装卸作业	1.2.1 船舶起货机安全操作规程 1.2.2 船舶起货机特种作业要求
2. 船舶起货机维护与保养	2.1 检查调整	2.1.1 能正确检查液压泵、管、阀等液压系统零部件,并分析原因 2.1.2 能利用仪器对油品质量进行定性定量分析	设备维护保养规定
	2.2 设备保养	2.2.1 能分析船舶起货机设备故障发生频率,找出故障规律,及时对设备进行保养 2.2.2 能区分设备不同机构的运行状态,制定维护保养计划	2.2.1 船舶起货机的维护保养技术 2.2.2 机械故障诊断方法

续表

职业功能	工作内容	技能要求	相关知识要求
3. 船舶起货机故障判断与排除	3.1 故障判断	3.1.1 能分析设备动力不足、传动不良的原因，编排维修计划 3.1.2 能分析船舶起货机液压系统故障 3.1.3 能对金属结构的重点部位进行分析、跟踪检查，及时发现裂纹、开焊、疲劳等 3.1.4 能分析异常情况下能否继续作业及会产生的后果	船舶起货机的监测技术基本知识及检测设备的应用
	3.2 故障排除	3.2.1 能制定一般维修或更换工艺，并组织实施 3.2.2 能分析电气系统运行状态，并查明过电流保护原因 3.2.3 能检修船舶起货机的液压泵、管、阀、分配器等液压元件 3.2.4 能修复局部金属结构变形，并能分析故障原因 3.2.5 能组织设备的定检及专项检查 3.2.6 能对更换下来的零部件进行修复利用	船舶起货机修理级别、修理项目及验收标准
4. 技术革新	4.1 设备更新	4.1.1 能根据维修、大修项目，提出备件、材料采购计划 4.1.2 能鉴别不同品牌设备的技术性能，制定设备购置计划	4.1.1 设备管理知识 4.1.2 船舶起货机新技术
	4.2 技术改造	4.2.1 提出节能降耗的具体措施 4.2.2 能对常用工属具进行改造 4.2.3 能对生产中设备存在的问题提出技术改进意见 4.2.4 能对经常发生的设备故障进行技术改造、技术革新	4.2.1 机械制图、机械基础知识 4.2.2 节能降耗的基本知识
5. 培训与管理	5.1 技术培训	5.1.1 能制定培训计划，编写培训教材，对培训进行总结 5.1.2 能对三级/高级工及以下级别人员进行系统操作指导	技能培训相关知识

职业功能	工作内容	技能要求	相关知识要求
5. 培训与管理	5.2 机务管理	5.2.1 能制定船舶起货机设备点检计划和标准 5.2.2 能制定机械使用与维修计划 5.2.3 能监督、检查设备技术档案 5.2.4 能参与机械故障、事故的调查、评定 5.2.5 能对项修、大修后的设备进行技术评定和验收 5.2.6 能进行设备能源消耗分析 5.2.7 能进行设备技术总结，撰写技术论文	5.2.1 设备运行指标及经济指标分析 5.2.2 设备故障统计分析 5.2.3 固定资产管理知识 5.2.4 网络、信息技术 5.2.5 GPS 技术知识

3.2.5 一级/高级技师

职业功能	工作内容	技能要求	相关知识要求
1. 船舶起货机操作	1.1 环境检查	1.1.1 能应对突发异常情况，制定并组织实施应急预案 1.1.2 能应对特殊环境，并采取应急措施	1.1.1 港口装卸作业工艺汇编 1.1.2 生产组织及生产管理基本知识
	1.2 作业中操作	1.2.1 能快速掌握新型船舶起货机的操作 1.2.2 能指导二级/技师及以下级别人员进行特殊（货种、环境）作业 1.2.3 能制定船舶起货机超大件货物装卸作业规程并组织装卸	1.2.1 新型船舶起货机的技术性能、使用要求 1.2.2 生产组织及生产管理基本知识
2. 船舶起货机维护与保养	2.1 检查调整	能正确检查船舶起货机金属结构变形并分析原因	机械故障诊断方法
	2.2 设备保养	2.2.1 能对设备整体技术状况进行鉴定 2.2.2 能对不同型号船舶起货机制定维护保养计划	船舶起货机技术性能

续表

职业功能	工作内容	技能要求	相关知识要求
3. 船舶起货机故障判断与排除	3.1 故障判断	3.1.1 能使用状态监测工具进行船舶起货机的电动机、轴承、减速机等部位的温度、振动检测，并给出故障检测结论，预测设备使用状况 3.1.2 能使用油品快速分析仪现场检测润滑油品，给出油品性能结论，预测设备润滑状况 3.1.3 能结合日常工作状况和专业检查报告，对主要金属结构安全状况进行分析评估，提出针对性改进意见	3.1.1 焊工基本操作工艺知识 3.1.2 新设备、新技术、新材料、新工艺在船舶起货机上的应用知识 3.1.3 各种检测仪器使用手册
	3.2 故障排除	3.2.1 能制定船舶起货机维修计划并组织实施 3.2.2 能制定船舶起货机旋转驱动装置维修计划 3.2.3 能制定船舶起货机减速机维修工艺 3.2.4 能实施修复液压缸、更换液压备件 3.2.5 能在维修中使用新技术、新工艺、新材料、新设备	船舶起货机修理级别、修理项目及验收标准
4. 技术革新	4.1 设备更新	4.1.1 能检测设备劣化程度，提出报废依据 4.1.2 能检测部件的使用价值，对部件实施替换、更新 4.1.3 能制定进口备件国产化改造计划	国内外船舶起货机技术发展动态
	4.2 技术改造	4.2.1 能针对特别货种进行设备功能改造 4.2.2 能针对设备缺陷制定、实施技术改进	4.2.1 新型船舶起货机的操作技能与维修 4.2.2 中英文技术资料，设备技术发展动态
5. 培训与管理	5.1 技术培训	5.1.1 能对二级/技师及以下级别人员进行培训和技术指导 5.1.2 能开展操作技能培训	5.1.1 技术指导的基本方法与技巧 5.1.2 培训教学的基本方法
	5.2 机务管理	5.2.1 能采用 ABC 管理方法对备件消耗进行分析 5.2.2 能对设备新技术、新工艺、新材料的使用技术状况进行总结、评定并推广	5.2.1 备件管理方法和理论 5.2.2 现代设备管理理论

3.3 电动港机装卸机械司机

3.3.1 五级/初级工

职业功能	工作内容	技能要求	相关知识要求
1. 电动港机装卸机械操作	1.1 安全防护	1.1.1 能穿戴劳动防护用品 1.1.2 能识别岗位内的危险有害因素 1.1.3 能检查装卸作业设备的安全装置是否良好、可靠 1.1.4 能使用消防器材扑灭初期火灾 1.1.5 能掌握本机安全技术操作规程 1.1.6 能使用通信设备 1.1.7 能对作业中的易燃易爆气体、物品和有害物质采取防范措施 1.1.8 能实施紧急救护措施，会紧急逃生方法	1.1.1 现场危险有害因素安全管理知识 1.1.2 电动装卸机械安全技术操作规程 1.1.3 消防器材使用知识
	1.2 环境识别	1.2.1 能根据作业环境采取相应的防护措施 1.2.2 能明确设备额定起重量是否满足起重要求 1.2.3 能判断人、机安全工作的能力范围	1.2.1 装卸工艺规程 1.2.2 危险货物品名表
	1.3 作业前检查	1.3.1 能检查各机构制动装置是否可靠 1.3.2 能检查设备整机各个润滑部位的润滑状况 1.3.3 能识别主要工属具的类型、特点和应用场合及报废标准 1.3.4 能检查钢丝绳的使用情况，并判断是否更换 1.3.5 能检查设备主要部位金属结构及工属具、取物装置有无开裂、变形 1.3.6 能解除防风防滑装置，并检查解除是否到位 1.3.7 能检查液压系统油位是否正常，管路是否渗漏 1.3.8 能检查电气设备信号是否正常 1.3.9 能检查电气室内的空调、电气柜内的风机是否正常运转 1.3.10 能检查灯光、照明是否正常 1.3.11 能发现电缆、电线、油管、气管被摩擦、刮碰的部位	1.3.1 电动装卸机械基本结构原理 1.3.2 钢丝绳检查及更换标准 1.3.3 电动装卸机械润滑标准 1.3.4 金属结构检查标准 1.3.5 设备日常点检管理规定 1.3.6 设备防大风管理规定

续表

职业功能	工作内容	技能要求	相关知识要求
1.电动港机装卸机械操作	1.4 作业中操作	1.4.1 能识别起重吊运指挥信号 1.4.2 能操作设备的起升、回转、变幅、俯仰、小车运行、大车运行机构 1.4.3 能使用常用的吊钩、抓斗、集装箱吊具等取物装置抓取、放置货物 1.4.4 能根据货物特征和包装标志及装卸条件，选择操作方法 1.4.5 能检查发现设备异常气味、温度、声音、振动等 1.4.6 能及时发现设备故障，实施停机检查 1.4.7 能平稳操作设备，避免取物装置、钢丝绳等刮碰到相邻设备或船舶 1.4.8 能填写作业票、运行日志等记录	1.4.1 设备安全技术操作规程 1.4.2 设备基本作业方法及技术要求 1.4.3 工属具使用要求 1.4.4 起重吊运指挥信号 1.4.5 设备事故案例分析汇编 1.4.6 现场警示标牌的识别 1.4.7 设备交接班管理规定
	1.5 作业后检查	1.5.1 能将设备的臂架（桥架）停放到安全位置并固定 1.5.2 能将设备运行到安全位置，并锚定 1.5.3 能停机断电 1.5.4 能对司机室、电气室、机房进行安全检查 1.5.5 能清理作业中的落料、杂物，保持良好的机容机貌 1.5.6 能进行工具定置放置	1.5.1 设备安全技术操作规程 1.5.2 设备日常管理规定 1.5.3 设备机容机貌管理规定
2.电动港机装卸机械维护与保养	2.1 检查调整	2.1.1 能判断操作平台、人行走道金属结构是否安全 2.1.2 能检查各种漏斗、挡板、裙板等易磨损件的磨损情况 2.1.3 能按规范检查并紧固主要部件的螺栓 2.1.4 能检查制动器制动间隙 2.1.5 能检查设备金属结构有无开焊、变形、裂纹、锈蚀等 2.1.6 能检查连接螺栓有无松动、锈蚀，主结构有无锈蚀 2.1.7 能检查各工作机构是否正常	2.1.1 设备维护保养管理规定 2.1.2 设备检查管理规定 2.1.3 设备金属结构检查管理规定

续表

职业功能	工作内容	技能要求	相关知识要求
2.电动港机装卸机械维护与保养	2.2 设备保养	2.2.1 能识别设备各润滑点部位 2.2.2 能识别各种润滑油、润滑脂 2.2.3 能使用加油枪、手动或电动加油泵、集中加油泵等润滑工具给设备各润滑点加注润滑脂 2.2.4 能完成更换减速箱、液压系统等油品前的放油、清洁油箱等工作 2.2.5 能进行设备涂漆前的除锈、打磨 2.2.6 能按补漆工艺对设备局部实施补漆	2.2.1 设备维护保养管理规定 2.2.2 电动装卸机械润滑标准 2.2.3 润滑工具的使用 2.2.4 设备防腐管理规定
3.电动港机装卸机械故障判断与排除	3.1 故障判断	3.1.1 能判断电动机和减速箱异常振动、温升异常等一般故障 3.1.2 能检查判断钢丝绳外径磨损、断丝断股、变形等现象	3.1.1 电动装卸机械维修管理规定 3.1.2 钢丝绳检查及更换标准
	3.2 故障排除	3.2.1 能准备故障维修用工具 3.2.2 能准备故障维修用备件、紧固件及辅助材料	3.2.1 电动装卸机械维修管理规定 3.2.2 设备维修标准

3.3.2 四级/中级工

职业功能	工作内容	技能要求	相关知识要求
1.电动港机装卸机械操作	1.1 安全防护	1.1.1 能判断工作过程中可能发生的事故隐患，并能采取应急措施 1.1.2 能检查各安全保护装置是否灵敏、可靠	1.1.1 恶劣天气设备管理规定 1.1.2 事故隐患排查治理管理要求
	1.2 环境识别	1.2.1 能识别作业区域货物分布结构 1.2.2 能根据生产计划及货物分布，合理装卸货物	1.2.1 货物堆放管理规定 1.2.2 货物性能参数

续表

职业功能	工作内容	技能要求	相关知识要求
1.电动港机装卸机械操作	1.3 作业前检查	1.3.1 能检查电路、电气元件工作状态 1.3.2 能检查电动机、联轴器、减速箱、制动器等工作情况 1.3.3 能检查液压、气动元件功能是否正常 1.3.4 能检查车轮、滑轮、卷筒、滚筒、托辊等磨损情况 1.3.5 能对各类安全保护装置进行检查、测试、复位	1.3.1 电动装卸机械检修的作业范围 1.3.2 车轮的技术要求、检查标准和质量标准
	1.4 作业中操作	1.4.1 能根据货物特性选择装卸工艺,对各类货物进行装卸作业 1.4.2 能配合设备维修,搬运吊装器材配件 1.4.3 能根据作业条件均匀取料、卸料,采用节能降耗的操作方法 1.4.4 能准确取货,不偏载、超载、洒落	1.4.1 港口机械设备下舱使用管理规定 1.4.2 各机构功率配置,经济运行曲线 1.4.3 环境保护管理规定
2.电动港机装卸机械维护与保养	2.1 检查调整	2.1.1 能检查调整制动器间隙 2.1.2 能根据技术要求调整各运动件的间隙	2.1.1 设备维护保养管理规定 2.1.2 设备润滑管理标准 2.1.3 设备防腐管理规定
	2.2 设备保养	2.2.1 能对电气设备进行保养 2.2.2 能更换或清洗液压系统过滤器滤芯 2.2.3 能更换液压油 2.2.4 能检查各部位润滑状况 2.2.5 能更换润滑油 2.2.6 能对机体实施除锈防腐	2.2.1 设备维护保养管理规定 2.2.2 电气设备维护保养规则 2.2.3 液压与气压传动相关知识
3.电动港机装卸机械故障判断与排除	3.1 故障判断	3.1.1 能利用仪器测定设备运动部位温度、转速、噪声、振动等参数,并判断是否在正常范围 3.1.2 能判断钢丝绳是否达到报废标准	3.1.1 电动装卸机械维修管理规定 3.1.2 故障诊断相关知识 3.1.3 钢丝绳检查及更换标准
	3.2 故障排除	3.2.1 能在维修人员更换钢丝绳后进行相应的放绳、收绳操作 3.2.2 能在专业维修人员维修设备后进行试车测试	3.2.1 电动装卸机械维修管理规定 3.2.2 钢丝绳检查及更换标准

3.3.3 三级/高级工

职业功能	工作内容	技能要求	相关知识要求
1. 电动港机装卸机械操作	1.1 环境识别	1.1.1 能布置设备作业环境设施 1.1.2 能提出改善作业条件的措施 1.1.3 能提出防尘、抑尘的具体措施	1.1.1 电动装卸机械动力性、经济性比较分析方法 1.1.2 港口设施维护技术规范
	1.2 作业前检查	1.2.1 能通过启动和试车检查，判断设备各机构的工作状况并进行调整 1.2.2 能在作业前根据现场检查情况提出作业中节能降耗的具体措施	1.2.1 设备结构和工作原理 1.2.2 设备节能降耗管理规定
	1.3 作业中操作	1.3.1 能稳定吊装外形不规则货物 1.3.2 能吊装超大型货物 1.3.3 能够吊装危险品货物 1.3.4 能指导四级/中级工及以下级别人员进行作业	1.3.1 超大型货物装卸作业安全技术操作规程 1.3.2 特殊货物装卸作业安全技术操作规程
2. 电动港机装卸机械维护与保养	2.1 检查调整	2.1.1 能根据设备的使用情况提出设备除锈防腐实施方案 2.1.2 能判断油污类型，组织实施清洁方案	2.1.1 设备防腐管理规定 2.1.2 设备清理油污细则
	2.2 设备保养	2.2.1 能按照设备点检计划组织保养设备 2.2.2 能按照设备换季保养计划保养设备 2.2.3 能对设备整体技术状况进行鉴定 2.2.4 能利用仪器对油品主要指标进行简单分析检测	2.2.1 设备点检计划 2.2.2 设备换季保养计划
3. 电动港机装卸机械故障判断与排除	3.1 故障判断	3.1.1 能用直观经验法诊断电动机、联轴器、减速箱、卷筒、滑轮、轴承故障现象 3.1.2 能分析零件非正常磨损原因	3.1.1 故障诊断相关知识 3.1.2 设备磨损原因分析

续表

职业功能	工作内容	技能要求	相关知识要求
3.电动港机装卸机械故障判断与排除	3.2 故障排除	3.2.1 能检测与调整各类制动装置、安全装置 3.2.2 能分析并排除运行中的常见故障 3.2.3 能按照既定工艺方案更换轴承、轴销等 3.2.4 能在维修人员指导下更换液压泵、管、阀、密封件、分配器等 3.2.5 能在金属结构应力在线测试与诊断时配合操作设备 3.2.6 能对常用工属具提出改进意见	3.2.1 电动装卸机械装配知识 3.2.2 电动装卸机械典型部件维修技术要求、标准和工艺 3.2.3 电动装卸机械常用部件更换验收标准 3.2.4 液压与气压传动相关知识 3.2.5 工属具使用管理规定

3.3.4 二级/技师

职业功能	工作内容	技能要求	相关知识要求
1.电动港机装卸机械操作	1.1 环境识别	1.1.1 能纠正不良操作习惯和违规操作行为 1.1.2 能辨识异常情况下能否继续作业及会产生的后果	1.1.1 电动港机装卸机械安全技术操作规程 1.1.2 生产组织基本知识
	1.2 作业中操作	1.2.1 能在现场指导三级/高级工及以下级别人员装卸作业 1.2.2 能提出特殊作业装卸工艺 1.2.3 能提出装卸工艺改进方案	1.2.1 装卸作业工艺汇编 1.2.2 特殊装卸作业管理规定
2.电动港机装卸机械维护与保养	2.1 检查调整	2.1.1 能调整电动机、减速器同轴度 2.1.2 能判断设备电气系统运行故障并查明原因 2.1.3 能检修液压泵、管、阀、分配器等液压系统零部件 2.1.4 能修复局部金属结构变形，并分析故障原因 2.1.5 能制定一般的设备部件维修或更换工艺并组织实施	2.1.1 电动装卸机械维修管理规定 2.1.2 电动装卸机械电气系统运行管理规定 2.1.3 电动装卸机械液压系统维护与维修管理规定

续表

职业功能	工作内容	技能要求	相关知识要求
2. 电动港机装卸机械维护与保养	2.2 设备保养	2.2.1 能制定设备点检项目 2.2.2 能组织设备定检及专项检查 2.2.3 能检查分析设备各部件故障发生频率，找出故障规律 2.2.4 能判断设备的运行状态，制定维护保养计划	2.2.1 电动装卸机械点检标准 2.2.2 设备运行分析知识
3. 电动港机装卸机械故障判断与排除	3.1 故障判断	3.1.1 能找出设备动力不足、传动不良的原因 3.1.2 能判断液压系统故障 3.1.3 能对设备金属结构的重点部位进行分析、跟踪检查，及时发现裂纹、开焊、疲劳等	3.1.1 电动装卸机械点检标准 3.1.2 电动装卸机械常见故障判断与排除 3.1.3 电动装卸机械监测技术基础知识及检测设备的应用
	3.2 故障排除	3.2.1 能对经常发生的设备故障进行排除 3.2.2 能对可修复的设备零部件进行修复利用	3.2.1 常见故障排除方法 3.2.2 电动装卸机械维修管理规定 3.2.3 修理级别、修理项目及验收标准
4. 技术革新	4.1 设备更新	4.1.1 能根据使用情况对设备部件提出更新计划 4.1.2 能根据维修、大修项目提出备件、材料采购计划	4.1.1 电动装卸机械新技术 4.1.2 备品备件管理规定
	4.2 技术改造	4.2.1 能根据使用情况提出设备改造建议 4.2.2 能根据使用情况对工属具进行改造	4.2.1 电动装卸机械新技术 4.2.2 工属具使用管理规定
5. 培训与管理	5.1 技术培训	5.1.1 能对新入场电动港机装卸机械司机进行班组安全教育 5.1.2 能制定培训计划，编写培训教材，对培训进行总结	5.1.1 企业新进职工安全培训规定 5.1.2 电动装卸机械安全技术操作规程 5.1.3 所属企业技术工人整体培养规划和方案

续表

职业功能	工作内容	技能要求	相关知识要求
5. 培训与管理	5.2 机务管理	5.2.1 能制定设备点检计划和标准 5.2.2 能制定设备使用与维修计划 5.2.3 能对技术资料进行建档归档 5.2.4 能参与设备故障、事故的调查、评定 5.2.5 能对项修、大修后的设备进行技术评定和验收 5.2.6 能进行设备能源消耗分析，提出设备节能降耗方案 5.2.7 能进行设备运行总结，撰写技术论文	5.2.1 设备运行指标及经济指标分析 5.2.2 电动装卸机械故障统计分析 5.2.3 设备固定资产管理 5.2.4 节能降耗基本知识

3.3.5 一级/高级技师

职业功能	工作内容	技能要求	相关知识要求
1. 电动港机装卸机械操作	1.1 环境识别	1.1.1 能预测各类突发异常情况（如天气、环保、安全等）并制定应急救援预案，定期组织应急预案演练 1.1.2 能对火灾、台风等突发异常情况组织实施应急救援	1.1.1 装卸工艺汇编 1.1.2 设备应急救援预案
	1.2 作业中操作	1.2.1 能快速掌握电动装卸机械更新改造后的操作 1.2.2 能制定特殊作业装卸工艺	1.2.1 生产组织及生产管理基本知识 1.2.2 特殊货种作业管理规定
2. 电动港机装卸机械维护与保养	2.1 检查调整	2.1.1 能结合日常工作状况和专项检查报告对设备主要金属结构安全状况进行分析评估，并提出改进意见 2.1.2 能对设备维修、大修计划或整机更换工艺提出建议及措施，并组织实施	2.1.1 力学知识 2.1.2 电动港机装卸机械维修、大修管理规定
	2.2 设备保养	2.2.1 能制定电动港机装卸机械更新改造后的设备保养计划 2.2.2 能根据工作情况调整设备保养项目、时间、标准等	2.2.1 电动港机装卸机械技术等级分类标准 2.2.2 电动港机装卸机械维护保养管理规定

续表

职业功能	工作内容	技能要求	相关知识要求
3. 电动港机装卸机械故障判断与排除	3.1 故障判断	3.1.1 能使用状态监测工具进行电动机、轴承、减速箱等部位的振动、温度检测，并给出检测结论，预测设备使用状况 3.1.2 能使用状态监测工具对金属结构进行磁粉探伤，并给出故障检测结论，预测设备使用状况 3.1.3 能使用油品快速分析仪现场检测润滑油品，给出油品性能结论，预测设备润滑油品状况 3.1.4 能结合日常工作状况和专业检查报告，对设备主要金属结构安全状况进行分析评估，提出针对性改进意见	3.1.1 设备状态检测故障诊断技术 3.1.2 各种检测仪器使用手册
	3.2 故障排除	3.2.1 能修复局部金属结构变形 3.2.2 能提出润滑点无法加入润滑油品的解决方案 3.2.3 能排除润滑故障，在设备润滑管理中推广新材料、新技术、新工艺 3.2.4 能参与制定运行车轮、轨道维修计划与工艺 3.2.5 能参与制定回转轴承、减速箱等部件维修计划与工艺 3.2.6 能参与制定卷筒、滑轮、轴承等部件维修计划与工艺 3.2.7 能在维修中使用新技术、新工艺、新材料、新设备	3.2.1 金属结构变形修复技术 3.2.2 润滑新材料、新技术、新工艺 3.2.3 新设备、新技术、新材料、新工艺在电动装卸机械上的应用知识 3.2.4 电动装卸机械维修标准与工艺
4. 技术革新	4.1 设备更新	4.1.1 能检测设备劣化程度，提出报废依据 4.1.2 能评估部件的使用价值，对部件实施替换、更新 4.1.3 能提出进口备件国产化改造建议 4.1.4 能提出电气设备升级换代建议	4.1.1 中英文技术资料，电动装卸机械技术发展动态 4.1.2 设备报废管理规定

续表

职业功能	工作内容	技能要求	相关知识要求
4.技术革新	4.2 技术改造	4.2.1 能根据设备作业情况提出设备功能改进建议 4.2.2 能针对设备缺陷制定、实施技术改进	国内外电动装卸机械技术发展动态
5.培训与管理	5.1 技术培训	5.1.1 能对二级/技师及以下级别人员进行培训和技术指导 5.1.2 能开展对外培训	5.1.1 培训授课基本技巧 5.1.2 企业培训计划
	5.2 机务管理	5.2.1 能采用备件 ABC 分类法对备件消耗进行分析 5.2.2 能用故障树、因果图等故障分析方法分析故障，找出故障规律 5.2.3 能对设备新技术、新工艺、新材料的使用状况进行总结、评定并推广 5.2.4 能应用网络技术、信息技术、射频技术	5.2.1 备件管理方法和理论 5.2.2 故障分析方法和理论 5.2.3 现代设备管理理论 5.2.4 网络技术、信息技术 5.2.5 射频技术

3.4 堆垛车操作工

3.4.1 五级/初级工

职业功能	工作内容	技能要求	相关知识要求
1.堆垛车操作	1.1 安全防护	1.1.1 能规范穿戴劳动防护用品 1.1.2 能安设和撤除防护信号（牌） 1.1.3 能进行堆垛车的防寒、防火处理 1.1.4 能对堆垛车作业实施安全防护 1.1.5 能对危险品、贵重物品、易碎品进行安全防护	1.1.1 安设和撤除防护信号（牌）的有关规定 1.1.2 堆垛车防寒、防火的内容和要求 1.1.3 堆垛车作业安全防护措施规定 1.1.4 危险品、贵重物品、易碎品相关安全防护知识
	1.2 环境识别	1.2.1 能根据作业环境采取相应的防护措施 1.2.2 能判定设备安全工作的范围	装卸工艺规程

续表

职业功能	工作内容	技能要求	相关知识要求
1. 堆垛车操作	1.3 作业前检查	1.3.1 能履行堆垛车交接班手续，做好堆垛车使用记录，带齐随车工具 1.3.2 能按规定程序上下车、系好安全带 1.3.3 能按规定程序检查、启动车辆 1.3.4 能按程序对堆垛车进行试车检查 1.3.5 能根据仪表相关指示信号判断堆垛车的工作状态 1.3.6 能根据不同货物准备属具和托盘 1.3.7 能根据作业车辆与货垛位置搭设渡板	1.3.1 堆垛车的相关技术参数、性能、用途、基本构造 1.3.2 堆垛车日常检查和保养知识 1.3.3 堆垛车用润滑油（脂）种类、性能、用途及使用要求 1.3.4 蓄电池使用要求及保养知识 1.3.5 堆垛车启动程序和方法 1.3.6 仪表的工作原理和判断方法 1.3.7 堆垛车交接班制度 1.3.8 堆垛车渡板的规格、质量，属具、托盘的种类及使用要求 1.3.9 堆垛车工作装置检查标准和方法
	1.4 作业中操作	1.4.1 能根据具体情况判断货件的重心位置 1.4.2 能驾驶堆垛车进出库门、车门、集装箱 1.4.3 能准确对位，水平平稳进叉、抽叉、起叉、落叉 1.4.4 能平衡提叉和鸣笛倒车 1.4.5 能平稳起步和载货行车，并在下坡和载货影响视线时倒车行驶 1.4.6 能按规定进行货物的堆垛、拆垛、装车、卸车及附属作业	1.4.1 堆垛车载荷曲线图的识读知识 1.4.2 一般货件重心位置判断方法 1.4.3 堆垛车作业程序标准 1.4.4 堆垛车安全操作要求 1.4.5 一般货件的叉取方法和"七不准"要求 1.4.6 堆垛、拆垛、装车、卸车及附属作业规定
	1.5 作业后检查	1.5.1 能填写设备运行日志 1.5.2 能按程序进行交接班 1.5.3 能按规定对堆垛车进行临时停车和库房停车 1.5.4 能按规定在坡道上进行停车 1.5.5 能按规定停放堆垛车	1.5.1 设备运行日志的填写要求 1.5.2 交接班的程序和要求 1.5.3 堆垛车的停放规定和要求 1.5.4 车库防火安全知识

续表

职业功能	工作内容	技能要求	相关知识要求
2. 堆垛车维护与保养	2.1 检查调整	2.1.1 能按规定对堆垛车机械部分进行日常检查和维护保养 2.1.2 能按规定对堆垛车电气部分进行日常检查和维护保养	2.1.1 堆垛车机械部分日常检查的方法和要求 2.1.2 堆垛车电气部分日常检查的方法和要求
	2.2 设备保养	2.2.1 能按规定对堆垛车进行保养 2.2.2 能对堆垛车进行全面清洁、检查	2.2.1 堆垛车日常保养内容要求 2.2.2 季节性保养内容和技术要求
3. 堆垛车故障判断与排除	3.1 故障判断	3.1.1 能判断连接松动、脱落等机械故障 3.1.2 能判断泄漏等液压故障 3.1.3 能分析堆垛车作业中发生的异响、异味等现象	3.1.1 各种工具的使用方法 3.1.2 故障查找判断的方法 3.1.3 作业中发生异响、异味等异常现象的判断方法
	3.2 故障排除	3.2.1 能更换熔断器、照明灯泡等常用电气元件 3.2.2 能处理导线接头松动、脱落等电气故障	3.2.1 电气元件基本知识 3.2.2 安全用电知识

3.4.2 四级/中级工

职业功能	工作内容	技能要求	相关知识要求
1. 堆垛车操作	1.1 安全防护	1.1.1 能判断工作过程中可能发生的事故隐患，并能制定现场处置方案 1.1.2 能查明各安全保护装置种类、数量、位置，查明各安全装置是否灵敏、可靠	1.1.1 恶劣天气设备管理规定 1.1.2 事故隐患排查治理管理要求
	1.2 环境识别	1.2.1 能识别堆垛车作业区域货物分布结构 1.2.2 能根据生产计划及货物分布，制定作业实施方案	货物堆放管理规定

续表

职业功能	工作内容	技能要求	相关知识要求
1. 堆垛车操作	1.3 作业前检查	1.3.1 能对工作装置金属结构部分的门架、货叉进行安全检查 1.3.2 能调整门架导轮、叉架导轮、侧向导轮、链条 1.3.3 能调整离合器踏板和制动踏板自由行程 1.3.4 能检查液压系统，处理管接头故障 1.3.5 能检查堆垛车制动联锁装置 1.3.6 能检查电动机换向器，更换电刷和失效弹簧	1.3.1 工作装置金属结构开焊、裂纹、变形的检查方法 1.3.2 滑轮、导轮导向间隙和链条调整方法 1.3.3 离合器踏板和制动踏板自由行程的调整方法 1.3.4 密封件的规格、更换标准和方法 1.3.5 堆垛车制动联锁装置基本结构 1.3.6 电动机换向器基本结构，电刷和弹簧规格、更换标准和方法
	1.4 作业中操作	1.4.1 能分析长大、笨重货物的重心位置 1.4.2 能使用各种属具、锁具进行长大、笨重货物的装卸、搬运、堆码作业 1.4.3 能驾驶堆垛车在场外进行装卸、搬运、堆码作业 1.4.4 能驾驶特种堆垛车进行危险品装卸作业	1.4.1 长大、笨重货物的重心位置的判断方法 1.4.2 长大、笨重货物的装卸方法 1.4.3 道路交通安全知识 1.4.4 特种堆垛车操纵和危险品装卸安全知识
2. 堆垛车维护与保养	2.1 检查调整	2.1.1 能对堆垛车属具进行日常检查 2.1.2 能对货盘、渡板进行日常检查 2.1.3 能利用仪器测量设备运动部位的温度、转速、噪声等 2.1.4 能根据技术要求调整各运动件的间隙	2.1.1 堆垛车属具日常检查标准和方法 2.1.2 货盘、渡板日常检查标准和方法 2.1.3 设备维护保养规定
	2.2 设备保养	2.2.1 能按标准对堆垛车进行一级维护保养 2.2.2 能使用电工常用工具、仪器、仪表对电气系统进行维护与保养 2.2.3 能使用钳工常用设备、工具、量具对机械部分进行维护与保养	2.2.1 堆垛车一级保养内容和技术要求 2.2.2 电工常用工具、仪器、仪表的使用方法和安全操作注意事项 2.2.3 钳工常用设备、工具、量具的使用方法和安全操作注意事项

职业功能	工作内容	技能要求	相关知识要求
3. 堆垛车故障判断与排除	3.1 故障判断	3.1.1 能分析排除机械配合不良、发热、噪声等一般性机械故障 3.1.2 能分析排除无电、线圈不吸、保险烧坏、灯泡不亮、喇叭不响等电气故障 3.1.3 能分析油压不足、门架自行下降、前倾、噪声等液压故障	3.1.1 电路图、机械图、液压图基本知识 3.1.2 主要电气元件、液压元件的图形符号及工作原理 3.1.3 常见机械故障产生的原因、查找判断和排除方法
	3.2 故障排除	3.2.1 能对堆垛车爆胎的突发情况进行处理 3.2.2 能对堆垛车运行中转向失灵等情况进行处理 3.2.3 能对堆垛车运行中突发制动失灵情况进行处理 3.2.4 能对破损蓄电池漏出的电解液进行处理	3.2.1 常见液压故障产生的原因、查找判断和排除方法 3.2.2 堆垛车爆胎后的安全处理方法 3.2.3 堆垛车紧急停车的安全操作方法 3.2.4 蓄电池电解液处理的基本方法

3.4.3 三级/高级工

职业功能	工作内容	技能要求	相关知识要求
1. 堆垛车操作	1.1 作业前检查	1.1.1 能检查电动机、发电机电路和工作装置并调整其工作状态 1.1.2 能通过启动和试车检查，判断堆垛车各装置的工作状况并进行调整 1.1.3 能用转向盘游隙检查器检查、调整转向盘自由行程 1.1.4 能在特殊天气和复杂路况下驾驶堆垛车	1.1.1 电动机、发电机电路工作状态调整的知识 1.1.2 堆垛车各总成及重要零部件的构造特点、工作原理和技术要求 1.1.3 转向盘自由行程的知识 1.1.4 特殊天气和复杂路况驾驶操作要领
	1.2 作业中操作	1.2.1 能确定形状不规则、重心偏移等货物的重心位置 1.2.2 能对形状不规则、重心偏移等货物进行装卸、搬运作业 1.2.3 能在雨、雪等恶劣天气下进行装卸作业	1.2.1 不规则货物的重心位置计算方法 1.2.2 不规则货物的装卸方法 1.2.3 雨、雪恶劣天气装卸作业的操作要领

续表

职业功能	工作内容	技能要求	相关知识要求
2. 堆垛车维护与保养	2.1 检查调整	2.1.1 能根据设备使用情况提出设备防腐、防锈实施方案 2.1.2 能对设备整体技术状况进行鉴定 2.1.3 能利用仪器对油品质量进行简单分析检测	设备防腐管理规定
	2.2 设备保养	2.2.1 能根据堆垛车的运行状态制定维护保养计划 2.2.2 能独立对堆垛车动力装置进行二级维护保养	2.2.1 堆垛车二级维护保养的基本内容、技术要求 2.2.2 堆垛车保养计划
3. 堆垛车故障判断与排除	3.1 故障判断	3.1.1 能判断堆垛车动力装置和行走系统出现的一般故障 3.1.2 能分析零件非正常磨损原因	3.1.1 堆垛车动力装置基本构造、工作原理等内容和相关技术要求 3.1.2 各工作机构鉴定技术标准
	3.2 故障排除	3.2.1 能按照既定工艺方案更换液压泵、管、阀、密封件、分配器等元件 3.2.2 能检测与调整各类安全保护装置 3.2.3 能配合实施设备在线测试与诊断技术在本机上的应用 3.2.4 能对设备进行技术经济分析	3.2.1 堆垛车装配知识 3.2.2 堆垛车部件维修技术要求、标准和工艺 3.2.3 堆垛车机械、液压系统工作原理

3.4.4 二级/技师

职业功能	工作内容	技能要求	相关知识要求
1. 堆垛车操作	1.1 环境检查	1.1.1 能纠正不良操作习惯和违规操作行为 1.1.2 能辨识异常情况下能否继续作业及会产生的后果	1.1.1 堆垛车安全操作规程 1.1.2 装卸作业工艺汇编 1.1.3 生产组织基本知识
	1.2 作业中操作	1.2.1 能分析复杂环境、复杂货种，并进行安全作业 1.2.2 能组织指导三级/高级工在复杂情况下完成难度较大的装卸作业	1.2.1 堆垛车安全操作规程 1.2.2 堆垛车特种作业要求

续表

职业功能	工作内容	技能要求	相关知识要求
2. 堆垛车维护与保养	2.1 定期保养	2.1.1 能编制设备年度保养计划 2.1.2 能按规定对堆垛车进行二级保养	2.1.1 堆垛车技术性能 2.1.2 堆垛车维护保养管理制度
	2.2 设备保养	2.2.1 能分析堆垛车设备故障发生频率，找出故障规律，及时对设备进行保养 2.2.2 能区分设备不同机构的运行状态，制定维护保养计划	2.2.1 堆垛车维修保养技术 2.2.2 机械故障诊断方法
3. 堆垛车故障判断与排除	3.1 故障判断	3.1.1 能分析设备动力不足、传动不良的原因，编排维修计划 3.1.2 能分析堆垛车液压系统故障 3.1.3 能对金属结构的重点部位进行分析、跟踪检查，及时发现裂纹、开焊、疲劳等 3.1.4 能分析异常情况下能否继续作业及会产生的后果	堆垛车的监测技术基本知识及检测设备的应用
	3.2 故障排除	3.2.1 能制定一般维修或更换工艺并组织实施 3.2.2 能分析电气系统运行状态并查明过电流保护原因 3.2.3 能检修堆垛车的液压泵、管、阀、分配器等液压元件 3.2.4 能修复局部金属结构变形，并能分析故障原因 3.2.5 能组织设备的定检及专项检查 3.2.6 能对更换下来的零部件进行修复利用	堆垛车修理级别、修理项目及验收标准
4. 技术革新	4.1 设备更新	4.1.1 能根据维修、大修项目，提出备件、材料采购计划 4.1.2 能鉴别不同型号设备的技术性能，制定设备购置计划	4.1.1 设备管理知识 4.1.2 堆垛车新技术
	4.2 技术改造	4.2.1 能提出节能降耗的具体措施 4.2.2 能对常用工属具进行改造 4.2.3 能对生产中设备存在的问题提出技术改进意见 4.2.4 能对经常发生的设备故障进行技术改造、技术革新	4.2.1 一般货物的装卸、搬运工艺的编制要求、技术规范 4.2.2 风险管理的知识 4.2.3 堆垛车故障应急处理的知识 4.2.4 特殊货物装卸属具的制作改进方法

续表

职业功能	工作内容	技能要求	相关知识要求
5. 培训与管理	5.1 技术培训	5.1.1 能制定培训计划，编写培训教材，对培训进行总结 5.1.2 能对三级/高级工及以下级别人员进行系统操作指导	技能培训相关知识
	5.2 机务管理	5.2.1 能制定堆垛车设备点检计划和标准 5.2.2 能制定机械使用与维修计划 5.2.3 能监督检查设备技术档案 5.2.4 能参与机械故障、事故的调查、评定 5.2.5 能对项修、大修后的设备进行技术评定和验收 5.2.6 能进行设备能源消耗分析 5.2.7 能进行设备技术总结，撰写技术论文	5.2.1 设备运行指标及经济指标分析 5.2.2 设备故障统计分析 5.2.3 固定资产管理知识 5.2.4 网络、信息技术 5.2.5 GPS 技术知识

3.4.5 一级/高级技师

职业功能	工作内容	技能要求	相关知识要求
1. 堆垛车操作	1.1 环境检查	1.1.1 能应对突发异常情况，制定并组织实施应急预案 1.1.2 能应对特殊环境，并采取应急措施	1.1.1 装卸作业工艺汇编 1.1.2 生产组织基本知识
	1.2 作业中操作	1.2.1 能快速掌握新型堆垛车的操作 1.2.2 能指导二级/技师及以下级别人员进行特殊（货种、环境）作业 1.2.3 能制定堆垛车超大件货物装卸作业规程并组织装卸	1.2.1 新型堆垛车的技术性能、使用要求 1.2.2 生产管理基本知识
2. 堆垛车维护与保养	2.1 定期保养	2.1.1 能按规定对堆垛车进行三级保养 2.1.2 能指导二级/技师及以下级别人员对堆垛车进行三级维护保养	2.1.1 堆垛车技术性能 2.1.2 堆垛车维护保养管理制度
	2.2 设备维护	2.2.1 能对设备整体技术状况进行鉴定 2.2.2 能对不同型号堆垛车制定维护保养计划	2.2.1 堆垛车技术性能 2.2.2 堆垛车维护保养管理制度

续表

职业功能	工作内容	技能要求	相关知识要求
3. 堆垛车故障判断与排除	3.1 故障判断	3.1.1 能使用状态监测工具进行堆垛车的电动机、轴承、减速机等部位的温度、振动检测，并给出故障检测结论，预测设备使用状况 3.1.2 能使用油品快速分析仪现场检测润滑油品，给出油品性能结论，预测设备润滑状况 3.1.3 能结合日常工作状况和专业检查报告，对主要金属结构安全状况进行分析评估，提出针对性改进意见 3.1.4 能进行电动机与变频器运行故障分析	3.1.1 焊工基本操作工艺知识 3.1.2 新设备、新技术、新材料、新工艺在堆垛车上的应用知识 3.1.3 各种检测仪器使用手册
	3.2 故障排除	3.2.1 能制定堆垛车维修计划并组织实施 3.2.2 能制定堆垛车旋转驱动装置维修计划 3.2.3 能制定堆垛车减速机维修工艺 3.2.4 能修复液压缸，更换液压备件 3.2.5 能在维修中使用新技术、新工艺、新材料、新设备	堆垛车修理级别、修理项目及验收标准
4. 技术革新	4.1 设备更新	4.1.1 能检测设备劣化程度，提出报废依据 4.1.2 能检测部件的使用价值，对部件实施替换、更新 4.1.3 能制定进口备件国产化改造计划	国内外堆垛车技术发展动态
	4.2 技术改造	4.2.1 能针对特别货种进行设备功能改造 4.2.2 能针对设备缺陷，制定、实施技术改进	4.2.1 新型堆垛车的操作技能与维修 4.2.2 中英文技术资料，设备技术发展动态
5. 培训与管理	5.1 技术培训	5.1.1 能对二级/技师进行培训和技术指导 5.1.2 能开展操作技能培训	5.1.1 技术指导的基本方法与技巧 5.1.2 培训教学的基本方法

续表

职业功能	工作内容	技能要求	相关知识要求
5. 培训与管理	5.2 机务管理	5.2.1 能采用 ABC 管理方法对备件消耗进行分析 5.2.2 能对设备新技术、新工艺、新材料的使用技术状况进行总结、评定并推广	5.2.1 备件管理方法和理论 5.2.2 现代设备管理理论

3.5 堆（取）料机司机

3.5.1 五级/初级工

职业功能	工作内容	技能要求	相关知识要求
1. 堆（取）料机操作	1.1 安全防护	1.1.1 能准备并穿戴劳动防护用品，根据作业环境采取相应的防护措施 1.1.2 能识别堆（取）料操作岗位内的危险源 1.1.3 能查明各安全装置是否齐全 1.1.4 能规范使用通信设备进行工作联络 1.1.5 能识别消防器材的有效性和适用性，并能使用消器材进行灭火 1.1.6 遇有突发情况，能实施紧急救护措施，会紧急逃生方法	1.1.1 危险源辨识 1.1.2 现场危险源安全管理知识 1.1.3 斗轮堆（取）料机安全操作规程 1.1.4 消防器材使用知识 1.1.5 安全生产知识及职业健康知识
	1.2 作业前检查	1.2.1 能判定人、机安全工作的能力范围 1.2.2 能解除防风防滑装置，并检查解除是否到位 1.2.3 能检查洒水除尘装置是否有效 1.2.4 能检查堆（取）料机各润滑部位的润滑状况 1.2.5 能检查堆（取）料机发动机机油、冷却液、燃料是否满足作业要求 1.2.6 能检查堆（取）料机电气系统是否漏电、液压系统是否漏液	1.2.1 堆（取）料机装卸工艺规程 1.2.2 堆（取）料机基本结构原理 1.2.3 设备日常点检管理规定 1.2.4 设备防风管理规定 1.2.5 堆（取）料机润滑标准

续表

职业功能	工作内容	技能要求	相关知识要求
1. 堆（取）料机操作	1.3 作业中操作	1.3.1 能操作堆（取）料机进行取料、卸料、回转、俯仰、行进动作 1.3.2 能在操作中避免各机构、钢丝绳等刮碰到相邻设备 1.3.3 能及时发现设备故障，实施停机检查 1.3.4 能填写运行日志、作业票、保养维护、维修和交接班等记录	1.3.1 现场警示标牌的识别 1.3.2 设备事故案例分析汇编 1.3.3 设备交接班管理规定
	1.4 作业后检查	1.4.1 能将设备运行到安全位置，并锚定 1.4.2 能按顺序断开主电源与控制电源 1.4.3 能对司机室、电气室、机房进行安全防范	堆（取）料机管理规定
2. 堆（取）料机维护与保养	2.1 堆（取）料机维护	2.1.1 能进行设备涂漆前的除锈、打磨，能严格按补漆工艺过程对局部实施补漆 2.1.2 能检查漏斗、导料槽等部位衬板的磨损 2.1.3 能检查操作平台、人行走道等处的梯子、扶手、栏杆、踏板等的牢固性 2.1.4 能按技术要求完成简单零件更换 2.1.5 能对堆（取）料机作业中发生的异响、异味等异常现象停车检查、处理	2.1.1 油漆使用及防腐知识 2.1.2 千分尺、游标卡尺等检测工具及钳工工具的知识
	2.2 堆（取）料机保养	2.2.1 能按规定完成堆（取）料机日常保养作业 2.2.2 能对专用工属具进行日常保养 2.2.3 能使用加油枪、加油桶等工具，加注润滑油、润滑脂 2.2.4 能清除设备污垢，保持设备整洁 2.2.5 能检查漏斗、挡板、裙板等易磨损件的磨损情况	2.2.1 润滑工具的使用 2.2.2 润滑油品的分类标准、使用要求 2.2.3 设备维护保养管理规定

续表

职业功能	工作内容	技能要求	相关知识要求
3. 堆（取）料机故障判断与排除	3.1 堆（取）料机电气、液压故障判断	3.1.1 能判断导线接头松动、脱落等电气故障 3.1.2 能判断照明系统和安全信号系统的常见故障 3.1.3 能判断跑、冒、滴、漏等液压故障	3.1.1 安全用电知识 3.1.2 电压、电流的基础知识 3.1.3 低压控制、保护电器基础知识 3.1.4 液压传动及控制基础知识
	3.2 堆（取）料机机械部分故障判断	3.2.1 能判断连接螺栓松动、脱落等机械故障 3.2.2 能判断传动带、滚筒等磨损的常见故障	3.2.1 常见机械故障产生原因和排除方法 3.2.2 堆（取）料机传动带、滚筒等材料及性能指标

3.5.2 四级/中级工

职业功能	工作内容	技能要求	相关知识要求
1. 堆（取）料机操作	1.1 安全防护	1.1.1 能判断工作过程中可能发生的事故隐患，并能制定紧急避险方案 1.1.2 能对安全保护装置的种类、数量、安装位置进行检查，并验证是否灵敏、可靠	1.1.1 恶劣天气设备管理规定 1.1.2 事故隐患排查治理管理要求
	1.2 作业前检查	1.2.1 能识别作业区域货堆分布结构 1.2.2 能对高危、大型货堆进行识别 1.2.3 能检查电路、电气、液压元件工作状态 1.2.4 能检查制动装置是否可靠 1.2.5 能对各类安全保护装置进行检查、测试、复位 1.2.6 能对传动带的破损进行检查 1.2.7 能对转接漏斗的堵塞情况进行检查	1.2.1 货物堆放管理规定 1.2.2 堆（取）料机作业安全操作规程
	1.3 作业中操作	1.3.1 能保持额定效率作业，不出现货堆坍塌和臂架抖动 1.3.2 能根据生产计划及货堆分布，制定作业方案 1.3.3 能将货堆处理成锥台形式，便于减少粉尘污染	1.3.1 机械设备使用管理规定 1.3.2 物料性能参数

续表

职业功能	工作内容	技能要求	相关知识要求
1. 堆（取）料机操作	1.4 作业后检查	1.4.1 能检查堆（取）料机的斗轮、传动带、滚筒、漏斗等是否正常 1.4.2 能清理作业中的落料、杂物，保持良好的机容机貌	设备维护保养规定
2. 堆（取）料机维护与保养	2.1 堆（取）料机维护	2.1.1 能对蓄电池、直流电动机实施维护 2.1.2 能利用仪器测量设备运动部位的温度、转速、噪声、振动等 2.1.3 能检查各类制动器的间隙 2.1.4 能更换继电器、熔断器等元件 2.1.5 能使用工具、仪器、仪表等对液压系统和电气系统进行维护	2.1.1 堆（取）料机机械使用保养守则 2.1.2 电气设备二级保养技术要求
	2.2 堆（取）料机保养	2.2.1 能对电气设备进行保养 2.2.2 能更换液压系统元件，能更换液压油 2.2.3 能更换各减速箱润滑油	电气设备维护保养规定
3. 堆（取）料机故障判断与排除	3.1 堆（取）料机电气、液压故障判断	3.1.1 能判断控制电器的常见故障 3.1.2 能判断过流、过热、断错相、漏电等电气故障 3.1.3 能判断液压系统压力不足、振动等故障	3.1.1 故障查找判断与处理方法 3.1.2 常见电气故障产生原因和排除方法 3.1.3 液压与气压传动相关知识
	3.2 堆（取）料机机械部分故障判断	3.2.1 能判断行走异常的常见故障 3.2.2 能判断回转异常的常见故障 3.2.3 能判断俯仰异常的常见故障	3.2.1 堆（取）料机行走机构组成 3.2.2 堆（取）料机回转机构组成 3.2.3 堆（取）料机俯仰机构组成

3.5.3 三级/高级工

职业功能	工作内容	技能要求	相关知识要求
1. 堆（取）料机操作	1.1 作业前检查	1.1.1 能检查电动机、发动机电路和工作装置，并调整其工作状态 1.1.2 能通过启动和试车检查，判断堆（取）料机各机构的工作状态并进行调整	1.1.1 电路工作状态调整方法 1.1.2 电动机、发动机电路工作状态调整知识
	1.2 作业中操作	1.2.1 能根据货物特性选择堆（取）料工艺，对不同类散货进行堆（取）料作业 1.2.2 能在特殊条件、特殊天气情况下进行堆（取）料作业 1.2.3 能制定复杂散货装卸作业规程并组织堆（取）料	特种条件和特殊环境下的作业方法
2. 堆（取）料机维护与保养	2.1 堆（取）料机维护	2.1.1 能按照既定工艺对斗轮、滚筒等进行维护 2.1.2 能按照既定工艺方案对滑轮、轴承、轴销等进行维护 2.1.3 能对液压泵、管、阀、密封件、分配器等进行维护 2.1.4 能检查各类制动器的制动力矩及松紧度 2.1.5 能检查钢丝绳的磨损以及断丝数	2.1.1 堆（取）料机典型部件维修技术要求、标准和工艺 2.1.2 堆（取）料机常用部件更换验收标准
	2.2 堆（取）料机保养	2.2.1 能根据设备使用情况提出设备防腐、防锈实施方案 2.2.2 能按照设备点检计划组织设备保养 2.2.3 能按照设备换季保养计划组织设备保养 2.2.4 能对工属具进行日常保养	2.2.1 设备防腐管理规定 2.2.2 堆（取）料机点检计划 2.2.3 堆（取）料机换季保养计划 2.2.4 设备维护保养管理规定
3. 堆（取）料机故障判断与排除	3.1 堆（取）料机电气、液压故障判断	3.1.1 能判断堆（取）料机电气系统故障 3.1.2 能判断堆（取）料机液压系统故障	3.1.1 堆（取）料机电气系统控制原理 3.1.2 堆（取）料机液压系统相关故障知识 3.1.3 堆（取）料机制动系统故障现象、原因及排除方法

续表

职业功能	工作内容	技能要求	相关知识要求
3. 堆（取）料机故障判断与排除	3.2 堆（取）料机机械部分故障判断	3.2.1 能判断减速箱、传动轴、联轴器等故障现象 3.2.2 能判断机械配合不良、发热、噪声等一般性机械故障 3.2.3 能判断制动异常等常见故障	3.2.1 堆（取）料机机械装配知识 3.2.2 堆（取）料机机械典型部件维修技术要求、标准和工艺 3.2.3 堆（取）料机机械系统相关故障知识 3.2.4 堆（取）料机制动器结构及制动工作原理 3.2.5 堆（取）料机制动系统故障现象、原因及排除方法

3.5.4 二级/技师

职业功能	工作内容	技能要求	相关知识要求
1. 堆（取）料机操作	1.1 操作检查	1.1.1 能纠正司机不良操作习惯和违规操作行为 1.1.2 能制定特定货种装卸作业规程	1.1.1 装卸作业工艺汇编 1.1.2 生产组织及生产管理基本知识
	1.2 设备检查	1.2.1 能对金属结构的重点部位进行分析、跟踪检查，及时发现裂纹、开焊、疲劳等 1.2.2 能找出设备动力不足、传动不良的原因，编排维修计划 1.2.3 能辨识异常情况下能否继续作业及会产生的后果 1.2.4 能对滑轮、卷筒的磨损进行检查	堆（取）料机机械的监测技术基本知识及检测设备的应用
2. 堆（取）料机维护与保养	2.1 堆（取）料机维护	2.1.1 能完成主要机构的检查和维护 2.1.2 能制定一般的维修或更换工艺并组织实施 2.1.3 能对更换下来的简单零部件进行修复利用 2.1.4 能检查液压泵、管、阀、分配器等液压系统零部件	2.1.1 堆（取）料机机械维修知识 2.1.2 机、电、液一体化基础知识

续表

职业功能	工作内容	技能要求	相关知识要求
2. 堆（取）料机维护与保养	2.2 堆（取）料机保养	2.2.1 能对设备各种类型故障的发生频率进行分析，找出高频故障原因，及时对设备进行维护保养 2.2.2 能区分不同机构运行状态，制定维护保养计划	2.2.1 机械故障诊断方法 2.2.2 堆（取）料机维护保养技术
3. 堆（取）料机故障判断与排除	3.1 堆（取）料机电气、液压故障判断	3.1.1 能判断传动带跑偏、滚筒窜动等传动件故障 3.1.2 能判断电动机常见故障	3.1.1 堆（取）料机输送系统控制原理 3.1.2 堆（取）料机电动机故障现象、原因及排除方法
	3.2 堆（取）料机机械部分故障判断	能正确使用检测仪器、量具和工具判断堆（取）料机运行中的常见故障	3.2.1 堆（取）料机机械装配知识 3.2.2 堆（取）料机机械典型部件维修技术要求、标准和工艺 3.2.3 堆（取）料机机械系统相关故障知识
4. 技术革新	4.1 部件更新	4.1.1 能根据项修、大修项目提出备件、材料采购计划 4.1.2 能根据使用情况对堆（取）料机部件提出更新计划 4.1.3 能根据设备管理档案比较同类型设备主要部件寿命长短，并提出更新改进方法	4.1.1 设备管理知识 4.1.2 常用零部件结构与性能
	4.2 设备增减	4.2.1 能根据堆（取）料流程生产率匹配提出投入生产线的设备数量增减计划 4.2.2 能分析所操作堆（取）料机与同类最新机型在技术上的差异	4.2.1 堆（取）料机机械新技术 4.2.2 设备技术状态评定标准
5. 培训与管理	5.1 技术培训	5.1.1 能制定培训计划，编写培训教材，对培训进行总结 5.1.2 能对三级/高级工及以下级别人员进行系统操作指导	技能培训相关知识

职业功能	工作内容	技能要求	相关知识要求
5. 培训与管理	5.2 机务管理	5.2.1 能制定设备点检计划和标准 5.2.2 能监督检查设备技术档案 5.2.3 能参与机械故障、事故的调查、评定 5.2.4 能对项修、大修后的设备进行技术评定和验收 5.2.5 能评定各类设备技术状况	5.2.1 设备运行指标及经济指标分析 5.2.2 设备故障统计分析 5.2.3 设备管理相关知识

3.5.5 一级/高级技师

职业功能	工作内容	技能要求	相关知识要求
1. 堆（取）料机操作	1.1 操作检查	1.1.1 能制定复杂散货装卸作业规程并组织堆（取）料 1.1.2 能对突发异常情况制定并组织实施应急预案	突发事件的应急救援管理
	1.2 设备检查	1.2.1 能使用状态监测工具对电动机、轴承、减速箱等部位的振动、温度进行检测，给出故障检测结论，预测设备状态 1.2.2 能使用油品快速分析仪现场检测润滑油，给出油品性能结论，预测设备润滑状况 1.2.3 能结合日常工作状况和专业检查报告，对主要金属结构安全状况进行分析评估，提出改进意见	各种检测仪器使用手册
2. 堆（取）料机维护与保养	2.1 堆（取）料机维护	2.1.1 能对堆（取）料机疑难故障进行处理 2.1.2 能解决生产中出现的重大技术难题 2.1.3 能制定堆（取）料机维修更换计划并组织实施 2.1.4 能提出金属结构局部变形、开裂的维修工艺，并能分析故障原因 2.1.5 能组织设备的定检及专项检查	2.1.1 堆（取）料机使用、检修、故障处理知识 2.1.2 金属结构变形修复技术

续表

职业功能	工作内容	技能要求	相关知识要求
2. 堆（取）料机维护与保养	2.2 堆（取）料机保养	2.2.1 能编写与修订堆（取）料机操作、保养、维修程序 2.2.2 能诊断处理堆（取）料机操作过程中的疑难问题 2.2.3 能运用 AutoCAD 绘制简单零部件图	2.2.1 程序文件编写要求 2.2.2 堆（取）料机操作、维修保养知识 2.2.3 堆（取）料机结构、主要参数、工作原理 2.2.4 AutoCAD 相关操作知识
3. 堆（取）料机故障判断与排除	3.1 堆（取）料机电气、液压故障判断	能用电气原理图及编程器查找设备电气、控制系统故障	堆（取）料机电气系统控制原理
	3.2 堆（取）料机机械部分故障判断	能判断堆（取）料机斗轮运转异常等故障	3.2.1 堆（取）料机机械装配知识 3.2.2 堆（取）料机机械系统相关故障知识 3.2.3 机械振动相关知识
4. 技术革新	4.1 部件更新	4.1.1 能针对特殊货种提出设备功能改进建议 4.1.2 能针对设备缺陷制定、实施技术改进 4.1.3 能检测部件的使用价值，对部件实施替换、更新 4.1.4 能制定电气控制设备的升级换代计划 4.1.5 能制定进口件国产化改造计划	设备管理相关知识
	4.2 设备增减	4.2.1 能对设备新技术、新工艺、新材料的使用技术状况进行总结、评定并推广 4.2.2 能在维修中使用新技术、新工艺、新材料、新设备 4.2.3 能鉴别不同品牌设备的技术性能，制定设备购置计划	4.2.1 新技术、新工艺、新材料、新设备在堆（取）料机上的应用知识 4.2.2 新型堆（取）料机操作技能与维修

续表

职业功能	工作内容	技能要求	相关知识要求
5. 培训与管理	5.1 技术培训	5.1.1 能对二级/技师及以下级别人员进行培训和技术指导 5.1.2 能开展对外培训	5.1.1 职业技能培训技巧 5.1.2 安全生产与职业健康知识
	5.2 机务管理	5.2.1 能采用ABC分类库存控制法对备件消耗进行分析 5.2.2 能用故障树、因果图等故障分析方法分析故障，找出故障规律 5.2.3 能主持编写堆（取）料机通用操作、维修技术书籍 5.2.4 能根据作业变化对技术、设备、标准创新	5.2.1 备件管理方法和理论 5.2.2 设备管理相关知识 5.2.3 故障分析方法和理论

3.6 翻车机操作工

3.6.1 五级/初级工

职业功能	工作内容	技能要求	相关知识要求
1. 翻车机操作	1.1 安全防护	1.1.1 能规范穿戴劳动防护用品 1.1.2 能检查翻车机的安全装置工况是否良好、可靠 1.1.3 能掌握翻车机安全技术操作规程 1.1.4 能使用消防器材扑灭初期火灾 1.1.5 能使用通信设备 1.1.6 能识别岗位危险有害因素 1.1.7 能对作业中的易燃易爆气体、物品和有害物质采取防范措施 1.1.8 遇到突发事件，能实施紧急救护措施，会紧急逃生方法	1.1.1 现场危险有害因素安全管理知识 1.1.2 翻车机安全技术操作规程 1.1.3 消防器材使用知识
	1.2 环境识别	1.2.1 能根据作业环境采取相应的防护措施 1.2.2 能判定人、机安全工作的能力范围 1.2.3 能根据作业货种采取职业健康的防护措施	1.2.1 安全技术操作规程 1.2.2 装卸工艺规程 1.2.3 职业健康实施细则

续表

职业功能	工作内容	技能要求	相关知识要求
1.翻车机操作	1.3 作业前检查	1.3.1 能检查翻车机、定位车、推车机、振动给料机制动装置是否可靠 1.3.2 能检查翻车机系统各个润滑部位的润滑状况 1.3.3 能检查翻车机转子、齿圈,定位车与推车机小齿轮、齿条、拨车臂,振动给料机等金属结构及工属具有无开裂、变形 1.3.4 能检查压车器、靠车板、夹轮器、定位车、推车机等液压系统油位是否正常,管路是否渗漏 1.3.5 能检查电气设备信号是否正常 1.3.6 能检查灯光、仪表、报警、按钮是否正常 1.3.7 能发现电缆、电线、油管、气管被摩擦、刮碰的部位 1.3.8 能检查转子平台上有无异物并清理异物 1.3.9 能检查平台轨道有无杂物并清理杂物 1.3.10 能检查铁路信号是否正常,能与铁路部门联络 1.3.11 能检查自动灭火消防系统是否正常	1.3.1 翻车机系统设备基本结构原理 1.3.2 钢丝绳保养、维护、安装、检验方法和报废标准 1.3.3 合理润滑技术通则 1.3.4 金属结构检查管理规定 1.3.5 翻车机日常点检管理规定 1.3.6 翻车机安全技术操作规程
	1.4 作业中操作	1.4.1 能在操作台和机侧操作翻车机、定位车、推车机、振动给料机等进行翻车作业 1.4.2 能在翻车前摘钩（旋转车钩除外） 1.4.3 能及时检查翻车机格栅落料情况 1.4.4 能及时检查翻车机落料格栅是否堵塞 1.4.5 能在翻车作业中采取洒水措施 1.4.6 能注意观察翻车机进出端压车器、靠车板伸出、收回是否正常,注意车皮状况。当翻车机有异常时,能及时按下急停开关停机	1.4.1 翻车机安全技术操作规程 1.4.2 翻车机事故案例分析汇编 1.4.3 现场警示标牌的识别 1.4.4 环境保护管理规定 1.4.5 电气检查规程

续表

职业功能	工作内容	技能要求	相关知识要求
1.翻车机操作	1.4 作业中操作	1.4.7 能监视定位车、推车机运行情况，监视车臂起落是否正常 1.4.8 能制止人员穿越定位车与推车机大臂下落区域，能制止人员穿越定位车、推车机与止挡块之间的区域 1.4.9 能制止人员穿越翻车机进出端轨道 1.4.10 能巡视电气系统运转情况 1.4.11 能填写作业票、运行日志等	1.4.6 翻车机交接班管理规定 1.4.7 翻车机维护保养规定
	1.5 作业后检查	1.5.1 能将翻车机停放到安全位置 1.5.2 能进行停、断电 1.5.3 能对控制室、电气室、机房进行安全检查 1.5.4 能将重车或空车推出翻车机平台区域，确保翻车机翻卸平台上无火车车厢 1.5.5 能清除翻车机漏斗格栅杂物以及平台及周边区域散落物料 1.5.6 能在清理完成后将工具定置放置	1.5.1 翻车机安全技术操作规程 1.5.2 设备文明管理规定
2.翻车机维护与保养	2.1 检查调整	2.1.1 能清除翻车机、定位车、推车机、振动给料机的积料、油垢等，保持设备整洁和良好的机容机貌 2.1.2 能判断操作平台等金属结构是否安全 2.1.3 能检查格栅、振动给料机、挡板、裙板等易磨损件的磨损情况 2.1.4 能检查紧固主要部件固定螺栓 2.1.5 能检查各式制动器制动间隙 2.1.6 能检查翻车机、定位车等金属结构有无开焊、变形、裂纹等 2.1.7 能检查连接螺栓有无松动、锈蚀，主结构有无锈蚀 2.1.8 能试车检查翻车机、定位车、推车机、振动给料机等动作是否正常	2.1.1 翻车机机容机貌管理规定 2.1.2 翻车机维护保养管理规定

续表

职业功能	工作内容	技能要求	相关知识要求
2. 翻车机维护与保养	2.2 设备保养	2.2.1 能识别翻车机各润滑点部位 2.2.2 能识别各种润滑油、润滑脂 2.2.3 能使用加油枪、手动或电动加油泵、集中加油泵等润滑工具加注润滑脂 2.2.4 能完成更换减速箱、液压系统等油品前的放油、清洁油箱等工作 2.2.5 能进行设备除锈、打磨 2.2.6 能对设备局部实施补漆	2.2.1 翻车机维护保养管理规定 2.2.2 翻车机润滑标准 2.2.3 润滑工具的使用 2.2.4 翻车机防腐管理规定
3. 翻车机故障判断与排除	3.1 故障判断	3.1.1 能察觉电动机、减速箱振动、温升异常等一般故障，及时上报 3.1.2 能发现振动给料机不工作，靠车板、压车器油缸不动作，或者动作缓慢异常等明显故障	3.1.1 翻车机维修管理规定 3.1.2 翻车机维修标准
	3.2 故障排除	3.2.1 能按指令协助准备故障维修用工具 3.2.2 能按指令协助准备故障维修用备件、紧固件及辅助材料	3.2.1 翻车机维修管理规定 3.2.2 翻车机维修标准

3.6.2 四级/中级工

职业功能	工作内容	技能要求	相关知识要求
1. 翻车机操作	1.1 安全防护	1.1.1 能判断工作过程中可能发生的事故隐患，并能采取应急措施 1.1.2 能检查翻车机安全保护装置是否灵敏、可靠	1.1.1 现场危险有害因素安全管理知识 1.1.2 事故隐患排查治理管理规定
	1.2 环境识别	1.2.1 能识别作业区域货物分布结构 1.2.2 能根据生产计划及货物分布制定作业实施方案	1.2.1 货物堆放管理规定 1.2.2 装卸工艺规程

续表

职业功能	工作内容	技能要求	相关知识要求
1. 翻车机操作	1.3 作业前检查	1.3.1 能检查电路系统工作状态 1.3.2 能检查电动机、联轴器、减速箱、制动器等工作情况 1.3.3 能检查液压、气动元件功能是否正常 1.3.4 能对各类安全保护装置进行检查、测试、复位 1.3.5 能检查翻车机转子，并试运转一个循环判断转子有无异常 1.3.6 能检查压车器、靠车板动作是否可靠 1.3.7 能检查定位车、推车机、振动给料机运行是否正常	1.3.1 翻车机检查管理规定 1.3.2 翻车机系统部件组成
	1.4 作业中操作	1.4.1 在作业过程中，能有效监控翻车机漏斗落料情况，合理控制翻车速度，避免物料堵塞 1.4.2 在作业过程中，能有效监控翻车机洒水系统和干式除尘系统的工作情况，出现问题及时上报	1.4.1 翻车机安全技术操作规程 1.4.2 翻车机系统除尘管理规定
2. 翻车机维护与保养	2.1 检查调整	2.1.1 能检查调整制动器的间隙 2.1.2 能根据技术要求，调整各运动件的间隙	2.1.1 翻车机构造与工作原理 2.1.2 翻车机维护保养管理规定
	2.2 设备保养	2.2.1 能对电气设备进行保养 2.2.2 能更换、清洗液压系统滤芯 2.2.3 能更换液压油 2.2.4 能判断各润滑部位的润滑状况 2.2.5 能更换润滑油 2.2.6 能对翻车机、定位车、推车机、振动给料机等实施除锈防腐	2.2.1 翻车机维护保养管理规定 2.2.2 翻车机润滑管理标准 2.2.3 翻车机防腐管理规定
3. 翻车机故障判断与排除	3.1 故障判断	3.1.1 能利用仪器测定设备运动部位的温度、转速、噪声、振动等参数，并判断是否在正常范围 3.1.2 能判断液压系统各油路油压是否正常	3.1.1 翻车机维修管理规定 3.1.2 故障诊断相关知识

续表

职业功能	工作内容	技能要求	相关知识要求
3. 翻车机故障判断与排除	3.2 故障排除	3.2.1 能按维修标准协助准备故障维修用工具 3.2.2 能按维修标准协助准备故障维修用备件、紧固件及辅助材料 3.2.3 能配合专业维修人员做好维修后的试车工作	3.2.1 翻车机维修管理规定 3.2.2 翻车机维修标准

3.6.3 三级/高级工

职业功能	工作内容	技能要求	相关知识要求
1. 翻车机操作	1.1 环境识别	1.1.1 能提出改善翻车条件的措施 1.1.2 能提出防尘、抑尘的具体措施	1.1.1 翻车机作业的动力性、经济性比较分析 1.1.2 道路交通安全管理有关规定 1.1.3 设施维护技术规范
	1.2 作业中操作（特殊翻车作业）	1.2.1 能根据粘、冻物料卸车工艺进行卸车 1.2.2 对于采用二次翻卸的粘、冻物料卸车作业，在二次翻车作业过程中，能对车厢内部打冻、粘物料工具进行检查，能防止对下游皮带造成损伤 1.2.3 能与下游皮带机做好作业效率的配合	1.2.1 翻车机特殊物料作业管理规定 1.2.2 翻车机二次翻卸作业管理规定 1.2.3 各机构功率配置，经济运行曲线
2. 翻车机维护与保养	2.1 检查调整	2.1.1 能根据翻车机的使用情况，提出设备除锈防腐实施方案 2.1.2 能判断油污类型，组织实施清洁方案	2.1.1 翻车机防腐管理规定 2.1.2 翻车机清理油污细则
	2.2 设备保养	2.2.1 能按照翻车机点检计划组织设备保养 2.2.2 能按照翻车机换季保养计划组织设备保养 2.2.3 能对翻车机整体技术状况进行判定 2.2.4 能利用仪器对油品主要指标进行简单分析检测	2.2.1 翻车机点检计划 2.2.2 翻车机换季保养计划 2.2.3 设备技术状况评定标准

续表

职业功能	工作内容	技能要求	相关知识要求
3. 翻车机故障判断与排除	3.1 故障判断	3.1.1 能用直观经验法诊断电动机、联轴器、减速箱、轴承故障现象 3.1.2 能分析零件非正常磨损原因	3.1.1 故障诊断相关知识 3.1.2 设备磨损原因分析
	3.2 故障排除	3.2.1 能检测与调整翻车机各类制动装置、安全装置 3.2.2 能分析并排除运行中的常见故障 3.2.3 能按照既定工艺方案更换轴承、轴销等 3.2.4 能在维修人员指导下，更换液压泵、管、阀、密封件、分配器等 3.2.5 能在金属结构应力在线测试与诊断时，配合操作翻车机、定位车等 3.2.6 能提出节能降耗的具体措施 3.2.7 能对翻车机结构部件提出改进意见	3.2.1 翻车机构造与维修 3.2.2 翻车机维修技术要求、标准和工艺 3.2.3 液压与气压传动相关知识

3.6.4 二级/技师

职业功能	工作内容	技能要求	相关知识要求
1. 翻车机操作	1.1 环境识别	1.1.1 能纠正不良操作习惯和违规操作行为 1.1.2 能辨识异常情况下能否继续翻车作业及会产生的后果	1.1.1 翻车机系统安全操作技术规程 1.1.2 生产组织基本知识
	1.2 作业中操作	1.2.1 能在现场指导三级/高级工及以下级别人员翻车作业 1.2.2 能提出粘、冻物料及雨天物料翻车工艺建议 1.2.3 能提出翻车机卸车工艺改进方案建议	1.2.1 翻车机特殊物料作业管理规定 1.2.2 翻车机二次翻卸作业管理规定
2. 翻车机维护与保养	2.1 检查调整	2.1.1 能检查调整电动机轴、减速器轴同轴度 2.1.2 能判断翻车机电气系统运行状态并查明掉电原因 2.1.3 能检查分析局部金属结构变形原因 2.1.4 能根据翻车机系统检查结果提出部件维修或更换工艺	2.1.1 翻车机检查调整管理规定 2.1.2 翻车机电气系统运行管理规定

续表

职业功能	工作内容	技能要求	相关知识要求
2. 翻车机维护与保养	2.2 设备保养	2.2.1 能制定翻车机点检项目 2.2.2 能组织翻车机的定检及专项检查 2.2.3 能检查分析翻车机各部件故障发生频率，找出故障规律 2.2.4 能判断翻车机运行状态，制定维护保养计划	2.2.1 翻车机点检标准 2.2.2 设备运行分析知识
3. 翻车机故障判断与排除	3.1 故障判断	3.1.1 能找出翻车机动力不足、传动不良的原因 3.1.2 能判断液压系统故障 3.1.3 能对翻车机金属结构的重点部位进行分析、跟踪检查，及时发现裂纹、开焊、疲劳等	3.1.1 翻车机点检标准 3.1.2 翻车机常见故障判断 3.1.3 翻车机监测技术基础知识及检测设备的应用
	3.2 故障排除	3.2.1 能对经常发生的翻车机故障进行排除 3.2.2 能检修液压泵、管、阀、分配器等液压系统零部件 3.2.3 能对可修复的翻车机零部件进行修复利用	3.2.1 翻车机常见故障排除 3.2.2 翻车机维修管理规定 3.2.3 修理级别、修理项目及验收标准
4. 技术革新	4.1 设备更新	4.1.1 能根据使用情况对翻车机部件提出更新计划 4.1.2 能根据维修、大修项目提出备件、材料采购计划	4.1.1 翻车机新技术 4.1.2 备品备件管理规定
	4.2 技术改造	4.2.1 能根据翻车机转子、压车器、靠车板使用情况，根据定位车及推车机齿轮、齿条使用情况，根据振动给料机使用情况等提出翻车机技术改造建议 4.2.2 能对翻车机工属具进行改造	4.2.1 翻车机新技术 4.2.2 工属具使用管理规定
5. 培训与管理	5.1 技术培训	5.1.1 能对新入场翻车机操作工进行班组安全教育 5.1.2 能制定培训计划，编写培训教材，对培训进行总结	5.1.1 企业新进职工安全培训规定 5.1.2 翻车机安全技术操作规程 5.1.3 所属企业技术工人整体培养规划和方案

续表

职业功能	工作内容	技能要求	相关知识要求
5. 培训与管理	5.2 机务管理	5.2.1 能制定翻车机点检计划和标准 5.2.2 能制定翻车机使用与维修计划 5.2.3 能对技术资料进行建档归档 5.2.4 能参与翻车机故障、事故的调查、评定 5.2.5 能对翻车机项修、大修后的设备进行技术评定和验收 5.2.6 能进行翻车机能源消耗分析，提出设备节能降耗方案 5.2.7 能进行翻车机运行总结，撰写技术论文	5.2.1 翻车机运行指标及经济指标分析 5.2.2 翻车机故障统计分析 5.2.3 固定资产管理 5.2.4 节能降耗基本知识

3.6.5 一级/高级技师

职业功能	工作内容	技能要求	相关知识要求
1. 翻车机操作	1.1 环境识别	1.1.1 能预测各类突发异常情况（如天气、环保、安全等）并制定应急救援预案，定期组织应急预案演练 1.1.2 能对火灾、台风等突发异常情况组织实施应急救援	1.1.1 装卸工艺汇编 1.1.2 设备应急救援预案
	1.2 作业中操作	1.2.1 能快速掌握翻车机系统更新改造后的操作 1.2.2 能制定特殊作业装卸工艺	1.2.1 生产组织及生产管理基本知识 1.2.2 特殊货种作业管理规定
2. 翻车机维护与保养	2.1 检查调整	2.1.1 能结合日常工作状况和专项检查报告对翻车机金属结构安全状况进行分析评估，并提出改进意见 2.1.2 能对翻车机维修、大修计划或整机更换工艺提出建议及措施，并组织实施	2.1.1 力学知识 2.1.2 翻车机维修、大修管理规定
	2.2 设备保养	2.2.1 能制定翻车机更新改造后的设备保养计划 2.2.2 能根据工作情况调整翻车机保养项目、时间、标准等	2.2.1 翻车机技术等级分类标准 2.2.2 翻车机维护保养管理规定

续表

职业功能	工作内容	技能要求	相关知识要求
3. 翻车机故障判断与排除	3.1 故障判断	3.1.1 能使用状态监测工具进行电动机、轴承、减速箱等部位的振动、温度检测，并给出检测结论，预测设备使用状况 3.1.2 能使用状态监测工具对金属结构进行磁粉探伤，并给出故障检测结论，预测设备使用状况 3.1.3 能使用油品快速分析仪现场检测润滑油品，给出油品性能结论，预测设备润滑状况 3.1.4 能结合日常工作状况和专业检查报告，对翻车机主要金属结构安全状况进行分析评估，提出针对性改进意见	3.1.1 设备检测诊断技术 3.1.2 各种检测仪器使用手册
	3.2 故障排除	3.2.1 能修复局部结构变形 3.2.2 能排除润滑故障，在翻车机润滑管理中推广新材料、新技术、新工艺 3.2.3 能参与制定车轮、轨道、定位车（推车机）齿轮、齿条维修计划与工艺 3.2.4 能参与制定减速箱、轴承等部件维修计划与工艺 3.2.5 能在维修中使用新设备、新技术、新材料、新工艺	3.2.1 金属结构变形修复技术 3.2.2 润滑新材料、新技术、新工艺 3.2.3 新设备、新技术、新材料、新工艺在翻车机上的应用知识 3.2.4 翻车机维修工艺
4. 技术革新	4.1 设备更新	4.1.1 能检测设备劣化程度，提出报废依据 4.1.2 能评估部件的使用价值，对部件实施替换、更新 4.1.3 能提出进口备件国产化改造建议 4.1.4 能提出电气设备升级换代建议	4.1.1 中英文技术资料，翻车机技术发展动态 4.1.2 设备报废管理规定
	4.2 技术改造	4.2.1 能根据翻车机作业情况提出设备功能改进建议 4.2.2 能针对设备缺陷制定、实施技术改进	4.2.1 国内外翻车机技术发展动态 4.2.2 新设备、新技术、新材料、新工艺在翻车机上的应用知识

续表

职业功能	工作内容	技能要求	相关知识要求
5. 培训与管理	5.1 技术培训	5.1.1 能对二级/技师及以下级别人员进行培训和技术指导 5.1.2 能开展对外培训	5.1.1 港口培训资料汇编 5.1.2 国家相关培训规定
	5.2 机务管理	5.2.1 能采用备件 ABC 分类法对备件消耗进行分析 5.2.2 能用故障树、因果图等故障分析方法分析故障，找出故障规律 5.2.3 能对翻车机新技术、新工艺、新材料的使用技术状况进行总结、评定并推广 5.2.4 能应用网络技术、信息技术、定位技术、射频技术	5.2.1 备件管理方法和理论 5.2.2 故障分析方法和理论 5.2.3 现代设备管理理论 5.2.4 网络技术、信息技术 5.2.5 射频技术

3.7 流体装卸工

3.7.1 五级/初级工

职业功能	工作内容	技能要求	相关知识要求
1. 码头操作	1.1 登船梯操作	1.1.1 能使用便携式登船梯在船岸之间搭建安全通道 1.1.2 能根据操作规程使用立柱式、塔架式等自动式登船梯	1.1.1 便携式登船梯操作规程 1.1.2 自动式登船梯操作规程
	1.2 液压起重机及软管操作	1.2.1 能根据操作规程使用液压起重机 1.2.2 能根据操作规程完成软管与软管、软管与目标法兰的对接，并通过气密试验	1.2.1 液压起重机操作规程 1.2.2 软管操作规程
	1.3 装卸臂操作	1.3.1 能使用手动式装卸臂完成法兰对接并通过气密试验 1.3.2 能根据操作规程对自动式装卸臂进行动作试验	1.3.1 手动式装卸臂操作规程 1.3.2 自动式装卸臂操作规程
	1.4 快速脱缆装置及绞缆机操作	1.4.1 能根据操作规程使用快速脱缆装置 1.4.2 能根据操作规程使用绞缆机	1.4.1 快速脱缆装置操作规程 1.4.2 绞缆机操作规程

续表

职业功能	工作内容	技能要求	相关知识要求
1. 码头操作	1.5 装卸船操作	1.5.1 能阅读并理解潮汐表 1.5.2 能使用撇缆 1.5.3 能对常用水手绳扣进行系解 1.5.4 能进行带缆作业，将船方缆绳带至指定的带缆桩或快速脱缆装置上 1.5.5 能填写基本的作业记录	1.5.1 油船油码头安全作业规程 1.5.2 简单水手技能 1.5.3 简单潮汐知识 1.5.4 装卸船作业操作规程
2. 车台操作	2.1 装卸火车操作	2.1.1 能根据操作规程使用翻梯、鹤管、软管 2.1.2 能根据操作规程使用油气回收装置末端设备 2.1.3 能指引火车完成对位 2.1.4 能进行火车开口、封口作业 2.1.5 能填写基本的作业记录	2.1.1 铁路危险货物运输要求 2.1.2 装卸火车作业操作规程 2.1.3 装卸火车站台主要设备操作规程 2.1.4 油气回收装置操作规程
	2.2 装卸汽车操作	2.2.1 能根据操作规程使用翻梯、鹤管、软管 2.2.2 能根据操作规程使用油气回收装置末端设备 2.2.3 能根据操作规程使用地磅 2.2.4 能指引车辆完成对位 2.2.5 能进行储罐车开口、封口作业 2.2.6 能填写基本的作业记录	2.2.1 道路危险货物运输要求 2.2.2 装卸汽车作业操作规程 2.2.3 装卸汽车站台主要设备操作规程 2.2.4 油气回收装置操作规程 2.2.5 地磅操作规程
3. 罐区操作	3.1 储罐及附件操作	3.1.1 能根据操作规程开启及关闭储罐中央排水系统 3.1.2 能根据操作规程开启及关闭储罐加温系统 3.1.3 能根据操作规程开启及关闭储罐油污水及排残系统 3.1.4 能根据现有的储罐外标尺、雷达液位计、温度传感器读出储罐液位及流体温度 3.1.5 能填写基本的作业记录	3.1.1 储罐及附件操作规程 3.1.2 库区作业操作规程

续表

职业功能	工作内容	技能要求	相关知识要求
3. 罐区操作	3.2 计量及取样	3.2.1 能使用量油尺测量储罐液位 3.2.2 能使用温度计测量储罐内液体温度 3.2.3 能从储罐顶部提取样品 3.2.4 能进行样品标签填写、封存	3.2.1 量油尺及温度计基本知识 3.2.2 储罐计量、测温操作规程 3.2.3 液体石油产品静电安全规程 3.2.4 储罐取样操作规程 3.2.5 样品保存要求
4. 基础操作	4.1 阀门操作	4.1.1 能根据操作规程开关手动阀门 4.1.2 能根据操作规程开关气动阀门 4.1.3 能根据操作规程开关电动阀门	4.1.1 手动阀门操作规程 4.1.2 气动阀门操作规程 4.1.3 电动阀门操作规程
	4.2 泵操作	4.2.1 能对各类机泵进行盘车 4.2.2 能根据操作规程启停各类机泵	4.2.1 机泵盘车方法 4.2.2 机泵操作规程
	4.3 制氮操作	4.3.1 能根据工艺要求开关氮气罐输送氮气 4.3.2 能填写氮气作业记录	氮气系统操作规程
	4.4 个体防护装备使用	4.4.1 能穿戴防静电工作服、防静电工作鞋、安全帽、耳塞、护目镜、劳动防护手套 4.4.2 能穿戴全身式救生衣、充气式救生衣、安全带、安全绳索 4.4.3 能穿戴全面罩及半面罩过滤式防毒面具	4.4.1 各类防护装备的使用方法 4.4.2 各类救生衣的使用方法 4.4.3 安全带的使用方法
	4.5 应急处理	4.5.1 能使用泡沫、干粉、二氧化碳灭火器 4.5.2 能根据不同类型的火灾选择灭火器灭火 4.5.3 能使用人工心肺复苏法抢救受伤人员 4.5.4 能进行简单的应急包扎	4.5.1 灭火器基本知识 4.5.2 人工心肺复苏法 4.5.3 救援救护基本知识

3.7.2 四级/中级工

职业功能	工作内容	技能要求	相关知识要求
1.码头操作	1.1 登船梯操作	1.1.1 能在作业过程中对便携式登船梯的工况做好监护并处置简单的设备突发状况 1.1.2 能对已搭建的便携式登船梯安全状况进行检查并提出整改方案 1.1.3 能在作业过程中对立柱式、塔架式等自动式登船梯的工况做好监护并处置突发状况	1.1.1 油船油码头安全作业规程 1.1.2 便携式登船梯操作规程 1.1.3 自动式登船梯操作规程
	1.2 液压起重机及软管操作	1.2.1 能在作业过程中对液压起重机及软管的工况做好监护并处置简单的设备突发状况 1.2.2 能对已连接的液压式起重机及软管的作业安全状况进行检查并整改问题	1.2.1 液压起重机操作规程 1.2.2 软管操作规程
	1.3 装卸臂操作	1.3.1 能在作业过程中对手动式及自动式装卸臂的工况做好监护并处置简单的设备突发状况 1.3.2 能根据操作规程主导完成自动式装卸臂与目标法兰的对接，并通过气密试验 1.3.3 对带有快速连接器的装卸臂，能根据卡爪工作行程和适配条件对目标法兰提出更换要求	1.3.1 手动式装卸臂操作规程 1.3.2 自动式装卸臂操作规程
	1.4 快速脱缆装置及绞缆机操作	1.4.1 能在作业过程中对快速脱缆装置的工况做好监护并处置简单的设备突发状况 1.4.2 能在船舶带缆过程中对绞缆机的突发情况进行简单处置	1.4.1 油船油码头安全作业规程 1.4.2 快速脱缆装置操作规程 1.4.3 绞缆机操作规程
	1.5 装卸船操作	1.5.1 能根据船舶布缆要求进行复杂的带缆作业 1.5.2 能根据工艺要求完成装卸臂、软管与船方的对接并通过气密试验 1.5.3 能根据工艺要求进行管线吹扫作业 1.5.4 能在作业过程中对码头装卸工艺及在港船舶进行监护并处置简单的设备突发状况	1.5.1 油船油码头安全作业规程 1.5.2 船舶带缆操作规程 1.5.3 装卸船作业操作规程 1.5.4 突发事故应急处置要求

续表

职业功能	工作内容	技能要求	相关知识要求
2. 车台操作	2.1 装卸火车操作	2.1.1 能在作业过程中对装卸火车工艺及在站火车进行监护并处置简单的设备突发状况 2.1.2 能根据操作规程启停油气回收系统 2.1.3 能根据工艺要求进行管线吹扫作业	2.1.1 装卸火车作业操作规程 2.1.2 装卸火车站台主要设备操作规程 2.1.3 油气回收装置操作规程 2.1.4 突发事故应急处置要求
	2.2 装卸汽车操作	2.2.1 能在作业过程中对装卸汽车工艺及在装车车辆进行监护并处置简单的设备突发状况 2.2.2 能根据操作规程启停油气回收系统 2.2.3 能根据工艺要求进行管线吹扫作业	2.2.1 装卸汽车作业操作规程 2.2.2 装卸汽车站台主要设备操作规程 2.2.3 油气回收装置操作规程 2.2.4 突发事故应急处置要求
3. 罐区操作	3.1 储罐及附件操作	3.1.1 能在作业过程中对储罐的工况做好监护并处置简单的设备突发状况 3.1.2 能根据操作规程开启储罐排水、油污水、排残系统至环保处理系统的操作	3.1.1 储罐及附件操作规程 3.1.2 环保处理系统操作规程 3.1.3 突发事故应急处置要求
	3.2 计量及取样	3.2.1 能使用罐容表根据储罐液位确认储罐内液体体积 3.2.2 能使用罐容表根据储罐内液体体积反算储罐液位 3.2.3 能进行简单的样品含水量检测	3.2.1 罐容表使用方法 3.2.2 油品、液体化工品数量计算方法 3.2.3 样品保存要求 3.2.4 油品含水率检测方法
4. 基础操作	4.1 阀门操作	4.1.1 能在阀门开关过程中做好监护并处置简单的设备突发状况 4.1.2 能分辨不同阀门的使用范围及开关要求	4.1.1 阀门基本知识 4.1.2 阀门操作规程 4.1.3 突发事故应急处置要求
	4.2 泵操作	4.2.1 能在作业过程中对各类机泵工况做好监护并处置简单的设备突发状况 4.2.2 能通过控制进出口阀门或开闭循环工艺调整非变频泵的出口流量	4.2.1 各类机泵操作规程 4.2.2 泵房工艺操作规程 4.2.3 突发事故应急处置要求

续表

职业功能	工作内容	技能要求	相关知识要求
4.基础操作	4.3 制氮操作	4.3.1 能根据操作规程启停制氮系统，并做好工艺参数的记录 4.3.2 能在作业过程中对制氮系统的工况做好监护并处置简单的设备突发状况	制氮系统操作规程
	4.4 个体防护装备使用	4.4.1 能对各类个人防护装备进行检查和维护 4.4.2 能配合正压式呼吸器使用隔离式防毒面具 4.4.3 能穿戴防化服 4.4.4 能穿戴防火服	4.4.1 各类防护装备的检查维护方法 4.4.2 正压式呼吸器的使用方法 4.4.3 防化服的使用方法 4.4.4 防火服的使用方法
	4.5 应急处理	4.5.1 能使用消防、火灾报警、可燃气体报警等系统 4.5.2 能使用便携式可燃气体测爆仪 4.5.3 能根据现场应急处置方案执行岗位任务	4.5.1 消防系统操作规程 4.5.2 火灾报警系统操作规程 4.5.3 可燃气体报警系统操作规程 4.5.4 便携式可燃气体测爆仪操作规程 4.5.5 突发事故应急处置要求

3.7.3 三级/高级工

职业功能	工作内容	技能要求	相关知识要求
1.码头操作	1.1 登船梯操作	1.1.1 能编制便携式登船梯操作规程 1.1.2 能独立完成立柱式、塔架式等自动式登船梯的日常安全检查 1.1.3 能在恶劣气象海况条件或其他极限工况下完成立柱式、塔架式等自动式登船梯的收放操作	1.1.1 油船油码头安全作业规程 1.1.2 便携式登船梯操作规程 1.1.3 自动式登船梯操作规程
	1.2 液压起重机及软管操作	1.2.1 能独立完成液压起重机及软管的日常安全检查 1.2.2 能在恶劣气象海况条件或其他极限工况下完成液压起重机吊装软管与目标法兰的对接操作并做好软管的安全防护 1.2.3 能使用打压工具对软管进行打压测试	1.2.1 液压起重机操作规程 1.2.2 软管操作规程 1.2.3 液压起重机安全检查项目 1.2.4 软管安全检查项目

续表

职业功能	工作内容	技能要求	相关知识要求
1. 码头操作	1.3 装卸臂操作	1.3.1 能独立完成手动式装卸臂的日常安全检查 1.3.2 能在恶劣气象海况条件或其他极限工况下完成手动式装卸臂与目标法兰的对接，并通过气密试验 1.3.3 能在恶劣气象海况条件或其他极限工况下主导完成自动式装卸臂与目标法兰的对接，并通过气密试验	1.3.1 手动式装卸臂操作规程 1.3.2 自动式装卸臂操作规程 1.3.3 手动式装卸臂安全检查项目
	1.4 快速脱缆装置及绞缆机操作	1.4.1 能独立完成快速脱缆装置的日常安全检查 1.4.2 能独立完成绞缆机的日常安全检查	1.4.1 快速脱缆装置安全检查项目 1.4.2 绞缆机安全检查项目
	1.5 装卸船操作	1.5.1 能根据工艺要求完成码头工艺调整 1.5.2 能利用邻近绞缆机完成码头墩台带缆作业	1.5.1 装卸船作业操作规程 1.5.2 船舶带缆操作规程
2. 车台操作	2.1 装卸火车操作	2.1.1 能根据工艺要求完成装车台工艺调整 2.1.2 能在火车装卸车前后进行安全检查 2.1.3 能独立完成火车装车台的日常安全检查 2.1.4 能独立完成油气回收系统的日常安全检查	2.1.1 装卸火车作业操作规程 2.1.2 铁路危险货物运输要求 2.1.3 火车装车台安全检查项目 2.1.4 油气回收系统安全检查项目
	2.2 装卸汽车操作	2.2.1 能根据工艺要求完成装车台工艺调整 2.2.2 能在汽车装卸车前后进行安全检查 2.2.3 能在作业过程中针对地磅突发状况调整车辆行进路线及过磅工艺 2.2.4 能独立完成汽车装车台的日常安全检查 2.2.5 能独立完成油气回收系统的日常安全检查 2.2.6 能独立完成地磅的日常安全检查	2.2.1 装卸汽车作业操作规程 2.2.2 道路危险货物运输要求 2.2.3 汽车装车台安全检查项目 2.2.4 油气回收系统安全检查项目 2.2.5 地磅安全检查项目

续表

职业功能	工作内容	技能要求	相关知识要求
3. 罐区操作	3.1 储罐及附件操作	3.1.1 能根据工艺要求完成罐区工艺调整 3.1.2 能独立完成储罐的日常登罐检查 3.1.3 能独立完成简单的储罐静电接地检查 3.1.4 能主导完成收发球作业工艺	3.1.1 罐区作业操作规程 3.1.2 收发球作业操作规程 3.1.3 储罐及附件安全检查项目 3.1.4 储罐构造及工作原理 3.1.5 石油库设计规范
	3.2 计量及取样	3.2.1 能进行各种测量数据处理并编写计量报告 3.2.2 能对液位、温度计量工具及取样工具进行日常检查	3.2.1 油品、液体化工品数量计算方法 3.2.2 量油尺分类、结构及使用方法 3.2.3 取样器分类、结构及使用方法 3.2.4 温度计分类、结构及使用方法
4. 基础操作	4.1 阀门操作	4.1.1 能独立完成各类阀门的日常安全检查 4.1.2 能对各类阀门进行润滑及维护保养	4.1.1 各类阀门安全检查项目 4.1.2 各类阀门操作规程 4.1.3 机械润滑与维护保养
	4.2 泵操作	4.2.1 能独立完成各类机泵的日常安全检查 4.2.2 能对各类机泵进行润滑及维护保养	4.2.1 机泵安全检查项目 4.2.2 机械的润滑与维护保养
	4.3 制氮操作	4.3.1 能独立完成制氮系统的日常安全检查 4.3.2 能独立完成制氮系统更换液压油、空气滤芯等维护保养工作	4.3.1 制氮系统安全检查项目 4.3.2 制氮系统维护手册
	4.4 应急处理	4.4.1 能对各类应急设备设施、物资、器材进行日常检查 4.4.2 能利用应急物资、设备收集现场危险化学品或者固体废弃物 4.4.3 能根据现场应急处置方案组织人员疏散	4.4.1 应急设备设施、物资、器材安全检查项目 4.4.2 应急设备设施、物资、器材使用操作规程 4.4.3 突发事故应急处置要求

3.7.4 二级/技师

职业功能	工作内容	技能要求	相关知识要求
1. 码头操作	1.1 登船梯操作	1.1.1 能在立柱式、塔架式等自动式登船梯发生动力故障时，使用手动操作收回登船梯 1.1.2 能对立柱式、塔架式等自动式登船梯进行润滑及维护保养 1.1.3 能对立柱式、塔架式等自动式登船梯使用过程中的一般故障进行排查并维修	1.1.1 登船梯操作规程 1.1.2 登船梯构造及工作原理 1.1.3 机械的润滑与维护保养
	1.2 液压起重机及软管操作	1.2.1 能在液压起重机发生动力故障时，通过手动操作收回液压起重机及吊装的软管 1.2.2 能对液压起重机进行润滑及维护保养 1.2.3 能对液压起重机使用过程中的一般故障进行排查并维修	1.2.1 液压起重机操作规程 1.2.2 软管操作规程 1.2.3 液压起重机构造及工作原理 1.2.4 机械润滑与维护保养
	1.3 装卸臂操作	1.3.1 能在自动式装卸臂发生动力故障时，通过手动操作收回自动式装卸臂 1.3.2 能独立完成自动式装卸臂的日常安全检查 1.3.3 能对手动式、自动式装卸臂进行润滑及维护保养 1.3.4 能对手动式装卸臂使用过程中的一般故障进行排查并维修	1.3.1 手动式装卸臂操作规程 1.3.2 自动式装卸臂操作规程 1.3.3 机械润滑与维护保养
	1.4 快速脱缆装置及绞缆机操作	1.4.1 能对快速脱缆装置进行润滑及维护保养 1.4.2 能对绞缆机进行润滑及维护保养 1.4.3 能对快速脱缆装置的一般故障进行排查并维修 1.4.4 能对绞缆机的一般故障进行排查并维修	1.4.1 机械润滑与维护保养 1.4.2 快速脱缆装置构造及工作原理 1.4.3 绞缆机构造及工作原理
	1.5 装卸船操作	1.5.1 能主持召开船前会，签署码头作业文件及记录 1.5.2 能统一协调码头各岗位带缆及装卸船作业 1.5.3 能在作业过程中组织人员应对码头突发状况，并做好现场指挥	1.5.1 装卸船作业操作规程 1.5.2 船舶带缆操作规程 1.5.3 突发事故应急处置要求

续表

职业功能	工作内容	技能要求	相关知识要求
2.车台操作	2.1 装卸火车操作	2.1.1 能主持召开车前会，签署装火车作业文件及记录 2.1.2 能统一协调装火车车台各岗位装卸作业 2.1.3 能在作业过程中组织人员应对装火车突发状况，并做好现场指挥 2.1.4 能对装火车车台设备的一般故障进行排查并维修	2.1.1 装卸火车作业操作规程 2.1.2 突发事故应急处置要求 2.1.3 鹤管构造及工作原理 2.1.4 批控仪工作原理
	2.2 装卸汽车操作	2.2.1 能主持召开车前会，签署装汽车作业文件及记录 2.2.2 能统一协调装汽车车台各岗位装卸作业 2.2.3 能在作业过程中组织人员应对装汽车突发状况，并做好现场指挥 2.2.4 能对装汽车车台设备的一般故障进行排查并维修	2.2.1 装卸汽车作业操作规程 2.2.2 突发事故应急处置要求 2.2.3 鹤管构造及工作原理 2.2.4 批控仪工作原理
3.罐区操作	3.1 储罐及附件操作	3.1.1 能统一协调罐区各岗位装卸作业 3.1.2 能在作业过程中组织人员应对罐区突发状况，并做好现场指挥 3.1.3 能对储罐及附件进行维护保养 3.1.4 能对储罐及附件使用过程中的一般故障进行排查并维修	3.1.1 库区作业操作规程 3.1.2 突发事故应急处置要求 3.1.3 机械的润滑与维护保养 3.1.4 储罐构造及工作原理
	3.2 计量及取样	3.2.1 能对计量器具进行简单的校验检查 3.2.2 能制定计量及取样器具管理办法及操作规程	3.2.1 油品、液体化工品数量计算方法 3.2.2 国家计量器具管理规定
4.基础操作	4.1 阀门操作	4.1.1 能对手动及气动阀门使用过程中的一般故障进行排查并维修 4.1.2 能对电动阀门执行机构扭力矩等参数进行调整	4.1.1 手动阀门结构及工作原理 4.1.2 气动阀门结构及工作原理 4.1.3 电动执行机构操作规程
	4.2 泵操作	4.2.1 能对各类机泵使用过程中的一般故障进行排查并维修 4.2.2 能配合维修人员更换机泵轴承及机械密封	4.2.1 齿轮泵构造及工作原理 4.2.2 螺杆泵构造及工作原理 4.2.3 离心泵构造及工作原理

续表

职业功能	工作内容	技能要求	相关知识要求
4. 基础操作	4.3 制氮操作	4.3.1 能对制氮系统使用过程中的一般故障进行排查并维修 4.3.2 能根据制氮系统运行工时制定维护保养计划	4.3.1 空压机构造及工作原理 4.3.2 制氮机构造及工作原理 4.3.3 冷干机构造及工作原理 4.3.4 制氮系统维护手册
	4.4 应急处理	4.4.1 能根据现场应急处置方案组织人员演练 4.4.2 能对应急设备的一般故障进行排查并维修	4.4.1 突发事故应急处置要求 4.4.2 各类应急设备结构及工作原理
5. 培训与管理	5.1 培训	5.1.1 能编写培训计划和培训资料 5.1.2 能对三级/高级工及以下级别人员进行理论知识和实际操作技能培训和指导	5.1.1 培训计划和教案的编写要求 5.1.2 三级/高级工及以下级别人员理论知识和实际操作技能
	5.2 管理	5.2.1 能根据现场作业情况提出人员配置需求 5.2.2 能根据设备设施实际工况对操作规程提出修改建议 5.2.3 能根据现场实际工况提出设备设施保养及维修建议 5.2.4 能根据现场应急演练执行情况提出修改建议 5.2.5 能根据现场作业情况进行风险辨识	5.2.1 安全技术操作规程 5.2.2 安全质量管理制度 5.2.3 突发事故应急处置要求 5.2.4 企业安全生产标准化基本规范 5.2.5 风险辨识与评估方法

3.7.5 一级/高级技师

职业功能	工作内容	技能要求	相关知识要求
1. 码头操作	1.1 登船梯操作	1.1.1 能根据立柱式、塔架式等自动式登船梯设备出厂手册编制操作规程及维修保养手册 1.1.2 能通过现场操作掌握立柱式、塔架式等自动式登船梯实际工况，修订操作规程中的使用注意事项 1.1.3 能判断并处理立柱式、塔架式等自动式登船梯的疑难问题	1.1.1 油船油码头安全作业规程 1.1.2 机械的润滑与维护保养 1.1.3 登船梯构造及工作原理 1.1.4 液压传动原理

续表

职业功能	工作内容	技能要求	相关知识要求
1. 码头操作	1.2 液压起重机及软管操作	1.2.1 能根据液压起重机设备出厂手册编制操作规程及维修保养手册 1.2.2 能通过现场操作掌握液压起重机实际工况，修订操作规程中的使用注意事项 1.2.3 能判断并处理液压起重机的疑难问题	1.2.1 起重机设计规范 1.2.2 机械的润滑与维护保养 1.2.3 液压起重机构造及工作原理 1.2.4 液压传动原理
	1.3 装卸臂操作	1.3.1 能根据手动式装卸臂设备出厂手册编制操作规程及维修保养手册 1.3.2 能根据自动式装卸臂设备出厂手册编制操作规程及维修保养手册 1.3.3 能判断并处理手动式装卸臂的疑难问题 1.3.4 能对自动式装卸臂使用过程中的一般故障进行排查并维修	1.3.1 液体装卸臂工程技术要求 1.3.2 机械的润滑与维护保养 1.3.3 手动式装卸臂构造及工作原理 1.3.4 自动式装卸臂构造及工作原理
	1.4 快速脱缆装置及绞缆机操作	1.4.1 能根据快速脱缆装置设备出厂手册编制操作规程及维修保养手册 1.4.2 能根据绞缆机设备出厂手册编制操作规程及维修保养手册 1.4.3 能判断并处理快速脱缆装置的疑难问题 1.4.4 能判断并处理绞缆机的疑难问题	1.4.1 减速箱设计规范 1.4.2 机械的润滑与维护保养 1.4.3 机械传动原理
	1.5 装卸船操作	1.5.1 能根据码头、船舶实际情况协调船方调整船舶布缆 1.5.2 能根据现场实际情况绘制工艺流程图，编写操作规程 1.5.3 能根据作业要求或现场突发状况，制定、修改码头装卸工艺 1.5.4 能参与船岸联检	1.5.1 油船油码头安全作业规程 1.5.2 国际油轮油码头安全作业指南 1.5.3 石油化工码头装卸工艺设计规范 1.5.4 海事船岸联检相关要求
2. 车台操作	2.1 装卸火车操作	2.1.1 能根据现场实际情况绘制工艺流程图，编写操作规程 2.1.2 能根据作业要求或现场突发状况，制定、修改装车台装卸工艺 2.1.3 能判断并处理装车台的疑难问题	2.1.1 铁路危险货物运输要求 2.1.2 机械传动原理 2.1.3 弱电电工相关知识 2.1.4 火车站台主要设备构造及工作原理

续表

职业功能	工作内容	技能要求	相关知识要求
2. 车台操作	2.2 装卸汽车操作	2.2.1 能根据现场实际情况绘制工艺流程图，编写操作规程 2.2.2 能根据作业要求或现场突发状况，制定、修改装车台装卸工艺 2.2.3 能判断并处理装车台的疑难问题	2.2.1 道路危险货物运输要求 2.2.2 机械传动原理 2.2.3 弱电电工相关知识 2.2.4 汽车站台主要设备构造及工作原理 2.2.5 地磅构造及工作原理
3. 罐区操作	3.1 储罐及附件操作	3.1.1 能根据现场实际情况绘制工艺流程图，编写操作规程 3.1.2 能根据作业要求或现场突发状况，制定、修改罐区装卸工艺 3.1.3 能判断储罐及附件的疑难问题并提出大修方案和计划	3.1.1 石油库设计规范 3.1.2 输油管道工程设计规范 3.1.3 罐区主要设备构造及工作原理
	3.2 计量及取样	3.2.1 能根据油罐测容报告修订和改进计量方法及表格 3.2.2 能解决各种容器静态液位计量、测温、取样过程中的疑难问题	3.2.1 油罐标准 3.2.2 油品、液体化工品数量计算方法 3.2.3 取样器分类、结构及使用方法 3.2.4 样品保存要求
4. 基础操作	4.1 阀门操作	4.1.1 能根据各类阀门设备出厂手册编制操作规程及维修保养手册 4.1.2 能判断并处理手动、气动阀门的疑难问题 4.1.3 能对电动阀门执行机构使用过程中的一般故障进行排查并维修	4.1.1 国家通用阀门规范 4.1.2 阀门构造及工作原理 4.1.3 电动执行机构构造及工作原理
	4.2 泵操作	4.2.1 能根据各类机泵设备出厂手册编制操作规程及维修保养手册 4.2.2 能判断各类机泵的疑难问题，提出维修方案，并组织人员进行维修 4.2.3 能根据工艺需要对不同类型的机泵串并联使用	4.2.1 国家各类机泵制造及使用规范 4.2.2 齿轮泵构造及工作原理 4.2.3 螺杆泵构造及工作原理 4.2.4 离心泵构造及工作原理 4.2.5 机械润滑与维护保养
	4.3 制氮操作	4.3.1 能根据制氮系统设备出厂手册编制操作规程及维修保养手册 4.3.2 能根据现场实际情况绘制制氮及氮气吹扫系统工艺流程图 4.3.3 能判断并处理制氮系统疑难问题	4.3.1 空压机构造及工作原理 4.3.2 制氮机构造及工作原理 4.3.3 冷干机构造及工作原理

续表

职业功能	工作内容	技能要求	相关知识要求
4. 基础操作	4.4 个人防护设备使用	4.4.1 能根据各类个体防护装备出厂手册编制使用规程及维修保养手册 4.4.2 能根据国家要求编制个体防护装备周期更换计划	4.4.1 各类个体防护装备使用要求 4.4.2 国家各类个体防护装备使用规范
	4.5 应急处理	4.5.1 能根据综合及专项预案编制现场应急处置方案 4.5.2 能根据作业现场实际情况提出应急设备设施、物资、器材配备要求	4.5.1 应急处置方案编写要求 4.5.2 港口码头溢油应急品设备配备要求
5. 技术革新	5.1 设备、工艺改进	5.1.1 能对现有设备、工艺提出改进意见 5.1.2 能参加新设备的选型、新技术的推广和应用	5.1.1 新设备、新工艺、新技术涉及的各类国家及行业规范 5.1.2 主要设备操作、维修、保养知识
	5.2 参与试验与研究	5.2.1 能通过实践提出改进原有设备和工艺以及使用新设备和新工艺的建议 5.2.2 能编写项目管理报告，撰写专业技术工作总结	5.2.1 试验研究方法知识 5.2.2 管理报告、专业技术工作总结的撰写方法
6. 培训与管理	6.1 培训	6.1.1 能对二级/技师及以下级别人员进行理论知识和实际操作技能培训及指导 6.1.2 能对新设备、新工艺、新技术进行研究并总结撰写操作方法、注意事项和管理要求	6.1.1 培训计划和教案的编写要求 6.1.2 二级/技师及以下级别人员理论知识
	6.2 管理	6.2.1 能编写和修订各类操作规程 6.2.2 能编制设备的维修、大修及保养计划 6.2.3 能针对现场应急演练情况对综合及专项预案提出修改意见	6.2.1 安全技术操作规程 6.2.2 安全质量管理制度 6.2.3 突发事故应急处置要求

3.8 轮胎式起重机司机

3.8.1 五级/初级工

职业功能	工作内容	技能要求	相关知识要求
1. 轮胎式起重机操作	1.1 安全防护	1.1.1 能规范穿戴劳动防护用品 1.1.2 能按规定安设和撤除防护信号（牌）	安设和撤除防护信号（牌）的有关规定
	1.2 环境识别	1.2.1 能对轮胎式起重机作业车辆实施安全防护 1.2.2 能在特殊气象环境下对设备进行安全处置 1.2.3 能选择设备起重作业位置	1.2.1 轮胎式起重机作业安全防护措施 1.2.2 轮胎式起重机恶劣天气安全处置规定 1.2.3 轮胎式起重机回转中心与工位的确认方法
	1.3 作业前检查	1.3.1 能按规定上下车，调整坐姿 1.3.2 能按规定程序启动车辆 1.3.3 能根据仪表相关指示信号判断轮胎式起重机设备状况 1.3.4 能按规定程序对轮胎式起重机进行试车检查 1.3.5 能完成设备支腿收放及水平调整 1.3.6 能判断属具和索具与吊装货物是否匹配 1.3.7 能履行轮胎式起重机交接班手续，做好轮胎式起重机使用记录 1.3.8 能检查轮胎式起重机力矩限制器等安全防护装置是否良好、可靠	1.3.1 轮胎式起重机的相关技术参数、性能、用途、基本构造和工作原理 1.3.2 轮胎式起重机日常检查标准和保养要求 1.3.3 轮胎式起重机启动程序和方法 1.3.4 仪表的工作原理和判断方法 1.3.5 轮胎式起重机支腿操作及设备水平调整方法 1.3.6 轮胎式起重机交接班规章制度 1.3.7 轮胎式起重机属具、索具的种类及使用要求
	1.4 作业中操作	1.4.1 能根据具体情况判断货物的重量、重心位置 1.4.2 能驾驶轮胎式起重机进出库门、货场 1.4.3 能根据指挥信号安全准确地完成各机构作业操作 1.4.4 能按规定进行货物堆垛、拆垛、装车、卸车及附属作业	1.4.1 轮胎式起重机载荷曲线图的识读方法 1.4.2 一般货物重心位置判断方法 1.4.3 轮胎式起重机作业程序标准及指挥信号 1.4.4 轮胎式起重机安全操作规程
	1.5 作业后检查	1.5.1 能填写设备运行日志 1.5.2 能按程序进行交接班 1.5.3 能选择停车位置，并规范完成停车作业	1.5.1 运行日志填写要求 1.5.2 交接班方法和要求 1.5.3 停车方法和要求

续表

职业功能	工作内容	技能要求	相关知识要求
2. 轮胎式起重机维护与保养	2.1 检查调整	2.1.1 能对轮胎式起重机机械部分进行日常检查 2.1.2 能按规定对轮胎式起重机电气部分进行日常检查	2.1.1 轮胎式起重机机械部分日常检查的方法和要求 2.1.2 轮胎式起重机电气部分日常检查的方法和要求
	2.2 设备保养	2.2.1 能按规定对轮胎式起重机进行润滑保养 2.2.2 能对轮胎式起重机进行全面清洁、检查	2.2.1 轮胎式起重机日常保养内容要求 2.2.2 润滑内容和技术要求
3. 轮胎式起重机故障判断与排除	3.1 故障判断	3.1.1 能判断连接松动、脱落等机械故障 3.1.2 能判断滴液、漏液等液压故障 3.1.3 能对轮胎式起重机作业中发生异响、异味等异常现象进行停车检查、处理	3.1.1 各种工具使用方法 3.1.2 故障查找判断方法 3.1.3 作业中发生异响、异味等异常现象的判断方法
	3.2 故障排除	3.2.1 能协助排除连接松动、脱落等机械故障 3.2.2 能协助更换熔断器、照明灯泡等常用电气元件 3.2.3 能协助排除导线接头松动、脱落等电气故障 3.2.4 能协助排除滴液、漏液等液压故障	3.2.1 各种工具使用方法 3.2.2 电气元件基本知识 3.2.3 安全用电知识 3.2.4 液压传动相关知识

3.8.2 四级/中级工

职业功能	工作内容	技能要求	相关知识要求
1. 轮胎式起重机操作	1.1 安全防护	1.1.1 能判断作业过程中的危险隐患，采取安全防护措施 1.1.2 能判断作业现场的危险源 1.1.3 能对易燃、易爆物品采取相应的安全防护措施	1.1.1 现场安全管理知识 1.1.2 安全事故案例 1.1.3 消防器材相关知识
	1.2 环境识别	1.2.1 能判断货物的重量和重心位置 1.2.2 能选择货物吊点和吊装方法	1.2.1 装卸工艺规程 1.2.2 重物结构知识

续表

职业功能	工作内容	技能要求	相关知识要求
1. 轮胎式起重机操作	1.3 作业前检查	1.3.1 能对轮胎式起重机吊臂等金属结构部分进行安全检查 1.3.2 能检查钢丝绳、滑轮组 1.3.3 能检查轮胎式起重机制动联锁装置	1.3.1 吊臂金属结构开焊、裂纹、变形的检查方法 1.3.2 钢丝绳、滑轮检查方法 1.3.3 轮胎式起重机制动联锁装置基本结构
	1.4 作业中操作	1.4.1 能选择工属具、索具进行长大、笨重货物的装卸、位移、堆码作业 1.4.2 能操作轮胎式起重机在场外进行装卸、位移、堆码作业 1.4.3 能操作特种轮胎式起重机进行规定危险品装卸作业	1.4.1 特殊构件工属具使用方法 1.4.2 场外作业安全知识 1.4.3 特种轮胎式起重机操纵和危险品装卸安全知识
2. 轮胎式起重机维护与保养	2.1 检查调整	2.1.1 能对轮胎式起重机作业属具进行日常检查 2.1.2 能对轮胎式起重机各安全装置进行日常检查 2.1.3 能调整起升、回转制动踏板自由行程 2.1.4 能检查液压系统，更换管接头损坏的密封件 2.1.5 能检查电动机换向器，更换磨损电刷和弹簧	2.1.1 轮胎式起重机属具日常检查标准和方法 2.1.2 轮胎式起重机各安全装置日常检查标准和方法 2.1.3 起升、回转制动踏板自由行程的调整方法 2.1.4 密封件的规格、更换标准和识读方法 2.1.5 电动机基本结构，电刷和弹簧规格、更换标准和方法
	2.2 设备保养	2.2.1 能按标准对轮胎式起重机进行一级维护保养 2.2.2 能使用常用工具、仪器、仪表对液压系统和电气系统进行维护与保养 2.2.3 能使用常用设备、主要工具、量具对机械部分进行维护与保养	2.2.1 轮胎式起重机一级保养内容和技术要求 2.2.2 常用工具、仪器、仪表的使用方法和安全操作注意事项 2.2.3 常用设备、主要工具、量具的使用方法和安全操作注意事项
3. 轮胎式起重机故障判断与排除	3.1 故障判断	3.1.1 能判断机械配合不良导致的发热、噪声等故障 3.1.2 能处置熔断器、灯泡、喇叭等电气故障 3.1.3 能判断油压不足、吊臂自行下降、爬臂、噪声等液压故障	3.1.1 电路图、机械图、液压图识读基本知识 3.1.2 主要电气元件、液压元件的图形符号及工作原理 3.1.3 常见机械故障产生的原因、查找判断方法

续表

职业功能	工作内容	技能要求	相关知识要求
3. 轮胎式起重机故障判断与排除	3.2 故障排除	3.2.1 能协助排除发动机突然熄火、飞车故障 3.2.2 能协助对轮胎式起重机运行中转向失灵突发失控情况进行处理 3.2.3 能协助对轮胎式起重机运行中各液压缸漏油等突发失控情况进行处理	3.2.1 轮胎式起重机发动机突然熄火后的安全处置方法 3.2.2 轮胎式起重机紧急停车的安全操作方法 3.2.3 液压缸漏油处理的基本方法

3.8.3 三级/高级工

职业功能	工作内容	技能要求	相关知识要求
1. 轮胎式起重机操作	1.1 安全防护	1.1.1 能检查轮胎式起重机力矩限制器等安全防护装置是否良好、可靠 1.1.2 能选择结构复杂、长大、笨重货物的重心位置和吊装位置	1.1.1 轮胎式起重机力矩限制器等安全防护装置技术要求 1.1.2 重物重心的计算知识
	1.2 环境识别	1.2.1 能识别吊装配合作业中的风险隐患 1.2.2 能识别作业环境的危险源,并采取措施	1.2.1 装卸工艺相关知识 1.2.2 起重作业安全警示案例
	1.3 作业前检查	1.3.1 能检查发动机、液压系统、发电机电路和工作装置,并调整其工作状态 1.3.2 能通过启动和试车检查、判断轮胎式起重机各装置的工作状况,并进行调整	1.3.1 发动机、液压系统、电动机、发电机电路工作状态调整方法 1.3.2 轮胎式起重机各总成及重要零部件的构造特点、工作原理和技术要求
	1.4 作业中操作	1.4.1 能确定形状不规则、重心偏移等货物的重心位置 1.4.2 能对形状不规则、重心偏移等货物进行装卸、吊运作业 1.4.3 能在复杂环境下操作轮胎式起重机完成设备、货物的装卸和位移作业	1.4.1 形状不规则、重心偏移等货物重心位置的计算方法 1.4.2 形状不规则、重心偏移等货物的装卸方法 1.4.3 雨、雪恶劣天气及地面不平条件下的操作要领

续表

职业功能	工作内容	技能要求	相关知识要求
2. 轮胎式起重机维护与保养	2.1 检查调整	2.1.1 能检查、判断轮胎完好情况，拆装轮胎 2.1.2 能检查、调整传动带、链条张紧度 2.1.3 能检查、判断发动机气缸垫完好情况 2.1.4 能组织进行吊杆拆装作业，检查完好情况	2.1.1 轮胎报废判断方法，拆装轮胎的安全操作规程 2.1.2 传动带、链条调整的技术要求 2.1.3 桁架式吊臂的拆装方法 2.1.4 设备二级维护保养基本内容、技术要求
	2.2 设备保养	2.2.1 能对电动机进行维护保养 2.2.2 能维护保养各工作机构减速箱 2.2.3 能对卷筒、钢丝绳、滑轮进行维护，更换钢丝绳、滑轮	2.2.1 电动机维护保养操作规程 2.2.2 设备二级维护保养基本内容、技术要求 2.2.3 钢丝绳、滑轮的报废标准及更换方法
3. 轮胎式起重机故障判断与排除	3.1 故障判断	3.1.1 能判断轮胎式起重机无法启动的原因 3.1.2 能通过发动机不正常排烟颜色判断故障原因 3.1.3 能分析各机构减速器异响故障原因 3.1.4 能对无电、线圈不吸合等电气元件故障进行处置	3.1.1 动力装置的基本构造、工作原理 3.1.2 各工作机构减速器的基本工作原理 3.1.3 轮胎式起重机电气元件技术要求
	3.2 故障排除	3.2.1 能排除发动机点火系统故障 3.2.2 能调整各机构减速器间隙 3.2.3 能排除各机构安全保护装置卡滞、回位无力等机械故障 3.2.4 能调整行走机构制动踏板自由行程	3.2.1 点火系统的组成及工作原理 3.2.2 设备动力装置二级维护的技术要求 3.2.3 设备安全保护装置的组成与构造 3.2.4 行走机构制动系统工作原理

3.8.4 二级/技师

职业功能	工作内容	技能要求	相关知识要求
1. 轮胎式起重机操作	1.1 环境识别	1.1.1 能辨识作业现场危险源 1.1.2 能根据装卸重物的特性制定装卸作业方案	1.1.1 现场安全管理规定 1.1.2 生产组织基本知识
	1.2 作业中操作	1.2.1 能对危险品、贵重物品、易碎品货物进行有效安全防护，并完成吊装作业 1.2.2 能对突发性事件采取有效措施，妥善处置	1.2.1 危险品、贵重物品、易碎品有效安全防护措施 1.2.2 应急处置管理规定
2. 轮胎式起重机维护与保养	2.1 检查调整	2.1.1 能对起升、旋转、变幅等工作装置的运行和制动性能进行检查和验收 2.1.2 能对动力系统、液压系统、安全装置的性能进行检查和验收	2.1.1 工作装置、走行和制动性能检查试验的技术规范、标准 2.1.2 动力性能、液压系统、安全装置检查试验的技术规范、标准
	2.2 设备保养	2.2.1 能根据设备使用情况提出防腐实施方案 2.2.2 能根据设备运行状态组织实施清洁方案	轮胎式起重机维护保养技术知识
3. 轮胎式起重机故障判断与排除	3.1 故障判断	3.1.1 能对动力系统相关零部件进行拆装并检查 3.1.2 能对行驶系统相关零部件进行拆装并检查 3.1.3 能对工作装置相关零部件进行拆装并检查	3.1.1 动力系统相关零部件拆装、检修的技术规范、标准 3.1.2 行驶系统相关零部件拆装、检修的技术规范、标准 3.1.3 工作装置相关零部件拆装、检修的技术规范、标准
	3.2 故障排除	3.2.1 能对轮胎式起重机的一般故障进行处理 3.2.2 能解决生产中出现的一般技术难题	3.2.1 轮胎式起重机一般故障处理知识 3.2.2 现场管理规定
4. 技术革新	4.1 设备更新	4.1.1 能对新进轮胎式起重机发动机进行性能试验和检查 4.1.2 能对新进轮胎式起重机各工作机构进行性能试验和检查	4.1.1 发动机性能检查内容 4.1.2 新车各工作机构性能检查内容及试验项目

续表

职业功能	工作内容	技能要求	相关知识要求
4. 技术革新	4.2 技术改造	4.2.1 能编制一般货物的装卸工艺 4.2.2 能对轮胎式起重机作业中的风险进行辨识和评估 4.2.3 能对轮胎式起重机惯性故障及隐患进行处置 4.2.4 能根据货物的形状、性质、包装、重量对现有属具进行改进 4.2.5 能运用AutoCAD等软件绘制零件图 4.2.6 能结合工作实际撰写技术总结	4.2.1 一般货物装卸工艺的编制要求、技术规范 4.2.2 风险管理知识 4.2.3 轮胎式起重机故障应急处置知识 4.2.4 特殊货物装卸属具的制作与改进方法 4.2.5 AutoCAD等软件使用技巧 4.2.6 技术总结的内容和写作方法
5. 培训与管理	5.1 技术培训	5.1.1 能对三级/高级工及以下级别人员进行技术培训 5.1.2 能编写轮胎式起重机司机操作与日常维护培训讲义 5.1.3 能在作业中应用、推广新技术、新设备、新标准	5.1.1 培训教学的基本方法 5.1.2 培训讲义的编制方法 5.1.3 轮胎式起重机新技术、新设备、新标准相关知识
	5.2 机务管理	5.2.1 能评定设备技术状况 5.2.2 能制定轮胎式起重机保养与维修计划 5.2.3 能编制轮胎式起重机技术档案	5.2.1 设备利用率、完好率统计方法 5.2.2 设备管理相关知识 5.2.3 计算机办公软件基本操作

3.8.5 一级/高级技师

职业功能	工作内容	技能要求	相关知识要求
1. 轮胎式起重机操作	1.1 环境识别	1.1.1 能根据现场环境制定作业方案并组织生产 1.1.2 能通过吊装作业过程制定应急预案	安全生产工艺流程相关知识
	1.2 作业中操作	1.2.1 能操作轮胎式起重机完成超高、超远距离的精细化吊装作业 1.2.2 能组织两台以上轮胎式起重机配合完成超重、超大件的吊装作业	1.2.1 特殊货物吊装安全规定 1.2.2 重物构造及力学知识

续表

职业功能	工作内容	技能要求	相关知识要求
2. 轮胎式起重机维护与保养	2.1 检查调整	2.1.1 能对轮胎式起重机外观和外部尺寸进行检查，提出改进建议 2.1.2 能对轮胎式起重机整机性能进行检查，提出改进建议	2.1.1 轮胎式起重机外观设计技术规范、标准 2.1.2 轮胎式起重机整机性能技术规范、标准
	2.2 设备保养	2.2.1 能通过工作环境及设备使用情况制定维护保养计划 2.2.2 能通过设备结构创新保养方式	设备维护保养技术
3. 轮胎式起重机故障判断与排除	3.1 故障判断	3.1.1 能对大修后的轮胎式起重机整机性能进行检查和试验 3.1.2 能对大修后的轮胎式起重机进行空载行驶、连续装卸作业和静动载荷试验	3.1.1 整机性能检查和试验的技术规范、标准 3.1.2 空载行驶、连续装卸作业和静动载荷试验的技术规范、标准
	3.2 故障排除	3.2.1 能对轮胎式起重机疑难故障进行应急处理 3.2.2 能解决生产中出现的重大技术难题 3.2.3 能拆装轮胎式起重机全车各总成并进行检查 3.2.4 能制定轮胎式起重机常见故障应急处理方案	3.2.1 轮胎式起重机使用、检修相关知识 3.2.2 轮胎式起重机大、中修的技术标准和技术规范 3.2.3 轮胎式起重机故障应急处理知识
4. 技术革新	4.1 设备更新	4.1.1 能提出轮胎式起重机作业质量改进措施 4.1.2 能根据作业货种、环境变化制定设备更新方案 4.1.3 能根据设备状况确定报废依据	4.1.1 国内外起重设备技术发展规划 4.1.2 大型设备残值评判标准
	4.2 技术改造	4.2.1 能对轮胎式起重机承载后整机稳定性进行计算 4.2.2 能根据铁路、公路、船舶等有关规定制定相应技术措施 4.2.3 能根据新材料、新能源对设备制定创新改造方案 4.2.4 能根据行业发展撰写论文	4.2.1 轮胎式起重机整机稳定性标准和技术规范 4.2.2 复杂货物装卸工艺的内容和制定知识 4.2.3 新材料、新能源相关知识 4.2.4 论文撰写相关知识

续表

职业功能	工作内容	技能要求	相关知识要求
5. 培训与管理	5.1 技术培训	5.1.1 能对二级/技师及以下级别人员进行技术培训 5.1.2 能编写轮胎式起重机司机操作与日常维护培训讲义 5.1.3 能在作业中应用、推广新技术、新设备、新标准	5.1.1 培训教学的基本方法 5.1.2 培训讲义的编制方法 5.1.3 有关轮胎式起重机的新技术、新设备、新标准
	5.2 机务管理	5.2.1 能监督检查设备技术档案 5.2.2 能进行设备能源消耗分析 5.2.3 能应用网络技术、信息技术、定位技术、射频技术等	5.2.1 设备故障统计分析 5.2.2 固定资产管理规定

3.9 履带式起重机司机

3.9.1 五级/初级工

职业功能	工作内容	技能要求	相关知识要求
1. 履带式起重机操作	1.1 安全防护	1.1.1 能规范穿戴劳动防护用品 1.1.2 能识别岗位危险有害因素，并能进行防护 1.1.3 能查明设备的安全装置是否良好、可靠 1.1.4 能安设和撤除安全警示牌 1.1.5 能对登高作业进行安全防护 1.1.6 能使用通信设备进行工作联络 1.1.7 能使用消防器材进行灭火 1.1.8 遇到突发情况，能实施紧急救护措施，会紧急逃生	1.1.1 安设和撤除防护信号（牌）的有关规定 1.1.2 岗位危险有害因素辨识 1.1.3 起重机械安全规程
	1.2 环境识别	1.2.1 能根据作业环境采取相应的防护措施 1.2.2 能选择吊装位置 1.2.3 能识别起重物重量、重心、作业条件	1.2.1 装卸工艺规程 1.2.2 履带式起重机工作参数

续表

职业功能	工作内容	技能要求	相关知识要求
1.履带式起重机操作	1.3 作业前检查	1.3.1 能检查起重臂防过卷装置、臂杆角度指示器、防后倾撑杆报警以及其他安全装置是否正常 1.3.2 能检查重物承载部件，如钢丝绳、臂杆、支腿、吊钩等有无异常 1.3.3 能检查燃油、润滑油、液压油、冷却水等是否充足，各指示仪表是否完好 1.3.4 能检查各连接件有无松动，起重臂起落及回转半径内有无障碍物 1.3.5 能检查用电设备和信号是否正常 1.3.6 能检查制动机构是否正常 1.3.7 能检查操纵机构、回转机构等构件有无卡滞、异响 1.3.8 能检查设备外表，并记录检查结果 1.3.9 能按程序对设备进行试车检查 1.3.10 能检查液压系统有无漏油、油位是否正常 1.3.11 能检查履带张紧度是否正常 1.3.12 能检查设备有无变形、损伤、锈蚀、开焊 1.3.13 能检查配重型架是否正常 1.3.14 能检查臂杆、桅杆和撑杆是否正常	1.3.1 履带式起重机基本结构 1.3.2 日常点检管理规定 1.3.3 履带式起重机润滑标准 1.3.4 起重机械用钢丝绳检验和报废规范
	1.4 作业中操作	1.4.1 能识别吊运指挥信号 1.4.2 能平衡放置重物 1.4.3 能使用常用的工属具 1.4.4 能完成规则重物吊装作业 1.4.5 能识别运输作业中的危险因素 1.4.6 能进行短距离行走作业	1.4.1 设备基本作业方法及技术要求 1.4.2 工属具使用注意事项 1.4.3 起重机械安全操作规程 1.4.4 道路交通安全驾驶规定
	1.5 作业后检查	1.5.1 能填写工作日志，履行交接班手续 1.5.2 能选择位置并规范完成设备泊车作业	1.5.1 起重机械安全操作规程 1.5.2 设备基本作业方法及技术要求

续表

职业功能	工作内容	技能要求	相关知识要求
2. 履带式起重机维护与保养	2.1 检查调整	2.1.1 能调整履带张紧度 2.1.2 能检查紧固部件固定螺栓	2.1.1 履带式起重机结构与工作原理 2.1.2 履带式起重机调整方法
	2.2 设备保养	2.2.1 能保持车体内外清洁 2.2.2 能对空气滤芯进行清洁和更换 2.2.3 能添加润滑油、冷却液等 2.2.4 能更换熔断器、照明灯泡等常用电气元件	2.2.1 履带式起重机日常保养技术要求 2.2.2 履带式起重机电气基本知识
3. 履带式起重机故障判断与排除	3.1 故障判断	3.1.1 能判断设备异常振动、异常温升,实施停车检查 3.1.2 能判断焦糊异味产生部位	3.1.1 机械故障诊断方法 3.1.2 履带式起重机工作原理
	3.2 故障排除	3.2.1 能协助排除发动机、制动器、减速箱故障 3.2.2 能协助排除金属结构异常 3.2.3 能协助排除工作装置卡滞,恢复性能	3.2.1 发动机、制动器、减速箱工作原理 3.2.2 履带式起重机结构组成

3.9.2 四级/中级工

职业功能	工作内容	技能要求	相关知识要求
1. 履带式起重机操作	1.1 安全防护	1.1.1 能识别作业现场危险源 1.1.2 能判断工作过程中可能发生的事故隐患,并能采取应急措施	1.1.1 现场危险源安全管理知识 1.1.2 安全事故案例
	1.2 环境识别	1.2.1 能处理突发事件等意外情况 1.2.2 能判断货物的重量、重心 1.2.3 能选择吊点和吊装方法,知晓吊装过程中吊物所处的各种状态及起重设施的各种受力情况 1.2.4 能识别吊装交叉作业安全隐患	1.2.1 装卸工艺规程 1.2.2 重物结构知识 1.2.3 交叉作业管理规定

续表

职业功能	工作内容	技能要求	相关知识要求
1. 履带式起重机操作	1.3 作业前检查	1.3.1 能检查电路、电气元件工作状态 1.3.2 能检查紧固螺栓连接工作状态 1.3.3 能检查滑轮组有无异常	1.3.1 电气元件工作原理 1.3.2 履带式起重机各系统工作原理及技术要求 1.3.3 液压与气压传动基本知识
	1.4 作业中操作	1.4.1 能对各类货物进行吊装作业 1.4.2 能进行交叉作业 1.4.3 能预判工作过程中出现的危险因素	1.4.1 交叉作业管理规定 1.4.2 起重指挥信号 1.4.3 起重机械安全操作规程
2. 履带式起重机维护与保养	2.1 检查调整	2.1.1 能检查、调整制动器制动间隙 2.1.2 能根据技术要求调整各运动件的间隙	2.1.1 履带式起重机结构与工作原理 2.1.2 履带式起重机调整方法
	2.2 设备保养	2.2.1 能判定各润滑部位的润滑状况 2.2.2 能更换润滑油 2.2.3 能对机体实施防腐防锈 2.2.4 能更换机油 2.2.5 能更换机油滤清器	2.2.1 履带式起重机月度保养技术要求 2.2.2 履带式起重机燃料、润滑油、工作液的使用特性、失效原因和更换标准
3. 履带式起重机故障判断与排除	3.1 故障判断	3.1.1 能看懂部件装配图并绘制简单零件图 3.1.2 能看懂本机液压系统回路图,诊断液压系统工作无力故障 3.1.3 能利用仪器测量设备运动部位温度、转速、噪声等	3.1.1 履带式起重机构造与工作原理 3.1.2 液压与气压传动故障诊断相关知识
	3.2 故障排除	3.2.1 能协助排除设备渗漏故障 3.2.2 能配合专业维修人员做好维修后的试车工作	3.2.1 状态检测与故障诊断技术 3.2.2 液压与气压传动相关知识

3.9.3 三级/高级工

职业功能	工作内容	技能要求	相关知识要求
1. 履带式起重机操作	1.1 环境识别	1.1.1 能根据所吊装货物特性采取相关措施 1.1.2 能根据特殊货物作业要求提出改善装卸条件的措施	1.1.1 现场安全管理规定 1.1.2 起重吊运事故案例
	1.2 作业前检查	1.2.1 能检查传动系统、行驶系统、回转系统、制动装置及工作装置总成部件 1.2.2 能检查液压、气动元件完好状况	1.2.1 履带式起重机各系统工作原理及技术要求 1.2.2 液压与气压传动基本知识
	1.3 作业中操作	1.3.1 能配合另一台履带式起重机同时起吊同一重物 1.3.2 能进行满负荷或接近满负荷作业 1.3.3 能进行复杂工况货物起吊 1.3.4 能判断并排除作业中的危险因素 1.3.5 能进行复杂工况重物运输作业	1.3.1 起重机械安全操作规程 1.3.2 起重指挥信号 1.3.3 道路交通安全法
2. 履带式起重机维护与保养	2.1 检查调整	2.1.1 能按照设备点检计划组织设备检查 2.1.2 能调整风扇传动带张紧度 2.1.3 能调整设备传动部分同轴度	2.1.1 履带式起重机点检计划 2.1.2 履带式起重机结构与工作原理
	2.2 设备保养	2.2.1 能检查更换电量不足的蓄电池 2.2.2 能按照设备保养计划组织设备保养 2.2.3 能检查设备金属结构裂纹、变形、锈蚀、松动等情况，并提出修复意见 2.2.4 能对设备整体技术状况进行鉴定 2.2.5 能利用仪器对油品质量进行简单分析检测	2.2.1 发动机二级保养技术要求 2.2.2 履带式起重机换季保养计划

续表

职业功能	工作内容	技能要求	相关知识要求
3. 履带式起重机故障判断与排除	3.1 故障判断	3.1.1 能用直观经验法诊断发动机、联轴器、减速箱、卷筒、轴承故障 3.1.2 能分析零件非正常磨损原因	3.1.1 故障诊断方法 3.1.2 履带式起重机典型部件技术要求、标准和工艺
	3.2 故障排除	3.2.1 能协助实施本机金属结构应力测试与诊断 3.2.2 能检测与调整各类制动装置、安全装置 3.2.3 能分析并协助排除运行中的常见故障 3.2.4 能掌握设备大修作业范围,按要求完成大修后的验收工作	3.2.1 履带式起重机结构与工作原理 3.2.2 履带式起重机维修、验车相关知识

3.9.4 二级/技师

职业功能	工作内容	技能要求	相关知识要求
1. 履带式起重机操作	1.1 环境识别	1.1.1 能纠正不良操作习惯和违章作业行为 1.1.2 能制定特定重物起吊作业规程	1.1.1 生产组织基本知识 1.1.2 重物起吊安全注意事项
	1.2 作业中操作	1.2.1 能分析复杂环境、复杂重物,并进行安全作业 1.2.2 能组织指导三级/高级工在复杂情况下完成难度较大的吊装作业	1.2.1 履带式起重机安全操作规程 1.2.2 履带式起重机特种作业要求
2. 履带式起重机维护与保养	2.1 检查调整	2.1.1 能检查调整工作装置、传动装置工作状态 2.1.2 能调整喷油定时或点火定时	2.1.1 履带式起重机调整方法 2.1.2 发动机系统结构与工作原理
	2.2 设备保养	2.2.1 能根据设备使用情况提出设备防腐、防锈实施方案 2.2.2 能对设备制定、组织、实施清洁方案 2.2.3 能根据设备运行状态制定维护保养计划	2.2.1 履带式起重机的维护保养技术 2.2.2 机械故障诊断方法

续表

职业功能	工作内容	技能要求	相关知识要求
3. 履带式起重机故障判断与排除	3.1 故障判断	3.1.1 能分析本机机械、电气、控制、液压系统工作原理，诊断各工作系统故障 3.1.2 能进行油液性能检测 3.1.3 能根据设备故障发生频率查找故障规律	3.1.1 履带式起重机各系统工作原理 3.1.2 油液理化指标
	3.2 故障排除	3.2.1 能排除行走跑偏故障 3.2.2 能排除履带啃齿现象 3.2.3 能制定一般维修或更换工艺并组织实施 3.2.4 能对更换零部件的利用率进行价值评估 3.2.5 能对液压泵、管、阀、分配器等液压元件进行检修	3.2.1 履带式起重机行走系统结构与工作原理 3.2.2 履带式起重机故障排除方法 3.2.3 机械维修技术
4. 技术革新	4.1 设备更新	4.1.1 能根据设备管理档案比较同类型设备主要部件寿命长短，并提出更新改进方案 4.1.2 能跟踪检测润滑油品质量，提出更新方案	4.1.1 履带式起重机构造与工作原理 4.1.2 常用零部件结构与性能 4.1.3 机械润滑基本知识
	4.2 技术改造	4.2.1 能检查同类型设备油品消耗，并提出节能方案 4.2.2 能检查钢丝绳、轴承使用寿命，并提出改进方案 4.2.3 能评定设备技术状况等级 4.2.4 能对吊具提出改进意见 4.2.5 能查明本机与同类最新机型相比在技术上的差异	4.2.1 钢丝绳结构与选型 4.2.2 设备技术状况评定标准
5. 培训与管理	5.1 技术培训	5.1.1 能讲授履带式起重机构造与维修技术 5.1.2 能对三级/高级工及以下级别人员进行操作、保养、维修培训	5.1.1 履带式起重机结构与维修 5.1.2 履带式起重机操作与保养规范
	5.2 机务管理	5.2.1 能评定各类设备技术状况 5.2.2 能制定履带式起重机保养与维修计划 5.2.3 能编制履带式起重机技术档案 5.2.4 能参与机械故障、事故的调查、评定 5.2.5 能对项修、大修后的设备进行技术评定和验收	5.2.1 设备利用率、完好率统计方法 5.2.2 设备管理相关知识

3.9.5 一级/高级技师

职业功能	工作内容	技能要求	相关知识要求
1. 履带式起重机操作	1.1 环境识别	1.1.1 能应对突发异常情况，制定并组织实施应急预案 1.1.2 能应对特殊环境，并采取应急措施	1.1.1 起重吊装工艺汇编 1.1.2 生产组织及生产管理基本知识
	1.2 作业中操作	1.2.1 能快速掌握新型履带式起重机的操作 1.2.2 能指导二级/技师及以下级别人员进行特殊作业 1.2.3 能制定履带式起重机作业规程并组织吊装	1.2.1 新型履带式起重机的技术性能、使用要求 1.2.2 生产组织及生产管理基本知识
2. 履带式起重机维护与保养	2.1 检查调整	2.1.1 能指导二级/技师及以下级别人员进行特殊检查与调整 2.1.2 能组织实施整机检查与调整	2.1.1 履带式起重机的结构与工作原理 2.1.2 履带式起重机的检查与调整方法
	2.2 设备保养	2.2.1 能指导二级/技师及以下级别人员进行设备防腐、防锈 2.2.2 能组织实施整机维护保养	2.2.1 履带式起重机的维护保养技术 2.2.2 金属结构保养知识
3. 履带式起重机故障判断与排除	3.1 故障判断	3.1.1 能鉴别喷油泵压力，排除燃油系统故障 3.1.2 能检查诊断电控发动机常见故障	3.1.1 喷油泵构造与维修技术 3.1.2 电喷发动机的构造与工作原理
	3.2 故障排除	3.2.1 能修复局部金属结构变形，并分析故障原因 3.2.2 能组织设备的专项检查 3.2.3 能维修燃油供给系统主要部件	3.2.1 金属结构修复技术 3.2.2 机械故障诊断知识
4. 技术革新	4.1 设备更新	4.1.1 能检测设备使用程度，提出报废依据 4.1.2 能检测部件的使用价值，对部件实施替换、更新 4.1.3 能根据行业发展制定设备购置计划	4.1.1 履带式起重机检测技术及检测设备的应用 4.1.2 新设备、新技术、新材料、新工艺在履带式起重机上的应用

续表

职业功能	工作内容	技能要求	相关知识要求
4.技术革新	4.2 技术改造	4.2.1 能对典型设备故障进行分析总结，提出技术改进建议 4.2.2 能检查发现同类型设备燃油消耗规律，并提出节能方案 4.2.3 能针对特别重物进行设备功能改造 4.2.4 能运用 AutoCAD 等软件绘制零件图	4.2.1 发动机燃油供给系统结构与工作原理 4.2.2 机械设计基础 4.2.3 设备技术改造相关图纸绘制知识 4.2.4 AutoCAD 等软件使用技巧
5.培训与管理	5.1 技术培训	5.1.1 能制定培训计划，编写技术总结 5.1.2 能对各级别履带式起重机司机进行系统操作指导	5.1.1 全员规范设备管理系统 5.1.2 技术培训规范
	5.2 机务管理	5.2.1 能指导建立设备技术档案 5.2.2 能进行设备能源消耗分析 5.2.3 能进行设备技术总结，撰写技术论文 5.2.4 能应用网络技术、信息技术、定位技术、射频技术等	5.2.1 设备故障统计分析 5.2.2 固定资产管理知识

3.10 门式起重机司机

3.10.1 五级/初级工

职业功能	工作内容	技能要求	相关知识要求
1.门式起重机操作	1.1 安全防护	1.1.1 能规范穿戴劳动防护用品 1.1.2 能识别岗位危险有害因素，并能进行防护 1.1.3 能查明设备的安全装置是否有效 1.1.4 能按规定设置和撤出安全警示牌 1.1.5 能进行高空作业安全防护 1.1.6 能使用通信设备进行工作联络 1.1.7 能使用消防器材进行灭火 1.1.8 遇有突发情况，能实施紧急救护措施，会紧急逃生	1.1.1 岗位危险源辨识 1.1.2 门式起重机安全操作规程 1.1.3 消防器材使用知识 1.1.4 安全生产与职业健康知识

续表

职业功能	工作内容	技能要求	相关知识要求
1. 门式起重机操作	1.2 环境识别	1.2.1 能根据作业环境采取相应的防护措施 1.2.2 能识别设备实际起重能力等基本作业参数 1.2.3 能判定人、机安全工作的能力范围 1.2.4 能识别现场主要工属具名称、性能、用途及使用要求	1.2.1 装卸工艺规程 1.2.2 门式起重机工作参数
	1.3 作业前检查	1.3.1 能操作并发现各机构制动装置是否可靠 1.3.2 能检查起重机各机械装置的润滑点润滑状况是否充分 1.3.3 能检查确认在起重机周围无障碍物碰到起重机或放在起重机行走范围附近 1.3.4 能检查钢丝绳使用情况是否符合规定 1.3.5 能检查设备主要部位金属结构及吊具机构有无开裂、变形 1.3.6 能检查燃油、润滑油、液压油、冷却水等是否充足，各指示仪表是否完好 1.3.7 能检查电气设备信号是否正常 1.3.8 能检查灯光、照明是否正常 1.3.9 能检查判断起重机各限位是否正常，防风锚定安全装置有无缺损 1.3.10 能按程序对设备进行空载试车检查，能检查大车、小车、吊具等机构动作是否正常	1.3.1 门式起重机基本结构 1.3.2 日常点检管理规定 1.3.3 门式起重机润滑标准 1.3.4 起重机械用钢丝绳检验和报废规范
	1.4 作业中操作	1.4.1 能识别起重吊运指挥信号 1.4.2 能操作设备的起升、吊具、小车、大车运行等机构，避免吊具与货物发生碰撞，避免钢丝绳跳出滑轮槽 1.4.3 能联动各机构进行装卸作业 1.4.4 能根据货物特性选择合理的操作方法，独立进行装卸作业	1.4.1 门式起重机基本作业方法及技术要求 1.4.2 门式起重机安全操作规程

续表

职业功能	工作内容	技能要求	相关知识要求
1. 门式起重机操作	1.5 作业后检查	1.5.1 能填写设备运行日志等记录，履行交接班手续 1.5.2 能将门式起重机停放到规定的安全位置并锚固 1.5.3 能关闭设备电源，关闭发动机 1.5.4 能对司机室、电气室、机房进行安全防范	1.5.1 设备五个文明管理规定 1.5.2 门式起重机交接班管理规定
2. 门式起重机维护与保养	2.1 发动机保养	2.1.1 能添加各部位油液 2.1.2 能清洁空气滤芯，更换燃油滤芯、机油滤芯	2.1.1 柴油发电机组日常保养技术要求 2.1.2 机械润滑基本知识
	2.2 门式起重机主体保养	2.2.1 能清除设备污垢，保持车体内外清洁 2.2.2 能使用加油枪、加油桶等工具添加齿轮油、润滑脂 2.2.3 能保养钢丝绳，定期给钢丝绳涂润滑脂 2.2.4 能检查紧固部件固定螺栓 2.2.5 能完成日常点检项目	门式起重机日常保养技术要求
3. 门式起重机故障判断与排除	3.1 故障判断	3.1.1 能察觉设备振动、温升、噪声、异味等一般故障，实施停车检查 3.1.2 能根据异味、冒烟等现象判断故障电气元件部位 3.1.3 能判断发动机、制动器、减速箱一般故障	3.1.1 设备故障一般诊断方法 3.1.2 门式起重机工作原理
	3.2 故障排除	3.2.1 能排除因限位失效导致的小车不动作故障 3.2.2 能排除大车防撞限位动作导致的大车运行故障	门式起重机电气基本知识

3.10.2 四级/中级工

职业功能	工作内容	技能要求	相关知识要求
1. 门式起重机操作	1.1 安全防护	1.1.1 能识别作业现场危险有害因素 1.1.2 能判断工作过程中可能发生的事故隐患，并能采取应急措施	1.1.1 现场危险源安全管理知识 1.1.2 安全事故案例
	1.2 环境识别	1.2.1 能识别作业区域货物分布结构 1.2.2 能根据生产计划及货物分布制定作业实施方案	1.2.1 货物堆放管理规定 1.2.2 交叉作业管理规定
	1.3 作业前检查	1.3.1 能检查判断各类工属具是否正常 1.3.2 能检查电路、电气元件工作状态是否正常 1.3.3 能检查判断设备制动是否有效	1.3.1 电气元件工作原理 1.3.2 门式起重机各系统工作原理及技术要求
	1.4 作业中操作	1.4.1 能按照特殊作业要求进行特殊货物装卸 1.4.2 能合理操作设备，节能降耗 1.4.3 能预判作业过程中出现的危险因素	1.4.1 门式起重机特殊作业方法和技术要求 1.4.2 门式起重机节能减排操作法 1.4.3 门式起重机安全操作规程
2. 门式起重机维护与保养	2.1 电气和液压系统保养	2.1.1 能按照规定对电气设备进行日常保养 2.1.2 能检查清洁液压管路 2.1.3 能更换液压油	2.1.1 门式起重机电气设备维护保养规定 2.1.2 液压与气压传动相关知识
	2.2 门式起重机主体保养	2.2.1 能判定各润滑部位的润滑状况 2.2.2 能对机体实施防腐、防锈处理	2.2.1 门式起重机日常维护保养规定 2.2.2 门式起重机燃料、润滑油、工作液的使用特性、失效原因和更换标准

续表

职业功能	工作内容	技能要求	相关知识要求
3. 门式起重机故障判断与排除	3.1 故障判断	3.1.1 能看懂部件装配图，绘制简单零件图 3.1.2 能看懂本机液压系统回路图，诊断液压系统工作无力故障 3.1.3 能使用常规量具进行间隙、轴和孔等的测量，判断机械磨损等故障 3.1.4 能利用仪器测量设备运动部位温度、转速、噪声、振动等，判断设备常见故障	3.1.1 门式起重机构造与工作原理 3.1.2 液压与气压传动故障诊断相关知识 3.1.3 状态检测与故障诊断技术
	3.2 故障排除	3.2.1 能排除钢丝绳乱槽故障 3.2.2 能配合专业维修人员做好维修后的试车工作	机械维修基础知识

3.10.3 三级/高级工

职业功能	工作内容	技能要求	相关知识要求
1. 门式起重机操作	1.1 环境检查	1.1.1 能布置起重作业环境设施 1.1.2 能提出改善装卸条件的措施	1.1.1 现场安全管理规定 1.1.2 起重吊运事故案例
	1.2 作业前检查	1.2.1 能试车检查、排除门式起重机各机构动作的异常情况 1.2.2 能检查液压元件动作是否正常	1.2.1 门式起重机各系统工作原理及技术要求 1.2.2 液压与气压传动基本知识
	1.3 作业中操作	1.3.1 能操作轮胎式和轨道式两种门式起重机 1.3.2 能对门式起重机的动力性和经济性进行比较分析，选用最优操作方式 1.3.3 能指导四级/中级工及以下级别人员进行装卸作业	1.3.1 起重机械安全操作规程 1.3.2 门式起重机各机构功率配置、经济运行曲线
2. 门式起重机维护与保养	2.1 机容机貌检查保养	2.1.1 能根据设备使用情况提出设备防腐、防锈实施方案 2.1.2 能判断污垢类型，组织实施清洁方案	2.1.1 设备防腐、防锈管理规定 2.1.2 污垢清洗方法

续表

职业功能	工作内容	技能要求	相关知识要求
2. 门式起重机维护与保养	2.2 设备保养	2.2.1 能按照设备点检计划组织保养设备 2.2.2 能按照设备换季保养计划组织设备保养，检查金属结构裂纹、变形、锈蚀、松动并进行修复 2.2.3 能对设备整体技术状况进行鉴定 2.2.4 能利用仪器对油品质量进行简单分析检测 2.2.5 能指导四级/中级工及以下级别人员进行设备维护保养	2.2.1 门式起重机点检计划 2.2.2 门式起重机换季保养计划
3. 门式起重机故障判断与排除	3.1 故障判断	3.1.1 能用直观经验法诊断发动机、联轴器、减速箱、卷筒、轴承故障 3.1.2 能分析零件非正常磨损原因	3.1.1 故障诊断方法 3.1.2 门式起重机典型部件技术要求、标准和工艺
	3.2 故障排除	3.2.1 能协助实施本机金属结构应力测试与诊断 3.2.2 能检测与调整各制动装置、安全装置 3.2.3 能分析门式起重机机械故障产生的原因并能制定预防措施	门式起重机结构与工作原理

3.10.4 二级/技师

职业功能	工作内容	技能要求	相关知识要求
1. 门式起重机操作	1.1 环境识别	1.1.1 能纠正不良操作习惯和违章作业行为 1.1.2 能辨识异常情况下能否继续作业及会产生的后果	1.1.1 生产组织及生产管理基本知识 1.1.2 重物起吊安全注意事项
	1.2 作业中操作	1.2.1 能分析复杂环境、复杂重物，并进行安全作业 1.2.2 能组织指导三级/高级工在复杂情况下完成难度较大的装卸作业	1.2.1 门式起重机安全操作规程 1.2.2 门式起重机特种作业要求

续表

职业功能	工作内容	技能要求	相关知识要求
2. 门式起重机维护与保养	2.1 设备保养	2.1.1 能分析各种类型设备故障发生频率，找出故障规律，及时对设备进行保养 2.1.2 能区分不同设备的运行状态，制定维护保养计划	2.1.1 门式起重机的维护保养技术 2.1.2 机械故障诊断方法
	2.2 设备维修	2.2.1 能根据起重机技术状态提出修理级别及修理项目的意见，按照技术要求验收 2.2.2 能制定一般的维修或更换工艺并组织实施 2.2.3 能对制动器、滚动轴承、齿轮传动机构等常用部件进行状况判定和维修 2.2.4 能对更换下来的零部件进行修复利用 2.2.5 能检修液压泵、管、阀、分配器等液压系统零部件	2.2.1 机、电、液一体化基础知识 2.2.2 机械维修技术
3. 门式起重机故障判断与排除	3.1 故障判断	3.1.1 能分析本机机械、电气控制、液压系统工作原理，诊断各工作系统故障 3.1.2 能对金属结构的重点部位进行分析、跟踪检查，及时发现裂纹、开焊、疲劳等情况	门式起重机各系统工作原理
	3.2 故障排除	3.2.1 能排除小车机构行走啃轨故障 3.2.2 能排除大车机构跑偏故障 3.2.3 能排除制动不良故障	3.2.1 门式起重机行走系统结构与工作原理 3.2.2 门式起重机故障排除方法
4. 技术革新	4.1 设备更新	4.1.1 能根据设备管理档案比较同类型设备主要部件寿命长短，并提出更新改进方案 4.1.2 能跟踪检测润滑油品质量，提出更新方案	4.1.1 门式起重机构造与工作原理 4.1.2 常用零部件结构与性能 4.1.3 润滑管理知识

续表

职业功能	工作内容	技能要求	相关知识要求
4. 技术革新	4.2 设备改造	4.2.1 能进行设备能耗分析，并提出节能方案 4.2.2 能检查钢丝绳、轴承使用寿命，并提出改进方案 4.2.3 能评定设备技术状况等级 4.2.4 能对吊具提出改进意见 4.2.5 能查明本机与同类最新机型相比在技术上的差异	4.2.1 钢丝绳结构与选型 4.2.2 设备技术状况评定标准
5. 培训与管理	5.1 技术培训	5.1.1 能讲授门式起重机构造与工作原理 5.1.2 能对三级/高级工及以下级别人员进行操作、保养、维修培训	5.1.1 门式起重机构造与工作原理 5.1.2 门式起重机操作与保养规范
	5.2 生产管理	5.2.1 能纠正不良操作习惯和违章作业行为 5.2.2 能制定特定货物起吊作业规程	5.2.1 生产组织基本知识 5.2.2 重物起吊安全注意事项
	5.3 机务管理	5.3.1 能评定设备技术状况 5.3.2 能制定门式起重机保养与维修计划 5.3.3 能编制门式起重机技术档案 5.3.4 能参与机械故障、事故的调查、评定 5.3.5 能对项修、大修后的设备进行技术评定和验收 5.3.6 能进行设备技术总结，撰写技术论文	5.3.1 设备利用率、完好率统计方法 5.3.2 设备管理相关知识

3.10.5 一级/高级技师

职业功能	工作内容	技能要求	相关知识要求
1. 门式起重机操作	1.1 环境识别	1.1.1 能应对突发异常情况，制定并组织实施应急预案 1.1.2 能应对特殊环境，并采取应急措施	1.1.1 起重吊装工艺汇编 1.1.2 生产组织基本知识

续表

职业功能	工作内容	技能要求	相关知识要求
1. 门式起重机操作	1.2 作业中操作	1.2.1 能快速掌握新型门式起重机的操作 1.2.2 能指导二级/技师及以下级别人员进行特殊作业 1.2.3 能制定新型门式起重机作业规程并组织吊装	1.2.1 新型门式起重机的技术性能及使用要求 1.2.2 生产组织及生产管理基本知识
2. 门式起重机维护与保养	2.1 检查调整	2.1.1 能指导二级/技师及以下级别人员进行特殊检查与调整 2.1.2 能组织实施整机检查与调整	2.1.1 门式起重机的结构与工作原理 2.1.2 门式起重机的检查与调整方法
	2.2 设备保养	2.2.1 能指导二级/技师及以下级别人员进行设备防腐、防锈工作 2.2.2 能组织实施整机维护保养	2.2.1 门式起重机的维护保养技术 2.2.2 金属结构保养知识
3. 门式起重机故障判断与排除	3.1 发动机故障判断与排除	3.1.1 能鉴别喷油泵压力，排除燃油系故障 3.1.2 能检查诊断电控发动机常见故障 3.1.3 能维修燃油供给系统主要部件	3.1.1 发动机构造与维修 3.1.2 电喷发动机的构造与工作原理
	3.2 工作系统故障判断与排除	3.2.1 能使用状态检测工具对金属结构进行红外线检测、超声波探伤，并给出故障检测结论，预测设备使用状况，提出针对性改进意见 3.2.2 能组织设备的专项检查	3.2.1 状态检测工具使用手册 3.2.2 机械故障诊断
4. 技术革新	4.1 设备更新	4.1.1 能检测设备使用程度，提出报废依据 4.1.2 能检测部件的使用价值，对部件实施替换、更新 4.1.3 能鉴别不同品牌设备的技术性能，制定设备购置计划	门式起重机检测技术及检测设备的应用
	4.2 设备改造	4.2.1 能对经常发生故障的设备进行技术改造 4.2.2 能组织开展利用新技术、新工艺、新材料更新和改造老旧部件或设备 4.2.3 能利用计算机辅助设计软件（AutoCAD 等）绘制工程图	4.2.1 机械设计基础 4.2.2 计算机辅助设计软件基本操作 4.2.3 新设备、新技术、新材料、新工艺在门式起重机上的应用

续表

职业功能	工作内容	技能要求	相关知识要求
5. 培训与管理	5.1 技术培训	5.1.1 能制定培训计划，编写技术总结 5.1.2 能对各技能等级门式起重机司机进行系统操作指导	5.1.1 设备管理系统应用知识 5.1.2 技术培训规范
	5.2 机务管理	5.2.1 能采用分类库存控制法对备件消耗进行分析 5.2.2 能对设备新技术、新工艺、新材料的使用技术状况进行总结、评定并推广 5.2.3 能应用网络技术、信息技术、定位技术、射频技术等	5.2.1 备件管理方法和理论 5.2.2 现代设备管理理论

3.11 门座式起重机司机

3.11.1 五级/初级工

职业功能	工作内容	技能要求	相关知识要求
1. 门座式起重机操作	1.1 安全防护	1.1.1 能规范穿戴劳动防护用品 1.1.2 能识别岗位内的危险有害因素 1.1.3 能检查装卸作业设备的安全装置是否有效 1.1.4 能使用对讲机等通信设备进行工作联络 1.1.5 能识别消防设施，并会使用消防器材进行灭火 1.1.6 遇到突发事件，能实施紧急救护措施，会紧急逃生	1.1.1 危险源辨识 1.1.2 安全生产与职业健康教育知识 1.1.3 门座式起重机安全操作规程 1.1.4 消防器材使用知识 1.1.5 门座式起重机岗位安全职责
	1.2 环境识别	1.2.1 能根据作业环境采取相应的防护措施 1.2.2 能识别设备实际起重量 1.2.3 能识别一般结构件重量、重心、特性、作业条件 1.2.4 能识别作业区域结构件分布结构 1.2.5 能判断人、机安全工作的能力范围	1.2.1 主要货种的特性及装卸工艺要求 1.2.2 门座式起重机工作参数 1.2.3 危险货物品名表

续表

职业功能	工作内容	技能要求	相关知识要求
1. 门座式起重机操作	1.3 作业前检查	1.3.1 能按规定程序上、下车，调整座椅，送电启动起重机 1.3.2 能根据不同货物准备工属具和索具并进行更换 1.3.3 能检查确认钩行路线范围内无障碍物或行人 1.3.4 能检查钢丝绳的使用情况是否符合规定 1.3.5 能检查设备主要部位金属结构及吊具机构有无开裂、变形 1.3.6 能检查润滑油、液压油等是否充足，各指示仪表是否完好 1.3.7 能检查电气设备信号是否正常 1.3.8 能在夜班作业时检查灯光、照明是否正常 1.3.9 能检查判断起重机各限位是否正常，防风锚定安全装置有无缺损 1.3.10 能对设备进行空载试车检查，确保旋转刹车、抓斗开闭等动作正常	1.3.1 门座式起重机基本结构 1.3.2 日常点检管理规定 1.3.3 门座式起重机工属具使用规定 1.3.4 起重机械用钢丝绳检验和报废规范
	1.4 作业中操作	1.4.1 能识别起重吊运指挥信号 1.4.2 能操作设备的起升、回转、变幅、运行机构 1.4.3 能使用常用的吊钩、抓斗、集装箱吊具等取物装置抓取、放置货物 1.4.4 能根据货物特性及装卸条件选择操作方法 1.4.5 设备发生故障时能迅速实施停机 1.4.6 能平稳操作设备，避免取物装置、钢丝绳等刮碰到相邻设备或船舶 1.4.7 能填写运行日志、作业票、能源消耗、保养维护、交接班等记录	1.4.1 门座式起重机安全技术操作规程 1.4.2 门座式起重机基本作业方法及技术要求 1.4.3 工属具使用注意事项 1.4.4 起重吊运指挥信号 1.4.5 设备事故案例汇编 1.4.6 现场警示标牌的识别 1.4.7 设备交接班管理规定

续表

职业功能	工作内容	技能要求	相关知识要求
1. 门座式起重机操作	1.5 作业后检查	1.5.1 能将设备的臂架停放到安全位置并固定 1.5.2 能将设备运行到安全位置并锚定 1.5.3 能停控电 1.5.4 能对司机室、电气室、机房进行安全防范 1.5.5 能清理作业中的落料、杂物,保持良好的机容机貌	1.5.1 设备防大风管理规定 1.5.2 设备停机操作要领
2. 门座式起重机维护与保养	2.1 检查调整	2.1.1 能根据门座式起重机润滑周期表添加各部位润滑油、润滑脂,按要求添加制动液 2.1.2 能检查紧固各机构驱动装置地脚螺栓 2.1.3 能检查钢丝绳磨损情况,进行钢丝绳涂润滑脂操作 2.1.4 能调整制动器制动间隙	2.1.1 门座式起重机钢丝绳检查保养技术要求 2.1.2 门座式起重机润滑周期表 2.1.3 门座式起重机制动器间隙调整方法
	2.2 设备保养	2.2.1 能进行车体内外清洁 2.2.2 能对工属具进行保养	2.2.1 工属具保养知识 2.2.2 门座式起重机金属结构检查清扫规范
3. 门座式起重机故障判断与排除	3.1 故障判断	3.1.1 能检查各机构制动装置是否可靠 3.1.2 能检查设备整机各润滑部位的润滑状况 3.1.3 能识别主要工属具的类型、特点和应用场合及报废标准 3.1.4 能检查钢丝绳的使用情况,并判断是否更换 3.1.5 能直观检查设备主要部位金属结构、取物装置有无开裂、变形 3.1.6 能解除防风防滑装置,并检查解除是否到位 3.1.7 能检查液压系统油位是否正常,管路是否渗漏 3.1.8 能检查电气室内的空调、风机是否正常运转 3.1.9 能发现电缆、导线、油管、气管被摩擦、刮碰的部位 3.1.10 能检查抓斗、漏斗、挡板、裙板等易磨件的磨损情况	3.1.1 门座式起重机基本结构原理 3.1.2 起重机械用钢丝绳检验和报废规范 3.1.3 门座式起重机润滑标准 3.1.4 金属结构检查标准 3.1.5 设备日常点检管理规定 3.1.6 设备防大风管理规定 3.1.7 行走轮、钢丝绳、吊钩、吊具等规格、检查要求及报废标准

续表

职业功能	工作内容	技能要求	相关知识要求
3. 门座式起重机故障判断与排除	3.2 故障排除	3.2.1 能判断制动器摩擦片磨损情况 3.2.2 能使用简单的维修工具对制动器摩擦片进行更换操作 3.2.3 能判断制动器、减速器、电动机简单故障	3.2.1 电动机、制动器、减速箱工作原理 3.2.2 制动器规格、检查要求及报废要求

3.11.2 四级/中级工

职业功能	工作内容	技能要求	相关知识要求
1. 门座式起重机操作	1.1 安全防护	1.1.1 能识别作业现场危险源 1.1.2 能判断工作过程中可能发生的事故隐患,并能采取应急措施 1.1.3 能查明各安全保护装置是否灵敏、可靠 1.1.4 能迅速完成门座式起重机防风锚定 1.1.5 防风演练时,能快速完成停车、锚定旋转机构、下车到规定位置集合	1.1.1 现场危险源安全管理知识 1.1.2 安全事故案例 1.1.3 恶劣天气设备管理规定 1.1.4 大型机械设备防风管理要求 1.1.5 安全事故隐患排查治理管理要求
	1.2 环境识别	1.2.1 能识别作业区域货物分布结构 1.2.2 能根据生产计划及货物分布制定作业实施方案 1.2.3 能确定吊点和装卸方法,确认装卸过程中吊物所处的各种状态及起重设施的各种受力情况 1.2.4 能识别装卸过程中的交叉作业安全隐患 1.2.5 能针对不同散货货种选择抓斗	1.2.1 货物堆放管理规定 1.2.2 装卸工艺规程 1.2.3 重物结构知识 1.2.4 交叉作业管理规定

续表

职业功能	工作内容	技能要求	相关知识要求
1. 门座式起重机操作	1.3 作业前检查	1.3.1 能对臂架、象鼻梁、人字架等金属结构部分进行安全检查 1.3.2 能对钢丝绳、滑轮进行检查 1.3.3 能调整回转制动踏板自由行程 1.3.4 能检查行走机构等的液压系统，更换管接头及密封件	1.3.1 起重机械金属结构开焊、裂纹、变形的检查方法 1.3.2 钢丝绳、滑轮的检查方法 1.3.3 回转制动踏板自由行程的调整方法 1.3.4 液压密封件的规格、更换标准和方法
	1.4 作业中操作	1.4.1 能在复杂条件下安全熟练地对各类货物进行装卸作业 1.4.2 能吊运装载机、挖掘机等机械下舱作业 1.4.3 能配合设备维修人员完成维修用工具等的吊上、吊下作业 1.4.4 能合理操作各工作机构，节约电力消耗 1.4.5 能准确取货，不偏载、不超载	1.4.1 起重指挥信号 1.4.2 机械传动系统的工作原理 1.4.3 机械设备下舱使用管理规定 1.4.4 各机构功率配置、经济运行曲线知识 1.4.5 门座式起重机操作要领
2. 门座式起重机维护与保养	2.1 检查调整	2.1.1 能抽样检查并更换各减速箱润滑油 2.1.2 能调整主要零部件的装配间隙	2.1.1 门座式起重机月度保养技术要求 2.1.2 润滑油、工作液的使用特性、失效原因和更换要求
	2.2 设备保养	2.2.1 能对门架、臂架等主要金属结构实施防腐、防锈处理 2.2.2 能更换行走机构等处液压系统元件，能更换液压油	2.2.1 金属结构防腐技术规范 2.2.2 门座式起重机液压系统结构与工作原理
3. 门座式起重机故障判断与排除	3.1 故障判断	3.1.1 能检查电动机、联轴器、减速箱、制动器等工作情况 3.1.2 能检查液压元件功能是否正常 3.1.3 能检查车轮、滑轮、卷筒、钢丝绳等磨损情况 3.1.4 能对各类安全保护装置进行检查、测试、复位	3.1.1 门座式起重机检修的作业范围、技术要求、质量标准 3.1.2 液压系统的功能及原理 3.1.3 安全保护装置检查要点

续表

职业功能	工作内容	技能要求	相关知识要求
3. 门座式起重机故障判断与排除	3.2 故障排除	3.2.1 能调整各种制动器的制动力矩和间隙 3.2.2 能更换钢丝绳 3.2.3 能分析机件磨损原因 3.2.4 能根据技术要求调整各运动件的间隙 3.2.5 能配合专业维修人员做好维修后的试车工作 3.2.6 能看懂总装图，绘制简单零件图 3.2.7 能看懂本机液压回路图 3.2.8 能使用检测仪器、量具和工具排除设备常见故障	3.2.1 门座式起重机构造与工作原理 3.2.2 液压传动相关知识 3.2.3 机械制图、机械基础知识

3.11.3 三级/高级工

职业功能	工作内容	技能要求	相关知识要求
1. 门座式起重机操作	1.1 环境识别	1.1.1 能布置起重作业环境设施 1.1.2 能提出改善装卸条件的措施 1.1.3 能提出防尘、抑尘的具体措施	1.1.1 现场安全管理规定 1.1.2 起重吊运事故案例 1.1.3 门座式起重机的动力性、经济性比较分析
	1.2 作业前检查	1.2.1 能通过启动和试车检查，判断设备各机构的工作状况并进行调整 1.2.2 能绘制简单的设备吊装图	1.2.1 机械制图知识 1.2.2 门座式起重机各总成及重要零部件的构造特点、工作原理和技术要求
	1.3 作业中操作	1.3.1 能操作三种机型的门座式起重机 1.3.2 能稳定装卸重心不规则的货物 1.3.3 能装卸超大型货物 1.3.4 能装卸危险品货物 1.3.5 能指导四级/中级工及以下级别人员进行装卸作业	1.3.1 超大型货物装卸作业安全技术操作规程 1.3.2 特殊货物装卸作业安全技术操作规程

续表

职业功能	工作内容	技能要求	相关知识要求
2. 门座式起重机维护与保养	2.1 检查调整	2.1.1 能测定漆膜厚度 2.1.2 能对设备整体技术状况进行检查、鉴定 2.1.3 能利用仪器对油品质量进行简单分析检测	2.1.1 设备喷漆管理规定 2.1.2 油品检验用仪器使用方法
	2.2 设备保养	2.2.1 能按照设备换季保养计划组织保养设备 2.2.2 能按照设备点检计划组织保养设备 2.2.3 能根据设备使用情况提出设备防腐、防锈实施方案	2.2.1 门座式起重机点检计划 2.2.2 门座式起重机换季保养计划
3. 门座式起重机故障判断与排除	3.1 故障判断	3.1.1 能用直观经验法判断电动机、联轴器、减速箱、卷筒、轴承等零部件故障 3.1.2 能判断零部件的非正常磨损并分析重大机械质量事故原因 3.1.3 能按照技术规范进行大修前的技术鉴定和大修后的检验工作 3.1.4 能分析本机机械、电气、液压系统工作原理 3.1.5 能对各种类型门座式起重机的动力性、经济性进行比较分析 3.1.6 能分析并排除运行中的常见故障	3.1.1 门座式起重机装配知识 3.1.2 门座式起重机典型零部件维修技术要求、标准和工艺 3.1.3 钳工基本操作工艺知识 3.1.4 大修作业范围、质量要求 3.1.5 故障诊断技术和状态监测技术的基础知识
	3.2 故障排除	3.2.1 能检查同类型设备电力消耗，并提出节能方案 3.2.2 能跟踪检查钢丝绳、滑轮、轴承使用状况，对存在的问题提出改进方案 3.2.3 能对吊具、夹具、工属具提出改进意见 3.2.4 能评定设备技术状况等级 3.2.5 能查明本机与同类最新机型相比在技术上的差异	3.2.1 工属具使用规范 3.2.2 设备技术状况评定标准

3.11.4 二级/技师

职业功能	工作内容	技能要求	相关知识要求
1. 门座式起重机操作	1.1 环境识别	1.1.1 能纠正不良操作习惯和违规操作行为 1.1.2 能制定特殊货物装卸作业规程 1.1.3 能辨识异常情况下能否继续作业及会产生的后果	1.1.1 装卸作业工艺汇编 1.1.2 生产组织基本知识
	1.2 作业中操作	1.2.1 能组织指导三级/高级工在复杂情况下完成难度大的装卸作业 1.2.2 能操作装卸机械的计算机装置	1.2.1 计算机相关知识 1.2.2 特殊作业装卸工艺
2. 门座式起重机维护与保养	2.1 检查调整	2.1.1 能区分不同设备的运行状态，完善设备检查调整项目及周期 2.1.2 能检查、指导中高级工完成月度、季度保养工作	2.1.1 设备运行状态参数 2.1.2 所属港口门座式起重机月度、季度保养技术要求
	2.2 设备保养	2.2.1 能制定主要金属结构维修保养计划 2.2.2 能组织指导三级/高级工对主要金属结构实施月度、季度检查保养	2.2.1 门座式起重机金属结构检修技术规范 2.2.2 门座式起重机防腐技术要求
3. 门座式起重机故障判断与排除	3.1 故障判断	3.1.1 能检查分析设备四大机构故障发生频率，找出故障规律 3.1.2 能找出设备动力不足、传动不良的原因，编排维修计划 3.1.3 能判断液压系统故障 3.1.4 能对金属结构的重点部位进行分析、跟踪检查，及时发现裂纹、开焊、疲劳等情况 3.1.5 能组织设备的专项检查	3.1.1 门座式起重机状态监测技术基本知识 3.1.2 门座式起重机专项检查管理规定
	3.2 故障排除	3.2.1 能制定一般的维修工艺并组织实施 3.2.2 能调整电动机轴、减速器轴的同轴度 3.2.3 能按照既定工艺方案更换滑轮、车轮、轴承、钢丝绳、托辊等 3.2.4 能更换回转机构集中润滑系统用的泵、管、阀、密封件等 3.2.5 能修复局部金属结构变形，并能分析故障原因 3.2.6 能跟踪检测润滑油品质量，提出更新方案	3.2.1 门座式起重机修理级别、修理项目及验收标准 3.2.2 门座式起重机常用部件更换验收标准

续表

职业功能	工作内容	技能要求	相关知识要求
4. 技术革新	4.1 设备更新	4.1.1 能鉴别不同品牌设备的技术性能，制定设备购置计划 4.1.2 能根据使用情况制定设备增减计划 4.1.3 能根据维修、大修项目，提出备件、材料采购计划	4.1.1 门座式起重机新技术 4.1.2 备品、备件管理规定
	4.2 技术改造	4.2.1 能对经常发生的设备故障进行技术改造、技术革新 4.2.2 能对更换下来的零部件进行修复利用	4.2.1 状态监测与故障诊断知识 4.2.2 门座式起重机检修技术
5. 培训与管理	5.1 技术培训	5.1.1 能制定培训计划，编写培训教材，对培训进行总结 5.1.2 能对三级/高级工及以下级别人员进行系统操作指导	5.1.1 所属企业技术工人培养规划和方案 5.1.2 培训技巧相关知识
	5.2 机务管理	5.2.1 能制定设备点检计划和要求 5.2.2 能制定机械使用与维修计划 5.2.3 能监督检查设备技术档案 5.2.4 能参与机械故障、事故的调查、评定 5.2.5 能对大修后的设备进行技术评定和验收 5.2.6 能进行设备能源消耗分析 5.2.7 能撰写设备技术总结、技术论文 5.2.8 能应用设备上采用的网络技术、信息技术、定位技术、射频技术	5.2.1 设备运行指标及经济指标分析方法 5.2.2 设备故障统计分析方法 5.2.3 固定资产管理知识 5.2.4 网络技术、信息技术 5.2.5 定位技术 5.2.6 射频技术

3.11.5 一级/高级技师

职业功能	工作内容	技能要求	相关知识要求
1. 门座式起重机操作	1.1 环境识别	1.1.1 能预测各类突发异常情况（如天气、环保、安全等）并制定应急救援预案，定期组织事故应急救援演练 1.1.2 对火灾、台风等突发异常情况能迅速组织人员实施应急救援	1.1.1 装卸工艺汇编 1.1.2 门座式起重机应急救援预案

续表

职业功能	工作内容	技能要求	相关知识要求
1. 门座式起重机操作	1.2 作业中操作	1.2.1 能快速掌握新型门座式起重机的操作 1.2.2 能制定复杂成件货物装卸作业规程并组织装卸	1.2.1 新型门座式起重机的技术性能、使用要求 1.2.2 生产组织基本知识
2. 门座式起重机维护与保养	2.1 检查调整	2.1.1 能结合日常工作状况和专项检查报告对主要金属结构安全状况进行分析评估，提出改进意见 2.1.2 能根据设备使用频率调整回转大轴承电动润滑系统的润滑周期，定期组织检查回转大轴承等关键部件的润滑情况，提出预防润滑不到位故障发生的措施	2.1.1 力学知识 2.1.2 门座式起重机回转大轴承电动润滑系统电气控制程序 2.1.3 可编程控制器工作原理与应用
	2.2 设备保养	2.2.1 能结合设备技术规范制定新型门座式起重机主要金属结构维护保养计划 2.2.2 能制定新型门座式起重机四大工作机构维护保养计划并组织实施	2.2.1 新型门座式起重机维护保养技术要求 2.2.2 新型门座式起重机金属结构裂纹、变形等常见故障检修要求
3. 门座式起重机故障判断与排除	3.1 故障判断	3.1.1 能使用状态检测工具进行电动机、轴承、减速箱等部件的振动、温度检测，并给出故障检测结论，预测设备使用状况 3.1.2 能使用状态检测工具对金属结构进行超声波探伤，并给出故障检测结论，预测设备使用状况 3.1.3 能使用油品快速分析仪现场检测润滑油品，给出油品性能结论，预测设备润滑状况 3.1.4 能结合日常工作状况和专业检查报告对主要金属结构安全状况进行分析评估，提出改进意见	3.1.1 在线检测技术基本知识及检测设备的应用 3.1.2 润滑油品检测分析方法 3.1.3 机、电、液、仪一体化基础知识 3.1.4 各类检测仪器使用手册

续表

职业功能	工作内容	技能要求	相关知识要求
3. 门座式起重机故障判断与排除	3.2 故障排除	3.2.1 能制定运行车轮维修更换计划并组织实施 3.2.2 能制定回转轴承维修计划 3.2.3 能编制减速箱维修工艺 3.2.4 能更换液压备件 3.2.5 能在维修中使用新技术、新工艺、新材料、新设备 3.2.6 能根据设备技术状态提出修理级别及修理项目的意见，并按照技术要求验收	3.2.1 焊工基本操作工艺 3.2.2 新设备、新技术、新材料、新工艺在门座式起重机上的应用
4. 技术革新	4.1 设备更新	4.1.1 能检测设备劣化程度，提出报废依据 4.1.2 能评估部件的使用价值，对部件实施替换、更新 4.1.3 能制定进口备件国产化改造计划 4.1.4 能借助外文字典了解本机种外文技术资料及发展动态	4.1.1 新型门座式起重机的操作技能与维修 4.1.2 中英文技术资料，设备技术发展动态
	4.2 技术改造	4.2.1 能针对特别货种提出设备改造方案 4.2.2 能针对设备缺陷制定并实施技术改进	4.2.1 国内外门座式起重机发展动态 4.2.2 起重机械设计手册
5. 培训与管理	5.1 技术培训	5.1.1 能对二级/技师及以下级别人员进行培训和技术指导 5.1.2 能开展对外培训	5.1.1 培训教学技巧 5.1.2 门座式起重机技术管理知识
	5.2 机务管理	5.2.1 能采用科学的库存控制方法对备件消耗进行分析 5.2.2 能对设备新技术、新工艺、新材料的使用技术状况进行总结、评定并推广 5.2.3 能主持编写门座式起重机通用操作、维护等技术书籍 5.2.4 能运用计算机绘图软件绘制简单零件图	5.2.1 备件管理方法和理论 5.2.2 现代设备管理理论 5.2.3 计算机绘图相关知识

3.12 内燃港机装卸机械司机

3.12.1 五级/初级工

职业功能	工作内容	技能要求	相关知识要求
1. 内燃港机装卸机械操作	1.1 安全防护	1.1.1 能准备并穿戴劳动防护用品 1.1.2 能识别岗位内危险有害因素，并能进行防护 1.1.3 能按规定设置和撤出安全警示牌（带） 1.1.4 能对危险品、贵重物品、易碎品进行安全防护 1.1.5 能规范使用通信设备进行工作联络 1.1.6 能使用消防器材进行灭火 1.1.7 能对设备进行防寒、防火处理	1.1.1 危险源辨识 1.1.2 安全生产与职业健康知识 1.1.3 内燃港机装卸机械安全操作规程
	1.2 环境识别	1.2.1 能辨识作业环境危险因素 1.2.2 能找准货位及运输路线 1.2.3 能识别货物特性、作业条件 1.2.4 能根据不同货物准备相应工属具 1.2.5 能识别作业区域货物分布结构 1.2.6 能明确场站路线的通行条件 1.2.7 能识别设备实际起重能力	1.2.1 装卸工艺规程 1.2.2 危险货物品名表 1.2.3 内燃港机装卸机械安全操作规程
	1.3 作业前检查	1.3.1 能检查发动机的点火情况、有无异常声音、急速状态 1.3.2 能检查发动机水温、水量、油压、燃油储量、润滑油油量、蓄电池液量、发动机机油量、液压油油量、轮胎气压等是否正常 1.3.3 能检查动力传动部件性能 1.3.4 能检查用电设备和信号是否正常 1.3.5 能检查制动效果 1.3.6 能检查设备外表，记录特征 1.3.7 能根据运行噪声判断设备性能 1.3.8 能按程序对设备进行试车检查 1.3.9 能用发泡液（肥皂液）或检测仪检测燃气车辆有无漏气	1.3.1 内燃装卸设备基本结构 1.3.2 设备年审基本内容 1.3.3 混合动力发动机保养知识 1.3.4 液化气车辆保养常识 1.3.5 蓄电池维护保养知识

续表

职业功能	工作内容	技能要求	相关知识要求
1. 内燃港机装卸机械操作	1.4 作业中操作	1.4.1 能识别起重搬运手势信号 1.4.2 能平衡放置货物 1.4.3 能使用常用工属具进行货物装卸 1.4.4 能驾驶设备将货物运到指定地点 1.4.5 能在道口、库房门口、场站进出口控制方向，留出会车空间 1.4.6 能准确装运货物，不偏载、超载 1.4.7 能按照要求操纵设备卸下货物	1.4.1 设备基本作业方法及技术要求 1.4.2 工属具使用注意事项 1.4.3 道路交通相关知识 1.4.4 货物装载知识 1.4.5 设备重心知识 1.4.6 现场警示标牌的识别
	1.5 作业后检查	1.5.1 能填写工作日志，按规范交接班 1.5.2 能将内燃港机装卸机械停放在坚固的地面上，将工作装置收起 1.5.3 能将各操纵杆放在空挡位置，操纵室和机棚关门加锁	1.5.1 起重机械安全操作规程 1.5.2 设备基本作业方法及技术要求
2. 内燃港机装卸机械维护与保养	2.1 检查调整	2.1.1 能调整制动间隙 2.1.2 能检查紧固部件固定螺栓 2.1.3 能检查并更换易损件（熔断器、照明灯泡等） 2.1.4 能对蓄电池实施检查维护	2.1.1 内燃港机装卸机械日常保养技术要求 2.1.2 内燃港机装卸机械电气基本知识
	2.2 设备保养	2.2.1 能保持车体内外清洁 2.2.2 能添加各部位油液 2.2.3 能按周期清洁空气滤芯，更换燃油和机油滤芯 2.2.4 能对内燃或混合动力（燃油、燃气等）发动机实施保养 2.2.5 能使用加油枪、加油桶等工具加注润滑油、润滑脂	2.2.1 发动机日常保养技术要求 2.2.2 机械润滑基本知识

续表

职业功能	工作内容	技能要求	相关知识要求
3. 内燃港机装卸机械故障判断与排除	3.1 故障判断	3.1.1 能察觉设备振动、温升等异常状态，实施停车检查 3.1.2 能辨别异味部位 3.1.3 能区分发动机、制动器、减速箱故障现象 3.1.4 能判断金属结构异常情况	3.1.1 机械故障诊断方法 3.1.2 内燃港机装卸机械主要组成部分 3.1.3 发动机、制动器、减速箱工作原理
	3.2 故障排除	3.2.1 能通过调整等手段排除简单故障，恢复设备性能 3.2.2 能根据维修工艺要求，准备维修用工具、备件、紧固件及辅助材料	3.2.1 内燃港机装卸机械结构组成 3.2.2 设备小修、二级修理、项目修理的作业范围、技术要求、检验标准

3.12.2 四级/中级工

职业功能	工作内容	技能要求	相关知识要求
1. 内燃港机装卸机械操作	1.1 安全防护	1.1.1 能对重心偏移的货物进行识别 1.1.2 能判断工作过程中可能发生的事故隐患，并制定现场处置方案 1.1.3 能检查各安全保护装置是否灵敏、可靠	1.1.1 特殊货物装卸安全防护措施 1.1.2 安全生产与职业健康知识
	1.2 环境识别	1.2.1 能处理突发事件 1.2.2 能判断特殊货物的重量、重心	1.2.1 交通安全管理规定 1.2.2 机动车辆安全管理规定 1.2.3 装卸工艺流程 1.2.4 货物学知识
	1.3 作业前检查	1.3.1 能检查电路、电气元件工作状态 1.3.2 能检查传动系统、行驶系统、转向装置、制动装置及工作装置总成部件工作状态 1.3.3 能检查液压、气动元件优劣	1.3.1 汽油发动机与柴油发动机的区别 1.3.2 内燃港机装卸机械检修的作业范围、技术要求和质量标准

续表

职业功能	工作内容	技能要求	相关知识要求
1. 内燃港机装卸机械操作	1.4 作业中操作	1.4.1 能挑选适合作业的货盘、绳具、吊钩等常规工属具 1.4.2 能对规定危险品进行装卸作业 1.4.3 能根据货物条件按经济时速行驶	1.4.1 内燃起重设备工作特性 1.4.2 现场指挥手势标准规范 1.4.3 内燃机械各项技术参数的含义 1.4.4 钢丝绳的使用特性、失效原因和更换标准 1.4.5 常用工属具的结构和功能
2. 内燃港机装卸机械维护与保养	2.1 检查调整	2.1.1 能调整操纵手柄、制动器、离合器等的工作行程 2.1.2 能使用简单的检测仪器、量具和工具,利用仪器测量设备各运动部位的温度、转速、噪声、振动等 2.1.3 能检查判断空气滤清器、轮胎等的安全使用状态	2.1.1 内燃港机装卸机械底盘结构与工作原理 2.1.2 发动机保养技术要求
	2.2 设备保养	2.2.1 能判定各润滑部位的润滑状况 2.2.2 能进行局部漆膜修复 2.2.3 能按规定对设备进行二级保养 2.2.4 能按周期更换空气滤清器、汽油滤清器、机油及机油滤清器等	2.2.1 内燃港机装卸机械二级保养技术要求 2.2.2 润滑系统结构与工作原理 2.2.3 发动机保养技术要求
3. 内燃港机装卸机械故障判断与排除	3.1 故障判断	3.1.1 能看懂部件装配图,绘制简单零件图 3.1.2 能看懂本机液压回路图,诊断液压系统工作无力故障 3.1.3 能利用仪器判断设备各运动部位故障	3.1.1 内燃港机装卸机械构造与工作原理 3.1.2 液压与气压传动故障诊断相关知识
	3.2 故障排除	3.2.1 能排除简单的设备渗漏故障 3.2.2 能按专业维修人员指令,做好维修后的试车工作	3.2.1 状态检测与故障诊断技术 3.2.2 液压与气压传动相关知识

3.12.3 三级/高级工

职业功能	工作内容	技能要求	相关知识要求
1. 内燃港机装卸机械操作	1.1 环境识别	1.1.1 能提出防尘、抑尘的具体措施 1.1.2 能布置起重作业设施 1.1.3 能提出改善装卸条件的措施	1.1.1 卸货工艺规程 1.1.2 环境保护法律法规
	1.2 作业前检查	1.2.1 能通过启动和试车检查，判断设备各机构的工作状况并进行调整 1.2.2 能根据不同货种制定相应的卸货工艺方案	1.2.1 内燃港机装卸机械各总成及重要零部件的构造特点、工作原理和技术要求 1.2.2 主要货种的卸货技术知识
	1.3 作业中操作	1.3.1 能使用各种专用工具完成超长、超宽、超高等大件特殊货物吊装、移位或安装等工作 1.3.2 能援助故障设备脱离故障现场	1.3.1 特殊货物搬运重心的确定 1.3.2 特殊货种的特性和装卸技术要求
2. 内燃港机装卸机械维护与保养	2.1 检查调整	2.1.1 能检查、更换电量不足的蓄电池 2.1.2 能调整风扇传动带张紧度 2.1.3 能鉴别离合器片、分离轴承状态，调整自由行程 2.1.4 能调整转向盘自由行程	2.1.1 内燃机结构与工作原理 2.1.2 内燃机二级保养技术要求
	2.2 设备保养	2.2.1 能鉴别变矩器工作状态，更换变矩器油 2.2.2 能润滑、调整操纵拉杆，更换松旷的零件 2.2.3 能鉴别减振器状态，润滑转向器 2.2.4 能清洁、润滑车轮回转轴承	2.2.1 内燃港机装卸机械底盘主要部件的构造、性能、作用及相互关系 2.2.2 机械润滑基本知识
3. 内燃港机装卸机械故障判断与排除	3.1 故障判断	3.1.1 能发现电路、管路被摩擦、刮碰的部位，提出并实施防护措施 3.1.2 能分析本机机械、电气、液压系统原理图，识别简单故障 3.1.3 能对新能源利用提出建议	3.1.1 内燃港机装卸机械结构与工作原理 3.1.2 新能源知识

续表

职业功能	工作内容	技能要求	相关知识要求
3. 内燃港机装卸机械故障判断与排除	3.2 故障排除	3.2.1 能鉴别变速器工作状态，判断变速器故障部位 3.2.2 能鉴别转向桥、驱动桥、半轴工作状态，提出零部件更换项目 3.2.3 能分析油管、气管、接头渗漏的原因，并加以解决 3.2.4 能查明失效的电磁阀、助力器、行程开关 3.2.5 能排除液压制动系统管路中的空气	3.2.1 内燃港机装卸机械故障原理 3.2.2 液压与气压传动基础知识

3.12.4 二级/技师

职业功能	工作内容	技能要求	相关知识要求
1. 内燃港机装卸机械操作	1.1 环境识别	1.1.1 能纠正不良操作习惯和违规操作行为 1.1.2 能制定特定货种装卸作业规程 1.1.3 能辨识异常情况下能否继续作业及会产生的后果	1.1.1 装卸作业工艺汇编 1.1.2 生产组织基本知识
	1.2 作业中操作	1.2.1 能分析复杂环境、复杂货种，并进行安全作业 1.2.2 能组织指导三级/高级工在复杂情况下完成难度较大的装卸作业	1.2.1 卸货工艺规程 1.2.2 内燃港机装卸机械安全操作规程
2. 内燃港机装卸机械维护与保养	2.1 检查调整	2.1.1 能清洁散热器，调整冷却强度 2.1.2 能调整喷油定时或点火定时 2.1.3 能调整电动机、联轴器、减速器等连接部件的同轴度 2.1.4 能拆检液压泵、阀、分配器等液压系统零部件 2.1.5 能组织修复局部金属结构变形 2.1.6 能组织设备的定检及专项检查	2.1.1 冷却系统结构与工作原理 2.1.2 发动机的保养技术要求 2.1.3 金属结构变形监测及处理方法 2.1.4 液压故障现象及处理方法

续表

职业功能	工作内容	技能要求	相关知识要求
2. 内燃港机装卸机械维护与保养	2.2 设备保养	2.2.1 能根据设备使用情况提出设备除锈、防腐实施方案 2.2.2 能判断污垢类型，组织实施清洁方案 2.2.3 能区分不同设备的运行状态，制定维护保养计划 2.2.4 能清洁发动机进气道 2.2.5 能通过分析各机构故障发生频率找出故障规律，对设备进行保养	2.2.1 内燃港机装卸机械维护保养技术 2.2.2 机械故障诊断方法
3. 内燃港机装卸机械故障判断与排除	3.1 故障判断	3.1.1 能根据本机机械、电气、控制、液压系统工作原理，诊断各工作系统故障 3.1.2 能检测各种油液的性能指标 3.1.3 能分析多发故障原因	3.1.1 内燃港机装卸机械各系统工作原理 3.1.2 油液理化指标
	3.2 故障排除	3.2.1 能排除制动跑偏故障 3.2.2 能排除工作装置无力故障 3.2.3 能制定一般零部件的维修或更换工艺并组织实施 3.2.4 能对更换下来的零部件进行修复利用 3.2.5 能检修液压泵、管、阀、分配器等液压系统零部件	3.2.1 内燃港机装卸机械行走系统结构与工作原理 3.2.2 内燃港机装卸机械故障排除方法
4. 技术革新	4.1 设备更新	4.1.1 能根据设备管理档案比较同类型设备主要部件寿命长短，并提出更新改进方案 4.1.2 能跟踪检测润滑油品质量，提出更新方案	4.1.1 内燃港机装卸机械构造与工作原理 4.1.2 常用零部件结构与性能 4.1.3 机械润滑基本知识
	4.2 设备改造	4.2.1 能总结同类型设备油品消耗影响因素，提出节能建议 4.2.2 能总结影响轴承使用寿命的因素，并提出改进方案 4.2.3 能对工作装置提出改进意见 4.2.4 能比较本机与同类最新机型在技术上的差异 4.2.5 能利用 AutoCAD 等绘图软件绘制零件图	4.2.1 机械润滑基本知识 4.2.2 设备技术状况评定标准 4.2.3 AutoCAD 绘图软件技术

续表

职业功能	工作内容	技能要求	相关知识要求
5. 培训与管理	5.1 技术培训	5.1.1 能对三级/高级工及以下级别人员进行操作、保养培训 5.1.2 能对三级/高级工及以下级别人员进行内燃港机装卸机械构造与维修等业务培训	5.1.1 内燃港机装卸机械结构与维修 5.1.2 内燃港机装卸机械操作与保养规范
	5.2 技术管理	5.2.1 能评定设备技术状况 5.2.2 能制定机械设备保养与维修计划 5.2.3 能对机械设备技术档案建档、归档 5.2.4 能参与机械故障、事故的调查、评定 5.2.5 能对项修、大修后的设备进行技术评定和验收 5.2.6 能撰写设备技术总结、技术论文 5.2.7 能应用网络技术、信息技术、定位技术、射频技术提高管理效率和管理水平	5.2.1 设备利用率、完好率统计方法 5.2.2 设备管理相关知识 5.2.3 固定资产管理知识 5.2.4 电子信息技术

3.12.5 一级/高级技师

职业功能	工作内容	技能要求	相关知识要求
1. 内燃港机装卸机械操作	1.1 环境识别	1.1.1 能应对突发异常情况，制定并组织实施应急预案 1.1.2 能应对特殊环境，并采取应急措施	1.1.1 装卸作业工艺汇编 1.1.2 生产组织基本知识
	1.2 作业中操作	1.2.1 能操作新型内燃港机装卸机械 1.2.2 能指导其他级别的司机进行特殊（货种、环境）作业	1.2.1 新型内燃港机装卸机械的技术性能、使用要求 1.2.2 卸货工艺规程

续表

职业功能	工作内容	技能要求	相关知识要求
2. 内燃港机装卸机械维护与保养	2.1 检查调整	2.1.1 能指导二级/技师及以下级别人员完成具有一定难度的零部件拆解、修理、恢复工作 2.1.2 能根据不同维修对象设计特殊工属具，提高维修效率	2.1.1 机械故障诊断方法 2.1.2 内燃港机装卸机械修理级别、修理项目及验收标准
	2.2 设备保养	2.2.1 能根据故障规律制定不同周期、级别的保养方案 2.2.2 能根据设备利用率的变化制定动态维护保养方案 2.2.3 能制定复杂的维修工艺	2.2.1 内燃港机装卸机械修理级别、修理项目及验收标准 2.2.2 内燃港机装卸机械维护保养技术
3. 内燃港机装卸机械故障判断与排除	3.1 故障判断	3.1.1 能修复局部金属结构变形，并能分析故障原因 3.1.2 能组织对机械设备进行专项检查 3.1.3 能结合日常工作状况和专业检查报告，对主要金属结构安全状况进行分析评估，提出改进意见 3.1.4 能依据国家或行业标准制定本机所涉及零部件的检修和报废标准	3.1.1 金属结构变形修复技术 3.1.2 机械故障诊断技术 3.1.3 力学知识
	3.2 故障排除	3.2.1 能鉴别喷油泵压力，排除燃油系统故障 3.2.2 能诊断并排除电控发动机复杂故障 3.2.3 能维修燃油供给系统主要部件 3.2.4 能组织实施机械部件、液压元器件的维修更换 3.2.5 能进行变频器、直流驱动器等驱动单元的运行故障分析，查找故障原因，指导电工更换电子元器件、控制板或驱动板等 3.2.6 能根据故障现象，利用编程器查找并解决故障	3.2.1 发动机构造与维修 3.2.2 电喷发动机的构造与工作原理 3.2.3 变频器原理及故障排除 3.2.4 电力电子学知识

续表

职业功能	工作内容	技能要求	相关知识要求
4. 技术革新	4.1 设备更新	4.1.1 能检测设备使用程度,提出报废依据 4.1.2 能评估部件的使用价值,对部件实施替换、更新 4.1.3 能鉴别不同品牌设备的技术性能,制定设备购置计划	4.1.1 内燃港机装卸机械检测技术及检测设备的应用 4.1.2 新设备、新技术、新材料、新工艺在内燃港机装卸机械上的应用
	4.2 技术改造	4.2.1 能对经常发生故障的设备进行技术改造 4.2.2 能检查并发现同类型设备燃油消耗规律,提出节能方案 4.2.3 能针对特殊货物进行工属具改造	4.2.1 发动机燃油供给系统结构与工作原理 4.2.2 机械设计基础 4.2.3 设备技术改造相关图纸绘制知识
5. 培训与管理	5.1 技术培训	5.1.1 能制定培训计划,编写技术总结 5.1.2 能对各技能等级内燃港机装卸机械司机进行系统操作指导	5.1.1 设备管理系统应用知识 5.1.2 技术培训规范
	5.2 机务管理	5.2.1 能编制设备技术档案 5.2.2 能进行设备技术总结,撰写技术论文 5.2.3 能快速消化、吸收新进设备技术参数,制定维修标准	5.2.1 设备故障统计分析方法 5.2.2 固定资产管理知识

3.13 桥式起重机司机

3.13.1 五级/初级工

职业功能	工作内容	技能要求	相关知识要求
1. 桥式起重机操作	1.1 安全防护	1.1.1 能规范穿戴劳动防护用品 1.1.2 能识别岗位内的危险源 1.1.3 能判断装卸作业设备的安全装置是否良好、可靠 1.1.4 能使用通信设备进行工作联络 1.1.5 能使用消防器材进行灭火 1.1.6 能对作业中的易燃易爆气体、物品和有害物质采取防范措施 1.1.7 遇有突发情况,能实施紧急救护措施,会紧急逃生	1.1.1 危险源辨识知识 1.1.2 现场危险源安全管理知识 1.1.3 桥式起重机安全技术操作规程 1.1.4 消防器材使用知识 1.1.5 危险货物品名表 1.1.6 危险化学品安全管理条例 1.1.7 危险货物安全管理规定

续表

职业功能	工作内容	技能要求	相关知识要求
1. 桥式起重机操作	1.2 环境识别	1.2.1 能根据作业环境采取相应的防护措施 1.2.2 能判断货物实际重量与设备额定起重量的关系 1.2.3 能判断人、机是否处于安全工作状态	1.2.1 安全生产法 1.2.2 安全技术操作规程 1.2.3 装卸工艺规程 1.2.4 设备使用说明书
	1.3 作业前检查	1.3.1 能检查各机构制动装置是否可靠 1.3.2 能检查防风防滑装置是否解除到位 1.3.3 能检查电气设备信号是否正常 1.3.4 能检查灯光、照明是否正常 1.3.5 能检查设备各机构动作是否正常	1.3.1 制动器检查规范 1.3.2 设备日常点检管理规定 1.3.3 设备防大风管理规定
	1.4 作业中操作	1.4.1 能识别起重吊运指挥信号 1.4.2 能操作设备的起升、臂架俯仰、小车运行、大车运行机构和工属具系统 1.4.3 能使用常用的工属具等取物装置吊取、放置货物，能使用抓斗平稳装卸散货 1.4.4 能根据货物特征和包装标志及装卸条件选择操作方法 1.4.5 能识别设备异常气味、温升、声音、振动等 1.4.6 能发现设备故障，实施停机检查 1.4.7 能平稳操作设备，避免取物装置、钢丝绳等刮碰到相邻设备或船舶	1.4.1 设备安全技术操作规程 1.4.2 设备基本作业方法及技术要求 1.4.3 工属具使用注意事项 1.4.4 起重吊运指挥信号 1.4.5 设备事故案例分析汇编 1.4.6 现场警示标牌的识别
	1.5 作业后检查	1.5.1 能将设备的桥梁（或前大梁）停放到安全位置并固定 1.5.2 能将设备运行到安全位置并锚定 1.5.3 能在作业后关闭设备电源 1.5.4 能对司机室、电气室、机房进行安全防范 1.5.5 能够保持良好的机容机貌 1.5.6 能填写运行日志、作业票、能源消耗、保养维护、维修和交接班等记录	1.5.1 设备文明管理规定 1.5.2 设备安全技术操作规程 1.5.3 设备交接班管理规定

续表

职业功能	工作内容	技能要求	相关知识要求
2. 桥式起重机维护与保养	2.1 检查调整	2.1.1 能独立完成日常点检项目 2.1.2 能检查调整各式制动器制动间隙 2.1.3 能检查液压系统油位是否正常、管路是否渗漏 2.1.4 能检查并按规范紧固主要部件的固定螺栓 2.1.5 能检查车轮是否有磨损、啃轨、划痕、裂纹等情况 2.1.6 能检查电缆、导线、油管、气管是否有被摩擦、刮碰的部位	2.1.1 设备维护保养管理规定 2.1.2 制动器调整规范
	2.2 设备保养	2.2.1 能对桥式起重机所用各类工属具进行日常保养 2.2.2 能清除设备污垢，保持设备整洁 2.2.3 能使用加油枪、加油桶等润滑工具加注润滑油、润滑脂 2.2.4 能进行设备涂漆前的除锈、打磨	2.2.1 润滑油品的分类标准、使用要求 2.2.2 润滑工具的使用 2.2.3 合理润滑技术通则 2.2.4 设备防腐维护保养管理规定
3. 桥式起重机故障判断与排除	3.1 故障判断	3.1.1 能检查钢丝绳的使用情况，并判断是否需要更换 3.1.2 能根据操作系统故障代码识别各类故障 3.1.3 能识别各类工属具类型、特点、应用场合和报废标准 3.1.4 能调整制动器制动间隙	3.1.1 起重机钢丝绳保养、维护、安装、检验和报废规定 3.1.2 合理润滑技术通则 3.1.3 设备日常点检管理规定 3.1.4 设备故障代码表 3.1.5 制动器检查规范
	3.2 故障排除	3.2.1 能准备维修用工具 3.2.2 能准备维修用备件、紧固件及辅助材料 3.2.3 能在技术人员指导下消除电控故障 3.2.4 能按技术要求配合完成简单零件更换	3.2.1 桥式起重机电气基础知识 3.2.2 桥式起重机机械基础知识 3.2.3 设备维修基础知识

3.13.2 四级/中级工

职业功能	工作内容	技能要求	相关知识要求
1. 桥式起重机操作	1.1 安全防护	1.1.1 能识别作业现场的危险源 1.1.2 能判断工作过程中可能发生的事故隐患，并采取应急措施 1.1.3 能检查各安全保护装置是否灵敏、可靠	1.1.1 恶劣天气设备管理规定 1.1.2 安全事故隐患排查治理要求
	1.2 环境识别	1.2.1 能识别作业区域货物分布 1.2.2 能根据生产计划及货物分布合理装卸货物	1.2.1 货物堆放管理规定 1.2.2 货物装卸作业流程
	1.3 作业前检查	1.3.1 能检查设备金属结构有无开裂、变形 1.3.2 能检查钢丝绳的损坏情况 1.3.3 能检查工属具的技术状况	1.3.1 金属结构检查管理规定 1.3.2 起重机钢丝绳保养、维护、安装、检验和报废规定 1.3.3 各类工属具使用说明书
	1.4 作业中操作	1.4.1 能根据货物特性选择装卸工艺，对各类货物进行安全装卸作业 1.4.2 能配合设备维修，搬运吊装器材配件 1.4.3 能熟练操作各工作机构，安全高效地进行装卸作业 1.4.4 装卸货物作业时，能根据作业条件均匀取货、卸货，采用节能降耗的操作方法	1.4.1 机械设备装卸作业安全管理规定 1.4.2 各机构功率配置、经济运行曲线 1.4.3 环境保护管理规定
2. 桥式起重机维护与保养	2.1 检查调整	2.1.1 能检查电路、电气元件工作状态 2.1.2 能检查电动机、联轴器、减速箱、制动器等工作情况 2.1.3 能检查液压、气动元件功能是否正常 2.1.4 能检查车轮、钢轨、滑轮、卷筒、钢丝绳等磨损情况 2.1.5 能对各类安全保护装置进行检查、测试、复位 2.1.6 能检测、调整各类制动装置、安全装置	2.1.1 桥式起重机检修作业范围 2.1.2 车轮、钢轨、滑轮、卷筒及钢丝绳等的技术要求、检查标准和质量标准

续表

职业功能	工作内容	技能要求	相关知识要求
2.桥式起重机维护与保养	2.2 设备保养	2.2.1 能对设备局部实施防腐、防锈 2.2.2 能识别、使用常用润滑油、脂 2.2.3 能更换润滑油 2.2.4 能对电气设备进行清洁保养	2.2.1 设备维护保养管理规定 2.2.2 润滑油品的分类标准、使用要求 2.2.3 润滑工具的使用 2.2.4 电气设备维护保养规定
3.桥式起重机故障判断与排除	3.1 故障判断	3.1.1 能进行起升机构控制故障识别 3.1.2 能进行小车行走机构控制故障识别 3.1.3 能进行大车行走机构控制故障识别 3.1.4 能进行前大梁俯仰机构控制故障识别 3.1.5 能进行卷缆机构控制故障识别 3.1.6 能进行工属具系统及其他系统控制故障识别	3.1.1 桥式起重机故障代码知识 3.1.2 桥式起重机各机构常见电控故障判断与排除方法 3.1.3 桥式起重机使用守则
	3.2 故障排除	3.2.1 能配合更换、调整钢丝绳 3.2.2 能配合更换继电器、熔断器等简单电器 3.2.3 能根据技术要求调整各运动件的间隙 3.2.4 能配合专业维修人员做好维修后的试车工作	3.2.1 机件磨损原因 3.2.2 电气设备二级保养技术要求 3.2.3 状态检测与故障诊断技术 3.2.4 机械制图、机械基础知识

3.13.3 三级/高级工

职业功能	工作内容	技能要求	相关知识要求
1.桥式起重机操作	1.1 环境识别	1.1.1 能布置起重作业环境设施 1.1.2 能提出改善装卸条件的措施 1.1.3 能提出防尘、抑尘的具体措施	1.1.1 桥式起重机动力性、经济性比较分析方法 1.1.2 道路交通安全管理规定 1.1.3 桥式起重机设施维护技术规范

续表

职业功能	工作内容	技能要求	相关知识要求
1. 桥式起重机操作	1.2 作业前检查	1.2.1 能通过启动和试车检查，判断设备各机构的工作状况并进行调整 1.2.2 能绘制简单的设备吊装图	1.2.1 机械制图知识 1.2.2 桥式起重机各总成及重要零部件的构造特点、工作原理和技术要求
	1.3 作业中操作	1.3.1 能准确操作各工作机构，安全、高效地进行装卸作业 1.3.2 能操作桥式起重机稳定吊装形状不规则货物、超大型货物、危险品货物 1.3.3 能操作散货桥式起重机抓取各类物料特性的散货 1.3.4 能操作散货抓斗卸船机平稳地吊散货清仓设备进出船舱	1.3.1 超大型货物装卸作业安全技术操作规程 1.3.2 特殊货物装卸作业安全技术操作规程
2. 桥式起重机维护与保养	2.1 检查调整	2.1.1 能根据设备使用情况提出设备防腐、防锈实施方案 2.1.2 能判断污垢类型，组织实施清洁方案 2.1.3 能对设备技术状况进行初步鉴定	2.1.1 设备防腐管理规定 2.1.2 设备清洁除垢管理规定
	2.2 设备保养	2.2.1 能按照设备点检计划配合保养设备 2.2.2 能按照设备换季保养计划配合保养设备	2.2.1 桥式起重机点检规定 2.2.2 桥式起重机换季保养计划
3. 桥式起重机故障判断与排除	3.1 故障判断	3.1.1 能使用测量仪器、量具对设备零部件尺寸进行检测 3.1.2 能利用检测仪器测量设备运动部位温度、转速、噪声、振动等 3.1.3 能分析零件非正常磨损原因 3.1.4 能掌握设备各级修理作业范围、技术要求、检验标准	3.1.1 各类测量及检测仪器使用方法 3.1.2 桥式起重机典型零部件维修技术要求、标准和工艺
	3.2 故障排除	3.2.1 能配合排除设备常见突发机械故障 3.2.2 能配合更换滑轮、轴承、轴销等 3.2.3 能按照工艺方案配合更换液压泵、管、阀、密封件、分配器等	3.2.1 桥式起重机部件装配知识 3.2.2 桥式起重机常用部件更换验收标准

3.13.4 二级/技师

职业功能	工作内容	技能要求	相关知识要求
1. 桥式起重机操作	1.1 环境识别	1.1.1 能提出特定货种装卸作业工艺建议 1.1.2 能纠正不良操作习惯和违规操作行为	1.1.1 装卸作业工艺汇编 1.1.2 生产组织基本知识
	1.2 作业中操作	1.2.1 能协助制定超大件货物装卸作业规程并组织装卸 1.2.2 能针对突发异常情况制定并组织实施应急预案 1.2.3 能辨识异常情况下能否继续作业及会产生的后果 1.2.4 能指导监控装卸危险品货物作业	1.2.1 特殊货物作业规定 1.2.2 防风抗灾应急预案管理办法
2. 桥式起重机维护与保养	2.1 检查调整	2.1.1 能使用检测工具对金属结构进行状态检测，并给出检测结论 2.1.2 能使用油品快速分析仪现场检测润滑油品，给出油品性能结论，预测设备润滑状况	2.1.1 各种检测仪器使用手册 2.1.2 油品指标分析方法
	2.2 设备保养	2.2.1 能制定各级别的维护保养计划 2.2.2 能对维护保养计划实施进行监督	2.2.1 设备维护保养手册 2.2.2 设备润滑图表
3. 桥式起重机故障判断与排除	3.1 故障判断	3.1.1 能用直观经验法诊断电动机、联轴器、减速箱、卷筒、轴承故障 3.1.2 能分析并排除运行中的常见故障 3.1.3 能看懂总装配图 3.1.4 能分析机械、电气、控制、液压系统工作原理 3.1.5 能协助实施金属结构应力在线检测与诊断技术在本机上的应用	3.1.1 设备大修作业范围、验收标准 3.1.2 新设备、新技术、新材料、新工艺在桥式起重机上的应用知识

续表

职业功能	工作内容	技能要求	相关知识要求
3.桥式起重机故障判断与排除	3.2 故障排除	3.2.1 能检查分析各机构故障发生频率，找出故障规律 3.2.2 能区分不同设备的运行状态，提出维护保养计划建议 3.2.3 能找出设备动力不足、传动不良的原因 3.2.4 能判断液压系统故障 3.2.5 能对金属结构的重点部位进行分析、跟踪检查，及时发现裂纹、开焊、疲劳等情况	3.2.1 桥式起重机修理级别、修理项目及修理验收标准 3.2.2 桥式起重机检测技术及检测设备的应用 3.2.3 焊工基本操作工艺知识
4.技术革新	4.1 设备更新	4.1.1 能检测并判断零部件的使用价值 4.1.2 能根据情况对零部件实施替换、更新	4.1.1 桥式起重机零部件更新技术 4.1.2 桥式起重机零部件使用注意事项及报废标准
	4.2 技术改造	4.2.1 能根据使用情况制定设备增减计划 4.2.2 能根据维修、大修项目，提出备件、材料采购计划建议	4.2.1 装卸工艺流程 4.2.2 维修相关知识 4.2.3 备件管理知识
5.培训与管理	5.1 技术培训	5.1.1 能配合制定培训计划，编写培训教材，对培训进行总结 5.1.2 能对三级/高级工及以下级别人员进行系统操作培训	所属企业技术工人整体培养规划
	5.2 机务管理	5.2.1 能配合制定设备点检计划和标准 5.2.2 能配合制定机械使用与维修计划 5.2.3 能配合监督检查设备技术档案 5.2.4 能参与机械故障、事故的调查、评定 5.2.5 能参与对项修、大修后的设备进行技术评定和验收 5.2.6 能参与进行设备能源消耗分析，提出设备节能降耗方案 5.2.7 能撰写设备技术总结、技术论文 5.2.8 能应用网络技术、信息技术、定位技术、射频技术等	5.2.1 设备故障统计分析 5.2.2 固定资产管理 5.2.3 网络技术、信息技术 5.2.4 定位技术 5.2.5 射频技术

3.13.5　一级/高级技师

职业功能	工作内容	技能要求	相关知识要求
1.桥式起重机操作	1.1 环境识别	1.1.1 能预测各类突发异常情况（如天气、环保、安全等）并制定应急救援预案，定期组织事故应急救援演练 1.1.2 对火灾、台风等突发异常情况能迅速组织人员实施应急救援	1.1.1 装卸工艺规程汇编 1.1.2 机械设备应急救援预案
	1.2 作业中操作	1.2.1 能快速掌握新型桥式起重机的操作 1.2.2 能制定特殊货物装卸作业规程并组织装卸	1.2.1 新型桥式起重机的技术性能、使用要求 1.2.2 生产组织基本知识
2.桥式起重机维护与保养	2.1 检查调整	2.1.1 能使用状态检测工具进行振动、温度检测，并给出检测结论，预测设备使用状况 2.1.2 能结合日常工作状况和专业检查报告，对主要金属结构安全状况进行分析评估，提出改进意见	2.1.1 各种检测仪器使用手册 2.1.2 报表分析方法
	2.2 设备保养	2.2.1 能根据设备运行状况制定维护、换季保养计划 2.2.2 能根据设备运行状况调整设备各级保养项目和周期	2.2.1 维护保养计划制定方针、规范 2.2.2 设备维护保养要求
3.桥式起重机故障判断与排除	3.1 故障判断	3.1.1 能配合调整电动机轴、减速器轴的同轴度 3.1.2 能配合判断电气系统运行状态，并查明失电原因 3.1.3 能配合修复局部金属结构变形，并分析故障原因 3.1.4 能配合对更换下来的零部件进行修复利用	3.1.1 焊工基本操作工艺知识 3.1.2 设备运行状态分析方法
	3.2 故障排除	3.2.1 能配合制定一般的维修或更换工艺并组织实施 3.2.2 能配合组织设备定检及专项检查 3.2.3 能配合对经常发生故障的设备进行技术改造	3.2.1 常用维修工艺 3.2.2 故障分析方法和理论

续表

职业功能	工作内容	技能要求	相关知识要求
4. 技术革新	4.1 设备更新	4.1.1 能提出进口备件国产化改造建议 4.1.2 能提出电气设备升级换代建议	4.1.1 新材料、新工艺在桥式起重机上的应用知识 4.1.2 设备性能分析方法
	4.2 技术改造	4.2.1 能针对特殊货种进行设备功能改造 4.2.2 能针对设备缺陷制定、实施技术改进	4.2.1 国内外桥式起重机技术发展动态 4.2.2 新设备、新技术在桥式起重机上的应用知识
5. 培训与管理	5.1 技术培训	5.1.1 能对二级/技师进行技术培训和技术指导 5.1.2 能开展对外培训	5.1.1 培训教学技巧 5.1.2 各级技术培训要求
	5.2 机务管理	5.2.1 能采用ABC管理方法对备件消耗进行分析 5.2.2 能用故障树、因果图等故障分析方法分析故障，找出设备故障规律 5.2.3 能对设备新技术、新工艺、新材料的使用技术状况进行总结、评定并推广	5.2.1 备件管理方法和理论 5.2.2 现代设备管理理论

3.14 散料卸车机司机

3.14.1 五级/初级工

职业功能	工作内容	技能要求	相关知识要求
1. 散料卸车机操作	1.1 安全防护	1.1.1 能准备并穿戴劳动防护用品 1.1.2 能识别岗位内的危险有害因素 1.1.3 能检查卸货作业设备的安全装置是否良好、可靠 1.1.4 能使用通信设备进行工作联络 1.1.5 能使用消防器材进行灭火 1.1.6 遇到突发情况，能实施紧急救护措施，会紧急逃生	1.1.1 危险源辨识 1.1.2 安全生产与职业健康知识 1.1.3 散料卸车机安全操作制度 1.1.4 消防器材使用知识

续表

职业功能	工作内容	技能要求	相关知识要求
1. 散料卸车机操作	1.2 环境识别	1.2.1 能根据作业环境采取防护措施 1.2.2 能识别设备作业参数 1.2.3 能判断人、机安全工作的能力范围	1.2.1 卸货工艺规程 1.2.2 危险货物品名表
	1.3 作业前检查	1.3.1 能检查制动装置是否可靠 1.3.2 能检查整机润滑部位的润滑状况 1.3.3 能检查提升机构的使用情况，并判断是否正常 1.3.4 能直观检查设备主要部位金属结构有无开裂、变形、磨损 1.3.5 能解除防风防滑装置，并检查解除是否到位 1.3.6 能检查液压系统油位是否正常，管路是否渗漏 1.3.7 能检查电气设备信号是否正常，电气柜内的空调、风机是否正常运转，灯光、照明是否正常 1.3.8 能检查电缆、导线、油管、气管被摩擦、刮碰的部位	1.3.1 散料卸车机基本结构原理 1.3.2 钢丝绳检查及更换标准 1.3.3 散料卸车机润滑标准 1.3.4 金属结构检查标准 1.3.5 设备日常点检管理规定 1.3.6 设备防大风管理规定
	1.4 作业中操作	1.4.1 能识别指挥员的指挥信号 1.4.2 能操作设备的起升、卸车、小车、大车运行等机构 1.4.3 能平稳操作设备，避免卸车装置刮碰到货车车厢	1.4.1 设备安全技术操作规程 1.4.2 设备基本作业方法及技术要求 1.4.3 指挥员指挥信号 1.4.4 现场警示标牌的识别
	1.5 作业后检查	1.5.1 能将设备的卸车机构停放到安全位置并锚定 1.5.2 能对司机室、电气室、机房等进行安全防范 1.5.3 能填写运行日志、作业票、能源消耗、保养维护、维修和交接班等记录 1.5.4 能清理作业中的落料、杂物，保持良好的机容机貌	1.5.1 设备文明生产管理规定 1.5.2 散料卸车机安全技术操作规程 1.5.3 设备交接班管理规定

续表

职业功能	工作内容	技能要求	相关知识要求
2. 散料卸车机维护与保养	2.1 检查调整	2.1.1 能完成日常点检项目 2.1.2 能检查并紧固主要部件的固定螺栓 2.1.3 能直观判断制动器蹄片磨损情况、制动间隙是否超标	2.1.1 设备维护保养管理规定 2.1.2 制动器调整规范
	2.2 设备保养	2.2.1 能使用加油枪、加油桶等工具加注润滑油、润滑脂 2.2.2 能清除设备污垢，保持设备整洁 2.2.3 能更换或清洗润滑系统、减速器呼吸阀等部件的过滤器滤芯 2.2.4 能进行设备涂漆前的除锈、打磨	2.2.1 润滑工具的使用方法 2.2.2 设备维护保养管理规定 2.2.3 润滑油品的分类标准、使用要求 2.2.4 各类油漆的使用方法
3. 散料卸车机故障判断与排除	3.1 故障判断	3.1.1 能判断设备异味、温升、噪声、振动故障，并实施停车检查 3.1.2 能区分电动机、联轴器、制动器、减速箱故障 3.1.3 能判断金属结构异常情况 3.1.4 能判断工作装置异常状态并作出反应	3.1.1 机械故障诊断方法 3.1.2 散料卸车机结构组成 3.1.3 设备事故案例分析汇编
	3.2 故障排除	3.2.1 能根据维修工艺要求，准备维修用工具，维修用的备件、紧固件及辅助材料 3.2.2 能通过调整等手段排除简单的故障（如产生异味、异常摩擦等），恢复设备性能	3.2.1 设备小修、二级修理、项目修理的作业范围、技术要求、检验标准 3.2.2 散料卸车机工作原理

3.14.2 四级/中级工

职业功能	工作内容	技能要求	相关知识要求
1. 散料卸车机操作	1.1 安全防护	1.1.1 能判断工作过程中可能发生的事故隐患，并能制定现场处置方案 1.1.2 能检查各安全保护装置是否灵敏、可靠	1.1.1 恶劣天气设备管理规定 1.1.2 事故隐患排查治理管理要求

续表

职业功能	工作内容	技能要求	相关知识要求
1.散料卸车机操作	1.2 环境识别	1.2.1 能识别作业区域货物分布结构 1.2.2 能根据生产计划及货物分布制定作业实施方案	1.2.1 装卸工艺规程 1.2.2 重物结构知识
	1.3 作业前检查	1.3.1 能检查电路、电气元件状态是否正常 1.3.2 能检查、判断电动机、联轴器、减速箱、制动器等状态是否正常 1.3.3 能对各类外置的安全保护装置进行检查、测试、复位	1.3.1 散料卸车机检修的作业范围 1.3.2 散料卸车机技术要求、检查标准和质量标准
	1.4 作业中操作	1.4.1 能根据货物特性选择卸货工艺对各类货物进行卸货作业 1.4.2 能合理操作各工作机构，节约电力消耗 1.4.3 能根据作业条件，采用节能降耗的操作方法，均匀卸料	1.4.1 机械设备下舱使用管理规定 1.4.2 各机构功率配置、经济运行曲线 1.4.3 水运经济知识 1.4.4 主要货种的卸货技术知识
2.散料卸车机维护与保养	2.1 检查调整	2.1.1 能检修、调整各式制动器的制动间隙，更换制动片 2.1.2 能根据钢丝绳报废标准判断使用情况，按照既定工艺更换钢丝绳	2.1.1 状态检测与故障诊断技术 2.1.2 零部件磨损的极限标准及测量工具使用方法
	2.2 设备保养	2.2.1 能对设备实施除锈、防腐 2.2.2 能更换减速箱润滑油 2.2.3 能更换液压系统元件、液压油	2.2.1 电气设备维护保养规定 2.2.2 减速箱润滑油的更换标准 2.2.3 液压元件故障现象及更换规范
3.散料卸车机故障判断与排除	3.1 故障判断	3.1.1 能看懂部件装配图，绘制简单零件图 3.1.2 能看懂本机液压回路图，判断液压系统工作无力等故障原因 3.1.3 能使用简单的检测仪器、量具和工具，利用仪器测量设备运动部位温度、转速、噪声、振动等 3.1.4 能看懂本机电动机控制回路图	3.1.1 电气元器件符号的识别及原理 3.1.2 零件视图的技术要求 3.1.3 液压系统元件符号识别及原理 3.1.4 散料卸车机构造与工作原理

续表

职业功能	工作内容	技能要求	相关知识要求
3. 散料卸车机故障判断与排除	3.2 故障排除	3.2.1 能排除制动器力矩过小、制动片磨损等简单故障 3.2.2 能判断继电器、熔断器等简单电气元件故障，配合电工操作 3.2.3 能判断液压渗漏故障，配合维修工更换简单的液压元器件	3.2.1 状态检测与故障诊断技术 3.2.2 液压与气压传动故障诊断相关知识 3.2.3 电气设备保养技术要求

3.14.3　三级/高级工

职业功能	工作内容	技能要求	相关知识要求
1. 散料卸车机操作	1.1 环境识别	1.1.1 能布置起重作业环境设施 1.1.2 能提出改善卸货条件的措施 1.1.3 能提出防尘、抑尘的具体措施	1.1.1 卸货工艺规程 1.1.2 环境保护相关法律法规
	1.2 作业前检查	1.2.1 能检查液压、气动元件功能是否正常 1.2.2 能检查行走机构、卸料装置（螺旋刀片、刮板、提斗等）、提升机构等磨损情况	1.2.1 液压元器件故障现象及更换规范 1.2.2 散料卸车机技术要求、检查标准和质量标准
	1.3 作业中操作	1.3.1 能根据不同货种制定相应的卸货工艺方案 1.3.2 能按照工艺方案，在特殊货种、特殊天气等情况下进行卸货	1.3.1 特殊货物卸货作业安全技术操作规程 1.3.2 主要货种的卸货技术知识
2. 散料卸车机维护与保养	2.1 检查调整	2.1.1 能对设备整体技术状况进行鉴定 2.1.2 能按照既定工艺方案组织更换滑轮、轴承、轴销、卸料机构（螺旋刀片、刮板、提斗等）等 2.1.3 能组织更换液压泵、管、阀、密封件、液压缸等元器件	2.1.1 散料卸车机装配知识 2.1.2 散料卸车机典型零部件维修技术要求、标准和工艺 2.1.3 散料卸车机常用零部件更换验收标准

职业功能	工作内容	技能要求	相关知识要求
2.散料卸车机维护与保养	2.2 设备保养	2.2.1 能按照设备点检计划组织保养设备 2.2.2 能按照设备换季保养计划组织保养设备 2.2.3 能根据设备使用情况提出设备除锈、防腐实施方案 2.2.4 能判断污垢类型，组织实施清洁方案	2.2.1 散料卸车机点检计划 2.2.2 散料卸车机换季保养计划 2.2.3 设备防腐管理规定
3.散料卸车机故障判断与排除	3.1 故障判断	3.1.1 能用直观经验法判断电动机、联轴器、减速箱、卷筒、轴承等零部件故障 3.1.2 能看懂设备的总体装配图，分析零件非正常磨损原因 3.1.3 能利用可编程序控制器，看懂本机控制程序图 3.1.4 能根据故障显示，查找并排除变频器的外围故障 3.1.5 能利用机械电气知识、电力电子知识、液压传动知识，分析本机的机械、电气、控制、液压系统故障机理	3.1.1 故障诊断方法 3.1.2 散料卸车机典型零部件技术要求、标准和工艺 3.1.3 公差配合及标注方法 3.1.4 电气仪表基础知识 3.1.5 常用传感器基本原理
	3.2 故障排除	3.2.1 能配合技术人员实施金属结构应力测试过程中的设备操作 3.2.2 能分析并排除运行中的常见故障 3.2.3 能跟踪检查钢丝绳、滑轮、轴承使用情况并提出初步改进方案 3.2.4 能跟踪检测润滑油品质量，提出更换方案	3.2.1 散料卸车机结构与工作原理 3.2.2 散料卸车机维修验车相关知识 3.2.3 设备技术状况评定标准 3.2.4 润滑油应用技术

3.14.4 二级/技师

职业功能	工作内容	技能要求	相关知识要求
1.散料卸车机操作	1.1 环境识别	1.1.1 能纠正不良操作习惯和违规操作行为 1.1.2 能制定特定货种装卸作业规程 1.1.3 能辨识异常情况下能否继续作业及会产生的后果	1.1.1 装卸作业工艺汇编 1.1.2 生产组织基本知识

续表

职业功能	工作内容	技能要求	相关知识要求
1. 散料卸车机操作	1.2 作业中操作	1.2.1 能分析复杂环境、复杂货种，并进行安全作业 1.2.2 能组织指导三级/高级工在复杂情况下完成难度较大的装卸作业	1.2.1 卸货工艺规程 1.2.2 散料卸车机安全技术操作规程
2. 散料卸车机维护与保养	2.1 检查调整	2.1.1 能调整电动机、联轴器、减速器等连接部件的同轴度 2.1.2 能拆检液压泵、阀、分配器等液压系统零部件 2.1.3 能组织修复局部金属结构变形 2.1.4 能组织设备的定检及专项检查	2.1.1 散料卸车机修理级别、修理项目及验收标准 2.1.2 金属结构变形检测及处理方法 2.1.3 液压故障现象及处理方法
	2.2 设备保养	2.2.1 能通过分析各机构故障发生频率，找出故障规律，对设备进行保养 2.2.2 能区分设备不同机构的运行状态（利用率等），制定计划进行维护保养 2.2.3 能制定一般的维护保养或更换工艺并组织实施	2.2.1 散料卸车机维护保养技术 2.2.2 机械故障诊断方法
3. 散料卸车机故障判断与排除	3.1 故障判断	3.1.1 能分析本机机械、电气、控制、液压系统工作原理，判断各工作系统故障 3.1.2 能分析并排除变频器运行中的常见故障 3.1.3 能通过可编程序控制器的程序图查找出外围故障	3.1.1 散料卸车机各系统工作原理 3.1.2 可编程序控制器编程知识 3.1.3 变频器所显示故障的解决方案
	3.2 故障排除	3.2.1 能找出设备动力不足、传动不良的原因，提出维修方案 3.2.2 能对金属结构的重点部位进行分析、跟踪检查，及时发现裂纹、开焊、疲劳等问题 3.2.3 能判断电气系统运行状态并查明电气故障原因	3.2.1 散料卸车机系统结构与工作原理 3.2.2 散料卸车机故障排除方法 3.2.3 裂纹的处理及焊接工艺

续表

职业功能	工作内容	技能要求	相关知识要求
4. 技术革新	4.1 设备更新	4.1.1 能鉴别不同品牌设备的技术性能，制定设备购置计划 4.1.2 能计算投资回报率以及投资回收期 4.1.3 能根据使用情况对卸货流程设备制定增减计划 4.1.4 能根据维修、大修项目提出备件、材料采购计划	4.1.1 散料卸车机新技术 4.1.2 水运经济知识 4.1.3 发展规划管理知识 4.1.4 新设备、新工艺、新技术等相关知识
	4.2 设备改造	4.2.1 能对经常发生的设备故障（含零件磨损）从技术层面进行分析，并进行技术改造、材料革新 4.2.2 能对更换下来的零部件提出维修方案并进行修复利用 4.2.3 能利用 AutoCAD 等绘图软件绘制零件图	4.2.1 常用金属材料及热处理知识 4.2.2 零部件维修方法（含电镀、喷涂、胶接等工艺） 4.2.3 AutoCAD 绘图软件知识
5. 培训与管理	5.1 技术培训	5.1.1 能制定培训计划，编写培训教材，对培训进行总结 5.1.2 能对三级/高级工及以下级别人员进行系统操作指导	5.1.1 技术工人整体培养规划和方案 5.1.2 散料卸车机安全技术操作规程及相关知识
	5.2 技术管理	5.2.1 能制定设备点检计划和标准 5.2.2 能制定机械使用与维修计划 5.2.3 能对技术资料建档归档 5.2.4 能参与机械故障、事故的调查、评定 5.2.5 能对项修、大修后的设备进行技术评定和验收 5.2.6 能进行设备能源消耗分析 5.2.7 能撰写设备技术总结、技术论文 5.2.8 能应用网络技术、信息技术、定位技术、射频技术提高管理效率、管理水平	5.2.1 设备运行指标及经济指标分析 5.2.2 设备故障统计分析 5.2.3 固定资产管理知识 5.2.4 电子信息技术

3.14.5　一级/高级技师

职业功能	工作内容	技能要求	相关知识要求
1. 散料卸车机操作	1.1 环境识别	1.1.1 能应对突发异常情况（天气、环保、安全等），制定并组织实施应急预案 1.1.2 能应对特殊环境（火灾、台风等），并采取应急措施	1.1.1 装卸作业工艺汇编 1.1.2 生产组织基本知识
	1.2 作业中操作	1.2.1 能快速掌握并操作新型散料卸车机 1.2.2 能指导二级/技师及以下级别人员进行特殊（货种、环境）作业	1.2.1 新型散料卸车机的技术性能、使用要求 1.2.2 卸货工艺规程
2. 散料卸车机维护与保养	2.1 检查调整	2.1.1 能制定复杂的维修工艺 2.1.2 能快速消化吸收新进设备技术参数，制定维修标准 2.1.3 能指导二级/技师及以下级别人员完成具有一定难度的零部件的拆解、修理、恢复工作 2.1.4 能根据不同维修对象设计特殊工属具，提高维修效率	2.1.1 散料卸车机修理级别、修理项目及验收标准 2.1.2 液压系统故障现象及处理方法 2.1.3 机械零件设计
	2.2 设备保养	2.2.1 能根据故障规律制定不同周期、级别的保养方案 2.2.2 能根据设备利用率的变化制定动态维护保养方案	2.2.1 散料卸车机的维护保养技术 2.2.2 机械故障诊断方法
3. 散料卸车机故障判断与排除	3.1 故障判断	3.1.1 能使用状态检测工具进行振动、温度检测 3.1.2 能对重点部位的金属结构提出焊接工艺要求 3.1.3 能结合日常工作状况和专业检查报告对主要金属结构的安全状况进行分析评估，提出改进意见 3.1.4 能依据国家或行业标准制定出本机所涉及的零部件的检修和报废标准	3.1.1 各种常用检测仪器使用手册及技术规范 3.1.2 焊缝的等级及焊接要求 3.1.3 金属结构使用等级及技术要求 3.1.4 力学相关知识

续表

职业功能	工作内容	技能要求	相关知识要求
3. 散料卸车机故障判断与排除	3.2 故障排除	3.2.1 能组织实施机械部件、液压元器件的维修、更换 3.2.2 能进行变频器、直流驱动器等驱动单元的运行故障分析，查找故障原因，指导电工更换电子元器件、控制板或驱动板等 3.2.3 能根据故障现象，利用编程器查找并排除故障	3.2.1 焊工基本操作工艺知识 3.2.2 变频器原理及故障排除 3.2.3 电工电子学知识
4. 技术革新	4.1 设备更新	4.1.1 能检测设备劣化程度，提出报废依据 4.1.2 能评估部件的使用价值，对部件实施替换、更新 4.1.3 能制定进口备件国产化改造计划 4.1.4 能制定电气设备升级换代计划	4.1.1 新型散料卸车机的操作技能与维修 4.1.2 中英文技术资料 4.1.3 设备技术发展动态
	4.2 技术改造	4.2.1 能利用编程器编程，优化设备程序并解决实际问题 4.2.2 能在维修中使用新技术、新工艺、新材料，更新和改造老旧部件或设备 4.2.3 能利用机、电、液知识改造或优化设备性能	4.2.1 可编程序控制器原理及故障排除 4.2.2 新设备、新技术、新材料、新工艺在散料卸车机上的应用知识
5. 培训与管理	5.1 技术培训	5.1.1 能制定培训计划，编写技术总结 5.1.2 能对各级别散料卸车机司机进行系统操作指导 5.1.3 能对外开展技术、操作技能培训	5.1.1 培训教学技巧 5.1.2 散料卸车机安全技术操作规程
	5.2 机务管理	5.2.1 能采用分类库存控制法对备件消耗进行分析 5.2.2 能对新技术、新工艺、新材料的使用状况进行总结、评定	5.2.1 备件管理方法和理论 5.2.2 现代设备管理理论

3.15 塔式起重机司机

3.15.1 五级/初级工

职业功能	工作内容	技能要求	相关知识要求
1. 塔式起重机操作	1.1 环境识别	1.1.1 能根据作业环境采取相应的防护措施 1.1.2 能识别起重物重量、重心和作业条件	设备操作外部条件要求
	1.2 作业前检查	1.2.1 能对设备进行安全检查 1.2.2 能在作业前进行空载运转或试车 1.2.3 能规范穿戴劳动防护用品 1.2.4 能进行交接班，填写起重机使用记录	1.2.1 设备安全操作规程 1.2.2 安全用电知识 1.2.3 安全防护知识 1.2.4 高空作业知识 1.2.5 润滑油（脂）、液压油种类、性能、用途及使用知识 1.2.6 吊钩、滑轮、卡环、钢丝绳技术要求 1.2.7 设备交接班制度
	1.3 作业中操作	1.3.1 能识别指挥信号，并按指挥信号操作 1.3.2 能按操作规程操作 1.3.3 能进行起升、回转作业，并进行物料的定点投放 1.3.4 能识别超载信号	1.3.1 设备操作规程 1.3.2 设备操作指挥信号知识 1.3.3 设备安全操作要求 1.3.4 设备突发故障处理知识 1.3.5 设备安全防护知识
	1.4 作业后检查	1.4.1 能按规定收车 1.4.2 能按规定进行作业后检查 1.4.3 能填写运行日志、交接班记录	1.4.1 塔式起重机收车停放要求 1.4.2 文明管理规定 1.4.3 交接班管理规定
2. 塔式起重机维护与保养	2.1 日常检查	2.1.1 能对设备进行日常检查 2.1.2 能使用检查工具 2.1.3 能填写安全检查记录	2.1.1 日常检查内容 2.1.2 常用工具、量具的使用方法
	2.2 日常保养	2.2.1 能对设备进行日常保养 2.2.2 能对机械部件进行维护保养 2.2.3 能更换润滑油 2.2.4 能检查吊钩、滑轮、卡环、钢丝绳磨损情况 2.2.5 能检查制动系统是否灵敏	2.2.1 设备日常保养作业内容 2.2.2 各部件维护保养要求 2.2.3 液压油、润滑油更换注意事项 2.2.4 设备结构组成 2.2.5 维护保养工具存放要求 2.2.6 设备文明管理规定

续表

职业功能	工作内容	技能要求	相关知识要求
3.塔式起重机故障判断与排除	3.1 故障判断	3.1.1 能判断照明系统和安全信号系统常见故障 3.1.2 能判断常见机械故障 3.1.3 能判断液压系统压力不足故障 3.1.4 能使用仪器和工具进行故障判断	3.1.1 仪器和工具使用方法 3.1.2 设备结构组成 3.1.3 设备常见故障现象 3.1.4 设备常见故障判断方法 3.1.5 判断故障记录要求 3.1.6 安全用电知识
	3.2 故障排除	3.2.1 能排除照明系统和安全信号系统常见故障 3.2.2 能排除常见机械故障 3.2.3 能排除液压系统压力不足故障 3.2.4 能填写故障排除记录	3.2.1 维修工具使用方法 3.2.2 设备结构组成 3.2.3 设备常见故障排除方法 3.2.4 设备故障排除注意事项 3.2.5 故障排除记录要求

3.15.2 四级/中级工

职业功能	工作内容	技能要求	相关知识要求
1.塔式起重机操作	1.1 环境识别	1.1.1 能识别起重机作业区域货物分布 1.1.2 能根据生产计划及货物分布制定作业实施方案	1.1.1 货物堆放管理办法 1.1.2 货物性能参数
	1.2 作业前检查	1.2.1 能识读设备安装图 1.2.2 能根据吊装施工要求合理选择设备类型 1.2.3 能根据建筑物的平面形状、构件质量、现场施工条件等对设备进行合理的平面布置 1.2.4 能根据起重作业任务绘制起重作业顺序图 1.2.5 能对设备进行安全检查	1.2.1 设备安装图的识读知识 1.2.2 塔式起重机的类型和技术性能 1.2.3 设备基础位置的确定 1.2.4 塔式起重机的构造 1.2.5 安全装置的要求 1.2.6 接地保护装置的设置

续表

职业功能	工作内容	技能要求	相关知识要求
1. 塔式起重机操作	1.3 作业中操作	1.3.1 能对各类塔式起重机进行操作 1.3.2 能稳钩操作 1.3.3 能根据受力方向合理使用卸扣 1.3.4 能对起升、回转、变幅、行走作业稳起稳停 1.3.5 能对货物进行准确放置 1.3.6 能对突发情况进行处理 1.3.7 能对易变形物件进行吊装	1.3.1 钢丝绳和防扭装置的构造与使用 1.3.2 卸扣的使用 1.3.3 塔式起重机工作装置及其工作原理 1.3.4 起重吊装工艺 1.3.5 突发状况处理方法 1.3.6 易变形物件起吊点绑扎方法
2. 塔式起重机维护与保养	2.1 定期（周）检查	2.1.1 能检查电动机、制动器、减速器等工作情况 2.1.2 能检查滑轮、钢丝绳等磨损情况 2.1.3 能对安全防护装置进行检查、测试、复位 2.1.4 能对锚固及运行轨道进行检查	2.1.1 工具、量具的使用方法 2.1.2 安全操作注意事项 2.1.3 各类塔式起重机工作原理
	2.2 定期（周）保养	2.2.1 能对设备实施防腐、防锈操作 2.2.2 能更换液压油 2.2.3 能按规定对塔式起重机零部件进行周保养	2.2.1 塔式起重机周保养内容和技术要求 2.2.2 润滑油、液压油的使用特性及更换要求
3. 塔式起重机故障判断与排除	3.1 故障判断	3.1.1 能判断回转、行走、制动系统常见故障 3.1.2 能判断钢丝绳、吊钩磨损程度 3.1.3 能判断液压系统故障	3.1.1 塔式起重机回转、行走、制动机构的组成 3.1.2 液压系统的基本组成及工作原理 3.1.3 常见机械故障产生原因
	3.2 故障排除	3.2.1 能使用工具、量具对易损件进行更换 3.2.2 能排除液压系统故障 3.2.3 能分析排除机械故障，提出预防措施	3.2.1 机械图、液压图等基本知识 3.2.2 常见机械故障排除方法 3.2.3 常见液压故障排除方法

3.15.3 三级/高级工

职业功能	工作内容	技能要求	相关知识要求
1. 塔式起重机操作	1.1 环境识别	1.1.1 能根据作业环境提出改善作业的措施 1.1.2 能提出防尘、抑尘的具体措施	1.1.1 安全管理条例 1.1.2 设备操作技术规范
	1.2 作业前检查	1.2.1 能识读施工现场平面图 1.2.2 能绘制简单的设备吊装图 1.2.3 能对起重机具和锁具进行检查 1.2.4 能对塔式起重机进行顶升接高 1.2.5 能检查液压回路、安全装置并调整其工作状态 1.2.6 能通过整机和试吊检查，判断塔式起重机各装置的工作状况	1.2.1 识图及相关知识 1.2.2 起重机具和锁具的检查、鉴别和维护 1.2.3 大型吊装方案和施工组织知识 1.2.4 液压顶升系统的结构和工作程序 1.2.5 货物吊卸作业安全防护知识
	1.3 作业中操作	1.3.1 能对特殊物品进行吊装作业 1.3.2 能利用塔式起重机进行超高层设备吊装 1.3.3 能对塔式起重机在运行中的突发事件进行处理	1.3.1 塔式起重机各部件的构造特点、工作原理和技术要求 1.3.2 货物装卸作业安全防护措施 1.3.3 特殊物品吊装的有关注意事项 1.3.4 运行中突发事件的处理方法
2. 塔式起重机维护与保养	2.1 定期（月、年）检查	2.1.1 能根据设备使用情况提出设备防腐、防锈实施方案 2.1.2 能判断污垢类型，组织实施清洁 2.1.3 能根据检查情况提出继续使用或修理意见	2.1.1 设备防腐管理规定 2.1.2 污垢清洗方法 2.1.3 检查和保养知识
	2.2 定期（月、年）保养	2.2.1 能按规定对塔式起重机进行月、年保养 2.2.2 能对塔式起重机整体技术状况进行判断	2.2.1 塔式起重机月、年保养基本内容和技术要求 2.2.2 易损件磨耗限度及报废标准

续表

职业功能	工作内容	技能要求	相关知识要求
3.塔式起重机故障判断与排除	3.1 故障判断	3.1.1 能对各系统故障进行判断 3.1.2 能用仪器进行故障判断	3.1.1 各系统故障现象 3.1.2 仪器使用方法
	3.2 故障排除	3.2.1 能排除运行中的常见故障 3.2.2 能检测与调整制动装置、安全装置	3.2.1 常见故障排除方法 3.2.2 检测维修工具使用要求

3.15.4 二级/技师

职业功能	工作内容	技能要求	相关知识要求
1.塔式起重机操作	1.1 环境检查	1.1.1 能纠正不良操作习惯和违规操作行为 1.1.2 能辨识异常情况下能否继续作业	1.1.1 塔式起重机作业工艺汇编 1.1.2 生产组织基本知识
	1.2 作业过程	1.2.1 能分析复杂环境、复杂货种，进行安全作业 1.2.2 能组织指导三级/高级工在复杂情况下完成难度较大的作业	1.2.1 作业工艺规程 1.2.2 安全技术操作规程
2.塔式起重机组装	2.1 塔式起重机安装	2.1.1 能对塔式起重机基础强度、地基承载力进行计算 2.1.2 能完成塔式起重机的安装 2.1.3 能对塔式起重机安全保护装置进行调整和调试 2.1.4 能对塔式起重机进行检查和性能试验 2.1.5 能对塔式起重机受力和稳定性进行判定 2.1.6 能对吊装物体重心位置进行确定与计算	2.1.1 塔式起重机基础强度、地基承载力计算知识 2.1.2 塔式起重机基础施工方法 2.1.3 塔式起重机安装程序 2.1.4 安全保护装置的调整和调试 2.1.5 塔式起重机各部件检查 2.1.6 力学基本知识

续表

职业功能	工作内容	技能要求	相关知识要求
2. 塔式起重机组装	2.2 塔式起重机拆卸	2.2.1 能对标准节和基础节进行拆卸 2.2.2 能对顶升套架、液压顶升机构进行拆卸 2.2.3 能对平衡重、起重臂、平衡臂进行拆卸 2.2.4 能对驾驶室、转台及承座进行拆卸	塔式起重机安全技术规范
3. 塔式起重机维护与保养	3.1 综合检查	3.1.1 能对结构件进行检查 3.1.2 能对机构进行检查 3.1.3 能对安全装置进行检查	3.1.1 塔式起重机的技术标准 3.1.2 结构件的构造 3.1.3 安全装置的构造 3.1.4 零部件的构造
	3.2 综合保养	3.2.1 能制定塔式起重机维护保养工艺并组织实施 3.2.2 能对结构件进行维护保养 3.2.3 能对主要机构进行维护保养 3.2.4 能对安全装置进行维护保养	3.2.1 结构件维护保养知识 3.2.2 主要机构维护保养知识 3.2.3 安全装置维护保养知识
4. 塔式起重机故障判断与排除	4.1 故障判断	4.1.1 能检查安全限位装置的性能状态 4.1.2 能辨识异常情况下能否继续作业 4.1.3 能判断塔式起重机的运行状态，制定维修计划	4.1.1 安全限位装置技术规范 4.1.2 液压顶升机构的结构组成 4.1.3 起升、回转、变幅机构的结构组成 4.1.4 载重小车的结构组成 4.1.5 塔身的结构组成 4.1.6 上下支座的结构组成
	4.2 故障排除	4.2.1 能排除塔式起重机金属结构的故障 4.2.2 能排除塔式起重机工作机构的故障	4.2.1 液压顶升、起升、回转、变幅机构常见故障排除方法 4.2.2 载重小车常见故障排除方法 4.2.3 塔身常见故障排除方法 4.2.4 上下支座常见故障排除方法

续表

职业功能	工作内容	技能要求	相关知识要求
5. 技术革新	5.1 设备改造	5.1.1 能跟踪检查钢丝绳、滑轮、轴承使用寿命并提出改进方案 5.1.2 能跟踪检测润滑油品质量，提出更新方案 5.1.3 能评定设备技术状况 5.1.4 能比较本机与同类机型在技术上的差异	5.1.1 润滑油相关知识 5.1.2 设备技术状况评定标准 5.1.3 设备相关技术要求
	5.2 施工工艺创新	5.2.1 能对现有施工工艺进行改进 5.2.2 能改进施工操作方法	5.2.1 施工工艺相关知识 5.2.2 施工操作方法

3.15.5 一级/高级技师

职业功能	工作内容	技能要求	相关知识要求
1. 塔式起重机操作	1.1 环境检查	1.1.1 能应对突发异常情况，制定并组织实施应急预案 1.1.2 能应对特殊环境，并采取应急措施	1.1.1 塔式起重机作业工艺汇编 1.1.2 生产组织及生产管理基本知识
	1.2 作业过程	1.2.1 能快速掌握新型塔式起重机的操作 1.2.2 能指导二级/技师及以下级别人员进行特殊作业	1.2.1 新型塔式起重机的技术性能、使用要求 1.2.2 塔式起重机作业工艺规程
2. 塔式起重机施工设计与组装	2.1 塔式起重机施工组织设计	2.1.1 能编制安装施工方案 2.1.2 能运用 AutoCAD 绘制简单施工图 2.1.3 能提出大型工程项目所用塔式起重机的类型 2.1.4 能对所用工机具进行全面的安全性检查 2.1.5 能提出施工项目的工、料预算 2.1.6 能对施工准备工作进行检查，并提出改进措施 2.1.7 能对各类塔式起重机进行组装	2.1.1 施工组织设计的知识 2.1.2 AutoCAD 绘图知识 2.1.3 施工组织要求 2.1.4 工、料预算的内容 2.1.5 工程投标知识 2.1.6 各类塔式起重机的型号、规格、构造及主要技术数据

续表

职业功能	工作内容	技能要求	相关知识要求
2. 塔式起重机施工设计与组装	2.2 大型塔式起重机的组装与运行	2.2.1 能组织特大型塔式起重机的竖立与拆除工作 2.2.2 能组织特大型设备的吊装作业 2.2.3 能全面组织指导大型工程的起重工作	2.2.1 特大型塔式起重机的竖立与拆装知识 2.2.2 特大型设备吊装工程知识
3. 技术革新	3.1 工作性能革新	3.1.1 能在工作效率方面提出革新方案 3.1.2 能在定点快速投放方面提出革新方案	塔式起重机控制系统原理
	3.2 安全性能革新	3.2.1 能在安全控制方面提出革新方案 3.2.2 能运用"互联网+"技术在安全监控方面提出革新方案	3.2.1 塔式起重机安全控制系统原理 3.2.2 塔式起重机安全监控系统的组成
4. 培训与管理	4.1 业务培训	4.1.1 能编写培训计划 4.1.2 能编写培训讲义 4.1.3 能编写技术总结	4.1.1 培训教学的基本方法 4.1.2 培训讲义的编制方法 4.1.3 技术总结的内容和编写方法
	4.2 技术培训	4.2.1 能对三级/高级工及以下级别人员进行操作、故障诊断与排除方面的培训和考核 4.2.2 能进行特殊起重技术的培训 4.2.3 能进行雨雪天气等特殊环境条件下起重作业技术的培训	4.2.1 特殊结构的塔式起重机起重技术 4.2.2 特殊环境下塔式起重机起重作业方法
	4.3 专业指导	4.3.1 能对三级/高级工及以下级别人员进行技术指导 4.3.2 能在作业中应用、推广新技术、新设备、新标准	4.3.1 技术指导的基本方法与技巧 4.3.2 有关塔式起重机的新技术、新设备、新标准

续表

职业功能	工作内容	技能要求	相关知识要求
4. 培训与管理	4.4 技术管理	4.4.1 能检测、评定塔式起重机技术状况 4.4.2 能发现塔式起重机作业中的不安全因素，提出安全生产改进意见 4.4.3 能对塔式起重机生产安全事故进行预防 4.4.4 能对塔式起重机生产安全事故进行应急处理	4.4.1 评定塔式起重机技术状况变化的方法 4.4.2 塔式起重机作业程序、标准、制度和管理要求 4.4.3 塔式起重机安全操作规程 4.4.4 技术管理知识
	4.5 资料管理	4.5.1 能制定本工种单机技术管理工作计划 4.5.2 能制定塔式起重机使用与维修计划 4.5.3 能健全塔式起重机管理台账 4.5.4 能填写塔式起重机设备技术档案	4.5.1 塔式起重机使用管理知识 4.5.2 技术档案管理知识

4. 权重表

4.1 理论知识权重表

项目		技能等级	五级/初级工 %	四级/中级工 %	三级/高级工 %	二级/技师 %	一级/高级技师 %
基本要求		职业道德	5	5	5	5	5
	基础知识	叉车司机	25	20	15	10	10
		船舶起货机司机	30	25	25	15	15
		电动港机装卸机械司机	30	25	25	15	15
		堆垛车操作工	30	25	25	15	15
		堆（取）料机司机	20	20	20	15	10
		翻车机操作工	30	25	25	15	15
		流体装卸工	20	20	20	15	10
		轮胎式起重机司机	30	25	25	15	15
		履带式起重机司机	30	25	25	15	15
		门式起重机司机	30	25	25	15	15

续表

项目		技能等级	五级/初级工 %	四级/中级工 %	三级/高级工 %	二级/技师 %	一级/高级技师 %
基本要求	基础知识	门座式起重机司机	30	25	25	15	15
		内燃港机装卸机械司机	30	25	25	15	15
		桥式起重机司机	30	25	25	15	15
		散料卸车机司机	30	25	25	15	15
		塔式起重机司机	20	15	10	10	10
相关知识要求	叉车司机	叉车操作	50	40	30	20	10
		叉车维护与保养	10	15	25	—	—
		叉车故障判断与排除	10	20	25	35	40
		技术革新	—	—	—	15	15
		培训与管理	—	—	—	15	20
		合计	100	100	100	100	100
	船舶起货机司机	船舶起货机操作	30	30	20	10	10
		船舶起货机维护与保养	30	35	40	20	10
		船舶起货机故障判断与排除	5	5	10	15	15
		技术革新	—	—	—	20	20
		培训与管理	—	—	—	15	25
		合计	100	100	100	100	100
	电动港机装卸机械司机	电动港机装卸机械操作	30	30	20	10	10
		电动港机装卸机械维护与保养	30	35	40	20	10
		电动港机装卸机械故障判断与排除	5	5	10	15	15
		技术革新	—	—	—	20	20
		培训与管理	—	—	—	15	25
		合计	100	100	100	100	100
	堆垛车操作工	堆垛车操作	30	30	20	10	10
		堆垛车维护与保养	30	35	40	20	10
		堆垛车故障判断与排除	5	5	10	15	15
		技术革新	—	—	—	20	20
		培训与管理	—	—	—	15	25
		合计	100	100	100	100	100

续表

项目		技能等级	五级/初级工 %	四级/中级工 %	三级/高级工 %	二级/技师 %	一级/高级技师 %
相关知识要求	堆（取）料机司机	堆（取）料机操作	50	40	30	20	10
		堆（取）料机维护与保养	20	25	30	40	50
		堆（取）料机故障判断与排除	5	10	15	—	—
		技术革新	—	—	—	15	10
		培训与管理	—	—	—	5	15
		合计	100	100	100	100	100
	翻车机操作工	翻车机操作	30	30	20	10	10
		翻车机维护与保养	30	35	40	20	10
		翻车机故障判断与排除	5	5	10	15	15
		技术革新	—	—	—	20	20
		培训与管理	—	—	—	15	25
		合计	100	100	100	100	100
	流体装卸工	码头操作	30	25	25	20	20
		车台操作	10	10	10	10	10
		罐区操作	25	25	20	15	15
		基础操作	10	15	20	25	25
		技术革新	—	—	—	—	5
		培训与管理	—	—	—	10	10
		合计	100	100	100	100	100
	轮胎式起重机司机	轮胎式起重机操作	30	30	20	10	10
		轮胎式起重机维护与保养	30	35	40	20	10
		轮胎式起重机故障判断与排除	5	5	10	15	15
		技术革新	—	—	—	20	20
		培训与管理	—	—	—	15	25
		合计	100	100	100	100	100
	履带式起重机司机	履带式起重机操作	30	30	20	10	10
		履带式起重机维护与保养	30	35	40	20	10
		履带式起重机故障判断与排除	5	5	10	15	15
		技术革新	—	—	—	20	20
		培训与管理	—	—	—	15	25
		合计	100	100	100	100	100

续表

项目		技能等级	五级/初级工 %	四级/中级工 %	三级/高级工 %	二级/技师 %	一级/高级技师 %
相关知识要求	门式起重机司机	门式起重机操作	30	30	20	10	10
		门式起重机维护与保养	30	35	40	20	10
		门式起重机故障判断与排除	5	5	10	15	15
		技术革新	—	—	—	20	20
		培训与管理	—	—	—	15	25
		合计	100	100	100	100	100
	门座式起重机司机	门座式起重机操作	30	30	20	10	10
		门座式起重机维护与保养	30	35	40	20	10
		门座式起重机故障判断与排除	5	5	10	15	15
		技术革新	—	—	—	20	20
		培训与管理	—	—	—	15	25
		合计	100	100	100	100	100
	内燃港机装卸机械司机	内燃港机装卸机械操作	30	30	20	10	10
		内燃港机装卸机械维护与保养	30	35	40	20	10
		内燃港机装卸机械故障判断与排除	5	5	10	15	15
		技术革新	—	—	—	20	20
		培训与管理	—	—	—	15	25
		合计	100	100	100	100	100
	桥式起重机司机	桥式起重机操作	30	30	20	10	10
		桥式起重机维护与保养	30	35	40	20	10
		桥式起重机故障判断与排除	5	5	10	15	15
		技术革新	—	—	—	20	20
		培训与管理	—	—	—	15	25
		合计	100	100	100	100	100
	散料卸车机司机	散料卸车机操作	30	30	20	10	10
		散料卸车机维护与保养	30	35	40	20	10
		散料卸车机故障判断与排除	5	5	10	15	15
		技术革新	—	—	—	20	20
		培训与管理	—	—	—	15	25
		合计	100	100	100	100	100

续表

项目		技能等级	五级/初级工 %	四级/中级工 %	三级/高级工 %	二级/技师 %	一级/高级技师 %
相关知识要求	塔式起重机司机	塔式起重机操作	50	40	30	10	10
		塔式起重机组装	—	—	—	15	—
		塔式起重机施工设计与组装	—	—	—	—	25
		塔式起重机维护与保养	15	25	30	25	—
		塔式起重机故障判断与排除	10	15	25	25	—
		技术革新	—	—	—	10	25
		培训与管理	—	—	—	—	25
		合计	100	100	100	100	100

4.2 技能要求权重表

项目		技能等级	五级/初级工 %	四级/中级工 %	三级/高级工 %	二级/技师 %	一级/高级技师 %
技能要求	叉车司机	叉车操作	50	40	30	20	10
		叉车维护与保养	30	30	30	—	—
		叉车故障判断与排除	20	30	40	40	35
		技术革新	—	—	—	20	30
		培训与管理	—	—	—	20	25
		合计	100	100	100	100	100
	船舶起货机司机	船舶起货机操作	50	40	30	20	10
		船舶起货机维护与保养	40	40	40	30	20
		船舶起货机故障判断与排除	10	20	30	30	30
		技术革新	—	—	—	10	20
		培训与管理	—	—	—	10	20
		合计	100	100	100	100	100
	电动港机装卸机械司机	电动港机装卸机械操作	50	40	30	20	10
		电动港机装卸机械维护与保养	40	40	40	30	20
		电动港机装卸机械故障判断与排除	10	20	30	30	30
		技术革新	—	—	—	10	20
		培训与管理	—	—	—	10	20
		合计	100	100	100	100	100

续表

项目		技能等级	五级/初级工 %	四级/中级工 %	三级/高级工 %	二级/技师 %	一级/高级技师 %
技能要求	堆垛车操作工	堆垛车操作	50	40	30	20	10
		堆垛车维护与保养	40	40	40	30	20
		堆垛车故障判断与排除	10	20	30	30	30
		技术革新	—	—	—	10	20
		培训与管理	—	—	—	10	20
		合计	100	100	100	100	100
	堆（取）料机司机	堆（取）料机操作	60	40	30	20	10
		堆（取）料机维护与保养	25	30	40	30	20
		堆（取）料机故障判断与排除	15	30	30	25	30
		技术革新	—	—	—	15	25
		培训与管理	—	—	—	10	15
		合计	100	100	100	100	100
	翻车机操作工	翻车机操作	50	40	30	20	10
		翻车机维护与保养	40	40	40	30	20
		翻车机故障判断与排除	10	20	30	30	30
		技术革新	—	—	—	10	20
		培训与管理	—	—	—	10	20
		合计	100	100	100	100	100
	流体装卸工	码头操作	40	35	35	25	20
		车台操作	20	20	15	15	10
		罐区操作	25	25	20	15	15
		基础操作	15	20	30	30	25
		技术革新	—	—	—	—	10
		培训与管理	—	—	—	15	20
		合计	100	100	100	100	100
	轮胎式起重机司机	轮胎式起重机操作	50	40	30	20	10
		轮胎式起重机维护与保养	40	40	40	30	20
		轮胎式起重机故障判断与排除	10	20	30	30	30
		技术革新	—	—	—	10	20
		培训与管理	—	—	—	10	20
		合计	100	100	100	100	100

续表

项目		技能等级	五级/初级工 %	四级/中级工 %	三级/高级工 %	二级/技师 %	一级/高级技师 %
技能要求	履带式起重机司机	履带式起重机操作	50	40	30	20	10
		履带式起重机维护与保养	40	40	40	30	20
		履带式起重机故障判断与排除	10	20	30	30	30
		技术革新	—	—	—	10	20
		培训与管理	—	—	—	10	20
		合计	100	100	100	100	100
	门式起重机司机	门式起重机操作	50	40	30	20	10
		门式起重机维护与保养	40	40	40	30	20
		门式起重机故障判断与排除	10	20	30	30	30
		技术革新	—	—	—	10	20
		培训与管理	—	—	—	10	20
		合计	100	100	100	100	100
	门座式起重机司机	门座式起重机操作	50	40	30	20	10
		门座式起重机维护与保养	40	40	40	30	20
		门座式起重机故障判断与排除	10	20	30	30	30
		技术革新	—	—	—	10	20
		培训与管理	—	—	—	10	20
		合计	100	100	100	100	100
	内燃港机装卸机械司机	内燃港机装卸机械操作	50	40	30	20	10
		内燃港机装卸机械维护与保养	40	40	40	30	20
		内燃港机装卸机械故障判断与排除	10	20	30	30	30
		技术革新	—	—	—	10	20
		培训与管理	—	—	—	10	20
		合计	100	100	100	100	100
	桥式起重机司机	桥式起重机操作	50	40	30	20	10
		桥式起重机维护与保养	40	40	40	30	20
		桥式起重机故障判断与排除	10	20	30	30	30
		技术革新	—	—	—	10	20
		培训与管理	—	—	—	10	20
		合计	100	100	100	100	100

续表

项目		技能等级	五级/初级工 %	四级/中级工 %	三级/高级工 %	二级/技师 %	一级/高级技师 %
技能要求	散料卸车机司机	散料卸车机操作	50	40	30	20	10
		散料卸车机维护与保养	40	40	40	30	20
		散料卸车机故障判断与排除	10	20	30	30	30
		技术革新	—	—	—	10	20
		培训与管理	—	—	—	10	20
		合计	100	100	100	100	100
	塔式起重机司机	塔式起重机操作	50	40	30	20	10
		塔式起重机组装	—	—	—	30	—
		塔式起重机施工设计与组装	—	—	—	—	35
		塔式起重机维护与保养	40	35	35	20	—
		塔式起重机故障判断与排除	10	25	35	20	—
		技术革新	—	—	—	10	25
		培训与管理	—	—	—	—	30
		合计	100	100	100	100	100

5. 职业标准附录

本标准所列工种按首字母顺序排列。

若起重装卸机械操作人员所操作起重装卸机械设备不在本标准所列工种范围之内，可根据所操作设备动力系统提供方式选择电动港机装卸机械司机或内燃港机装卸机械司机工种进行技能等级鉴定；如所操作起重装卸机械设备在本标准中有明确的技能标准，则不能选择电动港机装卸机械司机或内燃港机装卸机械司机工种进行技能等级鉴定。

附录1

职业分类索引

为方便查阅,现将标准汇编的目录按职业分类索引如下,读者可以按照本索引查阅各职业的国家职业技能标准。

社会生产服务和生活服务人员

4—02 交通运输、仓储和邮政业服务人员

4—02—02—07 机动车驾驶教练员 …………………………………………（670）

4—03 住宿和餐饮服务人员

4—03—02—01 中式烹调师 ……………………………………………………（ 3 ）
4—03—02—02 中式面点师 ……………………………………………………（ 16 ）
4—03—02—03 西式烹调师 ……………………………………………………（ 32 ）
4—03—02—04 西式面点师 ……………………………………………………（ 44 ）
4—03—02—07 茶艺师 …………………………………………………………（ 60 ）

4—06 房地产服务人员

4—06—01—02 中央空调系统运行操作员 ……………………………………（ 72 ）

4—07 租赁和商务服务人员

4—07—05—03 智能楼宇管理员 ………………………………………………（ 85 ）

4—09 水利、环境和公共设施管理服务人员

4—09—09—00 有害生物防制员 ………………………………………………（ 97 ）

4—10 居民服务人员

4—10—03—01 美容师 …………………………………………………………（125）
4—10—03—02 美发师 …………………………………………………………（137）

4—12 修理及制作服务人员

4—12—01—01 汽车维修工 ……………………………………………………（698）

4—14 健康服务人员

4—14—03—03 眼镜验光员 ……………………………………………………（152）

附录1 职业分类索引

4-14-03-04 眼镜定配工 ……………………………………………………………（167）

生产制造及有关人员

6-11 化学原料和化学制品制造人员

6-11-01-04 制冷工 …………………………………………………………………（186）

6-18 机械制造基础加工人员

6-18-01-01 车工 ……………………………………………………………………（198）
6-18-01-02 铣工 ……………………………………………………………………（220）
6-18-01-04 磨工 ……………………………………………………………………（259）
6-18-01-08 电切削工 ………………………………………………………………（337）
6-18-02-02 锻造工 …………………………………………………………………（352）
6-18-02-04 焊工 ……………………………………………………………………（368）

6-20 通用设备制造人员

6-20-03-01 机床装调维修工 ………………………………………………………（442）

6-22 汽车制造人员

6-22-02-01 汽车装调工 ……………………………………………………………（485）

6-24 电气机械和器材制造人员

6-24-02-01 变压器互感器制造工 …………………………………………………（521）
6-24-03-01 电线电缆制造工 ………………………………………………………（597）

6-29 建筑施工人员

6-29-03-03 电梯安装维修工 ………………………………………………………（616）
6-29-03-05 制冷空调系统安装维修工 ……………………………………………（632）

6-30 运输设备和通用工程机械操作人员及有关人员

6-30-05-01 起重装卸机械操作工 …………………………………………………（736）

6-31 生产辅助人员

6-31-01-03 电工 ……………………………………………………………………（651）

附录2

职业名称拼音索引

为方便查阅,现将标准汇编的目录按职业名称拼音索引如下,读者可以按照本索引查阅各职业的国家职业技能标准。

[B]

变压器互感器制造工（6-24-02-01）……………………………………………（521）

[C]

茶艺师（4-03-02-07）………………………………………………………………（60）
车工（6-18-01-01）…………………………………………………………………（198）

[D]

电工（6-31-01-03）…………………………………………………………………（651）
电切削工（6-18-01-08）……………………………………………………………（337）
电梯安装维修工（6-29-03-03）……………………………………………………（616）
电线电缆制造工（6-24-03-01）……………………………………………………（597）
锻造工（6-18-02-02）………………………………………………………………（352）

[H]

焊工（6-18-02-04）…………………………………………………………………（368）

[J]

机床装调维修工（6-20-03-01）……………………………………………………（442）
机动车驾驶教练员（4-02-02-07）…………………………………………………（670）

[M]

美发师（4-10-03-02）………………………………………………………………（137）
美容师（4-10-03-01）………………………………………………………………（125）

磨工（6-18-01-04） …………………………………………………………………………（259）

[Q]

起重装卸机械操作工（6-30-05-01） ……………………………………………………（736）
汽车维修工（4-12-01-01） ………………………………………………………………（698）
汽车装调工（6-22-02-01） ………………………………………………………………（485）

[X]

西式面点师（4-03-02-04） ………………………………………………………………（ 44 ）
西式烹调师（4-03-02-03） ………………………………………………………………（ 32 ）
铣工（6-18-01-02） ………………………………………………………………………（220）

[Y]

眼镜定配工（4-14-03-04） ………………………………………………………………（167）
眼镜验光员（4-14-03-03） ………………………………………………………………（152）
有害生物防制员（4-09-09-00） …………………………………………………………（ 97 ）

[Z]

制冷工（6-11-01-04） ……………………………………………………………………（186）
制冷空调系统安装维修工（6-29-03-05） ………………………………………………（632）
智能楼宇管理员（4-07-05-03） …………………………………………………………（ 85 ）
中式面点师（4-03-02-02） ………………………………………………………………（ 16 ）
中式烹调师（4-03-02-01） ………………………………………………………………（ 3 ）
中央空调系统运行操作员（4-06-01-02） ………………………………………………（ 72 ）